omnibus

Pierre Dac

Pierre Dac

Drôle de guerre

29 octobre 1946 – 15 octobre 1947

Choix, préface et commentaires
de Jacques PESSIS

omnibus

Jacques Pessis et l'éditeur remercient tout particulièrement
Baudime Jam, chercheur de trésors dacquiens

ISBN : 978-2-258-07828-4 N° Editeur : 513
Dépôt légal : octobre 2008

Sommaire

De Paris à Londres

par Jacques Pessis

11 juin 1940… Le bulletin d'informations diffusé chaque soir peu après dix-neuf heures sur le Poste Parisien se termine. Pierre Dac tourne rageusement le bouton de la TSF, qui trône sur une commode du salon de l'appartement du 49, avenue Junot. Dinah, qui partage sa vie depuis près de huit ans, sursaute et s'inquiète. Elle ne l'a jamais vu dans cet état. Blême, les lèvres serrées, l'homme qui fait rire la France entière dissimule mal une colère qui ne lui est pas familière. Pressé de questions par la femme de sa vie, il finit par exploser :

— Ce n'est pas possible ! hurle-t-il. On ne va pas sans réagir laisser les Boches nous envahir. Les Français vont s'organiser.

Pour le roi des loufoques, la situation a largement dépassé les limites de l'absurde. En dépit des propos rassurants du Président de la République, Albert Lebrun, du Président du Conseil, Paul Reynaud, de ses ministres et des chefs des armées, son pays est en train de perdre la face, mais surtout la guerre.

— Tu as entendu comme moi les speakers à la radio, lance Dinah, d'une voix la plus douce possible. Ils disent que nos soldats résistent héroïquement. Ils vont repousser les Allemands, tu vas voir !

Pierre Dac hausse les épaules. Il a suffisamment travaillé à Radio Cité et au Poste Parisien pour savoir écouter entre les lignes.

— Parler pour ne rien dire et ne rien dire pour parler sont les deux principes de ces pousse-mégots qui feraient mieux de la fermer avant de l'ouvrir, murmure-t-il.

Cette maxime, adaptée à l'actualité, qui, sur scène, en d'autres temps, a déclenché des tempêtes de rires, symbolise désormais à ses yeux bleus l'entrée dans une zone de turbulences qui s'annoncent particulièrement violentes. En début d'après-midi, il s'est rendu dans les studios du Poste Parisien, avenue des Champs-Elysées, où il a croisé des journalistes conscients de la réalité de la situation, et visiblement dépités. Certains lui ont discrètement glissé à l'oreille que des informations sur la progression de l'armée allemande, recueillies de source sûre, avaient été purement et simplement censurées par la direction.

— Personne ne nous le dit, mais je le sais, ajoute Pierre Dac. L'armée allemande a déjà franchi la Somme. Et elle lance maintenant une offensive en Champagne. Ça recommence comme en 14 !

Le début de la Première Guerre mondiale, il s'en souvient comme si c'était avant-hier. Mobilisé au lendemain de ses vingt ans, il est parti la fleur au fusil, persuadé de venger ses grands-parents, expulsés d'Alsace-Lorraine après le traité de Sedan de 1870. Quatre ans plus tard, il est revenu du front avec deux blessures, douze centimètres de moins dans le bras gauche, et le souvenir de son frère aîné, Marcel, tué le 28 octobre 1915 pendant la bataille de Champagne. A aucun prix, il ne veut revivre ce cauchemar.

— Dans l'éditorial du prochain numéro de *L'Os à Moelle*, je dirai tout, murmure-t-il. A ma manière, mais je dirai tout… S'il y a un prochain numéro…

Le dernier numéro de son hebdomadaire, le 109e, est paru le vendredi 7 juin, mais n'a pas été distribué à Paris. Les réserves parisiennes de papier étant en voie d'épuisement, et le réapprovisionnement devenant mission impossible, il a été réduit de quatre à deux pages. A titre exceptionnel. Enfin, en théorie…

Pierre Dac, perdu dans ses pensées, n'entend pas la sonnerie de la porte d'entrée. Dinah ouvre la porte et fait entrer un visiteur-surprise, le journaliste Henri Jeanson. Jusqu'en 1937, celui-ci a été l'une des plumes les plus brillantes de l'hebdomadaire satirique *Le Canard enchaîné*, mais il s'est surtout fait remarquer pour ses prises de position anti-allemandes et résolument pacifistes. Elles lui ont valu, en novembre 1939, d'être condamné à cinq ans de prison pour « provocation des militaires à la désobéissance ». Après quelques mois passés derrière les barreaux, il a obtenu sa levée d'écrou anticipée et rejoint, à Maisons-Laffitte, le régiment auquel il est affecté. Le matin même, grâce à un informateur en qui il a toute confiance, il a appris que le nom de Pierre Dac, ou plutôt d'André Isaac, son véritable patronyme, figure en tête d'une liste de « juifs influents » que les officiers de la Gestapo doivent arrêter dans les quarante-huit heures, c'est-à-dire dès leur entrée victorieuse dans la capitale. Ses attaques permanentes dans *L'Os à Moelle* contre Hitler et Goebbels ont été soigneusement consignées, et on compte les lui faire payer au prix fort. Par admiration pour l'humoriste et par amitié pour l'homme, il a décidé d'aller discrètement le prévenir, afin qu'il quitte Paris sans délai.

Abasourdi, choqué par ce qu'il vient d'entendre, le chansonnier ne répond pas tout de suite. Il sort de son mutisme et commence à réfléchir à haute voix. Il est juif, certes, mais il est avant tout français. N'est-ce pas faire preuve de lâcheté, n'est-ce pas un acte de désertion que d'abandonner le navire en pleine tempête ? Sa place n'est-elle pas ici, au milieu de ses compatriotes, pour tenter de repousser l'envahisseur ? Henri Jeanson insiste encore. A l'inverse d'un grand nombre de Parisiens prêts à parier que les troupes allemandes ne défileront jamais de l'Arc de Triomphe à la Concorde, il a compris que le combat était perdu. En son for intérieur, Pierre a la même analyse. Il ne mesure pas, toutefois, la cruauté d'une armée apparemment invincible. Pour l'instant...

Dinah vient au secours de Jeanson. Consciente de l'imminence du danger, elle supplie Pierre de ne pas s'entêter. Il lui suffit de quelques instants pour boucler deux valises, avec le strict minimum pour tenir en attendant des jours meilleurs qui, c'est sûr, ne tarderont pas. Voyant des larmes couler dans les yeux de celle qu'il aime par-dessus tout, Pierre jette l'éponge. Mais où aller ? Dinah a son idée. Quelques jours plus tôt, Fernand Rauzéna, le plus proche collaborateur de Pierre à la radio et à *L'Os à Moelle*, leur a rendu visite avant de rejoindre son unité. Au moment de partir, il leur a confié les clés de sa petite maison de campagne en Bourgogne, à La Bussière, près de Dijon. Cette bâtisse, baptisée « l'Entracte » présente le double avantage d'être très confortable et à l'abri des regards indiscrets. Ils y sont venus ensemble, à plusieurs reprises, pour travailler et passer des journées à rire, lire et jouer au 421.

Le lendemain, à l'aube, Pierre et Dinah prennent la route d'Avallon. Sous un ciel gris et menaçant, ils doublent des centaines de voitures et des camions où des familles entières se sont tant bien que mal entassées entre deux malles.

— Les Allemands vont trouver Paris bien désert, se dit Pierre, le cœur serré, révolté par cet exode.

Plusieurs centaines de milliers de Parisiens suivront son exemple pour se transformer en réfugiés en puissance quand, le 14 juin à huit heures du matin, la Wehrmacht fait son entrée dans la capitale sans rencontrer la moindre résistance. Un speaker du Poste Parisien annonce quelques instants plus tard que l'étendard à croix gammée flotte au sommet de l'Arc de Triomphe. Pierre Dac est au bord des larmes.

— Nos gouvernants se sont bien moqués de nous depuis dix mois, lance-t-il à Dinah, les choses sont ce qu'elles sont et pas du tout ce que les patriotes voudraient qu'elles soient !

Il est maintenant persuadé que les Allemands sont en France pour très longtemps, voire pour toujours. Le 16 juin, Paul Reynaud démissionne.

Le maréchal Pétain, réfugié à Bordeaux, est chargé de former immédiatement un nouveau gouvernement. Le lendemain, après avoir pris contact avec l'occupant, il annonce, à la radio, la capitulation de la France : « C'est le cœur serré que je vous dis aujourd'hui qu'il faut cesser le combat. »

Le caporal Pierre Dac, héros de la Grande Guerre, refuse d'obéir à cet ordre. Mais le Pierre Dac de 1940, redevenu civil, seul, livré à lui-même, n'a pas les moyens de s'y opposer. Pendant les quarante-huit heures qui suivent l'annonce de l'armistice, il demeure prostré dans un fauteuil du salon, incapable de se nourrir normalement.

Le 19 juin au matin, un voisin venu offrir quelques œufs à Dinah raconte que la veille au soir, au micro de la BBC à Londres, un général français inconnu, un certain Charles de Gaulle, a lancé un appel à la résistance contre les Allemands. « Un nom pareil pour se mettre au service de son pays, c'est digne de *L'Os à Moelle* », se dit Pierre Dac, qui fouille dans sa mémoire. Il a déjà remarqué le nom du général de Gaulle, dans un journal sur lequel il est tombé par hasard, et qu'il retrouve aussitôt. En quelques lignes, on annonce la nomination de ce militaire comme sous-secrétaire d'Etat à la Guerre.

— Vous savez ce qu'il a dit, de Gaulle ? ajoute le voisin. « Quoi qu'il arrive, la flamme de la résistance française ne doit pas s'éteindre, et ne s'éteindra pas. » C'est courageux, non ?

Intrigué par ce propos, le chansonnier demande s'il pourrait en savoir plus pour ce fameux discours.

— Vous pourrez même l'écouter en entier. Il est rediffusé ce soir à 20 h 15 sur 1 500 mètres… Ou peut-être sur 373 mètres, faut que je vérifie.

Cette phrase lui semblant aussi incongrue que du langage yaourt ou moldo samovar pour le non-initié au monde loufoque, Pierre Dac demande quelques précisions techniques à son interlocuteur. Sans se faire prier, celui-ci explique qu'il est passionné de radio et écoute, depuis près de dix ans, toutes les stations françaises et étrangères qu'il parvient à capter. Outre Radio Cité ou le Poste Parisien, dont il connaît les programmes par cœur, il suit régulièrement depuis 1937 les émissions que la BBC diffuse en français : cinq bulletins d'informations quotidiens qui, depuis le début de la « drôle de guerre » en septembre 1939, ont pris une importance considérable. De l'autre côté de la Manche, les speakers disent la vérité, à l'inverse de Radio Stuttgart, sous la coupe de Hitler et de Goebbels, où l'on martèle, du matin au soir, les succès de la Wehrmacht en Autriche, en Tchécoslovaquie et en Pologne. Des haut-parleurs diffusant ces programmes entrecoupés de chansons françaises, stratégiquement placés en face de la ligne Maginot, ont contribué à affaiblir le moral, donc la résistance des troupes françaises chargées de riposter à une éventuelle attaque de l'armée adverse.

— Tout cela ne fait que commencer, ajoute le passionné des ondes. Depuis deux jours, nos émetteurs s'éteignent les uns après les autres. Bientôt, toute la radio de langue française sera au service de la propagande allemande.

Pierre Dac a compris le message. Le soir même, l'oreille penchée sur la TSF de son accueillant voisin, il parvient à entendre, non sans mal pour cause de brouillage, l'appel du général. Il retient, en particulier, que de Gaulle invite les officiers et soldats français, les ingénieurs et ouvriers spécialisés des industries d'armement se trouvant en territoire britannique, à entrer en rapport avec lui. Dans la foulée, Jean Massion, le représentant de la radiodiffusion française à Londres, donne la parole à Charles Corbin, ambassadeur de France en Angleterre. Celui-ci annonce qu'à partir du soir même, une émission quotidienne intitulée *Ici la France* « s'en ira chaque soir porter dans les demeures françaises les paroles de vérité ».

— La France a connu dans le passé d'autres épreuves, ajoute-t-il. Elle en a toujours triomphé.

Quelques instants plus tard, Yves Morvan, le correspondant à Londres du *Journal*, qui deviendra célèbre sous le pseudonyme de Jean Marin, lit au micro une lettre d'un pilote de la Royal Air Force, remise à sa mère après sa mort, et publiée, le matin même dans le *Times*. Il conclut en parlant de « dévouement » et de « sacrifice ». Dans l'espoir d'une victoire, à chacun de « faire son devoir ».

Le lendemain matin, après une nuit quasiment blanche pendant laquelle toutes sortes d'idées ont tourné dans sa tête, Pierre Dac annonce sa décision à Dinah. A quarante-sept ans, il n'a plus l'âge d'être mobilisé mais rien ne l'empêche, en revanche, de continuer à défendre son pays avec d'autres armes. En son âme et conscience, son devoir est de rejoindre le général de Gaulle à Londres. Comment et pour quoi faire ? *That is the question*. Dinah soulève un problème majeur. Les maigres économies qu'elle a glissées dans son sac en quittant Paris sont en train de fondre comme neige au soleil. Il est donc urgent de trouver un moyen de gagner de l'argent pour subsister et, le cas échéant, payer la traversée de la Manche. Si elle est encore possible.

La solution la plus simple est de se rendre à Toulouse, que les Allemands ne semblent pas contrôler. Trois ans auparavant, Rose Schouver, la mère de Dinah, a quitté Carcassonne pour ouvrir, au cœur de la ville rose, un café à l'enseigne du *Cristal Palace*. Les habitués surnomment

« le Palais des glaces » cet établissement tout en verre, situé au coin du boulevard de Strasbourg et de la place Jeanne-d'Arc. La jeunesse locale s'y retrouve chaque soir. Juste au-dessus de la seconde salle, où des joueurs d'échecs disputent des parties sans fin, une grande pièce a été transformée en studio très confortable. Dinah y a vécu à plusieurs reprises. Le couple pourra parfaitement s'y installer, en toute discrétion, en attendant des jours meilleurs…

Quatre jours plus tard, à Toulouse, Pierre fait le point de la situation avec sa belle-mère. L'armistice franco-allemand vient d'être signé dans la clairière de Rethondes, dans le wagon où le maréchal Foch, vingt-deux ans auparavant, avait ratifié le triomphe de la France. Fidèle à l'une de ses formules favorites, « rien de ce qui est fini n'est jamais complètement achevé tant que tout ce qui est commencé n'est pas totalement terminé », Pierre Dac confirme à Rose son intention de ne pas baisser les bras, et de rejoindre Londres le plus vite possible. Impassible, son interlocutrice calme ses ardeurs. Il est beaucoup trop tôt pour tenter l'aventure. Parmi les 160 000 habitants de Toulouse, dont 30 000 Parisiens qui ont choisi l'exode en zone libre, quelques cas isolés passent pour des utopistes, voire des illuminés, lorsqu'ils commencent à parler de résistance. Tout cela va changer, bien sûr, elle en est persuadée au plus profond d'elle-même. Il faut simplement prendre le temps de laisser ces gens-là s'organiser. Elle lui promet de se renseigner auprès de quelques relations fiables et de l'informer aussitôt qu'elle entendra parler d'une filière sérieuse pour traverser la Manche sans risque de se faire intercepter par l'ennemi. Elle lui conseille, en attendant, de reprendre son métier de chansonnier et de trouver les engagements indispensables pour renflouer une caisse familiale désormais au plus bas.

Quelques jours plus tard, place du Capitole, le chansonnier croise par hasard Jacques Canetti. Directeur artistique de Radio-Cité à partir de 1932, il est le premier à avoir eu l'idée de proposer à Pierre Dac, en 1935, d'animer une émission d'humour à la radio. Intitulée « l'Académie des Travailleurs du chapeau », elle a fait les beaux dimanches de la station créée par Marcel Bleustein-Blanchet. En 1937, Pierre Dac a cédé au chant des sirènes de la chaîne rivale, le Poste Parisien, qui lui proposait un rendez-vous quotidien, « La course au trésor ». Canetti ne lui en a pas tenu rigueur. Lorsqu'ils se retrouvent, les deux hommes reprennent leur conversation comme s'ils s'étaient quittés la veille. Le chansonnier raconte son départ précipité et son arrivée à Toulouse, via la Bourgogne. Canetti l'a suivi de quelques heures seulement. Le 13 au matin, après avoir mis sa femme Lucienne en sécurité, il a discrètement quitté la capitale avant l'arrivée d'une Gestapo qui n'aurait pas tardé à l'arrêter parce qu'elle l'avait fiché, lui aussi, parmi les « juifs influents ». Jamais à court d'idées, il propose à Pierre Dac d'organiser sa rentrée sur scène en louant le Trianon, un cinéma de la ville susceptible de convenir parfaitement à un spectacle de music-hall. C'est ainsi qu'en août 1940, à la veille de son quarante-septième anniversaire, Pierre Dac se retrouve à l'affiche pour deux représentations. La première, faute de promotion, se déroule devant une salle presque vide. En revanche, le lendemain, il n'y a plus un seul fauteuil disponible. Les Parisiens en exil dans les environs ont appris la nouvelle par le bouche à oreille. Ils n'ont pas voulu manquer l'occasion de passer une soirée avec celui qui sait si bien leur parler d'humour.

L'accueil enthousiaste du public incite Canetti à renouveler l'expérience à plus grande échelle. Il décide d'organiser une tournée dans les villes de la zone libre avec Pierre Dac et d'autres chansonniers célèbres parmi lesquels Jean Marsac et Raymond Souplex. Le hasard des engagements va les mener de Brive à Montpellier en passant par Narbonne et Carcassonne. Les propositions se multiplient. Au cours du dernier trimestre de l'année 1940, la petite troupe donne une quinzaine de spectacles par mois, dans des conditions de travail pas toujours faciles. En train, on voyage plus souvent debout qu'assis, et, après le gala, on est logé mais pas toujours nourri. Personne ne s'en plaint, à commencer par Pierre Dac, heureux d'offrir un sourire dans une France où le deuil et les larmes font désormais partie du quotidien.

A la fin du mois d'octobre, de passage à Toulouse, il ne dissimule pas sa colère en apprenant que les juifs ayant quitté la zone occupée ne pourront pas y retourner. De plus, les entreprises juives viennent d'être placées sous contrôle allemand. Pétain et Laval, à la tête d'un État français qui, depuis juillet, a remplacé la République, n'ont rien fait pour s'y opposer.

— Je ne peux donc pas rentrer à Paris, se dit le chansonnier. Ça tombe bien, je ne comptais pas y aller… Pour l'instant.

Traverser la Manche et rejoindre la Résistance à Londres demeure plus qu'une préoccupation : une obsession quasi quotidienne. En septembre, il a suivi avec angoisse la tentative d'invasion de l'Angleterre par les troupes de Hitler. Lorsque la RAF a victorieusement repoussé les bombardiers ennemis, il a bu un verre de whisky à la santé des Britanniques. La partie n'est pas gagnée pour autant, mais l'échec du Führer va peser lourd dans la balance. Il en a l'intime conviction lorsqu'il écoute les émissions des « Français [qui] parlent aux Français ». Chaque soir, entre 20 h 15 et 21 h, ils s'expriment en direct des studios de la BBC, à Londres. Maurice Schuman, porte-parole de la France Libre, précède traditionnellement les journalistes et les éditorialistes, dirigés par Jacques Duchesne. Derrière ce pseudonyme se cache un metteur en scène de théâtre célèbre des deux côtés de la Manche, Michel Saint-Denis. Dès la fin du mois de juin, il a été engagé pour bâtir les programmes, choisir et coordonner les interventions au micro. Il a ainsi conçu un « spectacle sonore quotidien », savant mélange d'analyses politiques et économiques, de marches militaires, de slogans et de refrains satiriques. Entre deux récits de batailles ou l'évocation d'un camarade tombé au champ d'honneur, la touche d'humour est apportée par Maurice Van Moppès, officiellement dessinateur et antiquaire, et Jean Oberlé, l'auteur de « Radio Paris ment, radio Paris est allemand ». Ces paroles dénonçant une station placée sous le contrôle de la Propaganda Staffel qui s'est installée dans les locaux du Poste Parisien, sont interprétées sur l'air de la Cucaracha. Cette mélodie n'a pas été choisie par hasard. Elle est familière au grand public parce qu'elle a été associée avant-guerre à une publicité pour un médicament, la Quintonine. A l'oreille des auditeurs, « Radio Paris ment, radio Paris est allemand » devient rapidement indissociable de l'indicatif de l'émission « les Français parlent aux Français », composé de trois notes brèves et d'une longue, et du début de la Cinquième Symphonie de Beethoven.

Pierre Dac sait, au plus profond de lui-même, qu'il a sa place au micro de ce que le public appelle désormais « Radio Londres ». Tandis qu'à Toulouse, Rose Schouver continue de rechercher une filière sûre, il décide de prendre contact, au mois de novembre, avec son ami, le comédien et écrivain René Lefèvre. Ils ont monté ensemble, en 1938, à Paris, aux Deux Anes, la revue « L'usine à gags ». Dès le début de l'Occupation, Lefèvre s'est installé au Cap d'Antibes, où il a établi des contacts discrets avec des amis engagés volontaires à Londres dans l'équipe du général de Gaulle. Il est ainsi devenu agent du Bureau de contre-espionnage, renseignement et action au sein d'un réseau baptisé Mithridate. Chargé, entre autres, de rallier des personnalités à la cause de la Résistance, il suggère, en décembre 1940 que Pierre Dac rejoigne l'équipe des « Français qui parlent aux Français ». Duchesne et son équipe s'interrogent sur cette candidature qui ne manque pas de les surprendre. La présence du créateur de *L'Os à Moelle* et de « La Course au trésor » serait-elle un atout ou un handicap face à un auditoire qui, confronté à la propagande allemande et aux fausses nouvelles largement diffusées par Radio Paris et Radio-Vichy, a soif d'informations sérieuses ? Certains assurent que la plume loufoque de l'humoriste le plus célèbre de France serait précieuse pour mettre les rieurs du côté des alliés. D'autres pensent exactement le contraire. La priorité étant donnée à des sujets plus graves, et aucune divergence au sein de l'équipe ne devant transparaître officiellement, on décide de reporter la décision « pour des raisons techniques ». Rapidement informé, déçu mais plus déterminé que jamais, Pierre Dac décide de faire contre mauvaise fortune bon cœur, et de continuer son métier, en attendant...

Le soir de Noël 1940, il est à Mascara, en Afrique du Nord. Avant le spectacle, comme la loi l'exige, il remet au censeur de service le texte d'une nouvelle chanson qu'il a inscrite à son programme, « Chant d'Allégresse, destiné à exalter la joie et la gaieté de vivre sous le régime de la Révolution nationale ». A la vue du titre, le fonctionnaire assermenté accorde son visa sans discussion, mais manque de s'étrangler lorsqu'en assistant à la représentation, il entend ces paroles interprétées sur les motifs de « Tristesse » de Chopin, ce qui change radicalement le sens du propos. Furieux, il se précipite en coulisses et apostrophe le chansonnier dès sa sortie de scène. A quoi l'intéressé réplique, sans se démonter :

— Mais qu'allez-vous penser là, cher ami ! Je ne pense qu'à célébrer le plus gaiement du monde l'avènement de Vichy. Ce n'est quand même pas ma faute si j'ai la joie triste.

Au mois d'avril, il se rend à Nice où, une fois encore, il ne résiste pas au bonheur de se moquer discrètement des Italiens. Sans prévenir personne, et surtout pas la censure, il modifie le texte prévu. Le public l'ovationne, mais les organisateurs du gala, qui ne cachent pas leur sympathie pour Mussolini, ne décolèrent pas. Ils déposent auprès du Ministère public une plainte en correctionnelle contre Pierre Dac. Le jugement est prononcé le 21 juillet.

« Attendu qu'au cours de cette revue, une saynète représente un contrôleur des contributions directes discutant avec un contribuable, représentée par M. Isaac André dit Pierre Dac. Attendu qu'interpellé par le fonctionnaire au sujet de l'automobile qu'il possède, Pierre Dac explique qu'il n'a pas besoin d'essence pour faire fonctionner son véhicule et indique les carburants dont il se sert : le yaourt pour la marche avant, le macaroni pour la marche arrière. Attendu que le texte de la revue soumis à la censure était le suivant : « et pour la marche arrière, qu'est-ce que vous mettez ? » Question à laquelle Pierre Dac devait répondre « indifféremment des haricots ou du café ». Attendu qu'il a changé le contenu de son texte sans autorisation des services de la censure. Attendu qu'interrogé par la police au cours de l'enquête, le prévenu a reconnu les faits mis à sa charge. Dans ces conditions, le Tribunal estime sa culpabilité établie. Attendu toutefois que certaines circonstances atténuantes se retrouvent en la cause ; attendu d'autre part que le prévenu n'a jamais été condamné, que les renseignements recueillis sur son compte ne lui sont pas défavorables. Le tribunal estime en conséquence pouvoir le faire bénéficier des dispositions de la loi de sursis en ce qui concerne la peine d'amende qui va être prononcée. »

Condamné à une amende de cent francs, il règle cette somme sur-le-champ après avoir éclaté de rire devant ces attendus paradoxalement impayables. S'il a refusé le sursis que les juges lui proposaient, c'est pour des raisons stratégiques. Il veut demeurer le plus discret possible et ne pas prendre le risque d'être fiché par les services de police. Ecœuré par un procès qui, à ses yeux, représente une entrave inacceptable au peu de liberté de parole qu'on lui tolérait encore, il décide qu'il ne montera plus sur scène tant que les Français n'auront pas gagné la guerre.

Au début de l'été 1941, René Lefèvre reprend contact avec lui. Son arrivée à la BBC semble en bonne voie. Certains commencent à comprendre, là-bas, l'intérêt d'associer au combat quotidien des personnalités connues et appréciées des Français. Son dossier va être examiné avec la plus grande attention. Il doit donc se préparer pour le jour où le feu vert qui lui parviendra ne sera pas pour autant synonyme de départ immédiat. Pour traverser la Manche avec un minimum de risques, les seules solutions sont désormais d'embarquer à bord d'un bateau battant pavillon portugais, d'un sous-marin de poche, d'une felouque jusqu'à Gibraltar ou d'un petit avion suffisamment maniable pour atterrir sur des terrains de fortune. La disponibilité de l'un ou l'autre de ces moyens de locomotion étant « intermittente », il devra encore faire preuve de patience. D'autant plus que, discrétion oblige, l'embarquement ne peut se faire que les nuits sans lune.

Pierre Dac acquiesce mais n'en pense pas moins. Pour mettre toutes les chances de son côté, il doit avoir plusieurs fers au feu…

Un soir du mois de septembre, dans un coin discret du Cristal Palace, Rose Schouver lui présente des « amis sûrs ». Il fait ainsi la connaissance des membres du réseau « Bertaux », composé de résistants de la région de Toulouse, qui ont décidé d'unir discrètement leurs forces. Parmi eux figurent l'écrivain Jean Cassou, ex-conservateur en chef du Musée national d'Art Moderne et Fernand Lefèvre, le frère de René, que Pierre avait connu à Paris. Pilote d'essai chez Morane et Caudron dans les années 1930, il cherche également à rejoindre les équipes du général de Gaulle. Une solution est envisagée. Elle n'est pas sans risque, mais a l'avantage d'être beaucoup plus rapide que celles proposées jusque-là : trouver un passeur de confiance pour traverser les Pyrénées et rejoindre l'Espagne, puis prendre un train jusqu'au Portugal, un autre pour Gibraltar, puis un bateau pour Alger et enfin un avion pour Londres. Le problème réside dans le choix de l'homme discret et honnête qui guidera les candidats à l'exil contre une somme forfaitaire sans les délester de la totalité de leurs biens, et qui ne les livrera pas à une patrouille, voire à un *alcade*.

L'équipe du réseau Bertaux a une solution en la personne d'un ancien contrebandier, que tout le monde appelle Pedro. Il connaît toutes les astuces pour atteindre les départements limitrophes sans se faire intercepter, et possède un sixième sens qui lui permet de flairer la présence d'une patrouille à plusieurs centaines de mètres à la ronde. Son efficacité fait qu'il est très demandé. Il est donc impossible de fixer une date de départ précise. Il faut lui remettre l'argent d'avance et être disponible à tout moment, jour et nuit. Sans hésiter, Pierre accepte de prendre le risque. Aucun signal de Londres n'étant parvenu à René Lefèvre, il prévient celui-ci qu'il a trouvé une solution pour quitter la France et qu'il plaidera lui-même sa cause, sur place, devant Duchesne et son équipe. Il précise qu'il compte entreprendre le voyage avec Fernand, le frère de René.

Le 15 novembre 1941, à dix heures du matin, Louis Vaquer, éditeur devenu l'un des membres les plus actifs du réseau Bertaux, reçoit un appel dans son bureau de Toulouse ; Pedro attend Pierre Dac et Fernand Lefèvre à midi pile devant la gare Matabiau. Il téléphone aussitôt à Rose Schouver et lui demande, sans plus de précision, de prévenir Pierre de l'heure et du lieu de leur rendez-vous. Fernand Lefèvre est averti par un autre canal.

La journée est particulièrement clémente pour la saison et, sous le coup de l'excitation, Pierre ne prend pas conscience que son costume en alpaga est bien léger pour traverser des sommets enneigés. Dinah s'en serait immédiatement aperçue, mais elle s'est absentée pour la journée. Après lui avoir laissé, sur la table, un mot d'amour, le chansonnier part pour un voyage dont il n'a jamais véritablement évalué la difficulté. Après avoir traversé Perpignan, il entame, avec Pedro et Fernand, une périlleuse escalade des Pyrénées par le col de Banyuls. La neige commence à tomber à gros flocons. Les heures passent et la tempête ne se calme pas. Au bout d'un chemin escarpé, Pierre, grelottant et transi, s'effondre épuisé et lance, le souffle court :

— Terminé pour moi, les gars. Continuez… Laissez-moi sur place et advienne que pourra !

Fernand Lefèvre le regarde alors en souriant, comme si tout allait bien, et lui glisse à l'oreille

— Pierre… Pense à Dinah !

La formule fait mouche ! Ne voulant pas que celle qu'il aime soit veuve avant qu'il l'ait épousée, il parvient à se relever et termine le parcours. A la fin de la descente qui mène vers Barcelone, soit près de vingt-quatre heures après le départ de Toulouse, il trouve même la force de s'exclamer :

— Eh bien mon vieux. Si Louis XIV se les était farcies comme moi, il n'aurait jamais dit : « Il n'y a plus de Pyrénées ! »

S'exprimant par gestes et par quelques borborygmes vaguement français, Pedro indique la gare la plus proche à ses deux compagnons de voyage, et reprend la direction de la montagne. Epuisés, traînant la jambe, Pierre et Fernand se dirigent vers la station où les attend le train pour le Portugal. Quelques centaines de mètres avant d'y parvenir, ils sont repérés par l'une des innombrables patrouilles espagnoles de gardes civils chargées de surveiller tout mouvement suspect dans la région. C'est dire s'ils interpellent aisément, presque naturellement, ces deux hommes en costume de ville, les traits tirés, les joues mangées de barbe. Avant d'avoir eu le temps de prononcer une parole, Pierre et Fernand se retrouvent, menottes aux mains, entre les murs gris et humides d'un poste de police. On leur confisque leurs cartes d'identité. Après un court interrogatoire, on les fait monter sans ménagement à bord d'un camion qui prend aussitôt la direction de la *Carcel Modelo*, la « prison modèle » de Barcelone...

Pendant ce temps, à Toulouse, Dinah et sa mère, sans nouvelles de Pierre, ne dissimulent pas leur angoisse. Louis Vaquer les rassure :

— Ne vous inquiétez pas ! Ils sont passés en Espagne. A cette heure-ci, ils doivent être en route pour le Portugal.

Au même moment, Pierre et Fernand pénètrent dans une forteresse d'où, si l'on écoute les gardiens peu bavards, on sort *mañana*, c'est-à-dire « demain ». Sans doute ignorent-ils que les journées ne durent que vingt-quatre heures. En réalité, cet internement dit « réglementaire », réservé aux évadés de France, varie entre quinze jours et trois mois, au gré de l'humeur des autorités locales et du taux de fréquentation de la prison. Lorsqu'il n'y a plus de place, on fait sortir les plus anciens des cellules, et on leur offre le choix entre une autre prison ou un voyage gratuit jusqu'à la frontière, où ils sont remis aux autorités françaises. Pour le jeune gouvernement franquiste, dont les membres soutiennent le maréchal Pétain, qui fut le premier ambassadeur de la République française dans leur pays, c'est une façon de rendre des « petits services » aux autorités de Vichy.

Le 16 novembre au soir, les deux nouveaux prisonniers n'en sont pas encore là. Après avoir franchi une demi-douzaine de portes en fer soigneusement gardées, ils se retrouvent face à une rotonde en forme d'étoile, composée de trois étages de cellules aussi identiques qu'inconfortables. Elles mesurent quatre mètres de long, deux mètres cinquante de large et trois mètres de haut. Le vasistas est élevé, un mètre sur soixante-quinze centimètres. Les Français ou les Républicains espagnols qui s'entassent parfois jusqu'à douze dans la même cellule disposent de toilettes communes, particulièrement insalubres, et, en guise de repas quotidien, de soupe à la morue ou d'un mélange de riz, de pois chiches et d'asticots. La diète est de rigueur quand les gardiens constatent un manquement au règlement, une faute que l'on fait payer à l'ensemble des prisonniers. C'est ainsi que ces rations vont être supprimées pendant quatre jours parce qu'un « mauvais plaisantin » a dessiné la tête du maréchal Pétain sur le siège des latrines, au milieu des excréments.

Dans cet enfer, pour parvenir à s'endormir sur le ciment, recroquevillé dans une couverture, il faut, comme Pierre et Fernand, avoir dépassé les limites de l'épuisement, et ne plus prêter la moindre attention aux cris que les sentinelles poussent toute la nuit, ni aux poux et aux punaises qui tombent presque en permanence du plafond.

Le 21 novembre, on prend les empreintes digitales, puis on rase le crâne du prisonnier Pedro Dac avant de lui administrer l'indispensable piqûre antitétanique et antivariolique. Enfermé dans la cellule 450 de la cinquième galerie, habituellement réservée aux condamnés à mort, il n'est plus alors le Roi des Loufoques, mais un homme à bout de forces qui tente d'échapper à la déprime. Impuissant devant cette nouvelle épreuve, se reprochant au plus profond de lui-même de s'être jeté si bêtement dans la gueule du loup, il passe des journées entières sans prononcer une parole. Chaque nuit, les images des tranchées de la Grande Guerre et la mort de son frère Marcel hantent son esprit. A la haine du Prussien s'ajoute désormais un sentiment de dégoût.

— Je n'imaginais pas que l'humanité puisse être aussi horrible, confie-t-il à Fernand dans l'un des rares moments où il sort de son mutisme. Cette guerre, c'est un gâchis monstre ! Tant de souffrances, tant de potentiel intellectuel détruit !

L'aviateur, ainsi que les six Français, tous lecteurs de *L'Os à Moelle*, qui partagent la même cellule, tentent, en vain, de lui remonter le moral. Ça ne s'arrange pas plus lorsque de nouveaux arrivants, ou des membres du consulat de France à Barcelone, autorisés à déposer des colis destinés à améliorer leur quotidien, leur donnent des nouvelles du front. La Wehrmacht n'est plus qu'à quelques kilomètres de Moscou et la tension monte dans le Pacifique entre les Etats-Unis et le Japon qui sont au bord de la guerre. Enfin, le gouvernement de Pétain, à Vichy, vient d'entériner une loi permettant à l'occupant de contrôler, donc d'exclure, voire d'arrêter tous les juifs de France.

Grâce aux efforts de ses compagnons de captivité, Pierre Dac retrouve un semblant d'énergie. Il semble décidé à ne pas se laisser mourir, mais à tuer le temps, en espérant une libération prochaine. Peu avant Noël, il trouve dans un colis remis par un envoyé de la Croix-Rouge française des médicaments, six pots de confitures, deux tablettes de chocolat, des crayons et quelques feuilles de papier. Pour s'occuper l'esprit, il décide de les noircir en écrivant des poèmes d'espoir.

SOLILOQUE À MA PAILLASSE

Lorsque je te contemple, ô couche sans éclat
Si triste est ton aspect, de pile ou bien de face
Que dans le vain désir de te voir moins à plat
Je murmure à mi-voix : « Allons, ris donc, paillasse ! »

Comme l'a proclamé le divin Ménélas
L'espoir perd tous ses droits quand l'espérance est morte,
Il ne me reste plus qu'à dire : « *Amen* », hélas !
Devant le résultat que ta présence apporte.

Peut-être as-tu nourri la louable ambition
Au temps de ta jeunesse obscurément lointaine
De devenir, suprême et stérile illusion,
Un beau jour, matelas de pure et souple laine.

Vanité, vanité, tout n'est que vanité !
Ainsi te voilà donc, grandeur et décadence
Offrant à tous regards, sur le sol cimenté
Le spectacle navrant de ta morne indigence.

En quels louches endroits, en quels sombres milieux
Te prostituas-tu pour que ta déchéance
En soit au point final ? quel complexe vicieux
Te fait solder ici ta dernière échéance ?

J'ai fait, pour t'amener à quelque repentir
D'infructueux efforts ; indéfendable cause,
Rien ne peut t'adoucir, rien ne peut t'attendrir,
Mes os, mieux que quiconque, en savent quelque chose !

Alors, en un combat sans quartier ni merci
Je m'allonge sur toi, m'y retourne et m'y vautre,
Puis frottant au réveil mon corps endolori
« Lequel des deux, me dis-je, aura la peau de l'autre ? »

....

Quand je m'endormirai plus tard dans un lit blanc
J'aurai pour t'évoquer des trésors d'indulgence
Car je me souviendrai qu'il fallait, de ton temps
Acheter le bonheur au prix de la souffrance.

16-2-1942.

POINTE SÈCHE

A l'époque où ma vie d'artiste
S'écoulait entre quatre murs
J'ai connu un vrai terroriste
Plus pur que le plus pur des purs.

Mince et sec comme un coup de trique
L'œil étincelant et fatal
Il était l'image typique
Du chambardement intégral.

Il n'avait qu'une loi : la sienne
Et qu'un seul idéal : le sien.
Attendant que le grand soir vienne
Pour la rénovation du bien.

Son esprit planait sans fissure
Par-delà les dogmes admis
Son âme incorruptible et pure
Ne souffrait point de compromis.

C'était une espèce d'apôtre
Ne pardonnant rien à autrui
Irréductible avec tout autre
Mais impitoyable pour lui.

Réfractaire à toute idée pieuse
Il avait, en sa conception
Pour morale, la mitrailleuse
Et la corde pour religion.

Echappé d'un phantasme étrange
Ayant pour credo : ça ira,
Il réincarnait le mélange
De Robespierre et de Marat.

Grand prêtre du peuple qui bouge
Il rêvait — sanglant *Te Deum* —
De célébrer la messe rouge
Aux accents du parabellum.

Doctrinaire du mysticisme
Exemplaire en sa probité
Il appliquait le nihilisme
Jusque dans son intimité.

Traitant la femme en camarade
Il la possédait dans un coin
Comme on prend une barricade,
Avec une grenade au poing.

Quand il était atteint d'angine
Il n'employait pour se soigner
Que de la nitroglycérine
Et prisait de la poudre B.

Il faisait, à son ordinaire
Flamber vifs tous ses aliments
Et sauter les pommes de terre
A la bombe à retardement.

… C'était un fameux terroriste
Au cœur d'or, malgré ses traits durs,
C'était en son genre, un artiste
Plus pur que le plus pur des purs.

27-1-42.

NOËL 41

Ce fut un réveillon étrange
Que celui de quarante et un,
Du pain, du rancho, une orange
En composaient tout le festin.

Loin de tous ceux que mon cœur aime,
En la morne nuit des prisons
J'ai cependant vécu le thème
De la plus belle des chansons.

Sur mon pain j'ai mis l'espérance
Et mon pain prit soudainement
L'aspect du beau pain blanc de France
Qui fut le nôtre si longtemps.

Dans mon rancho, j'ai mis la gloire
Qui sera la nôtre bientôt
Et c'est le goût de la victoire
Que mon rancho prit aussitôt.

De ma simple et modeste orange
J'ai distillé le jus grisant
De la liberté sans mélange
Qui nous appelle et nous attend...

Ce fut un réveillon étrange
Que celui de quarante et un
Du pain, du rancho, une orange
En composaient tout le festin.

24-12-41.

POUR ELLE

Lorsque je reviendrai, au jour de délivrance
Mon cœur battra si fort, si fort qu'il bondira
Avant même que j'aie foulé le sol de France
Pour aller le premier se blottir dans tes bras.

Quand nous retrouverons notre raison de vivre
Sous l'azur bleu d'un ciel séchant son dernier pleur
De notre beau roman nous rouvrirons le livre
Brutalement fermé par le vent du malheur.

Au souffle purifié de l'ultime espérance
Dans le calme profond du tumulte apaisé
Auprès de toi j'irai chercher ma récompense
Que tu me donneras en un fervent baiser.

Je n'aurai nul désir de l'officielle gloire
Dont les lointains échos sont si vite oubliés
Puisque c'est ton amour qui sera ma victoire
Et que c'est dans tes yeux que seront mes lauriers.

28-1-42.

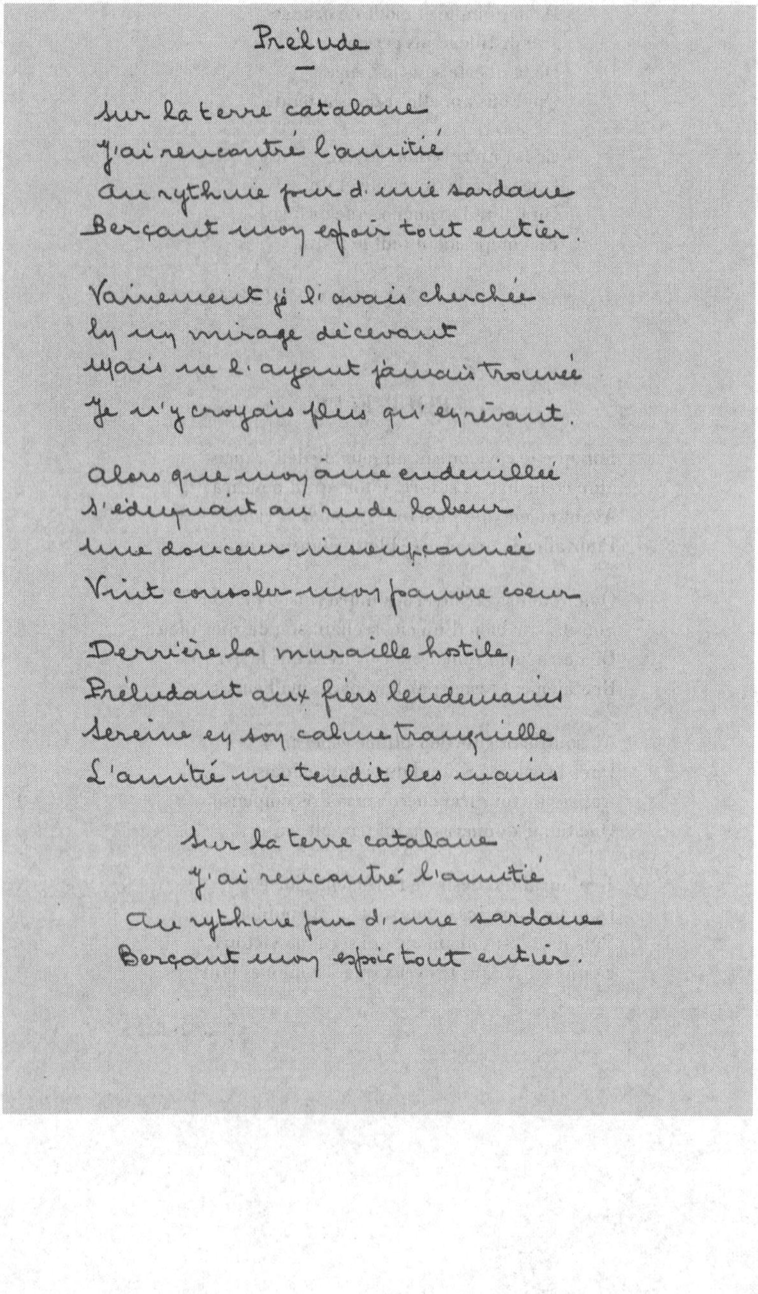

Prélude

Sur la terre catalane
J'ai rencontré l'amitié
Au rythme pur d'une sardane
Berçant mon espoir tout entier.

Vainement je l'avais cherchée
En un mirage décevant
Mais ne l'ayant jamais trouvée
Je n'y croyais plus qu'en rêvant.

Alors que mon âme endeuillée
S'éduquait au rude labeur
Une douceur insoupçonnée
Vint consoler mon pauvre coeur

Derrière la muraille hostile,
Préludant aux fiers lendemains
Sereine en son calme tranquille
L'amitié me tendit les mains

Sur la terre catalane
J'ai rencontré l'amitié
Au rythme pur d'une sardane
Berçant mon espoir tout entier.

Tantôt simple ou munificente,
Émouvante en sa discrétion
Je la trouvai toujours présente
Au détour d'une bonne action.

Je la trouvai dans un sourire,
Dans l'envol d'un fugace émoi
Et dans ce qui ne peut se dire
Que par un regard planté droit

Merci à vous, mes camarades
Qui m'avez permis d'assister
A la plus noble des parades,
Celle de la fraternité.

Merci de m'avoir montré comme
Nous devrions être demain
Où chaque humain serait un homme,
Où chaque homme serait humain.

2 (Au rythme pur d'une sardane
Berçant mon espoir tout entier
1 (Sur la terre catalane
~~Enfin j'ai trouvé~~ l'amitié.
J'ai rencontré

Déc. 41
Carcel Modelo.

NOCTURNE

Quel est donc ce bruit qui circule
Troublant le silence établi
Lorsque la nuit, en la cellule
Apporte la paix dans l'oubli ?

Est-ce une toile qu'on déchire,
Le piétinement des fourmis,
Ou l'inconscient éclat de rire
De l'un des rêveurs endormis ?

Sont-ce les plaintes incertaines
D'amants ivres à satiété
Ou l'appel strident des sirènes
Jetant l'alarme en la cité ?

Est-ce un bourgeon qui vient d'éclore
Préludant au proche printemps,
Le chant des prêtresses de Flore
Ou celui du coq, éclatant ?

Est-ce la trompette guerrière
Sonnant pour de furieux combats
Ou bien un tremblement de terre
Creusant le gouffre sous nos pas ?

Est-ce enfin l'orage qui gronde
Fracassant le ciel embrasé
Est-ce l'émeute, est-ce la Fronde,
Ou le soupir d'un cœur blasé ?

Pose ton luth, ô doux poète
Et laisse ta muse en repos,
Car cet écho qui se répète
N'est que la fin des haricots.

26-2-42.

A la fin du mois de mars 1942, le nombre de Français interpellés après une traversée des Pyrénées est en forte augmentation. On décide donc de faire sortir les plus anciens, parmi lesquels Pierre Dac et Fernand Lefèvre. Ce dernier demande à être transféré au camp de Miranda de Ebro, où les conditions de détention sont beaucoup plus humaines. A en croire les confidences de détenus particulièrement fiables, il peut également espérer une aide de la Croix-Rouge, dont les représentants monnayent la sortie de quelques Français contre des provisions et des vêtements. Tenté, au départ, par cette solution, Pierre change finalement d'avis. Quelques mois derrière des barbelés, même dans des conditions meilleures, compromettent le but qu'il s'est fixé voici près de deux ans : rejoindre Londres et l'équipe de la France Libre. Il demande donc à être reconduit à la frontière et à être remis aux autorités françaises de la zone libre. Il sait qu'il prend un risque énorme, mais il n'a pas d'autre solution.

C'est ainsi que le 26 mars 1942, au poste frontière de Céret, il se retrouve face à face avec un commissaire spécial qui le reconnaît aussitôt et l'interroge, presque en souriant, après lui avoir offert un verre.

— Monsieur Pierre Dac, qu'est-ce que vous faites ici ? Pourquoi avez-vous tenté de quitter votre pays ?

— C'est très simple mon vieux, réplique le chansonnier. En France, il y avait deux hommes célèbres, le maréchal Pétain et moi. La nation ayant choisi le Maréchal, je n'avais plus qu'à partir.

Le fonctionnaire éclate de rire et tape sur l'épaule du chansonnier.

— Vous me mettez dans une situation impossible ! Je ne peux pas arrêter un homme comme vous !

— Arrêtez-moi, insiste Pierre Dac. Si vous ne faites pas votre devoir, qu'est-ce qui va se passer ? On va me reconnaître, je vais forcément être piqué. Et vous, qu'est-ce que vous allez vous prendre comme avoine !

Le commissaire s'exécute à regret, contraint et forcé. Bénéficiant de conditions de détention particulièrement confortables, le chansonnier se retrouve, quarante-huit heures plus tard, devant le président du tribunal correctionnel :

— Que faisiez-vous en Espagne ? Qu'avez-vous à dire pour votre défense ? demande le magistrat.

— Monsieur le Président, ne croyez pas ceux qui affirment que j'allais au Brésil chercher du café pour ma femme. C'est faux ! J'étais parti faire une excursion dans la montagne et je me suis égaré !

Se pinçant les lèvres pour éviter de rire aux éclats, le juge le regarde et lance :

— Un mois de prison et douze cents francs d'amende ! Affaire suivante.

Pierre Dac retourne dans le couloir, où quelques instants plus tard, le juge s'approche de lui, et lui glisse à l'oreille :

— Je vous ai donné le minimum parce que je ne peux pas faire autrement. Mais je vous en demande pardon.

Peu après, au moment de monter dans le fourgon cellulaire qui doit le conduire à la maison d'arrêt de Perpignan, un gendarme le retient par le bras :

— Ah non ! Pour vous, pas de cellule ! Vous montez à côté du chauffeur, ordonne-t-il avant de solliciter un autographe que Pierre Dac lui donne bien volontiers.

Pierre Dac, n'en a pas conscience, mais il l'a échappé belle. Face à un autre tribunal plus favorable à Vichy, il risquait d'être remis aux autorités allemandes et de prendre la direction des camps de Drancy, Compiègne puis Auschwitz, dont on commence à entendre parler, à l'heure où à Berlin, les Allemands ont officiellement examiné ce qu'ils appellent « la solution finale », c'est-à-dire l'extermination de tous les juifs.

Un mois plus tard, Pierre Dac quitte la maison d'arrêt de Perpignan avec 433,10 francs en poche. Le jour même, il retrouve le Cristal Palace, où Rose Schouver s'effondre en larmes dans ses bras. Elle lui donne aussitôt des nouvelles de Dinah. Ne sachant pas ce que Pierre était devenu, elle est rentrée à Paris au début de l'année, et a réintégré leur appartement de l'avenue Junot. Elle y vit plus en sécurité qu'à Toulouse, encore considérée en zone libre, mais pour combien de temps ? Tandis que, dans le Pacifique, les Japonais multiplient les victoires contre une armée américaine dépassée par les événements, la Gestapo élimine, petit à petit, tout ce qui peut s'opposer à elle. Des espions, mais aussi bon nombre de dénonciations, lui ont permis de démanteler des réseaux de résistance pas toujours suffisamment méfiants. Rose apprend ainsi à Pierre Dac que quinze jours après son départ pour l'Espagne, les membres de Bertaux ont presque tous été arrêtés. Le nom du chansonnier figure, a-t-elle appris incidemment, sur la liste des complices de cette organisation, et un mandat d'arrêt a été lancé contre lui. Il doit même être jugé à Toulouse, par contumace, dans les semaines à venir.

En juin, il est convoqué au tribunal de Toulouse, mais pour une autre affaire. A en croire le greffier, il n'a pas réglé dans sa totalité l'amende qui lui a été infligée à Céret. Sans hésiter, il se présente le jour dit devant le juge. Il explique, sans se démonter, qu'il n'a rien à se reprocher. Le 23 avril, il a adressé par mandat à M. le Percepteur de Céret une somme de 1 273,60 francs, plus 9,50 francs de droits, soit la totalité de la somme prévue. Le magistrat constate que le compte est bon, relaxe le prévenu qui quitte la salle d'audience libre de ses mouvements. Le président de la Chambre n'ignorait pas l'existence du mandat d'arrêt lancé par l'occupant, mais il a volontairement « oublié » de traiter ce dossier. Originaire d'Alsace-Lorraine, comme les grands-parents maternels de Pierre Dac, il ne manque jamais une occasion de s'opposer, à sa façon, à un envahisseur qu'il ne porte pas dans son cœur. Une fois encore, le Roi des Loufoques a eu beaucoup de chance.

Nº 1406 *bis* spécial. RÉPUBLIQUE FRANÇAISE.

POSTES, TÉLÉGRAPHES ET TÉLÉPHONES.

RÉCÉPISSÉ DE MANDAT.

Bureau de

Montant	Droit	Numéro	Date
1.273,60	9,50	12321	23 AVR 42

Les taxes représentées par des timbres-poste ou par des empreintes de machines à affranchir (taxe d'expédition et de factage des mandats payables à domicile, droit de versement des mandats du service des chèques postaux) ne sont pas comprises dans les sommes figurant ci-dessus.

NOM ET ADRESSE DU DESTINATAIRE (1).

M. le Percepteur de Céret

à Céret (Pyr. Or.)

(1) Indications à porter par l'expéditeur.

Au début du mois de juillet 1942, grâce à l'efficace et discrète complicité de Rose Schouver, Pierre Dac fait la connaissance des membres d'un autre réseau, Beryl. Il précise aussitôt que les quatre mois qu'il vient de passer dans les geôles espagnoles ne l'empêchent pas, bien au contraire, de persister dans son ardent et profond désir de rejoindre la France Libre. Les démarches entreprises par René Lefèvre étant restées lettre morte, on décide de repartir de zéro. Un Toulousain, qui se fait appeler « M. Bernard », adresse aussitôt à Londres, grâce à une filière discrète, un télégramme ainsi libellé :

— Pierre Dac journaliste, speaker et humoriste très populaire demande rejoindre Londres. Serait d'un grand secours pour relever émissions radio. Si d'accord, donnez moyen.

La section française de la BBC connaît alors quelques problèmes de crédibilité. Les auditeurs, toujours aussi nombreux, reprochent aux éditorialistes d'annoncer une victoire prochaine, improbable sur le terrain. Conscient de l'embarras dans lequel se trouvent Duchesne et ses équipes, et de la désorganisation qui en découle, M. Bernard renouvelle son offre le 2 août, avec un second télégramme :

— Proposons Pierre Dac, nom plus populaire de France jusqu'à guerre, pour prendre en main partie polémique et humoristique. Venue et apparition Pierre Dac à radio BBC ferait sensation en France. Prière prévenir rapidement dirigeants BBC. Pierre Dac présente garanties loyauté absolue et est à votre disposition.

Le 4 août, le Comité Exécutif de Propagande, chargé de définir la ligne éditoriale des « Français parlent aux Français », se réunit et parle du « cas Pierre Dac ». Le lendemain, à Toulouse, M. Bernard obtient une réponse officielle. Le comité se déclare unanime, malgré certaines réticences, pour réserver à la demande de M. Pierre Dac une réponse favorable. On demande seulement qu'on ne donne pas à la future recrue de faux espoirs ou des assurances prématurées. Autrement dit, son arrivée n'est pas une priorité.

— Je n'ai plus qu'à aller les convaincre moi-même, soupire l'intéressé.

M. Bernard le supplie de patienter et de se faire le plus discret possible. Sa tête a été mise à prix par Vichy et des informateurs sûrs lui ont appris que la Gestapo le recherche de plus en plus activement. Arrêter et juger un homme aussi célèbre, juif de surcroît, constituerait pour l'occupant, une excellente façon de casser le moral de ces « naïfs qui croient encore à une victoire possible des alliés ».

La situation se complique encore lorsque le 11 novembre, trois jours après le débarquement des Forces alliées en Afrique du Nord, les troupes allemandes envahissent le sud de la France. La zone libre est désormais occupée elle aussi. Pierre Dac se retrouve désormais dans la situation d'une bête traquée. Circulant discrètement, en fonction des circonstances, entre Toulouse et Perpignan, il ne communique plus avec personne et surtout pas avec Dinah. Ne perdant pas pour autant son sens de l'humour, il prend le risque, pour le plaisir, d'attacher une nuit, aux grilles d'un hôtel de Toulouse occupé par des Allemands et entouré de barbelés, un mot ainsi libellé : « Défense de donner à manger aux singes ».

A la veille de Noël 1942, moralement épuisé par cette fuite qui semble sans fin, il confie à un résistant qui l'a caché chez lui pendant quelques jours que « la Gestapo s'apprête à le convier à un grand festival rédempteur de matraques ». Autrement dit, il semble se faire à l'idée de son arrestation prochaine et de ses conséquences dramatiques.

Un soir, au plus profond du désespoir, il pense à Dinah qui lui manque tant. Pour elle, rien que pour elle, il doit tenter l'opération de la dernière chance et trouver une solution pour gagner l'Angleterre par ses propres moyens. Il demande à ses amis de la Résistance de lui procurer de faux papiers. Il devient ainsi Pierre Duval, citoyen canadien, muni d'un passeport parfaitement en règle. On lui recommande de prendre discrètement contact avec Andrée Bot, employée des chemins de fer à la Gare Matabiau. Son mari y occupe la fonction d'inspecteur. Avec sa complicité, elle a détourné à plusieurs reprises vers Bordeaux des wagons de marchandises qui se dirigeaient vers Lyon. Des résistants ont ainsi pu récupérer, à l'insu des nazis, de précieuses denrées. Bien que toutes les demandes de voyages doivent être visées au guichet par l'occupant, peut-être parviendra-t-elle à obtenir pour Pierre Duval un billet de train pour l'Espagne, qui échappe à ce contrôle ?

Le 20 mars 1943, dans son bureau au deuxième étage de la gare, Andrée Bot voit arriver Pierre Dac qui tient à la main une minuscule valise en carton bouilli. A voix basse, car les oreilles ennemies ne sont jamais bien loin, il précise qu'il vient de la part du réseau Béryl. Puis il ajoute :

— Je dois partir pour l'Espagne. Il n'y a que vous qui puissiez me fournir un billet.

L'employée modèle acquiesce discrètement de la tête, et demande à son interlocuteur de patienter sur une banquette. Elle s'empare du document nécessaire, le remplit puis se rend dans une pièce voisine où elle tend le formulaire à son chef de bureau.

— Je dois mettre un nom sur ce billet, précise-t-il, presque mécaniquement.

— Il s'appelle Pierre Duval.

— Qui est-ce ? Je dois le rencontrer.

— Faites-moi confiance, dit Andrée Bot en souriant. C'est pour une bonne action.

L'homme la regarde fixement, puis signe en bas d'une feuille qu'il rend ensuite, sans un mot, à son employée. Tout naturellement, sans se presser, elle retrouve le chansonnier qui fait nerveusement les cent pas afin de se calmer. La fonctionnaire sourit en découvrant ses chaussures aux semelles compensées lui permettant de paraître un peu plus grand. Elle lui tend le billet. Pierre la serre dans ses bras et, visiblement ému, l'embrasse sur les deux joues.

— Je vous promets que dès que je suis à Londres, je vous le fais savoir…

Deux heures plus tard, dans le compartiment du train qui roule vers Barcelone, un douanier français le salue réglementairement, puis lui demande son titre de transport et sa carte d'identité. Sans sourciller, il lui tend l'ensemble au nom de Pierre Duval. L'homme examine les papiers, puis, regardant le voyageur droit dans les yeux, ajoute, avant de s'éloigner :

— Merci, monsieur Pierre Dac.

A l'arrivée à la gare de Latour-de-Carol, le gendarme espagnol de service se montre beaucoup moins compréhensif. Le règlement l'obligeant à procéder à une vérification d'identité, il explique au voyageur qu'il va être placé en résidence surveillée en attendant la réponse des services du consulat du Canada. « Pierre Duval » parvient à rester impassible. Il acquiesce.

Une heure plus tard, il découvre des conditions d'hébergement qui, fort heureusement, n'ont plus rien à voir avec celles qu'il a connues à la *Carcel Modelo*. Depuis le mois de janvier 1943, sentant le vent tourner, les autorités espagnoles font preuve d'une plus grande défiance envers le gouvernement de Vichy. Les évadés de France sont ainsi placés sous la responsabilité de la Croix-Rouge et logés dans des pensions de famille assez confortables, situées pour la plupart dans le quartier chinois. En fonction d'accords verbaux, volontairement discrets, pris entre les gouvernements espagnol et anglais, des échanges sont organisés par l'intermédiaire des consulats : quelques dizaines de sacs de blé ou de phosphate contre un « otage ». La transaction s'effectue à l'issue de formalités administratives qui sont alors plus que jamais ce qu'elles sont, c'est-à-dire le contraire de ce que Pierre Dac voudrait qu'elles fussent : longues, très longues, trop longues… Régulièrement, il annonce ainsi, l'air grave, à ceux qui partagent son sort :

— Vous avez appris la nouvelle ?…Il faut attendre.

Il tente d'occuper ces semaines précieuses, inutilement perdues, en participant à des promenades organisées ou en donnant des conférences. Le 28 avril, il apprend le départ d'un premier convoi pour l'Angleterre. En consultant la liste des « libérés », établie par la Croix-Rouge, il constate que son nom n'a pas été retenu. Les heureux élus sont exclusivement des militaires capables de reprendre immédiatement du service. Le choc est rude. Pierre Dac fulmine. Sa patience est à bout. Il doit rejoindre Londres par n'importe quel moyen ! Lisant sa déception sur son visage décomposé, un employé qui l'a pris en sympathie lui apprend l'existence de filières clandestines, apparemment très sûres, permettant de gagner le Portugal sans être inquiété. Le billet coûte quarante mille pesetas, prétendument réparties à part égales entre les « bonnes œuvres » du gouverneur et de l'évêque de la Province.

Le chansonnier n'hésite pas une seconde, casse sa tirelire, et verse l'argent à un « intermédiaire ». Le 18 mai, il se retrouve ainsi dans un train pour Setubal qui affiche archicomplet. Il avise alors la présence, dans le couloir et même sous les banquettes des wagons, de plusieurs dizaines de passagers clandestins. Chacun a donné cinq mille pesetas à un chef de gare qui a « oublié » de contrôler leur billet. Cette scène a été remarquée par un informateur de la police. C'est ainsi qu'au premier arrêt, à Lerida, des gardes civils, fusil au poing, montent à bord du train et demandent sèchement à tous les passagers de rejoindre le poste de douane pour une vérification d'identité. Pierre Dac suit le mouvement, tête basse. Les voyageurs se retrouvent agglutinés dans une salle d'attente où la température frise les quarante degrés. C'est dans ces conditions qu'ils sont sommés d'attendre que le système administratif s'ébranle. Vers treize heures, quatre personnes à la carrure de rugbymen tentent une sortie. Ils forcent la crémone d'une fenêtre d'où ils bondissent avant d'être immédiatement repris. Les gardiens, furieux, annoncent en espagnol que le voyage s'arrête là et que tout le monde va payer pour ces inconscients.

Le soir même, Pierre Dac, moralement anéanti, découvre la prison de Valencia de Alcantara, au sud de l'Espagne. Il s'endort sur la paillasse d'une cellule, persuadé qu'il n'arrivera pas à Londres avant la fin de la guerre, voire peut-être jamais…

Dans cette zone dite « blanche », on est franquiste par tradition chrétienne plutôt que par réelle conviction politique. La surveillance des prisonniers de guerre n'est pas le souci majeur des deux gardiens affectés à cette mission. L'un d'entre eux n'y pense même plus du tout depuis qu'il a eu le coup de foudre pour l'une des trois femmes présentes parmi les détenus. Elle s'en est aussitôt aperçue et, avec l'aval de ses camarades, elle a décidé de profiter de la situation. Elle commence à répondre aux avances de son geôlier par des sourires qui pourraient en dire long. L'homme, désormais sur un petit nuage, multiplie les passe-droits. A la demande de sa dulcinée en puissance, il accepte de distribuer du pain et du café au lait à tout le monde. Au cinquième jour de détention, un détenu s'aperçoit que le gardien amoureux a laissé une clé dans la serrure de la porte principale de la prison. Il s'en empare discrètement avant de bâtir, avec quelques complices, un plan d'évasion. Il existe, dans la toiture de la salle commune, un trou facile à atteindre après une courte escalade. Quelques pas suffisent pour rejoindre l'entrée du bâtiment, puis ouvrir la porte vers la liberté. Cette conversation a pour témoins deux Portugais qui, moyennant une remise de peine, dénoncent les comploteurs au directeur de la prison. Les représailles sont immédiates. Le 4 juin au matin, les détenus, menottes aux mains et enchaînés par dix, sont transférés à Caceres, une prison de la région d'Extremadura, d'où il est impossible de s'évader. Avant même d'y arriver, le groupe est informé de cette particularité peu engageante par des gardiens qui, pour preuve, racontent ce qui est arrivé à l'architecte qui a dessiné les bâtiments. Opposé au régime franquiste, il s'est retrouvé, quelques mois auparavant, au fond d'une cellule. Connaissant les lieux comme personne, il a tenté une sortie qu'il croyait sûre. Avant même d'atteindre la cour il a été abattu sans sommation.

Pierre Dac s'en veut. Comment peut-il avoir été aussi naïf ? Pourquoi s'est-il montré aussi impatient ? Il n'aurait jamais dû quitter Barcelone, jouer ses économies et son avenir sur un coup de dés. Moralement au bord du gouffre, il ne sourit même pas lorsque le prisonnier qui le précède montre ses fesses au fonctionnaire chargé de prendre ses empreintes digitales. Le greffier l'appelle ensuite et lui demande son nom et sa religion :

— Pierre Duval, juif, lance sèchement le chansonnier.

— Il ne faut jamais dire cela, répond le préposé aux écritures d'une voix morne. Vous devez répondre « catholique » ou « sans ».

— Je suis juif, et si tu veux une preuve, ce n'est pas un problème !

Le scribe de service pousse un soupir, note « sans » et appelle le détenu suivant. Une fois encore, le couperet est passé très près.

De longues semaines passent à nouveau. Pour tuer le temps, les prisonniers s'expriment à tour de rôle sur leurs professions respectives en temps de paix ou s'amusent à décerner, par votes, des « Ordres du Con », aux responsables de Vichy, aux collaborateurs, aux miliciens et aux nazis, pour des motifs dont ils discutent pendant des heures.

La chaleur est étouffante et la nourriture tellement mauvaise que Pierre Dac finit par se résigner à se nourrir exclusivement d'espoir. Des médecins figurant parmi les quatre-vingts détenus français partageant son sort, lui ont en effet appris qu'au mois de mai, les Alliés ont triomphé en Afrique du Nord et détruit ainsi un bouclier vital dans la conquête de l'Europe par les nazis. L'ennemi est de moins en moins invincible. Il commence même à trembler sur ses bases.

Le 15 août 1943, jour de son cinquantième anniversaire, Pierre Dac apprend que l'échange de tous les prisonniers contre des sacs de blé et quelques fûts d'essence semble en bonne voie. Les déceptions ont été si nombreuses qu'il ne crie pas victoire. Et pourtant, pour la première fois, il retrouve un semblant d'espoir. Le président de la section de Madrid de la Croix-Rouge française vient un après-midi à Caceres pour expliquer, sans trop de détails, qu'une action menée depuis le début de l'été auprès des Anglais et des autorités espagnoles, approcherait de son dénouement. Il revient dix jours plus tard et annonce que l'accord est conclu. Pierre Dac et ses compagnons de cellule bénissent cet homme habillé en évêque que les gardiens appellent « Monseigneur ». Tout cela n'est qu'apparence. Il se nomme Boyenas, et ne fréquente jamais les églises, pas même le dimanche. Il a choisi cette couverture afin de se glisser plus facilement dans l'univers carcéral.

Le départ pour le Portugal est fixé au 29 août au matin. Les prisonniers, une étiquette en évidence autour du cou, montent dans un train sous bonne escorte. A l'arrivée en gare de Setubal, ils sont accueillis par une foule d'ouvriers venus des usines voisines pour les acclamer et brandir le plus haut possible des planches clouées en forme de V, symbole de la Victoire. Pierre Dac ne peut s'empêcher d'essuyer une larme.

Le lendemain, il est à Gibraltar et monte à bord du *Sidi Braïm*, un bateau de la marine marchande qui effectue, sous la protection de navires officiels, la liaison jusqu'à Alger. Au milieu de la traversée, le pavillon de complaisance est remplacé par un drapeau tricolore.

Dès son arrivée à Alger, Pierre Dac se rend à une adresse qu'on lui a donnée à Toulouse et qu'il a soigneusement conservée dans un coin de sa mémoire. C'est ainsi qu'il retrouve dans une villa discrète des environs de la ville l'un de ses amis, qui travaille depuis trois ans au service de la Résistance, Marcel Aboulker. Ce cinéaste a réalisé, entre autres, *Les Surprises de la radio* en 1937, un film où le Roi des Loufoques a joué son propre rôle.

Les deux hommes s'étreignent longuement. Aboulker est ému, mais gêné. La maison est pleine et il n'a pas de chambre confortable disponible. S'il avait été prévenu à temps, il aurait trouvé une solution. Pierre lui avoue que cela n'a aucune importance. Il dormira dans le salon, voire sur la terrasse, enroulé dans un tapis. Ce sera mille fois plus confortable que toutes les cellules qu'il a fréquentées depuis près de deux ans.

Le soir même, il prend avidement connaissance de la situation sur les champs de bataille. Quelques jours après le débarquement des Alliés en Sicile, Mussolini a été démis de ses fonctions par le roi Victor-Emmanuel III, puis arrêté. L'Italie, défaite, cherche un moyen de sortir du conflit. De son côté, la Royal Air Force est parvenue à tromper la défense allemande, et les pilotes britanniques ont détruit Hambourg en larguant plus de huit mille tonnes de bombes. Ils ont également mené des raids victorieux sur les usines d'armement en Allemagne. Une opération identique serait en cours à Berlin. Enfin un projet de débarquement des troupes alliées en France, sans doute en Normandie, est, semble-t-il, en préparation.

Le chansonnier raconte ensuite, par le détail, ses mésaventures carcérales, et conclut en affirmant qu'il est plus que jamais décidé à rejoindre la France Libre et le micro de la BBC. Marcel Aboulker lui explique qu'à son sens, sa présence n'a jamais été aussi nécessaire. La section française de la BBC se trouve à un tournant. La guerre des mots contre la propagande radiophonique, qui a débuté trois ans plus tôt, va s'intensifier face à un ennemi qui semble avoir l'intention de se battre jusqu'au dernier soldat. Disposer d'un renfort aussi important en la personne de Pierre Dac peut devenir un atout essentiel.

Le lendemain, par l'intermédiaire d'un réseau qu'il utilise fréquemment, Aboulker fait savoir à Jacques Duchesne que Pierre Dac est à Alger et qu'il désire par-dessus tout rejoindre l'équipe de la BBC. Il insiste en précisant, à son sens, que la capacité de faire rire du chansonnier humoriste constituerait un atout majeur pour la propagande alliée.

— Je sais que l'émission « Les Français qui parlent aux Français » est en pleine restructuration, ajoute Marcel Aboulker. La réponse à ma proposition ne sera sans doute donc pas très rapide. Je vous engage, mon cher Pierre, à profiter du soleil, mais surtout, à faire preuve de patience.

— Ne vous inquiétez pas, ajoute Pierre Dac en souriant. Les événements que je viens de vivre m'ont appris à me hâter lentement…

Soucieux de se refaire une santé avant d'entamer, si Dieu et la BBC le veulent, un combat verbal qui ne lui fait pas peur, il passe les jours qui suivent au soleil, simplement vêtu d'un caleçon bleu et de son chapeau. Régulièrement, il tente de laver à grande eau et de repasser la chemise et le costume représentant l'essentiel de sa garde-robe. Beaucoup plus doué pour manier les mots que les objets du quotidien, il affronte un fer dont il est incapable de comprendre le fonctionnement, ni même le sens de la marche. Le combat est inégal, et le résultat assez pitoyable. Il retrouve ainsi, comme au temps de *L'Os à Moelle*, un public de jeunes qu'il fait rire, mais, cette fois-ci, bien involontairement.

Le courrier de Londres parvient à Alger plus vite que prévu. Le 28 septembre, Duchesne adresse à Marcel Aboulker une lettre où il commence par s'excuser de ne pas avoir immédiatement répondu à sa proposition. Au nom du Comité français pour la Libération, qui contrôle les programmes depuis le mois de juin, il donne un accord tardif, mais enthousiaste, à l'arrivée de Pierre Dac au micro des « Français parlent aux Français ». Il se dit enchanté de lui offrir de temps en temps un micro. Il pourra aider son équipe à se renouveler après trois ans de travail acharné. Par honnêteté, il précise que l'émission durant exactement vingt-deux minutes et trente secondes par jour, il craint de ne pas pouvoir employer au mieux les talents de l'humoriste. Sa participation sera très limitée.

L'important, c'est de participer, répond Pierre Dac qui ne dissimule pas son émotion. Les souffrances, la solitude de ces deux dernières années sont récompensées. Il sait, au plus profond de lui-même, qu'il entame maintenant un nouveau combat. Le plus important de sa vie, sans doute.

Le 12 octobre au matin, il apprend que le départ est fixé pour le soir même. Peu après vingt heures, ses amis le conduisent vers le terrain où un petit avion vient d'arriver de Londres. Avant de monter à bord, il serre dans ses bras des compagnons qui, comme lui, ont le sentiment que la délivrance est proche.

Le vol se déroule à haute altitude, avec des trous d'air dignes des montagnes russes d'un parc d'attractions, et un détour au-dessus de la mer pour éviter les radars ennemis. Assis sur une banquette de fortune, Pierre Dac ne bronche pas. Il demeure attentif au moindre bruit, craignant, en son for intérieur d'éternel pessimiste, le petit incident qui l'empêcherait de parvenir à destination. Il est tellement concentré qu'il ne dit pas un mot à l'un ou l'autre des vingt passagers, tous volontaires pour rejoindre la Résistance de l'autre côté de la Manche.

En quittant l'appareil, il remercie brièvement l'équipage et monte, avec ses compagnons de voyage, dans un car qui prend aussitôt la direction du centre de Londres. Le ciel est gris et la température n'a plus rien à voir avec celle qu'il a connue à Alger jusqu'à la veille au soir. Il sait pourtant que sous ce ciel brumeux, il est à l'aube de l'une des journées les plus ensoleillées de son existence. Il a presque envie de se pincer afin de vérifier qu'il ne rêve pas.

Le véhicule s'arrête dans une rue tranquille, à quelques dizaines de pas de Buckingham Palace. Pierre, toujours aussi silencieux, descend au milieu des autres passagers, pose sa minuscule valise en carton bouilli, et sort de sa poche le petit dictionnaire français-anglais qu'il a pris soin d'emporter. Sa connaissance à peu près nulle de la langue anglaise, à l'exception du mot « whisky », assortie à son sens de l'orientation défaillant, l'obligent à demander son chemin à une bonne demi-douzaine de policemen avant d'atteindre Carlton Gardens où se trouvent les bureaux du général de Gaulle.

Le chef de la France Libre, alors essentiellement à Alger, a confié ses pouvoirs au colonel Claude Hettier de Boislambert qui reçoit immédiatement ce courageux loufoque qu'il a applaudi jadis sur la scène de la *Lune Rousse*. Il a bien du mal à reconnaître immédiatement en cet homme aux traits amaigris et au vieil imperméable décoloré le chansonnier dont il garde le souvenir, les souliers impeccablement cirés et les yeux bleus toujours maquillés. Il ne manifeste pas toutefois la moindre surprise et lui réserve un accueil chaleureux et enthousiaste. Pierre Dac se présente réglementairement avant d'évoquer avec pudeur et sans trop de détails son parcours depuis le départ de Toulouse. Ecœuré par les horreurs qu'on lui a rapportées, à commencer par la rafle à Paris de 7 500 juifs le 17 juillet 1942, parqués au Vélodrome d'Hiver avant de partir vers des camps d'où l'on ne revient presque jamais. Il en profite pour rappeler qu'il demeure plus que jamais solidaire de ses frères israélites.

— Tout juif qui aurait la possibilité de faire la résistance et qui ne s'y engage pas, je le méprise d'office, ajoute-t-il sèchement.

Il se défoule en avouant son dégoût pour ceux qui ont trahi leur pays, et en particulier pour ces artistes qui, depuis trois ans, ont accepté de s'exprimer aux micros de Radio-Vichy ou de Radio Paris. Il réfrène, non sans mal, la colère froide qui est en train de monter en lui, et redevient plus serein afin d'expliquer combien son plus cher désir est d'apporter sa pierre à l'édifice d'espoir qu'est devenue pour ses compatriotes, l'émission « Les Français parlent aux Français ».

Son interlocuteur l'en remercie au nom du Général puis griffonne sur une feuille de papier l'adresse de la *French Section* et ajoute un plan très simple pour s'y rendre en quelques instants.

Une demi-heure plus tard, après s'être trompé de direction à trois reprises, Pierre Dac arrive devant Bush House, au cœur de Aldwych, le centre de Londres. Il découvre l'immeuble où, depuis un bombardement de l'aviation ennemie en 1942, les services européens de la BBC ont été regroupés. La *French Section* occupe les deuxième et quatrième étages de l'aile centrale et dispose de quelques-uns des studios aménagés au sous-sol, pour des raisons évidentes de sécurité.

Il entre, se dirige vers une hôtesse et parvient à lui faire comprendre, en très mauvais anglais, qu'il est attendu par Jacques Duchesne. Cinq minutes plus tard, il entre, le cœur battant dans une pièce où il entend une voix qu'il reconnaît immédiatement, lui lancer sèchement, sans préambule :

— Monsieur, êtes-vous venu ici pour jouer les vedettes ou pour vous incorporer tout simplement à notre équipe ?

Il ne se démonte pas pour autant et répond, sans l'ombre d'un instant d'hésitation :

— Monsieur, en me posant pareille question, vous me faites grave injure, étant donné et vu que…

Il n'a pas à en dire davantage. Son interlocuteur l'interrompt et lui serre chaleureusement les mains. En quelques dixièmes de seconde, le ton de sa voix s'est transformé.

— Mon cher Pierre, vous venez de réussir brillamment votre examen d'entrée. Considérez-vous comme d'ores et déjà adopté par nous. Venez que je vous fasse connaître les camarades.

Quelques instants plus tard, il fait la connaissance de ceux dont il a entendu la voix, au milieu des brouillages, en collant l'oreille sur le poste de TSF. On lui présente d'abord Maurice Schuman. Depuis le 17 juillet 1940, il est le porte-parole de la France Libre. Il intervient ainsi chaque soir pendant les cinq minutes de l'émission « Honneur et Patrie », où il s'exprime au nom du général de Gaulle. Il rencontre ensuite André Labarthe, fondateur en 1940 du mensuel *La France Libre*. Depuis 1942, il fait régulièrement à l'antenne l'éloge des ouvriers et les incite même, de temps à autre, à toute forme de sabotage susceptible de déstabiliser l'ennemi. On lui présente également le général Corniglion-Molinier, commandant en second des Forces Françaises Aériennes Libres, ainsi que le général Koenig, chef des Forces Françaises de l'Intérieur, dont l'attaché de presse est le roi de la réclame d'avant-guerre, Marcel Bleustein-Blanchet. Il apprend enfin qu'après avoir passé quelques semaines au camp de Miranda de Ebro, Fernand Lefèvre, son compagnon de cavale dans les Pyrénées, est parvenu à rejoindre l'Afrique du Nord et le groupe « Bretagne », où il a participé à la bataille que les Alliés ne devaient pas perdre.

Une fois le tour des bureaux effectué, on en vient à parler des détails matériels. Le chansonnier doit trouver un logement et un minimum d'argent de poche pour survivre, car il ne dispose pas en effet d'un *penny* d'économie. De plus, la valise qui ne le quitte pas depuis Toulouse ne contient même pas une chemise de rechange. Duchesne le présente à George Boris, ancien directeur de cabinet de Léon Blum, devenu le trésorier-payeur de la France Libre. Il lui remet, en guise d'avance sur ses futurs éditoriaux, quelques livres lui permettant de subsister. Le problème de l'hébergement est résolu dans la foulée. Quarante-huit heures plus tôt, André Kaminker, le père de Simone Signoret, qui a rejoint La France Libre dès le début de l'occupation, a été mis dans la confidence de l'arrivée de cette nouvelle recrue qu'il a souvent croisée dans les bureaux du Poste Parisien. Il s'est aussitôt porté volontaire pour mettre à sa disposition une pièce de son appartement du 18, Talbot Square. Quelques jours plus tard, Georges Gombault prend le relais. Ce journaliste politique fait partie de ceux qui, le 21 août 1940, ont créé *France*, un quotidien français réalisé et imprimé à Londres, vendu chaque jour à 35 000 exemplaires. Enfin, grâce à Maurice Van Moppès, il va disposer d'un confortable studio au 36, Inverness Terrace, dans le quartier de Bayswater, entre Paddington et Kensington.

Pierre Dac passe ses premières journées à la BBC dans un bureau tranquille à écrire des textes longuement mûris. Peu après son arrivée, Duchesne lui a demandé de prendre quelques jours de réflexion avant de débuter au micro. La proposition a été la bienvenue. Pour avoir très souvent écouté la radio de Londres, mais aussi celles dirigées par l'occupant, il sait parfaitement ce qu'il ne doit pas dire. En revanche, il ne sait pas encore vraiment sous quelle forme il va s'exprimer. C'est ainsi que, pendant une semaine, le visage encore plus fermé qu'à l'habitude, il va consacrer la majeure partie de son temps à se chercher un style. Il est conscient qu'il lui faut presque repartir de zéro. Les temps ont changé et il ne doit pas se contenter de transposer sur les ondes ses éditoriaux de *L'Os à Moelle*. Son hebdomadaire n'avait pas d'autre but que de faire rire. Ici, son devoir est de frapper très fort, extrêmement vite.

Il va ainsi écrire une bonne dizaine de versions de son premier message radiodiffusé avant d'établir le texte définitif de ce *broadcast*, comme on dit en jargon radiophonique. Le premier d'une série qui, pendant neuf mois, va aider la France à accoucher de la victoire.

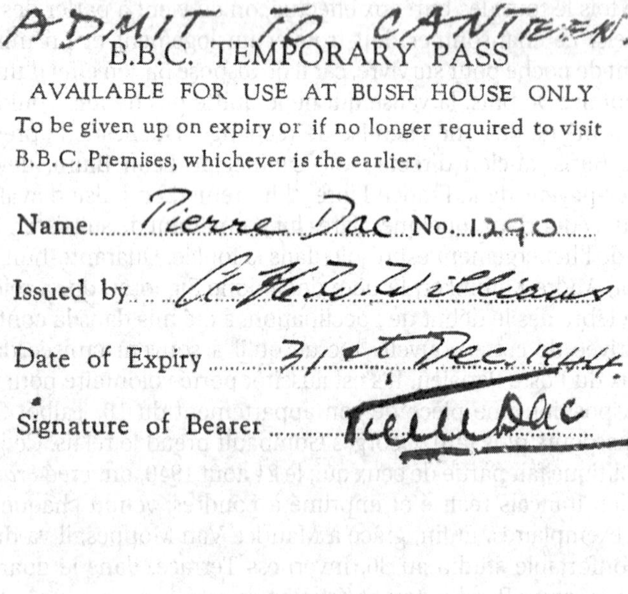
ADMIT TO CANTEEN.

B.B.C. TEMPORARY PASS

AVAILABLE FOR USE AT BUSH HOUSE ONLY

To be given up on expiry or if no longer required to visit B.B.C. Premises, whichever is the earlier.

Name .... Pierre Dac .... No. 1290

Issued by .... A. H. L. Williams

Date of Expiry .... 31st Dec. 1944.

Signature of Bearer .... Pierre Dac

Pierre Dac
parle aux Français

Extraits du journal
FRANCE

Chansons

Textes lus à la radio

Dessins de Maurice Van Moppès

L'équipe du « Français parlent aux Français » à la B.B.C.

De gauche à droite : Jean Oberlé, major Vic Gerson, André Labarthe, Jacques Duchesne, Pierre Dac, Jean Marin, Marcel Bleustein-Blanchet, le général Corniglion.

VENDREDI 29 OCTOBRE 1943

Vingt-quatre heures avant sa première intervention sur les ondes, le rédacteur en chef de *L'Os à Moelle* a retrouvé ses réflexes de journaliste pour écrire son premier éditorial depuis le 7 juin 1940. Il paraît sur trois colonnes en page 2 du numéro 986 de *France*, un quotidien en langue française, exclusivement diffusé en Angleterre et dirigé par Pierre Comert et Georges Gombault, dont le slogan est « Liberté – Egalité – Fraternité ».

FRANCE ÇA ME FAIT TOUT DRÔLE…

Si j'intitule ainsi le présent article, c'est que la diversité des sentiments qui m'agitent depuis que j'ai mis le pied, suivi d'un autre, sur le sol de la Grande-Bretagne est de telle nature qu'elle m'incite à dire, à chaque impression perçue : « ça me fait tout drôle. » Il va de soi que le mot « drôle » doit être pris ici, non au sens littéral, mais au sens de : curieux, bizarre, troublant, bref, pour employer une expression renouvelée des Grecs et des Truands réunis, il signifie que « j'en prends un bon coup dans le porte-pipe ».

Pour mieux me faire comprendre, je vais faire défiler mes sentiments en colonne par quatre, de manière à pouvoir vous les présenter en bon ordre et dans leur ensemble individuel.

Me trouver tout à coup sur la libre terre d'Angleterre, alors qu'il y a quelques semaines à peine j'étais encore en prison, plongé dans mes pensées et dans un cul de basse fosse, ça me fait tout drôle….

Quand je me promène tranquillement dans les rues, les bras ballants ou les mains dans les poches, sans sentir à mes poignets la désagréable meutrissure des menottes, marcher sans éprouver ce choc au cœur provoqué par la sensation d'être filé, prélude d'une imminente arrestation, ça me fait tout drôle !

Ce qui me fait peut-être le plus drôle de tout, ce sont les nuits ; les nuits que je passe maintenant dans un lit alors que pendant de longs mois je n'ai eu entre mes os et le ciment que l'espace de ma patience et de mon espérance. Encore que la prison offrait pour moi l'avantage — tout relatif — d'une situation nette et totalement dépourvue d'équivoque : j'étais dedans, c'était net et précis et je n'avais qu'une pensée : en sortir ; par contre, quand j'en étais sorti, je vivais avec la crainte constante d'être interviewé par des reporters de l'Ordre Nouveau qui, sous prétexte de me faire visiter l'exposition de « la matraque pour tous », m'auraient incontinent remis à l'ombre. Et, dans l'état d'euphorie qui précède à présent mon sommeil, je me remémore mes nuits de France, nuits que continuent à vivre tous les camarades connus ou inconnus qui mènent le combat contre les gouapes hitléro-collaborationnistes. Nous nous réunissions souvent le soir ; parfois il en manquait à l'appel. L'un de nous demandait :

« Alors, Charles, ou André, ou Jean ? » Un autre répondait : « Il y est. » La conversation continuait ainsi :

— Interrogé ?

— Oui.

— Torturé ?

— Oui.

— Et alors ?

— Il n'a rien dit.

C'était tout ; nous nous séparions en nous disant : « à demain. » Et nous ajoutions mentalement : « peut-être. » Chacun rentrait chez soi et se couchait, à moitié habillé ; le programme se déroulait alors dans l'ordre quotidien : valise prête au pied du lit, brusques réveils, sueurs au front, au moindre craquement, tout bruit, toutes voix devenant hostiles et suspectes.

Ça me fait tout drôle d'évoquer tous ces souvenirs, qui s'affirment à une mémoire alors qu'ils s'éloignent dans le temps. Il y a bien des choses encore qui me font tout drôle depuis mon arrivée à Londres, comme par exemple, pouvoir écouter la radio sans être contraint de prendre, sous l'évier, la position du cor de chasse couché, ne plus entendre cet hallucinant bruit de bottes sur le pavé ni ces chants dont nous faisaient bénéficier ces messieurs de la Wehrmacht sitôt qu'ils étaient plus de deux, ne plus voir les mascarades tragicocomiques du S.O.L. ni les lamentables défilés d'enfants qu'on faisait marcher au pas en les obligeant à chanter « Maréchal, nous voilà ». Ça me fait tout drôle aussi de penser que bientôt nous aussi, nous pourrons chanter « Maréchal, nous voilà », mais pas du tout dans le sens voulu par les auteurs de ce joli morceau de littérature pseudo-musicale…

Sur un plan différent, d'autres éléments, moins graves, me font également tout drôle ; d'abord, le fait qu'ici, presque tout le monde parle anglais ; vous me direz que ça n'a rien d'extraordinaire et que je ne pouvais m'attendre à ce qu'on parle le sanscrit ou le samovar. Je souscrit violemment à cette proposition, avec le seul regret d'ignorer à peu près tout de la langue de Shakespeare. Et c'est pour ça que ça me fait tout drôle, car les essais que je tente pour me faire comprendre donnent des résultats assez surprenants : je suis entré récemment dans un magasin et dans un patois bizarre, j'ai demandé une torche électrique ; on m'envoya derechef aux rayons des outils de jardin. J'y ai d'ailleurs acheté une pelle qui, si elle ne peut m'être d'aucune utilité pour éclairer ma route, pourra toujours servir à me ramasser en cas de chute dans le brouillard.

Pour conclure ça me fait tout drôle de voir flotter les drapeaux alliés et de ne plus avoir devant les yeux l'obsession visuelle de l'étendard à croix gammée. Ça me fait tout drôle de me savoir à 35 minutes de Paris. Ça me fait tout drôle d'être accueilli par les Anglais avec autant de sympathie et de gentillesse. A plusieurs reprises, depuis que je suis ici, j'ai senti ma gorge se serrer. Mais je me raidis, car le jour où je me donnerai la permission de laisser couler mes larmes, sera celui où je remettrai les pieds sur la terre de France.

Parce que, n'est-ce pas, ce jour-là, ça me fera tout drôle.

30 OCTOBRE 1943

Pierre Dac entre dans le studio l'air ahuri mais l'œil vif. « Il y a en lui un mélange de férocité et de timidité avec un côté minable », murmure Jacques Duchesne à l'oreille du technicien. Le chansonnier débite de sa voix monocorde le texte qu'il a écrit puis lu plusieurs dizaines de fois depuis la veille au soir. Il jette ensuite un regard vers la cabine et demande timidement l'avis de l'ingénieur du son. Il lui répond en plaçant deux doigts de la main droite en forme de V, comme Victoire.

Pierre Dac parle aux Français

Mes chers Compatriotes,

C'est pour moi une extraordinaire sensation que de pouvoir, ce soir, vous parler librement devant ce micro, alors qu'il y a environ deux mois, j'étais encore à méditer, entre les quatre murs d'une cellule, sur l'opportunité d'écrire une pièce de théâtre que j'aurais intitulée *L'Homme d'intérieur malgré lui.* Ce qui démontre d'une manière péremptoire, absolue et définitive, que la prison mène à tout à condition d'en sortir.

Ainsi que vous pourrez vous en rendre compte, il n'entre nullement dans mes intentions d'adopter ici le ton solennel ou larmoyant, pas plus d'ailleurs que celui d'une fantaisie débridée qui, présentement, serait d'un goût plus que douteux. Je m'efforcerai de demeurer dans un juste milieu et de m'exprimer, dans l'ensemble, sur le mode souriant. Car je crois en la vertu du sourire. Depuis plus de quarante mois, j'ai réussi à le conserver dans des circonstances qui n'ont pas toujours été des plus divertissantes et j'ai acquis, par expérience personnelle, la conviction que le sourire pouvait être souvent un merveilleux tonique.

Avant la guerre, j'étais optimiste par définition ; n'était-il pas normal que, dans l'épreuve, je le sois devenu par conviction ? Que ne peut-on cacher derrière un sourire ? Ne peut-il dissimuler toute la gamme des sentiments, depuis l'ironie jusqu'au scepticisme désabusé, en passant par le courage et la détresse ? J'ai vu autour de moi des camarades, partant pour le peloton d'exécution, le conserver au coin des lèvres, mettant ainsi dans ce dernier sourire leur suprême élégance.

Et voilà maintenant que je ne sais plus que vous dire. A la vérité, je voudrais vous entretenir de tant de choses à la fois, que si je me laissais aller, il se produirait une telle bousculade à la sortie qu'il ne faudrait rien de moins qu'un service d'ordre pour ramener mes paroles dans le bon chemin.

D'aucuns — dans le camp collaborationniste, s'entend — ne vont pas manquer de s'écrier : « Un loufoque à la radio de Londres, cette fois, c'est complet ! » Et de ricaner, et de faire de fines plaisanteries en se mettant de grands coups d'eau de Vichy derrière la croix gammée, histoire de souligner le grotesque de l'événement.

De la loufoquerie, certes, j'en ai fait et je ne cherche en aucune manière à m'en défendre, mais je l'ai faite en un temps où l'on avait encore le droit de rire en France ; mais, tout compte fait, je préfère être dans une peau de loufoque que dans celle de certains personnages graves, doctoraux et de sens rassis, lesquels parvenus au faîte de la consécration officielle, n'en sont pas moins tombés au plus bas de la lâcheté et de l'ignominie tel par exemple M. Abel Bonnard, de l'Académie Française. Ma loufoquerie — puisque loufoquerie il y a — ne m'a pas empêché d'aimer mon pays et de combattre dans l'ombre aux côtés de mes camarades pour reconquérir notre droit de vivre au grand soleil de liberté.

Depuis plus de trois ans, mon existence a été celle de tous les Français qui ont estimé que l'Ordre Nouveau ne pouvait subsister que jusqu'à nouvel ordre ; celle aussi de tous ceux qui ont pensé que, de concession en concession, les gens de Vichy finiraient par donner à la France une concession à perpétuité, pour ne pas dire une fosse commune. C'est pourquoi je donne aux collaborateurs le conseil désintéressé de rigoler un bon coup pendant le court répit qui leur reste imparti. Quand, dans un jour prochain, nous leur ferons avaler leur bulletin de naissance, il est infiniment probable que la rigolade changera de camp et que, cette fois, il n'y aura pas de mou dans la corde à nœuds. L'os sur lequel ils sont en train de tomber est infiniment plus dur que mon os à moelle qui, en juin 1940, en vertu du théorème de chimie bien connu, s'est décomposé au contact du vert-de-gris.

Mes chers compatriotes, je m'excuse de vous parler ainsi à bâtons rompus, mais je vous avoue qu'après tant de longs mois de silence, la reprise de contact s'avérait pour moi comme une tâche délicate et difficile. Je reviendrai de temps à autre bavarder un peu avec vous, comme au temps jadis, pour vous rappeler que, de la scène de l'A. B. C. au micro de la B. B. C., il n'y a, outre la différence d'une lettre, que l'espace de nos souvenirs communs.

Je ne voudrais pas terminer cette petite causerie sans vous dire la joie et la fierté que j'éprouve à me trouver au milieu de ceux qui composent l'équipe française de la radio de Londres et auprès desquels j'ai trouvé l'accueil le plus fraternel et le plus sympathique.

Je leur ai dit comment, aux heures les plus noires, l'oreille collée à l'appareil récepteur, en dépit du brouillage et au mépris de tous les mouchardages, nous captions leurs paroles d'espoir et de confiance qui nous ont fait tant de bien.

Je voudrais aussi dire à mes camarades de lutte, qui sont à présent, pour la plupart, dans les geôles de Vichy ou de la Gestapo, que ma pensée ne les quitte pas. Je sais que leur courage calme et serein leur permettra de supporter toutes les épreuves et je leur dis. « A bientôt. »

Sur ce, mes chers Compatriotes et amis, laissez-moi vous donner, en guise de conclusion, ce slogan dédié en toute objectivité à ceux qu'anime encore l'esprit — si j'ose dire — de l'hôtel du Parc et de Montoire réunis :

« La Révolution Nationale a commencé avec un bâton et sept étoiles : elle finira avec une trique et trente-six chandelles ! »

2 NOVEMBRE 1943

Quarante-huit heures après la première intervention de Pierre Dac au micro des « Français parlent aux Français », les rapports d'écoute sont formels. Son arrivée sur les ondes de la BBC a fait sensation. De l'autre côté de la Manche, les auditeurs sont visiblement heureux de le retrouver. Le chansonnier a réussi son entrée. Il prépare les suivantes en écoutant les radios au service de l'occupant. Pour mieux lui répondre.

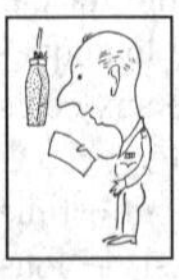

Variations sur un thème allemand

Il ne suffit pas de dire la vérité : encore convient-il que celle-ci ne soit pas au-dessous de ce qui est vrai. C'est ce que n'a probablement pas très bien compris un porteur de valise du Dr Gœbbels, un certain — ou plus exactement un incertain — Karl Scharping qui, le 1er novembre, à la radio allemande, s'est exprimé dans les termes suivants :

« Les Anglais sont terrifiés à la pensée des privations qui les menacent. Aucun pays d'Europe ne subit des épreuves comparables à celles qui s'abattent sur l'Angleterre. Toute la Grande-Bretagne est soumise à une dictature communiste que préside Churchill. Les Anglais ne peuvent plus obtenir de vêtements que dans des cas exceptionnels, et encore ces vêtements n'ont plus de poches. La démocratie est morte en Angleterre, etc..., etc... »

De l'enquête à laquelle je me suis personnellement livré, il ressort nettement que la vérité dépasse de beaucoup les déclarations de M. Karl Scharping. Voilà ce que j'ai constaté :

Les Anglais sont tellement terrifiés à la pensée des privations qui les menacent qu'ils donnent l'impression de ne pas l'être du tout ; la manière calme et tranquille dont ils vaquent à leurs quotidiennes occupations donne la mesure exacte de la panique dont ils sont en proie depuis le bord de leur chapeau jusqu'à l'extrémité du milieu de leur trench-coat.

En ce qui concerne la pénurie de vêtements, c'est encore bien plus grave que ne le dit M. Scharping. Ils ne sont accordés exclusivement qu'à ceux qui manifestent la volonté d'en porter. Par contre — et c'est le tragique de la chose — le port du péplum et du haut-de-chausse à deux places est rigoureusement interdit. Pour les poches, elles sont distribuées à part, toute latitude étant laissée aux usagers d'aller se faire coudre un costume après.

Quant à la démocratie, son décès me fut confirmé en même temps qu'on me signalait que, en raison de l'amélioration de son état de santé, ses obsèques étaient remises à une date indéterminée, et de toute manière, postérieure à celles du National-Socialisme.

En résumé, et eu égard aux épreuves qui s'abattent actuellement sur l'Angleterre, je forme des vœux ardents pour que la France en connaisse de semblables dans le plus bref délai, même au détriment des bienfaits de l'Axe. Et le plus tôt sera le mieux.

Voilà la vérité. Je m'excuse auprès de M. Karl Scharping de cette mise au point ; il ne me reste plus qu'à lui souhaiter, pour ses prochaines étrennes, un amusant cabanon et une ravissante camisole de force ornée de croix gammées. Tout en l'assurant de mes sentiments multiples, variés et européens.

3 NOVEMBRE 1943

La doctrine de « défense élastique » au sein de l'armée allemande est issue des enseignements de la fin de la Première Guerre mondiale. Les stratèges l'appliquent pour organiser et optimiser le front stratégique en définissant le rôle de chaque armement et des unités. La déroute allemande face à l'Armée Rouge inspire à Pierre Dac des couplets moqueurs sur ce thème et sur l'air de « La plus bath des javas ».

La défense élastique

Sur les motifs de : *La plus bath des javas*

I

Un jour Adolf Hitler
S' promenant sous le Dnieper
A dit : j' vais vous montrer qu' j'ai du flair :

J'ai compris tout à coup
Qu' la défense avant tout
Devait être montée sur caoutchouc
Ma méthode est basée
Sur l'élasticité
Ein, zwei, drei, je vais vous l'expliquer.
Chaque pas en avant
Doit être immédiatement
Suivi, la chose est claire
De quinze pas en arrière.
Puis de manière adroite
L'ail' gauch' gliss' sur l'ail' droite
Pendant que l'ail' droite ébauche
Un virag' sur l'ail' gauche
Ah ! ah ! ah ! ah !
C'est la défense élastique
Ah ! ah ! ah ! ah !
Y a rien d' plus chouett' que c' truc-là.

II

C'est non seul'ment génial
Mais encor' radical
Et bien plus actif que l' véronal
L'astuc' de tout' façon
Est d' donner l'impression
D' fair' de la progression à r'culons
Faut déployer de l'adresse
Plus encor' de souplesse
Min' de rien, coud's au corps, en vitesse.
Quand un' brèche se produit
Sur un point du circuit
On fait une épissure
Qui colmat' la fissure
Pour n' pas être accroché
Suffit d' se décrocher
Et d'opérer son r'pli
Avant qu' ça n' fasse un pli
Ah ! ah ! ah ! ah !
C'est la défense élastique
Ah ! ah ! ah ! ah !
Y a rien d' plus chouette que c' truc-là.

III

S' défendre élastiquement
Nécessit' constamment
Qu'on se gard' derrièr' pour prendr' les devants

Bref l'avance dans l' recul
Est un fameux calcul
Qui prouv' bien que sans rien tout est nul,
C'est un' formule heureuse
Qui permet sans qu'on s' creuse
D'assurer la défait' victorieuse
L'offensive à l'envers
Ça démontre à l'ennemi
Qui vous r'garde de travers
Qu'on court plus vite que lui
A quoi bon se colleter
Avec les bolcheviks
Vaut mieux bien les lâcher
Avec un élastique
Ah ! ah ! ah ! ah !
C'est la défense élastique
Ah ! ah ! ah ! ah !
Y a rien d' plus chouett' que c' truc là.

Pendant les longs mois de prison en Espagne, Pierre Dac n'a jamais cessé, au plus profond de lui-même, de penser à l'instant où il atteindrait enfin l'Angleterre, sa terre promise. Il n'a pas eu la force, en revanche, d'écrire la moindre ligne. En août 1943, dans la prison provinciale de Cacérès, il apprend que le principe de sa remise en liberté est acquis. Bouillonnant d'impatience, il trousse aussitôt sur un air révolutionnaire sa première parodie. Il va l'interpréter à la BBC, quelques jours après ses débuts au micro.

La ronde du chanvre

Refrain

Ah ! ça ira, Ah ! ça ira, Ah ! ça ira
Les collaborateurs à la lanterne
Ah ! ça ira, Ah ! ça ira, Ah ! ça ira
Les collaborateurs on les pendra.

I

Amis chantons avec ferveur
Le chanvre purificateur

Tressons-le bien en cadence
Car il en faudra bientôt
Pour suspendre à la potence
Les traîtres et les salauds.

Lorsque le Boche sera chassé
De notre pays bien-aimé
Pour faire justice prompte
Le chanvre aura par ma foi
Dans le règlement de compte
Une place de premier choix.

III

Gens de Vichy et d'autre part,
Aux lampadair's des grands boul'vards
Se balanc'ront vos charognes
Dont les corbeaux affamés
Se detourn'ront sans vergogne
Tant ils seront dégoûtés

IV

L'instant sera bientôt venu
Préparez-vous, lâch's et vendus
Va falloir payer vos dettes
Sans escompte et sans appel
En exhibant vos sal's têtes
Dans le nœud coulant mortel

V

Holà ! les Laval et consorts
Voilà ce que s'ra votre sort
Et cependant à tout prendre
Vous êtes tombés si bas
Que la cord' qui va vous pendre
Vous ne la valez même pas.

VI

Regardez bien, mauvais larrons
Le beau chanvre que nous tressons
Venez, venez à la ronde
Sans bousculade approchez
Il y en aura pour tout l'monde
C'est l' moment d'en profiter.

Août 1943
Prison Provincial — Cacérès (Estramadura)

De son adolescence, mais surtout des quatre années passées sur le front entre 1914 et 1918, Pierre Dac a conservé le souvenir de couplets familiers aux oreilles de plusieurs générations de Français. Une base idéale pour des pamphlets contre l'occupant. Sur l'air du « Duc de Bordeaux », il a ainsi écrit « Le roi des salauds ».

Le roi des salauds

Air : *Le Duc de Bordeaux*

Le Roi des salauds
Ressemble à Hitler
Hitler au Führer
Et l'führer à Henriot
C' qui fait qu'en fin d' compte
Le roi des salauds
Ressemble à Henriot
Comme deux gouttes d'eau.

10 NOVEMBRE 1943

Pierre Dac décide d'attaquer ceux qui ont trahi la France. Au premier plan, il place Pierre Laval, maître d'œuvre de la collaboration entre Vichy et les nazis.

Il se déchaîne aussi contre Joseph Darnand, fondateur de la Milice française, chargée de la traque des juifs, des résistants et des réfractaires au STO. Jacques Doriot est dans le même sac. Après avoir cherché à s'intégrer au régime de Vichy, il s'engage dans l'armée allemande sur le front russe. Il n'oublie pas Marcel Bucard, créateur du Parti franciste sur le modèle du fascisme italien. Il cite enfin le docteur Ménétrel qui fut, à Vichy, le médecin, secrétaire, ami et confident de Pétain.

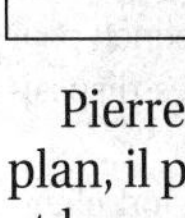

Les partis collaborationnistes et les Waffen S. S.

A la lumière des événements, il apparaît de plus en plus que M. Pierre Laval offre une singulière analogie avec Catherine de Médicis. Renouvelant, au profit des Fritz, la formule de la main de fer dans un gant de velours, il mène, lui, sa politique avec une main de toilette dans un gant de crin. Le fameux « Diviser pour régner » est devenu sa ligne de conduite permanente au bénéfice exclusif des Allemands. Ceci demande quelques éclaircissements ; les voici :

Comme nul ne l'ignore, M. Pierre Laval — dans l'intimité Pierrot l'Anthracite — ne cesse de prodiguer, tant en France qu'à l'étranger, ses encouragements aux multiples formations paramilitaires ; savoir : Service d'ordre légionnaire, milice, francs-gardes, Légion des Volontaires Français, Phalange Africaine, Waffen S. S.

Ça ne fait pas du tout l'affaire de Doriot qui estime que, ce faisant — sans jeu de mots — Laval lui met des gourdins dans les pédales pour entraver sa marche au pouvoir, compromettant ainsi sérieusement l'influence dont il dispose.

Mais là où ça se complique et où la panade menace de passer par-dessus le couvercle, c'est dans l'affaire actuelle du contrôle des dernières formations en date : Francs-Gardes et Waffen S. S. (pour les profanes, S. S. ne signifie pas « sans soupape », mais « sans scrupules »). Tremblant de colère, Doriot a enjoint aux membres admissibles du P. P. F. d'avoir à s'affilier à l'une ou à l'autre, manifestant l'intention de fournir un contingent de plusieurs centaines des dits membres aux Waffen S. S. Ce qui a fait dire à Laval que le P. P. F. tremblait de tous ses membres.

Pour le coup, Miliciens et Francistes viennent à la rescousse : Darnand et Bucard qui ont à cœur de démontrer qu'en tant que bons Français ils peuvent être d'excellents Allemands, ne veulent pas demeurer en reste. Bucard a déclaré que si le danger s'affirme de voir Doriot s'emparer du contrôle effectif des Waffen S. S., comme il possède déjà celui des L. V. F., les Francistes iront tous aux Waffen S. S. (aller aux Waffen S. S. ne doit pas être pris dans un sens scatologique, comme d'aucuns mauvais esprits pourraient le croire).

Bref, Laval jouant un sextuple jeu, fait des sourires aux organisations paramilitaires dans le but d'empêcher Doriot de lui cravater sa place. Doriot, à qui la situation de Gauleiter *honoris causa* ne suffit pas, expédie tout son monde aux Waffen S. S. ; Bucard et Darnand font la même chose pour montrer qu'ils ne sont pas d'accord avec Doriot, lequel pour démontrer qu'il n'est pas du même avis que ceux-ci, prend cependant les mêmes dispositions, histoire d'empoisonner Laval.

Ça a l'air comme ça d'être lumineux comme du poussier, mais c'est cependant fort clair : Laval continue à mériter la confiance du siphonné de Berchtesgaden, puisque sa politique ainsi conduite a pour résultat de stimuler le recrutement des Waffen S. S.

Décidément, comme le disait récemment le docteur Ménétrel à son patron : Il y a vraiment de quoi se mettre la francisque sous le bras en chantant : *Maréchal nous voilà*, sur l'air de : « Si tu n'en veux pas, je la remets dans ma vareuse, ça ne mange pas de pain. »

15 NOVEMBRE 1943

Le professeur Grimm s'appelle Friedrich Wilhelm Johannes Grimm. Proche d'Hitler depuis 1930, avocat du Reich dans les procès politiques à l'extérieur de l'Allemagne, collaborateur de Goebbels, il assure la propagande de l'occupant en donnant à partir de 1940 des conférences en

France, sous le nom de Docteur Griss. Il signe aussi des articles et des livres et intervient régulièrement, sous divers pseudonymes, au micro de Radio Paris et de Radio Stuttgart.

Grimm

Mes chers Compatriotes,

Je voudrais, aujourd'hui, vous dire quelques mots sur un commis-voyageur, lequel n'est autre que le professeur Grimm, représentant en camelote-propagande de la firme Gœbbels.

Le professeur Grimm a donné récemment, sous le titre « D'Hier à Aujourd'hui », les impressions qu'il a recueillies au cours de sa dernière tournée de conférences. En l'écoutant, on ne peut lui refuser de posséder un sens objectif un peu spécial — pour ne pas dire spécieux — pas plus qu'une compréhension tout à fait particulière de l'état d'esprit actuel de la France.

Le professeur Grimm, entre autres choses, a dit : « L'idée de la collaboration dans le cadre d'une Europe nouvelle fait donc des progrès, malgré toutes les menaces et c'est peut-être le plus émouvant de ce que j'ai pu constater lors de ce voyage. » Pour qu'un homme aussi avisé que le professeur Grimm prononce de pareilles paroles, il faut qu'il se soit donné soigneusement la peine de prendre la température exacte de la France. Par exemple, je me demande avec quoi il l'a prise ; peut-être avec une matraque graduée.

Je suppose que, dans les différentes villes où le professeur est allé, le public qui composait son auditoire devait être formé des éléments les plus synthétiquement représentatifs de la mentalité française. Parce que, dans le cas contraire, ça n'aurait plus de signification.

Mais le distingué professeur n'est certainement pas tombé de l'armoire, encore qu'il paraisse ignorer le vieux dicton qui dit que « Si l'on ne peut pas faire ce qu'on veut chez les autres, il est préférable de rester chez soi. »

Je me souviens, il n'y a pas si longtemps, avoir personnellement assisté à une conférence de l'honorable propagandiste. C'était avant l'occupation totale, dans une grande ville située en un point que nous appelions alors « la zone préoccupée ». Quand je dis que j'y ai assisté, c'est une façon de parler, car, à la vérité, je n'y ai assisté que de loin, n'ayant pu montrer, au contrôle, une carte d'invitation. On n'avait pas trouvé opportun de m'en faire tenir une, à la suite, probablement, d'un regrettable malentendu ou d'un non moins regrettable doute sur la nuance de mes sentiments.

Cependant, c'était spontanément et sans contrainte que le peuple se ruait pour entendre la bonne parole ; la preuve, c'est que pour être admis, il ne fallait que justifier de sa qualité de légionnaire, de P. P. F., de S. O. L., de Franciste, de membre du groupe Collaboration ou, à défaut, sur la présentation d'un quart Vichy légalisé par la Gestapo.

Comme on le voit, c'était vraiment la France sincère et désintéressée qui venait communier dans la vérité nationale-socialiste.

Et pourtant, M. le professeur Grimm, vous ne devriez pas vous contenter des applaudissements en colonnes par quatre qui vous sont prodigués. Peut-être pourriez-vous aller consulter tous les Français qui ont faim, qui n'ont plus de quoi se vêtir ; un peu partout où les enfants sont bien pâlots, où les femmes se lèvent à l'aube dans l'espoir d'un problématique ravitaillement, dans les prisons, dans les camps de concentration, dans le maquis aussi : là vous y trouveriez des hommes qui ont froid, sans doute, mais qui ont chaud au cœur parce qu'ils ont quelque chose que vous n'avez pas — l'amour de la justice et de la liberté.

Vous avez donné pour titre à vos impressions : « D'Hier à Aujourd'hui » ; le nôtre c'est : « D'Aujourd'hui à Demain. »

Vous dites encore, M. le professeur, que votre plus forte impression a été l'intérêt que le public français porte aujourd'hui plus que jamais au problème franco-allemand. Vous avez bien raison, mais cet intérêt n'est peut-être pas le même que le vôtre et ne marche pas dans le même sens. Et quand vous rappelez le dernier appel du Gauleiter Sauckel, lequel, à Paris, s'est récemment écrié : « Europe, réveille-toi », vous avez encore raison. Et ne vous en faites surtout pas : elle se réveille, l'Europe, elle se réveille même drôlement, et quand elle sera complètement réveillée, c'est vous qui dormirez de votre dernier sommeil.

Enfin, Monsieur le professeur, comme le disait je ne sais plus qui — après tout c'est peut-être moi — il n'y a pas à tortiller du cuir chevelu pour friser droit ; vous faites ce que vous pouvez pour camoufler de votre mieux ce qu'il est difficile de ne pas faire voir.

Le choix qu'a fait de vous le Dr Gœbbels est parfaitement judicieux ; votre patronyme, d'ailleurs, n'est-il pas tout un programme ?

Parce que, entre nous, Grimm, ce n'est pas un nom, c'est un maquillage.

16 NOVEMBRE 1943

Un matin de novembre 1943, Pierre Dac choisit de prendre le bus pour se rendre à BBC. Devant la station, il découvre vingt personnes qui attendent calmement. Discrètement, il longe la file d'attente et se retrouve au premier rang. Personne n'émet la moindre protestation. Soudain, il entend distinctement une voix qui, comme pour l'excuser de ce geste, murmure « He is French ! ». Le visage cramoisi, le chansonnier se retourne, repart vers l'arrière et se place en queue, sous le regard approbatif des autres voyageurs. Une impression d'Angleterre parmi beaucoup d'autres, pour un *Frenchy* fraîchement arrivé à Londres.

FRANCE — IMPRESSIONS D'ANGLETERRE

« Rien n'est moins sûr que l'incertain. » Si je rappelle ici cette formule, c'est qu'elle reflète assez fidèlement mon état d'esprit après trois semaines de séjour en Angleterre ; elle est, en quelque sorte la conséquence — et le bilan — des efforts incessants que je ne cesse de déployer depuis mon arrivée ici pour m'initier aux mystères des lois monétaires, linéaires et de capacité en usage en Grande-Bretagne.

Parce que là, comme le disait récemment M. Abel Bonnard, sinistre de l'Education Nationale et président du groupe : « L'envers vaut l'endroit », il y a vraiment de quoi se mettre la francisque sous le bras.

J'écris aujourd'hui le présent article, le front ceint d'une compresse imbibée d'eau sédative et les pieds plongés dans la farine de moutarde. Je me débats à longueur de journée et de nuit avec tous les crowns, les pounds, les yards, stones, knots, inches, pouces, etc… à l'initiation desquels je fournis un labeur désespéré.

La question de la monnaie est peut-être la plus épineuse. D'abord parce que la difficulté première est de s'en procurer et la seconde d'apprendre à s'en servir. J'avais l'autre jour à effectuer une opération simple en apparence et qui consistait à retrancher 6 pence de 2 500 livres. Partant donc du principe établissant que la livre équivaut au pound qui vaut 20 shillings, que dans 1 shilling il y a 12 pence, que dans un demi-crown il y a 2 shillings 6 et que dans 2 500 livres il y a un peu de tout ça ; considérant d'autre part que la livre, dans le système « avoir du poids » pèse environ 450 gr., j'ai essayé de convertir ma livre de 450 gr. en shillings en y ajoutant un halfpenny pour ne pas être taxé d'avarice et en multipliant par le nombre de pounds contenus dans la quantité correspondante de guinées pour être en règle avec ma conscience. J'ai agité le tout dans un chapeau, puis laissé sécher pendant 24 heures et j'ai obtenu un résultat que je préfère passer sous silence.

En ce qui concerne les mesures de capacité, je réalise un peu mieux. Je sais que le quart vaut 1 litre 175, le gallon 4 litres 54 et le bushel 5 gallons. D'où j'infère avec beaucoup de chances de raison qu'un colonel, qui a 5 galons offre une capacité de 22 litres 70, ce qui, à mon avis, est infiniment respectable.

Je me suis pesé avant-hier : la balance marquait 11 stones. Le stone légal valant 14 livres, soit 6 kg. 350, mon poids devrait donc être 69 kg. 850. Malheureusement la valeur du stone change suivant les cas : ainsi : pour la viande de boucherie et le poisson il vaut 8 livres 625, soit 3 kg. 629, pour le fromage il vaut 16 livres 625, soit 7 kg. 257, pour le chanvre il vaut 32 livres 625, soit 14 kg. 515, pour le verre il vaut 5 livres 625, soit 2 kg. 268.

Comme avant de me peser, j'avais mangé de la viande, du fromage et du chanvre, comment voulez-vous que je m'y retrouve ? Heureux encore de ne pas avoir avalé de verre pilé. J'ai pris la résolution de remettre mon poids à une date ultérieure.

Je vis maintenant dans la crainte constante de tomber malade, ce qui me mettrait dans l'obligation de prendre ma température. Je frémis à l'idée de me voir avec des 80° ou 90° de fièvre. Je sais bien que pour convertir les degrés Fahrenheit en degrés centigrades, il suffit de soustraire 32, multiplier par 5 et diviser par 9. Je préfère, le cas échéant, prendre ma température avec un baromètre. Je verrai bien si le temps est au beau.

Voilà où j'en suis. Pour l'étude de l'anglais, ça va : quand on me le parle en français, je réalise assez bien. Hier matin ma logeuse m'a téléphoné ; je n'ai strictement rien compris à son discours, mais le ton me paraissant sympathique, à tout hasard j'ai répondu : « Yes. » La brave dame m'a dit thank you very much à 5 ou 6 reprises et de la façon la plus chaleureuse. Depuis je vis dans les transes, car je me demande à quoi je me suis engagé.

En résumé, mes jours se passent dans les poids, les mesures et les comptes. Pour les deux premiers, je ne risque rien de dire que le vieux proverbe : deux poids, deux mesures, est singulièrement dépassé. Pour les comptes, ce n'est pas leur complication qui empêchera en France et ailleurs, leur règlement dans un temps prochain.

Ni la victoire.

Et, somme toute, il n'y a que ça qui compte.

18 NOVEMBRE 1943

La rumeur, partie de Paris, a traversé la Manche : Maurice Chevalier, qui, en 1941, a chanté dans un camp de prisonniers français en Allemagne, serait favorable à l'occupant. En l'apprenant, Pierre Dac écrit, sur l'air de « Et tout ça, ça fait d'excellents Français », des couplets vengeurs diffusés le soir même sur les ondes de la BBC. Ce bruit était infondé. Chevalier s'est produit en échange de la promesse de la libération d'une dizaine de détenus. Juste après son retour en France, le chansonnier ira s'excuser auprès de l'intéressé et le défendre contre ceux qui continuent à l'attaquer.

Et tout ça, ça fait...

Air : *Ça fait d'excellents Français*

I

Parmi les noms qui tenaient la vedette
Certains d'entre eux se sont bien rap'tissés
D'autres encor' parmi tant de gross's têtes
Ont, dans l'épreuv' complèt'ment perdu pied
On les croyait très bien, ils 'taient moches
Et c'est ainsi qu'ils se sont révélés
En préférant fair' des sourir's aux Boches
Par calcul ou stupidité.

Refrain

Et tout ça, ça fait de mauvais Français
Pour lesquels il n'est
Que le port' monnaie,
Faut savoir être opportuniste
Afin d' sauv'garder ses petits intérêts,
Et ils se sont mis
A grands coups de Vichy
Au régim' collaborationniste,
Bien sûr, maintenant
Ça devient gênant
Car tout d' même ces sal'tés là
Quoi qu'on puiss' dir' ça n' s'oublie pas.

II

Mais à côté de cett' racaille honteuse
Dont la conscience est un billet d' mill' francs
Il y a la Franc' fièr', digne et douloureuse
Toute la France et ses millions d' brav's gens
Parmi ceux-ci est une élite rude
Symbol' vivant des vertus du pays,
Qui préférant tout à la servitude
Arm's à la main a pris l' maquis.

Refrain

Et tout ça, ça fait
D'excellents Français
Des homm's au grand cœur
Sans r'proche et sans peur
Qui combatt'nt pour que notre France
Soit toujours à l'avant-garde de l'honneur
N'ayant simplement
Pour tout ralliement
Qu'un seul mot, rien qu'un seul : Résistance,
Etroit'ment unis
Comme des amis
Oui ceux-là ce sont de vrais
De bons et d'excellents Français.

Le 13 novembre, un discours de Pétain qui devait être diffusé sur Radio Vichy a été censuré par les Allemands. Le Maréchal annonçait son intention de retirer à Laval sa qualité de « Dauphin », et proposait que, le moment venu, le choix d'un nouveau chef de l'Etat français soit effectué par des parlementaires présents en métropole. L'occupant, qui soutient Laval, refuse ce projet d'acte constitutionnel. Pétain réplique en affirmant qu'il n'est plus en état d'assurer ses fonctions.

La crise de Vichy

La situation est confuse à Vichy, elle est même couverte de confusion et comme le déclare si finement M. (qu'il dit) Abel Bonnard, de l'Académie Française et de la salle des ventes : « Il y a du bromure dans la colonne montante. »

Or, il apparaît que cette situation, du fait même de son incohérence, devient nettement de mon ressort. En conséquence, je vais essayer de vous en brosser un exact tableau, en reprenant, dans leur ordre chronologique, les événements qui ont abouti à la crise actuelle.

Depuis quelques mois, M. Philippe Pétain subissait, de la part de son entourage, une pression grandissante en vue d'obtenir de lui un important remaniement ministériel ; et souventes fois, le dialogue suivant s'engageait.

« — Monsieur le Maréchal, il faut que Laval abandonne son portefeuille. — Pour ça, vous pourrez toujours courir », interrompait-il.

Et l'on avait toutes les peines du monde à lui faire comprendre qu'il ne s'agissait pas pour Laval d'abandonner son portefeuille personnel contenant ses petites économies, mais celui de ministre de l'Intérieur ; et l'on prétendait, pour justifier cette requête, que l'accroissement de la résistance avait pour cause l'impopularité de Laval et sa politique de céder à toutes les revendications des Allemands, alors qu'il était tellement plus simple d'accorder à ceux-ci par anticipation tout ce qu'ils seraient susceptibles de demander ultérieurement.

« En somme, dit Pétain, il s'agit de prendre quelqu'un de l'extérieur, pour le mettre à l'Intérieur » ; et il envoya derechef, derechef de l'Etat, bien entendu, une note dans ce sens au Gauleiter von Peter Laval Gesellschaft, lequel essaya en vain de former un nouveau gouvernement avec des individus tels que Bonnet, de Monzie, Chichery et Rives. Malgré tous ses efforts, Laval n'aboutit pas. Il eut alors recours aux petites annonces, sans plus de résultat. A bout de souffle, il envoya dans les rues de Vichy des rabatteurs qui accostaient les passants et leur murmuraient à l'oreille : « Qu'est-ce que vous diriez d'une bonne petite place de ministre de l'Intérieur, n'exigeant aucune connaissance spéciale sinon une absence totale de scrupules, bons gages, chauffé, nourri, logé, hein ? » Là aussi, échec complet, les postulants éventuels émettant la prétention excessive d'être également blanchis.

En désespoir de cause, il présenta une autre liste, qui comprenait, autant qu'on le sache, des gens comme Bonnard, dit l'Abel malgré lui, Lagardelle et quelques autres de la même poubelle. C'est alors que Pétain refusa de donner son assentiment aux changements proposés. Le 12 novembre, il signa l'acte constitutionnel publié plus tard en Suisse, dont le point principal prévoyait le retour du pouvoir constitutionnel à l'Assemblée nationale, au cas où il viendrait à lâcher et à casser son bâton de Maréchal en avalant sa francisque de travers. Et c'est là où commence à percer le bout de l'oreille ; car, si l'on veut bien s'en souvenir, la question de la succession de Pétain a été, à diverses reprises, remise sur le paillasson, et de la manière suivante : tout d'abord, on a dit qu'on verrait ça plus tard ; ensuite Laval fut désigné comme dauphin ; quand il fut sacqué, Darlan prit sa place et lorsque ce dernier eut été admis comme membre définitif du retour à la terre, Laval reprit ses prérogatives. Il les conserva donc jusqu'au 12 novembre où Pétain essaya de placer sa petite grande manœuvre du retour du pouvoir constitutionnel à l'Assemblée dite nationale.

La publication de ce document à l'Officiel fut interdite par le dénommé Schleier — sauf votre respect — à la demande de Laval. Pour le coup, l'homme de Montoire fit annoncer qu'il prononcerait à la radio des paroles provisoirement définitives ; le discours plusieurs fois différé fut finalement rentré pour cause de panne d'explications.

Pour tout arranger, voilà que Lagardelle, inconsolable de la disgrâce de son ami Mussolini, donne sa démission, ce qui part d'un bon sentiment, étant donné qu'il aurait tout aussi bien pu la vendre. Il motive, par ailleurs, son acte en essayant de monter en épingle sa confiance envers les ouvriers par opposition aux employeurs à qui il reproche de saboter la charte du travail, comme si le travail n'avait pas été suffisamment saboté par la charte elle-même.

Et voilà qu'il est aussi question de la formation d'un gouvernement Piétri avec Platon, Barthélemy, de Brinon, Yvon Sicard, histoire d'illustrer le principe qui établit que des propres à rien peuvent être bons à tout.

En bref, Vichy est dans une impasse. Pétain ne veut plus voir Laval qui, lui, continue d'agir comme s'il ne voyait pas que le Maréchal ne veut plus le voir ; les Allemands n'interviennent que pour le maintien à la tête de la police de Bousquet, dont je m'excuse d'écrire le nom avec des pincettes. Et c'est ainsi que d'aucuns s'en vont clamer que le Maréchal, devenu prisonnier des Allemands, ne peut plus rien faire maintenant. Il serait peut-être alors opportun de se rappeler que du temps où il pouvait faire quelque chose il laissa passer, sans rien dire ni faire, par oubli ou négligence sans doute, certains événements, tels que l'annexion par le Reich de l'Alsace et de la Lorraine, l'expulsion des paysans lorrains, la livraison des réfugiés politiques à la Gestapo, les enfants juifs arrachés des bras de leur mère, la perte de la flotte, les travaux forcés en Allemagne pour les ouvriers, les déportations, les tortures, les exécutions d'otages.

La seule fois qu'il ait dit quelque chose, c'est quand il a donné l'ordre aux troupes d'Afrique de résister et, si celle-ci a été délivrée, il n'y est vraiment pour rien. Mais là, n'est-ce pas, il n'était pas prisonnier des Allemands ; tandis que maintenant…

Allons, avec un peu de patience, ne désespérons pas de le voir arriver un de ces quatre matins, l'honneur sous un bras, la dignité sous l'autre, et s'écrier : « *Maréchal, me voilà* », en chantant la *Marseillaise* sur les motifs du *Deutschland über alles*.

Décidément, et pour conclure, la trahison mène à tout, à condition d'y rester.

20 NOVEMBRE 1943

Tandis que les marines américains sont piégés par les Japonais sur l'atoll de Tarawa, aux îles Gilbert, les Alliés, sur le front italien, se trouvent au bord de l'épuisement. Face à ces nouvelles inquiétantes, Pierre Dac choisit de rappeler, à sa manière, la désorganisation d'une « drôle de guerre », dont le monde paie tragiquement les conséquences.

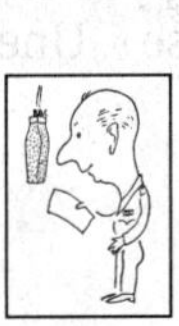

Petite histoire

Mes chers Camarades,

Laissez-moi simplement vous conter une petite histoire qui avait cours en France peu avant mon départ.

Deux soldats Fritz, ayant besoin de chaussures neuves, demandent à un Feldwebel où ils doivent s'adresser pour en obtenir.

— Très facile, leur répond celui-ci, c'est à côté, cour C, Bat. D ; vous verrez une porte sur laquelle il y a écrit : « Chaussures », c'est là.

Les deux fridolins se rendent à l'endroit indiqué, ouvrent la porte portant l'indication : « Chaussures », et se trouvent dans un corridor où ils voient deux autres portes ; sur l'une il y a écrit : « Chaussures basses » ; sur l'autre : « Chaussures montantes ».

« Les chaussures basses, c'est plus élégant ; mais les montantes c'est plus pratique », disent-ils.

Ils ouvrent la porte « Chaussures montantes », et se trouvent dans un nouveau corridor comportant deux autres portes indiquant respectivement « Chaussures à semelles de bois » et « Chaussures à semelles de cuir ».

« Pas de question, disent-ils ; chaussures à semelles de cuir. »

Ils ouvrent la porte idoine et se trouvent encore dans un corridor dans lequel une porte indique : « Chaussures en box », et une autre : « Chaussures en phoque ».

« Pas d'histoires, font-ils ; on va prendre des chaussures en phoque, c'est beaucoup plus souple que le box. »

Ils ouvrent la porte « Chaussures en phoque » et se retrouvent dans un corridor où deux portes indiquent, l'une : « Chaussures à cirer », l'autre : « Chaussures à graisser ».

« Chaussures à graisser, font-ils, pas de discussion ; c'est beaucoup mieux que les chaussures à cirer. » Ils ouvrent la porte « Chaussures à graisser » et se trouvent dans un corridor dans lequel il y a deux portes, portant comme indication, l'une « Chaussures à œillets », l'autre « Chaussures à crochets ».

« C'est formidable, disent-ils, admiratifs, ils pensent à tout, on va prendre des chaussures à crochets, c'est plus vite mis. »

Ils ouvrent la porte des « chaussures à crochets » et se retrouvent dans un corridor où il n'y a plus qu'une porte, sans inscription ; ils l'ouvrent et se retrouvent dans la rue.

Et l'un d'eux dit : « On n'a pas de chaussures, mais quelle organisation ! »

29 NOVEMBRE 1943

Pierre Dac déjeune une fois par semaine avec le commandant Pons, chef du centre d'accueil des évadés de France. Le repas se termine par « un moment de recueillement à la chapelle ». Autrement dit, ils se rendent dans un pub, le *Church of Highlands*, où le militaire initie le chansonnier au whisky. Au départ, il trouve que cette boisson laisse dans la bouche un goût d'amertume et de punaise. Il va rapidement apprécier ce qu'il appellera désormais « le jus de la treille de la vieille Ecosse ». Une autre vision de la Grande-Bretagne.

FRANCE L'ANGLETERRE ET MOI

Je vous ai conté, dans le cours de mon dernier article intitulé « Impressions d'Angleterre », mes démêlés avec les différents systèmes de mesure utilisés dans le Royaume-Uni. Ces démêlés ont heureusement pris fin, non pas que je sois arrivé à comprendre quoi que ce soit, mais tout simplement parce que j'ai abandonné la partie. Je me suis fabriqué un petit barème particulier uniquement réservé à mon usage personnel et qui n'est pas plus compliqué qu'un autre qui le serait autant. La question étant donc réglée, j'ai l'esprit beaucoup plus calme pour continuer mon initiation à la vie londonienne et me familiariser avec certains de ses éléments dont beaucoup sont nouveaux pour moi.

Par exemple ce que je ne suis pas encore parvenu à comprendre, c'est la manière employée dans la plus élémentaire des manifestations de politesse ; je m'explique : deux personnes sont présentées l'une à l'autre ; la première s'enquiert immédiatement de l'état de la seconde en lui disant : « How do you do ? » à quoi celle-ci répond derechef également : « How do you do ? » Voilà donc deux personnes, apparemment de bonne éducation, qui se posent mutuellement une question demeurée sans réponse et qui ne sauront peut-être jamais à quoi s'en tenir sur leur état de santé réciproque. Avec la meilleure volonté du monde, je sens que je m'y ferai jamais.

Par contre, quelque chose qui me plaît beaucoup c'est la formule « I am sorry », en raccourci : « sorry », employée n'importe où, n'importe quand et à tout propos, dans n'importe quelle circonstance. Ça, c'est bien ; c'est standard, court, définitif et sans appel. Quelqu'un vous écrase-t-il les pieds en disant « sorry », il ne vous reste plus qu'à sourire en murmurant à votre tour : « sorry », comme pour vous excuser de ne pas avoir un troisième pied à faire ratatiner. Et ça n'est-il pas mieux comme ça ? Pas d'histoire, pas de bruit et tout le monde est content.

Une autre chose fort intéressante et bien organisée, c'est le black-out ; ça, c'est du sérieux, du solide, du compact, du classique enfin, qui m'a fait dire, une nuit que, trompé par l'obscurité totale, j'introduisais une clé dans l'oreille d'une passante que j'avais prise pour ma porte d'entrée : « C'est tellement bien qu'on dirait du black-out d'avant-guerre. » Vous me direz, peut-être, que pour éviter les impairs, je n'ai qu'à me munir d'une torche électrique ; mais j'en ai une, et une belle qui pèse bien dans les deux kilogrammes et qui m'a déjà déchiré toutes mes poches ; elle marche très bien ; le jour seulement, rarement la nuit. Ça doit être une lampe à black-out automatique.

J'ai aussi acheté un briquet ; un briquet « utility ». Comme son nom l'indique, c'est vraiment utile et particulièrement pour le pharmacien qui m'a pansé le pouce et l'index après une heure de stérile bagarre avec l'instrument qui, par principe, définition et utilité devait me fournir du feu.

J'aime beaucoup les bus ; surtout l'impériale ; l'avis qui y est affiché prévenant que toute infraction à l'interdiction de cracher par terre se solde par 5 livres à payer m'a beaucoup impressionné. Il y a quelques jours, en veine de fine plaisanterie, je m'en suis payé pour 18 livres et demie ; ça m'a coûté cher, mais que diable, on n'a que le bon temps qu'on se donne.

Je m'habitue graduellement, quoique difficilement, à la circulation à gauche ; je m'embrouille encore fréquemment et quand je traverse un carrefour, je regarde automatiquement à gauche les voitures qui viennent de droite, à droite celles qui viennent de gauche, et derrière moi celles qui viennent de devant ; j'ai l'impression de faire un numéro de cirque.

Une chose bien curieuse encore, c'est le numérotage des immeubles ; dimanche dernier, j'étais invité à dîner chez des amis habitant au 124 ter de je ne sais plus trop quelle rue. Je ne me suis pas trop mal débrouillé, puisque après avoir repéré le 66 à la hauteur du 201 et le 4 à la hauteur du 309, je suis parvenu à destination juste à temps pour prendre le breakfast mercredi matin, sur le coup de 10 heures et d'une fatigue bien compréhensible. C'est un succès, m'ont dit mes amis qui ne pensaient pas me voir atterrir avant vendredi à l'aube. Il paraît qu'il y a, comme ça, chaque année, à Londres des gens qui partent à la recherche d'un numéro et qu'on ne revoit jamais plus.

Enfin, mon étude de l'anglais suit son cours ; je peux même affirmer que ça ne va pas trop mal ; il est vrai que j'ai réalisé le mécanisme de la prononciation ; au début, j'articulais beaucoup trop distinctement, ce qui est la dernière des choses à faire si l'on tient à se faire comprendre : maintenant j'émets simplement une espèce de borborygme nasal qui donne de bons résultats ; c'est ainsi que, dans le métro, pour demander par exemple un billet pour South Kensington, j'articule uniquement la première lettre et le reste se perd dans une sorte d'onomatopée qui tient le milieu entre la plainte du puma neurasthénique et la respiration du capitaine d'habillement pléthorique.

En définitive, tout ça n'a qu'une importance relative. Parce que, n'est-ce pas, lorsque le grand jour sera venu d'articuler le mot victoire, je crois que je saurai le prononcer correctement…

…sans accent…

…et en français.

5 DÉCEMBRE 1943

Depuis 1941, les soldats de tous bords fredonnent une chanson allemande intitulée « Lily Marlène ». Diffusés, à l'origine, sur Radio Stuttgart, ces couplets sont devenus ceux de toutes les troupes en guerre.

Signés Hans Leip et Norbert Schultze, ils ont également été interprétés en France par des artistes se produisant devant l'occupant.

… A dit Lily Marlène

A force d'entendre chanter cette chanson
J'ai eu le désir, dicté par la raison
D'aller tout simplement un soir
Afin de voir
Et de savoir
… que dit Lily Marlène
que dit Lily Marlène.

***

Hé ! dis-moi la belle, pourquoi cet air songeur
Pourquoi dans tes yeux cette trouble lueur ?
Il n'est plus, pour moi de bonheur,
Et le malheur
Est dans mon cœur
… a dit Lily Marlène
a dit Lily Marlène.

***

Voyons n'as-tu plus confiance en ton Führer
N'est-il pas pour toi plus grand que le Seigneur ?
Le triomph' qu'il nous a promis
Je l'attends depuis
Trois ans et d'mi
... a dit Lily Marlène
a dit Lily Marlène.

***

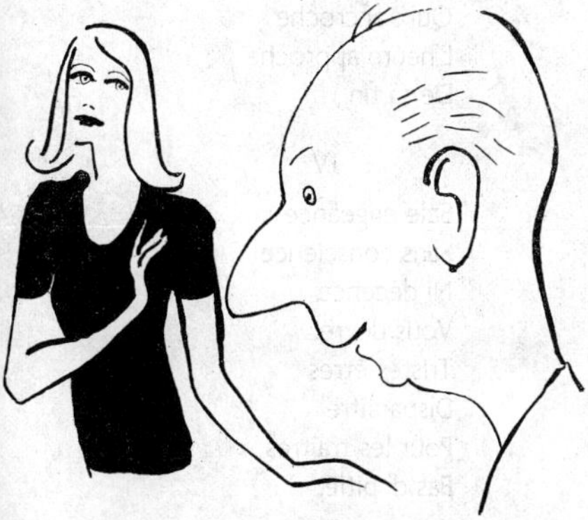

N'es-tu pas encore heureus' d'appartenir
A la grande Allemagne et fièr' de son av'nir ?
Je sais que le Reich tout entier
Est bombardé
Par les Alliés
... a dit Lily Marlène
a dit Lily Marlène.

***

Ignores-tu donc l'invincible rempart
Que votre Wermacht dresse de toutes parts
Je sais que le sol de Russie
Est tout rougi
Du sang nazi
... a dit Lily Marlène
a dit Lily Marlène.

***

Enfin la victoire couronnant vos drapeaux
Sur la croix gammée resplendira bientôt.
Je sais qu'en mon âme éperdue
L'espoir n'est plus
Nous sommes perdus
... a dit Lily Marlène
a dit Lily Marlène.

9 DÉCEMBRE 1943

Enfant, Pierre Dac a pris des cours de violon. Devenu amateur de musique classique et d'opéra, il reprend un thème de *L'Opéra de quatre sous* pour dénoncer les fascistes et collaborationnistes de la Milice française.

Police : milice

Air : *Opéra de quatre sous*

I

Gens d' milice
Et complices
Des polices
De Vichy,
Traqu' nos frères
Réfractaires
Qui se terrent
Dans le maquis.

II

Mercenaires
Tortionnaires
Sanguinaires
Bons à tout,
Les souffrances
De la France
Crient vengeance
Contre vous.

III

Fous sadiques
Hystériques
Domestiques
De Berlin,
Pour le Boche
Qui s'accroche
L'heure approche
De sa fin.

IV

Sale engeance
Sans conscience
Ni décence
Vous devrez
Tristes êtres
Disparaître
Pour les traîtres
Pas d' pitié.

***

10 DÉCEMBRE 1943

En décembre 1943, Pierre Laval demeure chef du gouvernement grâce au soutien de Hitler. Il remercie le Führer à sa façon, en acceptant de confier des postes officiels à Joseph Darnand, Philippe Henriot et Marcel Déat, ultra-collaborationnistes notoires. Il laisse également la Milice française jouer un rôle de plus en plus grand au sein de l'Etat. Comment un ancien Président du Conseil, socialiste de surcroît, peut-il en être arrivé là ? se demande Pierre Dac.

Rencontre avec Laval

Notre collaborateur Pierre Dac a réussi par miracle à rencontrer, quelque part dans le monde, M. Pierre Laval. Naturellement, il l'a interviewé. Et il a eu soin de faire enregistrer cette interview historique, dont nous donnons aujourd'hui la primeur aux auditeurs de la B. B. C.

DAC. — Bonjour, Monsieur le Président.

LAVAL. — Bonjour, Monsieur Dac ; je suis très heureux de vous revoir.

D. — Vous êtes bien aimable, Monsieur le Président. Et comment ça va ?

L. — Ben, vous savez, pour ce qui est d'aller bien, ça va plutôt mal, et pour ce qui est d'aller mal, ça pourrait aller mieux. Arrangez ça comme vous voudrez.

D. — Oui, oui, bien sûr ; mais, c'est curieux, vous êtes tout humide, tout trempé.

L. — Ben, n'est-ce pas, depuis trois ans il a beaucoup plu, alors je me suis un peu mouillé.

D. — Un peu, vous êtes modeste ; j'ai l'impression que vous êtes mouillé jusqu'au cou.

L. — C'est bien ennuyeux, parce que je n'arrive pas à me faire sécher.

D. — Ne vous frappez pas, on vous arrangera ça avec une bonne corde.

L. — Toujours le mot pour rire. Vous n'avez pas changé, Monsieur Dac. Je vous connaissais un petit peu ; José, elle, m'avait parlé de vous. Moi, je fréquentais pas beaucoup les chansonniers. J'aime mieux le cinéma. Enfin, ça n'a pas d'importance. Dites-moi, Monsieur Dac, j'crois que nous avons des relations communes ?

D. — Eh bien ! Monsieur le Président, j'ai pas mal roulé dans les prisons, ces derniers temps, on m'a beaucoup parlé de vous.

L. — Naturellement ; mais c'est pas de ces relations-là que je veux causer. Il paraît que vous vivez en Angleterre ?

D. — Je vis, enfin…, j'y suis depuis quelque temps, oui.

L. — Eh ben ! vous devez déjà avoir des relations, liant comme vous êtes.

D. — Oui, je connais un certain nombre de personnes à Londres.

L. — Evidemment, évidemment. Mais enfin, vous pourriez bien voir les milieux politiques. Qu'est-ce que vous pensez du Labour ?

D. — Le Labour ? Ah ! oui, oui, le retour à la terre, je crois que vous en entendrez parler d'ici peu.

L. — Ce n'est pas de celui-là que je veux parler, je veux parler du Labour Party. Vous savez, Monsieur Dac, que j'ai été socialiste.

D. — Il me semble, Monsieur le Président, que vous avez été beaucoup de choses.

L. — Justement, ça peut toujours servir. Mais est-ce que vous croyez que mes camarades du Labour Party ils se souviennent de moi ? Si vous leur expliquiez, ils pourraient peut-être intervenir en ma faveur. Je vais vous dire la vérité : mes affaires, elles ne vont pas très bien.

D. — Je vous crois un peu gêné aux entournures.

L. — Oui…

D. — Ça ne vous gêne pas du côté du cou ?

L. — Oui…, non…, pourquoi me demandez-vous ça ?

D. — Oh ! pour rien. Vous comprendrez plus tard.

L. — Mais vraiment, là, qu'est-ce que vous pensez que le Labour Party ferait pour moi ? Vous pensez pas qu'il voudrait m'aider à me faire blanchir ?

D. — Monsieur le Président, si vous me permettez de dire tout ce que je pense, j'ai l'impression qu'il serait peut-être difficile de vous blanchir ; en dehors de la cravate, je ne vous vois pas très blanc.

L. — Tout ça, voyez-vous, c'est une question d'optique. Vous savez, on a cru que j'aimais pas l'Angleterre. C'est pas si vrai qu'ça. C'est un grand pays, l'Angleterre, Chambrun me l'avait toujours affirmé. Alors si l'Angleterre voulait comprendre…

D. — On verra ça, Monsieur le Président, on verra ça… Seulement, je crois qu'il y a une petite erreur sur la personne, c'est moi qui suis venu vous interviewer.

L. — C'est exact, Monsieur Pierre Dac, je vous écoute.

D. — Eh bien ! Monsieur le Président, je voudrais savoir ce que vous pensez du chancelier Hitler.

L. — Vous y tenez beaucoup ?

D. — Je suis venu pour cela.

L. — Moi, je n'y tiens pas.

D. — Vous avez des relations avec lui ?

L. — Plutôt des rapports.

D. — De quel genre ?

L. — Des rapports de police… Mais en réalité, il ne s'est pas montré suffisamment compréhensif pour les affaires du Puy-de-Dôme et pour celles de Chateldon. Il aurait dû mieux comprendre mes intérêts. Il n'aurait pas dû blesser mon amour-propre.

D. — En somme, c'est un garçon qui ne comprend pas les finesses.

L. — J'ai l'impression que vous les comprenez très bien, Monsieur Dac. Au fond, vous auriez peut-être été plus fort que moi en politique étrangère. Si vous vouliez prendre ma place…

D. — Je préfère être dans ma peau que dans la vôtre. Et le Maréchal ?

L. — Quel Maréchal ?

D. — Le Maréchal Pétain.

L. — C'est vrai…, j'avais oublié… Excusez-moi Monsieur Dac.

D. — Oh ! ça ne me dérange pas.

L. — Mais justement, moi, ça me dérange.

D. — Pourquoi ? Ça ne va pas tous les deux ?

L. — Ça dépend des jours. On a quelquefois des petites frictions.

D. — Oui, faut bien se laver la tête de temps à autre.

L. — Comme vous dites ; vous comprenez, on n'a pas toujours les mêmes méthodes tous les deux. Ça ne nous empêche cependant pas de poursuivre le même but. Bon, n'est-ce pas, il n'y a que le résultat qui compte.

D. — Mais une autre question, Monsieur le Président, que devient votre ami Doriot ?

L. — Mon ami…, enfin, c'est plutôt comme qui dirait un concurrent.

D. — Vous savez, ça fait marcher le commerce, la concurrence.

L. — Oh ! ses affaires ne marchent pas trop mal. C'est un drôle de garçon, ce Doriot. J'avais placé quelque espoir sur lui. Mais, au fond, là aussi j'ai été déçu. Il ne pense qu'à son avenir à lui. C'est un arriviste.

D. — Un arriviste ; il me semble, Monsieur le Président, que vous savez très bien ce que c'est, un arriviste.

L. — Je ne dis pas le contraire, Monsieur Dac, mais qu'est-ce que vous voulez, il y a la manière. Comme me le disait José, quand elle m'empêchait de prendre mon fromage à la pointe de mon couteau : « Papa, toi, tu auras toujours la « manière ».

D. — Monsieur le Président, je vous remercie pour vos intéressantes déclarations ; permettez-moi de vous dire au revoir, ou plutôt adieu, car j'ai l'impression que nous ne nous reverrons plus.

L. — Pourquoi ça, Monsieur Dac ? Ne soyez pas pessimiste, qu'est-ce que vous voulez qu'il vous arrive ?

D. — Oh ! à moi, rien, mais à vous, sûrement !

15 DÉCEMBRE 1943

Un couple britannique, Johnny et Molly, qui travaille à la BBC, invite Pierre Dac à passer un week-end dans leur cottage proche de Londres. Il va passer les heures les plus ennuyeuses de son existence d'homme libre en écoutant des gens dont la conversation varie entre « Il n'y a pas de brouillard ce matin, mais il y en avait hier soir » et « Nous sommes contents de vous recevoir chez nous ». Des propos échangés lors d'un dîner essentiellement composé de gigot bouilli et de pommes de terre, le tout arrosé de bière. Une cuisine anglaise qu'il évoque ensuite, à sa manière, dans les colonnes de *France*.

FRANCE — ESSAI SUR LA CUISINE ANGLAISE

Depuis trois ans et demi, j'ai connu en France pas mal d'heures difficiles et passé souvent de fichus moments ; dans le travail souterrain auquel nous nous livrions, mes camarades et moi, ce principe dominait qui régissait tous nos actes : « La volonté est la force principale de la résistance. »

Ce principe m'a beaucoup soutenu au cours de ces dix derniers jours que j'ai consacrés à l'étude, par l'expérience, de la cuisine anglaise. C'est une étude qui demande beaucoup de persévérance, de compréhension et d'abnégation. J'ai mené ma tâche jusqu'au bout, sans défaillance, et c'est avec la satisfaction du devoir accompli que je peux vous présenter aujourd'hui mes observations, remarques et conclusions sur ce sujet vital.

La cuisine anglaise est dégagée de nuances et de subtilités ; elle est traditionnelle, conservatrice et au-dessus de tous soupçons. Je n'en veux pour preuve que la stricte ordonnance du plat de viande flanqué de ses deux légumes. Ces deux légumes sont indispensables, inséparables, indéfectibles et permanents. Ils sont en quelque sorte, les deux mamelles végétales de la cuisine britannique, ils sont généralement représentés par la pomme de terre et le chou de Bruxelles ; je n'ai jamais vu autant de choux de Bruxelles de ma vie ; ce n'est plus une nourriture, c'est une invasion. Après l'âge de pierre, l'âge de fer, l'âge de bronze, l'âge du chou de Bruxelles ! Ainsi va le monde.

On m'avait dit : « En Angleterre on mange beaucoup moins qu'en France. » Je dois reconnaître que c'est pure vérité : à part le breakfast du matin, le déjeuner à une heure, le thé et les toasts à n'importe quelle heure, les sandwichs intermédiaires et le dîner à huit heures, on ne prend pour ainsi dire que très peu d'aliments en dehors de ce qu'on avale.

Une chose qui m'a beaucoup impressionné, c'est la sobriété à table ; on boit peu ou pas du tout le plus souvent ; vous me direz qu'on se rattrape dans les bars et les pubs. Ne mélangeons pas ; chaque chose en son temps et chaque verre à sa place. Quand on mange, on mange et quand on boit, on boit ; d'autant qu'en Angleterre il n'est pas question de boire pour se désaltérer ; on boit pour boire, par sport, par devoir et obligation, durant une période nettement déterminée, spécialement réservée à l'ingurgitation massive et systématique de liquides variés ; c'est un travail, une tâche, une besogne ; un labeur acharné qui doit être mené obstinément et sans répit jusqu'à la fermeture de l'établissement, en un mot un marathon du gosier consistant à absorber le maximum dans le minimum de temps.

J'ai remarqué que, à l'inverse de l'ordonnance française, le porto se sert après le repas et que la bouteille doit toujours circuler dans le sens des aiguilles d'une montre. A la question que je posais récemment de savoir quelle situation serait créée dans le cas de l'arrêt de la montre, il me fut signifié qu'un problème aussi grave ne pouvait recevoir sa solution qu'à l'issue d'un débat aux Communes et qu'on me ferait tenir la réponse par le truchement d'un délégué du Foreign Office.

Une question qu'il ne convient d'aborder qu'avec énormément de prudence, de tact et de circonspection, c'est celle qui traite des « savouries », du dessert et du fromage. Là, il est indispensable de conserver tout son sang-froid et toute l'objectivité de son jugement. En effet les « savouries » se prennent après le dessert ou en tiennent lieu ; et si l'on prend un savoury comme dessert, peut-on en prendre un autre après, étant donné que des savouries peuvent être également considérés comme postérieurs au dessert tout en étant admis comme tels ? Ce qui ne simplifie pas la chose c'est que le fromage se mange après le dessert. On en est donc réduit à se demander : « Où, quand et comment est le dessert ? » « Vox clamavit in dessertam », comme dirait le général Smuts.

N'empêche que j'éprouve beaucoup de sympathie à l'égard des savouries, j'en ai particulièrement apprécié un récemment, qui était un panaché de champignons et de haricots blancs sauce tomate. Ça a commencé sur toast, ça a continué par un numéro de music-hall et ça s'est terminé sur mes vêtements.

Le sherry étant ici du Xérès et considéré non comme digestif, mais comme apéritif, j'ai demandé, l'autre jour, si je pouvais obtenir un café crème à la place d'un minestrone. On m'a gentiment fait comprendre que ce genre de plaisanterie était pour le moins inopportun.

Enfin, abordons de front le chapitre des vrais desserts, ou plus exactement du vrai dessert. Car le dessert est un et unique. Que ce soit gâteau, pâtisserie, pièce montée, bouillie, tout ça porte le même nom de pudding. En particulier, le rice-pudding — qui n'est pas comme pourraient le supposer certains Philistins, une prise de catch, mais un authentique dessert, est universellement apprécié ; surtout s'il est arrosé de custard, qui est, comme nul ne l'ignore, une sorte de crème liquide. Cette crème, lorsqu'elle est bonne, ressemble à de la crème renversée ; quand elle est mauvaise aussi, puisqu'à ce moment elle l'est, par terre ou sur la table.

J'allais oublier l'essentiel : la cuisine anglaise est entièrement basée sur l'eau qui en est le principe fondamental, et l'élément déterminant. Tout devant être bouilli, l'eau est le commencement et la fin de tout. Ce qui m'a inspiré la confection d'un plat auquel j'ai donné le nom de « Water-pudding » et dont voici la recette :

« Vous prenez un litre d'eau ordinaire que vous faites soigneusement bouillir, pendant ce temps, vous prenez un autre litre d'eau, préalablement bouillie et vous la faites tiédir au bain-marie et à feu doux. Quand c'est à point, vous versez dans votre premier litre d'eau, le contenu du second, mais goutte à goutte et en remuant, pour éviter que ça attache.

» Dans la préparation ainsi obtenue, vous versez alors la valeur d'un bon seau et demi d'eau, bouillie naturellement. Vous ajoutez la valeur de gros comme la tête d'un âne sur la pointe d'une épingle d'eau bouillie légèrement dégourdie, pour lier le tout convenablement. Vous mettez au four pendant 60 minutes en arrosant tous les quarts d'heure d'un verre d'eau bouillie pour gratiner. Vous démoulez, vous servez et vous n'avez plus qu'à vous en remettre à la suite des événements. »

Voilà, c'est tout pour aujourd'hui et la cuisine anglaise. Certains m'objecteront timidement que, pourtant une bon entrecôte avec des frites... D'accord, mais qu'ils ne se frappent pas trop, c'est pour bientôt ; et si d'aventure on en manque, on se contentera d'un morceau de pain.

... Avec un peu d'air de France dessus. Et ce sera meilleur que le meilleur repas du monde.

20 DÉCEMBRE 1943

La Légion des volontaires français contre le bolchevisme, la LVF, est née en France en juillet 1941, avec le soutien des partis collaborationnistes dirigés par Jacques Doriot, Marcel Déat et Eugène Deloncle. Ils espéraient 100 000 engagements, il y en eut, en trois ans, moins de 6000. En décembre 1943, les membres se réunissent à Paris, au Vel'd'Hiv, pour prêter serment à Adolf Hitler. Pierre Dac, écoeuré, se déchaîne au micro.

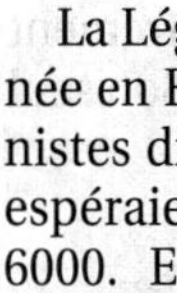

Matinée de noël

Cet après-midi, à l'occasion de la Noël, la Légion des Volontaires Français organise au Grand Palais, une matinée avec spectacle de cirque réservée plus spécialement aux légionnaires, à leurs familles et aux amis de la légion.

Voici le programme complet de la matinée.

Paris-Berlin, pas de gymnastique redoublé, par la musique de la Légion.

Marche des Mercenaires, par la musique de la Légion avec le concours de la clique, de la canaille et de la crapule.

Grande entrée de clowns, par les Waffen S. S.

Marcel Déat, dans son impressionnant numéro de fil de fer et de corde raide ; le travail sera exécuté sans filet.

Le professeur Grimm, illusionniste.

Haute école, par le manège des collaborationnistes dressés, présentée par le Gauleiter Sauckel.

M. Pierre Laval, équilibriste à transformations.

Démonstration de retournage de veston, par les moniteurs de l'école opportuniste.

Travail au trapèze et au tapis, par le colonel Labonne.

Le professeur Abetz et son sujet de Brinon, dans une extraordinaire séance de transmission de pensée.

Tout le monde se mouille, grande fantaisie nautique, par les nageurs de Vichy.

Sensationnel match de pancrace disputé par Jacques Doriot et Marcel Bucard.

Quinze minutes de fou rire avec la grande pantomime comique : Travail, Famille, Patrie, par toute la troupe.

Et, pour terminer, la musique de la Légion exécutera : *Sans tambour ni trompette*, marche à pas feutrés et *En revenant de Moscou*, retraite précipitée.

En raison d'impossibilités matérielles et par courtoisie envers le gouvernement, le personnage de M. Loyal est supprimé.

24 DÉCEMBRE 1943

Pierre Dac est devenu le seul civil membre d'honneur du Groupe de Bombardement Lorraine, composé de membres des Forces aériennes françaises stationnées en Grande-Bretagne. Il a été élevé à cette dignité à l'issue d'un déjeuner tellement arrosé qu'il a oublié un enregistrement prévu à seize heures à la BBC et s'est endormi dans un fauteuil. Son seul rendez-vous manqué au micro.

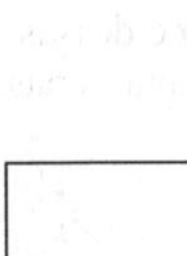

Réveillon avec le groupe Lorraine

Vers le 10 décembre, je reçus, un matin, un coup de téléphone du commandant du groupe Lorraine : « Voulez-vous venir passer le réveillon avec nous ? », me demanda-t-il. « D'accord », répondis-je. Et le 24, j'étais au terrain. Je vais essayer de vous décrire simplement, sans périodes oratoires, comment les choses se sont passées.

J'ai tout d'abord pris contact avec le commandant du groupe. Il a trente-trois ans : et il est lieutenant-colonel. « Nous avons, m'expliqua-t-il, organisé un petit concert avec les moyens du bord ; une seule défaillance, cependant, et je m'en excuse ; trois de nos camarades avaient monté un numéro de danses hawaïennes ; l'un d'eux a été tué hier ; alors, vous comprenez… »

Vers neuf moins un quart, le groupe était réuni au grand complet et le spectacle commença. Il débuta par un extraordinaire récital de cor de chasse exécuté par l'adjudant-chef T..., et qui déchaîna l'enthousiasme délirant de l'auditoire ; puis se succédèrent un solo de piano, un solo de violon, une saynète de chanteurs de rues, comme à Paris, avec le traditionnel accordéon, des histoires, des chansons et jusqu'à une classique danse à l'éventail par un coryphée mâle en tenue légère. Puis je fis mon tour de chant ; je ne vous le décrirai pas, car il me faudrait vous dire l'accueil qui m'a été fait, et ma modestie en prendrait un drôle de coup. Après le concert, le silence s'établit et on chanta, tous ensemble, *La Marseillaise*, une belle *Marseillaise*, comme on devait la chanter en 92, comme on la chantait en 14-18. Puis, la messe de minuit, dans un gymnase, avec un simple autel dans le fond ; Anglais de la R. A. F. et Français du groupe, répartis au hasard ; un harmonium, quelques chants, de longs silences pendant lesquels chacun pensait à ceux qu'il aime, à ceux qui souffrent, à ceux qui luttent, à ceux qui meurent.

Et puis, ce fut le repas du réveillon. La salle de spectacle avait été transformée en salle de banquet, impeccable, toutes tables dressées ; tout le monde réuni, colonel, officiers, sous-officiers, soldats, comme une grande et même famille. Vers le milieu du repas, le commandant P... remit, au nom du groupe tout entier, un pot d'honneur au colonel, une pièce d'orfèvrerie gravée aux armes de Lorraine, de Metz et de Nancy. Je ne me rappelle plus exactement les paroles prononcées par le commandant, mais ce dont je me souviens, c'est qu'elles exprimaient l'affection profonde, la confiance totale et l'admiration sans limites, pour le chef qui leur donne chaque jour le plus noble des exemples. Le colonel remercia en quelques phrases qui, elles, contenaient tout son amour pour ses hommes et sa fierté de les mener au combat. Puis il accrocha, au revers de mon veston, l'insigne du groupe. Il sera pour moi un de mes plus beaux souvenirs. Il y eut, un peu plus tard, une série de chansons en chœur dont les paroles n'ont certainement pas été écrites pour pensionnats. Et on alla se coucher. J'allai dormir avec les lieutenants qui m'avaient préparé un lit dans leur baraquement. Le 25, jour de Noël, sur le coup de onze heures, j'allai, suivant la tradition, avec les officiers, boire le pot de l'amitié chez les sous-officiers ; à midi, ceux-ci vinrent à leur tour boire un autre pot chez les officiers. A une heure, le repas des hommes de troupe fut servi par les officiers. Tout ça à grand renfort de pots d'amitié. Je dois, à la vérité, déclarer que, durant ces diverses manifestations, il me passa pas mal d'amitié liquide entre le nez et le menton. Et on se sépara vers les quatre heures de l'après-midi.

Voilà ; c'est tout ; tel fut mon réveillon au groupe Lorraine, que j'ai passé, quoiqu'en Angleterre, dans un coin de notre pays. J'ai été reçu en camarade par des camarades. Et j'ai, plus encore qu'à l'accoutumée, pensé à vous, mes chers copains, avec qui j'étais, l'an dernier, en France ; pour beaucoup d'entre vous, Noël, cette année s'est passé en cellule dans un camp de déportés, ou dans la pauvre terre des suppliciés. Et j'ai tant pensé à vous, que je crois qu'ainsi vous étiez tous avec moi, au groupe Lorraine et présents au milieu de ceux qui vont, presque chaque jour, porter le combat dans le ciel français. On appelle certains d'entre eux les jeunes pousses, parce qu'ils ramènent souvent des branches d'arbres de chez nous accrochées à leur appareil. Des chics types, des hommes, avec un seul cœur et un même idéal.

Alors, après avoir passé ces quelques heures fraternelles avec eux, et pour en terminer le compte rendu, je ne trouve que trois mots à dire en guise de conclusion. Les voici : VIVE LA FRANCE !

FORCES AERIENNES FRANCAISES
EN GRANDE-BRETAGNE
-=-=-=-=-=-
Groupe "LORRAINE"
(342 Squadron - R.A.F.)
-=-=-=-=-=-

Nº 977/342/S

AUTORISATION DU PORT

DE L'INSIGNE DU GROUPE "LORRAINE"

Le Lieutenant-Colonel H. de RANCOURT, Commandant le Groupe "LORRAINE" autorise par la présente lettre

Monsieur Pierre DAC

à porter à titre honoraire l'insigne Nº CXXV qui lui a été remis ce jour pour services rendus au Groupe.

Fait à Hartford Bridge
le 25 Décembre 1943

Le Lieutenant-Colonel H. de RANCOURT
Cdt. le Groupe "LORRAINE"

H. de Rancourt

FORCES AERIENNES FRANCAISES
LE COMMANDANT
SQUADRON 342 LORRAINE

Pierre Dac, extrêmement pudique, a rarement évoqué ses mois passés en prison. L'article paru dans *France* à la veille de Noël 1943 est l'exception qui ne confirme pas la règle.

FRANCE — COMPTE DE NOËL

Il entrait dans mes intentions d'écrire aujourd'hui un article drôle, ou tout au moins d'essayer de le rendre tel. Je voulais, continuant la série de mes impressions d'Angleterre, traiter de l'architecture des maisons londoniennes — ce qui est évidemment manière de parler — de l'amour des Anglais pour les animaux et pour le jardinage, du respect de la liberté individuelle, du culte du kilt, et vous mettre au courant de ma dernière expédition dans le métro que je ne parvins à mener à bonne fin que grâce aux instruments de navigation dont j'avais pris prudemment soin de me munir avant de l'entreprendre.

Je m'installai donc devant mon papier blanc, et tâchai de fixer mon esprit sur le sujet à développer. Et voilà que ma pensée, se mettant en marche arrière, se prit à remonter le cours du temps, s'arrêtant par-ci par-là aux heures les plus lourdes de ces trois dernières années.

Et voilà pourquoi j'intitule cet article : Compte de Noël. Pourquoi compte de Noël ? Oh ! certes, pas pour faire un à peu près d'une évidente indigence, mais simplement parce que, à l'occasion de Noël, je fais mes comptes, ou plus exactement mon compte ; le compte de mes souvenirs ; de mes souvenirs se rapportant aux Noëls qui se sont succédé depuis 1940.

Noël 1940 ! J'étais, à ce moment, à Mascara, en Afrique du Nord, où je faisais une tournée. Il me revient en mémoire que j'avais soumis à un certain cuistre occupant les fonctions de censeur, le texte d'une chanson intitulée : Chant d'allégresse destiné à exalter la joie et la gaieté de vivre sous le régime de la Révolution Nationale. L'individu m'avait accordé son visa sans discussion. Le soir, il assistait à la représentation. Je n'avais omis de lui dire qu'une chose, c'est que je chantais ce chant d'allégresse sur les motifs de « Tristesse » de Chopin, ce qui donnait au texte une tout autre signification. Il m'en fit, à l'issue du spectacle, l'amère remarque, à quoi je rétorquai que je ne pensais qu'à célébrer le plus gaiement du monde l'avènement de Vichy, mais que ce n'était pas ma faute si j'avais la joie triste.

Noël 41 ; j'étais en prison. Je vous en reparlerai un peu plus loin.

Noël 42. Par originalité, j'étais en liberté ; quand je dis en liberté, c'est que je ne trouve pas d'autre expression pour décrire l'espèce d'existence qui était la mienne, comme celle de tant d'autres et qui consistait à vivre sur un perpétuel qui-vive en l'éventualité d'une arrestation toujours possible, sinon probable. Je l'ai passée, cette nuit de Noël, dans un train, parce que j'avais été averti qu'il me fallait au plus tôt prendre le large, la Gestapo ayant manifesté l'intention de me convier à un grand festival rédempteur de matraques. Noël traqué ! Noël de dureté ! Noël d'alerte ! Noël de résistance !

Et voilà Noël 43. Noël d'exil. Noël pendant lequel mon cœur et ma pensée s'en vont réveillonner avec tous mes camarades enchaînés, avec ceux qui célèbrent la nuit du divin amour en cellule, dans un camp, dans le maquis ou dans la pauvre terre des suppliciés.

Je sais, par expérience, comment se passe Noël entre quatre murs ou en marge de ce que la voyoucratie de Vichy appelle la légalité.

Je sais aussi que Noël prochain reprendra sa véritable signification et que ce Noël de liberté, beaucoup des meilleurs d'entre nous ne seront plus là pour le fêter.

Alors, vous comprenez, n'est-ce pas, pourquoi, malgré mon désir, je n'ai pu écrire, cette fois, un article amusant. Il y a en moi trop de peine, dans mes yeux trop de larmes refoulées à force de serrer les poings, trop d'affection pour tous ceux avec qui j'ai mené, tant que j'ai pu, le combat quotidien.

Je vous disais, un peu plus haut, que je vous reparlerai de mon Noël 41. J'étais enfermé, à cette époque, dans un château en Espagne et ma cellule se trouvait être située juste en face celle des condamnés à mort. J'en ai fixé le souvenir par le petit poème suivant qui me dispensera de toute autre conclusion.

NOEL 41

Ce fut un réveillon étrange
Que celui de 41.
Du pain, du rancho[1], une orange
En composaient tout le festin.

Loin de tous ceux que mon cœur aime,
En la morne nuit des prisons
J'ai cependant vécu le thème
De la plus belle des chansons.

Sur mon pain j'ai mis l'espérance
Et mon pain prit soudainement
L'aspect du beau pain blanc de France
Qui fut le nôtre si longtemps.

Dans mon rancho j'ai mis la gloire
Qui sera la nôtre bientôt
Et c'est le goût de la Victoire
Que mon rancho prit aussitôt.

De ma simple et modeste orange
J'ai distillé le jus grisant
De la liberté sans mélange
Qui nous appelle et nous attend.

Ce fut un réveillon étrange
Que celui de 41.
Du pain, du rancho, une orange
En composaient tout le festin.

Pierre DAC.

25 DÉCEMBRE 1943

Un quatrain sur l'air de *Savez-vous planter les choux*, diffusé en boucle par la BBC, pour inciter les Français à aider des résistants, de plus en plus nombreux, mais aussi de plus en plus menacés par l'occupant.

Les agents sont de braves gens

Sur l'air de Savez-vous planter les choux ?

Les agents sont des brav'gens
Quand ils aident, quand ils aident
Les agents sont des brav'gens
Quand ils aident les résistants

1. Rancho : espèce de soupe.

30 DÉCEMBRE 1943

Sur un air traditionnel intitulé *Sur la route, la grand-route*, Pierre Dac chante les louanges de l'Armée Rouge qui, pendant l'année 1943, a multiplié les victoires contre les troupes allemandes. Ils ont triomphé à Stalingrad, et repris, entre autres, les villes de Koursk, Kharkov et Kiev.

Sur la route de Russie

Sur l'air de Sur la route, la grand-route

Sur la route, la grand-route,
L'Armée Rouge marche en avant.
Sur la route, la grand-route,
Les Allemands vont reculant.
Où sont donc leurs jours de gloire,
Tout semblait aller si bien ?
Où sont passées les victoires ?
Il faut rebrousser chemin.
Et les Russes chantaient :
Ah ! Ah ! Ah ! Ah ! Ah ! Ah !
Les Allemands murmuraient :
Hm ! Hm ! Hm ! Hm ! Hm ! Hm !

Des criminels nazis pendus en Russie, des sabotages des trains par une Résistance de plus en plus engagée dans une « Bataille du rail », une Royal Navy qui multiplie les succès. Sur l'air de *La Romance de Paris*, de Charles Trenet, Pierre Dac prédit l'hallali des nazis.

La complainte de fin d'année

Air : *Romance de Paris*

Une année finit, l'autre commence,
L'un après l'autre les mois s'avancent
Apportant dans leur cortège bleu
La promesse de jours plus heureux
Et pendant que la Victoir' s'apprête
A revêtir ses habits de fête
Le voil' noir des désastres s'étend, oui
Sur le Reich et ses derniers amis.

C'est la complainte des nazis,
Le crépuscule avant la nuit,
Qui met au cœur des Hitlériens
L'âpre terreur du lendemain.
Elle exprime par ses accents
La sourde angoiss' du châtiment
Dans la tempête et dans les cris
C'est la complainte des nazis } (bis)

Miliciens, mouchards, tristes apôtres
Cett' complainte est également la vôtre
Vous, les traîtr's, les vendus, les vomis,
Vous les lâches, elle est la vôtre aussi
Tortionnair's, bourreaux et mercenaires
Elle rythme votre heure dernière
Collaborateurs écoutez-la bien
C'est pour vous que chante ce refrain

C'est la complainte des nazis
C'est la complainte des pourris
Qui met au ventre des salauds
La peur d' la corde ou du poteau
Elle accompagne en quelques mots
L'agonie de l'ordre nouveau
A vos potenc's homm's de Vichy
C'est la complainte des nazis } (bis)

1er JANVIER 1944

Au matin du 1er janvier 1944, le baromètre est à l'optimisme dans les studios de la BBC. On croit à l'imminence de la victoire finale. Pierre Dac ne manque pas l'occasion de présenter ses vœux aux auditeurs qui l'écoutent, souvent très discrètement, de l'autre côté de la Manche.

MESSAGE DU 1er JANVIER

Je ne peux m'empêcher, en ce premier jour de l'an 1944, d'évoquer l'atmosphère des premiers de l'an d'avant-guerre et ce qu'ils pouvaient avoir, à certains égards, de conventionnel. Naturellement, pour ceux qu'on aimait vraiment, l'échange de souhaits était sincère ; mais il y avait tous les autres, et je me souviens qu'en fin de journée, après avoir encaissé et rendu une quantité industrielle de vœux, lorsque je rencontrais, d'aventure, encore un quidam, avant même que celui-ci n'ouvre la bouche, je lui disais, ou plutôt lui hurlais : « Merci, je vous souhaite la même, et à l'envers. » Et les lettres, les cartes de visite, les cadeaux, les fleurs, les bonbons avec toujours l'arrière-pensée d'oublier quelqu'un ; bref, ça tournait souvent à la corvée. Corvée qu'on blaguait, dont on riait, en raison de son côté traditionnel un peu suranné et, cependant, à tout prendre charmant.

Depuis trois ans, le rire a disparu ; les bonbons, les cadeaux aussi, et les fleurs qui restent on les apporte sur les tombes anonymes de nos camarades que la Gestapo a suppliciés parce qu'ils voulaient demeurer des hommes fiers et libres. Les souhaits qu'on échange presque à voix basse sont graves. D'ailleurs, on n'a pas besoin de se dire grand-chose : on se regarde droit dans les yeux, on se serre la main, bien fort, et ça suffit : on se comprend.

C'est parce que j'ai trop en mémoire le souvenir de ces premiers janviers écoulés que les vœux que je forme en ce premier de l'an, mes camarades de la résistance, je vous les adresse d'une voix plus claire et plus assurée. J'ai vécu au milieu de vous, bien des jours mauvais et durs ; j'ai connu, en prison ou traqué, les heures troubles où l'on n'a pas trop de toute sa volonté pour conserver son calme et son courage. Et c'est pour ça qu'aujourd'hui, du fond de mon exil, de toute mon âme, de toutes mes forces, je vous dis : « Bonne année, parce que je sais que ce sera la bonne, la grande année. Pour vous toutes et tous, pour les petits surtout, bonne santé, malgré les privations. »

Et puisque la tradition veut qu'au seuil de l'an nouveau, on se donne l'accolade, laissez-moi vous embrasser tous, car je crois que l'immense espoir que je porte en moi me donne un cœur assez grand pour pouvoir le faire.

Bonne année, mes chers copains, bonne victoire, et à bientôt.

8 JANVIER 1944

Sur un air militaire, *La Patrouille*, qu'il a fredonné sur le front pendant la Première Guerre mondiale, Pierre Dac fait de la propagande. Utilisant une méthode qui, quatre ans plus tôt, a permis à l'occupant de remporter une victoire psychologique, il annonce aux Français à l'écoute que ceux qui les ont trahis ne vont pas tarder à en payer le prix.

La trouille

Air : *La patrouille*

Refrain

Tu as la trouill', tu as les foies
Ça te tient, là, dans l'estomac
Tu as la trouill', tu as les foies
Ça te tient bien, ça n' te lâch'ra pas.

I

Collaborateur, mon p'tit homme,
T'as mauvais' min', t'as pas l'air bien
T'es tout nerveux, te voilà comme
Un merlan dans un sac à main
T'as froid dans l'dos et tu transpires
Ben, c' que tu as, moi j'vais te l'dire

II

Tu as joué la carte boche
T'as perdu, va falloir payer.
Evidemment c'est plutôt moche
C'est pas c' que t'avais espéré.
Tu sens que l'échéance approche,
Pour le coup tes boyaux s' décrochent.

III

C'est ton av'nir qui t' préoccupe,
Ça s'comprend, mais faut pas t' frapper,
Tranquillis'-toi on s'en occupe
Et on n' te laiss'ra pas tomber,
On t'soutiendra bien au contraire
Avec un' cord' réglementaire.

12 JANVIER 1944

Les Alliés passent à l'offensive en Italie, débarquent en Nouvelle-Guinée, progressent en Birmanie. La température monte sur le front. Un fait que le docteur Pierre Dac ne manque pas d'évoquer au micro de la BBC.

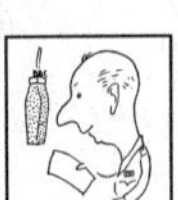

Bulletin de santé de l'ordre nouveau

L'état de l'ordre nouveau s'étant dangereusement aggravé au cours de ces derniers jours, les Wehrmachtologues et Luftwaffologues traitants habituels ont mandé d'urgence en consultation deux des plus célèbres cliniciens de Stockholm et de Genève. Ces derniers se sont rendus au chevet du malade qu'ils ont longuement examiné. Voici leurs conclusions.

Bulletin de Santé de l'Ordre Nouveau :

Un examen approfondi a permis d'observer un ensemble de signes discordants dont la concordance révèle, entre autres, de très nets symptômes de prostration et de dépression consécutifs à une énorme fatigue provoquée par l'impossibilité absolue de repos.

Le pouls est filant et très rapide.

Une anxiété diffuse se manifeste par un état permanent d'angoisse, des sueurs froides et une diarrhée profuse.

Les traits du malade sont tirés, ses yeux sont cernés et, à certains moments, complètement encerclés.

Le patient est atteint d'anoxémie profonde par suite du manque d'oxygène.

La respiration est rapide, parfois haletante et entrecoupée de soupirs.

La tension artérielle est en chute progressive.

On constate également, outre des troubles circulatoires, une très nette diminution du volume sanguin consécutive à des hémorragies successives et simultanées, ainsi qu'une raréfaction des phénomènes réactionnels.

L'auscultation révèle une formidable montée de râles de la base au sommet.

L'analyse chimique du sang révèle une augmentation des acides organiques et, en particulier, de l'acide russique.

Des différents traitements qui ont déjà été appliqués, tels que :

Injections de sérum hyposatellite,

Injections d'extrait cortical de L. V. F.,

Transfusion de plasma de Waffen S. S.,

Administration massive et répétée des Gestapositoires, tous, dans leur ensemble n'ont apporté aucune amélioration dans l'état général.

En conclusion, le diagnostic peut être établi comme suit : état de choc traumatique particulièrement grave.

Le pronostic est des plus alarmants et ne laisse aucun doute quant à une issue fatale ; néanmoins, il reste à prévoir qu'avant d'en arriver à la période de coma qui précède immédiatement l'abattement final, l'organisme se défendra vigoureusement ; les formes de cette défense pourront se manifester par des phénomènes violents de surexcitation et d'excentricité désordonnés pouvant aller jusqu'à un paroxysme voisin du *delirium tremens*.

Le pronostic n'en demeure pas moins formel et ne laisse subsister en fin de compte qu'un très faible espoir qui, lui-même, peut être considéré comme désespéré.

16 JANVIER 1944

Un quatrain enregistré par Pierre Dac et diffusé en boucle sur les ondes de la BBC. Avis aux collaborationnistes qui veulent retourner leur veste : c'est trop tard !

Polka du lézard

Si tu voulais t'en tirer, par hasard
En retournant ta veste (bis)
Si tu voulais t'en tirer par hasard
Il n'y a plus rien à faire, il est trop tard.

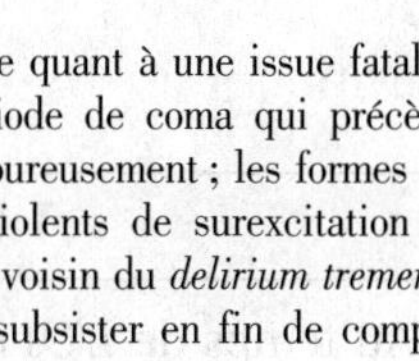

17 JANVIER 1944

Encore une chanson contre Pierre Laval. Dans sa campagne de propagande, Pierre Dac annonce aux auditeurs, que, comme les autres, le chef du gouvernement de l'Etat français va payer sa trahison au prix fort.

Pierre Laval, non !

(Sonnerie « la visite »)

Pierre Laval, non
Pierre Laval, non
Pierre Laval, non
Tu auras beau faire des pieds et des mains
Tu n'éviteras pas ce qui t'attend demain
Pierre Laval, non
Pierre Laval, non
Pierre Laval, non !

18 JANVIER 1944

Au temps de *L'Os à Moelle*, Pierre Dac proposait régulièrement des bulletins météorologiques loufoques. Il reprend le principe, un soir à Londres, pour donner des nouvelles du front et prédire la fin d'un ordre nouveau que Pétain présentait, en octobre 1940, comme une « nécessité française ».

Bulletin météorologique de l'ordre nouveau

L'Observatoire de Berchtesgaden communique :

Etat du ciel : Allemagne.

Très couvert ; plafond bas ; de grosses formations de nuages sont observées, comprenant notamment des nimbus, des cumulus, des Mosquitos, des Lancaster, des Halifax et des cirrus ; de très fortes chutes d'acier sont signalées, en particulier dans les régions de Berlin, Stettin, Mannheim, Ludwigshaven et autres centres industriels ; on prévoit pour ces régions de prochaines et violentes perturbations telles que tornade, trombe, typhon, cyclone, tremblement d'air et de terre, raz de marée et autres phénomènes du même métal. L'origine de ces perturbations serait due à une pression de plus en plus accrue en provenance de Grande-Bretagne, d'Amérique, d'Afrique et en particulier de Russie.

France et Régions occupées : nuageux avec éclaircies prochaines.

Etat de la mer : Méditerranée, Manche, Atlantique, Mer du Nord : agitée avant de s'en servir.

Etat des éléments : Etats-Unis : uniforme

Etats Balkaniques : en mouvement.

Etat Français : lamentable.

Etat de salauds : catastrophique.

Etat de l'atmosphère : Surchauffée et résistante en France. Irrespirable en Allemagne et régions satellites avec forte dépression dans la population.

Vents et courants aériens : On signale qu'un vent de panique souffle avec une extrême violence sur la Roumanie, la Bulgarie et la Hongrie.

Par contre, un vent d'espoir souffle sur la France et les régions occupées.

Température : Berlin : ambiante.

Sofia et Bucarest : la température est remise à une date ultérieure en raison de l'éclatement de la majorité des thermomètres.

France : La S. S. P. C. (Station spéciale provisoire collaborationniste) communique à l'instant que le trouillomètre marque actuellement 15° au-dessous de Vichy.

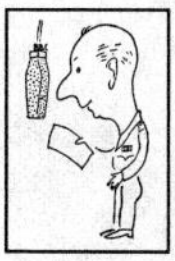

BULLETIN SCIENTIFIQUE

L'Observatoire de Greenwich communique :

L'éclipse totale du National-Socialisme, dont la date sera communiquée en temps utile, sera visible à l'œil nu et pourra être observée dans le monde entier.

***

Et voici l'heure exacte communiquée par l'horloge parlante des Nations-Unies.

Au quatrième top, il sera exactement moins cinq pour l'Allemagne et les satellites.

***

Vous venez d'entendre le Bulletin météorologique de l'Ordre Nouveau.

Pour célébrer, comme il convient, les actuels succès de la Wehrmacht sur le front de l'Est, l'Amicale des travailleurs de l'Intuition a tenu à adresser, en langue européenne, un message de félicitations à son président, Adolf Hitler.

Voici ce message :

« Hochbewehrter Führer !

» Sieg ! Sieg ! Sieg ! Sieg ! Nochmals und hundert nochmals Sieg. Dank Ihren groszartigen wirkliche weltfassenden und spannenden Intuitionen ist Ihr Krieg bald zu Ende. Ihre nationalsozialistische Bande von kriminalgeboren Genossen, stinkenden Lumpen, Lausbuben, Frauen und Kinder-Mördern, Judenfressern und Hackenkreuzmaniaken haben getötet, gestohlen, gemordet wie noch nie in der langen Geschichte der Menschheit. Die Erfolg dieser unendlichweitsehender Politik ist reif. Die ganze Welt ist gegen uns : Sieg ! Heil ! »

Ce qui, en traduction littérale, signifie : « Y a du mou dans l'élastique. »

24 JANVIER 1944

En décembre 1943, à Paris, au Vel'd'Hiv, Jacques Doriot a été décoré de la Croix de Fer allemande pour sa campagne en Russie. Depuis, il demeure silencieux. Ça devrait continuer, chante Pierre Dac sur un militaire et populaire, *La casquette du Père Bugeaud.*

As-tu vu ?

air : *La casquette du Père Bugeaud*

As-tu vu la sal'tête
La sal'tête
As-tu vu la sal'tête
De Jacques Doriot ?

Si tu ne l'as pas vue,
T'as rien perdu,
Et si tu l'as vue,
Sois convaincu
Que bientôt, tu ne la verras plus,
Elle aura disparu

As-tu vu
La sal'tête, la sal'tête
As-tu vu, la sal'tête
De Jacques Doriot ?

25 JANVIER 1944

Parfois, le soir, Pierre Dac retrouve des amis chez eux et se propose de mitonner un plat. Cela lui est formellement interdit. La seule chose qu'il sait faire dans une cuisine, c'est faire régner le désordre après quelques minutes de présence. En revanche, il sait mieux que personne faire monter, au micro, la mayonnaise contre l'occupant.

Petite recette culinaire pratique

(Extraite du Manuel de Cuisine stratégique de Berchtesgaden.)

Le SOUFFLÉ INTUITIF à la manière du Père Adolf.

Vous prenez un bon morceau de front. Vous l'entourez soigneusement avec de la défense élastique. Vous bardez avec du dispositif en hérisson. Vous laissez chauffer à feu continu jusqu'à une température voisine de l'ébullition. Vous incorporez alors rapidement et en proportions égales, une composition de rectification alternée avec une composition de raccourcissement, de manière à ce que votre front en soit largement imprégné. Vous colmatez avec du recul avancé pour bien lier les divers éléments.

Vous ajoutez alors, pour pimenter, une ou deux têtes de pont que vous découpez en petits morceaux. Vous aromatisez avec un soupçon de défense victorieuse, vous arrosez avec une sauce soviétique fortement épicée et vous servez sur position de repli préparée à l'avance.

Vous obtenez ainsi de 10 à 15 divisions complètement encerclées que vous essayez d'avaler en absorbant, pour en faciliter la digestion lente et pénible, la valeur d'un bon litre d'eau de propagande du docteur Gœbbels.

27 JANVIER 1944

L'Armée Rouge entre dans Leningrad le 19 janvier. Les soldats de la Wehrmacht qui n'ont pas été faits prisonniers battent en retraite. Sur Radio Paris, on tente de minimiser l'événement en jouant avec les mots. Dans ce domaine, Pierre Dac est incontestablement le plus fort.

PROTESTATION

Il y a des limites à tout. Il arrive un moment où, malgré la patience et l'indifférence, il n'est plus possible de garder le silence. Maintenant, j'en ai assez. Et je m'explique : depuis des mois et des mois, chacun a pu constater que Radio-Paris déploie dans la rédaction de ses commentaires et considérations stratégiques, une fantaisie débordante, débridée et sans cesse grandissante : il y a eu la défense élastique, le truc du hérisson, les rectifications de front, les raccourcissements, l'élargissement du raccourci, le rétrécissement de l'allongement des rectifications, le hérisson dans l'élastique, la victoire dans la défaite, le recul avancé, l'avance reculée, la bousculade en bon ordre, et tout ça se croisant, s'emmêlant, se mélangeant, avec de ci, de là, des morceaux d'élastique, accrochés aux piquants du hérisson, etc., etc. Bon. Jusque-là, ça pouvait encore aller parce qu'on comprend très bien que c'est dans les moments où on ne sait plus quoi dire qu'il est indispensable de dire quelque chose. Mais voilà que maintenant l'encerclement des divisions de la Wehrmacht par l'armée rouge prend le nom de pression concentrique. Alors, ça ne va plus et ça suffit comme ça ; qu'est-ce qui est loufoque ? Est-ce Radio-Paris ou moi ? Il faudrait là-dessus s'entendre une fois pour toutes. Je préviens donc, bien gentiment et bien poliment, ces messieurs de Radio-Paris, que s'ils persistent à œuvrer comme ils le font actuellement, je me verrai dans l'obligation de leur intenter un procès en dommages et intérêts pour plagiat évident, contrefaçon et usurpation arbitraire d'expressions loufoques qui sont ma propriété exclusive. Je rendrai le docteur Gœbbels civilement responsable et j'exigerai que le jugement qui, à n'en pas douter, sera rendu en ma faveur, soit affiché sur les murs de Radio-Paris et sur la devanture de toutes les bonnes maisons collaborationnistes. Non mais, tout de même, y a de l'abus.

29 JANVIER 1944

En France, la Milice multiplie les actions contre les juifs et les résistants avec le feu vert du gouvernement de Vichy. Depuis Londres, Pierre Dac dénonce. Mais pour le bien de la France.

Le Guide du Parfait Salaud

Demandez !

Le Guide du Parfait Salaud, édité par la société négrière de Vichy, avec la photographie des principaux collaborationnistes.

Voici, extrait de ce guide, par échelons successifs et en ordre dégradé, les différentes catégories de la plus basse classe de l'espèce humaine.

En premier lieu : Les crapules et les fripouilles non spécialisées, les bons à tout et les propres à rien.

A l'échelon inférieur : Les escrocs, les voleurs et les maîtres-chanteurs.

A l'échelon au-dessous : Les lâches, les trafiquants, les attentistes, et les opportunistes.

A trois échelons plus bas : Les mouchards, les indicateurs, les dénonciateurs et les apaches.

Plus bas : Il n'y a plus rien.

Au-dessous : Il y a moins que rien.

Et enfin, beaucoup plus bas : Il y a les miliciens.

30 JANVIER 1944

Des journaux pro-allemands édités à Paris parviennent régulièrement à Londres. C'est le cas des *Nouveaux Temps*, un quotidien du soir créé en 1940 afin de soutenir la politique de l'ambassadeur d'Allemagne à Paris. Pierre Dac en est, à Londres, un lecteur attentif…

Petits échos de l'ordre nouveau

L'Administration allemande des Postes communique :

« A partir de maintenant, et, à plus forte raison, de dorénavant, toute lettre adressée au grand quartier général allemand du front de l'Est devra obligatoirement porter la mention : « faire suivre ».

Dans un numéro du mois dernier des *Nouveaux Temps*, nous relevons l'information suivante :

« Le cinéaste allemand Herbert Brieger, de Berlin, en collaboration avec son collègue Marcel Brignon, vient de consacrer plusieurs films documentaires à différents aspects du paysage français. »

Comme suite à cet écho, nous relevons, d'autre part, dans un tout récent numéro de la *Pravda*, l'information ci-après :

« Une très importante firme soviétique, sous l'énergique impulsion de son directeur général Joseph Staline, en collaboration avec ses assistants Vorochilov, Joukov, Malinosvski, Rokossovski et Koniev, a également l'intention de consacrer très prochainement plusieurs films encore beaucoup plus documentaires à différents aspects du paysage allemand. »

Un film qui passe actuellement sur les écrans français est intitulé : *Le Ciel est à Vous*.

Nous ne saurions trop féliciter l'auteur et le producteur qui, en donnant ce titre à leur film, ont tenu, à n'en point douter, à rendre un hommage évident à la R. A. F. et à l'aviation américaine.

1er FÉVRIER 1944

Dans les pubs anglais comme dans les restaurants français de Londres, où le soir Pierre Dac retrouve régulièrement ses camarades pour un moment de fraternité, les « Français qui parlent aux Français » sont chez eux. Ils ont table ouverte et sont régulièrement invités par le patron, qui a le sentiment de contribuer à la lutte contre l'ennemi.

FRANCE — À VOS POCHES, À VOS PUBS

Lorsque j'ai appris ces jours derniers que la restriction « austerity »[1], était supprimée, j'ai éprouvé un vif sentiment de satisfaction. Ainsi donc, en Angleterre, on va pouvoir, à nouveau, se vêtir selon ses préférences et son goût personnels. Si je possédais les coupons nécessaires, je laisserais se déchaîner des instincts qui, depuis le temps qu'ils sont jugulés, ne demanderaient qu'à se donner libre cours ; je me commanderais, notamment, un costume comprenant : un pantalon avec quatre revers dans le bas et un à la ceinture, une douzaine de plis sur le devant, trois poches de côté, deux poches revolver, une poche mitraillette et deux poches de secours à double fond pour contenir les poches de rechange à coutures amovibles que le tailleur ne pourrait manquer de me fournir ; un gilet qui serait uniquement composé de poches entrecroisées, juxtaposées et superposées, et enfin un veston croisé complètement, c'est-à-dire se boutonnant par-derrière avec naturellement cinq poches intérieures à soufflet, quatre poches extérieures dont deux sous le col et une demi-douzaine de poches invisibles pour mettre les documents secrets ; le tout, comme de juste, truffé de boutons de toutes grosseurs répartis au hasard, de fermetures éclair, de pattes, de boucles, de pinces, de piqûres de coutures apparentes, sans oublier les revers aux manches pour faire plus discret. Malheureusement, je n'ai pas de coupons ; à ce propos, si, des fois, un lecteur de cet article, en possédant en excédent, se sentait ému et animé d'inten-

1. Restriction limitative.

tions généreuses !... euh !... remarquez que je ne demande rien... non... mais enfin, si ça se produisait... enfin... n'est-ce pas... il ne faut jamais décourager les bonnes volontés ! Pour célébrer comme il sied cet aimable retour à une situation vestimentaire plus agréable, je suis allé faire une tournée d'études dans les pubs de Londres. N'allez pas en tirer des conclusions sévères ; je ne suis pas un buveur ; non point que j'ignore comment boire se pratique ; il va de soi que je ne m'imagine pas que le whisky se prend en injections intra-musculaires, sauf dans le cas, heureusement rare, de black-out du gosier. Je suis un être normalement équilibré, quoique loufoque, et peut-être à cause de ça ; et c'est uniquement par excès de sensibilité que, suivant une plaisanterie quelque peu éculée, lorsque j'ai un verre vide, je le plains, et lorsque j'en ai un plein, je le vide.

Je crois qu'on pourrait écrire des livres entiers sur les pubs ; je me contenterai, en ce qui me concerne, de quelques lignes pour vous communiquer mes impressions.

Toute chose ayant une base qui est en même temps son élément fondamental, je crois pouvoir affirmer que le postulat sur lequel repose le pub est la bière. Je suis persuadé que si la bière n'avait pas existé, il n'y aurait jamais eu de pubs ; la bière n'a pas été créée pour le pub, mais bien le pub pour la bière. Dans les pubs, la bière est une, indéfectible et communautaire ; elle est partout présente : dans les bouteilles, dans les verres, dans les tonneaux, par terre et dans le cou des buveurs quand la foule est trop dense.

Celui qui ne trouve pas le moyen de pénétrer dans un pub y met en vérité de la mauvaise volonté, étant donné qu'il y a généralement, dans les vrais pubs, s'entend, deux ou trois entrées ; qui sont également des sorties, mais les unes étant la conséquence des autres il est inutile d'épiloguer.

Le pub n'offre évidemment qu'une lointaine ressemblance avec nos cafés de France ; une chose, ici, est caractéristique : c'est le compartimentage à l'intention des différences sociales. Le confort y est donc différent et les prix aussi. Ce qui différencie également d'une manière frappante le café français du pub anglais, c'est l'absence, dans celui-ci, du percolateur cher à nos souvenirs. Il est vrai qu'il est avantageusement remplacé par l'appareil à débiter la bière à la pression ; cet appareil a produit sur moi une profonde impression. Je suppose que celui qui y est préposé a dû faire des études très poussées d'ingénieur ; il mérite, en tout cas, la considération de ses concitoyens puisqu'il arrive à s'y retrouver dans les manettes, les roues et les leviers composant cette étonnante mécanique qui semble tenir le milieu entre la locomotive et l'avion sans hélice.

Il m'a fallu un certain temps pour me rappeler les heures d'ouverture et de fermeture des pubs ; je sais, à présent qu'ils sont ouverts en principe de 11 heures à 3 heures et de 6 heures à 10 h. 30. Ainsi s'avère la sagesse du législateur qui a estimé qu'en dehors de ces heures, il n'y avait pas de raison valable d'avoir soif. Un phénomène curieux que j'ai maintes fois pu constater, c'est que la soif se met soudain à augmenter en progression géométrique dans les dix minutes qui précèdent l'heure de la fermeture ; aussi, lorsque retentit le dernier « Time, gentlemen », on peut en conclure que le plein est fait.

J'ai beaucoup apprécié la sollicitude des tenanciers de pubs à l'égard des clients susceptibles de n'être pas altérés, car c'est sans conteste à leur intention que s'épanouissent les impressionnantes piles de sandwiches pain de mie au saucisson, au spam[1] et au fromage dont l'absorption nécessite une immédiate intervention liquide sous peine d'asphyxie par étouffement.

La première fois que je suis allé dans un pub, je m'étais en naïveté imaginé qu'il n'était que d'entrer, de commander et de consommer ; j'ai appris, à mes dépens, que c'était quelque peu plus compliqué.

1. Pâté américain.

Pour pénétrer dans le pub, ça va, mais pour approcher du comptoir ça tient de l'expédition dans la brousse et du commando : car les gens qui s'y tiennent sont bien résolus à n'en point bouger ni à faire le moindre mouvement pour vous en faciliter l'accès.

Je ne sais si je me trompe, mais j'ai l'impression que les serveurs doivent être affiliés à une société secrète, car je suppose que c'est à un rite qu'ils obéissent lorsqu'ils choisissent systématiquement une bonne flaque de bière pour y jeter la monnaie qu'ils vous rendent.

J'allais oublier — et je ne me le serais jamais pardonné — la principale attraction des pubs : le jeu de darts[1]. J'y ai pris un extrême intérêt, quoique, certaines fois, à mon corps défendant. Le jeu de darts demande, d'après mes observations, beaucoup d'adresse : de la part des joueurs, cela va sans dire, pour placer les darts dans la cible, et surtout de la part des spectateurs pour les éviter dans le cours de leur trajectoire.

Du dernier pub où je suis allé, j'ai emporté, néanmoins le meilleur des souvenirs ; j'en ai même emporté plusieurs, qui se sont traduits par des traînées de craie dans le dos, des coulées de bière aux épaules, deux fléchettes fichées dans le bas du dos et une autre gracieusement plantée dans mon chapeau, ce qui me donnait un petit air sioux de derrière le calumet du meilleur effet.

Comme vous le voyez, je pénètre chaque jour un peu plus dans la vie britannique. Je ne vous cacherai pas que j'en tire non seulement de l'enseignement mais aussi du contentement ; il est bon de savoir comment vivent ses amis, car c'est ainsi que je considère les Anglais. Plus tard, en France, je parlerai souvent d'eux ; et je les blaguerai très certainement ; en mettant cependant dans mes plaisanteries juste ce qu'il faut pour que mes compatriotes réalisent ce qu'elles contiennent de sympathie vraie et d'affection profonde envers un brave peuple qui, déjà, nous aime bien, j'en suis persuadé, et qui nous aimera davantage encore lorsqu'il connaîtra mieux tout ce que notre pays souffre et tout ce qu'il montre quotidiennement de courage, de noblesse et de vertu.

1. Fléchettes.

4 FÉVRIER 1944

Le 27 janvier, après un blocus allemand de 872 jours, Leningrad est libéré par l'Armée Rouge. L'ennemi a été repoussé à une centaine de kilomètres de la ville. Les communiqués précisent que les soldats russes et les habitants de la ville ont prouvé au monde entier que la puissance militaire de Hitler pouvait être défiée.

Stalingrad-Leningrad

– Stalingrad...

– Leningrad !

– Qu'est ce qu'ils prennent pour leur grade !

10 FÉVRIER 1944

Les Français sont désormais majoritairement opposés à la Milice française que Joseph Darnand appelle « la nouvelle chevalerie ». Ses hommes multiplient les rafles et les massacres contre les résistants et cherchent à anéantir les maquis. Leurs bâtiments, à commencer par le Petit Casino de Vichy, sont devenus des lieux de torture. Pierre Dac donne des exemples concrets et cite les noms des coupables.

CITATION COLLECTIVE À L'ORDRE DE L'ORDRE NOUVEAU

« LA MILICE. — Corps mercenaire d'élite. Sous l'énergique impulsion de son chef l'Obersturmführer de Waffen S. S. Darnand poursuit sans relâche, avec la plus haute conscience nationale-socialiste, tous les Français qui luttent contre l'Allemagne, manifestant de l'allant et du mordant dans toutes les opérations d'assassinat, de mouchardage et de délation.

» Animée du plus pur esprit nazi, ne cesse d'accumuler les actions d'éclat.

» Les Miliciens se sont particulièrement illustrés au cours des brillants faits d'armes suivants :

» A Lyon, Cours Morand, ont courageusement assassiné d'inoffensifs passants.

» En parfaite liaison avec les troupes d'occupation, ont réussi à faire brillamment exécuter les Français qui leur paraissaient suspects, par des équipes spécialisées opérant la nuit.

» Le 26 novembre, à Grenoble, ont assassiné M. Pain, dont le corps fut retrouvé le lendemain les dents cassées, les yeux crevés. »

Cette citation comporte pour chaque Milicien l'attribution de la croix gammée avec francisque.

« PÉTAIN, Philippe. Maréchal de France. Excellent serviteur de l'Allemagne. A fait, pour le compte du Reich, près de deux millions de prisonniers français entre le 18 et le 25 juin 1940. A couvert et continue à couvrir de son autorité et de son nom toutes les attaques contre l'honneur, la dignité et le patrimoine français. »

« Déat, Marcel, ministre de la Déportation Nationale. Pacifiste intégral, ayant refusé de mourir pour Dantzig, n'a pas hésité à sacrifier ses opinions les plus chères, en engageant les Français à faire la guerre pour Hitler et à mourir pour Berlin. S'est fait brillamment remarquer au service de l'Allemagne. A tenté de livrer à la consommation du Führer toute la population masculine de notre pays. A rendu ainsi, en dépit de ses affirmations socialistes, les plus grands services au trust Gœring et Krupp et aux grands magnats de l'industrie lourde du Reich. »

« Darnand, Joseph. Obersturmführer de Waffen S. S. Modèle parfait du nazi accompli. Fidèle à son serment à Hitler, n'a pas hésité à la faveur du malheur de la France, à s'intégrer corps et âme aux armées d'occupation pour mieux servir l'Allemagne.

» A la tête de ses S. S., a résolument traqué des patriotes inférieurs en nombre et en armement, et s'est dépensé sans compter afin de les livrer à l'ennemi. A participé personnellement à de nombreuses opérations d'exécutions. A bien mérité du Führer, du Reich et de la Gestapo. »

« Henriot, Philippe, ministre de la Propagande allemande en France. Infatigable défenseur des institutions nationales-socialistes. Propagandiste actif et dévoué, a su faire abnégation de tout honneur, de tout patriotisme, et de toute dignité humaine, pour faciliter l'action de l'ennemi. »

« Laval, Pierre, Gauleiter d'élite, s'est fait spécialement remarquer depuis des années par son dévouement absolu et de tous les instants aux intérêts du Führer. Avec un mépris complet du peuple français, et au mépris de celui-ci, a très largement contribué à la défaite de la France. Habile manœuvrier, s'est toujours efforcé de concilier ses propres entreprises avec celles de l'ennemi et s'est dépensé sans compter pour le compte de la puissance occupante. A participé personnellement à toutes les opérations dirigées contre la Nation. »

20 FÉVRIER 1944

Les Alliés progressent sur tous les fronts. Le débarquement de troupes sur les plages d'Anzio a été repoussé pendant trois jours par la Wehrmacht, qui a même tenté une contre-attaque. En vain. Un nouvel échec pour l'armée allemande et un thème de chanson pour Pierre Dac.

Sérénade à Adolf

Mein Führer, ça sent le roussi,
Heil, Heil, Heil,
Das ist eine bell'salade
Pour les p'tites têtes de nazis
Heil, Heil, Heil,
Ce n'est plus une rigolade !

C'est la sérénade rouge,
Partout, ça craque et ça bouge,
Le Horst Wessel Lied est dans l'cambouis,
Heil, Heil, Heil,
Ah ! Quell' triste sérénade
Heil, Heil, Heil,
Heil, Heil, Heil... !

28 FÉVRIER 1944

Sur fond de musique classique, un slogan signé Pierre Dac est diffusé plusieurs fois par jour sur les ondes de la BBC.

Rétrograde

(Tchaïkowsky, Cappriccio italiano)

– Stalingrad...
– Léningrad...
– Kirovograd...
– Ça rétrograde !

6 MARS 1944

Secrétaire d'Etat à l'Intérieur dans le gouvernement de Vichy de juillet 1941 à avril 1942, Pierre Pucheu a créé les Groupes mobiles de réserve, les ancêtres des CRS, et les Sections spéciales chargées de juger les « terroristes ». Après le débarquement allié en Afrique du Nord, il obtient un sauf-conduit du général Giraud et rejoint l'armée française. Il est finalement arrêté et jugé à Alger, le 4 mars, pour « double jeu ». Il sera fusillé le 20 mars.

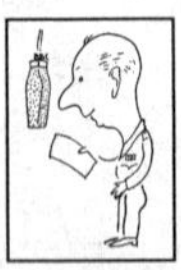

COMMENTAIRE SUR LE DOUBLE JEU

Le procès de Pucheu a replacé au premier plan de l'actualité le fameux double jeu dont il a tant été question depuis juin 40.

Le double jeu, nous n'avons pas fini d'en entendre parler. Au jour du jugement, qui sera pour certains celui du jugement dernier, tous ceux qui, de près ou de loin, auront trempé dans la collaboration et s'y seront plus ou moins mouillés, vont prétendre qu'ils ont joué le double jeu. M. Philippe Pétrain en tête. L'entrevue de Montoire ? Double jeu. La preuve, c'est que le Maréchal n'a mis qu'une seule main dans celle d'Adolf ; il aurait très bien pu y mettre les deux, et les pieds aussi avec la francisque pardessus. Double jeu. Quant à Laval, ce n'est pas du double jeu qu'il prétendra avoir joué : c'est du triple, du quadruple, une sorte de double jeu à roulettes et à répétition.

Les arrestations ? Double jeu. Comment ça ? me direz-vous. Voyons, c'est bien simple. Quand on est en prison, on ne peut plus vous arrêter. Et qui est-ce qui est bien attrapé ?

C'est les Boches. Double jeu. Quand j'étais sous les verrous, en France, en 42, un de mes anciens camarades a déclaré, en parlant de moi : « Il vaut bien mieux qu'il reste en prison. Il y est beaucoup plus en sécurité que dehors. » Ben, voyons donc ! C'est-y pas mieux comme ça ? C'est du double jeu ; c'est même du double jeu de clés dans la double serrure de la cellule.

Ceux qui ont gagné des fortunes, en trafiquant avec les fridolins, viendront dire que, s'ils l'ont fait, c'était uniquement pour reprendre à ceux-ci l'argent qu'ils prenaient aux Français.

Et ceux qui envoient nos camarades au peloton d'exécution ou à la guillotine, qu'est-ce que vous croyez qu'ils font ? Du double jeu, tout simplement. C'est tout juste si, en prononçant l'arrêt de mort, ils ne font pas, à ceux qu'ils condamnent, un petit clin d'œil complice qui signifie : « Hein ! Comment qu'on les possède, les Fritz ; on va vous tuer, bien sûr, mais c'est simplement pour donner le change ; en fait, ce n'est pas sérieux — c'est pour rire. »

Nous entendrons des bougres ayant à leur actif des centaines et des milliers d'incarcérations, de déportations ou d'exécutions, déclarer que, en revanche, ils ont protégé un tel, empêché l'arrestation de celui-ci ou fait libérer celui-là.

Toujours l'histoire du fameux pâté : une alouette, un cheval ; un cheval, une alouette.

Double jeu ! Jeu bizarre, en vérité, où le valet est la carte maîtresse. En bref, le double jeu, c'est un jeu très simple : tout ce qu'on y peut gagner, c'est le déshonneur. Tout ce qu'on peut y perdre, c'est sa tête.

Qu'en dites-vous, chevaliers de la francisque et de la croix gammée réunies ? Ça fait froid dans le dos, hein ! Je vois ce que c'est, on frissonne de l'encolure.

Allons, Messieurs les meneurs et joueurs de double jeu ! Rien ne va plus ! Les jeux sont faits.

10 MARS 1944

Un slogan diffusé sur les ondes de la BBC salue l'action des 658 bombardiers américains. La Luftwaffe en a abattu 69.

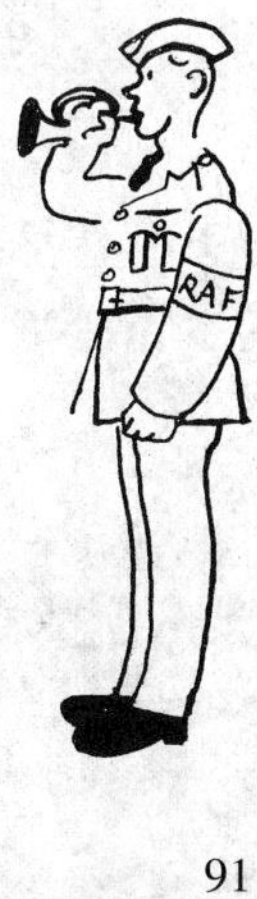

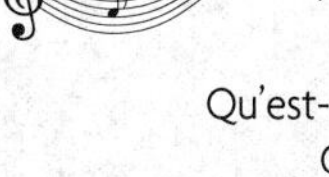

Extinction des feux

Qu'est-c' qu'a mis Berlin dans cet état-là
C'est les aviateurs sûr'ment
Ils étaient tous gros et grands
Qui bombardaient
Fortement.

Les bombardiers américains rejoignent, pour la première fois, ceux de la Royal Air Force pour multiplier les raids contre Berlin. Le 6 mars, ils parviennent à larguer, en une journée, près de 6000 tonnes de bombes.

Ça vous fait tout de même quelque chose

Quand on est un parfait nazi
Et qu'au chant de la mitrailleuse
Un beau matin on est parti
Pour fair' la guerr' fraîche et joyeuse
Quand on a rêvé d'asservir
Les peuples comm' du bétail vulgaire
Quand on a failli réussir
A dominer la terre entière
Et que l'on apprend que Berlin
S'écroul' sous les bomb's qui l'arrosent
On a beau être un Fridolin
Ça vous fait tout de mêm' quelque chose.

12 MARS 1944

A la manière de Bruant, sur l'air de « A Saint-Lazare » qu'il a souvent entendu à ses débuts à Montmartre, Pierre Dac s'attaque une fois encore aux miliciens de Joseph Darnand.

Hommes de Darnand

(Sur l'air de A Saint-Lazare)

Homm's de Darnand
Tristes suppôts de la Milice

Bourreaux, mouchards,
Traîtres et salauds de bass'police

Ce n'est pas douz'ball's dans la peau
Qu'on vous destine,

Vous finirez sous le couteau
D'la guillotine

13 MARS 1944

Pour mieux démontrer, s'il en était besoin, les liens des miliciens avec les nazis, Pierre Dac les chante sur motifs du « Horst Wessel Lied », l'hymne officiel des Sections d'Assaut de la Wehrmacht.

Chant des Waffen S.S.

Sur les motifs du *Horst Wessel Lied*

Waffen S.S., enfants de la milice,
C'est nous les durs, les mecs au cœur de fer
Et nous n'avons pour utiliser nos services
Qu'un seul patron, un seul, Adolf Hitler.

Pétain, Laval, nos deux chefs responsables
Nous ont donné Darnand comme Führer
C'est donc à eux que nous sommes tous redevables
D'avoir l'honneur d'obéir à Hitler.

Du nom français nous n'avons plus que faire
D'être nazis nous sommes bien plus fiers
Et s'il le faut nous égorgerons père et mère
Car nous tuons au nom d'Adolf Hitler.

Bientôt, enfin, viendra la récompense
Notre vertu recevra son salair'
Lorsque nous serons accrochés à la potence
Nous crèverons au nom d'Adolf Hitler.

VENDREDI 24 MARS 1944

Le spam dont parle Pierre Dac n'a rien à voir avec les courriels indésirables dans le monde de l'informatique d'aujourd'hui. En 1944, il désigne un pâté de mauvaise qualité, collant, servi au soldat. Il est composé de *Spiced Pork and Meat*. Ce qui donne S.P.A.M.

FRANCE ALERTE AU SPAM !

La tâche de l'humoriste, par principe et définition, consiste à traiter légèrement les choses sérieuses et sérieusement les choses légères ou considérées comme telles, tout étant relatif, et compte tenu du sens plus ou moins critique de l'individu, ou ce qui est mieux, de son simple bon sens.

Ceci dit pour bien faire comprendre à mes contemporains que j'ai l'intention de traiter le plus sérieusement du monde la question du spam, laquelle, à première et courte vue, peut paraître dénuée d'intérêt et n'offrir à l'attention publique qu'une importance secondaire. La question du spam est, au contraire, d'un intérêt capital et pose un problème des plus délicats.

Evidemment, en l'état actuel des choses et par rapport aux événements considérables qui se déroulent dans le monde le spam ne semble jouer qu'un rôle épisodique. Raison de plus pour nous en occuper objectivement, car si nous n'y prenons garde, le problème du spam se posera un jour brutalement et d'une manière démesurée à un monde qui se trouvera devant le fait accompli pour n'avoir pu ou voulu en mesurer la portée et l'étendue.

Peut-on savoir ce que, dans l'avenir, nous réserve le spam ? L'exemple des fléaux qui affligent l'humanité depuis cinq ans n'est-il pas suffisant pour nous rendre circonspects ? Le principe des relations de cause à effet est-il encore à démontrer ? Et ne sommes-nous pas suffisamment édifiés pour savoir que tel fait, en apparence banal, peut avoir d'incalculables conséquences ? C'est pourquoi, croyez-moi, penchons-nous attentivement et toutes affaires cessantes sur le spam.

Déjà, à son sujet, diverses tendances et opinions commencent à s'opposer, qui finiront par se combattre, menaçant d'engendrer le pire.

Depuis quatre mois je médite quotidiennement sur la question du spam. Je me suis soigneusement documenté et je crois pouvoir affirmer que je possède à présent suffisamment d'éléments pour en discuter en connaissance de cause. J'ai été, dans mon étude, puissamment aidé par un charmant ami, le professeur Léon Adhémar John Mohammed Mac y Ramirez ben Schreider, dont la compétence en matière de spam, fait autorité. Il y a consacré de nombreuses années d'études et de patientes recherches. Biologiste distingué, linguiste accompli, parfait humaniste, d'une érudition claire et multiple, il est exactement l'homme de la chose. Par surcroît colonial endurci, puisqu'il fut longtemps professeur d'arthrite dans une colonie de vacances. Voici donc, en raccourci, l'essentiel de nos interminables mais combien édifiantes considérations échangées au sujet du spam.

En premier lieu, qu'est-ce que le spam ? Sans contestation possible le spam est un animal, dernier échelon de la famille des spamidées. Nul n'ignore — à l'exception de ceux qui n'en savent rien — qu'il y a une pièce de 500 millions d'années et quelques mois, les spamidées ont dominé la terre. Il apparaît donc comme à peu près certain que les origines du spam peuvent être situées à la période secondaire. Il apparaît également avec la même vraisemblance, qu'elles peuvent être situées à la période tertiaire.

Le diagnostic exact des origines du spam est extrêmement difficile à établir car — et là les avis sont fortement partagés — le spam est-il un crustacé ou un mammifère ? Si c'est un crustacé, il remonte à la période secondaire comme descendant des reptiliens ; si c'est un mammifère il ne remonte qu'à la période tertiaire qui fut l'époque mammifère par excellence. A moins qu'il ne remonte à une époque intermédiaire située entre la secondaire et la tertiaire ; en ce cas il serait mi-crustacé, mi-mammifère, ce qui, entre nous, est parfaitement son droit. Il est bien évident que le spam, tel qu'il nous apparaît aujourd'hui, est fort différent de ce qu'il était aux époques préhistoriques. Il a subi, au cours des âges, une lente mais sûre évolution qui l'a amené à présenter l'aspect que nous lui connaissons.

Quelles sont les mœurs du spam ? Sur cet épineux sujet, je ne partage pas toutes les opinions de mon savant ami le professeur qui, lui, n'est pas éloigné d'attribuer au spam une certaine licence dans son comportement.

Autre question délicate, corollaire, en quelque sorte, de la précédente : comment le spam se reproduit-il ? Jusqu'à ce jour le mystère demeure entier, car le sexe même du spam demeure indéterminé : « Y a-t-il du spam mâle et du spam femelle ? » Dans l'affirmative la question de la reproduction ne serait plus à poser. Mais rien n'est moins sûr. D'aucuns vont jusqu'à insinuer comme possible, sinon probable, que le spam étant hermaphrodite se reproduit, par ses propres moyens, faisant ainsi de l'auto-génération.

Enfin, la vraie question n'est pas là : quelles que soient ses origines, quel que soit son sexe, qu'il soit reptilien, mammifère ou les deux à la fois, peu importe. Ce qui est alarmant c'est, présentement, la tendance du spam à pénétrer dans tous les milieux, même les plus fermés. C'est pourquoi je crie : « Alerte au spam ! » Il a, certes, de nombreux partisans, mais aussi des adversaires. C'est ainsi que commencent les fausses idéologies et nous savons ce que ça veut dire. Il ne s'agit pas d'être pro-spam ou anti-spam. Il convient de conserver un juste équilibre et de se garder de tout excès dans un sens ou dans l'autre. Il est pertinent de penser que le spam peut exercer une influence considérable sur l'évolution sociale, car on ne peut nier qu'il a une nette tendance, du fait de sa vulgarisation, à créer un climat de rapprochement démagogique avec pour but final, le nivellement des classes par le bas.

Le nivellement par le spam ne me semble pas être une formule compatible avec le progrès ; elle ne peut qu'engendrer un abaissement du niveau moral et intellectuel et risque de provoquer une sensible régression des valeurs humaines. Du nivellement par le spam, à l'asservissement par le spam, il n'y a qu'un pas. Si nous relâchons notre vigilance, nous allons tout droit à une idéologie du spam avec tout ce que pareille aventure comporte.

Je sais qu'il est déjà des zélateurs excités qui, dans l'ombre, préparent fiévreusement un statut du spam. D'autres qui composent un chant du spam, dont voici un échantillon, sur l'air des « Montagnards » :

Halte-là (ter)
Le spam est là
Le spam est là
Halte-là (ter)
Le spam, le spam est là
Le spam est là
Le spam, le spam
Est là !

J'ai également ouï dire qu'on distribue depuis quelques jours, sous le manteau, un opuscule clandestin intitulé : le spam et le racisme. Il serait même très sérieusement question de créer une légion des volontaires du spam dont les membres seraient tenus de ne marcher qu'au spam cadencé et de porter un insigne à croix spamée.

D'autres manifestations sont d'ordre plus équivoque.

La nuit dernière, dans Piccadilly, une voix féminine m'a, dans le black-out, interpellé en ces termes : « Bonsoir, mon joli cow-boy, tu viens chez moi, y a du spam. »

Remarquez que la question du spam n'est pas nouvelle ; elle a failli se poser officiellement en France, il y a quelques années rappelez-vous ; nous avons eu un président du conseil qui s'appelait M. Pams. Il va de soi que ce nom de Pams n'était qu'une simple anagramme de spam. Il s'en est fallu de très peu que M. Pams ne soit élu Président de la République. Le spam à l'Elysée ! Tout de même ! La manœuvre, trop lourde, échoua et l'on n'entendit plus parler du spam dans notre pays.

Aujourd'hui le spam relève la tête. Il n'entre pas dans nos conceptions de lui refuser sa place dans la collectivité à la condition expresse de ne pas essayer de sortir des limites qui lui ont été assignées.

Il n'est fait aucune allusion au spam dans la Charte de l'Atlantique. C'est une regrettable lacune qu'il serait opportun de combler. La répartition du spam devra, dans l'avenir, être équitablement effectuée dans le monde entier. Les hommes d'Etat qui auront la lourde tâche d'établir la paix feront bien d'y songer et d'en discuter autour du tapis vert. Qu'ils se pénètrent bien de cette vérité que, si le spam, maintenu à sa place, peut être un élément constructif, il peut, par contre, contenir de furieux ferments de désordre s'il déborde les attributions qui lui sont dévolues.

Il faut une politique du spam ; une politique claire, tolérante, mais ferme et juste.

Le spam pour tous, dans le cadre des institutions démocratiques, d'accord.

Mais tous pour le spam autoritaire et impérialiste, jamais !

Et, dans ce cas, alerte au spam !

25 MARS 1944

L'Armée Rouge poursuit son offensive en Ukraine. Elle se retrouve à la frontière de la Roumanie. Les forces nazies en Pologne risquent d'être isolées de celles qui se battent en Russie. Une situation que Pierre Dac salue tout naturellement en parodiant un classique de la chanson russe, « Les bateliers de la Volga ».

Chant des balayés de la Wehrmacht

Sur les motifs du chant des *Bateliers de la Volga*

Marche ou crève
Crève ou marche
Le Boch' tombe là-bas
Tombe, tombera

Marche ou crève
Crève ou marche
Marche, marche, nazi
L'armée rouge te suit
Qu'as-tu fait de tes rêves d'antan ?
Ils sont dans la boue et dans le sang.
Au long des plaines,
Où tu te traînes,
Bientôt les noirs corbeaux,
Nettoieront tes os

Marche ou crève
Crève ou marche,
Marche, marche nazi
L'armée roug' te suit.

Encore une chanson contre des miliciens de plus en plus sadiques et dangereux. Une parodie sur l'air de « Les gars de la marine », chanson à succès d'un film musical franco-allemand, tourné en 1931, *Le Capitaine Craddock*, réalisé par Hanns Schwarz et Max de Vaucorbeil.

Les gars de la vermine

Sur les motifs des *Gars de la Marine*

Quand on est un salaud
Un vrai, un pur, un beau
On se met au service
De la maison Himmler (bis)
Puis on fait le serment
D'obéir total'ment
Quels que soient ses caprices
Aux ordres du Führer (bis)
La croix gammée sur l'œil
On montre avec orgueil
Qu'on est un grand champion
Dans la course à l'abjection.

Refrain

Voilà les gars de la vermine
Chevaliers de la bassess'
Voilà les Waffen S.S.
Voyez comme ils ont fière mine
C'est dans le genr' crapuleux
Ce qui s' fait d' mieux
Avant qu'on ne les extermine
Regardez-les consciencieus'ment
Voilà les gars de la vermine
Du plus p'tit jusqu'au plus grand
Du simple voyou à Darnan
ILS SONT ALLEMANDS.

Succès de Georges Milton en 1930, « Si tous les cocus », est ici revu par Pierre Dac, afin de saluer les victoires de l'Armée Rouge sur la Wehrmacht.

Si tous les nazis

Air : *Si tous les cocus*

Si tous les nazis
Avaient des clochettes
Chaqu' fois qu' la Russie
Leur flanque un' piquette
Ça f'rait tant d' raffut
Qu'on n' s'entendrait plus.

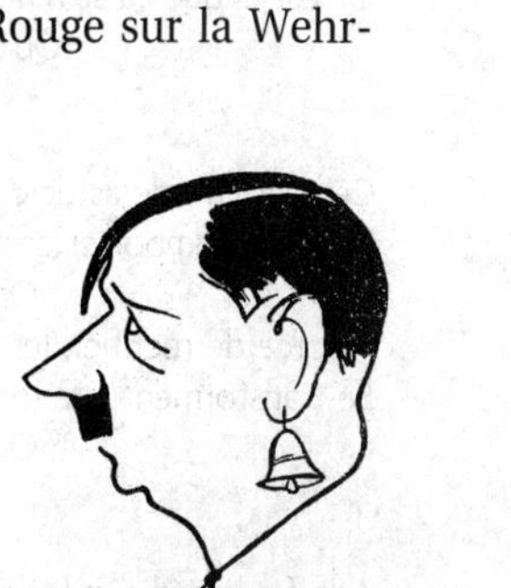

28 MARS 1944

Pour tenter de mettre un terme à la progression de l'Armée Rouge, et afin de protéger des voies de communication et des puits de pétrole vitaux pour le Reich, Hitler envoie 50 000 soldats en Roumanie. Il appelle cela « rectifier »...

On rectifie

Air : *Cach' ton nez, v'là l' garde*

Les All'mands passés maîtr's dans l'art de définir
Apprécient l'euphémisme et sav'nt bien s'en servir,
Et c'est ainsi
Qu' dans les communiqués on n'emploie plus les mots
De retrait', de recul, à présent c'est nouveau,
On rectifie

***

Hitler a des principes et s'y tient solid'ment
A son état major il disait récemment
Par intuition
Si les Russ' démoliss'nt mes fortifications
Je les remplac'rai par des rectifications
C'est aussi bon

***

Donc, il faut, sous cet angle, juger les événements
Et ne pas déformer de simples incidents
On rectifie.
Stalingrad, Jitomir, Kharkov, Kiev, le Kouban
Qu'est-c' que ça signifie, sinon tout simplement
Qu'on rectifie.

***

Cette méthode astucieuse, indubitablement
Finit par comporter certains inconvénients
On rectifie.
A force de rectifier, les panzerdivisions
Se transforment à la longue en panzersoustractions
On rectifie.

***

Adolf a le génie militair' dans le sang
Et si ça n' se voit pas, c'est que ça s' passe en d'dans

On rectifie.
Il affirmait jadis, je gagnerai la guerre,
Son ton tranche, à présent sur celui de naguère
Il rectifie.
***
En bref, de l'est à l'ouest et du sud jusqu'au nord
En dépit de la Wehrmarcht, et de tous ses efforts
On rectifie.
Et comm' le procédé tend à se développer
Il n'y aura bientôt plus rien à rectifier
On rectifie.
***
Quand tout sera fini et qu' nous pourrons enfin
Chanter au grand soleil et dans le clair matin
La liberté
On accroch'ra au cou d'Hitler et d' ses bourreaux
Un écriteau portant, en roug', ces simples mots :
A rectifier.

5 AVRIL 1944

« Les chevaux de bois » a été une chanson populaire, que Pierre Dac parodie pour remonter le moral de ses auditeurs en France. Les nazis ont perdu, ils l'ont « dans l'dos »…

Dans l'dos

Air : *Les chevaux de bois*

Dans l'camp nazi on s'agite, on s'énerve
Nerve
Nerve
C'est pas marrant
Tout l'optimism' qui restait en conserve
Serve
Serve
A fichu l' camp.
Les clameurs national' socialistes
N'évit'ront pas que bientôt
Tout's les fripouill's collaborationnistes
Se retrouv'ront sur l' carreau.

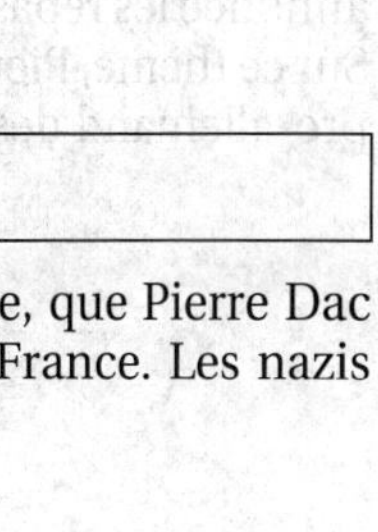

Refrain

Ça vient et ça s'apprête
Mais oui, messieurs vous l'avez
Dans l' dos
Finie la chansonnette
La croix gammée vous l'avez
Dans l' dos
C'que vous pourrez dire et faire
N'empêchera rien vous l'avez
Dans l' dos
Car de tout's les manières
L'ordre nouveau vous l'avez
Dans l' dos

La Berloque, en langage militaire, est la batterie de tambour qui annonce les repas, une distribution d'armes ou de cigarettes aux soldats. Sur ce thème, Pierre Dac attaque, une fois encore, Jacques Doriot, le plus pro-allemand des collaborateurs.

Slogan

LA BERLOQUE

As-tu vu la sal' tête ?
La sal' tête,
As-tu vu la sal' tête ?
De Jacques Doriot
Si tu n' l'as pas vue
T'as rien perdu
Et si tu l'as vue
Sois convaincu
Que bientôt tu ne la verras plus
Elle aura disparu
As-tu vu la sal' tête
La sal' tête, la sal' tête
As-tu vu
La sal' tête de l'ordre nouveau.

10 AVRIL 1944

L'Armée Rouge est entrée, le 8 avril, en Roumanie et en Tchécoslovaquie. Sa mission : « pourchasser les armées allemande et roumaine jusqu'à leur déroute et leur capitulation complète ».

Chant russe

Sur des airs russes

Les Allemands sont perdus
Les nazis sont foutus
Goebbels est tout tordu
Et Goering est fondu.

L'armée rouge est partout
Hitler est aux cent coups
A forc' de tirer d'sus
L'élastique s'est rompu.

***

Pour le Führer, en avant
En avant pour foutr le camp
Plus il en dégringolera
Moins il en rest'ra'
Heil !

20 AVRIL 1944

Jacques Duchesne demande à Pierre Dac de diriger ses flèches vers Philippe Henriot, membre du gouvernement de Pierre Laval et éditorialiste à Radio Paris où il attaque quotidiennement les juifs, les résistants et les francs-maçons. « Rien ne l'arrête, dit Duchesne. Il n'y a que vous qui pouvez tenter de le contenir. » « Merci du cadeau », réplique le chansonnier, face à ce dilemme : s'il échoue, il passe pour un imbécile. S'il réussit, on arrête sa femme. Par devoir, il accepte, écoute et prend des notes.

Réflexions sur un discours

J'ai écouté le discours que M. Philippe Henriot vient de prononcer au Théâtre du Capitole de Toulouse. Je n'hésite pas à lui exprimer ma profonde reconnaissance pour la façon magistrale dont il nous fait toucher du doigt le danger dont nous sommes menacés quand il dit (je cite ses propres paroles) : « Au moment où déjà le bolchevisme plante partout son drapeau rouge, nous savons maintenant quel est le péril qui nous guette… »

Une légère critique, cependant : en dépit de sa fluviale dialectique, ce discours, d'après moi, souffre d'une évidente insuffisance objective (que M. Henriot me permette donc de lui apporter ici les quelques éléments de précision indispensables et nécessaires). Si j'ai bien compris, voici comment — d'après M. Henriot — va se dérouler le processus des prochains événements.

L'armée rouge va envahir la France et l'occuper, par moitié d'abord, en établissant une ligne de démarcation ; en totalité par la suite. Pas d'objection, M. Henriot ? Nous sommes bien d'accord ? Rien de similaire à signaler en ce qui concerne les Allemands ? Bon. Simultanément, les services administratifs de l'armée d'occupation — de l'armée *rouge* d'occupation, naturellement — c'est bien ça, M. Henriot ? Ce n'est pas de la Wehrmacht dont il est question, n'est-ce pas ? installera un peu partout des Kommandanturs Soviétiques. Là-dessus, Staline annexera purement et simplement l'Alsace et la Lorraine et incorporera dans les rangs de son armée tous les Alsaciens-Lorrains en âge de porter les armes. Le mot d'ordre donné à tous les membres de l'armée rouge par les services de la propagande bolcheviste sera : De la correction, encore de la correction, toujours de la correction, en l'imposant au besoin par la force. Puis, les agents, les argousins, les mouchards de Moscou s'infiltreront partout. Je ne me trompe pas, M. Henriot ? vous n'auriez pas, par hasard, entendu parler de la Gestapo ? Non ? Vous n'êtes pas au courant ? Parfait. Et tout se déroulera comme prévu. Les rouges réquisitionneront, pilleront, affameront, dévaliseront, expédieront des centaines de milliers de Français travailler en Russie, déporteront les suspects, opéreront des arrestations en masse, emprisonneront en foule, tortureront d'après les plus modernes procédés de raffinement sadique, prélèveront des otages et fusilleront par milliers les Français qui seront tentés de leur résister. C'est bien ça, n'est-ce pas, M. Henriot ? qu'ils vont faire, les Rouges ? Il n'y a pas d'erreur ? ce n'est pas des Allemands qu'il s'agit ? Parce que, tout de même, si les défenseurs de la civilisation européenne étaient capables de pareils forfaits, vous le sauriez, vous, M. Henriot, et, en bon Français que vous prétendez être, votre cœur si sensible, si compatissant, éclaterait d'indignation et de douleur !

Et quand M. Henriot, à la fin de son discours, s'écrie : « Reprenons l'habitude de rendre son vrai sens à notre hymne national : Allons enfants de la patrie, contre nous, de la tyrannie, un peu partout en Europe, un peu partout dans le monde entier, l'étendard sanglant est levé », on comprend de quoi il s'agit. Monsieur Henriot, Monsieur Henriot ! vous êtes bien sûr, n'est-ce pas, que ce n'est pas de l'étendard à croix gammée que vous voulez parler ? Redites-le-nous encore, Monsieur Henriot ! redites-le-nous souvent pour que même l'ombre du moindre doute ne demeure en notre esprit. Et surtout, parlez-nous de ces bons, de ces grands, de ces braves Allemands si tendres, si doux, si affectueux, si humains, qui luttent avec tant de grandeur d'âme pour que toutes les épouvantes que je viens d'énumérer ne puissent jamais se produire sur le sol de France…

25 AVRIL 1944

Furieux des succès de l'Armée Rouge en Ukraine, Hitler met à pied le général von Manstein, commandant du groupe d'armées sud. Ce dernier a pris la décision de faire reculer ses soldats, contre l'avis du Führer qui affirmait que la Wehrmacht ne devait pas bouger. Pierre Dac écrit alors une parodie sur l'air d'une chanson de 1939 dont il est l'auteur, « Je vais me faire Schleu ». Ce mot, popularisé par le chansonnier, désigne le soldat allemand.

On raccourcit

Air : *Je vais me faire Schleu*

Y a encor' du nouveau dans les explications
Que donn' Radio-Paris sur les opérations
C'est comm' j'vous l'dis
En plus est par surcroît d'la défense élastique
Par intuition majeure et précaution tactique
On raccourcit

***

Le raccourciss'ment d'front n'est que la conséquence
D'la défense élastiqu' qui fut une imprudence
On raccourcit
Von Mannstein s'étant pris les pieds dans l'élastique
Devait s'flanquer par terr', c'était automatique
On raccourcit

***

On raccourcit un front pour le rendr' plus solide
Or, c'qui s'passe en ce moment est bien bizarroïde
On raccourcit
Car ce front raccourci fait tell'ment de détours
Qu'il s'allonge un peu plus à m'sur' qu'il est plus court

On raccourcit
En somm', si j'comprends bien ce système astucieux
Quand on n'fait pas c'qu'on veut et qu'on n'fait que c'qu'on peut
On raccourcit
Mais le plus inquiétant c'est que dans quelque temps
Après l'raccourciss'ment ce sera l'rétréciss'ment
On raccourcit

***

Ce qu'il y a d'remarquable dans ce raccourciss'ment
C'est que tout' la Wermarcht le comprend parfait'ment
On raccourcit
Car en exécutant le mouv'ment d'raccourci
Des milliers d'Fridolins s'font raccourcir aussi
On raccourcit

***

La propagand' du Reich trouv' que ça marche à souhait
Et que l'raccourciss'ment c'est bien c'quell' attendait
On raccourcit
Radio-Paris proclam' : « Grand' victoir' défensive »
Sans dout' pour compenser la défaite offensive
On raccourcit

***

Pour le coup le führer s'en est allé trouver
L'général Von Mannstein et lui a demandé
On raccourcit
« Alors qu'est-c' que vous fait's ? » et Von Mannstein a dit
« Vous l'voyez, j'prends ma r'trait', ma retrait' de Russie »
On raccourcit

Sur l'air de « A media luz », un quatrain de Pierre Dac diffusé un soir sur les ondes de la BBC.

Je ne suis pas curieux

Air : *A media luz*

Je ne suis pas curieux mais j'voudrais bien savoir
Maintenant qu'les aryenn' blondes se font des idées noires
Si devant la tournure que prenn' les événements
La p'tit' moustach' d'Adolphe a des touff' de poils blancs

27 AVRIL 1944

Les collaborationnistes paieront le prix fort, le jour venu. Au micro de la BBC, Pierre Dac résume, dans un éditorial, l'esprit qui règne majoritairement de l'autre côté de la Manche. Il mobilise aussi, moralement, celles et ceux qui savent que le jour de la libération se rapproche.

CHER COLLABORATIONNISTE

Il m'arrive parfois de me pencher sur le cas des collaborationnistes et de me mettre – moralement s'entend- à leur place.

J'ai tout lieu de supposer qu'actuellement ils se font un damné mauvais sang en ce qui concerne leur avenir. C'est pour les édifier pleinement à ce sujet que je m'adresse, au hasard, à l'un d'eux, à l'un quelconque d'entre eux, mais à un vrai, un pur du genre milicien. Voici ce message :

Cher collaborationniste et défenseur de l'Ordre Nouveau,

Si je m'adresse aujourd'hui à vous, c'est uniquement et en toute bonne foi pour vous rassurer et vous donner quelques précisions sur ce qui vous attend. En effet, rien n'est plus déprimant, n'est-il pas vrai, que le doute et l'incertitude. A l'heure présente, je vous sens nerveux, fébrile, inquiet. Vous vous demandez anxieusement de quoi, pour vous, demain sera fait. Ne vous mettez pas l'esprit en peine : ce qui va se passer, je vais vous le dire.

Je suppose avant toute chose, que vous avez fait et que vous continuez à faire votre devoir de loyal collaborationniste, et que vous êtes en règle avec ce qui vous tient lieu de conscience. Vous êtes aux ordres des Fridolins, vous travaillez pour la Gestapo, vous mouchardez, vous dénoncez, vous faites arrêter des Français, vous les livrez à la torture et aux pelotons d'exécution. Bon, voilà qui est parfait.

Au jour du grand coup, qu'allez-vous faire ? Partir avec les Allemands ? Il n'y faut pas songer. Ceux ci, quel que soit leur degré d'abjection, ne se soucieront pas de vous emmener. Les gens de votre sorte réalisent généralement le tour de force de se faire mépriser par ceux qu'ils trahissent et par ceux qu'ils servent.

Peut-être au dernier moment, essayerez-vous de donner le change et de vous déclarer plus gaulliste que le général de Gaulle lui-même. Solution fragile et sans espoir.

Alors ?

Alors, vous quitterez votre résidence pour vous réfugier dans un endroit où l'on ne vous connaît pas. L'ennui, c'est qu'on vous connaît : vous êtes repéré, catalogué, étiqueté. La fuite vous permettra peut-être de bénéficier de quelque sursis, mais pas pour longtemps. Traqué, vous irez vous cacher quelque part, en une retraite que vous avez déjà sans doute prévue et vous vous croirez en lieu sûr. Et vous attendrez.

Et puis, un jour, ou une nuit, on viendra vous chercher : vous serez verdâtre, la sueur coulera sur votre front et dans votre dos : on vous emmènera et, quelques jours plus tard, vous ne serez plus qu'un tout petit tas d'immondices, c'est-à-dire que vous serez retourné à vos origines.

Voilà, d'après les prévisions les plus optimistes, ce qu'il va vous arriver. Donc, ne vous tracassez pas : votre avenir est assuré.

Et ne craignez surtout pas l'indifférence ou l'ingratitude de vos concitoyens. Vous pouvez avoir entière confiance en leur sollicitude à votre égard. Où que vous alliez, où que vous soyez, où que vous vous dissimuliez, on vous trouvera. Dormez tranquille : quand le moment sera venu de votre dernier sommeil, on vous réveillera. Et c'est un feu de salve, une corde ou un couperet qui dispersera votre honteux souvenir aux quatre vents de l'oubli !

C'est la grâce que je vous souhaite.
Ainsi sera-t-il !

Dans le style des chansonniers de Montmartre, et en particulier de René Dorin, l'un des plus célèbres, à qui il emprunte « un vieil air » des années 1930, Pierre Dac n'oublie pas que « collaborationniste » peut rimer avec « opportuniste »…

Variations sur un thème ancien

Sur un vieil air de Dorin
Pourquoi pas
Je viens chanter ce refrain
Pourquoi pas
Ces deux mots, en ce moment
Prenn'nt incontestablement
Une plac' de premier plan
Pourquoi pas
Avons-nous vraiment tout vu
Pourquoi pas
Et verrons-nous encor' plus
Pourquoi pas
A tout c' qui peut arriver
En s' basant sur le passé
On peut dire sans s'étonner
Pourquoi pas ?

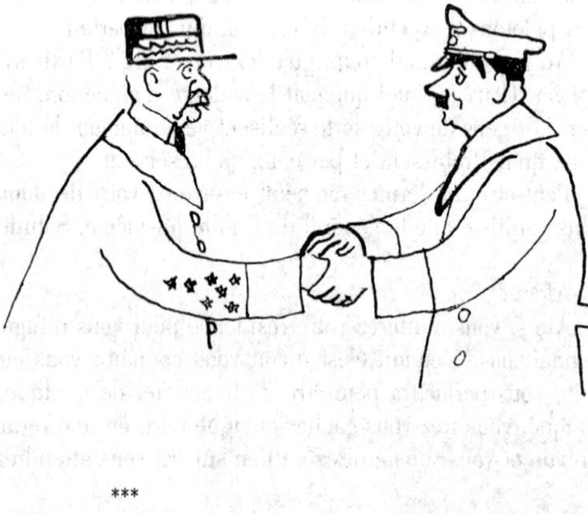

***

Dans Mein Kampf Hitler a dit
Pourquoi pas
La Franc' ce pays maudit
Pourquoi pas
Je n'aurai point de répit
Que j' n'aie enfin détruit
Ses valeurs et son esprit
Pourquoi pas
Mais trouverai-je pour m'aider
Pourquoi pas
Des hommes assez dégradés
Pourquoi pas
Est-il des individus
Qui soient, à ce point vendus,
Et Pétain a répondu
Pourquoi pas ?

Ce fut l'affreus' dérision
Pourquoi pas
De la collaboration
Pourquoi pas
Une band' de saligauds
Beuglait à tire-larigot
Devant cet ordre nouveau
Pourquoi pas
Les Fridolins, pour le coup
Pourquoi pas
Fir'nt leur besogne de voyous
Pourquoi pas
Et tandis qu'ils déportaient
Torturaient et fusillaient
A plat ventre Vichy disait
Pourquoi pas ?

***

Maint'nant que l' vent a tourné
Pourquoi pas
Tous ceux qui se sont mouillés
Essaient de se retourner
Jouant des mains et des pieds
Pour tâcher d' se fair' sécher
Pourquoi pas
Et je n' serais pas surpris
Pourquoi pas
Que Laval, demain s'écrie

Pourquoi pas
Votr' de Gaulle est bien gentil,
Mais j' peux vous l' dire aujourd'hui
J'étais gaulliste avant lui.
Votr' de Gaulle est bien gentil,
Mais j' peux vous l' dire aujourd'hui
J'étais gaulliste avant lui.
Pourquoi pas ?

11 MAI 1944

Le 10 mai 1944, au micro de Radio Paris, Philippe Henriot déclare :

Le 15 août 1893, jour anniversaire de la naissance de Napoléon, naissait à Châlons-sur-Marne, un certain Isaac André, fils de Salomon et de Berthe Khan. Pareil à la plupart de ses coreligionnaires, il était secrètement fier de sa race mais gêné par son nom. Incapable bien entendu de travailler à la grandeur d'un pays qui n'était pour lui qu'un pays de séjour passager, une provisoire terre promise à exploiter, il se consacra à l'œuvre à laquelle tant de ses pareils se sont employés. [...] Une sorte d'esprit desséchant et ricaneur, une perpétuelle aspersion d'ironie sur tout ce qu'on avait l'habitude de respecter, une sottise corrosive à force d'être poussée à l'extrême lui firent une clientèle... Tout ce qui avait chez nous décidé de ne rien prendre au sérieux, tout ce qui avait essayé d'échapper à la redoutable étreinte d'un devoir sévère par une sorte de blague grossière et épaisse, se rua pour l'écouter et le lire. [...] Comme il devait se frotter les mains, le jeune Isaac André, à voir qu'il pipait à son gluau infâme des étudiants, de futurs intellectuels dépravés par ses soins. [...] Cet Isaac André était bien entendu prédisposé à fuir la France à laquelle en fait rien ne l'attachait dès qu'elle se trouvait soumise à l'épreuve. [...] Je ne me soucierai pas de ce faux Dac qui a depuis lors réussi à s'évader si Londres, décidément à cours de speaker, ne l'avait chargé de me répondre. [...] Où nous atteignons les cimes du comique, c'est quand notre Dac prend la défense de la France. Les loufoqueries de *L'Os à Moelle* ne m'ont pas toujours fait rire, mais le Juif Dac s'attendrissant sur la France, c'est d'une si énorme cocasserie qu'on voit bien qu'il ne l'a pas fait exprès. Qu'est ce qu'Isaac, fils de Salomon, peut bien connaître de la France, à part la scène de l'ABC où il s'employait à abêtir un auditoire qui se pâmait à l'écouter. La France, qu'est-ce que ça peut

> bien signifier pour lui ? [...] Cet apatride se moque éperdument de ce qui arrivera à la France. S'il s'insurge contre les Allemands, ce n'est pas parce que ceux-ci occupent la France dont il se moque, c'est parce qu'ils ont décidé d'éliminer le parasite juif de l'Europe. Et de même que Mandel voulait que la France fit la guerre pour venger sa race, Dac voudrait qu'elle se dressât pour la défendre.

Le lendemain, Pierre Dac lui répond, depuis Londres…

BAGATELLES SUR UN TOMBEAU

M. Henriot s'obstine ; M. Henriot est buté. M. Henriot ne veut pas parler des Allemands. Je l'en ai pourtant prié de toutes les façons : par la chanson, par le texte, rien à faire. Je ne me suis attiré qu'une réponse pas du tout aimable — ce qui est bien étonnant — et qui, par surcroît ne satisfait en rien notre curiosité. Pas question des Allemands.

C'est entendu, Monsieur Henriot, en vertu de votre théorie raciale et nationale-socialiste, je ne suis pas Français. A défaut de croix gammée et de francisque, j'ai corrompu l'esprit de la France avec l'*Os à Moelle*. Je me suis, par la suite, vendu aux Anglais, aux Américains et aux Soviets. Et pendant que j'y étais, et par-dessus le marché, je me suis également vendu aux Chinois. C'est absolument d'accord. Il n'empêche que tout ça ne résoud pas la question : la question des Allemands. Nous savons que vous êtes surchargé de travail et que vous ne pouvez pas vous occuper de tout. Mais, tout de même, je suis persuadé que les Français seraient intéressés au plus haut point, si, à vos moments perdus, vous preniez la peine de traiter les problèmes suivants dont nous vous donnons la nomenclature, histoire de faciliter votre tâche et de vous rafraîchir la mémoire :

1° Le problème de la déportation ;

2° Le problème des prisonniers ;

3° Le traitement des prisonniers et des déportés ;

4° Le statut actuel de l'Alsace-Lorraine et l'incorporation des Alsaciens-Lorrains dans l'armée allemande ;

5° Les réquisitions allemandes et la participation des autorités d'occupation dans l'organisation du marché noir ;

6° Le fonctionnement de la Gestapo en territoire français et en particulier les méthodes d'interrogatoires ;

7° Les déclarations du Führer dans *Mein Kampf* concernant l'anéantissement de la France.

Peut-être me répondrez-vous, Monsieur Henriot, que je m'occupe de ce qui ne me regarde pas, et ce disant vous serez logique avec vous-même, puisque dans le laïus que vous m'avez consacré, vous vous écriez notamment : « Mais où nous atteignons les cîmes du comique, c'est quand notre Dac prend la défense de la France ! La France, qu'est-ce que cela peut bien signifier pour lui ? »

Eh bien ! Monsieur Henriot, sans vouloir engager de vaine polémique, je vais vous le dire ce que cela signifie, pour moi, la France.

Laissez-moi vous rappeler, en passant, que mes parents, mes grands-parents, mes arrière-grands-parents et d'autres avant eux sont originaires du pays d'Alsace, dont vous avez peut-être, par hasard, entendu parler ; et en particulier de la charmante petite ville de Niederbronn, près de Saverne, dans le Bas-Rhin. C'est un beau pays, l'Alsace, Monsieur Henriot, où depuis toujours on sait ce que cela signifie, la France, et aussi ce que cela signifie, l'Allemagne. Des campagnes napoléonniennes en passant par celles de Crimée, d'Algérie, de 1870-71, de 14-18 jusqu'à ce jour, on a dans ma famille, Monsieur Henriot, lourdement payé l'impôt de la souffrance, des larmes et du sang.

Voilà, Monsieur Henriot, ce que cela signifie pour moi, la France. Alors, vous, pourquoi, ne pas nous dire ce que cela signifie, pour vous, l'Allemagne.

Un dernier détail : puisque vous avez si complaisamment cité les prénoms de mon père et de ma mère, laissez-moi vous signaler que vous en avez oublié un : celui de mon frère. Je vais vous dire où vous pourrez le trouver ; si d'aventure, vos pas vous conduisent du côté du cimetière Montparnasse, entrez par la porte de la rue Froidevaux ; tournez à gauche dans l'allée et, à la 6e rangée, arrêtez-vous devant la 8e ou la 10e tombe. C'est là que reposent les restes de ce qui fut un beau, brave et joyeux garçon, fauché par les obus allemands, le 8 octobre 1915, aux attaques de Champagne. C'était mon frère. Sur la simple pierre, sous ses noms, prénoms et le numéro de son régiment, on lit cette simple inscription : « Mort pour la France, à l'âge de 28 ans. » Voilà, Monsieur Henriot, ce que cela signifie pour moi, la France.

Sur votre tombe, si toutefois vous en avez une, il y aura aussi une inscription : elle sera ainsi libellée :

PHILIPPE HENRIOT,
Mort pour Hitler,
Fusillé par les Français…

Bonne nuit, Monsieur Henriot. Et dormez bien. Si vous le pouvez…

14 MAI 1944

Philippe Henriot, furieux de la réponse de Pierre Dac, multiplie les insultes contre lui. A toutes ces vociférations, le chansonnier répond calmement, en évoquant des sujets chers à son cœur.

CHRONIQUE DES ALLEMANDS

M. Henriot m'a déjà accusé de ne pas être Français. Maintenant il me traite de planqué et d'un tas d'autres choses encore. Enfin, je veux bien être déserteur, vendu, acheté, corrompu, corrupteur, espion, escroc, et faussaire — pendant qu'on y est, pourquoi pas ? — ce n'est, encore une fois, tout de même pas ça qui résoudra le problème des Allemands. Nous avions demandé à M. Henriot : « Parlez-nous des Allemands. » M. Henriot a consenti — pour me faire plaisir, dit-il — à déclarer qu'il voulait bien en parler et règle toutes les questions s'y rapportant en deux coups de francisque et trois coups de croix gammée. Le problème des prisonniers ? C'est tout simple ; à l'en croire, si en 1940, tous les Français avaient été d'accord avec les accords de Montoire, tous les prisonniers auraient depuis longtemps regagné leurs foyers. Parole d'Hitler, parole d'Henriot ! Voilà donc la question réglée une fois pour toutes, et qu'on n'y revienne plus puisque M. le Secrétaire d'Etat à l'Information et à la Propagande ne peut pas arriver à comprendre pourquoi les Français s'obstinent à ne pas vouloir comprendre la collaboration. La question des réquisitions allemandes ? C'est encore beaucoup plus simple : là, on n'y peut rien : c'est inéluctable, c'est comme qui dirait la faute à pas de chance et à la fatalité. Voilà donc encore un point de réglé. Et qu'on n'y revienne pas.

Sur le chapitre de la Gestapo, M. le Secrétaire d'Etat est un peu plus explicite, puisqu'il déclare que l'on met injustement au compte de celle-ci toutes les arrestations opérées par les forces françaises du maintien de l'ordre, de l'ordre nouveau, naturellement, c'est-à-dire par les miliciens qui s'efforcent de protéger la France contre elle-même. Voilà qui est bien dit. Toutes mes excuses à la Gestapo. La Milice travaille mieux et plus vite. Compliments et remerciements à M. le Secrétaire d'Etat pour ses intéressantes explications.

Du problème de la déportation, pas un mot.

De la participation des autorités d'occupation dans l'organisation du marché noir, rien non plus.

Et enfin sur le statut actuel de l'Alsace-Lorraine et l'incorporation des Alsaciens-Lorrains dans l'armée allemande, silence complet. Voyons, Monsieur le Secrétaire d'Etat, l'Alsace-Lorraine, les Alsaciens-Lorrains, rien à dire là-dessus ? Malgré votre verve, votre talent, votre facilité ? Ce n'est pas possible. Dites-nous quelque chose, n'importe quoi, ce que vous voudrez ; par exemple, que l'incorporation dans l'armée nazie des Alsaciens-Lorrains n'a d'autre but que de leur garantir la liberté en les protégeant contre le bolchevisme et la ploutocratie ; on s'en contentera ; Monsieur le Secrétaire d'Etat, un bon mouvement ; nous vous savons très affairé, mais tout de même, un petit effort, ça en vaut la peine : l'Alsace, la Lorraine, les Alsaciens, les Lorrains, la Wehrmacht, Metz, Strasbourg, Colmar, Mulhouse parlez-nous-en, s'il vous plaît, Monsieur le Secrétaire d'Etat à l'Information et à la Propagande de Vichy.

16 MAI 1944

Le débarquement des Alliés en France se prépare. Il est imminent. Les bruits les plus divers se multiplient depuis la fin 1943 sur le lieu et ce que l'on appelle déjà le « Jour J ». Des répétitions et manœuvres se déroulent aux Etats-Unis, affirment mêmes certains. Les rumeurs enflent, les nerfs commencent à craquer…

FRANCE — DE QUELQUES EFFETS DE LA GUERRE DES NERFS

En vérité, nous vivons actuellement dans une atmosphère aussi étrange qu'ambiante ; et je pense qu'il serait bon, dès maintenant, de jeter les bases pour la création, après la cessation des hostilités, d'une association des anciens combattants de la guerre des nerfs. J'ai tout lieu de croire qu'elle comportera un nombre appréciable d'adhérents.

Car il est incontestable que la guerre des nerfs en arrive à son maximum d'intensité. Il est bien entendu que je parle de la guerre des nerfs en Angleterre et que je n'hésite pas à la qualifier de guerre des nerfs en dentelle, en comparaison de celle qu'il faut subir là-bas, chez nous.

Malgré tout, pour être infiniment moins dure que celle de notre patrie, la guerre des nerfs, ici, joue tout de même un rôle important.

D'aucuns la supportent bien, certains moins bien, d'autres assez mal. Quelques-uns ne la supportent plus du tout ; ceux-là sont hors de combat et font, d'ores et déjà partie de « l'Union des éclopés de la guerre des nerfs ».

Les manifestations et les incidences de la guerre des nerfs sont multiples et variées. Le thème principal en est, évidemment, celui du débarquement car il permet, à l'infini, toutes les hypothèses, tous les développements, toutes les conclusions. Dans la presse, le débarquement est à l'ordre du jour et à longueur d'articles. Dans les conversations il est au premier plan. Chacun y va de son tuyau sensationnel, de son renseignement de dernière heure, de ses pressentiments, de ses impressions propres, de ses déductions personnelles basées sur ses réflexions intimes et ses considérations d'ordre psychique.

Il est naturellement à remarquer que c'est particulièrement ceux qui n'ont aucune chance d'y prendre une part quelconque qui en parlent le plus.

Chaque fois que je ne peux éviter l'assaut d'un de ceux-ci, c'est la même corrida qui se déroule :

— Alors, et ce second front ?

— Quel second front ? que je réponds d'un air naïf et surpris.

— Comment, quel second front ? Il n'y en a pas trente-six, le second front, quoi !

— Ah ! le second front ! Je croyais que vous parliez du deuxième front.

— Eh ! bien, qu'est-ce que vous en pensez ?

— Ben moi, n'est-ce pas, j'en pense, ou plutôt je pense qu'il y a des chefs militaires et des hommes d'Etat qui doivent avoir, derrière la tête, leur petite idée sur le second front et que ce n'est pas l'absence de mon avis qui les fait se relever la nuit.

— Quand même ! quand même ! ainsi moi, si j'étais à la place du général Eisenhower, je ferais une feinte dans les Balkans, une autre sur les côtes de France, une troisième au sud du nord-ouest de la Finlande, un tas de quantités d'autres vraies feintes et de fausses feintes dans tous les coins et sous tous les angles…

— Quand vous en aurez terminé avec ce défilé de feintes…

— Ne m'interrompez pas ; je feindrais ensuite d'effectuer une série de feintes sur un point où l'on aurait préalablement pris soin d'avoir feint de feindre et je débarquerais tout bonnement à Munich ou à Berlin, en prenant l'ennemi à revers par le côté gauche du saillant droit des contreforts des Carpathes occidentales, ce qui faciliterait grandement la jonction des armées soviétique et américaine en plein milieu des Aléoutiennes.

— Tout ça me paraît judicieusement raisonné ; pourtant vous ne pensez pas que du côté d'ailleurs…

— Jamais de la vie : c'est de la grande feinte, c'est pour donner le change !

— Vous croyez ?

— Ben voyons donc ! Ça tombe sous le sens comme l'Income Tax sur la tête des pauvres citoyens. D'ailleurs je ne sais pas pourquoi je vous raconte tout ça, parce que, moi, ma conviction profonde est qu'il n'y en aura pas, de second front.

— Pourtant…

— Il n'y a pas plus de pourtant que de spam dans les livraisons de wolfram.

— Mais alors, comment voulez-vous que la guerre se termine ?

— Elle se terminera toute seule.

— C'est une opinion.

— C'est la mienne, monsieur, et croyez bien que je la partage intégralement avec mon point de vue. Et souvenez-vous bien de ce que je vous dis aujourd'hui : ce n'est pas une raison parce qu'il n'y aura pas de second front, pour qu'il n'y en ait pas un troisième.

— J'allais le dire.

Et voilà. Evidemment, j'exagère un peu ; les choses ne se passent pas toujours d'une manière aussi excessive, mais peu s'en faut. Bien sûr, on ne trouve pas à chaque coin de rue des énervés ou des excités du genre de celui que je viens de décrire, mais on est cependant à même d'être quotidiennement au contact de personnes dont la guerre des nerfs a sérieusement ravagé la boîte à réflexions.

Une catégorie bien intéressante est celle des gens bien renseignés, ou qui prétendent l'être, ce qui, pour eux, revient au même. Ceux-là vous laissent complaisamment entendre qu'ils sont en rapports étroits avec le Haut-Commandement et qu'ils n'ignorent rien de ce qui doit être tenu strictement secret. Ils connaissent exactement l'heure H, le jour J, le mois V, la semaine M, le moment C et l'instant A. Le langage qu'ils tiennent est à peu près celui-ci :

« Vous comprenez que, en raison de ce que je sais, je ne peux rien vous confier, mais si je pouvais parler, je vous dirais… » Et ils vous disent tout, c'est-à-dire rien.

Quant au petit jeu des pronostics, il est peu de personnes qui n'y participent pas. Chacun donne son avis et fait bénéficier son prochain de ses facultés objectives.

Le choix de tel ou tel jour de la semaine peut exercer, paraît-il, une influence décisive sur le débarquement.

— Le meilleur pour un débarquement, disent les uns, c'est le mardi.

— Pardon, rétorquent les autres, c'est le jeudi.

Le vendredi a peu de partisans. Par contre, le week-end paraît rassembler l'unanimité des suffrages.

— … Un samedi soir ou un dimanche matin, il n'y a rien de meilleur pour un débarquement, proclament les convaincus.

Naturellement, les conditions atmosphériques donnent lieu à des palabres interminables, on n'entend parler que de marées, de vitesse du vent, de perméabilité de l'atmosphère, de la hauteur des vagues, du sens des courants marins et aériens, etc., etc.

Quand on est en période de pleine lune et que le ciel est pur, on entend dire : « Voilà une nuit idéale pour le débarquement, la visibilité est magnifique. »

Quand il n'y a pas de lune, et que la nuit est d'encre, les mêmes vous disent : « Voilà le temps rêvé ; la visibilité est nulle ; c'est excellent pour le facteur surprise. »

Il y a aussi les gens pour qui le moindre incident est prétexte à de subtiles déductions et qui voient des signes partout.

Y a-t-il moins d'uniformes dans Piccadilly : « Ah ! Ah ! s'écrient-ils, ça y est, c'est imminent. »

Les uniformes paraissent-ils plus nombreux et le mouvement plus intense dans les quartiers du centre : « Ça n'est pas pour tout de suite, bougonnent-ils ; il n'y aura rien avant six mois. » Et ils s'en vont derechef boire une tournée de cinq, six fois cinq, six simples doubles whiskies, dans le seul but d'apporter un peu de réconfort moral à ceux qui se préparent à l'action.

Et puis, enfin, il y a ceux qui, se refusant à tout pronostic personnel, s'en remettent pour tout ce qui concerne les opérations de débarquement, à la science divinatoire et en particulier aux prédictions de sainte Odile et de Nostradamus.

— C'est pour dans huit jours, m'a récemment confié un de ces mordus.

— Ah ! bah ! ai-je fait, et sur quoi basez-vous votre affirmation ?

— Sur le XXXVIIe quatrain de la LMDCCCVI^e^ centurie de Michel de Nostre-Dame.

— Vraiment ? et qu'est-ce qu'il dit, ce quatrain ?

— Ceci :

Pommeau d'argent sur poireau vert
L'homme aux poils durs de fier jaguar
Sur les sommets des plaines immenses
Vers l'horizon tournant le dos
S'éveillera au jour du soir.

— Hein ? qu'est-ce que vous en pensez ?

— Beaucoup de bien ; mais dites-moi, il est de cinq vers, et qui ne riment pas, votre quatrain.

— Nostradamus avait autre chose à faire que de s'occuper des règles de l'art poétique ; les quatrains prophétiques ne sont pas comme les autres.

— Et qu'est-ce qu'il signifie, votre quatrain ?

— Que c'est pour dans huit jours.

— Qu'est-ce qui est pour dans huit jours ?

— Ben, le débarquement.

— Et où avez-vous trouvé ça ?

— Dans le quatrain ; seulement, n'est-ce pas, il faut savoir l'interpréter ; il faut être initié.

— Oui, oui, bien sûr ; mais ces huit jours sont à compter de quand ?

— De quand on veut.

— Comment, de quand on veut ?

— Eh ! bien oui ; à partir de maintenant, de demain, de la semaine prochaine, de n'importe quelle date ; c'est pour huit jours après. Vous comprenez ?

— Ben, voyons donc. C'est transparent comme une échelle.

Et je laissai là mon interlocuteur, lequel, pour étayer encore plus solidement ses convictions, prit toutes dispositions utiles en vue de se faire une réussite avec des cartes d'alimentation.

Ainsi va la guerre des nerfs. Les individus en ressentent plus ou moins les effets, suivant la complexion de leur équilibre ou l'équilibre de leur complexion. Bavardages, discussions stériles, stratégie en chambre, tactique de salon en sont la monnaie courante. Monnaie qu'il convient de ne pas prendre pour de l'argent comptant. Et pour conclure cet article d'une façon morale propre à influencer favorablement les populations attentives et lacustres des Iles Britanniques, je n'hésite pas à faire la déclaration suivante :

« En vertu du principe issu de la philosophie dans l'espace et les régions limitrophes qui dit que les mots n'ont la valeur de ce qu'ils représentent que par rapport à ce qu'ils expriment : excitation, abattement, optimisme et pessimisme sont autant de mots qu'il convient de bannir présentement du vocabulaire.

» Car ces quatre mots sont, à mon avis, les deux mamelles pernicieuses du déséquilibre de l'homme et de ses succédanés. »

6 JUIN 1944

11 HEURES, À LA BBC…

Le 6 juin 1944, à 11 heures du matin, de Gaulle arrive à la BBC. Avant de prononcer un discours dont chaque mot a été pesé, il décide d'aller saluer les membres de l'équipe des « Français [qui] parlent aux Français ». Jacques Duchesne présente Pierre Dac au Général qui affiche aussitôt un large sourire. Il lui serre chaleureusement les mains.

– Ah, Pierre Dac, je suis content de vous voir, comment ça va ?

– Mon général, puisque je vous vois, ça ne peut qu'aller bien.

Le 1er septembre 1945, le Général adresse une lettre manuscrite surmontée de la Croix de Lorraine à Pierre-Dac André, son patronyme exact et réglementaire pour l'état-civil :

Répondant à l'appel de la France en péril de mort, vous avez rallié les Forces Françaises Libres. Vous avez été de l'équipe volontaire des bons Compagnons qui ont maintenu notre pays dans la guerre et dans l'honneur. Vous avez été de ceux qui, au premier rang, lui ont permis de remporter la Victoire ! Au moment où le but est atteint, je tiens à vous remercier amicalement, simplement, au nom de la France.

Charles de Gaulle.

PIERRE-DAC André

Répondant à l'appel de la France en péril de mort, vous avez rallié les Forces Françaises Libres. Vous avez été de l'équipe volontaire des bons Compagnons qui ont maintenu notre pays dans la guerre et dans l'honneur. Vous avez été de ceux qui, au premier rang, lui ont permis de remporter la Victoire ! Au moment où le but est atteint, je tiens à vous remercier amicalement, simplement, au nom de la France !

1er Septembre 1945 C. de Gaulle

16 JUIN 1944

Les armées alliées progressent en Normandie. Les troupes allemandes s'effondrent les unes après les autres. La guerre est totale. A Londres, Pierre Dac fait le point de la situation sur un air populaire, « Tu l'as voulue, tu l'as eue ».

Guerre totale

— Dis donc Frïdolin.
— Was ?
— T'as pas l'air content, qu'est-ce qui ne va pas ?
— Tout : les alliés nous font la guerre totale.
— Eh ! ben, dis donc, p'tite tête de doryphore, tu ne manques pas de culot avec la guerre totale ; qui est-ce qui a commencé ?
— Mais…
— Y' a pas de mais ; et pour que tu comprennes mieux, je vais te le chanter :

Tu l'as voulue
Tu l'as eue
De quoi donc te plains-tu
C'est naturel, en somme,
Soit dit, d'homme à homme
Si maint'nant c'est pour ta pomme
Ce qui t' tomb' sur le cassis
Tu nous l'avais promis
La chose est bien normale
C'est la guerr' totale
Tu l'as voulue
Tu l'as eue.

En désaccord avec ses généraux, Hitler refuse de modifier la stratégie établie. Il est pâle, hagard, nerveux et avale toutes sortes de pilules. L'hallali se rapproche. Pierre Dac chante le *De Profundis* d'Hitler et des collaborationnistes.

De profundis hitleribus

Nazis de tout's catégories
Henriot, Darnand et Compagnie
Histoire de vous mettre en train
Ecoutez ce joyeux refrain

De Profundis
Hitleribus

Heil ! Pom, Pom, Pom, Heil
Pom, Pom, Pom, Heil
Sieg ! Heil !

Pauvres collaborationnistes
Ce qui se passe est vraiment triste
Pour vous et pour votre patron
Ça n' tourn' pas précisément rond.

L'ordre nouveau est dans l' cirage
Cramponnez-vous au bastingage
Raccrochez-vous aux poils songeurs
De la moustache du Führer.

Interdire à ses troupes de se replier, quitte à sacrifier des unités entières pour conserver des positions : la tactique dite du « hérisson » décidée par Hitler sur le front russe est-elle à nouveau d'actualité en France, dix jours après le Débarquement ? Certains s'interrogent. Pierre Dac traite le sujet, sur l'air de « Aux pommes ».

Elastique et hérisson

Air : *Aux Pommes*

En hommage au génie d'Hitler
Le moment est venu de fair'
Une récapitulation
Et le bilan d' ses intuitions
Sans équivoqu' ni discussion
La grand'nouveauté de la saison
Fut l'astucieus' combinaison
D'l'élastique et du hérisson.

***

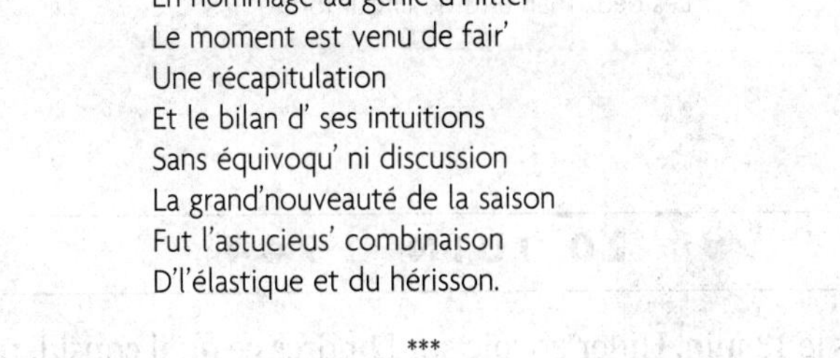

La solution, a dit le Führer
C'est d' progresser en marche arrière
En reculant naturelle'ment
Dans l' sens contrair' du même mouv'ment

Les Russ' seront bien obligés
S'ils veul'nt nous suivre, d'avancer
En bref c'est la formul' parfaite
De la victoir' par la défaite.

***

Sur toute l'étendue du front
On tendit l'élastique à fond
Un gros hérisson à chaqu' bout
Et Hitler cria : « Lâchez tout »
Du coup la Wehrmacht prit l' départ
Pour se répandre un peu plus tard
A 1.500 kms de là
Avec son élastique sous l' bras.

***

La morale de tout ceci
C'est qu' l'élastique c'est bien gentil
Mais ça s' coinc' dans le hérisson
Qui s' met en boul' — ça c'est pas bon —
Il n'empêche que de tout's façons
L'élastique et le hérisson
Sont, sans aucune contestation
Les deux mamell's de l'intuition.

20 JUIN 1944

Depuis le 13 juin, Hitler envoie sur Londres ce qu'il considère comme son arme secrète : des avions sans pilote, les V 1 (Vengeance 1). Chacun transporte 820 kilos d'explosifs à 600 km/h, sur une trajectoire dont l'apogée se situe à 1000 m d'altitude. L'une de ces « bombes volantes » tombe un après-midi juste à côté d'un immeuble où se trouve Pierre Dac. Il n'a pas accès aux abris, réservés en priorité aux Anglais, et déclare :

– Je suis incapable de me déplacer dans le noir sans rater une marche. Un jour, afin de remédier à ce problème, j'ai voulu acheter une torche. Tout ce que je suis parvenu à me procurer, c'est une pelle. Enfin, grâce à elle, maintenant, au moins, quand je tombe, je peux me ramasser.

FRANCE

COMMENTAIRE SUR L'AVION SANS PILOTE OU V 1.

L'avion sans pilote, que tous ceux qui n'ignorent rien des finesses de la langue anglaise, tels que moi, appellent « pilotlessplane », est ainsi nommé parce que ce n'est pas un avion sans pilote. Ce qui est une raison notoirement nécessaire et suffisante pour justifier cette appellation.

Depuis son apparition dans le ciel de Grande-Bretagne, l'avion sans pilote a défrayé de nombreuses conversations, ce qui est naturel, régulier et verbal.

Qu'est-ce au juste que l'avion sans pilote ? Les avis, là-dessus, sont généralement unanimes à être partagés ; les interprétations et les conclusions en sont aussi vagues que divergentes. Vous me direz que les journaux ont longuement épilogué sur la question et fait des descriptions circonstanciées et détaillées de cet intéressant engin, avec photos, plans, croquis et coupes à l'appui. Seulement les journaux peuvent dire tout ce qu'ils veulent, publier tous les dessins possibles, on n'est pas obligé de prendre tout ce qui est dans leurs colonnes au pied de la lettre, du trait ou de la pellicule. Chacun demeure entièrement libre de formuler un avis personnel et de se faire une opinion correspondant à la manière dont il comprend les choses et envisage les événements d'après l'idée qu'il s'en fait.

Je pense que cette affirmation aussi impérative que catégorique des droits élémentaires et imprescriptibles de la liberté de pensée en régime démocratique était indispensable avant de poursuivre plus avant ce commentaire qui, à n'en point douter, fera autorité dans les milieux qui savent ce que parler veut dire et ce que signifie se taire par rapport au silence de ceux qui ne disent rien, mais qui n'en pensent pas davantage.

Je ne saurais donc mieux faire que d'apporter, en premier lieu, un témoignage personnel, oculaire et auriculaire. Car, en ce qui me concerne, j'ai déjà vu trois avions sans pilote. J'ai donc le droit et le devoir d'en parler. C'est au cours de la toute première alerte nocturne que s'offrit aux regards de mes yeux bleus, naïfs et étonnés, mon premier avion sans pilote. Lorsque je l'aperçus, les onze coups de 10 h. 45 venaient de sonner au plus proche beffroi de service. Comme le déclame, à peu de chose près, cette pauvre femme d'Athalie, c'était pendant l'horaire d'une profonde nuit, alors que je regagnais paisiblement mon domicile tout en fredonnant la récente et déjà célèbre mélodie américaine : « Darling, venez dans ma Jeep effeuiller le chewing-gum. »

Encadré par la D. C. A., et pris dans un faisceau de projecteurs, il volait bas, à l'instar des bassets par temps d'orage. « Ah ! ah ! me dis-je en moi-même et in petto, voilà un curieux avion. » Car, n'est-ce pas, à ce moment, je ne savais pas qu'il s'agissait d'un avion sans pilote. Je croyais que c'était un avion normal. Quand même je lui trouvai quelque chose de bizarre ; le son, surtout, me jeta dans une sorte de perplexité ; il me rappela celui des moteurs des taxis de la Marne. Mais je ne poussai pas plus avant mes réflexions, lorsque, quelques minutes plus tard, j'en aperçus un second. « Ah ! ah ! m'écriai-je cette fois, toujours in petto mais non à voix basse, voilà un autre avion… » Ce qui dénote chez moi un esprit rationnel susceptible de discrimination équilibrée. Je renouvelai les mêmes observations, puis ne réussissant pas à en tirer des conclusions définitives, je rentrai chez moi, me couchai et m'endormis sans plus y penser. Ce n'est que le lendemain que j'appris de quelle bimbeloterie il s'agissait.

Pour le coup je pris la résolution d'examiner plus attentivement la chose à la première occasion. Je n'eus pas longtemps à attendre, puisque celle-ci se présenta dans la nuit suivante. J'étais chez moi et, de ma fenêtre, j'aperçus, pris comme les autres dans les projecteurs, mon troisième avion sans pilote. Alors je me rendis parfaitement compte qu'il ne s'agissait pas d'un appareil ordinaire, mais d'une espèce de chose affectant la forme d'un truc camouflé en machin, avec de la fumée s'échappant d'un tuyau idoine porté au rouge vif, bref une sorte de dragon qui aurait pris l'aspect d'un fer à repasser. L'imagination aidant, je crus distinguer en plus des ailes et de la queue, des yeux phosphorescents, un nez lumineux et une grosse vilaine langue toute fourchue.

Le lendemain, je commençai sans plus tarder la série de mes investigations auprès de personnes de ma connaissance particulièrement dignes de foi et d'un crédit non révocable en doute, afin de confronter leurs avis avec mes propres observations.

« C'est très simple, m'expliqua un technicien émérite et polytechnicien distingué ; il s'agit d'un avion spécial quelconque, dirigé par ondes courtes et extraplates ; il est porteur de bombes à la nitroglycérine, à la vaseline et au savon à barbe, dont le déclenchement est commandé par d'autres ondes aussi courtes mais moins larges ; lorsque les projectiles ont été largués, l'avion, par le moyen d'une troisième série d'ondes à haute tension, à basse fréquence et de longueur moyenne, est ramené à son point de départ. »

Ces lumineuses explications furent naturellement écoutées avec toute l'attention qu'elles comportaient et accueillies comme elles devaient l'être, sans préjudice, toutefois, d'un sourire in-partibus et déférent.

Un autre technicien, encore plus polytechnicien que le précédent, me fournit des explications infiniment plus objectives et plus rationnelles. « Voyez-vous, me dit-il, nous nous trouvons en présence d'une fusée-bombe ou d'une bombe-fusée et également d'un avion sans bombe étant donné que l'avion tout entier fait office de bombe puisque tout le bazar tombe et explose en même temps quand il arrive à bout de course. Vous saisissez ? »

Il faudrait être d'une intelligence anormale pour ne pas comprendre ; mais, dites-moi, l'avion sans pilote comporte-t-il une hélice ?

— Oui et non.

— Comment ça, oui et non ?

— Oui, s'il y en a une ; non, s'il n'y en a pas.

— Evidemment, évidemment, mais alors comment ça marche-t-il ?

— Au fond, je crois que ça marche comme ça peut.

— Bien entendu, mais encore ?

— Eh ! bien, n'est-ce pas, diverses hypothèses peuvent être envisagées. D'après mes déductions, l'éventualité de propulsion par radio doit être, *a priori*, éliminée encore que non exclue ; il se pourrait, d'autre part, que ce rabot…

— Ce robot.

— Pardon, ce robot soit actionné à l'électricité ou à l'aide d'un ressort qu'on remonte au départ ; ça peut aussi marcher au gaz ou au charbon de bois ; l'appareil, en ce dernier cas, serait muni d'une chaudière.

— Somme toute, ce serait alors une sorte de gazogène volant.

— Exactement.

— Et vous ne pensez pas que ça pourrait également fonctionner au spam ?

— Peut-être, voulut bien admettre mon savant interlocuteur, soudain songeur et lointain.

En dépit des descriptions erronées ou fantaisistes, on arrive, malgré tout, à se faire, à peu de chose près, une idée générale de ce que Radio-Paris appelle « le météore à la dynamite ».

A mon avis, les discussions les plus intéressantes sont celles au cours desquelles il est traité de la manière dont l'avion sans pilote est expédié à travers l'espace.

— Comment procède-t-on pour le lancer ? me suis-je enquis auprès de quelqu'un de compétent.

— Eh ! bien, n'est-ce pas, voilà : la base de lancement est composée d'une plateforme mobile en béton armé, avec une piste munie de rails ; cette piste est en forme de tobogan et comporte à son extrémité supérieure une gare avec une salle d'attente dans laquelle les robots attendent leur tour de départ. On place alors le projectile sur les rails, le chef de gare donne un coup de sifflet et ça part.

— Ça part comment ?

— A l'aide d'un dispositif qui doit très exactement tenir le milieu entre le lance-pierres, l'arbalète, les darts, la catapulte, la couleuvrine et le tromblon.

— En somme c'est à peu près le même principe que pour les rocket-guns[1] ?

— Absolument.

— Et ne croyez-vous pas qu'il s'agit plutôt d'un système complètement différent de celui des rocket-guns ?

— Ça ne fait aucun doute.

D'après les renseignements que j'ai été à même de me procurer auprès de certains services secrets qui n'ont de caché pour moi que ce qu'ils ne veulent pas me montrer, je suis en mesure de déclarer que l'actuel Pilotless Plane est loin d'être parvenu à son stade définitif. Les spécialistes allemands sont en train de mettre au point un appareil beaucoup plus perfectionné. C'est également un avion sans pilote, mais un avion sans pilote qu'on n'entend pas, qu'on ne voit pas, qui ne tombe pas, qui n'explose pas et qui, très probablement, ne part pas. C'est en quelque sorte l'arme secrète idéale et définitive contre laquelle toute défense deviendra vaine et toute riposte impossible.

Comme vous pouvez vous en rendre compte, je n'ai rien négligé pour vous permettre de vous faire une opinion saine, nette et sans parti pris sur le fameux robot volant.

Il me reste deux mots à dire sur le comportement à adopter lorsqu'un de ces bestiaux vous arrive dessus. Il y a évidemment le mépris, qui n'est pas aussi négatif ni inopérant qu'on pourrait le croire ; le fatalisme qui est une forme, non pas de défense passive, mais de passive défense.

Le mieux, quand on sent que la chute du cadeau totalitaire est imminente, est de se mettre à plat ventre, sur la chaussée si l'on se trouve à l'extérieur et dans son lit si l'on est couché.

J'ai cependant trouvé une solution préventive infiniment plus astucieuse et plus efficace. En vue d'un départ que j'espère proche, je suis allé, avant-hier, me faire vacciner ; on m'a tout fait, en fait de vaccins : contre la typhoïde, les paratyphoïdes, les pseudo-typhoïdes, le tétanos, la diphtérie, la myopie, la rage, les fractures, les pieds-plats, que sais-je encore. Lorsque la série fut terminée, je demandai négligemment au docteur : « Ne pourriez-vous, pendant que vous y êtes, me faire également un vaccin anti-pilotless plane ? » — « Avec plaisir », me répondit fort obligeamment l'homme de science. Et il me fit, incontinent, une injection intramusculaire et intra muros de 8 cm^3 sur 12 cm^2 d'une solution composée, en parties égales de : extrait de culture de Spitfire, extrait de culture de Marauder, extrait d'agriculture de Typhoon et extrait d'horticulture de shelter[2].

Avec ça me voilà tranquille et immunisé.

Il existe également un autre vaccin préventif qui s'administre, celui-là, par voie buccale : il est à base de whisky, de gin et de sherry. Mais ceci est une autre histoire, comme disait Rudyard Kipling, auteur et propriétaire exclusif de cette phrase immortelle.

Quand même, qu'on le veuille ou non et quoi qu'il en soit, c'est tout de même une sacrée invention que cet avion sans pilote, comme le proclament à juste titre les Berlinois en recevant, livrées à domicile et par avion avec pilotes, 2 000 tonnes de bombes sur leurs petites têtes de nazis sans espoir.

1. Fusées volantes.
2. Abri.

3 JUILLET 1944

Le 28 juin, des résistants parviennent à s'introduire au domicile de Philippe Henriot et l'abattent. L'Etat français lui offre des funérailles nationales en la cathédrale de Notre-Dame de Paris, puis à Bordeaux. Pierre Dac, scandalisé, commente cet hommage.

LES FUNÉRAILLES NATIONALES DE PHILIPPE HENRIOT

Il n'entre pas dans mes intentions de prononcer l'oraison funèbre de Philippe Henriot. D'autres, tant parmi les Allemands que parmi les collaborateurs, sont plus qualifiés que moi pour accomplir cette tâche.

Comme je le lui avais prédit, il y a un mois et demi environ, Philippe Henriot est mort pour Hitler, fusillé par les Français. C'est la conclusion logique et inéluctable d'une activité, d'une intelligence et d'un talent mis sans réserves au service exclusif des forces mauvaises pour le seul bénéfice de l'ennemi détesté. Aussi est-il normal et naturel que le gouvernement de Vichy lui ait fait des funérailles nationales. Et pourtant, comme le mot « nationales » prend ici un sens spécieux et particulier. Singulières funérailles nationales, en vérité, que celles conçues, organisées et célébrées par Vichy, la milice, les Waffen S. S., les collaborateurs et les Allemands !

Car c'est à vous que je pense, mes camarades de la Résistance, que Philippe Henriot assimilait à des bandits de grand chemin, parce que vous avez voulu demeurer des Français sans tache et des hommes libres.

C'est à vous que je pense, mes camarades des prisons dont j'ai, durant de longs mois, partagé le sort, et c'est à vous surtout que je pense, mes camarades qui n'êtes plus là, vous qui après des jours, des semaines d'abominables tortures, d'effroyables supplices et d'épouvantes sans nom, êtes morts au matin blême, face au peloton d'exécution, auxquels la propagande de Philippe Henriot vous avait livrés.

Vous n'avez eu à votre cortège funèbre, mes camarades, nulle escorte, nulle musique, nul discours, nulle pompe officielle. Et pourtant c'est vous qui avez eu des funérailles nationales, parce que c'est l'âme, le cœur et la fierté d'un peuple tout entier qui vous ont accompagnés jusqu'à votre dernière demeure. Voilà pourquoi, mes camarades, j'évoque, aujourd'hui, votre cher et grand souvenir à l'occasion des funérailles, non pas nationales, mais nationales-socialistes de Philippe Henriot.

10 JUILLET 1944

Les Alliés ont pris Cherbourg et multiplient les attaques en Normandie. Dans les villes libérées, les collaborateurs sont arrêtés et les femmes qui se sont trompées de camp sont tondues et exposées en place publique. Pierre Dac écrit et interprète des couplets, d'après « La polka du roi », de Charles Trenet.

La polka du désarroi

I

Connaissez-vous la nouvell' danse
Qui fait fureur partout chez les nazis
C'est un cocktail de révérence
De pas d' cours' et de saut d' cabri

Ah ! Ah ! Ah ! Ah ! (bis)
Quelle trouvaille
Quelle pagaye
Ah ! Ah ! Ah ! Ah ! (bis)

C'est la, c'est la polka du désarroi.

II

Dans cette danse réaliste
Trois figur's se suiv'nt en décomposant
Un' figur' longue, un' figur' triste
Et un' figur' d'enterrement

Ah ! Ah ! Ah ! Ah ! (bis)
Quelle attitude
Quelle inquiétude
Ah ! Ah ! Ah ! Ah ! (bis)

C'est la, c'est la polka du désarroi.

III

A un' cadenc' sans cesse accrue
Les collaborateurs la dans'nt tout l' temps
Le cœur battant, la têt' perdue
Tout agités de tremblements

Ah ! Ah ! Ah ! Ah ! (bis)
Quelle colique
Quelle panique
Ah ! Ah ! Ah ! Ah ! (bis)
C'est la, c'est la polka du désarroi.

Les membres du gouvernement de Pierre Laval seront jugés au lendemain de la victoire totale. Pierre Dac exprime sa certitude en parodiant un refrain traditionnel.

Si j' l'avais pas vu

Si j' l'avais pas vu
Je n' l'aurais pas cru

Que les gens de Vichy

avaient fait tant d' bassesses

Si j' l'avais pas vu
Je n' l'aurais pas cru
Maintenant que j' l'ai vu
J'attends qu'ils soient pendus.

Musicien depuis des jeunes années où il a pris des cours de violon, Pierre Dac utilise la gamme pour adresser, de l'autre côté de la Manche, de nouvelles notes d'espoir.

La gamme

Pour Hitler et tous les nazis
Pour Goebbels et Goering aussi
Pour Himmler et ses p'tits amis
Pour ceux qui aiment le vert-de-gris,
Ce fut longtemps la belle vie
Grâce à quelques affreux pourris
Grâce aux saligauds de Vichy
Tous les espoirs étaient permis.

***

Evidemment y a eu depuis
Quelques légers petits ennuis
Des incidents d'ordre technique
Des malentendus élastiques
Lesquels, comm' de bien entendu
Etaient solidement attendus
Car les All'mands ont tout prévu
Et c'est pour ça qu'ils sont foutus.

Hitler révoque Gerd von Rundstedt, commandant en chef des forces de l'Ouest, auteur d'un rapport désastreux sur l'état des troupes allemandes. Les nerfs du Führer sont en train de craquer, dit son entourage. Pierre Dac traite l'information sur l'air de « Joseph, Joseph ».

Adolf ! Adolf !

Air : *Joseph ! Joseph !*

Adolf ! Adolf ! les épinards sont cuits.
Adolf ! Adolf ! t'es en plein court-circuit.
Depuis le temps que tu nous cass' les pieds
C'est bien ton tour de te casser le nez.
Adolf ! Adolf ! malgré ta gestapo,
Je ne voudrais pas être dans ta peau
C' qui t' arrive en vérité
Est, soit dit sans te vexer,
La seul' chose que tu n'aies pas volée !

Des sonneries militaires traditionnelles, revues et corrigées par le caporal Pierre Dac, incorporé entre 1913 et 1918.

Aux officiers

Miliciens
Et mouchards
De Darnand
La potence vous attend (bis)
Miliciens
Policiers
De Darnand
La potence vous attend (bis)

Garde à vous

La clique à Darnand sera bientôt pendu',
Ça vous pouvez en être convaincus.

Roulement de tambours

Phillipp' Pétain
De son balcon
Regardait la honteuse rangée de faux-j'tons
La brochett' de sacrés cochons
De Paul Marion
A de Brinon
Darnand, Doriot,
Laval, Henriot,
D'un air éteint
Il s'écria soudain :
Y a-t-il des salauds parmi nous ?
Tous, tous, tous.

Traîn' tes pieds par terre
La Francisque à la main
C'est la fin
Il n'en restera guère
De ces enfants de Pétain.

20 JUILLET 1944

Pour évoquer la progression des Alliés en Normandie et de l'Armée Rouge en Pologne, Pierre Dac parodie les speakers qui, sur Radio Stuttgart et Radio Paris, ont cultivé l'art de la propagande.

La situation militaire

A la manière de la Radio allemande...

L'Etat-Major allemand considère que, sur l'ensemble du front de l'Est, la situation est extrêmement satisfaisante ; peut-être pas pour lui, évidemment, mais il possède une largeur de vue suffisante pour estimer que dès l'instant qu'elle est satisfaisante, il importe peu de savoir exactement pour qui ; il juge, en conséquence, inutile de couper l'élastique en quatre et superflu de se lancer dans de vaines considérations, à l'imitation de la radio oto-rhino-ploutocrato-gaullardo-communiste dont il n'est plus à démontrer que la main juive a depuis longtemps pris pied dans la voix de celle-ci.

La supériorité tactique du haut commandement nazi s'affirme davantage à mesure que s'élargit le raccourcissement de sa masse de manœuvre. Que l'on ne s'y trompe pas : la Wehrmacht possède des possibilités de recul encore beaucoup plus considérables que ce que peut imaginer l'adversaire. Suivant la magistrale parole de von Schlieffen, une armée qui recule est une armée qui avance en sens inverse.

Et ce ne sont pas les attaques désespérées de l'armée rouge qui pourront contraindre les Allemands à s'accrocher à un terrain qu'ils ont la possibilité d'abandonner, non pas parce qu'ils ne peuvent faire autrement, mais bien parce que, autrement, ils ne pourraient pas le faire. Où qu'elles se produisent, où qu'elles se produiront, les avances rouges peuvent s'attendre à trouver devant elles des troupes résolument décidées à les mettre dans l'impossibilité de s'opposer à la retraite de la Wehrmacht.

En ce qui concerne la guerre sur mer, les résultats obtenus jusqu'à ce jour prouvent surabondamment et d'une manière éclatante que, plus que jamais, l'avenir de la marine allemande est au fond de l'eau.

Enfin, les offensives aériennes alliées se révèlent inopérantes et sans résultats appréciables, puisque les bombardements massifs de la R. A. F. et de l'aviation américaine ne se montrent même pas capables d'empêcher l'écroulement successif et systématique des villes du Reich. En résumé, et pour conclure, c'est dans le cours des prochains mois que se dérouleront très probablement les événements des semaines suivantes. Avec l'aide de tout ce qui voudra bien ne pas tout laisser, ils peuvent être envisagés avec un solide et confiant pessimisme. Heil Hitler ! Pour la grande Allemagne, pour l'ordre européen et pour la marche arrière, en avant !

22 JUILLET 1944

L'Armée Rouge anéantit cinq divisions allemandes encerclées en Ukraine. Quarante mille hommes sont morts ou se sont rendus. Les militaires allemands sont de plus en plus nombreux à souhaiter un retrait de leurs troupes.

Sortie de Russie

Prenez tous par ici
Par ici, la sortie
La sortie de Russie !
Hé ! Les nazis
L'Armée Rouge vous reconduit,
Vous pourriez dire merci,
Car le geste est gentil,
Et bien poli.

23 JUILLET 1944

L'Armée Rouge s'empare de Lublin en Pologne et des soldats canadiens se mêlent, pour la première fois, aux combats en Normandie. Une nouvelle occasion pour Pierre Dac de jouer avec les thèmes et les mots de la propagande.

Propagande

Etant donné les difficultés avec lesquelles se trouvent actuellement aux prises les services de propagande du Reich, nous avons pensé, par pur esprit confraternel, à donner un coup de main sérieux et désintéressé au Dr Gœbbels.

Nous lui adressons donc, à toutes fins utiles, le projet de thème de propagande suivant, destiné à expliquer la véritable situation à tous les vrais nazis ainsi qu'à tous ceux qui ont lié leur sort à la politique loyale de collaboration.

Jamais, autant qu'à l'heure présente, l'inanité des mensonges de la propagande oto-rhino-ploutocrato-judéo-arthritico-communo-anglo-saxo-gaullardo-maçonnique ne s'est révélée aussi flagrante.

Plus solidement que jamais l'Allemagne tient non seulement la situation bien en mains, mais elle la tient également sur la tête, sur les épaules et sur les genoux.

Jamais non plus la situation des bolcheviks n'a été aussi paradoxalement précaire et provisoire.

Les attaques massives et répétées de l'armée rouge démontrent que celle-ci en est réduite aux expédients désespérés puisqu'il ne lui reste plus d'autre alternative que l'offensive et la marche en avant.

Si le haut commandement allemand a cru opportun de faire repasser à ses troupes le Dnieper, le Dniester, le Bug et le Pruth, ce n'est en aucune manière en raison de l'avance de l'armée rouge, mais bien parce que la Wehrmacht a mis celle-ci dans l'impossibilité absolue de reculer.

La position de l'Allemagne est non seulement bien assise, mais également couchée en attendant, si c'est nécessaire, qu'elle soit à plat ventre ou sur le dos.

Plus que jamais le mot d'ordre est à la confiance dans les destinées de l'Allemagne dont il importe que tous les citoyens maintiennent de pied ferme et la main dans la main, leur cœur à la hauteur des coudes et des circonstances.

La politique du grand Reich européen est claire et précise : laisser les alliés s'épuiser en une suite ininterrompue de victoires successives pour pouvoir remporter sur eux, à l'heure délibérément choisie par le Führer, une défaite absolue et totale que nulle force humaine ne sera alors susceptible d'empêcher et qui consacrera à la face du monde la puissance de disparition définitive et sans condition du national-socialisme et de l'Ordre Nouveau.

Heil Hitler ! Sieg Heil ! Sieg Heil ! Sieg, sieg, sieg, sieg, sieg, sieg Heil !

24 JUILLET 1944

Passées maîtres dans l'art de cultiver la fausse information, les radios allemandes affirment que Londres n'est plus qu'un champ de ruines. Ils ajoutent que la victoire de la Wehrmacht est proche. Au micro de Radio Paris, Jean-Herold Paquis vante les succès des V1. Depuis Londres, Pierre Dac lui répond.

L'avion sans pilote

C'est un homme terrifié qui vous parle : terrifié à un point définitif. Car je viens de lire et de relire les descriptions apocalyptiques que font ces messieurs de Radio-Paris des épouvantables ravages occasionnés en Grande-Bretagne par les fameux météores à la dynamite. Après avoir lu tout ça, je n'ai plus un poil de sec ; je me demande comment il se fait que je ne sois pas mort et, à la vérité je ne suis pas certain de ne pas l'être.

Ne m'en veuillez pas, si je traite sur le mode ironique un sujet qui, comme tous les sujets de guerre, n'est pas un sujet drôle. Encore convient-il de le traiter avec objectivité et de raconter tout simplement comment les choses se passent. Est-ce donc si difficile de dire la vérité ? Pour Radio-Paris le problème paraît être des plus compliqués. Etant donné la manière dont ces messieurs racontent les faits, de deux choses l'une : ou bien les commentateurs de Radio-Paris sont des imbéciles ou bien ils prennent leurs auditeurs pour tels. L'un d'ailleurs n'excluant pas l'autre.

Si ces messieurs veulent bien me le permettre, je vais leur rappeler quelque chose : il n'y a pas tellement longtemps que j'étais en France ; dans l'intervalle de mes villégiatures en prison, j'écoutais comme l'immense majorité de mes compatriotes, la Radio de Londres. Et il me souvient que ce qu'on y disait n'était pas toujours drôle. Quand des quartiers entiers de la capitale anglaise flambaient ou s'écroulaient sous les coups de la Luftwaffe, la B. B. C. le disait ; quand les armées de Rommel étaient victorieuses en Afrique, la B. B. C. le disait ; quand ça allait très mal, la B. B. C. le disait. Et nous pensions alors : « Puisque quand ça va mal, ils le disent, quand ils disent que ça va bien, c'est que c'est vrai. »

Vous voyez, messieurs de la maison Gœbbels, comme c'est simple de dire la vérité. Pourquoi diable n'en faites-vous pas autant ? Sans doute avez-vous des raisons, probablement secrètes comme la nouvelle arme allemande.

Parce que, tout de même, il faut avoir reçu un sacré coup de croix gammée sur le crâne pour en arriver à raconter que l'Angleterre est à feu et à sang, que le téléphone, l'eau, le gaz, l'électricité et la respiration sont coupés, que la fumée obscurcit le ciel de Londres, que les incendies s'aperçoivent des côtes françaises, d'où l'on peut également entendre le bruit des explosions. C'est tout juste si l'on n'entend pas aussi celui que font les gens qui se mouchent avec le nez de leur voisin tellement ils sont affolés et pris de panique.

M. Paquis, qui n'y va pas avec le dos de la francisque, affirme même que ce bestiau sans pilote ne pèse pas moins de 5 000 kilogrammes ; ça ne pèse peut-être pas moins de 5 000 kilogrammes, mais ce qui est certain c'est que ça n'en pèse pas plus de 1 000. Ça fait toujours 4 000 kilogrammes de rabiot pour donner du poids à la propagande.

Est-ce à dire que c'est inoffensif ? Certainement pas. Et après ? Ça tue bêtement, au hasard. Et après ? Ça souffle des maisons. Et après ? Personnellement, comme les copains, je cours le risque d'en recevoir un sur le gros orteil et de me faire gentiment ratatiner. Et après ? Qu'est-ce que ça changera au résultat final et au sort qui attend ces messieurs de la maison Gœbbels, j'allais dire ces messieurs de la famille. Pas grand-chose.

Quand même, les Berlinois ont dû être bien contents et bien regonflés en apprenant qu'il y avait des avions sans pilote, et accueillir avec enthousiasme les 3 000 tonnes de bombes que l'aviation alliée avec pilotes leur a déversées sur la tête, histoire de célébrer cette remarquable invention. Allons, l'avion sans pilote, ultime et aveugle sursaut d'un peuple sans espoir, est bien la preuve que l'Allemagne capable de tout ne sera plus bientôt capable de rien.

27 JUILLET 1944

La guerre des ondes se poursuit entre Pierre Dac et Jean-Herold Paquis. Le roi des Loufoques écoute ses éditoriaux quotidiens sur Radio Paris et ne manque jamais une occasion de lui répondre, depuis les studios de la BBC.

Heil Hitler !

Comme vous l'avez peut-être remarqué, nos relations avec ces messieurs de Radio-Paris ne sont pas toujours empreintes de la plus franche cordialité. Raison de plus pour qu'aujourd'hui j'adresse mes sincères et enthousiastes félicitations à l'Obersturmmilitaerischespeaker J.-H. Paquis, à l'occasion de sa magistrale profession de foi du 26 courant.

« Je suis un partisan, dit-il ; l'an dernier, j'ai salué Mussolini en criant « Vive le Fascisme ! » et il me plaît maintenant de saluer, le bras tendu, le chancelier Adolf Hitler. »

Or l'obersturmmilitaerischespeaker J.-H. Paquis, tout nazi qu'il est, n'est pas forcément idiot ; il ne peut et ne doit certainement se faire aucune illusion ; il sait que la catastrophe finale est inéluctable et que ses amis et lui, entraînés dans la débâcle allemande seront balayés comme poussière. Ça ne l'empêche pas de proclamer sa foi et sa confiance dans les destinées du national-socialisme. On dira ce qu'on voudra, c'est de l'estomac. C'est ce qui s'appelle avoir la croix gammée dans les globules. Et si, en reconnaissance de tant de dévouement, le Führer ne le met pas à sa droite pour assister au défilé de la défaite, c'est que c'est bien le dernier des gougnaffiers.

Mais ce qu'il y a de plus édifiant, c'est la péroraison de la profession de foi de l'obersturmmilitaerischespeaker J.-H. Paquis. La voici : « En disant ici Heil Hitler ! — aussi scandaleux que cela pourra paraître aux franco-juifs de l'exil — j'ai conscience de dire, en même temps, vive la France. » Mais non, Monsieur Paquis, on ne trouve pas ça scandaleux, on trouve ça marrant. Ainsi, Heil Hitler ! ça veut dire : Vive la France !

Tout loufoque que je suis, je n'aurais jamais trouvé ça ! C'est exactement comme si l'on jouait *La Marseillaise* sur les motifs du *Deutschland ueber alles* et *Le Chant du Départ* sur ceux du *Horst Wessellied*.

Mes respects, Monsieur Paquis, et Heil Hitler !

28 JUILLET 1944

Le 20 juillet, au cœur de la Tanière du loup, un camp retranché dans une forêt de Prusse orientale, Hitler a échappé à un attentat. Il a seulement été blessé par une bombe cachée dans une serviette, malencontreusement déplacée par un officier juste avant l'explosion. Une conspiration menée par un cercle d'officiers décidés à prôner la paix. Huit officiers allemands sont arrêtés. Ils seront pendus le 4 août à des crochets de boucherie avec des cordes à piano. Une affaire largement exploitée par la propagande.

La crise allemande

Les récents événements d'Allemagne ont déjà fait couler beaucoup d'encre et suscité nombre de commentaires. Comment les choses se sont-elles passées exactement ? Il est difficile de le dire, encore qu'on ne puisse accuser la propagande allemande de s'être montrée avare d'explications ; le seul reproche qu'on pourrait peut-être faire, c'est d'en avoir même trop donné.

Aussi est-il assez édifiant, avec le recul de quelques jours, de procéder à l'analyse de ces explications. Procédons par ordre.

Le mercredi 19 juillet, veille de l'événement, tout est calme et tout va pour le mieux dans le meilleur des Reich ; à tel point que de 5 heures du soir au lendemain 6 h. 55 du matin les communications téléphoniques sont interrompues entre Berlin et Stockholm.

Le jeudi 20 juillet : l'agence officielle allemande d'information annonce qu'un attentat a été commis contre la vie d'Hitler.

Après 6 jours de silence : le 26 juillet, Gœbbels déclare : le jeudi 20, à 4 heures de l'après-midi, la petite clique de traîtres développait son plan, un accident le dévoilait et en moins d'une heure tous les coupables étaient châtiés ; ce qui ne l'empêche pas de déclarer dans le même discours qu'il a appris toujours la même tentative d'assassinat de 4 heures de l'après-midi ce même 20 juillet un peu avant midi, ce qui revient à dire que l'attentat a été commis 4 heures avant qu'il n'ait eu lieu.

La propagande allemande, en général, affirme que la crise a éclaté, a atteint son maximum, et a été étouffée dans la seule journée du 20. Voilà qui est net : la vertu est récompensée, les méchants sont punis, on n'en parle plus !

Or, le lendemain 21, à 0 h. 59 du matin, alors que, d'après Gœbbels, l'affaire était réglée, le Führer en personne déclare qu'il autorise le peuple à s'emparer des traîtres et à les châtier s'il se trouve à leur contact et à 1 h. 27 Gœring recommande à la Luftwaffe de n'accepter d'autres ordres que les siens ou ceux du général Stumpf, les criminels, dit-il, cherchant à confondre les troupes, d'où il ressort qu'après leur exécution, certains traîtres continuaient en dépit de leur décès à se baguenauder au milieu de la population en répandant de grosses vilaines calomnies sur le bien-aimé Führer.

Essayons maintenant de nous faire une idée du nombre approximatif des conjurés.

Dans son discours du vendredi 21 juillet, Hitler dit qu'il s'agit d'une extrêmement petite clique d'officiers. Le même jour, à 1 h. 15 de l'après-midi, le dénommé Hans Fritsche, contrôleur politique de la radio allemande, précise qu'il s'agit de deux hommes et d'un quart de douzaine de leurs collaborateurs, ce qui, si je ne m'abuse, fait un total de cinq bonshommes. Toujours ce 21, à 3 h. 13 du matin, l'agence allemande d'information avait déclaré : Plusieurs chefs du complot se sont suicidés, les autres ont été fusillés par des bataillons de l'armée, d'où j'infère que s'il a fallu rien de moins que des bataillons de l'armée pour abattre ce qui restait d'un groupe de cinq rebelles, dont plusieurs s'étaient déjà suicidés, c'est qu'il s'agissait d'individus capables, chacun et individuellement, de défiler 3 par 3, par rangs de 6 et en colonnes par 4.

Enfin, à quelle catégorie appartenaient les conspirateurs ? Hitler affirme le 21 juillet : « Ces usurpateurs n'ont rien à voir avec les forces armées allemandes et surtout rien avec l'armée allemande. » Gœring, le 21 également, dit : « Une misérable clique d'anciens généraux, chassés en raison de leur incapacité » et l'agence allemande d'information déclare, à 4 h. 02 de l'après-midi : « quelques généraux et colonels qui occupaient des postes importants dans l'armée intérieure », ce qui prouve qu'en Allemagne, l'armée mène à tout à condition de n'y rester que pour en sortir.

En résumé, de toutes ces lumineuses et pertinentes élucubrations, nous pouvons déduire et conclure en toute certitude qu'il y a incontestablement, en permanence, de la pelure d'orange sous les pas du national-socialisme et de la peau de banane sous la moustache d'Adolf. C. Q. F. D.

31 JUILLET 1944

La propagande allemande tire ses dernières cartouches. Au micro de la BBC, Pierre Dac déclenche le contre-feu en menant un combat verbal contre Jean-Herold Paquis, qui, au micro de Radio-Paris, a déclaré, « l'Angleterre, comme Carthage, sera détruite ».

Qui sera vainqueur ?

Il y a quelques jours, l'Obersturmmilitaerischespeaker J.-H. Paquis m'a gratifié d'un coup de chapeau en remerciement des félicitations que je lui ai adressées à l'occasion de sa déclaration de loyalisme envers le Führer. Des compliments d'un côté, un coup de galurin de l'autre, on dira ce qu'on voudra, ça crée un courant. D'autant que nous avons tous deux un incontestable point commun : L'Obersturmmilitaerischespeaker J.-H. Paquis, il le répète assez, est un partisan ; moi aussi ; lui est un partisan de l'hitlérisme et moi un partisan du contraire. Comme on le voit, nous ne sommes séparés que par une légère nuance, un simple détail.

Le 9 courant, J.-H. Paquis, au cours de sa critique militaire a prononcé, entre autres, les paroles suivantes : « Qui sera vainqueur, qui sera vaincu ? A la double question, qui n'a pas déjà répondu selon son opinion et ses préférences ? » Alors, mon cher M. Paquis, qui sera vainqueur, qui sera vaincu, toujours cette cruelle incertitude. Voyez-vous, moi, ça me fend le cœur de vous voir aux prises avec cet affreux doute et le coup de chapeau que vous m'avez donné — ça pourrait presque se chanter, sur un air de *Carmen* — me crée le devoir de vous donner un coup de main pour tenter de le dissiper.

Permettez-moi tout d'abord de vous faire observer que ni la victoire ni la défaite ne sont une question d'opinion ou de préférence. C'est une question de force. Or, vous savez, n'est-ce pas, comme moi, que l'armée rouge en est à l'assaut décisif, que les Alliés ont déjà libéré une partie vitale du territoire français, que la suprématie alliée est écrasante et totale sur terre, sur mer et dans les airs, que l'armée américaine approche de Paris ; qu'en Italie, il y a du parmesan dans l'élastique, que chez les satellites il y a du bromure dans l'enthousiasme et qu'à l'intérieur du Reich, il y a des punaises dans la svastika. Qui sera vainqueur ? Qui sera vaincu ? Troublante énigme, en vérité. Remarquez que je ne vous donne ces renseignements qu'à titre purement indicatif et uniquement pour vous permettre de sortir du dilemme dans lequel vous vous débattez. Ces éléments vous permettront-ils de vous faire une petite idée de la situation ? S'ils vous paraissent insuffisants, la prochaine fois, je pourrai vous faire un dessin.

Dans le fond, voyez-vous, mon cher Monsieur Paquis, je ne vous plains pas. Vous touchez au but et vous êtes, en définitive, un heureux gaillard, car je suppose que la France libérée n'offrira pour vous qu'un attrait bien mince et bien relatif ; vous allez donc pouvoir bientôt rentrer chez vous en Allemagne ou tout au moins, essayer d'y rentrer. Y parviendrez-vous ? Je n'ose l'affirmer ; en cette époque tourmentée un accident est si vite arrivé ! J'ai prédit à Philippe Henriot, cinq semaines avant l'événement, ce qui allait lui advenir. Je vous signale ça, simplement, en passant, histoire de vous distraire un peu et de vous prodiguer quelques bonnes paroles de réconfort si nécessaires en ces temps difficiles.

Il ne me reste, pour l'instant, rien d'autre à vous dire sinon que je vous souhaite tout ce que vous pouvez me souhaiter. Merci encore pour le coup de chapeau et, pour terminer, laissez-moi, à titre de consolation, livrer à vos méditations ce petit slogan, imité du vôtre ; en vertu duquel je conclus que, à défaut de l'Angleterre, l'Allemagne, comme Carthage, doit être détruite.

2 AOÛT 1944

Le 1er août, les Polonais de Varsovie s'insurgent contre l'occupant nazi. L'armée intérieure et celle du peuple prennent presque aussitôt le contrôle de la ville. Le même jour, en Normandie, la 2e Division Blindée du général Leclerc, soit 16 000 hommes, débarque à Utah Beach. La victoire finale se rapproche.

Es ist nicht so schoen

Cela signifie
Qu'il y a des points noirs
Dans l'vert de gris
Es ist nicht so schoen
Ca veut dire aussi
Que ça sent l'roussi en Russie.
Cela veut dire enfin
Que d'Francfort à Stettin,
De Schweinfurt à Berlin
L'air est malsain.
Es ist nicht so schoen
Cela signifie
La corde pour tous les nazis.

8 AOÛT 1944

Les Américains, partis à l'assaut de la Bretagne, libèrent Rennes. Hitler donne l'ordre à ses troupes de se battre jusqu'au dernier homme. Pierre Dac écrit et chante un quatrain diffusé plusieurs fois sur les ondes de la BBC.

Rabats ta mèche

Rabats ta mèche, Adolf, ça y est,
J'ai vu ton œil, j'sais comme il est :
S'il est tout noir et tout tordu,
C'est parce que t'es foutu.

11 AOÛT 1944

L'offensive Alliée se poursuit en Normandie. Le Mans et Alençon sont libérés le 11 août. Les troupes allemandes sont en déroute, mais Hitler rejette toute idée de repli.

Réveil de l'infanterie

Hitler débin'-toi
Hitler débin'-toi
Hitler débin'-toi
Bien vite
Hitler débin'-toi
Hitler débin'-toi
Hitler débin'-toi
Crois-moi.
Pourquoi te cramponner
Le Reich est bien malade
Maint'nant ça t' tombe dessus
C'est toi qui l'as voulu
Hitler débin'-toi
Hitler débin'-toi
Hitler débin'-toi
Bien vite
Hitler débin'-toi
Hitler débin'-toi
Hitler débin'-toi
Crois-moi.

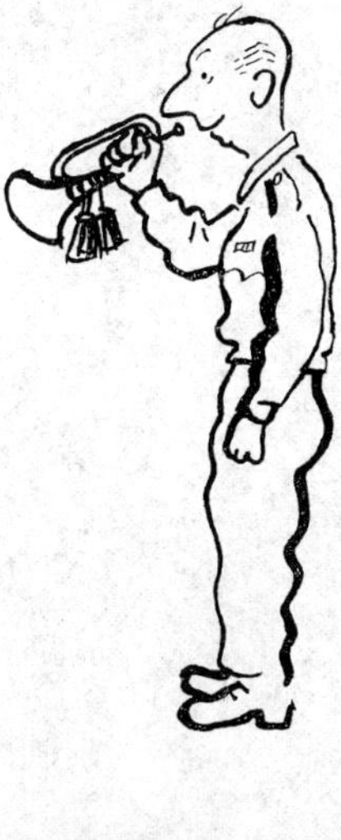

***

Réveil de la cavalerie

As-tu connu le Pétain de Vichy
Qu'a voulu qu' les Français devienn'nt tous des nazis ?
Mais les Français qui sont plus dégourdis
Ont tout d' suit' répondu
Pour c' truc-là, mont' là-d'ssus.

Le testament de Pierre Dac à Londres

Dans le numéro 45 de La France Libre, *daté du 15 juillet 1944, publié en français à Londres par Hamish Hamilton Ltd, figure un long texte où Pierre Dac dresse le bilan de sa carrière depuis ses débuts à Montmartre en 1922 jusqu'à son arrivée en Angleterre en octobre 1943. Un testament plein d'espoir, à l'heure où sa mission se terminant au micro de la BBC, il s'apprête à retrouver la Seine et la scène.*

CHANSONS

A l'un des cinq murs de ma chambre, à Londres, il y a une aquarelle. Car il y a cinq murs à ma chambre : quatre en service et un de secours en prévision d'un toujours possible bombardement. Je vous disais donc qu'à l'un de ces murs il y a une aquarelle, faite, à mon intention, par un de mes amis. Elle représente un paysage familier de Montmartre : quelques arbres, un bec de gaz, quelques maisons de guingois, une mairie de fantaisie, des pavés inégaux, un restaurant à l'enseigne de « La mère Catherine ». La dédicace, sous mon nom, porte : la place du Tertre, vue de Carlos Place, 1944. C'est tout.

Je la contemple souvent, cette simple et modeste aquarelle ; j'en connais par cœur tous les détails et je peux même la regarder les yeux fermés. A-t-elle une quelconque et réelle valeur artistique ? Je l'ignore, mais ce que je sais, c'est que sa puissance d'évocation est infinie. Elle bat pour moi le rappel des souvenirs en même temps que le ralliement des espoirs de demain.

Montmartre ! La place du Tertre ! Toute ma vie, quoi ! Ne craignez surtout pas, que dans le courant de cet article j'aille me répandre en soupirs et en regrets d'un heureux temps révolu. Loin de moi toute pensée de vaine et larmoyante autant qu'inutile sensiblerie. Depuis près de quatre années, j'ai mené, comme tant de mes camarades et au milieu d'eux, la dure existence des hommes traqués pour avoir voulu simplement demeurer des hommes et des Français dignes de ce nom. Rude école où l'on apprend à regarder d'une âme égale, le passé et l'avenir. Est-ce à dire que la sensibilité s'en trouve diminuée ? Que non pas. Mais au contact des réalités brutales et du combat quotidien, elle devient, si je puis dire, plus solide, plus profonde, plus humaine. Et elle n'empêche en rien, bien au contraire, de se reporter, quelquefois, au temps déjà lointain de la France heureuse, où la douceur de vivre prenait toute sa valeur. C'est pourquoi je ne crains nullement d'évoquer, de ma chambre d'exil, à certaines heures du silence nocturne, Paris, Montmartre, la place du Tertre et tous les chers visages que depuis des mois je ne revois plus qu'en esprit.

Voulez-vous aujourd'hui remonter un peu avec moi le cours du temps ? Je veux vous emmener faire une petite promenade dans mon domaine. C'est un domaine aimable où l'on entend souvent rire et parfois s'émouvoir ; les roses de son jardin ont bien quelques épines qui égratignent de-ci de-là au passage, mais c'est tout de même un domaine charmant. C'est le domaine de la chanson. Voulez-vous m'y suivre ? C'est à deux pas ; c'est à Montmartre.

Je connais bien Montmartre : j'y ai toujours vécu, je n'ignore rien de ses recoins les plus cachés. C'est à la fin de 1923, dans un cabaret de la Butte, *La Vache enragée*, qui tenait ses assises place Constantin-Pecqueur, à côté du cimetière Saint-Vincent, que j'ai fait mes débuts de chansonnier ; mes débuts professionnels, car j'avais déjà fait mes débuts d'amateur. Ma première chanson date de mai 1915. J'étais, à cette époque, un des nombreux collaborateurs du général de Castelnau, en qualité de caporal d'infanterie, dans une unité du XXe corps. Le colonel du régiment auquel le gouvernement m'avait prié de prêter mon concours attachait une importance capitale et définitive à la coupe de cheveux ultra-réglementaire. Inspiré par ce sujet stratégico-capillaire, je commis quelques couplets, qui provoquèrent dans la troupe une hilarité non conforme aux instructions du manuel du service en campagne et qui me rapportèrent, immédiatement et sans délai, trente jours de prison. C'était, somme toute, un assez joli début.

Loin de me décourager, l'idée s'ancra dans mon esprit de devenir après la guerre, et si toutefois j'en revenais, chansonnier. La guerre prit fin, j'en revins et j'allai incontinent « auditionner » dans tous les cabarets cotés de Paris. Presque partout on me conseilla de faire n'importe quoi, sauf de la chanson. Ce que je fis, d'ailleurs, pendant quatre ans, me livrant aux besognes les plus diverses et les plus désastreuses, avec, au fond de moi-même, le désir de plus en plus impérieux de réaliser mon rêve, en dépit des avis de ceux que je tenais naturellement pour des Philistins.

Et puis un jour, je pris mon courage à deux mains et me présentai à *La Vache enragée*, dont je vous parle plus haut. Le maître de céans, un délicieux bohème du nom de Roger Toziny, m'accueillit avec cordialité et bonhomie et m'invita à venir le même soir « auditionner » en public. Ça marcha et je fus engagé aux appointements de cent sous par soirée. Ces premiers cent sous furent incontestablement un des plus beaux jours de ma vie. Puis ce fut la filière : *Le Moulin de la Chanson*, *Le Coucou*, *La Lune Rousse*, *Les Noctambules*, *Les Deux-Anes*, puis *l'A.B.C.*, le music-hall, la radio, mon journal, *L'Os à Moelle*.

Les chansons de mes débuts étaient assez curieuses ; je disais n'importe quoi, tout ce qui me passait par la tête, sans ordre, sans soin, avec le plus profond mépris de la forme et des règles de l'art poétique. Ça rimait ou ça ne rimait pas ; quand je ne trouvais pas la rime en fin de vers, je la mettais au milieu. C'est à *La Lune Rousse* que je commençais à me discipliner. Le directeur était — et est encore, je crois, — une espèce d'énergumène du nom de Léon Michel ; c'est de lui que le charmant Vincent Hyspa dit un soir : « Deux prénoms, ça n'a jamais fait un nom. » Je dois pourtant à ce guignol énervé quelque chose ; c'est lui qui me baptisa du qualificatif de « loufoque ». A partir de ce moment, je pris conscience de la gravité et du sérieux de mon cas. Je compris que la loufoquerie, employée à des fins drolatiques, devait s'appuyer sur la logique, si paradoxal que cela puisse paraître à première vue. En quelque sorte, la loufoquerie — puisque loufoquerie il y a — consiste à prendre des faits, des événements quelconques et à les présenter suivant le principe des glaces déformantes et en s'inspirant du processus de démonstration par l'absurde.

Les années passées à *La Lune Rousse* comptent parmi les meilleures de ma carrière de chansonnier. Mon entrée dans cette vieille maison conservatrice qu'on surnommait la Comédie-Française de la chanson ne manqua pas d'y provoquer une certaine perturbation. Ses traditions y étaient soigneusement entretenues et respectées et il convient de reconnaître que je les bousculais quelque peu. Le malheureux Léon Michel en vit, avec moi, de toutes les couleurs. Sa principale obsession était, entre autres, un clairon que je m'étais procuré je ne sais où, et dont je jouais — ce qui est façon de parler — à tout bout de chant et dans les circonstances les plus imprévues. Il eut toutes les peines du monde à me dissuader d'organiser, au cours d'un spectacle de revue, un récital de clairon, harpe et clavecin.

Et la vie s'écoulait ; en chantant. J'ai écrit beaucoup de chansons ; de toutes sortes ; satiriques, humoristiques, politiques, futuristes, voire surréalistes, dans lesquelles je blaguais un peu tout, avec le sourire et sans amertume. J'en fis de bonnes et aussi de mauvaises.

Le temps passa : 1937, 1938, 1939. Des chansons toujours, bien sûr, mais sur un autre ton avec une certaine crispation dans le sourire et une émotion grandissante dans l'expression. Avec peut-être le pressentiment de l'imminente tragédie, je ne voulus presque plus paraître en public. Avec trois autres camarades, comme moi anciens combattants, j'allais faire mon tour de chant dans la plupart des ouvrages de la ligne Maginot, pour les équipages et les unités d'intervalle, délaissant les trop officielles séances du Théâtre aux Armées dont les manifestations étaient d'un goût assez éloigné du mien. J'ai recueilli, au cours de ces tournées faites en camarade auprès d'autres camarades, bien d'émouvants souvenirs.

Le 10 mai 1940 j'étais à Sarrebrück. La chanson s'étrangla dans ma gorge. On me ramena à Paris et, deux mois plus tard, le 12 juillet, évitant de justesse l'arrestation, je fis mes adieux à Montmartre.

Mais ni la guerre, ni la défaite, ni la trahison ne peuvent tuer la chanson.

Replié dans une ville du Sud-Ouest, je repartis, vers le début de septembre 1940, en tournée dans la zone dite libre que nous appelions plus communément la zone pré-occupée. La tâche devenait difficile. Je ne pouvais me résoudre à débiter, sur scène, des banalités quelconques ou neutres. Je voulais exprimer, dans mes chansons, mes sentiments, ma pensée, ma révolte. Il fallait cependant compter avec la censure ; c'est là où la loufoquerie me servit ; mes tournures de phrase un peu particulières échappèrent souvent à la sagacité des censeurs de Vichy et je pus, pendant un certain temps, m'exprimer en des termes dont le double sens avait passé au travers des ciseaux de la Révolution nationale. Puis les choses se gâtèrent, le P.P.F. s'en mêla et en octobre 1941 j'abandonnais définitivement la scène pour me consacrer plus complètement à un autre théâtre où la pièce se jouait dans l'ombre et où les chansons se fredonnaient à voix basse.

Aux jours traqués succédèrent les longs mois de prison. Derrière les portes de fer, derrière les barreaux, malgré tout, la chanson ne perdait pas ses droits. Elle était, en dépit du lieu et peut-être même à cause de lui, un excellent moyen pour lutter contre le cafard et tenir le moral. Je m'y employais de mon mieux auprès de mes camarades et je pense avoir quelquefois réussi. Je fis des chansons et de courtes poésies sur notre existence recluse, sur le charme de nos crânes rasés, sur nos gardiens, sur hier, sur demain ; tour à tour blagueuses, rageuses ou nostalgiques. Voici, extraite de ces dernières, un petit poème que j'écrivis, en cellule, au début de 1942.

POUR ELLE

Lorsque je reviendrai, au jour de délivrance
Mon cœur battra si fort, si fort qu'il bondira
Avant même que j'aie foulé le sol de France
Pour aller le premier se blottir dans ses bras

Quand nous retrouverons notre raison de vivre
Sous l'azur bleu d'un ciel séchant son dernier pleur
De notre beau roman nous rouvririons le livre
Brutalement fermé par le vent du malheur

Au souffle purifié de l'ultime espérance
Dans le calme profond du tumulte apaisé
Auprès de toi j'irai chercher ma récompense
Que tu me donneras en un fervent baiser

Je n'aurai nul désir de l'officielle gloire
Dont les lointains échos sont si vite oubliés
Puisque c'est ton amour qui sera ma victoire
Et que c'est dans tes yeux que seront mes lauriers.

… Et puis, après bien des péripéties, bien des aventures, je suis arrivé à Londres, fin octobre 1943. Depuis lors, aux émissions françaises de la B.B.C., j'ai chanté des chansons. Tout ce que là-bas je ne pouvais plus que murmurer, je l'exprime ici en clair, dans mes couplets.

Jusqu'au jour où, sur notre sol enfin libre, nous pourrons recommencer à chanter toute la gamme des chansons : chansons d'humour, chansons joyeuses, chansons tendres, chansons d'amour, chansons de France.

Texte paru dans *La France libre*
vol. VIII, n° 45 du 15 juillet 1944.

Retour dans Paris libéré

A la veille de ses cinquante et un ans, Pierre Dac estime que sa mission au micro de la BBC est maintenant terminée. Jacques Duchesne partage son avis. Il remercie chaleureusement et fraternellement le chansonnier, qui a largement dépassé les objectifs qui lui avaient été fixés. Le responsable de l'émission « Les Français parlent aux Français » n'imaginait pas, au départ, que ses éditoriaux ou ses chansons pourraient avoir un tel impact moral auprès des Français à l'écoute de la TSF, de l'autre côté de la Manche.

Le 14 août 1944, muni d'un ordre de mission réglementaire, le caporal Pierre Dac se rend au camp d'Old Dean, à Camberley, pour recevoir son équipement. Le soir même, il revient à Londres vêtu d'un battle-dress, coiffé d'un béret, le badge « France » cousu sur l'épaule. La tenue indispensable pour ne jamais paraître suspect aux yeux de ceux qui croisent son chemin, et être traité comme un héros, à Paris, mais aussi en Angleterre. Pendant les huit derniers jours qu'il passe dans la capitale britannique, il lui est impossible de payer sa place dans un bus ou un verre au pub. Pour tous les Britanniques, il est devenu un symbole de la victoire, donc l'invité de la population.

Le 23 août, à l'heure où la rumeur de la Libération de Paris se propage, il quitte Londres. Le 24 au matin, il retrouve les côtes d'Arromanches. Confortablement installé à bord d'un camion militaire l'attend, il traverse Bayeux, Lisieux, Vire et Alençon et arrive au Mans. Les résistants de la ville lui réservent un accueil triomphal, puis mettent à sa disposition une traction avant, chargée de victuailles parmi lesquelles un nombre incalculable de pots de rillettes.

Le 25 août, Pierre Dac entre dans un Paris en liesse, ivre de bonheur quelques heures seulement après que le général von Choltitz se fut rendu au lieutenant Karcher, membre de la 2e DB du général Leclerc, la première à avoir fait son entrée dans Paris désormais libéré.

Le chansonnier prend aussitôt la direction de la Butte Montmartre et s'arrête devant l'immeuble du 49 avenue Junot. Son cœur n'a jamais battu aussi fort. Il ignore ce qu'est devenu Dinah, dont il n'a plus la moindre nouvelle depuis plusieurs mois. Sa valise à la main, il n'ose pas entrer et jette un coup d'œil angoissé vers la fenêtre du quatrième étage. Madame Velu, la concierge, lui sourit et le rassure.

– Ne vous en faites pas, elle est en face chez des amis, je vais la chercher.

Trois minutes plus tard, il l'aperçoit enfin, « non pas toujours aussi jolie, mais toujours aussi belle que le jour où je l'avais quittée », avouera-t-il ensuite. Le soir même, elle lui fait le récit des six semaines qu'elle vient de vivre. Comme Pierre l'avait pressenti, le 29 juin, au lendemain même de l'assassinat de Philippe Henriot, quatre miliciens débarquent avenue Junot et l'arrêtent. Conduite à la Caserne des Tourelles transformée en prison mixte, elle est incarcérée dans le quartier des détenus de droit commun plutôt que dans celui réservé aux détenus politiques. La décision a été prise par le chef de ce petit groupe, un cousin d'Edouard Herriot farouchement anti-allemand, et surtout résolument anti-communiste. Cette entorse au règlement sauve la vie de Dinah. A la veille de la libération de Paris, en guise de représailles à l'un des derniers attentats perpétrés par la Résistance, seuls les « détenus politiques » sont envoyés en déportation. Elle a miraculeusement échappé au dernier convoi pour les camps de la mort.

Au mois de septembre, le chansonnier fait une rentrée triomphale à l'ABC. Il reprend quelques monologues de jadis, et ajoute à son répertoire quelques chansons créées à Londres. A l'instant des rappels, en conclusion, il lance simplement

– J'aime ces pays où quand on sonne chez vous à sept heures du matin, ce n'est que le laitier.

J.P.

Pierre Dac correspondant de guerre

A la fin de l'année 1944, Pierre Dac accepte un poste de correspondant de guerre à la Radiodiffusion française. Depuis son retour de Londres, il est demandé par tous les directeurs de cabarets et de music-hall. En dépit de cet emploi du temps très chargé, le patriote qu'il demeure s'interdit de refuser une fonction honorifique et quasiment bénévole. Entre deux galas, il quitte ainsi, à plusieurs reprises, ses galons de sous-lieutenant qu'il porte en scène, et endosse l'uniforme de rigueur, imposé par la direction des moyens de communications alliés, placée sous la responsabilité des Américains. Coiffé du traditionnel calot, arborant sur l'épaule droite le badge War Correspondant, il se mêle aux forces françaises qui, jour après jour, libèrent le pays, et observe la situation, à sa manière.

Entre novembre 1944 et août 1945, il se mêle ainsi à des unités de la 1re D.F.L. (Division des Forces Françaises Libres) du général Brosset, puis à celles de la 9e D.I.C. (Department Information Control) du général de Montsabert, au cœur des Forces Françaises de l'Atlantique du général de Larminat, et enfin à la 1re Armée du général de Lattre de Tassigny. Quelques-uns de ces reportages, gravés sur des microsillons, ont été retrouvés et soigneusement conservés dans les archives de l'INA. Voici, tels qu'ils ont été enregistrés, ces instants où l'humoriste aux sketches réglés à la virgule près se transforme en un journaliste dont les interviews, réalisées sur le vif, sont totalement improvisées. Des documents pour l'Histoire.

J. P.

WAR CORRESPONDENT
U.S.

22 novembre 1944... La 2e DB du général Leclerc vient de libérer Saverne et Phalsbourg. Elle est en route pour Strasbourg. A l'arrière, accompagné de deux techniciens prénommés Philippe et Edgar, et de Roger Leroy, un photographe qui est aussi son cousin, Pierre Dac rapporte, à sa manière, micro en main, ce qu'il a observé...

Nous sommes dans un bourg des Vosges qui vient d'être libéré par les Forces françaises. Un bourg très beau, et un temps splendide, pour un temps de pluie. Il y a de la neige fondue, de la neige à moitié fondue et de la neige en train de fondre aux trois-quarts. Il y a de la boue, de la bonne boue, de la vraie boue, de la boue d'avant-guerre, bien gluante. Le bourg dont je parle vient d'être occupé par le 10e Bataillon Nord-Africain de la 1re DFL. C'est-à-dire qu'avant elle, il n'y avait rien. La population, profitant de ce beau temps, s'est réunie sur la place, histoire de se rafraîchir les pieds, et les idées par la même occasion... Des soldats allemands ont été faits prisonniers et ramenés par le sergent-chef Gérard Delalonde. Comme tous les prisonniers, ils ont l'air sensiblement abrutis. Comme tous les prisonniers, ils sont tous purs comme des anges et anti-nazis. Je me demande même si celui qui est à mes côtés, si on l'interrogeait un petit peu, me dirait tout de suite qu'il est gaulliste. *(Pierre Dac tend son micro au prisonnier).* Dites-moi, mon brave, que pensez-vous de la situation ? (*Le prisonnier répond en allemand.*) Merci, mon brave. Cet homme vient de me déclarer : « Y'a du mou dans l'élastique. Je suis bien content d'avoir gagné et je tâcherai de faire mieux la prochaine fois... »

Le 1er mars, à l'issue de l'attaque de 859 bombardiers de la Royal Air Force, Cologne a été quasiment détruite. Le 5 mars, les Américains sont entrés dans une ville qui n'était plus que ruines. Une semaine plus tard, Pierre Dac, correspondant de guerre, se rend sur le terrain et écrit un article publié le 23 mars, dans le premier numéro de Points de Vue, Images du monde.

DU STALAG À PARIS

Nous sommes au soir de la prise de Cologne. Trois camarades, correspondants de guerre, et moi revenons de parcourir ce qui reste de la ville.

Nous roulons lentement sur des routes qui n'ont plus de routes que le nom. Soudain, des cris, des chants, des rires frappent nos oreilles ; et nous apercevons, sur un camion, à quelques mètres devant nous, des uniformes français ; nous doublons le camion, le faisons stopper et nous précipitons pour donner l'accolade à des camarades, hier encore prisonniers, aujourd'hui libres. Ce que nous nous disons n'a aucune importance. Des mots sans prétention, quelques phrases banales, telles que :

— Alors, vieux, comment ça va ?

— Merci, vieux, ça va mieux, ça fait plaisir de se revoir, hein ! après cinq ans.

Les uniformes sont ceux de 40, mais passés, délavés ; quelques képis, de teinte et de forme indéfinissables ; les visages sont tirés, les sourires un peu crispés, la joie toute fraîche de la libération est encore maladroite. Il y a aussi des déportés civils, des travailleurs forcés, des femmes ; outre les Français, des Ukrainiens, des Belges, d'autres encore. La conversation devient plutôt une chanson de gestes : on se malaxe les mains, on se regarde, on se donne de grandes claques dans le dos ; un grand diable brandit une guitare.

Tous ces « délivrés » sont conduits à Arnoldsweiler, ex-STALAG VI-G transformé en « camp de passage ».

Le jour suivant, nous nous retrouvons. D'autres ex-prisonniers les ont rejoints. Nous conversons d'une manière plus calme et plus ordonnée. Un curé est là aussi, arrêté en Alsace et déporté dans la région de Bonn. Un visage ouvert, sympathique de brave homme et de bon prêtre ; il nous raconte comment il s'est payé, tant que ça peut, la tête des fridolins. Un couple de déportés se tient devant nous ; leurs vêtements n'ont plus rien qui ressemble à quelque chose ; à leurs pieds un baluchon minable. Plus loin, trois enfants ; trois petits Français, bien petits, qui sont-ils ? Nul n'en sait plus rien. Où sont leurs parents ? Personne ne le sait davantage. Ils sont blonds tous trois. Le plus petit tient gauchement, dans sa main, un biscuit ; les deux autres jouent avec deux morceaux de planche. Quand on a vu ça on peut regarder d'un œil sec les familles allemandes se traîner sur les routes de l'Allemagne aplatie, pulvérisée.

***

Ce camp, comme je le dis plus haut, n'est qu'un camp de passage. Nous nous rendons le lendemain à V..., en Belgique, où s'effectue le premier triage. C'est, à proprement parler, un centre d'accueil. Des jeunes filles et jeunes femmes en uniforme se prodiguent magnifiquement : ce sont des volontaires des Forces Françaises Libres ; j'en ai connu plusieurs à Londres. Avant d'entrer dans les locaux, chaque prisonnier libéré reçoit un coup de seringue de poudre antiparasite ; c'est une volontaire qui préside à la cérémonie. Puis chacun est interrogé séparément ; pour les prisonniers de guerre les formalités sont toutes simples ; on leur demande ce qu'ils savent du point de vue renseignements militaires, et également ce qu'ils connaissent des hommes de confiance qui, dans les camps, bénéficient de la sollicitude de ces messieurs de l'ordre nouveau. On prend le nom et le pedigree des mouchards et des mauvais camarades. C'est un représentant de chaque pays qui interroge ses ressortissants. Mon photographe ne cesse d'opérer. Voilà une jeune fille de dix-huit ans, déportée un jour avec dix-neuf autres. Voilà aussi des travailleurs volontaires ; à voir leur aspect lamentable on imagine qu'ils ont pu à loisir vérifier l'ironie du fameux slogan : « Le travail par la joie. » Voilà un soldat qui semble sorti d'une gravure de 14-18. Jeune ? Vieux ? On ne sait plus : il n'a plus d'âge, une grosse paire de moustaches barre sa bonne figure de brave homme. Son surnom est « Le Gaulois ». Voilà un coiffeur de Clichy ; un gars de Limoges placide... tant d'autres émouvants dans leur simplicité.

La population belge fait à nos frères retrouvés un accueil de simple, fraternelle et humaine affection. Et nous allons de l'un à l'autre ; des groupes se forment. Sur bien des visages se marquent déjà les soucis de l'avenir. Que va-t-on retrouver ? Qui va-t-on revoir ? Qui ne reverra-t-on pas ? Le passé douloureux, tout proche pourtant, est déjà loin.

***

Et puis, ce sont les dernières étapes : Bruxelles, Lille et enfin Paris. Nous nous sommes quittés à la gare du Nord. Les voyageurs qui se trouvaient dans le train passent rapidement le long du quai et gagnent la sortie ; « eux » suivent lentement. Une musique militaire joue *la Marseillaise*, des gardes républicains présentent les armes. Dehors, des autobus les emmènent à la gare de l'Est où fonctionnent les services d'accueil.

Je sais bien que tout est compliqué, que tout est difficile et que ma sentimentalité est peut-être excessive, cependant j'eusse aimé voir, à la descente même des wagons, à l'instant même où ils foulaient le sol de Paris, quelques femmes, quelques jeunes filles, quelques grand'mamans aussi. Car, n'est-ce pas, mieux que toute pompe officielle, un sourire, quelques larmes, ça fait tant de bien au cœur quand on a tant souffert, tant espéré !

Points de vue, images du monde, 23 mars 1945

La Belgique a été libérée au mois de septembre. Le 21 octobre 1944, Aix-la-Chapelle est la première ville allemande qui tombe aux mains des Alliées. Pierre Dac fait ses débuts de correspondant de guerre et ajoute à son enregistrement radiophonique une chronique dans La France au combat, *hebdomadaire « fondé dans la clandestinité en mai 1941, face au boche ».*

DE L'EAU DE VICHY À L'EAU DE COLOGNE

Par dépêche particulière, via Londres
de notre correspondant aux armées Pierre Dac

Voici dans un ordre aussi rigoureux que relativement chronologique les impressions recueillies au cours de mon premier reportage en Allemagne. Mon cousin, le reporter photographe Roger Leroi, qui vient d'être fait commandeur de la… plaque sensible, et moi avons un soir de la semaine passée pris le train pour Bruxelles. Mon cousin avait emporté des sandwiches, moi aussi, plus une omelette froide que je tiens à signaler, car elle joue un rôle important dans le récit qui va suivre. Dans notre compartiment, deux Américains, un civil entre deux âges et entre deux couvertures, plus un Arménien qui engage immédiatement la conversation avec nous. Il se plaint amèrement de la dureté des temps, regrette le temps où le négoce des cigarettes orientales était prospère, geint, glousse, crache, s'endort, ronfle, s'étouffe, recommence à se lamenter. Fait tout ça en même temps, puis redécompose. Pour le calmer, je lui offre un morceau d'omelette froide qu'il refuse.

— Eh ! vous n'en voulez pas ? lui dis-je. Je la remets dans ma musette ; ça ne mange pas de pain.

Bruxelles. Contact avec l'officier de presse britannique et deux autres correspondants de guerre français. Nous assistons à la conférence quotidienne des correspondants de guerre, c'est-à-dire au *briefing*. Mise à jour des opérations, successivement, par un officier de la R.A.F. et un officier de terre, en anglais, naturellement. Je suis placé au premier rang, je ne comprends pas un traître mot, mais j'ai l'air tellement attentif que les officiers sont ravis d'avoir en moi un auditeur aussi compréhensif.

Le lendemain matin, je pars dans deux voitures sous la conduite d'un capitaine anglais, impeccable, calme et charmant. Mon cousin et moi sommes dans la seconde voiture. Je lui propose un morceau d'omelette froide, mais je m'aperçois que je l'ai laissée dans un sac qui se trouve dans la première voiture. Il pleut sans arrêt, les nuages sont si bas que j'ai l'impression qu'ils ne passeront pas la nuit ; soudain, nous quittons la Belgique et entrons en Allemagne. On a beau faire le malin, ça vous fait tout de même quelque chose ; et je revois en juillet 1940 la garde allemande descendant les Champs-Elysées musique en tête.

A ce moment nous ne roulons plus qu'entre des ruines. Les routes sont bonnes, c'est-à-dire que c'est ce qui peut se faire de mieux dans le genre catastrophique. J'ai les reins en ligne brisée et mon cousin me confie que ses fesses ne sont pas loin de la syncope. Un morceau d'omelette froide nous remettrait d'aplomb. Il pleut de plus en plus. Mon cousin veut faire stopper la voiture pour photographier les flaques d'eau.

Aix-la-Chapelle, ça a dû être une ville. Maintenant on ne sait plus trop ce que c'est. Nous continuons et arrivons à Düren. Là, c'est un ratatinage définitif et je sens que je ne trouverai jamais les mots pour décrire le spectacle qui s'offre à mes yeux. Un arrêt. Je récupère l'omelette froide. Je dis à mon cousin qu'on aurait pu tout aussi bien l'emporter chaude de Paris ; elle ne serait pas plus froide à l'heure actuelle. Nous avançons. On entend le canon. Le bruit se rapproche et voici Cologne.

La ville vient d'être occupée par les Américains. Quand je dis voici Cologne, c'est une façon de parler. On pourrait mettre des écriteaux ainsi libellés : « Cologne fermé pour cause de disparition ». C'est un cataclysme et l'on ne doit pas dire Cologne est tombé, mais bien plutôt Cologne est écroulé. A présent, ce n'est plus rien qu'un décor de cauchemar. Par ci par là, des drapeaux blancs, quelques civils récupérant des matelas, quelques femmes en vélo. Tout seul, au milieu d'un tas de gravats, un mort sur une civière.

Des avions croisent inlassablement dans le ciel. Les obus sifflent au-dessus de nos têtes. L'endroit est malsain et peu propice aux discussions sur l'opportunité du port de la casquette à pont levis par une nuit d'équinoxe. Silence de mort. Un soldat américain tout joyeux appelle ses copains pour leur montrer une trouvaille qu'il vient de faire : une brosse pour nettoyer les verres de lampe. Deux autres soldats américains, dans cette atmosphère de fin du monde, passent gravement en tenant l'un un saxophone, l'autre une clarinette. Les flèches de la cathédrale ont l'air de contempler l'aboutissement du national-socialisme.

Nous repartons non sans que j'aie au préalable vérifié l'omelette froide et bu un verre d'eau qui, entre nous, a le goût de la nôtre, quoique de Cologne.

Désespérés, nous croisons des femmes, des enfants, des vieillards traînant des hardes, poussant des charrettes. Je ne pensais pas pouvoir jamais contempler d'un œil sec pareil spectacle.

Et pourtant, c'est ainsi ! Je n'éprouve pas de joie devant cette cité hachée, devant cette misère. Je ne ris pas devant le malheur, même si ce malheur est celui de l'ennemi. Mais ce que j'éprouve est ce que l'on ressent lorsque passe la justice, et je trouve que c'est bien ainsi, car je pense à mes camarades suppliciés disparus à tout jamais, et je pense aussi que les SS d'Oradour ont été des enfants pareils à ceux qui passent devant moi.

Nous roulons. Des ruines, des décombres, encore des ruines, toujours des décombres : c'est hallucinant ! Nous ne souhaitons plus rien que revoir une maison debout. Sur des pans de mur, de place en place, cette inscription : *Sieg oder Chaos*, la victoire ou le chaos ; la question est réglée : c'est le chaos, en abréviation le K.O., et nous nous enfonçons dans la nuit. J'ai à ma droite mon cousin, à ma gauche l'omelette froide, et dans mon esprit, la vision d'une Allemagne aplatie.

La France au combat, 15 mars 1945

12 avril 1945, deux armées américaines s'emparent de la région industrielle de la Ruhr. Pendant plus d'une semaine, les soldats vont capturer 20 000 prisonniers par jour. L'aviation Alliée a jeté cinq millions de tracts sur les forces allemandes encerclées, les invitant à déposer les armes. Pierre Dac, présent à l'heure de cette nouvelle victoire, signe une chronique publiée en première page de La France au combat.

DANS KARLSRUHE
AVEC LA PREMIÈRE ARMÉE FRANÇAISE

Le moral admirable de la 9e division d'infanterie coloniale

Lorsque j'étais en prison, au cours des interminables conversations, dans la cellule, avec les camarades, quand nous faisions le bilan de nos espoirs, une phrase, toujours la même, revenait en leitmotiv : « Quand l'armée française entrera en Allemagne, quel beau jour ! » Je me remémorais ces paroles au matin du 4 avril, à Karlsruhe, alors que les éléments avancés de la 1re Armée du général de Lattre de Tassigny nettoyaient la ville des derniers éléments de la Wehrmacht.

Mais procédons méthodiquement et laissez-moi vous conter en colonne par quatre et en ordre de marche les événements de ces instants mémorables.

1er avril : l'équipe, composée comme à l'accoutumée de mon cousin, le distingué reporter photographe Roger Leroi et de votre serviteur, est fin prête : départ gare de l'Est. Mon cousin a compté sur moi pour emporter des vivres, et moi sur lui ; ce qui fait que nous n'avons rien ni l'un ni l'autre. Heureusement, Leroi a, dans une musette, une reproduction photographique d'un rôti de veau d'avant-guerre ; quand nous aurons faim, nous le regarderons.

Nous roulons toute la nuit. Au matin, arrivée à Mulhouse, camion pour Guebwiller, puis voiture pour Colmar, Strasbourg, Wissembourg, l'Allemagne, Q.G. du général de Lattre et enfin, camp de presse, à M...

Dans ce village, comme dans tous ceux occupés par les Français, chaque matin, grand festival de l'ordre nouveau : hommes et femmes allemands sont réunis pour les corvées : ces messieurs, pelle et pioche sur l'épaule, au déblaiement ; ces dames, avec seau, balai et torchons, au ménage, au nettoyage, à la vaisselle. Version nouvelle et opportune du *Horst Vaissel Lied* ; ein, zwei, ein, zwein, raus, schnell ! Et que ça saute !

Troupes et matériel montent sans discontinuer. Tout se déplace, tout fait mouvement vers l'Est ; la pluie aussi, vers le sol, et mon estomac vers les talons. Mon cousin tousse, moi aussi, mais pas ensemble ; quand il s'arrête, je le reprends ; la toux, à deux, c'est moins fatigant. Et en route pour le Rhin.

Contact avec la 9e D.I.C. (division d'infanterie coloniale). Quand on a parlé de la coloniale, on a tout dit ; on n'en dira jamais assez. La D.I.C. est composée d'éléments exclusivement français d'A.O.F., complétée d'éléments d'Afrique du Nord et, depuis le Débarquement, d'éléments F.F.I. des maquis de la Corrèze, de la Haute-Marne, du Lommond, etc. C'est dire que ce n'est pas précisément une division de demi-portions : le moral y est porté au maximum.

Le commandant P..., son frère, lieutenant, et deux autres officiers nous prennent en charge, nous, en amitié ; je crois que, depuis, c'est réciproque, n'est-ce pas, mon commandant ? Le passage du Rhin, à cet endroit, a été un chef-d'œuvre d'organisation et de prévoyante intelligence. C'est le résultat du travail d'un lieutenant du génie qui, tout rougissant, s'en défend. Rideau de fumée, pilonnage des ouvrages allemands, bateaux d'assaut, l'affaire est dans le sac. Les Fritz, surpris — on le serait à moins — ont été réduits en moins de temps qu'il n'en faut à un collaborateur pour retourner sa veste. La division passe le fleuve sans arrêt. Un gars arrive à cloche-pied sur une trottinette de gosse en criant : « Taxi pour la traversée ».

Voici les ambulancières : elles sont soixante-dix à la division, soixante-dix jeunes filles, soixante-dix chic filles qui, depuis des mois, travaillent sous le feu de l'ennemi et dans les champs de mines. Leurs uniformes sont évidemment un peu moins frais que celui de certaines dames militaires de certains salons. Voici le « cavalier » Olga, ramenée de Toulon, citée à l'ordre de l'armée. Je ne puis, faute de place, les nommer toutes.

Et nous embarquons à notre tour, avec notre Jeep, sur un radeau monté sur trois bateaux plats à motogodille. Cinq minutes plus tard, nous sommes sur la rive droite du Rhin. L'instant est historique. Pour le commémorer, nous nous payons, Leroi et moi, et ensemble cette fois, une tournée d'honneur de quinte de toux, car tousser sur la rive allemande, ça n'a aucun rapport avec la toux de la rive gauche.

Nous fonçons sur la route ; mon cousin travaille fébrilement de la pellicule. Karlsruhe : 15 kilomètres... 10... 5... 2... et nous y voilà ! Il est 10 h 30. J'ai bien peur de ne pouvoir traduire les sentiments éprouvés à ce moment ; Karlsruhe est la première grande ville allemande prise par les Français, et l'on pense à tous les copains tombés qui ne verront pas ça. *Ça*, qui paye de bien des choses...

Le moins qu'on puisse dire est qu'il y a du dégât dans la ville ; c'est ce qu'il est convenu d'appeler du genre cassé. Partout, des formidables barricades, faites avec d'énormes troncs d'arbres et des monceaux de pavés ; des faux arbres aussi pour dépister l'aviation.

Nous parcourons les rues de la ville en accélérant aux carrefours, « because » les cadeaux plombés toujours possibles. En file par un, des patrouilles, mitraillette au poing.

Nous nous arrêtons devant le jardin d'un musée ; une gigantesque statue équestre de je ne sais plus quel empereur germain est là bêtement appuyée contre un mur ; d'un coup de carabine, un des officiers qui nous pilote rectifie une oreille du cheval ; quand je dis une oreille c'est façon de parler ; mettons que le cheval avait l'oreille basse. Voici des tramways incendies ; je monte dans l'un d'eux et mon cousin me photographie en tenue de wattman de l'ordre européen.

Un colonel de la coloniale me tend un exemplaire du dernier numéro du journal de Karlsruhe *Der Führer*, daté du 3. Les nouvelles qu'il contient sont excellentes ; l'élastique est en pleine forme et le hérisson de plus en plus en boule. Mon cousin ne toussant plus depuis cinq minutes, je le lui fais remarquer ; il s'excuse de son oubli et remet ça incontinent.

Les troupes affluent. La grande journée de récupération commence à battre son plein. Par suite d'une inexplicable carence, il n'y a plus de vendeurs dans les boutiques ; alors, que voulez-vous, on est bien obligé de se servir soi-même ; c'est ce qu'on fait.

Des civils tirent une poussette remplie de bouteilles de vin, gentiment pilotés par des hommes des commandos de France, armés jusqu'aux dents, sans doute pour leur éviter de faire une mauvaise rencontre. On croise aussi pas mal de poules du Grand Reich ; pour qu'elles ne se fatiguent pas, des gars de chez nous les tiennent délicatement, mais fermement, par le cou et par paire. Je pénètre dans une librairie, histoire de voir si je ne trouverai pas un exemplaire de luxe du fameux livre *La Croix gammée dans les globules* de Jean Herold-Paquis, avec préface de De Brinon et un épilogue en préparation. Un autre civil de corvée passe, digne et raide, crâne rasé et lunettes, coiffé d'un chapeau Eden, un morceau de rail sur l'épaule. Nous rencontrons des camarades du service cinématographique de l'armée ; nous tournons ensemble une scène avec un bidon de gniaule récupérée : nous la tournons trois fois de suite pour être certains qu'elle est réussie.

Des Français déportés libérés nous sautent au cou. Le premier auquel je parle était garçon de piste au cirque Médrano. Nous cherchons un bouchon de radiateur pour la Jeep ; nous le trouvons en la personne d'un membre de la Wehrmacht qui se cachait, vert de costume et de peur, dans une maison ; nous l'installons à califourchon sur le devant de la voiture et le menons grossir un groupe de prisonniers presque tous âgés ou sans âge, alignés sur trois rangs devant l'immeuble de la Gestapo qui flambe ; nous entrons pour profiter un peu de la fumée et je rapporte un ravissant shako de schupo, du genre shako haut de forme.

La population civile, en son ensemble, est servilement à plat ventre ; tout le monde est, comme de bien entendu, antinazi. Quand on demande un renseignement, c'est à qui bousculera l'autre pour le fournir. On sent que tous ces gens sont ravis d'avoir enfin la guerre chez eux, de voir comment ça se passe, de se rendre compte de ce que c'est, fraîchement et joyeusement.

Nous habitons, pour un soir, dans l'appartement de l'Oberburgermeister S. A. Standartenführer Doktor Hüssy, lequel a jugé bon de mettre une certaine distance entre sa petite tête de bourgmestre nazi et nous. J'ai rapporté son ausweisskarte orné de sa photo en souvenir ému et attendri. Dans la Kaiserstrasse, des immeubles brûlent ; des coups de feu ayant été tirés par les fenêtres, quelques grenades incendiaires ont remis de l'ordre nouveau dans la maison.

La nuit tombe, l'atmosphère, le climat sont extraordinaires ; la lueur des incendies rougit le ciel. Des chars passent, des motos filent ; des cadavres de soldats allemands, allongés dans les rues, montent la garde d'honneur du national-socialisme ; des fusants, de temps à autre, éclatent, don de la Wehrmacht, en signe de bienvenue, et mon cousin tousse en signe de trachéite.

Le lendemain, nous quittons nos camarades de la D.I.C. ; nous nous reverrons bientôt. Nous avons, ensemble, passé des heures inoubliables, loin du marché noir et des petites histoires sordides, loin des combines et des intérêts égoïstes. Comme le dit le commandant P... : un bain de pureté sur les sommets avec des hommes parmi les meilleurs et des Français parmi les plus purs et les plus braves.

Dans le train qui nous ramenait vers Paris, je pensais que, pendant l'occupation, sous la botte, dans la clandestinité, en prison, l'espoir de la victoire nous soutenait : pour les soutenir, les Allemands, eux, n'ont plus, désormais, rien, rien définitivement.

Et, au rythme du train, sur les motifs de « En rev'nant d'la r'vue », j'ai commencé une chanson qui pourrait être intitulée « En rev'nant d'Kar'sruhe », accompagné à la toux par mon cousin qui, cette fois, harmonieusement et par intervalles de quinte diminuée, suffoquait en mesure et dans le ton.

La France au combat, 12 avril 1945

Le 5 mai 1945, Pierre Dac se mêle aux troupes françaises qui, cinq jours après le suicide d'Hitler et d'Eva Braun, pénètrent dans le Nid d'aigle, le repaire du Führer, au-dessus de Berchtesgaden. Le journaliste-chansonnier va rapporter, en souvenir, une épée ayant appartenu au dictateur.

Le 1er août, il effectue son ultime voyage de correspondant de guerre, dans une Autriche en train de retrouver les couleurs de la vie. Le 13 avril, Vienne a été libérée par l'Armée Rouge. Les alliés ont fait le reste. La République a été instaurée ; dans un périple estival qui le mène des bords du Lac de Constance au Tyrol, Pierre Dac observe, micro toujours en main, des estivants pas comme les autres...

Sur les bords du Lac de Constance, on rencontre bon nombre de personnalités de toutes nationalités. Je vais vous présenter le docteur Fuchsmichels. C'est un nom qui ne vous dira rien, mais le docteur Fuchsmichels jouit actuellement, si l'on peut dire, d'une célébrité qui ne l'enchante pas tellement. Le docteur Fuchsmichels est le beau-frère d'Adolf Hitler, dont vous avez peut-être entendu parler… La femme du docteur Funksmichels est née Hilda Braun. Elle est la sœur d'Eva Braun qui, paraît-il, s'est mariée in extremis avec le Führer, deux jours avant la capitulation. Le docteur Fuchsmichels connaît des choses que pas mal de nous avons vécues. Il est en prison, dans un parc, à côté d'ici. Il parle parfaitement le français, et j'ai obtenu l'autorisation de l'interroger…

— Docteur Fuchsmichels, cette parenté est assez gênante…

— Oui, c'est ça, malheureusement.

— Vous avez vu quelquefois le Führer ?

— Je l'ai vu une seule fois, il y a un an, maintenant.

— Où l'avez-vous vu ?

— A la noce de ma plus jeune belle-sœur.

— Une belle noce ?

— Oui.

— J'aurais pu aller faire mon tour de chant là-bas. Malheureusement, on ne m'a pas invité. Quelle relation avez-vous avec le Führer ?

— J'ai fait sa connaissance il y a un an, et je l'ai vu une seule fois.

— Il a été aimable avec vous ?

— Il ne m'a pas dit un mot.

— C'est une conversation réduite à sa plus simple expression…

— On m'a présenté. Il a dit « oui » avec la tête. Et après le dîner, il m'a remercié.

— Il n'a pas été très causant avec vous. Il y a des moments où il parlait beaucoup plus que ça. Est-ce que votre femme était d'accord avec sa sœur, au sujet de…

— Non, elle n'approuvait pas. Les relations familiales étaient très tendues… Ma femme est écrivain et journaliste.

— Et vous, docteur Fuchsmichels, vous vous occupez de pas mal de choses artistiques ?

— Absolument.

— Vous étiez directeur de la vie culturelle en Basse Silésie ?

— C'est ça !

— Ça comportait quoi ?

— En français, c'est un peu difficile. Je peux le dire en allemand.

— Pas la peine. C'est bien ce que je pensais. Est-ce que vous pensez reprendre ça, plus tard ?

— Pas en Basse Silésie.

— En Haute Silésie, peut-être ?

— Non.

— Vous n'avez pas plus de certitude que les autres pour savoir si Hitler est mort ou vivant ?

— Non.

— Vous appartenez au Parti National Socialiste.

— Oui, je suis membre depuis 1930.

— Vous êtes un membre de la première heure !

— Non.

— Vous avez fait de la politique militante ?

— Non, jamais… Pas de politique.

— Quel type d'homme était Hitler ? C'était un fou, ou quoi ?

— C'est difficile à dire. Je ne l'ai vu qu'une fois, à la noce.

— Il n'a pas chanté à la noce ?

— Non.

— Il a eu tort. Il aurait dû chanter une petite chanson. Ça lui aurait rafraîchi les idées… En somme, cette parenté avec Hitler est une chose dont vous vous seriez facilement passé.

— Ma femme voyait sa sœur une fois par an. C'est tout.

— Voyez, docteur Fuchsmichels. Tout finit par s'arranger, bien ou mal… *(à part au micro)* Après bien des recherches, je viens de vous présenter un Allemand qui ne dissimule pas son appartenance au parti. Il est vrai qu'il affirme n'y avoir appartenu que platoniquement. Il semble être littéralement catastrophé d'avoir été le beau-frère d'Hitler, ce qui n'est évidemment plus une référence. Laissons donc ces personnages à leur passé qu'ils renient et à leur avenir incertain. Quoi qu'il en soit, la chose la plus difficile qui soit à réaliser présentement, c'est de trouver un vrai nazi qui ne craint pas d'annoncer la couleur. C'est à se demander s'il y en a eu vraiment. Nous sommes malheureusement un certain nombre qui conservons le souvenir cuisant de ces messieurs et dames de l'Ordre Nouveau. Puissions-nous ne jamais l'oublier. C'est la grâce que je nous souhaite ainsi qu'à nos alliés d'hier, d'aujourd'hui et de demain.

***

Au Tyrol, sur des territoires libérés par l'armée française, on trouve des gens qui ont activement participé à la vie du Troisième Reich. Ce sont des personnages absolument inoffensifs dont les déclarations toutes empreintes de gentillesse tentent à démontrer leur parfaite ignorance de ce qui s'est passé au cours de ces cinq dernières années. De véritables agneaux innocents comme l'agneau qui vient de naître. J'ai ainsi à mes côtés une personnalité dont le nom est très connu. C'est le petit-fils de Paul Mauser, 1838-1914, l'inventeur des fusils Mauser, tristement célèbres sur les champs de bataille. Il y a longtemps que vous êtes là, M. Mauser ?

— Depuis un an, à peu près.

— Vous ne vous occupez pas de la fabrique des armes ?

— Non, plutôt des articles pacifiques. Je fabrique des fûts métalliques et de la tôlerie.

— Vous savez ce qu'est devenue l'usine familiale, à Cologne ?

— Je n'en ai aucune idée. Je suis ici depuis an. J'ignore ce qu'il s'est passé pendant les combats d'Occupation. J'espère qu'il reste encore quelque chose pour recommencer.

— J'espère que ça ne sera pas pour recommencer des armes.

— Ah, non, plutôt pacifique ! Je veux fabriquer des meubles en acier et des machines pour l'agriculture.

— J'ai entendu dire qu'on devait faire comme armes des lance-pierres à capuchon central, mais je n'en suis pas absolument certain. Vous n'êtes pas au courant, M. Mauser ?

— Ah, non !

— Ça ne m'étonne pas... Qu'est-ce que vous pensez faire maintenant ?

— J'ai l'intention d'aller le plus vite possible à Cologne pour voir les possibilités de travail, et ce qu'il est resté dans mes usines.

— C'est assez catastrophique, je crois, Cologne. Nous sommes passés le jour de l'entrée des Américains... Enfin que voulez-vous... Je vous remercie, M. Mauser, et souhaite que vous repreniez le travail, pacifiquement... C'est ce que nous souhaitons tous, d'ailleurs.

(Pierre Dac à part.)

Ainsi que vous avez pu vous en rendre compte, M. Mauser est absolument ignorant de tout ce qu'il se passait dans les usines Mauser. C'est tout juste si je n'ai pas eu à lui apprendre l'existence d'Hitler. Aussi ai-je lieu de supposer que si, d'aventure, je rencontrais les dirigeants de la firme Krupp, ceux-ci n'hésiteraient pas à me dire qu'on n'a jamais fabriqué chez eux que des tétines à réaction et des rameaux d'olivier blindés...

Quelques jours plus tard, il croise la route d'une femme qui se fait la plus discrète possible et ne se déplace jamais sans son traducteur. Elle accepte de répondre à ses questions. Enfin, à sa manière...

— Mesdames, mesdemoiselles, messieurs, je vous parle de Kitzbühel, la plus célèbre station de sports d'hiver du Tyrol, en Autriche. Je me trouve ce soir en compagnie d'une artiste célèbre, dont le nom va certainement vous rappeler quelques souvenirs... Leni Riefenstahl...

Comme vous le savez certainement, elle est une grande artiste du cinéma allemand. Elle a tourné pas mal de films, tels que *La Montagne sacrée, Tempête sur le Mont Blanc, La Lumière bleue, Le Prisonnier de la montagne.* Elle est venue à Paris, en 1938, présenter *Les Dieux du stade* et la jeunesse olympique. Vous vous rappelez, Mme Leni Riefenstahl, votre visite à Paris ?

— J'ai présenté ce film au *Normandie,* sur les Champs-Elysées.

— Vous avez gardé un bon souvenir de Paris ?

— J'aime Paris, beaucoup.

— Ah oui ? Je crois que pas mal de vos compatriotes, également... Vous avez préparé, en 1939, un film qui nécessitait la présence de quatre mille chevaux. Le film n'a pas été tourné, parce que les quatre mille chevaux, on en a eu besoin pour tout autre chose. En 1940, vous avez préparé un autre film, *Les Basses Terres,* qui n'a pas été tourné. Vous vouliez faire un sujet qui serait l'opposé des films de montagne que vous avez tournés. Ce qui prouve que dans l'Etat allemand, il y a eu des hauts et des bas. Et de 1940 à 1945, qu'avez-vous fait ?

— J'ai été malade.

— Je comprends. Il y avait de quoi ! Il y a des maladies qui vous arrivent comme ça, on ne sait pas pourquoi !... Est-ce que vous pensez qu'Hitler est mort ?

— Je crois.

— Vous n'en êtes pas certaine. Hitler vous a offert, en 1933, la direction artistique des films allemands. Vous n'avez pas accepté ?

— Je n'ai pas accepté.

— Vous n'êtes pas très bien avec le Dr Goebbels ?

(Le traducteur intervient.)

— Elle n'a jamais pu s'entendre avec le Dr Goebbels, parce que le Dr Goebbels n'a jamais voulu reconnaître son art.

— Je crois que ce bon vieil ami Hitler avait une grande admiration pour votre talent, je crois ?

— Oui Hitler a admiré mes films !

— Il a couru des bruits tendancieux, je suppose, entre les relations du Führer et de Leni Riefenstahl.

— Aujourd'hui le monde entier reconnaît que je n'ai jamais été l'amie d'Adolf Hitler.

— Il y a tellement de mauvaises langues dans le monde qu'il ne faut pas s'étonner des racontars ! Naturellement, madame Riefenstahl, vous n'avez jamais appartenu au parti nazi ?

— Je n'ai jamais été membre du parti nazi !

— Bien entendu. Je crois, d'ailleurs, qu'étant donné ses rapports avec le Dr Goebbels, Leni Riefenstahl a été une résistante de la première heure et probablement une gaulliste qui s'ignore... Dites-moi, quels sont vos projets, maintenant ?

(Le traducteur intervient à nouveau.)

— Son désir est de terminer son dernier film, *Les Basses Terres.*

— Je crois que c'est une bonne idée. Où pensez-vous tourner ce film ?

— A Vienne, ou à Paris.

— C'est une excellente idée. Comme on dit, « Inch'Allah » ou « Ainsi soit-il »...

(Pierre Dac, à part.)

— Tout comme le distingué philanthrope pacifiste Mauser, Leni Riefenstahl a, d'après ce qu'elle dit, vécu complètement en dehors du national-socialisme. Elle n'a fait que de l'art, uniquement de l'art, encore de l'art et rien que de l'art. J'ai tout lieu de supposer que les services de la sécurité ont là-dessus une opinion qui diffère légèrement de la sienne et qu'ils préparent à l'ex-égérie du Troisième Reich un petit scénario dont la mise en scène pourra lui réserver quelques surprises en rapport avec ses antécédents.

Pendant son voyage au Tyrol, entre deux interviews, Pierre Dac a pris des notes qu'il relit avant d'écrire son ultime article de correspondant de guerre dans La France au combat.

À L'OMBRE DES BLAIREAUX EN FLEURS

Rien ne sert de partir, il convient d'arriver », disait un jour M. de Balzac à un créancier trop agressif qu'il venait de balancer par la fenêtre. C'est en nous inspirant de ces sages paroles que, il y a quelques jours, mon cousin le reporter photographe Roger Leroi et moi prîmes le départ pour une nouvelle série de reportages. Veuillez trouver dans les lignes qui vont suivre le compte rendu, en style de rapport, des opérations.

Départ à Orly, par Douglas de transport ; tenue de war correspondant d'occupation, c'est-à-dire chaussures anglaises, chaussettes russes, pantalon américain, vareuse internationale, calot en situation et mouchoir français.

L'avion est omnibus ; arrêt à Francfort, à Mannheim et enfin à Munich. Une voiture du camp de presse de la 1re armée nous attend. Le camp de presse est à deux pas (chaque pas comptant pour 100 kilomètres), exactement à Langenagen, près Lindau, au bord du lac de Constance.

Traversée de Munich qui, d'après ce que nous en voyons, a été sérieusement cabossé. L'aviation alliée a mis le bon poids, sans oublier la pesée. Voyage sans histoire. Arrivée au Press Camp. Le lac est là, constamment à son poste depuis des siècles, d'où son nom de lac de Constance. Nous retrouvons nos camarades Viard et Philippe, de la Radiodiffusion française, avec qui nous devons opérer. Nous tenons conseil et décidons de partir le lendemain à l'aventure. Le départ est prévu pour 8 heures précises. A 8 h 30, le chauffeur est là, mais sans voiture ; à 9 heures, la voiture est devant la porte, mais le chauffeur a disparu ; à 10 heures, le chauffeur et la voiture se sont retrouvés, mais il n'y a pas d'essence dans le réservoir ; à 11 heures, tout est en ordre, sauf qu'il manque la roue de secours.

A 11 h 30, tout est paré. Départ. La camionnette de la Radio en tête, nous derrière et l'avenir devant nous. Nous croisons une troupe en marche, au pas cadencé, le sous-officier qui commande est dans la pure tradition militaire française : il ne dit pas : « Une, deux ; une, deux », mais « hau, dî ; hau dî », comme il se doit. Nous sommes en plein Tyrol ; le paysage est magnifique et nettement tyrolien ; les hommes portent presque tous la culotte courte, la petite veste, et sont coiffés d'un blaireau orné d'un chapeau ; ils doivent se raser avec leur couvre-chef. Les femmes portent un tablier, des paquets et quelquefois bien leur âge. Nous parvenons au pied de l'Arlberg. « Ça fait au moins 4 000 mètres, me dit mon cousin, qui est déjà venu dans le quartier. Au sommet, une pancarte indique : Altitude, 1 800 mètres. Mon cousin soupire : « Ce n'est plus de la montagne d'avant guerre ; celle-ci se tasse en vieillissant. » Sur ce, il commence à prendre des clichés ; il opère maintenant avec deux appareils et deux cellules photo-électriques avec lesquelles il émet la prétention de mesurer la lumière ; il manœuvre tout ce bazar en même temps, un appareil sur l'autre et les cellules dans sa poche ; malgré ça, il réussit ses photos. Nous arrivons à Saint-Authon, célèbre et charmante station de sports d'hiver. Contact avec le commandant de place, un jeune, charmant et intelligent lieutenant, et avec l'officier de renseignements qui porte l'insigne des Forces françaises libres. Il y a dans le pays deux personnalités allemandes de marque à interviewer : Hans Stücke, coureur automobile, champion de la marque Auto-Union, et Herr Mauser, petit-fils de l'inventeur du fameux fusil.

Le lendemain matin, nous nous rendons chez le premier et faisons venir le second. Conversations et enregistrement radio. Hans Stücke nous rappelle ses deux cents victoires passées ; il nous conte ses faits de résistance et nous parle de l'aide qu'il a apportée aux alliés. « Est-ce exact ? », ai-je demandé à l'officier de renseignements. « D'après ce qu'il dit, oui, me répond-il, l'enquête établira ou non le bien-fondé de ses déclarations ; on verra. » Décidément, rien ne sert de parler, il faut d'abord prouver. Herr Mauser, qui, comme Hans Stücke, s'exprime correctement en français, est tout miel et tout amabilité ; il se confond en révérences et plonge toutes les dix phrases. Il avait treize usines, nous dit-il ; quand je lui parle d'armes, il paraît profondément étonné, étant donné que, d'après lui, on ne fabriquait dans ses usines que des moulins à café, des fûts, des meubles et de la tôlerie. Je lui parle d'une arme secrète, d'un certain lance-pierres à percussion centrale ; il n'est pas au courant. Il n'a — c'est lui qui l'affirme — jamais appartenu au parti. Moi non plus d'ailleurs. En tout état de cause, il a l'air aussi rassuré qu'une langouste dans un sac d'anthracite. Nous laissons ces messieurs à leurs méditations et reprenons la route, direction Innsbruck. Pour éviter toute erreur de parcours, mon cousin demande constamment le chemin ; il écoute attentivement le renseignement approuvé par « ya », « yes », ou « oui » et l'oublie immédiatement : ça recommence tous les kilomètres ; nous arrivons quand même à Insbruck.

C'est une ville gaie, à condition d'aimer la gaieté discrète. Mon cousin met ses deux appareils en équilibre sur ses deux cellules photo-électriques et prend une photo circulaire du panorama.

Le lendemain, départ de la caravane. Point d'arrivée Kitzbühel, station mondaine et réputée. Nous nous rendons chez Leni Riefenstahl, la célèbre cinéaste allemande, qui porta le titre flatteur d'Egérie du IIIe Reich. Toute confuse, toute rougissante, elle minaude, nous prodigue mille amabilités. Chalet classique et plus que confortable. Installation de cinéma dernier modèle : salle et appareils de projection, chambres de montage, cinémathèque, etc. Elle nous parle de ses films passés et futurs. Le national-socialisme ? Connais pas ; Hitler ? à peine connu ; Gœbbels ? pas gentil avec elle ; Paris ? Doux souvenir. A ses côtés, son ingénieur du son, un nommé Storr, qui porte une tête de sacré faux jeton ; il parle couramment le français et même l'argot. Il travaillait, avant 1939, à la Tobis, à Paris. Nous laissons Leni Riefenstahl et son mangeur de son à leurs espoirs, cependant que les services de sécurité leur préparaient une petite mise en scène digne de leurs antécédents.

Et nous reprenons la route. Salzbourg, Berchtesgaden. Visite au nid d'aigle de l'oncle Adolf. Deux mille et quelques mètres ; c'est haut de plafond, ou bas de plancher suivant le cas. Nous couchons à Berchtesgaden. Zone américaine. Le lendemain matin, nous prenons le breakfast au Berchtesgaden-Hof. Un officier des U.S.A. mange une truite avec son café au lait. Je préfère décidément la cuisine anglaise qui permet, elle, de manger du turbot avec du cacao salé. Retour Autostrade Salzbourg-Munich. Derrière une jeep de la M.P., nous klaxonnons. La jeep se range ; nous passons ; cinq cents mètres plus loin, la jeep nous double et un M.P.

nous fait signe de suivre ; arrêt à un contrôle des véhicules en contravention ; « Excès de vitesse », nous dit le M.P., qui nous garde en retenue vingt-cinq minutes. Défense de s'éloigner de la voiture ; au piquet, quoi !

Retour à Langenagen. Le lendemain, descente à Lindau. Interview du Herr Doktor Fuckmichels, beau-frère du Führer. Il est en prison ; on nous l'amène, dans le jardin de la sécurité publique. Il a l'aspect d'un porteur de contraintes. Il parle français et n'a pas l'air plus fier que ça de sa parenté. Il nous dit qu'Adolf n'était pas gentil avec lui et qu'il ne lui a jamais adressé la parole. Sacré Herr Doktor ! Complètement fondu. Et voici Paul Marion, arrêté récemment. Traits tirés ; yeux hagards, mains fébriles ; il refuse de parler. Le capitaine Planès, commandant la sécurité publique, 1,83 m, quatre palmes, quatre étoiles, lui conseille *amicalement de parler*. Il parle ; il me dit que Vichy n'a pas été compris et que si l'Allemagne avait gagné, il était nécessaire qu'il y eût un gouvernement français. Je n'insiste pas ; je n'en ai pas le cœur, car cet homme n'est déjà plus de ce monde ; il n'est pas dans nos habitudes de piétiner un ennemi à terre et moins encore d'ironiser sur son sort. On le ramène à la prison. J'ai connu ça, mais avec, au fond de moi-même, un espoir que lui n'a plus.

Pour terminer, nous avons assisté à l'arrestation d'un nommé Fritz Rott, agent de la Gestapo, qui avait rempli deux villas de tout ce qu'il avait barboté en France, en Hollande et en Italie. « D'où cela provient-il ? », lui avons-nous demandé. « J'ai *acheté* cela, nous a-t-il froidement répondu, à des juifs pour éviter qu'on ne le leur prenne ! » Brave type, tout de même !

Là-dessus, mon cousin a pris une photo de son premier appareil avec le second, puis une photo du second avec le premier, puis une autre des cellules photo-électriques avec les deux réunis et nous nous sommes finalement rendus chez un photographe pour faire tirer en portrait l'attirail complet, ce qui démontre péremptoirement, aussi clairement que la Constitution de 1875 est à la Constituante ce que le presse-purée est au rouleau compresseur, que rien ne sert de clicher, il faut poser avant.

La France au combat, 9 août 1945

L'aventure de *L'Os libre*

L'armistice du 8 mai 1945 met un terme à cette série de reportages en même temps qu'à la carrière militaire du sous-lieutenant Pierre Dac. Son retour à la vie civile, au sommet de sa gloire, est triomphal. On le demande partout. Entre deux galas, souvent donnés au profit des familles des victimes de la guerre, il assiste le plus discrètement possible aux procès de quelques-uns de ceux avec lesquels il a multiplié les joutes oratoires. Le 17 septembre 45, il est dans la salle lorsque Jean-Hérold Paquis, arrêté au mois de juillet, est condamné à mort. Le soir, il avoue à Dinah qu'il est sorti avant la fin des débats.

« J'étais au bord de l'écœurement, dit-il. On se serait cru dans une kermesse burlesque. Il ne manquait que les litres de rouge pour que la fête soit complète. Et puis, cette foule qui rigolait en réclamant la peine de mort ! Moi, un homme qui va recevoir douze balles dans la peau, ça ne me fait pas rigoler. Même s'il s'agit d'un ennemi déclaré. »

Moralement marqué par des scènes que sa rigueur morale lui interdisait d'imaginer, le chansonnier travaille néanmoins à la concrétisation de son grand projet : une nouvelle formule de *L'Os à Moelle*, baptisée *L'Os libre*. Les grandes lignes du projet ont été fixées à Londres avec Marcel Bleustein-Blanchet, qui a proposé de financer le projet, et de prêter au chansonnier et à son équipe un étage de ses bureaux de Régie-Presse, au 1, boulevard Haussmann.

Le premier numéro paraît le 11 octobre 1945. Pierre Dac en est le rédacteur en chef, mais aussi le directeur-gérant. Le lettrage du titre est identique mais, parce que la France manque encore de papier, le format de l'hebdomadaire est plus petit que la version d'avant-guerre. Le slogan « Organe officiel des loufoques » a été remplacé par la formule « Pour tout ce qui est contre, contre tout ce qui est pour », qui va ensuite devenir « Contre tout ce qui est pour, pour tout ce qui est contre », et lui permettre ainsi d'écrire le contraire de ce qu'il affirmait auparavant.

Ce changement n'a pas été décidé par hasard, mais longuement mûri par Pierre Dac. Depuis la fin de la guerre, il se demande s'il ne doit pas donner une nouvelle orientation à sa carrière. L'humour qu'il a imposé depuis plus de vingt ans, doit évoluer s'il veut toucher un nouveau public. Il estime qu'il doit donc désormais aborder autrement certains thèmes, mais aussi donner une large place à l'actualité politique, en la traitant, bien entendu, à sa manière.

A côté de ses éditoriaux, des romans et des petites annonces, plébiscitées par les lecteurs, il introduit de nouvelles rubriques, comme une « Nouvelle Encyclos… pédie », signée par Fernand Rauzéna, le plus fidèle de ses collaborateurs, et « A Os rompus » avec un jeune chansonnier, Edmond Meunier, qui prend le relais du « Redis-le-Moelleux » d'avant-guerre. L'auteur dramatique Guy Verdot, le journaliste Georges Briquet et les chansonniers René-Paul et Roméo Carlès vont également régulièrement travailler pour *L'Os libre*. René Lefèvre et Bourvil signent quelques articles, juste avant les débuts de « L'os de cœur », un courrier du cœur très particulier, puisque proposé par Pierre Cour et… Francis Blanche. Celui-ci ne va croiser Pierre Dac qu'une seule fois dans un couloir. Deux ans plus tard, les deux hommes deviendront professionnellement inséparables.

Assumant des fonctions de directeur-gérant dont il n'a pas pris la mesure avant de les accepter, Pierre Dac doit quotidiennement accomplir des tâches administratives qui l'ennuient prodigieusement. Cette activité est tellement prenante que, faute de temps son éditorial devient bi-mensuel.

Dix-huit mois après le début de l'aventure, les finances ne sont pas au plus haut. On décide de faire passer le prix de l'hebdomadaire de 3 à 5 francs, en justifiant cette augmentation par le passage du petit au grand format, grâce à la fin de la pénurie de papier. Aux yeux des comptables, ce n'est pas suffisant pour parvenir à l'équilibre. Le 8 octobre 1947, l'administrateur prend la décision de suspendre *L'Os libre*, au lendemain de la parution du 102e numéro. Une enquête a montré que la lecture des journaux ne constitue pas pour les Français un acte prioritaire. De plus, les annonceurs ne sont pas prêts à acheter des espaces publicitaires dans un hebdomadaire humoristique. Autrement dit, si l'aventure se termine, c'est la faute au contexte économique, et pas à la qualité de l'hebdomadaire, comme vous allez le constater dans les pages qui suivent.

J.P.

N° 1. — Jeudi 11 octobre 1945.

TOUS LES JEUDIS

Le numéro : 3 francs

L'OS LIBRE

RIRE C'EST SERVIR

"Pour tout ce qui est contre - Contre tout ce qui est pour"

DIRECTEUR PIERRE DAC

Ave Pineau, nourituros te salutant!

Il était temps

par PIERRE DAC

DANS son essai sur les origines du pain défendu, Montaigne a dit : « L'Os est à la personne humaine, ce que la ceinture de flanelle est au pigeon voyageur ». C'est donc en vertu de cette noble et forte parole que j'ai aujourd'hui l'honneur et l'avantage de vous présenter le premier numéro de « L'OS LIBRE ».

Par principe, par essence (ou par gas oil) et par définition « l'Os Libre » est un journal humoristique; cependant je n'ai pas, depuis l'armistice, vécu tant d'aventures sans avoir acquis le sens profond et le goût de la politique. « L'Os Libre » sera donc un journal politique. « Mais, ne vont pas manquer de dire les gens doctes et de sens avisé qui composent la majorité de nos lecteurs, quel genre de politique comptez vous suivre ? » « Ma réponse sera aussi transparente qu'une échelle double : En tout état de cause ma ligne politique est clairement définie une fois pour toutes et toutes fois pour une par ce slogan qui figurera à partir de désormais en tête de cet hebdomadaire « Pour tout ce qui est contre, contre tout ce qui est pour ». Voilà qui est net, précis et sans bavure, voilà qui ne laisse place à la moindre équivoque et qui se passe de tout commentaire. Tous mes collaborateurs l'ont adopté d'emblée et d'enthousiasme, sinon sans réticences et sans multiples bagarres.

Quand même — et seuls ceux qui sont d'un avis contraire au mien ne partageront pas mon opinion — il était temps ! il était même plus que grand temps ! Car, que chacun veuille bien y penser, nous sommes à la veille des élections, or, il s'en est fallu de peu que « l'Os Libre » ne paraisse pas avant la date historique qui va marquer le coin du tournant décisif de la remise en marche de nos institutions démocratiques. Je vous le demande, de quoi aurions-nous eu l'air à la face du monde si les élections avaient eu lieu sans os ? Celles-ci n'auraient pu être que des élections sans consistance, sans autre possibilité que d'engendrer une assemblée constituante invertébrée, donc atteinte au départ de rachitisme dévergent et, partant dénuée de tout pouvoir constructif. Il n'en sera heureusement rien et ce, grâce à la diligence, à l'intelligente compréhension et la bonne volonté de certains services de l'information qui n'auront mis que treize mois pour me donner les autorisations et les attributions de papier nécessaires à la parution du présent journal, aussi je profite de l'occasion qui m'est offerte pour les remercier de leur bienveillante attention et pour leur témoigner — au carré — les mêmes sentiments que ceux qu'ils m'ont si aimablement manifestés.

ET maintenant, au travail ! « L'Os Libre » prend le départ, nous ferons tout notre possible pour qu'il ne s'arrête pas en chemin, nous essaierons de tout traiter avec le sourire, tout esprit partisan, tout conformisme, toute méchanceté systématiques étant rigoureusement exclus.

Fidèles à notre programme, nous irons droit devant nous avec le seul souci de distraire nos concitoyens dans un climat d'euphorie (ou d'œufs au plat, au choix) que nous estimons seul capable d'être propice à une propulsion salvatrice des forces vives de la nation vers des destinées lubrifiantes et rénovatrices dans une, et au besoin, deux atmosphères de mutuelle compréhension, d'assurance sociale réciproque, d'harmonie vice versa et de synchronisme désintégré.

LA SUBSTANTIFIQUE MOELLE DE L'OS

par Jean NOCHER

« L'Os » nest pas un journal de fous.

« L'Os » est un journal objectif qui est tellement enragé de vérité que les faux sages prennent ça pour de la folie.

Le monde est ainsi fait qu'il suffit de le décrire tel qu'il est pour obtenir immédiatement un effet de fou rire.

Voilà pourquoi il faut croire à la substantifique moelle de « L'Os ».

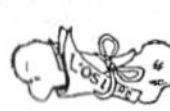

Avant guerre, les gouvernants nous expliquaient que le monde crevait de faim parce qu'on produisait trop. Maintenant qu'on ne produit pas assez, ne devrait-on pas consommer trop ?

Vous souvenez-vous du temps où l'on jetait le sucre à la mer, où l'on brûlait le café dans les locomotives et où l'on contingentait la fabrication des petites cuillers. M. William-Bertrand, qui était ministre de la Marine marchande, prit un jour un décret « élargissant les mailles de filets de pêche de deux millimètres pour résorber les excédents de sardines à l'huile ».

Et quant à M. Marcel Régnier, ministre des Finances, il écrivait : « Les positions statistiques des céréales sont bien meilleures du fait qu'une partie des stocks de cette année charançonnés est devenue invendable et que les inondations détruiront certainement une partie de la récolte de l'an prochain. »

Ce n'est pas « L'Os » qui a publié ça : c'est un journal financier qui n'avait pas du tout l'intention d'être drôle.

Mais après quatre ans d'horreur, penserez-vous, ces petites plaisanteries sont finies ?...

Lisez plutôt cette circulaire que tous les maroquiniers viennent de recevoir, en application des décisions n°s 62 et 63, du Comité d'organisation des commerces divers :

« L'ensemble des articles exposés ne doit pas dépasser 30 % des surfaces horizontales des vitrines d'exposition. Sera considérée comme surface d'encombrement de chaque objet la plus grande surface offerte par celui-ci en projection. Les objets en étalage énumérés ci-dessus ne pourront être superposés. »

Si vous êtes maroquinier, pour appliquer ladite circulaire, il vous suffira de repérer les surfaces horizontales de votre étalage, de multiplier leur longueur par leur largeur après les avoir mesurées au pied à coulisse, d'ajouter les totaux, d'en prendre les trente centièmes, de mesurer la longueur et la largeur de chaque sac à main, poudrier, étui à chapelet, porte-cartes, parapluie, sans oublier les ceintures, de calculer la projection de l'objet sur la surface horizontale en se rapportant au cosinus de l'angle formé, de faire la somme des surfaces autorisées des objets à exposer et, pour finir, d'appliquer les règles de calcul des probabilités afin d'examiner toutes les combinaisons possibles quant à l'organisation de votre exposition.

C'est à ce moment, bien entendu, que vous vous apercevrez que vous vous êtes foutu dedans.

En attendant, qu'on se le dise : « L'Os », non seulement n'exagère pas, mais il est encore très au-dessous de la vérité.

Et pour ce qui est de la rigolade nous pouvons y aller, quoi que nous fassions, nous l'aurons dans l'os.

NOUVELLE ENCYCLOS...PÉDIE

revue et corrigée

par Fernand RAUZENA

BAS-RHIN. — Endroit où les boches reçurent des coups.

INAPTE. — Anagramme de PÉTAIN.

TROPHEES. — Fromages avancés qu'on distribue aux vainqueurs.

GYP. — Femme de lettres française chargée du transport des troupes.

FRISE. — Région de l'Europe occidentale qui produit des chevaux.

REVERS. — Début d'une veste.

MARCHE NOIR. — Marché couvert.

POTEAU. — Pieu-ami.

ESTAMPE. — Dessin trop cher.

PHRENOLOGIE. — Habitation pénitentiaire.

ACADEMOS.

La réforme de l'armée

LE MINISTERE DE LA GUERRE COMMUNIQUE :

M. Diethelm, ministre de la Défense nationale et de la Défense d'afficher réunies, vient de prendre le décret suivant :

Circulaire 2672 7/86.496 B.M.C.

En raison de la multiplication géométriquement progressive et spontanément pléthorique des galons, et en vue de leur juste utilisation, il sera créé pour prendre effet en date du 1er novembre 1945 :

Sept (7) régiments de colonels.

a) Ces régiments numérotés de 1 à 10 porteront le titre de 1er, 2e, 3e, 11e ou 14e régiment de colonels de France.

b) Ces unités commandées respectivement chacune par un colonel, seront exclusivement composées de colonels.

c) Les travaux intérieurs et extérieurs seront assurés par des corvées de colonels.

d) Des patrouilles de colonels assureront le service en ville et en gare.

e) Une musique et une clique composées de colonels exécutants seront formées et respectivement dirigées par un colonel chef de musique et un colonel tambour-major.

f) Un colonel spécialisé aura à charge de diriger les services de fraternisation et de prophylaxie en territoire occupé.

g) Le service de santé sera assuré par un colonel médecin assisté de colonels infirmiers.

h) Les colonels punis devront, chaque soir et chaque matin, répondre à l'appel et se présenter au colonel de semaine.

i) Les colonels de chambre seront, dans chaque dortoir, en ce qui les concerne et directement tenus responsables de la bonne tenue du casernement.

j) Des exercices théoriques et pratiques auront lieu trois fois par semaine, d'après les instructions contenues dans le manuel du colonel debout, assis et couché.

(SUITE EN PAGE TROIS)

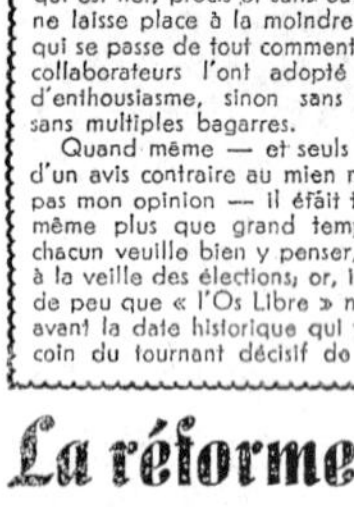

Une bonne nouvelle ★ lumineuse ★

En raison de la pénurie de courant électrique, résultant de multiples causes et d'un tas de choses analogues, la C.P.D.E. (Cie des Pannes d'Electricité), en accord avec ceux qui sont de son avis, vient de décider la création de la carte de courant, avec les modalités suivantes :

1° Chaque carte comportera un certain nombre de tickets numérotés du début jusqu'au bout ;

2° Les tickets seront divisés en tickets continus et alternatifs ;

3° Le courant ne sera délivré qu'en vrac, ou en bidons, et en aucun cas à la pression.

Utilisation des tickets

Dès qu'une interruption de courant se sera produite, l'usager devra immédiatement et sans délai envoyer d'urgence, par pli recommandé, les tickets nécessaires à sa consommation là où il estimera devoir les faire parvenir, et attendre que ça se rallume.

Mode de répartition du courant

1 foyer d'une personne : 10 volts.

1 foyer de deux personnes : 11 volts.

Au-dessus et jusqu'à 24 personnes : 12 volts 5.

LA PENSÉE DE LA SEMAINE :

Adieu Watt !

METRO 45

— Un accident ?

— Non, un simple [illegible]

L'OS LIBRE

« Contre tout ce qui est pour – Pour tout ce qui est contre. »

NUMÉRO 1 – JEUDI 11 OCTOBRE 1945

La France vit à l'heure de la reconstruction et des restrictions. Les pénuries alimentaires entraînent l'attribution de tickets alimentaires aux Français. Les mesures sont prises par Christian Pineau, ministre du Ravitaillement dans le gouvernement que Charles de Gaulle dirige depuis le 26 août 1944. Les condamnations de Pétain à la prison à vie et de Laval à la peine capitale symbolisent un changement d'époque à la veille de l'élection de la première Assemblée constituante depuis la fin de la guerre.

Edito — Il était temps

par Pierre DAC

Dans son essai sur les origines du pain défendu, Montaigne a dit : « *L'Os* est à la personne humaine, ce que la ceinture de flanelle est au pigeon voyageur. » C'est donc en vertu de cette noble et forte parole que j'ai aujourd'hui l'honneur et l'avantage de vous présenter le premier numéro de *L'OS LIBRE*.

Par principe, par essence (ou par gas-oil) et par définition *L'Os libre* est un journal humoristique, cependant je n'ai pas, depuis l'armistice, vécu tant d'aventures sans avoir acquis le sens profond et le goût de la politique. *L'Os libre* sera donc un journal politique. « Mais, ne vont pas manquer de dire les gens doctes et de sens avisé qui composent la majorité de nos lecteurs, quel genre de politique comptez vous suivre ? » Ma réponse sera aussi transparente qu'une échelle double : en tout état de cause ma ligne politique est clairement définie une fois pour toutes et toutes fois pour une par ce slogan qui figurera à partir de désormais en tête de cet hebdomadaire « Pour tout ce qui est contre, contre tout ce qui est pour ». Voilà qui est net, précis et sans bavure, voilà qui ne laisse place à la moindre équivoque et qui se passe de tout commentaire. Tous mes collaborateurs l'ont adopté d'emblée et d'enthousiasme, sinon sans réticences et sans multiples bagarres.

Quand même – et seuls ceux qui sont d'un avis contraire au mien ne partageront pas mon opinion – il était temps ! il était même plus que grand temps ! Car, que chacun veuille bien y penser, nous sommes à la veille des élections, or, il s'en est fallu de peu que *L'Os libre* ne paraisse pas avant la date historique

qui va marquer le coin du tournant décisif de la remise en marche de nos institutions démocratiques. Je vous le demande, de quoi aurions-nous eu l'air à la face du monde si les élections avaient eu lieu sans os ? Celles-ci n'auraient pu être que des élections sans consistance, sans autre possibilité que d'engendrer une assemblée constituante invertébrée, donc atteinte au départ de rachitisme dévergent et, partant, dénuée de tout pouvoir constructif. Il n'en sera heureusement rien et ce, grâce à la diligence, à l'intelligente compréhension et la bonne volonté de certains services de l'information qui n'auront mis que treize mois pour me donner les autorisations et les attributions de papier nécessaires à la parution du présent journal, aussi je profite de l'occasion qui m'est offerte pour les remercier de leur bienveillante attention et pour leur témoigner – au carré – les mêmes sentiments que ceux qu'ils m'ont si aimablement manifestés.

Et maintenant, au travail ! *L'Os libre* prend le départ, nous ferons tout notre possible pour qu'il ne s'arrête pas en chemin, nous essaierons de tout traiter avec le sourire, tout esprit partisan, tout conformisme, toute méchanceté systématiques étant rigoureusement exclus.

Fidèles à notre programme, nous irons droit devant nous avec le seul souci de distraire nos concitoyens dans un climat d'euphorie (ou d'œufs au plat, au choix) que nous estimons seul capable d'être propice à une propulsion salvatrice des forces vives de la nation vers des destinées lubrifiantes et rénovatrices dans une, et au besoin, deux atmosphères de mutuelle compréhension, d'assurance sociale réciproque, d'harmonie vice versa et de synchronisme désintégré.

La réforme de l'armée

LE MINISTÈRE DE LA GUERRE COMMUNIQUE :

M. Diethelm, ministre de la Défense nationale et de la Défense d'afficher réunies, vient de prendre le décret suivant :

Circulaire 2672 7/86.496 B. M. C.

En raison de la multiplication géométriquement progressive et spontanément pléthorique des galons, et en vue de leur juste utilisation, il sera créé pour prendre effet en date du 1er novembre 1945 :

Sept (7) régiments de colonels.

a) Ces régiments numérotés de 1 à 10 porteront le titre de 1er, 2e, 3e, 11e ou 14e régiment de colonels de France.

b) Ces unités commandées respectivement chacune par un colonel, seront exclusivement composées de colonels.

c) Les travaux intérieurs et extérieurs seront assurés par des corvées de colonels.

d) Des patrouilles de colonels assureront le service en ville et en gare.

e) Une musique et une clique composées de colonels exécutants seront formées et respectivement dirigées par un colonel chef de musique et un colonel tambour-major.

f) Un colonel spécialisé aura à charge de diriger les services de fraternisation et de prophylaxie en territoire occupé.

g) Le service de santé sera assuré par un colonel médecin assisté de colonels infirmiers.

h) Les colonels punis devront, chaque soir et chaque matin, répondre à l'appel et se présenter au colonel de semaine.

i) Les colonels de chambre seront, dans chaque dortoir, en ce qui les concerne et directement tenus responsables de la bonne tenue du casernement.

j) Des exercices théoriques et pratiques auront lieu trois fois par semaine, d'après les instructions contenues dans le manuel du colonel debout, assis et couché.

k) Les colonels illettrés seront obligatoirement tenus de suivre les cours spécialement créés à leur intention, sous la direction d'un colonel instructeur.

l) Toute demande de permission devra réglementairement être déposée au bureau du colonel faisant fonction de sergent-chef.

m) Aucune permission ne pourra être accordée qu'avec la signature du colonel commandant le régiment de colonels et l'avis favorable du colonel commandant la compagnie de colonels, à laquelle appartient le colonel postulant permissionnaire.

n) Tous les colonels connaissant un peu la menuiserie et la plomberie pourront, sur leur demande, être affectés aux cuisines.

o) Chaque colonel devra réglementairement, visiblement, idoinement et impétrantement porter sur le revers droit de la fesse gauche l'insigne de son unité, qui sera composé de cinq boules de naphtaline formées en faisceau.

Une bonne nouvelle lumineuse

En raison de la pénurie de courant électrique, résultant de multiples causes et d'un tas de choses analogues, la C. P. D. E. (Cie des Pannes d'Electricité), en accord avec ceux qui sont de son avis, vient de décider la création de la carte de courant, avec les modalités suivantes :

1° Chaque carte comportera un certain nombre de tickets numérotés du début jusqu'au bout ;

2° Les tickets seront divisés en tickets continus et alternatifs ;

3° Le courant ne sera délivré qu'en vrac, ou en bidons, et en aucun cas à la pression.

Utilisation des tickets

Dès qu'une interruption de courant se sera produite, l'usager devra immédiatement et sans délai envoyer d'urgence, par pli recommandé, les tickets nécessaires à sa consommation là où il estimera devoir les faire parvenir, et attendre que ça se rallume.

Mode de répartition du courant

1 foyer d'une personne : 10 volts.

1 foyer de deux personnes : 11 volts.

Au-dessus et jusqu'à 24 personnes : 12 volts 5.

Ménagères !

Chaque matin avant de faire votre marché, répétez trente-six fois de suite et sur un rythme progressivement accéléré, la prière alimentaire suivante :

Pineau cru, Pineau cuit
Pineau cru, Pineau cuit
V'là l'ravitaillement qui passe
Pineau cru, Pineau cuit
Pineau cru, Pineau cuit
V'là l'ravitaillement passé.

P.-S. et N. B. – Cette prière donne droit à deux cents jours d'indigence.

La hausse libre

Enfin, le scandale a cessé !

Un pays épris de la liberté, de la liberté sous toutes ses formes et avec un « L » majuscule, ne pouvait plus longtemps tolérer une politique de stabilisation des prix contraire à tous les intérêts des producteurs et intermédiaires qui forment la solide armature de la France révolutionnaire et constructive de demain.

Les pouvoirs publics semblent l'avoir compris et, heureuse coïncidence, c'est à l'heure même où paraît le premier numéro de l'Os libre *que l'on revient à la hausse libre !*

Le litre de vin à vingt francs, voilà un premier pas de fait vers cette politique de grandeur qui, demain, s'étendra utilement à l'escalope.

Dans ces colonnes, chaque semaine, nous ne manquerons pas de tenir nos lecteurs au courant des progrès réalisés en la matière par nos actifs et clairvoyants dirigeants, mais, d'ores et déjà, nous pouvons l'affirmer sans crainte :

MM. Pleven et Pineau ont toute notre confiance…

La hausse libre est en marche !

Rien ne les arrêtera !

QUELQUES COURS

Métro Strasbourg-Saint-Denis :

Gauloises (avant la rafle) .... 100 fr.
Gauloises (après la rafle) .... 125 fr.

Marché aux puces :

Harengs (avant la grève, frais) .... 22 fr.
Harengs (après la grève, saurs) ...... 30 fr.
Dessous de table en sus.

LA MOTTE TICKET.

La vie coloniale

Dès que les circonstances le permettront, c'est-à-dire dès que les autorités américaines, russes, chinoises, japonaises, anglaises et indigènes dissidentes auront rendu l'Indochine au tourisme français, nous publierons le premier numéro de notre édition indochinoise Laos libre.

CONSEIL JURIDIQUE

Un jeune garçonnet de cinq ans à peine porte à notre connaissance l'affaire suivante : alors qu'il s'apprêtait à dévorer une pomme à belles dents, un garnement d'une cinquantaine d'années la lui déroba et se refusa à la lui rendre, invoquant qu'il avait la loi pour lui. Est-ce vrai ?

RÉPONSE

Certes, il y a vol qualifié, mais hélas, puisqu'il s'agit d'une pomme, il faut se reporter au titre troisième traitant de l'usufruit. ART. 578. L'usufruit est le droit de jouir des choses dont un autre a la propriété, comme le propriétaire lui-même, mais à la charge d'en conserver la substance. (C'est ce que le garnement a fait).

ART. 583. – Les fruits naturels sont ceux qui sont le produit spontané de la terre. Le produit et le croît des animaux sont aussi des fruits naturels (c'est-à-dire que l'enfant aurait tout aussi bien pu manger un cheval ou tout autre quadrupède).

ART. 619. – L'usufruit qui n'est pas accordé à des particuliers (ce qui est notre cas) ne dure que 30 ans. (Donc, dans 30 ans révolus, l'enfant pourra rentrer en possession de sa pomme).

Pour plus amples détails, le bébé peut consulter les articles suivants : Civ 384 s, 602 s, 204 Os, P.R. 517 s R. V° usufruit 395 sS cod. V° 174 s T. (87.97 cod. V°, 46 S).

Maître ANKESSE.

Conseils pratiques

Comment faire du feu avec 2 pièces de 1 fr.

Prenez les deux pièces de 1 fr. dans la main, crispez, frottez-les violemment l'une sur l'autre. Continuez jusqu'à ce que ça fasse une étincelle. On peut aussi essayer avec 4 pièces de 10 sous ou 30 pièces de 2 sous.

À Os rompus

Troubles en Normandie

Malgré les menaces de suspension au crochet d'en haut qui lui ont été faites pour le cas où il se laisserait aller à dire des choses qui ne sont pas à dire, *L'Os libre* ne peut passer sous silence les graves événements dont une des plus riches provinces du royaume est actuellement le théâtre.

Il serait puéril et même enfantin de vouloir le dissimuler, la Normandie est depuis quelque temps en proie à une irritation assez voisine du mécontentement et qui, si l'on n'y portait guère remède, pourrait bien aller un de ces jours jusqu'à la contrariété !

Durant un bref séjour en ces régions troublées, notre envoyé spécial a pu enregistrer à la veille des élections maints témoignages de l'exaspération populaire : isoloirs transformés en lavatories, urnes mises hors d'usage par détérioration du double fond, affiches décollées, puis recollées la tête en bas, ce qui oblige ceux qui veulent les lire à de dangereuses acrobaties, etc., etc.

Ni oui, ni non !

La cause première de cette agitation réside dans les termes du référendum organisé par le gouvernement afin d'égayer tant soit peu le début de notre saison automnale. On sait que ce référendum comporte deux questions, auxquelles l'électeur est tenu de répondre par oui ou par non ! Comme il fallait s'y attendre, les Normands ont vu dans cette exigence une atteinte inacceptable à leurs traditions les plus sacrées.

– Nous ne répondrons ni oui, ni non ! s'écrient-ils. Il y en a même qui ajoutent « na ! ».

Une formule transactionnelle

Mis en présence de ces faits, le Conseil des ministres s'est immédiatement réuni, dans l'arrière-salle du petit bistrot où il vient habituellement chercher refuge contre la curiosité des journalistes. Après délibération, diverses formules transactionnelles ont été envisagées. Finalement le Conseil a décidé d'introduire dans le texte législatif un vocal susceptible d'en atténuer la rigueur. Par exception, les électeurs normands auront donc le droit de faire précéder leur « oui » ou leur « non » du mot « ptêtben ».

La guerre

Evidemment moins grave, mais néanmoins préoccupante dans une certaine mesure, il y a aussi la question de la toute prochaine guerre. On trouvait l'autre jour, dans l'éditorial de notre grand confrère *Daily Herald*, la déclaration suivante : « La paix du monde est en danger. » Bien que cette phrase ait été écrite en anglais pour ne pas alarmer les personnes qui n'entendent pas ce dialecte, il en est résulté un peu partout un certain froid.

Non pas que, personnellement, nous redoutions la bagarre. Dieu merci, nous n'en sommes pas à une guerre de plus ou de moins. Nous en avons déjà vu deux, nous en ferions bien encore une troisième, seulement on aurait été heureux de souffler un peu avant de remettre ça.

Quoi qu'il en soit, au surplus, l'événement n'aura pas pris nos dirigeants au dépourvu. Aujourd'hui comme hier, il ne manque pas un bouton de guêtre à nos étuis-musettes. Déjà le général Gamelin s'apprête à prendre le commandement des armées, tandis que M. Daladier tend une main impatiente vers le portefeuille de la Défense nationale.

C'est tout dire !

Trustes ou trusteeship ?

Des gens toujours enclins à s'occuper de ce qui ne les regarde pas demandent quelles sont les raisons du futur conflit. Eh bien, voilà ! Cette fois, si on se rentre dedans, c'est à cause des trustes demandés par les Russes et auxquels les Britanniques opposent un trusteeship.

Ces deux mots sont par eux-mêmes assez éloquents pour qu'il soit inutile d'en dire davantage.

La parole est aux atomes !

Et puis la barbe

Dans un ordre d'idées à peine différent, il y a encore la question de la barbe.

Si les coiffeurs font la grève des rasoirs comme ils l'ont annoncé, nous allons être obligés de la porter.

Mais comment ? En pointe ? En rond ? En carré ? Fourchue à l'assyrienne ? A la Jeanneney ?

Et quel impôt nouveau devrons-nous payer par centimètre de poil sorti du menton ?

On croit savoir que le ministre des Finances s'occupe de la chose.

Le fromage vaut la viande

Vu la pénurie persistante de bœuf, veau, vache, cochon, couvée dans les services du ravitaillement, M. Pineau a décidé de remplacer momentanément les produits de boucherie par des distributions supplémentaires de fromages.

Un tantinet déconcertées par cette innovation, des ménagères nous demandent quelques recettes culinaires appropriées au nouveau régime, notamment en ce qui concerne le sauté de camembert, le livarot cocotte, le roblochon braisé et le gruyère en daube.

L'Os qui, malgré son nom, n'est pas entièrement détaché de la viande, a aussitôt désigné une commission de spécialistes chargés d'étudier la question. Dans notre prochain numéro, les personnes que cela intéresse trouveront à ce sujet des conseils qui ne manqueront pas de leur rendre les plus grands services si, d'ici là, M. Pineau n'a pas décidé de remplacer le fromage par des distributions de savon maigre ou de brique pilée.

Swing fable

Pineau qui comme Ulysse a fait un bon voyage

Intarissablement nous promet pour l'hiver

Notre rôti de veau à quatre sous pas cher

En nous garantissant d'imminents déblocages.

Acceptons-en l'augure et soyons précurseurs

Unissons nos efforts à celui du ministre

Cet os annonce enfin la fin des temps sinistres.

Optimistes, Loufoques, en avant, os les cœurs !

MORALITÉ

L'ère Os commence.

A nos abonnés

Mesdames et Messieurs les abonnés à *L'Os libre* sont informés que, sur présentation de leurs empreintes digitales et sur justification de leur aryenneté à la 28e génération, ils pourront contracter une assurance contre les tremblements de terre, typhons, raz-de-marée et autres accidents circulatoires de même conséquence.

Ces assurances, dont le taux de prime variera selon la grosseur, pourront être établies aux tiers, aux quarts, à la portion et tous risques y compris ceux consécutifs aux épidémies de fracture du fémur.

Adresser les demandes, autant que possible ailleurs qu'aux bureaux du journal, et autant que faire se peut aux services compétents de toutes les bonnes maisons de repos et de neurologie.

On vient de découvrir les secrets de l'éternité
en avançant les montres de vingt-quatre heures

On se souvient qu'à l'occasion du grand congrès syndical des montres, horloges, pendulettes et réveille-matin, il avait été décidé le principe d'une heure de grève des aiguilles croisées, dans la nuit désormais historique du 15 au 16 septembre. Nous sommes pour les congés payés ! avait déclaré éloquemment une montre-bracelet, particulièrement désireuse de tuer le temps.

La grève passa inaperçue, parce qu'il faisait nuit. Aussi annonce-t-on officiellement que le secrétaire général des réveille-matin, à la majorité des voix moins cinq, a obtenu une nouvelle grève d'une heure dans la nuit du 17 au 18 novembre prochain.

Il ne faut pas chercher midi à quatorze heures, a insinué une horloge dissidente.

– Tu retardes, a protesté une pendulette syndiquée.

L'horloge a répondu du tic au tac. Elle avait collaboré, mais s'était rachetée parce qu'elle avait marqué la dernière heure des rouages administratifs de Baden-Baden. Elle tapa du balancier, pour protester contre les reproches d'une gamine aussi ridicule qu'une pendulette, mais elle fit comme les autres, perdit du temps.

Cette menace de grève semble devoir porter ses fruits au marché des réalisations sociales et l'esprit rétrograde, on peut bien le relever aujourd'hui, passa quatre mauvais quarts d'heure. Par le temps qui court, il est donc simplement scandaleux que le monde ouvrier des montres, horloges, pendulettes et réveille-matin ne bénéficie pas des réalisations sociales et qu'il ne soit même pas assujetti à la loi de la journée de huit heures. De rouage en aiguille, cette situation astrono-catastrophique ne peut nous attirer que des heures sidérées.

Est-ce vraiment du domaine de l'utopie que d'espérer voir un jour le principe de la relève appliquée, la loi des équipes de nuit instaurée dans le milieu du cadran ? Tout citoyen conscient et morganique digne de ce nom ne peut qu'aider de toutes ses forces à cette nouvelle conquête démocratique horlogère et républicaine.

D'autant plus qu'à l'heure où la pénicilline et la bombe atomique sont déjà dépassées, cette découverte ouvre des perspectives tout simplement sensationnelles. Retarder les aiguilles de deux heures par an n'est qu'un commencement prometteur. C'est en réalité de vingt-quatre heures chaque jour qu'il s'agit de faire reculer les aiguilles. En dépit de leurs spéculations méditatives, les hommes se rendront peut-être compte une fois qu'en rattrapant tous les jours à minuit la fuite des vingt-quatre heures vécues, ça leur permettrait tout simplement de devenir éternels.

On devine aisément l'ampleur d'une telle mesure qu'en haut lieu on se refuse à appliquer, en raison du bouleversement mondial qu'elle entraînerait. L'accroissement prodigieux de la population ainsi stabilisée déclencherait une crise des appartements regrettable et le mécontentement des fossoyeurs. Ceux qui ont vingt ans aujourd'hui en auraient toujours vingt dans mille ans et les vieillards seraient à juste titre mécontents de rester éternellement vieux ; il est vrai, pour être juste, qu'ils auraient la ressource d'avancer leur montre de quarante-huit heures par jour au lieu de vingt-quatre, ce qui leur permettrait de tomber en enfance.

En avançant les aiguilles de l'horloge du temps, Dieu le père a compris tout le parti qu'il pourrait tirer, il est sûr ainsi de son éternité, même s'il l'avance. Est-il hors de doute que cette révélation que nous faisons solennellement à tous les êtres humains aujourd'hui, si elle présente quelques inconvénients anodins, a pour elle des avantages qui n'échapperont à personne.

La philatélie

De vignette en vignette

Jamais le marché aux timbres n'avait à ce point contribué à l'épanouissement des lettres.

C'est ainsi qu'à La Havane, à l'occasion de l'institution de la carte de tabac, un timbre avec effigie d'une tête de pipe est fort prisé des connaisseurs.

Profitons de ce que nous sommes à La Havane pour faire un tour en Angleterre. Admirablement dentelée la dentelle est en passements à fuseaux, type XVI*e siècle – la vignette blanc-rose, qui vient d'être émise à l'occasion du centenaire de l'invention de la barbe à crochet est furieusement recherchée. Sa valeur faciale, qui était de* 2 *pesos* 37, *était déjà cotée hier* 2 *pesos* 38.

Signalons toutefois aux amateurs éclairés le danger que comporte pour leur collection l'émission de faux timbres scalènes qui se camouflent sous une topographie délibérément isocèle. D'une gomme lisse et sans craquelure, ces timbres, d'un beau vert cerise, imitent à s'y méprendre les vignettes de l'exposition de la philatélie vinicole qui vient, comme on le sait, de s'ouvrir à Arkhangelsk.

LE POINTILLEUX.

PETITES ANNONCES

Ramonages à domicile .... 52 fr.
Ramonages à l'usine .... 10 fr.

OFFRES D'EMPLOI

Grande maroquinerie demande crocodile-démonstrateur présenté par ses parents. Pas saurien, s'abstenir.

Importante fabrique de jeux de tonneau offre situations assises à grenouilles vertes rhumatisantes. Bénéfices croassants. Grande gueule exigée.

On demande quelqu'un pour faire quelque chose quelque part. S'adresser n'importe où !

Armée moderne, demande d'urgence avaleurs de sabres en tous genres pour tenir emploi rateliers à armes.

DIVERS

A VENDRE : petit car de police avec tenue d'agents du même nom, en bon état, pour organiser vaste blague de mauvais goût ou fric-frac intéressant dans un restaurant marché-noir. Ecrire : service des liquidations du matériel usagé de la Préfecture de police, Paris XXIe.

J'achète : pas de porte, ni de fenêtres, pour installer commerce vague dans quartier flasque et indifférent. Ecrire à M. Feux-Follet, 18, rue de l'Indécision, Jeusérieux (Seine Imprécise).

Manteau dame caoutchouc, se gonflant à la bouche, faisant très priorité.
Au choix .... 4900 fr.

Faux tickets de métro, imitation parfaite.
Aller simple, la pièce .... 12 fr.

Colle spéciale pour adhérer au MUR.
Le grand gros tube .... 312 sous.

La vente libre revient ! Achetez notre panoplie du « Petit Truqueur », comprenant : plusieurs barbes et moustaches postiches, chapeau transformable et faux nez assortis permettant d'acheter plusieurs fois de suite dans le même magasin.

Demandez notre loupe familiale « La Trompeuse » se posant sur les plats et transformant la ration de viande en énorme rôti.
La loupe .... 712 fr.
La même en buis verni pour jours
sans viande .... 23 fr.

Evêque chasseur cherche canon de fusil calibre 16 pouvant s'adapter à sa crosse.

Marchand de meubles en retraite échangerait photographie en couleurs de belle armoire normande, doubles portes, ferrures cuivres, intérieur capitonné, contre calendrier très bonne année avec fêtes mobiles en relief et punaises de fixation.

Mouton à cinq pattes céderait gigot supplémentaire au plus offrant. S'adresser jardin d'Acclimatation qui transmettra.

Après rencontre avec gros arbre, je vends bonne poignée d'écrous, quelques soupapes et un ou deux bouts de tôle. Ecrire hôpital Tenon, lit 57.

Apache serait acheteur revolver à 1 coup pour tuer personne seule. Ecrire Pierrot la Descente.

NOUVEAUTÉS

Appareil format 6 × 24 (recommandé pour photographier le général). 12 700 francs.

Nous sommes à même de livrer rapidement chaussons de feutre toutes nuances et toutes pointures. La paire... 2654 fr. 90, les mêmes garnis aux pommes.... 2 fr. 75 (1 ticket)

INVENTIONS. – Céderai à la compagnie de transports publics, brevet de mon aiguillon spécial pour faciliter et accélérer la montée des usagers dans les véhicules.
Professeur Trugludu à l'Os.

ÉCHANGES

Troquerait chien contrebasset pour slow-fox à poil dur. Ecrire Mme Biguinols.

Père de famille nombreuse cherche soldat américain pour échanger prix Cognac contre cartouche Camel.

Famille de vers luisants, ayant dû chômer par suite « black-out » cherche emploi comme bornes lumineuses.

COURS ET LEÇONS

Le tango appris en mangeant grâce au Beef Argentin, la cure complète de trois boîtes : 5 Plévenas.

MARIAGES – RELATIONS

Haricot blanc sec, désirerait rencontrer mouton onctueux, quinze grammes sans os. Rendez-vous métro Concorde, une cocotte en fonte à la boutonnière.

Jeune fille pure et sans tache, n'ayant encore jamais répondu oui-oui, épouserait monsieur doux incapable de répondre non-non. Radical s'abstenir.

AUTOS – MOTOS – VÉLOS

A vendre : draisienne culbuteuse, 1800 kg, type O. S. I., fourgon tôlé, timbre avertisseur parfait état, porte-bouquet et chandeliers douze branches. Visible sur le coup de midi. Téléphoner Musée de Cluny.

L'ASSASSIN VIENT la bouche pleine

GRAND ROMAN POLICIER par AGAGHA FRICHTIE

Premier prologue

Un bureau de la police judiciaire, sur un socle, un buste équestre représentant le président Herriot en train de se faire une réussite avec des cartes d'alimentation.

Entouré de la considération générale et de ses collaborateurs, le commissaire Feuillemolle, assisté de l'inspecteur principal Fraisaulard mange un sandwich au bouillon gras.

– Quelles nouvelles ? demande-t-il.

– Il pleut, répond un inspecteur, mais enfin il vaut mieux qu'il tombe de l'eau que de la…

– Bien sûr, interrompt juste à temps le commissaire, dans quel état se trouve la victime de l'assasinat du vélo 112 ?

– Elle est décédée hier soir, dit l'inspecteur.

– Et comment va-t-elle ce matin ?

– Mieux.

– Parfait, nous l'interrogerons après l'inhumation, conclut le commissaire.

Deuxième prologue

La salle d'attente des premières classes à la gare de Lyon, un employé passe et dit : « Les voyageurs pour la Belgique, la Hollande, l'Angleterre, sont priés de s'adresser à une autre gare, ce n'est pas ici. »

– Nous sommes trahis, fait une voix.

(A suivre suivant l'idée qu'on s'en fait et l'angle sous lequel on se place)

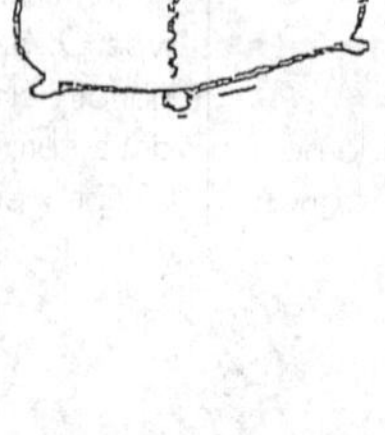

L'OS LIBRE

« Contre tout ce qui est pour – Pour tout ce qui est contre. »

NUMÉRO 2 – JEUDI 18 OCTOBRE 1945

Première élection nationale depuis la fin de la guerre : les Français ne parlent que de politique. Le 21 octobre, ils vont élire l'Assemblée constituante pour une durée limitée de sept mois, et répondre, par référendum, à deux questions : « Faut-il une nouvelle constitution ? », et « Faut-il limiter les pouvoirs de l'Assemblée constituante élue simultanément ? ». Pour la première fois, les femmes et les militaires disposent du droit de vote. Les candidats se présentent au nom de partis dont les signes ne sont pas toujours familiers aux électeurs. Parmi eux, le PCF, la SFIO, le MRP et l'USDR.

Edito A la urne à la deusse et à la troisse !

par Pierre Dac

« Rien n'est moins sûr que l'incertain », disait, un jour, un gentleman en train de tomber du 28e étage d'un building à locaux commerciaux. Cette phrase me revient tout naturellement à l'esprit lorsque je relis les modalités du scrutin du 21 octobre et les dispositions du référendum. Je tiens tout de suite à déclarer que je n'ai aucun préjugé contre le référendum ; au contraire, puisque le grand-oncle putatif par alliance et par hasard de mon beau-frère était préparateur chez un courtier en référenda ; ce courtier, entre parenthèses, était un fort habile homme qui plaçait du référendum en 140 de large, à la sauvette, à tempérament ou à l'influence. Je n'ai pas davantage d'objections à soulever contre le mode de scrutin, sinon que, personnellement, je regrette l'interdiction du panachage. Il m'eût, en effet, été agréable de voter moitié vanille, moitié chocolat, ou half and half, citron, courgette. Mais la loi est la loi.

Cependant, en ce qui concerne le référendum, j'ai l'impression qu'il se présente sous une forme un peu sèche : ces oui et ces non heurtent désagréablement

mes sentiments de civilisé évolué. J'eusse aimé, par exemple, qu'on pût répondre : « Euh !... oui... je ne dis pas. Oh ! non bien sûr, mais tout de même... oui, oui ! évidemment... cependant... peut-être... non, non, je ne veux pas !... oui... euh ! non... oui, oui, oui, oui, oui, je comprends... Oh ! non, non, non, non, non ! jamais de la vie... Oui ? non ! pas possible... enfin ! on verra ! » Ne pensez-vous pas que le referendum eût, de ce fait, gagné en élégante courtoisie et en bienveillante compréhension ?

Mais là n'est point ce qui me tracasse le plus. Ce qui me rend l'amygdale amère et la paupière inquiète, ce sont les articles 2, 3 et 7 du projet de loi portant sur l'organisation provisoire des pouvoirs publics (en cas de oui, oui majoritaires), lesquels, en substance, disent que l'assemblée ayant établi et adopté la constitution nouvelle, celle-ci sera soumise à l'approbation du corps électoral des citoyens français par voie de référendum et que, au cas où le corps électoral rejetterait la constitution établie par l'assemblée ou au cas où celle-ci n'aurait pas été foutue d'en établir une dans les délais fixés à un autre article dont je ne me rappelle pas le numéro, il serait procédé aussitôt et dans les mêmes formes à l'élection d'une nouvelle assemblée constituante jouissant des mêmes pouvoirs qui se réunirait de plein droit le deuxième mardi après son élection (ce qui, entre nous, me paraît un peu cavalier, étant donné que certains élus peuvent ne pas être libres le mardi et l'être le mercredi ou le vendredi).

Bon, en somme, si j'ai bien compris, si la constitution ne plaît pas au corps électoral qui a élu ses représentants pour qu'ils en établissent une qui lui plaise, on refait des élections en vue d'élire des représentants susceptibles d'établir une constitution qui ait l'approbation du pays, c'est à ce moment que j'estime qu'il n'y a pas lieu de tortiller du cuir chevelu pour friser droit, car qui prouve que les nouveaux élus, qui seront peut-être, à peu de chose près, les mêmes que les précédents, n'iront pas établir une nouvelle constitution qui ne plaira pas davantage au corps électoral ? On refera une troisième fois de nouvelles élections, puis une quatrième, une cinquième, une sixième, etc., jusqu'à « sine die » et même au-delà.

Que chaque citoyen, que chaque citoyenne veuille bien penser à tout ça dimanche prochain en se plongeant dans les urnes. Il dépendra de la manière dont chacun exécutera le geste auguste du semeur de bulletins que notre avenir, lequel, pour le moment, précède l'avant-garde de nos aspirations, ne soit pas rejeté sur le côté, au bénéfice d'un passé tellement proche que celui-ci se tient présentement derrière nous pour bondir au-devant de nos pas à la première occasion. De la vigilance ! du muscle ! de l'Os ! et tout ira aussi bien que ce qui ne va pas plus mal.

A l'occasion des fêtes du Référendum, et par autorisation spéciale de la Chambre syndicale et Henri II des sous-loueurs de papier gras, *L'Os libre* paraît cette semaine sur 9 pages, numérotées de 1 à 4.

Nous espérons que nos lecteurs apprécieront à sa juste valeur le tour de force que nous avons réalisé dans l'unique but de leur être agréables.

À Os rompus

Ne débloquons pas !

Un journaliste au mauvais esprit, comme il y en a encore trop dans la presse quotidienne, révélait tout récemment l'existence de souliers et de brodequins entreposés ici et là par centaines de milliers. Il poussait ensuite la mauvaise éducation jusqu'à demander pourquoi ces chaussures n'étaient pas livrées au public.

A ce sujet, le ministre des cuirs et peaux communique :

1° Les chaussures en question ne peuvent être mises en vente parce qu'elles sont bloquées ;

2° Ce blocage est motivé par des mesures de protection prises à l'endroit et aussi à l'envers de certaines personnes qu'il est inutile de désigner ;

3° Nul n'ignore, en effet, qu'un coup appliqué avec le pied nu est moins douloureux à recevoir que le même provenant d'une extrémité fortement godassée ;

4° C'est tout !

Les élections au Gallup

Mais il ne s'agit pas seulement de ça. Il y a aussi Gallup ! Gallup, rappelez-vous, c'est ce type qui a fondé un institut, l'institut Gallup précisément, rien que pour annoncer à l'avance qui serait élu président de la République aux Etats-Unis. Bien simple, son système : il s'en va trouver l'un après l'autre tous les citoyens américains, les prie de dire pour quel candidat ils ont l'intention de voter, inscrit les réponses sur un petit calepin, fait ensuite quelques additions et le tour est joué.

Or, Gallup est tout récemment arrivé en France. Pour quoi faire sinon pour accomplir à la requête des pouvoirs publics sa mission de prophète électoral.

A l'heure où nous écrivons péniblement ces lignes, le résultat du futur scrutin est donc, par anticipation, définitivement acquis.

La fin des haricots

Or, de nouveau (il n'y a jamais trop d'or), dites-nous un peu pourquoi on se donnerait la peine de balayer la salle des fêtes, d'épousseter les isoloirs et d'appeler le peuple aux urnes rien que pour s'entendre répéter ce que l'on sait déjà, c'est-à-dire le nom des candidats victorieux avec le chiffre des voix et tout !

Donc, s'il reste encore dans notre malheureux pays un pauvre petit peu de bon sens, la consultation de dimanche, devenue inutile, n'aura pas lieu, pas plus que les suivantes.

A l'avenir, on se contentera des élections au Gallup, ce qui vaudra tout de même mieux que de déranger le monde, comme on le fait, pour un oui, pour un non !

Du nouveau à l'Information ?

A propos, ce M. Gallup, puisqu'il sait tout, pourquoi qu'on ne le nommerait pas ministre de l'Information ?

Le carbonate panifiable

Vivement émue par le marasme dans lequel se trouve plongé le corps médical, en raison de l'absence des épidémies saisonnières sur lesquelles on était en droit de compter, l'Académie de Médecine a émis un vœu tendant à l'introduction du carbonate de chaux dans la farine panifiable.

Ce vœu ayant été pris en considération distinguée, le pain sera délivré à l'avenir contre remise du coupon AzO_4 de la feuille de produits détersifs.

Pour économiser le papier

Afin d'éviter un gaspillage inutile de papier, M. Pineau, ministre du Ravitaillement, rappelle aux industriels spécialisés dans ce genre de travail que les fausses cartes de pain cesseront d'être valables à partir du premier novembre.

Les fausses cartes de pain en cours de fabrication pourront être transformées en fausses cartes électorales, fausses cartes d'état-major ou n'importe.

La vente du chien n'est pas libre

Le tribunal correctionnel d'Avignon vient de mettre sous les verrous un restaurateur qui servait à ses clients du chien sans ticket.

Spécifions à ce propos que la vente du chien n'est pas libre, pas plus d'ailleurs que celle du zébu, du kangourou et du rhinocéros.

Pour éclairer vos sigles

Afin que chaque électeur ou électrice puisse s'y reconnaître dans le dédale du « no man's land » des différents mouvements ainsi que dans le labyrinthe des partis politiques, nous publions ci-dessous une liste approximative des initiales se rapportant aux groupements y afférents :

M.L.N. – Mouvement de Libération nationale.
M.P.L.M. – Mouvement Paris, Lyon, Méditerranée.
M.R.P. – Mouvement Républicain populaire.
M.D.M. – Mouvement du menton.
O.C.M. – Office civil et militaire.
O.D.P.D.F.L.E.B. – Office de placement de fonds laïques et baptismaux.
M.M.M. – Mesdames, Mesdemoiselles, Messieurs.
C.N.R. – Conseil National de la Résistance.
C.A.J.M. – Conseils aux jeunes mariés.
M.L.H.E.V.D.J.E.D.B.A.C.D.T. – Mouvement latéral, horizontal et vertical des jambes et des bras avec circumduction du tronc.
S.F.I.O. – Section française internationale ouvrière.
D.G.E.R. – Direction générale d'études et recherches.
D.G.M.E.R.D.E. – Direction générale des mouvements égocentristes républicains démocrates égalitaires.
D.N. – Direction Nation.
C.D.S. – Changement de section.
M.U.R.F. – Mouvements Unis de Résistance Française.
M.D.J.P.S.L.M. – Mouvement des jarrets pour sauter le mur.
C. – Complet.
P.C. – Parti communiste.
P.S.A. – Parti sans laisser d'adresse.
F.R. – Fédération républicaine.
C.P.V. – C'est pas vrai.
H.D.H. – Hue ! drri ! hô.
A.D. – Alliance démocratique.
A.E.P. – Alliance en platine.
P.D. – (S'adresser à nos bureaux pour renseignements postérieurs.)

Consultations juridiques

Nous recevons de M. D…, à Anzin-les-Mines, la lettre suivante :

Maître, je suis mineur de mon métier, et, l'autre jour en rentrant de la mine, j'ai eu chez moi la visite d'un monsieur à forte carrure et à chapeau melon. Ce monsieur a exigé que je lui remette la totalité de mes économies en m'expliquant qu'en ma qualité de mineur, il était obligatoire que j'aie un tuteur pour gérer mon avoir. J'ai 48 ans. Que dois-je faire ?

RÉPONSE

Section VIII du Code civil LIV. I., TIT. X. De l'administration d'un tuteur.

Art. 450. – *Le tuteur prendra soin de la personne du mineur et le représentera dans tous les actes civils (si vous êtes marié, il faudra prévenir votre femme).*

Loi du 27 février 1880

Art. 4. – *Le mineur émancipé au cours de la tutelle, même assisté de son curateur, devra observer, pour l'aliénation de ses meubles corporels, les formes ci-dessus prescrites à l'égard des mineurs non émancipés.*

Donc, cher Monsieur D…, c'est en vain qu'on retournerait la loi dans tous les sens, ce monsieur a légalement le droit de s'occuper de vos affaires. Néanmoins, si cette tutelle ne vous convient pas, il nous serait possible de voir ce monsieur, et, à l'aide de certains arguments, nous pourrions peut-être l'obliger à se retirer de l'affaire. Ecrivez-nous à ce sujet, nos prix sont très abordables.

Maître Ankesse.

Jeunesse… notre espoir

La retraite des vieux, c'est bien. La retraite des jeunes, ça serait tellement mieux.

Raisonnons logiquement.

D'abord, la retraite des vieux n'est qu'un symbole et une façon peu élégante de faire remarquer aux gens qu'ils commencent à se friper… De deux choses l'une : ou on la touche et on crève de faim, ou on ne la touche pas et on mange mieux. Dans les deux cas on s'en fout… Ah !… si, il y a une troisième solution. Un brave pépère de ma connaissance, lauréat de cette sinistre plaisanterie, croyait encore au père Noël. Donc, un matin, il se présente au guichet d'un de ces bureaux dont la joyeuse décoration vous met la joie dans le cœur ; il allait enfin toucher le premier trimestre argenté gagné à coup de sueur et cinquante années d'esclavage organisé. Devant le chiffre annoncé par le préposé aux aumônes, mon petit vieux chancela et se laissa glisser doucement dans les bras de l'embolie qui n'attendait que ça pour le cueillir… et Pléven hérita : c'est vexant.

Conclusion : pas d'hésitation, la retraite grassement améliorée aux jeunes qui auront le temps d'en profiter.

La parole est à M. le ministre des Finances ; les jeunes de France attendent.

D'ailleurs, tout le monde sait qu'en conséquence de cette espèce de petite bombe dont on a un peu parlé ces temps derniers, il y aura de moins en moins de vieux, alors, où irait l'argent ?

Monsieur Pléven, à vous !

Des huîtres toute l'année…

On ne pouvait manger des huîtres que pendant huit mois de l'année, les fameux mois en R. Il en résultait pour les mois privés de cette fructueuse consonne, une injustice inqualifiable.

Cette injustice, il fallait la réparer au plus tôt, puisque depuis la Libération, le pays a quitté les sentiers battus pour s'enfoncer hardiment dans le chemin creux des réalisations sociales.

Eh bien ! voilà qui est fait.

Au dernier conseil public des ministres, cette question huîtrière, posée par le syndicat des écailleurs et celui des éditeurs des fables de La Fontaine, laissait le gouvernement perplexe, lorsqu'un huissier qu'on avait posé par étourderie sur un rayon de la bibliothèque et qu'on avait confondu avec le buste de Marianne, s'écria :

– Puisque seuls les mois en R ont droit aux huîtres, ajoutons un R à mai, juin, juillet et août, bref à tous les mois qui n'en ont pas !

On décrétait enfin une mesure révolutionnaire :

– Le mois de Mari, c'est le mois le plus beau, répétait Teigen.

– Jurin, Jurillet, ricanait Pleven. Une lettre de plus, ça fait encore un impôt alphabétique.

Pineau, pour une fois, voyait un grand Raoût.

Et ça n'a l'air de rien, tout ça, mais ça va nous permettre enfin de manger des huîtres toute l'année.

Déclarations de sociétés

(Loi du 17 Ventôse, An XII)

L'Amicale des Chasseurs de Plates-Côtes, dissoute pendant l'Occupation, vient de reprendre son activité. Dimanche, première sortie des chasseurs. Rendez-vous avec matraques et sur la pointe des pieds à la petite porte des abattoirs de la Villette.

La société des Joyeux Rigouillards de Bouse-la-Coquette vient de se constituer. Tous ceux qui aiment la fine plaisanterie sont priés d'assister à la première réunion de mardi prochain. Prière de se munir de boules puantes, poil à gratter, poudre à éternuer, verres baveurs et nez en carton pour faire rigoler les copains.

La L.A.D.L.V. (Les Amis de la vinasse) organise dimanche prochain une jolie réunion de soiffards et de gosiers à pente rapide, avec comme principale attraction la mise en perce d'un demi-muid de gros rouge. En raison du manque de verrerie, on est prié d'apporter son tube en caoutchouc.

Les gros Salingues, tel est le nom d'une nouvelle société qui vient de se fonder à la Crasse-sur Plastron. Lundi, grand bal chienlit et dégoûtant, avec projections de papiers gras et d'eaux de vaisselle.

Grand concours de crasseux. La tenue négligée est de rigueur. On crachera par terre.

Non, ce ne sont pas des pannes

Ces interruptions de courant ne sont pas fortuites mais volontaires ! Il faut qu'on le sache et que ceux qui essayent de jeter le discrédit sur nos organisations en soient pour leur courte honte. D'ailleurs, il y a une grosse différence entre la panne et la coupure volontaire, et tous les gens intelligents doivent s'en rendre compte. La panne est brutale, désagréable. La coupure, elle, est douce et progressive, et fatigue beaucoup moins la vue, surtout quand c'est éteint. De plus, la panne est imprévue et a lieu à des heures les plus variées. La coupure, au contraire, se manifeste à des heures régulières, 7 h 10, 10 heures moins le quart ou 8 h 20, ou à tout autre moment. Le bénéfice que les usagers retirent de ces coupures de courant est évident. Au lieu de brûler des centaines de watts, on allume à la place quelques bougies qui sont, comme chacun le sait, d'un prix très abordable en ce moment. De plus, les coupures sont hautement morales, car, pendant l'obscurité, il est pratiquement impossible de faire du marché noir. Assez de jérémiades ! Il fut un temps où chacun se plaignait de ne pas avoir de petites coupures, maintenant qu'on nous en donne à volonté, il est malséant de se plaindre !

VIENT DE PARAITRE

Commandant BRAVIDA

LA NAPHTALINE

Statique? Tactique?

Préface de M. Diethelm
Volte-face du même

Un ouvrage d'art...
Dans la ligne...

En vente dans tous les bons casernements .... 80 Fr.

Marcel DEAT

MES PRISONS

Une fiction romancée...

Chez Plon (de Venise)

COLLECTION
LES MAITRES DE L'HUMOUR

Paul REYNAUD

LA ROUTE DU FER EST COUPÉE

suivi de :
« Nous vaincrons parce que nous sommes les plus forts! »

Le lire... c'est rire!

Un fort volume .... 80 fr.
Tirage de luxe.......... Epuisé
(l'Auteur aussi)

Bulletin météorologique

D'après l'O.N.M. : Beau dans certains coins, moins beau dans diverses régions avec pluie dans les endroits où le temps sera d'autant pluvieux qu'il sera moins jeune.

D'après les hommes à nous : De médiocrement gratiné à plutôt moche, allant progressivement de tartignolle à franchement blèche.

Température : Géométriquement stationnaire dans la 1re moitié, en hausse binoculaire dans la 2e, et parallèlement symétrique dans les autres moitiés.

Une éclipse partielle de corned-beef sera visible à Paris le 22 octobre entre 21 heures et 15 h 44.

Naissance

M. et Mme Joachim Trugludu, 12, rue du Référendum, à La Cravate-sur-Plastron (Pyrénées-Verticales), sont heureux de vous faire part de la naissance de leur fils Julien-Gaëtan-Mohammed, qui vient d'atteindre sa 28e année et qu'ils avaient complètement oublié de signaler en temps opportun, c'est-à-dire à l'époque de sa venue au monde.

UN SCANDALE !

Plus d'un an après la Libération, un tas de numéros de téléphone ne sont pas libres ! C'est à proprement parler une honte sans précédent. Les numéros de téléphone doivent être libres au même titre que tout le reste sans restriction et sans limitation.

Si nous sommes encore sous le régime de Vichy, qu'on ait au moins le triste courage de le dire ouvertement.

Mondanités

Notre directeur, P. Dac, démobilisé depuis quelques semaines, vient, après avoir brillamment passé ses inscriptions, de recevoir sa carte d'alimentation et sa carte de tabac.

La rédaction tout entière lui adresse ses plus sincères félicitations et ses plus vifs compliments.

Elections générales du 21 octobre 1945
Deuxième Secteur postal de Paris-Province et banlieue suburbaine

Des hommes d'aujourd'hui !
Des hommes de main !

Liste libre et individuelle de l'Union de *L'Os*

CÉLESTIN LABIDRUL,

Professeur de tomates farcies, docteur en travers, père de cinq garçons dont trois filles, président du Conseil d'administration de la Société des Tire-pavés, licencié ès lettres recommandées, commandeur du Grand ruban bleu d'Auvergne.

LÉOPOLD LAVOLAILLE,

Futur inventeur, ancien élève de l'Ecole communale, trésorier de la Fédération nationale des Pochettes surprises, brigadier-chef de réserve au 22e limonadier porté, titulaire de la Médaille d'or des Pionniers de la Bimbeloterie.

ANSELME TRUGLUDU,

Remboursé de la Loterie nationale, marchand de sciure, ex-rédacteur en chef du *Petit pain de chènevis républicain,* membre de la Chambre syndicale des Ramasseurs de bois mort, champion toutes catégories du mât de cocagne.

BLANCHE DE POUSSIÈRE,

Courtisane honoris causa.

ROMULUS CHARPAILLOUX,

Démonstrateur en châtaignes, fils de ses œuvres et de son père, auteur d'un remarquable essai sur le slip à pont-levis depuis Henri III jusqu'à vendredi prochain, critique d'art à *La Bourrée pour tous.*

AMÉDÉE LA TISANE,

Gentleman, inspecteur du travail féminin.

Me ALCIBIADE LACHNOUF,

Conseiller juridique de *L'Os,* s'est taillé un joli succès au cours du procès Ravachol et une veste dans ses autres affaires.

ADHÉMAR DE LA CANCOILLOTTE, MARQUIS DE LA TRONCHE,

Homme de cheval.

SCIPION L'AFRICAIN,

Décédé.

PETITES ANNONCES

OFFRES D'EMPLOI

On demande un bon gros marrant pour faire des farces à domicile pendant les interruptions de courant.

Théâtre d'épouvante engagerait marchand de couleurs ayant rire d'ammoniaque.

On demande grand dadais pour écouler faux bil. de mille.

Ancien souffleur de verre, cherche place de souffleur dans théâtre sérieux ; soufflerait de préférence les vers, mais se contenterait à la rigueur de souffler n'importe quoi et, au besoin, n'importe où. Ecrire M. Duvent, rue Soufflot.

OCCASIONS

Ministère Marine met en vente vedettes rapides désaffectées pouvant assurer spectacles accélérés dans music-hall.

Demandez nos lunettes spéciales en chêne massif indispensables pour admirer tableaux du salon d'Automne.

Joli lot de mines sous-marines, toutes tailles. Pourraient être utilement employées comme presse-papiers, balanciers, fil à plomb, etc. Transport à la charge de l'acheteur.

Chef d'orchestre à la retraite et à la Varenne, désirerait vendre aux meilleures conditions possibles quelques mesures pour rien.

Occasion à enlever avant l'hiver : serpents desséchés pour faire charbon de boas. Le mètre, 45 fr. 75.

Série de quenouilles parfait état : quenouilles médiévales autant que moyenâgeuses : 20 sous pièce ; quenouilles grosses comme un bœuf : la boîte, 400 fr. ; quenouilles au jus, la gamelle, 25 balles ; quenouilles à Taupin, pour marché noir : prix à débattre.

COURS ET LEÇONS

Cours de clôture pour toutes les bourses par commis jardinier breveté S.G.D.G. Ecrire Wheeler E.T. (en tôle).

DIVERS

Passoire Monotrou, spéciale pour bouillon gras cyclope : 142 fr. 85 ; la même, sans trou, pour bouillon de culture ou de onze heures : 3 balles.

Serais acheteur de vieilles croûtes aux prix suivants :

Croûtes de pain, le kg 27,50

Croûtes de fromage, le kg 248,75

Croûtes de salon d'Automne.......... 10 sous

Pêcheurs : exigez notre attrape-mouches grand modèle pour la capture des poissons volants.

Mite au régime cherche tissu blanc pure laine. S'adresser derrière le rideau de la porte d'entrée.

Très pressé. Jeune veau actuellement affecté abattoirs, permuterait avec veau marin – Océan ou Pacifique.

Personne habituée grand air campagne cherche chambre à air meublée avec une ou plusieurs pièces.

Jardiniers, demandez nos canotiers « Lou Mistraou » pour la protection des têtes d'ail contre l'insolation.

Monsieur bien, ayant, au cours d'une crise d'éthylisme grave, perdu son pantalon et sa dignité, serait reconnaissant à la personne qui les a trouvés de rapporter au moins le pantalon. Ecr. Rauzéna.

GRAND ROMAN POLICIER par AGAGHA FRICHTIE

Chapitre I

Étrange !

La salle des Pas Perdus, au Palais de Justice (sic). Une espèce d'homme, tête baissée, examine attentivement le plafond à l'aide d'une glace bisautée et à la vanille, il tient en laisse deux paires de bretelles apprivoisées qui le suivent en sautillant sur les pattes de derrière. De temps à autre, l'homme leur jette des boutons-pression qu'elles se mettent gloutonnement derrière la boutonnière.

– Que faites-vous ? demande un garde.

– Je cherche une douzaine de pas que j'ai perdus la semaine dernière, répond l'homme.

– Et vous les cherchez au plafond ? ironise le garde.

– Oui, fait l'homme, c'étaient des pas de vis.

– C'est bon, dit le garde, qui continue sa ronde en fredonnant : « Voulez-vous de la sciure » de Rimsky-Korsakoff et Vincent Scotto.

Chapitre II
Bizarre !

Dans les Landes. Le commissaire Feuillemolle, suivi de l'inspecteur principal Fraisaulard, examine attentivement un bouquet de pins. Remarquant qu'un de ceux-ci porte un bracelet-montre à une basse branche, il s'en approche et dit :

– Etes-vous un vrai pin ou un faux pin ?

– Je suis un faux pin, répond le pin, je suis l'inspecteur Jules, qu'on a peint en pin, suivant vos instructions.

– En somme, fait le commissaire, vous êtes un pin peint ?

– A vos ordres, dit le pin, en essuyant la résine qui coule de son front.

(A méditer.)

L'OS LIBRE

« Contre tout ce qui est pour – Pour tout ce qui est contre. »

NUMÉRO 3 – JEUDI 25 OCTOBRE 1945

Les résultats sont sans appel : 96 % de « oui » pour une nouvelle Constitution et une Assemblée constituante élue pour sept mois. Le Parti Communiste remporte cette consultation avec 159 élus. Les gaullistes du MRP obtiennent 150 sièges, et les socialistes 146. Des mesures sociales urgentes doivent être prises afin de faire disparaître certains tickets de rationnement. Dans les journaux, on parle encore de l'exécution de Pierre Laval le 15 octobre. La veille, il a tenté de se suicider en avalant du poison et a subi dix-sept lavages d'estomac avant d'être fusillé derrière la prison de Fresnes.

Edito — Comment j'ai voté

par Pierre Dac

J'ai beaucoup voté, au cours de mon existence, depuis l'époque de ma puberté civique, 647 fois environ, tant en France qu'à l'étranger, et sous toutes les latitudes. Je sais avec quel scepticisme cette déclaration va être accueillie : aucun citoyen français, ne va-t-on pas manquer d'objecter, n'a le droit d'exercer ses prérogatives électorales au bénéfice d'un autre pays, en dehors du sien. C'est rigoureusement exact, sauf en ce qui me concerne. En effet, lorsque je suis enfin parvenu, après bien des efforts, bien des démarches, et grâce à l'appui de certaines personnalités influentes, à atteindre ma majorité, la compagnie des tramways d'Alger m'a délivré une carte de priorité au recto de laquelle on pouvait lire, avec le cachet et la signature du président du conseil de régence de la consigne des bagages à main d'Ain-Temouchen (département d'Oran), la mention suivante : « Cette carte confère à son titulaire le droit de vote international. » Grâce à ce document, j'ai pu voter dans le monde entier ; j'ai voté dans le Far-West, où il fallait attraper les bulletins au lasso ; au Pérou, pendant la période où un fort courant révolutionnaire tentait de substituer un régime de bananes au régime républicain ; à Chicago, où les urnes étaient remplacées par des appareils à sous ; en Hongrie, au scrutin de la deuxième rhapsodie de liste ; au Tibet, pour l'élection du Grand Lama de misaine ; que sais-je encore ! Tout ça pour vous dire que j'ai la prétention de savoir voter en muet, en sonore, en creux, en relief, à l'endroit, à l'envers et par transparence.

C'est donc d'un pas ferme et serein que, ce matin du 21 octobre, je pénétrai dans la section de vote de mon quartier.

– Votre carte d'électeur, me demanda un préposé au contrôle.

– Je l'ai oubliée, répondis-je, mais j'ai, en lieu et place, une photographie représentant, au saut du lit, l'électeur palatin tenant entre le pouce et l'index l'extrémité de sa chemise de nuit en ayant l'air de dire : « Je ne sais pas ce que j'ai dans l'œil. »

– C'est identique et parallèle, approuva le citoyen responsable.

Les formalités accomplies, je m'approchai de l'isoloir, mes bulletins dans une main, un morceau de savon dans l'autre et une serviette éponge sous le bras. « Pardon, questionnai-je, est-ce que c'est un isoloir avec douche ? » La décence m'interdit de reproduire ici la réponse qui me fut faite. « C'est bon, déclarai-je, j'irai voter ailleurs. » Je m'en fus alors à travers toutes les sections de vote de Paris, à la recherche d'un isoloir comportant une installation hydrothérapique en rapport avec mes aspirations, en pure perte, je dois le reconnaître.

Ce n'est que le lendemain soir que, grâce à l'obligeance d'un ami dévoué et compréhensif qui avait organisé chez lui et à mon intention une petite mais moderne section de vote individuel, je pus, dans une soupière transformée pour la circonstance en urne réglementaire, déposer mes bulletins auxquels j'ajoutai une lettre au président Charles de Gaulle et une autre aux galeries Barbès pour leur exposer ma conception du neuf et du raisonnable ainsi que pour leur formuler mes critiques à l'égard de l'insuffisance de l'hygiène démocratique en période de référendum.

J'ai ainsi conscience d'avoir honorablement et proprement accompli mon devoir. En foi de quoi je pense avoir le droit d'affirmer, avec l'âme sereine et l'esprit tranquille des hommes de bonne volonté : « J'ai bien voté. »

P. S. – Je profite de l'occasion que je m'offre à moi-même pour adresser individuellement et en bloc mes sincères félicitations aux 82 263 citoyens du 5ᵉ Secteur qui ont élu mon cher camarade et ami Antoine Avinin. Que celui-ci veuille bien trouver ici le témoignage renouvelé de ma profonde et fraternelle affection.

LA S.N.C.F. COMMUNIQUE

A partir du 1er décembre prochain, un service de location de places assises sur les genoux des voyageurs fonctionnera très régulièrement au tarif suivant :

Genoux de femme forte .... 100 fr.

Genoux de messieurs corpulents .... 90 fr.

Un seul genou .... 60 fr.

Genoux de voyageurs maigres .... 7,50 à 6 sous selon grosseur.

Dans la pâtisserie

A partir de dorénavant, les pâtissiers qui ont trop longtemps pâti de l'interdiction de pâtisser sont autorisés à vendre de la pâtisserie.

Dès cette date, les personnes portées sur la bouche pourront donc acheter leur pâtisserie dans la boutique du pâtissier, au lieu d'aller chercher ça comme avant chez l'herboriste, le marchand de couleurs, ou la concierge du 13 *bis*.

À Os rompus

L'affaire du poison

Les faits sont encore trop présents à toutes les mémoires pour que nous hésitions à les rappeler. Rappelons donc : l'autre semaine, à Fresnes, un détenu était trouvé vivant dans sa cellule. Auprès de lui gisait une ampoule ayant contenu du cyanure de potassium et de si basse qualité que tous les soins du Dr Paul, appelé en hâte, demeurèrent impuissants à modifier la situation.

L'enquête

Immédiatement alerté, le service central de la répression des fraudes ouvrit une enquête. Qui avait vendu au prisonnier le cyanure frelaté ?

– Pas moi ! affirma le cantinier de la prison. Ah, regardez plutôt dans mes bouteilles, c'est rien que de la vraie poison !

Même réponse chez les débitants de la région périphérique.

Les choses en sont là.

Espérons qu'elles n'y resteront pas !

A l'heure où notre balance économique est un véritable fléau, rien ne doit compromettre aux yeux toujours un peu bigles de l'étranger le bon renom de nos produits nationaux.

Il ne faut pas que le monde puisse dire que l'on trouve seulement, en France, des ampoules électriques qui s'éteignent tout le temps et des ampoules de cyanure qui n'éteignent jamais personne !

De l'eau dans le courant S. V. P. !

A propos, les pannes de secteur continuent à désoler non seulement la capitale, mais encore Lyon, Marseille, Cherbourg et toute la banlieue parisienne. Rapport à la sécheresse, nous dit-on ; il n'y a plus d'eau dans les barrages. Pas d'eau, pas de courant, un enfant à la mamelle comprendrait ça, même s'il était élevé au biberon.

Le même enfant vous dirait que le mieux, pour conjurer la sécheresse, c'est de provoquer des chutes de pluie.

Mais qu'est-ce que notre gouvernement a fait pour cela ? A-t-il avancé la date des rogations ou bien obligé la grenouille à descendre de son échelle ?

A-t-il même pensé à organiser un grand gala des chansonniers parisiens ?

Non !

Alors ?

La situation en Espagne

Des lecteurs et surtout des lectrices nous demandent ce que nous pensons de la candidature de don Juan au trône d'Espagne.

Nous en pensons que c'est une honte ! Ce don Juan est un personnage sans moralité, qui ne paie pas son tailleur, court le guilledou et ne respecte ni les filles de commandeurs ni les commandeurs eux-mêmes. Jeter la malheureuse Espagne dans les bras de ce débauché, ce serait ruiner d'un seul coup l'œuvre de redressement accomplie de façon si magnifique par le Caudillo : tout ce qu'il y a de franco et de régule, celui-là ; bien connu pour sa générosité de tous les journalistes étrangers dans le besoin et à qui, pour notre part, nous n'avons rien à refuser !

Les interruptions de courant électrique

La C.P.D.E. appliquera dans Paris, à partir de désormais et jusqu'à ce que ça se termine, le régime suivant :

Zone rive gauche et zone rive droite, à l'exception du paragraphe 3, se rapportant à la zone rive intermédiaire située entre 17 h 15, le canal Saint-Martin, la demi-section Boissière et la tête de pont de la rue des Panoyaux :

De 8 heures à 18 heures, interruptions par paires d'heures et par heures paires entre 8 h 15, 9 h 20, 7 h 45, 21 h 33 et 10 heures moins 10 et de 18 heures à 8 heures, au cours des premières 30 minutes de chaque quart d'heure, c'est-à-dire à la fin de la dernière demi-heure de chaque décade de chaque heure impaire.

Dans la zone située à l'est de la zone nord de la région sud-ouest du canal de la rue de Belleville à l'avenue Philippe-Auguste, les interruptions de 8 à 18 heures seront groupées le lundi et le samedi et pourront durer du mardi au vendredi.

De 18 heures à 8 heures, le régime sera tous les jours le même qu'au paragraphe 3, c'est-à-dire dans l'ordre comme par lequel il vous est expliqué les choses qu'on vient de vous causer.

Notre éphéméride

25 OCTOBRE 1519 : *Naissance de Henri II, roi de France de 1547 à 1559. En dehors de son métier de monarque, il s'adonna à l'étude de l'ébénisterie et fabriqua de nombreux buffets de salle à manger qui portent encore son nom.*

26 OCTOBRE 1770 : *Naissance de Pierre-Jacques-Etienne Cambronne à Saint-Sébastien (Loire-Inférieure), général à l'esprit fin et subtil. Il répandit dans les salons Empire quelques bons mots dont un seul est parvenu jusqu'à nous.*

27 OCTOBRE 480 av. J.-C. : *Bataille des Thermopyles. Comme son nom l'indique, c'est à cet endroit que Léonidas et ses 300 soldats chaussés de spartiates flanquèrent une pile à coups de bouteilles thermos à un nommé Xerxès.*

28 OCTOBRE (y a longtemps) : *Naissance de Lyncée, fils d'Apharée. Engagé au 1er Argonaute, il devint rapidement quartier-maître. Grâce à sa vue perçante, il avait le pouvoir de traverser les murailles… Il est donc l'auteur incontesté de la comédie* Un trou dans le mur *qui fut attribuée par mégarde à Yves Mirande.*

29 OCTOBRE 580 av. J.-C. : *Naissance de Pythagore, grand mathématicien grec de l'école italique. Il construisit une table dont on se sert encore de nos jours (c'est vous dire qu'elle est solide !) La chaise ne fut construite que beaucoup plus tard par le père.*

30 OCTOBRE 1932 : *Célèbre bataille de rue entre les aminches de la popinque et les têtes de lard de la Roquette. Jojo-la-trombine, voyant les aminches flancher, se précipita dans la mêlée à coup de boule. Au moment où il allait enfoncer sa 18e cage thoracique, Dédé, dit mâchoire de Gaille, lui fit sauter l'omoplate gauche d'un coup de dents et décida ainsi du sort de la bataille (tableau de Roméo Carlès au musée du Louvre).*

Les grands reportages de L'Os libre

Le pipe-line abandonné par les Américains servira à transporter le pinard de France

Les Amerlocks – on le sait et on le regrette – vont nous quitter.

En petits gars soigneux, ils emportent tout leur business, ne voulant pas qu'on leur refasse, comme l'autre fois, le coup des stocks américains.

Mais, parmi le volumineux bazar qu'ils avaient amené pour chasser le boche, il y a tout de même des trucs qui coûteraient plus cher qu'ils ne valent à réexporter de l'autre côté.

Le « pipe-line », vous savez, ce grand serpent de mer qui véhiculait l'essence au travers des campagnes de France, est incontestablement au nombre de ceux-ci.

Alors les Amerlocks ont décidé de nous le céder, à prix d'ami bien entendu.

Et M. Pineau, notre sympathique ministre du Ravitaillement, a eu une idée…

Le pipe-line au service du vin de France

Pourquoi, qu'il s'est dit, M. Pineau, le vin est-il aussi rare…

Parce qu'il y en a peu eu aux vendanges, évidemment. Mais aussi, à cause des difficultés de transport.

Pourquoi alors ne pas utiliser pour ledit transport ce providentiel pipeline ?

Le goût laissé par l'essence dans les tuyauteries ? Un bon rinçage préalable au whisky et il n'y paraîtra plus. Tout au contraire, le pinard y gagnera un bouquet plus accentué, qui ne déplaira pas aux connaisseurs…

Aussitôt pensé, aussitôt décidé, aussitôt fait. Les techniciens se sont mis à l'ouvrage. Et nous venons d'assister à :

L'inauguration de la première station de pompage

Ce fut très bien, on avait utilisé un ancien poste d'essence, auquel le vin arrivait directement des foudres de stockage.

Des manettes nickelées portaient de prestigieuses étiquettes : Juliénas… Grands Echezeaux… Château-Mouton… Rothschild… Hermitage…

Il suffisait de les actionner pour être servi selon son désir.

Un service d'ordre important maintenait la foule des curieux.

Discours de M. Pineau

Après avoir dégusté le premier godet et serré la main au mécanicien, M. le ministre du Ravitaillement prit la parole en termes élevés :

L'une des grandes missions de l'homme, déclara-t-il, consiste à bien boire et à servir le pays. Que l'on me fasse confiance ! Jadis, au temps périmé de la Constitution de 1875, que faisait le travailleur, désireux de se désaltérer avant de prendre son repos du soir ? Il se voyait dans la pénible obligation de déserter son foyer et s'en allait boire au café, cet assommoir dont mon ami Schumann vitupère avec raison la dangereuse fréquentation. Demain, grâce au progrès, grâce aux efforts de nos techniciens, le vin coulera librement sur tous les éviers de France. (*Vifs applaudissements.*)

Réponse de M. le maire

Le maire de la commune de (censuré) où fonctionne la première station de pompage répond au ministre, mais il a voulu goûter à tous les robinets :

– Chers compatriotes, entend-on. hurk… Démocratie… hurk… Viticulture… hug… Pinard… hug… Progrès…

On l'entraîne en hâte vers les commodités, cependant que la foule salue de bravos enthousiastes cette éloquente péroraison.

Impavide, le pipe-line zigzague là-bas sous le soleil d'automne, à travers les prés et les chaumes.

Pas étonnant qu'il n'aille pas droit, avec tout ce qu'on lui fait ingurgiter.

Avis de moyenne importance

Les personnes désireuses d'obtenir des billets à tarif réduit pour circuler sur les réseaux de la S.N.C.F. peuvent se renseigner chaque jour, de 11 h 45 à midi moins le quart, à notre secrétariat où il leur sera aimablement mais fermement conseillé de s'adresser ailleurs, nos services n'ayant aucune possibilité ni compétence pour leur être de la moindre utilité.

CITOYENS !

La France a voté !

Et maintenant au travail !

Adhérez tous en masse à la Fédération Nationale des Retrousseurs de manches.

<u>Cuisine pratique</u>

Pommes à l'étouffée

Prendre une bonne livre de belles pommes de terre de Hollande, de préférence.

Les placer sur un siège, ensuite vaquer à ses occupations pour éviter d'attirer leur attention, puis s'asseoir dessus par surprise.

Lorsque vous n'entendez plus un cri, elles sont étouffées à point. Servir.

Mise au point

M. François Mauriac, de l'Académie française, nous écrit pour nous signaler qu'il n'a rien de commun avec son homonyme Henri Deglane, du Vélodrome d'Hiver.

Dont acte.

Ravitaillement

Viande. – Cette semaine, pas de viande, cette mesure a amené comme prévu la suppression des queues devant les boucheries ; c'est là un premier résultat positif.

Vos rations. – Les tickets C.K. qui ne donnent droit à aucune distribution continuent à ne pas être honorés.

Café. – La semaine prochaine, 50 grammes de café en supplément aux femmes enceintes licenciées de la Fédération de rugby et connaissant le javanais à fond.

En Indochine, châtaignes à volonté.

M. Pineau tient à préciser qu'il n'y aura pas de gros rouge pour les nourrissons.

Petites Annonces

DIVERS

Célibataire désirant le rester ne cherche absolument personne en vue mariage. Ne pas écrire.

Bande molletière bien conservée cherche mollet d'officier d'état-major pour l'entourer d'une chaude affection. Variqueux s'absten.

Il a été perdu un simple soldat entre 17 et 21 heures. Prière de le rapporter au colonel de garde, hôtel Sardinapale, rue de Luille.

Ancien chef de quadrette promu subitement colonel échangerait paire de boules naphtaline intégrale contre boîte de sardines.

OFFRES D'EMPLOI

Boucher ayant mal aux reins demande nain de petite taille pour découper bas morceaux.

Cambrioleur surchargé de travail emploierait homme de pène.

Directeur P.T.T. cherche femme de lettres affranchie pour remplir mandat important.

Recherche robot à tout faire, 3000 KW par mois, logé, graissé, fourbi, un jour de sortie par semaine par recharge d'accus.

On demande précepteur patient pour éduquer angle obtus.

OCCASIONS

Cause accent, cède bon prix joli poste radio marque étrangère : 836 fr. 20.

Merveilleux ! Inouï !
Introuvable ailleurs que là où on en vend – sans tickets, sans inscription.
Se hâter !!!
Pièce .... 34 fr. 20

URGENT

Demande remède pour soigner ma femme atteinte de « fouilloporte-feuillomanie nocturne ». Très bonne récompense.

DIVERS

En prévision guerre moderne, intendant naphtallinard échangerait réserve de pâte au sabre contre fusils de boucher.

Monsieur dégoûté de la vie de Paris et désirant se retirer en province, échangerait joli moulin à café cont. un café à Moulins.

OCCASIONS

Produit photo pour développer plaques et pellicules : 106 fr. 20 ; même genre, mais pour développer la poitrine : 412 sous.

FONDS DE COMMERCE

Par suite trop de coulage, vends mon lavoir. Visible tous les jours de 6 h. à 19 h. (On peut apporter son manger). Trugludu.

Cause changement emploi, ancien artiste comique désirant jouer tragédie céderait jeu de physionomies gaies, un lot de gestes amusants et un lorgnon qui fait rire. Ecrire Roméo Belette.

AUTOS – MOTOS – VÉLOS

A vendre jolie fourgonnette traction avant, pendant et après, marche arrière, par rétroviseur, livrée avec cinq roues, cinq Christophes et un vélo de secours.

N° 3 – Jeudi 25 octobre 1945

RÉSUMÉ DES CHAPITRES PRÉCÉDENTS :

(*Voir* Journal des Débats *du* 10 *septembre de n'importe quelle année.*)

Chapitre III

Curieux !!!

Sur la route nationale qui relie Le Perreux à Gibraltar, le commissaire Feuillemolle crie à un automobiliste : « Haut les mains et bas les pattes ! ».

L'interpellé s'exécute du mieux qu'il peut.

– C'est bien vous le coupable ? demande le commissaire.

– Non ! dit l'homme.

– C'est bon, votre père est bien né à Fez, au Maroc, et votre mère en Seine-et-Oise, à Houilles ?

– Oui, fait l'homme, je suis fils d'un père de Fez et d'une mère d'Houilles.

– Pauvre orphelin ! murmure attendri l'inspecteur Fraisaulard…

– Bas les pattes !

– Haut les mains !

Chapitre IV

?

Sur les pentes du mont Everest.

Trois hommes camouflés en nouveau-nés se portent mutuellement sur les bras.

– Quelle heure est-il, fait le premier.

– L'heure que vous voulez, fait le second.

– Ah ! alors j'avance, dit le premier.

Et il remet sa montre à l'heure.

Chapitre V

???

Dans le hall de l'hôtel de « Maréchal-nous-voilà » et de « La Libération » réunis, un couple de septuagénaires demande une chambre.

– C'est pour la nuit ou pour un petit moment ? demande le réceptionnaire.

– Bah ! à notre âge, faut bien compter une huitaine de jours, soupire l'homme.

(*A emporter.*)

L'OS LIBRE

« Contre tout ce qui est pour – Pour tout ce qui est contre. »

NUMÉRO 4 – JEUDI 1er NOVEMBRE 1945

Trois grands partis seulement au Parlement. C'est la première fois depuis longtemps que le nombre de partis représentés est si faible. Certains espèrent que cela annonce, enfin, une certaine stabilité gouvernementale. Autre bonne nouvelle, la suppression, à partir du 1er novembre, des cartes pour le pain. C'est la fin de cinq années de rationnement. Les boulangers, débordés par les demandes, n'ont pas pu satisfaire tout le monde. La vente de viande et de laitage demeure en revanche limitée pour une durée indéterminée.

Edito — A mes électeurs

par Pierre Dac

J'ai reçu dans le courant d'une onde pure et de la semaine écoulée de nombreuses lettres dans lesquelles vous me dites, en substance, mes chers électeurs et électrices, à peu près ceci : « Le 21 octobre, nous avons d'enthousiasme, sans arrière-pensée, sans arrière-boutique et en absolue confiance, apporté nos suffrages à votre programme dont la position politique a été si lumineusement définie par le fulgurant slogan : "Pour tout ce qui est contre, contre tout ce qui est pour".

« Pour ne pas influencer notre vote, nous ne vous avons demandé avant le scrutin aucune explication préalable, mais, à présent que des résultats aussi probants que substantiels sont virtuellement acquis, nous voudrions tout de même bien savoir à quoi nous en tenir et pour quoi nous avons voté. »

Noble souci ! Judicieuse question à laquelle je ne tenterai pas de me dérober ! Citoyens, citoyennes, veuillez noter mes explications : la formule « pour tout ce qui est contre, contre tout ce qui est pour » est en soi une formule complète ; elle peut se passer de commentaire ; elle peut également ne pas s'en passer. C'est affaire d'appréciation. En tout état de cause, être pour tout ce qui est

contre, c'est être avec tout ce qui n'est pas pour les choses contre lesquelles nous sommes, et être contre tout ce qui est pour c'est ne pas être avec tout ce qui est contre les choses pour lesquelles nous sommes.

En termes plus précis, nous sommes avec tous ceux qui sont avec nous, en spécifiant bien que tous ceux qui sont contre nous ne sont pas des nôtres, ce qui ne signifie pas obligatoirement que nous sommes systématiquement contre tout ce qui est pour nous ni pour tout ce qui est contre nous. En un mot, nous inspirant des actuelles déclarations des trois grands partis, nous sommes résolus à tout mettre en œuvre pour contribuer à souhaiter la réalisation d'un idéal basé sur le mur de soutènement que constituent les liens qui entourent dans un esprit d'étroite union individuelle l'annonce d'une ferme et éventuelle possibilité d'entente entre tous ceux qui veulent être d'accord pour instaurer dans une démocratie toute fraîche et une république chauffée en hiver, un état social et économique en rapport avec les aspirations de grandeur, de largeur, de hauteur et de profondeur de la nation entière, dans un climat fécond et rénové de collaboration avec les peuples qui estiment que la liberté, qu'on le veuille ou non, ne peut être que le point de départ de tout ce qui doit arriver.

Il est probable, sinon certain que mes détracteurs vont essayer de prétendre que je ne sais pas ce que je dis. Je leur répondrai simplement, et ce sera ma conclusion, que, pour ma part, j'estime qu'il est quelquefois préférable de ne pas savoir ce qu'on dit que de dire ce qu'on ne sait pas.

Voilà, chers réflecteurs et bissextrices, maintenant, vous savez de quoi il retourne. Néanmoins, dans le cas où contre toute vraisemblance vous conserveriez encore l'ombre d'un doute, je ne saurais trop vous conseiller de vous adresser à quelqu'un d'autre que moi en vue d'obtenir des éclaircissements complémentaires. Ma santé physique et morale ne résisterait pas à une nouvelle demande d'explications.

Une révolution dans l'art du portrait

Bientôt vous pourrez vous faire photographier par correspondance, par téléphone ou par télégramme.

D'éminents manœuvres spécialisés travaillent actuellement d'arrache-pied pour mettre la dernière main à cette remarquable innovation dont nous donnons ci-après et à titre indicatif les principales caractéristiques.

En nous envoyant votre signalement complet et votre date de naissance, nous serons prochainement en mesure de vous faire parvenir gratuitement, par retour, une photo d'autant plus ressemblante que vos renseignements seront plus exacts.

Les retouches, dans les rares cas où il y aura à en faire, seront effectuées dans les mêmes conditions, c'est-à-dire que vous nous écrirez ce qui ne va pas et l'on vous arrangera ça tout de suite et au mieux.

Dès que notre procédé sera définitivement mis au point, nous vous en aviserons.

AVIS TRÈS IMPORTANT

Un service de relève-photo est également à l'étude. Très prochainement des hommes à nous se rendront à domicile, histoire de vous présenter notre collection de cadres indispensables pour rehausser l'éclat de votre image. Les prix seront établis sur les bases d'une ferme mais courtoise et mutuelle compréhension.

À Os rompus

Au Palais Bourbon, ça bourdonne !

A l'exception d'une négligeable minorité d'ignorants indécrottables, tout le monde sait que la date de rentrée des classes parlementaires appartient désormais au domaine de l'imminence la plus immédiate. Une activité bourdonnante règne en conséquence au Palais Bourbon où de nombreuses équipes de travailleurs mettent la toute dernière main – ils ont déjà usé l'autre – aux ultimes préparatifs.

Une tâche quasi surhumaine s'imposait à ces vaillants : électrification de la sonnette du président ; mise en place d'un appareil récupérateur dans la salle des pas perdus (l'heure n'est plus aux gaspillages) ; enlèvement d'une des colonnes de la salle des Quatre (à cause du triangle. On vous expliquera ça) ; pose, dépose et repose de la question de confiance ; démontage et remontage du quorum ; remplissage de la caissette aux pelures d'orange et vérification des parachutes ministériels, etc., etc.

Au début, il y a bien eu un peu de flottement, mais chacun a retroussé ses manches et ça a été tout de suite mieux.

A gauche, alignement !

Une chose que les personnes suffisamment renseignées n'ignorent pas davantage, c'est que la nouvelle assemblée ne comporte plus de droite. Dès l'ouverture des portes, tous nos représentants vont donc se précipiter en foule vers les places revendiquées par leur programme électoral, c'est-à-dire au fin bout de l'extrême gauche.

Dans ces conditions, ne peut-on craindre une rupture d'équilibre assez brusque pour faire chavirer d'un seul coup le char de l'Etat ?

Nous croyons pouvoir assurer que ce danger sera conjuré d'une façon ou de l'autre, soit par l'installation d'un dispositif giratoire analogue au truc qui assure la rotation des scènes tournantes dans les théâtres, soit par l'adoption d'un tour de roulement inspiré de la méthode de répartition des pannes d'électricité dans les divers secteurs, soit même autrement.

Triangulairement

Trois grands partis remplacent désormais les 92 ou 95 que nous avons connus depuis 89. La prochaine équipe ministérielle ne sera donc ni ronde, ni carrée, ni ovale, ni même plate comme tant d'autres ; elle sera résolument triangulaire. Pour notre part, nous n'y voyons nul inconvénient. Il y a dans la nature des choses fort estimables qui affectent la forme d'un triangle. Il y a, par exemple… Mais ne nous égarons pas, essayons plutôt de déterminer la future ligne politique du nouveau cabinet.

Rien de plus facile pour qui veut bien se rappeler que le carré de l'hypoténuse est égal à la somme des carrés des deux autres côtés, ce qui, dans le cas présent, nous donne : $(\text{S. F. I. O.}^2 + \text{M. R. P.}^2) = \text{P. C. F.}^2$.

Ceci posé, un simple calcul de triangulation élémentaire nous donnera la solution. C. Q. F. D.

Le chômage

Nous avons reçu la visite d'un homme.

– Je suis peintre électoral, qu'il nous a dit, l'homme.

– Peintre électoral ! que nous avons fait.

– Oui, c'est moi qui ai badigeonné tous les oui-oui et les oui-non que vous avez pu lire dans les rues, en baissant les yeux, l'autre dimanche.

– Un bon boulot ?

– Pas mauvais, surtout pour les oui. C'est le même nombre de lettres que non, mais non, ça demande plus de temps, rapport à l'N ; c'est long, l'N…

– Et lonlonla !… et autrement ?

– Autrement, je suis en chômage, comme de bien entendu. C'est même pour ça que je suis venu vous trouver. Il faudrait faire quelque chose pour moi… Par exemple une campagne de presse exigeant l'institution du referendum hebdomadaire.

– Une idée ! on y pensera.

Fleurs d'hier et d'aujourd'hui

D'après un conte espagnol

Après une semaine de cette pluie saine et virile dont l'invention, attribuée par erreur il y a quelque temps à un médecin danois, se doit en réalité à un humble artisan de la province d'Alicante, le soleil éclaira de nouveau la plaine joyeuse et fertile. C'est là que nous avons interviewé le vieux jardinier Don Candido Gato.

– Bonjour, vieux jardinier, lui avons-nous dit. Quel âge avez-vous ? Vos parents vivent-ils toujours ? Y a-t-il longtemps que vous exercez votre profession ? En êtes-vous satisfait ?

D'une voix forte il nous a répondu :

– J'ai trois cents ans. Mes parents sont morts, mais j'ai heureusement obtenu une bourse afin de m'en procurer deux autres. J'exerce mon métier depuis mon enfance et j'en suis très fier.

– Cultivez-vous toujours les renoncules le torse nu ? avons-nous demandé.

– Toujours, nous a-t-il dit. Le dimanche j'enlève même ma peau et mes muscles et je reste en sternum et clavicules.

– Comment se fait-il que vous ne mettiez pas en serre ces petites fleurs si délicates ?

– Mais c'en est fini des serres, mon bon monsieur, nos fleurs sont de rudes fleurs, caballero : entraînées, aguerries, elles affrontent la tête très haute les violences du temps et des hommes. Prenez seulement la peine de regarder.

Et le vieux jardinier prit un marteau et en frappa un œillet. Celui-ci se mit à saigner, mais ne recula pas d'un pas.

– Quel beau tempérament végétal, avons-nous crié émerveillé.

– Ah ! ces fleurs d'aujourd'hui ont une autre mentalité, un autre caractère que celles d'autrefois.

– Ont-elles du parfum ?

Le vieux jardinier eut un geste de dégoût.

– Les parfums ne se portent plus, dit-il. Nous en avons assez de ces fleurs efféminées d'un autre âge qui exhalaient des odeurs ridicules et mièvres. Dites-moi un peu ce que sent cette rose ?

Nous respirâmes la rose.

– La sueur !

– Justement la sueur. Mais une bonne sueur saine et forte, symbole de la fatigue journalière et du travail acharné. Ah ! la belle époque !

C'est alors que notre curiosité fut attirée par les plantations de maïs.

– Comment ! vous n'employez pas d'épouvantails à moineaux ?

– Les oiseaux modernes n'ont pas besoin d'épouvantails pour respecter les récoltes. Mais interrogez donc vous-même cet oiseau qui passe par là.

Nous interrogeâmes l'oiseau.

– Pourquoi respectez-vous les récoltes ?

Et l'oiseau nous répondit avec dignité :

– J'aurais honte, monsieur, de voler le travailleur tenace et persévérant qui a besoin de ces aliments pour subsister.

– Comment vous débrouillez-vous donc pour manger ?

– Je travaille, monsieur, nous dit l'oiseau d'un ton sévère. Et sur ce, il s'en alla, traînant péniblement une pioche et une pelle.

« Admirable race de petit volatile ! avons-nous dit stupéfait. Combien les petites pattes calleuses des oiseaux d'aujourd'hui valent mieux que celles, lisses et blanches, des oiseaux d'autrefois ! »

Et nous partîmes, la bouche ouverte.

CONSULTATIONS JURIDIQUES

Un avocat nous écrit : « Cher maître, un de mes clients, un facteur, doit être jugé prochainement pour avoir essayé de passer un faux billet de mille francs fabriqué par lui. Le billet était très bien imité, je dois le reconnaître, mais par malheur, le billet dont mon client s'était servi comme modèle était lui aussi un faux billet, mais très mal imité. Aussi mon client, pour avoir imité un faux billet, a été emprisonné comme contrefacteur, lui, un facteur !

» Dans l'espoir de vous lire et que vous me tirerez d'affaire, recevez, etc., etc. – Me PLIANT. »

RÉPONSE

Tout d'abord, mon cher confrère, j'ai l'impression très nette que vous vasouillez lamentablement dans cette affaire. Certes, je veux bien vous tirer d'embarras, mais pas tirer les marrons du feu ! Je pense donc qu'un « half and half » sur la somme que vous toucherez serait équitable ! Votre client est dans une sombre impasse, quoique la justice se montre moins sévère pour un imitateur de faux billets de mille qui sont en ce moment plus faciles à trouver que les vrais. Néanmoins, votre plaidoirie devra s'inspirer des articles du Code civil suivant :

Art. 1334. – Les copies, lorsque le titre original subsiste, ne font foi que de ce qui est contenu au titre dont la représentation peut toujours être exigée. (Civ. 45, 1317, 1322, Pr. 839, S. L. 25 VENT. an. XI, art. 21 et s.).

Vous comprenez ? La copie n'étant pas d'un billet original, ne peut plus subsister, et ce que ce billet représente ne peut plus être exigé ni tenu pour valable. Mais c'est le paragraphe 4 de l'article 1335 qui nous fournit notre planche de salut. Il dit en effet : « Les copies des copies pourront, suivant circonstances, être considérées comme simple renseignement. »

Donc, c'est uniquement pour renseigner les gens susceptibles de recevoir des faux billets que votre facteur est devenu contrefacteur ! Acquittement certain après lequel tout bien réfléchi, vous pourriez me verser les trois quarts de vos honoraires.

Confraternellement, votre :

Maître ANKESSE.

Nos échos mondains

La comtesse d'Alguazil, toujours mutine, a profité de son passage à Paris pour rendre visite au sémillant directeur de L'Os. *Afin de recueillir des impressions toutes fraîches sur l'entrevue de ces deux grands*[1], *nous attendîmes la chère dame à la sortie. Elle nous parut fort dolente et très déprimée, répétant seulement d'une voix sépulcrale : « M'avoir fait ça, à moi ! »*

Nous nous enquîmes, angoissés :

– Mais quoi donc, comtesse, parlez vite !

Elle tourna vers nous son œil mordoré, embué de larmes.

– Savez-vous comment je fus accueillie ? D'abord, il avait éparpillé de ci, de là, dans la pièce une douzaine de ses esclaves, qui faisaient semblant de travailler, et qui ne fichaient rien – comme de bien entendu – sauf qu'ils se marraient intérieurement, mine de rien. Et quelle tenue ! J'ose à peine en parler : même pas pieds nus, même pas de cafetière sur la tête, pas le moindre plumeau à la boutonnière ! Mais le pire de tout, c'est lui ! Il m'a... (les sanglots l'étranglèrent un instant, mais elle les ravala goulûment), il m'a... présenté ses hommages, et il m'a dit : « Asseyez-vous, Madame ! » Même pas une bourrade amicale, même pas un croche-pied malicieux qui m'eût étalée sans façon sur le tapis – et de rire ! – Non : des hommages ! Un homme que je tutoyais il y a sept ans, à peine ! C'est dur quand même !

– Mais, comtesse, vous connaissiez donc déjà le directeur de L'Os ?

Elle baissa pudiquement les yeux.

– Je ne le connaissais point, rétorqua-t-elle, mais j'y écrivais. Fais ceci, fais cela, que j'y disais par pneumatiques, ou bien tu es un homme mort, on t'étripera, on te coupera en rondelles... tout ça pour en arriver à cet accueil distant !

Un soupir déchirant souleva la gorge de la puissante matronne.

– Enfin, dit-elle, c'est la vie.

Et la comtesse nous quitta, pour se mettre en tenue. Nous ne l'avons plus revue depuis et l'inquiétude nous gagne. Prière à toute personne qui aurait remarqué par hasard une dame très comme il faut, en maillot, coiffée d'un poêlon gras, chaussée de mortadelle, et chantant des cantiques, tout en se faufilant discrètement dans la foule, d'écrire d'urgence au bar du coin, contre forte récompense.

1. Nous n'avons pas pu savoir de deux grands quoi il s'agissait, notre correspondant s'étant refusé à toute précision à ce sujet.

La vie pratique

Voici venir l'hiver et la sombre corvée de l'allumage du feu. Aux impatients, aux turbulents fébriles, nous conseillons la préparation suivante homologuée en nos laboratoires.

Mélangez au bout d'un bâton :

Pétrole rectifié .... 22 litres.
Magnésium .... 5 kilos.
Pilou .... Un bon tiers.
Fulmicoton .... 1 livre.
Ether flambant..................... 2 litres.
Mélinite gratinée .... 1 mètre.

Envelopper le tout dans un faux vrai col en celluloïd. Plonger le mélange obtenu dans le poêle en fusion et attendre l'arrivée des secours.

ARCHIMEGRE

Conflits sociaux

Mauvaise nouvelle pour les turfistes. Après le personnel du P. M. U., les preneurs de paris clandestins menacent de débrayer pour protester contre les vexations policières dont ils sont trop souvent l'objet.

Ces honnêtes travailleurs ne veulent pas jouer plus longtemps le rôle de *books* émissaires.

A cette occasion, les chevaux de course s'apprêteraient à déclencher une grève de solipédarité.

Communiqué

L'A. N. M. R. (Amicale des Nouveaux des Manches retroussées) tiendra, le sixième mercredi de novembre, de 5 h 49 et au pied du mur, sa première assemblée générale.

Au programme : grand tournoi de belote en trois manches retroussées.

Pour clôturer la séance, les membres auront à se prononcer sur la question de savoir si, à l'avenir, on devra aussi se cracher dans les mains.

~~~~~~~~~~~~~~~~~~~~~Le coin du toubib~~~~~~~~~~~~~~~~~~~~~

LE MUGUET

Si l'on s'en rapporte au Petit Larousse[1] *le muguet est une maladie due à un champignon, et qui se produit surtout dans la bouche des nouveau-nés. Comme c'est plausible ! Avez-vous jamais vu des nouveau-nés manger des champignons ? Il faut vraiment ne rien entendre à la puériculture, et être naïf et dépourvu de logique comme l'était ce pauvre Larousse pour avancer pareille énormité.*

Cette erreur grotesque doit certainement venir de ce que, dans les bois, le muguet pousse souvent à côté des champignons, mais il n'est vraiment pas possible de les prendre l'un pour l'autre, et encore moins d'affirmer que l'un est produit de l'autre !

Cette maladie parfumée est considérée par beaucoup de personnes comme un gage de bonheur et de félicité, et elles s'en félicitent, en effet. Elles ont tort, car si cela est vrai au mois de mai, en revanche, en dehors de cette courte période de l'année, elle est non seulement nuisible mais nettement ridicule.

Le muguet, chez les adultes, est caractérisé par un bruit de clochettes qui fait que, souvent, le malade est pris pour un serpent à sonnette, ce qui crée des paniques regrettables autour de lui ; et, pour cette raison, il vaut mieux le garder soigneusement enfermé, de préférence dans la glacière, car la chaleur conserve le muguet.

Le meilleur traitement de cette curieuse affection consiste, si le malade est du sexe masculin, à épouser une fleuriste. Quant aux malades du sexe opposé, elles se contenteront de s'appliquer sur la luette et les environs quelques chenilles de bombyx ou de sphinx atropos qui auront tôt fait de faire disparaître le muguet dont elles sont extrêmement friandes.

1. Je n'ai pas le grand, c'est pourquoi je m'en rapporte au petit.

Les recettes économiques

Faire bien avec peu, tel est le souci de toutes les bonnes ménagères. Nous avons pensé qu'il serait utile de donner ici quelques recettes pratiques et simples qui apporteront, avec le minimum de frais, un peu de variété dans notre menu quotidien.

PÂTÉ RESTRICTION

Pétrissez une livre de fine fleur de gruau et deux livres de beurre frais, ajoutez six œufs, fine champagne et sel, découpez en filets un kilo de lard gras, la moitié d'un râble de lièvre, la chair de deux perdreaux
~~~~~~~~~~~~~~~~~~~~~

rouges et celle d'une poulette. Faites revenir dans une livre de beurre des Charentes avec poivre, sel, basilic, muscade, gingembre, piment, girofle et macis en arrosant largement de bon cognac. Hachez les chairs et les foies de quelques grives et d'une bécasse avec un kilo de filet de porc et de foie gras. Ajoutez six œufs battus, de l'huile d'olive, une livre de truffes noires pelées et mélangez. Etendre votre pâte, garnissez en ajoutant des pistaches blanches et des tranches de jambon à chair rouge. Faire cuire deux heures à four doux. Pendant ce temps, faire bouillir dans trois litres de vieux madère une perdrix, une bécasse et des cailles. Laissez réduire, jetez les oiseaux et versez le jus dans votre pâté. Mangez froid. C'est très bon.

Tante Pineaud.

Petites Annonces

OFFRE D'EMPLOI

Bonne à tout faire : lavage, repassage, cuisine, vaisselle, reprisage, ménage, courses, vote, pâtisserie, tapisserie, rempaillage de chaises, ressemelages, garde-malade pouvant s'occuper d'enfants et quelques menues corvées. Si pas sérieuse, s'abstenir. Ecrire Legrigou.

DIVERS

Echangerais tournevis contre tournedos.

Chaîne de moteur d'avion demande monsieur convenable possédant gilet et montre en or pour sortir le dimanche.

Gardian de Camargue, n'ayant plus de cheval, achèterait camion allemand pour prendre son Arlésienne en Krupp.

Insecticide spécial pour dépouiller le courrier. Le flacon 42 fr.

Madame Isis, voyante intégrale, dévoile le passé, le présent et l'imparfait du subjonctif.

Grand tarot .... 100 fr.
Petit tarot .... 50 fr.
Marc de café .... 20 fr.
Café crème .... 200 fr.

Boisson hygiénique pour voyous anémiques. « Coquin-Cola ». La petite jecte : 35 sous.

Articles pour ivrognes. – Aide-mémoire pour planteurs de drapeaux. Evite toutes erreurs fâcheuses, grosse économie assurée : 430 sous.

Chien hurleur à la mort pour ragaillardir les voisins, l'heure : 20 francs. Modèle sup. coyote des prairies, l'animal et son gardien, l'heure : 150 fr., nourriture en plus.

ARTICLES POUR FEIGNANTS

Pantalons mécaniques : 33700 fr. 65 cent. Les mêmes, mais à trois vitesses et marche arrière : 47 300 fr. 40 cent.

Les Etablissements Tekasspalchou présentent :

Appareils à mettre les chaussures : 18 702 fr. 60 ; à agiter le blaireau : 43 215 fr. 10 ; à laver les pieds : 3418 fr. 90 ; à gratter le nez : 72 010 fr. 95 ; à brosser les chaussures et les dents (une simple brosse à changer), très avantageux : 92 315 fr. 70.

Machine à mettre en route les appareils ci-dess. : 327 513 fr. 05. Ces prix s'entendent taxes comprises.

Radiateur à glace pour pays chauds. Fonctionne même pendant les interruptions de courant. Livré avec une armoire à glace servant à l'alimentation.

Pendant les pannes d'électricité, plus d'obscurité grâce à vfltzgpjplrsvcqtrhjlmpef°xzrfprumft et tout est clair.

ARTICLES POUR POLICIERS

Un lot de chapeaux Cronstadt (très pratiques pour cronstadtations). La livre : 12 fr. 95.

OCCASIONS DIVERSES

Au long marché, articles pour jeunes ménages. – Lit raphia, ord. : 21 752 fr. 15 ; lit raphia, supr. 39 001 francs 83 ; modèle en ficelle de papier : 41 427 fr. ; article

sérieux, raphia renforcé cartonnage : 98 9715 francs 70 ; avec point DG.-GB.-X de la carte d'écolier.
Matelas jonc tressé, rembourrage sciure de bois : 6000 fr. ; le même, préparé et bourré à domicile : 7003 francs 10. Table de nuit tôle soudée : 1020 fr. ; même modèle, à réservoir ; 1215 fr.

Couteau sans manche, la p. : 3,30 fr. ; manche sans lame, la p. 2,90 fr. ; lame nue, la p. : 1,30 fr. Couteaux tout montés : article épuisé.

Thermomètre médical, double de ménage : 11 fr. Modèle multiprix pour ville de garnison : 404 fr. Le même avec prise pour pick-up : 470 fr.

Ventilateur pour rafraîchir la soupe : 333 fr. 30. Modèle 500 HP, pour grandes tablées : 2151 fr. 20.

MARIAGES – RELATIONS

Femme-canon de 75 se prêterait volontiers pour théorie et pratique à jeunes gens effectuant préparation militaire.

Explication petite annonce 445 n° 2. – On D. J. F. P. P. P. P. P. T. F. P. : On demande jeune fille présentée par parents pour petits travaux faciles au Paraguay.

GRAND ROMAN POLICIER par AGAGHA FRICHTIE

Avertissement au résumé des chapitres qui précèdent ceux qui vont suivre.

Nous venons de nous apercevoir tout à fait par hasard que les chapitres parus au cours de nos trois derniers numéros n'ont aucun rapport avec le titre de ce feuilleton.

Après tout, au lendemain des élections, nous avons le droit de nous tromper autant que ceux qui se trompent autant que nous.

En conséquence, nous prions nos lecteurs de considérer comme nul et non avenu tout ce qui a été écrit jusqu'à ce jour sous le titre de *L'assassin vient la bouche pleine.* C'est à partir de maintenant que la véritable action commence.

Argument

Il est indispensable que nous vous disions de quoi il s'agit. Voilà la chose : un crime a été commis ; d'autres peuvent suivre. On ne connaît ni la victime, ni l'assassin, ni les circonstances du drame. Il appartient donc au commissaire Feuillemolle et à l'inspecteur Fraisaulard de faire toute la lumière sur l'obscurité qui en découle. Voilà. Et maintenant que vous êtes au courant, on recommence tout.

Chapitre premier

(Y en a pas.)

Chapitre II

(Le même que le premier.)

Chapitre III

La cloche à plongeur de Saint-Ciput sonna quatre coups distincts. Aussitôt, une cloche à melon des environs répondit par trois coups plus légers, mais non moins distincts. Enfin, le bourdon de Rimsky-Korsakov fit entendre à son tour sa voix grave deux fois de suite.

L'inspecteur Fraisaulard compta à haute voix :

– Quatre et trois sept… et deux, neuf ! Il serait donc neuf heures…

A ce moment précis, le poste de radio éructa tranquillement et prononça d'une voix docte ces mots lourds de sens :

– Au quatrième clop, il sera exactement trois heures cinq.

L'inspecteur tressaillit et, se penchant vers le commissaire Feuillemolle qui fumait flegmatiquement sa pipe en racine de croûte de gruyère, il murmura :

– Nous sommes trahis ! Neuf et trois, ça fait douze… Il est minuit passé. La femme au nez tricolore devait nous apporter les documents à deux heures du matin, et elle n'est pas encore là ! Votre avis ?

– Bonne renommée vaut mieux que ceinture dorée, proféra calmement le commissaire en tapant le fourneau de sa pipe contre le talon d'un chèque sans provision qui traînait là.

– Bien dit, chef, approuva Fraisaulard, vous me rappelez Danton !

– Comment ?

– Je dis, vous me rappelez Danton.

– Danton quoi ?

– Danton rien.

(*A bientôt.*)

L'OS LIBRE

« Contre tout ce qui est pour – Pour tout ce qui est contre. »

NUMÉRO 5 – JEUDI 8 NOVEMBRE 1945

A l'heure où le 2 novembre en France, la nouvelle loi constitutionnelle entre officiellement en vigueur, l'Argentine vit une situation politique complexe. Juan Peron, vice-Président du pays jusqu'au 9 octobre, a été poussé à la démission, arrêté, puis libéré à la suite d'une manifestation qui, sur la place de Buenos Aires, a réuni plusieurs centaines de milliers de personnes. Du jamais-vu dans l'histoire de la politique. Le respect des droits de l'homme est inscrit dans la Charte de l'Atlantique signée en 1941 par Churchill et Roosevelt. Elle revient au cœur de l'actualité.

Edito — Alerte à la patte-mouille

par Pierre Dac

La tâche de l'humoriste, par principe et définition, consiste à traiter légèrement les choses sérieuses et sérieusement les choses légères ou considérées comme telles, tout étant relatif, et compte tenu du sens plus ou moins critique de l'individu ou, ce qui est mieux, de son simple bon sens.

Ceci dit pour bien faire comprendre à mes contemporains que j'ai l'intention de traiter le plus gravement du monde la question de la patte-mouille. Evidemment, en l'état actuel des choses par rapport aux événements considérables de ces dernières années, la patte-mouille ne semble jouer qu'un rôle épisodique : raison de plus pour nous en occuper objectivement, car si nous n'y prenons garde, le problème de la patte-mouille se posera un jour brutalement et d'une manière démesurée à la face d'un monde qui se trouvera devant le fait accompli pour n'avoir pu ou voulu en mesurer la portée et l'étendue.

Déjà, à son sujet, diverses tendances et opinions commencent à s'opposer qui finiront par se combattre, menaçant d'engendrer le pire. Je conseille vivement à tous ceux qui veulent se documenter de consulter *L'Histoire de la patte-mouille depuis les origines jusqu'au début*, du professeur Léon-Adhémar-John-Mac y Ramirez-Labidrul, dont la compétence en matière de patte-mouille fait autorité. Il y a consacré de nombreuses années d'études et de patientes recherches. Biologiste distingué, linguiste accompli, parfait humaniste

d'une érudition claire et multiple, il est exactement l'homme de la chose. Par surcroît, colonial endurci puisqu'il fut longtemps professeur d'arthrite dans une colonie de vacances. Si donc, je crie aujourd'hui : « Alerte à la patte-mouille », c'est en raison de la tendance que marque nettement celle-ci à pénétrer dans tous les milieux – même les plus fermés. Elle a, certes, de nombreux partisans, mais aussi des adversaires ; c'est ainsi que commencent les fausses idéologies et nous savons ce que ça veut dire. Il ne s'agit pas d'être propattemouillard ou antipattemouillard, il convient de conserver un juste équilibre et de se garder de tout excès dans un sens ou dans l'autre. Il n'est pas excessif de penser que, pattemouillard ou antipattemouillard, il convient de conserver l'évolution sociale. Le nivellement des classes par la patte-mouille ne me semble pas être une formule compatible avec le progrès ; elle ne peut qu'engendrer un abaissement du niveau moral et intellectuel et risque de provoquer une sensible régression des valeurs humaines. Du nivellement par la patte-mouille à l'asservissement par la patte-mouille, il n'y a que la distance d'une planche à repasser. Si nous relâchons notre vigilance, nous allons tout droit à une mystique de la patte-mouille avec tout ce que pareille aventure comporte.

Il n'a été fait dans la Charte de l'Atlantique aucune allusion à la patte-mouille ; c'est une regrettable lacune qu'il serait opportun de combler. La répartition de la patte-mouille devra, dans l'avenir, être équitablement effectuée dans le monde entier. Les hommes d'Etat qui ont la lourde tâche d'établir la paix feront bien d'y songer. Qu'ils se pénètrent bien de cette vérité que si la patte-mouille, maintenue à sa place, peut être un élément constructif, elle peut, par contre, contenir de furieux ferments de désordre si elle déborde les attributions qui lui sont dévolues.

Il faut une politique de la patte-mouille, une politique claire, tolérante, mais ferme et juste.

La patte-mouille pour tous, dans le cadre des institutions démocratiques, d'accord. Mais tous pour la patte-mouille autoritaire et impérialiste, jamais.

Et, dans ce cas, alerte à la patte-mouille.

Ravitaillement

Un clochard affamé a été trouvé rongeant un numéro de *L'Os libre*. Conduit devant M. Pineau, il a manifesté des regrets sincères. Le ministre, très ému, lui a remis quelques tickets périmés et 15 cartes de pain.

Mise au point. – Depuis la rue Saint-Vincent jusqu'à la Noël, distribution de 3 tickets B.C.G. et S.O.S. par personne. En échange, les consommateurs devront déposer 100 gr. de viande. Il va de soi que ces tickets ne leur donnent droit à rien, mais une enquête sévère sera faite sur l'origine des 100 gr. de viande.

Les services du ravitaillement ont fait saisir certains ouvrages aux titres trop évocateurs : *Gargantua, Les Ventres dorés, Le Pain de misère, Les Buveurs de sang, Les Derniers Anthropophages*, etc.

Le Cœur innombrable, de la comtesse de Noailles, a été épargné, mais *Les Nourritures terrestres*, d'André Gide, n'ont soulevé aucune pitié.

À Os rompus

Anticonstitutionnellement

Des lecteurs, au nombre de 18 784 et quelques, nous ont adressé la lettre ci-à peu près :

« Bien qu'elle nous ait été expliquée plusieurs fois et dans tous ses détails, nous avons parfaitement compris en temps voulu la chose du référendum. Répondre « non » à la première question, ça signifiait qu'on ne voulait à aucun prix d'une nouvelle constitution. Or, il se trouve au Palais-Bourbon un certain nombre de représentants dont les électeurs ont voté « non » et qui n'en font pas moins partie de la Constituante. A quoi ça va ressembler, je vous le demande, cette constitution fabriquée anticonstitutionnellement ? »

Nous transmettons sans y rien changer la question à qui-de-droite.

Sept mois

Autre chose, d'un genre différent mais non moins sérieux. Sous peine d'être déclarée nulle, forclose et non avenue, la constitution doit sortir de l'œuf au plus tard dans les sept mois qui suivront sa mise en chantier.

Pourquoi sept mois ? Pourquoi pas huit et surtout pourquoi pas neuf ? Neuf mois, n'est-ce pas le délai généralement accordé en pareil cas ? Il faut ce qu'il faut, dit la Sagesse des Rations, et ce n'est pas parce que les auteurs présumés s'y seront mis à trois que ça ira plus vite. Si l'on commence à compter les jours à partir de tout de suite, on s'aperçoit que l'enfant devra venir au monde au début de juin 1946, c'est-à-dire nettement avant terme (le terme, c'est le 15 juillet). Toutes les personnes d'expérience vous diront qu'on ne peut vraiment pas espérer une bonne constitution en s'y prenant de la sorte.

Notre éphéméride

8 NOVEMBRE 1448 : Mort de Jean Cabot, navigateur vénitien. Il découvrit Terre-Neuve grâce au flair d'un chien du pays. Pour récompenser le brave toutou, Jean Cabot lui donna son nom.

9 NOVEMBRE 602 av. J.-C. : Naissance de Nabuchodonosor le Grand. C'est à lui que l'on doit l'idée de mettre des pots de fleurs sur les rebords des fenêtres, car il fut le créateur des jardins suspendus de Babylone. Le parfum des fleurs lui ayant tourné la tête, il se prenait pour un bœuf et parcourait les rues en imitant le cri de cet animal. On comprend tout le danger qu'il y aurait à vouloir le copier de nos jours.

10 NOVEMBRE 1294 : Rencontre de Dante Alighieri et du poète Virgile, non loin de la porte d'Enfer.

11 NOVEMBRE 1902 : Rencontre de M. Paul Durand et de M. Henri Dupont au coin de la rue Custine (18e).

12 NOVEMBRE 1583 : Naissance de Jean de Luge, cardinal espagnol. Voulant corser son vin de messe, il fit de nombreuses recherches sur le quinquina qu'il répandit sur sa bavette et dans le grand public. C'est un des créateurs de nos apéritifs modernes.

13 NOVEMBRE 82 791 av. J.-C. : Naissance de Eugène-Evariste-Anatole Trouillard. On lui doit l'invention de l'eau tiède.

14 NOVEMBRE 1483 : Naissance à Eisleben (Saxe) de Martin Luther, réformateur religieux. Les gens étaient indécis et n'osaient adopter ses théories, d'ou l'expression : « Avec qui voulez-vous Luther ? »

Recherches

On est sans nouvelles de M. Poileau Luc qui a quitté le domicile de ses parents dans la nuit du 3 au 4 novembre pour aller faire un billard. Signalement 0,90 m à genoux, 1,65 m déplié, âge 97 ans. Porte une longue barbe blanche dont il met la pointe dans une des poches de son gilet. Etait vêtu le soir de son départ d'une houppelande de cocher de l'Urbaine et coiffé d'un chapeau Jean Bart. Signe particulier : n'a jamais eu les oreillons. Donner nouvelles à *L'Os*.

L'abondance des matières nous met dans l'impossibilité de publier dans ce numéro une ordonnance du Ministère de l'Intérieur portant interdiction aux visiteurs et aux usagers âgés de moins de 30 ans de préparer des plats cuisinés dans les musées nationaux, les antichambres ministérielles et les sous-sols de la Banque de France.

Paris la nuit

Alors qu'il regagnait son domicile, 27, avenue Abel-Hermant-prolongée, M. Achille Canavése, 72 ans, fut accosté par un individu qui, lâchement, lui récita à bout portant deux chapitres du dernier ouvrage de M. Paul Claudel.

Le malheureux, relevé dans un état désespéré, a été transporté à Marmottan, tout en faisant de même.

***

Mlle Madeleine Desfoux, 23 ans, se présentait, l'autre nuit, et dans une tenue plutôt légère, au commissariat de la Muette. Selon ses déclarations, deux soldats l'ayant abordée, lui auraient porté de violents coups avec un instrument sur lequel elle ne peut, ou ne veut, fournir de précisions.

Il s'agirait, vraisemblablement, d'une arme secrète.

***

M. Wencelas Obéré, marchand de croissants à la sauvette, a reçu la nuit dernière la visite de deux individus se prétendant policiers qui, sur le prétexte qu'il était soupçonné de trafic d'or, ont fouillé son logement.

Ils ont emporté pour 250 000 fr. de croissants après avoir ligoté leur victime.

Comme ces individus étaient fort élégamment vêtus, qu'ils étaient rasés de frais et qu'ils portaient un faux-col propre, aucun doute ne demeure : il s'agit bien de faux policiers.

***

A la suite de chagrins intimes, Mme Huguette N..., 19 ans, a mis fin à ses jours en absorbant plusieurs tasses de succédané de café de vente libre.

La mort a été instantanée.

L'otarie nationale

(Poème inédit en morse)

Un jeune poète tibétain, M. Léon Altym-Tagh, nous adresse cette pièce de vers en morse, dont nous sommes heureux de donner, en exclusivité, la primeur à nos lecteurs.

La richesse des rimes, l'élévation de pensée, le romantisme des strophes, constitueront sans nul doute un véritable régal pour les amateurs de poésie entièrement prise dans la masse.

–– ––– ..
–... . .– ..–
.––. .– ... –... . – .
...– .. .–.. .– .. –.
–– ––– .. –– . –– .

...– .. .–.. .– .. –.
.––. .– ... –... . – .
–– ––– ..
–– ––– .. –– . –– .

.––. .– ... –... . – .
–– ––– .. –– . –– .
–– ––– ..
–– ––– .. –– . –– .

– .– –.– ...
–– ––– ..
...– .. .–.. .– .. –.
–– ––– .. –– . –– .
.––. .– – –... . – .

.––. .– ... –... . – .
[–. ––– ..– ...
...– .. .–.. .– .. –.
– ––– ..
... –– .– –.– – ..–
–.. .–.. –––.. –. ...–
–. ..–– – –. –.. ... –.
.– ... – –– .

Les grands reportages de L'Os libre

Que se passe-t-il en Argentine ?

Une vive effervescence règne depuis quelque temps en Argentine, comme dit, ou à peu près, la chanson « Peron-t-y, Peron-t-y pas ? » Fidèle à sa devise : « le premier pour l'actualité et le premier pour la soupe », L'Os libre *s'est empressé d'envoyer sur les lieux son reporter maison. Voici ses premiers télégrammes, évidemment retardés parce que transmis au rabais.*

DE BUENOS-AIRES
(Transmis par fil atomique)

Tout va très bien, mais il n'y a plus de marquises (je parle de celles des cafés), on s'est battu dans les rues à la mitraillette, alors vous pensez… Le nouveau gouvernement est de première bourre. Partisan du progrès social, il aime évidemment beaucoup la France et les Français. « Je voudrais vous être agréable », m'a dit le colonel… (son nom m'a échappé : ici, comme chez nous, ils sont tous au moins colonel) ; enfin, quoi, le colonel qui avait remplacé le colonel Peron.

– Que savez-vous faire ?

– Mon Dieu, rien… J'ai manqué ma licence de lettres…

– Parfait… alors je vais vous mettre à l'Information ; je n'ai personne pour l'Information…

Je me suis récusé, ma qualité de Français m'empêchant d'accepter un poste officiel étranger. Le colonel a vivement regretté ce contretemps et comme compensation m'a fait donner une chambre dans le meilleur hôtel de la Bocca.

La police qui avait défendu l'ancien gouvernement est passée maintenant du côté des insurgés.

Tout va très bien…

Le lendemain, sept heures du matin

Tout va très mal…

Il y a quelques instants, j'ai sonné pour que l'on m'apporte le café ; j'étais servi hier au soir par une accorte soubrette bien roulée… comme je les aime. Ce matin, j'ai vu arriver un gars moustachu porteur d'une mitraillette.

– Comme elle a changé, me suis-je dit.

Erreur !

Le gars en question était un policier en civil.

– Bravo, que je lui ai dit, vous êtes avec nous.

– Non, qu'il m'a fait… on n'y est plus… On est repassé du côté du général Peron…

– Du colonel Peron…

– Du général : on lui a donné de l'avancement. Le gouvernement d'hier est en prison... Voulez-vous me donner vos nom, prénoms, qualité et m'expliquer un peu ce que vous faites ici... Considérez-vous désormais comme étant en liberté surveillée... Et ne sortez de votre chambre sous aucun prétexte.

Tout va très mal !

Même jour, vingt et une heures

Tout va de nouveau très bien. Stop. Police repassée notre côté. Stop. Peron arrêté. Stop. Ancien gouvernement au pouvoir. Stop. Ai été décoré ordre Grand Condor. Stop. Vive liberté !

Le lendemain, sept heures du matin

Tout est dans le sieau. Stop. Peron délivré et canonisé. Stop. Nouveau ancien gouvernement en prison. Stop. Ça barde pour mon matricule. Stop. Envoyez fonds urgence.

Spectacles, radio, divers et télégraphe

Le rubriqueur se présente

Au moment d'inaugurer cette rubrique, je ne saurais mieux faire, chers lecteurs, que de vous exposer les raisons qui ont obligé ma modestie à en accepter la charge.

J'étais, il est vrai, tout désigné pour vous parler du théâtre, car je n'y vais jamais. Mon impartialité est donc absolument assurée. Je me bornerai d'ailleurs à quelques brefs éloges des jeunes et jolies comédiennes que j'ai parfois le plaisir de rencontrer à la messe de Saint-Germain-des-Prés. J'attends dès maintenant leur candidature.

Pour ce qui est de la partie radiophonique de cette rubrique, je suis également très compétent, car je ne possède chez moi aucun appareil de T.S.F. et mes amis non plus. Il y a longtemps que nous les avons vendus, afin d'acheter du pain pour les pauvres petits poissons rouges du jardin des Tuileries. Il est vrai qu'il pourrait m'arriver d'entendre, par mégarde, quelque émission dans un de ces établissements qu'on appelle « bistrots », mais vous m'accorderez que ce petit bruit est bien anodin. Quand cela vous entre par une oreille, cela vous sort par l'autre, si bien que mon indépendance n'en sera nullement affectée.

En ce qui concerne la rubrique « divers », il y a sûrement assez de choses que je ne connais pas pour que je puisse vous en parler longuement.

Enfin, pour la rubrique télégraphique, je jure sous la foi du serment que ni mes parents ni mes grands-parents n'ont connu Louis Onze et que seul mon grand-père maternel était employé des Postes. Je ne l'ai donc pas connu et tout est pour le mieux.

La semaine prochaine, je vous indiquerai l'heure qu'il est au mois de novembre.

Modeste Goncour.

Le ministère des P. T. T. communique :

L'annuaire des faux numéros de téléphone sera mis en vente entre le 15 janvier 1946 et le 16 décembre 1945 (G. M. T.).

Cours et cotations

612 fr. 75, 23 fr. 95, 69 fr. 50, 1241 fr., 501 fr. 85, 14 fr. 05, 6521 fr. 40, 202 fr., 1102 fr. 90, 2 fr. 75, 115 621 fr., 3482 fr., 1281 fr. 10, 566 fr. 66, 0 fr. 85.

Nous ne savons pas du tout à quoi se rapportent ces prix (que nous trouvons pour notre part parfaitement raisonnables) et que nous laissons à l'appréciation de nos lecteurs en vue de leur adaptation éventuelle.

La cuisine pratique

Cheval farci

Prendre un beau cheval en station. Dételez-le, abattez-le d'un bon coup de tête entre les deux yeux.

Relevez les brancards afin de ne pas être gêné dans vos préparatifs.

Coucher l'animal sur le dos et l'ouvrir de bas en haut, ou de haut en bas, suivant le côté où l'on se trouve, et suivant une ligne idéale partant de la mâchoire inférieure à l'autre bout.

Videz et dépouillez. Hachez finement, passer au tamis fin, ajouter cinq à dix pieds de persil, quelques clous de girofle et poivrez.

Bourrez la bestiole avec le hachis obtenu, puis recoudre soigneusement l'ouverture.

Aidez l'animal à se remettre sur pied et attelez-le à nouveau et allez-vous-en rapidement avant qu'un gros cocher soupçonneux ne survienne inopinément et s'étonne de vous voir tripoter son bourrin.

Tonton JULES.

Du nouveau en football

On parle beaucoup actuellement, dans les milieux – et même dans les coins sportifs – d'un nouveau jeu, qui nous vient, naturellement, d'Amérique et qui est appelé à remplacer très rapidement le vieux football association.

Il s'agit du football dissociation.

Ce sport, extrêmement spectaculaire, se pratique à 21 joueurs, ou plus exactement, la partie commence avec 21 joueurs et se termine avec 0 joueur. Car le jeu consiste à éliminer tous les joueurs, les uns après les autres.

Cette élimination peut s'obtenir de différentes façons : soit par disqualification, soit par coups de pied dans le ventre, soit encore par coups de matraque, coup de hache ou même de canon. Quand il ne reste plus sur le terrain que l'arbitre (encore cette condition n'est-elle pas absolument nécessaire, ce dernier pouvant lui-même être abattu au cours de la partie, mais seulement à coups de pavés), la partie est terminée.

Mais me demanderez-vous, qui gagne alors ?

Eh, c'est précisément sur ce point que je voulais attirer votre attention, car c'est justement là qu'est l'incontestable originalité de ce nouveau jeu.

IL N'Y A PAS DE GAGNANT !

Voilà enfin du sport, du vrai. Du sport pour le sport.

Du sport chimiquement pur !

Photographie
par correspondance

Nous vous avons annoncé dans notre précédent numéro, que nos spécialistes mettaient la dernière main à notre dispositif. Nos laboratoires viennent de mettre au point un nouveau perfectionnement permettant de se faire tirer en portrait par tuyau acoustique. Le procédé est le suivant :

Vous débouchez le cornet, vous soufflez dans le tuyau, vous dites comment vous êtes et on s'occupe de vous.

Encore quelques formalités et nous pourrons entrer dans le domaine des réalisations pratiques. On vous tiendra au courant.

PETITES ANNONCES

DEMANDES D'EMPLOI

Feignant cherche travail tout fait, envoyer salaires.

Ex-agent de la Sûreté, élégant, garde-robe complète et jolie paire menottes, poserait pour cartes postales sentimentales. Ecrire Flairdassier.

DIVERS

Hirondelle partant pour l'Algérie cherche oiseau pour apprendre l'arabe. Prix : 25 chenilles par leçon.

Appareil pour se gratter le dos : 6 sous. Modèle de luxe en forme de face à main, pour se gratter le nez : 8 sous. Divers autres modèles : 10 sous.

Echangerais rouleau compresseur contre vis à lorgnon. Urgent.

A échanger femme bavarde contre bourdonnements d'oreilles.

Réveille-matin « le terrible », mouvement 8 jours. 153 fr. 10.
Article pour gros feignant particulièrement répugnant : quadruple sonnerie à double répétition avec, en sus, tir de barrage, sirènes, fanfare, etc. Mouvement annuel... 14 203 fr. 25
Modèle supérieur garantissant un bon réveil, fonctionnant à l'uranium. 50 000 fr.

RECHERCHES

Ecclésiastique s'endormant facilement recherche pince monseigneur pour ouvrir les châsses. Ecr. R.P. Dac, passage de l'Abbé-Rauzéna (Russie).

Polonais naturalisé français cherche sténodactylo anglaise connaissant russe, pour correspondance espagnole. Ne pas se présenter, écrire en danois avec références et prétentions, à Espérant'os, boulevard des Italiens.

Urgent. Il a été perdu, au cours d'une farandole à Luna-Park, un bébé de 7 mois. Il portait une petite brassière en laine verte au moment de sa disparition qui remonte au 13 avril 1912. Ecrire maréchal Nouvoissy, 4, avenue de la Naphtaline.

Il a été perdu un paragraphe contenant trois précieux accents circonflexes, une argutie dièze, une antinomie bémol et une anacoluthe à mains plates. Rapporter le tout si possible à M. Nazerau, Bibliothèque Nationale, troisième petit banc après le poêle.

FARCES ET ATTRAPES

Chapeau cochon, au contact de l'air chaud (métro, par ex.), projette un liquide nauséabond dans toutes les directions. Contenance approximative 4 litres : 304 fr. (Très divertissant).

Bifteck sauteur (se remonte comme une simple pendule), au contact du couteau bondit dans tous les sens et donne lieu à de bien charmantes poursuites dans l'appartement. (Amusant) : 28 fr. 90.

Filet à papillons pour récupération facile : 12 fr. 10.

Liquide inflammable, se met dans certains ustensiles nocturnes – le demi-setier : 11 fr. (bien marrant).

OUTILLAGE POUR SPÉCIALISTE

Bâtonnet « Le Vigilant », décèle l'encaisseur le plus revêche dans un rayon de 100 mètres : 6 fr. Modèle avec feu rouge pour gros voyous sourds : 10 fr. 50.

INSTRUMENTS DE MUSIQUE

Clavecin à une note pour débutant : 768 fr.
Modèle à 3 notes pour petit virtuose : 898 fr.
Ebénisterie seule, pour personne n'aimant pas la musique : 6 fr.

ARTICLES RÉCRÉATIFS

Jeux de patience faisant rapidement affluer le sang au visage. Depuis 1010 fr. 70.

GRAND ROMAN POLICIER par AGAGHA FRICHTIE

RÉSUMÉ DES CHAPITRES PRÉCÉDENTS

Les recherches commencées continuent.

Chapitre IV

L'homme...

La nuit tombait comme seules savent tomber les nuits. Le commissaire Feuillemolle, les pieds dans les entournures de son gilet, murmura : « Les nuages sont bien bas ».

– J'ai l'impression qu'ils ne passeront pas la nuit, émit finement l'inspecteur Fraisaulard, en dessinant, sur le trottoir et à la craie, un épisode de la bataille de Bouvines.

– Rentrons au bureau, ordonna le commissaire.

– Vous avez raison, chef, ici les arbres ont des oreilles, approuva Fraisaulard en relevant le commissaire Feuillemolle qui, ne se souvenant plus qu'il avait les pieds dans son gilet, venait de s'écrouler sur la chaussée.

Les deux policiers pénétrèrent dans le bureau. Un homme les y attendait. C'était un curieux personnage. A première vue, il n'offrait rien de particulier ; à la seconde non plus ; mais, à la jumelle marine, il rappelait à s'y méprendre un commis-voyageur en pelles à gâteaux de l'époque florentine.

– Vous vous appelez comment ? interrogea le commissaire.

– Comment, répondit l'homme.

– Je vous demande comment vous vous appelez ?

– Comment.

– Vous vous payez ma tête ?

– Non, vous me demandez mon nom, je vous le dis, je m'appelle Comment Jules, Jules Comment.

– Bon, vous ne seriez pas par hasard parent avec un nommé Pourquoi ?

– Non, monsieur le commissaire.

– Bien, et qu'est-ce qui vous amène ici ?

– Généralement c'est le métro, mais aujourd'hui je suis venu à saute-mouton.

– Avec qui ?

– Tout seul.

(*A voir.*)

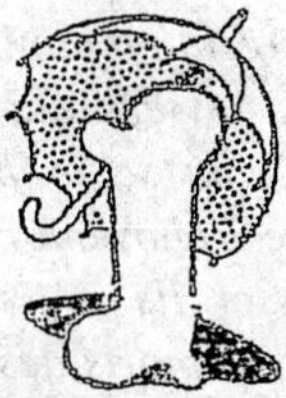

L'OS LIBRE

« Contre tout ce qui est pour – Pour tout ce qui est contre. »

NUMÉRO 6 – JEUDI 15 NOVEMBRE 1945

Réélu à l'unanimité Président du gouvernement provisoire de la République française, de Gaulle affronte les communistes, majoritaires au Parlement, qui exigent un ministère clé. Le général refuse de leur confier « l'un des leviers qui commandent la politique étrangère ». A Nuremberg, on se prépare à juger les criminels nazis. Leur procès débute le 20 novembre. Bon nombre de Français affirment ne pas s'y intéresser. Ils préfèrent oublier ces années tragiques et profiter de tout, y compris des mélodies américaines que les GI leur font découvrir.

Edito — C'est nécessaire

par Pierre DAC

Il ne s'agit plus, comme aux temps définitivement révolus de la facilité, de pratiquer la politique de l'autruche en cachant son lorgnon dans le tiroir-caisse de sa poche-revolver. Nous sommes incontestablement, qu'on le veuille ou non, à l'angle aigu du tournant de notre histoire, il convient donc de bien regarder les choses en face, c'est pourquoi, après mûre réflexion, après avoir tout bien pesé, tout bien mesuré, tout bien jaugé et vérifié, je n'hésite pas à déclarer : c'est nécessaire. Je devrais même ajouter, pour être conséquent avec moi-même : c'est indispensable. Je ne l'ajoute pas, car j'estime qu'en disant c'est nécessaire, c'est également suffisant.

Oh ! certes, ce n'est pas de gaieté de cœur que je fais cette affirmation dont l'impératif le dispute au catégorique. Je sais parfaitement qu'elle marque le point de départ d'une évolution dont le moins qu'on puisse dire est qu'elle est névralgique et cruciale. Mais il est évident que chaque citoyen ou citoyenne de bonne volonté et de taille moyenne doit se rendre compte que l'heure est venue de sortir des sentiers battus par la houle des chemins de traverse pour gagner la route nationale qui conduit aux autostrades de la pensée nouvelle. Il faut sans regret laisser les escaliers du passé pour prendre sans hésiter les ascenseurs de l'avenir. C'est la raison, donc, qui me fait répéter, en pleine conscience de mes responsabilités : c'est nécessaire.

Eh ! oui, c'est nécessaire ! Et urgemment nécessaire encore ! Aussi bien n'est-il pas suffisant de le dire, encore convient-il de le mettre en pratique et d'en arriver, dans les plus brefs délais, à la période constructive d'application, avec tout ce que cela comporte de décentralisation et de conséquences réalistes.

Evidemment, il va falloir rompre brutalement avec de vieilles habitudes d'antiques traditions auxquelles nombre de gens étaient accoutumés depuis bien des lustres, bien des lampadaires et bien des chandeliers. Mais quoi ! la vie est la vie, le progrès est le progrès et tout ce qui se réclame de la traction avant doit obligatoirement se dégager de l'attraction arrière des influences désuètes et périmées.

La structure est en pleine réforme ; bientôt le verrou de la routine sautera sous la pression concentrique du passe-partout des industries-clés, la nationalisation de la corde à nœuds et la socialisation de la gomme à claquer ne sont plus qu'une question de jours et d'appréciation. Alors il n'y a pas à hésiter. Il faut agir vite et sans tergiverser, car, en vérité je vous le dis, c'est nécessaire.

Mais, me direz-vous, qu'est-ce qui est nécessaire ?

Je ne ferai pas à la perspicacité de mes lecteurs l'injure d'apporter ici une précision qui n'aurait pour résultat que d'amoindrir en l'affaiblissant la force lumineuse de ma démonstration. Il importe peu de savoir ce qui est nécessaire, mais bien de se rendre compte que c'est nécessaire. Là est la clarté de la foi qui abat les montagnes de gravats de l'ignorance et supprime les passages à niveau de l'obscurantisme.

Car, comme l'a si bien écrit Phrynichus d'Athènes : « Le nécessaire est à l'indispensable ce que le soutien-gorge est aux mamelles de l'humanité… »

Bienfaisance

En raison de la vague d'indulgence apaisante qui semble présentement déferler tant sur les comités d'épuration qu'au sein même des cours de justice et de la commission des grâces, la Société Amicale des Anciens de la L. V. F. et de la Waffen S. S. tiendra prochainement sa première réunion de contact et d'information en vue de l'organisation d'un grand gala au bénéfice des spoliés de la Libération.

Un oubli

La dame sobrement vêtue qui est venue hier dans nos bureaux vers 16 h 47 (G. M. T.) pour faire l'acquisition d'un exemplaire de notre journal et qui a oublié un gros colis de ravitaillement est priée de ne pas se déranger. Nous nous en occupons activement.

DÉMENTI

Nous démentons formellement, et de la manière la plus catégorique, la perfide insinuation dont nous avons été l'objet dans le numéro de Noël du *Petit Paveur radical illustré,* comme par laquelle nous aurions démenti quelque chose. C'est faux. Le démenti dont auquel il est fait allusion n'était en réalité qu'un démenti à un autre démenti démentant notre démenti.

À Os rompus

Pas ça

Les lecteurs de *L'Os libre* sont trop exactement informés pour ignorer encore l'incroyable décision récemment prise par le ministre des Vins et Spiritueux. Il ne s'agirait rien de moins que de réduire le nombre des débits de boissons.

Inutile, n'est-ce pas, d'insister sur le caractère criminel, vexatoire et unilatéral de pareille mesure dont le résultat le plus certain serait de nous obliger à faire la queue en tirant la langue devant les rares bistrots échappés au désastre !

Mais il y a mieux ou, si l'on préfère, plus pire ! Ne dit-on pas que, parmi les établissements à supprimer, figurerait en tout premier lieu la buvette de la Chambre des députés ?

On voit d'où vient le coup et aussi où il va !… Mais l'opinion publique a son mot à dire là-dessus. La France ne s'est pas donné un parlement pour lui refuser ensuite toute possibilité de s'humecter en cas de besoin le palais Bourbon !

Un faux bruit

Un certain nombre de chers petits vieux lecteurs nous écrivent pour nous demander ce que l'on doit penser d'un événement dont la presse nous a entretenus richement ces temps derniers. Est-il vrai, s'étonnent-ils, que certaines gens aient pu réaliser un milliard de bénéfices sur les rentes françaises ?…. Nous en avons en portefeuille, nous, de la rente, malgré ça, nous n'avons jamais rien gagné, au contraire. Alors ?….

Alors, chers correspondants, soyez en repos, tout cela n'était qu'un bobard, une invention, un faux bruit.

La preuve, c'est qu'on n'en parle plus !

Le procès de Nuremberg

En réponse à des rumeurs aussi inconstantes que sans fondement, on nous prie de dire que le procureur général Mornet ne sera pas appelé à requérir contre les coupables de Nuremberg.

Encore un espoir qui s'évanouit pour les grands criminels de guerre !

Une bonne nouvelle

Il y a du mal-va depuis quelque temps dans les services téléphoniques de Paris : tantôt ça marche, tantôt ça ne marche pas.

– C'est le jus qu'est trop faible pour passer dans le combiné, expliquent les techniciens.

Malgré ça, l'usager n'est pas content.

– Pas la peine de payer un abonnement si on ne peut pas se servir de son appareil, bougonne-t-il.

Reconnaissant le bien-fondé de ces plaintes, le ministre des Communications a bien voulu compenser les déficiences du réseau téléphonique urbain par la création d'une nouvelle ligne aboutissant à New York (composer sur le cadran les initiales U. S. A. et attendre que ça réponde).

Comme ça, les personnes qui tiennent absolument à téléphoner pourront, quoi qu'il arrive, donner libre cours à leur innocente manie.

Où sont-elles ?

Par une fatale imprudence, les ministres démissionnaires du gouvernement provisoire ont été provisoirement chargés d'expédier les affaires courantes.

Ils les ont en effet expédiées, mais où ? A l'heure tardive et même indue, où nous mettons sous presse, personne ne peut encore le dire.

Des affaires courantes, par définition ce n'est pas toujours très divertissant, mais était-ce une excuse pour s'en débarrasser de façon aussi cavalière ?

Une campagne de L'Os

Parisiens ! de la tenue !

Il faut avoir le courage de le dire, les rues de Paris offrent actuellement au touriste un spectacle lamentable et peu digne des traditions de tenue et de courtoisie jadis en honneur.

Et cela à l'heure même où d'innombrables soldats alliés sont nos hôtes !

Je vous le demande, que peuvent penser de nous ces grands gaillards timides et doux, dont la démarche hésitante témoigne du constant et louable souci de ne pas nous bousculer ? Et quelle image emporteront-ils de ce Paris tant vanté ?

En vérité, il est temps d'amorcer une campagne de grand style pour porter le fer rouge dans la plaie, car la réputation de notre capitale est en jeu. C'est pourquoi *L'Os*, toujours à la pointe du bon combat, vous crie aujourd'hui :

– Alerte !

Nous ne voulons plus voir dans des bars ironiquement et uniformément baptisés « américains » nos compatriotes absorbant sans pudeur d'innombrables fines et cognacs sous l'œil un tantinet moqueur d'athlètes en kaki attablés devant des sodas ou des jus de tomate. Cette vague d'alcoolisme qui déferle sur la Ville lumière se traduit chaque nuit par des agressions dont nous trouvons un triste reflet dans la rubrique des faits divers. Voilà qui risque, si l'on n'y met le holà, de décourager les meilleures bonnes volontés.

En effet, pas plus tard qu'hier, quelques G. I. me confiaient :

– Nous n'osons plus circuler la nuit, même en groupes, tant les femmes sont entreprenantes et les rues peu sûres !

Et de me citer le cas d'un de leurs camarades, grand et pacifique garçon de 25 ans, qu'une jeune femme tenta d'assommer à coups de sac à main. Sans la présence d'esprit de la victime, qui parvint à arracher le sac et à s'enfuir avec, tout était à craindre.

Citons, enfin, et pour confondre ceux qui seraient tentés de nous taxer d'exagération, ce navrant drame de l'alcoolisme :

Hier après-midi, un camion américain de 15 tonnes qui vaquait tranquillement à ses occupations a été littéralement embouti par une devanture. Le chauffeur du camion ayant heureusement sauté de son siège 20 mètres avant la collision, est indemne.

Le propriétaire de la devanture, en complet état d'ébriété, a pris la fuite.

C'en est assez !

Monsieur le Préfet de police, vous avez la parole.

CONSULTATIONS JURIDIQUES

Décidément, y a du litige ! J'extrais de mon volumineux courrier la lettre suivante prise au hasard entre 8772.

Mon cher maître,

Puisque vous répondez si aimablement aux questions embarrassantes que vous posent vos confrères, permettez-moi de vous soumettre le cas suivant :

Un de mes clients qui habite rue Jacob se trouve exproprié par la faculté de Médecine. Or, pour le mettre à la porte de son appartement, ladite faculté lui a dressé une mise en demeure par lettre recommandée (absolument authentique).

Par quel moyen me conseillez-vous de risposter à cette manœuvre paradoxale ?

Avec mes vifs remerciements, veuillez agréer…

M^e X…, avocat à la Cour des Miracles.

RÉPONSE

Mon cher confrère,

Voilà un cas qui, je l'avoue humblement, me plonge dans un grand embarras. La mise en demeure de quitter la sienne faite à votre client est en effet quelque peu paradoxale, mais l'expropriant étant la faculté de Médecine, cela me surprend moins, habitué que je suis à voir les médecins préconiser pour la même maladie des traitements exactement opposés : Contraria, contrarius curantur.

Il est évident que si l'enquête de commodo et incommodo a été faite, votre client n'a de recours possible que pour vice de forme ; or, je ne connais pas la forme de l'immeuble qu'il habite. Cependant, puisqu'il s'agit de la faculté de Médecine, il nous faut rester sur un plan totalement médical, et répondre à cette paradoxale mise en demeure par un procédé analogue que les médecins ne pourront réfuter. Je m'explique : la faculté de Médecine veut chasser votre client ? Eh bien ! que celui-ci aille chez son médecin habituel et se fasse faire immédiatement un abcès de « fixation ». Que pourra faire alors la faculté de Médecine devant la décision d'un de ses membres ? Rien, je pense ? Nantie du certificat délivré par le praticien, votre plaidoirie fera donner gain de cause à votre client qui, je l'espère, se montrera généreux envers vous… et moi.

Me ANKESSE.

La mode pratique

Mesdames ! Ne dites pas que votre robe est inutilisable parce que les manches en sont usées. Voici trois conseils que nous vous donnons pour trois cas différents et nous sommes certains qu'ils vous seront fort utiles.

1° *Si les poignets sont usés.*

Enlevez-les et remplacez-les par du chatterton que vous collerez directement sur la peau. Vous pourrez border d'un pansement en mousseline à beurre que vous fermerez avec du bolduc ou du taffetas gommé de teinte assortie.

2° *Si le coude est usé.*

Découpez le trou. Une fois le trou enlevé, votre manche sera aussi nette qu'avant.

3° *Si les manches sont complètement usées.*

Retroussez-les et, suivant la formule, ça ira beaucoup mieux.

La photographie par correspondance

Enfin, nous sommes fin prêts. C'est-à-dire qu'il ne reste plus qu'une toute petite question de détail à régler, un incendie fortuit et malgré tout inopiné ayant détruit tout notre matériel à l'exception d'une pince à gaz et de six boulons à pas de vis international. Quarante-huit heures au maximum nous sont nécessaires pour mettre la dernière main à la remise en état du bazar.

Nous serons donc en mesure, jeudi prochain, de fonctionner normalement et de vous donner tous les détails qui permettront de mettre en pratique la magnifique invention dont nous pouvons, à juste titre, être fiers et solidairement responsables.

Le temps qu'il fera

De beau et chaud à très beau et très chaud, avec pluies diluviennes entrecoupées d'averses antédiluviennes suivies d'orages avec chutes de verglas et conséquemment de personnes de tous âges et de toutes conditions. *Gelées nocturnes et de groseille.*

Température : en hausse mixte sur la baisse mitoyenne.

Petites Annonces

DEMANDES D'EMPLOI

Boulon veuf et triste cherche petit trou pas cher pour se fixer définitivement. S'adresser au bureau du journal.

Comprimé d'aspirine, dans la force de l'âge, cherche bonne migraine avec qui se mesurer. Vapeur et crises de nerfs au chiqué, s'abstenir.

Usine textile recherche bon jardinier pour greffer coton sur tissus de bois.

DIVERS

Désormais écrivez vos lettres de rupture, d'injures, de souhaits et félicitations forcés, vos réponses au percepteur, avec notre ENCRE ANTIPATHIQUE à base de sel et de vitriol. Votre correspondant se roulera par terre de rage. Effet garanti. Le grand flacon publicitaire pour cinq lettres. 46 fr. 92.

Chez Miss BAS, en réclame :
Bas de laine garnis francs Pleven
La douzaine .... 2 fr. 60.
Les mêmes non garnis.
La paire .... 99 fr. 95.
B. S. F. (Bas sans fil).
Le stère .... 3 fr. 30.
Nylon, la paire .... 1800 fr.
Ni long, ni court, les trois grands : 146 fr. 10.
Modèle luxe. « Nylon de Lenclos », la pièce : 5602 fr. 45

Vase forme candélabre, finement décoré, pieds Louis XV. Tous coloris. Hauteur 0,890 m. 175 fr. Même modèle, pour la nuit, avec en plus accoudoirs, éclairage indirect et escalier de service. Quantité limitée. 2912 fr. 15.

Sélection de pages, choisies dans les volumes les plus rares de la Bibliothèque nationale. Le gros volume de 450 pages, 102 fr. Modèle cartonné, 598 fr. 05. La page au choix, 15 sous. S'adres. disc. concierge Bib. Nat.

ÉCHANGES

Chef de station de métro troquerait Mouton-Duvernet contre mouton du boucher. Ecrire Larame.

Jeune homme ruiné vendrait à particulier beaux bijoux de famille. 1° Tiare épiscopale or pur garnie gros diamants. 2° Ciboire or massif incrustation rubis. 3° Bénitier or massif. 4° Chapeaux d'évêques, etc. Faire offres discrètes Riton-les-mains-jointes.

Matinée contre cochon d'Inde. Tous les après-midi.

PROPOSITIONS DIVERSES

Canadien de passage à Paris, céderait bon prix chaude canadienne taille 44. Yeux marron clair.

Voici venir l'hiver ! Profitez encore de nos tarifs d'été. Garantissez-vous des grippes futures en vous faisant poser dès maintenant des ventouses. La pièce 8 sous. Le cent 3 fr.

LOCATIONS

Echangerais service 3 pièces avec débarras quartier chinois, contre pièce de vin tout confort. Ecr. « La Hutte pour tous ».

A vendre ou à louer costume m'appartenant, 3 pièces, stoppage central, sans reprise, s'adresser à ma concierge.

ANNONCES POUR CHIENS ET CHATS

Grand choix beaux maîtres et maîtresses, doux caractère, belles situations. Catalogue 1 A comprenant plus de 1000 photos et tous détails. Médor le spécialiste pour placement des maîtres et maîtresses.

MARCHÉ LIBRE

Gigots d'abeille (avec miel), la pièce ....100 fr.
Gigots de mouche charbonneuse, la tonne ....1000 fr.
Les mêmes avec manche..............2000 fr.
Selles d'agneau, en bon état, le décalitre ....291 fr.
avec étriers, le décalitre............331 fr 75.
Pattes de renard confites, le paquet...17 fr.
Pattes d'épaulettes (en vrac), le stère ....16 sous.
Pattes alimentaires, le setier ....30 fr.
Pattes de mouche, la ligne ....8 fr.
S'adresser Institut des bons mangeurs, 3, rue Aulard.

Chapitre V

Le commissaire Feuillemolle, comprenant la gravité de la situation, fixa Fraisaulard dans les yeux, lequel fit de même en sens contraire.

– En somme…

– Chef-lieu Amiens, ironisa l'homme.

– En somme, reprit, sans paraître avoir entendu cette spirituelle boutade, le commissaire, en somme de quoi s'agit-il ?

– Voilà la chose, approuva Fraisaulard.

– C'est justement pour ça que je suis venu, fit l'homme.

– Ah ah ! s'exclama le commissaire, alors voulez-vous dire ce que vous savez ?

– Je sais par cœur la grève des forgerons.

– C'est tout ?

– Oh non.

– Que savez-vous encore ?

– La gronge des forgegrèves ou la forge des grèvegerorons ou encore…

– Ça va, interrompit le commissaire, est-ce que vous avez la bouche pleine ?

– Ben, vous savez en ce moment, avec le ravitaillement…

– Bien, et vous ne voyez pas qui peut être l'assassin ?

– Non.

– Nous non plus.

– D'autant plus, dit Fraisaulard qu'on n'est pas certain qu'un crime ait été commis.

– Bien dit, Fraisaulard, vous me rappelez Duguay-Trouin. L'incident est clos et notre enquête aussi.

– Quand même, murmura le commissaire Feuillemolle en se mouchant avec le nez de Fraisaulard qui se trouvait plus à portée de sa main que le sien, ça a été une rude affaire.

– Oui, chef, mais comme vous aimez à le répéter souvent, ce ne sont pas les affaires les plus dures qui sont les moins simples.

Et, sortant du bureau, les trois hommes s'enfoncèrent le chapeau sur la tête en même temps que dans la nuit.

FIN

L'OS LIBRE

« Contre tout ce qui est pour – Pour tout ce qui est contre. »

NUMÉRO 7 – JEUDI 22 NOVEMBRE 1945

Le 16 novembre, le général de Gaulle forme un cabinet où les trois partis représentés à l'Assemblée, le PCF, le MRP et la SFIO, obtiennent chacun cinq portefeuilles. Parmi les mesures immédiatement confirmées figure l'abandon de l'heure d'été. Une décision symbolique pour rompre avec « l'heure de Berlin » imposée pendant l'occupation. Ces années sont évoquées dans les comités d'épuration qui se réunissent pour juger, en privé, les trahisons de certains Français. Enfin, à Washington, les chefs des gouvernements américain, britannique et canadien décident de ne pas communiquer à l'URSS le secret de la bombe atomique.

Edito — Le favoritisme pour tous

par Pierre Dac

Avant la démocratie, ce n'est pas la démocratie ; après la démocratie, ce n'est plus la démocratie ; la démocratie, c'est la démocratie. J'aimerais voir cette noble déclaration gravée au frontispice de toutes les bonnes maisons où l'on vend de la clé industrielle, au moment où les institutions républicaines reprennent leur marche en avant vers un avenir qui sera d'autant plus fécond qu'il sera moins stérile.

D'autre part, l'égalité étant à la base de tout ce qui doit être identique, il faut s'attendre d'ici peu à voir s'ouvrir ou plutôt se rouvrir les portes de la campagne contre le favoritisme. Le favoritisme est une vieille connaissance. Il a toujours existé. Il a toujours été violemment attaqué. On n'en est jamais venu à bout. Doit-on, pour autant, renoncer à l'abattre ? Je ne le crois pas. Mais je pense que si les méthodes employées jusqu'à ce jour pour le faire disparaître se sont révélées inefficaces, c'est parce qu'elles ont toujours été inopportunes et maladroites et sont, de ce fait, demeurées inopérantes.

Aussi bien le problème n'est-il pas de combattre le favoritisme jusqu'à sa partielle ou totale abolition, mais bien au contraire de l'étendre, de l'élever, de l'élargir et d'en faire une des conditions même de la vie essentielle du pays.

J'ai tout lieu de supposer que les immortels principes de la Déclaration des Droits de l'Homme et du Citoyen sont encore vivaces dans la mémoire de tous ceux qui ne les ont pas oubliés. C'est donc en s'inspirant de ce que ces principes contiennent qu'il appartient à nos élus de la Constituante d'élaborer, avant toutes choses et avant même de continuer ce qu'ils n'ont pas encore commencé, un projet de loi établissant, en un article unique, le favoritisme obligatoire pour tous les citoyens et citoyennes en âge de porter sur les épaules ou sous le bras, suivant leur formation, le colis postal de leurs responsabilités.

Il faut que, demain, le favoritisme soit accessible à tous, il faut que tout le monde puisse en profiter. Il faut que, sur quarante millions de Français, il y ait quarante millions de favorisés. Il faut également que le législateur envisage les plus sévères sanctions à l'égard de ceux qui tenteront de transgresser la loi et qui, à l'aide de moyens plus ou moins avouables, essaieront de se soustraire aux faveurs dont ils seront solidairement bénéficiaires.

Ainsi donc, aussi paradoxal que cela puisse paraître, du jour où tout un chacun, au même titre que tout autre, sera favorisé, le favoritisme disparaîtra à tout jamais de la surface de nos institutions.

J'attire respectueusement l'attention de MM. Thorez, Daniel Mayer et Maurice Schumann, sur l'importance des choses comme par lesquelles je viens d'exposer ce que j'avais à dire. Et, puisque c'est au cours des prochains mois que se dérouleront très probablement les événements des semaines suivantes, je forme l'espoir de voir apporter, aussi tôt que tard se peut, la solution que je préconise à la brûlante question du favoritisme, dont il importe qu'elle soit réglée, à la satisfaction de tous ceux qui estiment que la démocratie n'est pas faite pour rester au bureau des litiges (ou des lits-cages), et dans la salle des pas et des projets perdus.

Du monde entier
(Dernière heure)

Baden-Baden. – 47 850 colonels viennent d'être limogés et l'administration de la zone française a été confiée à un caporal-chef instruit et loyal.

Sourabaya. – Contrairement à des informations d'origine suspecte, les soidisant incidents graves se sont bornés à une manifestation courtoise de la population. Les troupes britanniques se sont contentées de maintenir la foule du plat de la main. En dernière minute, la troupe et les indigènes fraternisent dans une commune allégresse.

Washington. – M. Truman a déclaré : « La bombe atomique était un "bluff" destiné à faire fléchir le moral japonais, la manœuvre a parfaitement réussi. »

Hier, à la Maison Blanche, une réception a eu lieu pour fêter la destruction des maquettes réduites représentant l'usine atomique qui avait aidé à la diffusion de ce bobard bien américain. Le monde respire.

Dernière minute

D'Asnières, on nous signale l'apparition de Martiens. La population a gagné rapidement les abris.

Renseignements pris, il s'agissait d'un groupe de joyeux octogénaires masqués, fêtant tardivement la Mi-Carême.

À Os rompus

La question des portefeuilles

Tout allait bien, les consultations se poursuivaient de façon normale, avec pose de thermomètres et prise de tension dans les cas douteux. On pouvait espérer pour très bientôt l'ouverture d'un nouveau cabinet assuré d'une large clientèle, et puis tout d'un coup, plus rien de fait. Une choquante inégalité venait d'être constatée dans la dimension des portefeuilles… Des portefeuilles, à ce qu'il paraît, il y en a des grands et des petits. Avec les petits aucune difficulté, personne n'en veut, alors on n'en est pas embarrassé. Les grands, par contre, on se les arrache ! Il n'en faut pas davantage, des fois, pour engager le char de l'Etat dans une impasse, d'où il ne peut sortir autrement qu'en marche arrière, ce qui est toujours à éviter quand on ne tient pas à écraser le monde.

Le remède

Le remède ? demandera-t-on. Bien simple, répondrons-nous. Puisqu'ils sont trop grands, les porteufs, le mieux ne serait-il pas de les débiter en plusieurs morceaux afin d'en attribuer un bout à chaque postulant ? Nous aurions ainsi trois excellences à l'Intérieur, sept ou huit à la Guerre et douze aux Affaires étrangères. On voit d'ici l'avantage du système, chaque parti étant largement représenté dans chaque ministère, personne ne songerait plus à renverser tout le truc d'où cette stabilité politique depuis si longtemps cherchée, jamais obtenue !

Encore une fois, c'est simple, mais il fallait y penser comme toujours !

Et l'heure, alors ?

On sait quelle heureuse diversion à nos soucis quotidiens ou autres apporte chaque semestre le changement d'heure. Dimanche dernier, donc, chez les plus pauvres, comme chez les moins riches, tout était prêt pour célébrer dans la bonne humeur et dans la dignité cette petite cérémonie familiale. Des invitations aux amis avaient été lancées, une bonne bouteille d'eau minérale attendait sur la table le moment d'être débouchée ; sous la vieille pendule de la salle à manger se tenait l'escabeau à trois pattes auquel on ferait monter le grand-père, histoire de rire un brin ! Les enfants rayonnaient d'innocente allégresse, les horlogers aussi ! Et puis, brutalement, le contre-ordre est venu : pas de changement d'heure, on garde l'ancienne jusqu'à usure complète !

Pourquoi ?

Pourquoi, nous avoir fait cela à nous ?

Oh ! les explications officielles ne manquent pas, toujours les mêmes : la sécheresse, les cours d'eau qui se croisent les bras, les barrages à toute extrémité, les turbines sans turbin, le courant qui fait du sur-place, les volts qui veulètent bien mais qui ne peuvètent plus, etc.

Pauvres excuses à peine acceptables pour les pendules à mouvement électrique mais ridiculement inopérantes en ce qui concerne les remontoirs, cadrans solaires, sabliers, clepsydres et autres instruments chronométriques.

Non ! il y a autre chose, que nous allons vous dire après avoir soigneusement mesuré toute la gravité d'une telle révélation. Il y a le fonctionnaire chargé, à la radio, des imitations d'horloge parlante. C'est un homme qui tient à ses petites habitudes. Un changement d'heure l'aurait obligé à se lever chaque jour soixante minutes plus tôt ou plus tard, on ne sait pas au juste ! Alors, il a préféré demeurer commodément installé dans le *statu quo !*

Conseils pratiques

Le baron d'agneau à la Rossini

INGRÉDIENTS. – Pour quatre personnes.

Un baron d'un kilo, une livre de beurre, 12 oignons, 2 gousses d'ail, 1 kilo de mousserons. Un litre de crème fraîche, un verre de cognac, 10 belles truffes, un foie gras et un pain de mie.

PRÉPARATION :

Faites revenir vos oignons à feu vif dans la livre de beurre ; si vous n'avez pas d'oignons ni de beurre, faites revenir un peu de persil dans du gras, ajoutez vos mousserons finement émincés. A défaut de mousserons, mettez un peu de persil frisé. Versez doucement et en remuant votre litre de crème fraîche, si vous n'avez pas de crème fraîche, employez de l'eau tiède préalablement épaissie avec de l'eau chaude.

Arrosez d'un verre de cognac ou à défaut d'une louche de vinaigre. Disposez vos 10 truffes dans cet appareil ; si vous en manquez, remplacez-les par un morceau de pâté de tête. Laissez mijoter à feu doux. Pendant ce temps, coupez des tranches de pain de mie, ou, à défaut, des tranches de pain de croûte et tartinez-les soigneusement de foie gras ; pour le cas où vous manqueriez de foie gras, vous pouvez le remplacer avantageusement par du pâté d'abats. Ceci fait prenez votre baron et déposez-le dans la sauce ; si vous n'avez pas de baron sous la main, mettez ce que vous voudrez, après tout c'est vous que ça regarde et laissez cuire une heure.

Déglacez et servez chaud avec une garniture de légumes ou de cheminée.

Tante Alphonse

Une exclusivité de L'Os

Les Carnets de Dupont-Durand

Seuls de toute la presse, et au prix d'un double effort (financier et en nature), nous sommes aujourd'hui en mesure de publier quelques extraits du carnet de M. Dupont-Durand, le fameux Français moyen.

Ultérieurement, nous publierons des extraits d'un carnet de blanchisseuse, puis ceux de la compagnie du gaz.

Mais… laissons la parole à M. Dupont-Durand.

25 août 1944

Paris s'est libéré ! Vision magnifique ! Je décide d'aller faire un tour. Il est midi, au coin de la rue Mouffetard, je tombe dans les bras d'un Américain chargé de conserves, de chocolat et de cigarettes. Il m'a tout donné.

31 août 1944

Les collaborateurs ont disparu de la circulation. On respire ! Jules, mon voisin du second, a mis les clefs sous la porte. Il a bien fait. C'était un cagoulard et on le soupçonne d'avoir fait embarquer au début de l'année le petit vieux du troisième qui écoutait la radio de Londres. Je ne voudrais pas être dans la peau de Jules !

15 septembre 1944

Ai rencontré Jules en F. F. I.

20 septembre 1944

Ai bu le vin de la Libération. Le docteur Carlès est venu. Lavages d'estomac. Il est optimiste.

15 octobre 1944

Suis encore faible. Les journaux annoncent une épuration impitoyable.

Ai rencontré Jules en sergent.

2 février 1945

Il fait froid. Pour nous réchauffer nous faisons des claquettes. Les journaux nous promettent des millions de tonnes de charbon pour l'hiver 1945. J'y crois. Ai rencontré Jules en lieutenant.

7 avril 1945

Midi. Au coin de la rue Mouffetard, je tombe dans les bras d'un Américain chargé de conserves, de chocolat et de cigarettes.

Il m'a tout vendu.

20 juin 1945

Ramadier est débarqué. C'est un nommé Pineau qui le remplace. Un gars solide. Avec lui ça va changer. J'y crois.

Pour fêter ça nous décidons de bouffer notre endive du mois.

25 juin 1945

Pineau a parlé à la radio. J'y crois de plus en plus.

Ma femme prétend que j'ai l'air d'un… (quelques mots illisibles)… moulin à vent.

Ai rencontré Jules en capitaine.

14 juillet 1945

M. Diethelm nous annonce une armée jeune et républicaine animée d'un souffle nouveau.

Bravo ! J'y crois !

Ai rencontré Jules en commandant.

30 septembre 1945

De Gaulle a parlé. Enfin, on va faire du neuf et du raisonnable.

2 octobre 1945

Mon loyer est augmenté.

Ai rencontré Jules en colonel.

16 novembre 1945

Minuit. Au coin de la rue Mouffetard, je tombe dans les bras d'un Américain. Je lui ai tout donné.

17 novembre 1945

Je viens de recevoir un papier m'invitant à comparaître devant la commission d'épuration, c'est signé Jules.

L'Os du cœur

Comme il fallait s'y attendre, un courrier volumineux m'est parvenu.

Une jeune fille qui signe « Cœur en sommeil » m'écrit : « Je l'ai connu dans la salle des pas perdus de la gare Saint-Lazare, il avait un chapeau de paille, deux valises pur porc et les yeux bleus. Il partait aux colonies. Nous avons bavardé dix minutes et j'ai compris qu'il était l'homme de ma vie. En quinze ans, il m'a écrit trois fois. Dois-je espérer ? »

Réponse – « Petit cœur en sommeil », votre cas est très délicat, mais nous allons le désosser comme un vulgaire lapin (ce terme n'ayant aucun rapport avec votre attente).

1° – Vous pouvez vous adresser aux Alliés pour savoir quelles sont nos colonies où nous pouvons circuler librement et partir le rechercher.

2° – Vous pouvez retourner à la gare Saint-Lazare, il y a beaucoup de monde, principalement vers 6 heures du soir et les voyageurs avec chapeau de paille et valises pur porc sont assez rares, surtout cet hiver. Le hasard peut vous faire tomber dessus.

3° – Si vous ne tombez pas dessus, vous pouvez encore attendre quinze ans et s'il n'écrit que deux fois, ne vous alarmez pas : la période quinzainaire qui suivra (comme dirait le ministre des Postes) pourra vous apporter quatre lettres ce qui rétablira la moyenne.

4° – Après cette troisième période s'il n'écrit plus c'est qu'il aura décidé de refaire sa vie, ou qu'il sera mort. Comme de toutes façons vous ne le saurez pas, il n'y a pas lieu de vous alarmer.

Avec un clin d'Yeu

« Je suis prêt à constituer le nouveau gouvernement », nous déclare le Maréchal Pétain

Ile d'Yeu, 21 novembre. (De notre envoyé spécial.)

Ayant franchi à pieds joints et à poings fermés le barrage constitué par les soixante-quinze gardes mobiles commis à sa surveillance, nous avons pu joindre l'ex-maréchal Pétain dans sa nouvelle résidence.

Toujours vert, et même de plus en plus vert, il s'est prêté avec une joie enfantine à l'interview :

– On dit, M. le maréchal, que vous avez été logé dans la même prison que Jacques Duclos en 1940.

– *C'est vrai, on a appliqué pour moi, la formule Yeu pour Yeu.*

– Dentz pour Dentz.

– *Je vois que vous avez le mot pour rire !*

– Vous n'êtes pas un peu effrayé de vous être ainsi rapproché des Anglais ?

– *C'est bien, en effet, la première fois que ça m'arrive ! Mais soyez tranquille, ils ne débarqueront pas !*

– La maréchale viendra-t-elle vous rejoindre ?

– *Parlez pas de malheur !*

– Vous savez qu'on cherche actuellement un chef du gouvernement ?

– *Sans blague ? Vous savez qu'on peut compter sur moi.*

– J'en toucherai deux mots à Maurice.

– *Maurice ! Ce cher Maurice ! il m'aimait bien lui... A propos, est-il toujours à Radio-Paris ?*

– Vous devez confondre, il s'agit de Maurice Thorez.

– *Thorez ? connais pas !*

– Vous avez la mémoire courte.

– *Pas du tout. Comment va Laval ?*

– Condamné à mort.

– *A perpétuité ?*

– Non, pour de bon.

– *Ah !… ça fera toujours un de moins.*

– Un quoi ?

– *Un concurrent. Mais écoutez mon dernier message.*

Et le maréchal, bavochant dans un micro imaginaire, crachotta :

« Habitants de l'île d'Yeu,

« Jusqu'ici, je croyais que vous alliez à la pêche. Mais vous me dites que vous allez à la pêche. J'aime mieux ça, car la mer, elle, ne ment pas… »

Mais il s'interrompt pour nous demander avec une certaine anxiété :

– *Pourriez-vous m'expliquer pourquoi le gardien-chef m'a dit tout à l'heure que j'étais un type dans le genre de Napoléon ?*

– Dame, la mer, le rocher, Las Cases de l'oncle atome…

– *Mais moi, je sais bien que je ne peux pas être un type dans le genre de Napoléon !*

– Et pourquoi ça ?

– *Parce que Napoléon c'est moi !*

A ce moment un infirmier s'approcha :

– M. le maréchal, vous n'avez plus que dix minutes pour votre partie de trottinette.

– *Il suffit amplement,* répondit le maréchal.

Et il s'élança pour faire, comme chaque jour à pareille heure, le tour de l'Etat français.

Enfin du froid !

Le froid s'est quand même décidé à venir. Il était temps car les grands charbonniers volaient vers la ruine. Les cours baissaient ! Le charbon noir du marché noir se vendait presque au prix du charbon noir du marché blanc.

Enfin, c'était la catastrophe !

Naturellement, les consommateurs égoïstes se faisaient une raison. Mais à L'Os, on a bon cœur. On a eu pitié des pauvres grands miniers. Alors nous nous sommes rassemblés et on a prié pour qu'il tombe du verglas. Puis, notre mage a fait les signes cabalistiques et maintenant ça y est. Tout le monde a les pieds gelés, mais le charbon se vend bien.

Si on raconte ça, c'est pas qu'on voudrait des remerciements. Le plaisir de faire plaisir nous suffit comme plaisir. Mais si les miniers du Nord nous envoyaient quelques bouteilles de genièvre, ça nous donnerait plus d'ardeur pour nos prochaines prières.

Remarquez qu'on n'aime pas l'alcool. Mais il est tellement agréable de rendre service aux malheureux !

Mise au point

En réponse aux aimables et touchantes lettres d'insultes que nous ne cessons de recevoir, nous tenons à informer nos lecteurs que, en dépit des apparences et des circonstances qui pourraient laisser supposer que nous y sommes pour quelque chose, nous ne sommes absolument pour rien dans la préparation et la réalisation des actuels programmes de la Radiodiffusion française.

Swing-fable

J'ai trouvé, Porte de Clignancourt
Dans un parterre de brocante
Deux disques : un défilé-tambours
Et une sonate étonnante
MORALITÉ :
Marche et Opus !

La photographie par correspondance

Enfin, ça y est, nous sommes en mesure et en confection de commencer la mise en pratique de cette sensationnelle innovation que nous sommes les premiers à lancer dans le domaine public.

En conséquence, envoyez-nous votre état signalétique avec un petite quelque chose du genre timbre-poste pour la réponse, et nous vous enverrons votre photo, réalisée d'après vos renseignements et notre manière de faire.

En outre, nous publierons chaque semaine la photo du signalement le plus caractéristique et présentant les qualités les plus spectaculaires, en rapport avec l'idée qu'on peut se faire de l'image qu'il représente.

Petites Annonces

DEMANDES D'EMPLOI

Appendice libéré par suite opération militaire reprendrait du service comme gros côlon.

OCCASIONS DIVERSES

Monsieur désœuvré aimerait bien démonter des pendules. Prix indifférent.

Déminage, désamorçage, tous travaux d'artifices chez soi, travail distrayant. Fournitures livrées à domicile.

Faites le poireau tranquillement, l'heure 15 fr. Bouquets pour tenir à la main, depuis 6 fr. Emplacements au choix suivant plan.

A vendre jolie machine à écrire état neuf, se composant d'un bout de bois muni d'une plume-encrier fourni en prime. Fonctionnement garanti.

PROPOSITIONS DIVERSES

Ne restez pas chauves…
Devenez rapidement mécaniciens en suivant nos cours du soir spéciaux. Ecole B. C. D.

Prenez le métro couramment, sans connaissances spéciales. La petite brochure de 5 pages : 20 fr. ; la plaquette l'« Hebdo » : 15 fr.

Contre mandat 1000 fr. j'envoie gratuitement ma brochure *Vivre à l'aise sans rien faire*. Riton-les-mains-jointes. Compte chèques postaux Riton 47 046.

Offrirais grosse récompense à qui me confierait importante somme d'argent. D. Munit.

Céderais cause départ précipité belle petite porte dérobée.

DIVERS

Nouveau jeu alimentaire :
J'expédie gracieusement et un par un 1466 morceaux d'oie bien cuite. Amusez-vous à reconstituer le volatile que vous pourrez servir au réveillon. Adressez 3000 fr. en timbres pour frais d'envoi à « L'Oie Puzzle Company », 33, rue Poulet, à Cannes.

Seaux en réclame à la grande quincaillerie de *L'Os*.
Seau de mouton, le kg : 386 fr. 40 ; seau de lit, avec croissants beurrés, la tartine : 28 fr. 75 ; seau privé pour rinçage en famille, le litre : 23 sous ; seau de l'ange, avec coup de pied à la lune, le mètre : 13 fr. 10 ; seau-briquet, au gaz de ville : 3 faux louis ; seau de l'Amer simple, l'heure : 2000 fr. ; seau de l'Amor vache, la séance : 5 fr. 50.

Règle à calcul de receveur d'autobus : 4692 fr. 75. La même avec caisse enregistreuse : 35 974 fr. 40.

Viseur « Le Précis » pointe efficacement la fourchette sur la ration de viande hebdomadaire : 612 fr. Livré avec l'assiette à bord relevé « La Sérieuse », éliminant les courants d'air : 804 fr. 02. 810 kg de bons-matière.

Ouvre-boîte « Le Têtu », permettant l'ouverture de toute boîte de conserve avec à peine 250 gr. de mélinite : 125 fr., livré avec 250 boîtes d'essais garnies. Modèle plus ordinaire : 1 sou.

C'est le moment d'en profiter. La paire : 18 fr. 50.

ACCESSOIRES MÉNAGERS

Bouchons à musique pour ronfleur, toutes mélodies, depuis 3 fr. 10.
Autres modèles pour tous usages à partir de 24 fr. 90.

FOURNITURES POUR ADMINISTRATIONS

Crayons à mâchouiller, la pièce : 0 fr. 65.
Les mêmes, vitaminés : 3 fr. 10. Mains en carton pour se tenir la tête, le dispositif : 12 fr. 50. Rond de cuir ordinaire : 28 fr. 90. Avec oreillettes et petite descente de lit : 53 fr. 65. Pique-fesse à ressort, réveille à l'heure fixée : 212 fr. 50. Modèle pour gros dormeur faisant des pointes de feu : 375 fr.

ÉCHANGES

Boucher changerait « gîte à la noix » contre deux pièces et une cuisine.

ANNONCES POUR CHIENS ET CHATS

Chienne basset cherche paire d'échasses pour fiançailles avec lévrier.

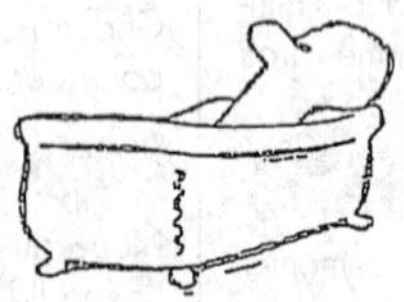

L'OS LIBRE

« Contre tout ce qui est pour – Pour tout ce qui est contre. »

NUMÉRO 8 – JEUDI 29 NOVEMBRE 1945

En découvrant le nouveau gouvernement, les observateurs affirment que le général de Gaulle va mettre tout son poids dans la balance pour limiter l'influence des communistes au sein du gouvernement. Ils craignent toutefois que cela ne dure pas et que l'on revienne à un système de partis comme celui de la Troisième République, mise à mal par ses dirigeants portant barbe ou bouc. De son côté, le Français moyen, essentiellement préoccupé par le quotidien, espère que le ministre de l'Agriculture, François Tanguy-Prigent, tiendra sa promesse : moderniser ce secteur et mettre fin au rationnement.

Edito Errare humanum ouest !

par Pierre Dac

J'habite à l'ouest et je me suis gouré. C'est tout simplement et en toute sincérité ce que signifie le titre du présent article. J'eusse habité à l'est que la citation latine eût été, de toute évidence, plus conforme à l'idée qu'on a l'habitude de s'en faire ; mais enfin, je ne peux tout de même pas me coller un déménagement sur les bras pour l'unique justification d'une constatation pertinente, certes, mais par trop dégagée, en la difficile période actuelle, des contingences de l'orientation par rapport à la crise du logement.

Mais là n'est pas la question, encore que ce soit pourtant bien là qu'elle se trouve. J'ai suivi, au cours de ces jours derniers, et au cours officiel de la Bourse des cuirs et peaux, en ma qualité de citoyen honnête et du sexe masculin, l'évolution de la crise de gouvernement et enregistré avec satisfaction son heureuse conclusion. L'euphorie du moment n'a, hélas ! été pour moi que de courte durée. C'est que je viens de m'apercevoir que la politique menée par moi dans *L'Os libre* depuis sa création s'écartait dangereusement de sa primitive ligne depuis que les partis de la IVe République avaient décidé, dans un sentiment de mutuelle compréhension, que, en définitive, le mieux pour s'entendre était encore de se mettre d'accord. Voilà pourquoi, le petit doigt réglementairement

allongé sur la couture de ma conscience, je n'hésite pas à m'écrier : « Errare humanum ouest ! ».

Inutile de vous dire que j'ai longuement médité sur la conduite à tenir et sur la décision à prendre. En plus d'une tempête sous le crâne, j'ai été la proie d'un cyclone sous la mâchoire et d'un typhon sous les narines. Et j'ai eu enfin la révélation qu'il me fallait m'unir avec moi-même dans un but d'apaisement général (d'apaisement général de Gaulle, comme de bien entendu) sous peine de sombrer dans le black-out de la méconnaissance des intérêts supérieurs des masses souveraines et populairement agissantes.

En conséquence, j'ai décidé que, à partir de tout de suite et jusqu'à immédiatement inclus, nous ne serions plus dans ce journal « pour tout ce qui est contre et contre tout ce qui est pour », mais délibérément et bel et bien « contre tout ce qui est pour et pour tout ce qui est contre ». Ce nouveau slogan qui, désormais, remplacera l'ancien, frappé de caducité précoce, concrétisera à l'avenir notre volonté de faire triompher des idées fortement assises sur le fauteuil à roulettes du bien-fondé de nos aspirations légitimes. Est-ce à dire que nous renions ce que nous avons dit dans le passé ? Bien au contraire.

Si nous adoptons aujourd'hui et pour demain une politique diamétralement opposée à celle que nous préconisions hier, c'est, qu'on ne le veuille pas ou qu'on le veuille, pour affermir la solidité de nos principes, au nom desquels nous sommes fermement décidés à faire victorieusement aboutir des concepts qui ne doivent rien d'autre qu'à nous-mêmes le fait de les avoir pris là où nous les avons empruntés. Le but que nous poursuivons n'est peut-être pas le même que celui que nous voulons atteindre ; raison de plus pour nous atteler courageusement aux brancards de notre tâche ; ainsi par le pont suspendu de nos forces infuses et démultipliées nous atteindrons enfin la rive enchantée des vérités relatives par-dessus le flot verdâtre et tumultueux des erreurs exactes.

LES BONNES RECETTES

Terrine de gelée de merles

Postez-vous un jour où vous voyez de nombreux merles.

Saisissez-en un bien gras, faites-le siffler afin de lui décongestionner les amygdales et froissez-lui le col.

Prenez un autre merle et opérez de même et ainsi de suite jusqu'à garnir votre terrine que vous aurez choisie en rapport avec votre goinfrerie.

Cette première phase terminée, vous volez chercher une pincée des ingrédients suivants : poivre, oignons, persil, carottes, navets, choux et clous de girofle.

Flanquez un bon contingent de beurre et si possible entrelardez généreusement.

Vous manigancez le tout sur un poêle réglé à feu doux et ce, au coucher du soleil. A son lever, vous dépotez.

Vous êtes feinté, car vous n'avez pas plumé vos merles, ce qui fait que c'est particulièrement mauvais, et que c'est rudement bien fait, car a-t-on idée de manger des merles ?

Tonton Jules.

À Os rompus

Drôle de combinaison !

Après avoir soigneusement examiné la photographie du nouveau ministère, tiré en groupe sur les marches du Matignon's Hôtel, nous avons dû nous rendre à la triste évidence : pas une seule figure féminine dans tout cela ! Les citoyennes qui, le 21 octobre, ont tout quitté pour venir mettre des oui-oui et des oui-non dans l'urne, auront leur mot à dire là-dessus. Pour nous, rien ne nous fera changer d'avis. Ministérielle ou autre, une combinaison vide de femmes ne mérite pas le nom de combinaison. Nous dirons même qu'elle nous semble sans intérêt.

Et la barbe ?

A peine mieux traitée, la barbe ne trouve pas dans le nouveau gouvernement la large représentation à laquelle ses éminents services devaient lui donner droit. Une seule barbe est actuellement au pouvoir : celle de M. Francisque Gay, à qui l'on n'a même pas donné un portefeuille pour la mettre !

Comment espérer du neuf et du raisonnable dans ces conditions ?

Une victoire de L'Os libre

A part ça, nous serions plutôt satisfaits. Pour une fois la grande voix de *L'Os* a été entendue. Le morcellement des portefeuilles, dont nous nous étions faits l'ardent défenseur, est en voie de réalisation. Le plus encombrant des grands maroquins a été divisé en trois parcelles : ministère de la Défense nationale, ministère des Armées, ministère de l'Armement, ce dernier aménagé au surplus de façon si ingénieuse que rien n'empêchera de le transformer en un ministère du désarmement aussitôt que les circonstances le permettront, c'est-à-dire aux environs de Pâques ou peut-être de la Trinité.

Plus question de confiance !

Autre innovation non moins digne d'intérêt : la question de confiance est supprimée. Nous l'avions assez vue, celle-là ! Aussi parle-t-on d'y substituer quelque chose de nouveau, la question de naissance qui, elle, aura l'avantage d'être posée une fois pour toutes.

La Constitution

Et la Constitution, qu'est-ce qu'elle devient, pendant ce temps-là ? demandent avec une impatience de mauvais ton des gens toujours prêts à s'occuper de ce qui ne les regarde pas.

Malgré le brouillard, il ne faut tout de même pas perdre de vue que ce sacré fourbi constitutif est, pour nos élus, du travail tout à fait nouveau. C'est la première fois qu'ils ont l'occasion d'en faire une, de constitution ! En pareil cas, on est bien excusable de tâtonner un petit peu. Plus tard, quand on aura le métier bien en main, pour le cinq ou sixième exemplaire par exemple, ça ira plus vite. Des constitutions, nous serons en mesure d'en sortir douze par semaine sans forcer. Et voilà encore un domaine où la France, trop longtemps tributaire de l'étranger, pourra devenir magnifiquement exportatrice !

La Sainte-Catherine

Grâce à la présence toute nouvelle de l'élément féminin parmi nos représentants, la Sainte-Catherine a pu être fêtée pour la première fois cette année au Palais-Bourbon comme elle l'était partout ailleurs. On a pu admirer de nombreux bonnets, dont quelques-uns de nuit. Le moins que l'on puisse dire de cette aimable petite manifestation, c'est qu'elle s'est déroulée dans l'ordre et dans la dignité.

NOUVELLES QUELCONQUES

Par décision du gouvernement, l'heure d'été est prolongée pour une durée indéterminée.

Interviewé par notre envoyé spécial, M. Tétembois, le dévoué directeur de l'Observatoire de Bois-Colombes, après avoir conféré avec le chef balayeur de la voie lactée de la maison, nous a déclaré que cette décision entraînait la suppression de l'hiver.

Cette audacieuse mesure, qui aurait pu changer la face du monde si Napoléon y avait songé lors de la campagne de Russie, est appelée à avoir un énorme retentissement dans le monde.

OS-PRESS.

Un jeune bricoleur norvégien vient de fabriquer une serrure à un milliard de combinaisons.

Notre ministre des Finances, lui, est toujours à la recherche d'une seule combinaison pour fabriquer des milliards.

Conseils pratiques

Nettoyez vous-même vos tapis cloués

Ingrédients . – *Une petite brosse, une pelle moyenne, une pioche standard, une grosse brosse, une brouette, deux maçons, un plumeau, un gâcheur de plâtre, un électricien, un entrepreneur de bâtiment, un homme d'affaires, une échelle de paveur, une auge à mortier et une truelle de démonstrateur.*

D'une manière générale, on nettoie toujours le dessus des tapis, jamais le dessous. Voici une recette spécialement étudiée pour combler cette regrettable lacune et qui supprime les travaux et frais de dépose, nettoyage et repose.

Exécution. – Vous descendez à l'étage au-dessous, vous frappez et vous dites poliment : « Je viens pour nettoyer mon tapis. » Sans vous occuper de la réponse, vous pénétrez dans l'appartement. A l'aide des ingrédients ci-dessus énumérés, vous commencez le nettoyage à sec en vous servant de la pioche. Une fois le plafond enlevé, vous le roulez dans un coin et vous vous attaquez au plancher que vous enlevez et rangez de la même manière. Il ne vous reste plus qu'à brosser le dessous de votre tapis et vous laissez ensuite aux spécialistes le soin de remettre les choses en état et à votre homme d'affaires celui d'arranger, le cas échéant, les choses avec le locataire.

Tante ALPHONSE

Avis n° 1

Tous les adultes du sexe masculin ou assimilé, possesseurs d'une barbe poivre et sel, sont tenus de se présenter dans le plus bref délai munis de leurs papiers d'identité et d'un litre de vinaigre au bureau central des services d'assaisonnement (préfecture de la Seine), en vue de leur utilisation rationnelle et ultérieure.

Un heureux événement

Nous avons la grande joie d'informer nos lecteurs que dès que les circonstances le permettront, c'est-à-dire incessamment, sinon plus tôt, nous donnerons à ce journal un lustre et un éclat inconnus jusqu'à ce jour dans la presse mondiale. En effet, L'Os libre, *à partir du moment dont on vous entretenait plus haut sera imprimé sur cent vingt-sept pages format in-18 long cavalier en parchemin véritable. Gravure taille douce en camaïeu, titres et lettrines dorés à la feuille, protection des coins par grébiches d'or et fermeture éclair. Un élégant étui en véritable crocodile du même format que le journal sera remis avec chaque exemplaire, ainsi qu'une paire de gants en chamois beurre frais pour ne pas souiller les pages pendant la lecture. Le prix du numéro subira évidemment une légère augmentation puisqu'il sera porté à 18 742 fr., mais nous sommes certains que nos fidèles lecteurs n'hésiteront pas à consentir ce léger sacrifice.*

Avis n° 2

Tous les adultes du sexe masculin ou similaire possesseurs de moustaches dites « à la gauloise » sont priés de se présenter, toutes affaires cessantes, munis de leurs papiers d'emballage et d'un repas froid à la direction des Beaux-Arts en vue de leur collaboration éventuelle à la grandiose reconstitution historique des batailles de Bouvines et de Malplaquet réunies qui sera prochainement donnée dans la salle des fêtes de la cour de Justice, à l'occasion de la commémoration de l'invention de la redingote à percussion centrale.

La photographie par correspondance

Encore quelques jours de patience ! Comme toutes les grandes inventions, la nôtre est actuellement en proie à la fièvre des ultimes démarrages. Nous avons déjà reçu quantité de signalements à tel point que leur flot submerge présentement nos appareils. Des hommes à nous, particulièrement spécialisés, s'emploient à les dégager.

Dans notre prochain numéro, donc, parole d'*Os*, nous publierons la première photographie par correspondance tant attendue par tous ceux qui savent que la patience est la mère du nettoyage des boutons de capote.

Avis n° 3

Tous les adultes du sexe masculin ou limitrophe, possesseurs de faux nez lumineux et de perruque tournante, sont informés qu'ils doivent se présenter aussi rapidement que possible, munis d'un filet garni de leur pot de fleurs généalogique aux bureaux de la Direction générale d'études et recherches, en vue de leur utilisation comme agents secrets dans les services spéciaux.

Swing-fable

Devant le buffet vide,

Succédant à Pineau,

Tanguy-Prigent, placide

Danse un p'tit pas nouveau.

MORALITÉ

La danse de Tanguy.

Avis n° 4

Le présent avis confirme les avis n°s 1, 2 et 3 précédents, dont il annule les dispositions qui ne pourront être mises en vigueur qu'après examen complémentaire et approfondi des services compétents.

Au procès de Nuremberg

Les chemises brunes…
… tentent de se faire blanchir

NUREMBERG *(de notre envoyé spécial par carte postale illustrée).*

La séance d'aujourd'hui s'est ouverte avec un léger retard.

Le bruit court qu'en raison de la longueur probable des débats les jurés auraient convoqué le président Lawrence pour obtenir de celui-ci la promesse qu'une retraite leur serait versée après trente ans de service.

Première escarmouche

Enfin, les accusés sont introduits. Contrairement à ce qui m'avait été dit par un voisin sans doute mal renseigné, ils sont encadrés par des M. P. et non par des M. R. P.

Dès l'entrée de la Cour, un incident éclate. Le Dr Sthamer, défenseur de Goering, flétrit en termes véhéments les tortures infligées aux accusés. C'est ainsi qu'on a inhumainement projeté devant eux certains films tournés dans les camps de concentration allemands au risque de leur donner des cauchemars.

S'il faut en croire l'avocat, on aurait même poussé la cruauté jusqu'à lire au Dr Rosenberg un chapitre entier de *Mein Kampf*. Quant à Seyss-Inquart, on l'aurait littéralement terrorisé en le menaçant de lui faire embrasser de force un portrait de Goebbels.

Défense élastique

La parole est à Goering qui plaide non coupable. Le maréchal d'empire se prétend victime de sa concierge, laquelle, ayant sans doute jugé insuffisant le montant de ses dernières étrennes, a dû faire des ragots.

Si Goering a organisé la Gestapo ce fut uniquement pour se procurer un peu de distraction et occuper les loisirs que lui laissait la vie de garnison.

Persuadé que la Cour de justice, mieux éclairée sur son compte, non seulement lui rendra ses décorations, mais y ajoutera la médaille de l'Encouragement au bien, le maréchal conclut :

– Je suis prêt à porter ma croix !

Von Ribbentropp se lève à son tour pour déclarer qu'on ne saurait le rendre responsable des traités au bas desquels il a mis sa signature.

Quant à Von Papen, il fait remarquer que s'il a approuvé certaines alliances regrettables, cela prouve précisément qu'il y était hostile.

Enfin, Rudolf Hess invoque les circonstances atténuantes :

– Quand on est radical-socialiste on peut, à la rigueur, espérer en guérir, explique-t-il ; mais quand on est nazi, c'est pour la vie !

Ayez pitié des amiraux !

A ce moment, l'amiral Doenitz pousse un cri et s'effondre sur son banc. On s'empresse autour de lui.

Comme tous les assistants de ce procès, l'accusé était coiffé d'un casque d'écoute lui permettant d'entendre les débats traduits dans la langue de son choix. Par suite d'une fausse manœuvre, ce casque avait été branché sur la Radio-diffusion française.

A l'heure où nous mettons sous presse, l'amiral Doenitz n'est pas encore revenu à lui. On espère néanmoins le sauver.

PETITES ANNONCES

DEMANDES D'EMPLOI

Chef de claque s'étant cassé la main droite, cherche chef de claque blessé de la main gauche pour affaire en sous-main. Ecrire Riton-les-mains-jointes.

DIVERS

Fusil à pommes de terre, modèle ordinaire. 2 sous.

Gros calibre pour la chasse au ragoût. (Livré avec cartes de patates) : 7 fr.

Dentiste diplômé arracherait trois dents à personne apportant dinde farcie pour réveillon.

RECHERCHES

Echangerais rouleau compresseur contre vis à lorgnon. Urgent.

Echangerais violon d'Ingres contre clarinette bon état.

Recherche machine à écrire indépendante et ayant de l'initiative pour répondre à correspondance toute seule.

Filatures, recherches à grand rayon d'action. G. Patate, toutes enquêtes à pied ou en aéroplane.

OCCASIONS ET DIVERS

Superbe occasion. Liquiderais bon prix petit avion anglais, type « Météor » à réaction. Faire offres discrètes à Riton-les-mains-jointes.

En solde au bazar Saint-Dominique : un reste de portefeuilles-clés : universelle, anglaise, double, plate, forée, bénarde, à molette, de voûte. Avec passe-partout, rossignol aphone, swing ou mélodique, pince-monseigneur, crochet du droit et du gauche, croche-pied et bouterolle assortie. Chaque pièce garantie garnie pelures d'oranges extra.

N'achetez plus de billets de métro. Faites-les stopper à la grande maison « Stoppage-Nettoyage » de la rue Nazareau. Prix du stoppage : Le trou du billet de 1re classe. 3 fr. 50. Le trou du billet de 2e classe. 2 fr.

A louer : insecticide souverain, contre les fourmis dans les jambes.

Du producteur au consommateur. Tabacs 1er choix. Sapin goût scaferlati, grosse coupe, le sac. .... 350 fr.
Mélèze goût caporal ordinaire, coupe fine .... 670 fr.
Chêne liège, goût américain, la brouette .... 890 fr.
Mélange peuplier-topinambour. Les 40 gr. : 18 fr.

Cours des marrons, communiqués par l'Auvergnat du coin :
Chauds les marrons, les 8, dont 7 pourris .... 10 fr.
Marrons glacés avec Frigidaire. La boîte .... 15 642 fr. 50.
Marron clair. Le mètre .... 1500 fr.
Marron foncé, le centimètre (teinture en sus) .... 18 fr.
Marron d'Inde, le flacon .... 36 fr. 80.
Dinde aux marrons, la cuisse (boisson non comprise) .... 800 balles.

TRANSPORTS

Voiture à bras .... 512 fr. 50.
La même bras dessus, bras dessous .... 992 fr. 50.
Même modèle à manches retroussées .... 12 688 fr.

SPÉCIALITÉS POUR CONTRIBUABLES

Ceinture ordinaire, larg. 15 centimètres .... 440 fr.

Article supérieur « La pleine veine » 44 modifiée 45, en forme de corset avec nouveau dispositif de serrage
...............55 000 712 834 001 000 fr.

FUMISTERIE ET CHAUFFAGE

Poêle Gredin
avec cornet de remplissage.................3 fr.
N° 2 grande taille
avec entonnoir .... 6 fr. 50.
Gros modèle à 1 boulet (n° 8).........15 fr.
Tous nos modèles sont à feu visible et livrés avec pare-feu et garde-poêle.

JEUX

Petite bombe « La Canaille » garantie sans atomes, agrémente les longues soirées d'hiver. Se place de préférence sous les lits, éclate au moindre geste.
Le sachet de 144 : 4 fr. 90.

SOINS DE BEAUTÉ

Poitrines attirantes et confortables grâce aux pilules orientables. Grosse boîte d'essai livrée avec gabarits. Grand choix de formes nouvelles sur simple demande.

Entre les mains du serpent

Une aventure du détective privé POILEAU LUC

Vrai grand roman policier par Edgard Fountain WALLACE

Chapitre premier

Le vieux tableau du marquis

Il ne faut tout de même pas croire que ça va se passer comme ça, vociféra le marquis de la Tronche en se relevant brusquement. On entendit un craquement sinistre, car il avait dans sa colère et par inadvertance engagé un bouton de ses bottines dans une des boutonnières de son gilet à fleurs. Son désespoir faisait peine à voir, et il y avait de quoi ! D'abord parce qu'il aimait beaucoup son gilet, et aussi, parce que la lettre lui annonçant l'horrible nouvelle était là, devant lui, tremblant au souffle de sa colère… « Non, ça ne se passera pas comme ça ! » hurla-t-il de nouveau et comme précédemment.

– Et comment donc que ça se passera ? interrogea Lulu, son fidèle valet de pied et de chambre. Car, c'était bien en réalité un ancien valet de chambre qui avait été mis à pied. Autrement, répondit le marquis, soudain apaisé par la justesse de cette honnête réflexion. C'était lourd de menaces et Lulu le sentit. Relis-la-moi, dit le marquis en lui tendant la missive. C'était une lettre curieuse écrite à la craie sur du papier goudronné. Lulu prit la lettre et frissonna imperceptiblement un 25e de seconde. La lettre était écrite en volapük, langue que le marquis employait volontiers dans l'intimité, ce qui tendait à prouver que la lettre émanait d'un intime ou de toute autre personne qui parlait aussi le volapük après tout.

En voici la teneur dans toute son affreuse simplicité, mais auparavant, nous devons informer le lecteur que le volapuk est une langue internationale qui fit fureur dans les six parties du globe à la fin du XIXe siècle ; elle tire ses expressions et la façon dont on la cause des racines latines, romanes, de l'anglais et de l'allemand mais elle fut supplantée depuis par l'esperanto, que personne ne parle, d'ailleurs. Mais, voici la lettre : cependant, avant que de commencer, permettez-moi de vous dire que nous étions bien obligés de vous raconter tout ça pour la clarté du récit. Donc, Lulu lut :

Missié, Avamos décidadem d'exijarer de you ein somma di ono millionarie. Cesta somma esta destinating al nettoyamente of nostras amygdalis. If you none voliate pas nos la ristournare di good cuoro, wir gé véniras esta notta par nos emparibus del gravoure accrochatta in your salona und quo riprésenta Le Gaulage du cresson à Bar-le-Duc[1] *the célobrated evra von grandi pinterum Octave la Trombina. Es a prenda o à lasciata. Signata : El clobe dei mascos nègres.*

– « Le club des masques noirs », gémit Lulu, tandis que la lettre s'échappait de ses mains tremblantes.

(*To be continued in the next number.*)

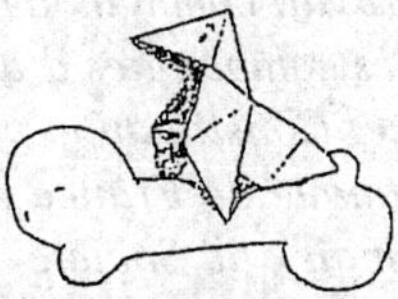

1. En français dans le texte.

L'OS LIBRE

« Contre tout ce qui est pour – Pour tout ce qui est contre. »

NUMÉRO 9 – JEUDI 6 DÉCEMBRE 1945

Le Conseil National de la Résistance avait réclamé, en 1944, le « retour à la nation de tous les grands moyens de productions monopolisés, fruits du travail commun, des sources d'énergie, des richesses du sous-sol, des compagnies d'assurance et des grandes banques ». L'Assemblée Constituante vote, le 2 décembre, la nationalisation de la Banque de France et de quatre banques de dépôt : le Crédit Lyonnais, la Société Générale, le Comptoir National d'Escompte et la Banque Nationale du Commerce et de l'Industrie.

Edito — Vers un yaourt d'Etat ?

par Pierre Dac

Les nationalisations sont à l'ordre du jour et dans l'ordre inéluctable des choses. Celles du crédit et de l'énergie électrique sont en voie de réalisation. Plus tard on nationalisera probablement les assurances sur la vie, contre l'incendie, contre les accidents et peut-être également l'assurance de ma considération distinguée. Ces réformes de structure ont mon entière approbation et se trouvent en absolue concordance autant qu'en totale conformité avec l'opinion que j'ai toujours exprimée relativement à ces mesures susceptibles d'assurer le développement futur de notre économie nationale par des moyens rationnels, épisodiques et simultanés.

Cependant, nulle part dans les comptes rendus des conseils de gouvernement, pas plus que dans ceux de l'Assemblée constituante, je n'ai encore relevé jusqu'à ce jour la moindre allusion au yaourt. L'affaire est pourtant d'importance majeure et pose un problème capital auquel il est nécessaire de donner au plus tôt une solution équitable et satisfaisante si l'on ne veut pas se trouver aux prises avec des complications intestines inévitables en cas de *statu quo* ou de coupable négligence. Le temps est venu de savoir si oui ou non l'on veut que le yaourt continue à être tenu en coupe réglée par les trusts ou si l'on a le désir sincère de le soustraire à l'influence des oligarchies capitalistes, afin qu'il

puisse revendiquer et prendre sur le marché économique et idéologique la place qui lui revient de droit. Et que l'on veuille bien ne pas s'y tromper : ce n'est pas la nationalisation que nous réclamons pour le yaourt, car nous estimons que cette mesure souhaitable et salutaire entre toutes est proprement insuffisante dans le cas qui nous occupe. Nous réclamons purement et simplement l'étatisation du yaourt.

Le yaourt privé a donné, depuis de nombreuses années, les preuves les plus formelles de sa subordination aux puissances d'argent, lesquelles l'ont toujours employé à des fins égoïstes et sordides, d'où l'intérêt national était systématiquement et volontairement exclu. L'heure est enfin arrivée de mettre un point final à ce scandale sans précédent. Il ne s'agit plus d'ergoter ; les représentants du peuple et les représentants de commerce doivent être mis en face de leurs responsabilités. LE YAOURT SERA D'ÉTAT OU NE SERA PAS ! Le yaourt sera placé sous le contrôle rigoureux des organismes officiels ou disparaîtra de la surface des pots dans lesquels il est contenu de plus en plus difficilement.

Nul ne peut ignorer que le yaourt est à base de ferments lactiques.

Qui peut affirmer, si bon ordre n'y est immédiatement apporté, que demain ces ferments lactiques ne se transformeront pas en ferments de discorde et en éléments de désordre ?

Etatiser le yaourt est une nécessité urgente et vitale. Un yaourt neuf et raisonnable, démocratique, laïque et républicain, prouvera demain, à la face du monde civilisé, que nous savons encore chez nous, malgré les épreuves et en dépit des forces mauvaises et occultes, prendre les mesures révolutionnaires qui s'imposent en fonction de nos aspirations légitimement constructives et solidairement salvatrices.

CAUSERIE SCIENTIFIQUE

Une bouleversante découverte

On connaît toutes les merveilles que l'industrie moderne a su réaliser avec la simple pâte de verre, depuis le tissu pure laine anti-mites jusqu'au bas de soie incassable en passant par certaine variété de papier hygiénique recommandée aux personnes chatouilleuses.

Mais ceci n'était rien encore ! Nous devons aujourd'hui signaler une application infiniment plus surprenante de ce produit protéiforme. Il s'agit de plaques minces, de dimensions variables et possédant la propriété quasi incroyable d'être ABSOLUMENT TRANSPARENTES !

Cette magnifique invention semble d'ores et déjà promise au plus riche avenir. Ne dit-on pas qu'une première commande des plaques plus haut décrites aurait été faite pour remplacer à titre d'essai les vitres en bois actuellement en usage dans les voitures du Métropolitain ?

Nous tiendrons nos lecteurs au courant !

Docteur OS.

À Os rompus

Parbleu !

M. Marcel Paul, le nouveau ministre de la Production Industrielle, en faisait l'autre jour l'aveu : notre provision de charbon n'est pas tout à fait aussi considérable qu'on avait cru pouvoir l'annoncer récemment, après lecture de l'avenir dans le marc de café… M. Marcel Paul ayant néanmoins promis que le Palais-Bourbon continuerait à être chauffé, les députés ont bien voulu consentir à ne pas renverser le ministère encore ce coup-ci. Nous n'en sommes que plus à l'aise pour dénoncer une fois de plus le danger des changements de personnes dans l'équipe gouvernementale. Depuis le départ de M. Lacoste, tout un chacun a rabaissé ses manches et alors rien ne va plus ! Voilà pourquoi nos ampoules vont encore faire du *black-out* !

Des pannes de métro, s. v. p.

Le métro est un gros mangeur de courant – dame, avec toutes ces bouches ! – Aussi M. Marcel Paul a-t-il résolu de le rationner de diverses manières. D'accord, mais pourquoi ne pas appliquer en ce domaine l'ingénieux système des pannes échelonnées qui a fait ses preuves pour l'éclairage domestique ? Personne ne s'en plaindrait, pas même les voyageurs immobilisés durant quelques heures entre deux stations. D'abord on est très bien, dans le métro, on a chaud, et puis, n'est-ce pas, on ne se sent jamais seul !

Faits divers

PARIS. – Un autonomiste, M. J. Breton, qui marchait à vivre allure, a dérapé sur le trottoir bordant maternellement l'immeuble du 32, bd. Haussmann, provoquant des chutes diverses parmi d'inoffensifs passants.

MIRAMAS. – Une mine a éclaté dans une fabrique de crayons. La catastrophe serait due à la négligence.

RUEIL. – Surpris alors qu'il gâchait du plâtre dans une auge, le nommé Lapaire, maçon, a été violemment mis à pied par l'économe du chantier.

HOUILLES. – Funeste erreur. Ayant pris une vessie pour une lanterne, Mme M. Boulenbiais a été sévèrement contusionnée, l'engin ayant fait brusquement explosion.

LAKOBA (Soudan). – Alors qu'il regagnait son domicile après un long et opiniâtre labeur, le nommé Ali Anbab, charmeur de bretelles, a été mordu par un tuyau d'arrosage vénéneux.

Le recensement des bocaux

Le ministère des Locations et Reprises communique :

« Un certain nombre de pharmaciens, dont quelques-uns de première classe, nous ayant adressé, par erreur, l'état du matériel existant dans leur officine, nous rappelons aux intéressés que la réquisition des bocaux vides n'est pas envisagée, du moins jusqu'à ce jour, pour le relogement des sans-abri. »

Les cérémonies de nationalisation

Seuls de toute la presse, nous sommes en mesure de donner le compte rendu exact, autant qu'anticipé, des fêtes qui vont se dérouler à Paris à l'occasion de la nationalisation du crédit et de l'électricité.

Le jour J, à l'heure H, M. René Pleven, ministre des Finances, accompagné de ceux de ses collègues disponibles que la question intéresse, se rendra devant la façade du Crédit Lyonnais où les membres du Conseil d'administration, pieds nus passés au brou de noix, en chemises à plastron empesé et la corde à nœud autour du cou, lui remettront les clés de l'armoire à pharmacie.

M. Maurice Schuman, en rochet de dentelle, chantera alors le *Dies Irae*, l'*Adeste Fideles*, le *Panis Angelicus* et le *Cavalleria Rusticana*. Après quoi, M. Maurice Thorez, ministre d'Etat, prononcera un important discours où il conseillera une fois de plus aux travailleurs de travailler.

C'est alors que M. Pleven, faisant trois pas en avant, touchera de sa baguette magique la façade de l'établissement en prononçant, une fois à l'endroit, une fois à l'envers et une autre fois dans les deux sens les paroles rituelles et sacramentelles suivantes : « Amstram gram, pic et pic et colegram, bour et bour et ratatam, croix de bois, croix de fer, si j'mens, j'vais en enfer. »

La musique de la Garde Républicaine exécutera ensuite en sourdine un arrangement swing de « Si t'étais v'nu, t'aurais mangé d'l'andouille ». Les administrateurs tomberont à genoux, confesseront publiquement et pour la première fois le bilan exact de la banque et rendront les tantièmes perçus en trop en chantant le *Tantum ergo*.

Immédiatement après, la nationalisation battra son plein. La banque paiera à guichets ouverts, sans discussion ni murmure, tout chèque barré ou non, avec ou sans provision qui lui sera présenté. L'âge d'or de la monnaie scripturale et du crédit automatique entrera enfin dans la voie des réalisations. La cérémonie sera ensuite renouvelée au Crédit de l'Ouest, au Crédit Municipal et au siège social de La Semeuse.

Après quoi, la nationalisation du crédit étant réalisée, la délégation se rendra, sans désemparer, au siège de la Compagnie Parisienne de Distribution d'Electricité (C.P.D.E.) pour procéder à la nationalisation. La cérémonie aura lieu dans le salon d'honneur brillamment éclairé *a giorno* et à l'acétylène, dans les conditions semblables à celles employées pour le crédit à la différence près que, cette fois, M. Thorez chantera les cantiques et que M. Schuman prononcera l'allocution.

La nationalisation de l'électricité opérée, l'eau coulera à flots, les barrages seront barrés, les turbines turbineront, le courant courra, la chevillette cherra et la lampe s'allumera.

On nous annonce déjà une amélioration notable dans le service des coupures : grâce au régime de la nationalisation, les interruptions de courant qui avaient lieu l'après-midi se produiront alors dans la soirée, ce qui est tout de même plus conforme à la logique.

Quant à nous, ici à *L'Os*, nous sommes parés : pour le crédit, nous sommes payés au comptant, en espèces et rubis sur l'ongle et pour l'électricité, toute notre installation est sous baguettes de tambour avec connexion de timbres-poste. Alors, vous pensez...

LE JEU DE L'AUTO

Si j'en juge par mon volumineux courrier, les Français ne savent plus s'amuser. D'innombrables lettres me réclament en effet un jeu de société, sain, honnête. Il suffit de demander. Voici celui que j'ai imaginé pour vous, chers lecteurs.

Le jeu de l'Auto se pratique à 2, 3, 4, 6, 15 ou plusieurs personnes. Il ne nécessite qu'un dé et un cornet, autant que possible sans pistons.

Vous vous réunissez avec vos partenaires, de préférence dans un parc à voitures ou sur le bord d'un trottoir, de droite ou de gauche suivant que le jour est pair ou impair ; enfin n'avez qu'à voir, c'est le trottoir le long duquel sont arrêtées les bagnoles.

Vous désignez une voiture (on prend en général la plus belle) et faites rouler le dé chacun à votre tour, un coup sec seulement. Celui qui amène le point le plus fort crie : « L'Auto » et gagne la voiture. Il ne reste plus qu'à monter dedans et à s'en aller avec.

Le propriétaire peut survenir à ce moment précis. C'est alors la phase la plus passionnante du jeu.

L'heureux gagnant explique courtoisement au propriétaire comment il vient de se voir attribuer sa voiture : dette de jeu, dette d'honneur, si le gagnant a affaire à un gentleman, il est désormais impossible que ce dernier lui refuse l'auto.

Si toutefois le propriétaire émet quelques objections, alors on l'initie tout simplement au jeu : il désigne une autre voiture (le gagnant a donc une deuxième chance) et lance le dé…

Notez que le règlement n'interdit pas au propriétaire de désigner sa propre voiture, mais cette façon de jouer n'est pas recommandée car dès que le gagnant est susceptible de perdre, il n'y a plus de jeu possible.

MANIFESTATION ARTISTIQUE

Palais de Chaillot

en matinée le 33 août 1952 à 27 heures

GRAND RÉCITAL DE GOMME À CLAQUER

avec le concours de l'Amicale

des rouleurs de fûts du XXe

Places de 2 à 4 francs

Loc. chez Célestin Petibuis

Métro : Dac.

Avis officiel n° 6

Tous les adultes barbus portant le bouc sont informés qu'ils doivent se présenter, dès que possible, à la direction du Jardin d'Acclimatation en vue de leur éventuelle admission au haras spécialement installé en vue de la réorganisation et du rajeunissement du cheptel radical-socialiste.

Toute la vérité sur la nationalisation du crédit !

M. Pleven, auteur du projet de nationalisation du crédit, mais ennemi des mesures trop révolutionnaires, s'est refusé à modifier le caractère traditionnel de nos grandes banques. En conséquence, il n'entrera pas dans les attributions de celles-ci, comme le bruit s'en était répandu, d'avancer aux contribuables les sommes nécessaires au paiement de leurs impôts en retard.

Devenus organismes d'Etat, les établissements de crédit continueront à agir comme par le passé, c'est-à-dire à prendre l'argent de leurs clients.

Toutefois, le privilège d'aller leur porter ses économies n'appartiendra plus à un petit clan de gogos volontaires.

Au nom de l'égalité, ce seront tous les Français qui devront aller y verser ce que le percepteur aura oublié de leur prendre.

Le banquier réglemente

D'autre part, le projet de M. Pleven ne permettra plus à n'importe qui, sans connaissances spéciales ni titres suffisants, d'ouvrir et de diriger un établissement de crédit.

Comme tous les candidats fonctionnaires, le futur banquier devra remplir certaines conditions précises. Il lui faudra notamment être âgé d'au moins six mois, justifier d'une nationalité quelconque même approximative, s'honorer d'un embonpoint satisfaisant, capable à lui seul d'inspirer le respect et la confiance (diamètre moyen du bas-ventre : 1 m. 75) et compter à son actif au moment de sa demande au moins trois faillites frauduleuses et six liquidations judiciaires.

Soumis à un examen professionnel par un comité d'experts, il devra en outre être assez persuasif pour convaincre ces derniers de l'intérêt qu'il y aurait pour chacun d'eux à souscrire à dix actions privilégiées de la Compagnie des Tramways à Voiles de la Mer de Glace du Mont Everest. (Au cours de l'expérience, l'emploi du chloroforme, du revolver et de la pince-monseigneur sera rigoureusement interdit.) Il devra enfin, pour patronner cette affaire, réunir en moins de dix minutes un Conseil d'administration composé d'un gentilhomme sénile, d'un général réformé, d'un financier véreux, d'un politicien inconnu et de six figurants décoratifs et décorés.

Quelques points de friction

Relevant d'un souci trop uniquement esthétique, l'amendement de M. Marcel Paul, qui visait à doter les banques d'un uniforme distinctif en droguet rayé noir et blanc avec breloque de fonte en forme de boulet rivé à la cheville, n'a pas été retenu.

D'autre part, l'assemblée s'est divisée sur la question du remboursement intégral des petits porteurs d'actions. En effet, ces braves gens n'ont jamais été habitués à rentrer ainsi dans leur argent. Si cela leur advenait, la surprise serait si forte que la plupart d'entre eux risqueraient de mourir de saisissement.

La photographie par correspondance

Enfin, nous voici à pied et à main-d'œuvre ! Nous sommes heureux de publier, pour la première fois au monde et dans ce journal, la première photographie réalisée par correspondance. Comme on peut le constater, cette magnifique découverte laisse loin derrière elle non seulement ce qui la précède, mais également tout ce qui peut s'ensuivre.

Des nombreux signalements qui nous ont été envoyés, nous extrayons celui de M. Emile Corubert, gardien de musée à Labussière-sur-Ouche (Côte-d'Or).

Et voici la photographie d'après le signalement ci-dessous.

Signalement :
Taille : 3 pieds, 6 pouces, 2 index.
Yeux : bleu, persan.

Nez : étonné.
Front : ridé.
Bouche : moyenne.
Menton : en savate.
Visage : avenant.
Cheveux : auburn.
Signes particuliers : tatouage sur l'amygdale gauche représentant la fabrication du charbon de bois au Pré Catelan.

Notre éphéméride

6 DÉCEMBRE (avant la guerre de Troie) : Naissance de Io, fille d'Inachos. D'abord prêtresse d'Héra, déesse de la Margarine, elle fut changée en génisse et gardée par un nommé Argus qui cherchait à faire de l'abattage clandestin. Elle fut poursuivie par un taon. C'est à ce moment que Jupiter vint pour tuer le taon et rendre à Io sa forme première en disant : « Il faut bien que génisse se passe. »

7 DÉCEMBRE 1826 : Naissance de Louis Favre, ingénieur suisse. Ce fut lui qui dirigea les travaux de percement des tunnels du Mont-Genis et du Saint-Gothard. C'est à la suite de ces travaux qu'il eut également l'idée de percer des trous dans le gruyère.

8 DÉCEMBRE 1892 : Création au Grand Théâtre Royal de Souk-el-Arba de *J'ai tué mon beau-frère parce qu'il avait trompé ma sœur*, tragédie en six actes et en vers de M. Poileau Luc. On y trouve des alexandrins devenus célèbres, comme :

Dans ce bouquet de fleurs offert avec amour
On voit tout plein d'émoi les futurs heureux jours
Aimons-nous, ô Zoé, ce soir rien ne nous gêne,
Puisque ton mari est adjudant de semaine.

9 DÉCEMBRE 1864 : Naissance d'Eustache La Trombine, célèbre chirurgien esthétique. On lui doit la transformation des nez aquilins (nez des buveurs d'eau) en nez camus pour les dégustateurs de cognac.

10 DÉCEMBRE 1909 : Exécution à Paris de Paulo-la-vache, l'assassin bien connu. Il avait à son actif le meurtre d'une crémière de l'avenue des Champs-Elysées et de nombreux autres assassinats et vols à main armée. En plus des personnages officiels habituels, les amis du célèbre bandit avaient tenu à assister à la cérémonie. On y voyait : Julie-les-reins-souples, sa maîtresse, son premier lieutenant Coco-la-châtaigne, ainsi que Riquet-la-came et Pierrot-la-mornifle. Riri-la-donneuse, qui avait vendu Paulo, se dissimulait derrière un garde municipal. Picasso a immortalisé cette scène en un magnifique tableau (musée Dupuytren).

11 DÉCEMBRE 37 : Naissance de Lucius-Domitius-Néro-Claudius Néron. D'abord empereur romain, puis artiste et clown dans un cirque. Il se prétendait l'inventeur du punch parce qu'il avait fait flamber Rome. Grâce à ses mauvaises fréquentations, il eut le sort qu'il méritait puisqu'il fut assassiné par un affranchi.

12 DÉCEMBRE 1892 : Naissance à Paris de Jules Piston, génial mécanicien. On lui doit l'invention de la roue de rechange. Son livre : *De la position du genou dans les changements de vitesse à rotule* est de ceux qui font encore autorité.

Le music-hall

Un quart d'os avec...
Le trio acrobatique

Un groupe de J.F.R.S.G.D.G. nous écrit :

Nous sommes cinq, quatre jeunes gens, trois filles et un autre qui voudrions, à l'occasion de la réouverture du métro Picpus, monter un trio acrobatique. Pouvez-vous nous donner quelques conseils ?

Réponse. – Au point de vue technique et panoramique, si l'on s'en réfère à l'opuscule que tricota jadis notre excellent camarade Rabindranath Tagore qui d'ailleurs n'y connaissait strictement rien, les mamelles de la danse acrobatique sont par ordre d'importance et de la préfecture :

Tertio : la souplesse.

Virgule : l'adresse.

Etc. : la force.

Il n'y a pas trente-deux manières de devenir souple. A chaque repas, mangez de la bretelle que vous accommoderez d'ailleurs à votre façon : farcie, en sauce, mais en tout cas bien saignante et en 140 de large. A l'époque critique de la chute des feuilles de contribution, faites-vous faire quelques injections de gilet de flanelle concentré entre le grand zygomatique et 10 heures et quart (les 12 ampoules chez Mazda).

En ce qui concerne l'adresse, il n'y en a qu'une seule : les galeries Barbat, au coin de la rue Labès.

Quant à la force, la discipline étant la qualité principale qui fait celle des armées, engagez-vous dans les zouaves.

Ne vous préoccupez pas outre mesure des accidents de métier qui peuvent éventuellement se produire. Bardez-vous de sang-froid et de bandes Velpeau, les décors sont solides, le plancher aussi.

Quand vous serez sur scène, évitez d'envoyer trop fréquemment votre partenaire dans la fosse d'orchestre, ça fait des fausses notes et n'ajoute rien au numéro.

Si votre partenaire s'est un tantinet raboté la physionomie, pas d'affolement, prenez l'air négligent du monsieur qui se trouve là tout à fait par hasard et au cas où sa torpeur se prolongerait d'une façon qui n'autorise plus aucun espoir, prenez-en une autre et allez à la pêche au hanneton.

Les frères OSSELETS.

Petites Annonces

OFFRES D'EMPLOI

Cherche monsieur représentant bien, musclé et courant vite, pour placer ingrédient nouveau, « L'Epouvantable », produit remplaçant tout.

Demande d'urgence, pour demain, grandes mains, petites mains, sous-mains. Se présenter chez Masœur, sous le pont de l'Alma.

DIVERS

Machine à faire trembler les vitres, donnant la parfaite illusion d'un voyage en chemin de fer, livrée avec un grand choix d'inscriptions : « Signal d'alarme », « Ne laissez pas les enfants jouer avec la serrure », etc.

Faites faire vos barbes chez Gay, le boucmaker en renom :
Barbe ordinaire, le poil incrusté : 32 sous ; barbe en zinc, spéciale pour couvreur, la feuille : 8753,10 ; barbe en bison, la palette : 30 pesos ; barbe à poux, pour accompagnement de valse, le format piano : 12 fr. ; barbe à manches retroussées, la paire : 962,40 ; barbe tennis-Lacoste, pour l'été : 15 pour moi.

Monsieur habile cherche bon financier pour partage grosse reconnaissance assurée.

Parachute amidonné, ouverture garantie, les deux : 688 fr. 70. Modèle supérieur en contreplaqué : 1051,20. Même article, pliant à charnières : 3711,10.

Suivez nos cours ! Cours élémentaires. Cours pavées. Cours-la-Reine. Cours tout court. Le cours complet.................................18 fr.

Profitez de nos jolies nappes.
Nappes en papier...........................1 fr.
Nappes de pétrole... prix à débattre (avec une matraque).
Nappes de feu .... 3 drachmes
Nappes captives .... 25 douros
Ecrire aux Nappes-Monde chez Camille de la Tour du Pin.

Serais acquéreur bonne tondeuse à gazon pour barbes dures. Ecrire M. Hérody, coiffeur, Bligny-sur-Ouche.

SOLDES APRÈS INVENTAIRE

A bon chat bon rat, la poignée, 2 sous. Rien ne sert de courir si on a les pieds plats, le m., 8 fr. Si t'avais pas mis ta fausse barbe, j't'aurais pas reconnue, la petite montagne, 33 fr. 10.

Copies d'adresses, les 11 000 : 56 francs 15. Copies de maladresses, la bonne paire, 14 fr. 90.

LOCATIONS

Libres de suite, 200 fr. par mois : 300 grands studios avec salle de bains, chauffage garanti 20 degrés, eau en tous genres, gaz, électricité, bougies, téléphone, ascenseur, vide-ordures, femmes de chambre, valets de pied, chauffeurs et vue sur l'Obélisque. Téléphoner à ODE 84.00.

CAMPING

Lit-valise pliant, tout confort ; lavabo-baignoire, toile huilée ; table de nuit, de jour et de chevet ; radiateur à gaz et réchaud avec tuyau raccord sur bec de gaz. Se monte en un clin d'œil sur toute bordure de trottoir avec nos piquets acier spécial « ZZ », les 212 articles, 125 fr.

ARTICLES POUR FEIGNANTS

Pendule de bureau réduisant l'heure de moitié : 125 fr. ; porte-plume à mouvement d'horlogerie : 33 fr. 10 ; tampon buvard automatique : 72 fr. 90 ; encrier verseur mécanique : 29 fr. 30. Remise 50 % aux membres de l'A.C.D.A.T.T.F.

ARTICLES POUR IVROGNES

Gants à semelles renforcées, les deux, 195 fr. ; protège-genoux « bonnemine », les douze, 79 fr. 95 ; casque à lunette de visée démultiplicateur, 412 fr. 10.

RAVITAILLEMENT

Pommes de terre à manches pour déguster en robe des champs. Le kilo, 14,70.

Concentrés d'odeurs de cuisine : gigot 8 livres, le flacon, 12 753,90 ; selle d'agneau (sans

N° 9 – Jeudi 6 décembre 1945

étriers), le tube, 10 020,05 ; poudre de bœuf, l'étui, 56 253 fr. ; côtes de bouc, la pillule, 0 fr. 10.

Recherche bons hommes sandwich. S'adresser en chair et en os au chef cuisinier du restaurant Gulliver.

Entre les mains du serpent

Une aventure du détective privé POILEAU LUC

Vrai grand roman policier par Edgard Fountain WALLACE

Résumé de la dernière fois

Le marquis de la Tronche reçoit une lettre en volapuk, lui annonçant que le Club des « Masques noirs » a décidé de lui voler un tableau célèbre. Le marquis et son valet Lulu sont dans les transes.

– Ah ! Ah ! les misérables ! s'exclama le marquis, qui savait par cœur l'œuvre de Victor Hugo. Ils me connaissent mal ! Je me défendrai ! Il faudra qu'ils prennent mon estomac pour un paillasson avant de me dépouiller de cette œuvre magnifique ! Quant à leur donner un million, j'aimerais mieux qu'ils te tuent, mon brave Lulu !

Lulu sentit un grand frisson lui parcourir l'échine et n'eut que le temps de jeter un tapis de table sur ses épaules pour ne pas grelotter davantage. Le marquis lança un coup d'œil au cadran solaire du salon et, avec l'œil inoccupé, il lorgna l'appareil téléphonique. « C'est l'heure d'agir, dit-il. Demande-moi immédiatement Andosses 47-18. »

Lulu composa le numéro, mais, comme il avait le tapis de table devant les yeux, ce fut Trudaine 63-53 qui lui répondit. Un rapide dialogue s'échangea :

– Allô, c'est vous ?...

– Non !...

– Pourtant...

– C'est comme ça !...

– Mais...

– M... ! »

Il n'entendit que la première lettre du mot car son interlocuteur avait déjà raccroché. « J'ai dû me gourer », dit-il en volapuk, et il refit son numéro... Le marquis, d'impatience, rongeait son frein et un coin de table en marqueterie. « Ça sonne », dit Lulu. Le marquis lui arracha littéralement le téléphone des mains... « Allô ! Allô ! Allô ! » Seul, un silence glacial lui répondit ; dans son geste brutal, il avait cassé le fil qui pendait lamentablement le long de son corps comme un spaghetti oublié à l'issue d'un repas italien.

Lulu fit une rapide épissure et enroula adroitement un morceau de chatterton autour du fil dénudé. Le contact fut aussitôt rétabli. « Allô, allô ! » Ce fut la voix même du Maître qui lui répondit : « Vous êtes mon vieil ami le marquis de la Tronche, un grave danger vous menace et vous avez besoin de mes lumières !

– Il est exact qu'un danger plane sur ma tête, répondit le marquis, il faut que vous veniez immédiatement, quant à vos lumières, c'est inutile de vous charger ; en plus du lustre, nous avons une excellente lampe pigeon. Ne perdez pas une minute, je vous en conjure, venez vite ! Je suis riche, si vous me sauvez, vous aurez droit à ma reconnaissance éternelle… Venez vite !

– J'arrive, répondit le maître…

Mais, ô stupeur, la voix qui venait de répondre ne parvenait pas aux oreilles des deux hommes par le truchement de l'appareil, mais de l'autre bout du salon ! Ils se retournèrent comme un seul homme bien qu'ils fussent deux… Il était là, debout, et souriant devant l'étonnement muet du marquis et de son fidèle valet…

(EL SEQUITO AL PROXIMO NUMERO)

L'OS LIBRE

« Contre tout ce qui est pour – Pour tout ce qui est contre. »

NUMÉRO 10 – JEUDI 13 DÉCEMBRE 1945

Le 12 décembre 1945, les fonctionnaires français se mettent en grève. Une première depuis la fin de la guerre. La CGT est à l'origine de ce mouvement. Son secrétaire général, Benoît Frachon, a énoncé, trois mois plus tôt, la mission et les ambitions de cette Fédération : reconstruire l'économie et lancer une nouvelle bataille, celle de la production, en la reliant à la satisfaction des revendications de ses adhérents. En France, une partie de la classe politique se déchaîne contre un mouvement qu'elle considère comme une provocation dont, en ces temps difficiles, on pourrait se passer.

Edito — L'initiation à la toux

par Pierre Dac

Les Français ne savent pas tousser, c'est un fait qu'on peut, certes, regretter, mais qu'on est bien dans l'obligation d'admettre, même si notre amour-propre national doit s'en trouver blessé. Les chiffres qui, eux, paraît-il, ne mentent pas sont là, dans leur sécheresse objective pour étayer et soutenir mon affirmation. Effectivement, il ressort, d'après les récentes statistiques établies aussi scrupuleusement que minutieusement par le distingué physiologiste Enrico Lacaze de Saint-Joseph, propriétaire d'une voiture Peugeot et directeur du Centre d'études des réflexes tussigènes, que deux Français sur cent toussent à peu près convenablement, les quatre-vingt-dix-huit autres toussent de façon incohérente, odieuse, indécente ou ridicule. Il y a, me dira-t-on, d'autres problèmes plus importants à régler, d'autres questions à résoudre qui doivent actuellement prendre le pas sur la question de la toux.

Voire. La manière dont un peuple tousse est non seulement d'intérêt national, mais également international.

Veuillez, je vous prie, à titre d'expérience et de contrôle, considérer la présente atmosphère d'une salle de spectacle. Le public, au lever du rideau, est à peu près calme et relativement silencieux, son attention étant tendue vers la

scène. Soudain, un quidam se met à tousser, un autre immédiatement lui répond, puis dix ; puis vingt, puis cent, puis presque l'entière totalité des spectateurs, toute la gamme y passe : toux réprimée qui explose au bout d'un moment, toux en rafale, toux tonitruante, toux aiguë, grave ou désespérément morne, bref un véritable festival de toux collective et comme organisée en série. Les quelques personnes qui, par hasard, ne toussent pas émettent des protestations qui vont du « chut » timide à l'injure glapissante.

L'acteur ou le chanteur se débrouille comme il peut au milieu de ce fracas et doit faire preuve de la plus habile stratégie pour placer un mot ou une note entre deux quintes et trois accès. Voilà la situation, elle est nettement déplorable, spasmodique et exaspérante. Quelle conclusion devons-nous en tirer ? Simplement celle-ci : qu'au moment où la France se remet en ligne pour reprendre sa place dans le monde, aucun des éléments susceptibles de lui valoir à nouveau l'estime générale n'est à négliger ; aussi, nul chez nous ne doit oublier que si un étranger nous entend tousser il doit se faire une piètre idée de notre comportement en matière de contrôle des réflexes.

Il ne peut être évidemment pas question d'interdire la toux pas plus que la décréter obligatoire comme on vient de le faire pour le vote. Chaque citoyen est libre de tousser ou non suivant ses convictions et ses facultés respiratoires. Mais il est indispensable d'apprendre au peuple à tousser. Il faut qu'avant que ne prennent fin les pouvoirs de l'Assemblée constituante, chaque Français, chaque Française soient capables de tousser méthodiquement, intelligemment, décemment et discrètement suivant les règles d'une discipline librement consentie et d'après les principes d'une organisation rationnellement cohérente.

Il y va de notre prestige et de notre réputation de nation civilisée.

Le jour où nous aurons enfin chez nous une toux neuve et raisonnable en rapport avec notre politique de grandeur, nous aurons fait un grand pas en avant dans la voie du redressement national et de la libération de notre système laryngo-pharyngé.

Conseils pratiques

Notre soupe de la semaine

Ingrédients : *1 jeu de casseroles, 1 lessiveuse, des cuillers à touiller, 6 brocs d'eau, 2 kilos de pâtes, 2 louches, 1 livre de fécule, 1 paquet de levure de boulanger de 500 gr., 1 kilo de beurre d'Isigny ou 1 bonne feuille de gélatine, 1 fouet à battre, 50 grammes de canelle, 1 chinois, 2 kilos de flocons d'avoine, 1 sac de croûtes de pain, sel, poivre, paprika et une poignée de cumin.*

Exécution. – Faire gonfler les croûtes de pain dans la lessiveuse en ajoutant le contenu des 6 brocs d'eau, mettre à tremper la feuille de gélatine ou le beurre dans une casserole d'eau chaude. Dans une autre casserole délayez votre fécule à l'eau tiède et incorporez-y la levure en triturant avec le bout des doigts, ajoutez de l'eau légèrement dégourdie jusqu'à consistance d'une pâte à crêpes. Mettez de l'eau dans une casserole avec une poignée de sel et faites cuire vos nouilles pendant une heure environ. D'autre part, dans un récipient du genre casserole, faites revenir vos flocons d'avoine dans un peu d'eau froide. Mélangez tous les ingrédients dans la lessiveuse et laissez mitonner douze heures. Au moment de servir, battez au fouet, passez au chinois, rectifiez l'assaisonnement et saupoudrez de paprika et de cumin. Servez avec les louches, soit dans les assiettes, soit directement dans la bouche des convives. C'est bon et ça tient au corps pour un bon moment.

Tante Alphonse.

À Os rompus

La nationalisation de l'armée ?

Tout de suite après la Banque, presque en même temps que les Assurances mais tout de même un peu avant la Lampisterie, l'Armée française serait bientôt nationalisée !

Les conséquences de cette nouvelle réforme de structure sont trop vastes pour tenir en entier dans l'espace ridiculeusement restreint que ce journal veut bien consacrer aux choses sérieuses. Bornons-nous donc à indiquer les principales : dissolution immédiate des compagnies (pour l'infanterie), transformation du prêt en crédit à long terme ; transfert rue Nationale de la marine ci-devant royale ; reprise par l'Etat des casernes, magasins d'habillement, locaux disciplinaires. Ajoutons que, dans un esprit largement démocratique et pour permettre à tous l'étude de certains arts d'agrément jusqu'ici réservés à quelques privilégiés, on envisagerait d'ores et déjà la création de cours du soir à l'Ecole de Guerre.

Tant pis !

A part ça, M. Michelet, ministre des Armées nationales, nous prie de dire que le retour à la vie civile prévue pour les véhicules militaires en surnombre ne concerne pas les chars de combat, chenillettes, canons motorisés, automitrailleuses, etc.

Nous nous excusons de la pénible déconvenue que cette triste nouvelle va causer aux personnes qui espéraient compléter à bon compte leur modeste matériel d'attaques nocturnes et autres.

Des pertes sur la ligne

On en apprend de belles ! Voilà-t-il pas maintenant que Paris fournit du courant électrique au Massif Central. M. Marcel Paul lui-même a été forcé d'en convenir l'autre jour, deux heures après qu'on eut commencé à lui chauffer la plante des pieds au feu de bois. Motif invoqué, toujours le même, la sécheresse, les Massifiens n'auraient plus rien à se mettre dans le barrage ! Cette explication n'en vaut même pas une autre. Si certains pays étrangers manquent vraiment de flotte, qu'on leur en envoie, ce n'est pas ça qui manque dans la Seine, dans le canal Saint-Martin et dans le pinard du ravitaillement ; quant au courant, empêchons-le de courir à droite et à gauche et, pour ce qui est de M. Marcel Paul, qu'il se le tienne pour dit, nous en avons assez de cette politique à la watt comme je te pousse !

Les conflits sociaux

Le mécontentement gronde dur chez les spécialistes de la Constitution qui, l'autre dimanche, ont dû travailler douze heures dont quelques-unes de nuit.

– Nous avons promis de faire du neuf, mais pas du douze ! s'est écrié l'un d'eux.

– Si j'avais su ce que c'était, on ne m'aurait pas eu ! dit un autre, nouveau dans le métier.

On parle de grève avec occupation de locaux, ceux-ci étant chauffés.

Les transports

La semaine dernière, on inaugurait un service de transport capable d'emmener des passagers de Washington à Paris en douze heures et de Paris à Washington en quatorze heures trente, parce que, dans ce sens-là, ça va en remontant. Ceci n'était rien encore ! Devant la réussite de cette première expérience, on songerait à établir une nouvelle ligne reliant, par autobus, la Madeleine à la Bastille ! C'est à se demander vraiment où l'on s'arrêtera dans la voie du progrès et même si l'on pourra descendre en marche !

Disparition

Forte récompense à la personne pouvant donner renseignements sur petit litre de vin rouge disparu dans le courant du mois de novembre.

Signalement :

Taille : 8 verres au litre, teint coloré. Cheveux ras. Signes particuliers : moustache tombante. Faiblesse généralisée. Yeux : mélancoliques.

~~~~~~~~~~~~~~~~~~~Le coin du toubib~~~~~~~~~~~~~~~~~~~

L'ACNÉ

L'acné, personne ne l'ignore plus aujourd'hui, fut rapportée des Indes par Léo Delibes.

C'est pourquoi les malheureux jeunes gens, car ce mal pervers s'attaque de préférence aux adolescents dont le visage est orné de boutons, le vouent aux gémonies[1].

Cependant, objectivement, il faut reconnaître qu'il y a quelques sujets d'élite pour lesquels comptent seules les lois suprêmes de l'harmonie et qu'une disposition heureuse de boutons sur leur propre visage satisfait étrangement, et rend même parfois légèrement orgueilleux.

Témoin cette petite bergère qui chantait :

« J'aime mieux garder mes boutons ! »

Mais le fait, soyons franc, n'est pas courant.

Le plus souvent, le pustulant – si j'ose ainsi m'exprimer – préférerait de beaucoup avoir sur la figure un autre genre de charme.

Il arrive quelquefois qu'à la suite d'un coryza il y ait une éruption de boutons de corozo. C'est l'acné bissextile ou mal de Praguett, du nom de l'éminent biologiste irlandais qui le découvrit. Ces boutons sont infiniment plus résistants que les autres. (C'est pourquoi il y en a eu tant après la Libération.)

Quant aux autres boutons, le plus simple est de les enlever avec une bonne râpe à fromage ou du papier de verre d'avant-guerre. Si on en trouve, bien entendu.

Et je terminerai en indiquant, pour mémoire, qu'il y a un traitement par sels d'or pour obtenir des boutons de même qualité. Mais, outre que ces boutons d'or reviennent à un prix fou, c'est, à mon avis – et j'ai quelque mérite à le donner – un traitement qui n'est satisfaisant que pour le portefeuille du médecin traitant.

1. *Il y a toujours une tartelette pour celui qui dira ce que c'est que les gémonies sans regarder le Larousse !*

DERNIÈRE HEURE

Au quatrième top, il sera exactement vingt-quatre heures.

C'est la dernière pour aujourd'hui. Top.
~~~~~~~~~~~~~~~~~~~

La bricolomanie

Fabriquez votre auto

Outillage et matières premières

Un tire-bouchon, 1 couteau-scie, 1 gros marteau, 1 pied de cordonnier, clous et rivets, et de la tôle en quantité.

I. – Coupez deux tôles qui seront les panneaux de côté.

II. – Coupez une autre tôle qui, allant du pare-brise au spider, sera le toit de votre voiture.

III. – Une dernière tôle renfermera le moteur.

Formez vos tôles au marteau et sur le pied du cordonnier.

Rabattez les bords pour l'assemblage.

Quand vos tôles sont au galbe voulu, réunissez-les bord à bord, percez-les, et dans les trous placez vos rivets que vous materez.

– Pour les parties mobiles, portes, trappes, se servir de charnières.

Le châssis sera constitué de deux morceaux de fer à U que vous relierez entre eux par des cornières. Boulonnez.

Si vous avez des roues, montez-les.

Installez ensuite le moteur et toutes les autres commandes sans omettre le volant et les essuie-glaces.

L'aménagement sera simple : deux à quatre fauteuils de bureau (suivant le type choisi). Si vous faites un autocar, je vous recommande le fauteuil de rotin qui est moins coûteux.

Le reste est trop simple pour que je vous en donne de plus amples détails (vitres, éclairages, etc.).

Toutefois, pour vos phares, je vous signale un procédé qui vous permettra de friser l'aérodynamisme.

Couper deux tôles rondes. Les cintrer entre les doigts en les faisant tourner rapidement. Arrêter dès que le métal chauffe. Reprendre jusqu'à l'apparence voulue.

Les garde-boue seront exécutés mêmement.

Une fois terminé, faites immatriculer votre véhicule. Puis passez votre permis de conduire à quelqu'un d'autre.

A la première sortie avoir grand soin de régler les freins ainsi que les différentes petites bricoles qui pourraient clocher.

A la manière de...

L'Os, par Francis Carco

Dédé, dit « Blaz pourri », réfléchit péniblement. Un os ! En principe, il n'aimait pas tomber sur un os ; mais quoi, il était affranchi, et sa jeunesse lui remonta à la tête comme les accords nostalgiques des accordéons dans les guinguettes de Nogent.

Il se décida : d'un geste souple ramassa l'os, le glissa dans la poche de son raglan et songea que ça pourrait toujours servir pour fignoler le crâne d'un cave de la rue des Panoyaux, qui depuis quelque temps s'attardait trop dans les parages de la grande Fernande.

Serre-vis public

La grève des fonctionnaires a bien eu lieu Mais le public ne s'en est pas aperçu

Comme cela avait été annoncé par la presse depuis plusieurs jours, les fonctionnaires se sont mis en grève, hier, pendant deux heures, mais, en dépit de l'ampleur d'une pareille manifestation, le public ne s'est aperçu de rien.

Les responsables de l'ordre établi avaient, en effet, très sagement décidé de laisser malgré tout les administrations ouvertes.

Les assujettis s'y sont donc présentés comme d'habitude. Tenus dans l'ignorance des événements ils ont, comme d'habitude, attendu vainement devant les guichets abandonnés par leurs titulaires. En un mot, il n'y a rien eu de changé pour eux.

PLUS ÇA CHANGE…

Au Ravitaillement, où la consigne a été strictement appliquée, tout s'est déroulé normalement. Pendant deux heures, la France a continué à ne pas être ravitaillée. Il se pourrait tout au plus que la grève ait retardé de quelques minutes le rétablissement de la carte de pain.

A la Reconstruction, on a simplement continué à ne pas reconstruire. Pendant deux heures, les employés ont simplement, à titre symbolique, rabaissé leurs manches de lustrine qu'ils portent ordinairement relevées pour que ça aille mieux demain.

Tout ne s'est pas passé toutefois sans incidents. C'est ainsi que pendant les deux heures de grève de la police, le nombre des agressions et cambriolages a été un peu moins élevé qu'à l'ordinaire sans qu'il y ait de la faute de personne.

D'autre part, des encombrements ont été causés par les petites femmes en uniforme des services administratifs de l'armée qui ont tenu, pendant deux heures, à faire stopper les autos dans lesquelles elles se baladaient, selon l'usage, avec leurs chefs directs.

Signalons encore que la C. P. D. E., qui avait pris part au mouvement, a manqué de tout compromettre. En effet, par suite d'un ordre mal interprété, les Parisiens ont failli, pendant deux heures, le jour de la grève, avoir du courant électrique.

Il est regrettable que des « jaunes » aient cru devoir se désolidariser d'avec leurs collègues. Il s'agit des percepteurs qui, pendant les deux heures de grève, ont continué à envoyer des sommations et des commandements aux contribuables défaillants. Cette attitude ne peut être que sévèrement jugée par la population.

VERS LES DEUX HEURES DE TRAVAIL

Décidés à faire aboutir leurs revendications, les fonctionnaires n'auraient pas l'intention d'en rester là. Après s'être astreints à deux heures de repos, ils seraient prêts à s'infliger deux heures de travail.

Pendant deux heures d'affilée, à partir d'un moment annoncé par voie d'affiches, tous les employés de l'Etat se mettraient à travailler d'arrache-pied. Le public pourrait louer ses places pour voir ça. Le montant de la recette irait à la caisse syndicale.

Devant les conséquences imprévisibles que pourrait avoir pour la nation une aussi grave démonstration, le gouvernement serait prêt à capituler.

Avis n° 47

Les personnes désireuses de se faire nationaliser au même titre que les banques, le gaz et l'électricité sont informées qu'elles doivent se présenter, avant le 31 décembre, munies de leur permis de conduire les bennes basculantes et d'un extrait de leur casier à bouteilles, à l'annexe du Conseil d'Etat, 141, rue des Panoyaux, pour faire régulariser leur situation.

Un document unique
Le plan général de détresse

Il est toujours facile de laisser aller les choses, et de s'enfoncer délicatement et progressivement dans les cent pieds de vase qui représentent pour l'heure l'exacte position du Français moyen libéré et dirigé. Mais c'est lorsque cette vase nous arrive au bas des narines que l'on peut porter un jugement définitif sur les réactions d'un gouvernement digne de ce nom. A cet égard on ne peut que louer l'admirable plan de détresse de notre distingué ministre de la Production nationale. Et c'est en application du fameux principe : « Gouverner c'est prévoir », que le Conseil des Ministres, considérant comme prochaine une poussée de vase atteignant notre arcade sourcilière, a mis sur pied, et au prix d'un labeur acharné, un plan dit de « détresse générale ».

Comment ce plan est-il tombé entre nos mains ? c'est notre secret et celui de nos services « spéciaux ».

Quoi qu'il en soit, le voici dans ses grandes lignes.

Dès qu'il y aura lieu de s'inquiéter, c'est-à-dire dès que rien ne marchera plus, mise en place souple et rapide du Dispositif Général de Détresse. La pierre angulaire de cet édifice étant la disparition rapide et complète des bouches inutiles (bouches à feu exceptées), des mesures draconiennes seront prises par le ministère de la Famille afin de freiner la tendance maladive qu'ont certains citoyens à se reproduire au petit bonheur.

En conséquence :

FAMILLE

Lutte contre la natalité, surveillance étroite des endroits peu fréquentés : Bois de Boulogne, Théâtre de l'Odéon, etc. Impôt spécial et progressif frappant les familles nombreuses. Dégrèvements pour les célibataires. Prime au veuvage. Chaque famille comptant plus de deux enfants devra obligatoirement adopter un colonel ou assimilé.

FINANCES

Crédit exclusivement au comptant.

ÉLECTRICITÉ

Intensification du système dit de « délestage par rotation » jusqu'au délestage total et définitif, attribution, à chaque foyer d'une lampe Carcel.

TRANSPORTS

Essence : Médecins : 1 litre par mois. Colonels et assimilés : 100 litres.

TRAVAIL

Arrêt total des entreprises (pour mémoire) à l'exception des industries prioritaires : chenillettes, fourgons modèle 1875, etc., etc.

JOURNAUX

Les quotidiens paraîtront une fois par semaine et les hebdomadaires une fois par mois. *L'Os libre*, par autorisation spéciale, paraîtra clandestinement.

TABAC

Une décade par an, fractionnable dans certains cas.

VIN

10 gouttes au repas principal (et unique) sur ordonnance ministérielle seulement.

RAVITAILLEMENT GÉNÉRAL

Plan combiné Ramadier-Pineau, ce qui nous dispense de tout commentaire.

La fermeture immédiate des épiceries et des restaurants (à l'exclusion des mess).

Un rutabaga adulte par personne et par mois, à l'étouffée pour les civils, demi-glace pour les colonels et assimilés.

Délestage par rotation : chaque département, à tour de rôle, sera mis à la diète pendant un mois (à titre d'essai). De l'avis des experts, ce plan bien appliqué doit abaisser la consommation générale de 90 % (taux prévu).

PROPAGANDE

Vaste campagne pour l'élimination radicale des bouches inutiles. Pour hâter les choses, attribution, sur simple demande adressée en triple exemplaire, d'un comprimé de cyanure de potassium. Colonels et assimilés : deux comprimés.

CONCLUSION

Dès que le plan aura donné tous les résultats attendus, recensement du reliquat de la population et application immédiate du plan « Général de Prospérité ».

PETITES ANNONCES

OFFRES D'EMPLOI

Ramasseur de mégots demande jeune homme débutant présenté par ses parents. Contrat collectif plus primes.

Recherchons bon aéronaute pour faire beurre avec la Voie lactée. Laiterie Devaux.

DIVERS

Raccord à gaz « L'Utile », livré avec outillage, se monte en un tournemain sur la conduite d'eau, permettant d'avoir de l'eau dans le gaz.

Barbe taillée en lion : 63 fr. ; barbe fleuve avec poches à lorgnons : 72 fr. 85 ; article montant, col mou avec trou pour la pipe : 100 fr. Modèle à charnières pour petit pitancheur : 125 fr. 75.

Pierres à briquet ordinaires, le tube 7 fr. 90 (épuisé). Les mêmes, mais en acier fin et à la sauvette, 35 francs, long usage.

Ampère à charbon, la pièce : 0 fr. 85 ; ampère de houille blanche, les 2 : 1 fr. 75 ; ampère de houille noire velue, la brochette : 14 fr. 90. La paire d'ampères de houille rouge : 4 fr. 30.

DIVERS

Madame, mettez votre décade à l'abri de la convoitise maritale en achetant aujourd'hui un de nos coffres-forts perfectionnés. Modèle 150 × 60 × 45 ignifugé à 8463 combinaisons arabes : 36 952 fr. 40, transport à charge. Combinaison pilou offerte aux trois premières clientes.

Besame simple : 3 fr. ; Besame double : 4 fr. 80 ; Besame mucho : 6 fr. 25.

Clairon pour sonner le réveil : 8 fr. 70. Le même à réaction narcotique pour militaires insomniaques : 9 francs.

PROPOSITIONS DIVERSES

Particulier possédant clé à sardine se lierait d'amitié avec personne ayant boîtes de conserve, contenu indifférent.

Turfistes ! Jouez à coup sûr en consultant notre catalogue des chevaux gagnants pour l'année 46. Ecrire Mamond-la-Casaque (Porte de Saint-Cloud).

Pour faire prospérer vos avoirs, adressez-vous à Prosper. Pig. 00-01.

Cause maladie, cède urgence, fond de culotte bien placé, intermédiaire s'abstenir.

Urgent. On demande bon laveur de carreaux. Ne pas écrire, se présenter 11 216, Palm Beach Road, Capetown, le matin entre 6 et 8 h.

A vendre thermomètre centigrade, état neuf, tous courants, marquant d'un côté Réaumur et de l'autre Sébastopol. S'adresser en face.

Perdu métro Concorde, chambre à coucher Henri II, souvenir de famille, grosse récompense, rapporter à *L'Os*, discrétion assurée contre tous risques.

ANNONCES POUR CHIENS ET CHATS

Ne restez pas cabots, devenez cabots chefs, achetez le manuel du chien de fusil. En vente chez Médor, rue Berger, 1.

Grand choix de chiens de fusil, toutes races :
Dressés .... 9125 fr.
Couchés (pour un moment) .... 13 fr.
Couchés (pour la nuit) .... 300 fr.
S'adresser chenil de la Manufacture d'armes et cycles de Saint-Etienne (Seine-et-Oise).

ANNONCE POUR MOUCHES

Restaurant « La Glu ». Ses spécialités pour petites et grosses mouches. Recommandé par le Mouchum Club de France.

ÉCHANGES

Echangerais belle installation électrique contre une boîte allumettes-bougies.

ÉLECTRICITÉ

Appareil à prévoir les pannes de courant. Une lampe témoin à filament spécial s'éteint à la rupture de courant et brille d'un vif éclat au retour de celui-ci. Se fait en meubles palissandre, chêne, acajou, etc., à partir de 7683 fr. Modèle de luxe à quatre lampes, à partir de 78 935 fr.

Entre les mains du serpent

Une aventure du détective privé POILEAU LUC

Vrai grand roman policier par Edgard Fountain WALLACE

Résumé

Les Masques noirs ont décidé de voler un tableau au marquis de la Tronche ; ce dernier affolé appelle à son secours le célèbre détective POILEAU LUC qui vient immédiatement chez le marquis.

Chapitre deuxième

Le roi des détectives

L'étonnement du marquis fit place brusquement à une sorte d'exaltation, et, prenant son élan, il bondit dans la direction du Maître avec l'intention évidente de le serrer dans ses bras...

Hélas ! Arrivé au but, il ne put qu'étreindre le bas des jambes du détective car, dans sa course, il s'était accroché la pointe du pied gauche dans le bord d'un tapis de haute laine de Kairouan qui garnissait le plancher ciré du salon.

– Relevez-vous je vous prie, murmura le détective avec une légère pointe d'accent britannique, car son beau-frère possédait une cousine qui avait vécu quelque temps à Newcastle-on-Tyne (Northumberland) et il aimait volontiers à se rappeler ce détail…

Le marquis fut rapidement debout et commanda :

– Lulu ! Apporte-nous le thé !

Mais Lulu savait ce que parler veut dire et il revint rapidement pour poser devant les deux hommes un plateau chargé d'un litre de gros rouge et de trois verres, car il n'était pas fier et trinquait volontiers avec son patron.

– Ainsi mon cher Poileau Luc, dit le marquis, vous n'avez pas hésité une seconde pour voler à mon secours, pour venir en aide à votre vieil ami… merci… Et il lui serra vigoureusement les deux genoux.

« Mais comment avez-vous fait pour arriver aussi vite ? Cela tient de la magie ! »

– C'est une de mes dernières inventions, répondit Poileau Luc d'un ton où la modestie ne le cédait en rien à la nette appréciation de sa valeur personnelle. Des patins à roulettes à réaction.

– Eh bien ! vous voyez, la réaction a parfois du bon, lança finement Lulu qui faisait de temps à autre de la politique entre les heures des repas.

Le Maître devint soudain grave.

– Parlons de votre affaire voulez-vous ? De quoi s'agit-il ?

Le marquis tendit à Poileau Luc la lettre en volapuk. Ce dernier la parcourut rapidement les yeux mi-clos, ce qui lui permettait de ne lire qu'une ligne à la fois. Il prit un temps en même temps qu'un verre de vin rouge, et dit, d'une voix dont il est difficile de rendre ici l'étrange modulation : Ah !… Puis, brusquement : Oh !… Mais dans une autre tonalité, et, levant les yeux sur le tableau convoité par les bandits, il persifla :

– Eh ! Eh ! mes vieux amis les Masques Noirs, voilà l'objet d'art que vous voulez vous offrir pour votre petit Noël ! Vous ne vous mouchez pas des doigts de pied ! Expression qui est la traduction littérale de la vieille chanson écossaise : *Blow one a nose with the toes.*

(SYNECHIA STO EPOMENO.)

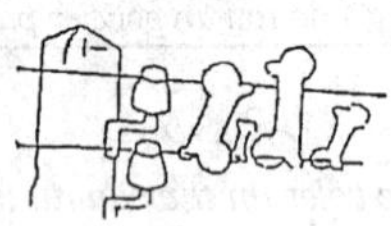

L'OS LIBRE

« Contre tout ce qui est pour – Pour tout ce qui est contre. »

NUMÉRO 11 – JEUDI 20 DÉCEMBRE 1945

En 1945, par rapport à 1938, la production agricole a baissé d'un tiers. Les problèmes de ravitaillement sont quotidiens. La France manque aussi d'électricité. Les pannes se multiplient. Certains soirs, dans les familles, on s'éclaire à la bougie. L'économie est au plus mal. En sept ans, les prix ont été multipliés par quatre. Le déficit budgétaire et l'inflation atteignent des chiffres record. René Pleven, ministre des Finances du gouvernement du général de Gaulle tente de trouver une solution miracle.

Edito — La prospérité par les pannes de courant

par Pierre Dac

Je viens de recevoir la lettre suivante que je tiens, avant de me livrer au moindre commentaire, à publier entièrement, in extenso et intégralement :

Monsieur,

Pourquoi* L'Os libre *ne propose-t-il pas aux pouvoirs publics* l'exportation des pannes d'électricité ? *Personne n'ignore que le gouvernement fait tout pour favoriser l'exportation, car nous avons un besoin pressant de devises. Or, seul produit de notre terrain que nous produisons actuellement en excédent de nos besoins, ce sont les pannes d'électricité. Or, même si la production de l'année devait se montrer déficitaire, quel est le Français, qui, dans un bel élan de patriotisme, n'accepterait pas de se priver pour procurer au pays les devises nécessaires au paiement de nos importations de charbon, indispensables à notre industrie ? Les Américains, toujours si friands de nouveautés, ne connaissent pas cet article. Nul doute que la panne « made in France » ne connaisse un succès énorme outre-Atlantique, et nous apporte, en plus des devises, un surcroît de prestige et de popularité.

Je m'étonne que L'Os, *toujours à l'avant-garde du progrès, n'ait pas encore étudié la question.*

Croyez, monsieur, à ma considération distinguée.

Signé : *Une fidèle lectrice.*

J'ai été, à la lecture de cette lettre, agité par divers sentiments, dont le principal est incontestablement le regret d'avoir été devancé dans la conception de la remarquable suggestion que je viens de vous exposer. Mais nous sommes, heureusement, dans ce journal, suffisamment dégagés des mesquines contingences et des jalousies étriquées pour ne pas rendre un sincère et éclatant hommage à celle à qui revient tout le mérite d'une proposition dont on peut, d'ores et déjà, mesurer l'importance et la portée. Aussi, sans perdre une seconde, me suis-je fait annoncer à M. Marcel Paul, ministre de la Production industrielle, pour lui faire part de la bonne nouvelle. M. Marcel Paul n'est pas le premier venu ; d'ailleurs, arriver à se faire un nom avec deux prénoms n'est pas à la portée de tout le monde. Il a donc écouté attentivement mon exposé, puis m'a déclaré que bonne note étant prise, il allait alerter immédiatement les services compétents en vue d'agir en conséquence. Il me remit, en prenant congé, un sucre d'orge à l'orgeat et aux couleurs nationales ainsi qu'un tire-pavé historique remontant à l'époque de Philippe le Bel.

– C'est bon signe, me dit un huissier, ça prouve que le patron est très intéressé et n'a pas l'intention de vous perdre de vue.

L'affaire me paraît donc en excellente voie de réalisation. Aussi bien, le temps est-il révolu de pester contre les coupures quotidiennes. Nous devons, au contraire, nous en réjouir et les souhaiter plus fréquentes.

Car, je vous le demande, à quoi servirait-il de continuer à stocker, comme nous le faisons présentement, les pannes de courant ?

Alors que, intelligemment et judicieusement exportées non seulement en Amérique mais également aux U. S. A., elles nous ramèneront à bref délai l'abondance dans la prospérité ainsi que la considération générale du monde entier, émerveillé par la subtilité et l'esprit d'invention du génie français.

Il ne me reste plus qu'à demander à notre fidèle lectrice de bien vouloir se faire connaître et de ne plus se dérober, derrière un regrettable anonymat, à la reconnaissance émue de tout un peuple qui lui devra peut-être demain sa renaissance toute neuve, son redressement raisonnable et sa grandeur recouvrée dans les grandes largeurs.

A la manière de...

... L'Os, par Mallarmé

Dépouillé de la chair, ton nu rare éclabousse,
Et pleure le regret des festins sur la mousse,
Et les frissons repus du désir qu'on n'a pas,
Os pur et desséché qui perce tes appas.

... L'Os, par José-Maria de Heredia

Altier de sa blancheur dans un rouge saignant,
L'humérus éternel, en la chair baignant,
Paraissait reposer. Divine nonchalance
De l'os libre et ardent, ébloui de substance.

À Os rompus

La fin du déficit

« Eurêka ! j'ai trouvé ; les fumeurs paieront ! » s'est écrié M. Pleven, exactement comme Archimède quand il inventa sa fameuse baignoire à système et avec cette seule différence que ce n'est pas la même chose, vu qu'Archi**men**, lui, ne travaillait pas dans la trésorerie. Quoi qu'il en soit, et pour peu que l'on veuille appliquer le principe Plev**ède** dans toute sa rigueur scientifique jusqu'à ses ultimes conséquences, il semble bien que nous touchons au terme de nos embarras financiers. De quoi s'agit-il en définitive ? De supprimer le déficit budgétaire ! Rien de plus simple. Il suffira de diviser les 150 milliards de celui-ci par le nombre des fumeurs actuellement en exercice, majoré bien entendu du coefficient décadaire, ce qui porte les Gauloises bleues à 2300 francs le paquet, somme modeste si l'on considère le prix de l'or, du diame ou même du beurre.

A la Foire aux cigarettes

Les choses étant ainsi, l'Etat ne doit-il pas craindre la concurrence du marché noir ? Angoissante question dont nous sommes allés chercher la réponse à la grande foire aux cigarettes qui se tient, comme chacun le saura désormais, dans le hall du métro Strasbourg-Saint-Denis. Un négociant largement approvisionné en Lucky Strike et en Camel a bientôt fait de dissiper nos appréhensions.

– Pleven a raison, dit-il. « Le fumeur paiera », c'est notre devise, à nous aussi. Pour ce qui est de la concurrence, vous pouvez lui dire qu'il ne se bilote pas. Si la Régie augmente ses prix, nous augmenterons les nôtres. Entre collègues, on ne va tout de même pas se faire des charres !

« Ne nous affolons pas... »

... nous écrit un lecteur.

« Après l'autre guerre – *L'Os* était encore tout petit – un ministre avait déclaré : “L'Allemagne paiera !” Malgré ça, l'Allemagne n'a jamais payé ; alors, ce coup-ci, pour le fumeur, ce sera peut-être pareil ! »

Hé ! Hé !... Heu ! Heu !... Enfin nous verrons !

Tout de même une bonne nouvelle !

Le ministre des Finances avait eu tout d'abord l'intention d'accroître d'une unité le nombre des distributions ou décades mensuelles, ce qui eût obligé les usagers de la pipe ou de la cigarette à un appréciable supplément de dépenses. Grâce à la majoration des tarifs, M. Pleven a pu renoncer à cette mesure de rigueur. Il n'y aura donc rien de changé dans les décades, seulement dans les prix. Autant de gagné pour nous, n'est-il pas vrai ?

Enfin, un Président !

Autre bonne nouvelle qui, celle-là, fera battre à l'unisson nos cœurs, nos mains et les tambours de la garde : nous aurons d'ici peu un président de la République ! Telle est l'importante décision récemment prise par la 147e sous-commission de la Constituante ! Déjà des commandes ont été passées à une grande maison d'ébénisterie, où l'on est en train d'établir plusieurs modèles particulièrement étudiés. Malgré toute la discrétion qui s'impose en pareil cas, nous croyons pouvoir dire que les nouveaux présidents de la Quatrième République seront faits en bois durs et parfaitement secs, ceci pour éviter certains larmoiements reprochés au dernier titulaire de l'emploi, sous la Troisième. Une heureuse articulation du bras droit permettant le gracieux déplacement du chapeau amovible complètera avec bonheur cette innovation.

L'élu révocable

Dans un ordre d'idées à peine différent, l'Assemblée vient d'adopter la mesure suivante : désormais, tout élu pourra être révoqué par son parti pour fautes graves contre la discipline ; par exemple : saut du mur, extrême mollesse dans le maniement des couvercles de pupitre, propos inconsidérés tenus à la buvette, réponses déplacées faites aux présidents de groupes, etc.

Tout cela est parfait, ou du moins le serait en d'autres temps, mais, dans les circonstances actuelles, on peut se demander s'il était bien opportun d'accroître encore les causes du chômage menaçant.

La cuisine pratique

Notre bûche de Noël

Pour 17 à 52 personnes environ

Ingrédients. – *Coques de cacao : trois livres ; coques de bruyère : un seau ; son : un double décalitre ; beurre d'arachide : trois onces ; saccharine diluée : un litre ; glands grillés : un couffin ; brou de noix : deux pintes ; chapelure : un boisseau ; amidon : une livre.*

Préparation. – Faites bouillir votre son dans un récipient approprié et dans une égale quantité d'eau, broyez au pilon vos coques de cacao et de bruyère, faites-les infuser pendant une bonne heure et demie et filtrez ; recueillez le jus dans une casserole en émail étamé ; concassez vos glands grillés jusqu'à l'obtention d'une poudre finement réduite, réservez-la. Délayez votre amidon dans de l'eau ou, à défaut, dans du lait. Faites tiédir votre beurre d'arachide pour le rendre malléable. Mélangez les différents produits, ci-dessus énumérés, à votre pâte de son en ajoutant, goutte à goutte, la saccharine diluée. Brassez longuement cette pâte, teintez-la à l'aide du brou de noix jusqu'à obtention de la teinte désirée ; mettez le tout dans un drap de lit et tordez fortement pour en exprimer tout l'excès de jus ; roulez la masse en forme de cylindre ou de parallélépipède dans une feuille de papier goudronné pour éviter l'adhérence. Laissez refroidir jusqu'à ce que ce ne soit plus chaud ; coupez et enlevez les deux bouts au massicot pour essayer de donner à la masse l'apparence de ce que ce que vous voudriez que ça représente, rectifiez à la râpe à bois ou à la varlope, élaguez, dessinez, à l'aide d'une fourche, des stries, des nœuds et des moulures et saupoudrez à la chapelure pour imiter le verglas.

Se consomme avec une bonne bouteille de limonade gazeuse au citron.

Tante Alphonse.

Avis secret n° 626 R. M. 3

MM. les espions, contre-espions, vice-espions, agents simples, doubles et gras-doubles sont priés de se présenter au plus tôt, là où ils savent, afin de retirer leur carte professionnelle d'espion pour 1946 ainsi que leur brassard de reconnaissance.

Pour équilibrer le budget national
M. Pleven fait des économies

L'heure des dilapidations est passée. Soucieux de présenter à la Constituante un projet de budget enfin en équilibre, M. Pleven a décidé de comprimer à l'extrême toutes les dépenses primitivement envisagées.

Donnant l'exemple, notre Grand Argentier a supprimé sans hésiter la somptueuse automobile mise à sa disposition par l'Etat et s'est rendu au dernier conseil des ministres en trottinette.

Dans la salle des délibérations, il avait, par ailleurs, fait remplacer l'habituelle rame de papier déposée devant chaque Excellence par une ardoise lavable après usage et pratiquement inusable. En outre, la douzaine d'huissiers à chaîne ordinairement de service avait fait place à une simple femme de ménage payée au tarif horaire syndical.

Si celle-ci ne suffisait pas à la tâche, M. Pleven s'est déclaré prêt à lui donner un coup de main.

Compression générale administrative

M. Pleven a demandé à ses collègues de rechercher sans plus attendre quelles économies pouvaient être réalisées dans leurs départements respectifs.

L'attention du Conseil s'est aussitôt portée sur le budget du Protocole qui a été ramené de 2 milliards de francs à 50 centimes. En conséquence, lors des réceptions officielles, les buffets ne seront plus garnis désormais que d'une demi-douzaine de cure-dents que les invités se repasseront et rendront à la sortie.

Le cas de l'important budget de la Guerre ne pouvait manquer d'être soulevé. M. Michelet a suggéré de diminuer d'un galon chaque militaire actuellement sous les drapeaux. Rien qu'en ce qui concerne les colonels, une telle mesure permettrait de réduire de 45 milliards les dépenses de passementerie.

Par contre, M. Bidault s'est refusé à admettre que les coûteux uniformes de nos ambassadeurs soient, même à titre provisoire, remplacés par des caleçons de bains à rayures tricolores.

Emporté par son souci d'économie, M. Pleven a proposé alors de réduire l'indemnité ministérielle à 150 francs par mois, plus un billet de métro (deux voyages) par jour de séance. Le Conseil a jugé pareil expédient indigne d'une grande nation.

Résolu à n'envisager que des mesures sensées, il a décidé, par contre, la création d'urgence d'un service chargé d'étudier la suppression éventuelle des services inutiles et la réalisation de toutes les économies possibles dans les administrations publiques. Trente buildings seront réquisitionnés pour les besoins du nouveau service créé pour la suppression des services inutiles et qui comprendra deux à trois millions de fonctionnaires.

Si tout va bien, on espère en haut lieu que le nouveau service pour la suppression des services inutiles sera en mesure, d'ici dix à quinze ans, de démontrer que dans la banlieue sud de Paris il est possible de supprimer un emploi de petit télégraphiste sans inconvénient pour le service des P. T. T.

CONSULTATIONS JURIDIQUES

Je tiens à m'excuser d'avoir si longtemps privé nos lecteurs de cette rubrique qui, je le sais, est aussi indispensable qu'une table de logarithmes à un marchand de soupe à l'oignon. Mais, une erreur d'interprétation d'un texte de loi par un juge de tribunal m'a obligé à une retraite forcée et d'ailleurs toute temporaire. Je reprends donc mes travaux en publiant la lettre suivante :

« Cher Maître. Je suis militaire depuis quelques jours et, comme je manifestais hier le désir bien légitime de sortir pour faire un tour en ville, je me vis répondre par l'adjudant de semaine : « Pas le droit de sortir, interdit à la bleusaille, demi-tour, êtes contraint de rester au corps ! » A-t-on vraiment le droit de me garder ainsi prisonnier au corps et à mon corps défendant ?

« Je compte sur vous pour me sortir de là et aussi de la caserne… Veuillez agréer, etc. »

RÉPONSE

C'est l'enfance de l'art, cher petit soldat. Nous n'avons qu'à interroger le Code civil au titre seizième : De la contrainte par corps en matière civile. Décrété le 23 pluviose an XII et promulgué le 3 ventose an XII. Art. 2059 : La contrainte par corps a lieu en matière civile pour le stellionat.

Etes-vous civil ?… Non ! Avez-vous du stellionat ? Non ! Alors, que peut faire votre adjudant, fût-il de semaine ?

Je crois qu'il est inutile de m'expliquer davantage. Vous voilà tiré d'affaire. Vous allez pouvoir sortir en ville… Soyez raisonnable, ne dépensez pas trop et pensez à mes honoraires.

Maître ANKESSE.

Les vilains gourmands

Insatiables ces fonctionnaires ! Certains touchent jusqu'à trois mille deux cents francs par mois et ils ne sont pas contents. Pis : ils font grève et le gouvernement ne les fusille même pas !

Quels tristes jours nous vivons…

Et, d'abord, qu'en feraient-ils des mille francs qu'ils réclament ? Que pourraient-ils acheter avec ça ? Un quinzième de complet ou un vingtième de robe ! Rien du tout en somme. Alors s'ils ne peuvent rien acheter, à quoi bon les leur donner ?

Et suivant ce raisonnement du pied droit, nous comprenons parfaitement l'attitude de M. Pleven : les fonctionnaires n'ont qu'à attendre. Le budget sera en équilibre vers l'an deux mille. A ce moment-là, la vie baissera. Sûr et certain. Jusque-là, qu'ils travaillent dans l'ordre et la discipline, car l'étranger nous regarde !

La mode masculine

Comment porter les poches sous les yeux

Comme le faisait si justement remarquer M. Fourman, location d'habits en tous genres et pour toutes cérémonies, l'expert bien connu des dandys, la poche sous l'œil est à l'élégance masculine ce que la trompe d'Eustache est à l'automobiliste avisé.

Ayez donc soin que vos poches sous les yeux soient toujours impeccables. Faites-les repasser chaque jour, un peu d'amidon ajoute à la bonne tenue d'icelles et n'hésitez pas à les faire stopper dès le premier accroc.

L'hiver dernier, elles se portaient légèrement pendantes, cette saison des indiscrétions peuvent nous permettre de vous signaler dès maintenant qu'elles se porteront coquettement relevées et rattachées aux sourcils par une faveur qui rappellera la couleur de votre cravate.

Evitez d'y placer votre trousseau de clés, mais rehaussez-les plutôt les jours où vous irez dans le monde d'une petite pochette ou d'un brin de muguet.

GRÂCE À *L'OS*
Des cadeaux pour tous

Nos services commerciaux ayant pu passer en temps utile d'importants marchés avec plusieurs maisons spécialisées, nous pouvons aujourd'hui présenter à nos fidèles abonnés et lecteurs un choix complet de cadeaux de Noël. Adressez-nous d'urgence chèques et mandats, car ces articles sont strictement contingentés. Dès que nous aurons obtenu l'achat d'un tri-porteur, c'est-à-dire vers le 15 août 1947, nous livrerons sur un rythme accéléré les modèles demandés.

POUR LES ENFANTS

LE PETIT BOUGNAT. –
Modèle courant 90
Le même, parlant (répète sans arrêt « Y en a plus ! »). Très actuel 500

L'UNION NATIONALE. – Jeu de massacre et d'actualité. Fonctionne tout seul. D'occasion 75
Neuf et raisonnable 76
Coups de pied en vache de rechange (à la pelle) 0.50

Belle Epicerie. – Nombreux rayons entièrement garnis. Personnages bois peint : clients gais. Epicière souriante (modèle d'avant-guerre). Soldé 27,95

Belle Epicerie. – Rayons vides, modèle actuel 2450
File d'attente, nombreux sujets.
Le mètre 57

CAGOULARD ET RÉSISTANT. (Très curieux et très demandé à Auteuil.) Double jeu, mais un seul personnage. Livré avec francisque et croix de la Libération de rechange 15 000
Avec douanier
(pour dédouanage) 115 000

LE PARFAIT ÉLECTRICIEN (très instructif). Avec deux pannes et système complet de délestage par rotation. Fonctionne à la bougie 227,95
Panne supplémentaire. La pièce d'une bonne 1/2 heure 10,25

ÉTRENNES UTILES

JOLI DESSUS DE TABLE. –
Tout cretonne et platane.
Avec dessous de table 1 630

LE PAYSAN MALHEUREUX (monologue d'une irrésistible drôlerie) 5

QUI A DIT QUE NOUS ÉTIONS LIBRES ? .... (Introuvable).

SOULÈVE-PLAT (nu) 17
Av. gigot et garniture. 700

LA STABILISATION DES PRIX. – Enorme !
Modèle Pleven 400 % de hausse.

L'ÉPURATION (inoffensif).
Prix 0,10

POUR LES JEUNES GENS

LE GANGSTER. –
Bel équipement kaki 12 000
Avec Colt et Jeep 283 000
(Sur demande, nous fournissons victime et avocat d'officine.)

LE JOYEUX TANKISTE. – Equipement réglementaire tel qu'il est remis à l'incorporation : une paire de bretelles et un mouchoir. Le tout 43
Le reste (au cours du marché noir officiel).

LE TANKISTE EN CAMPAGNE. – Une boîte de singe pour deux, une boule pour trois et un colonel pour quatre
(par mois) 35 000

T. S. F. « ÇA IRA MIEUX ». – Poste émetteur (splendide réalisation : bafouille, crachote et donne des incidents techniques aussi vrai que la radio officielle) 18 000
Choix de vieux disques (promesses ministérielles, slogans périmés, etc.).
Le kilo.. 0,05

La photographie par correspondance

Par suite de circonstances indépendantes de notre volonté, nous nous trouvons, à notre grand regret, dans l'obligation de cesser l'exploitation de la photographie par correspondance.

Une délégation du G. I. F. D. P. A. (Groupement interfédéral des photographes assermentés) s'est, en effet, rendue à nos bureaux pour émettre, sous une forme que nous nous plaisons à reconnaître parfaitement courtoise, une protestation contre une concurrence qu'ils considèrent comme déloyale et attentatoire à leurs intérêts professionnels. Nous nous sommes donc rendus à ces raisons péremptoires et l'entretien s'est terminé dans un climat de mutuelle compréhension pour certains, dans un lit d'hôpital pour quelques autres ; pour le restant, la date des obsèques sera communiquée ultérieurement.

N. B. – *On nous a tout de même laissé latitude de tenir nos engagements vis-à-vis de nos lecteurs qui nous ont envoyé leur signalement et qui recevront à domicile et comme convenu leur portrait composé d'après nos méthodes.*

Petites Annonces

OFFRES D'EMPLOI

Recherchons micro-correcteur, présenté par ses parents. S'adresser Radio-Pataquès.

Tourne-disques rayés, demandé d'urgence. S'adresser Radio-Pataquès.

DEMANDES D'EMPLOI

Lion, à peine carnassier, aimant bien la société, cherche personnes aimant bien les animaux.

Particulier grosse contenance cherche emploi de wagon-citerne. Transports vinicoles seulement. Payable en nature.

ÉCHANGES

Echangerais tête de moineau contre crâne de Piaf. Ecrire à Edith.

Jeune détective, ayant trouvé coton et fil à retordre dans affaire embrouillée, échangerait fausses pistes contre laine mérinos véritable pour filature. Ecrire Poileau Luc, à *L'Os*.

CADEAUX DE NOËL

Crottes de chocolat en matière de remplacement, couleur adéquate, le panier : 26 fr. 50.

Bûche de Noël. Le mètre,
depuis .... 5 fr. 45.

Embûche de Noël, à partir de 0 heure 30.

Bonbons fondants à consommer sur place. La seringuée .... 14 fr. 30.
Bonbons moins fondants.
La coulée .... 18 fr. 90.
Les mêmes, pas fondants du tout, pouvant servir plusieurs Noëls de suite. Livrés en écrin familial avec casier personnel pour chaque membre de la famille.
La boîte de 26 .... 140 fr.

Marrons glacés 45. La banquise 83 fr. 10.
Marrons tempérés pour gens frileux.
La ouatine .... 83 fr. 10.
Marrons chauds pour personnes enrhumées.
Le grog.............................. 102 fr. 10.
Marrons spéciaux pour individus n'aimant pas les marrons. La caisse d'honneur : 6 fr.

J'expédie, pour réveillons Noël et Jour de l'An, 300 marraines bien grasses :
La pièce, logée, franco .... 15 000 fr.
Tout le bourrichon, monté :3 684 892 fr. 25.
Ecrire Jo-Jo le tatoué, 26, rue du Mac, à Buenos-Aires.

JOUETS

Trouillota-trouilloti, combiné du jeu de bilboquet, de colin-maillard et de devine avec quoi je frappe. Le bon gros jeu, complet avec accessoires : 205 fr.

SOINS DIVERS

Pose de ventouses par correspondance. La ventouse : 2 sous.

PANOPLIES

Panoplie de belle-mère comprenant : 1 vocabulaire de sous-entendus corrosifs, 1 masque de belle-mère, 1 manuel : *Comment mater son gendre et sa bru*, etc.
La petite panoplie.................... 13 fr. 90.

Gros modèles type infernal, depuis 47 fr. 95.

ARTICLES POUR FEIGNANTS

Appareil pour éviter d'oublier de respirer .... 612 fr.
Dispositif locomoteur aidant considérablement à marcher......................... 1010 fr.
Chapeau salueur permettant de garder les mains dans les poches .... 206 fr. 10.
Lève-paupières à ressort............ 12 fr. 40.
Pantalon-grimpant .... 183 fr. 70.
Fume-cigarettes pompe aspirante et foulante............................... 101 fr. 05.
Etc., etc.

DIVERS

Ingénieur électricien se propose de repasser le col du Bonhomme avec un nouveau fer électrique dont il est l'inventeur. Céderait son brevet.

Limaille de fer cherche aimant jeune et sympathique, vue liaison durable. S'adresser F. Mauriac, qui transmettra.

Moelle de veau frileuse recherche os libre pour passer l'hiver à l'abri. Ecrire aux abattoirs, bureau 12.

Camembert bien fait recherche brie coulant pour aller ensemble en marche d'entraînement.

A enlever. Immense château, garanti XIIIe siècle, tout parpaing, 3 pièces pp. Salle des gardes pouvant faire penderie. Grand parc, chasse, lac d'époque avec truites et carpes. Cygnes particuliers : néant.

Ecole uni-vermicelle. – Cours de grandes orgues par correspondance : 200 fr. à la petite semaine. Organiste barbu en plus, pour extra : 2 fr. 75 de supplément. Boulevard Beulemans, Paris.

N° 11 – Jeudi 20 décembre 1945

Entre les mains du serpent

Une aventure du détective privé POILEAU LUC

Vrai grand roman policier par Edgard Fountain WALLACE

Résumé des trucs précédents

Les « *Masques noirs* » *veulent voler marquis de la Tronche. Détective Poileau Luc accourt.*

Nous sommes bien obligés d'avouer que le tableau était un véritable chef-d'œuvre. Les trois hommes portèrent les yeux sur la célèbre peinture et leur verre à leurs lèvres. Le tableau représentait comme on s'en souvient : *Le Gaulage du cresson à Bar-le-Duc.* Tout y était décrit avec une vérité tellement criante qu'on ne s'entendait presque plus dans le salon. Au premier plan, une élégante Barisienne[1], chaussée d'une paire de bottes d'égoutier et armée de la gaule à cresson, commençait sa cueillette, tandis qu'un adolescent espiègle et mutin essayait d'apercevoir les dessous vaporeux de la belle qui se reflétaient dans le miroir limpide du ruisseau. Près d'eux, un représentant en machines-outils pêchait paisiblement… Plus loin, dans la rouge prairie, une vache laitière se regardait dans une glace à trois faces, pendant qu'une opulente fermière, d'une main agile, épuisait son pis en faisant jaillir dans un seau en acajou un lait phosphorescent… Tout le charme bucolique qui se dégageait du tableau se répandait dans le salon du marquis, l'air était imprégné de senteurs exquises et du parfum du vin rouge dont Lulu venait d'apporter une quatrième bouteille…

Ce fut Poileau Luc qui le premier rompit le silence :

– A votre santé, dit-il avant que d'ingurgiter son demi-setier, et au travail ! Je connais à fond la façon de procéder des Masques noirs. Ce sont des rusés damnés gredins qui ont pour chef un homme qui se fait appeler le « Serpent mordoré ». C'est un bandit de la pire espèce. Il a fréquenté tous les milieux, c'est vous dire qu'il la connaît dans les coins. Sa ruse est extrême et son intelligence profonde, c'est vraiment un adversaire digne de moi ! Notez avec ça qu'il parle toutes les langues et qu'il joue de l'ophicléide et vous comprendrez à quel homme redoutable nous avons affaire ! Remarquez que j'aurais pu l'arrêter, lui et sa bande, au cours de leur dernier méfait, le vol du rutabaga sacré du Sultan Ouala l'salmec, mais j'ai préféré les laisser s'enfuir afin qu'ils se croient invulnérables… Mais, cette fois-ci, ils ne m'échapperont pas !

(GELEDJEK DEFA AUBIR NUMERO AUKAYDJAKSINIS.)

1. Habitante de Bar-le-Duc.

L'OS LIBRE

« Contre tout ce qui est pour – Pour tout ce qui est contre. »

NUMÉRO 12 – JEUDI 27 DÉCEMBRE 1945

Les cicatrices ne sont pas véritablement refermées, mais la France tente d'oublier ses blessures et de regarder vers demain. Pierre Dac suit le mouvement, avec son ton à lui. A l'heure de dire adieu à 1945, il évoque les comités d'épuration où ont été jugés ceux que l'on accusait de collaboration avec l'ennemi. Pour le chansonnier, les plus acharnés à attaquer les suspects ne sont pas forcément les vrais patriotes. Pour certains, faire justice, c'est éliminer quelques concurrents professionnels particulièrement dangereux…

Edito Excuses de fin d'année

par Pierre Dac

Je viens de faire un demi-tour réglementaire sur moi-même afin d'établir le bilan de l'année qui s'en va.

Il convient, à cette occasion, d'adresser un satisfecit aux organismes responsables dont la bonne volonté et l'esprit d'organisation ont permis à 1945 de se terminer dans les délais qui lui étaient régulièrement impartis et à la date voulue. Quoi qu'on en puisse penser, 1945 a été une année fertile ; fertile en événements diversement concomitants d'une part, et en multiples empoisonnements, d'autre part. Ce qui fait quand même un tout solide et consistant. Elle aura été aussi l'année de la Victoire. Je me reporte volontiers et avec complaisance aux jours de mai dernier alors que l'on attendait la proclamation officielle de la capitulation nazie.

La radio annonçait : « c'est pour tout à l'heure », puis « c'est pour ce soir » ou encore « en raison des circonstances et d'incidents techniques indépendants de notre volonté, la Victoire est remise à demain ou après-demain et, de toute manière à un moment que nous vous ferons connaître ultérieurement ». Enfin les cloches sonnèrent et la joie, grâce aux services compétents, fut incontinent déclarée spontanément débordante et empreinte d'allégresse générale. Et puis les jours passèrent : et quand les jours passent, bien des événements passent

également au dedans et au travers. L'épuration fut en particulier pratiquée sur une grande échelle ; une échelle double probablement et du type connu sous le nom d'échelle double jeu. Et c'est à ce propos que j'ai décidé de faire des excuses de fin d'année. Où en sommes-nous, en effet ? Dans la corporation du spectacle par exemple – que je cite à dessein, puisque y étant personnellement intégré – la plupart des grandes vedettes accusées plus ou moins de compromission avec Vichy et l'occupant s'en sont tirées avec bonheur et parfois avec les félicitations de la commission chargée de statuer sur leur cas. Bon, voilà qui est parfait. Or, si j'ai bonne mémoire, vers décembre 1943 ou janvier 1944, j'ai, à Londres, au micro de la B. B. C., et au cours de l'émission *Les Français parlent aux Français*, dit des choses pas très aimables à certains hauts personnages de la scène et de l'écran tout en leur exprimant mon regret de ne pas les avoir vus élever leur civisme, ou plus simplement leur qualité d'homme digne de ce nom à la hauteur de leur talent. Il est vrai que je sortais de plus de deux ans de combat clandestin et d'un an de prison partagé entre les cellules de Vichy et de Franco. Ce qui, évidemment, ne peut être présentement considéré que comme une circonstance aggravante. Que le Seigneur, dans son infinie bonté, veuille bien me pardonner ! Il est probable que je ne savais pas ce que je disais.

Il est vrai, aussi, à ma décharge, que je ne savais pas non plus que ceux ou celles qui se mettraient à plat ventre ou sur le dos devant nos visiteurs ne le faisaient qu'à bon escient et dans le but déterminé de donner le change ; et que, si le fracas des applaudissements et des bouchons de champagne les empêchaient d'entendre celui des salves des pelotons d'exécution ainsi que les cris de nos camarades torturés, c'est qu'ils avaient à leur actif, chacun au moins une bonne douzaine de Juifs cachés par eux dans la penderie et un bon quarteron de parachutistes dans la salle de bain.

Alors, n'est-ce pas, honnêtement, je leur dois des excuses ; je les leur présente donc en mon nom et au nom de tous mes camarades de la clandestinité et au nom aussi de tous ceux qui ne sont pas revenus, et qui, s'ils étaient là, leur exprimeraient certainement le regret de n'avoir pas fait comme eux.

Il ne me reste plus qu'à espérer en l'indulgence de ces messieurs et dames et à souhaiter, pour le nouvel an, qu'ils ne me tiennent pas trop rigueur de mes divagations passées. Toutefois, s'ils estiment que je doive, à mon tour, passer devant un comité d'épuration pour diffamation et attaques intempestives, je ne me déroberai pas. Et je ne manquerai pas d'affirmer à mes pairs, en mon âme et conscience, que, suivant la formule consacrée, je tâcherai de faire mieux la prochaine fois.

Ce qui, entre nous, est rigoureusement faux, car, en raison de notre indécrottable croyance à quelque chose de pas trop moche, n'est-il pas vrai, mes camarades : « si c'était à refaire… nous recommencerions ! »

A la manière de…

… **L'Os** ronsardien

Las, allons voir si le Nonosse
Repose au sein de ton carrosse,
Car, ma Mie, un chien égrillard
Peut le voler au Grand Ronsard.

Las, allons voir si ton Nonosse
A vaincu la Parque féroce,
Et nous sucerons froidement
La moelle en nous esmerveillant.

À Os rompus

La nouvelle année

Si, pour une fois, les promesses officielles ne se terminent pas en eau de poisson et en queue de boudin, nous aurons très prochainement une nouvelle année à nous mettre sur le crâne. Malgré le retard apporté pour des raisons trop faciles à comprendre dans la distribution de l'almanach des P. T. T., nous sommes en mesure de dire à peu de chose près ce qu'elle sera.

Portant matricule 1946, la nouvelle année comportera 365 jours, pour la plupart ouvrables, avec ou sans clé, les fêtes se présentent dans leur accoutumée. Malgré la pénurie croissante des matières idoines, le mardi gras n'a pas été supprimé. Le carême non plus. Le 14 Juillet, anciennement fête de la liberté, a été placé un dimanche ; on espère ainsi qu'il passera inaperçu. Il en est de même pour le 11 Novembre, anniversaire d'une victoire que l'on essaiera de camoufler d'une manière ou de l'autre en journée de deuil national.

Sèche ou humide ?

L'année 1946 aura deux éclipses de lune, deux de soleil et quelques-unes d'éclairage domestique. Pas de comète à l'horizon. Sera-t-elle sèche ou humide ? Aucune décision n'a encore été prise sur ce point. Tout dépendra, le moment venu, des disponibilités en vin, en pommes de terre, en courant électrique et des explications qu'il conviendra de donner si l'on manque de l'un ou de l'autre.

On ferme !

Il y a des sujets qu'un *Os*, même *libre*, ne peut aborder qu'avec la plus extrême prudence. Nous n'entrerons donc dans le vif de celui-ci qu'après avoir pris toutes les précautions prophylactiques désirables. Il s'agit, comme on l'a déjà deviné, de ces établissements déclarés d'utilité publique par le roi saint Louis qui en ordonna la création pour l'agrément des chevaliers retour de croisade. Mais ce qui était utile en ces temps lointains ne l'est plus à une époque ou les cinémas, le métro et les restrictions d'éclairage offrent à tous des commodités inconnues de nos aïeux. D'où une nouvelle croisade prêchée par les frères de saint Hémerpé pour la fermeture de maisons dont le maintien constituait le dernier vestige d'une tolérance contraire à nos mœurs politiques modernes.

Nationalisation ?

Toujours attentif à ne rien laisser perdre, M. Pleven avait demandé la nationalisation des établissements visés et dont le commerce, en somme, n'est pas plus immoral que celui des banques ou des compagnies d'assurances. Cette solution, pourtant séduisante, a dû être abandonnée. Impossible de nationaliser les maisons closes puisqu'elles le sont déjà, ayant toujours fonctionné sous le contrôle et en partie au bénéfice de l'Etat ! Donc, fermeture ! Trop longtemps voués aux rites d'un culte impur, les immeubles réquisitionnés serviront aux sans-logis.

Priorité

Soit, dira-t-on, mais que vont devenir les pensionnaires des maisons ci-devant closes désormais fermées ?

Poser la question, c'est la résoudre. Ces jeunes personnes étant elles-mêmes devenues des sans-logis, rien n'empêchera de leur attribuer un droit bien légitime de priorité pour la réoccupation des locaux évacués. Elles pourront ainsi regagner leur domicile, à charge pour elles d'en signaler l'approche au moyen d'une lanterne ou d'un simple numéro lumineux qui mettra les honnêtes gens sur leurs gardes.

À propos de l'augmentation du tabac

Dès que la nouvelle parvint à nos oreilles exercées, nous ne fîmes qu'un saut à la Manufacture des bois et assimilés où sont traités les tabacs dont les fumeurs sont abondamment gorgés, afin de nous renseigner.

Derrière un amoncellement de bois, nous trouvons le directeur en muette contemplation devant une des machines perfectionnées qui ensachent la sciure dans les paquets de cigarettes.

Depuis quelques années, nous confie l'homme des bois, grâce à la clairvoyance de nos spécialistes, nous avons pu éliminer peu à peu la dangereuse plante de Nicot et, cela sans que les fumeurs s'en aperçoivent ; sinon aux prix qui ont forcément varié, le bois étant rare et cher.

Seuls, quelques rares et farouches isolés consomment encore la plante pernicieuse.

Vous pouvez confier à vos lecteurs qu'ils auront un joyeux Nouvel An, puisque, grâce à la récolte en bois de démolitions et à la récupération des traverses de chemin de fer qui s'est avérée excellente, nous espérons, tout en augmentant une fois encore des prix vraiment trop bas, pouvoir assurer aux fumeurs une décade supplémentaire de derrière les fagots.

Tonton Jules.

Les contes de notre Père l'Os

Un fâcheux oubli

Labuge s'habilla fébrilement, car son réveil venait de lui apprendre qu'il était déjà neuf heures sept, et il avait un rendez-vous de la plus grande importance à sept heures et demie.

– Sarpejeu ! je vais être en retard…

Vêtu en un tournemain, rasé en deux (tournemains), il avala son petit déjeuner en moins de temps qu'il n'en faut pour le sténographier, et bondit sur la porte.

C'est alors qu'il s'aperçut qu'il avait, la veille en rentrant, laissé imprudemment sa clé à l'extérieur, et qu'un aimable plaisantin en avait profité, en passant sur le palier, pour la tourner. De sorte qu'il était bel et bien enfermé.

– C'est une sacrée veine que j'habite au rez-de-chaussée, fit-il en se précipitant, tête baissée, sur la fenêtre, qu'il ouvrit d'un geste brusque.

Et hop ! d'un seul élan, car il était sportif, il sauta par-dessus la barre d'appui.

Et c'est seulement à ce moment précis qu'il se souvint qu'il avait déménagé la veille.

Et qu'il logeait maintenant au septième !

Notre éphéméride

27 DÉCEMBRE. – Bien avant notre ère : naissance d'Achille Pelée, roi des Myrmidons. Inventeur du talon en caoutchouc. Il fut élevé par le coureur automobile Chiron qui lui fit manger de la moelle de lion à Scyros… (bien entendu). S'étant déguisé en dame, il fut obligé de se retirer sous sa tente à cause du gars Memnon… Beaucoup confondent cet Achille de l'antiquité avec le Achille Parmentier.

28 DÉCEMBRE 1608. – Naissance à Londres du célèbre poète anglais John Milton, connu surtout à cause de son arrière-petit fils Georges Milton, chanteur de charme qui régna sous le nom de Bouboule Ier.

29 DÉCEMBRE 215 av. J. C. – Promulgation de la Lex Oppia, loi somptuaire votée à Rome au cours du change d'une part et de la guerre Punique de l'autre. Elle interdisait aux femmes de porter plus de quatorze grammes d'or dans leur parure. C'est de cette époque que date l'épithète de femme légère.

30 DÉCEMBRE 1740. – Naissance de Joseph-Michel Montgolfier. On lui doit, avec son frère Jacques, l'invention du ballon à air chaud avec lequel en 1783 ils purent s'élever à trois cent mètres, hauteur de la stratosphère de l'époque. Plus tard, ils inventèrent le bélier hydraulique grâce au croisement d'une colonne montante et d'un syphon adulte capturé au cours d'une chasse d'eau.

31 DÉCEMBRE 1820. – Naissance de Claude-Augustin Lamy, chimiste distingué, il réussit après mille difficultés à isoler le thallium. En raison de ces pénibles recherches, on dit depuis : la peine du thallium.

2 JANVIER 1889. – Naissance de Paul Dupont, voyageur de commerce. On lui doit quelques bons mots de table d'hôte comme par exemple : « Comment vastu… yau de poêle ? » Il avait coutume de dire au dessert : « Cette pomme, comment l'appelez-vous ? » Et, sans attendre la réponse, il disait : « Je l'appelle… avec mon couteau ! »

L'hallali de la lie

Un beau coup de filet
Le directeur de *L'Os libre* est arrêté !

Alors qu'il sortait de faire un soi-disant tour de chant (*sic*) au théâtre de l'Œil-de-Paris, le dénommé Dac Pierre, se prétendant directeur du soi-disant hebdomadaire *L'Os libre,* a été appréhendé par les agents de la force publique qui ont trouvé, après une fouille minutieuse, soigneusement dissimulés à l'intérieur de la roue de secours de sa prétendue voiture un automatique 7 mm 65 marque Cinzano, un kriss malais, une fronde de débarquement, un ouvre-boîte crânienne et une hache d'égoutier sur la destination de laquelle il n'a pu fournir aucune explication valable.

Amené immédiatement au poste de police de la rue de l'Etoile et interrogé par le trésorier de l'Amicale des Pèlerines roulées, il n'a fait aucune difficulté pour reconnaître qu'il était le dernier complice survivant de l'affaire du courrier de Lyon.

En raison de ses obligations matrimoniales, il a été relâché, mais devra toutefois se tenir debout d'une part, et à la disposition du directeur de la caisse des Dépôts et Consignations, d'autre part.

N. D. L. R. – Tout le personnel de la rédaction et de l'administration de *L'Os libre* adresse une véhémente protestation à M. Luizet pour l'inqualifiable et arbitraire mesure d'élargissement appliquée au sieur Dac Pierre dont il espérait bien être débarrassé pendant un certain temps.

Les grands reportages de L'Os libre

Au val d'Andorre, la révolution couve

Des incidents susceptibles d'avoir d'énormes répercussions internationales viennent de se produire dans la vallée d'Andorre.

En effet, seuls vingt électeurs se sont rendus aux urnes, et sur quatre élus, deux ont déjà démissionné.

Le général de Gaulle, coprince d'Andorre, a immédiatement protesté, et déclare qu'il considérera ces élections comme nulles et non avenues.

Les Etats-Unis et la Grande-Bretagne ayant reçu l'assurance formelle que le sous-sol andorran ne recélait aucune goutte de pétrole, ont déclaré partager entièrement notre point de vue.

Notre envoyé spécial, témoin oculaire de scènes d'une violence indescriptible, nous adresse l'émouvant reportage que nous publions ci-dessous :

Je viens de vivre une journée historique. Une foule évaluée à 71 personnes tient depuis ce matin le haut du pavé, et les 17 murs de la capitale sont recouverts de proclamations et d'appels. On sent que les meneurs ont savamment travaillé la population et qu'ils ont intelligemment profité de ce que le pays est momentanément sans ministre de la Production industrielle pour mettre de l'électricité partout. Il y en a jusque dans l'air, c'est tout dire !

En bref, la population ne veut pas voter. Une propagande sournoise mais habile s'est emparée des dernières élections françaises, et vous voyez d'ici tout ce que des gens, soucieux de freiner l'électeur, ont pu broder sur ce thème.

« Pas d'élections, disent-ils, cela signifie pas de ministres, pas de lois… et par conséquent ni restrictions ni pagaille ! »

Arguments simplistes, certes, mais qui agissent sur des êtres moins évolués que nous.

Et c'est en vain que les trois grands partis andorrans battent le rappel.

Car Andorre compte aussi trois grands partis : « Ouvrier Unitaire International (O. U. I.) » « Néo Ouvrier Napoléonien (N. O. N.) » et « Centriste Ultra Libéral (C. U. L.) ».

Les deux premiers ne comptent que peu d'adhérents, mais le troisième est extrêmement dynamique et plus étoffé.

Mieux assis, en quelque sorte.

C'est un parti de base, qui va aux urnes à visage découvert.

Mais les abstentionnistes l'emportent, et de loin ! A la section de vote, le calme est total, et il me faudra attendre 11 heures pour noter quelque agitation. Soudain, trois électeurs se présentent…

– C'est l'heure du coup de feu ! déclare le président avec fièvre.

Quelques énergumènes tentent de prendre d'assaut le poste de Radio-Andorre.

Une émeute ?

Non ! Ce sont des abstentionnistes qui veulent que cette journée soit une journée sans voix.

Et, inlassablement, ils font tourner des disques d'André Claveau.

L'idiot du village a voulu voter, mais des manifestants l'ont ceinturé et lui ont enlevé son bulletin de vote…

Sur lequel on peut lire : Paul Reynaud.

Evidemment !

Les résultats sont affichés : 20 votants, 7 bulletins nuls.

C'est un Centriste Ultra Libéral qui est élu.

Mais la foule gronde…

Elle ne veut pas être gouvernée par un C. U. L. et réclame Ferdinand Lop.

Les choses en sont là.

Le destin de mon pied gauche

Mon pied gauche a depuis toujours – pour être exact : depuis trente-huit ans – une fâcheuse tendance à être orienté vers la gauche. Ce qui lui vaut pas mal de brimades de la droite, qu'il traite d'ailleurs de réactionnaire. Il a l'âme courageuse, amoureuse, prétentieuse et en même temps le désir d'être faible, simple, mou, moutonneux et dépouillé. Ce dilemme psychologique (il est né sous le signe du taureau, le second signe du zodiaque) l'a rendu habile dans l'art de parler et d'écrire. Bref, il se conduit comme un pied. Je dois avouer que mon pied droit lui ressemblait jadis, ce qui me fit croire alors que j'avais deux pieds gauches. Mais en regardant de près – à l'aide de mes jumelles à trois pieds – je constatai que mon pied droit était un peu anarchiste. Plus tard, cependant, il a tourné complètement à droite, Dieu merci. Heureusement que j'ai un pied gauche et un pied droit, car je sais sur quel pied danser. C'est sur celui de gauche, puisque son ascendant est en position inverse de son ciel de nativité.

Les jours pairs, il est influencé par la planète Mars, qui est génératrice d'empoisonnements et procure la gloire militaire. Les jours maires, il passe dans la zone de pénétration de la Lune qui amène les aventures romanesques dans les fonctions publiques. Le reste du temps, il échappe à toute action du zodiaque et occupe son temps à la recherche des dignités et des faiblesses essentielles ou accidentelles des planètes. Ce pénible travail lui donne malheureusement de violentes migraines, localisées au sommet de l'orteil et qu'on appelle médicalement des rhumatismes. Durant ces périodes, cette petite infirmité me retient couché sur le parallèle de déclinaison et c'est pour cela que je ne peux apporter qu'une fois par semaine mon article à *L'Os libre*.

Petites Annonces

DIVERS

A saisir, avant déménagement, un lot de jolies glaces murales, bisautées, grossissantes, orientales, toutes positions. S'adresser au « Petit 13 ».

Joyeux réveil, pique-fesse automatique. Projette hors du lit la bonne ménagère à l'heure du petit déjeuner de monsieur : 210 fr. Modèle supérieur, garanti indéréglable : 625 fr. 10.

Soyez de votre temps : apprenez le « bougie-woogie ». Se danse pendant les pannes de courant un cierge à la main. La brochure explicative livrée avec trois chandelles pur suif et la chaisière de service, 48 fr. 25.

A enlever important stock fausses cartes de pain prématurément imprimées. Faire offre honnête à Dédé-la-Boulange.

Chaussons de lisières pour gardes-forestiers, l'équipement : 28 fr. 45.

JEUX

Balançoire tape-cul : 610 fr. Modèle plus simple, genre battoir à linge : 3 fr. 40.

BOUTONNERIE

Boutons pression, la carte de 13 : 3 fr. 90 ; pressions de boutons, la paire : 14 fr. 90.

RAFRAÎCHISSEMENTS

Boisson de table, le litre : 3 fr. ; boisson de chaise, le pot : 3 fr. 10 ; boisson d'armoire, la petite jarre : 8 fr. 05 ; boisson de puces, le sachet de 12 : 1 fr. 50.

COLIFICHETS – FRIVOLITÉS

Cravate à manches retroussées : 895 fr. 76. Article courant, manches courtes : 608 fr. 15. Nœud papillon à leggings : 1010 fr. 20.

Costume sur mesures : 18 590 fr. ; mesures sans costume, l'heure : 23 fr. 90 ; mesures seules, la séance : 818 fr. Au tailleur nerveux.

ATTAQUES NOCTURNES

Nouveau tarif applicable à partir du 30 décembre 1945. La petite attaque musclée à un malfrat : 105 fr. 40. La grosse attaque à trois malfrats : 1620 fr. 90. Petit raid avec douze malfrats débutants, depuis 5501 fr. Gros raids avec manches retroussées, à partir de 10 553 fr. 45, etc. Consulter notre catalogue.

INSECTICIDE

Insecticide en poudre, le tonnelet : 14 fr. 90, livré avec cordon Bickford. Résultats garantis. Pulvérise tous les insectes.

ARTICLES POUR IVROGNES

Feux de position et balisage lumineux de rampes d'escalier, serrure à trous multiples, porte à double battant, etc. L'installation complète : 8696 fr. 20.

CINÉMA

Projecteur 35 mm, sonore : 28 011 fr. 05. Le même en relief, à purée de pois : 4 fr. 25.

ÉLECTRICITÉ

Moquez-vous longuement de la C. P. D. E. Installez notre turbine 24 bis sur votre chasse d'eau. Force 20 watts : 1692 fr. Modèle 30 amp. pour évier 333 fr. 10. N° 31 ter, à main : 14 fr. 90.

COURS DES VOTES

Vote simple	1000,45
Vote dirigé	51,05
Vote obligatoire	0,01
Vote face	572,40
Vire vote	871

FARCES ET ATTRAPES

Parapluie verseur. Une simple pression sur une gâchette permet d'injecter dans les chaussures des gens qui vous entourent un liquide âcre et brûlant. Le petit modèle : 120 fr. Gros modèle à jet rotatif : 365 fr. Amusement garanti.

N° 12 – Jeudi 27 décembre 1945

Entre les mains du serpent

Une aventure du détective privé POILEAU LUC

Vrai grand roman policier par Edgard Fountain WALLACE

Résumé de l'autre jour

Les « Masques noirs » veulent voler le marquis de la Tronche. Poileau Luc décide d'arrêter la bande.

– Avec vous, je me sens pleinement rassuré, dit le marquis, cependant nous allons verrouiller toutes les portes et nous barricader.

– Cela ne servirait à rien… Vous ne connaissez pas les « Masques noirs » ! C'est à croire qu'ils traversent les murs. Non, non, ne fermez rien !

– Je pourrais tout de même fermer le compteur à gaz ? interrogea Lulu.

Mais le marquis n'avait pas le cœur à la rigolade et il hasarda :

– Mais… s'ils sont nombreux, ça peut être dangereux !

– Ils seront nombreux, répliqua le détective d'une voix quelque peu caverneuse.

– Oh ! moi, tous ces hommes, ça me fait peur ! gémit Lulu qui venait d'apporter une septième bouteille de rouge.

– Ne craignez rien, dit Poileau Luc, j'ai apporté un petit appareil de mon invention.

Il sortit de sa poche une espèce de tuyau qui ressemblait à s'y méprendre à une endive braisée.

Comme le lecteur le devine, ça n'en était pas une, car, en regardant de plus près, l'objet affectait nettement la forme d'un polyèdre tronqué.

– Comme vous n'êtes pas sans l'ignorer, expliqua Poileau Luc, je suis le premier et véritable créateur de la bombe atomique, et ce que vous voyez n'est autre qu'une de ces bombes en réduction.

Sa phrase n'était pas achevée que Lulu et le marquis avaient déjà plongé dans l'intérieur d'un piano à queue dont ils avaient prudemment refermé le couvercle.

– Ne craignez rien mes amis, dit en riant le grand détective, j'ai remplacé dans cette bombe l'uranium par du saucisson à l'ail, ce qui neutralise, grâce à l'action soporifique de cette liliacée, la force déflagrante des neutrons. Vous comprenez ?

– C'est transparent comme une roue à rayons, dit le marquis.

Emus cependant, Lulu et le marquis s'emparèrent du litre de vin rouge et burent avidement et ensemble au goulot.

– Eh là ! on oublie les amis ?

Le détective approcha également ses lèvres du goulot de la bouteille, laquelle se vida rapidement. La nuit maintenant était venue et il était de moins en moins commode de voir l'heure au cadran solaire. Poileau Luc tira sa montre-bracelet qu'il portait en sautoir :

– Au troisième top, il sera exactement vingt-deux heures trente-deux minutes quarante secondes, dit-il.

On entendit « top ».

– Trop tôt, fit le détective à Lulu, vous êtes en avance d'un dixième de seconde.

– Excusez-moi, répondit le valet, je ne voulais pas faire « top », j'ai seulement le hoquet.

(DALSZY CIAG W PRZYSZTYM NUMERZE.)

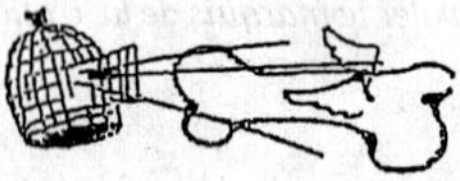

L'OS LIBRE

« Contre tout ce qui est pour – Pour tout ce qui est contre. »

NUMÉRO 13 – JEUDI 3 JANVIER 1946

En accord avec le général de Gaulle, René Pleven, ministre des Finances, a pris la seule décision susceptible de sauver l'économie française, bouleversée par quatre années de guerre : le franc est dévalué de 66 %. Cette mesure a été techniquement rendue possible en application des accords signés le 22 juillet 1944, à Bretton Woods, aux Etats-Unis, entre les représentants de quarante-quatre pays Alliés. Ce traité établit les bases de la politique monétaire et les grandes lignes du système financier international d'après-guerre.

Edito Commentaire sur le franc

par Pierre DAC

Je suis tout de même bien content qu'on soit enfin parvenu à conclure un accord avec M. Bretton Woods. D'abord parce que ça marque le coup et ensuite parce que ça prouve qu'on a su se rendre à l'évidence des choses contre lesquelles on ne peut rien. Voilà pourquoi je me réjouis de l'accord réalisé avec M. Bretton Woods. « Mais me direz-vous, où avez-vous pris que Bretton Woods est un homme ? » En mon propre subconscient, ne manquerai-je pas de répondre, en subodorant que, à part quelques initiés, personne ne sait exactement ce que c'est que Bretton Woods. Or, j'ai tout de même bien latitude, en une époque où la démocratie me donne tous les droits, y compris celui de faire ce qui ne me plaît pas, de me représenter Bretton Woods tel qu'il me convient de l'imaginer. Pour moi, Bretton Woods est un personnage vêtu d'un pantalon à pont suspendu et à fond perdu, d'une redingote à tiroir-caisse, chaussé d'espadrilles à semelles creuses et portant sur le ventre une chaîne d'arpenteur en or fin à 21 milligrammes. C'est mon opinion et rien ne m'empêchera d'être du même avis qu'elle.

C'est donc grâce à cet honorable gentleman que le franc vient d'être aligné. A ce propos, M. Pleven m'a dépêché, l'autre soir, un commissionnaire pris de boisson et chargé de mission. « Le ministre, me dit cet homme, me prie de vous dire qu'il compte sur vous pour expliquer au peuple la combinaison du nou-

veau système. » Quand M. Pleven prend la peine de m'envoyer un messager, je n'ai pas à discuter, j'obtempère. Voici donc mes conclusions après examen approfondi : depuis la parution à *L'Officiel* du décret de dévaluation, le franc de Gaulle a une valeur – si l'on peut dire – de 2 centimes 1/2. Ce qui ne signifie pas obligatoirement que 2 centimes 1/2 valent 1 franc comme d'aucuns esprits simplistes pourraient être portés à le croire.

D'autre part, les parités suivantes sont dorénavant fixées entre les francs des divers territoires de la zone franc et le franc proprement dit : Algérie, Tunisie, Maroc, Antilles, Guyane, échange au pair, à la mère, à la sœur, au beau-frère et à toute la famille, A.-O. F., A.-E. F., Togo, Cameroun, Côte et Entrecôte des Somalis, Madagascar, Réunion, Saint-Pierre et Miquelon, Villeneuve-Saint-Georges et Saint-André-le-Gaz, 1 franc dénommé franc C. F. A., qui vaudra 1 fr. 70 pour 1 franc, 2 fr. 90 pour 1 fr. 50 et 82 fr. 45 pour 67 fr. 75 ; Nouvelle-Calédonie, Nouvelles et Anciennes Hébrides et Etablissements d'Océanie, 1 franc dénommé C. F. P. qui vaudra le prix qu'on voudra bien en donner à partir de 2 fr. 40 jusqu'à cent sous. La parité de la livre libano-syrienne se trouve portée à 54 fr. 35 et à dos de chameau et celle de la livre de sucre au cours du marché noir, la parité de la piastre indochinoise est fixée à 17 francs et celle de la piastre existentialiste à 2 onces 6 pounds et 1 pinte 4 pences ; par contre, la parité de la roupie française se trouve portée à 36 francs ; ce qui porte la paire de roupies à 72 francs. C'est cher pour de la roupie même française, étant donné qu'on peut s'en procurer à bien moins que ça. Toutes ces dispositions n'impliquent, bien entendu, aucun changement en dehors de ce qui a été modifié. D'autres francs sont en préparation. On parle de francs M. R. P., P. C., S. F. I. O., R. A. D., S. O. C., etc. ; on parle même, sous le pardessus, d'un certain franc du collier et d'un certain franc-parler... mais ceci est une autre histoire comme l'a si souvent répété certain auteur dont ma cervelle dévaluée ne parvient pas à se rappeler le nom.

Voilà, ma mission est remplie ; j'espère que vous avez tous bien compris. Il ne nous reste plus qu'à retrousser nos portefeuilles et à nous mettre incontinent au boulot pour accomplir la tâche qui nous est tracée par la besogne qui n'attend plus que nous pour se mettre au travail.

Le billet-cendre

Il fallait une tonne de billets de banque pour acheter un œuf à la coque, et pareil pour le reste. En bref, notre ancienne monnaie devenait trop encombrante et notre institut d'émission nous prépare un nouveau moyen d'échange : le billet-cendre.

Léger, aisément transportable, son emploi sera d'un usage commode dans toutes les transactions actuelles.

Tenus secrets assez longtemps, nous pouvons dévoiler maintenant les procédés de fabrication : on attrape mille billets de mille fraîchement imprimés, on les jette au feu et la cendre est recueillie sur une pelle d'argent.

Le million-cendre deviendra donc notre unité monétaire et nous sommes certains que les usagers accepteront avec joie cette révolution dans nos finances.

Evidemment, certains râleurs prétendront ne pas voir de différence entre un billet-fumée et un papier ordinaire.

Mais ces gens sont d'une mauvaise foi évidente, car déjà à l'heure actuelle, qui peut distinguer un billet marqué mille francs d'un bout de papier quelconque ?

À Os rompus

Stabilisez vos devises, s. v. p.

Le dollar, que tout un chacun pouvait se procurer pour cent sous avant l'autre guerre, était jusqu'à ces jours derniers catalogué 50 francs dans les meilleures papeteries. Il vient brusquement de passer à 119 francs 10 centimes. De même, la livre sterling valeur 25 balles au temps jadis saute tout d'un coup de 200 à 480 francs. Comme hausse illicite, on ne fait pas mieux ! Mais ces petites fantaisies commencent à lasser le monde. Sous peine de n'être plus jamais pris au sérieux par les personnes raisonnables, il faut que nos amis anglais et américains se décident une bonne fois à stabiliser leurs devises. Qu'ils prennent donc modèle sur nous ! A *L'Os*, elle n'a pas changé d'un poil, notre devise. Aujourd'hui plus qu'hier et bien moins que demain, c'est : « Contre tout ce qui est pour ! Pour tout ce qui est contre ! » Ajoutons qu'il n'est interdit à personne d'en prendre de la graine !

Chez les cambistes

Dans les milieux cambistes, où nous avons, comme de bien entendu, nos grandes et nos petites entrées, l'événement est commenté de façons diverses et autres.

– L'homme absurde est celui qui ne change jamais, voilà quelle est notre devise, à nous autres, nous dit un personnage autorisé autant que représentatif. Néanmoins, change ne signifie pas sautillement, fébrilité, ni même bougeotte. Avec de pareilles méthodes, on risque de détraquer de façon définitive le mécanisme délicat du baromètre monétaire, déjà si durement éprouvé par les circonstances. A part ça, nous sommes prêts à vous livrer par grosses quantités du zloty à 3 fr. 90, du lei au pair, de la sapèque moitié-moitié et du mark Hitler à huit sous le quintal.

Alignez-vous là-dessus

Bien à regret, mais respectueux des engagements pris à « Bretton Woods », M. Pleven s'est vu contraint d'aligner notre franc sur les monnaies défaillantes. Le ministre des Finances nous prie cependant de répéter une fois de plus que l'opération ne doit avoir aucune influence sur le marché intérieur, sauf naturellement en ce qui concerne les produits de provenance étrangère, tels que le timbre-poste, les cigarettes Gauloises, le paquet de tabac gris, le billet de chemin de fer et le ticket de métro.

D'autre part, nos lecteurs trouveront à notre rubrique financière (7e page, col. 8) les nouveaux cours du maravédis, du sesterce, du rouge liard, de la maille et du sol tournois.

Bretton Woods

« Qués aco, ce Bretton Woods ? » nous demandent des lecteurs pressés d'utiliser leurs vignettes postales avant la hausse des tarifs.

Le cadre de ces articles est trop exigu pour que nous puissions y faire tenir les longues explications que comporterait pareil sujet. Bornons-nous donc à l'essentiel. A Bretton Woods, il a été convenu que les accords internationaux se feraient désormais en si bémol au lieu d'être conclus comme précédemment en la dièse. Toutes les personnes qui connaissent la musique voient nettement la différence. Inutile d'en dire plus long !

En marge du sport

Un peu de tenue, messieurs…

M. Michel James, dans *France-Soir*, dit leur fait aux arbitres de boxe dont la tenue est, paraît-il, déplorable. Seuls, deux de ces messieurs sont, à son avis, assez distingués pour monter sur le ring… des dandies, quoi. Nous sommes absolument de l'avis de M. Michel James, aussi avons-nous immédiatement mis sur pied et sur papier un projet de réorganisation vestimentaire des arbitres de boxe, que nous soumettons derechef et tout de go à la Fédération. Voilà la chose :

Maquillage Hollywood, fond de teint 28 panchro, paupières bleu métallique, joues carmin 3, lèvres coq de roche.

Costume : habit à la française rehaussé de dorures, bas de soie à baguettes, escarpins vernis, perruque poudrée à marteaux et gants blancs.

Pour les arbitres de catch, la tenue, bien entendu, sera quelque peu différente : casque métallique, cotte de mailles, gantelets articulés, jambières et armure de tournoi. Ils seront en outre munis d'une jolie massue cloutée pour régler les différends entre catcheurs.

Grâce à ces heureuses transformations vestimentaires le « noble art » gardera tout son sens et, nous en sommes sûrs, le public lui-même se transformera et l'on n'entendra plus, au cours des combats, les cris de : « Au buffet ! vas-y dans la boîte à ragoût ! », mais des expressions choisies comme : « Portez votre dextre au plexus », ou bien : « Pointez la senestre à la glande hépatique… »

Il faut que, sans tarder, l'arbitre de boxe devienne l'arbitre… des élégances.

<u>*La cuisine pratique*</u>

Notre galette des Rois

Ingrédients. – *1 seau d'eau, 10 kilos de navets, 10 kilos de gras ordinaire ou 5 kilos de gras-double, 1 livre de bicarbonate de soude, 2 litres d'eau, 1 poignée de sel, 1 poignée de porte, 1 flacon de Miror, 1 baquet d'eau.*

Préparation. – Epluchez finement vos navets et couplez-les en tranches minces de l'épaisseur d'un gant de toilette, mettez-les dans autant de cocottes en fonte qu'il sera nécessaire, placez vos cocottes à l'entrée du four et remuez vos tranches de navet jusqu'à complète dessication ; passez-les au hachoir jusqu'à l'obtention d'une poudre rappelant la farine ; faites votre détrempe en ajoutant graduellement le contenu du seau d'eau et la poignée de sel en prenant bien soin de ramener votre pâte avec la main : étalez au rouleau et déposez au milieu de votre pâte le gras ou le gras-double et donnez 52 tours. Délayez la moitié du bicarbonate dans vos deux litres d'eau, ajoutez à la pâte et redonnez 17 tours, laissez lever 2 jours ; au bout de ce laps de temps donnez à votre pâte la forme d'une galette, prenez la poignée de porte, nettoyez-la à l'aide de votre Miror et dissimulez-la adroitement au milieu de la galette. Lavez-vous les mains dans le baquet d'eau et faites cuire dans un four de campagne, ou à défaut sur le gril. Dorez à la poudre d'œufs ou à la feuille. Servez chaud. Le convive qui tombe sur la poignée est immédiatement proclamé roi des convives, l'assistance crie : « Vive le roi des convives » et se partage le reliquat du bicarbonate.

Tante ALPHONSE.

A la manière de...

... **L'Os,** par Marcel Proust

En suçant cet os, sans lever le petit doigt, comme le font tant de jeunes femmes qui se croient des mondaines (il est curieux de remarquer que mondaine, en aucun cas, n'a la valeur de deux demi-mondaines), j'eus souvenance, dans un éblouissement, de la béatitude absolue qui m'envahissait lorsqu'à six mois, je suçotais consciencieusement le hochet de ma tante Jérémie, née du Blazon, et duchesse de Livarot-Mendoza par alliance. Amoureuse à douze ans du vidame de Pignerol, elle se fit fouetter à mort, succombant sous l'hérédité de nombreux ancêtres qui, tous, se livraient à la flagellation ancillaire. Cette euphorie n'était pas seulement un souvenir, elle était la résurrection intégrale de ce qu'il importait de conserver du passé. « Le Temps est retrouvé », m'écriai-je. « Certainement, me répondit Jupinus, il était tombé par terre. » (Erreur fondamentale de ce vieux serviteur qui confondait le temps-durée avec le grand journal de la Troisième République, ce qui indique clairement que l'esprit d'analyse ne fleurit qu'incidemment dans le cerveau des gens de maison.)

Dans le monde entier

Premier Noël de paix

A quelques semaines de la Conférence de la Paix, il est réconfortant de constater avec quelle ferveur ce premier Noël d'après guerre a été célébré sur tous les points du globe. Les premières dépêches reçues ne font que confirmer cette impression qui est également celle des milieux officiels.

Voilà qui ne pourra que faciliter la tâche de nos diplomates, d'autant que ces derniers, fidèles aux traditions de notre quai d'Orsay, se trouveront comme à l'ordinaire de l'autre côté de la bonne porte.

Ceci dit, contentons-nous de publier les premières nouvelles qui nous parviennent. Leur sobre éloquence vous en dira plus que les savantes digressions.

En Iran. – Téhéran, 25 décembre.

Ce premier Noël de paix a été marqué par une forte progression des troupes pacifistes. Environ 3000 antipacifistes ont été convertis par les moyens du bord (tracts, exhortations, lance-flammes, etc.)

Palestine (au fil spécial de l'épée).

Troupes pacifistes et partisans de la paix se sont violemment rencontrés. Pour environ 1200 hommes la question ne se pose plus.

Chine (du G. Q. G. du maréchal Tchang kaï-shek).

Notre escadrille « Père Noël » a déversé sur la ville de Fô-Cqui-Fô quelques centaines de tracts de deux et trois tonnes.

On signale de nombreuses conversions.

Indes Néerlandaises. – Batavia, 24 décembre.

Appuyés d'une escorte de membres de l'Armée du Salut, nos détachements de pasteurs montés ont porté la bonne parole dans plusieurs agglomérations occupées par des indigènes récalcitrants.

L'éloquence de nos missionnaires a porté ses fruits.

Deux villages ont été rasés (gratis).

Indochine (dépêche *Laos Libre*).

Les mains pleines de cadeaux, nos troupes avancent à une allure de plus en plus rapide, acclamées par la population. Au cours d'une embrassade générale entre soldats et pacifistes particulièrement démonstratifs, nous avons perdu deux tanks lourds et égaré un colonel.

Paris (communiqué du G. Q. G des Forces Alliées d'Occupation).

Place Pigalle et dans les rues avoisinantes nos troupes sont maintenant maîtresses du terrain.

Dans le secteur du Mont-Parnasse, après une intense préparation de chewing-gum et de Camel, nos éléments de pointe ont sensiblement progressé. Quelques éléments adverses, et féminins, ont tenté de réagir. On signale des corps-à-corps. Au Mont-de-Piété, activité des éléments de reconnaissance. Au cours de la nuit, et sur toute l'étendue du front, nos corps francs ont réussi quelques coups de main particulièrement heureux.

Certains foyers (d'agitation) ont été complètement nettoyés. Leur caisse aussi.

Petites Annonces

OFFRES D'EMPLOI

On demande ingénieur marchand de sciure breveté en gros pour diriger services techniques poste émetteur. Ecrire avec grosses références musclées à Radio Pataquès.

Excellents speakers et speakerines demandés pour émission littéraire, C. E. P. impérieusement exigé. S'adresser Radio Pataquès.

DIVERS

Poudre forçant les poules à pondre, l'étui pour 60 œufs : 12 fr. 50. La grosse boîte pour 1256 œufs : 64 fr. 10. L'étui pour gros mangeurs : 2592 fr. 75.

Augmentez vos rations en devenant J3, grâce aux petites pilules « Arter ». Pilules bambinet, les 100 : 2 fr. 50. Modèle garçonnet velu, la boîte de 12 : 56 fr. 90.

Machine à coudre, à pédales : 1652 fr. 10. Machine à découdre, à main : 3 fr. 20. Manche de rechange : 0 fr. 90. Lame à double tranchant : 1 fr. 10.

Peausserie. – Peau de crocodile tannée, le gros mètre : 1 fr. 50. La même, à tanner, le mètre simple : 0 fr. 70. Même qualité, mais sur pied, le petit crocodile : 37 fr. 40. Le gros crocodile de luxe : 68 fr. 40.

Avec matériel de tannage : 652 783 fr. 05.

Plus de pannes avec « Bistruc 45 ». Compteur électrique fonctionnant au gaz pauvre : 1252 fr. 55. Modèle ordinaire au gaz de Paris : 24 sous.

L'argent qui dort est improductif, réveillez-le avec mon procédé garanti. Demandez-moi vite une brochure que je vous renverrai vite contre mandat : 3500 fr. Riton.

Annonces pour carbonari. – Qué nous avons fait ouné petite bommbe di carabinier toute la nouit de la Sainnte-Sylvestré et qu'onne sé rappelait plous les instrructionnes. – Matéo Tambourini.

Voici l'hiver, faites votre huile de foie de morue vous-même ! La morue à Terre-Neuve, la livre : 3 fr. 40 ; la même sur rendez-vous, 2 livres la bête : 6 fr. 95.

Table tournante pour faire la sauce mayonnaise seule : 316 fr. 70. Avec gros médium : 545 fr. 05.

A enlever par tombereau ou à la poignée : coquilles de marennes, enveloppes de boudin

N° 13 – Jeudi 3 janvier 1946

blanc, fémurs et humérus de dinde, raclures de purée de marrons, bouts de bûches rances. S'adresser aux « Joyeux Extra-drilles ».

N'attendez pas que l'hiver se refroidisse ! Achetez aux grands magasins du Louf, la pelisse de votre choix :
Modèle grand tra-la-la : pelisse mondaine ; modèle travailleur : pelisse économique ; l'invisible : pelisse secrète ; modèle courant : pelisse montée ; modèle américain : military pelisse.

MENACE

Boa apprivoisé : muni de petits balais pour nettoyage sous les meubles bas. Spécialisé dans la recherche des boutons de col, etc. L'heure : 8 fr. 10.

PERDUS ET TROUVÉS

Perdu métro Brac, violon-dingue trois-quarts. Bonne récompense si rapporté entier. Mme Laguêpe.

Entre les mains du serpent

Une aventure du détective privé POILEAU LUC

Vrai grand roman policier par Edgard Fountain WALLACE

Même résumé que la semaine dernière

– Les « Masques noirs » ne seront là qu'à minuit, selon leur habitude, expliqua Poileau Luc ; peut-être pourrions-nous, en attendant, prendre une petite collation ?

– Certes, dit le marquis, j'allais vous le proposer… Lulu ! Servez-nous un léger encas. Qu'y a-t-il au Frigidaire ?

– J'ai un bon restant de tête de cheval aux haricots rouges, je vais nous le faire réchauffer…

Et il disparut rapidement dans la direction de l'office. A peine fut-il sorti que Poileau Luc saisit le marquis par le poignet et, l'attirant à lui, il se mit à lui parler tout bas dans l'oreille.

– Vous me chatouillez, dit le marquis et, d'ailleurs, j'entends très mal de celle-là. Que se passe-t-il ?

– Etes-vous sûr de votre domestique ? interrogea Poileau Luc.

– Lulu ? s'écria le marquis, je l'aime autant que s'il était ma propre belle-sœur, et vous savez quelle affection j'ai pour elle, bien que depuis longtemps elle ait quitté son mari pour suivre un adjudant de zouaves dans les environs de Courbevoie, afin de vivre sa vie… Mais pourquoi me demandez-vous ça ? Le soupçonneriez-vous ?

– Non, mon cher, mais on ne saurait prendre trop de précautions. Le Serpent Mordoré est passé maître dans l'art des transformations. Je l'ai vu une fois déguisé en buffet Henri II. Eh bien ! je suis resté un quart d'heure appuyé sur lui, sans me douter de la supercherie ; et pourtant, vous connaissez mon flair ?

Le marquis se précipita sur un fauteuil Louis XV et se mit à le palper, mais c'était bien un vrai fauteuil Louis XV.

– Vous m'impressionnez avec vos histoires, cher ami… je boirais volontiers un petit pastis…

Il sortit d'un meuble un litre sur lequel on pouvait lire « Arsenic ».

– C'est pour éviter que Lulu ne se rince trop souvent la gorge, expliqua le marquis qui se mit à remplir les deux verres.

– Voilà la glace, dit Lulu qui n'avait pas perdu un mot de la conversation.

Et il tendit un demi qu'il venait d'apporter pour participer à la fête. Un fort parfum d'anis se répandit dans l'atmosphère, se mêlant à l'odeur de la tête de cheval aux haricots rouges qui mijotait doucement sur le fourneau de la cuisine. Quand la table fut dressée, Lulu apporta le plat ainsi que quelques flacons de Vosne-Romanée et le repas commença…

(LAVA SUAVITAVE AVAU PRAVOCHAVAIN NAVUMAVERAVO.)

L'OS LIBRE

« Contre tout ce qui est pour – Pour tout ce qui est contre. »

NUMÉRO 14 – JEUDI 10 JANVIER 1946

Les Français protestent en vain contre l'impôt de solidarité nationale, décidé par une ordonnance du 15 août 1945. Les sommes recueillies sont destinées à régler les frais exceptionnels entraînés par le retour des prisonniers, la démobilisation, le rapatriement des troupes, et les travaux de reconstruction. Ces temps économiquement difficiles sont rendus plus complexes encore par des importations insuffisantes de blé, qui ne satisfont pas une consommation en forte augmentation. Les cartes de rationnement de pain, supprimées en novembre, sont rétablies depuis le 28 décembre.

Edito L'impôt de solidarité nationale

par Pierre Dac

J'ai été, dans le courant de la semaine dernière, convoqué quatre fois par M. René Pleven : les trois premières par erreur et la quatrième par confusion. « Enfin, puisque vous êtes là, m'a déclaré aimablement le ministre, il n'est pas dit que ce sera pour rien. » Et le dialogue suivant s'engagea entre le ministre et moi :

D. – Consultez-vous le *Journal officiel* ?

R. – Naturellement, par obligation professionnelle et au porteur, puisque je dirige un journal à tendance humoristique et satirique.

D. – Avez-vous consulté les numéros des 16 et 17 août 1945 ?

R. – Non.

D. – Vous ne les avez pas lus ?

R. – Si.

D. – Alors, pourquoi me dites-vous non ?

R. – Je me suis trompé, c'est oui que je voulais dire ; vous savez, depuis le référendum, je confonds facilement un oui avec un non et lycée de Versailles…

D. – Plaît-il ?
R. – Je veux dire vice-versa.
D. – Bon. Alors, vous avez lu l'ordonnance du 15 août 1945 instituant l'impôt de solidarité nationale ?
R. – Oui.
D. – Et vous en avez pris connaissance ?
R. – Non.
D. – Comment non ?
R. – Parce qu'en la lisant j'ai perdu connaissance.
D. – Bien. Y avez-vous compris quelque chose ?
R. – Strictement rien, inclusivement.
D. – Dans ces conditions, vous sentez-vous capable de l'expliquer à vos lecteurs ?
R. – Autant qu'un autre.
D. – Alors, allez-y, je vous laisse carte verte, grand crémant, demi-doux.
R. – Plaît-il ?
D. – Excusez-moi, c'est carte blanche que je veux dire ; je confondais avec une commande de mousseux que je viens de faire pour le jour de la Saint-Taxe.
R. – C'est si bémol.
D. – Comment ?
R. – Pardonnez-moi, c'est si naturel, que je voulais dire.

Me voilà donc, une fois de plus, avec sur le dos une explication à donner ; de toute manière, ce n'est pas moi que ça gênera. Enfin, voilà la chose : l'impôt de solidarité nationale est, comme son nom l'indique, un impôt qui aura un effet d'autant plus solidaire qu'il sera prélevé de façon plus nationale ; il comporte une double taxe, composée de deux simples taxes, savoir : 1) impôt sur le capital ; 2) taxe sur l'enrichissement, l'ensemble de ces deux taxes formant la double taxe en question.

Cet impôt sera établi et perçu d'après la déclaration des contribuables ; le tout est de savoir ce qu'ils déclareront ; ce n'est pas à moi de le dire, encore que sachant très bien ce que disent actuellement les contribuables visés, l'honnêteté et la politesse m'interdisent de le répéter. En quoi consiste l'enrichissement taxé par la loi ? Ce n'est point, contrairement à ce que l'on pense communément, l'augmentation de valeur des biens possédés entre le 1er janvier 1940 et le 4 juin 1945, mais bien au contraire tout ce qui a été acquis entre ces deux dates au moyen de capitaux qui n'existaient pas avant d'être réalisés par ceux qui les détiennent depuis qu'ils les ont. Il y a donc, en conséquence, les biens anciens et les biens nouveaux. Un bien ancien peut-il être considéré comme bien nouveau et un nouveau bien comme ancien bien ? Oui, si les biens acquis en premier emploi ou remploi d'un bien ancien liquide (espèces, pièce d'eau, demi-muids, étang, lac individuel, etc.) existaient au 1er janvier 1940 et non si le second remploi, emploi de remploi ou remploi d'emploi est consécutif, par antériorité, à l'acquisition du bien acquis, du fait même du remploi des anciens nouveaux biens, dans les circonstances autres que celles admises dans les conditions délimitant l'emploi du second emploi par rapport au premier remploi.

Tout le reste de l'ordonnance établissant l'impôt de solidarité est dans le même esprit que ce qui précède, excepté toutefois tout ce qui concerne

les meubles corporels comprenant : meubles à mains, à bras, automobiles, triporteurs, bijoux, collections, rôtis de veau d'époque, etc., ainsi que les polices d'assurance, y compris les polices judiciaire, mondaine et des garnis.

Voilà, chers lecteurs, ce qu'est l'impôt de solidarité dont le moins qu'on puisse dire est qu'il s'impose de lui-même, ce qui, dans la difficile période que nous traversons, est d'ores et déjà un appréciable résultat.

À Os rompus

La dévaluation est un succès

Après avoir provoqué dans le public une surprise assez voisine de l'étonnement, la dévaluation du ticket de pain est aujourd'hui mieux appréciée par toute la partie saine de la population.

Les personnes de bonne foi reconnaissent en effet que trois cents grammes de pain chaque jour, c'est largement suffisant pour étendre nos 200 grammes de beurre mensuel et nos trois onces de confiture trimestrielle. Cette semaine, d'ailleurs, comme l'absence de viande a empêché la confection du ragoût hebdomadaire, toute la mie destinée à être trempée dans la sauce est demeurée sans emploi. Nous ne le répéterons jamais trop avec la vieille sagesse des Rations : « Il faut ce qu'il faut, mais pas plus ! »

Les soutiens-gorge

Les peaux de banane et les pelures d'orange étant introuvables cette année, c'est la question des soutiens-gorge militaires que de perfides interpellateurs ont jetée sous les pas du gouvernement. On sait avec quelle énergie le président du Conseil a su déjouer cette grossière manœuvre : « Si labourage et pastourage sont les deux mamelles de la France, l'Armée en est une autre, s'est-il écrié. Comme telle, elle a besoin, elle aussi, d'être soutenue sous peine de compromettre dangereusement notre œuvre de redressement national. »

Le crédit des soutiens-gorge a été aussitôt adopté. Quelques élus, retour des lavabos, se sont même hâtés de le voter à mains lavées. Quoi qu'il arrive, nos petits soldats ne manqueront pas de blagues à tabac !

Une protestation

L'amicale des Loufoques de Seine-et-Garonne adresse à la presse la note suivante :

« L'autre jour, un citoyen français a été expulsé du Palais-Bourbon sous prétexte qu'il était fou. Nous tenons à protester avec la toute dernière énergie contre cette mesure illégale autant qu'arbitraire, aucun article de loi n'interdisant aux fous non élus d'assister aux séances de la Chambre. De toute façon, la prochaine fois qu'un député ou même un ministre viendra visiter un de nos asiles, nous saurons comment le recevoir ! A bon chat, bon rat, un bon averti en vaut deux, qui rit vendredi, dimanche pleurera, et à bon entendeur salut ! »

Le barman du diable

Vous avez certainement déjà admiré au music-hall le numéro bien connu qui a pour nom « le barman du diable » et qui consiste à verser, d'une seule carafe pleine d'eau pure, toutes les boissons désirées par le public, et qu'on lui donne à boire par-dessus le marché : lait, chocolat, pétrole, colle, vin rouge, vin blanc, vin incolore, vin tout court, thérébentine, peppermint, pastis, encre sympathique, café au lait chaud, armagnac, eau de Cologne, cidre, Vittel-fraise, vitriol, ou lotion capillaire.

Je vais vous dévoiler aujourd'hui le secret de cette célèbre expérience. Vous préparez derrière les coulisses un plateau avec une ou deux douzaines de petits verres vides et un récipient rempli d'eau. Vous entrez en scène tout souriant, avec votre plateau en main. Vous demandez au public de vous nommer des boissons qu'il voudrait déguster et que vous allez créer devant lui. Tout en disant ces paroles, vous fixez les spectateurs pendant quelques secondes, juste le temps suffisant pour les hypnotiser tous. Ce n'est pas tellement difficile. Vous avez vu ces dernières années un peuple, de 80 millions d'hommes, hypnotisé par un seul individu qui lui a fait croire les pires folies. Une salle de music-hall est certainement plus facile à manier qu'un pays entier. Vous suggérez donc à votre public qu'il voit et même qu'il boit les boissons qu'il demande.

L'illusion sera d'autant plus complète pour vous, si vous réussissez à vous suggérer à vous-même que vous mangez et buvez ce que vous désirez quand vous êtes assis devant vos 300 grammes de pain dans l'obscurité la plus complète.

Il y a encore une autre méthode, qui consiste à placer d'avance dans vos manches, selon la coutume des prestidigitateurs, les différentes liqueurs que le public peut désirer. Lorsqu'il a choisi celle qu'il veut voir apparaître, vous la versez subtilement avec votre manche sans en avoir l'air. En ce cas, naturellement, et contrairement à ce qu'on a coutume d'insinuer, ne retroussez pas vos manches, ça ira mieux que si vous les retroussiez…

Egalisons

C'est injuste et inégalitaire. Pourquoi a-t-on augmenté les premières classes et pas les troisièmes ? Qui se permet de faire payer les riches ? Et de quel droit ?

Nous n'avons pas reçu de réponse à ces interrogations. Aussi nous redisons tout net que les mesures prises sont nettement anti-démocratiques.

Si les uns paient, les autres doivent payer aussi. Et, pour ma part, j'exige que la S. N. C. F. augmente mes billets de troisième au prorata de la proportionnelle. Je ne veux pas être traité en voyageur inférieur. Et tous mes compagnons de train pensent de même. Ils veulent retrousser leurs porte-monnaie. Comme des riches. Alors, faites-nous plaisir. Augmentez nos places. Le plus vite possible. Mais cette mesure entrait peut-être dans vos prévisions ?

En ce cas, merci d'avance !

Compte rendu musical n° 3

L'Amicale des repriseurs de locomotives informe les auditeurs et spectateurs de son ballet de fin d'année que celui-ci ayant pris fin depuis une bonne semaine, ils sont priés d'évacuer la salle par leurs propres moyens et le plus rapidement possible.

La vie pratique

Un piège à puces, simple

Faire une espèce de piège avec les matériaux suivants : une planche, du fil de fer, 6 clous à grosse tête, 2 clous à bonne tête et 1 clou à mauvaise tête, un ressort à boudin et une petite boîte à pharmacie pour en-cas.

Le piège sera du genre « à tapette ». Une seule suffira. Bander le ressort et accrocher la partie inférieure sur la partie supérieure en dégageant bien la fente pour y mettre la tige d'arrêt.

Le dispositif une fois créé, pour attirer la puce si elle est seule, ou les puces si il y en a au moins deux ou plus, mettre dans l'appareil, à titre d'appat, une cuisse d'homme ou de femme, selon ce qu'on a sous la main.

On peut couper la cuisse ou, indifféremment, monter l'appareil sur soi.

Lorsque la bête est en vue, favoriser l'entrée de l'animal par des plissements ondulatoires de la peau en direction de l'ouverture de l'engin.

Lorsque la puce est prise, débander le ressort en appuyant sur le levier A, réservé à cet effet.

Ensuite jeter le cadavre sur le tas de fumier ; si vous n'en avez pas, achetez-en un car c'est très utile, surtout à la campagne – plus encore à la campagne qu'à la ville.

ARCHIMEGRE.

A la manière de...

... **L'Os,** par Flaubert

LE FESTIN DES MERCENAIRES

C'était dans les jardins de l'Ecole militaire, propriété du chef Naphtalinard.

Les officiers qu'il avait commandés dans les intendances, dans les bureaux, dans les endroits les plus abrités se donnaient un grand festin pour l'anniversaire de la sortie des uniformes.

Il y avait là tous les grades, des généraux chamarrés, des nuées de colonels aux uniformes inconnus, des commandants aux curieuses moustaches en pointes, des capitaines rondouillards et cravacheurs ; un simple lieutenant en costume réglementaire semblait un défi.

Orgueilleux d'avoir fait plier la République des Naphtaliens, croyant qu'ils allaient retourner chez eux avec la solde de leur encre dans la poche de leur cuir, mais leurs fatigues revues à travers les vapeurs de l'ivresse leur semblaient prodigieuses et trop peu récompensées.

Les chefs rêvaient à toutes les somptueuses demeures fournies par la réquisition. Palaces au luxe insolent, châteaux, monuments historiques, seuls les musées avaient échappé mais qu'importait en face de la réussite « énorme » de la réquisition des maisons de tolérance, fermées par un récent décret carthaginois.

La joie de pouvoir enfin se gorger à l'aise dilatait tous les yeux. Non, ils ne se nourriraient pas d'os, ils n'étaient pas restés invisibles pendant cinq ans pour rien. Ils se parlaient des blessures qu'ils auraient pu recevoir, racontaient des combats imaginaires, des épopées fantastiques, de simples chasses aux frisés. Ils imitaient le bruit des mitrailleuses, le bond du tirailleur, la mort du héros, ils imitaient tout.

Des cavaliers qui n'avaient point ôté leurs corsets dansaient d'un pas lourd.

Un monoclard tapait avec un os de bœuf sur un encrier d'airain.

Petites Annonces

OFFRES D'EMPLOI

Grosse manufacture soutiens-gorge cherche monsieur sérieux pour prendre des mesures et visiter clientes. Actif et dynamique. Gros fixe assuré.

Saute-ruisseau déluré pour placement barriques entre-deux-mers. Gros gains prévisibles.

DIVERS

Herbe à tisane, ignifugée, pour infusions, la tasse de cheval : 3 fr. 10. Herbe à pipe, la grosse mesure : 6 fr. 20. Herbe franco-belge à lapin ou pour la pipe, la voiturette garnie, livraison par douanier, parfaite imitation, les 100 grammes : 165 francs.

Chasse aux parasites :
Fusil à mite ordinaire : 292 fr. 15. Modèle à 2 coups : 1855 fr. 60. Canardière-obusier calibre 420 : 57 089 692 fr. 05. Article spécial pour mite railleuse : 3 fr. Appeau pour attirer les mites : 1 sou. Miroir à mite : 2 sous. Le même tournant : 3 sous.

Tous prioritaires avec la « Petit-buis 45 », carte de priorité. Passe-partout, modèle simple : 13 fr. 40. Modèle renforcé, manche cuivre retroussé : 21 fr. 10. Modèle pour grosses foules hargneuses : 442 fr. 75.

Commutateur pour couper la parole aux volubiles : 132 fr. 70. Modèle supérieur pour bavard intarissable, poids 0 kg 500, manche 0 m 90 : 185 francs.

Appareil à tirer les sonnettes pour gamins paresseux : 32 fr. 10. Système pour feignant débutant : 78 fr. 05. Modèle plus simple consistant en une petite échelle et un bâtonnet isolant : 5 fr. 80.

ARTICLES POUR IVROGNES

Bec de gaz monté sur roues caoutchoutées, phare code, S. P. Petit modèle métal blanc : 1582 fr. Genre lampadaire, fonte émaillée, avec garde-fou, cave à liqueur, etc. : 3605 fr. 20.

PERDUS ET TROUVÉS

Perdu entre salle des pas perdus et salle à manger superbe occasion de me taire. Ai trouvé par contre magnifique soupe à la grimace. Visible tous les jours entre 5 à 7 là où on sait.

Perdu 25 000 fr. à la première de Enghien entre le départ et l'arrivée, récompense à qui me les rendra.

COURS PAR CORRESPONDANCE

Fonctionnaires que guette une augmentation possible, apprenez à compter rapidement sur vos doigts, en suivant nos cours spéciaux de nuit. La bonne leçon : 100 fr. La grosse de leçons : 1200 fr.

FARCES ET ATTRAPES

Chapeau incandescent, s'enflamme quelques instants après s'en être coiffé. Effet écroulant : 32 fr. 10.

Cravate étrangleuse, serre la glotte progressivement comme un garrot. Très amusant : 84 fr. 75.

Chaussettes thermogènes dégageant au bout de quelques minutes une chaleur insupportable, transformant une paisible personne en épouvantable forcené. La paire : 6 fr. 90. Modèle supérieur, effet corsé : 12 fr. 10. Vraiment drôle.

Crottes de chocolat laxatives, laissant toute frémissante la personne qui les a absorbées. Effet momentané, la boîte de 200 : 14 fr. 20. Article de longue durée, la pièce : 3 fr.

N° 14 – Jeudi 10 janvier 1946

Entre les mains du serpent

Une aventure du détective privé POILEAU LUC

Vrai grand roman policier par Edgard Fountain WALLACE

Un scandale dans nos bureaux

Au moment précis où nous nous apprêtions à mettre sous presse notre si intéressant feuilleton *Entre les mains du Serpent*, dont seuls les illettrés n'ont pu se rendre compte de la valeur littéraire, un individu entra brusquement en criant : « Arrêtez la machine ! » Dans le silence qui suivit, l'individu hurla : « Qui est Poileau Luc ? » « C'est pas vous ! » répondit du tac au dac notre directeur.

Mais l'homme sortit ses papiers.

Nous avions vraiment devant nous le véritable et célèbre Poileau Luc qui ressemblait d'ailleurs au faux comme deux gouttes d'eau ressemblent à une barrique de beaujolais. L'auteur de notre feuilleton *Entre les mains du Serpent* n'est donc qu'un vil imposteur. Poileau Luc, le vrai, ne connaît ni le Serpent mordoré, ni la bande des Masques noirs, pas plus que le marquis de la Tronche.

Il nous a donc sommés d'arrêter immédiatement la publication de ce faux roman, ce que nous avons été obligés de faire. Mais pour dédommager nos lecteurs, il vient de nous promettre de nous donner la primeur d'une grande enquête qui lui fut confiée jadis.

Vous lirez donc, dans notre prochain numéro :

« ON A VOLÉ LA COUPE. »

Une authentique enquête policière, par le véritable inspecteur Poileau Luc.

L'OS LIBRE

« Contre tout ce qui est pour – Pour tout ce qui est contre. »

NUMÉRO 15 – JEUDI 17 JANVIER 1946

La tendance de la commission chargée de définir les bases d'une Quatrième République est claire : les pouvoirs de demain iront au législatif plutôt qu'à l'exécutif. Les représentants des trois grands partis à l'Assemblée constituante, les communistes, avec Maurice Thorez, les socialistes, avec Daniel Mayer et le MRP, avec Francisque Gay, se sont visiblement mis d'accord. Les éditorialistes, l'écrivain François Mauriac en tête, mettent en garde contre un retour au régime des partis qui a paralysé la Troisième République.

Edito — Mauriac avec nous

par Pierre Dac

Que celui qui a l'occasion de se réjouir ne s'en prive pas..., est-il écrit dans la Genèse (acte III, LVIIIe scène, XIe tableau). Je ne vois donc pas pourquoi, l'occasion m'en étant offerte, je ne me réjouirais pas puisque des personnages aussi avisés que les auteurs du livret de la Genèse m'en donnent le pertinent et sage conseil. Donc, je me réjouis. Et pourquoi me réjouis-je ?

Tout simplement parce que, dans *Le Figaro* du 6 courant, M. François Mauriac, de l'Académie française, termine par la phrase suivante, qui ne laisse place à aucune équivoque, son éditorial intitulé *L'Image du dompteur*.

« Les trois grands partis, autour de l'Os "opposition", ressemblent à trois chiens qui se surveillent, et dès que l'un d'eux fait mine d'en approcher les deux autres grondent sourdement. » Qu'en déduire ? Rien d'autre que la confirmation, par M. François Mauriac, de la position-clé qu'occupe *L'Os libre* par rapport aux éléments de la combinaison tripartite, dont il constitue en quelque sorte la base idéale centrale « autour de laquelle gravitent le flux et le reflux des multiples combinaisons qu'il neutralise du fait même de la solidité tout à la fois de son établissement et de son indépendance ».

Nul, j'aime à le croire, ne me contredira si j'affirme que M. François Mauriac n'a rien du comique troupier ou du compétiteur de catch. C'est un homme qui

pèse ses mots à la balance de la saine dialectique et qui enveloppe ses propos dans le papier d'emballage de l'honnêteté professionnelle. Mais M. François Mauriac a compris ; quand il a lu notre slogan politique : « contre tout ce qui est pour, pour tout ce qui est contre » (lequel, on s'en souvient, a remplacé, il y a quelque temps : « pour tout ce qui est contre, contre tout ce qui est pour », qui était un non-sens et une hérésie), il s'est rendu compte que *L'Os libre*, autant par son orientation et par la définition nette et précise de son programme que par son action culturelle, sociale, réaliste et philosophique, était le seul organe capable de cristalliser possiblement l'opposition dans ce que celle-ci comporte d'équilibre catalyseur et de régulateur analogue.

Il n'en demeure pas moins vrai que plus que jamais nous devons, dans ce journal, du fait même de notre qualification « d'os opposition », nous tenir sur nos gardes, non seulement journellement, mais également et surtout quotidiennement. J'avertis donc amicalement, mais fermement, les trois grands partis d'avoir à se tenir à carreau vis-à-vis de moi. Le premier qui fera le moindre geste pour tenter d'annexer *L'Os* à son profit se verra exposer à des représailles, dont, à l'instar de mon camarade Truman, je garde présentement le secret. Et je me tiens, moi-même, d'autant plus sur mes gardes depuis que M. Mauriac a déclaré que les trois grands partis ressemblaient à des chiens autour de l'os. C'est ainsi qu'avant-hier, en sortant du journal, je n'ai pas hésité à disperser à grands coups de cache-col trois chiens qui me couraient dans les jambes et en lesquels j'ai cru reconnaître soigneusement camouflés respectivement en loulou de Poméranie, en briard et en chien policier : MM. Francisque Gay, Daniel Mayer et Maurice Thorez.

Il ne me reste plus qu'à remercier bien respectueusement M. François Mauriac et à le féliciter d'avoir mis le doigt là où les autres voulaient mettre les pieds. Et je ne saurais mieux faire pour lui exprimer ma reconnaissance que de lui proposer d'écrire son prochain éditorial à la place du mien dans *L'Os libre* alors que j'écrirais le mien en remplacement du sien dans *Le Figaro*. Et, qui sait, peut-être personne ne s'apercevra-t-il de la substitution !

P. S. – Un tendancieux écho, paru dans le dernier numéro du journal satirique *Le Clou*, laisse insidieusement entendre à ses lecteurs que j'ai compris le mécanisme de l'impôt de solidarité nationale. J'élève auprès de la direction de cet hebdomadaire une protestation véhémente autant qu'indignée. Certes, la semaine dernière, et à cette même place, j'ai expliqué *in extenso* et dans le détail le susdit impôt de solidarité ; ça ne signifie pas que je l'ai compris ; bien au contraire. Car, si maintenant il est nécessaire de comprendre préalablement les choses que l'on est chargé d'expliquer, où allons-nous ? Je compte sur l'esprit de loyale confraternité du *Clou* pour remettre les choses au point.

Communiqués

L'autobus Point-du-Jour-Porte-de-Tombouctou via Constantinople-Beyrouth-Le Caire-Addis-Abéba et retour, n'ayant à vrai dire jamais bien existé, ne sera pas rétabli de sitôt.

*

Le docteur Roméo Carlès nous prie de faire connaître son nouveau tarif des visites pour 1946.

Tripotage localisé, une main : 32 fr. 10 ; tripotage deux mains : 34 fr. 10 ; tripotage généralisé : 43 fr. 10 ; tripotage avec pose de l'oreille : 68 fr. 10 ; tripotage avec stéréoscope : 73 fr. 10. Diagnostic en sus.

À Os rompus

Heures tragiques

Disons les choses comme elles doivent être dites, en toute simplicité : au quatrième top, des heures tragiques ont failli sonner au cadran de l'histoire, et, durant une longue semaine, nous nous sommes trouvés à la veille de lendemains inconnus ! Déjà l'on pouvait voir les éléments troubles stationner en longues files inquiétantes à la porte des boulangeries, des boucheries et des marchands de fausses cartes. Craignant le pire, le gouvernement, en grande partie, avait quitté Paris pour se réfugier ici et là, mais de préférence en des régions mieux chauffées : le général à Antibes, M. Raoul Dautry à Marseille, MM. Michelet et Giacobbi à Nice. M. Marcel Paul, moins frileux, était allé prendre les eaux à Baden-Baden, afin de remplir ses barrages. M. Georges Bidault, retour d'une tournée de représentation à l'étranger, avait précipitamment repris l'avion pour Londres en voyant ce qui se passait ici. Seuls étaient restés sur place quelques ministres d'Etat, jugés intransportables.

Ça va déjà mieux !

La situation, qui semblait désespérée ces temps derniers, n'est plus guère aujourd'hui que désespérante, surtout en ce qui concerne le pain, gros ou fantaisie. Les comptes ont été refaits, une petite erreur de sept millions de quintaux de blé relevée dans une addition sera passée aux profits et pertes ; on envisage en outre la possibilité de faire, cette année, la soudure à l'autogène.

De plus, un arrivage inespéré de pâte à papier permet d'assurer que le consommateur ne manquera pas de tickets.

La viande est ferme

Même optimisme à l'égard de la viande qui, loin de se laisser abattre, reste résolument sur pied. Sans doute les bouchers ont-ils fermé boutique mais sans pour cela refuser de vous passer de temps à autre un bifteck à travers les grilles pour peu que vous soyez bon client. Alors, de quoi se plaint-on ?

En résumé, la crise évolue dans un sens nettement favorable, c'est-à-dire dans le sens de la longueur.

L'affaire Drugbert

On sait que M. Tanguy-Prigent s'était rendu à Laon (Aisne) tout exprès pour se plaindre des bouchers parisiens dont le président, M. Drugbert, n'aurait pas, selon lui, agi en honnête homme.

– Pas honnête, moi ! Viens donc le dire ! s'est écrié M. Drugbert en apprenant la chose.

– Je vous ferai mettre en prison, a riposté M. Tanguy-Prigent.

– Moi aussi, je te ferai mettre en prison ! Et puis d'abord, je porte plainte !

S'estimant offensé par ces paroles, M. Tanguy-Prigent a envoyé sa carte de pain à M. Drugbert qui lui a aussitôt retourné la sienne.

Une rencontre a donc été jugée inévitable. M. Drugbert, ayant le choix des armes, s'est prononcé pour le couteau et le fusil de sa profession. M. Tanguy-Prigent préférait le micro, mais ne put obtenir satisfaction sur ce point... Aux Halles règne une vive inquiétude. Le pavillon de la viande a été mis en berne.

Théâtre

JEANNE DAC AVEC NOUS

Le théâtre Vermorel présente une ancienne pièce de Verlaine, qui s'appelle *Jeanne Dac avec nous*, et je suis bien embarrassé pour vous en parler. On me comprendra facilement. Cette manière de livrer en pâture au public la vie intime d'une jeune fille dont on assure qu'elle a toujours été demoiselle, a quelque chose d'un peu grossier qui révèle un certain manque d'éducation.

Comme, d'autre part, il s'agit de la fille de notre directeur, je ne sais trop que penser. A vrai dire, ils ne se ressemblent pas du tout, tous les deux, sauf par les cheveux qu'ils portent de la même façon, coupés à la Jeanne d'Arc, avec une frange sur le front et une assiette derrière la tête.

Il est même surprenant qu'ils soient si différents l'un de l'autre, de figure et d'allure. Dans la pièce de Verlaine, on voit Jeanne arriver à cheval sur la scène, tandis que son père ne sait même pas monter en vélocipède et ne se déplace jamais qu'en avion. Au dernier acte, chaque soir, Jeanne flambe sur un bûcher comme une bienheureuse, alors que toute la journée notre directeur gèle dans son bureau, où il attrape bronchite sur bronchite, en se demandant comment il a fait pour avoir une fille aussi combustible.

Dans ces conditions, je ne serais pas surpris si la pièce de Verlaine, pour talentueuse qu'elle soit, déclenchait une action en recherche de paternité naturelle, ce qui pourrait avoir de graves conséquences. Après tout ce qu'on a écrit en d'innombrables livres sur cette page légendaire de l'histoire de France, vous imaginez le tableau, s'il était prouvé tout d'un coup que Jeanne Dac n'est pas la fille de Pierre Dac ! Tout serait remis en question, les auteurs les plus académiques seraient ridiculisés et il est pénible de penser que c'est ce pauvre Verlaine qui serait responsable de tout cela.

Modeste GONCOUR.

La cuisine pratique

Le soufflé au chocolat

Post-scriptum. – Le chocolat étant rare, on peut avantageusement le remplacer, le cas échéant et à toute extrémité, par de la farine d'orge colorée à l'aide de quelques gouttes de teinture d'arnica ; c'est presque meilleur et, en tout cas, plus sain.

Ingrédients. – *Farine d'orge mondé : 4 kg ; teinture d'arnica : Q. S. ; neige battue en œufs : 1 seau ; 1 gousse de vanille ou à défaut une gousse d'ail ; sucre : un morceau n° 3 ; une pompe à vélo ; confiture de lentilles : un pot.*

Préparation. – Mêler la farine d'orge avec la confiture de lentilles ; porter sur le feu et remuer doucement jusqu'à ébullition ; retirer du feu et, en remuant toujours, ajouter la teinture d'arnica dans la proportion d'une louche à dessert par kilo de chose pâteuse.

Mettre le morceau de sucre préalablement pilé au fer à repasser, ainsi que la gousse d'ail ou de vanille. Laisser refroidir. Ceci fait, incorporer dans cet appareil la neige battue en œufs. Goûter, rectifier l'assaisonnement. Verser cet appareil dans un moule à soufflé enduit préalablement de gras pour éviter l'adhérence. Mettre à four doux pendant vingt minutes. Au moment de servir, percer un trou discret sur un côté du soufflé, introduire l'embout de la pompe à vélo et gonfler à 1 kg 200. Servir immédiatement et manger avant que ça ne s'affaisse.

Tante ALPHONSE.

~~~~~~~~~~~~~~~~~~~~Le coin du toubib~~~~~~~~~~~~~~~~~~~~

LES CLOUS

Les clous sont des gros boutons dont le nom scientifique est furoncles, ce qui n'enlève rien aux désagréments qu'ils procurent et qui varient selon l'endroit où ils ont élu domicile, car les clous sont très éclectiques en cette matière, et se logent aussi bien au bout du pied qu'au bout du nez, ou ailleurs. C'est même cet « ailleurs » qui semble être leur lieu de prédilection, ce qui en fait la bête noire des juges car ceux-ci ne pouvant plus s'asseoir, cessent, par conséquent, d'appartenir à la magistrature assise et passent, ipso facto, *à la magistrature debout, ce qui crée, chez dame Thémis, de regrettables confusions et une pagaïe qui nuit quelquefois à la dignité et au bon renom de la Justice.*

Petites causes, grands effets.

Le clou le plus commun est le clou à tête plate ou semence, qui fut découvert par le professeur Lassoiray. Le clou de Lassoiray, qui s'attaque particulièrement aux artistes, est d'ailleurs trop connu pour qu'il soit nécessaire de s'y attarder outre mesure. Quant au clou de Giroff, il a presque toujours son siège sur le cou qu'il démange de telle sorte que le patient a tendance à le frotter contre son col et qu'il se livre parfois à de telles contorsions qu'il finit par se monter le cou littéralement. C'est ce qui explique qu'on ait déformé petit à petit le nom de ce bobo, nom qui lui vient d'un obscur médecin russe qui le découvrit et le traita lors de la grande épidémie de furoncles d'Amérique ou furoncles Sam, et que de « clou de Giroff » on ait fait stupidement « cou de girafe ».

Il est parfaitement ridicule de croire qu'on fait disparaître les clous en les enfonçant avec un marteau ou en les extirpant avec des tenailles. Ce sont là des procédés de rebouteux indignes de figurer dans cette rubrique sérieuse.

Non, le clou se soigne avec plus de douceur, dans le parc réservé à cette cure particulière et qui, d'ailleurs, s'appelle parc de Saint-Cloud non parce qu'il est destiné, comme on pourrait le supposer, à perpétuer la mémoire du troisième fils de Clodomir, mais parce qu'à l'origine on y soigna cinq clous.

C'est un détail curieux que peu de gens connaissent.

Et moi-même, je l'ignorais avant de le savoir.

A la manière de...

L'Os verlainien

L'OS EST, DESSUS
LES PETITS POIS

L'Os est, dessus les petits pois,
Si beau, si calme !
La sauce, sur les petits pois,
Verse son charme.

Jésus, Jésus, la table est là
Bonne et si fine.
Cette paisible rumeur-là,
C'est la cuisine.

Que fais-tu, ô toi que voilà,
Mangeant sans cesse,
Dis, que fais-tu, toi que voilà,
Chialant d'ivresse ?

PETITES ANNONCES

OFFRES D'EMPLOI

Bonne à rien faire cherche quand même bonne place chez personne charitablement inconsciente. Gros gages exigés, plus primes et pourboires. Habituée à une saine et copieuse nourriture aux quatre repas. Ecrire avec références à Gertrude Patate.

Coureur automobiliste demande jeune homme muni voiture pour courses. Présenté par ses grands-parents. Courir culum vite exigé.
~~~~~~~~~~~~~~~~~~~~

Jolie sirène cherche poisson-scie musicale pour numéro music-hall Océan Glacial Artistique.

DIVERS

Rasoir mécanique qui se barbe près de Menton, cherche lame-sœur.

Secte d'illuminés se rendrait à domicile pendant coupures de courant. Eclairage intensif garanti.

Cafetiers ! Modernisez-vous en utilisant nos verseuses automatiques !... Verseuse 1 bec : 120 fr. 2 becs : 230 fr. Avec bec Auer : 3567 fr. Verseuse de Jocelyn, la mesure : 3 fr. 10.

A vendre stock d'ampoules électriques détériorées pouvant être employées pendant coupure de courant. Le mille .... 32 fr. 75

A vendre, cause double emploi, patinette commerciale 3 kilos, 2 pneus neufs 0 m 10, 0 m 02, gaze-pied, avec ou sans remorque. Faire offre au môme Pierre.

En réclame chez Omégot :

Réveille-midi, spécial pour noctambule.

Modèle pour gros paresseux : réveille-après-midi.

Article pour roi fainéant : réveil à tic-tac imperceptible, marquant toujours la même heure, ne sonnant jamais.

ARTICLES SPÉCIAUX

Coffre-fort, grosse résistance, narguant les gros voleurs velus : 25 690 fr. Coffre faible s'abandonnant au premier voyou menu : 16 643 francs. Modèle chétif pour bandit débutant : 8001 fr. 15.

Poêle à bois « Minus », brûlant même les bûchettes de la Régie : 10 fr. Livré avec deux paquets de 20 bûchettes marque « La Gauloise » : 50 fr. A tout acheteur d'un poêle il sera remis gratis une boîte d'amulettes sournoises et une boîte d'allumettes soufflées.

Chasseurs ! avant d'acheter un faucon, voyez notre service spécial d'articles véritable race. « Au Vrai Faucon », maison fondée en 1245. Faucons en tous genres, bonne rapacité.

Chaise sans pied : 3 fr. ; chaise à un pied sans dossier : 3 fr. 10 ; dossier à un pied sans siège : 3 fr. 80 ; siège sans pied ni dossier : 4 fr. 10 ; chaise à quatre pieds, sans pied, ni dossier, ni siège : 8 fr. 40. Les quatre pieds seuls : 12 fr. 10.

Mollusques : huîtres apprivoisées, emballage, forme rectangulaire, ouverture facilitée en prononçant le nom de l'animal inscrit sur sa coquille. La douzaine : 8090 fr. 90. Modèle de luxe, coquille à quatre pieds ouverture par bouton pression, la demi-douzaine : 5743,85. Article haut luxe avec poignées et serrure de sûreté, les trois : 3906 francs 50.

FARCES ET ATTRAPES

Pipe en celluloïd, très belle imitation bruyère. S'enflamme brutalement en noircissant abondamment le fumeur et son entourage. La pièce : 3 fr. Autres modèles pour noces et banquets encore plus rigolos, depuis 6 fr. 50.

Colle très adhérente pour banquettes, chaises de tramway, tabourets de métro, etc. L'effet disparaît à l'eau bien chaude. Le petit pot avec notice explicative 16 fr. 25. Très amusant. Article plus sérieux pour gens grincheux ou lunatiques. Le gros pot accompagné d'une petite scie à découper ou d'un ouvre-boîte : 42 fr. 10. Rires homériques garantis.

« Le polo chez soi » : Le jeu comprenant un tapis de 203 m, 25 × 25 m 86, imitation parfaite du gazon, un équipement complet, une grosse crosse, un cheval contre remise de 23 486 tickets. Le tout : 1 825 416 fr. 10.

ANNONCES POUR ANIMAUX

Chien bien perdu, bons gros yeux mélancoliques, échangerait situation avec chien trouvé par bonne personne charitable (yeux quelconques).

Offrez-vous un fidèle compagnon :

Mémère caressante, tous calibres, à partir de 40 fr. l'heure.

Pépère maousse, le câlin : 3 fr. 90.

Pépère-Mint, le litre : 28 sous.

Le Bon Maître, en 140 de large, avec 30 points : 1800 fr.

Petits poissons assez frais, mais pas bons, les 12 : 3 sous ; petits poissons très extra-extra, la douzaine : 8 sous ; poissons à deux têtes pour plats spéciaux, les 6 : 4603 francs 10 ; poissons spéciaux pour ogres, gloutons, pique-assiettes et sur simple demande.

COMMERCES

Marchand de mouron en gros vend cause nationalisation commerce importation-exportation mourons en tous genres, ainsi qu'un abondant matériel comprenant 3 paquebots, 2 trains de marchandises, 852 camions, 12 bennes, ainsi qu'un étal portatif de marchand ambulant.

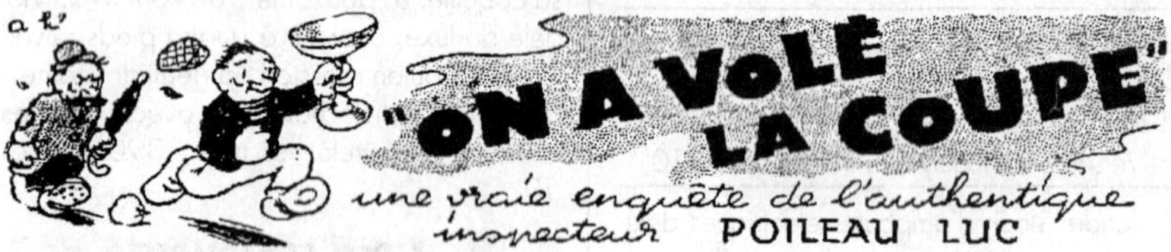

Chapitre premier

Le vol

Le jeudi 12 mai à 22 h 17, l'inspecteur Poileau Luc était à son bureau examinant attentivement à la loupe les empreintes digitales d'un pied de biche quand le téléphone tinta. Le brigadier Lachnouf, son fidèle lieutenant, saisit l'appareil :

– Allô ! Oui, monsieur le directeur, je vous le passe…

Et, donnant l'appareil à Poileau Luc, il dit :

– C'est le directeur du service des recherches.

Poileau Luc prit l'appareil, et un rapide dialogue à une voix s'engagea :

– Allô ! Bonjour, monsieur le directeur… Non, rien de sensationnel… La bande des voleurs d'œufs durs est sous les verrous et nous avons arrêté l'assassin de la rentière de Montfermeil, mais il dit que ce n'est pas lui… Qu'est-ce qu'il faut faire ?… Bien, monsieur le directeur… Au revoir…

Il raccrocha d'un geste sec en disant :

– Lachnouf, vous donnerez des instructions pour qu'on remette en liberté l'assassin de la rentière de Montfermeil.

– Comment, inspecteur ? répliqua Lachnouf, tout l'accuse et on a toutes les preuves !

– C'est possible, répliqua Poileau Luc, mais il dit que ce n'est pas lui… Il doit tout de même le savoir mieux que nous !

– Bien sûr, chef, dit Lachnouf en s'inclinant devant tant de logique.

En relevant la tête, il jeta un coup d'œil admiratif…

– Oh ! chef ! Je n'avais pas remarqué, vous avez un beau poste de T. S. F. Qu'est-ce que c'est comme marque ?

– C'est un poste de police, indiqua Poileau Luc… Et quelle sonorité ! On dirait un violon !

Après ce bon mot, il tourna le bouton. La Radio-diffusion française donnait ce soir-là, retransmis de l'Opéra : *Faust*, de Gounod. L'artiste interprétant le rôle de Marguerite était en train de chanter l'air fameux du Roi de Thulé. Tout à coup, au moment précis où elle prononçait la phrase célèbre : *Une coupe en or ciselé…*, elle poussa un hurlement, on entendit soudain dans le poste les cris des spectateurs et des femmes s'évanouissant, des commandements, puis, brusquement, l'émission s'arrêta :

– Il vient de se passer quelque chose de pas ordinaire, murmura Poileau Luc comme à lui-même…

A ce moment, le téléphone résonna. Poileau Luc bondit sur l'appareil.

– Allô ! Allô ! Oui, monsieur le directeur, oui… Ah ! ah ! Ça ne m'étonne pas… Oui, j'étais justement en train d'écouter la retransmission… Très bien… tout de suite…

Il raccrocha, et s'adressant à Lachnouf, il dit :

– Eh bien ! mon vieux Lachnouf, drôle d'histoire ; on vient de voler la coupe du Roi de Thulé ! Allez, venez vite, nous allons à l'Opéra…

Et rapidement, ils sortirent…

(*A suivre.*)

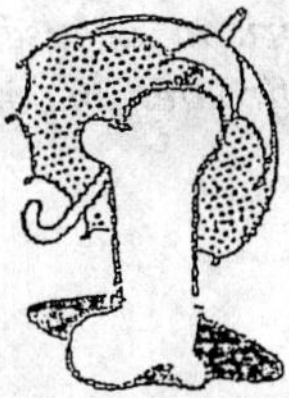

L'OS LIBRE

« Contre tout ce qui est pour – Pour tout ce qui est contre. »

NUMÉRO 16 – JEUDI 24 JANVIER 1946

Le 21 janvier, de Gaulle a démissionné. « Il serait vain, et même indigne, d'affecter de gouverner, dès lors que les partis, ayant recouvré leurs moyens, reprennent leurs jeux d'antan. » Les éditorialistes s'inquiètent d'une crise politique dont notre économie n'avait pas véritablement besoin. Parallèlement, les projecteurs de l'actualité sont braqués sur Sacha Guitry qui, à partir d'août 1944, a passé soixante jours en prison, accusé d'avoir « collaboré » avec l'ennemi. Il se prépare à affronter un comité d'épuration.

Edito – Vers un ministère de la Fatalité

Pierre Dac

« Rien ne sert de penser, faut réfléchir avant. » Voilà, je crois, une forte et profonde parole qui en dit long. De qui est-elle ? Ma modestie naturelle me place dans une situation délicate ; je n'oserai prétendre qu'elle est de moi ; je n'irai pas davantage insinuer qu'elle est de quelqu'un d'autre. De toutes manières, pour de la belle parole, c'est de la belle parole, en vertu de laquelle je n'hésite pas à déclarer, et à prétendre par la même occasion, que la création d'un ministère de la Fatalité doit être envisagée avec toute l'objectivité que comporte cette impérieuse nécessité.

« Hé quoi ! diront les sceptiques, un ministère de plus ? A quoi bon et pour quoi faire ? N'en avons-nous pas à notre suffisance et même plus ? En serons-nous plus avancés ? »

J'entends bien. Mais que l'on me comprenne de même ; et si l'on ne me comprend pas, que l'on veuille cependant bien admettre qu'une chose incomprise n'est pas obligatoirement incompréhensible en son essence et en son esprit. Le ministère de la Fatalité ne doit pas être un ministère de plus, mais tout simplement un ministère d'aboutissement. C'est-à-dire que, lorsqu'un ministre, ou deux ministres, ou trois, ou six, et le cas échéant tous les ministres se verront impuissants ou incompétents pour régler telle ou telle question ou tel ou tel conflit, la parole et la solution qui en découlent reviendront automatiquement au ministre de la Fatalité. En bref, en définitive, en tout état de cause et en toute cause d'Etat, le ministère de la Fatalité sera un ministère de dernier ressort et de conclusion sans appel. C'est au ministre de la Fatalité, et à lui seul, qu'il appartiendra d'expliquer l'inexplicable, de faire admettre l'inadmissible, d'exposer l'inexposable, de réfuter l'irréfutable, d'irréfuter le réfutable, et de faire la preuve par neuf et raisonnable que si la situation est telle qu'elle est c'est uniquement et précisément par rapport à ce qu'elle ne devrait pas être, eu égard à ce qu'elle aurait pu ne pas être et accessoirement.

Pour prendre un exemple plus concret et plus assimilable, ne pensez-vous pas que si nous avions présentement un ministre de la Fatalité, celui-ci serait pleinement qualifié pour mettre un point final à la crise du ravitaillement ? Je vois d'ici, comme si j'y étais, comment se déroulerait, ou plutôt comment devrait se dérouler le débat idéal au sein de l'Assemblée constituante.

Le Président dirait : « Pour les questions de la carte de pain, de la viande, du blé, du marché noir, de l'électricité, de l'impôt de solidarité, des chaussures à semelles de sciure, des sous-vêtements à deux dimensions et des pantalons à pont suspendu, la parole est à M. le ministre de la Fatalité. » Un silence longuement perceptible s'établirait ; le ministre monterait gravement à la tribune ; il étendrait les bras en même temps que sa serviette à sécher sur une corde, et sans qu'il ait besoin de proférer une parole, tous les constituants, sur un ton mineur, majoritaire et tripartite, s'écrieraient : « C'est la fatalité. » Maurice Schumann entonnerait un psaume sur l'air de : « Si tu n'en veux pas je la remets dans mon surplis, ça ne mange pas de pain » et l'on passerait à l'ordre du jour.

Et le pays comprendrait ; et il n'y aurait pas d'histoire, pas de vaines polémiques, pas d'interpellations oiseuses. Tout le monde serait content ; ou presque, ce qui revient au même.

La place me manque pour entrer plus avant dans le détail de mon projet. Je suis persuadé que de l'avoir exposé suffira pour qu'on se rende compte de l'urgence de son exécution, laquelle ne saurait être différée sans comporter des conséquences déplorables pour l'avenir de notre démocratie dure, pure, juste, sur mesures, neuve et d'occasion.

La grève des vaches

Personne ne s'en doutait, mais bœufs et vaches étaient en grève.

Motif ? Comme toujours. Salaires trop bas. C'est le secrétaire de leur syndicat – une vache de taureau – qui nous a présenté leurs doléances :

– Vous appartenez à L'Os, *vous êtes donc un peu de la famille et vous pourrez comprendre. Alors, dites-moi, accepteriez-vous de mourir à raison de quarante francs le kilo ?*

– Ah non ! Notre viande vaut plus cher que ça.

– Voilà pourtant le prix qu'on nous offre. Croyez-vous pas que c'est une vraie honte ?

– Oh si ! fîmes-nous avec conviction.

– Et voilà pourquoi nous nous sommes mis en grève. Nous voulons bien être tués, mais pas pour moins de deux cents francs. Comme les bouchers sont d'accord avec nous, nous espérons voir nos revendications aboutir rapidement.

– Je vous le souhaite.

Et là-dessus, nous lui serrâmes l'entrecôte. Et le vache de taureau s'en retourna vers son syndicat.

À Os rompus

Parbleu !…

Le départ du général de Gaulle n'aura guère surpris que les personnes qui ne s'y attendaient pas. Encore celles-ci sont-elles de moins en moins nombreuses à mesure que les événements se chargent de leur ouvrir les yeux. Aussi ne craint-on pas d'exagérer en disant qu'aujourd'hui tout le monde s'y attendait.

Pourquoi ?

Pourquoi ce départ ? Les pseudo-informations données à ce sujet par nos confrères de la presse quotidienne sont, bien entendu, sans aucune valeur. On peut même dire qu'elles pèchent par le fondement, ce qui est bien vilain. Ne prétend-t-on pas, en effet, que le général n'était plus d'accord, comme si cela pouvait expliquer quelque chose ! Nous, par exemple, à *L'Os,* nous ne sommes jamais d'accord avec quiconque non plus qu'avec nous-mêmes. Est-ce que nous songeons un seul instant à nous en aller pour si peu ? Non, bien sûr !

Donc, si le général s'est résigné à résigner ses fonctions, c'est pour d'autres raisons, toutes différentes, *des raisons politiques !…* Lesquelles ? Ce n'est pas à nous de le dire, et d'ailleurs nous n'en savons rien. Qu'il nous soit seulement permis de déplorer ici que des considérations aussi futiles aient pu inspirer la conduite d'un homme réputé sérieux dans lequel *L'Os libre* avait mis toute sa confiance.

Incident technique

Lundi soir, à 20 heures, les abonnés de la Radiodiffusion française devaient toucher, en supplément de programme, une allocution du général de Gaulle. Rien n'est venu ! Pourquoi cela ? demandera-t-on. Simple incident technique, répondrons-nous. Le général s'est obstiné à terminer son discours par *Le Chant du Départ* au lieu de *La Marseillaise* que l'on attendait de lui. Devant un tel manquement aux usages, le micro s'est mis en boule tandis que le disque, lui, se mettait à l'arrêt. Dame ! mettez-vous à leur place…

Question vaisselle

La Conférence internationale de la paix se tiendra à Paris au mois de mai prochain. Ainsi en ont décidé les trois grands qui n'ont pas encore eu l'occasion de visiter notre belle capitale. Rien ne serait plus flatteur pour nous s'il n'y avait pas la question de la vaisselle. A Londres, les délégués de l'O. N. U. ont mangé leur rosbif dans de la vaisselle d'or qui, vers la fin du repas, n'était d'ailleurs plus tout à fait au complet. Pour recevoir ses hôtes, la France ne peut faire moins que sa voisine d'outre-Manche, seulement, voilà, où la prendre la vaisselle et, si elle n'existe pas, comment la fabriquer ? M. Pleven parle bien d'envoyer à la fonte le dôme des Invalides et les galons de nos officiers naphtalinés, mais sans grand espoir de réussite.

Il est vrai que, d'ici le mois de mai, du nouveau peut se produire. Il faudrait si peu de chose – un petit coup de bombe atomique, un rien – pour que personne n'en parle plus, de cette fameuse paix !

Heureuse innovation

Lors des récents débats sur la politique extérieure, plusieurs députés n'ont pas craint de dépasser largement le temps qui leur était attribué pour leur discours. Afin d'éviter le retour de pareils excès, on installe actuellement au Palais-Bourbon une machine à couper la parole. Conçu selon les principes qui régissent à la satisfaction de tous les coupures de courant électrique, cet ingénieux appareil est dû à un jeune inventeur de grand avenir, M. Marcel Paul.

Envers et contre tous

« Ma défense »

par Sacha Guitry

Un journal parisien annonce que, pour présenter sa défense devant la Chambre civique, M. Sacha Guitry a rédigé un mémoire en vers libres.

Moi,
Ou plutôt cette quintessentielle substance de génie pur
Que J'appelle Moi,
Et qui n'est autre que la parcelle terrestre de l'Etre suprême
(Je connais Mes auteurs, puisque Je Me connais,
Ainsi qu'en témoigne une pièce de Moi intitulée *Le Mufle*)
Moi, dis-Je, traîné sur le banc d'infamie au risque d'y user
Ce haut-de-chausse louis-quatorzien où s'enferme Mon culte
– Admirez, Je vous prie, l'élégance de cette figure
De réthorique –
Et sur lequel haut-de-chausse tant de manants ont cru devoir
A la Libération (qu'ils disent)
S'essuyer les pieds,
Sous le prétexte que J'avais un jour miré ledit culte
Dans une batterie de cuisine ;
Moi, redis-Je, au soir de Mon prochain jubilé
– Ah ! Faisons un rêve – comptais remonter les Champs-Elysées
Sous un ciel constellé d'étoiles de cinéma
Et dans un feu d'artifice de traits d'esprit
(D'esprit-de-vain, diraient Mes envieux)
Moi, Pacha Guitry, qui tins si longtemps enchaînées à Mon trône
Des esclaves soumises
A qui Je faisais parfois l'honneur de donner Mon nom,
Faute de pouvoir leur donner autre chose
(Je suis un coq, et le coq, nul ne l'ignore,
Est le barbon des cornus)
Moi, à qui Mon père, et Mon père avait raison,
Prédisait un avenir plein de lumière, de lubies et Delubac

Moi, qui ai écrit un livre sur Jeanne D'Arc,
Bienheureuse Pucelle à qui Je ne voulais pas de mal,
Et un autre sur Pasteur
(L'infiniment petit vu par l'infiniment grand)
Moi, re-redis-Je, qui n'ai jamais été qu'un simple « collaborateur »
De *Paris-Matin* ;
Moi, enfin, qui M'apprêtais à jouer les résistants
Du Moi de janvier,
Je finirais – Moi ! – entre deux gendarmes ?
Hélas ! L'amour des maréchaux conduit parfois
A la maréchaussée.
Mais à ceux qui prétendent que Je n'en ai pas
(De mémoire, bien sûr, qu'aviez-vous compris ?)
A ceux qui disent déjà : « Le petit Sacha est mort »
J'aurai au moins prouvé que J'en avais un,
Un mémoire en vers, en vers et contre tous,
Et, qui mieux est, en vers libres,
Libre comme J'espère bien l'être demain !
Car enfin, pourquoi veut-on que Je Me mette à table
Alors que J'ai déjà déjeuné
Avec Goering ?

Notre bain trust des cerveaux

Quoique M. Marcel Paul ne nous ait pas encore signifié son accord sur les mesures que nous lui avons suggérées en ce qui concerne la question électrique, nous avons quand même remarqué une grosse amélioration joufflue dans la distribution de la lumière noire synthétique.

Aussi sans désemparer les hommes du bain trust se sont jetés goulûment sur la noire situation des charbonnages donnant lieu d'ailleurs à des scènes de méninges d'une épouvantable férocité.

Extrayons du cervographe, le procès-verbal des méditations de cette deuxième séance :

Attendu que la question du charbon est liée à celle des transports, attendu que ceux-ci sont grossement défaillants, a pensé que :

1° Tous les charbonnages éloignés seraient rapprochés.

2° Des mines seraient forées dans la région parisienne et le charbon des mines lointaines y serait transféré.

3° Les emplacements des nouvelles sociétés ont été retenus comme suit :

Mines de la Madeleine, charbonnages des Champs-Elysées, houillères de Marcadet-Balagny, charbonnerie du Parc Monceau et du Trocadéro, etc.

Par ailleurs, a pensé que les mineurs devraient être renvoyés dans leurs foyers jusqu'à complète émancipation, la traite des noirs n'ayant que trop duré.

Sitôt les nouveaux établissements mis en place, le service intérieur sera assuré par les consommateurs eux-mêmes qui extrairont le charbon nécessaire à leurs différents besoins.

La cuisine pratique

Comment se passer de viande

La pénurie de viande pose à la ménagère d'angoissants problèmes ; aussi nous vous recommandons tout vivement ce plat de remplacement, assez facile à réaliser.

Installer commodément au travers d'une broche à manivelle et au-dessus d'un bon feu doux bien vif cinq à six bons gros bouchers bien tendres.

Vous les épinglez sur la broche après avoir provoqué leur assouplissement en vous servant d'une vieille paire de gifles.

Epicez dessus, dessous, poivrez et salez autant que vous le jugerez bon.

Placez sous votre brochette un plat fort long pour recueillir le jus.

Si vous voulez corser votre plat, vous pouvez ajouter en garniture trois à huit contrôleurs du ravitaillement. Je ne vous conseille pas le ministre du Ravitaillement, celui-ci ayant trop tendance à réduire.

Lorsque vous oyez le pizzicati du rissolement, préparez quelques tranches de mandataires et un peu de gras-double d'intermédiaires que vous ajouterez à votre préparation.

Ce plat se mange à la fourchette ou avec les doigts ; mais dans ce dernier cas, cela graisse la patte. Mais, après tout, c'est bien votre tour !

Tonton JULES.

Le ministre du ravitaillement visite les abattoirs de La Villette

Décidé à résoudre coûte que coûte l'irritant problème de la viande, M. Tanguy-Prigent vient de se livrer personnellement à une enquête minutieuse et attentive aux abattoirs de La Villette.

Afin de ne pas être remarqué, le ministre avait arboré la blouse et le tablier des louchebems. Il avait même poussé le souci du réalisme jusqu'à orner ses bras nus de tatouages suggestifs.

Circulant parmi les bâtiments M. Tanguy-Prigent déclarait avec autorité et compétence en montrant du doigt les rares animaux rassemblés çà et là : « Ça, c'est des moutons… Ça, c'est des bœufs… Ça, c'est des chevaux… »

Il se trompait rarement.

Comme il désignait ainsi une vache par son nom, il fut pris à partie par un agent de police qui se crut, on ne sait trop pourquoi, mis en cause.

– Vous ignorez à qui vous avez affaire, répliqua M. Tanguy-Prigent. Je suis le ministre du Ravitaillement.

Le gardien de l'ordre haussa les épaules.

– J'ai compris… Le dernier que j'ai vu dans le même cas, il se prenait pour Napoléon… Vous, c'est tout de même moins grave… Allez, ouste !… Rentrez vous soigner !… Et au trot !

Abattage clandestin

Expulsé sans douceur des abattoirs, M. Tanguy-Prigent se laissa choir sur un banc où somnolait déjà un quidam. Soucieux de poursuivre son enquête, le ministre l'interrogea :

– Etes-vous boucher ?

– Bouché toi-même ! riposta l'autre.

Supposant que son déguisement avait trompé son interlocuteur, M. Tanguy-Prigent poursuivit :

– Est-ce que vous tuez beaucoup de bêtes par jour en ce moment ?

– Si ça t'intéresse, mon petit pote, ricana l'interpellé, t'as qu'à me donner un coup de main, tu pourras les compter toi-même.

C'est alors que le ministre remarqua que son compagnon était vêtu de guenilles et que ses doigts noirs fourrageaient sans arrêt sa poitrine velue.

M. Tanguy-Prigent qui, depuis un instant, ressentait de légères démangeaisons sur tout le corps, craignit que les bestioles traquées eussent des goûts trop nomades et s'enfuit au plus vite.

Baisse sur le veau

Comme il débouchait au Rond-Point, une femme énorme se précipita sur lui.

– Tu m'emmènes, beau blond ?… Je serai bien gentille. Je te ferai la bombe atomique.

Et, pétrissant à pleines mains ses mamelles puissantes moulées dans un tricot noir, elle ajouta :

– Tu auras tout ça pour cent balles… et sans ticket !

– C'est au-dessous de la taxe, constata le ministre.

Pris d'une inspiration soudaine, il s'écria :

– J'y pense !… Ma femme m'a recommandé, si je tombais sur une occasion, de ne pas la rater… Viens avec moi ! Je t'emmène à la maison. Je dirai à ma moitié que c'est encore ce que j'ai trouvé de meilleur marché aujourd'hui à La Villette !

A la manière de...

L'Os, par Simenon

Il déambulait de long en large depuis un jour et demi, le col de son pardessus relevé, sa pipe sans cesse éteinte et songeant aux confitures que sa femme préparait là-bas en Alsace.

Il commençait seulement à s'imprégner de l'atmosphère brumeuse et froide qui enveloppait le quai. Deux chevaux suivaient lentement le chemin de halage et subitement il comprit que le petit jeune homme pâle avait été assassiné là.

Son cerveau fonctionnait comme des bielles bien huilées ; une femme à la croupe cahotante le dépassa, alors le mobile du crime s'imposa à lui : on avait tué par passion. Lucette en avait assez de contenir ses désirs obsédants et de tromper sa soif d'amour en collectionnant les photos de vedettes.

Il pensait sans arrêt ; un facteur transi se hâtait de rentrer chez lui ; cette fois il comprit tout. La lettre anonyme, pourquoi la victime lisait toujours L'Os libre, *pourquoi la concierge avait les dents cariées et les raisons profondes de la disparition de la race hausmannienne.*

Il reprit le train et s'en fut déguster la gelée de reines-claudes que sa femme lui avait servie sur la nappe soigneusement amidonnée.

(3875e enquête du policier Paingret, tome III de la quinzième série.)

Rectification

Une faute d'impression dans un de nos récents articles nous a fait dire : il a été, alors qu'il fallait lire : il était.

Nous nous excusons vivement auprès de nos lecteurs. – N. D. L. R.

A l'instar de…
Ma défense
par François Dupont, horticulteur

Le document que nous publions ci-dessous nous a été remis hier par un individu dont le teint blême et l'air égaré ne pouvaient tromper un regard aussi exercé que celui de notre Directeur. Il s'agissait, de toute évidence, d'un de ces hommes qui, trop longtemps, ont abusé de la patience des éléments sains de notre population. Un court interrogatoire, techniquement dirigé par le docteur Roméo Carlès, et l'homme s'effondrait !

C'était un ex-maquisard !

Si nous publions aujourd'hui les explications embarrassées que ce forcené a cru devoir nous remettre, c'est uniquement en raison de notre objectivité, bien connue, et sous la menace d'une charge de plastic. Mais il va sans dire que nous laissons à ce hors-la-loi l'entière responsabilité de ses allégations.

Nos lecteurs jugeront !

Tout d'abord, qu'il me soit permis d'affirmer hautement que si je me suis trouvé certain soir sur le plateau des Glières, c'est uniquement en sportif, et parce que, de tout temps, j'ai eu un faible pour le camping.

Une centaine d'individus, ayant eu la même idée que moi, y campaient déjà. Travaillés par des meneurs, intoxiqués par une propagande radiophonique dont les accents agissaient sur les cœurs faibles, ces hommes décidèrent bientôt de se constituer en maquis.

C'est de là que datent tous mes malheurs.

En effet, que pouvais-je faire contre cent ?

Une seule chose : m'incliner.

Et puis, j'ai toujours aimé la société.

C'est ce qui m'a perdu !

Mais je le crie véhémentement : je n'ai pas collaboré. Mêlé à tous ces maquisards, occupé par eux, en quelque sorte, je sens aujourd'hui que je n'ai feint de les servir que pour les mieux tromper.

J'ai pratiqué, et c'est là l'éclatante justification de mon attitude apparemment contradictoire et subversive, le double jeu.

Comme tout un chacun !

Vint l'affaire du tunnel de X…

On m'a accusé de l'avoir fait sauter. C'est faux !

J'ai fait semblant, me contentant de déposer une charge de 25 kilos de plastic au pied de cet ouvrage d'art.

Charge inoffensive, je le souligne, et qui s'y trouverait toujours sans le geste inconsidéré d'un de mes compagnons qui crut spirituel de mettre le feu à un cordon Bickford qui traînait.

Et le tunnel sauta…

A mon corps défendant !

Ce que les éléments bien-pensants de ma paroisse me reprochent le plus, c'est mon séjour à Buchenwald.

Là encore, je dois m'expliquer.

Un soir, quatre officiers des forces d'occupation m'ont courtoisement mais fermement invité à monter dans une voiture.

Croyant à une invitation du maréchal Goering, je les ai suivis.

Et je me suis retrouvé à Buchenwald.

Je n'en revenais pas, mes compagnons non plus.

Beaucoup, d'ailleurs, n'en sont jamais revenus.

Moi, je suis rentré.

Exactement comme je suis parti, contraint et forcé.

Un soir, quatre officiers des nouvelles forces d'occupation m'ont courtoisement invité à monter dans un avion.

Croyant à une invitation du maréchal Pétain, je les ai suivis.

Je me suis retrouvé au Bourget.

M. François Mauriac m'a gratifié d'un papier dont l'indulgence me tire encore les larmes des yeux.

Aujourd'hui, je n'en puis plus.

Mon cousin, qui est pourtant titulaire de la francisque gallique et député à la Constituante, ne peut rien pour moi.

L'Association des Anciens du Double Jeu a mon dossier.

Je ne suis pas exigeant, un blâme me suffirait.

François Dupont.

Petites Annonces

DEMANDES D'EMPLOI

Fantôme sage et correct cherche place dans château ou manoir provençal, ou à défaut situation quelconque mais dans grenier chauffé. Contrat collectif fantôme, plus fournitures outillage.

Pilier de cabaret retraité, cherche emploi pilier église, mais si possible quand même dans petite bourgade du Calvados.

Taulier en chômage par suite mauvaises dispositions cherche conseil municipal bonnes dispositions.

Boîte à lettres anonymes, ayant maintenant grosse habitude des ordures, demande place poubelle sur trottoir bien exposé.

OFFRES D'EMPLOI

Fabrique faux nez, cherche mannequins distingués, taille 46. Belle présentation.

Le comité d'organisation de la cocotte en papier cherche modèles cocotte, toutes pâtes.

DIVERS

Cheval, ayant trouvé 100 000 fr. sous un de ses sabots, cherche cocher de fiacre pour association à moitié-moitié.
Fernandouille de Ménendel.

Plumeau bronze tibétain, spécialisé dans nettoyages affreux bibelots fragiles. L'heure : 30 sous.

Ayant eu les yeux ouverts par important gain 200 fr. depuis fondation Loterie nationale, à la dernière tranche, céderais à connaisseur veine garantie sur beau contrat. Envoi contre 1000 fr. en timbres ou 50 dixièmes loterie.

Verrous de sûreté pour fermer l'œil. Conviendrait bien pour insomniaques ou maris stupidement jaloux. L'un : 4 fr. 10. L'autre : 3 fr. 30. La paire : 18 fr. 90.

Ordonnances médicales toutes prêtes, pour toutes maladies, toutes affections y compris les plus rares. Grand choix. Devis pour maladies compliquées sur simple demande. Docteur Roméo Carlès.

Artisan boucher, cède cause infortune et déficit : 1° Château en Touraine. – 2° Manoir breton. – 3° Mas provençal. – 4° Villa Côte d'Azur. – 5° Ferme modèle dans l'Eure, 170 ha herbage, 507 ha bois, cheptel mort et vif. – 6° Hôtel particulier place des Ternes. – Grand choix automobiles, fourrures, bijoux, vaisselle or et argent, meubles, etc., y compris quelques petites échoppes de boucher. Faire vite. Urgent.

ARTICLES POUR IVROGNES

Peigne pour la gorge, bonne qualité. Le litre : 15 fr. 30.

Article de luxe, beaujolais supér. La bouteille : 253 fr. 10.

Machine à monter les bordures de trottoir : 515 fr.

Petite échelle à poubelles : 33 fr. 90.

Petit banc pour s'asseoir au fond de la poubelle : 4 fr. 10.

ANNONCES POUR FEIGNANTS

Monsieur gros mangeur, possédant surplus de courage, éviterait fatigue gustative à feignant paresseux. Opère à domicile ou au restaurant fixé par le client. Assez urgent.

Feu allumé, tout prêt : 14 fr. 90. Remplissage : 8 fr. 20. Tisonnage une main : 0 fr. 30. Tisonnage deux mains : 0 fr. 90.

Orientation du fauteuil et du feignant vers la source de chaleur : 12 fr. 10. Tapotage de l'oreiller : 2 fr. 80. Autres tapotages, depuis : 23 fr. 40.

PERDU ET TROUVÉ

Perdu entre Fontainebleau et Paris, 4 roues, assez bon état, un châssis usagé et certains éléments de carrosserie et petites pièces diverses et bien détachées. Voir M. Barbacier. Salle Le Dentu. Labiroisière.

Résumé

On a volé la coupe du roi de Thulé à l'Opéra pendant une représentation de Faust.

Chapitre II. – À l'opéra

Les deux hommes traversèrent rapidement la cour ; soudain, Lachnouf s'arrêta et dit :

– Chef, j'y pense, si on va à l'Opéra, on ferait peut-être bien de se mettre en habit !

L'inspecteur Poileau Luc haussa les épaules afin de souligner tout ce que cette réflexion de son second avait de stupide…

– Non, non, mon vieux, on ne se met pas en habit… Nous allons à l'Opéra pour une enquête.

Ils se hâtèrent de nouveau et Poileau Luc héla un taxi.

– Psst ! chauffeur ! En vitesse à l'Opéra !

Le démarrage fut si brutal que les deux hommes n'eurent à faire aucun effort pour s'installer sur la banquette. Puis, brusquement, le taxi s'arrêta, et le chauffeur entr'ouvrant la glace leur dit :

– Dites donc, Messieurs, j'ai réfléchi ; à l'Opéra, c'est pas marrant. Si vous voulez, je vais vous conduire dans un petit théâtre tout ce qu'il y a de chouette où on joue *La Manucure de Jules César* ; là, vous allez vous marrer !

– Je vous prie de nous conduire immédiatement à l'Opéra ! intima Poileau Luc.

Et le taxi reprit sa route…

– Dites donc, chef, questionna Lachnouf, qu'est-ce que c'est que cette croupe du roi de Tolède ?

– La coupe du roi de Thulé ! rectifia Poileau Luc. Vous n'avez jamais entendu parler de ça ?

– Ah ! si, dit Lachnouf, j'y suis, c'est un air de musique, y a une femme dans ma maison qui le joue sur sa mandoline.

– Eh bien, cette coupe existe, expliqua Poileau Luc. C'est une pièce unique qui jusqu'à tout à l'heure faisait l'orgueil du musée de l'Opéra… Je vous expliquerai ça par la suite.

Le taxi freina si brusquement que les deux hommes se retrouvèrent dans la vitre d'en face. Ils descendirent.

– Combien ça fait ? demanda Poileau Luc au chauffeur.

– Cinq cent soixante-quinze francs, lui répondit ce dernier.

– Voilà quatre francs, et ça ne vaut pas plus, dit Poileau Luc en lui tendant deux pièces de vingt sous.

– Merci, mon prince, dit le chauffeur en s'inclinant… Vous ne voulez pas de pourboire ?

– Non, gardez tout, fit généreusement Poileau Luc, et prenant Lachnouf par le bras, ils gravirent rapidement les marches qui mènent à l'entrée de l'Opéra. La foule et les agents qui se trouvaient là reconnurent immédiatement le célèbre détective. Et d'admiratifs : « C'est lui ! C'est le grand Poileau Luc ! » accompagnèrent les deux hommes jusqu'au contrôle de notre premier théâtre national.

(*A suivre.*)

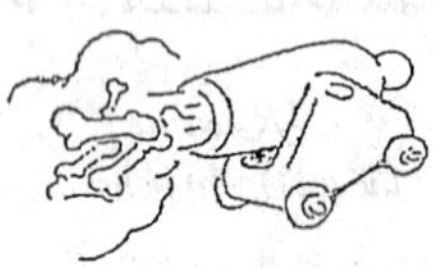

L'OS LIBRE

« Contre tout ce qui est pour – Pour tout ce qui est contre. »

NUMÉRO 17 – JEUDI 31 JANVIER 1946

Le régime des partis revient, et L'Os libre *retrouve les réflexes de 1938, au temps de la Troisième République. On propose des solutions loufoques face à un gouvernement tripartite dirigé par Félix Gouin, jusqu'ici Président de l'Assemblée constituante. Le nouveau Président du Conseil choisit vingt-trois ministres parmi les communistes, les socialistes et les MRP. La confiance est votée par la Chambre, mais les observateurs s'interrogent sur la capacité de ces « anciens », à la moyenne d'âge très élevée, de préparer la France de demain.*

Edito — Parlons d'autre chose

par Pierre Dac

Dans son célèbre essai *Le Tire-pavé considéré comme pierre d'angle de l'existentialisme,* œuvre qui fut traduite en sept langues et en correctionnelle, Rémy de Gourmont a écrit : « L'homme qui de temps à autre ne cherche pas à s'évader du souci quotidien consécutif au problème journalier est comparable à l'individu qui, à force de manger des crêpes, finit par avoir l'estomac en deuil. »

Que voilà donc de pertinentes paroles empreintes tout à la fois de lumineux réalisme et d'aseptie fondamentale ! Et combien il est opportun de nous les remettre en mémoire en la trouble période actuelle qui nous trouve presque tous constamment obsédés par les difficultés avec lesquelles nous sommes aux prises à chaque heure de chaque jour, sans compter les demi-heures de la nuit ! C'est pourquoi j'ai décidé aujourd'hui de vous parler d'autre chose. D'autre chose que quoi. D'autre chose que les choses dont nous nous entretenons à longueur d'entretien et de discussion.

Facile à dire, me direz-vous. Voire. Puisque pour échapper à la permanence de nos préoccupations il n'est que de parler de tout ce qui ne nous préoccupe pas. Mais, me direz-vous peut-être encore, qu'est-ce qui ne nous préoccupe pas ? Simplement tout ce qui est en dehors de nos intérêts généraux et particu-

liers. « Alors, m'objecteront en manière d'argument-massue les coupeurs de moumoute en quatre, pourquoi voulez-vous que nous nous intéressions aux choses qui sont sans intérêt pour nous ?... » Parce que, conclurai-je victorieusement, en vous intéressent aux choses qui ne vous intéressant pas, vous mettrez progressivement celles-ci au premier plan de vos préoccupations, derrière lesquelles s'estomperont petit à petit et par le jeu d'un processus normal, l'ensemble de vos préoccupations précédentes, lesquelles, en conséquence, passeront du plan de l'actualité brûlante et immédiate à l'arrière-boutique des éléments tièdes et bientôt périmés.

En somme, il s'agit de remplacer une préoccupation par une autre. « Mais alors, allez-vous recommencer à me dire, nous n'en serons pas moins préoccupés. » Bien entendu, mais, d'après ma méthode, nos préoccupations deviendront d'ordre secondaire et non plus d'ordre primordial. Or, dans la suite normale du déroulement des événements et de l'organisation des principes successifs de base, qui a le pas l'un sur l'autre, du primordial ou du secondaire ? Le primordial, naturellement, je vous vois venir : vous allez me rétorquer que puisque le primordial passe avant le secondaire, nous voilà replongés dans nos habituels soucis quotidiens ; *a priori*, ce raisonnement semble porter toutes les apparences de la logique, à l'analyse, ça ne tient pas debout, puisque je vous répète que le secondaire prenant la place du primordial c'est celui-ci qui, de ce fait et derechef, devient secondaire. Ce qui en un saisissant et puissant raccourci revient à dire qu'en portant votre attention sur les choses qui, habituellement, laissaient notre esprit sans réaction, nous finirions par reléguer au magasin des accessoires tous les éléments qui jusqu'à présent provoquaient nos réactions continuelles et subséquentes.

Ainsi donc, le jour où nous aurons enfin compris que nous devons nous désintéresser des problèmes du pain, des finances, de l'impôt de solidarité, de la viande, du ravitaillement général, de la Constitution, des élections, de la politique intérieure et internationale pour parler d'autre chose, par exemple de la question de l'utilisation de la ventouse scarifiée dans les pompes à vélo, à eau et à essence nous aurons fait un grand pas en avant vers la sagesse infuse, l'équilibre nécessaire et la santé morale dont plus que jamais, nous avons tant besoin.

A la manière de...

L'Os cornélien

MONOLOGUE DE CHARLES

Ou laissez-moi partir ou laissez-moi régner.
Qui des trois dois-je suivre et duquel m'éloigner ?
Je pose la question, la question de confiance,
O Assemblée unique et pleine de défiance !
O rigoureux combat d'un clan irrésolu,
Il faut au général votre amour absolu.
Législatif d'abord, soit, et vive la France ?
Mais pour l'exécutif, souffrez que je m'élance :
Moi, que jadis partout ont suivi les héros,
Je puis mourir de faim, mais non ronger les os.
Mon cœur est hésitant, craint tout ce qu'on propose.
D'un prince malheureux ordonnez quelque chose.
Pars, mais quitte du moins la Chambre avec éclat,
Et fais-lui un tourment de ton propre trépas.

En prévision de la prochaine crise… de fou rire

Les gens pas sérieux ont formé le futur nouveau gouvernement

La décomposition du gouvernement

Président du Conseil........	Alphonse ALLAIS.
Ministre d'Etat........	Tristan BERNARD.
Finances........	René PLEVEN.
Guerre........	BACH.
Air (d'en avoir deux)........	Pierre DAC.
Justice........	Ded RYSEL.
Reproduction industrielle........	Marcel RENE-PAUL.
Instruction publique........	Fernand RAUZÉNA.
Santé publique........	Dr Roméo CARLÈS.
Police........	Inspecteur POILEAU LUC.
Famille (spirituelle).........	CHARPINI.
Transports…........	Marthe RICHARD.
Démolition…........	Marcel CERDAN.
Reconstruction........	Jean MARSAC.
Spectacles et habillement........	Pierre BÉNARD.
Colonies et affaires noires........	Pierre BRASSEUR.

Le ministère du Ravitaillement, n'ayant plus aucune raison d'être, est supprimé.

Nous les aurons à la fatigue. Quand ils auront épuisé toutes les combinaisons possibles, ils seront bien forcés de se tourner vers nous. Ils viendront alors se suspendre à nos basques, en nous suppliant de prendre les leviers de commande. Ce que nous aurions dû faire depuis longtemps, incapables qu'ils sont de gouverner correctement le pays.

De qui nous parlons ? Des gens sérieux, tout simplement.

Jusqu'ici, et même un peu plus loin, c'est à eux seuls qu'on s'est adressé pour former les gouvernements. Et la France crève tout doucement d'être gouvernée sempiternellement par les gens sérieux.

Elle crève de rire, bien entendu, car, jusqu'à maintenant, le seul résultat obtenu par les gens sérieux, c'est de nous faire marrer.

Ce qui nous permet d'affirmer que les gens sérieux ne sont, au fond, que de petits rigolos.

Mais, à tant faire que d'être gouverné par des rigolos, on préfère encore qu'il s'agisse de professionnels. C'est pourquoi une poignée de ceux-ci, animés par le sens unique du patriotisme le plus pur, s'est enfin résolue à constituer un ministère de rechange, tout prêt à entrer en fonctions quand les gens sérieux se décideront à lui céder la place.

Tôt ou tard, il faudra y venir.

Comment n'a-t-on pas encore compris que l'heure H ne pouvait être que celle des humoristes ?

Une déclaration du nouveau futur président du Conseil

On trouvera par ailleurs la composition provisoirement définitive du gouvernement définitivement provisoire. Qu'on ne s'étonne pas de le voir présidé par un défunt. De tout temps, les humoristes eurent le mort pour rire. Et d'ailleurs, ce qu'il nous faut, ce sont des fantômes nouveaux.

Pressenti par Pierre Brasseur qui excelle à faire tourner les tables de bistro, Alphonse Allais ne fit aucune difficulté. Le guéridon qui servit de truchement pour cette démarche luminaire répondit immédiatement par deux coups de pied occultes :

– Toc ! Toc !

Aucun doute n'était permis : Alphonse Allais acceptait de présider le ministère loufoque.

Les attributions des ministres

En tant qu'ectoplasme, le président du Conseil sera chargé des allusions transparentes. Les ministères seront comme il se doit, étroitement coordonnés, sous la direction de Charpini, ministre de la Famille… spirituelle.

Ainsi, la réforme de l'instruction publique sera assurée à la fois par Tristan Bernard et Fernand Rauzéna, qui réviseront le dictionnaire. Le premier fera les mots ; le second en tirera les calembours subséquents.

De même, le docteur Carlès et le détective Poileau Luc s'occuperont de la Santé, le premier pour la soigner, le second pour nous y conduire.

A la Guerre, les fugues de Bach se termineront évidemment au ministère des Transports.

Les Spectacles et l'Habillement ont été bloqués, afin qu'il ne nous manque pas une pièce à notre Bénard.

Jean Marsac, autre ministre bipartite, sera chargé de reconstruire lui-même toutes les vieilles ruines (Cécile Sorel, Mistinguett, etc.) qu'il aura démolies.

(A noter que, aux Finances, on a conservé M. Pleven, joyeux larron toujours prêt à se fendre la tirelire.)

Un incident

Aux dernières nouvelles, une contestation a surgi entre René-Paul, ministre de la Reproduction industrielle, et Pierre Dac, ministre de l'Air d'en avoir deux, qui prétendent avoir reçu les mêmes attributions.

Les intéressés, ayant retroussé leurs manches, se livreraient actuellement à une dernière mise aux poings.

C'est dire que la plus parfaite unanimité régnera au sein de la future nouvelle formation gouvernementale.

A nous les bateaux

On communique : « *Ne reculant devant aucun sacrifice pour assurer la paix du monde, les Trois Grands n'ont pas hésité à se partager intégralement la flotte de guerre allemande. Bien que la France n'ait pas tout à fait la taille requise pour participer à cette distribution, l'Amirauté britannique a bien voulu lui abandonner à titre gracieux les quelques unités dont elle n'a pas l'emploi immédiat, ni même postérieur.*

« *Le ministère de la Marine réunira prochainement l'imposante escadre ainsi constituée dans le bassin des Tuileries où le public pourra venir l'admirer en exprimant ses sentiments de reconnaissance et autres pour une offre aussi généreuse.* »

Au parc des Princes
L'U. V. P. bat la J. A. C. par 2 à 0

Bousculant tous les pronostics, c'est devant une foule considérable que l'Union des Vieux de la Politique (U. V. P.) a nettement surclassé la Jeunesse Athlétique Constituante (J. A. C.) pour l'emporter finalement par 2 buts à 0. Nos lecteurs trouveront ci-dessous le compte rendu de ce match qui se déroula dans une ambiance tripartite et démocratique aussi républicaine que réconfortante.

Au vestiaire c'est l'atmosphère des grands matches. Le capitaine de l'U. V. P., Paul Reynaud, très entouré, ne cache pas sa confiance :

– Nous vaincrons parce que nous sommes les plus forts ! déclare-t-il.

Paul Boncour, légèrement en retard, se dévêt rapidement ; d'un geste sec, il retourne sa veste, sous l'œil connaisseur de son capitaine.

L'équipe adverse, commandée par Jules Moch, paraît en pleine forme. Son gardien de but, Mendès France, est un homme de grande classe.

– Avec lui, proclame Georges Bidault, rien ne passera. C'est un type qui bloque tout !

A 3 heures précises, les équipes pénètrent sur le terrain, follement acclamées. Jules Jeanneney, très vert, gagne tout seul sa place, sous l'œil émerveillé de la foule.

Voici la composition des équipes :

U. V. P.

Jeanneney, Herriot, F. Gay, M. Cachin, Paul Boncour, Steeg, E. Daladier, Auriol, P. Reynaud. (Moyenne d'âge : 76 ans.)

J. A. C.

Mendès France, Tanguy-Prigent, Pineau, M. Schumann, Ramadier, Teitgen, G. Bidault, Tillon, J. Moch, Malraux, Jacquinot. (Moyenne d'âge : 54 ans.)

D'emblée le jeu s'équilibre. P. Reynaud, étroitement surveillé, joue légèrement en retrait. La balle va d'un camp à l'autre, sans avantage marqué. Belle descente de Jouhaux, stoppée par M. Schumann.

Mais… voici le premier but, sur un long centre de A. Lebrun, Jouhaux démasqué, passe à Auriol qui marque. Consternation chez les Jeunes. Par contre, les Vieux exultent. A. Lebrun sanglote dans le maillot de Steeg.

Et le jeu reprend. La foule, électrisée, porte littéralement les joueurs de l'U. V. P.

Sur une phase de jeu assez confuse, mêlée devant les buts de la J. A. C., Tanguy-Prigent veut dégager, mais son shoot ne rencontre que le postérieur de Georges Bidault qui s'écroule.

L'arbitre se penche sur le blessé, mais celui-ci, en vieux routier des rencontres internationales, est déjà sur pied.

– Ce n'est rien, dit-il, j'ai l'habitude !

La foule applaudit à tout rompre.

Second but pour les Vieux, c'est du délire. Le jeu devient dur. Daladier multiplie les crocs-en-jambe, Jules Moch s'affale, se relève, et riposte par un direct au plexus de Jouhaux.

Ce dernier, cinq minutes plus tard, profite d'une collision pour faire sauter d'un coup de dents l'appendice nasal de Jules Moch.

– La route du flair est coupée ! hurle Paul Reynaud.

Et c'est la fin. Tristement les Jeunes regagnent leur vestiaire. Edouard Herriot est au chevet de Mendès France malade.

– C'est la défense qui a flanché, déclare Maurice Schumann en dardant sur les arrières, Tanguy-Prigent et Pineau, un œil noir.

– Ils n'ont jamais pu alimenter le jeu, soupira Teitgen. Cependant que Pineau approuvé par son collègue, bougonne :

– A-t-on idée, aussi, de nous demander d'alimenter quelque chose !

Evidemment.

L'Os au pouvoir

Ni ce président-là, ni d'autres. Un seul homme devait prendre le pouvoir, notre Directeur !

Une seule équipe devait ministrer : la nôtre.

Un seul programme devait être appliqué : le nôtre !

Notre pays est en folie et les loufoques doivent gouverner les broques.

Est-il besoin de prouver nos dires ? Si oui, nous prouvons :

Boucheries vides, quand le bétail regorge : Folie !

Le lait aux cochons : Folie !

Chômeurs auprès de nos ruines : Folie !

C'est pourquoi nous réclamons le pouvoir. Que Triboulet gouverne. *L'Os libre* deviendra le journal officiel de la IVe République. Et si nous ne faisons pas mieux que les autres, nous ne ferons pas plus mal. En tout cas, le pays rigolera… sans tickets, ni Marthe Richard !

Faits divers

DE PARIS. – NOUVELLES TERRIBLES :

Hier après-midi, vers 14 h 43, au comité d'organisation de la gomme à claquer, un chef de bureau, qui regardait avec fixité ses employés confectionner leurs cocottes quotidiennes, s'écroule à terre à la suite d'un glissement de coudes.

C'est le directeur du service, à son réveil, qui apercevant le corps de son subordonné étendu à terre, la tête reposant sur un tas de fiches 57 023 B, modifiées 37-39-41-45 et 46, donna l'alarme.

Tirés brusquement de leur torpeur, les employés se ruèrent pour dégager leur malheureux chef de sa fâcheuse position.

DU CAIRE. – Deux voyageurs revenant des Pyramides ont raconté avoir longuement conféré avec le Sphinx. Toutefois, les deux pèlerins sentant affreusement la boisson, on observe les plus grandes réserves.

DE ROME. – Le bras artificiel dont se servait le Duce à l'occasion des longs défilés militaires a été vendu hier. Son acquéreur, Mme Tambourini, compte l'employer à des fins domestiques, notamment pour mettre la main à la pâte.

DE NAPLES. – Le contremaître ayant fait un faux pas, les travaux de ramonage du Vésuve sont suspendus provisoirement.

DE PARIS. – Une subvention de 459 fr. a été accordée pour l'étude et la mise au point d'une bombe atomique à ressort.

DE PARIS. – On recherche activement l'homme au sabre qui, en son temps, fit scandale au sein du Palais-Bourbon. Les milieux officiels seraient prêts à admettre le bien-fondé de son interpellation forcenée et à reconsidérer ses participations.

DE BADEN-BADEN. – Une bouteille de champagne ayant fait explosion brutalement dans un bureau, 697 personnes ont été blessées dont 571 colonels, 148 généraux et 1 planton de garde à 7 galons.

Os-Press.

Les mille et une bougies

Il s'agit là d'une opération prestigieuse qui porte un bien joli titre : « Le phare de Mme Putiphar, une expérience lumineuse et voluptueuse ».

Voilà la chose : l'artiste entre en scène et fait apparaître mystérieusement mille et une bougies brûlantes qu'il dépose dans mille et un chandeliers en argent massif. Là-dessus le prestidigitateur enveloppe dans mille et un morceaux de papier les mille et une bougies avec les mille et un chandeliers. Il froisse les mille et un paquets et en fait mille et une petites boules qu'il avale devant les spectateurs complètement béatifiés. Ensuite, il salue la salle gentiment et, tout souriant, s'en va dîner au restaurant du coin.

Explication : vous faites confectionner par la Société du Gaz vos bougies en gaz fluide et vous les peignez en blanc. Les chandeliers sont en argent de la Banque de France. Vous dissimulez le tout habilement dans les boutonnières de votre costume. En faisant apparaître les bougies, vous les frottez discrètement contre l'ongle de votre pouce. Le frottement, vous ne l'ignorez pas, dégage de la chaleur. Les bougies, qui sont en gaz, s'allument de ce fait, et vous les placez dans les chandeliers. En enveloppant bougies et chandeliers dans le papier, vous appliquez la dévaluation de notre argent à l'argent massif de vos porte-bougies, ce qui les réduit à néant. Il vous est donc extrêmement facile de froisser vos chandelles gazeuses avec le papier en toutes petites boulettes, que vous avalez prestement.

Vous me demandez, avec raison d'ailleurs, pourquoi cette expérience est qualifiée de voluptueuse et ce qu'a Mme Putiphar à voir là-dedans. Eh ! bien, rien du tout, mais le titre est joli.

L'essentiel est de ne pas avoir le trac en présentant ce truc.

Petites Annonces

DEMANDES D'EMPLOI

Bonne à tout faire ne sachant rien faire, cherche à se placer chez personne n'ayant pas d'appartement.

DIVERS

Petite machine à secouer les continents, à céder dans de bonnes conditions. S'adresser à l'emplacement des « Laboratoires Atomic » ou attendre le retour possible de son directeur, M. A. Lalla.

Par suite divers tremblements de terre et autres, horloger céderait bon prix, grand choix roues dentées, édentées, pignons, pignon sur rue, ancres, meubles, pièces détachées de pendule et d'habitation, ressorts, etc. en vrac.

Récompense à qui rapportera gros lion adulte, dérobé dans la nuit du 22 au 23, dans une cage de la ménagerie Hollé.

Lentilles déshydratées, en vrac. paqueçon : 6 fr. 20.

Lentilles dératées. Le tas : 14 fr. 40.

Lentilles triées sur le volet : 18 fr. 50.
Lentilles classées par taille. L'étui de 100 : 79 fr. 40.
Pierrailles d'apport. Les 250 grammes : 1 fr. 40.

Parapluie en verre, permettant de profiter des premiers rayons du soleil après l'ondée : 14 fr. 90.
Après la bourrasque : 16 fr. 25.
Après la tornade : 22 fr. 10.
Après le cyclone : la verrerie de rechange : 29 fr. 90.

Vous n'avez plus que 5 ridicules petites semaines pour votre déclaration de l'impôt de solidarité. Adressez-vous à un spécialiste : Onésime Transcendant, traduction en français de tous textes officiels. Téléph. : Tarlatane 50-12 à 76.

ARTICLES POUR GENS DE MAISON

Trou de serrure, vue bien dégagée... 8 fr. 10.
Trou de serrure grande ouverture, pour voir à deux .... 10 fr. 80.
Modèle pour domestique myope, avec verres grossissants .... 12 fr. 40.
Gros modèle, permettant de passer la tête et une main minim......................... 27 fr. 90.
Main au-dessus. La pièce : 3 fr. 40.

ARTICLES POUR IVROGNES

Litre de gros rouge,
à 6 embouchures......................... 74 fr. 90.
Chapeau melon, béton armé, avertisseur de bec de gaz à cellule photoélectrique, feux de position.......................................341 fr. 60.

Avis personnel

Je paye l'apéritif à quiconque prouvera le contraire. – F. Rauzéna.

OCCASIONS

Chapeau Cronstadt, forme pot à eau, oreillettes, tapisserie, collet velours, garni layette et reps tous coloris, hauteur 0 m. 76. 14 fr. 90.

A saisir de suite gros stock glace à rafraîchir, prix d'hiver.

Très bon réveil, aiguilles calées à 16 h. 45. Prix à débattre.

Souliers chauffants d'appartem. 110 volts, 500 watts : 964 fr. 50.
Modèle pour l'extérieur, 110 volts, 1000 watts : 14 763 fr. 80. Livré avec 600 m. de câble.
Article pour commis voyageurs : 962 683 fr. 10 avec 150 000 m de câble. Grand choix pour explorateurs.

Lime à ongles, pet. modèle : 6 sous.
Gros modèle, genre râpe à bois, enlevant l'ongle jusqu'au trognon. Très hygiénique : 14 fr. 90. Modèles pour gauchers, dep. 18 053 fr. 60.

Allumettes ferro-cerrium, produisant de vives étincelles dans l'obscurité. Très pratique pendant les pannes de lumière. Les 1200 : 1953 fr. 90.
Rasoir ferro-cerrium, permettant de se raser en dépit des coupures de courant : 13 fr. 10.
Le rasoir, muni d'un petit balai de coton hydrophile aseptisé : 13 fr. 30.
Outillage : limes, marteaux, scies, toutes machines au ferro-cerrium, pour travailleurs obstinés.

ARTICLES DE BUREAU

Cours spéciaux pour enfants paresseux. Les 2 heures..10 fr.
Jeux de croquet, golf, tennis, billards, etc. Discrétion absolue vis-à-vis des parents.
Diplômes truqués toutes écoles au choix, depuis 25 fr.

FARCES ET ATTRAPES

Pantalon volatil, se désagrège en quelques minutes en particules ténues. Très amusant. 102 fr. 10.

N° 17 – Jeudi 31 janvier 1946

Résumé

On a volé la coupe du Roi de Thulé au cours d'une représentation de Faust *à l'Opéra. L'inspecteur Poileau Luc enquête.*

Chapitre premier. – À l'opéra

Sans s'attarder au contrôle où ils n'avaient d'ailleurs absolument rien à faire, Poileau Luc et Lachnouf traversèrent rapidement la salle et gagnèrent les coulisses par la porte de communication, puis entrèrent dans le bureau du directeur de l'Opéra. Ce dernier était littéralement effondré.

– C'est épouvantable, inspecteur, gémit-il. Cette coupe enlevée comme ça, volatilisée... Que va-t-on dire aux Beaux-Arts ? Ça peut me coûter ma situation !

– Ne vous affolez pas, monsieur le directeur, répliqua Poileau Luc pour le rassurer... Si on vous renvoie, avec vos références de directeur de l'Opéra vous pourrez certainement trouver une place d'aide-comptable dans une bonne quincaillerie... Mais là n'est pas la question... Pouvez-vous me dire dans quelles circonstances et à quel moment se produisit la substitution du tombereau de moellons dont nous déplorons la disparition.

– Je ne saisis pas très bien, murmura le directeur en regardant Poileau Luc d'un air inquiet...

– Oh ! pardon, s'excusa l'inspecteur, je confonds avec une autre affaire... Oui, c'est un tombereau de moellons étalons, destinés à essayer des tire-pavés d'une conception toute nouvelle... Oui, oui... Vous, c'est la coupe du roi de Thulé... il y a similitude... on peut confondre... Alors la première question : où se trouve généralement la coupe du roi de Thulé ?

– Au foyer de la danse, dans une vitrine, répondit le directeur.

– C'est très imprudent ! s'exclama Poileau Luc... Une vitrine, on peut casser les vitres !

– C'est ce que j'ai compris depuis fort longtemps, répliqua le directeur, aussi dans la crainte qu'on les casse j'avais pris la sage précaution de les faire enlever !

– Très bien ? acquiesça Lachnouf, seulement, rien ne protégeait plus la coupe ?

– Si, expliqua le directeur, une pancarte ainsi libellée : Défense de toucher à la coupe du roi de Thulé !

– Evidemment, on ne pouvait faire mieux, dit Poileau Luc... Bon, une deuxième première question... Oui ne vous étonnez pas, je ne pose jamais de deuxième question, c'est toujours la première divisée en tronçons... Vous avez un service de rondes ?

– Oui, et des plumes aussi, répondit le directeur...

– Ce service de rondes passe tous les combien ? interrogea de nouveau Poileau Luc.

– Toutes les cinq minutes...

Poileau Luc se mit à réfléchir longuement...

(*A suivre.*)

L'OS LIBRE

« Contre tout ce qui est pour – Pour tout ce qui est contre. »

NUMÉRO 18 – JEUDI 7 FÉVRIER 1946

Deux informations nouvelles dans l'actualité de la semaine : ministre d'État dans le gouvernement du général de Gaulle, Vincent Auriol succède à Félix Gouin à la tête de l'Assemblée constituante. Parallèlement, le gouvernement confirme qu'il n'interviendra pas dans l'élaboration de la Constitution. Il doit mener d'autres tâches. Les critiques ne manquent pas contre les ministres. André Philip, chargé de l'Economie nationale et des Finances, et Jules Moch, qui s'occupe des Transports et des Travaux publics, sont les cibles favorites des éditorialistes et des chansonniers.

Edito — Appel à l'Idée Fixe

par Pierre Dac

Délaissant pour un moment le travail urgent et ingrat qu'actuellement j'exécute à la demande de M. André Philip, et qui consiste à mettre en vers alexandrins les différents chapitres de l'impôt de solidarité nationale afin d'en rendre les modalités plus attrayantes aux assujettis, j'ai décidé d'adresser aux éléments de ce pays susceptibles d'en mesurer la portée, un appel solennel, car j'estime qu'il est présentement du devoir de toutes les bonnes volontés de se grouper autour du président Félix Gouin, afin de lui donner le coup de main nécessaire pour l'aider à sortir le pays de la chose dans laquelle il a mis ses pieds jusqu'au-dessus de la ceinture.

C'est pourquoi j'adresse cet appel à l'Idée Fixe. Et je m'explique. « Buté or not buté. » Telle est la phrase qui, désormais, doit servir de pierre angulaire à la chaîne d'arpenteur de tout citoyen décidé à accomplir dignement et durement son devoir civique. Or, pour que la France trouve enfin l'issue de la passe difficile dans laquelle est engagée la nation, il faut créer une mystique de l'Idée Fixe.

Nous vivons en des temps où il n'y a plus de place pour la diversité des idées générales ; c'était bon à des époques où l'humanité encore à ses débuts bégayants se cherchait sans parvenir à se trouver ; ces périodes primitives sont aujourd'hui heureusement révolues et nous en arrivons maintenant à l'aboutissement normal de l'évolution sociale issue de la dure nécessité, c'est-à-dire à l'âge de l'Idée Fixe.

Il convient donc que chaque citoyen ait désormais une idée fixe, mais une seule ; qu'il s'y tienne et ne s'en éloigne jamais, là est le secret d'une démocratie véritable et supérieurement organisée. Par exemple, celui qui aura librement choisi comme idée fixe celle qui l'incitera à se servir d'un harpon pour manger de la viande hachée sera un homme étiqueté, catalogué, sans aucune confusion possible. Seulement, il ne faudra pas que, un jour ou l'autre, il lui prenne la fantaisie de vouloir changer d'idée fixe en coupant, par exemple, du vin d'Algérie avec un diamant de vitrier : ce ne sera plus possible ; libre à tout un chacun de choisir au départ le mode d'idée fixe qui lui plaira, mais défense absolue de bifurquer, sous peine de justes mais impitoyables sanctions.

Ainsi donc, lorsque tout le monde aura son idée fixe bien solidement ancrée, lorsque chaque élément de la collectivité en sera pourvu, nous pourrons alors, mais alors seulement, envisager l'avenir avec confiance et sérénité. L'incertitude et le souci du lendemain en seront pour autant abolis ; chacun saura enfin où il va ; chacun dans son genre, suivant son idéal et ses possibilités suivra paisiblement son idée fixe sans se départir un instant de la sérénité que cette idée unique lui conférera jusqu'à son retour à la poussière originelle.

Voilà où je voulais en venir. J'y suis venu. Puissent ceux qui me lisent venir me rejoindre. Ensemble, dans l'intérêt supérieur de ce que nous savons, nous œuvrerons à l'ombre de l'Idée Fixe. On verra bien ce que ça donnera, et si, contre toute attente, ça ne donne rien, il restera toujours la consolation réconfortante de nous dire que ça aurait pu donner quelque chose.

Démobilisation

Les hommes ou présumés tels des classes 1909, 1910, 1911 et 1912 qui, par erreur, oubli ou négligence se trouvent encore actuellement sous les drapeaux, doivent adresser avant le 15 février à leur chef de corps, par la poste et par la voie hiérarchique, leur état signalétique en quatre exemplaires en vue de leur renvoi éventuel dans leurs foyers.

A la manière de...

... **L'Os** baudelairien

L'invitation au courage

Mon enfant, ma sœur,
L'Os *est sans douceur*
Il nous faut souffrir ensemble !
Jeûner à loisir
Jeûner à mourir
En France riche, il me semble !
Costumes pelés,
Manteaux éculés
Pour notre corps ont les charmes
Si mystérieux
Des clochards pouilleux.
Mais ma sœur, sois sans alarmes,
Là où un atome éclate,
Tout sera calme et beauté.

À Os rompus

Enfin, des économies !

Des personnes ont remarqué avec une surprise voisine de l'étonnement de quelle manière bizarde se trouve écrit un peu partout le nom de M. André Philip. « Pourquoi pas Philippe, comme tout le monde ? » demandent-elles.

Nous croyons qu'il faut voir dans cette apparente anomalie une première application du plan général de compressions élaboré par notre nouveau ministre des Finances. Avec cette orthographe légèrement simplifiée, M. André Philip réalise à chaque signature une économie de deux lettres, ce qui ne semble pas négligeable, au prix où est l'encre à stylo.

On prête d'ailleurs à d'autres ministres l'intention d'imiter sur ce point leur collègue financier. M. Marcel Paul, par exemple, s'appellerait désormais M. Pa, monosyllabe résumant de façon parfaite son programme de distribution électrique.

Quant à M. Jules Moch, s'il modifie également la physionomie de son nom, ce serait plutôt pour des raisons d'esthétique.

La santé de Paris

Le ministre de la Santé communique :

« De nombreux abus s'étant produits au cours de ces dernières semaines, il est dorénavant interdit aux détenus de quitter la prison sans y être autorisés. Les demandes d'évasion devront être déposées au greffe après avoir été apostillées par le gardien-chef et régulièrement transcrites au registre d'écrou. Toute infraction à cette règle sera punie de renvoi immédiat. »

La température

A l'aide d'un radar de leur invention, des savants ostraliens ont réussi à enregistrer la température du soleil, laquelle était alors de 13 millions de degrés à l'ombre.

Point n'est besoin d'une brillante imagination pour entrevoir les conséquences d'une pareille découverte quand on se sera décidé à la transporter des régions purement expérimentales au domaine pratique.

Qui peut le plus peut le moins, dit-on. Après avoir mesuré la formidable chaleur de l'astre solaire, prendre avec précision la faible température du corps humain sera un jeu d'enfant, d'ailleurs mal élevé, l'enfant.

Sans doute verrons-nous à brève échéance – fin courant dernier délai – le radar remplacer de façon définitive le vieux thermomètre médical, appareil indiscret, voire désobligeant et dont l'application, même réitérée, n'a jamais guéri la moindre maladie.

Ça va aller mieux

Faisant droit aux demandes pressantes d'abonnements en provenance d'Azerbaïdjan, nous sommes en mesure d'annoncer qu'une caravane de 300 chameaux ayant Fernand Rauzéna comme tête de file, est partie hier matin et a franchi à l'aube les massifs montagneux de Bécon-les-Bruyères.

Les tribunos

Accusé d'avoir participé à la construction du mur de l'Atlantique, le directeur de la Société générale du ciment pour tous comparaissait hier devant ses juges.

La défense étant confondue devant les faits reprochés à leur client, les jurés se retirèrent aussitôt pour délibérer.

Quand ils revinrent, à leurs mines graves, on devina qu'ils seraient impitoyables.

En effet, à la lecture de la sentence, les cœurs les mieux trempés pâlirent, et l'accusé lui-même, qui par inadvertance avait chaussé des petits souliers, défaillit.

Sans tenir compte de son arrière-grand-papa qui se battit vaillamment à Reichshoffen, le coupable est condamné à quatre-vingt-dix jours et un mois de succédané national, et est, en outre, privé de dessert et de cinéma pour une durée équivalente, plus la confiscation de son pantalon.

Faits divers

Effectuant un pèlerinage du souvenir dans sa cave, Mme Popaul, croyant allumer son rat de cave, met le feu à une cartouche de dynamite.

Par un curieux hasard, à la lueur de l'explosion, elle aperçoit son voyou de mari blotti dans les bras d'une infâme créature. Faisant violence à la déflagration qui cherchait à l'emporter comme un fétu de paille, la pauvre femme se ruant sur les coupables allait faire un horrible carnage quand, par bonheur, la maison s'écroula sauvant les deux malheureux d'une fin certaine.

DE HOUILLES. – Un charcutier coupait de l'andouille quand, pour une raison inconnue, son couteau glissa au moment précis d'une panne de courant. Ne pouvant se rendre compte de sa blessure dans l'obscurité, il n'en continua pas moins son ouvrage.

Ce n'est qu'au retour de la lumière que, constatant l'ampleur du désastre, il appela à l'aide d'une horrible voix de fausset et s'effondra dans les bras des siens accourus.

DE PARIS. – Des quidams qui, la barbe en bataille, s'étaient introduits frauduleusement à l'Opéra sous prétexte de procéder à la dératisation de notre théâtre national, ont été trouvés porteurs de sucreries et autres appâts impropres au but qu'ils avouaient.

Ils ont été profondément confondus par le directeur de l'établissement qui ne leur cacha pas sa désapprobation sous l'espèce de signes cabalistiques représentant les contours apparents d'une chaussette à clous que les mécréants emportèrent en grommelant de vagues injures.

DE SAN-ROMEO-SUR-CARLÈS. – Un médecin de la localité, spécialisé dans l'étude de l'aérophagie, vient de mettre au point un moteur à turbine.

Aux essais, l'inventeur, au grand effroi de la foule assemblée, effectua des vols rasants et des chandelles très risquées qu'il termina par un piqué sensationnel.

L'inventeur a déclaré peu après à la presse qu'il reprendrait ses essais dès sa sortie d'hôpital.

DE BORDEAUX. – Des policiers habitués à tout ont colloqué un individu épouvantablement ivre qui ingurgitait d'énormes quantités de gros rouge dans l'espoir de constituer un stock personnel.

DE PARIS. – Un inconnu qui avait gloutonnement aspiré une bouffée de fumée de tabac gris a dû recevoir des soins immédiats dans une pharmacie.

Des sauveteurs bénévoles, qui pratiquaient la respiration artificielle, ont été incommodés à leur tour par les exhalaisons de charbon de bois expectorées par la victime.

Petites Annonces

OFFRES D'EMPLOI

Groupe de consommateurs entrerait en étroite relations avec hommes-sandwiches pâté ou jambon. Prix indifférents.

Bœuf neurasthénique décidé à disparaître demande conseil à spécialiste en suicide. Louchébem s'abstenir.

Bactériologiste las du microscope, cède son affaire ainsi qu'un important lot d'infiniments petits, ou échangerait le tout contre télescope familial, pour étudier la vie privée de ses voisins. Hector Graveleux.

DEMANDES D'EMPLOI

Peau-rouge, tribu des Comanches retroussées, cherche emploi dans salon de coiffure. Très travailleur, a étudié la coupe au Far-West dans les meilleures conditions. 25 scalps dans l'heure.
Œil de Faucon, territoires réservés U. S. A.

Employé de bureau, bricoleur, boute-en-train, facilité d'élocution, grosses connaissances en récits de chasse, aventures, histoires graveleuses, etc., cherche emploi dans ministère bien exposé au sud. Proximité métro Dac si possible.

PERMUTATIONS

Mineur de fond, permuterait avec rotativiste écœuré de son épouvantable profession.

ANNONCES POUR ADMINISTRATIONS

Ressemelage de ronds de cuir, taillage de plumes d'oie, chiffons à plumes, manches de lustrine, etc. Mme Léa, téléphone 1018.

ARTICLES POUR FEIGNANTS

Petite machine à faire manger : 19 097 fr. 90. Munie d'un dispositif maintenant la bouche ouverte et d'un entraîne-mâchoires à ressorts : 19 099 fr. 95. Lunettes noires spéciales pour ne pas épuiser le feignant, supprimant toute lassitude visuelle durant l'opération : 14 fr. 90. Bouchons à oreilles évitant tout travail auditif : 3 fr. Pince-nez antiolfactif : 0 fr. 30. Demandez notre catalogue spécial pour feignants épouvantables. Aux Feignants étroitement réunis, 001, rue du Ramier-Prolongée.

MATÉRIEL POUR VOLCANS

Couvercle à girouette : 22 fr. 80.
Tête de loup pour ramonage : 12 fr. 05. Rallonges télescopiques pour tête de loup : 31 fr. 80 le m. Tisonnier, long. 1983 m : 440 fr. 10. Cendriers, tuyaux, grilles, etc., etc. Au Gai Volcan, 7 boulev. de l'Etna, Italie.

PROPOSITIONS DIVERSES

Fumeur fin gourmet, palais délicat, échangerait sa décade de sciure contre tabac, même ordinaire. Régie s'abstenir comme de bien entendu.

VINASSERIE

Bordeaux belge supérieur, expédition contre mandat 75 fr. français par bouteille. Van den Paraboum, impasse du Bouchon, Liège (Belgique) ou rue de la Montagne aux-Herbes-Potagères, Bruxelles.

Vin en poudre, tous les crus : beaujolais, côte-du-rhône, châteauneuf-du-pape, etc., la boîte de 500 gr. : 202 fr. 80. Livraisons en toutes quantités. Al Capone Wine Trust, Chicago (U. S. A.).

ACCESSOIRES POUR AUTOMOBILES

L'antivol « The Plastic » se pose en un tournemain sur la portière de la voiture et explose dès que l'on introduit la clef dans la serrure. La livre pour petite voiture : 24 fr. 90. La grosse charge faisant voltiger le voleur à plus de 100 mètres. Par 100 mètres supplémentaires : 4 fr. 80.

FÉMINITÉ

Corset, fermeture à manivelle, tension assurée par ressorts à boudin. Fixe-bas ou chaussettes à hameçon. Existe en 3 modèles : Ramadier-Pineau-Tanguy-Prigent. Décorations diverses au choix : radis, carottes, choux, etc., etc. 29 fr. 50. Même article, avec soupape pour la respiration : 313 fr. 70.

N° 18 – Jeudi 7 février 1946

Résumé

Le vol de la coupe du roi de Thulé ayant été commis, l'inspecteur Poileau Luc enquête auprès du directeur de l'Opéra.

Chapitre 3 in-4°

Chez le directeur

Dès qu'il eut réfléchi suffisamment, Poileau Luc reprit son interrogatoire :

– Monsieur le directeur, de quoi est composé votre service de ronde ?

– D'un chef et d'un sous-chef, répondit le directeur de l'Opéra.

Poileau Luc insista :

– Qui opèrent ensemble ?

– Non, reprit le directeur. Le sous-chef passe une ronde toutes les cinq minutes et le chef passe tous les quinze jours pour toucher sa paye.

– Bon, ponctua Poileau Luc… C'est donc entre deux rondes que la coupe du roi de Thulé a été volée ! C'est bien votre avis, Lachnouf ?

– Non ! répondit froidement ce dernier.

– Comment, ce n'est pas votre avis ? interrogea Poileau Luc interdit par la réponse de son fidèle lieutenant !

– Si, répondit cette fois Lachnouf avec difficulté.

– Alors, s'énerva Poileau Luc, pourquoi dites-vous d'abord non ?

– Excusez-moi, chef, répondit timidement Lachnouf, c'est parce que j'ai un bouton de fièvre à la lèvre, alors ça m'est plus facile de dire non que oui…

Poileau Luc s'adressa de nouveau au directeur :

– Avez-vous le témoin de rondes, je vous prie ?

Le directeur fouilla dans le tiroir de son bureau où il rangeait tous les documents importants. On pouvait apercevoir entre autres objets : un tire-pavé Louis XVI, une clé à molette, un cure-dents mérovingien et une échelle de paveur démontable… Ayant trouvé l'objet désiré, il le tendit à Poileau Luc. Celui-ci l'examina longuement et dit :

– Le témoin indique une dernière ronde à 21 h 15… et il n'y a plus de rondes indiquées après.

– Non, répondit le directeur. Le sous-chef rondier, à sa ronde de 21 h 15, a constaté que la coupe était à sa place et à 21 h 20 elle n'y était plus ! Affolé, il n'a pas pointé et a donné l'alarme !

– Et, d'après ce que j'ai entendu par la retransmission radiophonique, dit Poileau Luc, la coupe a disparu au moment où la chanteuse qui incarne Marguerite chantait le fameux air de la coupe du roi de Thulé ?

– C'est exact, répondit le directeur…

– Parfait, dit Poileau Luc en se levant, j'en sais assez pour arrêter trente-cinq coupables… Nous enquêterons sur place demain matin à 5 h 30. Voulez-vous nous laisser les clés de l'Opéra…

Le directeur les lui tendit…

– Venez, Lachnouf, dit Poileau Luc. Au revoir, monsieur le directeur.

Et les deux hommes sortirent du bureau.

(*A suivre.*)

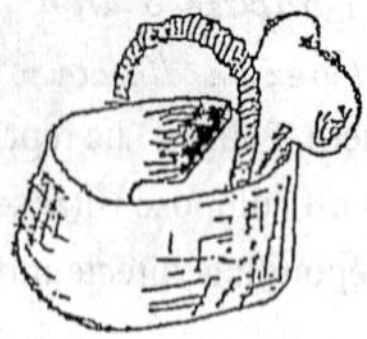

L'OS LIBRE

« Contre tout ce qui est pour – Pour tout ce qui est contre. »

NUMÉRO 19 – JEUDI 14 FÉVRIER 1946

Première grève dans la presse parisienne depuis la fin de la guerre. Pour réclamer une augmentation de salaires et une amélioration de leurs conditions de travail, les rotativistes parisiens, qui font tourner les machines imprimant les journaux, ont cessé le travail le 26 janvier. Jusqu'au 1er février 1946, aucun quotidien n'a pu paraître. Un mouvement sévèrement jugé par des citoyens privés d'information et vivement critiqué à la radio par Ambroise Croizat, ministre du Travail et de la Sécurité sociale.

Edito Ma grève

par Pierre Dac

C'est par hasard et par les journaux que j'appris récemment que les journaux, il y a une quinzaine de jours, n'avaient pas paru pendant près d'une semaine, à la suite de la grève des rotativistes et du personnel d'entretien. J'en éprouvai une légitime surprise – personne n'ayant cru bon de me mettre au courant – en même temps qu'un sentiment de malaise particulier et de réprobation quasi unanime.

Devant la situation ainsi créée par des événements que j'avais jusqu'alors ignorés, un débat avec moi-même s'imposait. Je ne m'y dérobai pas et, après examen mutuel et objectif des circonstances, je pris la décision de déclencher à mon tour, et à titre rigoureusement personnel, une grève des lecteurs de journaux. Et je débrayai tout seul et comme un seul homme. A partir de ce moment, respectant scrupuleusement mes propres instructions, je ne lus plus rien, strictement, ni quotidien, ni hebdomadaire, ni semi-annuel. Je dois honnêtement reconnaître que ma grève se déroula dans un calme absolu, un ordre parfait et une dignité au-dessus de tout éloge. Il est vrai que cette grève n'offrait aucun caractère de revendication ; c'était, quoique effective, une grève d'honneur, symbolique et pour le principe.

La Fédération de la Presse me délégua incontinent des hommes à elle pour conférer avec moi dans le but de m'inciter à reprendre la lecture des journaux. Je refusai une première fois de les recevoir. Je me laissai faire une seconde fois. L'entretien dura une heure environ.

– Qu'est-ce que vous voulez ? me demanda le chef de la délégation.

– Rien, lui répondis-je avec une émotion bien compréhensible, mais avec une indéfectible fermeté.

– On vous l'accorde, reprit alors le chef dont auquel je fais allusion.

– Je n'en veux pas, coupai-je alors sur un ton qui n'admettait pas de réplique et qui mit fin à la discussion.

Les délégués se retirèrent alors en bon ordre et en métro. Et ma grève continua. Toujours dans le calme et sans nervosité apparente, quoique intérieurement des sentiments divers et contradictoires commençassent à se manifester. Je les fis taire, ce qui, d'ailleurs, ne les empêcha pas de parler. Je fus alors l'objet de manœuvres diverses, tendancieuses et sournoises.

Des individus à mine de quidams s'approchaient de moi, à tour de rôle, et entr'ouvrant leur pardessus à l'instar des vendeurs de cartes transparentes, m'exhibaient, à la sauvette, les quotidiens du jour ou du soir dont les manchettes sensationnelles étaient les plus propres à faire fléchir mon inflexible détermination. Je les repoussai d'un geste large et d'une main incorruptible. Des dépositaires me firent les offres les plus alléchantes. On me proposa *L'Aube*, *Le Figaro*, *L'Humanité*, *Le Populaire* et *Paris-Matin* pour 23 sous la poignée, avec une ristourne de 6,50 à mon bénéfice. En pure perte. Des marchandes, sortant la tête de leur kiosque, murmuraient à mon passage :

– Tu viens me voir, mon joli gréviste, y a du papier chez moi.

Dédaigneux de ces vulgaires invites, fermant les oreilles aux propos de ces sirènes d'éventaire, je passais mon chemin imperturbable et sans défaillance.

C'est alors que, par l'intermédiaire d'un garçon de bains assermenté, M. Croizat, notre dynamique ministre du Travail, me fit savoir qu'il serait personnellement heureux de me voir abandonner ma présente et dangereuse attitude au bénéfice d'une autre plus conforme aux intérêts supérieurs du pays. Me rendant à ses raisons et cédant aux affectueuses sollicitations de mes amis, je pris la décision de mettre fin, pour l'instant, tout au moins, à ma grève. Celle-ci est donc virtuellement terminée. Tout rentre dans l'ordre, sans rien abandonner toutefois, de mes prérogatives, de mes droits ultérieurs et de mon quant-à-moi légal, que je saurai, à l'occasion, défendre, et au besoin combattre par tous les moyens à ma disposition. Dont acte et sans rancune.

A la manière de...

François Villon
Le legs de l'Os

Frères tordus qui avec nous vivez,
Le cœur me fend. Eh Dieu ! vous jaspinez,
Et de ma chair dévorée et pourrie
Il n'est plus rien, car fut trop mal nourrie.

ENVOI

Au roi Prigent, à l'ami Coquillard
Je lègue un os, Dieu leur donne le lard !

... La Rochefoucauld

Maxime 71. – *Les os se perdent dans la viande, comme la vanité dans le rond-de-cuir.*

À Os rompus

Le scandale de l'aspirine

Nul besoin d'être un observateur diplômé pour remarquer le fait : depuis quelque temps, les pharmacies ont des queues !... Entendons-nous bien, pas des queues ordinaires comme chez l'épicier, le boucher ou le marchand de cartes de pain, *des queues,* pourrait-on dire, *qui se tiennent la tête à deux mains* en manifestant les signes extérieurs de la plus vive souffrance !

La raison de ce phénomène ? Elle nous a été révélée au sein d'une officine de première classe où nous avions réussi à nous introduire en fracturant adroitement la porte secrète de l'armoire aux poisons. Parvenus auprès du comptoir, tous les membres de la queue – pourrait-on dire encore – exprimaient d'identiques desiderata. Les plus riches demandaient d'un coup plusieurs tubes d'aspirine, tandis que les plus pauvres, ceux qui sortaient de chez le percepteur, se contentaient de trois ou quatre comprimés de la même drogue.

La France a mal à la tête !

Résolus, malgré notre dégoût bien naturel, à en avoir le cœur net, nous questionnâmes un à un ces amateurs d'analgésique. Tous répondirent de la même façon :

– C'est rapport à l'impôt de solidarité. On a essayé de comprendre le truc, alors ça nous a f... la migraine !

Ainsi donc, plusieurs millions de citoyens, assujettis au fameux impôt, se couchent chaque soir avec le crâne enflé pour se réveiller dans les mêmes dispositions après une nuit peuplée de cauchemars. Beaucoup perdent la raison.

Ah ! oui, la France a mal à la tête !

Complicités... Collusions ?

Qui profite d'un aussi mauvais état de choses ? Nous l'avons laissé entendre au début de cet article : les pharmaciens et, plus encore, les fabricants d'aspirine, métaspirine et produits assimilés.

Quelles complicités, quelles collusions, disons même quelle solidarité dans le crime ont permis à ces peu délicats industriels d'imposer au pays ce supplice à la fois fiscal et céphalalgique ? Là est le point véritablement névralgique que nous nous efforcerons d'élucider avec le concours de plus en plus précieux de notre collaborateur Poileau Luc !

Les compressions

La direction du Métropolitain communique :

Les compartiments de 110 voyageurs, qui en contenaient jusqu'ici 780 aux heures pas creuses, devront désormais en recevoir 1345, tant assis que debout ou même couchés.

Cette mesure a été prise conformément au programme de compressions établi par les autorités gouvernementales supérieures.

Il est néanmoins rappelé que les harengs saurs vendus à la sauvette dans les couloirs du métro n'ont pas été préparés, comme certains l'insinuent, par les soins de la compagnie et en application de ces méthodes.

Autrement, n'est-ce pas ? ils seraient encore plus aplatis.

Radios

En raison d'incidents techniques qui se sont produits dans le public et dans la presse après la dernière émission atomique, il a été décidé que la fin du monde, quand elle aura lieu pour de bon, ne sera pas radiodiffusée.

Comme ça, au moins, on ne lira pas le lendemain dans les journaux toutes sortes d'appréciations désobligeantes pour nos ondes nationales !

Avis spécial n° 27

En raison de certains bruits tendancieux destinés à semer le trouble dans l'opinion publique, le ministère des Affaires étrangères tient à préciser que, en dépit de trompeuses apparences, il n'existe aucun lien d'identité ou de similitude entre l'O. N. U. et le P. M. U.

Ces deux organismes conservent et conserveront jusqu'à nouvel ordre, leurs propres prérogatives et leur autonomie respective.

Brûlez vos millions

Beaucoup de gens s'imaginent que la richesse est proportionnelle au nombre de millions possédés.

Mais cette vérité est une erreur que nous devons gommer de notre mémoire. Et sans remonter jusqu'aux Ecritures, nous vous citerons le cas de l'Etat.

Incontestablement, c'est lui qui détient le plus de billets de mille. Or, après expérience, le trésorier actuel a constaté que plus il faisait imprimer de billets et moins il avait d'argent en caisse.

Ce phénomène semble contredire l'arithmétique. Pourtant les faits sont irrécusables.

Et si nos lecteurs veulent s'enrichir, ils n'ont qu'une chose à faire. Se chauffer les pieds avec leurs millions.

Quelle splendeur !

Aux heures sombres de son histoire, il est écrit que la France trouvera toujours un sauveur.

Le prochain nous est proposé par un nouveau parti, « l'Union des Français Riches et Pauvres », qui couvre actuellement les murs de Paris d'affiches sur lesquelles on peut lire : « Nous demandons aux élus qu'ils laissent leur place d'urgence à notre génie : Renée Splendeur. »

Ni plus, ni moins.

Ajoutons que les affiches en question sont manuscrites et rédigées par Renée Splendeur elle-même qui est probablement l'unique adhérente de l'U. F. R. P.

Après tout, on peut l'essayer. D'abord, il ne faut jamais décourager les bonnes volontés.

Et puis, pour ce qu'on risque !

La Révolution en liquette

De l'audace ! Encore de l'audace ! Toujours de l'audace !

Danton est au pouvoir et les capitalistes tremblent. A juste titre. Car d'un seul coup d'œil en scalpel, le nouveau gouvernement trancha : « Blocage des salaires ! »

Cette première mesure contre les affameurs fut accueillie par l'allégresse que l'on connaît.

Mais le pays n'entend pas que l'on en reste là. L'offensive commencée doit être poursuivie. Il faut arriver au demi-salaire.

A ce stade, le redressement sera presque achevé. Il suffira que le peuple assimile ces deux formules : « Le travail, c'est la santé. » Et : « Qui dort, dîne. »

Alors, repus et pleins de force, tous galoperont vers la dernière étape : la suppression totale des salaires.

Après quoi, la Révolution sera faite. Et nous en liquette. Près d'une petite bière.

PETITES ANNONCES

OFFRES D'EMPLOI

Pique-assiette de grande maison, actuellement indisponible, cherche intérimaire sérieux. Bonne éducation nécessaire. Se présenter 32 bis, boulev. Haussmann.

Monsieur irascible mais prudent cherche monsieur faible corpulence, peu batailleur, de préférence un peu myope pour rencontre.

Recherchons coiffeur bavard pour diffusion fausses nouvelles. Figaro coiffure.

Recherchons bon calculateurs, comptables, roublards, jongleurs de chiffres, etc., pour opérer raids et coups de main massifs dans poches. Se présenter ministère des Finances, demander M. André Philip.

DEMANDES D'EMPLOI

Feignant assermenté se mettrait en rapport avec fabrique canapés pour essayages.

Monsieur obèse, malgré vicissitudes du ravitaillement, cherche emploi d'huissier près le ministre du Ravitaillement, pour propagande optimiste.

Vitrier possédant stock verre à vitres, vitraux, glaces de vitrines, etc. s'associerait moitié-moitié avec philosophe possédant lance-pierres.

PROPOSITIONS DIVERSES

Si vous êtes surchargés de travail, faites-le faire par un autre.

Devenez vite ministre ! Aucune connaissance exigée. Consultez ma brochure : *Je suis ministre*. En vente partout où ou peut la trouver : 500 fr.

Ancien adhérent Club des 100 kilos, céderait bon compte costumes très grande taille. Conviendrait bien à frères siamois.

DIVERS

Pompe centrifuge pour faire du soufflé au fromage .... 154 fr. 10
Modèle pour pommes de terre soufflées : 284 fr. 95.

Filet à provisions, plombé. Donne l'impression de porter une lourde charge : 14 fr. 90.

Porte-monnaie « Le Dur », crache à la figure dès qu'on l'ouvre. Très économique : 4 fr. 30.

Ayez l'air d'un homme, en achetant notre panoplie « Le Vrai Jules ». Grand nombre d'accessoires.

Machine à décacheter le courrier pour concierge paresseuse, 1000 enveloppes à l'heure .... 1405 fr.
Modèle de luxe pour maison bourgeoise, avec lame coupe fantaisie : 2615 fr. 80.

FARCES ET ATTRAPES

Tabac, mélange mélinite et caporal ordinaire, la petite boîte d'essai : 23 fr. 10. La grosse boîte pour gaudrioles familiales : 59 fr. Très récréatif.

Rat de cave pueur, dégage en brûlant une violente odeur et une épouvantable fumée. Les deux : 6 fr. 35. Extrêmement gai.

Cheval de conserve pour jouer aux courses en chambre. La boîte : 29 fr. 90.

Jeux de dames : 14 fr. 90. Le grand jeu de dames : 21 fr. 40. Jeu de messieurs : 22 fr. 70.

Sifflet à roulette avec poche à air, pour sergent de ville asthmatique : 12 fr. 80.

N° 19 – Jeudi 14 février 1946

Résumé

On a volé la Coupe du Roi de Thulé à l'Opéra et l'inspecteur Poileau Luc enquête auprès du directeur qui lui apprend que la coupe a été volée entre 21 heures et 21 h 20.

Chapitre 3 bis
Reconstitution

A peine les deux hommes furent-ils sortis du bureau du directeur que Lachnouf s'étala de tout son long. Poileau Luc, se penchant sur lui, constata qu'il dormait à poings ouverts et les yeux fermés !

– Ce n'est pas le moment de flancher, Lachnouf ! dit Poileau Luc. Il faut que nous retrouvions cette coupe, il y va de notre honneur et de notre avancement ! Maintenant que j'ai obtenu les déclarations du directeur, l'affaire me semble moins compliquée qu'elle n'est réellement.

Lachnouf ne se réveillait toujours pas, et Poileau Luc se mit à le secouer énergiquement…

– Aux armes ! Sus à l'ennemi ! se mit à brailler Lachnouf en se dressant sur les genoux…

– Voyons, Lachnouf, dit Poileau Luc, vous vous endormez et vous vous réveillez en sursaut, ce qui fait que vous ne savez plus ce que vous dites… Dites-moi, que voyez-vous de louche dans cette affaire ?

– Vos yeux, chef, répondit Lachnouf…

– Comment, mes yeux ? s'étonna Poileau Luc…

– Oui, chef, expliqua Lachnouf, vous louchez en ce moment.

– Certes, dit Poileau Luc, c'est la tension nerveuse qui me donne du strabisme… Voyons, réfléchissons… C'est entre 21 h 15 et 21 h 20 que la coupe a été dérobée ; probablement à l'instant précis où Mme Targa-Florio, c'est le nom de la chanteuse qui joue Marguerite…

– Marguerite de Bourgogne. Encore elle, rugit sourdement Lachnouf…

– Mais non ! coupa Poileau Luc. Marguerite au rouet…

– Ah ! pauvre femme ! dit tristement Lachnouf, ça devait la gêner pour chanter d'être enrouée !

Poileau Luc haussa les épaules et continua :

– Donc, Marguerite est à son rouet et elle chante la chanson du roi de Thulé. Or, il ne m'étonnerait pas que ses paroles aient servi de signal au voleur ! C'est généralement vers 21 h 15 qu'elle attaque cet air…

– Elle l'attaque et il ne se défend pas ? s'étonna Lachnouf.

– Si, souvent ! répondit Poileau Luc. Or, c'est à 21 h 15 que le sous-chef de ronde fait son pointage. Au moment où elle prononce : « Une coupe en or ciselé », il est parti et il ne revient qu'à 21 h 20 pour le pointage suivant… Vous saisissez le rapport ?

– Naturellement, dit Lachnouf, la chanteuse est dans le coup.

– Peut-être, répondit Poileau Luc l'air impénétrable… Allons examiner la scène… Quelle heure est-il ?

– Moins 20, répondit Lachnouf après avoir consulté un énorme oignon.

– Moins 20 de quoi ? interrogea Poileau Luc.

– Ah ! ça, je ne sais pas, dit Lachnouf tout penaud, je n'ai pas de petite aiguille à ma montre…

– Ça ne fait rien, dit Poileau Luc d'un air décidé ; de toute façon, c'est l'heure ! Allons sur la scène !

Et les deux hommes partirent rapidement.

(*A suivre.*)

L'OS LIBRE

« Contre tout ce qui est pour – Pour tout ce qui est contre. »

NUMÉRO 20 – JEUDI 21 FÉVRIER 1946

Le gouvernement l'a décidé. La Constitution de la Quatrième République doit entrer en vigueur en octobre 1946. Au cœur de l'Assemblée constituante, les idées fusent de toutes parts. Jules Ramarony, qui préside le groupe de l'Unité Républicaine, tendance centriste, propose que l'on s'inspire du projet de Déclaration des Droits de l'Homme, auquel travaillent les représentants de l'ONU. En 1945, l'Organisation des Nations Unies a succédé à la Société des Nations, la SDN, dont Pierre Dac s'était inspiré pour créer la SDL, la Société des Loufoques.

Edito — A propos de rien

par Pierre Dac

Je ne sais pourquoi, il me revient actuellement à la mémoire et d'une manière particulièrement obsédante, une de mes anciennes et lointaines émissions de radio du temps de la S. D. L., c'est-à-dire de la Société des Loufoques. C'était, si mes souvenirs sont exacts, un reportage dans les mines de rien. Quelque chose, ainsi qu'on peut s'en rendre compte, de purement imaginaire et sans aucun rapport avec la réalité.

Donc la S. D. L., dont j'étais le président-fondateur, s'était rendue au grand complet en complet veston effectuer sur place une enquête sur les mines de rien. Nous avions situé ça je ne me rappelle plus exactement où, quelque part du côté d'ailleurs. Nous fûmes reçus par l'ingénieur en chef qui, incontinent, nous offrit de nous piloter au fond des fameuses mines ; sous sa conduite nous prîmes place dans ce qu'il appelait un « descendeur », cet appareil ne servant qu'à la descente exclusivement. C'était une espèce de cage suspendue dans le vide par un bout de corde qu'on coupait simplement : la cage, alors, tombait de 250 mètres environ, et dès qu'on ressentait un certain choc ça voulait dire qu'on était arrivé. Il convient toutefois de signaler que le sol, en bas, était tapissé de vieux journaux pour amortir la chute. Là, une atmosphère fébrile et laborieuse inspirait le respect et provoquait l'admiration, des machines tournaient et ronflaient tant que ça pouvait, des mineurs demi-nus, certains coiffés seulement d'un chapeau Cronstadt à oreillettes, travaillaient de la pioche, des pics, de la pelle, de la benne et de la foreuse électrique.

– Qu'est-ce que vous extrayez ici ? demandai-je à l'ingénieur.

– Rien, me répondit-il, puisque ce sont des mines de rien.

Effectivement les ouvriers travaillaient dans le vide et les machines tournaient de même, en soulevant des nuages de poussière de rien.

– Et vous en extrayez beaucoup ? questionnai-je encore.

– Production excédentaire, voulut bien m'indiquer l'ingénieur.

Nous faisant mutuellement et alternativement la courte échelle, nous remontâmes alors au jour pour aller visiter les bureaux et les services commerciaux.

Des dizaines de dactylos travaillaient d'arrache-doigt sur des machines dont les touches ne correspondaient à aucune lettre. Le courrier qui, de ce fait, ne comportait aucun texte, était mis sous enveloppe ne portant pas d'adresse ; on le jetait dans des boîtes spéciales que le facteur ne relevait jamais. A la manutention, un nombreux personnel emplissait des bidons avec rien, ainsi que d'énormes caisses contenant double charge, c'est-à-dire deux fois rien. Des voitures de livraison entraient et sortaient sans arrêt, avec rien dedans. A l'administration, des nuées d'employés s'affairaient sur des livres vierges. Les chefs de service tenaient sans discontinuer des conférences où l'on discutait de rien. C'était impressionnant, c'était beau à voir tout ce labeur de rien.

Pourquoi je vous raconte tout ça ? Pour rien. Et bien mal inspiré serait celui qui tenterait d'y découvrir la moindre allusion aux comités d'organisation, à certains services de l'armée, à la bureaucratie, au ravitaillement, à la justice, à l'épuration et à un tas d'autres choses encore. Qu'on veuille bien n'y trouver que le rappel d'une innocente farce, sans rien autre, sans arrière-pensée ni intention d'établir quelque parallèle. Bien au contraire, car loin de moi pareilles insinuations. Voilà, c'est tout. Comme si de rien n'était et comme si j'avais eu l'honneur de ne vous en rien dire.

A la manière de...

L'Os, de Sévigné

A Madame de Grignotan.

Je reçois vos messages, ma bonne ; il semble que mon cœur veuille se fendre par le haut, se décomposer d'abondance, se fondre en larmes. C'est un cœur de premier ordre dont personne ne peut approcher. Voilà très simplement l'état où je suis.

Il est arrivé aux Rochers la chose la plus considérable, la plus stupéfiante, la plus grave, la plus folle, la plus certaine, la plus incroyable, la plus gonflante, la plus épastrouillante et tout et tout, que l'on puisse rêver : Picard a volé un os. Je mourrais de peur qu'un autre que moi vous eût donné le plaisir d'apprendre la grande nouvelle. Picard sera pendu, c'est la plus jolie chose du monde et c'est une justice de traiter les gens selon leurs bons ou mauvais services.

J'aime les relations où l'on dit ce qui est nécessaire, où l'on ne s'écarte point, ni à droite, ni à gauche, enfin, je crois que c'est ici, sans vanité, le modèle des narrations agréables.

À Os rompus

L'Os libre, *journal quotidien*

Résolus à en finir, une fois pour toutes, avec l'irritante question de la quotidienneté, nous avons appelé Larousse à notre aide.

Il nous a aussitôt fourni la définition suivante :

« Quotidien, enne, adj. (du lat. *quotidie*, chaque jour). De chaque jour. N. m. Journal, gazette qui paraît tous les jours. »

Voilà qui est net et sans bavure. Or, aucun journal, en France, ne paraît tous les jours, les plus fréquents sortant des presses six jours par semaine seulement, et encore quand ça se trouve, ce qui ne les empêche nullement de se prétendre quotidiens.

Mais puisque nos confrères tiennent en un tel mépris l'étymologie et le sens des mots, on ne voit vraiment pas pourquoi nous ne ferions pas de même. Il n'y a pas de raison !

Donc et à partir de tout de suite, *L'Os libre* sera, lui aussi, quotidien.

Il sera quotidien une fois par semaine, comme le pain du même nom, ou à peu de chose près.

Nous en informons à toutes fins utiles M. le ministre de l'Information.

Les travaux de l'Os. N. U.

London, 21 february.

Of our special envoyed.

Après avoir repoussé à l'unanimité moins la moitié des voix plus quatre, une motion chinoise préconisant le rattachement de la Patagonie à l'Azerbaïdjan, le conseil aborde le problème indonésien dans ses rapports avec les intérêts de la république kurdo-valaque au Cameroun.

Le délégué monténégrin ayant alors fait usage de son droit de veto, l'Assyrie évoque la délicate question des zones d'influence dans la lune occidentale, point qui sera réglé par une procédure d'urgence au cours de la session de 1954.

La commune libre de Montmartre demande ensuite l'application intégrale du *trusteeship* au commerce du radar comestible, ce qui lui est accordé, après quoi le Viêt-minh fait ressortir les dangers auxquels ses ressortissants se trouvent exposés par la présence prolongée de troupes syro-libanaises en France, mais M. Georges Bidault réplique de manière victorieuse en annonçant la prochaine publication d'un Livre Tricolore destiné à concilier les thèses opposées du Livre Bleu américain et du futur Livre Rouge soviétique dans l'affaire argentine et la séance est levée en signe de deuil.

Au total, une belle journée pour la paix du monde !

Toujours l'aspirine !

Le scandale dénoncé par *L'Os libre* en son dernier numéro s'étend de jour en jour ! Il fait tache d'huile, comme on disait au temps où la France n'avait pas encore été nantie d'un ministère du Ravitaillement !

Après l'impôt de solidarité, générateur de pernicieuses migraines, voilà qu'on nous annonce le recensement, à l'occasion duquel nous devrons remplir bulletins individuels, feuilles de ménage, feuilles de faux ménage, etc.

Allons, il y a encore du bon temps pour les marchands d'aspirine !

Les conflits sociaux

Nous avons le regret de faire savoir à nos lecteurs que la grève générale de la magistrature, prévue pour ces jours prochains, n'aura pas lieu, les spécialistes de la toge ayant décidé de remplacer le débrayage primitivement annoncé par l'envoi massif et simultané de 632 télégrammes de protestation au garde des Sceaux.

De sorte que c'est probablement le personnel des P. T. T. qui va se mettre en grève pour protester à son tour contre ce surcroît de travail.

A moins que ce ne soit le garde des Sceaux lui-même.

Notre critique d'art a disparu !

Vendredi dernier avait lieu, devant une brillante assistance publique, le vernissage de la belle exposition organisée à la galerie Sainte-Anne par les meilleurs élèves du maître Picasso.

Comme bien l'on pense, *L'Os libre* n'a pas manqué de déléguer à cette magnifique manifestation picturale son critique d'art le mieux averti.

Nous ne sommes malheureusement pas en mesure de publier le compte rendu que celui-ci devait nous faire parvenir.

A l'heure tardive, pour ne pas dire indue, où nous mettons sous presse, notre pauvre ami n'a pas encore reparu à son cabanon de travail.

Il est fort à craindre que, après lui avoir ouvert traîtreusement ses portes, la direction de Sainte-Anne l'ait empêché de ressortir.

L'Os tout entier crie à pleins poumons son indignation contre un abus de pouvoir d'autant plus inadmissible que les critiques des autres journaux ont été laissés en liberté.

Du moins, pour la plupart !

Un faux bruit

Ces jours derniers, quelques confrères ordinairement plus sérieux n'hésitaient pas à insinuer que M. Léon Blum emporterait dans ses valises notre monopole national des tabacs avec l'idée bien arrêtée de le céder aux Américains pour peu que ceux-ci voulussent l'accepter.

La Direction des Eaux et Forêts nous prie de démentir de la façon la plus formelle ce bruit aussi invraisemblable que prématuré. En aucun cas et jusqu'à nouvel ordre on ne saurait envisager un projet dont la réalisation plongerait tous les fumeurs français dans le désespoir en même temps qu'elle réduirait au chômage des milliers de techniciens spécialisés dans la préparation de la bûchette, du copeau et de la sciure de bois.

Donc, que chacun se rassure, notre tabac n'est pas à vendre, et encore moins à acheter !

Encore une victoire de L'Os libre

Prenant en considération des critiques, d'ailleurs bienveillantes, exprimées ici même, la direction du Métropolitain a décidé de remédier à l'encombrement excessif de ses wagons en reportant à 1 h 15 du matin le départ des derniers trains.

Comme ça, les usagers, ayant du temps devant eux, ne seront plus obligés de voyager tous à la même heure. Il leur suffira de rentrer un peu plus tard pour dîner.

Et, mon Dieu ! ça n'a pas tellement d'importance, le dîner, à notre époque !

Le piège à rats

Félicitons-nous car, pour une fois, une invention française est appliquée en France.

Cette découverte permet de dératiser tout un quartier en une nuit et les premières expériences furent si concluantes que les services de l'Hygiène exigent l'application des nouvelles méthodes dans tout le pays.

Nous n'avons pas le droit de dévoiler des secrets qui pourraient nous être ravis par l'étranger. Toutefois, nous sommes autorisés à vous confier ceci : l'expert en dératisation choisit une cave. Il la fait percer de petits trous par lesquels les rats affamés pourront passer. Puis, dans cette pièce, on met du gruyère. Beaucoup de gruyère.

Naturellement, les rats accourent et se précipitent dans les trous du fromage.

A ce moment, on fait fondre le gruyère et les rats meurent étranglés ou noyés.

Du 9° mais du raisonnable

« Tiens ! s'exclame M. Dupont rêveur, les 50 000 viticulteurs français ont droit, pour leur consommation familiale, à 7 800 000 hectolitres de gros qui tache, par an. »

Et de se jeter sur un crayon et de compter, compter…

Et de trouver que ça ne fait que 1300 litres par mois.

Mais s'ils ne boivent pas tout, que font-ils du rab ?….

Bah ! Ils le jettent, sans doute.

Avertissement ?

La terre tremble un peu partout.

On ne sait encore si c'est d'effroi ou afin d'avertir certains quidams trop entreprenants qui tripotent un peu trop l'uranium.

Faits divers

DE PARIS. – A la suite de l'attaque du fourgon postal et afin de prévenir semblable événement, la police interroge, par avance, des tas de gros voyous sur leurs intentions futures.

DE PARIS. – Deux gros policiers à la physionomie rude mais honnête ont mis la main au collet d'un épouvantable trio de lamentables brutes.

Ceux-ci, surpris alors qu'ils tiraient de formidables coups de feu dans une baraque foraine de la place Clichy, feignirent habilement la surprise.

Comme ils tenaient encore leurs énormes carabines à pleines mains, ils ont été vivement confondus.

Le propriétaire du lieu, habile comédien, tenta d'apitoyer ces braves policiers en leur racontant des fariboles, que c'était son gagne-pain, etc., mais ça n'a pas pris.

A l'aube blême, justice était faite.

DE PARIS. – Engagé dans le tour de France cycliste de 1939, Arsène Tartamoule est arrivé ce matin dans la bonne ville de Paris.

Perdu dans une tempête de neige lors du passage des Pyrénées, le malheureux erra et vécut dans la montagne, et ne réussit à reprendre sa liberté que grâce à un vieux tour de magie qu'il se rappela tout à coup.

Pensant n'avoir que quelques heures de retard sur ses petits camarades, il fut bien étonné quand on lui apprit que plusieurs années s'étaient écoulées depuis son départ.

DE PERPIGNAN. – Un gros bandit qui marchait en regardant en l'air est entré par inadvertance dans une bijouterie.

Il en ressortit quelques instants plus tard en emportant le tiroir-caisse sous l'œil amusé du patron.

Des agents cyclistes, mis au courant de la chose, sont partis gaiement à sa poursuite.

On pense qu'il s'agit d'une bonne plaisanterie.

Faiblesse de Constitution

Les droits de l'homme...
Bravo !... Mais quel homme ?

Depuis qu'on sait que Marianne n'a que sept mois pour accoucher d'une nouvelle législation – du travail à la grosse pour ainsi dire – on se doute bien que le résultat de l'opération ne peut être qu'un drôle de phénomène.

Et il est de fait que l'enfant se présente plutôt mal.

D'ores et déjà, on peut affirmer qu'il souffrira d'une faiblesse de Constitution.

Ses six cents papas (effectifs de la Chambre des Pères) n'auront engendré, en somme, qu'un avorton.

A moins qu'ils ne se ressaisissent à temps.

Car, après tout, dans leurs rapports avec la future maman, ils n'en sont encore qu'à la Déclaration.

Des précisions, s. v. p.

Le malheur est qu'elle présente, cette Déclaration, de regrettables lacunes.

Les droits de l'homme ? Très bien, mais *lequel ?*

A moins d'être aussi bête que M. Ramarony, chacun comprendra que les droits de l'homme du monde, par exemple, ne peuvent être les mêmes que les droits de l'homme des bois ou ceux de l'homme invisible.

On se demande par quelle aberration l'on a fait omission de cette discrimination qui éviterait tant de complications dans la Constitution !

Puisqu'il en est encore temps, qu'on se dépêche d'inclure dans l'article 1er les droits imprescriptibles, indivisibles, immarcescibles et ci-après :

Pour l'homme de bien, le droit de faire le mal de temps en temps (histoire de se délasser). *Pour l'homme d'affaires*, le droit d'avoir un homme de paille. *Pour l'homme de paille*, le droit de faire des affaires. *Pour l'homme d'affaires* et *l'homme de paille*, le droit de dépouiller le vieil homme, et même le jeune. *Pour l'homme d'église*, le droit dévote et le droit de pêcher (grenouilles seulement). *Pour l'homme de robe*, le droit de porter la culotte. *Pour l'homme de qualité*, le droit de garantie. *Pour l'homme d'habitudes*, le droit coutumier. *Pour les hommes d'armes*, le droit canon. *Pour les hommes de bonne volonté*, le droit romain. *Pour les hommes de la classe 1943*, le droit civil. *Pour l'homme à femmes*, le droit au but. *Pour l'homme de confiance*, le droit chemin. *Pour l'homme de cheval*, le droit d'ânesse. *Pour l'homme-tronc*, le droit de cuissage. *Pour l'homme-orchestre*, le droit d'Yvain. *Pour l'homme traqué*, les droits de la défense. *Pour l'homme d'Etat*, le droit de grève (sur l'Etat). *Et pour l'homme de peine*, le droit à la retraite.

A noter que le bonhomme de neige a revendiqué le droit de se faire une place au soleil.

C'est un fondu.

On lui accordera le droit d'asile.

Une protestation

Nous avons reçu de M. Habeas Corpus, tréfileur de spaghettis à Saint-Cucufa, une lettre dans laquelle il proteste contre l'usage abusif qui est fait de son nom dans cette histoire de Constitution.

Je n'ai jamais trempé, nous affirme-t-il, *dans cette machination. On a dit que l'Habeas Corpus serait accordé à tous les Français. Je vous prie d'apporter le démenti le plus formel. Et d'abord, je ne me donne pas à n'importe qui.*

Dont tact.

Dernière heure

Aux dernières nouvelles, l'ancien président de la commission de la Constitution, qui n'est autre que M. Philip, aurait proposé de remplacer la Déclaration des droits de l'homme par une déclaration d'impôts.

De toute façon, nous pouvons être sûrs que nous conserverons le droit à la vis.

Les grands reportages de L'Os libre

Allô ! Ici Bruxelles !

Certains journalistes en mal de copie n'ont pas craint d'affirmer que la Belgique était un véritable pays de cocagne, et que nos gouvernants feraient bien de s'inspirer de ce qui se passe outre-Quiévrain.

Justement émue de ce qu'elle considère comme une atteinte à notre politique de prestige, la Direction de *L'Os* a immédiatement dirigé sur Bruxelles notre envoyé spécial.

Voici ses premières impressions.

On m'avait dit avec un petit air en coin et de l'ironie plein le sourire :

– Vous verrez !

Eh bien ! j'ai vu !

Et je ne suis nullement convaincu.

Certes, une vision superficielle des choses peut lancer l'observateur professionnel dans le chemin facile des enthousiasmes délirants mais il n'est que de pousser en profondeur ses investigations pour s'apercevoir que sous l'apparente prospérité qui s'étale sous nos yeux se cache une situation rien moins que reluisante.

Ici on manque de tout, voilà la vérité.

Le marché noir lui-même est en pleine déconfiture.

Au point qu'il a dû baisser ses prix…

Et s'installer au grand jour.

– Mais les finances ? me direz-vous.

J'y arrive.

Chez le changeur, on m'a remis, contre mon billet de mille francs, un peu moins de 350 francs belges.

Ainsi, nos amis en sont là !

Ils manquent de francs !

Alors que mon changeur, ô dérision, est établi place de la Monnaie !

La ville est brillamment éclairée, trop même (elle manque d'un Marcel Paul) et cette lumière crue répandue sur toutes choses accuse avec un relief saisissant tout le tragique de la situation.

Un exemple typique, et qui en dit long.

Je pénètre dans une boutique de primeurs et je commande :

– Un kilo de choux de Bruxelles.

Le vendeur me regarde, ébahi.

– Vous n'en avez pas ?

– Non !

L'affaire est entendue, songez qu'à Bruxelles même, il n'y a pas de choux de Bruxelles !

Alors ?

Un peu plus loin, même insuccès avec le brillant belge.

Décidément, la réalité est bien décevante.

J'interroge un vieil ami bruxellois :

– Et la politique ? où en êtes-vous ?

– Ben... ça va.

– Vos ministres ?

– Pas très nombreux !

– Et que font-ils ?

– Ils travaillent !

La réponse me paraît pauvre, j'insiste :

– Et l'armée ?

J'ai mis le doigt sur la plaie. L'homme, timidement, murmure :

– A peine quelques colonels !

– C'est-à-dire ?

– Environ 50 !

Je me tais, écrasé.

Les brasseries sont surpeuplées. Et c'est là que l'on saisit sur le vif tout ce qu'il y a de précaire et de factice dans la soi-disant prospérité de nos amis.

Les hommes sont gras. Trop gras.

Et ce ne sont pas les mauvaises choses qu'ils ingurgitent sans méthode qui leur permettront de retrouver cette ligne qui est l'apanage des peuples grands, et intelligemment guidés sur le chapitre de la table.

Il se fait à Bruxelles une effroyable consommation de viandes en sauce, de choux à la crème et de flans.

Nulle part, pas même au marché noir, je n'ai pu trouver de ces fluides et légers rutabagas que l'Europe entière nous envie.

La Belgique, voilà la vérité, souffre d'une effroyable disette de corps maigres...[1]

---

1. Un télégramme nous parvient à l'instant nous informant que notre infortuné reporter a été ramassé sur la place de Brouckère, souffrant d'une grave intoxication occasionnée croit-on par l'absorption massive de denrées indigestes.

Nous remettons donc à la semaine prochaine les conclusions de ce brillant reportage.

Petites Annonces

OFFRES D'EMPLOI

Importante fabrique boutons de culotte cherche pantalons mannequins pour essayages. Gros gains immédiats.

Insomniaque incurable engagerait chanteur de charme bien éprouvé. Tarif de nuit.

On demande femme à barbe débutante, présentée par ses parents. Situation d'avenir.

DEMANDES URGENTES

Cherchons militaires de génie démobilisés, pour débrouiller affaires intérieures. S'adresser d'urgence dans tous les bons ministères.

ÉCHANGES

Automobiliste malchanceux échangerait restant de petit véhicule, grand lot d'ailes, pièces détachées, contre char d'assaut ou voiture blindée.

Monsieur désœuvré échangerait bien quelque chose contre bricole de choix.

DIVERS

Qui n'entend qu'une cloche n'entend qu'un son. Achetez mon trousseau de cloches de poche. Indispensable pour se faire une opinion.

PERDUS ET TROUVÉS

Perdu pierre à briquet et briquet à Pierre. Rapporter le tout à Briquet.

Perdu caleçon long à manches courtes entre Villemomble et 32, boulev. Haussmann, taille 46 à la ceinture, 38 à l'encolure. Finement décoré papillons et petits pois. Le rapporter à M. Bénard, 32, boulev. Haussmann.

Trouvé un litre de très bon apéritif. L'emballage est visible tous les jours chez M. Priolopoulos Alexis.

ALIMENTATION

Si vos tickets ne vous donnent droit à rien, adressez-vous au « Gourmet ». Vous serez immédiatement servis. Grosses quantités de « Y en a pas » et de « Y en a plus ». Personnel de première bourre, stylé et tout. Ouvert de 6 h 30 à 21 h 45 sans interruption. Aujourd'hui files d'attente, côté numéros pairs.

FARCES ET ATTRAPES

Gros colis agricole, bourré d'explosif. Saute à la figure en faisant bien peur : 343 fr. Modèle fort pour tante à héritage, inusable : 710 fr.

Souris mécanique, très amusant, fait peur aux dames qui se réfugient peureusement dans les bras des messieurs. La boîte de 3 avec mode d'emploi : 16 fr. 40.

ANNONCES POUR MILITAIRES

Coricide pour commandant de corps. Le bon gros flacon : 6 fr. 10.

Bande molletière dressée, à ressort. S'enroule sur la jambe en jouant de la flûte. La petite flûte personnelle : 2 fr. 35. Flûte de chambrée : 6 fr. 40. Flûte de garnison : 15 fr. 40.

ANNONCES POUR FEIGNANTS

Cheval feignant cherche petit camarade fort mais stupide pour travail en tandem.

ESTHÉTIQUE

Appareils rectificatifs pour nez. Nez large, trapu, cassé et camus : 3 fr. 45 ; nez large avec boule à l'extrémité : 4 fr. 20 ; nez retroussé avec dérive : à gauche 5 fr. 15, à droite : 6 fr. 40. Pour nez bosselé narines dilatées : 6 fr. 90. Tous autres appareils rectificatifs pour tous usages, demander notre catalogue.

ASTRONOMIE

Pour connaître et dénombrer les étoiles de la Voie lactée, achetez la planche à trous du professeur Bougredeux comportant les noms de toutes les étoiles au-dessus de chaque ouverture. Prix 14 fr. 90. Nombreux trous pour étoiles nouvelles.

Resumé

On a volé la coupe du roi de Thulé à l'Opéra. L'inspecteur Poileau Luc et son fidèle Lachnouf, après avoir obtenu des renseignements auprès du directeur de l'Opéra, enquêtent sur les lieux mêmes…

Chapitre 4 (deux fois deux)
Sur la scène

Les deux hommes débouchèrent sur la scène immense de l'Opéra, très sombre à cette heure. On entendit soudain un bruit métallique suivi d'un énorme juron et de la chute d'un corps. Poileau Luc se précipita. Lachnouf était étendu de tout son long, une énorme bosse au front.

– Qu'est-ce qui vous arrive, Lachnouf ? interrogea Poileau Luc.

– Chef, je viens de me cogner contre une porte… La scène est fermée, nous sommes prisonniers !

– Mais non, répliqua Poileau Luc, c'est le rideau de fer contre l'incendie qui est baissé… Nous allons le lever… La manœuvre doit être du côté jardin… Tenez, voici le bouton.

Poileau Luc appuya et une formidable sonnerie se fit entendre.

– Je me suis trompé, dit Poileau Luc ; ça, c'est le signal d'alarme qui sert pendant la bénédiction des poignards dans *Les Huguenots*…

Ce disant, il appuya sur un autre bouton et le rideau de fer se mit à monter lentement…

– Maintenant, mon vieux Lachnouf, nous allons reconstituer le drame : vous allez faire la chanteuse.

– Oh ! j'oserai jamais, répondit Lachnouf les yeux baissés, en rougissant.

– Ne faites pas l'enfant, dit Poileau Luc, et asseyez-vous devant votre rouet fictif. Moi, je descends dans l'avant-scène n° 2.

Le détective, comme il l'avait dit, alla se poster dans la loge et, une fois là, il cria à Lachnouf : « Allez-y ! »

Lachnouf toussa et attaqua : « *Ma pomme, c'est moi… ah ! ah ! ah !* »

– Mais non ! cria Poileau Luc. Chantez *La Coupe du roi de Thulé !*

Lachnouf entonna l'air fameux, ce qui dut faire tressaillir les mânes du pauvre Gounod.

– Ça suffit ! interrompit Poileau Luc, j'ai compris. Ce sont les mots « or ciselé » qui ont servi de signal au voleur… Venez !

Les deux hommes pénétrèrent dans le foyer de la danse où se trouvait la vitrine ayant contenu la coupe.

– Passez-moi votre loupe, Lachnouf. Voyons, pas d'empreintes digitales, pas d'empreintes nasales, pas de traces de roues… Il est très fort, ce voleur. Il aurait pu facilement s'emparer de la coupe, puisqu'il n'y a pas de vitre… Il a préféré fracturer la serrure. C'est un dilettante. Mais il a oublié quelque chose : un poil ! En fracturant la serrure, il s'est pris un poil dans la charnière. Je vais faire analyser ce poil pour savoir d'où il vient. Venez, Lachnouf !…

Et les deux hommes sortirent rapidement du théâtre par l'entrée des artistes.

(*A suivre*).

L'OS LIBRE

« Contre tout ce qui est pour – Pour tout ce qui est contre. »

NUMÉRO 21 – JEUDI 28 FÉVRIER 1946

Le gouvernement provisoire du général de Gaulle a signé, en 1945, une ordonnance rendant, à terme, la Sécurité sociale obligatoire pour tous les salariés. Au début de 1946, les juristes rédigent des textes extrêmement complexes, offrant une protection de la santé et des moyens d'existence convenables à « tout être humain ». Certains ne manquent pas d'imaginer toutes sortes d'abus rendus possibles à la lecture d'articles, parmi lesquels le 47 ter, dont l'interprétation peut prêter à confusion, voire à faire sourire…

Edito Avis exceptionnel et unique n° 47 ter

par Pierre Dac

Nous avons le regret ou l'avantage – selon l'angle sous lequel on envisage la chose – d'informer nos lecteurs que, pour raison de santé, notre directeur Pierre Dac n'a pas été en mesure d'écrire son éditorial hebdomadaire. Celui-ci ne paraîtra donc pas dans le présent numéro. Néanmoins, par conscience professionnelle, et en dépit de son état déficient, notre directeur a tenu à vous expliquer lui-même pourquoi il n'a pu écrire son papier habituel. Nous lui cédons, en conséquence, la plume et la place.

N. D. L. R.

Etant actuellement souffrant, je m'excuse auprès des fidèles lecteurs de *L'Os libre* de ne pouvoir leur présenter l'article que je leur destinais. Je ne sais pas ce qu'ai j'ai, mais ça ne va pas. Une quinzaine de docteurs s'occupent de moi ; on les réunit chaque matin dans la salle de bains, on met leur nom dans un chapeau melon préalablement ramolli au bain-marie, on tire au sort, et le gagnant me soigne pendant vingt-quatre heures, suivant ses conceptions, ses méthodes et l'idée qu'il se fait du mal dont je suis atteint.

Depuis dix jours donc, j'ai déjà été soigné pour un décollage des rotules, pour les reins, pour des névralgies bracho-vertébrales, pour la croissance, la rougeole, la langueur, la largeur, l'épaisseur, l'occlusion intestinale, la dysenterie amibienne, l'angine d'estomac, le paludisme, le zona d'Azerbaïdjan, la furonculose osseuse, le coryza de muerte, l'otite triple, les coliques hépatiques, ainsi que pour une fracture à la clavicule, le strabisme divergent et une dilatation des amygdales. Les médecins ont bon espoir, moi aussi, quoique dans un sens opposé.

Je regrette d'autant plus de ne pas être en mesure d'écrire ce que j'avais à vous dire, que je désirais vous entretenir de choses particulièrement importantes. Il s'agissait, si j'ai bonne mémoire, d'événements susceptibles de retenir votre attention et d'aiguiller votre opinion du bon côté. C'est vraiment dommage, car j'avais à ma disposition des chiffres, des graphiques, des renseignements, des faits, des précisions et des analyses de premier ordre. Le tout se rapportant à ce que je voulais vous raconter. Enfin, n'en parlons plus, puisque je me trouve dans l'impossibilité absolue d'écrire. Ce sera pour une autre fois, surtout que la documentation dont je dispose peut très facilement s'appliquer à n'importe quoi, n'importe où et n'importe comment. Encore un coup, toutes mes excuses, mais à l'impossible nul n'est tenu, de même que rien ne sert de courir quand on n'est pas pressé.

Faits divers

DE MEUDON. – Dans l'ombre propice d'un sous-bois, un amoureux, trompé par l'obscurité, croyant étreindre sa fiancée, embrasse un grand diable de garde forestier rouquin.

C'est au contact d'une rude moustache que le malheureux s'aperçut de sa méprise et, confus, s'enfuit, poursuivi par le garde qui lui faisait de grands signes de la main.

DE PARIS. – Un joyeux octogénaire qui descendait allégrement les marches du Palais-Bourbon, s'est étalé brutalement au bas des escaliers, pulvérisant sa belle barbe blanche qui, par un heureux hasard, était en plâtre.

DE PARIS. – Un escroc, qui depuis plusieurs mois se faisait passer pour Michel-Ange (la station de métro bien connue), a été pris à partie par un volumineux groupe de paisibles voyageurs, lesquels s'étaient aperçus peu à peu de l'imposture, après avoir vainement attendu le passage du métropolitain.

BON pour... INVITATION

pour le grand gala, au profit des organisateurs de galas
avec le concours de :

LA CHORALE DES ROULEURS DE FÛTS
ET LE CHŒUR DES COSAQUES DE L'URBAINE

Vente du vestiaire à l'américaine
Distribution gratuite de serpentins, confettis,
cornets de soupe aux pois, sur présentation de la présente invitation.
Ouverture et fermeture des portes à partir de 20 h 30
Grande salle des fêtes
Mairie du XXXIIe

À Os rompus

Des points

Le ministère des Points et Mesures communique :

« A partir du premier mars prochain, 150 points seront débloqués sur les cartes textiles de la catégorie A. »

Nouvelle excellente et qui, à la veille des élections, vient à son heure !

Grâce à cette mesure de clémence, les candidats pourront se rendre dans les magasins d'habillement pour y acheter du neuf et du raisonnable au lieu de retourner leur veste comme cela s'est déjà vu.

L'exode de nos élites

Dans son dernier numéro, *L'Os libre* annonçait à mots prudemment couverts que M. Léon Blum se rendrait aux Etats-Unis avec l'idée de céder aux Américains notre monopole national des tabacs.

Est-ce cela seulement que M. Léon Blum emporte dans ses bagages ? Hélas non ! Selon des bruits qui courent mais que nous avons pu néanmoins rattraper, il emmènerait également avec lui notre ministre des Finances, M. André Philip.

Pour quoi faire, sinon pour le vendre lui aussi au gouvernement américain, séduit par les magnifiques résultats qu'a obtenus notre grand argentier dans le domaine de la solidarité considérée sous l'angle fiscal ?

On doit espérer que cette information ne fera pas l'objet d'un démenti officiel, ce qui nous obligerait, bien malgré nous, à la considérer comme véridique.

Ravitaillement

Notre excellent ami M. Longchambon nous prie d'insérer la note suivante :

« A partir de tout de suite et en échange du ticket WZ de la feuille de denrées diverses et autres, les consommateurs de toutes catégories recevront 5 centilitres de benzine destinée à détacher le mardi 5 mars, indiqué par erreur comme *gras* sur le calendrier des postes.

« Cette année comme les précédentes, le mardi-gras sera maigre ! »

Vive le gang !

Vols de sacs postaux ! Vols dans les banques ! Vols ! Vols ! Vols ! Le public s'inquiète : « Mais que fait donc le gouvernement ? »

Le gouvernement ? Il fait son devoir. Il remplit le budget.

L'argent ne venait pas à lui ? Alors il va vers l'argent.

Sans discours, sans phrases, M. André Philip agit.

L'homme au chapeau masqué ? C'était lui.

L'homme au fourgon ? C'était lui.

Le trésor était vide ? Il le remplit. Avec l'argent des riches. Comme promis.

Notre référendum

Apprenant que notre confrère *France-Soir* organisait un référendum, notre sang ne fit qu'un tour. La simple évocation de ce terme déchaîna chez nous des transports d'allégresse et il nous fallut tempérer l'ardeur de nos rédacteurs qui voulaient en organiser un sur-le-champ. Et pourtant tout un chacun sait que les champs ne se prêtent guère à ce genre de manifestations.

Aussi décidâmes-nous, en accord avec nous-mêmes, d'organiser le référendum, musclé, républicain libre et forfaitaire que voici :

Comment répondrez-vous à notre référendum ?..........
Qu'en pensez-vous ?..........
Quelles sont vos objections ?..........
Y répondrez-vous par oui ou par non ?..........
Pourquoi ?..........
Pour quelles raisons ?..........
Quelle est votre situation de famille ?..........
Avez-vous eu des référenda au cours de votre existence ?..........
Dans quelles conditions les avez-vous contractés ?..........
En souffrez-vous encore ?..........
Avez-vous une idée de derrière la tête concernant notre référendum ?...
Pourquoi ?..........
Sauriez-vous reconnaître un faux référendum d'un vrai ?..........
Dans quelles conditions le feriez-vous ?..........
Aimeriez-vous participer à un référendum ?..........
A l'intention de qui ?..........
Etes-vous bien sûr de votre opinion ?..........
Ne changeriez-vous pas d'avis à l'occasion ?..........

Nous attirons l'attention de nos lecteurs sur l'importance de leurs réponses, afin que celles-ci ne soient pas faites à tort et à travers.

Au besoin consulter l'homme de loi qui les a aiguillés pour leur déclaration sur l'impôt de solidarité.

A la manière de...

L'Os Hugolien

L'OS À THUR

O cherry ! cherry ! cherry !
SHAKESPEARE (refrain populaire)

Thur, cruel et farouche, avait des os si [fins
Que l'ange Axa, le courrier Dieu, aux yeux [rouquins
En devint vert de rage. O néant ! O tonnerre !
C'est pourquoi il prit femme, et femme de la [terre.
Mais ses cheveux fanés manquaient de [gomina,
Des touffes de poils gris flottaient sur sa [Mina.
Thur, cruel et farouche, était couillon sans [fin.

Petites Annonces

OFFRES D'EMPLOI

Messieurs français, bonne instruction, libres quelques heures par jour, demandés par gros trafiquant. Travail plaisant et lucratif.

Inventeur produit amaigrisseur cherche grossiste.

Artisan fourreur cherche jeunes filles pour essayages, gros fixe assuré.

Opticien renommé, cherche serpent à lunettes pour présentation nouvelles collections.

CAPITAUX

Ancien fonctionnaire services ravitaillement prêterait argent à boutiquiers dans la gêne.

Financier véreux vendrait à personnes crédules moyen rapide pour faire fortune. Envoi contre 5000 fr., résult. garanti.

PROPOSITIONS DIVERSES

Boulanger, las de panifier depuis de longues années, cherche produit à introduire dans sa pâte, pour rassasier, enfin, ses clients. Gégène, Chambray (Eure).

ARTICLES POUR IVROGNES

Chambre rotative, pour reconstitution vision normale. La chambre : 4091 fr. 95. Lit rotatif à même effet : 1105 fr. 30 Le même, inclinable : 1995.

Ivrognes, pour avoir les idées claires, ne buvez que du vin blanc.

ARTICLES SPÉCIAUX

Belles occasions, grande boîte à ordures pour grande gare marchandises. Contenance 1200 m^3. Conviendrait bien pour denrées avariées, patates, oranges, dattes, etc. : 75 000 francs.

Modèle roulant à quatre roues : 133 665 fr. 20.

Modèle flottant pour expéditions coloniales : 5 043 990 fr. 15.

OCCASIONS

2 valises et une malle contenant uranium de toute beauté, pronance directe du Canada. Cyclotron évadé et plans pour bombe atomique. Le tout en première main. Faire offres à Spécial Spies First Bourre Free Bone.

SPÉCIALITÉS

Viande pour affûter les couteaux ; la tranche : 3 fr. 70.

Article supérieur pour ressemelages : 10 fr. 45.

COURS ET LEÇONS

Apprenez rapidement à vous priver du strict nécessaire par ancien ministre du Ravitaillement. Enorme écon. C. Pineau.

DERNIÈRE MINUTE

Télégramme n° 12. Constaté présence coupe Roi Thulé, Baderne-Baderne. Stop. Accompagnée nombreux gradés. Stop. Dénombre au passage nombreuses explosions origine champenoise. Stop. Mène grande vie sous fausse identité. Coupe Davis. Attends ordre pour intervenir. Fin. Anselme Patate.

N° 21 – Jeudi 28 février 1946

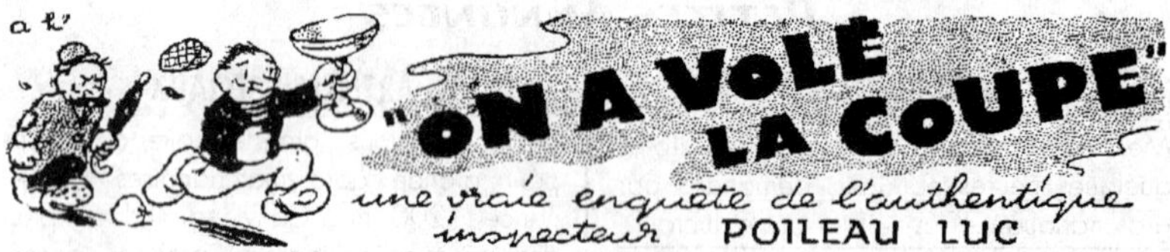

Résumé

L'inspecteur Poileau Luc et son fidèle Lachnouf enquêtent sur le vol de la coupe du Roi de Thulé à l'Opéra. Le voleur a laissé un poil que Poileau Luc va faire analyser.

Chapitre V

Au laboratoire

Poileau Luc et Lachnouf pénétrèrent dans le laboratoire des recherches criminelles. Le grand détective sortit le poil du papier dans lequel il l'avait soigneusement placé.

– Ce poil sera notre Toison d'or, mon vieux Lachnouf !…

A ce moment le directeur du laboratoire entra.

– Qu'y a-t-il pour votre service, mon cher Poileau Luc ? demanda le directeur.

– Pouvez-vous examiner ce poil ? dit Poileau Luc en le lui tendant.

– C'est l'enfance de l'art, répondit le directeur. A priori, c'est un poil fixe ! Il y a deux sortes de poils : les poils mobiles, comme les perruques par exemple… La perruque n'est-ce pas, c'est mobile… Et il y a les poils fixes, les poils du cuir chevelu… Sauf quand on perd ses cheveux, ajouta finement le directeur en riant. Voyons, nous allons décomposer ce poil…

Il prit quelques flacons et commença l'expérience.

– Quatre gouttes d'acétone, un litre d'eau minérale, quinze grammes de tournesol. Tiens, tiens ! Ce poil qui primitivement était roux a été teint en blanc, puis, passé au noir et décoloré au bleu, ensuite ignifugé au vert et finalement rendu à sa teinte naturelle qui est le gris.

– Est-ce un poil de barbe ou de moustache ? demanda Poileau Luc.

– C'est un poil de crâne, répondit sentencieusement le directeur.

– Et c'est rare ? interrogea Poileau Luc.

– Très rare, répondit le directeur, surtout chez les chauves ! Ce poil appartient à un homme d'aspect moyen. C'est un homme peu soigné, qui aime la soupe aux pois et qui réfléchit beaucoup en mangeant. Voyez, l'extrémité de ce cheveu porte des traces de soupe, preuve que l'individu portait la tête penchée au moment de ses repas, comme quelqu'un qui est alourdi par le poids de ses pensées… En outre, cet homme ne porte pas de bretelles !

– Comment ? s'écria Poileau Luc.

– S'il portait des bretelles, expliqua le directeur, ça l'aurait retenu en arrière !

Poileau Luc serra vigoureusement la main du directeur…

– Merci ! J'en sais assez pour trouver un coupable parmi ceux qui n'ont rien fait !… Au travail !

Et les deux hommes quittèrent aussitôt le laboratoire d'un pas décidé.

(*A suivre.*)

L'OS LIBRE

« Contre tout ce qui est pour – Pour tout ce qui est contre. »

NUMÉRO 22 – JEUDI 7 MARS 1946

Des Français ayant officiellement protesté contre la poursuite de la répression anticommuniste en Espagne, le général Franco décide, le 27 février, de fermer la frontière avec notre pays. Le même jour, l'hebdomadaire Samedi Soir *publie une photo qui provoque une révolution, mais dans le microcosme culturel parisien. On découvre, dans la cave du Tabou, un bar de Saint-Germain-des-Prés, le jeune metteur en scène Roger Vadim qui tient une bougie éclairant une jeune femme toute de noir vêtue, Juliette Gréco. L'article, où Jean-Paul Sartre est abondamment cité, est intitulé « Les Existentialistes ».*

Edito — L'osxistentialisme

par Pierre Dac

Que faut-il à un peuple pour être non pas heureux mais dans un climat qui lui permette d'attendre d'être heureux ? Une philosophie. Mais il y a philosophie et philosophie. Or, sans vouloir me vanter, aucune des philosophies pratiquées jusqu'à ce jour n'a véritablement donné pleine et entière satisfaction aux usagers, y compris la dernière en date, l'existentialisme, dont cependant la simplicité de conception, d'expression et d'application réunissait tous les éléments susceptibles de rallier l'unanimité des suffrages. Cependant, à mon humble avis, l'existentialisme a un tort : c'est d'être ce qu'il est et j'ai tout lieu de croire que si tout en demeurant strictement fidèle à sa ligne de conduite il en adoptait une autre, dans le même temps, ça ne pourrait que donner des résultats d'autant plus positifs qu'ils seraient diamétralement en rapport avec le processus du concept avec lequel il serait le plus en opposition.

Mais je n'ai pas de conseils à donner à J.-P. Sartre ; il n'empêche que je viens d'avoir la révélation de l'osxistentialisme et que, à dater de ce jour, je fonde une nouvelle école philosophique qui, désormais, portera ce nom. Je l'ai naturellement régulièrement déclarée à la préfecture de police où elle est enregistrée sous le n° 2172 R.N. 6. Ça m'est venu pendant ma maladie, car, ainsi que je vous en ai

avisé, au cours de mon dernier article, je viens d'être assez gravement malade. Bizarrement d'ailleurs, aucun trouble, aucune douleur, aucun malaise. Les docteurs ont diagnostiqué quelque chose de très grave, une espèce de maladie neutre en quelque sorte. Mais revenons à l'osxistentialisme. C'est une philosophie tout simple et qui peut être mise à la portée de canon d'un enfant de 37 ans.

En voici la définition et le processus : l'osxistentialisme, comme son nom l'indique, est la philosophie de l'os. L'homme naît avec ses os ; tant qu'il a ses os il existe ; donc, il se rend compte qu'il existe par la présence de ses os, l'os étant à l'origine et constituant la causalité et la finalité de la nature humaine. De là à admettre que l'âme a un os il n'y a qu'un pas à franchir. L'os, comme le dit à peu près le gars Leibnitz dans sa monadologie, est, sous ses différentes formes, la conséquence nécessaire de la formation des créatures, conséquence créée, non point par absolue nécessité, mais bien en vertu du principe de la volonté libre obéissant à un conformisme se rapportant à la perfection de l'ensemble, étant admis, bien entendu, que la conception pure et qualificative de la présence de l'os est la seule qui soit en réalité donnée à la conscience, ce qui ne fait que renforcer la théorie de la frange d'instinct, des prévisions raisonnées et des divinations intuitives.

Voilà ce que c'est que l'osxistentialisme. Je suis persuadé qu'en méditant tout ça après l'avoir bien remué, chacun pourra attendre, patiemment et avec optimisme, des jours meilleurs. Car, ainsi que je viens de l'exposer, l'osxistentialisme est une philosophie sereine, souriante, démocratique, réaliste, sentimentale, ferroviaire et accessible à tout un chacun.

L'Os à l'honneur

Pierre Dac, ambassadeur extraordinaire en Laponie

Parmi les nombreux problèmes que pose l'après-guerre, celui de nos relations économiques et culturelles avec la Laponie est l'un des plus délicats.

L'équilibre de notre balance commerciale et surtout l'importante question des crédits gelés exigeaient impérieusement l'envoi sur place d'un homme qualifié.

Lundi dernier, après un long entretien avec MM. Félix Gouin et Georges Bidault, notre directeur était nommé ambassadeur extraordinaire en Laponie.

Cette nomination, qui nous remplit d'un légitime orgueil, sera, nous en sommes convaincus, ratifiée par l'élite du monde pensant.

Nous venons de vivre des journées historiques, animées par la fièvre du départ. Notre directeur, avec l'esprit de décision qui le caractérise, a mené les choses rondement. Les circonstances atmosphériques rendant impossible un départ par avion, c'est un convoi de 24 traîneaux, tirés par des rennes gracieusement fournis par le zoo de Vincennes, qui a quitté mardi matin la porte Maillot.

L'orchestre de la garde républicaine exécuta avec son brio coutumier l'hymne lapon : « Halte là ! qui vive ? Laponite, la bonne lessive ! », que notre nouvel ambassadeur écouta tête nue.

Et ce fut le départ, sous les acclamations d'une foule en délire.

Quarante-huit heures plus tard, salué par une aurore boréale de circonstance, le cortège faisait son entrée à Laponskaïa.

L'accueil de la population a été magnifique et le président du Conseil de Laponie avait tenu à saluer en personne l'envoyé de la France.

Après s'être frotté le nez suivant la coutume locale, les deux hommes d'Etat se sont immédiatement rendus au siège du gouvernement, où un Esquimau d'honneur les attendait.

C'est dans une atmosphère de mutuelle compréhension que se sont déroulées les conversations.

Le gros problème était, cela va sans dire, celui du déblocage des crédits et de leur dégel.

Notre ambassadeur, dans une forme éblouissante, débloqua comme seul il sait le faire et nous pouvons pronostiquer qu'avant vingt-quatre heures tout sera terminé.

Son stock de bons mots, contrepèteries et calembours a fait merveille, dégelant littéralement les plus moroses, et nos crédits par la même occasion.

D'ores et déjà, la Chambre syndicale des directeurs de cinéma, dont une délégation est sur place, a pu passer un important marché d'esquimaux et de chocolats glacés.

Victoire sur toute la ligne, si nous en jugeons par ce télégramme qui nous parvient, en morse naturellement et à l'instant :

« Cœur chaud, mais nez gelé. Envoyez urgence deux flanelles et douze cache-nez de secours. Ai dégelé populations qui débloquent à pleins tuyaux. Envoyez par valise diplomatique deux douzaines tranches laponitaines pour Huguette. Pas un mot à la reine-mère. »

A la manière de...

... **L'Os,** par La Bruyère

LE REPU ET L'AFFAMÉ

Chloros ne mange pas, il a des tickets, mais pas de pain, quelquefois ni tickets, ni pain. Pour ce qui est de la viande, il a souvenance d'une préparation spéciale que sa mère dénommait bifteck.

Il est maigre, pâle, vert à l'occasion et plein de déférence pour les boutiquiers.

Il a souvent avec de l'esprit l'air d'un ahuri : c'est qu'il ronge beaucoup d'os.

Il est pourtant optimiste et marmonne souvent : « Ça va mieux ! Ça va mieux ! » Il est loqué, mais non vêtu. Bien avant l'édit du grand général, il retroussait ses manches : « C'est un simple, il est honnête ».

Il n'est pas encore mort, mais il appartient déjà à une race disparue.

Nictalos est riche, abondant et mange à en crever. Son chien est obèse, il ne ronge pas d'os.

Nictalos n'a pas de tickets, mais il bâfre de la viande à tous les repas, il en est légèrement dégoûté.

Il est sans esprit, mais fort jovial et n'ignore rien des bons mots qui courent les salons.

Les boutiquiers le traitent comme un prince. Ses complets sont une splendeur et il ne retrousse point ses manches. A quoi cela servirait-il en vérité, pour téléphoner ou pour échanger discrètement quelque argent. C'est un malin, il fait du marché noir. Il est bon vivant, et l'avenir semble lui appartenir.

À Os rompus

Protestation indignée

Le gouvernement américain a rendu publique son intention de provoquer d'ici peu l'explosion d'une bombe atomique au fond de l'océan Pacifique, pour voir ce que ça fera.

La Fédération internationale de la presse élève une protestation indignée contre ce projet criminel dont la réalisation inconsidérée risquerait de tuer net le grand serpent de mer et porterait ainsi un grave préjudice aux journaux du monde entier en les privant brutalement d'un de leurs plus précieux éléments d'information.

Bien qu'il ne publie jamais que des nouvelles exactes et véridiques, *L'Os libre* se joint vigoureusement à ses confrères dans ce légitime mouvement de défense corporative.

Une question délicate

La fermeture de la frontière franco-espagnole soulève de délicates questions, entre autres celle des pommes de terre expédiées par la France au gouvernement de M. Franco. Que vont devenir ces tubercules à présent qu'il ne leur est plus permis de passer les Pyrénées ?

On ne va tout de même pas nous obliger à les manger !

A l'O. N. M.

A la suite de nombreuses réclamations motivées par les récentes chutes de neige qui n'avaient nullement été annoncées au bulletin diffusé chaque jour par T. S. F., l'Office national météorologique nous prie de dire que ses prévisions, valables jusqu'ici pour la journée du lendemain, seront désormais valables pour la veille seulement.

Les plans de l'atome

A présent que l'affaire est classée, nous pouvons révéler les dessous du mystère : les plans de la bombe sont dans les coffres de *L'Os* !

Il y a des vols nécessaires et si les enfants ne doivent pas jouer avec les allumettes, fallait pas laisser les savants jouer avec la bombe. On risquait trop d'être transformés en atome.

Aussi, dans l'intérêt de tout le monde et de notre peau, nous avons barboté – clandestinement – les fameux dossiers.

Sur le détail des opérations ? Motus. Mais l'essentiel, c'est le principal, et les plans sont chez nous.

Mais, voudriez-vous admettre que ces dossiers soient plus en sûreté chez les loufoques… que chez les militaires ?

Faits d'hiver

• Place Pigalle, une bande de G. I. s'amusent comme de grands gosses et organisent une bataille de boules de neige. On compte 5 morts, 23 blessés et un disparu.

• Un skieur qui descendait à vive allure l'avenue de Clichy, est pris en écharpe par un bobsleigh militaire venant en sens inverse. Les cinq colonels qui occupaient le bobsleigh, légèrement contusionnés, ont pu regagner leur mess après pansement.

• Place de la Concorde, un chasseur de grizzli à l'affût est culbuté sournoisement par une troïka à gazogène, conduite par M. Petrov Dacoff. Celui-ci, terminant sans S. P., a été remis entre les mains de la police montée.

• Disparu depuis deux jours, le nommé Fernand R. a est finalement découvert dans sa propre cave et dans un état d'éthylisme avancé. Pressé de questions par son épouse, le disparu déclara d'une voix pâteuse avoir été bloqué dans la cave par la neige.

• Des inspecteurs de la Police Economique mettent fin, rue Fontaine, aux agissements d'un individu connu sous le nom de Dédé-le-Caïd et qui leur proposait de la neige à 500 francs le gramme.

• Au bois de Boulogne, vendredi dernier, durant les chutes de neige, un ramasseur de champignons se trouve soudain en présence d'un ours blanc au rictus sinistre. Sans perdre son sang-froid et n'écoutant que sa faim, l'homme terrasse l'énorme plantigrade et parvient à lui soustraire un tendre bifteck.

Alerté par les cris de la victime, un garde accourt clopin-clopant et surprend notre homme en flagrant délit d'abattage clandestin. Procès-verbal a été dressé.

• Atteint de strabisme convergent, le colonel Lagaffe, du 33e régiment d'infanterie naphtaliné, caserné au Palace-Hôtel, croyant lancer une boule de neige, projette violemment une grenade uranium à la tête de son adjudant. A l'heure où nous mettons sous presse, les sauveteurs s'efforcent de dégager les 2534 colonels qui se trouvent encore sous les décombres.

• Quelques gros loups débonnaires, qui traversaient le bois de Vincennes, ont été attaqués par une bande d'énergumènes affamés. Cernées de toutes parts, les pauvres bêtes ne tardèrent pas à succomber sous le nombre. La curée donna lieu à d'horribles scènes que seul un Longchambon aurait pu décrire.

• Hier après-midi, une chèvre errante circulait dans l'avenue des Champs-Elysées. Prise en chasse par des passants aux yeux brillants de convoitise, la bête se réfugia finalement dans les couloirs du Palais-Bourbon.

Trompés par l'obscurité des lieux, les poursuivants se jettèrent par erreur sur un brave député, M. Francisque Gay, mais s'aperçurent heureusement de leur méprise au moment de dépecer leur victime.

L'Espagne sent le renfermé

Franco se déguisera-t-il en courant d'air ?

On sait que pour répondre au gouvernement français qui avait ordonné la fermeture de la frontière franco-espagnole, Franco a ordonné impitoyablement la fermeture de la frontière hispano-française.

Cette mesure énergique a décontenancé les chancelleries en démontrant que le Caudillo n'était pas disposé à s'en laisser imposer. Le dictateur a d'ailleurs ajouté que si les démocraties s'avisaient de rompre toutes relations diplomatiques avec l'Espagne, l'Espagne n'hésiterait pas à rompre aussitôt toutes relations diplomatiques avec les démocraties.

Après une déclaration aussi péremptoire, on suppose que celles-ci se le tiendront pour dit.

La phalange a du doigté

Pareille attitude soulève l'enthousiasme de la phalange qui se livre, dans toute la péninsule, à des manifestations de fidélité. Afin d'y associer la population, elle procède à de nombreuses arrestations.

Au reste, le Caudillo jouit actuellement d'une telle sympathie qu'il ne peut se risquer en public sans recevoir immédiatement de nombreux cadeaux, lesquels lui arrivent le plus souvent par la voie des airs et sous forme de pommes cuites.

Certains détracteurs s'étonnent que, dans ces conditions, Franco ait décrété l'état de siège. Il suffit de répondre à cela que seul l'état de « siège » convient à un gouvernement bien « assis ».

Ajoutons que celui-ci sera fêté sous peu au cours d'un grand gala qui aura lieu au « cinéma de l'Escurial » et que Mme Rina Ketty viendra y chanter son grand succès *Sombreros et mantilles*.

L'arrivée prochaine de la célèbre cantatrice fait jubiler le dictateur.

– Enfin ! dit-il. Je ne serai plus seul à être sifflé !

Troubles en Espagne !

Le bruit court dans Madrid qu'un Marocain du Maroc aurait franchi la frontière sud, en dépit des interdictions, et mis le pied en Espagne.

Cette nouvelle cause une vive émotion dans la maison de danses de la señora Martha Ricardo, impasse des Cigarières, où se trouve le siège des gardes d'assaut, à tel point que certains officiers en auraient boutonné leur tunique du côté que ce n'était pas le bon.

– Méfiance ! s'est écrié le général Hernani. Ce Marocain est un et nous ne sommes que dix mille. Nous voulons bien tout casser pour assurer l'ordre public, à la condition que ça n'aille pas plus loin !

Franco s'est immédiatement rendu auprès de ses partisans pour les rassurer.

– Il n'y a aucun danger ! a-t-il affirmé avec force. S'il y avait du danger est-ce que je serais ici, voyons ?

Ces paroles sensées ont à peu près calmé les esprits. Le moral des troupes dictatoriales est redevenu excellent.

Viva la Republica !

Au moment de mettre sous presse, nous apprenons que, une fois de plus, devançant les démocraties qui s'apprêtaient à entreprendre une action commune pour amener un changement de régime, Franco a publié la proclamation suivante :

Article 1er. – La dictature est abolie. La République est proclamée sur tout le territoire espagnol.

Art. 2. – Les impôts et les exactions de l'ancien régime sont supprimés. Ils sont remplacés par des contributions.

Art. 3. – M. Franco est nommé président de la République à vie. Les pleins pouvoirs lui sont accordés.

Art. 4. – Les mécontents seront dirigés sur des camps de concentration. Vive la liberté !

Faits divers

DE PARIS. – Au cours d'une bousculade sur la plateforme de l'autobus 27, le receveur débordé, croyant tirer le cordon, arrache d'un coup sec la barbe en éventail d'un grand vieillard velu.

DE PARIS. – Une escadrille d'agents cyclistes, qui dévalait en trombe la rue des Pyrénées à la poursuite d'un gros malfaiteur, s'est étalée dans un grand bruit de ferraille, un basset de forte taille ayant traversé inopinément la chaussée.

D'ORLÉANS. – Dans la nuit du 16 au 15, M. de la Bénardière, trompé par sa femme et par l'obscurité, fusille à bout portant deux inoffensifs passants qu'il avait pris, dans la nuit épaisse, pour sa femme et son amant.

Ayant remis ses bésicles et allumé sa lampe-tempête, le pauvre bougre s'aperçut de son épouvantable erreur.

Retournant son pistolet à amorces contre sa tempe velue, il se fit sommairement justice.

DE ROME. – Les travaux de ramonage du Vésuve, suspendus un instant en raison de mystérieux frémissements du sol, ont repris activement.

Les travaux seraient terminés depuis longtemps, si des disparitions inquiétantes n'avaient depuis le début clairsemé le personnel employé aux travaux.

Chose curieuse, ces disparitions se sont toutes produites à l'endroit où une planche étroite enjambe la cheminée du volcan.

Petites Annonces

OFFRES D'EMPLOI

On demande personnes ne s'étonnant de rien, pour représentation difficile.

Veilleur taciturne cherche fantôme gai luron connaissant bien la manille ou div. autres jeux.

Ane ayant servi dans centre de repérage par le son, cherche emploi dans service fraude des farines.

Représentants en naphtaline demandés pour occupation lucrative. Débouchés assurés, clientèle en or. Appointements de 165 à 400 000 francs par an, plus indemnité de 12 à 50 %.

On demande tout plein d'Inaudi pour calculs inédits et urgents. A. Philip.

Forte reconnaissance offerte à personne pouvant distraire attention gros chien méchant. Urgent. Wittig. Arbre face 32, boulevard Haussmann.

Cheval de labour, feignant, cherche grosse brute épaisse pour pousser la charrue. Préférence accordée à brute distraite aimant bien les chevaux.

DIVERS

Diminuez les dangers d'explosion en adoptant le thermomètre médical du Dr Roméo Carlès, en verre « sécurit ». Modèle ord. 3 fr. 90. Modèle coudé pour fiévreux soupçonneux : 6 fr. 10.
Rallonge pour gros fiévreux : 1 fr. 40.

Ne perdez plus votre temps à courir les rues : faites-vous attaquer à domicile, sur rendez-vous ou par téléphone. Téléphonez à Riton 95-70.

A l'impossible, nul n'est tenu. Madame, Monsieur, Bébé ! Laissez-vous tenir par l'impossible. Consultez nos spécialistes.

Aux Trois Marchés : vente taxée, vente libre, vente surveillée. Ses agents, ses contrôles, son organisation de première bourre. Qui achète cher, paie bon prix. Achetez tout aux Trois Marchés.

ARTICLES POUR FEIGNANTS

Machines à border les lits pour gros paresseux : 233 fr. 10.
Modèle pour famille de feignants : 4056 fr. 70.

Fond de pantalon blindé pour feignant aim. vivre assis : 14 fr. 90. Modèle gonflable : 21 fr. 10.
Mod. tout gonflé : 43 fr. 90.

Machine à faire tousser pour asthmatique paresseux : 592 fr. 30 centimes.

FARCES ET ATTRAPES

Noir de fumée tenace, pour projection dans les salles de spectacle. La boîte : 4 fr. 90.

Mélange noir de fumée et poudre à éternuer, livré avec gros soufflet à pédales. La bonne boîte : 143 fr. 60.
Amusant au possible.

Bombe atomique, cartonnage fort, coloris vif, inscription noire sur fond blanc : 14 fr. 90.
Modèle avec cartouche fumigène : 18 fr. 25.
Article haute drôlerie, faisant mine d'éclater : 27 fr. 20.
La même, éclatant un peu : 33 fr. 10.
Avec un système un tout petit peu atomique : 52 683 fr. 15.
Chez Nonoche.

PERDUS ET TROUVÉS

Pantalon de soirée, égaré bois de Boulogne, cherche monsieur bien, taille 46, hanches développées. Bonne éducation exigée.

AVIS SPÉCIAL 13 083/A/BC/6874/ XX

Les militaires des classes 1890 à 1896, n'ayant pas encore reçu leur affectation, sont priés de se faire connaître d'urgence, en exécution de la circulaire ministérielle C. 4142/ OS/5 virgule un peu fort.
Ils devront se présenter, accompagnés de leurs parents et d'un extrait de naissance, aux Invalides (section J I).

MONDANITÉS

Dame du monde cherche Sénégalais pour organiser 5 à 7 pittoresques et colorés.

Grand Récital de Ressemelage par les boys de la Bouif Manufactured and C°.
Au programme :
SAVATE ET VEAU ROULÉ
avec les chœurs des gros chanteurs à la semelle de bois.
Places de 0 fr. 30 à 0 fr. 90
En supplément au programme : projection des films : *La Cuvette aux yeux d'acier* et *Panade au pain bis.* – Location par téléphone à Dac 31-90.

Résumé

Le détective Poileau Luc recherche le voleur de la coupe du roi de Thulé volée à l'Opéra grâce à un cheveu perdu par le voleur.

Chapitre VI
Dans le monde

La nuit était venue depuis un bon moment déjà. L'inspecteur Poileau Luc et son fidèle Lachnouf marchaient d'un pas rapide et sur le trottoir. Ils parlaient de l'affaire, bien entendu…

– Pourquoi sommes-nous en frac, ce soir ? demanda Lachnouf.

– Nous allons dans le monde, répondit Poileau Luc… Je viens de recevoir un bristol émanant…

– On va chez les manants ? s'exclama Lachnouf.

– Mais non, mon vieux Lachnouf, dit en souriant Poileau Luc… Un bristol émanant de la duchesse de Lichamort, née Suce-Canelle. Elle me prie d'assister ce soir à une réception qu'elle donne en ses salons de l'impasse Guelma. Bien entendu, en réalité, je me suis fait inviter avec vous sous un faux nom. D'après les derniers renseignements que j'ai reçus, il se pourrait que parmi cette noble assistance, nous trouvions le voleur de la coupe ou, tout au moins, des complices à lui.

– Bravo ! dit Lachnouf… Au fait, chef, qu'est-ce que vous dites de ma tenue de soirée ?

– Parfait, répondit Poileau Luc en l'examinant, à part vos bottes d'égoutier, ça peut aller… Mais, qu'est-ce que vous avez comme fleur à la boutonnière ?

– C'est un navet, chef ! répondit Lachnouf.

– C'est très seyant, constata Poileau Luc.

Les deux hommes étaient arrivés devant l'hôtel particulier de l'impasse Guelma. De nombreux véhicules encombraient le trottoir, et, même, certaines voitures étaient rangées les unes sur les autres pour tenir moins de place. Poileau Luc et Lachnouf pénétrèrent dans le hall et tendirent leurs cartes au domestique chargé de les annoncer. Il cria :

– Messieurs As de pique et Dix de trèfle !

– Oh ! pardon, je me suis trompé de cartes, s'excusa Poileau Luc…

– Ça ne fait rien, dit en s'inclinant le domestique… Du moment que vous avez la particule, vous pouvez pénétrer… c'est suffisant.

Les deux hommes entrèrent. La fête battait son plein. Dans un coin du salon, juché sur des caisses d'emballage, un orchestre tzigane composé d'un bugle, d'un triangle, d'une cornemuse et d'un clairon d'infanterie, jouait la célèbre valse : *J'ai assassiné mon beau-frère parce qu'il avait trompé ma sœur.*

Les deux hommes se faufilèrent adroitement entre les couples qui tourbillonnaient en soulevant des nuages de poussière…

(*A suivre.*)

L'OS LIBRE

« Contre tout ce qui est pour – Pour tout ce qui est contre. »

NUMÉRO 23 – JEUDI 14 MARS 1946

Les parlementaires ne parlent que de la future Constitution et du nom de celui qui deviendra le premier président de la Quatrième République. Des débats bien stériles, si l'on en croit les propos de Winston Churchill, reçu docteur Honoris Causa du Westminster Collège de Fulton, dans le Missouri. Devant Harry Truman, le président américain également honoré, il a évoqué son inquiétude devant le « rideau de fer » en train de s'étendre en Europe le long des frontières des pays de l'Est, soumis au contrôle de l'URSS.

Edito Le droit à l'enthousiasme

par Pierre Dac

Dostoïevski, dans *Crime et châtiment*, laisse nettement sous-entendre que l'enthousiasme est à l'homme ce que la lame de fond est au passage à niveau. S'il est un temps propice à méditer cette parole, c'est bien celui que nous vivons, non seulement en ce moment, mais également actuellement. Car, qu'on le veuille ou non, tout être normal et du sexe auquel il appartient ne peut que constater, s'il est de bonne foi, que, présentement, il n'y a vraiment pas de quoi se relever la nuit pour voir par la fenêtre si l'enthousiasme ne soulève pas l'asphalte des trottoirs.

En bref, et en caractères d'imprimerie, l'enthousiasme, pour l'instant, nous fait totalement défaut. Et c'est très grave. Cela explique, en partie tout au moins, et toujours en caractères d'imprimerie, le malaise dont nous souffrons. On ne fait rien de constructif, sans enthousiasme ; ni de destructif non plus, d'ailleurs.

Or, pourquoi n'avons-nous pas d'enthousiasme ? « Parce que nous en manquons », me répondront peut-être les techniciens. Bien sûr, mais cette vérité première constate sans rien expliquer. La réalité est tout autre.

Le peuple de France n'est pas enthousiaste, tout simplement parce qu'on ne lui a jamais appris sérieusement et méthodiquement l'enthousiasme, pas plus qu'il

n'a jamais été admis à faire valoir ses droits à ce même enthousiasme. Il existe des écoles de propagandistes, de militants, des cours d'éducation physique, morale, civique, etc., mais il n'existe rien de semblable en ce qui concerne l'enthousiasme. Et c'est, à proprement parler, un scandale et un danger. Aussi, j'estime qu'il est urgemment nécessaire de provoquer, dans ce pays et à bref délai, un climat d'enthousiasme. Il faut créer à l'Institut une chaire d'enthousiasme. Il faut que l'enthousiasme soit inscrit dans les programmes scolaires et dans les manuels d'éducation sociale. L'enthousiasme doit être à la base même de l'enseignement.

« Bon ! vont encore m'objecter les techniciens, admettons que nous partagions votre point de vue et que l'enseignement de l'enthousiasme soit décrété obligatoire, mais de quel enthousiasme s'agit-il ? Au bénéfice de quoi, de qui, ou à propos de quoi sera-t-il propagé ? » Voilà bien où je les attends, les techniciens. Car l'enthousiasme que je réclame, à cor de chasse et à cris de sauvages, est un enthousiasme applicable aussi bien à rien du tout qu'à n'importe qui ou à n'importe quoi. En un mot, il s'agit de l'enthousiasme pur et à l'état brut. Tout uniment, sans rien de plus.

Il est donc indispensable que, dès maintenant et à partir de tout de suite, des enthousiastes professionnels ou des professionnels de l'enthousiasme se mettent à la besogne. Au besoin – on n'en est pas à ça près, au point où nous en sommes – qu'il soit créé un sous-secrétariat à l'Enthousiasme, rattaché à la présidence du Conseil, et que l'on fonde aussi une Maison de l'Enthousiasme où les enthousiastes stagiaires auront la possibilité de venir s'entraîner.

Et nous pourrons ainsi disposer, à tout instant et selon les besoins de la cause, d'un enthousiasme d'Etat, c'est-à-dire d'un enthousiasme neuf, raisonnable, calme, pondéré, équilibré et nationalisé, au service exclusif des intérêts supérieurs du pays, lesquels, comme chacun le sait à l'exception de ceux qui l'ignorent, n'ont aucun rapport avec les sordides intérêts particuliers, sauf dans le cas bien précis où ces derniers peuvent éventuellement, et néanmoins, avoir des points de contact et d'identité avec les premiers.

Nous avons droit à l'enthousiasme. Nous le réclamons. Et nous l'aurons. Vive l'enthousiasme sain, de première main, dans l'état où il se trouve, en ordre de marche, face à la route et indéfectiblement inséparable de ce qui lui est personnel !

En attendant des reconstituants

Va-t-on réformer la France pour faiblesse de Constitution ?

Nous sommes à même de publier aujourd'hui les grandes lignes du statut qu'on nous prépare. Nos lecteurs jugeront si notre pays sera ou non doté d'une bonne Constitution.

De toute façon, ils peuvent avoir la certitude que les électeurs auront bonne mine.

Pouvoir exécutif

La France aura à sa tête un président de la République. Nommé par voie de concours, celui-ci devra fournir la preuve qu'il est en mesure de participer à trois banquets quotidiens sans troubles stomacaux, de signer sans fatigue une centaine de lois à l'heure, et de parler à volonté pour ne rien dire.

Il devra, en outre, posséder des talents de société susceptibles d'égayer les cérémonies officielles sans dépasser les limites de la décence. La marche sur les mains, le maintien en équilibre sur le nez d'une lampe à pétrole, le jonglage avec les saucières et la connaissance d'histoires marseillaises inédites sont particulièrement recommandés.

Le président de la République arborera un uniforme spécial. Par raison d'économie, il se réduira à une feuille de vigne timbrée aux armes de la nation, mais un plumet tricolore y sera adjoint en vue de renforcer le prestige inhérent à la personne du premier magistrat.

La France sera administrée par un cabinet ministériel.

Afin d'en finir avec les dissentions intestines, sans priver toutefois le Parlement des crises gouvernementales qui constituent son principal attrait, tous les députés seront de droit ministres à tour de rôle et par ordre alphabétique, étant entendu qu'aucun cabinet ne restera en fonction plus d'une demi-journée pour ne pas retarder l'entrée au pouvoir des élus inscrits à la suite.

Pouvoir législatif

Le monocamérisme est abandonné. L'Etat possédera non seulement une chambre et un cabinet, mais encore une antichambre (réservée à l'opposition), un boudoir (où siégera le M. R. P.), une cuisine (indispensable en politique) et une salle de bains. Un cabanon est, non sans raison, envisagé. Naturellement, il sera capitonné. Par contre, M. Longchambon est hostile à une salle à manger qu'il déclare inutile.

La création d'un conseil économique et d'un conseil impérial préconisée par Vincent Auriol est rejetée, l'expérience ayant démontré que les conseils n'étaient jamais suivis.

Enfin, les députés seront inamovibles. Ainsi, on en finira avec les périodes électorales génératrices de troubles. De plus, dégagés du souci de plaire à leurs électeurs et de s'assurer leur réélection, les parlementaires à perpétuité cesseront de voter des lois et passeront leur temps à jouer à la belote. En un mot, ils deviendront totalement inoffensifs.

Pouvoirs militaire et judiciaire

La Constitution entrevoit, d'autre part, la démocratisation de l'armée où, comme il est d'usage en république, l'autorité reviendra uniquement à la majorité, c'est-à-dire aux simples soldats qui sont incontestablement plus nombreux que les officiers.

Une réforme judiciaire est également envisagée. Elle permettra aux tribunaux de condamner non plus les accusés, comme cela se faisait jusqu'alors, mais les avocats, car il est juste que ce ne soit pas toujours les mêmes qui trinquent.

Communiqué

Le secrétaire général de la Préfecture de police communique :

Il est rappelé aux commerçants et aux consommateurs que les porteurs de carte d'épingles de sûreté, et les titulaires de la carte nationale de gomme à claquer ont droit de priorité sur les prioritaires.

La non-observance du droit de priorité vis-à-vis des usagers de ces cartes exposera les coupables à se voir privés du droit de vote obligatoire ou autres jouissances de droits.

À Os rompus

Les mauvaises nouvelles

Il se confirme dans les milieux autorisés et autres que M. André Philip, ministre des Finances, ne se rendra pas aux Etats-Unis ainsi que chacun l'avait espéré.

Cette triste nouvelle plonge dans l'affliction la plus profonde l'intéressante famille des contribuables français, déjà si cruellement éprouvée et dont les membres voudront bien trouver ici l'expression de nos condoléances émues.

Le plafond crevé

La fonte des neiges a révélé un fait regrettable : il pleut dans l'hémicycle du Palais-Bourbon au grand déplaisir de nos représentants, dont certains ne tiennent pas beaucoup à se mouiller. Beaucoup en accusent M. André Philip.

– C'est lui qui a crevé le plafond ! disent-ils.

– C'est pas moi, c'est Pleven ! riposte le ministre des Finances. A force de tirer la couverture à lui, il a fini par faire un trou dedans.

Une commission d'enquête a été chargée de la recherche des responsabilités tandis que plusieurs sous-commissions grimperont sur le toit pour calfater les fissures avec du chewing-gum et de vieux numéros de l'*Officiel*.

En attendant la fin de ces travaux, la sonnette présidentielle a été remplacée par une cloche de plongeur.

Les fausses nouvelles

Un confrère dont nous tairons pudiquement le nom présentait ces jours-ci comme parfaitement véridique l'histoire rocambolesque d'un certain docteur Petiot qui, après avoir assassiné, pour les voler, une cinquantaine de personnes au cours des années 1943 et 1944, aurait fait disparaître les cadavres de ses victimes par des moyens divers et prohibés.

Nous ne sommes certes pas de ceux qui contestent aux journaux d'information le droit de publier de temps à autre des fausses nouvelles, vu qu'une fausse nouvelle, pour peu qu'elle soit bonne, est toujours préférable à une vraie qui est mauvaise.

Cependant, il y a des limites à tout, même à la vraisemblance. A qui fera-t-on croire qu'un pareil malfaiteur, s'il existait réellement, n'aurait pas été depuis longtemps jugé et condamné ?

Il ne faut tout de même pas deux années à la justice française pour instruire un procès criminel !

Le jeu du recensement

Le recensement 1946 a remporté un franc succès auprès de tous les citoyens qui ont passé dans la joie la journée de dimanche à répondre aux questions aussi divertissantes qu'inattendues dont étaient couvertes les feuilles proposées à leur sagacité.

En ces temps difficiles où les occasions de s'amuser à peu de frais sont malheureusement rares, voilà enfin pour les familles une distraction saine et de tout repos. Souhaitons qu'elle nous soit offerte plus souvent !

Trois présidents ?

Comment sera le futur président de notre Quatrième République ? Les socialistes le voient grand et fort, avec une petite moustache en brosse et des jambes légèrement cintrées pour monter plus facilement à cheval. Le M. R. P., par contre, voudrait qu'il sache jouer de l'ocarina, dire correctement : « Bonjour, la compagnie », et baiser la main aux dames. Enfin, les communistes exigent un président démontable, muni de pièces de rechange sans oublier la roue de secours.

Personne ne peut se dissimuler ce qu'ont de grave ces divergences de vues dont la persistance risquerait de mettre en péril l'unité du régime sinon le tripartisme du gouvernement. Là encore, souhaitons que triomphe la thèse conciliatrice de M. Vincent Auriol : trois présidents amovibles, désignés par le sort chaque semaine en même temps que les gagnants de la Loterie nationale.

S. D. N.

Puisqu'on ne me demande pas mon avis il faut que je le donne : M. Churchill est dans le vrai. L'Angleterre doit s'unir à l'Amérique. Mais il ne faudrait pas s'en tenir là.

France, Chine, Russie tous les pays du monde devraient également épouser les U. S. A. qui changeraient alors de nom.

Celui-ci est à trouver. Mais « Société des nations » me paraît très convenable. Surtout que les initiales S. D. N. sont très douces à l'oreille. Maintenant, je ne voudrais pas me disputer pour une question de mots.

Alors, si on appelait : O. N. U. l'organisme groupant les nations unies, je trouverais ça très bien aussi.

Car, au fond, ce qui importe, ce ne sont pas les vocables, mais que la chose se fasse. Et qu'après deux guerres on nous foute enfin la paix !

Théâtre

REBECCA

Deux illustres amoureux, Daphnis et Chloé, se sont, paraît-il, tellement aimés qu'ils se sont confondus, sous les lauriers de l'amour, en un seul être qui se nomme bien entendu Daphné du Laurier. C'est une dame, comme Vénus, et Mme Daphné du Laurier a écrit un roman intitulé : Rebecca, *dont on a tiré une pièce appelée aussi* Rebecca.

L'héroïne invisible de Rebecca, *dont le nom est justement Rebecca, est naturellement une amoureuse qu'il faut ranger dans la catégorie des assassinées. Or, là où il y a une assassinée, il y a un assassin, et lorsqu'il y a un assassin, il faut se garder à carreau, mais s'il y a un carreau, il y a une fenêtre et quand on voit la fenêtre on n'est pas loin de la porte. C'est là que je voulais en venir, car M. Laporte est l'auteur de l'adaptation théâtrale de* Rebecca.

La chose est d'importance, car dès que l'on a compris que l'assassin est à Laporte, on ne peut plus s'étonner de le voir entrer. Il entre, en effet, au bras de sa seconde femme, qui ne s'appelle pas Rebecca, car Rebecca, c'était la première et il l'a tuée.

Voilà qui ressemble beaucoup à l'histoire de Barbe-Bleue avec cette différence que dans Rebecca, *l'assassin est un lord anglais qui n'a que deux épouses successives au lieu de sept et qu'il n'en supprime qu'une.*

Il y a donc là un gros progrès au point de vue de la morale et des bonnes mœurs. Nous ne pouvons que nous en féliciter.

Modeste GONCOUR.

Avis
SOLENNEL

Beaucoup de nos lecteurs, ayant à nous communiquer des choses terriblement urgentes, nous les font parvenir par pneumatique.

Pour des raisons connues de nous seuls, nous les prions de bien vouloir nous les faire parvenir, de préférence, par chambre à air. Merci.

A la manière de...

L'Os, par Spinoza

Livre VI. – DU CORPS

Théorème I. – L'Os est Dieu unique.

Démonstration. – L'Os appartient au squelette, donc à la substance et la substance est unique (Th. 2, livre I). Or, la substance est l'attribut de Dieu donc l'Os est Dieu unique.

C. Q. F. D.

Scholie. – Il y a des gens qui se représentent l'Os comme un corps à part, mais la substance absolument infinie est indivisible.

Corollaire. – Il suit de là : qu'aucune substance corporelle n'est en tant que substance divisible. Et, en effet, chacun ronge son os, chose que j'ai voulu indiquer ici en passant.

Pour les fêtes de Pâques
Les voyages organisés de L'Os libre

Voici venir les premières vacances de l'année et nombreux sont les citadins qui songent à profiter des tarifs dérisoires pratiqués par notre S. N. C. F. pour faire provision de bon air et de produits assimilables.

Les services touristiques de L'Os *(S. T. O.) ont spécialement mis au point pour nos lecteurs quelques circuits et itinéraires parfaitement organisés, d'un confort et d'un attrait exceptionnels.*

Citadins, plus de soucis !

L'Os *se charge de vous emmener partout... A pied, à cheval et en voiture !*

PARIS-SANNOIS

(2 jours). Fiacre et vélo-taxi combinés. Tout compris, sauf nourriture, boisson et logement : 2000 francs.

PARIS-NUREMBERG

(12 jours). *Train et autocar. Un voyage magnifique. Un séjour enchanteur dans un cadre médiéval et antinazi 100 %.*

Places assurées pour les représentations du Procès de Nuremberg, *la farce la plus comique du siècle. Plus de* 1000 *personnes en scène,* 2 000 000 *de fantômes, tous fournis par la Fédération des Anciens Déportés et Internés.*

Prix spéciaux pour les personnes désirant faire demi-tour dès le second jour.

PARIS – BADERN – BADERN

(15 jours). La vie de château. Recommandé aux faux colonels, et aux vrais. Aucune perte de temps, nos services assurant la fourniture des faux ordres de mission, S. P. et bons d'essence.

Badern-Badern offre la cure de repos la plus complète, tout travail en étant rigoureusement banni. Grand centre religieux. Mess trois fois par jour au minimum.

PARIS-HENDAYE

(8 jours). *Train et mulet combinés. Visite de la frontière, vue splendide sur la fermeture. Le 3e jour, défilé spécial de wagons de pommes de terre en transit* (sic). *Avec supplément de 10.000 francs nous assurons le passage clandestin de la frontière avec hébergement assuré à la prison modèle la plus proche.*

Retour du corps en wagon plombé, par les soins de la phalange. (Nombreux correspondants en France.)

LE CIRCUIT SURPRISE

(*Une création originale et exclusive de* L'OS)

(7 jours). Visite complète et détaillée des bas-fonds de la capitale. Départ des halles centrales. Etude du mécanisme des arrivages et de leur répartition. Le second jour, deux heures avec les inspecteurs du Contrôle économique, puis une heure au service des S. P. de la Préfecture de police ; on devise gaiement. Le troisième jour, visite de la Constituante et dans les coulisses des sous-commissions. Une heure avec M. André Philip, consacrée à une causerie sur le mécanisme de l'impôt de solidarité. Les deux jours suivants, repos.

Le sixième jour, grande réception chez un fabricant du mur de l'Atlantique. Thé surprise et sauterie.

Le septième jour, le client vient nous trouver et souscrit immédiatement un voyage aller simple pour les îles Galapagos.

Notre référendum

Les hommes à nous, affectés au dépouillement du courrier afférent à notre référendum, ont déjà dénombré plus de 33 millions de réponses pour la France, 27,5 millions émanant de l'étranger, et 14 millions en provenance d'autres lieux.

Ne sont pas compris dans ces chiffres nos 63 millions d'abonnés, dont le dépouillement suit son cours.

A propos de ce référendum, nous nous excusons gaillardement auprès de nos nombreux lecteurs ; une catastrophe unique dans les annales, mais peu grave au demeurant, nous a empêchés de nous rappeler la chose que nous devions traiter.

Fort heureusement, la perspicacité de nos lecteurs a remis les choses au point.

Sitôt que la mémoire nous reviendra, nous n'aurons qu'à confronter les réponses avec ce que nous subodorons confusément.

Par ailleurs, *L'Os libre* vous prépare pour la *season* du référendum, un référendum maison.

Avec concours, primes, etc.

Les bons s'en vont...

Deux nouvelles vedettes viennent de donner leur démission de la Comédie-Française.

Il s'agit de MM. Pierre Dac et Fernand Rauzéna qui décident et décrètent d'un commun accord de donner leur démission en qualité de spectateurs honoraires de 1re, 2e et 3e classes.

Cette décision a provoqué une énorme panique à la Bourse, affectant notamment les actions de la **Bougne Social and Co.**

La vagabonde quatrième

Marianne, pauvre fille, un bidault à la main,
Avance en trébuchant sur le rude chemin.
Elle a faim. Elle a froid. Son escarcelle est vide.
La triste Inflation souffle dans l'air livide
Et de noirs émerpés passent en croassant.
Elle s'arrête enfin, car ses pieds sont en sang,
Et cherche en sa besace un restant de tartine.
Elle ne trouve, hélas ! qu'un peu de naphtaline,
Un portrait du grand Charles, un slogan usagé,
Un cure-dents tout neuf et des milliards rongés.
Ah ! comme un bout de ruhr ferait bien son affaire !

Là-bas, hurle toujours un franco sanguinaire.
Elle est seule. L'ami russe, si diligent,
Est parti pour la chasse à l'azerbaïdjan.
Souffrant d'hindoupandite et de khédivérole,
John Bull, son bon copain, s'est saoulé de pétrole !

Cependant tout espoir n'est pas encor perdu.
Si le bon oncle Sam, riche et plein de vertu,
Voulait… Mais sa vertu n'est pas si gratuite
Qu'il ne veuille obtenir celle de la petite.
On verra bien… Marianne ira, le cœur tremblant,
Chez l'oncle circonspect tendre un blum implorant.

Faits divers

DE PARIS. – La nuit dernière, deux agents en tricycle amorçant un virage à l'angle de la rue Legendre et de l'avenue de Clichy, tombaient inopinément sur une bande de malfrats occupés à dévaliser un groupe de promeneurs attardés.

Ayant chu de surprise du haut de leur véhicule, les policiers purent néanmoins reprendre leur route sans attirer l'attention des horribles voyous.

DE NANTES. – Un incident bizarre s'est produit l'autre soir dans un bal de la ville. Un danseur noir pratiquait un boogie-woogie forcené avec une jeune personne de la localité, lorsque par un curieux hasard, le jeune homme, ayant fait un faux mouvement, se prit la barbe dans la chevelure de la jeune femme.

Après deux petites heures d'efforts, les deux danseurs purent enfin récupérer leur liberté.

DE BOULOGNE. – Un mignon bambin lui ayant demandé gentiment de tirer une sonnette, le complaisant Alexis Priopopoulos ne fut pas peu surpris de recevoir peu après une gamelle de choux au gras sur la tête.

Comme il exprimait vertement son indignation, un inconnu, surgi de l'immeuble, appliqua au pauvre bougre éberlué un assortiment de claques épouvantables, à la grande joie d'une bande de gamins qui attendaient cet événement avec impatience.

DE HOUILLES. – Ayant oublié que sa femme avait mis son masque antirides, M. Popaul, se réveillant en pleine nuit, crut se trouver au côté d'un monstre et alerta vivement la police.

Les policiers ayant aperçu l'horrible créature affalée sous les draps et ronflant bruyamment s'enfuirent porter leur démission à leur chef.

M. Popaul qui tentait de chercher refuge au poste, où les agents s'étaient barricadés, fut accueilli par une décharge de mousqueterie.

Au petit jour, le malheureux fut aperçu errant en chemise dans la campagne.

Petites Annonces

DEMANDES D'EMPLOI

Jeune homme possédant perforatrice effectuerait travaux chez particuliers.

Chalumeau oxydrique en veuvage cherche associé prudent. Gros stock d'adresses inexploitées.

Fantôme ruiné, disposant loisirs, s'occuperait séchage de linge. Draps si possible.

Ancienne section de camouflage effectuerait travaux de planque chez capitaliste. Travail impeccable.

OFFRES D'EMPLOI

On demande géant débutant, présenté par ses parents, gros gains si capable.

Cherchons sténo-dactylo connaissant bien anglais. Connaissance plusieurs Anglais pas nécessaire.

On demande nombreux sonneurs de « cloches ». S'adresser tous services administratifs.

DIVERS

Marteau à manche souple pour personnes ne disposant pas d'escabeau : 7 fr. 30.

Le même, coudé, pour planter des clous dans les coins : 10 fr.

Lampe de poche avec batterie d'accus, générateur, groupe électrogène. La valise équipée : 3799,95.

Machine à marcher sur les pieds, indispensable pour tous usagers du métro : 18 746,30.

Parapluie à gazogène, gros modèle : 31 643 fr. 10 ; le même, électrique : 567 fr. 45.

Chiffon pure laine pour essuyer les coups de feu. Le morceau : 29 fr. 90.

Clous élastiques pour accrocher les photos légères. Le quart : 8 fr. 20.

Compteur de taxi spécial, laisse passer 20 fr. à chaque cahot. Bons gains journaliers : 443 fr.

ARTICLES POUR IVROGNES

Sac à vin, baudruche tous coloris, avec courroie d'épaule. Recommandé pour ivrogne habitant loin de chez lui. Livré avec tuyauterie et embouchure : 150 fr.

Litre de vin, goulot carré pour ivrogne à mâchoire édentée. La pièce : 8 fr.

COURS SPÉCIAUX

Leçons de maintien pour ivrognes. Maintien une main : 10 fr. ; maintien deux mains : 20 fr. Maintien deux mains avec petite course à l'échalote : 30 fr. Pourboire facultatif.

SOLDES

Le beau temps va venir, il ne vous reste que quelques jours pour prendre froid. Profitez de nos soldes d'hiver : rhume ord. : 3 fr. 90 ; rhume corsé : 4 fr. 20 ; grippe velue : 0 fr. 10 ; la même, opiniâtre : 7 fr. 35. Coryza indien : 12 fr. 10.

N° 23 – Jeudi 14 mars 1946

Résumé

L'inspecteur Poileau Luc et son fidèle Lachnouf enquêtent dans les salons de la duchesse de Lichamort, née Suce-Canelle, où ils espèrent retrouver le voleur de la coupe du roi de Thulé.

Chapitre VI
Dans le monde (Suite)

Soudain, Poileau Luc saisit le bras de Lachnouf…

– Attention, mon vieux, voilà la duchesse ! De la tenue… Nous allons lui présenter nos respects…

Déjà la duchesse venait à eux, toute froufroutante et tenant en laisse une sorte d'animal…

C'était une femme charmante entre deux âges et entre deux vins… Poileau Luc s'inclina :

– Duchesse, je vous présente mes hommages…

– Et mes fromages, continua Lachnouf pour faire un mot d'esprit.

– Un vrai boulevardier, remarqua aimablement la duchesse… Venez par ici, mes amis… Vous prendrez bien une petite coupe de cheveux ?

Poileau Luc tressaillit…

– Comment ?

– Heu… Une petite coupe de mousseux, rectifia la duchesse…

– J'aimerais mieux une bonne soupe bien épaisse, dit Lachnouf…

– Mais il y en a également, dit en souriant la duchesse.

– Quel est donc ce curieux animal que vous traînez en laisse, duchesse ? interrogea Poileau Luc.

– C'est une limande moustachue du Groenland, expliqua la duchesse… Mais, excusez-moi, j'ai d'autres invités à recevoir. Viens, Carmen !

Et elle s'éloigna, suivie de la limande qui frétillait de la nageoire caudale…

Les deux hommes s'approchèrent du buffet.

– Eh ! le loufiat, appela Lachnouf. Servez-nous deux soupes à la courge, et bien chaudes !

Le garçon de service déposa devant les deux hommes une soupière fumante. Tout à coup, au moment de se servir, Lachnouf se baissa jusqu'à entrer la tête dans le récipient.

– Chef, regardez ce que j'ai trouvé !

Poileau Luc s'approcha pour regarder.

– Un cheveu ! Un cheveu dans la soupe ! Ah, ah ! Si la soupe est mauvaise, la piste est bonne ! Buvons ! Deux coupes pour des hommes qu'ont soif !

Après avoir vidé plusieurs coupes, les deux hommes avaient l'air extrêmement gai… Lachnouf, d'une voix pâteuse, dit au détective :

– Chef, je voudrais valser avec vous.

– Allons-y ! Lachnouf…

Les deux hommes s'enlacèrent et commencèrent à tourner. Mais soudain, un domestique genre armoire normande s'approcha et leur dit :

– Voulez-vous aller prendre un peu l'air à l'extérieur ?

– D'accord, dit Poileau Luc, nous partons. Lachnouf emmenez les bouteilles, on finira ça à la maison !

(*A suivre.*)

L'OS LIBRE

« Contre tout ce qui est pour – Pour tout ce qui est contre. »

NUMÉRO 24 – JEUDI 21 MARS 1946

La situation se dégrade entre les Etats-Unis et l'URSS. Staline refuse de retirer ses troupes du nord de l'Iran, comme prévu par un accord signé en septembre 1945, s'il n'obtient pas des concessions pétrolières dans ce pays. Pour la première fois, on parle de « guerre froide ». La chaleur humaine est présente en France avec « On chante dans mon quartier », une émission de radio. Chaque jour, dans une rue de Paris, le chansonnier Saint-Granier et ses musiciens font reprendre en chœur par le public des refrains populaires. Le générique, « Ploum ploum tralala », est signé Francis Blanche.

Edito — Sur le plan de l'amitié

par Pierre Dac

Je viens de relire *De natura rerum*, l'œuvre de Lucrèce, le célèbre poète latin, dont les jeunes générations oublient un peu trop qu'il appartenait à une famille d'hommes de cheval ; particularité qu'il importe cependant de ne pas négliger, puisque, c'est aisément compréhensible, elle fut incontestablement l'élément déterminant qui décida de la vocation du poète. Depuis longtemps, il entrait dans mes intentions de relire Lucrèce ; et si je ne l'ai pas fait plus tôt, c'est que je savais que j'aurais l'occasion de le faire plus tard. Aussi, n'ai-je pas manqué d'acquérir, dès que j'en ai eu la possibilité, une édition spéciale de dernière heure et sur papier timbré de l'ouvrage dont j'avais le plus vif désir de me réimprégner.

J'ai donc relu dans le texte latin original les six livres composant *De natura rerum*. Quand je dis que j'ai relu dans le texte original, c'est façon de parler, car le libraire m'a remis six autres livres comportant une traduction en italien, plus six autres livres comportant une traduction de l'italien en polonais, ainsi que quatre volumes comportant la traduction du polonais en dialecte maori et, enfin, un opuscule d'une trentaine de pages comportant la traduction de ce dernier dialecte en patois berrichon. Ainsi ai-je pu commodément relire Lucrèce après avoir, bien entendu, fait traduire par un joueur de cornemuse assermenté la version berrichonne en langage courant.

Eh bien ! on dira ce qu'on voudra, mais Lucrèce n'était pas un baveux. Et c'est avec une exaltation sacrée que j'ai retrouvé les principaux passages consacrés à l'amitié, en particulier ceux qui furent écrits à l'occasion du grand congrès tenu par les empeseurs de plastrons de l'époque, dont j'extrais le début de ce vers célèbre, connu de tous :

Suave mari magno ! ce qui, littéralement, peut ainsi se transcrire :

Je te salue, ami que le Ciel m'a donné. Car il n'est rien de mieux qu'un bon amidonné.

Et voilà pourquoi j'ai intitulé le présent article : *Sur le plan de l'amitié.* Je me suis rendu compte, en méditant Lucrèce, que si tant de choses clochent encore dans notre pauvre humanité, c'est en raison de la carence de l'amitié : l'amitié disparaît chaque jour un peu plus, piétinée par les sordides appétits des intérêts personnels et particuliers. Et pourtant, tout pourrait facilement s'arranger. Il suffirait de tout porter sur le plan de l'amitié. Il faudrait d'abord décréter l'amitié obligatoire et d'utilité publique internationale. Ce postulat une fois posé, on viendrait très rapidement à bout des plus insurmontables difficultés. Prenons, à titre d'exemple, le conflit qui oppose actuellement l'Angleterre et les U. S. A. à l'U. R. S. S., au sujet de l'Iran. Ne pensez-vous pas que si les dirigeants de ces trois grands Etats proclamaient solennellement, à la face ou à la nuque des peuples, que leurs divergences de vues et d'intérêts pétroliers sont uniquement et fondamentalement d'essence – c'est le cas de dire – amicale, ça ne créerait pas automatiquement dans le monde entier un climat d'euphorique soulagement et d'inébranlable confiance ?

« Ce n'est pas ça qui empêchera la guerre », m'objecteront peut-être de pessimistes raisonneurs. Peut-être. Et après ? Qu'importe, si le principe de l'amitié est sauvegardé et s'il ne s'agit que d'une conflagration amicale. Car, quoi qu'en puissent penser les contempteurs de sentiments humains, un bombardement amical ça vous a tout de même une autre allure qu'un projectile atomique inamical.

De même qu'une tuerie amicale n'a rien de commun avec un vulgaire bigornage issu d'instincts grégaires autant que sauvagement adverses. « Tout placer sur le plan de l'amitié et nous serons sauvés. » Et cela est valable aussi bien sur le loto national que sur l'échiquier mondial. Puissent les citoyens s'en inspirer au cours de la prochaine campagne électorale : traiter un adversaire de pourri et d'ordure ce n'est pas joli, mais le qualifier « d'amicale vomissure », c'est dans la note altruiste !

Et puissent surtout s'en inspirer les chefs et sous-chefs d'Etat, ainsi que tous pasteurs, bergers et autres maîtres d'hôtel dispensateurs de nourriture spirituelle, dans la tâche grandiose qui leur est dévolue de mener et de diriger le plus amicalement possible la politique des peuples à disposer des autres ! Ainsi pourrons-nous enfin vivre, souffrir, combattre et crever en toute amitié, car, en toutes choses, il n'est que le résultat qui compte. Quand celui que je préconise sera atteint, il pourra non seulement compter sur lui et sur ses doigts, mais encore sur le reste. Et, pour les hommes de bonne petite et honnête volonté moyenne, tout ira bien, sinon définitivement mieux.

À Os rompus

On ne parle pas dans son quartier

Le coquin de sort en est jeté, ça ne pouvait plus attendre. M. F. Gouin prononcera prochainement un grand discours à seule fin de nous expliquer le pourquoi de la chose. Par malheur, on s'est aperçu au dernier moment que la tribune de la Chambre était retenue jusqu'à la Toussaint par différents orateurs qui, eux aussi, ont leur mot à dire. Il en est de même à la Radiodiffusion française, où tous les micros se trouvent actuellement occupés par Saint-Granier. En dernière analyse, il a fallu pousser jusqu'à Strasbourg pour trouver une place disponible. Evidemment, c'est un peu loin, mais le président du Conseil en sera quitte pour forcer un peu la voix.

La liberté de l'enseignement

A Paris, comme dans toutes les villes et villages de France, des manifestants, âgés pour la plupart de six à quatorze ans, ont parcouru le quartier des écoles pour protester contre la liberté de l'enseignement, tant public que privé.

Un peu partout, on a pu voir se former des cortèges précédés de pancartes et d'ardoises aux éloquentes inscriptions : « Fermez le bahut !... A bas les profs !... Vivent les vacances !... »

Le Parlement restera-t-il longtemps encore sourd à la voix de notre jeunesse opprimée ?

Bruits de clôture

Les maisons closes doivent-elles être encore plus fermées ? Telle est la question posée au public par le S. S. S., qui est l'Institut Gallup français.

Réponses : 44 % non ; 42 % oui ; 14 % ni oui ni non.

Dans ces conditions tout peut très bien s'arranger. Il suffirait de laisser les fameuses maisons ouvertes trois jours par semaine, fermées trois autres jours et entrebâillées le septième, pour les indécis.

En attendant, elles restent ouvertes toute la semaine, ce dont la rédaction de *L'Os libre*, au grand complet, a pu se rendre compte personnellement et à diverses reprises depuis vendredi dernier, jour fixé de façon irrévocable pour leur fermeture.

Pour équilibrer le budget

L'autre jour, à Bombay, on a pesé l'Aga Khan. C'est une opération toute simple qui a lieu chaque année à pareille époque. On place l'Aga sur le plateau d'une balance et l'on met des diamants sur l'autre plateau jusqu'à ce que ça fasse le poids. Cette saison, l'Aga Khan pèse 112 kilos.

112 kilos de diamants à 20 000 francs le carat, cela doit représenter déjà une certaine somme.

Ce sont les sujets de l'Aga Khan qui fournissent gracieusement les diams.

On prête à M. André Philip l'intention de se faire nommer Aga. Après quoi, il essaiera le truc pour équilibrer le budget.

Seulement, il lui faudra engraisser un petit peu, d'ici là.

Et rond et rond... de cuir

Votre monceau de paperasses administratives est incomplet si votre registre du commerce vous fait défaut, son obtention est pourtant aisée : il vous suffit pour cela, de participer quelques heures durant, au hasard de la semaine, aux bagarres hargneuses qui se déroulent chaque jour au Tribunal de commerce. Des chefs étincelants, des employés stylés, un service d'ordre clairvoyant vous aideront à passer le temps de façon originale.

Si malgré tout cela vous échouez, c'est que vous avez l'esprit singulièrement obtus, et que vous ne savez pas tirer le parti maximum d'une organisation du tonnerre de Zeus.

L'Os libre a le plaisir d'offrir en priorité à ses lecteurs les premiers résultats du recensement de la population, qui a permis de dénombrer :

37 949 402 trafiquants du marché noir :

126 832 princes russes ;

110 153 brachycéphales ;

82 740 bigames ;

24 906 dolichocéphales ;

13 876 chanteurs corses ;

11 160 orthognates ;

2452 prognathes ;

3 admirateurs de M. Longchambon.

Faits divers

DE LYON. – Hier soir, au cirque Zenfrets, le dompteur était parvenu à faire grimper son lion « Terrible » au sommet de la cage, lorsque soudain un spectateur, éternuant avec force, apeura l'animal qui perdit l'équilibre et tomba. Malgré tous les efforts et les gâteries qui lui furent prodiguées, l'animal refusa de reprendre le travail.

DE PARIS. – Hier soir, à la station de métro Havre-Caumartin, pour une cause attribuée à la surcharge, un wagon de deuxième classe a fait soudainement explosion.

Par miracle, on ne compte qu'une cinquantaine de blessés légers sur les 1388 occupants.

DE HOUILLES. – Aveuglé par sa barbe, un agent cycliste qui rentrait vivement chez lui loupe son virage et fait une entrée bruyante dans un magasin de porcelaines. Par bonheur le rideau de fer était baissé, épargnant la vaisselle, et évitant au malheureux de dangereuses coupures.

DE PARIS. – Des policiers habitués à la dure ont arrêté le nommé Roméo Carlès, se prétendant docteur, et qui pratiquait l'avortonnement sur une grande échelle. Le redoutable médecin, auprès de qui Petiot est un petit ridicule, s'attaquait de préférence aux clients de grande taille.

Il les faisait allonger sur une grande échelle et leur tenait des propos propres à les diminuer, les transformant malgré eux en avortons.

Le monstre fut démasqué par sa logeuse, sur laquelle il voulait se livrer à sa redoutable pratique.

DE LISIEUX. – Au cours d'une réunion politique d'extrême gauche, un orateur qui parlait avec onction au milieu d'un silence religieux, a été pris à partie par un groupe d'anticléricaux. Les dégâts sont peu importants.

De bric et de broc

Pas besoin de fric
Puisqu'on a le troc.
J'avais un mastoc
Pardessus mastic
J'en ai fait le troc
Contre un buste antiqu'.
(C'était pas typique,
C'était pas d'époque
Et comme esthétique
C'était plutôt toc.)
J'ai changé ce roc
Qui n'était qu'en brique
Contre tout un stock
De fil élastique.
N'étant pas sinoque
Mais plutôt cynique
A la République
Je le file en bloc
Pour un prix ad hoc
Et pas trop modique
Payé en barrique
De vin de Médoc.
L'affaire est baroque,
Diront les bourriques.
Que ce soit comique,
Ma foi je m'en moque.
Résultat pratique :
Quand on n'est pas chnock
Avec une loque
On peut faire un liqu-
ide sympathique
Qu'on boit en lousdoc.
Pas besoin de fric
Puisqu'on a le troc.

A la manière de...

L'Os, de Bossuet

SERMON POUR LE CARÊME

Le ravitaillement est semblable à un banquet dont les aliments ne sont que des os affreux.

La loi est portée, il faut jeûner toujours. Je voudrais manger, si peu que ce soit. Jeûne ! Jeûne ! Les tickets invincibles, un règlement irrésistible, nous condamnent.

Encore si je pouvais éviter la famine hideuse ! Non, non, il faut jeûner, il faut mourir.

Ecce homo. « Voilà l'homme. » Et qui est-ce ? Un homme ou un squelette ? Est-ce un homme vivant, ou un fantôme décharné ? On vous le dit : Ecce homo : le voilà, l'homme de privations, le voilà dans le triste état où l'a mis la France, sa mère.

O Jésus ! qui le pourrait reconnaître ? « Nous l'avons vu, dit le prophète, et il n'était plus reconnaissable. »

Cinéma

SPÉCIALITÉS PARAMOUR

Une grande salle de cinéma des boulevards, le Paramour, *vient de présenter un film tourné spécialement pour les amoureux, ou tout au moins pour les personnes qui ont besoin de se trouver à proximité l'une de l'autre afin d'échanger secrètement des communications confidentielles.*

Je m'y suis rendu en compagnie de la jeune secrétaire que je viens d'engager pour écrire mes articles et nous avons passé là une très charmante soirée. Le film, qui s'appelle Missions spéciales, *comporte plusieurs époques et commence par la troisième, dont je n'ai pas eu le loisir de lire le titre, car j'avais tourné la tête au moment où il passait sur le générique. Mais je crois que cet épisode est intitulé* Roger la Honte.

Ce qu'il y a d'avantageux, c'est qu'on peut, aussi fréquemment qu'on le désire, se désintéresser provisoirement de ce qui se produit sur l'écran, car chaque fois qu'on reporte de nouveau les yeux sur lui, on est immédiatement repris par le charme de l'histoire. On n'a pas du tout besoin de comprendre de quoi il s'agit et c'est bien agréable.

J'ai donc interrompu de temps en temps mon entretien avec ma secrétaire, ce qui m'a permis de goûter pleinement quelques fragments du film. Si vous tombez vous aussi sur ceux-là, vous serez certainement très satisfaits de votre soirée, d'autant plus que les fauteuils du Paramour *sont excellents.*

Sulpice CHINOIS.

PETITES ANNONCES

OFFRES D'EMPLOI

Administration recherche pour seconder chef de service monsieur calme et discret ayant sommeil léger.

DEMANDES D'EMPLOI

Bon lanceur de lasso, disponible quelques heures le soir, cherche place dans petite bande malfrats.

Pionnier chômeur, très travailleur, cherche petit emploi explorateur. Accepterait travaux chez particuliers.

Monsieur précis, direct, rapide en affaires, cherche capitaliste distrait pour exploitation nouvelle affaire. Aucune connaissance exigée.

Monsieur pieds sensibles, mais bon à la marche, cherche emploi fouleur de raisins chez viticulteur.

Artiste en chômage, premier prix de Rome, cherche emploi, préférence représentation spiritueux.

Poinçonneur du métro accepterait travaux à domicile.

DIVERS

Pour bien payer vos impôts, allez « Au bon petit diable ». Son thé dansant, ses pin-up-percepteurs, ses entraîneuses. Bar living-room, etc. Un impôt bien présenté est à moitié payé. Qui paye bien ses impôts est un joyeux coco.

Militaires fraîchement démobilisés entreraient en contact avec personnes aimables pouvant les rééduquer à la vie civile.

Oncle d'Amérique, sans famille, adopterait neveux ou petits-neveux situation assise. France si possible. Pourrait prendre premier bateau sitôt reçu pet. somme d'argent.

Belle occasion, 10 à 15 mètres de queue sur trottoir bien exposé devant boucherie.

Lunettes à verres rotatifs, recommandées aux coureurs cyclistes des 6 jours.
Réglées en sens inverse de la marche permettant de tourner en rond sans être étourdi. La paire : 267 f. 20

Eclairage indirect : 101 fr. 10. Eclairage très indirect : 106 fr. 80. Encore plus indirect : 131 fr. 15. Tout à fait indirect : 584 fr. 05.

Chaise-longue, 220 m bien disposée dans la campagne, permet de se promener tout en restant assis : 4693 fr. 70.

Voiture à bras ordinaire : 612 fr. 90. La même à bras musclés facilitant grandement le travail : 900 fr.
Article pour feignant, muscles très développés : 1245 fr.

Casserole, fond ouate thermogène, pour faire la cuisine sans combustible : 43 fr. 45.

Passage clouté portatif, feux de signalisation. Permettant de traverser les rues en tous endroits.

Ballon de rugby en bois, pour rugbymen américains. La pièce : 16 fr. 20. Modèle plus résistant encore, avec coins métalliques : la boîte de six : 241 fr.

Contrôleur économique retraité céderait belle clientèle de gros rapport, à collègue débutant mais avisé.

PROPOSITIONS DIVERSES

Céderais à très bon compte apparition armée d'un balai, pouvant attendre le retour de l'acheteur au-delà de 4 h. du matin. Alexis Priopopalus.

Appareil à faire tomber les piétons. Se monte en un tournemain en travers de n'importe quel véhicule. Long. 4 m 10 : 695 fr.

Machine à faire rire les gendarmes. Très utile dans certains cas : 32 fr. 10.

Dessinateur humoriste et feignant disposant quelques bons dessins, accepterait de collaborer à journal haute tenue et à gros tirage. Ne pas écrire, se présenter.

FARCES ET ATTRAPES

Paillasson incendiaire. Prend vivement feu au contact des pieds : 101 fr. Article beaucoup plus amusant : 165 fr. Extincteur facultatif : 6 fr.

Bicyclette truquée, avec moteur silencieux à caoutchouc : 12 783 fr. 652.

Chapeau claque à réservoir pour ivrogne de salon : 651 fr. Modèle plus roturier, genre chapeau melon : 452 fr.

FONDS DE COMMERCE

Café-bar-tabac, 2 comptoirs, plus succursale mobile avec comptoir roulant pour vente à la sauvette. Prix à débattre.

Pour cause maladie, ramasseur mégôts vend fonds de commerce bien situé. Registre du Comm. Pas-de-porte, etc.

Résumé

La C. du R. de T. a été dér. à l'O. P. Luc enq.

Chapitre VII
Chez le cardeur !

Les deux hommes qui marchaient d'un pas rapide n'étaient autres que le célèbre détective Poileau Luc et son fidèle second Lachnouf.

Ce dernier interrogea :

– Où allons-nous, chef, pour le quart d'heure ?

– Chez un cardeur…

– Un cardeur ? s'étonna Lachnouf.

– Oui, chez un cardeur de matelas… Il y a une demi-heure qu'il nous attend ce cardeur !

– C'est pas pour vous vanter chef, dit Lachnouf avec admiration, mais vous avez de l'esprit pour le quart d'heure !

– Lachnouf, répondit sentencieusement Poileau Luc avec le mot « quart d'heure », on peut s'amuser au moins deux bonnes heures… Mais, nous ne sommes pas ici pour faire concurrence aux revuistes à la mode… Des tuyaux sérieux me laissent à penser que le matelassier chez qui nous allons doit en savoir long sur l'affaire…

– Vous croyez cela ?

– Non seulement je le crois, répliqua Poileau Luc, mais je le présume et, outre cela, j'en ai le pressentiment… La coupe du roi de Thulé est peut-être cachée dans le matelas de ce cardeur…

A ce moment, brusquement, Poileau Luc se jeta à terre en hurlant :

– Vite Lachnouf, à plat ventre !

Lachnouf se précipite par terre à son tour et, une fois dans cette positon il interrogea :

– Pourquoi nous faites-vous mettre à plat ventre, chef ?

– Vous n'entendez pas qu'il passe un avion ?

– Mais, il est au moins à trois mille mètres, dit Lachnouf en levant la tête.

– Oui, répondit Poileau Luc, mais il suffit qu'il lui prenne la fantaisie de descendre à cinquante centimètres… Et puis, parlez plus bas, c'est peut-être un espion… Ah ! l'avion est passé, nous pouvons nous relever.

Les deux hommes se remirent debout et Lachnouf se mit à enlever la poussière sur les vêtements de Poileau Luc à grands coups de tête car il avait les cheveux en brosse. Puis, enlevant sa jaquette de son gilet, il se mit en devoir de nettoyer ses propres vêtements qui étaient sales… Et les deux hommes reprirent leur marche rapide.

– C'est encore loin, chef ? interrogea Lachnouf quelque peu essoufflé.

– Nous y sommes, dit Poileau Luc en s'arrêtant. Attention ! soyons prêts à tout et ne négligez aucun indice…

Et Poileau Luc mit la main sur la poignée de la porte d'entrée du cardeur…

(*A suivre.*)

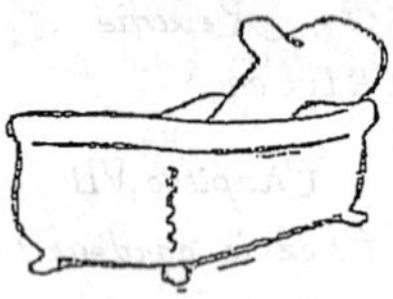

L'OS LIBRE

« Contre tout ce qui est pour – Pour tout ce qui est contre. »

NUMÉRO 25 – JEUDI 28 MARS 1946

On connaît maintenant les résultats du recensement. Fin 1945, la France compte 40,5 millions de citoyens. Le taux de natalité a grimpé de 18 %, et les autorités encouragent les familles à faire des enfants. Après cinq années de guerre, il est indispensable de repeupler la France. Félix Gouin annonce que le projet de Constitution sera soumis aux Français, par référendum, le 5 mai prochain. Une information qui passe presque inaperçue. Le sujet de conversation favori des Français, c'est la campagne de presse lancée par Marthe Richard pour la fermeture des maisons closes.

Edito — On y va...

par Pierre Dac

Il importe, dans les temps difficiles que nous vivons, de bien voir les choses comme elles sont en évitant de les regarder sous un angle différent. Là est le principal de l'essentiel, ainsi que l'indispensable du nécessaire. Cela n'est d'ailleurs pas aussi simple que ça pourrait éventuellement le paraître. Car une chose n'est telle qu'elle est que par rapport à l'idée que nous nous faisons de ce qu'elle représente pour nous. Ou plus exactement nous nous faisons une idée de ce qu'est une chose d'après ce que nous en pensons. De là à nous faire une idée de ce qu'est une chose par rapport à ce que nous croyons qu'elle est, il n'y a que l'espace d'un pas de porte. Ce qui, en définitive, ne change rien à la chose, qui continue, en dépit de toutes appréciations, à demeurer ce qu'elle est. Aussi, pour y voir clair, est-il bon de ne pas perdre de vue que le sens de l'esprit objectif doit être plus que jamais recherché. Ainsi que le sens de l'esprit critique.

En bref, le sens critique et le sens objectif sont comme qui dirait les deux mamelles du positif réel. Encore convient-il de ne pas s'embrouiller et de ne pas s'imaginer que tout ce qui est réel est positif et que tout ce qui est positif est nécessairement réel. Car tout est relatif ; en dehors de ce qui ne l'est pas ; et

ce qui ne l'est pas, l'est tout de même en comparaison de ce qui l'est moins ; ou plus ; ce qui est pareillement identique. Mais là n'est pas la question. Le tout est de savoir si l'on y va ou pas.

Or, personnellement, en m'appuyant sur tout ce que je viens de vous exposer, je ne crains pas d'affirmer qu'on y va. C'est, à mon avis, inéluctable. Et inévitable. Est-ce un bien ? Est-ce un mal ? L'avenir nous le dira, car on ne peut rien conclure avant l'expérience. Et encore ? Car il faut, pour se prononcer, que l'expérience soit concluante, dans un sens ou dans l'autre. Ou dans les deux ensemble, même contradictoirement. Nous n'en sommes pas encore là. Mais nous en prenons le chemin ; nous sommes déjà sur la route qui y conduit ; et qui nous y mène par la même occasion et les mêmes sentiers. C'est comme ça ; que ça nous plaise ou non. On y va ! Plus ou moins rapidement, certes, plus ou moins en droite ligne ; avec des heurts, des arrêts, des freinages, qui, dans l'ensemble, ne changeront rien au résultat. Et, au fond, à quoi bon s'obstiner à ne pas voir ce qui est, ainsi que je vous le dis un peu plus haut ? Puisqu'on y va, allons-y.

Car on y va. C'était d'ailleurs prévisible depuis longtemps. On peut retarder ce qui doit arriver ; on ne l'empêche pas. C'est pourquoi, quand je vous dis qu'on y va, c'est qu'on y va, gaillardement et bon gré mal gré.

Peut-être me direz-vous que, s'il est suprêmement important de savoir qu'on y va, il ne serait pas absolument inutile de savoir, dans le même temps, également où l'on va. Il n'entre pas dans mes actuelles attributions de répondre à pareille question ; le libre arbitre n'a pas été créé pour les cactus. L'important est de savoir qu'on y va. Quant à savoir où l'on va, on le verra bien à l'arrivée. Moi, je vous dis ce que je sais. Et tout ce que je sais, pour l'instant, c'est qu'on y va. Ne m'en demandez pas davantage. Et allez-y de bonne grâce ; ça vaudra mieux. Pour vous, pour nous, pour tout le monde, aussi bien que pour tous les autres.

Théâtre

VIF ARGENT

Le théâtre le Gruyère – qui est situé rue Le-Gruyère, tout près de la Voie lactée, dans le quartier de l'Etable de Multiplication des Pains, vient de présenter une pièce agile et métallique dont le moins qu'on puisse dire est qu'elle est la première d'une longue mercurielle, c'est-à-dire d'une série. Autant dire qu'il s'agit d'une pièce sérieuse.

Elle est intitulée *Vif Argent* et l'on annonce déjà les autres pièces de la collection, qui seront : *Vif Or, Vif Aluminium, Vive Ebonite* et *Vive la République.*

Il s'agit de l'histoire, en quinze épisodes, d'un petit poisson qui a mal aux dents. Un jeune médecin les lui plombe en hâte et en latin. Pour le remercier le petit poisson le présente à une jeune fille et tous les trois se mettent aussitôt à creuser un souterrain, qu'ils transforment bientôt en sous-marin. Après bien des péripéties, la jeune fille retrouve son père, qu'elle avait perdu en mère et tout finit par un mariage, non pas, comme on pourrait le croire, entre le père et la mère, mais entre le jeune médecin et la jeune fille, ce qui crée un effet de surprise tout à fait surprenant.

Modeste GONCOUR.

À Os rompus

Le référendum

Le 5 mai prochain, le peuple français aura son mot à dire sur la nouvelle Constitution. Un seul mot, à la vérité, mais c'est encore mieux que rien. Ce sera OUI si l'on est satisfait du travail, et NON, dans le cas contraire. Les oui-oui, les oui-non, les non-oui et autres balbutiements ne seront plus admis. Ce coup-ci, il s'agit de savoir ce qu'on veut !

La future consultation populaire est d'avance assurée du plus vif succès. Aucune abstention n'est prévue, sauf peut-être celle de la Constitution elle-même qui, vraisemblablement, ne sera pas tout à fait terminée.

Mais, qu'importe ! On se passera d'elle !

On s'en est bien passé jusqu'ici !

Encore la fermeture

Nous ne reviendrons plus – comme nous l'avons fait à diverses reprises et avec un tact hautement apprécié – sur l'irritante question de la fermeture. Les déclarations qu'a bien voulu nous faire une personnalité autorisée dissipent à ce sujet toute équivoque.

– Si la chose intéresse vraiment certains de vos lecteurs, dites-leur d'abandonner toute espérance. *Elles sont closes et le resteront !*

– Alors, vraiment, vous croyez que ces maisons ?…

– Ces maisons ? Mais il ne s'agit pas de maisons ! Je vous parle des stations de métro fermées pour des raisons de salubrité publique, comme devraient d'ailleurs l'être toutes les autres !

Et voilà ! Entre honnêtes gens, il suffit de s'entendre, pas vrai ?

Des dattes

Le ministère du Ravitaillement communique :

« Les dattes ultérieures, dont on avait annoncé prématurément la répartition, ne pourront être distribuées aux ayants droit que par la suite mais, de toute façon, pas plus tard. »

La Mi-Carême

Contrairement à ce qui avait été dit à la suite de prévisions exagérément optimistes, la Mi-Carême sera célébrée, non pas aujourd'hui jeudi 28 mars, mais seulement le lundi 1er juillet, date qui marque de façon précise la moitié de l'année.

Le déjeuner strasbourguoin

M. Félix Gouin, qui avait un fort retard pour ses vacances de Noël, a pu se délasser dimanche dernier des fatigues du pouvoir en venant faire à Strasbourg une bonne partie de campagne électorale. Après visite de la ville en vélo-taxi, le président accepta sans façon un déjeuner sur l'herbe de 1 300 couverts. Composé par M. Longchambon lui-même, le menu de ces agapes démocratiques était le suivant :

« Navets braisés au naturel. *Corned beef* déboîté rémoulade. Fromages variés (20 grammes par personne). Pissenlits du jardin en saladette. Tarte à la crème radiodiffusée. Café succédané de choix. Eaux du Rhin et vin d'Ill. »

Un maître d'hôtel assermenté avait préalablement procédé à la collecte des tickets de pain, viande, matières grasses, fromage, etc.

Les crans du cinéma

De nombreux cinémas avisent leur paisible clientèle que les actualités sont provisoirement suspendues.

On sait qu'en France le provisoire dure longtemps.

Ceci permet toutefois de remplacer lesdites actualités par du bon gros documentaire velu, l'évolution de la pince à linge, la chasse à la pattemouille, la vie futile d'une escalope, etc., etc., pour le même prix naturellement.

Faits divers

LES MISSIONS PÉRILLEUSES. – Un agent cycliste qui avait procédé à l'arrestation de cent vingts détenus évadés de la prison centrale, voulant effectuer son rapport, se blesse légèrement en voulant tailler son crayon avec son sabre.

Les yeux remplis d'épluchures de crayon, les évadés ont été, à leur retour, hospitalisés à l'infirmerie de l'établissement pénitentiaire, tandis que le policier, les deux jambes, l'épaule et la tête bandés, était reconduit à son domicile.

NEW YORK. – Poursuivi par un gros individu, un agent cycliste se jette dans la Tamise.

JOINVILLE. – Un de nos plus grands artistes de cinéma, qui se penchait sur son passé entre deux prises de vues, a reçu un grand coup de pied dans la figure arrière.

Il y a quelques instants à peine, des policiers incrédules avisaient un faux nez semblant se véhiculer par ses propres moyens. N'en croyant pas leurs pauvres yeux, les représentants de la loi eurent vite fait de démasquer l'horrible individu qui tentait de se dissimuler derrière l'engin.

Au terme d'une longue surveillance, Evariste Moulard, contrôleur du Ravitaillement, obtint la preuve qu'il touchait des pots-de-vin auprès de commerçants malhonnêtes.

S'étant tendu un piège, il se prit sur le fait alors qu'il encaissait une somme de 50 000 fr. chez un restaurateur convaincu de hausse illicite.

Pris la main dans le sac, il s'avoua que ce trafic lucratif durait depuis de nombreuses années.

Un des innombrables autobus de la ligne 75 franchissait paisiblement le boulevard des Italiens, lorsqu'un civil tenta de prendre place sur la plate-forme. Sous la surcharge subite, celle-ci s'écroula.

On a déjà pu dégager des décombres quatre-vingt-trois gardiens de la paix, vingt-huit agents cyclistes, trois contrôleurs, dix-sept receveurs et neuf agents de la compagnie. Les travaux de déblaiement se poursuivent pour retrouver l'énergumène responsable de cette catastrophe.

UNE ENQUÊTE. – Après avoir effectué un reportage terrestre pour voir où en était l'humanité, saint Pierre a eu, à son retour, une longue conférence avec le Père éternel.

Des éclats de voix extrêmement violents ont été perçus.

Peu après le Créateur, le visage courroucé, est sorti et s'est rendu aux archives consulter le grand livre.

Il a travaillé tard dans la nuit, relevant d'innombrables noms d'après les notes de voyage de saint Pierre.

Au petit jour, il a longuement conféré avec Lucifer ; celui-ci a paru vivement intéressé et a ensuite regagné ses foyers.

Depuis, une animation extraordinaire règne aux Enfers, des foyers éteints depuis de longues éternités ont été rallumés. Des flammes géantes sont visibles à mille millions de lieues terrestres de là, du haut des tours de guet du Purgatoire.

FÂCHEUSE INITIATIVE. – Arrivant plus tôt que de coutume à son bureau, M. Popaul, chef de service au Tribunal de commerce, s'aperçut avec stupéfaction que la plupart de ses employés étaient déjà là. La commotion fut telle, de part et d'autre, qu'une grosse panique s'ensuivit, au cours de laquelle plusieurs porte-plume saisis trop nerveusement volèrent en éclats, blessant plusieurs personnes. Transporté inanimé dans une clinique, M. Popaul y fut opéré d'urgence du gros duplicata.

EN MER. – A bord du navire *La Savate-des-Sargasses,* un soutier maladroit, qui tentait de planter un clou dans la coque pour accrocher un tableau, provoqua une énorme voie d'eau. Ayant tenté de boucher le trou avec un bouchon de bois, il défonça la paroi et tomba à la mer, tandis que derrière lui le bateau sombrait. Fort heureusement, l'équipage en entier put rejoindre à la nage la côte éloignée d'à peine vingt-cinq bons milles marins.

Ballade des maisons fermées

On veut la mort des pécheresses.
Irma, Carmen et la négresse
Qui montaient si bien l'escalier
Sur le bitume vont descendre.
Et la tristesse des tauliers !
Hélas ! on pourra les entendre
(Fraîches victimes du Destin)
Pleurer leurs numéros éteints.

Qui nous déversera l'ivresse ?
L'Amour part sans laisser d'adresse…
Que feront les particuliers
Qui se sentiront d'humeur tendre ?
Et la tristesse des tauliers
Quand les taules seront à vendre !
Ils iront, le cœur incertain
Pleurer leurs numéros éteints.

Ah ! pourquoi cette loi traîtresse ?
Pourquoi nous priver de caresses ?
Rendre l'amour irrégulier ?
Pourquoi tout restreindre et tout prendre ?
Et la tristesse des tauliers
Ne sachant où se faire pendre,
Devenus livreurs chez Potin
Pleurant leurs numéros éteints.

ENVOI

Préfet, pensez à leur détresse !
Nous les verrons sans un rotin
Tendre une main demanderesse
Pleurant leurs numéros éteints.

Minute, pavillon !
J'ai acheté une maison préfabriquée

Figurez-vous que je cherche un appartement. Oh ! bien sûr, ce n'est pas ce qui fera le sujet de cet article. Mon directeur exige tout de même des choses plus originales. C'est pourquoi je me propose de lui présenter, un jour, l'interview du type qui ne cherche pas un appartement. Malheureusement, ce type-là n'existe pas. L'appartement non plus d'ailleurs. Alors !…

Alors, en désespoir de cause, je me suis présenté au service du relogement. Faut-il que je sois fou, hein !

Eh bien ! vous me croirez si vous voulez, le service du relogement m'a relogé. A une drôle d'enseigne, il faut le dire. Oyez plutôt :

– Vous n'auriez pas un appartement ?

– Un appartement ? Mais parfaitement, monsieur. Nous disposons justement de trois pièces qui…

Mais l'employé s'interrompit, car je venais de m'écrouler sans connaissance. Ranimé, je m'entendis demander comme en un rêve :

– Avez-vous une brouette ?

– Pour quoi faire ?

– Pour emporter votre habitation. Tout ce que je peux faire, c'est vous l'envelopper. La maison ne se livre pas à domicile.

Je réalisai enfin ce qu'on me proposait : on m'offrait trois pièces, mais détachées !

D'égout et des couleurs…

J'ai tout de même fini par accepter. N'avais-je pas manifesté, à l'âge de cinq ans, de sérieuses dispositions pour les puzzles, mécanos et autres jeux de construction ?

Cette fois, il ne m'en a coûté que 120 000 francs (prix d'une maison préfabriquée à la taxe). La cabane coup de bambou en quelque sorte.

D'abord, j'ai lu attentivement la notice explicative. C'est ainsi que j'ai appris que ma maison avait le tout-à-l'égout. Première difficulté ! Car le tout-à-l'égout nécessite obligatoirement un égout. Or, dans les maisons préfabriquées avec tout-à-l'égout, l'égout n'est pas fourni. J'ai tourné la difficulté en m'installant au bord d'un trottoir, à proximité d'une bouche adéquate. Ce qui m'a rappelé la fameuse recette de fabrication des macaronis : « Vous prenez un trou… »

Ayant trouvé le trou, il ne me restait plus, en somme, qu'à construire ma maison autour.

Au pied du mur

Je m'étais dit : « Après tout, qu'est-ce qu'une maison ? Quatre murs et un toit… »

L'ennui, c'est que les maisons préfabriquées sont caractérisées – dit la notice – par l'interchangeabilité des pièces.

C'est très pratique sur le papier, mais pas sur le terrain. Quand toutes les pièces se ressemblent, allez donc vous y retrouver !

Prenant mon courage à deux mains, et une clé anglaise de l'autre, j'ai néanmoins retroussé mon manche de marteau. On veut un home on ne l'est pas !

Le résultat dépassa mes prévisions les plus optimistes. A condition de ne pas s'appuyer sur la pièce n° 3 et de retenir sa respiration en passant à proximité de la pièce n° 12, ma maison tenait parfaitement debout. Il y avait même – invention de mon cru – un dispositif très ingénieux qui devait permettre de s'essuyer les pieds sur la fenêtre avant d'entrer dans la cheminée. Bref, ma nouvelle demeure était dotée de tout le confort moderne.

Le seul inconvénient, c'est que l'on ne pouvait pas y pénétrer.

Un rêve s'écroule

Abusé par une ressemblance trompeuse entre la pièce n° 9 et la pièce n° 67 548 BW, j'avais, en effet, placé la porte sur le toit au lieu de la fixer contre la pierre d'évier, comme le commandent la logique et les manuels d'architecture laissés par Philibert Delorme. Quant à l'escalier qui m'aurait permis d'y accéder, il aboutissait dans la chaudière du chauffage central, local qui, à lui seul, s'avérait vraiment trop petiot.

De plus, le montage terminé, il me restait une pièce inutilisée : la 824 ter, qui affectait la forme d'une boîte aux lettres et qui était en réalité la serrure.

C'est alors que je m'aperçus que j'avais oublié à l'intérieur de la maison la pièce n° 1, qui était la clé de la porte d'entrée.

Quand le bâtiment s'en va

Malgré cela, l'ensemble avait une certaine allure et j'éprouvai une intense satisfaction à m'allonger dans la niche à chien, pour passer la nuit à côté de ma maison.

Au réveil, celle-ci avait disparu. Je me souvins alors qu'il avait fait grand vent entre minuit et deux heures du matin…

Aux dernières nouvelles, ma maison préfabriquée, gagnée sans doute par le mal du pays, serait retournée en Amérique par ses propres moyens.

A la manière de...

... **L'Os,** de J. Giraudoux

MONOLOGUE
DE LA FOLLE DE MAILLOT

Je suis petite main et j'aime les dessous de soie. Les gens ne savent pas ce que peut être un pantalon de crêpe de Chine quand on a porté du pilou toute la semaine.

J'ai beaucoup d'amants, mais j'attends, couchée, c'est plus commode, celui qui aura mon Amour.

J'aime les biftecks aux pommes et je ne peux ronger que des os, car de mauvaises gens qui parlent de puits et de forages ont tout accaparé. Un mec de l'essence est venu prospecter jusque dans mon évier. Maintenant, les petits pois et la chicorée frisée ont un goût de gazoline. D'abord, tout sent le pétrole, les journaux, les conférences, les Perses, les Russes, les Anglais et vous verrez qu'on perdra la vie pour des histoires de carburant. Moi, je suis libre et native de Barbizon, près Fontainebleau.

Amélioration des transports de surface

Afin de remédier au manque de voitures sur la ligne desservie par l'autobus 75, et dans le but d'employer le personnel inactif, du fait de cette pénurie, la S. T. C. R. P. informe sa paisible clientèle qu'un service de portage à dos d'hommes fonctionnera à partir du 1er avril.

Les tarifs seront les suivants :

Contrôleur maigre (petit confort), 2 tickets par section ;

Contrôleur gras (confort moyen), 3 tickets par section ;

Contrôleur obèse (gros confort), 5 tickets, dont 1 de viande, par section.

Pour le portage à domicile, des arrangements spéciaux pourront être conclus entre les intéressés.

Petites Annonces

OFFRES D'EMPLOI

Cherchons bons tourneurs de crêpes.

Rouleurs de fûts rapides et discrets sont demandés pour livraisons nocturnes.

DEMANDES D'EMPLOI

Agent cycliste possédant remorque effectuerait petits transports.

Monsieur honnête, non fumeur, n'ayant jamais fait de marché noir, ne prenant même pas sa ration de tabac, cherche emploi dans un cirque.

DIVERS

Nœud papillon ordinaire : 3 fr. 40.

Gros modèle pour messieurs barbus : 18 fr. 10.

Modèle à musique pour barbes opulentes : 41 fr. 15.

Barbe avec ouverture carrée, laissant voir le nœud papillon, depuis : 67 fr. 80.

Balance truquée pour commerçants voleurs, avec faux poids ou aiguilles coudées. Gros rapports, depuis 2153 fr. 50.

Encre sympathique pour messages cordiaux. Le flacon : 3 fr. 20.

Encre antipathique pour lettres de menaces, etc. La bouteille : 6 fr. 40.

Encre spéciale pour faire des pâtés. Le tube : 4 fr. 10. Livrée avec moules formes diverses.

Réveil, sonnerie à sourdine, recommandé pr cardiaques : 294 fr. 10. Modèles spéciaux pour administrations, comités d'organisation, etc. Depuis 547 fr. 20.

L'anticambrioleur, paillasson à électro-aimants multiples. Neutralise les porteurs d'appareils métalliques, tels que : rigolvers, fusils, couteaux, etc. 220 fr. 80.

Evite bien des agressions.

ARTICLES POUR IVROGNES

Fond de teint « ivoire » pour ivrogne efféminé. La grosse boîte : 8 fr. 60.

Moustache éponge pour ivrogne propret : 3 fr. 70.

Barbe bavoir, grosse capacité : 18 fr. 20.

ARTICLES POUR ESPIONS

Moustaches de traîtres, le m : 6,40. Regards sournois, la collection : 30 fr. 90. Masque ricanant, double face : 75 fr. Air de ne pas en avoir : 6 fr. Empreintes truquées : 14 fr.

ARTICLES POUR CINÉMAS

Chapeau cinéma, hauteur 0 m 76 : 1995 fr.

Le même débordant sur les côtés : 3775 fr. 50.

Modèle identique avec plumes et jardin potager : 5035 fr. 90.

Avec trous permettant la vision : 6104 fr.

Avec verres toutes caractéristiques, depuis 7000 fr.

Modèle à charnière, à partir de 9000 fr.

Fume-cigarette pour fumer en cachette : 415 fr. Modèle à embouchures : 583 fr. 15. Article pour 1 travée de spectateurs : 1200 fr.

N° 25 – Jeudi 28 mars 1946

ARTICLES POUR NOUVEAU-NÉS

Biberon vaporisateur à soufflets, pour utiliser le lait en poudre : 7 fr. 50.

COMMERCES

Urgent, pour cause divorce, céderais agence matrimoniale.

Echoppe marchand à la sauvette. Toutes marchandises, chiffre d'affaires 15 800 000 fr. Prix à débattre.

Sur grande artère, magnifique salon coiffure, 20 places, manucure, etc., avec superbe arrière-boutique sur couloir passant, équipée avec frigidaires. Bureau tabac, alimentation, etc. Prix à débattre.

Militaire désaffecté vendrait salon de coiffure clientèle commode, travaux faciles pour débutant, coupe unique à zéro. Faire offres Zig E. C. A., Bias (L. G.).

PROPRIÉTÉS

Fonctionnaire du ravitaillement, nommé près d'Orléans, achèterait comptant petit château ou manoir. Prix indifférent.

Jolie maison, 15 km du bord de la mer, avec petit chemin particulier menant directement à la plage.

SPÉCIALITÉS

Psaumes soufflés. Le cornet : 0 fr. 10.

Psaumes frites. Le grand cornet : 0 fr. 60. Bifteck psaumes. La porcif : 3 fr. 40. Marmelade de psaumes. Le pot : 14 fr. 90.

PERDUS ET TROUVÉS

Perdu énorme chien-loup forte musculature. Caractéristiques : front bas, œil dur, mâchoire large, denture terrible. Signe particulier : très irritable, bonne récompense à personne pouvant le garder.

Résumé

Le détective Poileau Luc enquête chez un cardeur de matelas au sujet du vol de la coupe du roi de Thulé.

Chapitre VII (suite)
Chez le cardeur

Un terrible bruit de machines accueillit les deux hommes à leur entrée chez le cardeur…

– Oh ! Oh ! Ça carde dur ici ! constata Poileau Luc.

A ce moment précis, toutes les machines s'arrêtèrent.

– Ah ! ça ne carde plus, reconstata Poileau Luc.

– C'est le quart d'heure, dit un homme en s'approchant…

– Quel cardeur ? demanda Lachnouf à l'homme.

– Le quart d'heure de repos, messieurs… messieurs… A qui ai-je l'honneur ? demanda le cardeur d'une voix mielleuse.

– Inspecteur Poileau Luc, répondit ce dernier d'un ton tranchant… J'ai besoin de quelques petits renseignements : vous savez qu'on a volé la coupe du roi de Thulé ?

– Ah ? Heu… Oui… Non… Heu… je ne savais pas, bredouilla le cardeur.

– Quel âge avez-vous ? interrogea Poileau Luc.

– Quarante-deux ans, dit le cardeur.

– Juste ?

– A un quart d'heure près…

– Il y a longtemps que vous êtes ici ?

– Cinquante et un ans…

– Et il y a combien de temps que cette usine a été fondée ?

– Six mois !

– C'est parfait ! Et, depuis que vous êtes ici, vous n'avez jamais rien vu de suspect ?

– Non, commissaire…

– Vous pourriez en faire le serment sur le bottin des rues ? questionna brusquement Poileau Luc.

– Si ça ne vous dérange pas, répondit le cardeur, mes convictions m'obligent à ne prêter serment que sur l'indicateur des chemins de fer…

Pendant cet interrogatoire serré, Lachnouf avait retourné tous les matelas, mais il n'y avait pas plus de coupe dans le crin que de beurre dans les épinards. Il revint vers Poileau Luc en disant :

– Je n'ai rien trouvé, chef !

– Je m'en doutais, répliqua le célèbre détective. Monsieur, dit-il en s'adressant au cardeur, votre culpabilité ne me paraît faire aucun doute ! Mais s'il fallait arrêter tous les coupables, on n'en sortirait plus… Au revoir, monsieur…

– Au revoir, messieurs, dit d'un air sarcastique et en s'inclinant le cardeur… Vous ne voulez pas boire un petit verre de kapok avant de partir ?

– Non, merci, répondit Poileau Luc… Venez Lachnouf !

Et les deux hommes quittèrent rapidement la boutique.

(*A suivre.*)

L'OS LIBRE

« Contre tout ce qui est pour – Pour tout ce qui est contre. »

NUMÉRO 26 – MERCREDI 3 AVRIL 1946

Le principe de consultation démocratique du peuple pour l'adoption d'une Constitution avait été décidé par le général de Gaulle. Félix Gouin, son successeur, l'a confirmé. Le référendum, fixé au 5 mai, propose la mise en place d'une assemblée unique, élue pour cinq ans au suffrage universel. Elle élirait le président de la République, dont les pouvoirs seraient essentiellement honorifiques. Le Sénat serait remplacé par deux organismes exclusivement consultatifs, le Conseil économique et le Conseil de l'Union française. La droite et les dirigeants du MRP se déchaînent contre ce projet.

Edito_Pour un parti de l'abstention

par Pierre DAC

L'orientation et la position politique de *L'Os libre* sont trop connues pour qu'il soit nécessaire de les rappeler. Nous avons toujours été, dans ce journal, de parti pris, contre tout esprit de parti pris. Nous continuerons à l'être et à le demeurer aussi longtemps que nous le resterons. Nous n'avons que deux soucis : l'objectivité par l'information et l'information par osmose. C'est assez dire que nous sommes particulièrement bien placés pour donner notre avis chaque fois qu'on ne nous le demande pas, et pour formuler des suggestions aussi souvent que l'opportunité ne s'en fait pas sentir.

Or, il est une question qui, actuellement, au fur et à mesure que les heures s'écoulent, devient, d'instant en instant, un peu plus quotidiennement à l'ordre du jour : c'est la question électorale. Car les élections approchent. Personnellement, je ne peux pas les laisser s'approcher comme ça sans en parler par anticipation et en raison, notamment, d'un problème qui se pose et qui n'a pas tellement l'air de troubler le repos de nos concitoyens : c'est le problème de l'abstention.

D'après les récentes statistiques établies par l'Institut Gallup français, il y aurait, au cours de la prochaine consultation électorale, un important pourcentage d'abstentionnistes. C'est grave ; c'est très grave. Et pourtant, l'absten-

tionnisme est, en principe tout au moins, un droit ; un droit qu'il fut, à un certain moment, question de supprimer par l'établissement du vote obligatoire. Le projet fut, comme chacun le sait, abandonné. Il y avait pourtant une solution très simple et qui pouvait contenter tout le monde, y compris les mécontents : c'était de décréter le vote obligatoire facultatif. J'ai, en temps utile – et dans les couloirs de l'Assemblée constituante – soumis cette proposition au président de la commission électorale.

Celui-ci, à l'époque, me dit qu'il en prenait bonne note et me remit une pièce de dix-huit francs pour se débarrasser de moi. Mais on n'achète pas mon silence aussi facilement. C'est pourquoi je reviens aujourd'hui à la charge pour alerter les forces vives et les bonnes volontés agissantes de ce pays. Il est prévu, toujours d'après les statistiques de l'Institut Gallup français, 25 % environ d'abstentions ; c'est-à-dire un quart des électeurs. Or, qu'on le veuille ou non, il est impossible, malgré leur abstention, de tenir 25 % de citoyens en dehors de la communauté nationale. Il importe donc, au plus tôt, de former un parti de l'abstention ou P. D. A., en même temps qu'un nouveau Mouvement qui porterait le nom de M. D. R., c'est-à-dire Mouvement de Repli.

Car il est indispensable que les abstentionnistes soient représentés au sein de la future assemblée. Faute de quoi la justice et l'équité ne seraient que de vains mots. Du côté pratique, l'opération est d'une simplicité enfantine : le candidat, du fait même de sa profession de foi abstentionniste, devra s'abstenir de faire acte de candidature en même temps que de toute campagne électorale. De même que tout électeur abstentionniste ne devra déposer dans l'urne qu'un rigoureux bulletin d'abstention en faveur du candidat abstentionniste, lequel, d'ailleurs, ne sera candidat que dans la mesure où il se sera abstenu de l'être. Je sais bien que l'objection suivante peut, dès à présent, être soulevée : « Comment les abstentionnistes éliront-ils leurs représentants s'ils s'abstiennent de voter pour un candidat qui se sera abstenu de poser sa candidature de candidat abstentionniste ? »

L'objection tombe d'elle-même par simple absence de raisonnement : il n'entre pas dans mes intentions d'en discuter, c'est une affaire de nuance et de mise au point qu'il appartiendra aux impétrants de régler en temps utile, en fonction des facteurs en présence.

Ainsi donc, suivant les lois de la libre répartition et de l'équilibre démocratique, si l'on s'inspire de mes conceptions et si l'on fait état de l'exposé ci-dessus, les abstentionnistes auront demain la place qui leur revient et qu'ils sont en droit de réclamer. A l'Assemblée, les élus de l'abstention devront naturellement s'abstenir de toute parole et de participer à quelque vote que ce soit.

Ils toucheront d'ailleurs des jetons d'abstention de présence. Et ceux-là seront déclarés traîtres à leur parti et à leurs mandants, qui failliront à leur idéologie et à leur famille politique en s'abstenant de s'abstenir.

Je pense ainsi avoir exposé aussi clairement que possible les droits et les devoirs de l'abstentionniste. J'espère être entendu ; en particulier par ceux qui ne veulent rien entendre. Car s'il n'est pire sourd que celui qui ne veut rien voir, il n'est aussi de pire aveugle que celui qui ne veut qu'écouter ceux qui ne disent rien.

À Os rompus

Sondages

Comme tous ses confrères quotidiens, périodiques et autres, *L'Os libre* a effectué, ces temps-ci, d'astucieux sondages afin de connaître par avance le résultat des prochaines élections.

Rien de plus simple au demeurant. On arrête les divers promeneurs rencontrés dans la rue en les priant de dire pour quel parti ils se proposent de voter. Sept fois sur dix, environ et l'un dans l'autre, le promeneur répond :

– Qu'est-ce que ça peut bien vous f... !

Il y en a même qui vous tutoillent !

Les trois autres fois, l'interpellé vous dit obligeamment :

– Prenez la première rue à gauche, ensuite vous tournerez à main droite, puis vous continuerez jusqu'au kiosque à musique. Là vous n'aurez plus qu'à vous renseigner.

Ou bien :

– Rien à faire, mon bonhomme, j'ai déjà donné !

Ou encore :

– *I don't understand.*

La journée terminée, vous faites une moyenne de ces différentes réponses et vous servez chaud à vos lecteurs.

Les pronostics de L'Os

Voici, pour notre part, les pronostics qu'il nous a été permis d'établir grâce à une application judicieuse de cette méthode :

P. C. F., 78 % des voix ;

S. F. I. O., 76 1/2 ;

M. R. P., 75 ¾ et quelques restes.

A. B. C. D., 83 %.

Remarquons au passage qu'en additionnant ces chiffres, on obtient un total dépassant 310 %, pourcentage encore jamais atteint par aucun autre journal.

Une nouvelle denrée

Le ministère du Ravitaillement communique :

« Prochainement sera mise en répartition à raison d'un kilo par tête de pipe une denrée d'espèce rare que les plus jeunes d'entre les consommateurs verront sans doute pour la première fois. Il s'agit d'un tubercule de forme irrégulière et de couleur brune portant le nom en vérité assez singulier de "pomme de terre".

« Bien que précieuse, la pomme de terre ne doit pas être considérée comme un bibelot de vitrine ; c'est un comestible de haute valeur nutritive qui, à la campagne, remplace souvent le topinambour ou la betterave fourragère dans l'alimentation du bétail.

« Les pommes de terre actuellement livrées à la population française viennent d'Amérique. On voit par là quels progrès ont accomplis nos services de collecte et jusqu'où, aujourd'hui, ils peuvent étendre leur champ d'action. »

La Paix

La Conférence internationale de la paix, qui devait réunir prochainement autour d'un tapis vert les Trois Grands et quelques petits, n'aura sans doute pas lieu.

Cette nouvelle est accueillie avec la plus vive satisfaction par toutes les personnes qu'avait épouvantées le récit des récents débats de l'O. N. U.

Encore un risque de guerre qui disparaît !

Les bonnes plaisanteries

Le gaz, l'électricité sont nationalisés.

Coût : 1350 millions !

On peut dire que : nationalisation équivaut à augmentation.

Vivement qu'on nationalise les salaires !

Un petit commencement

Enfin !... Le mardi 9 avril prochain, un ministre du Ravitaillement comparaîtra devant la Haute Cour de justice.

Le fait que ce ministre s'appelle Paul Charbin et qu'il exerçait ses criminelles fonctions sous le gouvernement de Vichy n'est pas de nature à diminuer le plaisir que nous procure cette information.

Au contraire, au contraire !

Calendrier de l'O. N. U.

Voici le programme des réjouissances prévues pour la semaine à venir par le Conseil de sécurité de l'O. N. U. :

Lundi. – Partie de cartes entre MM. Byrnes et Gromyko, avec déplacement des frontières et des limites atout.

Mardi. – Match de pancrace entre MM. Bevin et Vichinsky.

Mercredi. – Attaque à main armée du Conseil de sécurité.

Jeudi. – Discussion du rapport établi par la sous-commission du conseil consultatif près le comité de relèvement des affaires pendantes. Les affaires légèrement pendantes se relèveront par leurs propres moyens. Les affaires très pendantes seront gratifiées d'un tuteur.

Vendredi. – Visite dirigée à la foire d'Empoigne. A cette occasion, tous les tours de cochon et tous les coups en vache seront permis.

Samedi. – Repos. Culture physique. Revanche Bevin-Vichinsky au pancrace.

Dimanche. – Funérailles du vaincu du match Bevin-Vichinsky. A la sortie du cimetière, saucisson, vin blanc et petite bombe atomique. Le soir, bal, avec le délégué français dans son célèbre numéro de danse devant le buffet.

N. B. – Ce programme peut être modifié en cas de déclaration de guerre. Consultez les journaux sportifs (rubrique de la boxe) et votre médecin habituel.

Faits divers

DE PARIS. – Désireux de contempler le cortège de la mi-carême sans être gêné, M. Le Gueurlu avait traîné sur son balcon une armoire normande sur laquelle avaient pris place de nombreuses personnes. Soudain, pour une raison inconnue, le meuble bascula précipitant les assistants dans le vide.

Par un heureux hasard, ceux-ci tombèrent à proximité d'une voiture de paille, les sauvant d'une mort sans histoire.

Alors qu'ils étaient affairés à confectionner leurs déclarations sur l'impôt de solidarité, au café du Bon Coin, MM. Francisque Gay, Ch. Tillon, Maurice Thorez, Tanguy-Prigent et Georges Bidault ont été victimes de malandrins qui profitèrent de leur inattention pour fouiller dans leurs portefeuilles ministériels.

Le montant global du vol s'établit comme suit :

Une paire de chaussettes, 221 exemplaires de *L'Aube* et de *L'Humanité*, une boîte de ninas, un paquet d'épingles à linge, un ana de poche, une courgette naturalisée et un fer à repasser les barbichettes.

Cinéma

L'ENLÈVEMENT D'IRÈNE

Une vive surprise m'attendait aux Champs-Elysées lorsque je m'y suis rendu pour voir un film américain annoncé au cinéma de l'Avenue sous le titre d'*Irène*. Lorsque je suis arrivé devant l'emplacement de la salle, le cinéma en question avait complètement disparu.

Malgré les recherches que je m'imposai, je ne pus en retrouver ni une pierre ni un strapontin, et pas même un petit bout de queue. Il s'était absolument volatilisé comme un vulgaire fantôme sur l'écran, à part toutefois le directeur, qui se tenait devant moi comme une pierre de taille et aussi, peut-être, un menu grain de poussière qui me parut provenir d'un faisceau lumineux.

Laissant là le directeur qui, pour une pierre de taille, était véritablement de grande taille, je m'emparai habilement du grain de poussière sur lequel je pus constater qu'il était resté quelques reflets du film.

Eh bien ! c'est un film charmant – un peu poussiéreux peut-être, mais cette impression provient sans doute de l'endroit où je l'ai vu. La chose est donc excusable, surtout qu'il s'agit d'une pellicule qui a traversé l'Atlantique.

L'histoire est celle d'une jeune dame et d'un jeune monsieur. Cela commence par le commencement, cela continue par des difficultés et cela se termine par un mariage. Malheureusement, la bande s'était enroulée dans le mauvais sens sur le grain de poussière, si bien que j'ai vu l'aventure à l'envers, en débutant par la fin et en finissant par le début.

Toutefois, comme le milieu était resté à la même place, j'ai pu me rendre compte de la qualité de l'œuvre, qui est excellente.

Si le cinéma qui l'affiche n'avait pas disparu aussi fortuitement, je vous conseillerais d'y aller.

Sulpice CHINOIS.

Recensement des Kurdes

Le ministère de l'Intérieur communique :

MM. les Kurdes résidant dans les départements limitrophes et riverains sont informés qu'ils doivent se présenter dans le plus bref délai possible et dans leurs costumes de montagnard au plus proche poste d'essence de leur résidence en vue de leur recensement. Prière de se munir d'un repas tiède et de toutes pièces justifiant le bien-fondé de leur kurdiculum vitae et d'une attestation établissant dans quelles conditions et pourquoi ils ont vécu Kurdes en France.

Recensement des Azerbaïdjanais de Seine-et-Oise

Tous les Azerbaïdjanais de sexe déterminé résidant dans le département de Seine-et-Oise depuis le 21 mars 1711 sont informés qu'ils doivent se faire recenser. Ils devront dans ce but communiquer toutes pièces établissant ce qu'ils sont, avant le 15 avril 1946, aux bureaux de la caisse de compensation de leur résidence, en joignant à leur envoi une pièce de 12 francs pour frais d'expédition, d'emballage et de chancellerie.

Recensement des Druzes résidant dans la commune d'Arpajon

Tous les Druzes et assimilés résidant dans la commune d'Arpajon et y habitant depuis qu'ils y sont, sont tenus de se faire recenser auprès de l'administration qui s'occupe de ça.

Les assujettis, outre leurs pièces d'identité, sont priés de se munir d'une couverture, d'un jeu de cartes, d'un jeu de casseroles, d'un réchaud de cuisine et de quoi faire une soupe.

Festivités

Le Syndicat des anciens directeurs de la radio porte à la connaissance de ses membres qu'il organise, au Palais de Chaillot, une grande matinée artistique au bénéfice de la caisse de secours des anciens directeurs de la radio.

Au programme :

NOS SOUVENIRS

Les orateurs désirant prendre la parole sont priés de se faire inscrire au plus tôt.

Entrée gratuite. Sortie 150 fr.

Présence indispensable.

Avertissement aux Indiens Pawnies résidant actuellement sur le territoire de Houilles

MM. et Mmes les Indiens Pawnies et leurs familles qui ont établi leurs wigwams sur le territoire de la commune de Houilles depuis 225 lunes environ sont priés de bien vouloir se présenter dans le plus bref délai et sans tomahawk au bureau des Contributions indirectes en vue de l'établissement de leurs cartes de calumet.

L'Os avait raison

La France exige la pause

La preuve est faite ! A peine avions-nous déclenché notre campagne de presse en faveur de la pause que les services centraux des P. T. T. de la rue du Louvre, débordés, devaient tripler leurs équipes de nuit. Les lettres nous parviennent par dizaines de milliers, enthousiastes et touchantes, pleines d'encouragements et d'approbations. Et, soulignons-le, dans tout cela pas une note discordante.

Nous avons immédiatement transmis en haut lieu ces éclatants témoignages de la volonté populaire, et tout laisse à penser que le gouvernement ne pourra que s'incliner devant une telle unanimité.

Car la France, incontestablement, veut la pause.

Exténuée, elle veut souffler.

Fière de l'intelligent et coordonné labeur de ses chefs, orgueilleuse à bon droit des splendides résultats obtenus, ravie mais lasse, elle veut s'étendre mollement et jouir en paix de l'incomparable coup d'œil qui s'offre à elle.

***L'Os* y veillera.**

Il ne faut pas la décevoir.

Nous ne sommes plus des gamins, vous le pensez bien, et le conseil de l'administration de *L'Os*, avec une moyenne d'âge de quatre-vingt-deux ans, n'est pas de ceux qui s'embarquent sans biscuits. C'est vous dire qu'en amorçant la campagne de la pause, nous savions où nous allions.

Mais, avouons-le, nous ne nous attendions pas à une réaction aussi vigoureuse, ni surtout aussi prompte. Nos services du courrier, pourtant très au point et dotés du matériel le plus moderne, ont connu de durs moments.

Aujourd'hui, alors que ça tourne rond et que notre initiative est assurée d'un triomphe sans précédent, nous nous contentons modestement de publier ci-dessous quelques-unes des lettres qui nous sont parvenues.

De M. Ambroise Laglaise, cultivateur à V...-sur-J...

Tous les collègues de la région se sont cotisés pour l'envoi de cette lettre. Bravo *L'Os* ! La pause, et vivement ! Les lessiveuses débordent et nous en sommes réduits à mettre les coupures en silos. On en a marre ! Sommes de tout cœur avec vous ! Continuez !

Télégramme signé : « Un groupe de C. Badern-Badern. »

Opinons du chef et sommes à vos côtés. Avons tout pris et n'en pouvons plus. Stop. Halte indispensable. Stop. Avons le foie comme une passoire. Stop. Si pause tarde trop, impossible garder ligne. Stop. Encore bravo et à bas la gueuse.

Les membres de la Cour de justice de X...

Nous ne cessions d'infliger condamnation sur condamnation et nous n'en pouvions plus. C'est vous dire avec quelle joie nous applaudissons à votre campagne. La pause ! Et tout de suite !

Un groupe de membres de la Commission des grâces.

Nous ne cessions de signer grâce sur grâce et nous n'en pouvions plus. C'est vous dire avec quelle joie nous applaudissons à votre campagne. La pause ! Et tout de suite !

Mais nous n'en finirions pas ! Aussi bien les hautes sphères gouvernementales ont-elles compris, puisque M. Longchambon, notre inactif ministre du Ravitaillement, n'a pas craint de nous faire, téléphoniquement, la déclaration suivante :

– Je partage pleinement votre point de vue et suis heureux de vous faire savoir qu'après avoir tout donné avec la folle générosité qui est le propre de notre race, la France a le droit de digérer ses conquêtes. Que dis-je le droit : le devoir !... Dites-le bien, messieurs, la France doit digérer !

En toute dernière minute, nous apprenons que le gouvernement français a câblé à M. Léon Blum ce qui suit :

« Informez gouvernement américain que décidons pause. Nation entière en congé payé. Doublez demande prêt. Stop. Traitez urgence fourniture matériel approprié. Stop. Faites partir priorité absolue sur premier liberty-ship disponible 150 tonnes matelas et oreillers pour mise en place personnel ministère de la Pause. Stop. Amitiés à Tru-Tru. – Félix. »

Tout commentaire serait superflu.

Le pressoir

Le vieux vigneron Fisc s'affaire à son pressoir.
Et gicle à gros bouillons le bon jus de lampistes !
Au loin les lampistiers, sous leur feuillage noir
Cachent les fruits dorés que le vieillard dépiste.

Tout part, même la pulpe en lambeaux dénoués.
Le vieux besogne dur, et près de lui, câline,
Buvant à larges coups, sa fille Naphtaline
Pour un Eden-Baden chante des évohés.

Fiscus, pour célébrer cette fête avec lustre,
De ministres s'entoure armés de gobelets,
Qui boivent la liqueur comme du petit lait
Avec les mots sacrés qui savent plaire aux rustres.

La vis tourne toujours, plus rapide est le jet.
Les lampistes pressés de toute leur substance
Bruissent plaintivement d'une douleur intense
Et le flot vient se perdre au fond du puits Budget.

La déesse Finance en miracles fertile
A beau faire pousser les lampistiers nouveaux,
Le tas de fruits s'épuise. Et dans les caniveaux,
Du lampiste écrasé coule un suc inutile.

Découverte d'un vaste complot de nazis mineurs

L'Intelligence Service et les agents du contre-espionnage américain viennent de découvrir en Bavière un vaste complot nazi.

Un hasard seul a révélé aux autorités d'occupation l'existence de cette puissante organisation clandestine. Il s'est produit au cours d'un mariage.

Comme toujours, un M. P. était caché sous la table. S'ennuyant à la longue, celui-ci, doté d'un tempérament facétieux, voulut, en manière de plaisanterie, décrocher selon l'usage la jarretière de la mariée.

On juge de sa surprise en constatant que la jeune femme portait une chemise brune !

Une enquête fut immédiatement ouverte et des arrestations opérées, mais les suspects tentèrent de nier.

Par malheur pour eux, un portrait d'Hitler fut trouvé accroché au-dessus du lit conjugal. La mariée reconnut l'avoir mis là mais dit qu'elle croyait qu'il s'agissait d'un jeune premier de cinéma. Le marié feignit la surprise et demanda qui c'était, car il n'avait, assurait-il, jamais encore entendu parler de ce monsieur dont il voyait la photo pour la première fois.

La vérité a fini néanmoins par se faire jour. On put établir que les conjurés, munis de fausses barbes vertes, de lunettes roses et de manteaux rouges à croix gammée, pour se rendre méconnaissables, se réunissaient chaque jour à minuit dans le grand égout collecteur de la ville.

Ils y organisaient à l'usage de leurs compatriotes des cours gratuits de salut hitlérien et de marche au pas de l'oie.

Ces cours théoriques devaient être incessamment doublés de cours pratiques où les meilleurs élèves, armés de matraques, se seraient fait la main, faute de mieux, sur des volontaires.

Petites Annonces

DIVERS

Lance-flemme pour feignant dispendieux. L'appareil à 650 fr. 12.

Puits de jardin toutes profondeurs, tous diamètres avec tous accessoires depuis 6703 fr. Livraison : 24 heures.

Musique. Partitions musicales pour gros myopes. Format grand colombier, depuis 212 fr. 10.

Cordes violons, boyaux de chat première qualité : 3 fr. 10. Cordes contrebasses, boyaux diplodocus : 8 fr. 90.

Piano droit, long. 3 m 10, grand clavier : 14 200 fr. Piano coudé mêmes dimensions pour pièces coudées : 19 975 fr. Piano fer à cheval pour musiciens à petits bras : 25 102 fr. Le même circulaire avec tabouret rotatif : 35 644 fr. 70.

Lessiveuse ordinaire, contenance 5 millions : 304 fr. Gros modèle, contenance 2 millions envir. : 572 fr. La même avec presse-billets doublant la capacité : 941 fr. 10.

Un beau cocard ne court pas les rues ! Adressez-vous à un spécialiste ! Un cocard contribue à rendre la vie saine et agréable.

DEMANDES D'EMPLOI

Mécanicien dentiste effectuerait petits travaux sur roues dentées dans fabrique engrenages.

Jeune exploratrice, veuve de son quatrième mari, cherche monsieur riche pouvant aider à terminer expédition périlleuse dans le Gaurisankar.

PROPOSITIONS DIVERSES

Ne dites plus : je voudrais, j'aurais voulu ! Dites : je veux ! Le monde entier dit : je veux !

Spécialiste romans tragiques accepterait collaboration à journaux du soir pour élaboration titres et manchettes angoissantes.

Grosse fabrique conserves, demande prégustateur, bonnes références gourmet. Pique-assiette velu s'abstenir.

Ménage de commerçants suisses de passage à Paris céderait bon prix stock de petits suisses 1, 2, 6, 6 1/2, 8, 11 et 13 ans. Faire offre à R. Brelaze n° 1616.

Particulier possédant de nombreux camions et ayant beaucoup de loisirs accepterait entrer en relations avec ministère du Ravitaillement. Dans l'attente d'une réponse, cherche grand garage et grosse quantité naphtaline.

FARCES ET ATTRAPES

Sifflet d'agent de police, projette à la face un produit noir et nauséeux. Le gros sifflet : 4 fr. 45. Même article, mais à liquide indélébile : 7 fr. 65. Extrêmement amusant.

Confetti en bronze pour jeter par les fenêtres sur cortèges et défilés. Le sac de 1000 confetti : 23 fr. 60. Poids 10 kilos environ. Modèle supérieur, acier trempé, les 3 : 74 fr. 10, poids net 45 kg. Assez drôle.

Poissons d'avril, dynamite et fulmicoton avec détonateur à ficelle, les 6 : 12 fr. 50. Gros modèle, charge de plastic, interdit aux enfants. La pièce : 8 fr. 65.

ASSURANCES DIVERSES

Qui mieux qu'un ancien voleur peut vous assurer contre le vol ? Consultez vivem. Julot Totor, ancien voleur honoris causa, 12 médailles. Concours Lépine 1901. 1er prix voleur à la tire 1912.

N° 26 – Mercredi 3 avril 1946

Résumé

Poileau Luc et Lachnouf sont sur la piste du voleur de la coupe du roi de Thulé.

Chapitre VIII

À la gare !

Poileau Luc et Lachnouf venaient de pénétrer sur un quai de départ.

– A quelle heure part le train pour Roubaix ? interrogea Poileau Luc.

– A 11 heures 29, chef…

Le détective tira sa montre :

– Il est 8 heures et demie, on a juste le temps ! Nous allons nous renseigner. Voici justement un homme qui porte des bagages, il doit être au courant… Pardon, monsieur, le train pour Roubaix, s'il vous plaît ?

– Non capisco francese, répondit l'homme. Sonno italiano, di Napoli. Ritorno al moi passe con tutta la famiglia… Sonno contento di mangiare dei buoni spaghetti anche la bella polenta !

– J'ai l'impression que c'est un étranger, dit Poileau Luc.

Soudain, un porteur passa, chargé d'une curieuse valise poilue… A sa vue, Poileau Luc bondit.

– Dites-moi, porteur, pouvez-vous me décrire le propriétaire de cette valise ?

– Attendez voir, dit le porteur. C'est un grand…

– C'est lui ! hurla Poileau Luc.

– Enfin, un grand… plutôt petit.

– C'est de plus en plus lui ! hurla de nouveau le détective. Comment est-il : rasé ou barbu ?

– Ben, vous savez, dit le porteur, je ne l'ai vu que d'un côté ; il était rasé… mais peut-être que, de l'autre, il était barbu…

– Et il ne vous a rien dit ?

– Si, il m'a dit : « Portez ma valise au train, je vais au buffet boire une coupe… »

– Une coupe ! dit Poileau Luc en saisissant le bras de Lachnouf. C'est notre homme ! Il prend le même train que nous ! En arrivant à Roubaix, on lui met la main au collet… Passons sur le quai.

– Chef, dit soudain Lachnouf, c'est embêtant de voyager avec un chapeau. Regardez donc cet appareil : c'est un distributeur de casquettes de voyage. On pourrait peut-être s'en payer une ?

– Vous avez raison, acquiesça Poileau Luc. Voyons comment ça fonctionne.

Il s'approcha de l'appareil et lut : « Mettez 29 francs 95 en billets de 50 francs dans la fente ; appuyez sur le bouton indiquant la couleur et la pointure ; tirez sur la poignée et vous recevrez une belle casquette de voyage. »

Poileau Luc allait commencer l'opération quand, soudain, le haut-parleur annonça : « Les voyageurs pour Laroche, Dijon, Lyon, Marseille, Vintimille, la Corse et la Tunisie, en voiture ! »

– Malédiction ! hurla Poileau Luc. Nous sommes à la gare de Lyon, on nous a trahis !

– C'est la faute du lampiste, chef, murmura Lachnouf.

– Il aura de mes nouvelles ! Allez, Lachnouf, filons !

(*A suivre.*)

L'OS LIBRE

« Contre tout ce qui est pour – Pour tout ce qui est contre. »

NUMÉRO 27 – MERCREDI 10 AVRIL 1946

Arrêté en 1940 par le gouvernement de Vichy, jugé en 1942 lors du procès de Riom, déporté en Allemagne, puis libéré par les troupes alliées, Léon Blum, aujourd'hui encore à la tête de la SFIO, s'est envolé pour les Etats-Unis. Son autorité politique et morale lui a valu l'honneur d'être désigné pour obtenir l'annulation des dettes de guerre de la France. Il a également pour mission de négocier des prêts sans intérêt, destinés à soutenir la relance de l'économie du pays. A Washington et à New York, il a trouvé des dirigeants rassurés : ils ont tapé du poing à propos de l'Iran et Staline semble se calmer.

Edito

Ne nous laissons pas surprendre !

par Pierre Dac

Je me demande, en vérité, si le sens de la prévoyance n'est pas dangereusement atrophié dans notre pays et si le sentiment des réalités futures n'a pas définitivement disparu de la circulation.

Car on n'a vraiment pas l'air, actuellement, en France, de se rendre compte de ce qui peut nous arriver demain. Depuis trop longtemps chacun s'est accoutumé à vivre au jour le jour et à la petite semaine. Je sais bien que l'époque est difficile et que le climat est peu favorable à l'établissement de projets d'avenir. Aussi bien ne s'agit-il pas de ça, mais bien d'autre chose ; d'autre chose que quoi ? D'autre chose que ça.

En bref, il s'agit d'être prêt à voir, d'un moment à l'autre, se transformer une réalité future en une réalité présente. Or, que se produit-il lorsque pareil événement surgit soudainement sans qu'on ait pris le soin de s'y préparer ? Tout simplement une épouvantable pagaille et un indescriptible désordre. Est-ce cela que nous cherchons ? On le croirait, à voir l'inconcevable et coupable indifférence dont font preuve ceux qui doivent, en principe, assumer la redoutable tâche de nous garder de toute surprise. C'est donc une fois de plus à *L'Os libre*

qu'il appartient de mettre les pieds là où il est nécessaire de mettre le doigt. Que se passe-t-il effectivement ? Et que va-t-il se passer très probablement ?

M. Léon Blum est en Amérique, c'est un fait qu'on ne pourrait contester même si on avait l'intention de le nier.

Le grand leader socialiste travaille là-bas pour obtenir des U. S. A. un tas de trucs et un tas de choses dont nous avons besoin. Or, un de ces quatre matins, ou un de ces trois après-midi, en conséquence des accords qui seront signés ou pas, ou bien les choses continueront à être ce qu'elles sont, ou bien alors il va nous atterrir subitement entre les gencives et les revers de la jaquette une avalanche d'argent et de marchandises. Sommes-nous prêts à recevoir le choc ? Je n'hésite pas à répondre affirmativement par la plus intégrale négative. Et c'est là où je crie casse-cou ! Nous courons tout simplement, par négligence, incurie et imprévoyance, le risque d'être surpris et débordés par l'abondance, car vous pensez bien que l'affaire ne se limitera pas aux seuls envois de l'Amérique.

Il n'est pas besoin de faire preuve d'une subtile clairvoyance pour imaginer quelle sera la réaction des autres pays quand ils verront que les Etats-Unis nous expédient en quantité industrielle, en progression géométrique et en caisses plombées, des sous, des machines, des pochettes surprises, du gazon en conserve, des pyjamas en poudre, de la nourriture, du blé, des semis de corned-beef, que sais-je encore, sans compter les et cetera.

Par le simple jeu de l'émulation et de la concurrence et également, n'ayons pas peur de le dire, par pur esprit de jalousie, ils s'aligneront sur les U. S. A. et nous enverront à leur tour des quantités de choses. C'est comme j'ai l'honneur de vous le dire. Du jour au lendemain, nous nous trouverons submergés par l'abondance, nous nous roulerons dans le surplus, nous nagerons dans le superflu et pataugerons dans le trop-plein. Vous rendez-vous compte de ce que ça donnera si nous n'y sommes pas préparés ? Pareille situation risque de provoquer, par traumatisme d'émotion, la mort d'une quantité de nos concitoyens. Songez qu'il y a, chez nous, des gens qui ne savent même plus ce que c'est que le charbon, et qui, lorsqu'on leur proposera des sacs d'anthracite et des seaux de boulets, ne seront pas fichus de se rappeler à quoi ça peut bien servir.

Avez-vous songé à la réaction de la brave ménagère à qui le boucher proposera, à un prix dérisoire et peut-être même gratuitement, un gigot d'abats ou un demi-bœuf à emporter ? Et à la tête du brave homme à qui l'on remettra trois paires de chaussures sur simple présentation de deux paires de lacets, et qui, au lieu d'essayer de se procurer un bouton de col neuf pour mettre après une vieille chemise, se verra proposer une chemise neuve pour accrocher après son vieux bouton de col ?

Allons, allons ! un peu d'ordre, un minimum de prévoyance et de discipline librement consentie, et tout ira bien, sans quoi tout ira mal !

Je ne crains pas de me répéter : ne nous laissons pas surprendre ! Préparons-nous à l'abondance, soyons prêts à subir l'assaut de la prospérité. Le salut est à ce prix. Et nulle part ailleurs. Pas plus qu'à côté ni plus loin.

En dépit des tensions
La détente est générale !

Les hommes auraient-ils compris toute l'inanité de leurs querelles, et songeraient-ils, enfin, à s'organiser de façon durable pour consommer en paix les innombrables produits qu'une terre généreuse prodigue à tous ses enfants ?

Sans vouloir verser dans un optimisme béat, il est permis de se réjouir des symptômes de détente enregistrés dans toutes les parties du monde. D'autant que la méthode employée pour obtenir ces heureux résultats est à la portée des intelligences les plus dévaluées. Elle consiste tout simplement à laisser en suspens les problèmes litigieux, à diriger sur la voie de garage de l'oubli tout ce qui pourrait amener des frictions entre alliés, et à s'en tenir à l'examen de questions parfaitement anodines. Immédiatement la détente se produit, et les journaux (qu'on nous pardonne cette image hardie) n'ont plus assez de manchettes pour jouer de la brosse à reluire. Il faut donc, sans plus tarder, généraliser ces méthodes et doter chaque pays d'un ministère approprié.

***L'Os*, plus que jamais à la pointe du bon combat, réclame impérieusement la création d'un ministère de la Détente, seul organisme capable de ramener la quiétude dans nos âmes et la sénérité sur nos faces ravagées.**

Détente à l'O. N. U. ! Gros titres dans toute la presse !

Et, pour une fois, nous ne marchanderons ni nos louanges ni nos encouragements à cette sympathique assemblée.

Car, avec l'affaire de l'Iran, elle a tout simplement réalisé un coup de maître, et complètement détendu l'atmosphère. Les thèses en présence s'opposaient farouchement et tout laissait prévoir une de ces salades qui aboutissent à une solide guerre du Droit contre la barbarie et de la Civilisation contre l'obscurantisme, lorsque M. Klptwxkz, délégué du Honduras, eut l'idée géniale de proposer à ses collègues de renvoyer à la 1287e session, prévue pour Pâques 1954, l'examen des différents points de vue et de se consacrer, toute affaire cessante, à l'angoissante question du statut des minorités aztèques.

Immédiatement, un souffle puissant et pur passa sur l'assemblée, chassant les miasmes délétères et tous, debout, acclamèrent l'orateur.

En Iran, l'impression produite est considérable.

Détente à New York où M. Léon Blum, dans un discours magistral, a remis les choses au point.

– Vous êtes durs à la détente, a dit en substance notre Ambassadeur Extraordinaire ; aussi ne vous parlerai-je pas d'emprunt, mais bien de crédits à long terme.

Les conversations, entièrement consacrées à l'examen de notre politique intérieure, et pleines d'ingénieux aperçus sur le droit qu'ont les peuples à disposer d'eux-mêmes, se poursuivent activement.

Détente en France, où nos trois grands partis viennent de constater avec un ensemble touchant qu'ils n'étaient d'accord sur rien. Réconfortés par cette unanimité, ils ont immédiatement pris toutes dispositions utiles pour laisser les choses en l'état jusqu'aux prochaines élections.

Si le gouvernement définitif de la France provisoire se décide alors à s'engager dans la voie résolument tracée par nos actuels non dirigeants, nous pouvons hardiment pronostiquer que tous les problèmes seront liquidés d'un seul coup et que la France, maîtresse de ses destinées, pourra naviguer d'un pied sur l'océan des réalisations pratiques.

Détente, enfin, au Ravitaillement.

M. Longchambon, las de se heurter à l'incompréhension des producteurs et à l'affreuse gloutonnerie des consommateurs, a décidé de mettre sur pied un plan de dix ans entièrement consacré à la culture intensive et raisonnée de la clopinette.

Durant ce laps de temps, toutes les questions pendantes, y compris celle de l'andouillette, resteront en suspens.

Bref, détente partout.

La solution est là, à portée de la main.

Sachons en profiter et conserver précieusement, dans un nid douillet et tiède, cette irremplaçable promesse de paix : la détente.

Jusqu'au jour où quelqu'un appuiera dessus…

La pêche au frique

Le « Marianne-IV » d'Alger
A largué malgré le danger
Sur une mer catastrophique
Pour la terrible pêche au frique.

Il date de quatre-vingt-neuf.
Mais calfaté, remis à neuf,
Doté d'un nouvel équipage
Il va pouvoir défier l'orage.

Se dépassant à qui mieux mieux,
Horriblement silencieux,
Gras comme des capitalistes,
D'âpres requins suivent sa piste.

Et volant à faible hauteur
Quelques capitaux migrateurs
S'éloignent de la caravelle
En poussant des cris d'escarcelle.

Le capitaine fait le point.
C'est un vieux loup de mer, ce Gouin,
Partout présent sur sa gabarre.
Et Philip tient ferme la barre.

Quel branle-bas sur ce bateau !
On prépare gaiement les taux
Qui sont l'appât rêvé du frique,
La ligne à taxe automatique,

Les harpons en huissier trempé,
Les filets d'impôts retapés,
La saumure pour la conserve.
Chacun va, vient, tourne, s'énerve.

Mais un cri fuse au grand hunier :
« Frique en vue ! » a dit le gabier,
Un banc de friques qui frétillent !
Le regard des pêcheurs pétille.

Et la pêche commence alors.
Ruissellent les beaux friques d'or !
Venus des mers les plus diverses
Sur le pont ils pleuvent à verse.

Mais à peine sont-ils pêchés
Que nul ne peut les empêcher
De plonger de nouveau dans l'onde
Regagnant leurs caches profondes.

Et quoi que fassent le patron,
Le timonier, les moussaillons,
Le frique est bête trop subtile
Pour des pêcheurs si malhabiles.

À Os rompus

La soudure n'est plus dure

Décidément, la soudure ne se fera pas au plâtre ni même à la poudre de talc, comme on l'avait craint un instant, mais bien à la pure farine de froment.

Après les Etats-Unis, le Canada et la Russie soviétique, la Hollande vient de mettre à notre disposition 70 000 tonnes de blé.

D'autre part, et sous toutes réserves, la Beauce aurait l'intention de faire, de son côté, un petit effort dans ce sens.

Toujours l'abstentionnisme

Nous avons reçu la lettre suivante :

« C'est du propre ! Voilà-t-il pas que votre directeur, le sieur Pierre Dac, conseille aux hommes de s'abstenir ! Comme s'ils avaient besoin de ça, les hommes ! Le mien surtout ! Vous parlez d'un citoyen qui n'est pas chaud pour le vote à deux tours et pour le scrutin de lit ! Si c'est de cette manière qu'on encourage le relèvement, dans votre journal, je ne vous en félicite pas !

« (Signé) : *Une épouse indignée.* »

A toutes fins utiles, nous avons transmis cette massive missive à notre directeur. Peut-être aura-t-il l'honnêteté de réparer personnellement le préjudice causé par son imprudent article.

Faits divers

DE CROISSY. – Avisant un chapeau qui traînait sur la chaussée, le nommé Briopot, voulant impressionner ses petits camarades, prend son élan et décoche un coup de pied terrible au couvre-chef.

Celui-ci restant parfaitement immobile, le malheureux, pris d'un doute subit, soulevant l'engin, aperçoit sous celui-ci un impressionnant pavé. Il s'écroule incontinent, une bonne entorse au pied.

D'ÉCOSSE. – Une heureuse nouvelle nous parvient d'Ecosse. Un natif du village de Bag-Pipe vient de retrouver une pièce de deux pence qu'il avait égarée dans son jardin en 1934.

Au cours de ses douze années de recherches, l'Ecossais a remué plus de 242 392 mètres cubes de terre.

DE PARIS. – Le café « Au Bon Coin », la brasserie Joseph, le bar du « Bon Picolo », le café-tabac « Labuche » et la taverne du « Hibou » offrent grosse récompense à quiconque ferait connaître l'adresse actuelle du nommé Fernand Rauzéna, ou à défaut pourrait donner indications sur la situation financière de cet individu.

De passage dans un hôtel, près de la gare de Mantes, M. R. Lesage constatait que ses chaussures qu'il avait mises à la porte de sa chambre la veille au soir avaient disparu.

A leur place, il trouvait une énorme paire de bottes.

Ayant en partie recouvré ses esprits, le malheureux, poursuivant ses investigations, découvrait bientôt dans son lit un gros homme roux, qui dormait bruyamment.

Le garçon d'étage étant parti dans la nuit avec les vêtements du pauvre bougre, et la caisse de l'établissement, on craint que cette affaire ne livre jamais son secret.

AVIS IMPORTANT. – Poileau Luc avise son honnête clientèle qu'il n'a jamais été sollicité pour l'emploi de directeur de la Radio. Au cas où l'on serait désireux de réparer cet oubli, le célèbre détective fait savoir que l'on peut le joindre à Taitbout 85-12.

La radio

Le cercle de l'opinion privée

Après l'émission du cercle de l'Opinion Privée qui est passée de justesse et avec beaucoup de mal, samedi à 20 h 45, sur la chaîne parisienne, nous sommes allés interviewer le responsable de cette émission, c'est-à-dire Pierre Dac, qui se trouve être également, par une curieuse coïncidence, directeur de notre journal. L'entretien suivant s'engagea pour la durée de la conversation :

– Monsieur le Directeur, que pensez-vous de votre émission ?

– Quelle émission ?

– Ben, l'émission du cercle de l'Opinion Privée.

– Je pense qu'il n'y a pas de quoi se relever la nuit pour en parler avec les voisins.

– Mais qu'est-ce que vous avez voulu faire au juste dans cette émission ?

– Des choses.

– Quelles choses ?

– Des choses drôles.

– Ah !

– Vous n'avez pas entendu l'émission ?

– Si.

– Alors pourquoi me posez-vous toutes ces questions ?

– Pour que vous nous expliquiez l'émission.

– Mais vous me dites que vous l'avez écoutée.

– C'est justement pour ça que nous vous demandons de nous l'expliquer.

– Ah ! parce que vous n'avez peut-être pas très bien compris ?

– Euh ! si, c'est-à-dire… non… enfin… c'était curieux… curieux dans le sens bizarre et hermétique…

– Voilà la chose.

– Enfin, nous voudrions tout de même avoir votre avis.

– Eh bien ! ça aurait pu être un peu mieux que pas trop mal ; mais il est tout de même évident que ça a été moins bon que si ça avait été meilleur.

– Je vous remercie. Un dernier mot pour les auditeurs.

– Je tâcherai de faire mieux la prochaine fois.

Conservons le ministère du Ravitaillement

Auroresco referens, serions-nous tentés de nous écrier, n'était l'extrême répugnance que nous ont toujours inspirée les citations latines, en justice et autres.

Bornons-nous donc à dire qu'un journal du matin vient d'organiser une pétition tendant à supprimer le ministère du Ravitaillement.

On ne saurait stigmatiser avec trop de force cette criminelle initiative, dont l'aboutissement priverait le pays d'une des rares occasions de s'amuser qui lui restent encore, cependant qu'il porterait le plus grave préjudice à la corporation entre toutes respectable des chansonniers montmartrois, des dessinateurs humoristes et des humoristes non dessinateurs.

Ne reculant devant aucun effort pour éviter semblable catastrophe, *L'Os libre* croit devoir lancer à son tour une contre-pétition afin que soit conservée à la France l'institution infiniment précieuse qu'est aux yeux de tous le ministère du Ravitaillement.

Vente aux enchères

Le 12 avril 1946, en l'étude de Me Abdullah Lafourcade, sise 21, avenue de la Pélerine-Roulée, à Paris, à 23 heures 45, vente aux enchères publiques de

UN LOT DE SIX NUMÉROS DE TÉLÉPHONE EN BON ÉTAT dont nomenclature suit :

TURBIGO 52-00.

GUTENBERG 03-00.

TRUDAINE 63-53.

TRINITÉ 52-12.

GOBELINS 71-17.

BOTZARIS 40-03.

Mise à prix : 175 000 fr.

N.-B. – Aucune offre ne pourra être faite pour tout numéro ou chiffre séparé.

A la manière de...

... **L'Os** cartésien

JE MANGE, DONC JE SUIS.

Je me résolus de feindre que toutes choses qui m'étaient jamais entrées en l'estomac n'étaient non plus vraies que les illusions de mes songes.

Mais aussitôt je pris garde que, pendant que je voulais ainsi penser que tout était faux, il fallait nécessairement que moi qui mangeais, n'était-ce qu'un os, fusse quelque chose ; et remarquant que cette vérité : « Je mange, donc je suis » était si ferme et si assurée que toutes les plus extravagantes suppositions du ravitaillement n'étaient pas capables de l'ébranler, je jugeais que je pouvais la retenir comme le premier principe de la philosophie.

PETITES ANNONCES

OFFRES D'EMPLOI

Businessman devant subir intervention chirurgicale cherche sosie pour petit remplacement. Aucune connaissance exigée. Gros dédommagement.

On demande bombeurs de torse accrédités pour présentation modèle de ceinture. Se présenter devant Longchambon.

DEMANDES D'EMPLOI

Ancien souffleur de verre, grosse capacité pulmonaire, cherche place souffleur de théâtre.

Jeune homme connaissant à fond us et coutumes de chefs de gare cherche emploi chef de gare. Peut fournir son sifflet. R. Lesage, à Mantes.

Piéton contemplatif disposant quelques loisirs cherche petite place, lèche-vitrine ou autre. Girivier. Rueil.

Monsieur obèse cherche place de contrepoids dans ascenseur.

Jeune femme cherche pour mariage bel homme riche ayant château, ou à défaut petit épicier possédant manoir. Envoyer photos (chât. et man. seulement).

DEMANDES DIVERSES

Boulanger atteint calvitie opiniâtre serait acquéreur béret ou bonne lotion capillaire. A défaut, achèterait couvercle de pétrin.

Cherche poêle tirant bien pour remorquer voiture marchand de frites.

DIVERS

Lapins géants, pour cirques ou gros mangeurs. A. Gimbourg, Saint-Mars-la-Brière. Fournisseur attitré du zoo de Montfort.

Pains et petits pains à liqueurs pour casse-croûte d'ivrognes, à partir de 18 fr. 65. Montibran, à Chambray.

Lacets de souliers de la Régie, goût caporal ordinaire. La boîte de 20 : 25 fr.

Rondins en vrac, goût tabac gris. Le paquet : 32 fr.

Potiron à grosses côtes. La pièce : 75 fr. 40. Le même, carré, marque Picaçot : 1218 fr. 65

PROPRIÉTÉS

Terres arables à vendre ou à louer, sud-ouest algérien.

PRODUITS SPÉCIAUX

Vermifuge pour banquiers véreux. La bonne petite boîte : 6 fr. 10.

PROPOSITIONS DIVERSES

N'attendez pas le métro, si vous devez prendre l'autobus. Renseignez-vous ! Un renseignement ne coûte rien.

ARTICLES POUR MILITAIRES

Couteau électrique pour la corvée de patates. Tous courants. Gros débit : 74 547 fr. 10. Modèle plus simple à main : 5 fr. 40.

Pluches de patates, donnant l'impression d'être très actif à la corvée de pluches. Le petit panier garni : 15 fr.

ARTICLES POUR BUREAUX DE POSTE

Encrier baveur à garde-boue : 8 fr. 10.
Boue à l'encre. Le tube : 6 fr. 90 ; la même pl. épaisse, le morc. 7 fr. 65.
Plumes à 1 bec. Les 3 : 5 fr. 40. Buvard tôle galvanisée. La pce. 3 fr. 30.

Toutes formules, papier buvard, 1re qualité. Les 1000 : 11 fr. 10.

ARTICLES POUR FEIGNANTS

Copies de faux plans, ouvrages militaires, cuirassés, armes secrètes, etc., pour espions feignants. Pupul, Houilles.

Feignant cherche feignant pour association d'idées. Priopopoulos Alexis.

PERDUS ET TROUVÉS

Cheval ayant perdu charrette après petit galop dans la campagne serait reconnaissant à personnes ou animaux pouvant donner nouvelles. Ecrire ou télégraphier à Papillon, ferme de Sainte-Colombe.

Perdu en side-car entre Marseille et 32, boulevard Haussmann, 2 passagers. Rapporter à M. Gébot contre récompense, 32, boulevard Haussmann.

Perdu 275 000 fr. entre la place Pereire et industrie en faillite. Grosse récompense à personnes ayant trouvé même petites sommes. Rapporter à M. de la Bonne Roche, même adresse.

COURS SPÉCIAUX

Cours de piston par chauffeurs de locomotives patentés. Tous les soirs ou sur demande. Rotonde des machines de Pantin.

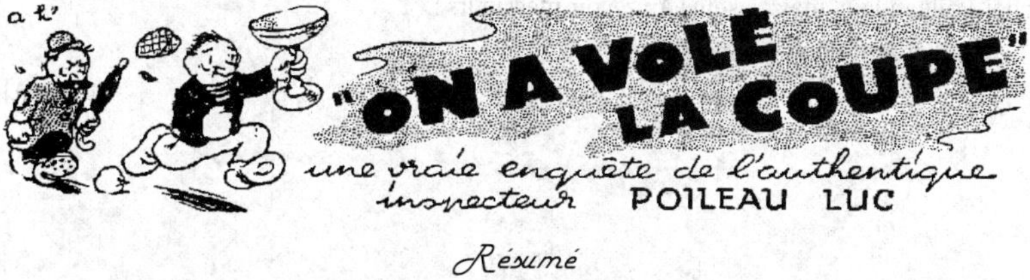

Résumé

Le détective Poileau Luc court toujours après le voleur de la coupe du roi de Thulé.

Chapitre IX

Chez l'expert en écritures

Le détective Poileau Luc et son second, le sympathique Lachnouf, étaient installés dans l'antichambre d'un expert en écritures.

– Vous connaissez la graphologie, Lachnouf ? demanda le détective.

– Ben, vous savez, chef, il y a eu tellement de remaniements géographiques ces temps derniers que je ne vois pas bien où ça peut se trouver.

– La graphologie, Lachnouf, répliqua Poileau Luc, c'est l'étude de l'écriture ; et figurez-vous que j'ai un spécimen de l'écriture du voleur de la coupe du roi de Thulé !

– Il vous a écrit, chef ?

– Non, mais en examinant le cheveu que j'ai de lui, on a relevé des traces de son écriture.

– Sur le cheveu ? Ben, il écrit rudement fin !

A ce moment, le célèbre expert en écritures, M. Latronche de Gaille, fit son entrée.

– Bonjour, messieurs, dit-il. Qu'est-ce qu'il y a pour votre service ?

– Voilà un cheveu sur lequel se trouve un spécimen de l'écriture de mon voleur, dit Poileau Luc ; qu'en pensez-vous ?

– Voyons ça, dit l'expert en s'emparant du cheveu… Heu, heu… écriture à la main…

– Vous êtes sûr, maître ? intervint Poileau Luc.

– Ben, on n'est jamais sûr de rien, répliqua l'expert ; mais il est assez rare que je confonde entre une lettre écrite à la main ou tapée à la machine… Voyons… écriture masculine… Cet homme ne serait donc pas une femme. L'homme que vous recherchez est sanguin, son écriture est bouleversée, agitée. Prenons le mot *vous*, par exemple : eh bien ! il n'y a aucun point sur les *i*, et la lettre *h* est séparée de la deuxième consonne.

Lachnouf battit des mains :

– Oh ! c'est merveilleux. Est-ce que je peux dire quelque chose, chef ?

– Ça concerne la graphologie ?

– Certainement ! Voilà : je voudrais demander au professeur s'il connaît la différence qu'il y a entre la lettre *A* et le clocher de l'église ?

– Non, je ne vois pas répondit l'expert après avoir réfléchi un instant.

– Eh bé ! reprit Lachnouf, c'est bien simple : la lettre *A*, c'est une voyelle, et le clocher de l'église, c'est là qu'on sonne !

Ce disant, le bon Lachnouf, content de lui, partit d'un grand éclat de rire… Très vexé, le professeur Latronche de Gaille rendit le cheveu à Poileau Luc, en disant :

– Messieurs, je crois qu'il est inutile de poursuivre l'entretien… Revenez me voir, mon cher Poileau Luc, mais… seul ! Au revoir messieurs !

Et il disparut derrière une tenture.

(*A suivre.*)

L'OS LIBRE

« Contre tout ce qui est pour – Pour tout ce qui est contre. »

NUMÉRO 28 – MERCREDI 17 AVRIL 1946

Le 5 avril, le docteur Petiot, reconnu coupable de vingt-quatre assassinats, est condamné à mort. Le 8 avril, le gouvernement nationalise le gaz et l'électricité, et crée deux établissements publics, EDF et GDF. Le 13 avril, l'Assemblée constituante vote la loi Marthe Richard sur la fermeture des maisons closes. L'Os libre *n'en parle pas. S'il évoque le succès de la mission de Léon Blum aux Etats-Unis, il se penche surtout sur ce que l'on n'appelle pas encore « la politique politicienne » : la bataille entre les partis à propos du référendum sur la Constitution.*

Edito — La tranche électorale

par Pierre Dac

Si les ponts ont déjà fait et continuent à faire couler beaucoup d'eau sous eux en conformité avec la tâche qui leur est impartie, on peut en dire autant de la nouvelle loi électorale, à la condition de remplacer l'eau par des flots d'encre et de paroles, et les ponts par autre chose.

Je n'ai point, ici, l'intention de discuter les qualités et les défauts de la R. P. intégrale ; elle a ses partisans et ses détracteurs tout comme le veau vinaigrette d'ailleurs, que, par goût, on aime ou on n'aime pas. Ce qui prouve bien qu'il y a, sinon identité absolue, tout au moins similitude entre la R. P. et le veau vinaigrette.

En raison d'une vieille habitude qui, depuis toujours et même avant, me fait dire tout ce que je pense et extérioriser tout ce qui me passe par la tête, je ne vous cacherai pas qu'il y a peu de temps que je connais la véritable signification de la R. P. J'ai longtemps cru que ça voulait dire République Polonaise. Ce dont je ne m'étonnais pas outre mesure, puisque R. F. signifie République Française et G. L. Galeries Lafayette. J'étais, certes et malgré tout, quelque peu surpris que l'on veuille proclamer la république polonaise en France, alors qu'il était, à mon avis, plus rationnel de l'installer en

Pologne. Mais je pensais que ces messieurs de la législation avaient de bonnes raisons pour agir de la sorte et je n'approfondissais pas plus avant. Des amis ont entrepris de me démontrer mon erreur, et comme je ne suis, dans le fond, pas plus buté qu'un autre forcené, j'ai assez facilement consenti à réviser mes conceptions. Donc, je sais ce que c'est que la R. P. Et je n'en tire aucune vanité supplémentaire. Car j'estime que la question de la R. P. est déjà largement dépassée et que c'est tout le problème du suffrage universel qui est, d'ores et déjà, remis en question. Ou qui devrait l'être, car je suis intimement persuadé que, d'un côté ou de l'autre, on fait fausse route. Des autres côtés également.

« Du neuf et du raisonnable », réclame-t-on à longueur de dimension. Crise d'hommes, constate-t-on un peu partout. Alors ? Alors quoi ? Alors ? Alors, ce ne sont ni la R. P. ni aucune autre loi électorale qui nous donneront la solution idéale. Pour sortir résolument des sentiers battus, pour aller hardiment vers un avenir qui sera autre chose qu'un passé vaguement rafistolé et renouvelé, il ne faut pas hésiter à foncer dans le brouillard et à tout flanquer par terre pour reconstruire sur nouveaux frais. Par quels moyens ? C'est extrêmement simple. Ne souriez pas. Ne soyez pas outrageusement sceptiques. Je l'ai, moi, le moyen. Je caresse, depuis longtemps, un projet soigneusement mûri à la chaleur de mes réflexions. Le voici : il faut mettre la Loterie nationale dans le coup et instituer une tranche électorale. Un vieux proverbe ne dit-il pas que le hasard fait souvent bien les choses ? Et qui osera prétendre que celui-ci sera plus aveugle que les urnes ? On se plaint, à juste titre, et je le répète, de la pénurie d'hommes nouveaux. Avec la tranche électorale on en trouvera forcément, qu'on le veuille ou non.

Quant à la réalisation de mon projet, elle est encore plus simple que la simplicité même : chaque détenteur d'un numéro gagnant se verra attribuer, au lieu d'argent, un poste dans l'Etat dont l'importance sera en rapport avec celle du lot dont il sera bénéficiaire. L'heureux gagnant du gros lot sera président de la République. Le suivant, président du Conseil ; les autres, ministres, secrétaires d'Etat ou représentants du peuple, préfets, sous-préfets, secrétaires généraux, directeurs de ministère, chefs de cabinet, etc. jusqu'à épuisement du tirage de la tranche. Le nombre de billets émis sera proportionné au nombre de postes à pourvoir.

Et, surtout, qu'on ne vienne pas m'objecter que mon projet est immoral parce qu'il risque de placer aux leviers de commande des gens qui n'y connaissent rien. Parce que, alors, là, je me permettrai de rigoler doucement.

En tout état de cause, l'expérience vaut la peine d'être tentée ; car, puisque l'opération doit s'effectuer par le truchement des sphères de la Loterie nationale, il n'est pas interdit de conclure que ça risque de tourner plus rond. Et, quoi qu'il arrive, pas moins.

Un article sensationnel

Notre correspondant spécial aux armées, E. Arnaune, S. P. 76 513 par B. P. M. 416 sur 6718 R. N. 8, nous adresse en exclusivité le sensationnel reportage suivant. En voici le texte intégral et in extenso :

LE

C'est tout, ça suffit et se passe de commentaire.

Tragiques conséquences d'un coup de tête
En nous envoyant subitement son or l'Amérique prend la France au dépourvu

Deux coups de théâtre ont marqué pour le gouvernement français la journée d'hier. Tout d'abord, au milieu de l'enthousiasme que l'on devine, M. André Philip a fait part à ses collègues de la découverte inattendue d'une pièce de 20 centimes dans la rainure du tiroir de son bureau, où elle avait échappé jusqu'alors aux recherches les plus minutieuses. De grandes fêtes publiques ont été envisagées pour célébrer l'événement.

Ensuite, un garde municipal à cheval, arrivant des Etats-Unis à bride abattue, a fait irruption dans la salle du conseil et a remis à M. Félix Gouin la lettre suivante :

Ancienne Maison Uncle (Sam)
Fondée en 1776
Truman and Co, successeurs
« Les Etoiles », marque déposée

« Monsieur et cher client,

« Nous avons l'honneur de vous aviser que nous tenons à votre disposition les 200 milliards de francs-or (façon avant guerre) pour lesquels vous nous avez passé commande par l'intermédiaire de votre représentant agréé, M. Blum (Léon).

« Toujours dévoués à vos ordres, veuillez agréer, monsieur et cher client, l'assurance de nos sentiments distingués.

« (Signé) : CONNALLY. »

La France n'est pas prête

La décision des Etats-Unis, dictée visiblement par le souci de devancer l'U. R. S. S. qui se disposait, elle aussi, dit-on, à nous envoyer de l'or, a pris notre pays au dépourvu.

Tout d'abord s'est posée la délicate question du transport, le transport par eau, toujours à la merci d'un naufrage, semblant aléatoire, et le transport par air mettant les 200 milliards de francs à la merci d'un pilote facétieux qui, au cours d'un looping, eût risqué de les faire choir dans l'Atlantique ou sur la tête d'un passant.

On songea, pour ne pas tenter la cupidité des voleurs, à transporter la somme par fractions de 5 fr., mais on a finalement renoncé à ce projet qui eût nécessité quarante milliards de voyages New York-Paris, aller et retour, soit, à raison d'un par heure, plus de quatre millions d'années.

Très sagement, M. Gouin a opté pour le colis-postal propre, rapide et bon marché, puisque, au tarif de la poste, l'opération ne reviendra qu'à une dizaine de milliards de francs seulement. De plus, si l'on a soin de marquer sur chacune des caisses la mention : « Echantillon sans valeur », il y a des chances pour que le tout parvienne à bon port.

Ajoutons que le transport se fera de nuit et par voie détournée pour éviter tous risques de bagarre à l'arrivée, où l'on craint que l'or américain ne soit accueilli à coups de pierre par la population française qui lui préférerait sans aucun doute un envoi de corned-beef.

L'or encombrant

Le problème du logement n'est pas moins difficile à résoudre, la Banque de France ne consentant pas à emmagasiner le précieux métal sous prétexte que son directeur utilise actuellement les caves blindées de la maison pour y mettre à l'abri des convoitises son vin de la répartition, et se refuse par prudence à se dessaisir de la clé.

De son côté, le ministère des Finances, qui a, depuis longtemps, perdu l'habitude de renfermer de l'or, se déclare impropre à tout emploi de ce genre, ses serrures ne fermant plus et ses coffres-forts étant employés pour l'élevage du lapin en chambre.

Faute de mieux, M. Gouin est entré en pourparlers avec le directeur de la Comédie des Champs-Elysées. Moyennant un important dédommagement, ce dernier serait prié de continuer à représenter la dernière pièce de M. André Obey. L'établissement ayant ainsi des chances de demeurer vide pourrait alors servir à entreposer l'or.

Souhaitons que tout s'arrange au plus vite, car, en cas de retard, les 200 milliards de francs-or qui vont être incessamment débarqués dans une gare maritime risqueraient, en moins de dix ans, et à raison de 0 fr. 50 par jour et par colis, d'être entièrement absorbés en frais de consigne.

À Os rompus

Toujours les exagérations

La préfecture de police communique :

« On n'a nullement volé la tour Saint-Jacques comme certains l'avaient prétendu. C'est seulement le paratonnerre de cet édifice que des inconnus ont emporté l'autre nuit, sans doute par inadvertance.

Ceci dit pour rassurer les propriétaires d'immeubles que purent un instant alarmer des informations aussi malveillantes que manifestement tendancieuses. Sans toutefois pouvoir préjuger de l'avenir, nous pouvons affirmer que, jusqu'ici, aucune tour n'a encore été volée à Paris.

Quant aux paratonnerres, dont la pointe aiguë peut tenter certaines catégories de dépravés, il est prudent de les placer en lieu sûr. A la cave, par exemple. »

Le congrès s'amuse

Ça c'est passé en trois temps, ou plutôt en trois bouffées de pipe :

1er temps. – M. Albert Bayet donne sa démission du Parti radical.

2e temps. – Le congrès radical refuse la démission de M. Albert Bayet.

3e temps. – Le congrès radical prononce l'exclusion de M. Albert Bayet.

La logique de cette méthode n'a pas échappé au principal intéressé, qui a immédiatement résolu de se venger en trois temps :

1er temps. – M. Albert Bayet, exclu du Parti radical – et donc devenu non radical – décide de se convertir au radicalisme, et adhère en conséquence au Parti radical.

2e temps. – Le Parti radical prononce l'admission de M. Albert Bayet.

3e temps. – M. Albert Bayet, avec un rire sardonique, démissionne du Parti radical.

Alors intervient un quatrième temps non prévu par M. Albert Bayet : le Parti radical refuse sa démission...

La suite au prochain congrès.

La main de ma sœur latine

On annonce officiellement que les négociations franco-italiennes sont entrées dans leur phase finale. La signature du traité de paix ne saurait tarder. Voici, à titre confidentiel et anticipé, quelles en seraient les dispositions essentielles :

1° Les coups de poignard dans le dos ne sont autorisés que de face, ce qui revient pratiquement à les supprimer.

2° La Tunisie, la Corse et le comté de Nice sont rattachés à l'Italie au moyen d'un élastique.

3° Les perceurs de macaronis italiens seront tenus de venir nous aider lors de la prochaine récolte.

4° La chasse du gibier à plumes (bersaglieri compris) est fermée jusqu'à nouvel ordre.

5° Victor-Emmanuel est nommé Négus d'Abyssinie, et le Négus est proclamé roi de Rome.

6° Les délices de Capoue sont mises à la disposition des touristes français pour toute la durée des vacances. Le mal de Naples est rigoureusement prohibé.

C'est dire que le rapprochement franco-italien est vraiment en très bonne voie.

Economies

Notre confrère *L'Aurore*, qui se démène comme un saint aux foyers infernaux, demande la suppression du ministère du Ravitaillement qui, à l'encontre du rôle qu'il est censé accomplir, organise une disette scientifiquement bureaucratisée.

Ladite suppression procurerait par ailleurs de substantielles économies, de nerfs pour les ménagères, et de quelques milliards pour le pays.

A ce train-là, si l'on supprime tout ce qui est inutile, on n'a pas fini d'être riches.

La cuisine pratique

La darne de colin à la paresseuse

Prenez un bon morceau de colin dans le jarret, choisissez-le bien mou, laissez-le reposer dans un endroit chaud et douillet pendant 24 heures environ, couchez-le sur un lit d'herbes aromatiques, telles que sainfoin, luzerne, salsepareille et stigmates de maïs. Truffez-le avec des petits morceaux de différentes choses. Aillez avec du cresson alénois et saupoudrez à la glace de viande. Faites cuire à four demi-doux pendant une demi-heure. Préparez d'autre part un coulis chinois composé de courges bouillies, de potiron du Brésil, de févettes des Pays-Bas et d'eau. Nappez votre darne à la paresseuse et servez sur canapé, ou, à défaut, sur tabouret de piano.

A la manière de...

...L'Os, par Colette

LA DISPUTE

Toby-Chien. – Elle prend des manières de chien.

Kiki-la-Doucette (indignée). – Il ne manquerait plus que cela... Quelle horreur ! Moi qui ai tout fait pour qu'elle devienne un peu chatte.

Toby-Chien (grognon et fier). – N'empêche que, ce midi encore, elle rongeait un os, et avec beaucoup de savoir-faire. Quand elle me l'a jeté, en m'appelant son gros crapaud doré, il n'y avait plus rien après. On pouvait tout juste s'en servir pour jouer à le couvrir de bave et courir le poser sur sa belle robe.

Kiki-la-Doucette. – Dégoûtant ! Tu ne connais que des jeux sales. D'ailleurs, tu es naïf : c'est tout simplement qu'elle avait faim.

Toby-Chien (attristé). – Tu crois ? Alors pourquoi ne l'a-t-elle pas mangé ?

Kiki-la-Doucette. – Elle n'a pas de dents de chien. Et puis tu m'ennuies... Laisse-moi rêver.

Toby-Chien (obstiné). – Dis-moi encore : qu'est-ce que c'est que le ravitaillement ?

Kiki-la-Doucette (plaintive). – Chut ! Ne parle pas de cela... C'est une invention des humains pour crever de faim. Chaque fois qu'elle en parle, il n'y a rien à manger.

Toby-Chien (l'œil humide de détresse). – J'ai faim.

Avis

M. Célestin Petibuis avise son honorable clientèle qu'à partir d'aujourd'hui il ne répond plus de ses dettes, ni au téléphone.

Faits divers

Depuis samedi dernier, le jeune Babel Maurice, 177 ans, fils d'un grainetier demeurant à la Ballue-en-Saint-Servan, n'a pas reparu au domicile paternel. Voici son signalement : taille 2 m 55, cheveux usagés, yeux clairsemés. Il était vêtu d'une barbe râpée et d'une salopette de soirée. Il paraît 14 ans.

Les personnes susceptibles de fournir des renseignements sont priées de les communiquer au père ou au grand-père du gamin, même adresse.

Dans la matinée du 1er avril, M. Courjambon s'engageait tranquillement sous le porche du ministère du Ravitaillement, lorsqu'il reçut sur la tête un morceau de papier froissé, figurant un poisson d'avril.

Ayant développé le papier, M. Courjambon aperçut avec stupeur une brique adroitement dissimulée.

Il s'écroula aussitôt, le crâne fracturé.

D'ENGHIEN. – On nous communique à l'instant d'Enghien que « Gros Veau », le cheval du baron Rauzéna, engagé dans la septième course de la réunion de lundi dernier, vient d'être signalé à l'entrée de la ligne droite. Le jockey, porteur d'une barbe de trois jours, donnait des signes évidents d'épuisement.

On estime que « Gros-Veau » franchira probablement la ligne d'arrivée vers 18 h. ce soir si le vent reste favorable.

DE MARSEILLE. – Un pâle malfrat, qui tentait d'égayer les passants en jetant de grosses pierres dans les vitrines des magasins, a été appréhendé et emmené au poste par des policiers risque-tout.

Tard dans la nuit, une animation extraordinaire régnait aux alentours du poste de police d'où s'échappaient de terribles imprécations et des individus chancelants.

DE RÔME. – Les travaux de ramonage du Vésuve, abandonnés pour les raisons que l'on sait, ont été confiés à une entreprise américaine.

Le Vésuve, entièrement démonté, est parti par mer à destination de Detroit où une usine a été spécialement construite et aménagée pour le ramonage du volcan.

La pêche et soi

LA PÊCHE AU COUP

La pêche au coup n'est pas comme certains le supposent une pêche qui se pratique avec une solide matraque et qui consiste à assommer le poisson. C'est la pêche calme par excellence.

Accessoires. – Une bonne gaule, un grand bout de fil, une plume, du plomb et un hameçon. Disposez tous ces ingrédients au mieux de vos intérêts.

Action de pêche. – Choisissez une fenêtre donnant au-dessus de l'étal d'une poissonnerie. Laissez descendre doucement votre ligne. En faisant le moins de bruit possible, vous pouvez en peu de temps réaliser une jolie friture. Mais, attention à la casse ! Les surprises ne sont pas rares et les grosses pièces : turbots, raies, bouclées, bourriches d'huîtres, etc., peuvent se présenter. Ferrez d'un coup de poignet discret et amenez doucement votre prise dans l'épuisette.

Petites Annonces

OFFRES D'EMPLOI

Businessman cherche pour mariage jeune femme 35 années précises, taille 1 m 83, yeux bleus. Se présenter jeudi, 8 h 30, secrétariat de la Standisch Company Limited and C°, Chicago.

Recherchons pour manoir breton hanté ménage jeune – femme-fée et mari gnôme à tout faire. Se présenter agence Ectoplasme, 8 à 12 heures.

Patron radin cherche pour remplacer petit personnel monsieur turc ou fort comme tel.

DEMANDES D'EMPLOI

Monsieur forte constitution, extrêmement persuasif, cherche représentation épouvantablement difficile.

Caissier poussif, désirant pratiquer footing, cherche compte courant pour entraînement. Gaston Général.

Mari gênant cherche petits travaux entre 5 et 7 heures, de préférence à Billancourt. Ecrire M. Le Cornu, 187, boulevard de la Chapelle.

PROPOSITIONS DIVERSES

Votre emploi de subalterne vous déplaît ? Vous voulez briller dans l'existence ? Astiquez-vous avec la brillantine « Boblair ». En vente partout.

DIVERS

A vendre : cuisinière argentée en si bémol, avec étui et trompette fonte émaillée, avec 15 m de tuyaux et bain-marie. A. Castete, rue Passerelle, Calais.

A vendre chewing-gum état neuf. Visible tous les jours de 12 h à 14 h. Ecrire Mic. Simon, au journal.

Portefeuille de Sinistre du Ravitaillement à céder au moins offrant. Aucune compétence exigée.

ARTICLES POUR BATAILLEURS

Faux nez fonte grise. Permet de participer à de bonnes petites bagarres avec minimum de dommages. La p. : 28 fr. 70.

ARTICLES POUR IVROGNES

Chapeau gibus à réservoir, pour gentleman-sac-à-vin. La pièce, 218 fr. 90.

ARTICLES POUR FEIGNANTS

Chaise pour agriculteur feignant, permettant tous travaux agricoles sans fatigue : 145 fr. 70. Modèle pour vigneron, à siège

N° 28 – Mercredi 17 avril 1946

bas : 88 fr. 55. Tous modèles suivant catalogue.

ÉCHANGES

Ancien ministre échangerait très haute considération contre boîte corned-beef. Urgent.

SOLDES

Barbe à dessous de bras, chauffante, pour explorateur polaire, livrée avec câbles à la demande et prise de courant : 14 576 fr. 40.

SPORTS

Gants de boxe, 4 onces : 97 fr. 20. Modèle renforcé, garniture métall., 12 onces : 114 fr. 20. Gros article pour petite brute, 25 onces : 288 fr. 75. Les mêmes, pour grosse brute, armature fonte décorée, 63 onces : 557 fr. 90.

Résumé

Poileau Luc cherche toujours le voleur de la coupe du roi de Thulé.

Chapitre X

Sur les toits de Paris

Le passant qui passait sur le trottoir devant cette maison de huit étages, s'il avait levé la tête, eût été bien étonné d'apercevoir, sur le toit de l'immeuble, le détective Poileau Luc et son fidèle lieutenant Lachnouf.

– Chef ! dit soudain ce dernier, vous ne m'avez pas encore expliqué pourquoi, depuis hier, nous nous promenons sur les toits des maisons ?

– Lachnouf, expliqua Poileau Luc, j'estime que, dans notre métier, on n'examine pas assez le toit des maisons. Là, au moins, on voit les choses de haut et on a l'esprit dégagé des contingences terre à terre.

– Vous avez raison, chef ; Louis XIV disait comme vous : « Les toits, c'est moi. »

– Vous vous trompez, Lachnouf ; cette phrase est d'Adrienne Lecouvreur.

– Tout de même, depuis que nous sommes là, nous n'avons vu personne.

– Oui, mais personne ne nous a vus.

Soudain, on entendit des bruits de pas et une voix d'homme se mit à crier : « Tonneaux !... Tonneaux !... Avez-vous des tonneaux à vendre ! Tonneaux !... »

Poileau Luc et Lachnouf s'aplatirent sur le zinc du toit.

– Ecoutez, Lachnouf, dit à voix basse Poileau Luc, ce marchand de tonneaux me paraît bizarre... Quand il arrivera à notre hauteur, je crierai : « Haut les mains ! » Attention ! il pousse deux tonneaux...

– Non, chef, rectifia Lachnouf ; c'est un tonneau coupé en deux.

– Attention ! Le voilà...

Poileau Luc bondit en criant : « Haut les mains ! »

N° 28 – Mercredi 17 avril 1946

Le marchand de tonneaux se mit à trembler et implora :

– Pitié ! Ne me faites pas mal.

– Allez ! Mettez-lui les menottes, commanda Poileau Luc.

– Je ne peux pas, chef, s'excusa Lachnouf, vous avez dit : « Haut les mains ! » Alors, il a les mains en l'air : c'est trop haut pour moi. Dites-lui de baisser les mains, chef.

– Impossible ! répliqua Poileau Luc. Quand on dit : « Haut les mains ! » c'est pas pour les faire baisser. Tenez, montez sur mes épaules…

Lachnouf s'exécuta et réussit à passer les menottes au marchand de tonneaux. Ce dernier faisait peine à voir, il suppliait :

– Messieurs, je vous en conjure, je suis un honnête marchand de tonneaux…

– On verra ça tout à l'heure, dit Poileau Luc en l'empoignant par les épaules… Allez, descendons…

Et les trois hommes disparurent derrière une cheminée.

(*A suivre.*)

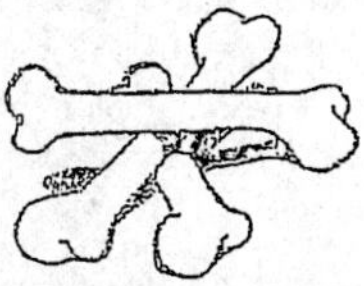

L'OS LIBRE

« Contre tout ce qui est pour – Pour tout ce qui est contre. »

NUMÉRO 29 – MERCREDI 24 AVRIL 1946

Dans son éditorial, Pierre Dac résume, avec ses mots, la situation à laquelle les citoyens se trouvent confrontés. Doivent-ils suivre les députés de l'Assemblée et donner leur feu vert à l'adoption du projet de Constitution ? Les détracteurs haussent le ton, multiplient les arguments, et le nombre des indécis semble en forte augmentation. A deux semaines d'un scrutin essentiel, rien n'est joué. Le débat est tellement intense qu'on ne parle plus d'une situation économique toujours aussi inquiétante.

Edito Un angoissant problème !

par Pierre Dac

J'ai reçu, au cours du franc papier et de la semaine qui vient de s'écouler goutte à goutte et au fil des heures, sept cent quatre-vingt-huit lettres. Ce qui est beaucoup pour une semaine et pour un seul homme. Quand je dis que j'ai reçu sept cent quatre-vingt-huit lettres, j'exagère peut-être un peu, car, à la réflexion, et en refaisant mes comptes, je n'en trouve plus que cent dix-neuf. Oui, oui, je sais ce que vous allez dire ! En tout état de cause, vous n'êtes pas obligé de continuer à lire cet article si vous estimez le début par trop incohérent. Mais quoi ? Je suis bien forcé de dire ce qui est et de raconter comment les choses se passent. J'ai reçu des lettres, je vous le dis ; je n'en aurais pas reçu, je vous le dirais aussi bien ou je n'en dirais rien du tout. Ce qui reviendrait au même.

Evidemment, en déclarant que j'ai reçu sept cent quatre-vingt-huit lettres alors qu'il ne m'en est réellement parvenu que cent dix-neuf, je commets une erreur, une erreur sans gravité. Et sans conséquences, car sept cent quatre-vingt-huit et cent dix-neuf ne sont séparés que par six cent soixante-neuf, affaire de chiffres, et d'appréciation ; car, pour ce qui est de la valeur des chiffres et de ce qu'ils représentent actuellement, mieux vaut parler d'autre chose. Je vous disais donc que j'ai reçu neuf lettres. En effet, j'oubliais de vous signaler que, sur les cent dix-neuf annoncées précédemment, cent dix ne portaient aucune inscription, ni aucune indication d'adresse. C'est pourquoi tout pouvait laisser supposer qu'elles m'étaient destinées. Mais, entre croire et prouver, il y a tout l'espace qui sépare la nourriture du ravitaillement, comme le dit en souriant finement et dans l'intimité Longchambon. J'ai donc, honnêtement, fait retourner ces cent dix lettres aux envoyeurs. Opération d'autant plus aisée que les expéditeurs étaient inconnus. Vous avouerez qu'il y a des choses bizarres dans la vie, bizarres et curieuses, autant qu'incompréhensibles ; c'est peut-être ce qui fait leur charme ; peut-être aussi ce qui ne le fait pas. Peut-être que oui, peut-être que non. Voilà que je m'explique en référendum, maintenant ! Je m'en excuse, mais pour une fois que j'ai le mot « peut-être » à ma disposition, je m'en paie un bon coup. Ça ne fait de mal à personne pas plus qu'aux autres.

Pour en revenir au sujet de cet article, lequel est nettement motivé et inspiré par le courrier qui m'a été distribué la semaine dernière, je me suis donc trouvé devant neuf lettres. Ce qui n'est pas à la portée de tout le monde sinon à portée de la main. Quand, au bout d'un long moment, j'en ai eu assez de me trouver devant ces neuf lettres, j'ai tourné les talons, ce qui a créé une situation nouvelle en ce sens que je me suis trouvé avec neuf lettres derrière moi. Position difficile à maintenir. Curieux dilemme. Car de deux choses l'une : ou je faisais demi-tour et je me retrouvais avec mes neuf lettres devant moi, ou je persistais et, dans ce cas, que je le veuille ou non, je restais bel et bien avec mes neuf lettres dans le dos. Ce qui n'est tout de même pas une situation normale pour un homme correct et de mœurs honnêtes. Ça ne pouvait cependant pas continuer comme ça indéfiniment. Je me suis donc tourné de trois quarts, j'ai pris mes neuf lettres et je les ai mises de côté. Ce qui n'était pas encore la solution idéale. Quelqu'un me suggéra que je pourrais peut-être les ouvrir. Bien sûr ! Et après, en aurais-je été plus avancé ? Ah ! comme il est parfois malaisé de savoir quelle décision prendre dans les cas difficiles !

J'ai alors téléphoné à mon ami Maurice Schumann, du M. R. P., pour lui demander conseil : « Abstenez-vous, m'a-t-il répondu, ça vous donnera des chances de conserver une majorité relative vis-à-vis de vos correspondants. »

Ainsi ai-je fait. C'est-à-dire que je me suis abstenu de ne pas lire les neuf lettres qui m'étaient adressées. En prenant connaissance de leur contenu, qui était, dans l'ensemble, d'un intérêt proportionnel, huit des signataires sur neuf me proposaient de l'argent pour que j'organise des quêtes à leur bénéfice. Le neuvième s'adressait à moi pour me dire que si, par hasard, il avait quelque chose à m'écrire, il me téléphonerait.

Voilà, je m'excuse auprès de mes lecteurs de les avoir aussi gravement entretenus aujourd'hui. Mais on ne peut pas toujours divaguer. Il y a temps pour tout. A condition de prendre son temps. Et de ne rien dire avant de parler.

À Os rompus

Cessez le feu !

Aux termes d'un décret pris l'autre matin par le ministre responsable, la date de cessation des hostilités a été fixée de façon irrévocable au 1er juin.

Les personnes qui n'auraient pas trouvé l'occasion de le faire plus tôt ont donc tout juste un mois devant elles pour se signaler par quelque action d'éclat susceptible de leur valoir de l'avancement dans l'armée et des distinctions honorifiques dans le civil.

Après ça, il sera trop tard, il faudra attendre la prochaine !

Pour les sans-gaz

Le sous-secrétaire d'Etat aux pompes funèbres communique :

« Sur leur demande, les consommateurs désespérés mais non abonnés au gaz pourront recevoir en remplacement et à toutes fins utiles une ration appropriée de charbon de bois. »

Etrange

Notre directeur possède un jardinet à la campagne, aux abords d'Aubervilliers.

Il nous signalait les singuliers effets de la précoce vague de chaleur de ces derniers jours.

Ses déclarations seraient pour le moins surprenantes, si nous ne connaissions sa pondération et son implacable esprit d'observation.

Il nous a déclaré, en effet, avoir assisté à la germination exubérante d'un lilas, lequel porte maintenant des bananes.

De même il a affirmé avoir vu des citrons sur un marronnier et des oranges de la répartition sur un gros duplicata algérien.

Le char de l'Etat

Sur un chemin montant, sablonneux, malaisé,
Trois forts chevaux tirent un coche,
Coche brinqueballant, coche lourd, coche moche,
Encor tout vichysseux et tout vert-de-grisé.
Le cheval rouge a la queue en faucille
Et tire à dia le plus qu'il peut.
Le cheval noir, tel un moine adipeux,
Bénit du chef, et sa croupe vacille ;
Il tire à hue et rue en les brancards.
Celui de tête est un peu binoclard,
Brave cheval de triple flèche
S'arrêtant pour un coup de lèche
A ses deux copains cabochards,
Tirant toujours avec retard.
Le cocher sacre et peste à péter les oreilles,
C'est un vrai cocher de Marseille.
Mais le pauvre cocher gaucher
Ne peut, hélas ! rien empêcher.
Il voit un précipice et crie : « Un précipice ! »
Quant à guider : des clous ! Et que Sam soit propice !

**Patache, patache, où vas-tu ?
Vois tes ressorts : ils sont foutus,
Entends tes essieux comme ils grincent.
Est-ce là voiture de prince ?
Et que n'implores-tu du Dieu des transporteurs
Des carrossiers à la hauteur
Qui te revisent, qui te graissent,
Te rabibochent, te redressent,
Te donnent un bon coup de fion.
Mais tu n'auras que l'imposture
D'un petit coup de la peinture
Qu'on nomme Constitution.
Et qu'on change ou non les cavales
Le brave peuple qu'on trimballe
Paiera pour le cocher, le coche et les chevaux
Beaucoup plus que le tout ne vaut.**

Faits divers

DU SAHARA. – Entre Bidon 5 et Tin Zouaten, un noctambule, Sidi Mohamed Ben Larbi el Bakrim, est attaqué par deux individus.

Dérangés dans leur besogne par une ronde d'agents cyclistes, les bandits s'enfuirent en direction de Djibouti.

DE PARIS. – Un coup de main, qui semble avoir été minutieusement préparé, a eu lieu hier boulevard Haussmann. Quatre individus, descendus d'une auto noire, ont attaqué une Sita du service de nettoiement. Après avoir enfermé les boueux dans une poubelle, les gangsters se sont emparés du chargement complet de la benne (le contenu de 6000 poubelles). Ils ont réussi à s'enfuir avec leur butin sans être inquiétés.

DE DUNKERQUE. – Grimpé sur un escabeau, un contrôleur du gaz s'affairait à mettre de l'eau dans un compteur électrique, lorsque soudain, pour une raison inconnue, d'énormes étincelles jaillirent de l'ustensile provoquant la chute du malheureux dans un grand chaudron de lessive.

Par bonheur, le contact de l'eau bouillante lui fit recouvrer ses sens, le sauvant d'une noyade certaine.

DE CHARENTON. – Alertés par une grosse rumeur, deux policiers incrédules avisaient l'autre soir des individus déversant par une fenêtre divers ustensiles ménagers.

Etant montés aussitôt interviewer les étranges déménageurs, ceux-ci déclarèrent d'un air confus vouloir aller dîner sur l'herbe.

A la manière de...

L'Os, par Michelet

LE RAVITAILLEMENT

Le ravitaillement, ce tyran, c'est le point de vue absolu, systématique, de la perpétuité de la nourriture.

Le ravitaillement, le manger, c'est toujours la vie du monde. Lui mort, tout serait mort. Demandez plutôt au peuple, il crève de faim, il vous le dira. Demandez à l'expérience du genre humain : « Ça va de mieux en mieux ! » Ces deux grandes voix sont d'accord. Deux voix ? Non ! Deux hurlements contre la vaine réglementation.

Je ne demande rien. Mais j'ai bu trop d'eau, j'ai avalé trop de couleuvres, trop de rebuffades et trop d'os.

Petites Annonces

PERDUS ET TROUVÉS

Perdu entre 11 heures et boutique bien achalandée, bout de queue dispersée par contrôle économique. Rapporter à Tutur la Sauvette : impasse de la Tête-Froide.

Jeune femme ayant perdu plusieurs heures parmi les plus précieuses de son sommeil, offre forte récompense à personne pouvant aider à les retrouver.

OCCASIONS

A vendre, pianos à queue et à tempérament « Au bon piano joli ».

Lunettes verres très grossissants. Augmentent notablement les rations, donnent l'impression d'être J 3. Tr. nourrissant : 114 fr. 90 Gros modèle pour goinfre répugnant : 221 fr. 90.

ADJUDICATION

La Régie nationale des Tabacs recherche plusieurs coupes de beaux bois :

1° Scaferlati ordinaire : 25 hectares.

2° Caporal supérieur : 30 hectares.

Messieurs les soumissionnaires sont priés de se faire inscrire en faisant connaître leurs conditions sous pli cacheté.

AMEUBLEMENT

Chaise pour s'asseoir .... 87 fr. 10
Modèle confortable................. 104 fr. 80
Très confortable .... 141 fr. 15
Article supérieur comprenant dossier et siège................................. 284 fr. 70
La même, de luxe, à 4 pieds : 563 fr. 25.

OCCASION

A vendre superbe paire de chaussures, en viager.

OFFRES D'EMPLOI

Notaire demande pour son étude à Venise bon champion de saut, pour emploi saute-ruisseau.

Ministères, comités d'organisation et service ravitaillement recherchent activement :

1° Chefs coupeurs en cocottes papier ;
2° Contremaîtres ;
3° Magasiniers ;
4° Suiveurs de pièces ;
5° Chronométreurs ;
6° Finisseurs ;
7° Répartiteurs.

Cantine, coopérative, bons gains plus à-côtés si débrouillards.

ÉCHANGES

Cure de campagne échangerait cloche bourdon contre cloche à melons.

Echangerais couple jeunes bégonias adultes, bien dressés, beau pedigree, contre phonographe ayant peu roulé ou demi-muid garni. Priopopoulos, Grec assermenté, Casino de San-Pelo.

Echangerais vue imprenable sur Usine à gaz, Saint-Denis, contre petit vis-à-vis, panorama marin ou montagnard.

MARIAGES

Veuf professionnel recherc. pour mariage jeune fille aisée, petite santé, âge minimum 63 ans. Ecrire avec certificat médical et radiogr. si possible.

N° 29 – Mercredi 24 avril 1946

Résumé

Le détective Poileau Luc vient d'arrêter un marchand de tonneaux à la sauvette… Est-ce le coupable ?

Chapitre X

Voilà déjà sept heures et un gros tas de minutes que Poileau Luc interrogeait sans succès le marchand de tonneaux. Le malheureux n'en pouvait plus, la sueur lui ruisselait sur les genoux…

– Je suis victime d'une abominable méprise ; si vous ne me relâchez pas immédiatement, le Syndicat de la Barrique va faire du vilain ! Je suis innocent, je suis innocent !

– Admettons, dit Poileau Luc, mais est-ce que vous n'êtes pas marchand de tonneaux ?

– Parfaitement que je suis marchand de tonneaux !

– Alors, mon vieux, vous feriez mieux d'avouer… Vous dites que vous êtes innocent et ensuite marchand de tonneaux… Vous n'allez tout de même pas me faire croire que vous exercez en même temps deux professions aussi dissemblables ? Avouez !

– Je ne parlerai qu'en présence de mon marchand de couleurs…

– Comment ? s'étonna Poileau Luc.

– Oui, répliqua le marchand de tonneaux. J'ai un ami qui est marchand de couleurs le matin et avocat l'après-midi.

– C'est bon, interrompit Poileau Luc, nous allons procéder à l'interrogatoire d'identité. Votre nom ?

– Kroukounious.

– Prénoms ?

– Albert, Jules, Mohamed…

– Votre adresse ?

– Je suis très fort au billard.

– Vous vous foutez de moi ?

– Non, vous me demandez mon adresse ; je vous réponds que je suis très adroit au billard… Mais j'habite 21, rue Bouillon-de-Légumes, à La Pesée-sur-Pain-Fendu…

– Département ?

– Y en a pas ! C'est une ville extradépartementale.

– Lieu de naissance ?

– Dans un lit…

– Votre âge ?

– Douze ans !

– Quoi ?

– Oui, je suis né un 29 février, alors mon anniversaire ne revient que tous les quatre ans… Ça me fait douze ans…

– Et vous avez toujours été marchand de tonneaux ?

– Non, avant j'étais distillateur de soupe au Congo belge…

– C'est bon, je vais vérifier… Demandez-moi le Congo belge, dit Poileau Luc en s'adressant à Lachnouf…

Ce dernier tendit le récepteur à Poileau Luc…

– Vous l'avez, chef…

Poileau Luc prit l'appareil :

– Allô ! Le Congo belge ?… Vous connaissez un nommé Kroukounious ?… Bon… Parfait… Merci…

Et, se tournant vers l'homme, il dit :

– Vous êtes libre, mais tenez-vous à la disposition de la justice…

L'homme bondit vers la sortie, vers la liberté en criant :

– Tonneaux ! Tonneaux ! Avez-vous des tonneaux à vendre ?…

(*A suivre.*)

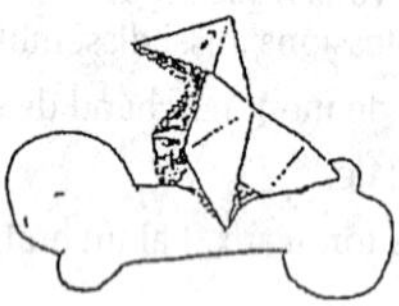

L'OS LIBRE

« Contre tout ce qui est pour – Pour tout ce qui est contre. »

NUMÉRO 30 – MERCREDI 1er MAI 1946

Dernière ligne droite avant le référendum. Les Français semblent de plus en plus critiques vis-à-vis d'un projet de Constitution. Dans les familles, on analyse chaque soir, avec beaucoup de sérieux, le moindre alinéa, tout en écoutant à la TSF les commentaires passionnés des hommes politiques de chaque bord et des observateurs. Les journaux consacrent l'essentiel de leurs colonnes à ce sujet. La nationalisation des grandes compagnies d'assurances, le 25 avril, et celle des houillères, le lendemain, passent au second plan, ainsi que la création, le 27 avril, de l'INSEE.

Edito — Critique de la Constitution

par Pierre Dac

Je connais des gens qui, le 5 mai 1946, vont se jeter à corps perdu et la langue en avant dans le référendum. J'en connais d'autres qui ont l'intention de se vautrer dedans, et qui mettront leur bulletin dans l'urne comme ils mettraient des jetons dans un appareil à sous ; d'aucuns, enfin, que je ne connais pas, useront à l'égard du référendum de familiarités que mon éducation rigoriste et puritaine réprouve au premier chef, et au deuxième sous-chef également.

Le référendum est chose sérieuse et le comportement des citoyens à son égard doit être proportionné à la gravité de l'événement qu'il représente. C'est pourquoi, dimanche prochain, je me présenterai à la section de vote de mon arrondissement en parfaite connaissance de cause et en l'état de dignité nécessaire et suffisant à l'accomplissement d'un geste lourd de conséquences et d'événements subalternes.

Je ne suis parvenu à ce degré de sereine plénitude qu'après force débats avec moi-même et surtout qu'après un studieux examen de la nouvelle Constitution de la République française. J'ai été, à sa lecture, agité de tremblements nerveux d'une part et de sentiments divers d'autre part. Puis, ayant recouvré la maîtrise de mes réflexes sentimentaux, j'ai pu aisément établir le bilan de mes impressions et la somme de mes critiques.

Evidemment, je n'irai pas jusqu'à prétendre, après examen, que la nouvelle Constitution est de celles dont on peut dire qu'elles sont entièrement prises dans la masse. Mais enfin, dans l'ensemble, ça se tient ; ça se tient même à carreau en certains endroits et sur la défensive à certains paragraphes. Certes, elle est imparfaite, en dépit de ses 134 articles, ce qui est proprement insuffisant, car je n'ai relevé, à aucun moment, la moindre allusion aux articles de ménage, de chauffage, de pêche, d'ameublement, de cuisine, d'hygiène, etc. Ce sont pourtant là des articles bien nécessaires à la vie d'un pays et je m'étonne douloureusement en constatant que nul législateur n'ait songé à les inclure dans les autres articles de la Constitution.

Ce que je reprocherai encore à ceux qui ont élaboré la nouvelle Constitution, c'est la rédaction en termes sybillins de certains autres articles. Par exemple, l'article 26 de la Déclaration des Droits, ainsi rédigé en sa première partie : « Tout homme a le devoir de travailler et le droit d'obtenir un emploi. » Eh bien ! là, ça ne va pas. En effet, d'après l'article 26, le travail n'est pas un droit mais un devoir. Donc, on n'a pas le droit de travailler, mais celui d'obtenir un emploi. Mais l'obtention d'un emploi n'implique pas obligatoirement l'exécution du travail. En conséquence, l'article 26 aurait dû être rédigé comme suit :

« Tout homme a le devoir de travailler et le droit de ne rien faire. »

Il faudra donc me revoir cet article aussitôt que possible. Mais là où je trouve vraiment que les spécialistes de la Constitution se sont singulièrement oubliés dans la sciure, c'est dans les articles du titre VI, se rapportant aux attributions du Président de la République. Deux articles en particulier me semblent pour le moins curieux. L'article 107, qui dit que le Président de la République n'est responsable que dans le cas de haute trahison, et l'article 109, notifiant que la charge de Président de la République est incompatible avec toute autre fonction publique élective. Allons, allons, ça ne tourne pas rond dans ce coin-là !

Ainsi donc, en dehors du cas de haute trahison, le Président n'est responsable de rien ? C'est tout simplement la porte ouverte à n'importe quoi. Car s'il lui plaît, à cet homme, de faire du marché noir, ou s'il lui prend fantaisie d'installer un éventaire de marchand de poisson dans la cour de l'Elysée ou de commanditer une équipe de joueurs de bonneteau sur les champs de course, en vertu de quoi en serait-il empêché ?

Car si sa charge est incompatible avec toute autre fonction publique élective, elle ne l'est pas avec toute autre entreprise. C'est très net.

Je sais bien que le Président est, en principe, au-dessus de toutes ces mesquines contingences et qu'il sera choisi parmi les meilleurs et les plus intègres des citoyens. Quand même, attention ! On a vu des cas typiques de dédoublement de la personnalité ; souvenez-vous du Dr Jekill et de M. Hyde ainsi que du procureur Hallers. J'ai personnellement connu un militaire qui, dans la journée, était général de division et qui, le soir, faisait un numéro de main à main dans un music-hall. Avouez qu'il serait infiniment regrettable de voir notre premier magistrat se livrer à des exercices ou à des manigances à la sauvette dont il ne porterait pas la responsabilité puisqu'il s'agirait d'autres cas que celui de haute trahison, seul prévu à l'article 107.

Voilà. A part ce que je viens de signaler, je n'ai aucune autre critique sérieuse à formuler envers la nouvelle Constitution. Rendez-vous, donc, le 5 mai. Pour urner, tous ensemble, du même cœur, et chacun séparément, de la même main. Et vive la République, quand même !

Si les bêtes votaient…

Les bêtes ne parlent plus. Ce n'est pas une raison pour les empêcher de faire entendre leurs voix. Aussi, la Constituante vient-elle, avant de se séparer, de leur accorder le droit de vote. Comment en useront-elles ? C'est ce que nous avons voulu savoir. Et voici le résultat de notre enquête :

Le congre : Ouigre.
La vache normande : P'têt' ben qu' oui, p'êt' ben qu' non.
La mante religieuse : Nonne.
La baleine : Fanon.
Le carabe doré : Louis.
Le singe : Guenon.
La guenon : Ouistiti.
Le kangourou boxeur : Gnon.
L'aigle de Jupiter : Junon.
Le chien de M. Herriot : Nom d'une pipe.
Abélard (le matou de ma concierge) : Abstention.
La mule du pape : Nonce.
Le poulet : Blanc.
Le perroquet de M. Ramarony : Non-sens.
M. Ramarony : Euh…
Le paon de Sacha Guitry. Ia.
L'éponge de M. Teitgen : Non-lieu.

Nous n'avons pu joindre le taureau de M. Daladier. On venait de le mener à la boucherie. Chacun son tour !

A la manière de…

… **L'Os,** par Montesquieu

« DE L'ESCLAVAGE DU NOIR »

Si j'avais à soutenir les droits du marché noir à nous rendre esclaves, voici ce que je dirais : un grand nombre de trafiquants seraient réduits à la mendicité si on supprimait cette institution.

Une preuve que les Français qui n'usent pas du marché noir n'ont pas le sens commun, c'est qu'ils sont si maigres, si effacés qu'il est presque impossible de les plaindre.

Il est impossible que nous supposions que ces gens-là soient des malheureux, parce que, si nous les supposions des malheureux, on commencerait à croire que nous ne sommes pas nous-mêmes très intéressants.

De petits esprits exagèrent trop l'injustice du marché noir, car si elle était telle qu'ils le disent, ne serait-il pas venu dans la tête des princes du Ravitaillement, qui font entre eux tant de conventions inutiles, d'en faire une en faveur de la miséricorde et de la pitié ?

À Os rompus

Rétrospectivement

Avec un à-propos discutable, un lecteur qui se prétend fidèle – mais ça, c'est encore une chose à voir ! – nous adresse quelques vers écrits au printemps 1546 à l'occasion d'un petit référendum particulier dont l'objet ne nous est malheureusement pas connu. Les voici reproduits à toutes fins utiles :

OUI et NON

Un doux nenni, avec un doux sourire,
Est tant honneste, il vous le faut apprendre ;
Quant est de oui, si veniez à le dire,
D'avoir trop dit je voudrois vous reprendre.
Non que je sois ennuyé d'entreprendre
D'avoir le fruit dont le désir me point,
Mais je voudrois qu'en vous le laissant prendre
Vous me disiez : « Non, vous ne l'aurez point ! »

On déterre !...

Les manœuvres souterraines continuent. A Milan, des fascistes ont violé (oh ! les vilains) la tombe de Mussolini, pour emporter le cadavre du Duce. Cet incident a été le signal de toute une série d'exhumations, dont le moins qu'on puisse dire est qu'elles n'ont pas été accomplies en odeur de sainteté.

A Genève, un certain Paul-Boncour aurait exhumé, peu après son récent enterrement, la dépouille de la S. D. N. Ce cadavre, soigneusement remaquillé et fleuri de Victor Margueritte dans les cheveux, aurait été transporté à Londres, où il serait exposé tout ONU.

A Paris, un individu vraisemblablement atteint de nécrophilie, et que l'on croit avoir identifié en la personne d'un nommé Edouard Herriot, aurait déterré le squelette de la Constitution de 1875.

De même, des membres du Parti radical auraient déterré Landru pour le faire figurer, toute barbe intacte, sur une liste électorale qui manquait de tête.

Pendant ce temps, une délégation du P. R. L., désireuse d'exhumer un autre condamné à mort, se rendait à l'île d'Yeu, où l'on signalait un maréchal pas trop décomposé. Le corps était en train de déjeuner lorsque les délégués arrivèrent. Il leur promit de les suivre par ses propres moyens.

En dernière heure, on nous signale une nouvelle tentative d'exhumation au Père-Lachaise. Cette fois, le coupable est un nommé Pierre Dac, qu'on a vu pénétrer dans un caveau de chansonniers et en ressortir en brandissant un os libre.

Il a été mis à la fois en état d'arrestation et dans l'obligation de déposer son larcin au Muséum d'histoires pas naturelles.

L'Amérique se vide...

Grâce aux devises que nous procure la vente de notre pinard à l'étranger, nos missions d'achat en Amérique ont pu procéder à l'achat massif de fournitures d'un intérêt hautement exceptionnel.

C'est ainsi que nos envoyés extraordinaires ont pu se procurer, entre autres, et à prix d'or : 29 tonnes de poudre de perlinpinpin, 28 millions de boutons de col en caoutchouc, 500 000 tire-bouton, 750 000 kilos de pâte à couteaux de poche, 268 000 quintaux de farine de naja, 49 578 845 ronds de serviette, 19 995 061 rouleaux à pâtisserie, 18 998 794 kilos de poudre de vin de Bordeaux à 384 francs les 100 grammes, etc.

Faits divers

DE PARIS. – On a arrêté, hier matin, le nommé Alexis Priopopoulos, employé à la Régie nationale des Tabacs. Le malandrin, affecté à la broyeuse centrale, détournait les madriers destinés à la fabrication du tabac gris, et les revendait au marché noir. Il remplaçait le bois volé par de vieux meubles fournis par de nombreux complices.

Le manège durait depuis plusieurs années.

Deux mille neuf cent vingt-trois arrestations ont été opérées.

DE MARSEILLE. – Deux malfrats, porteurs de masques de mi-carême, ont fait subitement irruption, hier au soir, dans le poste de police de la rue Saint-Ferréol. Les policiers qui venaient de se mettre au lit, surpris de cette intrusion inopinée, n'opposèrent aucune résistance aux deux redoutables bandits, qui s'emparèrent de la caisse de l'établissement et s'enfuirent dans une robuste voiture à ânes de couleur noire.

DE PARIS. – Juché sur son vélomoteur, M. Francisque Gay se promenait allégrement l'autre matin, lorsqu'une brusque saute de vent, s'engouffrant dans sa barbe, projeta celle-ci dans la boîte de vitesse.

Violemment arraché de son siège, le malheureux se répandit en invectives et sur la chaussée, à la grande joie de la foule accourue.

Après avoir fait réparer sa barbe chez un stoppeur, M. Francisque Gay a pu regagner son domicile par ses propres moyens.

Les recettes pratiques et économiques

De la bière facile à fabriquer

Ingrédients indispensables : eau, safran, savon. Prendre autant d'eau que la soif est forte ou que vous êtes plus nombreux et en fonction des récipients dont vous pourrez disposer. Colorez votre eau jusqu'à l'obtention de la teinte désirée ou préférée : blonde : 150 gr. au litre. Brune : 350 gr.

Pour obtenir de la bière bien mousseuse, vous ajouterez du savon en bonne proportion.

Si ça n'est pas bon, ça n'encrasse pas, et c'est tout de même moins cher que certaines boissons que l'on trouve dans le commerce.

Dans les transports

Les personnes non munies de cartes de priorité et désirant voyager sur la ligne desservie par l'autobus 75, doivent retirer au siège de la compagnie, trois jours à l'avance, une fiche d'admission.

Il est rappelé que, outre les cartes de priorité usuelles, les titulaires de cartes de cousins, petits-cousins, amis ou voisins de possesseurs de cartes de priorité ont aussi droit prioritaire sur l'usager du commun.

Les ordres de mission sont acceptés.

Les receveurs doivent obligatoirement, aux heures d'affluence, et en toute gratuité, transporter de 5 à 12 agents ; s'il s'agit d'agents cyclistes, ceux-ci devront accrocher leurs bécanes sur le toit du véhicule, sur le côté réservé aux bagages.

PETITES ANNONCES

DEMANDES D'EMPLOI

Jeune homme 75 ans, libéré service militaire, cherche situation avenir. Accepterait poste même important dans ministère.

Candidat indépendant, désirant se présenter prochaines élections, cherche circonscription facile et poire pour financer sa campagne électorale. Si sérieux s'abstenir.

Puce gourmande, aimant les sucreries, cherche chien ou chat diabétique en location.

Tantinet cherche petite place en rapport, milieu indifférent.

Gangster retraité, maniant bien le pistolet, cherche emploi dans la peinture. Peut fournir son matériel.

Chaîne d'arpenteur désirant voyager cherche place chez géographe prospectant contrée lointaine.

DIVERS

Jumelles spéciales pour frères siamois, mod. ordin. 348 fr. 70. Modèle de luxe, avec verre : 2753 fr. 90.

Achetez tous la bretelle M. R. P. ! La seule qui soutiendra vos intérêts dans l'existence. En vente partout où on la trouve.

PROPOSITIONS SPÉCIALES

Cause incapacité, petit seau cherche grand sot grande capacité pour association.

RECHERCHE DE BOCAUX

Cherche bocal 0 m 500, salubre et humide, préf. 3 pièces pour élevage poissons bleu, blanc, rouge. Meublé ou non. Ecr. au journal qui transmettra.

SOLDES

Un lot de poignées de main bon état. Bonne grosse poignée de main : la paire, 2 fr. 25. Poignée de main de gros dégoûtant : la paire, 6 fr. 40. Poignée de main trapue : la poignée, 46 fr. 30. Etc., etc.

ÉCHANGES

Auteur dramatique échangerait trois pièces en un acte contre trois pièces et une cuisine. Urgent. Jean Avalrey.

Aviateur, père de famille nombreuse, échangerait quatre pneus « Liberator » neufs contre quatre pneus de voiture d'enfant bon état. (Grosse discrétion demandée.)

FARCES ET ATTRAPES

Appareil imitant à s'y méprendre le bruit d'une respiration.

Se place sous les lits ....43 fr. 45.

Modèle pour vieilles filles ....184 fr. 70.

Le même, toussotant ....216 fr. 30.

Extrêmement amusant. Fait affreusement peur.

Fausses déclarations d'impôts toutes faites, les 1000 : 5 fr. Les mêmes, sibyllines et bizarres, provoquant rapidement l'affolement dans les bureaux de perception. Les 5000 : 3 fr.

Dessous de plat à ressort, mécanisme puissant commandé par levier. Projette l'assiette et son contenu à la face du goinfre. L'installation : 348 fr. 70. Modèle pour campeur : 415 fr. 95. Bien amusant.

ARTICLES ÉLECTORAUX

Sur mesures. Veste peau de zèbre, pour candidats députés malchanceux. Un essayage. La bonne petite veste : 3333 fr. 33.

FONDS DE COMMERCE

A céder, patente de contrebandier avec licence alcools et spiritueux, et tout le matériel. (Prix à débattre, mais sans violence.)

N° 30 – Mercredi 1er mai 1946

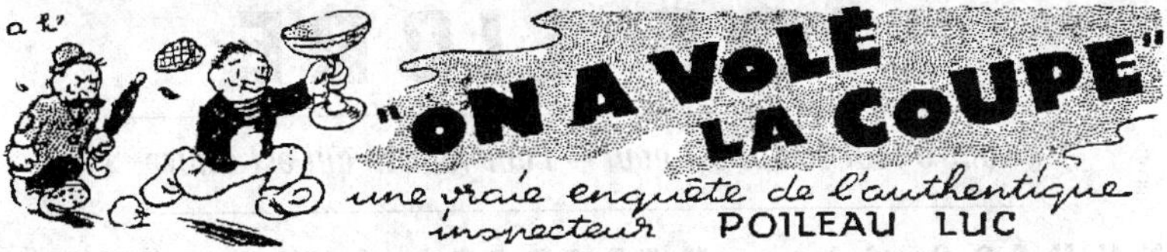

Résumé

Le détective Poileau Luc ne désespère pas de mettre la main au collet du voleur de la coupe du roi de Thulé. Nous non plus.

Chapitre XI
Chez les hommes du milieu

Le lecteur, ce soir-là, aurait été bien surpris en pénétrant au « Tum la tum la tum la », bal-musette mal famé de la rue de la Sauce-qui-Fige, de trouver là, déguisés en ignobles voyous, le célèbre détective Poileau Luc et son second le bon Lachnouf… Ils étaient méconnaissables. Ils s'approchèrent d'une table où buvaient des hommes à mine patibulaire. Poileau Luc porta un doigt à sa casquette et dit :

– Bonjour les hommes, pardon si je me trompe… Vous permettez que je m'assoye ?

– Je vous en prie, monsieur Poileau Luc, répondit en riant l'un des bandits.

– Comment ? Vous m'avez reconnu ! s'étonna Poileau Luc.

– Bien sûr… Mais vous pouvez y aller en confiance, foi de Lucien la Muraille… Permettez que je vous présente mes potes : Dofo l'Arthritique, Pierrot Belles Epaules et Dédé la Pogne Souple… Alors, inspecteur, comment que ça va votre affaire de la croupe du roi de la Taule ?

– Du roi de Thulé, rectifia Poileau Luc… Prouvez-moi que vous n'êtes pas dans le bain ?

– Rien de plus simple, voilà notre livre de travail. Emploi du temps : lundi, on a ratatiné une crémière à Noisy-le-Sec ; oui, on l'a étouffée avec des œufs durs… Mardi, on a découpé en tranches un encaisseur de la Société des concombres algériens… Mercredi, on a été avec Jojo le Pilote faire un vol de nuit dans un magasin en fourrures. Jeudi, on a touché notre chômage… Vendredi, on a cicéroné.

– Comment ?

– Oui, on a promené un Anglais dans les rues de la capitale, et samedi j'étais avec ma femme, Julie les Mains Sales, au cinéma ; même qu'on jouait un bath de film : *Le Roi de la goélette ou les amours d'un fusilier marin.*

– Et, dans ce film, vous n'avez rien vu qui pourrait se rapporter à l'affaire qui m'occupe ?

– Ben, un moment, y a un kroumir qui attaque le commandant à coups d'éponge, puis après il saute à l'eau et il tire sa coupe…

– Vous entendez, Lachnouf ? dit l'inspecteur : il tire sa coupe… Aucun doute, ça ne peut être que notre homme déguisé en kroumir… Merci Lucien, je vous revaudrai ça ! Au revoir, messieurs…

Poileau Luc se leva, et entraînant rapidement Lachnouf, il lui dit :

– Venez vite, nous n'avons pas une minute à perdre…

– Où allons-nous, chef ? s'inquiéta Lachnouf.

– On va se coucher…

Et les deux hommes sortirent du bal-musette en roulant des épaules.

(*A suivre.*)

L'OS LIBRE

« Contre tout ce qui est pour – Pour tout ce qui est contre. »

NUMÉRO 31 – MERCREDI 8 MAI 1946

Le projet de Constitution a été rejeté par 53 % des votants. La presse se déchaîne contre un gâchis dont les responsables sont les hommes politiques. Quelle solution adopter ? On murmure que Georges Bidault, ministre des Affaires étrangères de Félix Gouin, se serait entretenu avec Harry Truman, le président des Etats-Unis. En 1945, Bidault a participé, au nom de la France, à l'élaboration de la Charte des Nations Unies, l'équivalent d'une Constitution. Il y a peut-être des idées à y prendre pour sortir de l'impasse…

Edito – Savoir où nous en sommes

par Pierre DAC

A l'angle de l'avenue Montaigne et de la rue de la Roquette, il y a un temple égyptien, un très vieux temple égyptien, dont la construction remonte à l'époque où furent également construits les temples de Karnak et de Louqsor. Il peut évidemment paraître invraisemblable qu'un temple égyptien ait pu être édifié à l'endroit ci-dessus désigné dix-huit cents ans avant notre ère et s'y trouver encore. Je le reconnais, mais je n'y peux rien puisque c'est comme ça. D'ailleurs, les incrédules n'ont qu'à y aller voir ; ils se rendront rapidement compte bel et bien et de visu de l'exactitude de mes déclarations. Ce temple égyptien donc, dont je vous parle, est un temple consacré au culte d'Isis. J'y vais quelquefois y étant admis en qualité d'initié honoraire et parce que je connais le grand prêtre. C'est un Egyptien de l'antique école ; d'après ce qu'il dit, tout au moins, car d'après ses papiers il est né dans le Cantal, ce qui n'est nullement incompatible. Je vais donc une ou deux fois par mois assister à la célébration des mystères d'Isis. C'est très édifiant, et reposant, d'autant plus qu'on peut apporter son manger, et que ce brave homme de grand prêtre – lequel par parenthèse ressemble à Jules Grévy comme deux gouttes de goudron – vous vend par surcroît un de ces petits beaujolais de derrière les Pyramides qui n'a rien de sale.

Je ne vous raconte pas tout ça uniquement pour vous mettre au courant de ce que je fais et qui n'offre d'intérêt que pour moi-même. Mais parce que je pense que dans la période actuelle il est bon de méditer la multimillénaire inscription du temple d'Isis. Permettez-moi de vous la remettre en mémoire. A la vérité, au frontispice du temple d'Isis de la rue de la Roquette et de l'avenue Montaigne, il y a deux inscriptions. La première dit ceci : « Je suis tout ce qui a été, tout ce qui est, tout ce qui sera et nul encore n'a soulevé le voile qui me couvre. » La seconde, plus brève, et qui résume simplement la première, dit : « Y a de l'étrangerie dans la bizarreté. » Ce qui, en dépit de ses termes sibyllins et de ses hiéroglyphes, est parfaitement compréhensible pour le profane.

Car voilà bien où je veux en venir : depuis des milliers et des milliers d'années, sans compter les semaines et les mois, l'humanité se trimballe dans le mystère, ce qui me porte à déclarer, en termes vulgaires et modernes : « Qu'est-ce que nous foutons sur cette terre, pourquoi y sommes-nous et où allons-nous ? » Le problème n'est pas nouveau, me direz-vous. Je le sais. Aussi loin qu'on remonte dans la nuit des temps, on se rend compte que d'illustres personnages se sont occupés de la question. En sommes-nous, pour autant, plus avancés ? Je ne le crois pas. Et cependant ! Des sections de savants, des compagnies de biologistes, des régiments de penseurs, des escouades de philosophes ont tout étudié, tout disséqué, tout dit. Et après ? Et après, nous en sommes toujours au même point. Or j'estime que le moment est venu d'en sortir.

Nous disposons tout de même de nos jours d'autres moyens d'investigation et d'introspection que ceux qui furent utilisés par MM. Confucius, Lao-tseu, Pythagore, Héraclite d'Ephèse, Empédocle d'Agrigente, Anaxagore, Socrate, Platon, Aristote, Zénon, Epicure, Plotin (dont un disciple fonda une épicerie réputée), Pierre Abélard, Bacon, Descartes, Malebranche, Leibniz, Kant, Darwin, Auguste Comte, etc. Tous ces respectables et savants personnages ont, certes, écrit ce qu'ils pensaient et ce qu'ils croyaient être vrai. Ils ont fait tout ce qu'ils ont pu. Mais il faut tout de même bien se rendre compte qu'ils ne disposaient à leurs époques respectives ni du téléphone ni de la machine à écrire. Il nous appartient donc de terminer l'œuvre grandiose qu'ils ont entreprise. Tant que nous ne serons pas fixés d'une manière absolue sur notre exacte position sur terre, nous n'arriverons à rien. Et ce ne sont ni les referenda, ni les élections, ni toutes les Constitutions possibles qui y changeront quelque chose. Quand nous saurons une bonne fois d'où nous venons et où nous allons, nous pourrons alors savoir où nous en sommes.

Le devoir impératif du gouvernement est de nommer, dans le plus bref délai, une commission d'enquête dont les travaux devront être poussés au maximum, et dont les résultats devront être positifs. Voilà des siècles et des siècles que nous nous traînons dans le provisoire ; il faut en sortir, et en finir. Une fois pour toutes. Et qu'on n'en parle plus. Assez de mystères ! Assez d'incertitude ! Nous voulons la vérité ! Nous y avons droit, sans tickets ! Qu'on nous la dise ! Telle qu'elle est ! Quelle qu'elle soit ! Sans bluff ! Et raisonnable !

À Os rompus

Le référendum

Ainsi que nous n'en avions jamais douté, les faits viennent d'infliger un cinglant démenti à ceux qui, aveuglés par les passions partisanes et autres, ne craignirent pas d'annoncer à l'avance l'échec du référendum.

La consultation électorale de dimanche dernier aura été un triomphe aussi bien pour les défenseurs du OUI que pour les supporters du NON, sans oublier les partisans d'un mode d'expression moins catégorique. Si l'on additionne, en effet, les réponses affirmatives et négatives et que l'on ajoute au total ainsi obtenu la somme des abstentions, on obtient un chiffre égal et parfois légèrement supérieur au nombre des électeurs inscrits, preuve éclatante que tout le monde a fait son devoir !

Telle est l'indiscutable conclusion apportée par la sobre éloquence des chiffres. Nous nous garderons d'y rien ajouter !

Avis

L'électeur de la 17e circonscription qui, par inadvertance ou autrement, a remplacé son bulletin de vote par l'ensemble des tickets non honorés de sa carte d'alimentation est prié de se présenter sans retard au Dépôt de la préfecture de police, où il sera statué sur son cas.

Se munir d'une couverture.

La conversation Bidault-Truman

Une récente conversation téléphonique Bidault-Truman ayant donné lieu dans la presse à des suppositions souvent hypothétiques et parfois même conjecturales, le service des Démentis au ministère des Affaires extérieures a dû remettre les choses au point et les commentateurs à leur place.

– Rien d'important, a-t-il affirmé. Si le ministre français et le président américain ont réellement fait un brin de causette par-dessus la grande mare, c'est uniquement pour échanger, en toute cordialité, quelques propos de bienvenue absolument dénués de tout caractère politique ou diplomatique.

La vérité vraie

Nous sommes heureux de pouvoir confirmer cette déclaration en publiant ici le texte intégral de la conversation incriminée, telle qu'elle a été surprise à la table d'écoute par un agent triple, attaché à nos services particuliers de contre-espionnage. Voici :

– Allô ! Truman ?

– Yes ! indeed ! C'est vous, vieux Bidault ?

– Soi-même !... How do you do ?

– Well ! Ça boulotte !

– Veinard, va !... On voit bien que vous n'avez pas de Longchambon, chez vous !... A propos, j'oubliais de vous dire, le temps zest beau pour la saison... Au quatrième top, il sera exactement quatorze heures onze minutes.

– C'est une opinion ! Mon avis, à moi, c'est que les artichauts froids sont meilleurs que chauds.

– Peut-être, mais à la condition de ne pas laisser trop de bannière et de ferrer à temps... Pour le goujon, je vous recommande le chènevis.

– Oui, mais vous ne m'empêcherez cependant pas de préférer la mortadelle au saxophone alto.

– Ploum, ploum, tralala !

– C'est précisément ce que j'allais vous dire... Good bye !

– Good bye !

Bien malin, comme on le voit, celui qui pourrait trouver un caractère politique ou autre à ces innocents propos !

Nécrologie

Rome, 6 mai. – La brigade funéraire de la police italienne a été assez heureuse pour mettre la main sur un cadavre de Mussolini récemment enlevé au cimetière de Milan.

Cette découverte porte à six le nombre des corps du dictateur jusqu'ici retrouvés.

Les recherches continuent.

Ravitaillement

Dans une information, que nous n'avons d'ailleurs jamais publiée, et dans laquelle nous ne disions pas les trois quarts de ce que nous aurions voulu taire, il a été question que la Chine nous fasse l'envoi de 20 000 coolies alimentaires.

Nos lecteurs auront rectifié d'eux-mêmes, en fonction du caractère nettement anthropophagique de cette information erronée, en marge de la loi et de notre journal.

Une bonne prise

Après de nombreuses filoches suivies de planquouses prolongées, la brigade financière de la Sûreté générale vient de mettre la main sur le nommé Prosper Langoumois, spécialisé dans la fabrication des faux billets de banque.

Prosper Langoumois a été conduit à l'imprimerie spéciale de la Banque de France, qui manque justement de main-d'œuvre qualifiée.

La pêche et soi

LE SAUMON À LA SAUCISSE

Ce n'est pas comme on pourrait le croire une recette culinaire, mais une nouvelle et ingénieuse façon de capturer le saumon que je pratique personnellement avec beaucoup de réussite.

Les petits bricoleurs un peu adroits de leurs mains auront tôt fait de construire ce nouveau leurre très pêchant.

Préparation : Prenez une jolie saucisse de Toulouse de 150 grammes environ. Traversez-la de part en part d'un morceau de corde à piano. Glissez une perle de verre à chaque extrémité et terminez par une boucle. Vous constaterez que votre saucisse tourne parfaitement autour de son axe.

Cerclez la saucisse de trois colliers de fil de fer comme l'indique notre croquis. Sur le premier, fixez deux petites ailes prélevées sur un plumeau afin de donner à l'ensemble l'aspect d'une saucisse volante. Disposez sur les deux autres colliers des triples acérés et un autre à la boucle de queue.

Ce système supprime complètement le vrillage et permet de manger la saucisse si par un hasard extraordinaire vous ne preniez pas de saumon.

Jean GOUJON.

Les conférences du Cachan-Palace

Samedi 11 mai 1946, à 14 h 15, conférence de M. Xénophon Labidrul, titulaire de la chaire de décalcomanie à l'université de Culmont-Chalindrey, qui traitera de « l'influence des rayons cosmiques sur les œufs à la neige en période de canicule ».

Entrée gratuite pour MM. les professeurs, sur présentation de leur carte de visite.

Faits divers

DE BIZERTE. – Descendu chercher son journal, M. Durouston, à son retour, ne fut pas peu surpris de s'apercevoir que l'on avait changé la serrure de son appartement durant sa courte absence. Ayant fait un peu de tapage, un militaire à sept galons vint lui ouvrir et lui déclara, pour le rassurer, que son appartement n'était que réquisitionné.

DE CHARTRES. – La gendarmerie recherche le nommé Fortin, « labourateur », qui, par distraction, a dépassé les bornes de son champ et a disparu dans la campagne avec sa charrue et ses deux chevaux.

DE VAUQUELIN-S.-RAGOUT. – On nous signale la disparition de M. Gourmen, pharmacien, qui procédait en personne à l'essai d'un laxatif de son invention. Seules une casquette et une cuiller à soupe ont été retrouvées sur les lieux.

DE VERNON. – Un automobiliste, roulant à vive allure à bord d'un surplus américain (une voiturette Shermann), a pris en écharpe, à la sortie de la ville, la côte de Vernon.

Le choc fut si violent que la colline pivota sur elle-même de plus de quatre-vingt-dix degrés, à la grande stupeur d'un cantonnier qui s'apprêtait à rentrer chez lui, et qui tomba brutalement au fond d'une mare asséchée, habituellement éloignée de plus d'un kilomètre de son habitation.

DE BUENOS AIRES. – La Savate des Sargasses, battant pavillon azerbaïdjanais, a perçu les appels de détresse du cargo *Le Gros-Oigne*, en difficulté dans le détroit de Floride. Celui-ci ramène en Italie les flancs démontés du Vésuve.

La cheminée centrale du volcan prendra la mer, d'ici quelques jours, à bord du transport *Gueule-de-Cuir*.

Avis hautement important

Les personnes n'ayant pu fêter Pâques, ainsi que celles qui auraient oublié de réveillonner sont avisées qu'elles pourront le faire le dimanche 12 mai.

Enfin, ceux, qui auraient des difficultés à célébrer la fête des Mères, l'Ascension et la Pentecôte aux jours déterminés pourront le faire d'avance, ce même dimanche 12 mai.

(Voir, par ailleurs, la suite du nouveau calendrier).

« Des millions et des millions » que vous auriez pu gagner !

… si nous avions fait un concours doté de 1000 millions de francs.

A condition que vous ayez répondu avec exactitude aux 274 723 087 questions que nous vous aurions posées.

En tenant compte des 16 658 questions subsidiaires destinées à départager les ex-æquo possibles.

En répondant habilement aux 1676 questionnaires et en accompagnant tous les envois des 345 248 bons de concours que nous aurions exigés.

Nouveau calendrier des fêtes

Le 14 juillet se fêtera dorénavant le 3 juillet en même temps que l'Armistice, l'Assomption, la Toussaint et la Noël.

Toutefois, eu égard aux évolutions météorologiques, cette date pourra être avancée ou reculée *ipso facto*. Afin de dissiper le caractère autoritaire de cette mesure, les quidams et dames sont laissés libres de continuer à célébrer leurs fêtes comme ils l'entendent.

Derniers résultats du référendum

Voici les résultats du référendum recueillis à la rédaction de L'Os libre *ce matin à 3 heures,*

Inscrits : 23. Votants : 131.
Oui : 159. Non : 155. Autres réponses : 246.
Bulletins nuls : 388.
Autres bulletins : 51.
Non identifiés : 24.
Bulletins non encore dépouillés : 211.

Nous nous excusons mollement du retard apporté à ce dépouillement, un inconnu ayant oublié, par mégarde, un tonnelet de chambertin dans nos services, ce qui nous a obligés à une enquête longue, difficultueuse, qui n'est pas encore terminée à l'heure où nous mettons difficilement sous presse.

A la manière de...

... **L'Os,** par Hugo

LA CHARGE DES CONTRIBUABLES

Alors on vit un spectacle formidable. Toute une foule marcha d'un même élan, et comme un seul homme, avec la précision d'un percepteur ouvrant un portefeuille, vers le ministère des Finances, s'engouffra dans le fond redoutable où tant de contribuables déjà étaient tombés, y disparut dans les paperasses, reparut dans les escaliers montant au grand trot, à travers un nuage de poussière crevant sur elle. Ils montaient graves, menaçants, imperturbables.

Rien de semblable ne s'était vu depuis la prise de la Bastille.

Derrière la porte, à l'ombre de 85 746 dossiers, le ministre, calme, muet, immobile, attendait.

Il y eut un silence redoutable, puis subitement la porte s'ouvrit.

Un tournoiement frénétique enveloppa l'excellence, mais cet homme de marbre demeura froid.

Et soudain, dans le silence il parla. De sa bouche humaine sortirent ces paroles divines :

« Mes amis, rentrez dans vos foyers, j'ai supprimé l'impôt sur les os. »

Alors, comme anéantie, la foule s'en alla.

Petites Annonces

OFFRES D'EMPLOI

Cahin cherche caha en vue d'association.

Recherchons urgence pour département côte Atlantique, pour occuper poste préfet, boulanger ou à défaut meunier possédant gros stock farine.

DEMANDES D'EMPLOI

Fil à couper le beurre, en chômage, cherche emploi dans crémerie clandestine.

DIVERS

Gros pistolet à amorces indispensable pour jouer aux cartes. Influence nettement l'adversaire. Le pistolet : 14 fr. 90.

Mineurs, ne vous fatiguez plus. Procurez-vous la pompe à charbon « Vermolet ». Location de l'appareil et des tuyaux aux Etablissem. Vermollet and Vermollet.

Crochet de triporteur, permettant de s'amarrer à certains véhicules : 14 fr. 90.

Même modèle, à ventouses : 75 fr. 90 Article renforcé, genre ancre de marine, avec appareil de lancement spécial pour plateforme autobus : 313 fr.

Balai à manche souple pour monsieur marié rentrant tard à la maison. Evite bien des contusions : 23 fr. 90.

Trous de serrure élastiques pour ivrognes ou personnes nerveuses et irritables. La pièce : 0 fr. 90.

Les mêmes pour domestiques aimant se tenir au courant de l'actualité intérieure : 3 fr. 40.

ARTICLES SPÉCIAUX

Cendrier voleur, chipe toutes les cigarettes que l'on pose dessus. Modèle or : 72 fr. 30. Gros modèle, absorption garantie des pipes et cigares : 155 fr.

Carburant spécial aidant à la combustion du tabac gris. Le flacon : 6 fr. 40. – Le grand flacon pour fumeur têtu : 24 fr. 90.

Chapeau cronstadt, forme samovar, feutre tuyauté, garni chapelure et dentelle, habillage organdi mentonnière et visière cretonne. Tous coloris, finement décoré. La pièce : 772 fr. 20.

Porte-plume réservoir ordinaire 459 fr. 70. – Modèle réservoir renforcé pour petite administration : 849 fr. 40. – Article pour grosses administrations et comités organisation. Contenance 8 l. : 2 990 fr. 10.

Bâton blanc d'agent, hauteur 1 m. 10, diamètre 10 cm., contenant 12 l. 5 de coco : 143 fr. 20.
Modèle au-dessus : 18 l. 016 avec tuyauterie : 184 fr. 70.

Système à plusieurs compartiments : 367 fr. 05.

ARTICLES POUR IVROGNES

Litre de rouge, emballage extra plat pour ivrogne en gilet de soirée : 14 fr. 90. Article de luxe avec tubulure aboutissant derrière la pochette : 90 fr. 10.

ARTICLES POUR FEIGNANTS

Chaussures forme poulaine avec bec acier recourbé pour ramasseur de mégots feignant. La paire : 571 fr. 10.

Accordéon à turbine pour gros feignant : 14 975 fr. – Le même entièrement mécanique pour infect feignant paresseux : 53 911 fr. 05.

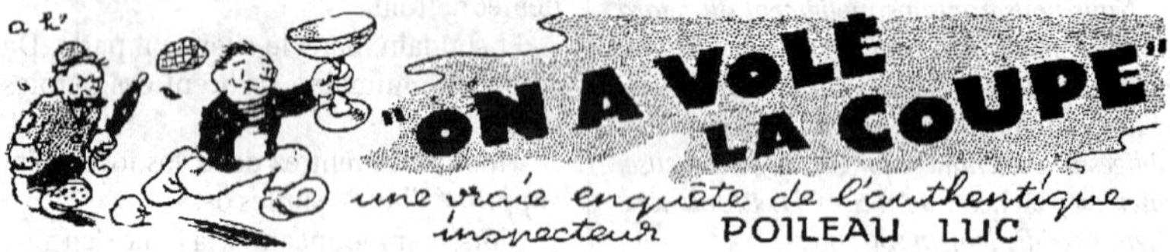

Résumé

Poileau Luc poursuit courageusement son enquête au sujet du vol de la coupe du roi de Thulé.

Chapitre XII

Chez le bottier

Le détective Poileau Luc et Lachnouf venaient de pénétrer dans un magasin de chaussures à l'enseigne de La Foire d'Empeigne. Une accorte vendeuse vint à eux :

– C'est pour des chaussures, peut-être ?

– A moins que vous ne vendiez des buffets Henri II, répliqua finement Poileau Luc… Une petite question, mademoiselle : je suis le commissaire Poileau Luc…

– Mais je n'ai rien fait… dit la vendeuse en tremblant.

– Je sais, mais peut-être pourriez-vous me fournir d'utiles renseignements sur l'Affaire ? Vous n'auriez pas remarqué un homme dont les cheveux, primitivement gris, auraient passé alternativement par le bleu, le jaune et l'indigo ?

– Oh ! vous savez, dit la vendeuse, nous regardons plutôt les pieds des clients, sauf une fois, un original qui marchait sur les mains : nous l'avons envoyé se faire chausser chez un gantier…

– Bon, je vous remercie, mademoiselle… Montrez-moi vos articles.

– Pour tout aller ou pour le soir ?

– C'est pour les pieds…

– Voici un article très couru en ce moment : Notre Richelieu décapotable… Se transformant suivant l'état du sol et le goût du client.

– Tiens, s'étonna Poileau Luc, il n'y a pas de semelles ?

– Ah ! non, nous avons tellement tiré les prix que nous ne pouvons pas mettre de semelles… Mais, vous n'avez rien à craindre, les lacets sont très solides… Et vous, monsieur, dit-elle en s'adressant à Lachnouf, vous n'avez besoin de rien ?

– Ben, écoutez, je crois que je vais perdre prochainement un de mes oncles… donnez-moi des cothurnes à semelles de crêpe…

– Nous n'avons pas cet article, mais, je vais vous montrer, messieurs, une nouveauté sensationnelle : les chaussures à main.

– Les chaussures à main ? interrogea Poileau Luc.

– Oui, ce sont des chaussures dont la semelle est tellement dure qu'on ne peut les garder aux pieds ; alors, on les porte à la main, comme un sac : c'est très joli… Et, j'ai encore d'autres articles : charentaises, mocassins, snow-boots, bottes d'asperges à boutons ou fermeture Eclair…

– Non, merci, répondit Poileau Luc. Tout bien réfléchi, je vais acheter un chapeau.

Et, plantant là la vendeuse, les deux hommes sortirent du magasin après avoir jeté un coup d'œil circulaire dans les coins.

(*A suivre.*)

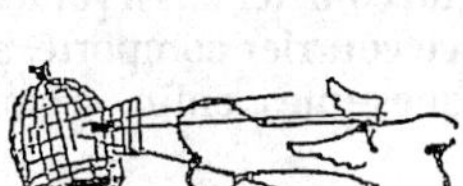

L'OS LIBRE

« Contre tout ce qui est pour – Pour tout ce qui est contre. »

NUMÉRO 32 – MERCREDI 15 MAI 1946

On ne parle plus de la Constitution. Pour l'instant… Dans les journaux, on évoque la disparition de la D.G.E.R., la Direction Générale des Etudes et Recherches. Cet organisme, créé en 1944, destiné à collecter des informations pour notre sécurité, est remplacé en avril 1946 par le SDECE. Une forme de protection qui n'empêche pas nos dirigeants de se préoccuper d'un avenir pacifique. On annonce, pour juillet, une Conférence de la Paix qui réunira, à Paris, le Conseil mondial des ministres des Affaires étrangères. Les conditions d'occupation de l'Allemagne seront au cœur des débats.

Edito — Pas toujours les mêmes!

par Pierre DAC

Je reçois chaque semaine un courrier aussi volumineux qu'important. Beaucoup, parmi les lettres que ce courrier comporte, sont intéressantes, d'autres ne le sont pas moins ; quelques-unes, enfin, le sont autant, sinon plus, voire davantage.

C'est ainsi que, ces jours-ci, me sont parvenues de nombreuses suggestions, des demandes de question, des questions de réponse, des offres de demande, des demandes d'offre, des considérations, des objections, des propositions, etc. Entre autres, un lecteur me conseille de constituer un comité de patronage permanent et volant qui se tiendrait à la disposition de toute société, groupement ou mouvement qui en aurait besoin. M. Alahune, de Support-sur-Binocle (Ardèche), me propose 945 mètres presque carrés de tapis brosse pour l'installation d'une piste de cirque sous la Coupole. M. Aladeusse, 21, rue du Référendum, à Oui-sous-Non (Alpes-Solognaises), m'écrit pour m'informer que, si je n'ai besoin de rien, il se tient à mon entière disposition. M. Léopold Lavolaille, 43, boulevard des Abatis, à Laflanelle-les-Ceintures (Orthodoxie subcarpathique), m'avise qu'il n'hésitera pas à m'écrire régulièrement dès que je lui aurai fait part de ce que je désire qu'il m'écrive. Mme Léontine Aladouze, 123, avenue des Staphylocoques, à Téhéran, me confie que n'ayant rien de particulier à me communiquer elle préfère me le dire plutôt que de n'en rien faire. M. Maximilien Plouguinax, actuellement archevêque in partibus dans une usine de ressorts de soupapes à Puteaux, me demande de lui trouver un emploi de chef d'escadron honoris causa ou de mireur de pastèques au ministère de la Production industrielle. Et ainsi de suite.

Cependant, une lettre reçue aujourd'hui même retient particulièrement mon attention ; elle vient de Limoges et porte la signature de M. Michelet, président de l'Association limousine des T.P.L.G. M. Michelet me demande de bien vouloir me pencher sur la question de la fiscalité. Je le fais d'autant plus volontiers qu'il me convie à écrire un article sur la suppression des impôts ou sur le moyen de les faire payer par d'autres.

Monsieur Michelet, votre lettre arrive à son heure et votre proposition tombe à pic. Je partage entièrement votre point de vue, ce qui nous en fait une moitié pour chacun ; c'est largement suffisant pour y voir clair et pour tirer les conclusions qui s'imposent.

Le problème des impôts est, qu'on le veuille ou non, un problème considérable. Depuis des temps immémoriaux, il est posé chaque année. Et chaque année, c'est toujours la même solution qui intervient. Il faut payer. Et nous payons. Or, je vous le demande, qui paie les impôts ? Si je ne m'abuse, c'est nous, rien que nous, et toujours nous. Et c'est là où je trouve que ça commence à devenir abusif.

Evidemment, la solution idéale consisterait à le supprimer purement et simplement. C'est difficile, certes, mais non pas impossible. Il suffirait d'une loi qui abrogerait celle qui les a institués. C'est quand même un peu simpliste, étant donné que chaque citoyen a le devoir de participer aux frais de l'Etat. Mais cette participation doit être établie d'après des principes équitables et surtout d'après celui de l'égalité devant l'impôt. Alors, là, laissez-moi me taper doucement l'os iliaque sur un passage clouté !

Car, en vérité, pourquoi y a-t-il en France tant de fraudeurs devant l'impôt ? Parce que, justement, celui-ci n'est pas équitablement réparti. Au risque de me répéter, je vous le redemande, qui paie l'impôt ? Tout un chacun, vous, moi, c'est-à-dire nous, nous exclusivement et inclusivement. Eh bien ! et les autres, alors ? Pourquoi pas eux ? Oui, pourquoi pas les autres ? Pourquoi seulement nous ? Pourquoi les autres échappent-ils à la loi commune ? Nous voulons bien continuer à donner notre quote-part, à condition que les autres en fassent autant. Qui ça, les autres ? va-t-on peut-être m'objecter. Mais les autres, quoi, tous les autres, en dehors de nous, étant donné que tout ce qui n'est pas nous c'est forcément les autres. Les autres doivent payer, pas plus que nous, mais autant que nous. Là est la justice, et là seulement.

Je vous remercie longuement, monsieur Michelet. Vous êtes dans la vérité, et moi aussi. Côte à côte, si vous le voulez bien, nous continuerons à mener le bon combat pour arriver à ce que les autres fassent partie de nous. Et le jour où il n'y aura plus d'autres, où il n'y aura plus que nous, les autres nous étant intégrés, nous aurons gagné la partie. Et quand je parle des autres, je parle également des uns. Car il y a les uns et les autres. Il n'en faut plus, assez d'uns et d'autres ! Il ne faut plus que nous, nous seuls. Tous ensemble et d'un même cœur nous pourrons alors marcher d'un pas identique et cadencé vers les lendemains qui chantent et les surlendemains qui se taisent.

À Os rompus

La vérité sur la D.G.E.R.

Un lecteur de l'O.L., qui signe modestement P. Q..., nous prie de lui expliquer cette fameuse affaire de la D.G.E.R. dont tout le monde parle sans même connaître l'A.B.C. de la question.

Rien de plus simple. La D.G.E.R., appelée également S.D.E.C.E., n'est autre que l'ancienne B.C.R.A. qui, elle-même, avait succédé à la B.D.E.C., qu'il ne faut cependant pas confondre avec le vieux D.B., ou Deuxième Bureau.

En possession de ces données, qui leur avaient été fournies par la brigade arithmétique de la S. G., les meilleurs calculateurs de la P. J. ont tout aussitôt posé l'équation policière ci-après :

$$\frac{\text{D. G. E. R.} - \text{S. D. E. C. E.}}{\text{B. C. R. A.} + \text{B. D. E. C.}} = \text{X}$$

N'exagérons rien !

Quant à la valeur réelle de cet X, le premier algébriste venu la déterminera sans peine : X égal 30 millions, c'est-à-dire à peu près rien.

On voit à quoi se réduit en définitive une affaire par elle-même insignifiante mais que des journaux toujours avides de scandale s'étaient plu à grossir démesurément.

Les démentis

A ce propos, le ministère des Rectifications et Mises au point communique :

« Pour éviter des erreurs d'interprétation semblables à celles qui se sont produites après certaines déclarations officielles visant une affaire qu'il est inopportun de désigner plus clairement, il a été décidé ce qui suit :

A partir de dorénavant, les démentis en usage dans nos services devront se conformer aux types ci-après :

Le démenti conditionnel,

Le démenti mou,

Le démenti pur et simple,

Le démenti formel,

Le démenti catégorique.

Et enfin le démenti cinglant qui, en raison des difficultés de lancement, ne sera utilisé que de façon exceptionnelle. »

Voyage d'étude

Notre ineffable M. Longchambon, ministre du Ravitaillement, vient de quitter Paris pour se rendre en Algérie, où il étudiera de tout près le régime alimentaire du chameau, qu'il espère pouvoir faire adopter, lors de son retour en France, par les populations de la métropole.

La conférence de la plaie

Voici d'ailleurs le programme de cette Conférence de la paix, qui se déroulera sous la surveillance de la Croix-Rouge internationale :

Première journée. – Belote à quatre, en sang points et dix de der des der.

Deuxième journée. – Initiation du nouveau ministre des Affaires étrangères français aux méthodes de la conférence : trafic de zones d'influence, coup de pied en V (méthode Churchill), passage à la couverture monétaire (système Bretton Woods) et chienlit en portefeuille (jeu très en honneur chez les têtes dollars américaines), coups de pied dans les tibias, avec arbitrage de *L'Os libre*.

Troisième journée. – Repos. On fait la bombe.

Quatrième journée. – On se la flanque sur la figure.

Cinquième journée. – La Conférence de la paix se transforme en conseil de guerre.

Sixième journée. – Y en a pas. C'est la fin du monde, le KO prend des allures de chaos.

Evidemment, ce programme peut très bien être modifié et la fin du monde peut parfaitement survenir avant la Conférence de la paix ; mais ce ne sera qu'un tout petit retard.

Un retard de vingt mille ans.

Ça recommence

A peine cette guerre vient-elle de prendre fin que déjà on prépare la suivante.

Nous n'en donnerons pour preuve que la nouvelle publiée dans toute la presse selon laquelle de nombreux individus sont actuellement en train de se cotiser pour offrir une épée à un certain Marcel Pagnol.

Nous y voyons pour notre part un fâcheux premier pas vers la course aux armements.

On fusionne

L'exemple de Jeanne d'Arc qui modestement avait consenti à voir célébrer sa fête le même jour que celle de la victoire a été suivi au-delà de toute espérance.

En effet, saint Médard s'est rallié à l'initiative prise en faveur de notre héroïne nationale et a fixé lui aussi la date de sa célébration au 12 mai. Les feux d'artifice en ont quelque peu souffert. Quant aux bals, il y avait nettement de l'eau dans le jazz.

Bonne affaire

Grâce au M.R.P., les pères de famille bénéficieront de trois jours de congé exceptionnel pour chaque naissance.

On peut imaginer le petit dialogue suivant chez le médecin :

– Dites, docteur, que faut-il que je fasse pour avoir des quintuplés ?

Sans compter que si on accorde à cette bienfaisante mesure un caractère rétroactif, notre estimé, ô combien, caissier principal n'est pas prêt de reparaître dans nos services.

Ce qui serait bien fâcheux pour beaucoup d'entre nous.

Lentement, mais sûrement

La conférence de la paix piétine

A l'heure ou paraîtront ces lignes, la conférence préliminaire de la paix aura probablement terminé ses travaux, après avoir publié un communiqué transactionnel des Quatre Grands soulignant leur parfaite unité de vues dans le désaccord.

Disons-le tout net, et avec toute la modestie dont nous sommes littéralement imbibés, c'est le point de vue de L'Os *qui triomphe ! Aussi nous réjouissons-nous sans retenue du manque de résultat acquis par cette importante conférence.*

Car là, et là seulement est le salut ! Et nous faisons nôtres les fortes paroles d'un éminent délégué qui déclarait hier dans les couloirs de la conférence :

– Tant que les questions épineuses resteront en suspens elles ne risqueront pas de nous retomber sur le coin de la physionomie !

Cette conférence, qui avait fait naître les plus grandes craintes, va se terminer dans une espèce d'apothéose !

Aussi, n'épargnerons-nous pas les éloges aux 827 délégués qui, tout au long des débats, ont montré une vive compréhension des problèmes internationaux en les éludant les uns après les autres.

Certes, il y eut quelques anicroches, et l'on eut beaucoup de mal à calmer deux ou trois énergumènes qui voulaient à tout prix arriver à une entente ; mais, grâce à Dieu et aux Quatre Grands, le pire fut évité.

Et la conférence se termine comme elle avait débuté, dans le calme et l'indifférence. Ce sera là son plus beau titre de gloire.

En séance plénière, la procédure adoptée fut toute de clarté et de concision.

Dès qu'une question un tant soit peu délicate venait sur le tapis vert, elle se heurtait immédiatement au veto des Quatre Grands.

– Messieurs, l'ordre du jour appelle la discussion du traité de paix avec l'Italie…

– No ! (Deux fois. En anglais d'abord, en américain ensuite.)

– Non !

– Niet !

Immédiatement, le dossier litigieux était empoigné par deux huissiers, puis catapulté jusqu'aux Archives, et l'on se donnait rendez-vous pour le lendemain.

42 questions ont été ainsi traitées.

Elles se sont heurtées à :

42 no (deux fois) ;

42 non ;

42 niet.

Ça vous a quand même une autre allure que notre miteux référendum !

Exceptionnellement, l'accord semble s'être fait sur un point et cela à la demande de M. Georges Bidault, dont on ne louera jamais trop le sens aigu des réalités.

Une conférence élargie, et composée des représentants de 21 nations succéderait à celle des Quatre. Elle aurait pour but d'entériner les travaux négatifs de la précédente et proclamer à la face du monde le désaccord permanent et fondamental des thèses en présence.

Après trois semaines d'existence, elle se séparerait en proposant une conférence des représentants de 42 nations qui aurait pour but… (voir plus haut).

Comme ces différentes conférences se tiendraient à Paris, on voit sans peine tout le bénéfice qu'en pourraient retirer les membres de notre industrie hôtelière.

Et nous ne pouvons qu'approuver la Chambre syndicale des hôteliers-limonadiers-restaurateurs qui vient, par acclamation, de nommer M. Georges Bidault membre bienfaiteur.

De tout ce qui précède il résulte que nous pouvons dormir encore un petit bout de temps sur nos deux oreilles.

Les diplomates semblent avoir compris les leçons de l'Histoire. Puissent-ils rester fermes sur leurs positions et se garder soigneusement d'élaborer des traités de paix dont le définitif aurait pour résultat de tout remettre en question, et de nous replonger à brève échéance dans le provisoire !

Notre directeur échappe, par miracle, à un terrible accident

Il s'en est fallu de peu que nous n'ayons à déplorer la fin prématurée de notre directeur. Celui-ci, effectivement, a failli être brutalement renversé et sauvagement écrasé, hier soir, à 20 h 45, par un énorme camion, à l'angle de l'avenue de Versailles et de la rue Molitor. Il n'en a heureusement rien été, notre directeur étant, au moment précis où l'accident aurait pu se produire, enfermé chez lui en train de falsifier la comptabilité de *L'Os libre*.

A nos lecteurs

En raison d'événements imprévus, indépendants de notre volonté tendue vers un avenir meilleur, le présent numéro de *L'Os libre* n'a pas pu paraître.

Nous nous en excusons fiévreusement auprès de nos fidèles et joyeux lecteurs.

Communiqué hautement important

Les personnes désirant se procurer les chaussures tout cuir de la répartition doivent se faire inscrire, de toute urgence, aux bureaux des services habilités à recueillir lesdites inscriptions.

Les abstentions seront sévèrement réprimées et un contrôle domiciliaire pourra être provoqué si les demandes se révélaient insuffisantes.

Les personnes surprises à acheter des chaussures fantaisie se verront dresser procès-verbal de visu ou nonobstant.

Du nouveau de source sciure

M. Léon Blum au cours de son voyage en Amérique a rencontré le général Motors.

D'importantes conversations sont en cours. Il serait probable, d'après les milieux les plus motorisés, que le général accompagne M. Léon Blum, lors de son retour en France.

A la manière de...

... **L'Os,** par Chateaubriand

LA SEINE

La Seine, dans un cours de plus de 150 lieues arrose une délicieuse ville, que les habitants des Etats-Unis appellent Parisse, ou encore Folies-Bergère, et à laquelle des Français ont laissé le doux nom de Paname.

Je ne me lassais pas de voir, du pont de la Samaritaine, le soleil se coucher sur les bouquins noyés dans une vapeur d'une teinte violette ou purpurine, alors que des nuages opales, poussés par le vent du soir avec une grâce inimitable, disparaissaient dans la pourpre des Césars.

Hélas ! j'étais seul, sur la terre ! Une langueur secrète s'emparait de mon corps. Je n'avais plus qu'un os à ronger et je portais mon estomac en écharpe.

Faits divers

D'AUBERVILLIERS. – L'agent cycliste n° 14,5 regagnait fiévreusement son domicile dans la soirée d'hier, lorsque, à la hauteur du n° 1 653 de l'avenue du Veau-Vinaigrette, un gros chat noir traversa inopinément la chaussée.

Le malheureux, étant superstitieux et cardiaque par surcroît, rebroussa aussitôt chemin, mais, par malheur, tomba dans une embuscade de gros voyous qui rêvassaient à la lune.

Pétrifiés de surprise, les horribles malfaiteurs ne durent leur salut qu'à une épouvantable fuite forcenée, abandonnant sur les lieux plus de cent vingt-sept fusils à trois coups et un abondant matériel de forfaiture.

D'ISTRES. – Hier après-midi, pénétrant au « Café du Bon Gouin et des Trois Cloches réunies », un gangster a tiré de nombreux coups de feu dans l'établissement.

Rapidement maîtrisé par une centaine de gardiens de la paix, survenus dans les heures qui suivirent, l'énergumène déclara n'avoir fait qu'obéir strictement aux injonctions impératives écrites sur la porte de l'estaminet et qui disaient : « Tirez. »

DE LANDIVISIAU. – Les battues opérées dans la région pour retrouver quelques-uns des coureurs du Tour de France de 1925 égarés dans le pays n'ont encore donné aucun résultat.

DE PARIS. – Ayant assisté la veille à l'évolution d'Abu sur son tapis volant, dans le film *Le Voleur de Bagdad*, M. Vermollet, chef de cabinet au ministère du Ravitaillement, se jette, dans un but expérimental, du haut du sixième étage à bord de son tapis de salle à manger.

Fort heureusement, son arrivée sur le sol fut retardée par une ménagère qui secouait son balai à une fenêtre du premier étage.

DE MARSEILLE. – Jeudi dernier, après avoir revêtu son costume des dimanches, le sieur Roméo Carlès s'apercevait soudain avec terreur qu'il avait une épaule plus haute que l'autre.

Fort heureusement, son effroi fut de courte durée ; ayant remis ses binocles, il s'aperçut avec soulagement qu'il avait mal réglé ses bretelles.

DE SAINT-DENIS. – Alors qu'il pédalait d'une façon peu commune dans l'espoir d'appréhender une grande bande de voleurs de voitures, un agent cycliste se prend la jambe de son pantalon dans les engrenages de son véhicule.

Néanmoins, après plusieurs heures d'une farouche poursuite, il put colloquer, en gilet de corps et en caleçon de flanelle, les malandrins au complet, en panne d'essence près de Saint-André-le-Gaz, à cinq minutes de la frontière espagnole.

DE LYON. – M. Narcisse Courjambon, qui farfouillait dans la glacière de son établissement, écrase la main droite d'un de ses garçons bouchers, lequel, à plat ventre, était affairé à chercher des bas morceaux.

DE HOUILLES. – On nous signale l'extinction prématurée de M. Paul Tapotour, emporté par une pleurésie fourchue en consommant de la viande congelée.

Peu aimé de la population locale, qui lui devait d'abondantes sommes d'argent, l'épouvantable aigrefin n'a été regretté de personne. A l'annonce de sa fin, la foule a recommencé à circuler dans les rues de la ville.

DE LYON-LA-DOUA. – Deux gros inconnus, qui ne s'étaient pas vus depuis plus de vingt-huit ans, ont dû être hospitalisés d'urgence dans une clinique, après avoir échangé de trop amicales bourrades.

DE NEW YORK (par fil spécial). – Une minuterie a éclaté dans la loge du concierge de la prison d'Alcatraz. L'incident aurait été provoqué par un des pensionnaires qui, revenant du cinéma, aurait appuyé inconsidérément sur le bouton commandant l'éclairage de l'escalier principal.

Cinéma

Au cœur de l'ennui

C'est un film curieux : au moment même où il finit, le voilà qui recommence, exactement sur la même image qu'au début. Cela tourne comme ça, indéfiniment.

Voilà pourquoi je me trouve depuis huit jours accablé dans un fauteuil de l'Aubert-Palace. Ma conscience professionnelle m'interdisant de sortir avant la fin du film ; je crois que je ne sortirai jamais.

Je puis tout de même déjà vous dire qu'il s'agit d'un film anglais, mais qu'on trouve là des Esquimaus. On peut en acheter un, pour quinze francs, à une jolie vendeuse.

J'écris hâtivement ces lignes sur un petit papier quadrillé. Je le mettrai dans une bouteille que je lancerai à la mer, avec l'espoir qu'un passant complaisant la ramassera pour la porter à *L'Os libre*. Merci d'avance.

Au cœur de l'ennui est un film à sketches, divisé en toutes sortes de petites histoires comme un sketch haché.

Pour passer le temps, j'écris un roman ; il s'agit d'un colimaçon qui monte un escalier. A la seconde marche, il rencontre un esprit, celui de l'escalier. A ce moment, le colimaçon s'aperçoit que, tandis qu'il monte, l'escalier descend. Alors, il a mal au cœur.

Cela crée une situation dramatique qui ressemble beaucoup à celle du film, puisqu'on y trouve un cœur et de l'ennui.

Quand vous aurez acheté *L'Os* vous serez, chers lecteurs, très gentils de m'en apporter un numéro. Vous n'aurez qu'à entrer à l'Aubert-Palace et à crier mon nom tout bas, pour que je l'entende. Le premier d'entre vous qui viendra aura droit à un Esquimau et à un ticket de sortie pour ne pas voir le film.

Sulpice CHINOIS.

Six heures du soir

Métro. – La viande vibre en lisant les journaux.
L'indéfrisable immense amuse ma narine.
Mon abdomen (bedon) creusé par ma voisine
Supppute la rondeur d'hémisphères jumeaux.

Un gros prétend pouvoir descendre à la prochaine.
La prochaine a vomi son flot de laminés.
Un contingent nouveau, bientôt agglutiné
Cahote au fil obscur des voûtes souterraines.

Saint-Augustin, salut ! Salut, Trocadéro !
Epais, les assaillants travaillent des épaules.
Le boa lumineux de vitres et de tôles
Absorbe goulûment le peuple des métros.

O vous, dont je connais, dans ce trop court voyage,
Le contact émouvant du corps contre mon corps
Et le nuage exquis de votre toison d'or,
Ne vous retournez pas, car je saurais votre âge.

PETITES ANNONCES

ARTICLES POUR BATAILLE ÉLECTORALE

Bombarde à tracts : 650, 12 fr. 20. Panneaux cracheurs, la pièce : 215 fr. 35. Pick-up, ampli, haut-parleurs, l'installation complète : 15 987,40. Disques d'injures ord., les 100 : 2 155 fr. Injures blessantes, les 150 : 3 807,10. Injures grand crémant, carte verte, la grosse caisse de gros disques de 60 cm. : 8 595 fr., etc. « Aux trois menteurs réunis ». Consulter nos catalogues.

ARTICLES SPÉCIAUX

Parapluie de soirée, tôle d'acier, baleines fonte, manche plombé, recommandé pour dames sortant seules le soir. La pièce : 2 700 fr. Le même, renforcé, pour quidams sournois ou malfrats éventuels : 4 055 fr. (20 kilos de bons matière.)

PROPOSITIONS DIVERSES

Fonctionnaire retraité, service coffres de la B. de F. vend plusieurs trousseaux de clés. Faire offres discrètes à Riton L. M. J.

Machine à compter les moutons, pour voyageur désœuvré. Se fixe à la portière du wagon en un tournemain avec un tournevis et 16 vis : 1 295 fr. – Machine à compter les vaches, etc. Inventeur dépositaire : R. Lesage, Mantes.

J'adresse gratis et franco de port mes salutations empressées avec expression vive gratitude à tous expéditeurs chèques, mandats, dons en espèces, colis alimentaires ou autres.

Ticket de métro, tôle acier à ressort. Démantibule la pince du poinçonneur, provoquant dans les mains de ce dernier de fort belles ampoules. Le carnet d'un ticket : 14 fr. 90. Gros carnet pour mise hors d'usage complète de tout le réseau : 95 fr.

ARTICLES POUR ÉCOLIERS

Culottes, fond vernissé, pour descendre sur les rampes d'escalier : à partir de 5 ans : 37 fr. 90. Protège-mollets, contre les morsures du martinet. La pièce dep. 14,90. Fond de pantalon blindé, pour fessées lancinantes. Le bon fond 8,40. Etc., etc.

ARTICLES POUR IVROGNES

Bouée de sauvetage modèle réduit, balisage lumineux pour ivrognes marins. La bouée : 695 90. La même avec corne de brume et sirène : 1 000 fr. 10. Gros modèle pour ivrogne aventureux, avec rames, voiles, etc., réserves à pinard : 2 750 fr.

ARTICLES POUR HOMMES D'ÉTAT FEIGNANTS

Petite machine à saluer automatique, évitant de travailler du chapeau. La pièce : 3 333 fr. 10. La même pour célébrité feignante et populaire, cadence accélérée : 6 666 fr. 70.

ARTICLES POUR AGRICULTEURS

Vélo-charrue pour labourage petits jardins : 1 275 fr. Gros modèle à six places, pour gros labours, avec changement de vitesse et frein pour les descentes : 4 943 25.

MUSIQUE

Violon mécanique pour musicien débutant : 800 fr.
Gros modèle électrique, pour virtuose déchaîné, 110-220 volts : 4 345 fr. Tous courants : 6 900 fr.

Castagnettes à mouvement d'horlogerie pour danseur espagnol débutant. La bonne paire de castagnettes : 3 fr. 90.

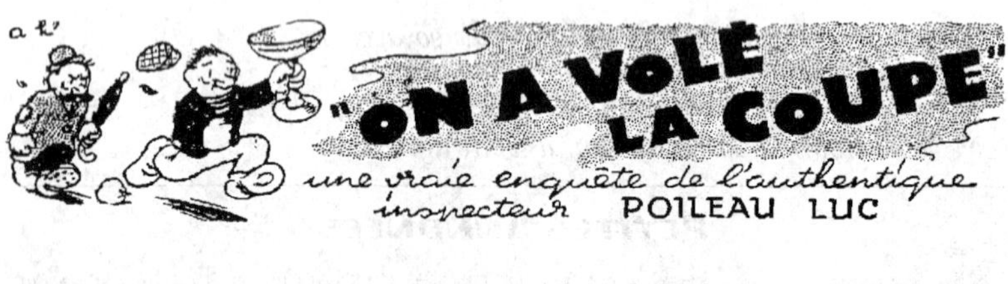

Résumé

Poileau Luc tente toujours de cerner le voleur de la coupe du roi de Thulé.

Chapitre XIII

Le restaurant de la table qui recule

Poileau Luc, déguisé en client de restaurant, s'apprêtait à entrer dans l'établissement où il venait de faire engager Lachnouf comme extra, car ce restaurant lui semblait suspect à plus d'un titre… C'était l'heure du coup de feu, et les garçons allaient des clients à la cuisine en hurlant les commandes : « Et un ragoût de mouton, c'est deux ! Et un biberon à l'As !… Fromages assortis pour le 12, je commande !… Et un bain de pieds au marasquin au 26 !… L'addition au 18 !… »

Lachnouf, habillé en serveur, s'approcha de Poileau Luc…

– Alors, chef, ça va ?

– Très bien ! dit Poileau Luc en examinant son lieutenant, vous êtes parfait…

– Mettez-vous là, chef, c'est une table à moi…

Poileau Luc s'installa à la table indiquée et consulta le menu.

– Qu'est-ce que c'est que des pommes comme chez elles ?

– C'est des pommes en robe de chambre, mais y en a plus, chef !

– Attention ! voyons… Appelez-moi Monsieur… Eh bien ! garçon, reprit Poileau Luc, donnez-moi une saucisse de Toulouse…

– Entendu, monsieur, mais je vous préviens que ce sont des Francfort.

– Ça ne fait rien…

– Oh non ! ça ne fait rien… Y en a plus !

– Drôle de maison, dit tout bas Poileau Luc… Rien de suspect, Lachnouf ?

– Non, chef… Ah ! tout à l'heure, il y a un type qui m'a demandé une coupe de fruits à la Méphisto…

– Qu'est-ce que vous dites ? bondit Poileau Luc. Une coupe de fruits à la Méphisto ?

– Oui ! répondit Lachnouf, même qu'il a ricané en me demandant ça…

– Et où est-il ?

– Il est parti juste avant que vous arriviez…

– Et comment était-il ?

– Heu… J'ai remarqué qu'il avait des cheveux dans le genre de celui qu'on a trouvé le jour du vol…

– Mais, bougre d'âne, c'était notre voleur ! Et vous l'avez laissé filer ?

– Mais chef, dit, tout penaud, Lachnouf, il a payé son addition et il m'a donné un bon pourboire. Qu'est-ce que vous voulez que je lui dise à cet homme ?

– C'est bon, continuez votre service comme si de rien n'était. On nous observe, et il a peut-être des complices…

(*A suivre.*)

L'OS LIBRE

« Contre tout ce qui est pour – Pour tout ce qui est contre. »

NUMÉRO 33 – MERCREDI 22 MAI 1946

Comme prévu, les députés d'une Assemblée constituante élue pour sept mois remettent leurs mandats entre les mains des électeurs. Le « Non » des Français au référendum sur la Constitution a toutefois changé la donne. Une seconde Assemblée constituante provisoire doit être mise en place. Elle aura pour mission d'établir un projet permettant enfin à la Quatrième République de devenir réalité. La guerre des grands partis repart de plus belle. Le PRL, Parti Républicain de la Liberté, qui a fait campagne pour le « Non », et les Radicaux socialistes font figure d'outsider.

Edito *La sonate* au clair de l'urne

par Pierre Dac

« C'est en voulant connaître toujours davantage qu'on se rend compte qu'on ne sait pas grand-chose ». Je ne ferai pas aux lecteurs avisés de *L'Os libre* l'injure de supposer qu'ils ignorent de qui est cette pertinente citation ; néanmoins, et pour mémoire, je rappellerai qu'elle est de Gédéon Laspatulle, le célèbre écrivain kroumir à qui nous devons entre autres : « Le camionnage sous la Renaissance » et le « Spiritisme agraire sous Louis-Philippe » et à qui je dois personnellement 48 fr. 75, montant du prix de son dernier bouquin qu'il m'a fait récemment envoyer. C'est un remarquable ouvrage ; gros de 24 pages et de conséquences, il traite de tout ce qui est arrivé dans le monde depuis les Phéniciens jusqu'au dernier référendum ; le tout agrémenté de planches, graphiques, statistiques, cartes, plans, glossaires, numéros de téléphone, photos, programmes et adresses des bonnes maisons clandestines.

C'est en parcourant cet instructif bouquin auquel on peut sans hésiter donner le nom d'encyclopédie, que je viens de m'apercevoir d'une inconcevable et regrettable lacune : il n'a jamais existé et il n'existe toujours pas de musique politique. Je trouve ça positivement déplorable ; et qu'on ne vienne pas m'objecter que la politique et la musique n'ont rien à voir ensemble et qu'elles sont deux choses absolument inconciliables. Le romantisme et le réalisme sont également différents ; il n'empêche que la musique réaliste et la musique romantique existent et ont chacune leurs adeptes. L'histoire a inspiré de nombreux musiciens ; les guerres et les révolutions aussi. Les œuvres héroïques et anecdotiques ne manquent pas ; qui ne se souvient de l'immortelle partition qui évoque la glorieuse entrée des rouleurs de fûts à Bougival, extraite de la symphonie en *ré* majeur de Monteverde et Eugène Sue ? Alors pourquoi n'y a-t-il pas de musique politique ? La politique joue cependant un rôle suffisamment important pour inspirer nos modernes compositeurs.

*

C'est pourquoi, à titre d'exemple et à l'occasion des prochaines élections, j'ai décidé d'écrire *La Sonate au clair de l'urne,* pour bugle et harmonica. Avec trois dièses, trois bémols et trois bécarres à la clef ; c'est-à-dire dans le ton tripartite.

Cette sonate comporte, comme toute sonate qui se respecte, quatre mouvements : allegro, adagio, scherzo et finale. L'allegro exprime l'allégresse du corps électoral se préparant au scrutin ; dans l'adagio c'est toute la gravité et la solennité de l'acte électoral qui sont traduites : j'y ai inclus une *Méditation dans l'isoloir* du plus pur classicisme et de la plus haute élévation civique ; le scherzo, lui, évoque de façon saisissante les allées et venues des citoyennes et des citoyens dans les sections de vote, le pointage des cartes, les discussions, les considérations et les pronostics. Le « a voté » du président de section est ingénieusement et vigoureusement souligné par une cadence pour bugle solo, du plus gracieux effet. Et enfin, le finale traduit, sur un rythme de plus en plus rapide coupé de quelques ralentis, la fièvre du dépouillement et la proclamation des résultats. Et c'est la conclusion, sur une grandiose envolée, en un fortissimo qui exprime la confiance en l'avenir et la ruée de la nation vers une stabilisation provisoirement statique de la démocratie. En tout 687 mesures dont 121 mesures pour rien. Voilà, en une brève et trop succincte analyse, ce qu'est ma *Sonate au clair de l'urne,* pour bugle et harmonica.

*

J'espère que mon exemple sera suivi, et que nous aurons bientôt, sinon prochainement, de la musique communiste, socialiste, M.R.P., U.D.S.R., radicale et P.R.L., encore que nous connaissions déjà à l'avance et par expérience ce que pourront être les motifs fondamentaux des deux dernières.

La musique adoucit les mœurs, dit un vieux proverbe. Aussi suis-je intimement persuadé que lorsque les philosophies et les idéologies des différents partis s'exprimeront par le truchement des ondes sonores, l'harmonie entre les diverses conceptions sera bien près d'être réalisée. A la condition toutefois que le chef d'orchestre et les têtes de pupitre soient à la hauteur de leur tâche. Et que les exécutants, triés sur le volet, s'abstiennent de faire trop de fausses notes.

Il n'est pas venu

Comme nous nous y attendions quelque peu, S. M. Sihanouk, empereur du Cambodge, n'est pas venu nous rendre visite à nos bureaux.

Cette omission volontaire de la part du souverain ne nous a pas surpris, rien n'ayant été prévu de part et d'autre.

Il fallait tout de même que cela fût dit, nos lecteurs pouvant trouver bizarre qu'on ne leur en parle pas.

À Os rompus

Quarante minutes !

Une bonne nouvelle nous arrive d'Hamrique.

Le général Lemay, qui commandait les superforteresses volantes dans le Pacifique, vient de déclarer que, grâce à l'emploi d'engins humanitaires tels que la bombe atomique, le V 2 renforcé, le truc à réaction et le superradar, la prochaine guerre sera gagnée ou perdue en quarante minutes.

Voilà en vérité de quoi rassurer les pusillanimes sans cesse hantés par la crainte d'un nouveau conflit.

Ravitaillement

Les ministres, réunis en conseil, n'ont pu se mettre d'accord sur la position de la question du ravitaillement, les uns préconisant le retour à la liberté du commerce sans exclure quelque contrainte, les autres désirant conserver le système actuel tempéré d'une certaine liberté.

Ce qu'on appelle jouer double jeûne.

Ravitaillement (suite)

Dansons la capucine,
Y a pas de pain chez nous,
Y en a chez la voisine,
Mais ce n'est pas pour nous, Piou !

Cette délicieuse vieille petite ronde enfantine se danse beaucoup à la porte des boulangeries, ces temps-ci. Toutefois, on peut aussi bien la danser devant le buffet.

Affaire de goûts !

Carnets rosses

La S.T.C.R.P., ayant découvert une importante organisation de laveurs de tickets, vient de mettre au point une encre indélébile, à base d'acide chlorhydrique, de jus de corozo et de goudron cyanhydrique. Cette encre, outre son indélibilité, étant légèrement toxique, les usagers sont invités à se procurer d'urgence les gants et les pinces indispensables à la manipulation des carnets de tickets. Afin de prévenir tout accident, les receveurs ont touché une petite armoire de contrepoison.

À la Rose

Tout de suite après les élections et pour changer un peu, nous aurons une Grande Quinzaine de la Rose.

Cela durera du 11 au 23 juin, soit douze grands jours tous plus consécutifs les uns que les autres et qui, mis bout à bout, feront comme on peut s'en rendre compte une drôle de quinzaine.

Pendant ces doux douze jours, on devra trouver des roses partout : chez le boucher à la place de la viande, vu que c'est tout de même plus poétique ; chez le boulanger au lieu du pain Longchambon, attendu que c'est moins indigeste et, pour la même raison, dans les librairies, là où l'on remise d'ordinaire les chefs-d'œuvre de l'école existentialiste.

Tout à la rose, telle doit être la consigne. Le métro sentira la rose, les feuilles de contributions seront roses, le rouge de la nouvelle Constituante tirera sur le rose, le Journal officiel *s'imprimera en rose sur papier rose et, chez le bistrot, en fait de cocktails, c'est toujours un Rose qu'on vous servira.*

Enfin, des lunettes roses vont être distribuées aux populations, ce dont elles ont le plus pressant besoin pour considérer l'avenir sous des couleurs optimistes.

Parce que, j'avais oublié de vous le dire, cette Grande Quinzaine de la Rose, elle va coïncider avec la non moins grande Conférence de la paix.

A la manière de...

... **L'Os,** par P. Valéry

VARIÉTÉ XV
L'ÂME DU MYTHE

Le mensonge et le temps ne seraient point sans quelque artifice. Le ravitaillement est ce moyen de se multiplier dans le néant.

Mythe est le nom de tout ce qui n'existe et ne subsiste qu'ayant la parole pour cause. Il y a toujours une supposition qui donne un sens au langage le plus étrange. Par exemple : « ***L'Os libre*** **est la substance intellectuelle du ravitaillement. »**

Le ravitaillement est l'essence du mythe, il se rétracte en soi, il émet l'extraordinaire. Il fait jaillir de ses moindres accidents des créations surnaturelles. Dans cet état, il use de tout ce qu'il est : un quiproquo, un malentendu. Il appelle plan et organisation la puissance qu'il a de donner à ses fantasmagories une précision, une durée, une consistance, une rigueur dont il est lui-même accablé quelquefois !

SWING-FABLE

Le violoniste est devenu fou.
Moralité : Le violon dingue.

Faits divers

DE PARIS. – Des policiers au cœur sec ont appréhendé, devant le célèbre restaurant de l'Ecutourné, deux ignobles retraités de banque, qui dévoraient des yeux le pauvre repas que prenait M. Martinien de la Panelle, banquier, ruiné par les récentes nationalisations. Les deux goinfres visuels, atteints d'indigestion mentale au moment de leur arrestation, ont dû être hospitalisés d'urgence.

DE SAINT-OUEN. – Au cours du match de rugby France-Azerbaïdjan, le nommé R. Pierrard, cordonnier de son état, a réussi à s'introduire sur le terrain et, à l'occasion d'une mêlée, s'est emparé du ballon et s'est enfui avec. On se perd en conjectures sur cet incident qui a interrompu un match des plus sélects.

DE MARSEILLE. – Des agents cyclistes en patrouille ont appréhendé un individu qui errait à demi nu et à la hauteur du n° 73 des allées Léon-Gambetta.

Interrogé rapidement, étant donné l'heure tardive, il avoua être sergent de ville et avoir fait la connaissance d'un joueur de bonneteau.

DE PARIS. – Hier, place Pigalle, profitant qu'il était occupé à faire la quête dans le public, M. L. Baissy, haltérophile forain, est victime de voleurs audacieux qui lui dérobent un jeu d'haltères de 100 et 350 kilos. La façon dont ont opéré les voleurs laisse à penser qu'ils connaissaient admirablement les lieux.

La pêche et soi

LA BRÈME

La brème est un poisson plat comme une carte à jouer dont elle porte le nom, ce qui ne veut pas dire qu'il soit besoin d'être un as pour la pêcher. Cependant, quand elle pique, il faut mettre tous les atouts de son côté pour l'amener sur le carreau et prendre la chose à cœur.

Pour attirer la brème sur le coup, on jette de temps en temps une poignée de jetons dont elle est très friande. Vous pouvez également déposer au fond de la rivière un petit tapis rectangulaire sur lequel la brème adore se vautrer. Par mimétisme, certaines brèmes se maquillent pour échapper à vos regards. Les brèmes vivent par bandes et vous en comptez souvent jusqu'à trente-deux ensemble et parfois, elles passent et repassent devant votre hameçon sans y toucher mais, bientôt, elles se laissent prendre au jeu.

Les esches les plus diverses conviennent à la brème : noquettes, petites belotes de pain, mais elle adore surtout les petits verres.

La brème ne lutte guère, et dès que vous la retournez vous marquez un point car elle se sent coinchée.

On prend la brème à deux, à trois ou à quatre, mais quand vous êtes seul, votre patience devient une réussite.

Jean GOUJON.

PETITES ANNONCES

OFFRES D'EMPLOI

Cheval de trait feignant demande charretier ivrogne, s'arrêtant dans tous les bistrots.

Vache frileuse cherche pour se faire traire fille de ferme ayant les mains chaudes.

Recherchons Esquimaux sérieux, connaissant bien le sorbet et la glace en branche. Sérieuses références.

Artiste amateur recherche belle constitution libre un ou deux jours par mois. Instruction désirable pour correspondance.

DEMANDES D'EMPLOI

Peintre cubiste accepterait travaux peintre en bâtiments. Sérieuses références. Pipicasso.

Ancien garde-mobile cherche petite place stable. Adhémar Junier.

DEMANDES SPÉCIALES

Urgent. Ivrogne en perdition demande bec de gaz simple. Bouquet de becs de gaz s'abstenir. R. LESAGE, à Mantes.

A vendre caleçon court à manches longues, ceinture et parapet. La pièce : 275 fr.

Plans complets et détaillés de tout le marché noir et de son organisation : 10 fr. Courjambon.

DIVERS

Pans de chemise démontables, économisant plusieurs lavages, se montent en un clin d'œil par boutons pressions. La boîte de 12 : 108 fr. 80.

Assiette chauffante, chauffe-plat, fourchette et couteau à chauffage par accumulation, pour dégustation de viande congelée. L'installation complète : 1 495 fr.

Interrupteur électrique coupant impeccablement le courant : 618 fr. 10. – Matériel pour rétablir le courant. Le coffre : 1 914,90.

Sandows 20 brins caoutchouc, spécial pour entraînement receveurs d'autobus débutants : 38 fr. 10. Article fort, pour gros receveurs brutaux : 79 fr. 90.

Plat pour mettre les pieds dedans. Toutes les pointures, depuis 57 fr. 90.

Faux nez lumineux, s'allume lorsqu'on vous marche sur les pieds. Indispensable au businessmann circulant dans grosse cohue : 38 fr. 10.

FONDS DE COMMERCE

Après grosse attaque main armée, cède ancien commerce horlogerie-bijouterie. Belle boutique, arrière-boutique, logement, etc. Le tout bien nettoyé. – Signora al Caponacci, Marseille.

ARTICLES POUR COLLECTIVITÉS

Balai à 4 manches pour balayage en équipe : 215 fr. 90. – Autres modèles depuis 565 fr.

N° 33 – Mercredi 22 mai 1946

Résumé

Poileau Luc piste de plus en plus le voleur de la coupe du roi de Thulé.

Chapitre XIII

Lachnouf prit une attitude digne d'un garçon de restaurant tandis que Poileau Luc continuait de l'interroger à voix basse.

– Pourriez-vous reconnaître notre voleur à l'avenir ?

– Oui, chef !

Poileau Luc dit cette fois à haute voix :

– Garçon donnez-moi un bœuf en daube…

– Terminé, monsieur… mais si vous voulez de quoi écrire ?

– Non, merci… Alors qu'est-ce que vous me conseillez ?

– Je vous conseille d'aller ailleurs…

– Je vous en prie, dit Poileau Luc d'un air courroucé, nous sommes en service…

– Pardon, chef… Je vous conseillerai une bonne potée lorraine… Malheureusement, c'est pas le jour… C'est demain la potée lorraine…

– Qu'est-ce que vous avez comme poisson frais ?

– Y a du thon en boîte, des sardines à l'huile et du hareng mariné. Mais je vous conseille plutôt de prendre de la conserve.

– Et c'est tout ce qu'il y a ?

– Ah ! non, il y a aussi la grande spécialité de la maison : notre saucisse boum-boum à la Montgolfier !

– Ah ! bon. Donnez-moi ça.

Lachnouf se dirigea vers la cuisine en annonçant : « Et une saucisse boum-boum, une ! » Il revint rapidement et déposa le plat devant Poileau Luc qui était visiblement affamé…

Il se pencha sur son assiette, ce qui l'empêcha de remarquer les clients et les garçons qui se tordaient de rire…

– Eh bien ! garçon, dit Poileau Luc, où est-elle cette saucisse ?

– Là, sous la purée, dit Lachnouf en réprimant une forte envie de rire… dégagez-la…

Poileau Luc, à l'aide de sa fourchette, dégagea la saucisse ; aussitôt, celle-ci s'éleva brusquement, monta au plafond et éclata, projetant des parcelles de purée de pois sur la tête de Poileau Luc…

– Je veux parler immédiatement au gérant, hurla Poileau Luc en se levant.

Le gérant s'approcha, les yeux encore pleins de larmes d'avoir ri.

– Excusez-nous, monsieur, c'est une petite plaisanterie que nous réservons aux nouveaux clients : un boyau gonflé au gaz et qui éclate. Ça fait beaucoup rire les habitués…

– C'est un genre de plaisanterie que je n'apprécie pas du tout, dit Poileau Luc hors de lui.

– Mais, chef, dit Lachnouf, vous ne prenez plus rien ?

– Si, donnez-moi mon chapeau, je prends la porte… allez, suivez-moi.

(*A suivre.*)

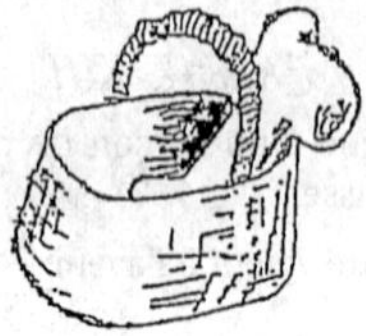

L'OS LIBRE

« Contre tout ce qui est pour – Pour tout ce qui est contre. »

NUMÉRO 34 – MERCREDI 29 MAI 1946

L'élection de la seconde Assemblée constituante est au centre de toutes les conversations. Les communistes ont toutes les chances, disent les observateurs, de perdre leur majorité. En revanche, on prédit une montée du MRP, proche des idées gaullistes, dont les leaders se présentent comme le seul rempart véritablement solide contre le marxisme. La SFIO devrait se maintenir, mais rien n'est moins sûr. Les candidats multiplient les promesses où les mots « prospérité » et « liberté » reviennent au détour de chaque discours.

Edito Dialogue avec la liberté

par Pierre DAC

La nuit dernière, j'ai, pendant un bon quart d'heure, discuté le coup avec la Liberté. Il est inutile de hausser les épaules et de me rétorquer que ce n'est pas vrai. Du moment que je vous dis que c'est vrai, c'est que c'est vrai. J'ai pour habitude de ne dire que ce qui est vrai ; même quand ce n'est pas vrai ; à plus forte raison quand c'est véritablement vrai ; ce qui est présentement le cas.

Comme vous le savez aussi bien que moi et comme je le sais aussi bien que vois, la Liberté ne se laisse pas facilement approcher ; il n'en va pas, pour elle, comme pour l'aventure, que l'on peut, par hasard et le cas échéant, rencontrer à tout bout de champ au coin de la rue. Pourtant, depuis longtemps, je caressais le projet d'avoir un entretien privé avec elle. Aussi ne suis-je pas peu fier d'être enfin parvenu à réaliser mon désir.

Hier soir donc, en me couchant, j'ai absorbé un breuvage propre à me plonger dans un état second susceptible de faciliter la visite de la Liberté. Ce breuvage ou, plus exactement, ce philtre était un composé de camomille, d'extrait de tête de cheval aux haricots rouges, de fleurs d'oranger, d'aspirine diluée, d'alcool éthylique et de pétrole lampant. Dix minutes après son absorption, je m'endormais d'un sommeil de plomb fondu. Et vers minuit, la Liberté est venue me trouver.

« Ah ! bon, me direz-vous, ce n'était qu'un rêve ! » Naturellement ! Où avez-vous pris qu'on pouvait contacter la Liberté autrement qu'en rêve ? Il n'empêche que, rêve ou pas rêve, la Liberté était devant moi et que, si je le désirais, je pouvais la toucher. Jolie fille, ma foi ! Grande, bien faite avec de beaux grands yeux et un sourire non dépourvu, cependant, de malicieuse ironie.

– How do you do yau de poêle ? me demanda-t-elle, car la Liberté ne répugne pas à la saine et classique plaisanterie.

– And you la maletas ? ai-je répondu pour ne pas être en reste d'amabilité spirituelle.

Nous nous sommes alors longuement et silencieusement regardés :

– Vous êtes bien la véritable Liberté ? ai-je alors demandé.

Elle ne répondit rien, mais me tendit ses papiers. Il y avait, entre autres, un certificat daté de 1789, légalisé par le Comité de salut public en 1792, authentifiant sa qualité et sa personnalité. La glace étant rompue, le dialogue suivant s'engagea entre elle et moi.

D. – Alors, quoi de neuf ?

R. – Pas grand-chose de raisonnable. Je cherche une place.

D. – De quel genre ?

R. – Oh ! je ne suis pas difficile, une bonne petite place tranquille chez des braves gens. J'en ai assez d'être, depuis si longtemps, réduite au chômage.

D. – Ce ne sont pourtant pas les propositions qui doivent vous manquer.

R. – Certes non, j'en ai même beaucoup trop ; mais je n'arrive pas à me décider. Je n'ai pas encore trouvé ce qui me convient, les patrons sont tellement exigeants, d'autant que, dans l'ensemble, on ne me propose qu'un emploi de bonne à tout faire.

D. – Pourtant, jolie comme vous êtes…

R. – Oui ! Oui ! Je sais, on me propose également d'être richement entretenue, aimablement protégée ; je pourrais, si je le voulais, me laisser vivre.

D. – Et vous ne voulez pas ?

R. – Non !

D. – Pourquoi ?

R. – Excusez-moi, je suis demeurée, en dépit de bien des vicissitudes, sentimentale et romantique. Je voudrais être aimée pour moi-même.

D. – Evidemment, vous demandez beaucoup… Mais, dites-moi, je ne vois pas votre torche.

R. – Je l'ai portée à réparer chez l'électricien ; elle est en court-circuit… Ah ! je me sens bien seule et j'ai tant besoin de repos.

D. – Pourquoi ne vous mariez-vous pas ?

R. – J'y songe, mais j'hésite. J'ai des demandes en mariage à ne savoir qu'en faire. Je ne peux tout de même pas épouser n'importe qui.

D. – Bien sûr, mais à défaut d'un impossible mariage d'amour, peut-être qu'un honnête mariage de raison…

R. – J'y songerai. Le 2 juin, on doit me présenter quelques prétendants triés sur le volet ; il faudra que je prenne une décision.

Et, sur ces mots, la Liberté me quitta, non sans m'avoir invité à lui téléphoner dès le lendemain chez elle à Danton-00 deux fois. Ce que je fis ; en pure perte : ce n'était pas libre.

À Os rompus

Ravitaillement

On signale de Corse un important arrivage de sauterelles sur pied en provenance de l'Afrique du Sud *via* la Sicile et la Sardaigne.

Soit grillée, soit à la croque-au-sel ou même en brochettes, la sauterelle constitue un aliment sain, fort économique et plus appétissant encore que le délicieux pâté de singe dont se régalent depuis de longues semaines les populations de nos grandes villes.

Devisons !

Le nouveau billet de 500 francs a obtenu auprès de l'usager un vif succès dû en grande partie à sa belle couleur lie-de-vin, si parfaitement imitée que l'eau vous vient à la bouche rien qu'à le regarder.

On peut se demander toutefois pour quelle raison l'imprimerie de notre institut national d'émission s'obstine à tirer comme ça tout le temps des billets de banque français dont l'abondance même est une cause d'encombrement pour la circulation.

Ce qu'il faut aujourd'hui à la France, nul n'y contredira, ce sont des devises étrangères, en particulier américaines. Au lieu de francs dont nous ne savons que faire, pourquoi ne pas imprimer des dollars papier ?

Ça ne serait-il pas plus digne que d'aller en emprunter aux Yankees, comme on le fait ?

Les conflits sociaux

La grève des médecins, qui avait éclaté dans la région de Lens, s'étend aujourd'hui aux régions lombaire, métacarpienne et occipitale, plongeant dans le marasme de nombreuses corporations, au premier rang desquelles il faut citer les pharmaciens et les entrepreneurs des pompes funèbres.

Plusieurs malades qui avaient prétendu se soigner eux-mêmes seront poursuivis pour exercice illégal de la médecine.

L'argent en fumée

Un de nos confrères rapporte qu'à Berlin la monnaie a été remplacée par des cigarettes. Un kilo de beurre coûte 300 cigarettes, une auto d'occasion 4 000 cigarettes, etc.

Mais nous avons été témoin, à *L'Os libre*, d'un échange encore plus curieux. L'un de nos lecteurs s'est présenté à la rédaction pour y vendre un paquet de cigarettes.

– Combien ? s'enquit Rauzéna.

– Ça fait vingt cigarettes, répondit le vendeur.

Car, depuis certain coup qu'il reçut derrière la tête, notre collaborateur a toujours eu la bosse du commerce.

Ce que sera la Grande Semaine de Paris

Horribles détails

Afin de permettre à notre capitale de conserver son renom universel de luxe, d'élégance et de gaîté, on sait que ses édiles s'apprêtent à reprendre cette année une des plus fastueuses traditions d'avant guerre en faisant revivre la Grande Semaine de Paris.

Soucieux, comme toujours, de faire largement les choses, ils auraient même décidé que cette Grande Semaine durerait quinze jours.

Au bout du gai !

Ce n'est pas sans raison que le début d'une telle manifestation a été fixé en pleine période électorale ; rien de mieux que la lecture des professions de foi placardées dans les rues par les divers partis en présence n'est de nature, en effet, à créer un climat de bonne humeur et de douce rigolade.

Par ailleurs, en vue d'encourager l'esprit français dans une de ses formes les plus vivantes et de relever encore si possible le niveau intellectuel des dessins et inscriptions tracés dans les vespasiennes, un concours est d'ores et déjà ouvert entre les auteurs de graffiti.

Les participants devront garder l'anonymat et signer leurs productions d'une devise qu'ils reproduiront sur une enveloppe fermée contenant leurs nom et adresse. Un jury présidé par M. Jean de Létraz parcourra les édicules et récompensera les concurrents les plus méritants.

Réjouissances et assortiment

Non sans difficulté, les organisateurs ont réussi à mettre au point un important programme digne de la grande ville qui le patronne.

Parmi les festivités qui marqueront d'une façon inoubliable la Grande Semaine de Paris de 1946, citons notamment une conférence sur « Les conserves par le gel », qui sera faite par Me Maurice Glaçon dans le grand amphithéâtre de l'Institut médico-légal, et une conférence sur « Le rôti à travers les âges », qui sera faite par M. Paul Briquet au colombarium du Père-Lachaise.

D'autre part, une exposition de peinture des pompiers de Paris s'ouvrira quai de New York, sous l'égide des marchands de navets associés, tandis que la sculpture sera à l'honneur grâce à une exposition en plein air d'art funéraire moderne, organisée à Thiais par les marbriers indépendants.

En ce qui concerne les spectacles, la Comédie-Française montera tout spécialement Les Epanchements de Zénobie, *une tragédie en cinq actes et en vers, de Henri de Borniol ; l'Opéra-Comique reprendra* L'Après-midi d'un aphone, *avec le concours de ses chœurs muets ; l'Opéra représentera* La Danse macabre *interprétée par son corps de balayeuses au grand complet ; le Palais de Chaillot servira de cadre à un récital de bigophones et un concert spirituel aura lieu dans la salle des douches de l'asile Sainte-Anne. Quant aux autres théâtres, ils afficheront* Clôture annuelle, *leur plus grand succès de la saison.*

Au faîte des fêtes

Les fêtes populaires seront également nombreuses et variées.

Elles s'ouvriront par un grand tournoi de jeu d'osselets, disputé dans les catacombes et patronné par L'Os libre *et par un concours de pêche à la ligne dans le grand égout collecteur, au bénéfice du service de récupération du ministère du Ravitaillement.*

Un grand cortège humoristique avec la participation du personnel et du matériel de la Compagnie générale des pompes funèbres animera les grands boulevards.

Des bals sont prévus un peu partout : bal des contribuables avec accompagnement de grosse caisse au ministère des Finances, bal blanc à la Chambre civique, etc. Quant au bal costumé traditionnel de l'Opéra, il aura pour thème : « Chez les nudistes » (feuille de vigne obligatoire et présence assurée de S. M. la reine Pomaré en grand costume de Cour).

Signalons encore un pique-nique champêtre dans les champs d'épandage de Saint-Denis, et une fête nautique avec épreuves de barbotage et de nage en eau trouble dans la piscine du Palais-Bourbon.

Le tout sera clôturé par une grande fête de nuit qui comportera l'embrasement de la tour Eiffel à l'aide de douze veilleuses à l'huile, une retraite lumineuse aux allumettes-bougies et un divertissement vénitien sur la Seine avec décor de lanternes japonaises.

Paris sera toujours Paris !

Il faut en finir

La nouvelle Constituante qui se réunira en juillet n'aura pas de temps à perdre. Aussi les chefs des partis politiques ont-ils souligné unanimement la nécessité d'aboutir le plus vite possible au vote de la future prochaine avant-dernière Constitution. Voici les règles pratiques qui seront adoptées pour accélérer les débats :

– Les discours-fleuves sont interdits. Chaque orateur n'aura droit qu'à douze onomatopées et à six exclamations au choix. Les députés dont la parole dépasserait ce maximum se la verront couper (la parole).

– En parlant, les orateurs ne devront pas faire sentir les virgules. Ça perd du temps. Les points-virgules ne seront autorisés que pour les déclarations ministérielles. Les points ne sont pas contingentés, sauf les points sur les i, qu'on ne pourra mettre qu'en cas d'accusation calomnieuse d'un adversaire politique.

– Le nombre des amendements déposés par un seul député en une seule séance ne devra pas dépasser 324, même si ce député est M. Alexandre Varenne.

– Les « coups de barbe » à la tribune sont rigoureusement prohibés. Les députés radicaux qui contreviendraient à cette interdiction seront priés d'aller se faire raser. Chacun son tour !

On espère qu'une application sévère de ces diverses mesures nous permettra d'avoir enfin une Constitution en 1989.

Avis
TRÈS IMPORTANT

(Voir en fin de numéro)

Au poil

A l'heure où paraîtra cet article, le monde n'existera peut-être plus, ce qui, soit dit en passant et sans attacher à la chose autrement d'importance, ne sera pas pour faciliter la vente du journal.

Gardons-nous cependant d'un affirmatisme téméraire que les faits risqueraient de démentir plus ou moins formellement. A l'heure plus haut dite, il est possible que le monde existe encore un peu et dans une certaine mesure.

Tout dépend de la date choisie pour l'expérience de Bikini et aussi des résultats qu'on en doit espérer.

Peut-être, en effet, la désintégration aura-t-elle seulement pour effet d'anéantir la moitié de la terre. Dans ce cas, il n'y aurait pas trop de bobo, le reste continuant à tourner comme par le passé, quoique sans doute un peu moins rond.

Mais ne nous égarons pas. Ce n'est pas de cela que je voulais disserter aujourd'hui. On sait que les savants américains ont décidé de placer dans le voi-

sinage de l'explosion un certain nombre d'êtres vivants. Dans le milieu, entre hommes de science, c'est ce que nous appelons des « témoins », ceux-ci étant d'ordinaire recrutés parmi les condamnés à mort hantés par des idées de suicide. Nos confrères d'outre-Atlantique ont donc amené au bon endroit deux cents cochons, condamnés à mort de naissance comme tous leurs semblables et dont l'exécution n'était plus qu'une question de poids.

Nous avons également appris que, pour la circonstance, les cochons témoins seraient habillés en gentlemen – en gentlemen américains bien entendu, car les gentlemen de par ici sont le plus souvent foutus comme de vrais cochons !

Il faut voir dans ce travestissement une ruse pour tromper la bombe atomique qui, avec son petit amour-propre de vedette, pourrait bien refuser de se mettre au travail s'il s'agissait de bousiller seulement du cheptel !

Dame ! Mettez-vous à sa place !

Mais ce n'est pas encore de ça que je veux parler. Je veux parler du poil. En sortant de chez le tailleur, les cochons devront passer dans un salon de coiffure. Jusque-là, rien à reprendre. Pour créer convenablement l'illusion, il faut ce qu'il faut ! Où les choses se gâtent c'est quand on nous dit que le perruquier doit accommoder ses nouveaux clients de telle manière que leurs poils soient coupés « à la longueur de ceux de l'homme ».

Alors, là, nous crions : halte !

Des hommes, sous le rapport de la pilosité, il y en a de toute sorte, des à poils ras et des autres qui tireraient plutôt sur l'angora, sans compter les glabres et ceux qui sortent de chez le percepteur.

Que signifie donc la formule adoptée par les atomistes d'U. S. A. ? Rien, évidemment ! Quels enseignements peut-on attendre d'une expérience menée dans des conditions aussi contraires aux rigoureuses méthodes de la précision scientifique, je vous le laisse à deviner !

Prétendre dissiper les ténèbres de l'ignorance universelle par de tels procédés, c'est vouloir éclairer le monde en mettant un neutron dans une lanterne !

Ni plus ni moinsse !

Plus fort qu'à Rome

Un complot antifasciste en plein Paris

Nous l'avons échappé belle ! Un peu plus, et nous étions bel et bien victimes d'un coup d'Etat antifasciste !

A cette pensée, un frisson rétrospectif nous parcourt l'échine, mais, grâce à Dieu et aux services de détection de l'Os, tout danger est maintenant écarté.

Surtout qu'on ne vienne pas nous taxer d'exagération. En plein Paris, au nez et à la barbe des agents de l'autorité, des gens se réunissaient au nom de la liberté, et en profitaient pour lancer des appels non déguisés à l'insurrection antifasciste. Nous avons immédiatement remis à qui de droit l'accablante documentation dont nos lecteurs trouveront ci-dessous un aperçu significatif.

Notre rôle est terminé, celui du Gouvernement commence !

P.C., S.F.I.O., M.R.P., P.R.L., U.D.S.R., autant d'étiquettes qui servaient aux conjurés pour mener à bien leur propagande subversive.

Peut-être même ces différents mouvements n'avaient-ils entre eux d'autres liens que ceux d'un commun slogan (ce qui n'est déjà pas mal !), mais ce qui est indiscutable : c'est que tous voulaient la peau du fascisme.

Il y a là, on en conviendra, beaucoup plus qu'une coïncidence.

Encouragée par l'inertie des pouvoirs publics, l'audace des conjurés ne connut bientôt plus de bornes. N'allèrent-ils pas jusqu'à dresser tout au long des murs des écoles parisiennes des panneaux destinés à recevoir leurs appels à la subversion ?

Mieux encore ! Ne poussèrent-ils pas le cynisme jusqu'à convoquer dans les préaux desdites écoles les citoyens déjà ébranlés par leur propagande ?

C'est cette audace qui causa leur perte !

Notre service de « Détection des coups d'Etat en tous genres », immédiatement alerté, dépêcha sur les lieux le signataire de ces lignes.

Ce qu'il entendit confond l'imagination.

Partout, dans tous les préaux d'école, et quelle que fût l'étiquette du conjuré qui essayait de verser à la foule le poison des espoirs interdits, l'invariable mot d'ordre antifasciste faisait ses ravages, et une triste surenchère régnait dans ces lieux.

Un orateur n'alla-t-il pas jusqu'à parler de justice sociale et de justice tout court ? Il alla même jusqu'à proposer de substituer à l'actuel gouvernement des hommes qualifiés par lui de « capables » !

Cela sentait la provocation à plein nez !

Rue des Panoyaux, nous en entendîmes bien d'autres !

Un illuminé ne se permit-il pas, au nom d'une certaine « Résistance » (?), d'attaquer violemment de notables industriels du béton et d'importants magistrats ? Et cela sous le couvert d'une liberté de parole qu'un gouvernement par trop veule se refuse à contingenter ?

Après quarante-huit heures d'une enquête serrée, aucun doute n'était plus permis. Nous nous trouvions en présence d'une vaste conjuration ; et le plus inquiétant de l'affaire était qu'il s'avérait impossible de déceler ce qui se tramait derrière le mot d'ordre « antifasciste ».

Car, vous le pensez bien, nous n'avions pas coupé dans le panneau !

Certains meneurs, habilement cuisinés dans les locaux de *L'Os*, finirent par étaler le dessous des cartes. Il s'agissait de substituer à l'agonisante Assemblée nationale constituante des hommes pleins d'idées, et tout acquis au bien public !

Une vraie galéjade, quoi !

Résumons-nous : jamais nous ne fûmes si près de la catastrophe, car le grand coup devait être frappé le 2 juin !

Mais, grâce à nous et aux énergiques mesures que le gouvernement se doit de prendre sans perdre une seconde, ce complot doit échouer lamentablement.

Et lorsque tous les antifascistes, les vrais, seront sous les verrous, nous pourrons parler de liberté et remettre entre les mains des éléments bien pensants les plus représentatifs le soin de conduire notre beau pays vers des solutions révolutionnaires définitivement conformes aux vœux de la haute finance dénationalisée.

Faits divers

DE SAINT-MARCEL. – Ayant reçu des établissements Pollion et Chausset du lait en poudre au lieu de plâtre pour la construction de sa villa. M. Louis Doré, maçon, ne fut pas peu surpris de voir son habitation envahie par d'épais nuages de mouches ainsi que par une multitude de fourmis voraces. Des rats circulent également en grand nombre dans le bâtiment, s'attaquant sans désemparer aux murs et cloisons dont plusieurs se sont déjà effondrés.

DE BADEN-BADEN. – Circulant à pied le long de l'avenue Colonelstrasse, le soldat Biglotrou a été blessé par une dactylo nue tombée d'une fenêtre. Le malheureux, qui venait quelques instants auparavant de recevoir dans les mêmes conditions, sur la tête, un colonel en caleçon, une commandante en sous-vêtements de flanelle, un général en support-chaussettes et une femme de chambre en bigoudis, a déposé une plainte auprès des services de la voirie.

DE MANTES. – Hier matin, le train 1 511 pénétrait en gare de Mantes lorsque par suite d'un cahot le mécanicien eut son chapeau violemment enfoncé sur la tête. N'étant plus guidée, la lourde machine monta immédiatement sur le quai et pénétra peu après à l'hôtel de la gare. Fort heureusement, grâce à la présence d'esprit d'un pensionnaire de l'établissement, M. R. Lesage, qui réussit à renverser la vapeur à temps et à l'aide d'un manche à balai, le lourd convoi put enfin être arrêté dans la salle à manger de l'hôtel.

EXQUIS MAUX. – L'expédition américano-canadienne, de retour d'une mission d'études militaires dans les régions arctiques, a déposé ses conclusions. On pourra se bagarrer dans cette nouvelle zone de combat.

On ne sait si les combattants n'auront pas froid aux yeux ni si les Esquimaux glacés n'auront pas chaud quelque part, mais quant à nous, cela nous rassure de voir se déplacer un peu l'épicentre habituel des bagarres.

La pêche et soi

LE BROCHET

Ce carnassier extrêmement vorace se pêche de différentes façons : lancer lourd, mi-lourd, moyen, mi-moyen, lancer léger, welter, coq, sauf plume qui ne convient pas à ce genre de pêche. Comme appâts, la cuiller, le devon, le poisson mort ou vif, le gras-double en lanière et le cornichon adulte sont tous très efficaces.

Nous allons faire profiter aujourd'hui nos amis pêcheurs d'une nouvelle manière de capturer le brochet inventée et mise au point par le célèbre pêcheur canadien Jim L. Pry. Son appareil se nomme « Linon pincers pike », ce qui signifie littéralement pince à linge à brochet.

Construction. – Percez un trou dans une des parties écartées d'une pince à linge. Faites un petit anneau en fil d'acier que vous faites passer dans ce trou. Fixez votre fil à cet anneau. Ceci fait, peignez chaque partie de la pince de manière qu'elle représente un petit poisson. (Voir notre croquis.)

Action de pêche. – Armez votre pince en rapprochant les deux parties écartées et en passant l'anneau pour les maintenir ; lancez votre appareil à l'eau et récupérez par saccades. Le brochet croyant avoir affaire à deux petits poissons qui s'amusent bondira sur votre pince, mais, et c'est là toute l'astuce, il ne saisira *qu'un poisson à la fois,* en engageant la mâchoire entre les deux parties de la pince ; c'est à ce moment-là que vous ferrerez d'un coup sec pour dégager l'anneau. La pince se referme brusquement sur les dents du vorace que vous amenez à vous. Il ne vous reste plus, à l'aide de votre gaffe, qu'à attraper le cou du brochet par le bout du crochet.

Jean Goujon.

Avis très important

(Renvoi de la page 469)

Nous ne sommes, à cette page, absolument pas au courant de l'avis très important signalé en 1re page. Nous n'avons d'ailleurs aucun ordre à recevoir de celle-ci. Si les individus qui écrivent dans ces colonnes ont quelque chose à communiquer ils n'ont qu'à le faire eux-mêmes.

Petites Annonces

OFFRES D'EMPLOI

Cherchons femme de ménage active pour nettoyage grand château, dépendances, communs, désherbage du parc, pouvant aider à la ferme et s'occuper enfants. Sem. de 40 h., tarif local.

DEMANDES D'EMPLOI

Monsieur fortement maigre, fessier très pointu, cherche situation assise. Accorderait préférence à administration tranquille ou service ravitaillement.

Trafiquant marché noir possédant laine brebis en vrac recherche agence ou détective privé pour filature discrète.

Dame furieusement belle, intelligente et adroite, serait garde dévouée à abruti fortuné et confiant. Pervenche D.

Ivrogne patenté, médaillé d'or du Tastevin, cherche place ange gardien de nuit dans cave connaisseur. Bercy s'abstenir.

Monsieur bien ayant une tête de faux témoin, une voix de fossette, fausse barbe et faux col, ayant tout pour réussir, cherche homme d'affaires spécialisé dans le véreux. Accepterait à la rigueur dans famille riche et nombreuse une place de faux frère.

ARTICLES ÉLECTORAUX

La société des faisans et cravateurs réunis fait savoir qu'elle possède actuellement un grand choix, très assorti, de slogans et arguments pour candidats aux prochaines élections.

Slogans très simples 50 centimes la douzaine.

Slogans avec preuves à l'appui : 1 fr. 50 pièce.

Arguments très corrects pouvant être employés dans un petit comité de convaincus : 2 fr. la douzaine.

Arguments frappants, avec manche en bois verni pour grosse masse : 3 fr. pièce.

Tous nos articles sont garantis, réparations gratuites.

ARTICLES SPÉCIAUX

Vase monoplace : 14 fr. 90. Le même avec minuterie : 16 fr. 20. Modèle pliant de camping : 21 fr. 40. Article pour cinéma, avec bordure lumineuse : 33 fr. 90. Modèle avec appuie-tête pour administration : 44 fr. 80.

Couveuse perfectionnée, 1 000 œufs à l'heure : 4 033 fr. Article supérieur permettant d'obtenir des œufs à la coque : 5 636 10. Haute nouveauté, modèle fonctionnant à la poudre d'œufs : 7 990 20.

MAQUILLAGES

Maquillage ordinaire 170 fr. ; maqu. supérieur 185 fr., maqu. de géant 212 fr. 20 ; maq. de nain 348 fr.

N° 34 – Mercredi 29 mai 1946

Résumé

Le filet se resserre autour du voleur de la coupe du Roi de Thulé.

Chapitre XIV
Ramonage

Une femme de chambre venait d'introduire Poileau Luc et Lachnouf, déguisés en ramoneurs.

– Veuillez entrer dans le salon, messieurs, dit la camériste. Monsieur vient tout de suite…

Les deux hommes pénétrèrent dans le salon, et, tout de suite, Poileau Luc dit à voix basse à Lachnouf :

– Vous avez vu la photographie sur le mur ? Vous ne voyez pas qui c'est ce monsieur barbu ?

– C'est l'empereur Caligula, chef !

– Mais non ! Vous ne voyez pas que c'est le portrait de Gounod !… Charles Gounod, l'auteur de « Faust »… Eh bien ! qu'est-ce qu'il y a dans « Faust » ?

– Y a un F. et puis un A. et puis…

– Vous ne comprenez pas : il y a la coupe du roi de Thulé !

– Alors ! chef, c'est ce Gounod qui serait le voleur ?

– Chut ! on vient, interrompit Poileau Luc…

Un homme pénétrait dans le salon. L'air doucereux, il s'adressa aux deux hommes :

– Bonjour, messieurs… Qu'y a-t-il pour votre service ?

– Nous venons de la part de la maison César et Hérody, ramonage en tous genres…

– Le ramonage est un art difficile, dangereux quelquefois, dit l'homme d'une voix indéfinissable… Voulez-vous commencer par la cheminée du salon ? Bonne chance, messieurs !

L'homme se retira, ferma à double tour la porte du salon et s'éloigna en ricanant…

– La porte est fermée, cria Poileau Luc. Nous sommes reconnus, sauvons-nous par la cheminée !

Les deux hommes commencèrent l'ascension. Soudain, une épaisse fumée les enveloppa, tandis qu'une vive chaleur commençait à se faire sentir…

– Ah ! la crapule ! hurla Poileau Luc. Il a allumé du feu dans la cheminée pour nous enfumer ! Allez, Lachnouf, montons vite ou nous allons être transformés en harengs saurs… Dépêchons-nous, nous nous enfuirons par le toit.

Les deux hommes parvinrent à déboucher à l'air libre…

– Ouf ! respira Poileau Luc ; nous l'avons échappé belle…

– Et maintenant, où allons-nous, chef ? dit Lachnouf.

– Dans l'état où nous sommes, si vous connaissez un bal masqué dans le quartier, nous pouvons y aller : on ne nous reconnaîtra pas !

Et les deux hommes disparurent dans une lucarne.

(*A suivre.*)

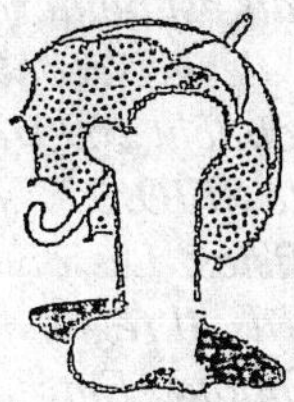

L'OS LIBRE

« Contre tout ce qui est pour – Pour tout ce qui est contre. »

NUMÉRO 35 – MERCREDI 5 JUIN 1946

Le paysage politique français est bouleversé. Le MRP arrive largement en tête de l'élection de la seconde Assemblée constituante provisoire. Le mouvement obtient 169 sièges. Le Parti Communiste français en totalise 153 et la SFIO, 127 seulement. Un recul de dix-huit sièges pour les socialistes. Les divisions demeurent toutefois nombreuses au sein des partis. Il règne donc, dans cet ensemble, un parfum de Troisième République. Entre les lignes de son éditorial, Pierre Dac évoque ces politiciens de jadis dont la barbe demeure l'image de marque.

Edito — Permanence de la barbe

par Pierre Dac

A la suite d'un coup de buis, je viens d'avoir un de ces bourdons dont je peux dire qu'il est susceptible de faire époque dans la vie d'un sonneur de cloches. J'en suis encore tout étourdi, comme le chante Manon, pour des raisons personnelles qui, d'après mes conclusions, ne sont pas du même ordre que les miennes. Pour le coup, ou plutôt après coup, le désabusement est au fond de mon âme, le doute est en mon esprit, le scepticisme est en moi, l'amertume est au coin de ma bouche et la concierge est dans l'escalier. Ce qui prouve péremptoirement que la libre connaissance de mon état ne va pas sans le respect du libre arbitre d'autrui.

Ça m'a pris hier matin, en me rasant. Ou plus exactement alors que je m'apprêtais à me raser, c'est-à-dire au moment précis où j'allais me servir de mon rasoir. J'étais fin prêt pour l'accomplissement de ce geste rituellement quotidien. J'avais, selon la coutume et l'habitude, le visage enduit d'après les traditionnels principes en usage dans le monde où l'on s'enduit d'une mousse d'autant plus blanche qu'elle provenait de la conjonction de mon blaireau avec une crème verte extraite d'un tube bleu.

Face à face avec moi-même, devant le miroir, je regardais mon reflet qui me rendait mon regard, pour ne pas être en reste. Et c'est alors que se produisit le choc déterminant, le coup de buis dont je vous parle plus haut, d'où s'ensuivit l'état bourdonneux qui m'envahit derechef. Car mon reflet semblait me dire : « Tu vas te raser, et après ?.... » Et après ? répétai-je, inconsciemment tout d'abord. Et puis soudain, j'éprouvai comme un immense sentiment de lassitude infinie, de tristesse totale et d'impuissance sans espoir. Car cet « et après » venait d'éveiller en moi quelque chose qui séjournait à l'état latent en mon propre subconscient et de me faire réaliser la pauvreté de notre humaine condition tout en me faisant toucher du doigt la vanité du soi-disant progrès : à tel point que, pour n'être pas pris de vertige, je dus faire étendre ma pensée sur la chaise longue de ma méditation. Et après ? Et après, murmurai-je alors, et après, demain, il faudra que je recommence à me raser comme je le fais aujourd'hui, comme je l'ai fait hier, et ainsi de suite, sans pouvoir envisager même une possibilité de solution.

Ah ! messieurs les savants. Ah ! messieurs les chercheurs et inventeurs, laissez-moi rigoler doucement avec vos découvertes. Car on peut aller dans la Lune, voler à deux mille à l'heure, tout détruire, tout construire, tout envisager, rendre possible l'impossible sans que le problème de la barbe s'en trouve pour autant résolu. Depuis des siècles et des siècles, des millions et des millions d'individus se rasent et continuent à se raser ; quoi qu'il arrive et quoi qu'on fasse. Cataclysmes, guerres, révolutions, rien n'y fait. Tout se bouleverse, tout passe et la barbe demeure. Et tout ce qu'on a pu trouver jusqu'ici, c'est de la raser. On supprime temporairement l'effet sans s'attaquer à la cause. Quelle pitié ! quelle indigence !

Pendant la campagne électorale, j'ai lu attentivement toutes les déclarations, toutes les professions de foi ; nulle part, je n'ai trouvé la moindre allusion à la question de la barbe ; nulle promesse qui permette même d'envisager la lointaine possibilité de sa disparition.

Dans les articles de la prochaine Constitution, dans les textes des accords internationaux, même silence, même absence.

Alors, quel que soit le régime, faudra-t-il donc que, chaque jour, chaque citoyen se voie contraint de continuer à se raser sans voir poindre au loin l'aurore des matins sans barbe ?

Le progrès ? quelle dérision ! Tant que l'homme ne sera pas parvenu à neutraliser la barbe en l'empêchant définitivement de croître, il continuera à tourner en rond dans le cercle de la sauvagerie infuse et la civilisation continuera à n'être qu'une subtilité littéraire et stérile.

Ce n'est que lorsque la barbe sera vaincue que l'humanité pourra enfin espérer sortir du chaos touffu dans lequel elle se débat depuis des siècles. Désintégrer l'atome c'est bien, désintégrer la barbe ce sera mieux.

A la manière de...

... **L'Os**, par Renan

UN REPAS

Un repas est le produit d'un long passé de démarches, d'efforts, et de sacrifices. Le culte de la nourriture est de tous le plus légitime : la nourriture nous a fait ce que nous sommes.

Dans le passé, un héritage de rutabagas et de tickets à partager ; dans l'avenir, un même programme à réaliser. Voilà ce que l'on comprend malgré les diversités d'opinion et de goût. Le chant grec : « Nous sucions des Os, nous mangerons des briques » est dans sa simplicité l'hymne de notre patrie.

Avoir fait de grands repas ensemble, pouvoir en faire encore, voilà la condition essentielle d'une bonne constitution.

À Os rompus

Les élections

C'est terminé pour ce coup-ci. D'une façon générale les choses se sont passées de façon satisfaisante. Dans de nombreuses circonscriptions, le total des suffrages exprimés est légèrement supérieur au chiffre des électeurs inscrits, ce qu'on explique en disant que les abstentionnistes se sont très souvent abstenus de s'abstenir.

Les morts, de leur côté, ont fait tout leur devoir. Une fois de plus, Gambetta a bien voté, ainsi d'ailleurs que Victor Hugo, Vercingétorix, Ravaillac, Robert le Pieux et le cheval blanc d'Henri IV.

En résumé, voilà une bonne chose de faite !

Mauvaise méthode

Voilà donc la France nantie d'une nouvelle Constituante chargée d'élaborer une nouvelle Constitution soumise à un nouveau referendum probablement suivi de nouvelles élections d'où sortira une nouvelle Constituante génératrice d'une nouvelle Constitution annonçant un nouveau referendum, de nouvelles élections, une nouvelle Constituante, etc., etc., jusqu'à épuisement des bulletins de vote et usure complète des panneaux.

Tout cela parce qu'on a le tort de renouveler sans cesse l'équipe constitutive.

Pour arriver à quelque chose, il faudrait garder la même.

Comme cela, à la longue, on verrait bien qui, d'elle ou de nous, se fatiguerait le premier !

Du sport

Pour des raisons qu'on ne nous a pas dites et que nous n'avons pas eu l'indiscrétion de chercher à connaître, le prochain conseil des ministres expédiera les affaires courantes au Palais des Sports, en douze rounds de deux minutes, avec coquilles et protège-dents. Coups bas autorisés.

Le match ne sera pas radiodiffusé.

Les voix égarées

« N'égarez pas votre voix ! » Telle est la sage recommandation que l'on pouvait lire dans la presse politique à la veille du scrutin.

Beaucoup d'électeurs n'en ont malheureusement pas tenu compte.

A l'heure actuelle, on retrouve un peu partout des voix égarées, notamment sur la scène de l'Opéra, de l'Opéra-Comique et dans maints cabarets de chansonniers.

Quelques-unes ont été déposées au bureau des objets trouvés du Palais-Bourbon. Dans un an et un jour, si nul n'est venu les réclamer, elles seront mises en adjudication au profit des petits partis nécessiteux ou moralement abandonnés.

Réouverture

La sécheresse ayant pris fin grâce aux efforts de notre admirable Office national météorologique, le ministre des Compressions souterraines a autorisé la réouverture d'un certain nombre de stations de métro, où l'usager pourra venir chercher asile et protection contre les averses.

Cette heureuse décision a été très bien accueillie par le public. Dans les stations rouvertes, on s'écrase d'ores et déjà presque autant que dans les autres, bien que les trains n'aient pas encore repris l'habitude de s'y arrêter.

Fermeture annuelle en septembre.

Evasions…

A ce propos, le ministre des Transports en commun nous prie d'insérer la note suivante :

« De nouvelles évasions s'étant produites à bord des voitures cellulaires assurant le service des établissements pénitentiaires, il a été décidé que le transport des détenus aurait lieu dorénavant par le Métropolitain, d'où il est infiniment plus difficile de s'échapper, surtout aux heures d'affluence. »

Allos ! Allos !…

La radio française a annoncé que le col d'Allos était désormais ouvert à la circulation.

Dès qu'il a appris cette nouvelle, notre directeur a adressé un télégramme au ministre des Ponts et Chaussées, pour le remercier d'avoir enfin rendu le col d'Allos libre.

De son côté, il s'est engagé à libérer le plus tôt possible le col du Fémur.

Les hostilités franco-italiennes

Gros émoi, l'autre jour, à la sous-conférence des ministres des Affaires étranges. « La frontière italienne est sur le Var », déclara le délégué italien, en brandissant un livre de géographie datant de Pline l'Ancien.

Et il se retira sur ses positions en chantant l'air martial : « Atlas, atlas, atlas… »

Mais c'était pour revenir à la charge peu après, avec un document encore plus accablant pour la France. A savoir un bouquin signé Jules César et intitulé *La Guerre des Gaules*.

Cet ouvrage prouverait que notre pays appartient presque entièrement à l'Italie.

Cette fois, le délégué italien se retira en criant, comme au bon vieux temps : « Corsica a noi ! » et « Nizza nostra ! »

Et il ajouta, pour la circonstance : « Eïa ! Eïa ! Alésia ! »

L'émotion est à son comble dans le camp français.

Pour repousser les légions romaines, on parle de faire appel au général de Gaule.

Répartition du prêt américain à la France

Afin de pouvoir procéder au partage des 1 372 millions de dollars que les U.S.A. mettent à la disposition de la population française, les particuliers ayant besoin d'argent sont invités cordialement à se faire connaître en indiquant lisiblement la somme qui leur est nécessaire.

Prière d'adresser ces renseignements à M. Riton-les-Mains-jointes, directeur-gérant des « Hommes à nous », seule association reconnue d'utilité publique, patronnée par la Chambre syndicale des malfrats et mandatée pour s'occuper bénévolement de cette tâche délicate qui requiert l'honnêteté la plus scrupuleuse.

Joindre 20 francs pour frais d'envoi et de chancellerie.

Après Lyon…
La terre tremble à Paris

« Une assez forte secousse sismique a été ressentie ce matin dans la région lyonnaise. Le même phénomène a été ressenti vers 5 heures dans toute la Tarentaise. »

Telle est la nouvelle que la grande presse d'information diffusa la semaine dernière. Mais ce que nos confrères se gardèrent bien de préciser, c'est pourquoi l'écorce terrestre s'était brusquement offert cette légère ondulation !

Il tombe cependant sous le sens qu'un tel phénomène ne peut se produire sans causes profondes, et L'Os, qui n'a pas de fil à la patte, est en mesure de dévoiler toute la vérité à ses lecteurs.

C'est sur la fin d'un discours de M. Edouard Herriot que se produisit la chose, très exactement à l'instant précis où l'orateur, la main sur ce cœur hypertendu qui a tant battu au chevet de la France malade, déclara :

– Je sauverai la France, au nom de ce sacré cœur !

Une forte secousse souligna ces paroles, et tous les assistants brusquement privés de leur centre de gravité, se retrouvèrent au sol, les parties saillantes de leur postérieur épousant étroitement le moindre accident de terrain.

Voilà la vérité !

Le sismographe particulier de L'Os ayant de son côté enregistré quelques épicentres dans la région parisienne, nos lecteurs trouveront ci-dessous un compte rendu détaillé de ces différentes convulsions terrestres.

La première secousse sismique fut ressentie sur la fin de la semaine dernière. Une trentaine de personnes, qu'un jeûne prolongé consécutif aux dispositions prises par M. Longchambon pour le ravitaillement de la région parisienne mettait dans l'impossibilité de réagir et de se défendre, se pressaient dans la coquette salle des Champs-Elysées où se donne actuellement, et pour un petit cercle d'intimes, la dernière œuvre de M. Paul Claudel.

Alors que les malheureux mettaient à profit les tirades capitales du troisième acte pour jouir d'un repos bien gagné, un énergumène se dressa soudain et cria :

– Bravo ! J'ai tout compris !

Une effroyable secousse salua cette déclaration.

A l'heure où nous mettons sous presse, les familles sont au chevet des sinistrés.

L'auteur est indemne.

*
* *

Lundi soir, la paisible rue des Panoyaux connaissait à son tour les affres du tremblement de terre.

Attirés par la promesse d'une distribution de lentilles, de nombreux auditeurs s'étaient rendus dans le préau des écoles pour entendre différents candidats. La réunion se déroulait dans une parfaite atmosphère de calme et de courtoisie puisque l'on comptait au plus sept blessés légers et deux fractures du métacarpe, lorsqu'un orateur, dans le feu de l'improvisation, proféra ces paroles :

– L'Allemagne paiera ! Et à nous le charbon de la Ruhr !

La terre qui n'attendait que cela se mit à onduler furieusement et Police-Secours, immédiatement alerté, dut évacuer une centaine de personnes qui se roulaient sur le sol, en proie à une forme de convulsions offrant toutes les apparences du rire inextinguible.

Le malheureux orateur, inculpé d'outrages aux Quatre Grands, a été placé sous mandat de dépôt.

*
* *

Mardi matin, ce furent les habitants de la rue de Belleville qui connurent une forte secousse, tant morale que physique.

Un attroupement sans cesse grandissant se formait devant une pauvre boucherie dont le patron, les trois aides et les six commis faisaient peine à voir. Un coup d'œil dans l'arrière-boutique permettait d'entre-apercevoir un triste mobilier de pitchpin, et le dénuement des lieux vous fendait le cœur. La patronne en larmes contait la triste odyssée de ces honorables commerçants qu'une marge bénéficiaire de plus en plus réduite avait acculés à la faillite.

Et lorsque l'huissier se présenta pour instrumenter et saisir les hardes de ces malheureux, un frisson d'horreur parcourut l'assistance, frisson qui, par des voies mystérieuses, dut se communiquer à l'écorce terrestre, car une violente secousse projeta à terre tous les spectateurs de ce pitoyable drame de la misère.

Le syndicat des bouchers, immédiatement saisi de l'affaire, a fait circuler une liste de souscription parmi les ménagères du quartier.

*
* *

Et c'est enfin au cœur même de *L'Os*, dans le salon-fumoir or et grenat de notre directeur (le salon beige et tango étant actuellement en voie de réfection) que se produisit la dernière secousse.

La rédaction au grand complet fumait le narghilé, tout en prêtant une oreille attentive aux propos décousus de Pierre Dac, lorsque ce dernier, sans doute mal remis d'une violente crise d'éthylisme, proféra :

– Enfin… je ne suis pas fou !

L'immeuble trembla sur ses bases et, cependant que les spécialistes s'affairaient pour étayer les murs qui menaçaient ruine, les services centraux du journal étaient transférés à l'infirmerie spéciale du dépôt, d'où je vous fais tenir ces quelques notes.

Bulletin technique de l'Os. N. M.

Pendant toute cette semaine, et pour une durée de sept jours environ, la température sera résolument ambiante. On notera cependant une légère dépression, probablement nerveuse, dont l'épicentre se situera au n° 1, boulevard Haussmann. Cette dépression atteindra à certains moments 300 millibars. Elle sera compensée par une bière pression à peu près égale (250 bars) sur les Champs-Elysées, et par une certaine pression atmosphérique un peu partout. Pression du genou dans les milk-bars. Compression au ministère des Finances (à chiffrer en coups de barre).

Thermomètre en hausse dans les asiles d'aliénés. Baromètres en baisse chez tous les marchands. Légers nuages sur les relations franco-italiennes. Vent debout sur les côtés. Vent assis sur les cumulus. Vent couché à partir de dix heures du soir. Vendredi à partir d'après-demain.

On nous avait promis la lune
LA VOILÀ !
La grande expérience américaine a réussi

Grâce aux travaux poursuivis avec ténacité par les savants américains dans les solitudes du Texas, on vient de correspondre avec un autre monde.

Cette correspondance que, jusqu'à ce jour, on désespérait de pouvoir réaliser, a nécessité de grands frais mais le résultat est trop important pour qu'on ait à ce sujet le moindre regret.

On sait qu'on avait déjà tenté d'attirer l'attention de la Lune en lui lançant un V2. Malheureusement, un grain de poussière qui s'était logé dans le radar a amené un décalage de quelques millionièmes de millimètres dans la position de la rampe de départ et, faute d'être pointé exactement, le projectile alla exploser dans Jupiter, ce qui faillit brouiller notre globe avec les habitants de cette planète.

On imagina, ensuite, d'user de la télégraphie optique sans en être autrement satisfait.

D'abord, rien ne nous assurait que les Lunatiques connussent l'alphabet Morse.

Ensuite, au cours des essais, quelques rayons lumineux allèrent se loger dans l'œil de divers Martiens, ce qui nous fit passer pour des farceurs parmi la partie sérieuse de la population de ce monde voisin.

Au pied de la lettre

Après avoir cherché un champ suffisamment étendu pour tenter la grande expérience à laquelle ils rêvaient, le choix des savants américains s'est porté sur le plus vaste espace demeuré libre ici-bas : le Pacifique.

Cet océan fut entouré d'un triple réseau de fil de fer barbelé fixé soit à des poteaux plantés en bordure des continents, soit à des bouées flottant au gré des vagues.

L'accès en ayant, ainsi, été rendu impossible, les quelques milliers d'îles qui s'y trouvaient furent détruites sans peine à la bombe atomique.

Après quoi, d'énormes réservoirs d'huile furent déversés sur les flots pour en atténuer les remous.

On parvint à obtenir ainsi une immense surface à peu près lisse de 270 millions de kilomètres carrés.

On rassembla alors dans la mer des Antilles tous les liberty-ships encore laissés pour compte aux U.S.A. Un à un, ces navires passèrent dans le canal de Panama où des ouvriers les enduisirent d'une couche de phosphore.

Ayant subi cette opération, la flotte entière fut introduite dans le Pacifique.

Les chefs d'îlot furent remobilisés et, quand la nuit fut venue, les habitants de la terre entière reçurent l'ordre d'éteindre toutes leurs lumières et de ne les rallumer sous aucun prétexte. On tua même sans pitié les vers luisants pour que l'obscurité fût plus complète encore.

Paroles sans histoire

Alors, dans le noir absolu, sur l'océan infini débarrassé de tout écueil et presque sans mouvement, les savants américains firent disposer les bateaux côte à côte de manière à composer des lettres de 10 000 kilomètres de haut.

Ils hésitèrent longtemps sur la phrase à rédiger. Ils comprenaient que nos querelles politiques, nos conceptions philosophiques ou l'état de notre température n'intéressaient que médiocrement les Lunatiques.

D'autre part, il leur répugnait de composer une banale formule de politesse susceptible de laisser supposer que les Terriens manquaient de conversation.

Ils résolurent de s'en tirer par un trait d'esprit.

Sous leur direction, les navires se groupèrent donc pour former des lettres, puis des syllabes, puis des mots, et bientôt cette phrase gigantesque brilla dans les ténèbres du détroit de Behring au détroit de Magellan : *Comment vas-tu, Yau-de-Poêle* ?

Debout, sur les dunettes des vaisseaux, les yeux rivés à des télescopes de grande puissance, les savants américains attendaient avec anxiété la réaction des habitants de la Lune.

Elle fut rapide. Trois minutes plus tard, sur l'hémisphère Sud de cette planète, une réponse flamboya à leur adresse :

Et toi, Lamatelas ?

Luth et Lyre

Echec au roi

Comme un chêne s'abat sous la cognée infâme,
Comme croule une tour sous le céleste feu,
Comme s'effondre un pic dans un tumulte affreux,
Le règne de Victor-Emmanuel rend l'âme.
Inéluctablement le Rex Imperator
Abdique. Il a fini sa glorieuse tâche.
Et sur les crocs virils d'une ardente moustache,
Pour un suprême adieu roule une larme d'or.
Il a, sans défaillir, conduit quatorze guerres,
A vaincu l'Albanie, a déconfit un ras,
Aux Teutons a montré la vigueur de son bras ;
Il a défié la France et défié l'Angleterre ;
Contre quatre cents Grecs il a faillir tenir ;
Sa flotte a parcouru la Méditerranée
Verticalement ; et ses terribles armées
Ont su, dans les déserts, aller et revenir !
Ainsi, ce roi colosse est fils de la Victoire.
Mais économe autant qu'un monarque le doit
Il retourna sa veste au moins deux cent dix fois
Et fit teindre en blanc pur sa chemise noire.
Mais il lâche le sceptre. Et son peuple en sanglots,
Ne pouvant l'honorer par une sépulture,
Erigeant sa statue en stuc grandeur nature,
Mettra dans un musée un si fier bibelot.

Avis aux usagers

Il est fortement recommandé aux usagers et à toutes personnes de sexe similaire de réclamer dans tous les bureaux de poste la notice officielle explicative indispensable pour pouvoir consulter utilement le nouvel annuaire des téléphones.

L'exiger au besoin par la force si c'est nécessaire.

Corned-dollar

Savez-vous jouer au tennis ? Non ! Dommage, c'est un très beau jeu. Ça se joue en anglais. Pour commencer, l'un des adversaires demande :

– Ready ?

Ce qui signifie « prêt ? ». L'autre gentleman répond :

– Play !

C'est-à-dire « envoyez les balles… ». M. Léon Blum est allé faire une partie de tennis en Hamrique. Pour montrer sa bonne volonté, il a même prononcé à lui tout seul les deux mots traditionnels : « prêt » et « envoyez !… ». En retour, la France reçoit 1 370 millions de dollars (balle se prononçant « dollar » dans le patois local).

1 370 millions de dollars à répartir entre 41 millions de Français, ça fait environ 30 dollars par tête de pipe. Je me suis aussitôt demandé ce que j'allais bien pouvoir me payer avec ma part de butin : une cartouche de Camel, une livre et demie de chewing-gum, un vieux pull-over de G.I., un jazz particulier, trois semaines de mariage avec une star un peu défraîchie, une Jeep d'occasion, ou quoi ?

Chimères que tout cela ! Le percepteur chez qui je me suis présenté pour toucher le fric a bien voulu me l'expliquer avant d'appeler Police-Secours. Les 1 370 millions de dollars d'importation ne seront pas distribués aux consommateurs contre remise d'un quelconque ticket de denrées diverses. Ils demeurent bloqués, ce sont des dollars en conserve, du corned-dollar, quoi ! On les débloquera plus tard pour acheter des charrues mécaniques, des pelles à vapeur, des Frigidaires atomiques, des romans policiers et des voleurs de Bagdad, toutes choses dont je n'ai personnellement nul besoin !

Bien la peine qu'on l'ait envoyé jouer au tennis en Hamrique. M. Léon Blum ! La prochaine fois, j'irai moi-même !

Faits divers

DE PARIS. – Le bruit courait rapidement hier soir dans la capitale que M. Paul Reynaud avait été victime d'un attentat près de Dunkerque. Que nos lecteurs se rassurent, ils reverront bientôt M. Paul Reynaud et sa bonne tête. Delard, notre correspondant particulier à Dunkerque, nous affirme qu'il s'agit d'une information absolument dénuée de toute espèce de sorte de fondement.

DE RENNES. – Voulant effectuer sa gymnastique matinale, M. Lucien Dehet, employé dans une carrière de pierres, croyant prendre la corde à sauter de sa gamine, s'empare par erreur d'un cordon Bickford relié à un fourneau de mine et disparaît dans les airs, à la suite d'une légère explosion, en direction nord-nord-est.

DE CHARTRES. – On a retrouvé dans un champ, allongé entre les pattes d'un bœuf bai, le corps inanimé du nommé Aristide Junier. Le malheureux, qui portait une énorme protubérance sur le front, a déclaré avoir reçu de son complice atteint de strabisme divergent le coup de maillet destiné à assommer l'animal.

DU KREMLIN-BICÊTRE. – La nuit dernière, des agents cyclistes habitués à la dure ont mis la main au gros collet d'un grand malandrin décharné qui demandait l'heure aux passants attardés, sous la menace d'un morceau de bois terriblement carré.

Fouillé, il a été trouvé porteur de 1 327 montres et de plus de 258 réveille-matin.

Etant donné l'heure tardive, et ayant pu fournir des explications volubiles mais satisfaisantes, l'horrible créature a été vivement relâchée.

Après pansements, les policiers ont pu regagner leur domicile.

Petites Annonces

DIVERS

Instruments oratoires pour paysans mélomanes. G. Fortin (Chartres).

Arbres fruitiers télescopiques facilitant énormément la cueillette des fruits. Depuis 4 610 fr.

A vendre vélomoteur Durouston, bon état, sans changement de vitesse, sans pneus ni roues ; guidon et selle à remplacer. Prix intéressant.

Planche cloutée pour fakir délicat, pointes arrondies, le mètre : 118 fr. 65.

Tapis haute laine, très bel article : 72 500 fr. Modèle de luxe, très haute laine : 98 900 fr. livré avec petit escabeau.

Pointes de souliers, lumineuses pour ivrognes myopes. La paire : 1 fr. 60.

Niez l'époque que vous vivez. L'existence vous sera plus facile.

Gants de boxe avec filet de camouflage. Désavantagent nettement l'adversaire. Knock-out assuré par effet de surprise. A partir de 275 fr.

Pâte pour faire briller les yeux : le tube : 33 fr. – Livré avec brosse et chiffon à reluire : 35 fr. 50.

ANNONCES POUR FEIGNANTS

Dame santé délicate cherche place dans usine de « pouces » pour les rouler. Mme Bluette.

Chaise de gardien de la paix, mod. ord. : 14 fr. 90. Modèle confortable pour policier de la secrète : 28 fr. 40. Système à roulettes pour limier suivant une piste : 37 fr. 90.

Guide du Métropolitain à l'usage des cosnducteurs de trains, plans détaillés, schémas, toutes indications. 600 pages de texte et croquis. Diminue notablement toutes les erreurs de parcours : 165 fr.

AMEUBLEMENT

Table à thé, pour école laïque, 200 fr. – Table d'écoute pour manger en téléphonant : 260 fr. – Table roulante pour personnes tristes : 1 200 fr. etc., etc.

Salle à manger Louis XXVIII, comprenant : 1 table à 4 pieds, 1 guéridon à 4 pieds et 1 tablette à 4 pieds. Modèle de luxe la même que ci-dessus, mais comprenant en plus 4 tables à 4 pieds.

FONDS DE COMMERCE

Unique, sans connaissances spéciales, vend superbe commerce de dames. Matériel de premier ordre. Bien situé. Faire offres à Emile Laculasse.

CHIRURGIE ESTHÉTIQUE

Ressemblez à votre vedette préférée, quelle que soit votre apparence physique.

Gary Cooper. Les deux : 153 fr. 10

Victor Francen. La pièce : 84 fr. 20, avec barbe supplément : 0 fr. 70, etc.

ÉCLAIRAGE

Suspension à gaz : 342 fr. 10. La même électrique : 343 fr. 10. – Article solide pour gymnaste : 1 533 fr. 60. – Grand modèle pour Tarzan débutant : 3 453 fr. 80.

AFFÛTIAUX PRIORITAIRES

Bébé baudruche, pour tenir sous le bras. Cris parfaitement imités. Gonflage à bouche. Priorité assurée.

N° 35 – Mercredi 5 juin 1946

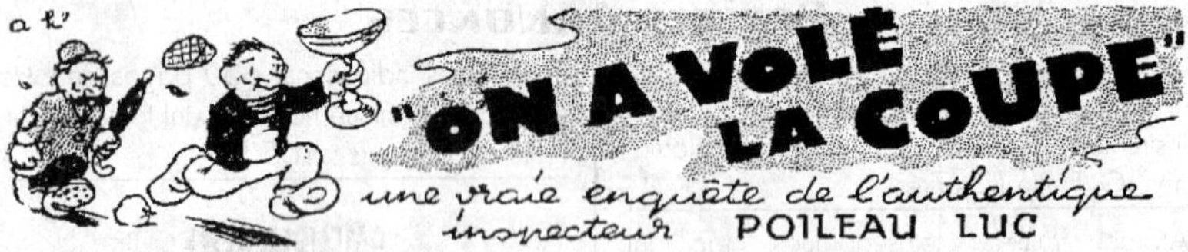

Résumé

Le commissaire Poileau Luc a l'impression que le voleur de la coupe sera bientôt à sa merci.

Chapitre XV

Chez le libraire

Le commissaire Poileau Luc et l'inspecteur Lachnouf venaient d'arriver devant le 3 de la rue Croulebarbe. C'était une librairie que l'inspecteur Lachnouf avait déjà surveillée à plusieurs reprises. Poileau Luc, en se dissimulant dans l'encoignure d'une porte, demanda à Lachnouf :

– Comment s'appelle ce libraire, déjà ?

– M. Knek, répondit Lachnouf.

– C'est bien ça… Allons-y, Lachnouf, entrons…

Les deux hommes pénétrèrent dans la librairie déserte.

– Oh ! chef, dit soudain Lachnouf, regardez ce livre : *La Coupe et les lèvres.*

– En effet, c'est pour le moins curieux, répondit Poileau Luc.

Mais il ne put en dire davantage, car un homme sortant de l'arrière-boutique venait de faire son apparition… Le moins qu'on puisse dire de lui, c'est que c'était un personnage étrange. Il s'approcha des deux hommes et questionna :

– Vous venez pour des livres, messieurs ?

– A moins que vous ne vendiez des pique-feu, répliqua brusquement Poileau Luc.

– Ah ! ah ! ces messieurs sont très farces, répondit en ricanant le libraire. Et quel genre de livres voulez-vous ? Editions princeps, éditions de luxe avec suite et hors texte ?

– Faites voir ce que vous avez d'intéressant en ce moment, dit Poileau Luc.

– Tenez, fit le libraire en prenant un livre, voici *L'Histoire de la clarinette à travers les âges*, par Duguay-Trouin, édité sur papier d'Arménie.

Poileau Luc interrogea :

– Vous n'auriez pas : *La Vie d'un hanneton dans un baril de coaltar*, par Lucien le Troubadour.

– C'est épuisé, messieurs, répondit l'étrange libraire, mais par contre j'ai *Les Mémoires d'un entrepreneur de chauffage central*, recueillis par Oliver Cromwell. J'ai également un livre très instructif : *Le Manuel du parfait policier.* Hein ! ça vous la coupe ?

– Heu !… Bon, nous réfléchirons… Venez, Lachnouf, dit Poileau Luc en entraînant l'inspecteur vers la sortie pendant que l'horrible libraire ricanait…

Hors de la boutique, Lachnouf s'étonna :

– Mais c'est lui, chef, le voleur de la coupe !

– Bien sûr, répliqua Poileau Luc, mais si je l'arrête, ça va éveiller ses soupçons…

– Vous avez raison, chef…

Et les deux hommes s'éloignèrent discrètement.

(*A suivre*).

L'OS LIBRE

« Contre tout ce qui est pour – Pour tout ce qui est contre. »

NUMÉRO 36 – MERCREDI 12 JUIN 1946

La sortie du numéro de L'Os libre *correspond à la fin du gouvernement Félix Gouin et de la première Assemblée constituante. Des négociations pour la distribution des portefeuilles et le choix du président du Conseil se déroulent en coulisses. Dressant une oreille attentive aux rumeurs, Pierre Dac se demande s'il n'a pas trouvé plus loufoque que lui. On finit même par s'interroger : Ferdinand Lop, enseignant, poète, éditeur, mais surtout candidat délirant à toutes les élections, ne va-t-il pas entrer au gouvernement ?*

Edito — Bilan postélectoral

par Pierre Dac

Etait-il possible, en somme, qu'il en fût autrement ? On peut répondre à cela par l'affirmative ou par la négative suivant sa complexion, l'idée qu'on se fait de la chose et toutes considérations éventuelles procédant des événements qui les ont provoquées.

Ce qui n'exclut pas, bien au contraire, tout ce qui découle du reste et tout ce qui s'ensuit. Car, en définitive, c'est bien sur ce terrain que doivent se dérouler, se rencontrer, s'affronter, se combattre et peut-être même s'entendre dans le seul but de s'accorder les divers éléments des formations compactes issues des individualités pensantes et agissantes unies et groupées dans un ultime esprit de rassemblement des forces vives du peuple et de ses affluents.

Ainsi vont les choses et nul n'a le droit de s'inscrire en faux contre le déroulement synchronisé des volontés jumelées s'il n'a préalablement eu la conscience et le scrupule élémentaire de ne point se pencher exclusivement, sinon simultanément, sur les problèmes dont la solution ne peut être que postérieure à l'antériorité des fractions participantes et partisanes.

D'ailleurs, et point n'est besoin d'être grand clerc pour s'en rendre compte, le protagonisme, à ce point précis de la conjonction des parties contractantes,

est suffisamment libéré des contingences larvées pour pouvoir retrouver, par le jeu même de ses propres forces autonomes, son entière possibilité d'action à l'égard non seulement de sa personnalité nommément unifiée, mais également vis-à-vis des puissances adverses intégrées dans l'ensemble des pluralités objectives et mondialement accréditées.

La pensée, certes, ne peut tout envisager sauf, toutefois, si elle se trouve placée dans la position particulière qui lui permet de réaliser un ensemble de conclusions généralement concentriques. Faut-il pour autant négliger la somme des enseignements préalables et consécutifs ? Je ne le crois pas ; quoique, à la vérité, il ne soit pas absolument prouvé que la perspective d'un passé symbolique n'apparaisse pas quelque jour prochain comme étant la seule planche de salut à laquelle devront s'accrocher les derniers contempteurs d'un avenir illusoire et résolument constructif.

Ainsi donc, à la lumière des discussions ultérieures, apparaissent plus clairement les raisons qui font agir les ressortissants dans une même séquence, et les font se diriger d'un pas égal et d'une âme gratuite vers la seule issue qui leur demeure impartie. Nulle autre explication ne peut être, à mon avis, donnée à l'état de fait devant lequel nous nous trouvons présentement et qui est l'aboutissement normal et naturel de toutes les canalisations sociales de ces dernières années.

Je n'ai eu d'autre désir, par ces quelques lignes frappées au coin du plus simple et du plus élémentaire bon sens, que d'établir un bilan succinct de notre actuelle situation politique. J'espère y être parvenu. Et je conclurai en formulant le souhait que tout citoyen de ce libre pays puisse, en toute impartialité, se rendre compte du bien-fondé de mes observations, lesquelles, j'ai le droit de l'écrire, ne doivent rien qu'à elles-mêmes la relativité de leur équilibre et la subséquence de leur universalité.

Bachot 1946

Vers les bouillons de culture pédagogiques

Des milliers de jeunes gens vont affronter les épreuves du bachot.

Il est pénible de constater qu'à l'époque de L'Os libre, *hebdomadaire du cinéma en relief, de la télévision, de la décalcomanie aérodynamique, de l'avion à réaction, du M.R.P. et de la bombe atomique, de malheureux gosses, pour passer d'inutiles examens, sont encore contraints comme au temps des diligences de moisir pendant de longues années sur des livres poussiéreux afin d'apprendre de ridicules et inexistants rudiments de science et de poésie.*

Il faut aller vite, toujours plus vite. Les pères de famille dignes de ce nom n'ont plus le droit de laisser leurs enfants perdre à l'école un temps qui pourrait être mieux employé à faire du marché noir.

Comment trouvez-vous le bouillon ?

A cet effet, les chimistes ont inventé un sérum pédagogique qui sera baptisé Sérum A. M. *(Alma Mater).*

Les professeurs, devenus infirmiers, en injecteront des doses variables à leurs élèves dans les salles d'études transformées en salles d'opération, et, en moins d'une minute, grâce à une savante piqûre intraveineuse de concentré de Lavisse et à deux injections sous-cutanées de Manuel, l'écolier le plus ignare sera à même de passer ses deux bachots avec succès.

Si les premiers essais sont concluants, nos savants pourront se risquer à expérimenter ensuite des bouillons de culture gréco-latine, mais nous n'avons pas besoin de recommander la prudence à ceux qui administreront aux jeunes Français des produits aussi nocifs, car nul n'ignore combien un Tite-Live ou un Térence mal assimilé peut être néfaste pour un organisme de collégien délicat.

Pauvres humanités souffrantes !

En attendant la réalisation d'un tel projet, qui exige une mise au point sans défaut, il est une mesure nécessaire que nos dirigeants doivent imposer au plus tôt. A savoir le remplacement des vétustes cours d'histoire, de morale, de philosophie, de rhétorique, etc., par des cours plus conformes aux besoins de la vie moderne : cours clandestins du chocolat et des cigarettes américaines, cours d'escroquerie à la reprise des meubles, cours d'amélioration de la race chevaline, cours de poker, cours de bogibogi, cours de vagabondage spécial, etc.

En sortant de l'école, nos enfants, mieux renseignés, ne croiront plus que la vertu est toujours récompensée, ni même qu'un kilogramme égale mille grammes ainsi qu'on l'enseigne encore faussement, alors que, pratiquement, chacun sait que, dans le commerce, le kilo ne dépasse jamais huit cent cinquante grammes.

Le potache est servi

De toute façon, il est indispensable de supprimer radicalement, dès maintenant, les examens qui ne prouvent rien, le résultat en étant presque toujours faussé par des fraudes impossibles à déceler par la timidité de certains candidats ou par le mauvais choix des sujets à traiter.

Quand sévit la crise du papier, il est sage d'ailleurs de ne plus laisser des jeunes gens gâcher tant de feuilles blanches à résoudre d'indigestes problèmes d'arithmétique, alors qu'ils pourraient mieux les employer à rimer des vers pour leurs petites cousines ou à confectionner des chapeaux de gendarme.

Quant aux diplômes, pourquoi ne pas tout simplement recourir à la loterie et les tirer au sort, à la fin de chaque année scolaire, entre tous les collégiens inscrits ?

Alors, comme il se doit, les gagnants retourneraient glorieusement sur les bancs du collège pour y somnoler une année de plus dans l'espoir d'obtenir ensuite de la même façon un diplôme supérieur. La chance aidant, ils seraient, à vingt-cinq ans, médecin, avocat, ingénieur ou officier et commenceraient vers la quarantaine à gagner modestement leur vie.

Quant aux cancres, aux recalés, aux désespoirs des parents, ils se verraient ignominieusement chassés de l'Université et n'auraient d'autre ressource que de faire rapidement fortune en se lançant dans la politique, la finance ou en vendant à la sauvette, comme tout le monde, des morceaux de rayons de bicyclette en guise de pierres à briquet.

Du nouveau aux P.T.T.

A partir de prochainement et d'une date ultérieure, il sera mis à la disposition des usagers un service spécial chargé de donner tous renseignements pour obtenir le service des renseignements en moins d'une demi-heure.

À Os rompus

Chambre et Cabinet

Grâce à l'effort collectif et résolument combiné des électeurs de tous les partis, la France a pu trouver une chambre dans des conditions assez avantageuses quoique avec une petite reprise.

C'est bien, mais insuffisant.

Il lui faut aussi un cabinet.

Pour ça, on peut dire que les recherches continuent.

Au choix

Autrefois, c'est le président de la République qui choisissait les ministres. C'était son travail, à cet homme, un travail délicat et dont personne ne se trouvait jamais satisfait, mais, avec un peu de pratique, il arrivait tout de même à s'en tirer tant bien que mal.

Aujourd'hui, il n'y a plus de président et pas beaucoup de république, alors les ministres doivent se choisir eux-mêmes. Chacun d'eux commence par se pressentir, par se sonder ; après quoi, il se convoque, se sollicite, exerce sur soi-même une aimable pression, s'efforce de vaincre ses propres hésitations puis se quitte pour aller consulter ses amis. Au retour, il s'apporte son acceptation motivée par les plus hautes considérations patriotiques ou, au contraire, s'oppose un refus accompagné de mille regrets.

Tout cela, bien sûr, ça prend du temps !

Au Palais-Bourbon

Pendant ce temps-là, les nouveaux venus s'installent au Palais-Bourbon. Après avoir payé un litre aux anciens et subi quelques brimades sans méchanceté, les bleus visitent le casernement sous la conduite d'un huissier adjudant-major. Quelques-uns écrivent à leur famille pour expliquer comment ils ont perdu la clef du champ de manœuvres électorales.

Malgré la bonne volonté de chacun, un léger malaise plane sur l'Assemblée. C'est que la présente législature sera de courte durée, sept mois au maximum ! Que se passera-t-il ensuite ? Parmi ceux que nous voyons là, combien devront quitter la maison pour insuffisance de voix ? Aussi, dans les couloirs, ne voit-on que petits groupes échangeant la même question angoissée :

– Vous descendez à la prochaine ?

Ravitaillement

Les pluies abondantes de ce printemps ayant amené une sensible élévation de niveau dans le barrage de Bercy, le ministère du Ravitaillement envisage la mise en distribution d'un troisième litre de vin dès le mois de juillet.

Ce troisième litre sera délivré en remplacement du deuxième dans le cas où celui-ci aurait été supprimé pour une raison ou pour une autre.

Sociétés et groupements

La Chambre syndicale des malfrats bimétropolitains rappelle à ses membres, comme chaque année, qu'ils doivent régler leurs cotisations impayées, dont certaines remontent à 1899.

Les paiements en nature, tels que bibelots, chandeliers, vases de cérémonies, ciboires, etc., sont à déposer chez M. Riton-les-Mains-jointes, trésorier de l'organisation.

La paix chez les autres

Je rencontre un idiot… Ce sont des choses qui arrivent.

– Je ne comprends rien à tout ce qui se passe, m'a-t-il dit, l'idiot.

– Moi non plus, et vous ? ai-je répondu.

– Pas trop mal, merci… Ce que je comprends le moins, parmi les choses que je ne comprends pas du tout, c'est le problème de la paix. Expliquez-moi donc ça.

– Volontiers, c'est facile ! La paix doit nous être donnée par les Quatre Grands, qui sont M. Bevin, M. Byrnes et M. Molotov.

– Et le quatrième ?

– Quel quatrième ?

– Le quatrième Grand ?

– Tiens ! c'est vrai ! Qui cela peut-il bien être, ce quatrième ? On n'en parle jamais… D'ailleurs, peu importe ! Les Trois-Quatre Grands désirent ardemment la paix, mais pas n'importe quelle paix, vous pensez bien ! Chacun d'eux a sa paix à lui, sa paix nationale, qu'il considère comme la meilleure et qu'il est prêt à défendre les armes à la main contre toute paix étrangère. Voilà pourquoi le monde va peut-être bien entrer un de ces jours dans la paix éternelle, Biki, n-i, ni, fini !

L'idiot m'avait écouté avec une attention polie.

– C'est curieux, dit-il, je voyais tout ça plus simplement. Ainsi, moi, en douce, je suis l'auteur d'un traité de paix. Voilà : « Article unique : A partir de tout de suite, on ne se battra plus jamais, sous aucun prétexte. »

– C'est tout ?

– C'est tout !

Hein ! Quel idiot !

Faits divers

DE MARSEILLE. – Dans l'après-midi d'hier une terrible bagarre a éclaté entre les ouvriers d'une fabrique de battoirs à linge et les ouvriers d'un atelier de réparation de rouleaux de pâtisserie, à Marignane.

Le personnel de ces deux entreprises pratiquant les trois-huit, on ignore le nombre possible des victimes probables.

Toutes les forces de police disponibles sont parties en toute hâte à Aix-en-Provence poster un télégramme de demande de secours.

DE LYON. – Etant activement occupée à mettre de l'ordre dans sa maison, Mme Junuk, 97 ans, qui farfouillait dans sa cave, y a découvert une énorme quantité de cadavres velus et desséchés portant, détail curieux, d'étranges étiquettes.

Le parquet, transporté sur les lieux, a admis que les bouteilles ainsi retrouvées dateraient de bien avant les sévices des divers ministres du Ravitaillement. La population est difficilement contenue, attirée par l'horrible découverte, vestige d'un temps odieusement libéral.

DE BUENOS-AIRES. – On nous confirme à l'instant la perte du cargo *Le Gros Oigne*, signalé en perdition dans le détroit de Floride. Le navire ramenait en Italie une partie du Vésuve qui avait subi un ramonage dans une usine de Cincinnati.

Le paquebot aurait heurté un des icebergs en glace séchée qui sont si fréquents en cette zone où le soleil est particulièrement torride.

La perte du Vésuve va porter un coup cruel à l'industrie touristique italienne.

Les grandes initiatives de *L'Os*
Les vacances à domicile

Il y a un scandale des vacances, et ce scandale prend chaque jour de l'ampleur. Hôtels et pensions à 1 000 fr. par jour, villas à 40 000 fr. par mois, tout cela n'est malheureusement que trop vrai, et aura pour triste conséquence de priver nombre de citadins des trois mois de vacances qu'ils rêvaient de s'offrir, ni plus ni moins qu'un vulgaire constructeur du « Mur de l'Atlantique ».

Devant la carence des pouvoirs publics, L'Os *se devait de réagir, et cette réaction fut immédiate. Elle se traduit par une magnifique création d'inspiration aussi hardie que grandiose et digne en tout point des conceptions réalistes de ce journal : LES VACANCES À DOMICILE !*

Chers lecteurs, sans fatigue et sans frais inutiles, sans quitter votre fauteuil, vous allez prendre les plus belles vacances de votre vie. Chaque semaine, vous trouverez dans nos colonnes le compte rendu détaillé et fidèle des vacances que l'un de nos rédacteurs va prendre POUR VOUS.

Doté d'un matériel ultra-moderne, de moyens financiers à la mesure des événements et à la taille de vos appétits, notre envoyé aura pour seule consigne : rien de trop beau ! Sa puissante voiture vous emportera à toute allure sur les routes de France, par l'intermédiaire de son caleçon de bain vous goûterez aux joies de la Méditerranée et, à sa suite, vous franchirez d'un piolet vainqueur l'Alpe sauvage.

Menus de choix, fines bouteilles, lits douillets, la plume de notre rédacteur vous décrira tout cela, et votre imagination fera le reste.

Un dernier mot. Il ne pouvait être question de confier une mission de cette importance au premier venu, c'est pourquoi notre choix s'est porté sur René Paul. Son sens du confort, son aptitude à la sieste et l'extraordinaire élasticité de ses parois stomacales en font, sans contredit, l'homme des vacances. Le Dr Roméo Carlès, qui l'a soigneusement examiné, nous l'a donné fin prêt.

Il va donc prendre la route, décidé à tout pour vous satisfaire. Pour vous, il flânera, se baignera et dépensera sans compter. Suivez-le donc, amis lecteurs… et bonnes vacances !

LE CONSEIL D'ADMINISTRATION.

Je le dis, je le clame, et ce faisant de gros sanglots qui ne doivent rien à personne roulent dans ma gorge, la direction m'honore et me comble !

Trois mois de vacances ! Me voilà d'un seul coup hissé au niveau du plus margoulin des honnêtes commerçants du marché noir à qui semblable aubaine paraissait devoir être réservée.

Mon devoir est donc tout tracé, et je n'y faillirai pas. Mes vacances seront les vôtres, chers lecteurs, et vos désirs les plus fous trouveront en moi un vivant et docile réalisateur.

Vous voyez grand[1] et vous avez raison ! C'est pourquoi j'ai demandé aux services touristiques de *L'Os* un matériel digne de vous, en l'occurrence une 6 CV 1933 du plus bel effet.

1. Pas trop (note du caissier principal).

Elle est là, sous pression, et une armée de mécaniciens s'affaire, cependant que le chef de l'Economat glisse délicatement deux jours de vivres dans le vide-poches.

On vient de hisser dans la voiture, à l'aide d'un palan, la machine à écrire qui me permettra de vous taper par le menu les magnifiques impressions de voyage que vous vous apprêtez à ressentir. C'est une « Olympia » 1887 modifiée, un peu encombrante peut-être, mais d'une solidité à toute épreuve et d'un débit régulier.

La rédaction de *L'Os*, au grand complet, est là. Le docteur Carlès rasé de frais[1] me dit sans mots superflus toute la confiance qu'il a dans mes qualités de conducteur et me remet, au milieu de l'émotion générale, une petite pharmacie portative et une trousse de « premiers secours ».

– Avec ça, me dit-il, tu es paré !

Pour rompre la monotonie des longs parcours, le compagnon de route est indispensable. Et là encore, la Direction a bien fait les choses. Dois-je vous dépeindre tous les charmes de la sémillante dactylo qui s'apprête à prendre place à mes côtés ? Inutile ! Pour donner à ce voyage un caractère strictement personnel, chaque lecteur pourra prêter à la passagère les traits et les grâces de son élue.

En ce qui me concerne, je m'estime comblé… et la voiture aussi.

Au point qu'un mécanicien, après avoir soupesé la mignonne d'un coup d'œil, me met un kilo supplémentaire de pression aux pneus arrière.

Et maintenant, partons !

Que diriez-vous de la Côte d'Azur ? A nous la Riviera et ses palaces, à nous la joie ! Suivez-moi mes amis ! Nous coucherons à Lyon ce soir, et demain nous serons à Nice !

J'écrase l'accélérateur d'un pied frémissant…

Dernière heure

Nous recevons à l'instant le télégramme suivant : « Suis à Coulommiers. Envoyez urgence deux pneus, un radiateur, un pare-chocs fort modèle et autre dactylo. Tout va bien. – René Paul.

A la manière de...

... L'Os, par Bergson

L'ÉLAN VITAL

Que d'ailleurs l'os soit sorti ou non d'une souche unique qu'il y ait un ou plusieurs spécimens irréductibles d'os, peu importe ; l'Os libre présente toujours deux traits essentiels : l'intelligence et la sociabilité. Mais il n'intéresse pas seulement le psychologue et le sociologue, il appelle d'abord une interprétation biologique.

Rien ne dit que l'apparition de l'Os libre n'ait pas été due à plusieurs tentatives de même direction aboutissant à des spécimens d'os assez différents, mais tous ne se valent peut-être pas.

Un élan peut précisément suggérer quelque chose de ce genre. Ainsi envisagée l'espèce nouvelle est faite de différents os multiples, complémentaires les uns des autres, qui surgissent globalement dans l'Os libre issu du germe.

Telles sont les idées que nous enfermons dans l'image de « L'élan vital ».

1. Je vous le jure.

L'Os *a toujours raison*

Au lendemain de l'élection triomphale de M. Paul Reynaud, nous pouvons légitimement nous féliciter du succès remporté par ce grand politique dont *L'Os* s'était constitué le champion.

Une fois de plus, une de nos campagnes porte ses fruits. Et quels fruits !

Soucieux de donner à cette élection tout l'éclat qu'elle mérite, nous informons d'ores et déjà nos lecteurs qu'une grande manifestation aura lieu prochainement à Narwick, au cours de laquelle M. Paul Reynaud procédera à la réouverture solennelle de la route du fer qui ne fut coupée qu'à la suite d'événements indépendants de sa volonté.

Et pour marquer le point culminant de la Grande Saison de Paris, c'est à Medrano que notre poulain donnera une grande conférence sur le sujet suivant : « Nous sommes toujours les plus forts, et nous vaincrons encore. »

Cette conférence sera émaillée d'un numéro de poids et haltères exécuté par M. Paul Reynaud, champion du monde de force toutes catégories.

La fanfare de l'Amicale des « Ambulants de juin 1940 » prêtera son concours.

Les Sports

L'Os libre organise le vrai Tour de France

Ainsi, des individus plus ou moins mal habillés ont décidé qu'il n'y aurait pas de véritable Tour de France cette année. Motif : le danger de voir les tickets de pain parisiens refusés en province et le risque d'un référendum imprévu.

Ce que voyant, d'autres individus, plus ou moins bien habillés, ont décidé de faire courir un petit Tour : de Monaco à Paris.

Sans doute, est-ce là un premier pas vers la solution de la quadrature du cercle, car le jour où il ne sera plus rond, celui-là…

Comme toujours, *L'Os* a une solution toute prête. Une de ces solutions de bon sens comme on en tête les jours sans alcool aux mamelles de la France.

Nous organiserons donc le Tour de France à Paris. Ainsi, les coureurs pourront rentrer chez eux ou chez vous chaque soir.

Voici les détails techniques :

Distribution des dossards à *L'Os libre*, 1 bis, boulevard Haussmann. Départ en groupe et défilé jusqu'au même endroit. Départ réel, à la volée, à cet endroit même.

Première étape : Paris-Le Havre (passage du même nom).

Deuxième étape : passage du Havre-rue de Bretagne (3e arrondissement).

Troisième étape : rue de Bretagne-rue de la Bidassoa (20e arr.).

Et ainsi de suite par la rue de Nice, la rue du Mont-Cenis, le boulevard de Strasbourg, la rue de Maubeuge, le quai de l'Oise et le parc des Princes.

Inutile de souligner les avantages de ce parcours strictement français, folklorique, évocateur et en forme de ce qu'on veut.

Les frais de déplacement seraient réduits au minimum et l'on pourrait obtenir des subventions des municipalités des villes non traversées, à titre de publicité.

Mais les cols, direz-vous, en pensant au Tourmalet et au Galibier ? Eh bien ! pour les cols, on en donnerait un différent, chaque jour, aux concurrents. Il y aurait l'étape du Col Dur, l'étape du Col Mou et l'étape du Col Tenant.

Pour les étapes contre la montre, il nous resterait à mettre en pratique les théories qui ont fait la force de cette maison où l'on est contre ce qui est pour et pour ce qui est contre.

Donc, plus de courses contre la montre, mais « avec » la montre. Chaque coureur met la sienne dans sa poche avant de partir et il court avec.

Ce plan, à peine esquissé, montre une fois de plus que lorsqu'on sait hausser son moral à la hauteur des institutions, tous les problèmes peuvent être résolus au mieux des intérêts communs de tout un chacun et des autres, absents pour cause de maladie.

Avis assez spécial

Les personnes désirant contacter notre huissier de service sont priées de faire une demande écrite adressée au Comité d'organisation des huisseries, en temps utile ou auparavant.

La pêche et soi

LE POISSON-CHAT

Ce téléosten de la famille des siluridés est considéré à juste titre comme le fléau de nos rivières qu'il envahit depuis plusieurs années. Il nous vient d'Amérique, et les GI nous auraient rendu un bien grand service en le remportant avec eux ; néanmoins, c'est un poisson qui n'est pas à dédaigner par ces temps de restrictions.

L'*Amiurus catus*, comme le nomment les Latins, se reproduit à une cadence accélérée, et rares sont les cours d'eau dont on peut dire : « Il n'y a pas un chat ! »

Le poisson-chat est très vorace et mord à tous les appâts. Cependant, il a une certaine prédilection pour les petits morceaux de mou qui, accrochés à votre hameçon, vous permettront des captures importantes. La souris est également très prisée du poisson-chat, mais cette pêche est un peu fastidieuse car, avant de mordre, le poisson-chat joue avec la souris, ce qui espace considérablement le nombre des prises.

Pour les gourmets, j'indique rapidement que la chair du poisson-chat est excellente et qu'elle rappelle un peu celle du lapin. On peut l'accommoder en civet, en gibelotte ou en sauté-pêcheur.

La peau du poisson-chat appliquée sur le corps est un remède efficace selon certains contre les rhumatismes.

Petites Annonces

DEMANDES D'EMPLOI

Balayeur parisien, travailleur, mais distrait, égaré environs de Mantes, cherche emploi passager dans cette ville. – R. Lesageapopoulos.

Caméléon domestique, échangerait d'urgence coussin écossais contre coussin teinte facile.

Canonnier cherche femme-canon pour étudier tir et balistique. Canonn. Colart, Vernon (Eure).

OFFRES D'EMPLOI

Jeune poète désirant obtenir gloire et célébrité, cherche grosse muse inspiratrice se laissant taquiner. – Evariste Planud.

Receveur autobus sur ligne peu fréquentée, ferait raccommodage, ressemelage et rempaillage de chaises. – Adhémar Boulentranche.

DEMANDES SPÉCIALES

Particulier atteint de coryza cherche médecin grec pour traitement.

Echangerais vue sur cour neuve, contre vieille vue bien dégagée. – G. Richard.

Fabrique de gants pour phénomènes cherche monsieur possédant mains à 12 doigts pour essayages.

VENTE – ACHAT – PROPRIÉTÉS

Pour installer gare, cherchons immeuble bien situé, de préférence près du chemin de fer. S'adresser municipalité de Gazon-sur-Oigne.

REPRÉSENTATION

Grosse fabrique poids et haltères cherche messieurs solides, grande endurance, pour représentation facile.

DIVERS

Barbe pliante à charnière, facilitant la toilette et le montage de la cravate : 14 fr. 90.

Bas de laine à niveau transparent permet de contrôler les économies sans vider la chaussette. La pièce : 200 fr. 70.

Location. – A louer, à l'heure et à la journée, isoloir discret, eau chaude, eau froide et tout ce qu'il faut pour écrire.

APPARTEMENTS – IMMEUBLES

A Passy, chambre meublée, grand confort, salle de bains, chauffage, téléphone, radio, etc. 250 fr. par mois.

Bois de Boulogne. Appartement 18 pièces, grand confort, jardin d'hiver, parc, grand garage 8 places, etc. 4 200 fr. par an.

Vallée de Chevreuse. Hôtel particulier tout meublé avec voitures, garage, chauffeurs et domestiques, grand parc et dépendances, etc. Tout compris 10 500 fr. par an.

Signalons que ces locaux ne sont nullement à louer, étant actuellement occupés par des personnes peu désireuses de s'en séparer.

Les prix indiqués sont approximatifs. Nous nous en excusons.

Résumé

Le commissaire Poileau Luc est de plus en plus confiant quant au dénouement de l'affaire.

Chapitre XVI

Le commissaire Poileau Luc et l'inspecteur Lachnouf se tenaient devant un arrêt d'autobus. C'était le cinquième qui passait devant eux sans qu'ils se décidassent à monter. Lachnouf s'impatienta :

– Alors, chef, on le prend, ou on ne le prend pas, cet autobus ?

– Lachnouf, répliqua Poileau Luc, on ne prend pas un autobus comme on prend un vittel-menthe ! Nous prendrons l'autobus, mais celui qu'il faut ! Voici la lettre que j'ai reçue : « L'homme que vous cherchez se trouvera dans l'autobus dont le conducteur sera vêtu d'une veste d'organdi… » Et c'est signé : « Philippe le Bel » !

Un autobus venait de stopper.

– Attention, Lachnouf, voilà notre homme… Allons-y !

Les deux hommes bondirent sur la plate-forme… L'autobus démarra.

– Combien de sections, messieurs ? demanda le receveur.

– Dix-huit, répondit Poileau Luc en tendant un billet.

– Ah ! vous passez la journée ici, remarqua finement le receveur.

– Oui ! répliqua Poileau Luc, on a emporté un repas chaud pour le manger froid… Lachnouf, surveillons un peu les gens qui nous entourent… Regardez qui est derrière moi.

– C'est moi, chef !

– Vous êtes sûr ?

– Non, chef !

– Alors, vérifiez… C'est toujours vous ?

– Non, chef, c'est un autre…

– Qui est cet autre ?

– C'est moi, chef, parce que je viens de prendre sa place !

– Bon ! Alors, qui est devant vous ?

– C'est vous, chef !

– Parfait ! dit Poileau Luc ; voilà un point d'établi…

A ce moment, l'autobus s'arrêta et un noble vieillard à barbe blanche s'approcha pour descendre de l'autobus… Lachnouf se précipita pour aider le vieillard en le soutenant par la barbe ; mais, à ce moment précis, l'autobus démarra brusquement…

– Chef ! hurla Lachnouf, regardez, la barbe du vieillard m'est restée dans la main ! C'est notre homme ! Sautons !

– Vous êtes fou, dit Poileau Luc en le retenant, nous avons dix-huit sections de tickets…

– C'est vrai, chef. Mais dès que nous aurons terminé le parcours, nous le retrouverons !

Et nos deux policiers allèrent s'installer à l'intérieur de l'autobus pour déguster tranquillement leur repas qui était encore tiède…

(*A suivre.*)

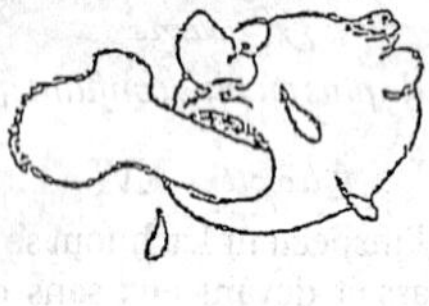

L'OS LIBRE

« Contre tout ce qui est pour – Pour tout ce qui est contre. »

NUMÉRO 37 – MERCREDI 19 JUIN 1946

En France, la situation politique est aussi claire qu'un bloc de charbon, dit-on dans les couloirs de L'Os libre. *Le nouveau chef du gouvernement n'est toujours pas officiellement désigné dans un pays qui ressent plus que jamais le besoin de se remettre au travail pour mettre un terme aux restrictions. Le discours prononcé le 16 juin à Bayeux par le général de Gaulle ajoute encore à la confusion. Il critique d'emblée les institutions naissantes de la Quatrième République et insiste sur l'importance des pouvoirs dont, à ses yeux, le futur président de la République devra disposer.*

Edito — Vérités sans bavures

par Pierre DAC

Je viens de relire, avec une attention soutenue et un intérêt composé, les dix bouquins qui composent la savante et remarquable trilogie de Léopold Sparadrap, dont le titre, comme vous n'êtes pas sans l'ignorer, est : « De l'identité des ventouses et des problèmes internationaux. » Ce titre, à première vue, peut prêter à sourire car il semble annoncer un ouvrage léger et à tendance fantaisiste et humoristique. Il n'en est rien : « De l'identité des ventouses et des problèmes internationaux », en effet, est un ouvrage extrêmement sérieux, grave même et toujours intéressant. Le titre, d'ailleurs, est lumineusement justifié puisque, dans son avant-propos, Léopold Sparadrap s'exprime ainsi : « La ventouse et le problème international présentent un incontestable sujet d'identité puisque tous les deux se posent. » Voilà qui est sans réplique. Avant de m'enfoncer plus loin dans le sentier de mon objet, il me paraît utile de dire quelques mots sur Léopold Sparadrap, lequel est à peu près inconnu de la majorité de nos concitoyens.

*

Léopold Sparadrap est d'origine kroumir. Il est, néanmoins, par sa mère, Géorgien de naissance, et, en dernier ressort, Gallois du Sud par un ami de son père. Il doit avoir, à l'heure actuelle, un âge nettement approximatif. Il fit des études très poussées à l'Université de Juliénas et à la Faculté de Coucouron-les-Karpathes

(Rhodésie parallèle). Polyglotte émérite, il fut : de 1910 à 1913, répétiteur de vélomoteur à la Maison-Blanche et, de 1911 à 1912, expert manipulateur en savon noir auprès du Foreign Office. C'est en quelque sorte un des meilleurs spécialistes des questions internationales que nous avons présentement l'avantage de posséder, ses écrits font autorité et c'est pourquoi je m'en inspire aujourd'hui, alors que nous sommes indubitablement à un tournant décisif de l'histoire du monde.

Les problèmes d'économie et de politique internationale sont le plus souvent rebutants pour le commun des citoyens en raison de l'aridité du sujet et de la complication qui en résulte. Or, s'il est un ouvrage de vulgarisation propre à intéresser l'opinion et à retenir l'attention de tout un chacun, c'est bien la trilogie de Léopold Sparadrap. Certains de ses exposés sautent aux yeux comme un rouget dans un chemin creux. C'est ainsi que, examinant l'actuelle situation internationale, Léopold Sparadrap écrit notamment :

A toutes choses égales, il est souhaitable, et désirable, d'envisager les rapports qui, demain, devront régir les relations des nations entre elles sous l'angle le plus propice à régler et à aplanir les difficultés susceptibles de surgir entre les différents éléments dont le désaccord n'a pour résultat que de faire apparaître plus fortement la divergence de vues.

N'est-ce pas réconfortant d'objectivité et transparent de logique positive ? Plus loin, Léopold Sparadrap continue :

L'absence de réalisme dans l'étude des rapports d'Etat à Etat ne provient pas toujours, comme certains discours tendraient à le faire croire, d'un esprit d'unilatérale pluralité, dont les conséquences, trop visibles, ne pourraient que provoquer des remous qui, pour latents qu'ils fussent, n'en engendreraient pas moins des régressions culturelles capables d'influencer dans le sens regrettable du terme, la balance des échanges universels.

*

C'est tout simplement le souci de l'avenir même de notre civilisation qui est ainsi exprimé en quelques phrases dont le bon sens le dispute à la noblesse de style et de pensée.

Mais tout cela n'est encore rien à côté du peu de chose que ces textes signifient. Léopold Sparadrap touche au sublime et rejoint la vérité à laquelle il avait fort probablement donné rendez-vous, au paragraphe suivant :

Il ne suffit pas aux hommes qui ont la tâche grandiose d'organiser la paix, d'être guidés par les principes dont ils s'inspirent ; encore faut-il que ces principes aient leurs racines solidement enfoncées dans un terrain préalablement préparé à ce genre de compétition. Le rappel des discussions possibles ne doit pas, pour autant, constituer un obstacle infranchissable et demeurer un élément de surclassement pour les volontés impondérables qui désireraient se manifester en dépit même, et par cela même, des considérations d'ordre ethnique et résolument juxtaposées ; les conceptions valent surtout par ce qu'elles sont et par ce qu'elles représentent ; sur l'échiquier mondial, rien de positif ne pourra être obtenu, tant que ceux vers qui montent les espoirs de l'humanité ne seront pas en état de proposer ce qu'ils sont plus ou moins en mesure de préconiser le cas échéant et sous toutes réserves d'éventualités toujours possibles.

Je n'ai rien à ajouter à ces paroles qui attirent autant le coup de chapeau que le coup de téléphone. Puissent nos dirigeants de la prochaine quinzaine s'en inspirer. Dans leur intérêt comme dans le nôtre sans oublier celui de tout le monde.

À Os rompus

Une victoire de L'Os libre

La campagne de *L'Os libre* aura porté ses fruits et primeurs.

Le gouvernement américain s'est ému des reproches à peine voilés que l'on a pu lire ici même et à maintes reprises perdues sous la plume de nos rédacteurs les plus hautement qualifiés.

Aussi annonce-t-il son intention de se débarrasser une fois pour toutes des fameuses bombes atomiques accusées de faire vraiment trop de bruit dans le monde.

– La Maison-Blanche ne doit plus être comparée à la case de l'Oncle Atome ! s'est écrié le président Truman.

Attention aux vrais billets !

Le bilan de la Banque de France déposé en fin de semaine laisse apparaître un accroissement de six milliards et demi dans le nombre des billets actuellement en circulation.

Par contre, la quantité de faux billets demeure résolument stationnaire.

La santé de Paris

Pour la seule dernière semaine, on a enregistré 46 cas de bicamérisme, 128 d'influenza tripartite, 25 dont 12 de cellulite, 28 692 accidents d'autosuggestion et surtout 4 697 303 insolations avec brûlure au second degré. Les Parisiens sont instamment invités à ne pas sortir sans ombrelles.

Au porteur

Ce bruit a couru que nous allions avoir de nouveaux billets de 50 fr. Ce n'est vrai qu'en partie. Nous aurons de nouveaux billets, mais ils ne porteront pas de chiffre.

Etant donné qu'on ne sait jamais, d'un jour à l'autre, si 50 fr. en valent 25, 32 ou la moitié de 1, ce système simplifiera considérablement les paiements.

Il suffira aux porteurs d'inscrire sur leurs billets la somme correspondant au cours du jour.

Les surcharges ne seront autorisées qu'à concurrence de deux tonnes. Les tricheurs auront affaire aux agents de la circulation fiduciaire.

Des chèques lavables, même à l'eau de javel, pourront circuler dans les mêmes conditions. Prière de se munir de provisions pour les longues randonnées.

A la manière de...

... **L'Os,** par Saint-Simon

LE REPAS DU ... 1946

Je me mourais de joie. J'en étais à craindre la défaillance : un estomac, dilaté à l'excès, ne trouvait plus d'espace où s'étendre. Je mangeais, je dévorais, je nageais dans l'abondance, je jouissais du plein accomplissement des désirs les plus véhéments et les plus continus de mon appétit.

J'étais tenté de ne me plus soucier de rien. Toutefois, je ne me lassais pas d'entendre le bruit vivifiant que font les assiettes, les fourchettes, les verres et même les mâchoires, surtout quand on a pour voisine la duchesse de « B... » aux grosses lèvres mordantes, dont les quelques dents sont toutes pourries.

De la hauteur de sa fonction le maître d'hôtel ne regardait les hommes que comme des atomes avec qui il n'avait aucune ressemblance, quels qu'ils fussent.

Les bonnes recettes de tante Alphonse
Le salmigondis d'amalgame à la Fontenoy

Ingrédients :

Foie d'amalgame : 1 livre ;
Jarret d'amalgame : 1 kilo 500 ;
Purée d'amalgame : 750 grammes ;
Queue d'amalgame : une ;
Gras d'amalgame : 150 grammes.
Amalgame en grains : une poignée.

Préparation :

Hachez finement votre foie d'amalgame, après l'avoir préalablement fait macérer dans une casserole d'eau dégourdie. Foncez le fond d'une tourtière avec la moitié de votre hachis.

Votre jarret d'amalgame étant cuit, désossez-le et déposez-le en alternant avec votre purée d'amalgame.

Disposez sur le tout votre gras d'amalgame en petites noix et recouvrez du restant de votre foie d'amalgame haché. Saupoudrez de votre amalgame en grains.

Mettez le couvercle de la tourtière et entourez-le d'une bande Velpeau pour que la cuisson s'effectue à l'étouffée.

Enfournez et laissez cuire une heure à four doux, une demi-heure à four vif et trois semaines à four à chaux ; sortez du four à la pince hémostatique, laissez refroidir et mettez à réchauffer au moment de servir : faites patienter les convives. Quand c'est bien chaud, mettez au frigidaire pendant le temps nécessaire à la formation d'un léger givre. Sortez la tourtière et plongez-la dans l'eau bouillante pour que ce soit mangeable. Enlevez la bande Velpeau et plantez au milieu du plat la queue d'amalgame pour justifier l'appellation « à la Fontenoy ».

Mangez à la cuiller ou à la fourche à petit suisse.

Faits divers

DE PARIS. – Tard dans la soirée d'hier, le nommé Fernand Rauzéna, déguisé en consommateur, s'est introduit au café du « Corozo en pot », et, profitant de l'inattention générale et du fracas occasionné par la chute du jour, a planté subrepticement huit drapeaux dans l'établissement et put prendre le large sans être inquiété.

DE MARSEILLE. – Hier, à minuit trente, M. A. Millau et sa jeune femme descendaient tous deux la Canebière à bord de leur voiture à ânes, lorsque au coin de la rue Saint-Ferréol ils furent abordés par une centaines de brutes maléfiques.

Au moment où les épouvantables malfrats s'apprêtaient à faire un mauvais parti aux deux malheureux, un agent cycliste, bien connu pour sa méchanceté, apparut à deux pas de là, brandissant le glaive de la justice.

Paralysés par cette apparition terrifiante, les horribles voyous durent accepter sans sourciller plusieurs paires de calottes toutes neuves de la part du policier impavide.

A l'aube blémissante, justice était faite.

DE BUENOS-AIRES. – Une perte irréparable. L'agence Os-Press communique : « On nous confirme à la minute le naufrage du cargo *Le Gros-Oigne*, récemment signalé en perdition dans le détroit de Floride. Il ramenait en Europe une partie du Vésuve qui venait de se faire ramoner dans une usine de Cincinnati. Le navire aurait heurté un des icebergs en glace séchée si fréquents dans cette zone où le soleil est particulièrement torride. »

Théâtre

SURENA

La Comédie-Française vient de présenter une curieuse pièce. Je veux parler de *Surena*, de M. Pierre Corneille. Je ne connais pas M. Pierre Corneille, mais je crois que c'est un nom à retenir.

Ce dramaturge audacieux a eu l'idée d'écrire un dialogue en vers qui riment deux par deux, l'un après l'autre. C'est du moins l'impression que j'ai eue, à l'entendre. Si je ne me trompe, il s'agit là d'une innovation en faveur des acteurs qui manquent de mémoire, car ils se souviennent plus facilement d'un texte de ce genre où ils trouvent des points de repère.

Surena, c'est l'histoire de la jolie ville de Suresnes. Au premier acte, elle est fondée par un devin, qui, au deuxième acte, prend le nom de petit devin de Suresnes. Au troisième acte, le devin est devenu très vieux, mais il est encore très vert. Si bien qu'au quatrième acte, il excite la convoitise d'une reine qui n'est autre que sa reine à Suresnes. Alors, au cinquième acte, la reine, ayant abusé de ce vert devin, est complètement ivre et voit deux Suresnes. C'est à ce moment qu'intervient un personnage de l'Antiquité, nommé Ulysse, qui flotte sur la scène entre les Suresnes.

Le rideau tombe et l'on peut tout supposer. Espérons que M. Pierre Corneille nous donnera un jour la suite de cet épisode mystérieux.

PETITES ANNONCES

OFFRES D'EMPLOI

Artiste peintre, grosse production journalière, recherche représentants actifs possédant si possible camionnettes. – Pépicassopopoulos.

4 chasseurs parachutistes, débordés par cafard, cherchent 4 dianes chasseresses pour correspondance réconfortante. Sétif (Algérie). Ecrire au journal.

DEMANDES D'EMPLOI

Commis-voyageur épouserait veuve disposant nombreux enfants pour obtenir réduction dans les chemins de fer. – Edouardo Pezetatinavumapopoulos.

Pilier de bistrot ayant perdu équilibre, cherche poteau charitable pour redresser situation compromise. Urgent. – Boulentranche (Houilles).

Dactylo parisienne analphabète, recherche place chez monsieur étranger, de préférence ignorant langue française. – Mme Tapaplat.

DEMANDES SPÉCIALES

Chirurgien ayant égaré sa montre-bracelet, une paire de pinces, son stylo et son carnet adresses, offre radiographie gratuite à tous clients opérés entre le 5 et 29 mai. – Anselme Buzuk.

OCCASIONS

Lit vertical pour lecteurs de romans à dormir debout. Avec deux tables de nuit : 3 990,70.

Chansons de route, livrées avec petite route d'entraînement : 692 fr. – Recueil de chansons à boire, livré avec inscriptions T3 et T4 : 1 490,20.

Morphine : l'ampoule 25 watts
Prix 46,20
Héroïne, le roman-fleuve .... 115. »
Opium de rainette, la goulée 4,10
Coco, le demi 8,60
Hachisch Parmentier, la portion :... 28 sous.
Ecrire Dédé la Piquouse.

PROPOSITIONS SPÉCIALES

Porte-avions, état neuf. Visible sur rendez-vous. Prix intéressant. Discrétion demandée. Paiement comptant. Ecrire au journal.

REPRÉSENTATION

Cheval cherche représentation en avoine et fourrage. Bonnes références. – Panouillette.

N° 37 – Mercredi 19 juin 1946

DIVERS

Porte-monnaie parois doublées de miroirs donnant l'impression d'avoir beaucoup d'argent. La pièce : 14,90. Modèle riche : 21,40. Modèle « Aga Khan » : 144 fr. 70.

Bretelles à sirènes, se déclenchent dès que le pantalon se décroche. L'installation complète : 1 215 fr. Recommandé pour grosses foules ou métro.

Nœud papillon ailes battantes, mouvement d'horlogerie. Evolue au bout d'un fil, puis se repose sur le col. Très poétique : 29 fr. 50.

Cravate-plastron, zinc étamé, remplace avantageusement les serviettes de table : 58 fr. 70. – Gros modèle avec godets à sauces : 69 fr. 90. – Autre article, avec placard à provisions : 148,50.

Plumeau fonte émaillée pour nettoyer bibelots encombrants et souvenirs de famille : 212 fr. 40. – Modèle faisant voltiger les plus lourdes pièces : 1 907 fr.

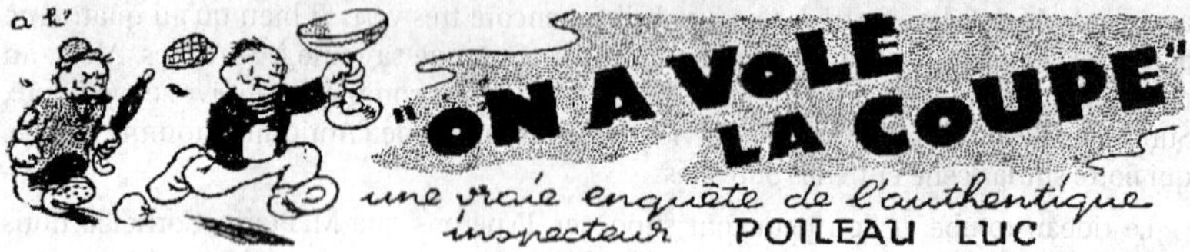

Résumé

Le commissaire Poileau Luc accumule des preuves de plus en plus irréfutables de la culpabilité du voleur de la coupe.

Chapitre XVII

Le docteur

L'inspecteur Lachnouf se tenait debout devant le lit où reposait le commissaire Poileau Luc…

– Alors, chef, comment ça va ?

– Je me sens beaucoup mieux, répondit le commissaire. Je viens de prendre ma température… Grosse amélioration… J'ai 41°2 dixièmes et, hier, je n'avais que 37°4…

– Vous n'avez pas de fièvre ?

– Oh ! ça m'étonnerait ! D'ailleurs, j'attends le docteur, et je suis content que vous soyez là… Il me fait une impression très bizarre… Remarquez que c'est un praticien remarquable… Il m'a été recommandé par un ami qui est homme d'équipe à la Faculté de Droit…

A ce moment, la sonnerie de la porte d'entrée retentit.

– C'est lui ! Allez ouvrir, Lachnouf, et surveillez ses faits et gestes.

Lachnouf introduisit le docteur.

– Oh ! Oh ! ça ne va pas, vous, dit ce dernier en s'adressant à l'inspecteur… Tirez la langue !

– Mais, docteur, je vais très bien, moi, dit Lachnouf en se reculant.

– Ah ! vous croyez ? C'est vous qui êtes docteur ou moi ? Vous êtes en pleine période d'incubation. Allez, couchez-vous, le commissaire va vous faire une petite place !

Le ton du docteur était sans réplique, et Lachnouf se déshabilla rapidement et s'allongea près du commissaire.

– Je vais vous faire une ordonnance, dit le docteur en prenant son stylo ; vous la suivrez fidèlement tous les deux. Voilà : « Diète complète ; ensuite, prendre à chacun des principaux repas : 45 gouttes de cyanure de potassium dans un demi-verre de beaujolais. Secundo, après le repas, prendre 12 comprimés d'arsenic à 98 %. »

– C'est bon ça, docteur ? interrogea Lachnouf.

– Oui ! ça dégage la tête… Matin et soir, bains froids d'une demi-heure… Et, surtout, gardez le lit !

– Et pour prendre nos bains ? demanda Poileau Luc.

– On vous versera l'eau directement dans le lit, répondit le docteur… Et ne quittez pas la chambre avant huit jours. Adieu, messieurs, et portez-vous bien !

Et le docteur sortit en ricanant.

– Chef, chef, c'est lui, c'est notre voleur ! courons vite…

– Impossible, mon vieux Lachnouf, répliqua Poileau Luc, on est malades et il nous a dit de ne pas quitter notre lit…

– C'est vrai, chef… On va attendre d'être guéris… Bonne nuit, chef !

Et, quelques secondes après, on n'entendait plus que le tic-tac de la pendule et le ronflement des deux hommes.

(*A suivre.*)

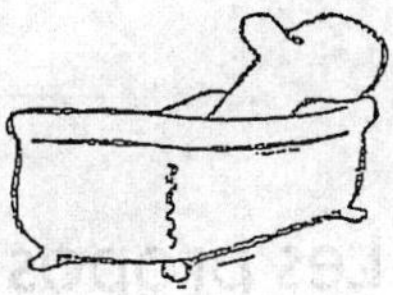

L'OS LIBRE

« Contre tout ce qui est pour – Pour tout ce qui est contre. »

NUMÉRO 38 – MERCREDI 26 JUIN 1946

Ce n'est pas sans raison que, dans ses éditoriaux, Pierre Dac choisit de faire référence au professeur Léopold Sparadrap, sorti de son imagination. D'origine khroumire, affichant donc la sagesse ancestrale des vieux Arabes, il est le contrepoids idéal à une situation politique française qui s'annonce particulièrement absurde. On demeure dans le provisoire avec l'arrivée à la présidence du Conseil de Georges Bidault, élu par la seconde Assemblée constituante. Dans son gouvernement, on prend les mêmes, symboliquement désavoués par le référendum, mais à des postes différents. Ça change tout…

Edito

Les propos de Léopold Sparadrap

par Pierre Dac

J'ai rencontré un jour de la semaine passée mon ami le professeur Léopold Sparadrap. Je vous ai, au cours de mon précédent article, longuement parlé de lui. J'aurai probablement l'occasion de vous en reparler encore. Et ce sera tout bénéfice, aussi bien pour vous que pour moi, car le professeur Léopold Sparadrap n'est pas seulement – ce qui serait déjà plus que suffisant – un éminent spécialiste des problèmes internationaux. C'est également un spécialiste de toutes les autres questions, tant sociales que philosophiques en passant par la médecine, la bourrellerie, la sociologie, l'économie politique, la musique, la littérature, la literie, etc., et quand je dis etc. ça ne donne qu'une faible idée de l'universel savoir de Léopold Sparadrap.

C'est dire que j'aime et que je n'hésite pas à rechercher sa compagnie et à provoquer avec lui des entretiens dont je retire, chaque fois, un enseignement et un avantage certains. Donc, comme je vous le disais, je l'ai rencontré récemment. Il m'a immédiatement invité. Invité à l'inviter à déjeuner, suggestion à laquelle je souscris avec joie. Ce qui fit que nous devînmes derechef des invités mutuels, lui l'étant de moi, qui l'avais invité, mais moi, en fin de compte, l'étant de lui, puisque, en définitive, je ne l'avais invité que parce qu'il m'avait invité à le faire. Il est bon, convenable et honnête de mettre ainsi les choses au point et de rendre, quand il se peut, à César ce qui appartient à quelqu'un auquel on a pris ce qu'on avait l'intention de remettre à un autre.

Après le déjeuner qui se composait de trois tranches de saucisson de lac, d'un rouget M. R. P., d'une tête de blette à l'eau blanche, d'un fromage dessiné sur la nappe et de fraises symboliques, nous allâmes, afin de deviser et d'échanger nos impressions, nous asseoir sur un banc, dans un square situé au carrefour d'une rue qui fait le coin avec une autre, laquelle se trouve à angle droit avec un boulevard jouxtant une avenue qui n'en est pas plus fière pour ça. Il faisait grand vent.

– Alors ? mon cher professeur, commençai-je, à titre d'entrée en matière et pour amorcer la conversation.

– Alors est un mot dangereux, murmura doucement le professeur. C'est un mot de déclenchement qui en provoque beaucoup d'autres et qui est en quelque sorte celui qui peut déchaîner des torrents d'éloquence qu'on ne parvient pas toujours à endiguer opportunément à l'instar de l'apprenti sorcier, de Paul Déroulède.

– Paul Dukas, rectifiai-je.

– Si vous voulez. Alors ? me dites-vous, mais c'est un peu simpliste comme question, alors quoi ?

– Eh bien ! monsieur le Professeur, je désirerais savoir un peu ce que vous pensez de la situation présente, tant intérieure qu'extérieure.

– Voyez-vous, voulut bien me confier l'éminent professeur, après quelques minutes de silencieuse réflexion : tout bien considéré, la situation n'est, en vérité, pas tellement extérieure qu'elle peut le paraître a priori ; car, en tout état de cause, elle n'est extérieure que pour ceux qui ne la considèrent qu'au-delà de la position intérieure qu'ils occupent. La position, d'ailleurs, est inversable, étant donné que la situation antérieure ne l'est véritablement que par rapport à ce qui est également au-delà de la position interne de ceux qui considèrent, à juste titre, que…

– Certainement, monsieur le Professeur, je vois de quoi il retourne. Mais pensez-vous que nous en sortirons ?

– De quoi ? mon bon ami.

– De là où nous sommes.

– Je le crois très volontiers : car il n'est pas d'exemples, en France, que des citoyens, en dépit du point dégressif auquel ils sont parvenus du fait de multiples raisons dont une seule en constitue plusieurs, ne parviennent pas, par la seule action de leur volonté spasmodique, à remonter, même si la pente est dans le sens de la descente, le chemin qui mène aux redressements décisifs dont le moins qu'on puisse dire est qu'ils détermineront demain les possibilités effectives de tout ce qui sera et de tout ce qui s'inscrit.

Je me tus et méditai, comme il convenait, ces paroles hautement prophétiques et lumineusement antidatées.

Le vent se mit à souffler plus fort.

– Que pensez-vous du vent, insinuai-je, après un long moment.

– Je ne suis pas contre.

– Certes, monsieur le Professeur, j'ai plutôt l'impression qu'il est contre vous.

– C'est la vie, mais, croyez-moi, il se fatiguera avant moi. Cependant, puisque vous me parlez du vent, quelque chose m'étonne et me confond.

– Quoi donc, monsieur le Professeur ?

– C'est que le vent, vous le savez, emporte beaucoup de choses ; vous connaissez le dicton « autant en emporte le vent ».

– Oui, et alors ?

– Alors, je m'étonne que, depuis si longtemps que le vent emporte les choses, il puisse encore en rester. Et que, en définitive, ce soient toujours les mêmes.

Comment on sabote la production française
Le vrai scandale des faux billets

« Retroussons nos manches, ça ira mieux demain », nous a-t-on répété sur tous les tons. Et voilà qu'aujourd'hui on brime stupidement une des rares industries françaises qui reprenne un peu d'activité : celle de la fausse monnaie.

Tous les patriotes épris de justice regretteront avec nous les tracasseries dont une administration routinière accable ceux qui ont réussi à fabriquer les faux billets de banque de 1 000 francs et de 500 francs dont nous sommes actuellement inondés.

Et pourtant que de difficultés ces citoyens entreprenants ont dû avoir à surmonter pour mener à bien un travail délicat qui, tous comptes faits, n'a dû leur laisser qu'un maigre bénéfice. Au prix où il leur a fallu acheter le papier blanc au marché noir, je ne serais même pas surpris que certains d'entre eux y aient finalement été de leur poche.

D'autant plus que, loin, comme tant d'autres, d'user de manœuvres frauduleuses pour vendre leurs produits à des tarifs prohibitifs et d'exiger de leurs clients le versement d'importants « dessous de coffre-fort », ils écoulent couramment les faux billets de 1 000 francs à 500 francs et les faux billets de 500 francs à 250 francs l'un dans l'autre, c'est-à-dire bien au-dessous des cours officiels. Un tel geste doit être souligné. C'est, en effet, la première baisse réelle de prix que connaisse notre pays.

Protégeons l'industrie privée

Usant de l'arme la plus déloyale qui soit, les pouvoirs publics ont été jusqu'à déprécier les faux billets en circulation, leur reprochant comme des crimes d'insignifiantes erreurs de dessin, à peine décelables à la loupe au point que, influencés par ces calomnies, quelques commerçants refusent à présent tous les billets de ce genre par crainte de s'embarrasser de coupures imparfaites.

La plus élémentaire équité eût exigé au contraire qu'on remerciât les faux-monnayeurs venus spontanément au secours de notre désarroi financier.

Car, quoi qu'on prétende en certains milieux mal informés, nous avons besoin de nouveaux billets. Quel que soit le nombre des billets actuellement en circulation, il demeurera insuffisant tant que chacun de nous n'en possédera pas assez pour acheter tout ce qu'il désire.

Au reste, si grâce à l'appoint de l'initiative privée un jour vient où nous avons trop de billets de banque, il nous sera toujours facile d'en expédier quelques-uns à l'étranger et principalement en Amérique où l'on est, d'une manière générale, moins favorisé que nous à ce sujet. Cela nous permettra de nous procurer les devises qui nous manquent et cela vaudra mieux, somme toute, que d'exporter notre vin ou nos pommes de terre en échange de bigoudis ou de chewing-gum !

Il ne s'agit donc pas de poursuivre, mais d'encourager les faux-monnayeurs habiles qui suppléent de leur mieux à la carence des imprimeurs officiels toujours un peu lents à produire.

Vers des billets de banque en or massif

Nous savons que l'économie dirigée compte chez nous de nombreux partisans. Faisant fi de cette thèse fallacieuse, les vrais démocrates doivent défendre la liberté sous toutes ses formes et, en premier lieu, la liberté du commerce et de l'industrie, seule susceptible, par le jeu de la concurrence, de nous ramener l'abondance et la prospérité.

Il faut donc en finir avec les privilèges, et en particulier avec celui de la Banque de France qui conserve seule le droit d'imprimer et d'émettre les billets nationaux. Si tous les imprimeurs jouissaient de la même autorisation, gageons que nous n'aurions bientôt plus entre les mains d'infâmes papiers crasseux et déchirés.

Chaque fabricant voulant faire mieux que son voisin, ce serait l'ère des billets sur Japon, sur parchemin, sur argent, etc., et – qui sait ? – soucieux de distancer ses concurrents, un industriel ingénieux et hardi se déciderait peut-être à faire mieux et à lancer le billet en or massif, avec gravure en relief. Pour le rendre plus portatif, il le fabriquerait, bien entendu, de forme ronde, ce qui donnerait audit billet l'aspect approximatif des anciens louis d'or dont certaines personnes conservent encore le souvenir.

Faits divers

DE PARIS. – Hier après-midi, devant nos bureaux, un agent cycliste qui ne se rappelait plus son état, a attaqué le fourgon amenant la paye des rédacteurs de *L'Os libre*. Après s'être emparé d'une énorme somme d'argent en louis de 20 fr., de lingots de métaux précieux et d'un coffre renfermant d'inestimables pierreries, le malheureux abusé s'apprêtait à s'enfuir, lorsque la mémoire lui revint tout à coup. Subitement dégrisé, épouvanté de son forfait, le pauvre homme se mit à pleurnicher nerveusement.

Emues devant un repentir aussi sincère, les victimes du vol décidèrent d'un commun accord de récompenser le pauvre diable et lui abandonnèrent le fruit de son larcin involontaire.

DE PARIS. – Atteint subitement de fièvre électorale différée au lendemain des dernières élections, M. Maurice Schumann, hospitalisé d'urgence dans une clinique électorale, y a fait éclater successivement tous les thermomètres qui lui furent présentés. Ce n'est qu'au prix d'efforts surhumains et d'un thermomètre anéroïde que l'on put enfin mesurer le degré de fébrilité du boute-en-train M. R. P. Néanmoins, le malheureux infirmier qui procédait au relevé de température a été cruellement brûlé aux mains.

DE TAHITI. – Au large de Tahiti, le paquebot *Le Bœuf Gras* a sauté sur une mine de rien. Un passager regagnant la côte à la nage péniblement s'est subitement rappelé qu'il ne savait pas nager et a coulé à pic. La brigade des scaphandriers enquête.

À Os rompus

Détestable plaisanterie

Un autre homme qui était bien content l'autre jour, c'est M. Georges Bidault.

Seulement, ça n'a pas duré !

Il était bien content parce que ses petits camarades venaient de l'élire chef du gouvernement.

– Où est-il ce gouvernement ? a-t-il demandé après avoir donné libre cours à son allégresse.

Alors, les autres se sont mis à rigoler.

– Le gouvernement ? Mais il n'y en a pas de gouvernement ! On compte sur vous pour en trouver un. Bonne chance !

Il faut convenir que ce ne sont pas des blagues à faire, entre collègues !

Consultations

Depuis ce temps-là, M. Georges Bidault a passé son temps à monter des étages et à tirer des sonnettes avec son lot de portefeuilles sous le bras.

– Voulez-vous celui-ci ? proposait-il. C'est du cousu main, tout ce qu'il y a de solide ! Un article de cette qualité, ça peut tenir facilement trois semaines, un mois, peut-être plus.

– Rien à faire, lui était-il répondu. On sait ce que ça vaut, votre camelote, vous pouvez la garder !

C'est ce qu'on appelle des consultations.

A l'heure où d'une plume désolée, nous écrivons ces lignes, le malheureux a déjà maigri de trois tickets. Pour peu que ça continue, il va perdre son nom, ce ne sera plus M. Bidault, mais M. Bidos, avec beaucoup plus d'os que de bide, si nous osons nous exprimer ainsi.

La Constitution

Les membres de la Commission de la Constitution se sont réunis l'autre matin dans les locaux disciplinaires du Palais-Bourbon.

La présidence a été tirée à la courte-barbe. Désigné par le sort, M. Alexandre Varenne s'est aussitôt accordé la parole.

– Il faut faire vite, a-t-il dit. Le mieux, ce serait de reprendre l'ancienne.

– L'ancienne ?

– L'ancienne Constitution.

– Mais les électeurs n'en ont pas voulu.

– Bien sûr, mais ils ne voudront sans doute pas non plus de celle-ci. D'ailleurs, j'ai une idée, on va la retourner, l'ancienne, en commençant par la fin. Bien malin qui sera fichu de la reconnaître !

Prochaine réunion jeudi, mais cette fois dans la salle des Pas-Perdus de la gare Saint-Lazare.

Le bachot

L'affaire des fraudes du baccalauréat vient de connaître un rebondissement inattendu. Divers recoupements ont, en effet, permis aux enquêteurs de s'assurer qu'un très grand nombre de professeurs et de candidats étaient compromis dans le trafic des sujets d'épreuves.

Voici comment ces malfaiteurs opéraient : deux fois par an, les professeurs en question réunissaient les candidats, non en un seul lieu, mais dans divers points de la France, afin de diminuer les risques en dispersant les soupçons.

Puis, après avoir pris soin de fermer toutes les portes, ils procédaient à une dictée collective des épreuves, et établissaient ensuite une surveillance destinée à anéantir la concurrence.

Les candidats qui bénéficiaient de ces indiscrétions rétribuaient les professeurs en leur fournissant, au bout d'une heure ou deux, un certain nombre de lignes manuscrites, de valeur d'ailleurs très inégale.

Ces honteuses pratiques s'effectuaient avec la complicité d'un personnage haut placé dont nous ne pouvons encore dévoiler l'identité.

Sur la paille humide des bachots

A l'heure de tout de suite, 12 387 candidats au bachot ont été conduits en prison, où ils pourront préparer dans le calme et le recueillement leurs examens de repêchage.

Mesure excellente en soi, mais dont l'insuffisance saute aux yeux comme les pommes nouvelles à la poêle.

Si l'on veut supprimer la fraude et obtenir un meilleur rendement des études, ce n'est pas à quelques candidats seulement qu'il faut offrir l'asile tutélaire de nos établissements spéciaux, mais à tous, sans exception ni réserve.

Et cela dès le début de l'année scolaire.

L'abstention à l'action

C'est en se frottant les mains que ce visiteur est entré dans mon cabanon de travail.

– Je suis content, très content ! m'a-t-il dit.

– Voulez-vous que je vous apporte un micro ?

– Un micro, pour quoi faire ?

– Rapport à la tradition. Ça ne se voit pas tous les jours, à notre époque, un homme content ; alors quand il s'en trouve un, par hasard, on lui apporte bien vite un micro pour lui permettre de dire qu'il fera encore mieux la prochaine fois.

– Ah ! Vous croyez qu'il y aura une prochaine fois ?

– Je ne sais pas, ce sont des choses qui arrivent… A propos, pourquoi êtes-vous tant content ? Vous avez gagné un kilo de beurre à la Loterie nationale ?

– Non ! Le beurre, moi, vous savez… C'est sur le plan politique que je suis content. Je suis heureux d'assister au triomphe de mon parti.

– Vous êtes M.R.P. ?

– Non, je suis employé au gaz. Seulement, le 2 juin dernier, je me suis abstenu de voter, ça fait que j'appartiens au parti abstentionniste, un parti dont l'origine remonte à la création du suffrage universel ! Or, croiriez-vous que, malgré leur ancienneté, les abstentionnistes n'avaient jamais été représentés au Parlement ! Aujourd'hui, par bonheur, tout est changé !

– Vraiment ?

– Tout à fait ! Relisez les journaux de l'époque ; lundi dernier, M. Georges Bidault a été élu président du Conseil par 384 voix contre 161 abstentions. Donc, il y a des abstentionnistes à la Chambre !… Oh ! sans doute, 161 voix c'est encore une minorité, mais la majorité viendra, avec l'âge. L'abstentionnisme au pouvoir, l'abstentionnisme à l'action, voilà ce que nous verrons alors ! C'est dans cet esprit que je lèverais mon verre si vous aviez eu l'élémentaire politesse de m'offrir à boire la moindre des choses !

Sociétés et groupements

Dimanche prochain la société des tambours, clairons, trompes de chasse et d'eustache « Le Réveil du Filament métallique » effectuera sa première sortie de printemps. Tenue de défilé : pantalon blanc à pont et à parapet, veste à traction avant, casquette à bords roulés, espadrilles réversibles.

Départ 10 heures, au café des Aéronautes et de la Puberté réunis, 21 bis, place de la Colonne-Montante, à Houilles.

Retour à partir de 21 heures, suivant les possibilités de chacun.

A la manière de...

... L'Os, par Sartre

L'OS ET LE NÉANT

La conscience de L'Os a été étudiée par P. Dac d'une façon magistrale ; cependant nous dressons contre lui une accusation de pessimisme épistémologique.

En effet, considérant L'Os indéfiniment autre que je le vois, il en résulte une inconsistance originelle et une course à l'infini du Pour-Soi ; c'est d'ailleurs la raison qui fait que les amants s'isolent. Aussi notre choix fondamental définit la direction de la poursuite – poursuivie en même temps qu'il se temporalise. Mais, précisément parce que L'Os est libre et perpétuellement repris par la liberté, ce choix a pour limite la liberté même, et la passéification du processus se fera en parfaite continuité ontologique avec le présent.

Cela signifie que la conscience de L'Os est pure conscience non positionnelle, en tant qu'elle se constitue elle-même comme négation interne du réel coprésent.

En approfondissant ces quelques lignes, tout le monde comprendra comment j'en suis venu à la philosophie de la nausée.

Petites Annonces

DEMANDES D'EMPLOI

Contrôleur wagons-lits, disposant quelques loisirs, effectuerait petits contrôles supplémentaires à domicile.

Gardien de la paix, libre en soirée, assurerait services spéciaux auprès ménage hargneux. – A. Priopopoulos.

Bon tourneur de coin de rues, excellentes références, cherche emploi, Paris, banlieue province ou ailleurs.

OFFRES D'EMPLOI

Institut des sciences occultes cherche fantômes professionnels. Se présenter avec références au professeur Hector Plasme, 1, rue de l'Haut-Delà, à Deuil.

Monsieur ruiné, grevé de dettes, embaucherait gros chiens méchants pour la garde et bassets voleurs pour faire les commissions.

DEMANDES SPÉCIALES

Cherchons personne sérieuse habitant la montagne, disposant petite pièce d'eau, pouvant prendre en pension poissons rouges chlorotiques.

Monsieur, célibataire endurci, accepterait union avec veuve Cliquot. Autres veuves s'abstenir.

ÉCHANGES

Echangerais deux vieilles belles-mères contre une neuve.

PROPOSITIONS SPÉCIALES

Monsieur bien, ayant petits verres dans le nez, cherche concierge curieuse pour libération et récupération dignité.

REPRÉSENTATION

Importante fabrique Légions d'honneur cherche représentants bien introduits, grosse commission assurée.

DIVERS

Rasoir rotatif à 2 personnes, une qui tourne la manivelle, l'autre qui tente de se raser : 382 fr. 20. – Système multimanivelles pour collectivités : 18 362 fr. 20.

Joli terrain, altitude 3 864 m, superficie 350 m^2. Vendu avec charrue montée sur téléférique. Prix à débattre mollement.

Balai mod. ord. poils 1er choix : 114 fr. 90. – Modèle pour feignant, sans brosse ni manche. La pièce : 14 fr. 90.

Patinette-école vous apprendra à patinetter en huit jours. Préparation aux permis patinette-touriste, patinette poids lourds, patinette en commun. Prix à la leçon ou à l'année.

Devenez daltonien : Le daltonisme à la portée de toutes les vues. Cours par professeurs diplômés de la Faculté daltonienne de Paris. Cours par correspondance ou à domicile. Prix à vue de nez.

ÉCHANGES

Echangerais tente canadienne état neuf, contre oncle d'Amérique, même usagé.

MARINE

Ancre mordeuse s'agrippe irrésistiblement aux fonds marins : 16 933. fr.

Chalumeau, scie rotative et petite charge de plastique pour lever l'ancre. Les 8 caisses : 143 072 90.

PERDUS – TROUVÉS

Perdu loulou blanc à poils noirs, queue rapportée, oreilles décollées, dentier neuf. Téléphoner à Laborde 32.32.

Résumé

Le commissaire Poileau Luc est très déprimé.

Chapitre XVIII

L'arrestation

Nos deux policiers étaient, ce jour-là, tranquillement installés sur un banc dans un de nos squares parisiens.

– Journée calme et paisible aujourd'hui, Lachnouf, dit en bâillant Poileau Luc.

A ce moment, un homme coiffé d'un chapeau prince de Galles et vêtu d'un smoking en cuir bouilli s'approcha du banc.

– Poussez-vous un peu, Lachnouf, pour que ce monsieur puisse s'asseoir, dit le commissaire.

L'homme prit place.

– Chef, dit Lachnouf à voix basse, regardez, il ressemble comme deux gouttes de vin à notre voleur…

– Mon vieux Lachnouf, ça devient de l'obsession… Respirez donc tranquillement le bon air.

– Pardon, monsieur, dit soudain l'homme en s'adressant au commissaire, vous n'êtes pas Poileau Luc ?

– Si, pourquoi ? répondit ce dernier.

– Vous ne me reconnaissez pas ? poursuivit l'homme. Le voleur de la coupe du roi de Thulé, c'est moi. Oui, moi ! Ah ! ah ! vous ne me croyez pas ? Eh bien ! tenez, voici la coupe.

Le commissaire contempla la coupe d'or ciselé. C'était bien elle !

– Mais enfin, pourquoi avez-vous volé cette coupe ? interrogea Poileau Luc.

– Eh bien ! expliqua l'homme, j'ai pour vous la plus grande admiration et je voulais faire votre connaissance, mais pas d'une façon banale… Alors, j'ai volé cette coupe et j'ai attendu que vous m'arrêtiez ; mais, comme ça traîne un peu, j'ai décidé de faire le premier pas… Commissaire, arrêtez-moi !

– Mais, je ne peux pas vous arrêter comme ça, répondit Poileau Luc, c'est trop banal… Allez, vous allez courir autour du square et nous allons vous poursuivre en poussant des cris. Allons-y !…

L'homme se leva et se mit à courir tandis que le commissaire et l'inspecteur se mettaient à hurler : « Au voleur ! Arrêtez-le ! ». Des gens accouraient de toutes parts. Le commissaire bondit sur l'homme.

– Haut les mains, mon gaillard ! Passez-lui les menottes, Lachnouf !

Des agents arrivaient et faisaient circuler les curieux. Un commis pâtissier, au premier rang, dit à un petit ramoneur :

– On dirait Ravaillac…

– Ça doit être lui, dit une voix dans la foule.

– Monsieur le Commissaire, dit un photographe, une photo, s'il vous plaît ; je suis reporter au *Flagrant-Délit-Mail*… Là… souriez. Merci !

Et le car de police démarra en emportant les trois hommes.

(*A suivre.*)

L'OS LIBRE

« Contre tout ce qui est pour – Pour tout ce qui est contre. »

NUMÉRO 39 – MERCREDI 3 JUILLET 1946

Premiers essais nucléaires depuis la fin de la guerre. Baptisée Opération Crossroads, l'explosion atomique expérimentale programmée par les Américains a lieu sur l'atoll de Bikini, dans les îles Marshall. Le but de l'opération est de vérifier la puissance destructrice sur des navires et des sous-marins de la première bombe A de l'Histoire, mise au point entre 1942 et 1945 par des chercheurs américains avec la collaboration de leurs confrères canadiens et européens. « Une arme révolutionnaire », disent les commentateurs.

Edito — L'atome tel qu'il est

par Pierre Dac

J'ai décidé de ne pas vous parler aujourd'hui – quelle que soit l'importance de son actualité – de l'expérience de Bikini. D'abord parce que je ne connais personne à Bikini, à l'exception d'un nommé Léonidas Laplubelle du Quartier, individu de mœurs plus que douteuses avec lequel m'avait mis jadis en relations un ancien combattant de Reichshoffen, et qui avait installé dans le fameux atoll une boutique de frivolités et de slips à fermeture automatique.

Ensuite parce que tous mes confrères ont tout dit et même davantage sur le problème atomique. Et surtout, et c'est la raison majeure, depuis que j'ai appris sur le procédé atomique des choses qui ne me plaisent pas du tout ; en effet, je me suis laissé dire que lorsqu'un neutron à vitesse assez réduite vient à frapper un noyau d'uranium 235 sous la percussion, l'uranium explose en formant deux atomes plus légers de baryum et krypton en libérant en même temps deux ou trois nouveaux neutrons qui étaient auparavant inclus parmi les 143 neutrons du noyau de l'uranium bombardé.

Alors là, j'aime autant vous dire tout de suite que je ne suis pas d'accord. Ah ! mais alors, là, pas du tout ! Qu'est-ce que c'est que ces mœurs d'un autre âge qui consistent à frapper un malheureux noyau d'uranium sans défense et à

235 francs la pelletée, et qui plus est, se trouve sous la percussion ? Et qu'est-ce que c'est que cette histoire du baryum et du krypton qui se permettent de libérer deux ou trois nouveaux neutrons primitivement inclus parmi les 143 neutrons du noyau de l'uranium bombardé ? On ne me fera jamais admettre comme étant légalement régulière la libération de ces deux ou trois nouveaux neutrons alors que les anciens continuent à se morfondre dans le noyau. Ou il fallait tous les libérer ou n'en libérer aucun. Je ne sors pas de là. Pas de favoritisme ou alors qu'on ne nous rebatte pas les oreilles avec les slogans d'égalité et de démocratie.

Et encore s'il n'y avait que ça, on pourrait peut-être à la rigueur passer le bulldozer sur la planche à repasser. Mais il y a plus grave et beaucoup plus inadmissible. Qu'on en juge : la masse totale des noyaux de krypton et de baryum est inférieure à celle de l'uranium 235. Pourquoi ? Oui, pourquoi cette différence, pourquoi cette arbitraire inégalité ?

A ma connaissance, et en mon âme de républicain sincère, la masse totale des noyaux de krypton et de baryum a autant de droits que celle de l'uranium 235. Et rien ne justifie le maintien en état d'infériorité de cette masse kryptonique et baryumlée. Une masse en vaut une autre et il n'existe aucune raison pour que l'une bénéficie d'un traitement de faveur au détriment de l'autre.

Et ce n'est pas tout. Voilà le bouquet : si les neutrons qui sont projetés hors du noyau sont de nouveau ralentis, en passant à travers du graphite, par exemple, et s'ils viennent à frapper un nouveau noyau d'uranium 235, les mêmes phénomènes se reproduisent et la réaction se poursuit en chaîne libérant à chaque fois une nouvelle quantité d'énergie. C'est à se frapper la vésicule contre un piquet d'incendie ! Vous avez bien lu : La réaction se poursuit en chaîne. Et voilà la chose.

Voilà où perce le bout de l'oreille ! Voilà où ces messieurs veulent en venir ! A la réaction, tout simplement. A la hideuse réaction, c'est-à-dire à la consécration de l'omnipotence des classes possédantes et à l'asservissement atomique des classes laborieuses. La réaction se poursuit en chaîne ! Nous savons, malheureusement par expérience, ce que ça signifie : liberté de manœuvre pour l'aristocratie de l'argent et enchaînement des masses populaires qui n'ont pas le pouvoir d'achat suffisant pour pouvoir se procurer l'uranium seul capable de les libérer de l'inhumaine servitude dans laquelle les maintient un capitalisme féodal et sauvagement attaché à ses prérogatives. Et n'oublions pas surtout que le problème est faussé à la base, parce que l'uranium 235 est tout simplement un coup de cravate. L'uranium, à la taxe, n'est pas à 235 mais, qu'on le veuille ou non, à 147 fr. 95. Voilà, je ne vous en dis pas plus ; la conclusion est facile à tirer. Aussi, je vous en laisse le soin.

Voilà, amis lecteurs, pourquoi j'ai décidé de ne pas vous parler aujourd'hui de l'expérience de Bikini. Cette abstention est, en fin de compte et en tout état de cause, rigoureusement conforme à mes conceptions et à ma ligne de conduite : je suis contre la bombe atomique et je n'ai, de ce fait, aucune raison de faire de la publicité à une camelote que je considère, jusqu'à plus ample informé, comme susceptible de jeter une certaine perturbation dans un monde qui n'a pas besoin de ça pour être autrement que ce qu'il est.

À Os rompus

Le Viet-Minh à L'Os

C'est dans une atmosphère de franche cordialité et dans le sous-sol de l'arrière-boutique attenant aux salons des bureaux de notre journal, que s'est déroulée, dimanche, après-midi, la réception organisée en l'honneur de Son Excellence Ho-Chi-Minh, président du Viet-Minh. A l'issue de l'eau minérale d'honneur servie dans les encriers de notre salle de rédaction, le président a bien voulu dire à notre directeur ce qu'il avait à lui dire. Celui-ci a répondu dans le même sens et chacun, en groupe ou de son côté, s'est séparé au cri mille fois répété de : « L'Inde aux Chinois », malgré l'intempestive intervention de notre huissier qui fut incontinent abattu à coups de colt à manger de la tarte, en dépit de ses protestations déplacées.

A propos du recensement des jeunes gens de vingt ans

On se souvient que les jeunes gens ayant atteint leur vingtième année par leurs propres moyens ou de toute autre manière sont tenus de se faire recenser à la date du 1er juillet.

Il est rappelé, qu'en aucun cas, les personnes âgées de 60, 80 ou 100 ans ne pourront faire de déclaration à la place de 3, 4 ou 5 des jeunes gens tenus à remplir la formalité précitée.

Des lions dans la forêt de Chantilly

De retour d'un voyage d'études, notre directeur, en compagnie de son fidèle et distingué collaborateur Fernand Rauzena, a rencontré des lions dans la forêt de Chantilly. Ils n'ont dû leur salut qu'à leur faculté d'imitation du rugissement des fauves, ceux-ci les ayant pris pour quelqu'un des leurs.

Au rapport qu'ils ont présenté au capitaine de gendarmerie de Chantilly, celui-ci a répondu par des propos, que, par respect pour nos lecteurs, nous préférons passer sous silence.

La pêche et soi

LA PÊCHE AU COU

Pour les personnes qui s'initient aux plaisirs de la pêche, il est parfois fastidieux de rester des heures entières à fixer le bouchon… Le sommeil parfois les gagne, la tête s'abat brusquement sur la poitrine et le déséquilibre survenant, il est assez difficile d'éviter le plongeon. Il faut donc, à l'instar des automobilistes, s'arrêter quand il en est temps encore… Il ne reste plus au néophyte qu'à s'allonger dans l'herbe et à se laisser doucement aller au sommeil. Mais cruel dilemme : si le poisson mord pendant ce temps-là ?

Voici un moyen de concilier l'amour de la pêche et l'irrésistible besoin de dormir : Détachez votre ligne de la gaule et fixez à l'extrémité une forte ficelle munie à l'autre bout d'un nœud coulant. Après avoir garni votre hameçon, jetez votre ligne à l'eau puis passez votre cou dans le nœud coulant et… dormez tranquille. Dès qu'un poisson est pris, vous ressentez immédiatement une pénible sensation d'étranglement qui vous réveille aussitôt, si vous n'êtes pas étouffé avant. Levez-vous brusquement, ferrez d'un vigoureux coup de cou et amenez votre prise.

Cette pêche au cou pleine de surprises vous donnera bien des satisfactions.

Un tour de force

Seul de toute la presse mondiale, *L'Os libre* est en mesure d'informer ses lecteurs qu'il a reçu, exactement sept minutes après l'événement, un télégramme lui communiquant le bruit de l'explosion de la bombe atomique.

Ce télégramme, d'un émouvant laconisme, ne contenait que ce seul mot : « Râââoûoûmm ». C'est la première fois dans l'histoire de l'information qu'un bruit a pu être transmis télégraphiquement.

Nous éprouvons – et nos lecteurs la partageront certainement avec nous – une légitime fierté à constater que notre journal est également le premier à avoir expérimenté cette sensationnelle innovation.

MORPOIL

LA MORT SOUDAINE DU POIL

(A base de soude caustique et d'acide fluorhydrique)
Une potée de Morpoil et tout poil est volatilisé.
Une deuxième application fera disparaître les rougeurs et les boutons qu'aurait pu faire naître le contact de Morpoil sur les peaux les plus délicates.
Morpoil efface les rides, fait sauter les verrues, corrige le faciès, modèle la physionomie.
En vente chez tous les bons marchands d'acides.
Le flacon cure : 17 fr. 30.

Faits divers

DE ROUEN. – Depuis plusieurs mois, un individu se prétendant délégué du ministère du Ravitaillement s'introduisait chez les particuliers et avec ou sans l'assentiment de ceux-ci, s'arrangeait pour se faire servir un ou plusieurs verres de vin, qu'il buvait en feignant de goûter. Aux victimes étonnées d'un tel procédé, il assurait : le bon Dieu vous le rendra.

M. Boulentranche a été la proie de l'odieux personnage. Toutefois, moins crédules que d'autres, au bout de quelques jours, n'ayant assisté à aucun phénomène de restitution céleste des deux litres de vin bus par l'escroc, il ne tarda pas à alerter le curé de sa paroisse, lequel avisa aussitôt le Saint-Père. Ce dernier assura n'être pour rien dans cette affaire.

Il se confirme donc que l'on se trouve en présence d'un aigrefin.

DE VINCENNES. – Des policiers risque-tout ont colloqué hier le nommé Marcel Pagnoul, une misérable brute préhistorique, qui s'était introduit dans un orchestre, on ne sait grâce à quelles protections, et qui battait sauvagement une mesure pour rien. L'énergumène, qui se prétend chef d'orchestre, a été emmené au poste en dépit de ses violentes dénégations. Des individus, que l'on croit être ses complices, et qui cherchaient à donner le change en jouant de divers instruments ont également été appréhendés pour avoir voulu prendre la défense du misérable.

DE CLICHY. – Le nommé Harvec a été arrêté par un gardien de la paix pour avoir emprunté un passage clouté et négligé de le restituer après usage… Fouillé, le bonhomme, qui sentait la boisson à un jet de pierre, a été trouvé porteur d'un faux col.

Le faussaire voleur, qui ne paraît pas en être à son coup d'essai, a été immédiatement incarcéré.

DE LIMOGES. – L'autre nuit, vers 23 heures, au kilomètre 572, un gros choc rudimentaire ébranlait et immobilisait sèchement au milieu de la voie et d'un fracas de bouteilles brisées le rapide n° 2511 effectuant le trajet Paris-Nice. On s'aperçut bientôt que cet arrêt fortuit avait été provoqué par une vache profondément endormie en travers des rails.

Tous les efforts pour déranger l'animal ayant échoué, des travaux sont en cours pour détourner la ligne.

L'ANACHROS

Le vase de Soissons

C'est d'après les excellentes communications de MM. J.-P. Robert, J. Drouet, M. Domergue, de Paris ; Vasos, de Montpellier, Buc'os, de Strasbourg, Mac Ravatt, de Chalon-sur-Saône, et Illisible (un Lyonnais osseux) que nous allons pouvoir disserter aujourd'hui de l'épisode du vase de Soissons, un récipient qui a fait couler beaucoup d'encre.

Les inspecteurs de l'enseignement primaire ont la fâcheuse habitude de poser aux élèves des petites classes cette question bassement soupçonneuse : « Qui a brisé le vase de Soissons ? » L'enfant, désemparé, perdant alors tout contrôle, essaie de se disculper : « C'est pas moi, m'sieu, j'vous le jure ! » Impassible, le pédagogue reprend : « Alors, qui ?... Dites-le ! » Le gamin reste muet, préférant les cent lignes et le piquet plutôt que de dénoncer un de ses camarades. Pour remédier à ce déplorable état de choses, il est temps que la vérité historique fasse éclater la non-culpabilité de notre progéniture !

Or donc, un soldat sicambre, dans le pillage du Prisunic de Soissons, s'était approprié le fameux vase. Après l'opération, Clovis vint évaluer le butin : « Vase ist das ? » questionna-t-il en germain et en se découvrant le pot. « Mézigos Vasos ! » répondit le soldat qui, parfois, parlait ospérantos. Et il ajouta : « Si c'est pour te le répartir, petite tête de flageolet..., des haricots ! J'aime mieux en faire de la mosaïque ! » Et, joignant le geste à la parole, le soldat frappa de son épée le précieux objet en s'écriant : « Faites chauffer la colle ! »

Un an plus tard, Clovis, passant une revue d'armes, s'arrêta devant le Sicambre. Le roi franc, qui, pour la circonstance, avait mis des gants blancs, passa le doigt dans la culasse de l'arbalète du guerrier et l'en ressortit plein de graisse : « Vous me ferez quatre jours !... Et puis, non, après tout, ça vaut plus que ça ! » Et, en demandant au Sicambre d'avoir l'obligeance de bien vouloir se souvenir du vase de Soissons, il lui fendit le crâne de sa francisque. Le coup était « hache » mais régulier. En guise d'oraison funèbre, un camarade du malheureux soldat prononça cette phrase désormais célèbre : « Le pauvre, il n'a pas eu le pot avec son vase ! » Ce à quoi Clovis répondit, en désignant sa victime : « N'y touchez pas, il est brisé ! »

PETITES ANNONCES

OFFRES D'EMPLOI

Services censure recherchent jeunes gens illettrés pour dépouiller correspondance privée.

Les laiteries magiques demandent vaches laitières, débit de précision, pour remplissage automatique des biberons.

DEMANDES D'EMPLOI

Eléphante en chômage cherche emploi, de préférence magasin porcelaines et cristaux. S'adresser Suzanne, hôtel de la Gare, Bordeaux.

DIVERS

Soupape pour oreilles chastes, imperméable aux propos lestes, les 2 : 3 fr. 85. Modèle pour vieilles filles curieuses : 4 fr. 60. Le même laissant filtrer les sous-entendus : 8 fr. 95. Au Hémerpet Velu.

Des yeux au bout des doigts, avec les gants « super tactiles », recommandés aux messieurs pleins de vin circulant sur le ventre. La paire, 327 fr. 90.

Appareil à mâcher le chewing-gum pour feignant mélancolique. S'adapte en un clin d'œil sur toute mâchoire : 35 fr. 40.

A vendre superbe paire de claques toutes neuves, huit jours à l'essai. Popaul Boulentranche.

Mort-aux-rats vitaminée pour rats anémiques. Augmentation de poids, 4 à 500 gr. en 15 jours. La livre : 3 fr. 10.

Clous à têtes larges pour bricoleurs maladroits. Diamètre 5 cm. Les 12 : 124,90. En prime marteau caoutchouc.

Particulier achèterait complet gris muraille, sac tyrolien, boussole, cartes région est, bonnes chaussures fatigue (47) et dictionnaire argot. Faire offre directe à Otto von Proust, camp de prisonniers J.P.R. EM n° 77.

Jeune homme sentimental cherche personne sexe féminin pour le soutenir dans dure épreuve. Ecr. à Jojo les Grosses Pognes. La Chapelle.

Résumé

Enfin, le commissaire Poileau Luc a réussi à arrêter le voleur de la coupe !

Dernier chapitre

LE TRIOMPHE

Sur la scène du Théâtre national de l'Opéra, une immense table était dressée ; Poileau Luc à la place d'honneur avait à sa droite le voleur de la coupe et Lachnouf à sa gauche… Le directeur de l'Opéra se leva pour prendre la parole :

– Mon cher Poileau Luc, c'est avec une joie profonde que je célèbre aujourd'hui le magnifique succès remporté grâce à vos qualités de perspicacité et d'intelligente déduction. Messieurs, le commissaire est pour nous le vivant symbole des vertus qui facilitent la marche en avant d'un progrès jamais immobile du fait de sa marche en avant. N'oublions pas le vaillant bras gauche du commissaire, l'inspecteur Latruffe…

– Lachnouf, rectifia ce dernier…

– Et je les unis, poursuivit le directeur, tous les deux dans le creux de mon verre que je lève à leur prospérité !

Les applaudissements crépitèrent…

– Grâce aux patients efforts de ces deux frères siamois qui s'entendent comme les sœurs du même nom, continua le directeur, la coupe du Roi de Thulé va reprendre sa place là ousqu'elle doit être. Merci, commissaire Poileau Luc ; merci, inspecteur Lachnouf !

Le commissaire Poileau Luc, sollicité par tous, prit à son tour la parole :

– Monsieur le Directeur, mesdames, messieurs, les paroles qui viennent d'être prononcées me vont droit au cœur aussi sûrement que le doigt de la justice dans l'œil du coupable… De nouveau, la coupe du Roi de Thulé va reposer dans sa vitrine. L'audacieux malfaiteur qui l'avait dérobée est présentement assis à ma droite, et je tiens à le remercier publiquement de son larcin car, s'il ne l'avait pas commis, nous n'aurions pu mener à bien notre enquête et la joie d'être tous réunis ici nous eût été refusée… Messieurs, je lève mon verre bien haut et je le baisse ensuite pour pouvoir boire à sa santé !

D'une seule voix, tous les assistants se mirent à crier : « Vive le voleur ! » L'instant était émouvant. Lachnouf, à son tour, essaya de se lever, mais, entraîné par le poids du liquide qu'il avait dans l'estomac il s'écroula en s'accrochant à la nappe ce qui produisit une légère perturbation dans l'ordonnance du couvert… A ce moment, l'orchestre de l'Opéra attaqua l'air fameux de la coupe du *Roi de Thulé* que Lachnouf se mit à fredonner sous la table… Tout le monde debout écoutait religieusement, et la fin du morceau fut saluée par des cris mille fois répétés : « Vive Poileau Luc ! Vive Lachnouf ! Vive la coupe ! »

FIN

L'OS LIBRE

« Contre tout ce qui est pour – Pour tout ce qui est contre. »

NUMÉRO 40 – MERCREDI 10 JUILLET 1946

Les Français semblent déjà indifférents aux discussions du nouveau gouvernement à propos de la mise en place de cette Constitution introuvable. Les observateurs ne voient, dans les déclarations officielles, que des propositions stériles. On s'interroge plutôt sur les conséquences des essais atomiques américains sur l'île de Bikini. La bombe, explosant trop tôt, n'a pas provoqué le raz-de-marée escompté. D'ici cinq ans, affirment les savants, chaque pays pourra réaliser son arme nucléaire. Aux Nations Unies, on affirme que l'on va réglementer l'usage de cette nouvelle force.

Edito

De l'accord individuel à l'accord général

par Pierre Dac

J'ai reçu avant-hier un pneumatique de mon ami Léopold Sparadrap, ainsi libellé : « Je serais désireux de vous voir ; je vous attends demain à 15 heures au milieu du pont de la Concorde ; vous me trouverez assis sur mon banc. » Hier donc, à l'heure dite, je me rendis au lieu du rendez-vous et trouvai mon docte ami tranquillement installé sur un banc, parmi une intense circulation et parfaitement insoucieux des voitures qui le frôlaient sans arrêt. Et Léopold Sparadrap, répondant à ma muette question, s'exprima comme suit :

– Il y a des bancs partout dans Paris ; dans les squares, sur les boulevards et les avenues ; il n'y en a pas sur la chaussée au milieu des ponts. Pourquoi ? Je ne cherche pas à le savoir, mais je n'aime pas qu'on m'impose un lieu pour me reposer ou méditer. Je veux et j'ai le droit de m'installer où je veux. Diogène avait son tonneau ; moi, j'ai mon banc que je porte sous le bras et que je pose où il me plaît. Et m'ayant longuement considéré, le professeur me congédia en me souhaitant un bon séjour aux îles Fidji.

– Mais, monsieur le Professeur, me récriai-je, je n'ai nullement l'intention de me rendre aux îles Fidji.

– Quelle importance ? s'écria Léopold Sparadrap ; si un jour vous y allez vous saurez que mes vœux vous accompagnent.

– Cependant, Maître, osai-je insinuer, n'avez-vous pas manifesté, par pneumatique, le désir de me voir ?

– Si fait, voulut bien convenir cet homme de bien.

– Alors…

– Alors quoi ? Je voulais vous voir ; vous êtes venu ; je vous ai longuement regardé, donc je vous ai vu ; c'est tout, bonsoir.

Ecrasé par tant de rigoureuse logique, je fis le salut militaire et deux demi-tours qui me replacèrent dans ma position première et sollicitai du professeur quelques minutes d'entretien supplémentaire.

– Je vous les accorde, voulut-il bien consentir.

– Maître, m'exclamai-je, éclairez-moi à la lueur de la suspension de vos lumineuses conceptions ; expliquez-moi pourquoi les hommes ne parviennent pas à s'entendre ; le monde est, plus que jamais, en proie à la discorde, et l'espoir s'avère de plus en plus précaire de voir un jour l'humanité pacifiée…

– Ces soucis, dit mon illustre interlocuteur, sont de ceux qui vous honorent et qui sont susceptibles de vous attirer la considération, non seulement des commerçants-détaillants de votre quartier mais également celle des étalagistes en groupes électrogènes. Néanmoins, je les estime, pour ma part, superflus, car si paradoxal que cela puisse paraître, tous les hommes sont d'accord.

– Maître, je ne comprends pas…, avouai-je humblement.

– S'il fallait comprendre tout ce que l'on admet, il n'y aurait plus de société possible. Voyons, essayez de suivre mon raisonnement : lorsqu'on vous demande si vous êtes partisan d'améliorer votre sort, ne répondez-vous pas que vous êtes d'accord ?

– Si fait, monsieur le Professeur.

– Bon : à part quelques rares exceptions, il est à présumer que tout le monde fait une réponse identique sinon analogue ; de même à toutes les questions traitant du bonheur humain et de la paix universelle. Tout le monde donc, individuellement parlant, est d'accord. Ça fait des millions et des millions d'accords individuels. Vous saisissez ? L'exercice de ses fonctions, vu que c'est transparent comme du béton armé.

– C'est limpide comme un tiroir-caisse.

– Dans le fond, voyez-vous, le désaccord n'est qu'une question de divergence. Comme vous le voyez, ça ne tient qu'à un mot. Malheureusement, chaque mot en entraîne un autre, lequel autre en entraîne un suivant et ainsi de suite. Je suis contre les mots…

– Mais par quoi les remplacer ?

– Par des verbes à consonance substantive et résolument spectaculaire.

Sur ces paroles définitives, Léopold Sparadrap s'éloigna. Quelques pas plus loin, il fut accosté par une dame d'aspect vénal qui lui parla à l'oreille. M'approchant, je l'entendis proposer au professeur de monter la voir, sous prétexte qu'il y avait de l'uranium chez elle et que, moyennant 67 fr. 95, elle lui ferait le coup de la désintégration et de la réaction en chaîne. Aussi, ne voulant point paraître indiscret, me retirai-je sur la paume des mains, en fredonnant le prélude de Rachmaninov sur les virils motifs de : « En avant les zouaves, dit la mère Michel en riant, ceux qui n'ont pas de rouille n'auront pas de fer-blanc », d'Anatole de la Forge et Vincent d'Indy.

À Os rompus

Deux chambres...

A une très forte unanimité, la commission de la Constitution a décidé que le futur Parlement se composerait de deux assemblées, la Chambre Haute et la Chambre Basse.

Comme son nom l'indique, la Chambre Haute siégera au bout du pont de la Concorde, tandis que pour la même raison, la Basse logera dessous.

... et un Président

Par contre, nous n'aurons qu'un président de la République, doté, il est vrai, des pouvoirs les plus étendus. C'est lui qui, en toute indépendance, désignera les ministres après que ceux-ci auront été choisis par l'Assemblée n° 1.

Il détiendra, en outre, la clef de l'armoire aux confitures, recevra les délégations de pêcheurs à la ligne et assistera à la relève de la garde dans les jardins de l'Elysée.

Un beau geste

En apprenant la regrettable défection du maestro Arturo Toscanini, M. Henri Alibert, le fantaisiste bien connu, s'est spontanément proposé pour remplacer le festival annulé par un récital de sélections de ses opérettes marseillaises, lesquelles, comme chacun le sait, ont tant contribué, chez nous et à l'étranger, à rehausser le prestige de l'art, de l'esprit et de l'élégance français.

Les inondations

M. Henri Troyat est en train de mettre la dernière goutte d'encre à un super-roman-fleuve : *Les Oiseaux de passage*, qui ne comportera pas moins de 2 000 pages.

L'ouvrage sera remis à tout acheteur en même temps qu'une ingénieuse poussette à moteur destinée à en faciliter le transport.

Un duel à L'Os libre

L'épidémie de duels qui sévit actuellement entre gens d'honneur et de mauvais caractère s'est étendue jusqu'à notre journal.

Alors qu'il se faisait paisiblement la barbe devant une glace à la vanille, notre directeur fut pris à partie par un individu qui brandissait dangereusement un rasoir.

Aussitôt désarmé, le provocateur prétendit aller sur le pré pour y laver son honneur. Ne disposant pas d'un pré avec eau courante, nous dûmes organiser la rencontre dans nos bureaux.

La lutte fut si acharnée que le médecin aliéniste qui dirigeait le combat dut l'arrêter au deuxième accroc et à la quatrième reprise.

Notre directeur, piqué au vif, n'en a pas moins l'intention de poursuivre la lutte :

– Il y a, nous a-t-il dit, un autre homme en moi. Mais je l'aurai !

Un nouveau référendum de la S. N. C. F.

La S.N.C.F. vient de soumettre à ses usagers le référendum suivant :

Première question. – Préférez-vous que les contrôleurs des wagons-lits trafiquent des couchettes ou des louis d'or ?

Deuxième question. – Voulez-vous que les banquettes soient rembourrées avec des noyaux de pêche ou avec des billets de mille francs ?

Troisième question. – Que préférez-vous trouver : des cigarettes au wagon-restaurant, ou des côtelettes de porc au bureau de tabac de la gare ?

La plus grande discrétion est assurée aux banquiers, agents de change et autres voyageurs.

Luth et lyre

Le retour de l'enfant prodigue

**Tristement attablée à son maigre repas,
Maman Europe attend son Sam qui ne vient pas.
– Ce sacré galopin, dit la mère inquiète,
Doit traîner quelque part encor sur la planète.
C'est qu'il devient d'un âge à courir les jupons !
Il paraît qu'il poursuit la petite Japon,
Et comme il est bien jeune et qu'elle est bien maline
Elle le roulera comme dans la farine…
Cette farine, hélas ! dont j'aurais tant besoin !
Oh ! c'est un bon petit qui de moi prend bien soin.
Il me fait des cadeaux, dit des choses câlines,
Ainsi, l'autre jeudi : « Tu n'as pas bonne mine,
Tu devrais manger plus, prendre un dépuratif. »
Et comme il m'a gâtée hier : du corned-beef !
Mais rester avec moi qui suis vieille et malade
Ne peut pas l'amuser. Il faut bien qu'il s'évade.
Qu'il voie un peu le monde et vive, ce petit !
Mais j'ai grand-peur pour lui, si naïf, si gentil.
C'est que ce gamin-là déjà se croit un homme !
Il prend des airs cassants, une voix de rogomme,
Il fréquente les bars et lit tous les journaux,
Lui qui s'amuse encor avec un Meccano !
Mon Dieu ! je voudrais bien que cet enfant revienne.
Je crains ces maladies appelées italiennes
Et qu'on récolte aussi dans les autres pays.
Quelle angoisse sans fin m'oppresse et m'envahit !**

**Pendant ce temps, son fils, épris de fantastique,
A Bikini jouait à la bombe atomique,
Et Sam s'intéressait tellement à son jeu
Qu'il n'apercevait pas le monde prendre feu !**

On s'organise

Le Comité de désorganisation des fêtes, le C.D.D.D.F., réuni depuis plusieurs semaines pour rechercher une date commode pour la célébration de la prise de la Bastille, a terminé ses travaux la nuit dernière.

Nous croyons pouvoir assurer, de source digne de foi, que la première quinzaine de juillet serait envisagée. Une date précise aurait même été retenue : celle du 14.

Nous ne sommes toutefois pas en mesure d'assurer au peuple souverain si cette fête ne serait pas jumelée, entre autres, avec celle du 15 août.

A la manière de...

... **L'Os,** par Voltaire

CANDIDE

Toute la société entra dans un louable dessein ; chacun se mit à exercer ses talents et la France fut heureuse. Les contrôleurs du ravitaillement devinrent pâtissiers ou bouchers ; les membres des Comités du textile eurent le soin du linge. Il n'y eut pas jusqu'à la confrérie du marché noir qui ne rendît service ; ses adhérents devinrent d'excellents courtiers en marchandises diverses et même finirent honnêtes hommes ; et Pangloss disait quelquefois à Candide : « Tous les événements sont enchaînés dans le meilleur des mondes possibles ; car enfin, si vous n'aviez pas couru l'arrondissement à pied, si vous n'aviez pas perdu toute votre journée, si vous n'aviez pas été débarrassé de votre argent par ce trafiquant qui possède un beau château, vous ne mangeriez pas ici un os appétissant et quelques haricots. » « Cela est bien dit, répondit Candide, mais il faut cultiver notre jardin. »

Concours du Conservatoire

Instruments à vent

Saxophone à barbiche :
1er prix :
Mlle Ernestine Flouguinax.
2e prix : 27,95.
3e prix : à débattre.
Clarinette à perruque :
Pas de premier prix.
2e prix ex æquo :
M. Londumur Achille ;
Nicolas Pomparbourg.
1er accessit :
Roger Thouvenin.

Instruments à ressort

Métronome en la *majeur.*
1er prix à l'unanimité du jury :
M. Joachim de la Tronche.
2e prix :
Mlle Artémise de la Tronche.
1er accessit :
M. Ambroise de la Tronche.
2e accessit :
M. Séraphin de la Tronche.
3e accessit :
Mme Gertrude de la Tronche.

Instruments à gaz

Réchaud chromatique.
3e accessit :
Hippolyte Laplubelle du Quartier.

Cuivres

Trompette à lacets :
Pas de concurrents.
Trombone à tout faire :
1er prix (de justesse) :
M. Arsène Palibre.
2e prix :
M. Melchissédech Prisunic.

Instruments à cordes

Espadrille bouchée :
1er prix :
M. Fortuné Blachère.
2e prix :
M. Robert Blachère.
1er accessit :
Gaston Blachère
2e accessit :
Vincent Maranzano.
Tire-pavé diatonique :
1er prix ex æquo :
Serge Ivandétapietduboff ;
Rodriguez y Gonzalez y Tirelachassdo ;
Vladimir Gibremol ;
Albert Mohamed ben Basculante.

Echos des studios

• Cinq films en cours de production viennent d'être interrompus, les producteurs ayant trop d'argent, ce qui a causé des embouteillages dans la distribution des salaires et des cachets. Il est question d'interdire la profession de producteur de films aux personnes possédant un compte en banque.

• L'abbé Quille, qui vient de présenter son premier film : *Sacré-Cœur de Montmartre,* a obtenu *le Grand Prix de la Pellicule du Café de Flore*. Il travaille actuellement à un nouveau scénario intitulé : *Crasse et sœur de son Sartre.*

• A la suite d'événements qui tiennent à sa vie privée, Léo Malet, le célèbre auteur du roman policier dont on a tiré *120, rue de la Gare,* fait en ce moment un séjour à la Santé, qu'il a délicate.

• Léo Malet, le célèbre auteur du roman policier dont on a tiré *120, rue de la Gare,* nous fait savoir qu'il n'a rien de commun avec celui dont nous parlons et qu'en tout cas il n'est pas encore en prison.

• On annonce le prochain film de Jean Marais : *Cage.*

• Nous verrons bientôt un documentaire sur l'expérience atomique de Bikini. Le film a été entièrement détruit par l'explosion au moment où l'opérateur le tournait, ce qui lui donne un caractère très original.

L'ANACHROS

Charlemagne

Les descendants de Clovis, vendant au fur et à mesure leurs terres pour payer l'impôt de solidarité, furent bientôt réduits à la misère. Il ne leur resta plus que de petits domaines minables, de pauvres lopins secs. Vulgaires clochards, appartenant dès lors à la dynastie des Francs Azéro, on les a surnommés Rois Fainéants.

Les maires du Palais (ex-intendants ou chefs des domestiques) prirent leur place et devinrent les véritables chefs du royaume. Entre autres, Charles Martel, ainsi appelé parce qu'il était auparavant le larbin chargé de verser la fine !

Martel eut un pépin dans son existence : son fils, conçu dans un court moment d'inattention, à qui il donna, de ce fait, le nom de Pépin le Bref.

A son tour, Pépin eut deux salés à la répartition. Le deuxième, qui nous intéresse aujourd'hui, était Charlemagne.

Charlemagne était-il barbu ? Devant un tel mystère, encore jamais éclairci, on hésite en se sentant bien petit. Ah ! s'il s'agissait d'Alexandre Varenne, je pourrais vous répondre tout de suite, mais, pour ce qui est du grand Carolingien, cela demande réflexion ! Je sais bien que Louis XVI, en fuite, a dit que la barbe s'arrêtait à Varenne, mais voilà, où commence-t-elle ? Evidemment, on a parlé de « l'Empereur à la barbe fleurie ». Pourquoi fleurie ?... Les caricaturistes du temps y piquaient-ils des marguerites ? Impossible de le dire, car il n'existe de Charlemagne aucun portrait digne de foi.

Par contre, je peux vous affirmer qu'il ne craignait personne sur cent mètres nage libre. Il avait fait construire à Aix-la-Chapelle une piscine gigantesque et c'est uniquement parce qu'il est l'inventeur de la brasse papillon qu'il a laissé son nom dans l'histoire car, entre nous, avez-vous entendu dire qu'il ait fait autre chose ?

Faits divers

LES RAFLES À PARIS. – Dans la nuit de mardi à mercredi, quarante personnes prises dans un coup de filet ont été aussitôt dirigées sur la Comédie-Française où elles seront immédiatement engagées.

TOUJOURS LES MÊMES ! – Tous les jours un scandale nouveau ébranle fortement l'opinion publique dont on n'ignore plus les terribles réactions. Hier encore, à la suite de plaintes répétées, on a pu appréhender au cours de rafles successives une multitude de personnes louches et des deux sexes qui se massaient aux alentours des arrêts d'autobus et prétendaient monter dans les véhicules réservés comme chacun le sait aux titulaires de cartes de priorité. Les malandrins ont été immédiatement dirigés à la Conciergerie où il sera statué sur leur sort.

DE SAINT-ANDRÉ-LE-GAZ. – Un grand voyou dégingandé qui passait rapidement devant un poste de police a été attaqué par deux gros agents lympathiques qui prirent la fuite peu après.

DE BUDAPEST. – Par suite d'une erreur de parcours, MM. Boulentranche, Bougredane et Tapotour, qui avaient pris part dimanche 9 juin au circuit de Saint-Cloud sont arrivés hier soir à Budapest à 23 h 30. Après un court arrêt, ils sont repartis dans une direction inconnue.

DE PARIS. – La nuit dernière, les mécaniciens du train Paris-Vintimille qui, peu avant la gare de Lyon, s'étaient mis à faire cuire une tête de cheval aux haricots rouges dans le foyer de leur locomotive, furent soudain très étonnés en apercevant tout à coup sous leurs yeux la porte d'Italie.

Faisant rapidement volte-face, horriblement vexés, ils ont vivement regagné la gare de Lyon avant que leur erreur fût découverte.

N° 40 – Mercredi 10 juillet 1946

Petites Annonces

OFFRES D'EMPLOI

Pour calculs spéciaux, particulier demande général de division présenté par ses parents. Ne pas écrire.

Office national météorologique recherche activement messieurs et dames possédant cors aux pieds pour prévisions.

DEMANDES D'EMPLOI

Maure bon vivant, amuseur pour noces et banquets. Disponible en soirée seulement. Mohamed ben Mohamed ben Crocognos.

PROPOSITIONS SPÉCIALES

Marchand de sorbets achète cher banquises, icebergs et tous glaciers. Envois contre remboursement à Bébert la Dème.

OCCASIONS SPÉCIALES

Bonhomme retour du Pacifique cède importante quantité corned-pork électrique. Faire offres à M. Y. Farge.

Après expériences de Bikini, aviateur américain vendrait nuage radioactif à personne molasse ou à gros feignant stagiaire.

Excellente occasion, costumes de cochons, robes de soirée de chèvres, petites vestes de rats, etc. Ecrire amiral Blandeuf, U.S.A.

DIVERS

Cabas voleur, remplissage automatique par aspiration. Spécial pour achats chez commerçants voleurs. La pièce : 133 fr. 10.

VILLÉGIATURES ET PENSIONS

Kidnapperai enfants turbulents de 4 à 50 ans, durée un mois maximum. Rançon 1 923 fr. 90, boisson non comprise. Martinet à discrétion.

PERDUS ET TROUVÉS

Bonne grosse récompense à qui me rapportera collier, valeur 150 000 fr. environ. Aucune préférence pour les perles. Adhémard Surin.

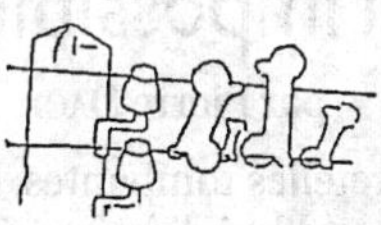

L'OS LIBRE

« Contre tout ce qui est pour – Pour tout ce qui est contre. »

NUMÉRO 41 – MERCREDI 17 JUILLET 1946

Première décision du nouveau gouvernement : une augmentation des prix, sans que les salaires en soient affectés. C'est le seul moyen, paraît-il, de tenter de combler un déficit budgétaire qui s'est encore aggravé. Les observateurs prennent pour cible Francisque Gay, MRP et ministre d'Etat, qui, dit-on, a tiré bien des ficelles pour faire passer ce projet. La chaleur de l'été n'a pas affaibli les neurones des Français qui s'élèvent en masse contre cette mesure. On manquait déjà de tout ! On va maintenant le payer plus cher.

Edito — A l'impossible...

par Pierre Dac

C'est l'estomac serré, les bretelles tombantes, la larme à l'œil et sur l'épaule droite, que j'entreprends aujourd'hui d'écrire cet article. Triste besogne. Affligeante nécessité dictée par un devoir mélancolique mais impérieux ; d'ailleurs j'ai tellement honte de ce que je vais vous dire que j'écris ces lignes le dos tourné à mon papier. Enfin, inutile de tergiverser davantage ; si je n'aborde pas le sujet dont il importe que je vous entretienne, c'est lui qui, tôt ou tard, m'abordera. Autant y aller tout de suite ; et commencer sans plus attendre pour en finir plus vite. Voici donc ce qui motive cet exorde en forme de préambule dont les termes presque désespérés pourraient laisser supposer que je verse dans un existentialisme que J.-P. Sartre lui-même pourrait, à juste titre, considérer comme excessif et hors de proportions.

Depuis une dizaine de jours, je reçois une quantité impressionnante de courrier. A la date d'hier et à l'heure tranquille où les lions vont boire, notre secrétariat comptait 6 488 lettres dont 70 recommandées. Je tiens à vous déclarer que j'ai refusé ces dernières, car nous avons, dans ce libre journal, pour principe absolu de ne pas nous laisser influencer par les recommandations ; toutes les autres lettres dont je vous parle traitent, sans exception, du même sujet. En substance, leurs signataires nous demandent, sur un ton plus ou moins nuancé suivant leur tempérament, pourquoi *L'Os libre* continue-t-il à ne se vendre que 3 francs alors que tous les journaux de la presse quotidienne se sont mis à 4 francs. « C'est un scandale, nous écrit, entre autres, M. Wladimir Dunazbroque, professeur de post-scriptum à la Faculté de droit et de gauche ; c'est de la basse démagogie, de la surenchère à rebours. » Un autre lecteur, M. Socrate Lepédé, expert en points de suspension, n'est pas moins catégorique, quoique s'exprimant en termes plus mesurés : « Il n'y a, nous déclare-t-il, aucune raison pour que je continue à payer trois francs ce que je suis en droit d'exiger pour quatre. » Et ainsi de suite sur le même thème.

J'aime autant vous dire que, au fur et à mesure que ces réclamations nous parvenaient sur un rythme de plus en plus accéléré, une véritable panique s'emparait de nous, tant à la rédaction qu'à l'administration. Pour y mettre fin, et faisant effort pour conserver mon sang-froid, je décidai de convoquer un conseil extraordinaire. Celui-ci se tint hier soir. Je réunis tous mes collaborateurs, et, dans un silence impressionnant, nous nous formâmes en cercle autour d'un feu de bois sur lequel nous jetâmes des brassées de glace en branche pour en atténuer l'ardeur.

– Messieurs, dis-je, nous nous trouvons en présence d'une situation dont la gravité le dispute à l'urgence. Que devons-nous faire ? Devons-nous suivre l'exemple de nos confrères quotidiens et nous mettre comme eux, à 4 fr. ? Monsieur, demandai-je alors à l'administrateur, l'état de notre trésorerie nous permet-il d'accorder à nos lecteurs l'augmentation de 1 fr. par numéro qu'ils nous demandent ?

– En aucune façon, répondit l'interpellé ; si nous nous lançons dans pareille aventure, je décline toute responsabilité quant aux conséquences qu'elle ne manquera pas de comporter.

D'unanimes applaudissements soulignèrent cette déclaration.

– Nous ne devons à aucun prix, fit quelqu'un, céder à la menace et au chantage.

– Là n'est pas la question, repris-je sur un ton conciliant ; veuillez considérer que si nous augmentons notre prix de vente de 1 fr., vos appointements seront, eux aussi, augmentés dans la même proportion.

– Nous ne mangeons pas de ce papier-là, répondit dédaigneusement un autre quelqu'un.

J'eus beau insister, supplier, voire menacer, rien n'y fit. Dans son ensemble chacun demeura inflexiblement sur ses positions. Que pouvais-je faire, sinon m'incliner ? C'est ce que je fis.

Voilà, je vous ai dit la vérité. Et la vérité m'oblige à vous dire que, en dépit de mes efforts et de mon évidente bonne volonté, je ne puis qu'opposer une fin de non-recevoir à vos légitimes revendications ; j'ai fait l'impossible pour que vous obteniez satisfaction et que vous puissiez payer ce journal vingt sous de plus. Je n'y suis point parvenu. Je m'en excuse humblement. *L'Os libre* restera donc à 3 fr. Pour l'instant tout au moins ; car tout espoir n'est pas perdu. Dès que possible je reconsidérerai la question et je vous fais ici la promesse formelle

de déployer toute mon énergie et toute ma diplomatie pour arriver à 5 et peut-être même à 6 fr.

Et je m'engage même, si je parviens à ce dernier résultat, à supprimer au moins une bonne demi-page de texte. Confiance donc. Soyez avec moi, comme je suis avec vous ; ce sera, quoi qu'on en pense, encore le meilleur moyen de demeurer ensemble et d'œuvrer côte à côte pour le rajustement de l'équilibre du prix de vente et du pouvoir d'achat.

Faits divers

DE PARIS. – La nuit dernière, pendant son sommeil, une épouvantable volée de mites affamées s'est attaquée à la barbe de M. Francisque G… C'est une fraîcheur inhabituelle au menton et un bruit de mâchouillement caractéristique qui tira le malheureux de son sommeil.

Attiré par les hurlements de la victime, son valet de chambre put se rendre maître de la situation à l'aide d'un chasse-mites improvisé et d'une livre de naphtaline.

DE PARIS. – Procédant à une réquisition dans l'immeuble du 63 de la rue Truffaut, la police a découvert le corps inanimé du nommé Evariste Lempreur, accordéoniste, baignant dans une mare de fausses notes.

A son réveil, le malheureux a déclaré se connaître d'innombrables ennemis parmi les gens du voisinage.

Ce matin, alors qu'il était affairé après son accordéon, il perçut une forte détonation et reçut peu après une boule de billard derrière les oreilles et s'effondra sur le sol où les policiers le découvrirent.

DE LA BUSSIÈRE-SUR-OUCHE. – Une violente explosion a secoué hier cette paisible localité, paraissant provenir d'une baraque Vilgrain où deux excités, les nommés Fernand R… et Le Guerlu, procédaient à la désintégration d'un fût de vosnes-romanée.

Les deux énergumènes qui portaient de grosses traces de dégénérescence sur leurs physionomies turgescentes ont été dégagés des décombres, manifestant une gaîté horriblement manifeste.

La ligne aérienne Le Bourget-Saint-Barbu-la-Gadoue s'est écroulée la nuit dernière pour une raison inconnue. Les pistes d'envol se trouvant embouteillées, le départ du quadrimoteur qui assure la liaison Le Bourget-Saint-Barbu-la-Gadoue a dû être retardé.

DE SAINT-NAZAIRE. – Hier dans la soirée, un ramasseur de mégots lymphatique, qui se baissait pour exercer sa profession, a été pris d'un lumbago opiniâtre. Le pauvre bougre a été aussitôt conduit dans une maison de redressement.

Epoux volages

Demandez nos brochures illustrées : *L'Art de ne pas rentrer chez soi* : 6 fr. *Comment on rencontre un ami d'enfance* : 12 fr. 10. *Avoir le dernier mot* (avec grosse matraque) : 179 fr. 30. En réclame cette semaine : Nos convocations urgentes (après 21 h.).

Le paquet de 1 500 : 4 fr. 80.

A la Librairie J.P.R., à Enghien.

Ouf !

Pour encourager les plus essoufflés à persévérer à continuer la fatigante ascension de l'échelle des prix, le gouvernement a décidé de doubler la prime d'halètement.

À Os rompus

La température

Malgré les précautions prises, la vague de chaleur vraisemblablement venue de Bikini dont la France est actuellement victime a gagné le Palais-Bourbon, causant des dégâts matériels et autres.

Hier après-midi, une violente explosion ébranlait les Quatre Colonnes.

– La séance continue ! s'écria M. Vincent Auriol après avoir consulté le *Dictionnaire des mots historiques.*

Renseignements pris, il ne s'agissait heureusement pas d'un attentat. C'est seulement le grand thermomètre parlementaire qui venait d'éclater sous l'influence de la vague plus haut mentionnée.

La séance put donc être suspendue.

A la reprise fut décidée la création d'une commission de la température, doublée le cas échéant d'une sous-commission et de plusieurs commissions de secours.

Une mesure qui s'imposait !

Vacances

Ayant été honteusement recalés aux examens constitutionnels de printemps, nos députés devront représenter leurs travaux pour repêchage à la session d'automne. C'est dire que la Chambre ira en perme sur les bottes de son président et que, cette année, il n'y aura pas plus de vacances parlementaires que de beurre en broche.

D'autre part, les vacances électorales prendront fin le 29 septembre, date fixée par M. Vincent Auriol pour le vote du prochain référendum.

Elections générales

Tout de suite après, soit le 20 octobre, auront lieu les élections législatives.

Les électeurs qui ne voudraient pas, pour si peu de temps, quitter la salle du scrutin, sont priés de se munir d'une couverture et de plusieurs repas froids.

La date du référendum consécutif au référendum du 29 septembre sera communiquée ultérieurement aux assujettis.

Pour les nouvelles élections qui doivent suivre, on vous écrira.

Heureuse innovation

Ajoutons que, pour faciliter à tous l'accomplissement du devoir civique, la commission électorale de la Chambre envisage, d'ores et déjà, la création d'isoloirs à deux places pour frères siamois et couples étroitement unis.

L'isoloir triple, pour ménage à trois, viendra par la suite, du moins il faut l'espérer.

Transports pas communs

Ouvriers, employés et autres profiteurs désirant voir leurs salaires relevés de 25 % dans un avenir prochain, le métro ne peut plus vivre s'il ne double immédiatement le prix de ses tickets.

Ça, on le comprend. C'est le truc du cycle infernal tel qu'il a maintes fois été expliqué par tous les journaux bien.

Grâce à ce sacrifice, l'administration métropolitaine se verrait disposée à supprimer les premières classes.

Là non plus, rien à dire, quoique, à la vérité, s'il faut absolument supprimer une classe, on aimerait autant que ce soit la seconde, vu qu'en première c'est tout de même mieux rembourré.

Ce qui nous chiffonne un peu, par exemple, c'est que, malgré cela, le métro demeure rangé dans la catégorie des transports en commun.

« Commun » a quelque chose de désobligeant et de péjoratif, pour ne pas dire d'injuste.

Ce n'est pas si commun que ça de pouvoir payer quatre francs un petit voyage dans les tuyauteries du métro !

Manque d'enthousiasme

Une dépêche en provenance de Washington nous apprend que, cette année, la célébration de l'*Independence Day* a provoqué 403 accidents mortels aux Etats-Unis.

Bien que notablement inférieur à la moyenne, ce chiffre a pour nous quelque chose d'humiliant.

Quel Français ne rougirait pas dans la mesure de ses moyens à la pensée que notre fête nationale n'a été accompagnée ni même suivie chez lui d'aucune mort violente ?

L'enthousiasme national serait-il tombé si bas ?

Ou quoi ?

Recensement des plafonds

Par ordre de la préfecture de la Seine, le recensement des plafonds sera effectué, dans les départements de : Seine, Seine-et-Oise et Seine-et-Marne dans la nuit du 20 au 21 juillet. Chaque chef de famille sera tenu de déclarer le nombre exact de plafonds dont il dispose au lieu de son domicile.

Cette opération, rappelle opportunément la préfecture, est entreprise dans le but d'assurer une plus juste répartition des plafonds parmi la population et d'en éviter le gaspillage.

Troubles au Venezuela

Nous apprenons avec stupeur et à l'instant même que le prix du gaz, dans la ville de Caracas, passe de 2 bolivars 40 centimes à 4 bolivars 80 centimes.

Nous nous élevons énergiquement contre une mesure apparemment antidémocratique qui, lorsqu'elle sera connue, ne manquera pas de provoquer une vive indignation dans les milieux du gaz français.

Où allons-nous ?

L'époque bizarrement dissolue que nous vivons, avec quelles peines, nous incite à nous demander à nous-mêmes, le plus souvent à d'autres : Où allons-nous ?

Jusqu'à présent, aucun des intéressants quidams consultés n'a su répondre avec clarté, sinon avec exactitude. Ce qui laisse à penser qu'ils sont mal renseignés ou bien qu'ils se foutent allégrement de la situation.

L'Os libre, désireux de connaître l'itinéraire suivi, s'adresse donc à ceux qui savent, s'il y en a, et les prie de communiquer tous leurs renseignements à la rédaction du journal.

Les éprouvés

Certains consommateurs des catégories T3 et T4 éprouvant de grosses difficultés à venir à bout de leurs rations de vin, le gouvernement, désireux de pallier leur affreuse situation, a décidé de leur allouer une ration hebdomadaire de 8 kg 500 de morue salée.

Cette mesure s'imposait.

On a eu chaud

D'après les récentes déclarations de M. Robert Schuman, le déficit budgétaire de la France s'élève à 112 milliards de francs. C'est avec une profonde satisfaction et un indicible soulagement que nous avons accueilli cette nouvelle, étant donné que, d'après certains renseignements erronés basés sur de faux calculs, nous étions persuadés que ce déficit était de l'ordre de 113 milliards.

Quand même, on a eu chaud.

Broyons du noir

Il y a déjà 157 ans et trois jours que nous avons pris la Bastille !… Tout d'abord je ne voulais pas le croire. Pour me convaincre, il m'a fallu recompter tous les vieux calendriers qui m'ont été offerts par l'administration des P.T.T. depuis le 1er janvier 1790. Cela fait bien 157, pas d'erreur ! Comme le temps passe !

Tout cela pour vous expliquer qu'à ce train-là nous serons bientôt arrivés à Noël.

– Peuh ! m'objecterez-vous, on en a vu d'autres, des Noëls ! Evidemment ce n'est pas une rigolade, il fait froid et l'on entend la messe de minuit toute la journée à la radio. Pourtant, avec un peu de patience, on en vient à bout !

D'accord, mais Noël 1946 ne sera pas un Noël comme les autres. Reportez-vous plutôt aux prédictions inscrites dans l'Evangile selon saint Yves : « A Noël, y est-il dit, le marché noir aura vécu. »

– Tant pis pour lui ! dites-vous encore. On lui fera des funérailles nationales ; un monument commémoratif sera érigé en son honneur sur la place de la Mairie, après quoi, il suffira de le pousser un tout petit peu pour le faire entrer dans l'histoire.

Bien sûr, bien sûr. Il n'en reste pas moins que la disparition du marché noir est un de ces événements qui bouleversent les us et coutumes d'un peuple. Depuis six ou sept ans nous allions chercher notre bifteck chez l'herboriste, le beurre chez le marchand de parapluies, le fromage dans le métro, les tickets de pain au musée du Louvre. Des habitudes comme ça, on n'en change pas comme on change ses chaussettes de pied à la fin de la semaine !

Enfin ! Ne nous frappons pas. A Noël, peut-être bien qu'il n'y aura plus ni bifteck, ni beurre, ni fromage, ni pain.

Ça arrangerait tout, n'est-il pas vrai !

La préfecture de police communique :

Par décision préfectorale, le permis de conduire les orchestres et ensembles musettes est retiré à M. Arturo Toscanini, à dater du 10 juillet 1946.

Un terrible incendie

Avant-hier soir, entre 22 h. 30 et la porte d'entrée, un incendie d'une violence chronologique a éclaté dans la conduite d'eau du réfrigérateur de notre salle de rédaction.

Les dégâts, quoique considérables, sont insignifiants.

AVIS IMPORTANT

Nous invitons cordialement[1] les personnes ayant des difficultés à suivre un régime à se mettre en relation avec nos services spéciaux qui délégueront auprès d'eux des gens qualifiés pour ce genre de filature.

1. Pour commencer.

Pour mieux rouler les usagers la T.C.R.P. augmente ses tarifs

L'annonce du prochain relèvement des tarifs des transports en commun a causé une légitime émotion parmi la population laborieuse de la région parisienne.

Verra-t-on bientôt, en raison de son prix prohibitif, l'accès du métro et des autobus réservé aux trafiquants du marché noir et aux ex-collaborateurs économiques, tandis que, faute d'avoir les moyens d'user de modes de locomotion aussi dispendieux, les honnêtes travailleurs devront se contenter de circuler en taxi ?

Transports en commun et transports d'indignation

Certes, on conçoit qu'il était nécessaire de sauver de la faillite une administration routinière dont les recettes sont actuellement insuffisantes. Non seulement, en effet, la plupart des véhicules de la T.C.R.P. roulent le plus souvent sans aucun voyageur perché sur les tampons ou sur le toit, mais le marasme des affaires est tel qu'un homme vigoureux et résolu, armé d'un sabre d'abordage, arrive parfois, avec un peu de chance et aux heures creuses évidemment, à prendre place à l'intérieur après une douzaine d'essais infructueux au maximum.

Il est malheureusement regrettable que, pour parer à cet état de choses, les pouvoirs publics aient cru, comme toujours, devoir recourir à la solution la plus facile, se refusant à augmenter le rendement de nos transports en commun en ordonnant la construction de voitures extensibles en caoutchouc, *ou en envisageant une meilleure disposition des voyageurs, ceux-ci n'étant plus placés verticalement, ce qui cause une appréciable perte de place, mais par* couches horizontales, *à la façon des sardines en boîtes.*

Vive la classe… unique !

Nous ne saurions méconnaître, par contre, le caractère hautement démocratique d'une mesure qui vient d'être parallèlement adoptée par la T.C.R.P. : celle de l'unification des classes.

Jusqu'à présent, on sait que métro et autobus se divisaient en deux classes, qui se distinguaient entre elles par un numérotage particulier, par la couleur des banquettes et par une différence de tarif… Surtout par une différence de tarif.

Une inégalité aussi choquante va cesser. Les vrais républicains en seront d'autant plus satisfaits que l'unification projetée se fera non pas par le bas – ce qui n'eût été que de la basse démagogie – mais par le haut, tous les voyageurs payant le tarif le plus élevé.

Il est regrettable que les auteurs de cette innovation aient oublié que les autobus possédaient, outre les deux classes précitées, une partie neutre appelée plate-forme.

Si, jusqu'à présent, une personne chic ne pouvait, sans déchoir, prendre place sur les banquettes de seconde classe, il lui était, néanmoins, permis de rester debout sur la plate-forme, qui bénéficiait du tarif réduit de seconde classe, à la condition d'invoquer un alibi, en l'occurrence : la cigarette, le cigare ou la pipe.

Nombre de gens, contraints, en raison de leur situation sociale, à s'asseoir en première classe, mais soucieux de faire des économies tout en sauvant les apparences, s'astreignaient à fumer pour acquérir le droit de demeurer sur la plate-forme et de voyager ainsi à meilleur compte.

Avec l'autobus à classe et à prix uniques, cette obligation n'existera plus. Une partie du véhicule sera, évidemment, réservée aux fumeurs, mais les usagers n'auront aucune raison de consommer cigarettes, cigares ou pipes puisque cela ne leur procurera aucun avantage pécuniaire, le tarif étant identique à toutes les places.

Il en résultera une diminution importante de recettes pour l'administration des tabacs, diminution que l'Etat devra combler par une augmentation d'impôts.

Vade métro Satanas

D'autres innovations sont également à l'étude.

C'est ainsi que pour remédier aux inconvénients actuels du métropolitain, certains édiles ont proposé que celui-ci circule désormais en plein air, *au ras du sol, les rails étant simplement encastrés dans le pavage des rues et chaque wagon muni d'un moteur individuel, roulant séparément à la façon des anciens tramways.*

*De plus, en raison du succès remporté avant guerre par l'*autobus sans receveur (*cet employé étant remplacé par un appareil oblitérateur*), *la T.C.R.P. s'apprêterait à mettre en service divers véhicules du même genre.*

Nous aurions, entre autres, avant peu, l'autobus sans moteur *qui descendrait les rues en pente uniquement entraîné par son propre poids,* l'autobus sans roues *qui stationnerait bien sagement devant les passages cloutés,* l'autobus sans voyageur *qui passerait complet au nez des usagers attendant sous la pluie, et* l'autobus sans machiniste *qui, dirigé par radar, régulariserait les statistiques préfectorales les années où les écrasés seraient vraiment trop peu nombreux.*

N.D.L.R. – Nous avons fait remarquer à notre collaborateur que son histoire de classe unique concernant la T.C.R.P. ne tenait pas debout, étant donné que l'unification de classe était depuis longtemps réalisée dans les autobus. M. Herbert nous a répondu que c'était bien possible mais qu'il n'avait jamais eu la possibilité de s'en rendre compte personnellement, puisque, malgré des années d'efforts continus et de patience opiniâtre, il n'était jamais parvenu à pénétrer dans un de ces véhicules, ceux-ci étant toujours complets.

Petites Annonces

DEMANDES D'EMPLOI

Correcteur parisien, complètement illettré, collaborerait à journal étranger. De préférence espagnol.

OFFRES D'EMPLOI

Cardiaque en pension depuis deux mois hôtel de la Plage, à Ploup-la-Pip (Finist.), n'osant demander sa note, cherche monsieur constitution solide pour traiter à sa place.

PROPOSITIONS SPÉCIALES

Paysans ruinés, des visiteurs étrangers sont à nos portes, meublez vite vos prés avec nos vaches cartonnage finement décoré.

La vache : 1 733 fr. Mod. sonore : 1 995 francs.

Mod. spéc. Pour distract. Employés sédentaires S.N.C.F.

Voici les grosses chaleurs, une charge de chevrotines, bien placée, aérera vos vêtements.

L'opération : 75 fr.

Aération par gros trous de balles, le coup de fusil : 92 fr. 75.

MATÉRIEL AGRICOLE

Pour cause accident, paysan français céderait à paysan américain possédant petite pampa excellente charrue à réaction. G. Gombourg. Saint-Mars (Sarthe).

Machine à secouer les arbres, force 2 000 CV, facilitant cueillette des fruits, et accélérant la descente des chapardeurs. 12 500 fr. G. Gombourg.

Pince à épiler le gazon, et tondeuse à barbe état neuf.

VILLÉGIATURES

Casemate – Hostellerie. Eau galopante par domestique zélé. Vue imprenable sur mer par périscope. Ascenseur-descendeur. 450 fr. par jour à la lumière artificielle.

ARTICLES DE PÊCHE

Poissons empaillés pour pêcheur débutant ou maladroit. Les 100 : 35 fr. 70.

Pain de chènevis empoisonné pour pêcheur ridiculement malchanceux, résultats garantis.

Le pain de 1 kg. : 6 fr. 40.

DIVERS

Frigidaire circulatoire permettant de conserver son sang-froid même en période de canicule : 872 fr.

L'OS LIBRE

« Contre tout ce qui est pour – Pour tout ce qui est contre. »

NUMÉRO 42 – MERCREDI 24 JUILLET 1946

Tout va mal et il ne se passe rien ! C'est en ces termes que l'on peut résumer la situation en France au cœur du mois de juillet 1946. Le gouvernement de Georges Bidault tente de masquer son équilibre vacillant. On parle d'une union nationale, à laquelle personne ne croit vraiment, à commencer par ceux qui en parlent. A L'Os libre, *on décide donc de parler d'autre chose et de tenter de faire sourire des Français qui, en dépit du bonheur de la liberté retrouvée, ne manquent pas de s'interroger sur leur avenir.*

Edito Dilemme en forme d'impasse

par Pierre Dac

J'ai bien envie de le dire. Je n'en ai pas que l'envie, d'ailleurs ; j'en ai également le désir et la ferme volonté ; car j'ai la conviction qu'en le disant je ne ferai qu'agir en conformité avec l'honnêteté, au sens noble et littéral du mot. Et pourtant j'hésite ; je suis assailli par les scrupules. Ma conscience est en émoi, mon esprit est en transe, mon âme est tourmentée et tout mon être est en état d'alerte. Si je le dis, je me libérerai vis-à-vis de moi-même ; si je ne le dis pas, je me libérerai vis-à-vis des autres ; de quelque côté que je me tourne je demeure prisonnier de ce complexe de libération. Car si je le dis on m'en saura gré d'une part et on m'en tiendra grief d'autre part ; si je ne le dis pas on m'approuvera d'un côté et on me désavouera de l'autre. Le débat est crucial. La solution est ardue.

S'il ne s'agissait que de prendre une décision, la chose serait facile à régler ; mais ce n'est pas d'une simple décision qu'il s'agit ; la question ne peut se résoudre que par l'effet d'une détermination aussi efficiente qu'opportune. Comme on le voit, la nuance est d'importance. Si je me laisse aller, je le dirai. Mais ai-je vraiment le droit de me laisser aller ? Ai-je aussi le droit de ne pas me laisser aller ? Le droit doit-il s'arrêter où le devoir commence ? Je sais bien que

si une hirondelle ne fait pas le printemps, une girafe ne fait pas davantage l'automne ; pas plus que la lueur d'une lampe à acétylène ne peut être confondue avec une aurore boréale. Je sais aussi que pierre qui mousse n'amasse que ce qu'elle roule, que bonne renommée vaut mieux que ceinture de flanelle nickelée, et que rien ne sert de courir si l'on n'est pas pressé. Je sais tout ça. Et bien d'autres choses encore.

Par exemple, que si l'on ne prend pas les mouches avec du vinaigre, ni les moustiques au lasso, on ne prend pas tellement facilement les succédanés avec du papier collant, pas plus qu'on ne chasse les fourmis au canon antichar. D'aucuns m'objecteront peut-être que ce n'est pas une raison parce que ventre affamé n'a pas d'oreilles pour que dans le même temps, le bouillon n'ait pas d'yeux, les vers pas de pieds et que le piano ne se joue pas à quatre mains. Je souscris volontiers à ces réflexions. Elles ne m'avancent pas pour autant. Et le dilemme, pour moi, reste entier. Si le ver est dans le fruit, quand le vin est tiré il faut le boire ; et qui a bu boira. D'autant que nul n'est censé ignorer la loi. Et qu'on partant de ce principe, chacun connaît midi à sa porte et trois heures un quart à son bracelet-montre ; et que si une porte doit être ouverte ou fermée, il n'est pas exclu qu'on peut la laisser entrouverte. Et, qu'on le veuille ou non, il faut bien admettre que, selon que vous serez puissant ou impuissant, les plaisirs de l'amour seront à la mesure de vos possibilités. Ainsi va la vie. A la condition de ne jamais oublier que plus les bretelles sont longues, plus la ceinture est large, plus le pantalon descend.

N'est-il pas écrit que si les pères ont mangé des raisins secs les dents des enfants en seront plombées, de même que pour se coiffer une bonne paire de brodequins ne vaudra jamais une solide casquette à carreaux ?

Tout cela est bel et bon ; mais ne me sert à rien. Car cette somme de multiples connaissances ne me donne pas la possibilité d'obtenir un résultat. Et j'en reviens à mon point de départ : dois-je le dire ou ne pas le dire ? A toutes chances égales, le meilleur doit l'emporter. Et quand il l'aura emporté, qu'en restera-t-il, sinon rien ? Allons, je préfère, en définitive, demeurer dans le statu quo. C'est un bon statut ; aussi légal qu'un autre ; et qui mène à tout, à condition d'y rester.

A la manière de...

... **L'Os,** par Pascal

Nous avons beau enfler nos précautions au-delà des espaces imaginables, nous désagrégeons des atomes !

Que l'homme étant revenu à soi, considère ce qu'il est au prix de ce qui est ; qu'il se regarde comme égaré dans cet atoll détourné de la nature ; et que, de ce petit îlot où il se trouve logé, j'entends Bikini, il apprenne à estimer la terre, les royaumes, les villes et soi-même à son juste prix. Qu'est-ce qu'un homme dans Bikini ?

Qui se considérera de la sorte s'effraiera de soi-même, il tremblera dans la vue de ces bombes nouvelles ; et je crois que sa curiosité se changeant en suspicion, il sera plus dispos à les contempler en silence qu'à les faire éclater avec présomption.

On se croit naturellement capable d'arriver au centre des choses, mais on pourrait aussi arriver à connaître l'infini et à force de s'être éloigné de la nature se retrouver au ciel, et au ciel seulement.

À Os rompus

Faites-vous désinscrire

Conformément à une récente décision rendue publique par le ministère du Ravitaillement, la formalité de l'inscription préalable chez les commerçants est supprimée.

Les consommateurs inscrits ici ou là sont donc tenus de se faire désinscrire au plus tôt.

Les désinscriptions seront reçues jusqu'à jeudi prochain contre remise du ticket VX de la feuille de denrées rares.

Passé cette date, aucune désinscription ne sera plus valable.

Voyez calories !

Un lecteur nous prie de lui fournir quelques détails sur la transformation projetée par le ministère du Ravitaillement des diverses denrées alimentaires en calories.

Comment seront administrées les calories de remplacement : en pilules, par injections sous-cutanées, gavage œsophagique ou autrement ?

Y aura-t-il le long des routes des postes-service de calories pour consommateurs pris de faiblesse ?

La carte de calories sera-t-elle facile à imiter ?

Enfin, notre correspondant qui paraît être un spécialiste nous demande comment on peut d'ores et déjà concevoir l'organisation du marché noir des calories.

Toutes questions que nous nous sommes empressé de transmettre à M. Yves Farge avec le nom et l'adresse du signataire.

Après le chaud, le froid

On sait que la nouvelle explosion bikinique devait avoir pour effet de dégoûter du métier un certain nombre de navires présumés ennemis en portant brusquement la température de l'eau à quelque vingt millions de degrés centigrades.

L'expérience n'ayant pas, cette fois encore, donné les résultats escomptés, nous croyons savoir que la prochaine bombe sera conçue selon un principe diamétralement opposé. Au lieu d'élever la température ambiante, elle l'abaissera, et cela dans des proportions suffisantes pour solidifier d'un seul coup tous les océans du globe, ce qui ne manquera pas d'interdire toute navigation aux bâtiments non munis de skis, de raquettes ou de patins à glace.

Ah ! en vérité, la science nous réserve encore de belles surprises !

Transports en commun

Le relèvement des tarifs pour les transports en commun n'ayant pas été, jusqu'ici, approuvé par le conseil municipal ni même par le général, la direction de la S.T.C.R.P. a le regret d'informer sa clientèle que les tickets actuellement en service sont encore valables pour quelque temps.

Nous prenons la plus large part à sa douleur.

Lendemain de bombe

En tout cochon, il y a un atome qui sommeille. Ainsi, on a pu constater que le porc n° 311 de Bikini, apparemment intact, perdait rapidement tous ses globules rouges.

Interrogé avec ménagements, le pauvre animal a répondu qu'à son avis cet appauvrissement était dû à ce qu'il s'était fait trop de mauvais sang.

La S.P.A. a adressé une protestation à ce sujet à M. Félix Groin.

A pleins tubes

Le War Department ayant annoncé qu'il venait de mettre au point la bombe à microbes, la Russie, qui ne saurait se contenter de demi-mesures, publie à son tour la découverte de la bombe à crobes, d'une efficacité double.

Au Japon, les recherches se concentrent sur le microbe de la fièvre jaune.

Les Européens répondraient par le tréponème pâle, soutenu par une brigade d'agents pathogènes.

En France, on compte beaucoup sur le bacille de Koch gaulois.

Dans un sursaut humanitaire, les savants du monde entier ont décidé de pousser les travaux portant sur la bombe à sérum, destinée à annihiler les effets de la guerre bactériologique.

L'injection se ferait d'une hauteur de 4 000 mètres. De toute façon, après cette opération, les victimes ne souffriront plus.

Faits divers

DE SAINT-AUBIN-SUR-MER (14 juillet). – Ayant contracté une bronchite chronique pour s'être imprudemment aventuré sur la plage sans sa canadienne, un estivant, M. R. Pugibet, s'apprêtait à se faire poser une armada de grosses ventouses par sa femme, lorsque celle-ci, enflammant le coton hydrophile nécessaire à cette opération délicate, une surprenante explosion se produisit, faisant aussitôt voler les murs de l'hôtel et lançant le malade dans l'espace.

Dès que la fumée sera dissipée, les recherches seront entreprises pour retrouver celui que déjà on appelle le bronchiteux volant.

La police pense que le pharmacien qui a vendu le coton hydrophile aura fourni par erreur un paquet de fulmicoton nitroglycériné.

DE MARSEILLE. – Le commissaire Poileau Luc et l'inspecteur Lachnouf, secondés par les inspecteurs Colegrame, Bour et Ratatame, ont mis fin aux agissements d'une collection de brutes secondaires, qui s'étaient spécialisés dans le vol des appareils antivol qu'ils dérobaient dans les automobiles à l'arrêt.

Les engins volés étaient revendus à un garagiste qui les écoulait parmi sa clientèle. Plus de 4 800 engins ont été retrouvés au domicile du garagiste receleur.

DE PARIS. – L'autre matin, aux Halles, effectuant sa ronde désormais coutumière, M. Y. Farge, circulant incognito, n'était pas peu surpris de se voir accoster par un quidam se disant mandataire et qui lui offrit, ignorant à qui il s'adressait, un lot de victuailles et de vin normalement détourné du circuit officiel.

Dévoilant son effrayante identité à l'immonde trafiquant, celui-ci horrifié s'écroula, larmoyant, aux genoux du ministre en implorant son pardon, prétextant qu'il ne se livrait à cet odieux trafic que depuis l'Occupation.

Après une sévère admonestation, l'horrible affameur, épouvantablement vexé dans son amour-propre, s'en fut vers sa triste destinée.

On craint que, ne pouvant oublier ce sanglant affront, le malheureux ne se tue à la tâche.

DE MARSEILLE. – Des policiers bilieux ont colloqué, après une surveillance datant de 1928, un marchand à la sauvette qui, depuis de longues années, écoulait sa marchandise sur la Canebière. L'enquête a permis de découvrir que l'homme titulaire de 14 783 condamnations, purgeait une peine de 212 années d'emprisonnement à la prison de Montpellier. Tous les soirs, le malandrin faisait le mur de l'établissement pour se livrer à son commerce lucratif. Au moment de son arrestation, il circulait à bord d'une 11 CV, légère, maquillée en 11 CV lourde.

DE PAVILLONS-SOUS-BOIS. – Hier soir, avenue Jean-Jaurès, une brique qui circulait dans l'atmosphère a atterri avec fracas sur la physionomie d'un passant contemplatif.

Etant donné l'heure tardive, on se perd en conjectures sur la provenance de l'aérolithe.

L'ANACHROS

Dévaluation des francs

En 314, Charlemagne passa la barbe à gauche (à cet âge-là il en avait peut-être une tout de même !) et son empire ne tarda pas à se démembrer.

Cela commença avec Louis, le seul des trois fils de Charlemagne qui survécut à son père. Ayant fait crever les yeux d'un de ses neveux rebelle dont il causa ainsi la mort (sans toutefois l'avoir désirée, il faut lui rendre cette justice), Louis se vit attribuer le surnom de Débonnaire. C'était bien le moins qu'on puisse faire ! Il partagea son empire entre ses fils qui se fauchèrent mutuellement leurs parts, avant de se les faire ratiboiser par leurs propres rejetons qui, à leur tour, furent volés comme dans un bois par les Grands qui finirent par déposséder ce pauvre Gros Charles, le dernier empereur carolingien[1] qui ait tenu le coup.

C'est alors qu'arrivèrent des pays scandinaves, les Normands. Guerriers rusés, champions de dominos et rois de la mer, ils savaient admirablement monter les bateaux. Nous n'en donnons pour preuve que celui qu'un de leurs chefs, Hastings, dit Double-Six, échafauda en Italie, aux dépens de l'évêque de Luna :

Ne parvenant pas à entrer dans la ville, Hastings fit courir le bruit qu'il était mort et qu'avant de mourir, il s'était fait chrétien. Ses compagnons demandèrent à l'évêque de célébrer les funérailles de leur chef et alléchèrent le prêtre en lui commandant une première classe. Séduit, le ministre du Culte accepta et le cercueil fut introduit dans l'église en grande pompe. Au moment où l'on priait pour le repos de l'âme du chef normand, la boîte s'ouvrit (la bière ne résistant pas à la pression) et, brandissant son épée, Double-Six en sortit en criant : « Domino ! » Les soldats se saisirent de leurs armes, jusqu'alors dissimulées sous leurs vêtements. L'église et la ville furent mises au pillage ; après quoi, dignement, les Normands enterrèrent l'évêque.

1. Comme dirait F. Rauzéna, les Carolingiens furent ainsi nommés parce qu'ils portaient du linge à carreaux.

Normal et irréel

Excellente semaine ! Dommage qu'elle soit terminée. Tout d'abord, nous avons appris une bonne chose, c'est qu'il existe deux sortes de salaires, le salaire réel et puis l'autre, irréel par conséquent. Le second, l'irréel, est aussi appelé salaire normal.

A L'Os libre, *où les conceptions les plus hardies n'ont jamais effrayé personne, c'est ce que nous avions toujours pensé, principalement les jours de paye.*

Autre bonne chose : M. Yves Farge, notre ministre du Ravitaillement n° 137 bis, s'est mis au travail la main dans la main avec M. Drugber, le grand caïd de la boucherie parisienne, qu'un autre ministre du Ravitaillement dont le numéro nous échappe, avait jadis envoyé en prison.

Grâce à leurs efforts persistants et conjugués, le difficile problème de la viande a enfin reçu une solution définitive. Désormais, nous aurons deux rations de bifteck, une ration dite normale vendue à la taxe et une autre ration livrée au prix du marché noir provisoirement blanchi.

Là encore, le normal et l'irréel se confondent étroitement.

Enfin, ce qui n'est pas mauvais non plus, les Italiens sont en colère. Ils nous accusent de leur avoir donné un coup de poignard dans le dos de la botte, du côté de Tende et de Brigue.

– Bien sûr, avouent-ils, il y avait eu le coup de poignard de juin 40, quand nous étions du côté du manche, mais celui-là c'était normal, donc irréel comme vous en convenez vous-mêmes, tandis que le coup de Brigue dans le tendon, c'est pas pareil. Ne soyez pas surpris après cela quand nous essaierons de récupérer Nice, la Corse et la Tunisie qui nous revenaient de droit si cette saleté de guerre n'avait pas si mal tourné !

Rien à reprendre à cela !

Naissance de l'O.F.F.F.O.P.

A la demande de nombreux lecteurs, L'Os libre *vient de fonder, à l'instar de l'Institut Gallup français, mais beaucoup plus sérieusement, l'O. F. F. F. O. P., c'est-à-dire l'« Office de furetage, fouinage et farfouillage de l'opinion publique ».*

Cet organisme, comme son nom l'indique, est destiné à établir des statistiques sur n'importe quel problème intéressant l'ensemble de la population, de manière à éclairer les pouvoirs publics afin que ceux-ci prennent toutes dispositions utiles en vue de redresser et d'équilibrer la balance nationale.

Et voici notre premier sondage. Nous avons posé la question suivante :

« Le veau vinaigrette doit-il être préparé avec ou sans ciboulette ? »

Voici les premières statistiques recueillies par nos enquêteurs.

Avec ciboulette : 31,5 %
Sans ciboulette : 92, %
Opinions diverses : 42 %
Injures : 121 %
Coups et blessures : (environ) 60 %.
Sans opinion : 225 %
Indifférents : 18 %.
Moitié-moitié : 30 %
Evasifs : 23 %
Dubitatifs : 14,8 %
N'ayant rien compris : 16 %.
Ayant compris de travers : 17 %.
Avis réservé : 9 %.

Petites Annonces

DIVERS

Appareil à ouvrir les portes de buffet de cuisine, pour chats voleurs paresseux. A monter : 6 fr. 40 ; monté à domicile ; 10 fr. 50.

Feux de cheminée, prix d'été. Réclamez-nous vivement notre grosse notice explicative. Ets Bourache et Lasueur.

Machine à faire hurler les chiens. Se fixe sur toute niche en un tournemain à l'aide de huit boulons. Petit modèle 1/4 CV : 2 920 fr. ; gros modèle pour meute hargneuse : 11 790 fr. 20.

Bas de laine à niveau transparent. Permet de contrôler les éconocroques sans vider la chaussette. La paire : 120 fr. 25. Gros modèle pour paysan ou épicier : 2 920 fr. 70.

Aiguille spéciale pour faire du veau piqué : la pièce, 1 fr. 10. Montée sur machine à coudre à grand débit pour collectivité ou charcutier : 253 915 fr. 60 (2 tonnes de bons matière).

Monsieur gros appétit opiniâtre cherche petite place région îles Sandwich.

OPTIQUE

Martinet spécial pour corriger la vue. Article soigné : 31 fr. 10. Même modèle, mais pour personnes ayant la vue basse : 42 fr. 86.

Appareil élévateur permettant de monter facilement la garde, même aux militaires de très petite taille. La machine complète : 4 500.

Perches tactiles pour aviateurs myopes, longueur à la demande. Facilite largement tout atterrissage. La paire : 100 fr. Les mêmes, phosphorescentes pour vols de nuit : 104 fr. 40.

ARTICLES POUR ÉVASIONS

Petits pains contenant : scie, échelle de corde, matraque, etc. : 1 250 francs.
Les mêmes, au raisin : 4 fr. 70.

COURS SPÉCIAUX

Entraînez-vous pour le grand saut, leçons particulières à la cheddite, dynamite, plastie, trinitrotoluène, etc. Sauts garantis depuis 4 mètres à l'infini. Méthode rapide.

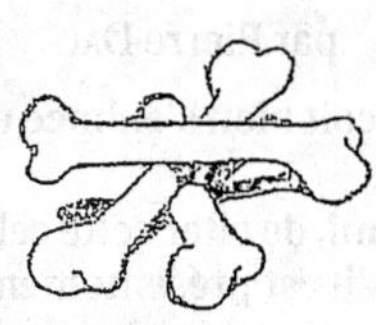

L'OS LIBRE

« Contre tout ce qui est pour – Pour tout ce qui est contre. »

NUMÉRO 43 – MERCREDI 31 JUILLET 1946

Pendant quelques jours, Paris devient le centre du monde, avec une Conférence de la paix qui réunit, au Palais du Luxembourg, les représentants de vingt et une nations. A quelques kilomètres de là, dans son bureau de ministre du Ravitaillement, Yves Farge ne laisse pas dormir en paix les trafiquants et ceux qui continuent à pratiquer le marché noir. Cet ancien journaliste, proche du général de Gaulle, homme de gauche sans appartenance politique précise, a été nommé par Georges Bidault au poste le plus difficile de ce gouvernement provisoire.

Edito — Mystique et ravitaillement

par Pierre Dac

Pascal a dit : « Ce qui se conçoit bien s'énonce clairement et les mots pour le dire arrivent aisément. »

Je crois opportun, aujourd'hui, de citer cette célèbre pensée à propos du problème du ravitaillement ; car s'il est présentement quelque chose d'obscur, de confus et d'incompréhensible, c'est bien ce problème-là. Et pourquoi est-il, pour tout entendement normal, tellement embrouillé et dépourvu de tout esprit de clarté ?

En bref, je crois surtout que le problème du ravitaillement est mal posé ; en admettant, toutefois, qu'il y ait un problème du ravitaillement ; ce qui n'est pas absolument prouvé ; néanmoins l'honnêteté m'oblige à reconnaître que si tant de monde en parle c'est qu'il doit tout de même y avoir quelque chose qui cloche dans ce coin-là. Donc, vous disais-je, ma conviction est que le problème est mal posé ou, plus exactement, mal énoncé. J'ai pris la peine, à votre intention et d'une manière parfaitement désintéressée, d'étudier la question. Je l'ai parfaitement comprise ; il ne me reste plus qu'à vous l'exposer en des termes propres à être compris par l'esprit le plus obtus.

En premier lieu, il convient de ne pas perdre de vue que le problème du ravitaillement est avant tout un problème de nourriture ; d'aucuns, trop nombreux, ont, depuis quelque temps, une fâcheuse propension à l'oublier. Ce problème, dont M. Yves Farge a dit, il y a quelques jours, qu'il était, dans son ensemble, d'une très grande complexité, n'est en réalité complexe qu'en raison de la diversité des éléments qui le composent. Il suffirait donc de supprimer la diversité pour que la complexité disparaisse automatiquement. Raisonnement peut-être un peu simpliste : j'en conviens. Aussi pousserai-je plus avant ma démonstration.

En second lieu, ce dont il faut également et impérativement se rendre compte, c'est que, en aucun cas, nous ne devons espérer une amélioration du ravitaillement tant que celui-ci continuera à ne subir aucune modification. C'est là un point capital. Et l'essentiel demeure la lutte contre la hausse des prix. C'est du moins ce qu'a dit, aussi, M. Farge. Et, là encore, je ne puis que constater mon désaccord avec lui. Ce n'est pas à la hausse des prix qu'il convient de s'attaquer, mais bien aux prix eux-mêmes sans s'occuper de la hausse. La hausse est une chose et les prix sont autre chose. A mon avis, il faut élever la baisse à la hauteur de la baisse des hausses. En plus clair et en plus stylisé : il faut hausser la baisse et baisser la hausse. C'est net et sans bavures.

Et là où je rejoins, sans réticence aucune, M. Farge, c'est quand celui-ci déclare : « Mon intention est de créer une mystique de la baisse. » Bravo ! Alors, là, nous y sommes. Il nous faut sans tarder des missionnaires de la baisse qui foncent, tête baissée, dans la baisse mystique. Dans les écoles il faut que, à longueur de journée, les élèves récitent mystiquement : je baisse, tu baisses, il baisse, nous baissons, vous baissez, ils baissent. Et aussi partout ailleurs que dans les écoles. Et quand tout le monde se trouvera en état de grâce mystique de baisse, ça baissera. Car il faut que ça baisse : et à prix rabattus. Je suis également pleinement d'accord avec M. Farge quand il affirme qu'il veut revaloriser, chez les commerçants et les consommateurs, la notion du civisme. Là, ce sera facile ; car ils n'attendent que ça, les commerçants et les consommateurs. C'est par centaines de demi-douzaines que j'en ai rencontré de ces braves gens qui, leur notion de civisme sous le bras, me demandaient, frémissants d'impatience, où ils devaient s'adresser pour la faire revaloriser !

En définitive et pour conclure, nous sommes dans le bon chemin ; dans celui qui mène au carrefour des décisions idéales, d'où partent les voies parallèles qui aboutissent à l'angle droit du virage des solutions incurvées.

Vingt-deux, voilà les flics !... non !
Vingt et un, voilà les gardiens de la paix

C'est par ce cri que s'est ouverte, lundi dernier, la conférence qui groupe au palais du Luxembourg les représentants des vingt et une nations unies pour le triomphe de la paix.

L'édifice a, bien entendu, reçu une décoration de circonstance, digne de l'événement historique dont il est le théâtre. Partout, ce ne sont que des pyramides de canons et de tanks ou faisceaux d'armes rutilant au soleil. On remarque surtout l'immense motif central composé d'épées, de fusils et de bombes dont l'ingénieuse disposition forme une gigantesque colombe d'acier tenant dans le bec un rameau d'olivier symbolique, tandis qu'au-dessus se détache, en hautes lettres faites de baïonnettes, la devise : « Paix ! Pet ! »

Pour mettre tant de hauts diplomates à l'abri d'un attentat toujours possible, certaines précautions ont dû être prises. C'est ainsi qu'une ligne de fortifications de campagne a été établie autour de l'ancienne résidence des pères conscrits. Elle est occupée par une brigade blindée motorisée, tandis que sur les toits des immeubles environnants, dissimulés dans des blockhaus individuels, des mitrailleurs sénégalais lâchent, de quart d'heure en quart d'heure, à titre d'avertissement, des rafales qui n'ont, d'ailleurs, jusqu'à présent, fait qu'un nombre relativement peu élevé de victimes.

La paix au fourreau

L'arrivée des Vingt et Un a été saluée par une triple salve d'artillerie accompagnée d'appels de sirènes.

Après avoir reçu les honneurs militaires d'usage, les délégués ont pénétré dans l'hémicycle où l'attribution des places a donné lieu à quelques bagarres, vite réprimées grâce à l'intervention des huissiers heureusement choisis parmi les champions de catch.

Montant à la tribune, M. Georges Bidault a déclaré la séance ouverte. Il a formé le vœu que, grâce au désir de concorde qui anime ses collègues, la conférence atteigne rapidement le noble but qu'elle s'est fixé. Répondant à ce désir, ses auditeurs se sont spontanément déclarés prêts à faire toutes les concessions désirables pourvu que le point de vue particulier de chacun d'eux soit adopté aveuglément par le reste de l'assistance.

A ce moment, le représentant de l'Angleterre est intervenu pour informer les membres de la conférence que, d'un commun accord, les Trois Grands avaient décidé d'écarter les questions susceptibles de provoquer des discussions oiseuses, lesquelles risqueraient de nuire ainsi à la belle harmonie des débats, à savoir : le régime futur de l'Allemagne, celui de l'Italie, la question de la Ruhr, celle de Trieste, la délimitation des zones d'influence, la propriété des puits de pétrole, la fin des occupations militaires, etc.

Par contre, il a précisé qu'aucune restriction de parole ne serait appliquée aux délégués qui éprouveraient le besoin de deviser sur la pluie et le beau temps. Le large libéralisme qui se dégage de ce discours a produit un excellent effet.

Le représentant du Liberia s'est levé ensuite pour proposer que les membres de la conférence soient dotés d'un uniforme distinctif. Il a préconisé, par exemple, des bottes à l'écuyère, un slip doré, une vareuse verte à revers rouges, des épaulettes d'argent, un casque de cuivre à plumet et un sabre recourbé. L'orateur a réclamé, en outre, pour lui et ses collègues, le droit au talon rouge, la gratuité dans le métro et la faculté de participer au côté des pompiers à toutes les prises d'armes.

La suggestion a été renvoyée à l'étude des commissions.

Il faut bien que Janus se passe

De grandes cérémonies vont naturellement marquer un pareil événement.

C'est ainsi que samedi prochain se déroulera au Champ-de-Mars une grande revue militaire suivie d'un simulacre de bombardement aérien, avec feu de barrage, combats d'avions, lâcher de parachutistes, attaque au lance-flamme et à la grenade et anéantissement de positions en hérisson.

Tous les colonels et le soldat de la garnison de Paris prendront part à ce spectacle sensationnel auquel assisteront, du fond d'une casemate en béton armé, les délégués à la conférence de la Paix.

Seul, le représentant des Etats-Unis s'est excusé. Il doit, en effet, se rendre ce jour-là à Bikini pour présider à une nouvelle expérience atomique.

RÉPUBLIQUE FRANÇAISE

Ministère du Ravitaillement

Avis de concours

Les 1er, 2 et 3 août 1946, il sera procédé, sur le champ de foire de la place Beauvau, à 15 heures 55 de relevée, aux épreuves éliminatoires en vue de la création d'une section spéciale de sept (7) sosies de M. Yves Farge.

Les candidats qui offriront, de près ou de loin, une ressemblance quelconque avec le ministre devront se présenter, une heure avant l'ouverture des portes et des Saltimbanques, *au service de contrôle munis de leur carte de sosie, de leurs papiers de sosie et de deux photographies les représentant en sosie.*

Les sept sosies agréés par la commission spéciale des sosies seront immédiatement affectés au cabinet du ministre.

Le fonctionnement de cette section spéciale s'effectuera de la manière suivante :

Chaque matin, à 8 h 30, les sept sosies seront mis dans un chapeau qui sera secoué par un fonctionnaire assermenté. M. Farge procédera ensuite lui-même au tirage au sort comme suit :

1er Farge de semaine.

2° – de jour.

3° – de nuit.

4° – de garde.

5° – de corvée.

6° – de secours.

7° – puni.

Au point de vue traitement, les titulaires sosies seront assimilés au poste de fraiseur-cimentier de première classe.

À Os rompus

La santé publique

Contrairement à certaines craintes injustement exprimées dans une presse pessimiste, la moralité semble en nette régression. Pour la semaine qui vient de s'écouler, on ne signale, en effet, sur toute l'étendue du territoire que 895 assassinats, 1 204 meurtres purs et simples, 3 560 cas de coups et blessures suivis de décès et 7 651 accidents mortels dus à l'imprudence.

Ajoutons que, depuis plus de dix-huit mois, la guillotine n'a fait qu'une seule victime, l'infortuné docteur Petiot.

Le kilomètre cher

On croit savoir que l'augmentation des tarifs de la S.N.C.F. serait appliquée seulement à partir du 10 août prochain, ce délai permettant aux usagers de prendre toutes dispositions utiles pour renoncer à leurs voyages de vacances.

Le nouveau prix du kilomètre serait le suivant : en troisième classe, 1 fr. 50 ; en seconde, 1 fr. 95 ; en première, 3 fr.

Ces prix ne donnent pas aux voyageurs le droit d'emporter les kilomètres payés par eux. Le kilomètre, quelle que soit sa classe, demeure la propriété de la S.N.C.F.

Qu'attend-on ?

Une manifestation monstre s'est déroulée hier soir devant la résidence de M. Létourneau, ministre des P.T.T. Une délégation, reçue par lui peu après, lui a demandé le relèvement immédiat des tarifs postaux.

M. Létourneau paraissant distrait, les délégués du peuple insistèrent fermement : « Au moment où le redressement de la France est intimement lié au relèvement de tous les prix, ils s'opposeraient à toute diminution. Celles-ci pouvant faire croire à l'étranger que les Français étaient pauvres. »

Aux cris mille fois répétés de : « Notre augmentation nous permet de payer, faites payer les riches », le cortège se dispersa dans un ordre impressionnant.

On a eu chaud...

Au cours de la séance de validation de M. E. Daladier, une sauvage bataille oratoire ayant éclaté entre ce dernier et plusieurs membres de partis différents, on s'apprêtait à craindre un horrible carnage lorsque les combattants, à la surprise générale, s'aperçurent qu'ils avaient égaré ou perdu d'importantes parties de leur redoutable mémoire. On craint que celles-ci n'aient péri corps et biens au cours d'une partie de « Pas plus que toi moins que toi », qui s'était déroulée à la buvette de la Chambre quelques instants auparavant.

Après la bombe, que de bruit...

Un lecteur nous écrit qu'il avait perçu, le soir de la deuxième Gilda, vers 22 h 30, un bruit épouvantable.

Renseignements pris, c'était l'ivrogne du cinquième qui désintégrait le domicile conjugal.

Le même soir, un voyageur apoplectique, qui avait traversé la steppe de Bondy, déclara avoir vu une grande lueur. Toutefois, le quidam ayant la conjonctive enflammée, nous gardons toute réserve.

Par ailleurs, d'innombrables lecteurs nous signalent avoir entendu une sorte d'espèce de bruit bizarre ; comme quelque chose qui serait roulé. Certains pensaient à une soudaine marée montante. Dans les milieux bien introduits on déclare qu'il ne s'agit là que du coût de la vie qui monte.

DIALOGUES...

L'un. — Bonjour et salutations.

L'autre. — Salut et ameublement.

L'un. — Alors, ça y est ! Les S.P. sont supprimés !

L'autre. — Ça n'aura pas été sans mal.

L'un. — Non, ils ont eu la vie dure !

L'autre. — Et longue.

L'un. — Ça me rappelle un type qui avait la réputation, dans son quartier, d'avoir…

L'autre. — Je vous en prie.

L'un. — Alors, comme ça c'est libre maintenant ?

L'autre. — Qu'est-ce qui est libre ?

L'un. — Ben, les S.P.

L'autre. — Mais non, puisqu'ils sont supprimés.

L'un. — C'est juste ; et vous en êtes certain ?

L'autre. — Aussi certain que si j'en étais moins sûr.

L'un. — Sur quoi vous basez-vous pour être aussi affirmatif ?

L'autre. — Sur les journaux.

L'un. — Ah ! bon, parce que les journaux ont dit que les S.P. étaient supprimés.

L'autre. — Oui, et d'une manière provisoirement définitive.

L'un. — Ah ! Ah ! Alors je vais pouvoir rouler.

L'autre. — Oui, si vous êtes marchand de tonneaux.

L'un. — Dans ce cas, il faut que je me débrouille pour avoir un S.P.

L'autre. — Mais puisqu'ils sont supprimés.

L'un. — Raison de plus pour en demander un. La suppression des S.P. ne signifie pas forcément leur disparition.

L'autre. — Ça signifie quoi, alors ?

L'un. — Leur rétablissement.

L'autre. — Alors, pourquoi les supprimer ?

L'un. — Pour les rétablir.

L'autre. — Je ne comprends pas.

L'un. — Vous n'êtes pas le seul ; c'est pourtant très simple : la suppression entraîne le rétablissement, lequel entraîne de nouveau la suppression qui provoque automatiquement le rétablissement, et ainsi de suite, jusqu'à ce que la suppression soit définitivement rétablie conjointement avec le rétablissement de la suppression.

L'autre. — C'est clair comme le René du même nom.

L'un. — Voilà ; faites attention vous marchez sur vos souliers.

L'autre. — Oh ! pardon : j'ai oublié de les enlever en partant ce matin.

L'un.— Dites-moi, entre nous, qu'est-ce que vous feriez à ma place, pour les S.P. ?

L'autre. — A peu de chose près ce que vous feriez à la mienne.

L'un. — Merci. Au revoir et discernement.

L'autre. — Salut et désintégration.

Pierre Dac

Faits divers

DE PARIS. – On nous signale la disparition du duc Adhémar de la Tronche, lequel a quitté son château de La Courneuve pour procéder à l'achat d'un peigne à moustaches, il y a une vingtaine d'années. A son départ, le disparu était porteur d'une somme de 40 millions. Son épouse est vivement inquiète, sachant le duc très dépensier.

Pareil fait s'était déjà produit en 1906 ; le duc, alors âgé de 68 ans, était parti acheter un rouleau de papier tue-mouches et n'était revenu que neuf années plus tard, passagèrement ruiné et sans ramener la moindre emplette, mais, par contre, possesseur d'une cuite phénoménale.

DE CANNES. – « L'affaire du vol des pédalos », qui passionnait tout Cannes, vient de se terminer par la capture d'un voleur peu commun.

Hier, M. Pontick, propriétaire de la plage des sports, désireux de mettre un terme aux vols dont il était victime, s'étais mis en observation au lieudit « Le domaine de la Chauminette », lorsqu'il aperçut une grande brute dégingandée montée sur un de ses engins nautiques qui fonçait puissamment vers le large.

Ayant enfin la clé de l'énigme, M. Pontick, réputé pour sa force herculéenne, n'hésita pas à se lancer seul, sur les traces de l'énorme corsaire.

Celui-ci était bientôt rattrapé au moment où, prenant pied sur la plage de Monte-Carlo, il s'apprêtait à vendre l'appareil à un pauvre millionnaire.

Après une terrible échauffourée, vaincu, le misérable forcené avoua avoir ainsi dérobé environ une trentaine de pédalos.

L'ANACHROS

La bataille de Bouvines (Avant-première)

Le roi d'Angleterre avait formé contre Philippe-Auguste une coalition où se trouvaient deux vassaux du roi de France, les comtes Ferrand et Renaud (deux bonnes pâtes). L'empereur d'Allemagne Othon IV était également dans le coup.

Ceci se passait le 27 juillet 1214. Or, c'était un dimanche et il s'en est fallu de peu que nous n'ayons pas de bataille de Bouvines. En effet, à cette époque, on ne se bagarrait jamais le jour du Seigneur. Le samedi, à minuit, on suspendait les hostilités. Le dimanche matin, les adversaires assistaient en chœur à la messe et se retrouvaient l'après-midi sur la place du village où ils faisaient une partie de pétanque avec les boulets qu'ils se catapultaient le lendemain sur le coin de la fiole. Le soir, ils se quittaient, navrés, en se disant : « A dimanche prochain... Peut-être... » Le lundi, à la première heure, et que je t'estoque et que je te taille ! Tout était, en quelque sorte, rentré dans l'ordre.

Comment donc se fit-il que la bataille eut lieu ? Tout simplement parce que l'empereur d'Allemagne avait arraché de son calendrier deux feuillets à la fois. « Quel jour Othon ? », lui demanda un bouillant capitaine. L'empereur répondit naturellement : « Lundit » et donna l'ordre d'attaquer. Il lança ses troupes à la poursuite des Français établis près de Cambrai. Ce fut la fameuse erreur que les historiens désignent comme la « bêtise de Cambrai ».

Les deux armées se trouvaient face à face. Les Allemands avaient le soleil dans les yeux. « Tirons le côté au sort ! », s'écria Philippe-Auguste, très chevaleresque, et il sortit une pièce de monnaie : « Pile pour nous ! », rugit-il en la lançant. La pièce tourna dans l'air... Etait-elle pipée ou non ?... Comment retomba-t-elle ?... Qui gagna la bataille ? Vous le saurez la semaine prochaine.

Chronique agricole

La culture du poireau

Le poireau est ainsi appelé parce qu'il a la tête blanche et la queue verte. C'est un légume dont la culture est extrêmement décevante. Songez que le poireau s'obtient en semant de la graine d'épinard. Mais lorsque les résultats viennent couronner vos efforts, vous pouvez être fier de vous. Vous avez ce qu'on appelle de la légume, et même de la grosse légume.

La graine d'épinard que l'on choisit pour cette culture doit être soigneusement choisie et triée sur le volet. Si vous n'avez pas de volet, prenez un contrevent, une persienne, un moucharabieh, un store, un rideau, un sabord, un hublot, un œil-de-bœuf, une fenêtre ou une porte cochère, c'est une affaire de goût et de promptitude d'esprit à se tirer des situations les plus épineuses. Rejetez impitoyablement toutes les graines malvenues, incomplètes, atrophiées, brisées, abîmées, détériorées, altérées, amochées ou esquintées pour ne garder que les graines saines et entières qui prennent à ce moment le nom d'étoiles.

Semez en avril, à la volée, dans les gibernes et dans le sens de la longueur, et attendez. La récolte se fait dans le *Journal officiel.*

Petites Annonces

OFFRES SPÉCIALES

On demande hommes de bonne volonté pour travaux pénibles et mal rétribués.

On demande faussaires en écritures pour travaux agricoles à domicile.

Retraite de banque céderait ses quinze jours de vacances, à prendre sur la Côte d'Azur, à monsieur possédant important capital.

DEMANDES SPÉCIALES

Administrateur, yeux d'acier, disposant secrétaire yeux velours, demande urgence lunettes même tissu, pour conversation langoureuse visuelle. – Nicolas.

Recherchons bonnes femmes de ménage, actives, peu sujettes au vertige, pour lessivage et époussetage armatures métalliques. S'adresser 1er étage, tour Eiffel.

DIVERS

Pince à épiler le gazon et tondeuse à barbe état neuf. F. Gay.

Chapeau melon lavable, toile de lin, bords roulés, armature acier : 24 fr. 10. Le même, amidonné : 27 fr. 50. Article élégant, cartonnage fort : 46 fr. 25.

Travaux à domicile. Donnerais petit labourage à faire chez sol à jardinier expérimenté et bien outillé.

VILLÉGIATURES ET PENSIONS

Propriétaire petite plage bretonne offre séjour gratuit à messieurs et dames aimant bien le déminage au grand air.

ARTICLES POUR PLAGES MAL EXPOSÉES

Lunettes de soleil, réversibles en lunettes de pluie. Le bel article .... 12 fr. 90

Maillot de bain chauffant : 412 fr. 70

Le même à manches et jambes longues, col tenant .... 1 935 fr.

Moufles de plage. La bonne paire : 190 fr.

Bonnet de bain, doublé castor : 355 fr.

Chaussures de plage fourrées, les deux : 1 675 fr.

Contre les gerçures et les engelures, utilisez le baume Yves-Lerouadek, inventeur à Ploumanach (Finistère). En vente sur toutes les bonnes plages.

Lunettes en trous de serrures pour gros promeneur dégoûtant. La bonne paire : 8 fr.

FONDS DE COMMERCE

Pour causes météorologiques, vends échoppe marchand de sorbets. Peut être facilem. transformée en commerce grogs et boissons chaudes.

A Saint-Aubin (Calvados). A vendre, cause maladie, petit fonds commerce imperm. et parapluies. Chiffre affaires juin seulement : 159.875 fr. – Excell. affaire en plein dévelop.

FOURNITURES POUR PIN-UP GIRLS

Maillot de bain extra réduit : 2 300 fr. – Le même, transparent : 2 875 fr. – Article haute nouveauté se dissolvant au contact de l'eau : 3 650 fr.

L'OS LIBRE

« Contre tout ce qui est pour – Pour tout ce qui est contre. »

NUMÉRO 44 – MERCREDI 7 AOÛT 1946

Les choses étant ce qu'elles sont et n'étant pas vraiment ce qu'on voudrait qu'elles soient, Pierre Dac fait appel à son nouvel ami, le professeur Léopold Sparadrap, pour analyser l'inaction du gouvernement. Les Français ne se font plus d'illusion. Les problèmes de ravitaillement demeurent et, en dépit des démentis de nos dirigeants, les prix ne cessent de grimper. La baguette de pain vient encore d'augmenter de 10 %. Le gaz et l'électricité devraient suivre, contrairement aux promesses des ministres. Le directeur de L'Os libre *a trouvé plus loufoque que lui.*

Edito Assez de fausses promesses

par Pierre Dac

En vérité, quand donc en finira-t-on avec le jeu ridicule et dangereux des promesses fallacieuses et des espoirs déçus ? Quand donc ceux qui ont la charge de manipuler la chose publique se rendront-ils compte qu'on ne joue pas indéfiniment et impunément avec les nerfs des citoyens ? La patience a des limites ; les limites ont des bornes ; les bornes ont des oreilles. Et lorsque les oreilles des bornes qui limitent la patience commencent à s'échauffer, c'est le signe infaillible et précurseur de tout ce qui peut se produire non seulement par la suite mais également après coup. Et, qu'on le veuille ou non, nous en sommes là.

En effet, il y a quelques jours à peine, on pouvait lire dans les journaux l'avis suivant : « Les ministres de l'Economie nationale et de la Production industrielle communiquent que, contrairement à certaines informations, il n'est pas actuellement question d'une nouvelle augmentation des tarifs du gaz et de l'électricité. » Et voilà, le tour est joué ! On s'en tire avec une pirouette sans même daigner donner la moindre explication et on n'en parle plus. Tout de même, un peu grosse, la ficelle ! Car, si j'ai bonne mémoire – et là encore les quotidiens ont largement et à diverses reprises diffusé la nouvelle – les pouvoirs

publics nous avaient formellement promis une substantielle et imminente augmentation du gaz et de l'électricité. Chacun donc, dans la population, à part, peut-être, les éternels grincheux, s'apprêtait avec entrain et bonne humeur à faire face à ces nouvelles charges si légitimement compréhensibles et opportunes. Le climat général s'en trouvait pour autant imprégné d'une réconfortante euphorie à peine teintée d'une légère et souriante ironie. Sans se connaître, les gens se clignaient mutuellement de l'œil, d'un air complice et entendu qui, dans l'ensemble, signifiait : « Enfin ! le gaz est sous pression et l'électricité remonte le courant ! »

Mon ami le professeur Léopold Sparadrap, lui-même, dont cependant l'esprit critique est bien connu, me confiait sans ambages : « La mesure est salutaire et arrive en son temps ; car, en somme, à quoi cela servirait-il d'augmenter salaires et traitements si ce n'était pour payer plus cher ce qu'il serait injuste et illogique de payer meilleur marché. » Sur le plan international et en pleine conférence de la paix, c'était pour nous un excellent moyen de propagande ; déjà, et un peu partout, l'étranger murmurait : « Un pays qui se paie le luxe d'augmenter ses tarifs gazeux et électriques est incontestablement un pays qui peut se permettre de se passer de ce que les autres n'ont pas l'intention de lui offrir. » En outre – et ce n'était pas là un des moindres avantages – le gaz et l'électricité se voyaient automatiquement revalorisés tant dans leur personne morale que physique.

Et voilà que, sur une simple et arbitraire décision de deux ministres, tout est flanqué par terre, entraînant dans sa chute les espoirs de millions de Français.

Je ne peux pas, et je ne veux pas croire que la décision est irrévocable ; en tout état de cause, il est nécessaire que le peuple fasse entendre sa voix pour que la question soit reconsidérée. On nous a promis une augmentation du prix du gaz et de l'électricité ; il faut que cette promesse soit tenue. Ou alors il ne fallait rien promettre. Ce qui est dit est dit. Ce qui n'est ni fait ni à faire doit être fait. Qui peut le plus peut le moins et qui paie moins peut payer plus !

A la manière de...

... L'Os, par Honoré de Balzac

LA FORTUNE

Quelque vaste que soit l'empire du monde, il y a peu de choses qui soient impossibles à la fortune. Elle peut tirer un trafiquant du bar ou de l'officine pour le loger dans un palais ; elle peut mettre une couronne sur la tête d'un imbécile ; elle peut transformer l'os du ravitaillement en un somptueux festin ; elle peut quantité de semblables choses, et tout cela se voit dans les histoires présentes. Elle peut aussi embellir une laide et refaire un visage qui fait peur, donner de l'esprit à un sot. Elle élève des barrières et pose des corps de garde devant la porte des palais qu'elle a bâtis à l'imbécile qu'elle a couronné, et si la vérité force tout cela pour aller découvrir dans le cabinet de monstrueuses stupidités et les venir exposer à la vue du monde : la fortune est si puissante que notre idiot cesse d'être ridicule.

Mais, avec toute sa force, la fortune ne saurait obtenir que *L'Os libre* ne soit hilarant, que l'existentialisme ne passe de mode, et que M. Farge ne soit bien ennuyé.

À Os rompus

La Banque se dégonfle

L'autre matin, on pouvait lire dans les rares journaux qui ne sont pas encore en vacances l'information suivante :

« Nouvelle diminution de la circulation fiduciaire. La situation hebdomadaire de la Banque de France fait apparaître un nouveau dégonflement de 6 milliards 738 millions de francs dans la circulation fiduciaire. En quinze jours la masse des billets en circulation a ainsi diminué de 21 milliards 486 millions, ce qui semble indiquer une amélioration sensible survenue dans la situation financière de l'Etat. »

Tout s'explique !

En bons citoyens, nous nous réjouissions patriotiquement de cette réconfortante nouvelle lorsqu'une seconde information tomba sous nos yeux ; toc !

Celle-ci :

« Grève de la Paierie générale. – Les fonctionnaires de la Paierie générale se sont mis en grève afin d'obtenir leur reclassement. Les délégués du personnel sont en contact permanent avec M. Schuman, ministre des Finances, pour étudier avec lui les mesures propres à leur donner satisfaction, etc. »

Ainsi, hélas ! tout s'explique ! Si la situation fiduciaire se dégonfle légèrement, c'est que la paierie a fait de même !

Joli procédé ! Caisse que vous en dites ?

Quant à nous, nous ne pouvons que répéter une fois de plus : Eh bien ! c'est du propre !

Légitime protestation

Mme Bouju, concierge, 143, rue de la Fidélité prolongée, nous adresse une protestation indignée contre les agissements des postiers parisiens, qui ont repris le travail sans la consulter, après une grève de quelques heures seulement.

« Ça, une grève, laissez-moi rire ! écrit-elle. Ces gars de la poste sont des égoïstes incapables de penser à autrui ! On voit bien que ce n'est pas eux qui doivent monter le courrier trois fois par jour jusqu'au sixième étage ! »

Après lecture, nous avons remis la lettre de Mme Bouju à qui de droit, c'est-à-dire dans la boîte postale la plus proche.

Les élections

Sur contrordre ou manque de panneaux, les élections législatives du deuxième semestre 1946 auront lieu le 17 novembre, soit avec quelques jours de retard sur la date primitivement fixée.

Cette mesure a été prise pour permettre aux députés sortants de chercher un autre emploi dans l'industrie privée ou même ailleurs.

La fin des bûches

L'administration des tabacs informe les fumeurs qu'à partir de dorénavant et sauf exceptions, ils ne trouveront plus de bûches dans leurs cigarettes ou dans leurs paquets de scaferlati.

Les bûches seront remplacées par des morceaux de bois de dimensions variables et susceptibles de remplir le même office.

DIALOGUES...

L'un. — *D'accord ?*
L'autre. — *D'accord.*
L'un. — *Sur tout ?*
L'autre. — *Naturellement.*
L'un. — *Et sur rien ?*
L'autre. — *Encore plus.*
L'un. — *Vous avouerez, tout de même, que nous vivons dans une époque étrange.*
L'autre. — *Etrange de melon.*
L'un. — *Comment ?*
L'autre. — *Rien.*
L'un. — *Etrange, à la rigueur, ne serait rien, mais c'est qu'elle est surtout bizarre…*
L'autre. — *De l'Hôtel de ville.*
L'un. — *Plaît-il ?*
L'autre. — *Rien.*
L'un. — *Si encore nous savions où nous allons.*
L'autre. — *Moi je le sais.*
L'un. — *Vraiment, et où allez-vous ?*
L'autre. — *Chez moi.*
L'un. — *Ce n'est pas une solution.*
L'autre. — *Non, mais c'est là où j'habite.*
L'un.— *C'est une explication.*
L'autre. — *C'est surtout mon domicile.*
L'un. — *Il n'empêche que tout est bien complexe.*
L'autre. — *Et concave.*
L'un. — *Et même convexe.*
L'autre. — *Oh ! moi je ne suis pas susceptible.*
L'un. — *Moi non plus ; aussi vais-je de ce pas cultiver mon jardin.*
L'autre. — *Et moi labourer mon rez-de-chaussée.*
L'un. — *On fait ce qu'on peut.*
L'autre. — *Et on peut ce qu'on fait.*
L'un. — *Le tout est de la faire.*
L'autre. — *A repasser.*
L'un. — *Comment ?*
L'autre. — *Rien.*
L'un. — *Je me disais aussi !*

Pierre DAC

Cinéma

Qu'elle était verte ma vallée !

Nous voici légèrement inondés de films américains. J'ai été en voir un qui s'appelle *Qu'elle était verte, ma vallée !…* Comme son nom l'indique, c'est l'histoire d'une vallée qui est presque noire.

Tout d'un coup, la vallée devient une grève : celle des ouvriers qui travaillent dans la mine, qu'ils ont mauvaise. Alors, un petit garçon se casse le derrière et le bon pasteur vient lui mettre du baume dans l'âme en lui injectant des extraits de foi.

Pourtant ce n'était pas l'âme qu'il s'était cassée…

Mais cela me rappelle une chanson que l'on chantait dans mon enfance :

Nina, laisse courir, baisant la grève, ton pied mutin…

Il semble bien que, dans le film aussi, la grève soit baisée, mais on ne nous montre pas comment ni par qui. Quant au petit garçon, il va mieux, je vous remercie, et il va même tout à fait bien.

A ce moment, le pasteur épouserait bien la sœur du petit garçon, mais, à la réflexion, il ne l'épouse pas et se transforme en station de métro. La sœur en question prend la correspondance et descend à La Chapelle, où elle se marie avec le fils du patron. Elle est très malheureuse et elle n'a pas d'enfants.

Je ne veux pas tout vous raconter, ce serait trop bref. J'ai d'ailleurs été saisi, au cours de la représentation, d'une sorte de malaise, qui doit être le mal de la vallée – celui, sans doute, de la vallée de travers.

C'est vous dire ce qu'il faut en penser.

Sulpice CHINOIS.

L'ANACHROS

La bataille de Bouvines (suite et fin)

Philippe-Auguste avait lancé très haut la pièce qui tournait toujours dans l'air. C'était une pièce à son effigie. Si elle tombe sur ma face, pensa-t-il, je ferai plutôt une drôle de gueule !… La pièce tomba pile et les Français gardèrent le côté où ils se trouvaient, ceci pour la durée de la première mi-temps.

Les trompettes sonnèrent et la bataille s'engagea. Il y avait prou de preux. Les chevaliers s'apostrophèrent : « Viens-y donc si t'es pas un lâche !… Dégonfleur !… Ben quoi Phi-Phi, tu te déballonnes ?… Atome désagrégé !… » Bientôt, ce fut une mêlée confuse, un pluriel de combats singuliers. Au pied d'un marronnier, des cavaliers se châtaignaient !

Soudain, l'attaque des fantassins ennemis prit Philippe au dépourvu. Il fut entouré, harponné par le crochet d'une pique et tomba sur le sol dans un horrible fracas de ferblanterie. Les fantassins se jetèrent sur lui et cherchèrent, de leurs poignards, les défauts de la cuirasse. Ils y passèrent une heure sans parvenir à trouver un seul joint. Tranquille, car il s'habillait à « La Belle Chaudronnière », Philippe s'était endormi…

L'arbitre siffla la mi-temps. Les Français réveillèrent leur roi, le remirent à cheval et on changea de côté. Dès la reprise, les Français prirent l'avantage. L'empereur Otton eut son cheval tué sous lui. Un de ses suivants lui passa le sien. « Otton nous de là ! », s'écria-t-il en joignant la fuite à la parole. L'évêque de Beauvais, une massue à la main, se demandait s'il pourrait respecter la loi de l'Eglise interdisant aux prêtres de verser le sang quand vint à passer le comte de Salisbury, juste à sa portée : « Pardonnez-moi mon frère, je dirai une messe pour le repos de votre âme »… Et il lui fracassa le crâne.

Les Français étaient vainqueurs. Interviewé, Philippe-Auguste déclara : « Le meilleur a gagné, mais nous avons eu une de ces chances ! Une Bouvines de… pendus ! »

Faits divers

DE SAINT-YRIEIX. – Alors que la fête battait son plein, notre rédacteur Fernand Rauzéna crut spirituel de pénétrer sur la scène du théâtre de verdure et de se livrer à des facéties d'un goût douteux. Vigoureusement applaudi à coups de strapontins, il fut gaîment accompagné par une grosse foule velue et houleuse jusqu'à la gendarmerie la plus éloignée où il reçut sur les ordres de M. le maire et des mains de la maréchaussée une carte de « tabac » d'honneur. Condamné à assister au feu d'artifice, aux dernières nouvelles sont état serait désespéré.

DE MERCEUIL. – Sortant de chez le docteur, deux pénibles laryngiteux ont pénétré par surprise et par derrière dans la cave du sieur Grappin. Ce dernier les surprit alors qu'ils commençaient à s'administrer des collutoires et des gargarismes de vin rouge. Afin de parfaire leur régime, le sieur Grappin leur appliqua immédiatement une violente série de ventouses en chêne massif. Les deux malades ont été admis aux hospices de Beaune.

PLUS DE CHAUVES
avec
« ASPIR-POIL »

Le meilleur des aspirateurs à cheveux.
Résultats extraordinaires au bout du 6e mois de traitement.
Quelle que soit votre condition sociale et
SANS QUITTER VOTRE EMPLOI !

M. MANNOURY
metteur ou point de locomotives en cours de traitement.

« ASPIR-POIL » suce et attire le cheveu le mieux enraciné. Malgré sa puissance d'aspiration, ne déforme pas le cuir chevelu. Ne fatigue pas. Ne pèse que 16 kg 100. Modèles spéciaux pour : ministres, accordeurs de pianos, garçons de bains, gendarmes, tonneliers, artistes, etc.

Recommandé à tous les octogénaires soucieux de leur physique.

Facilités de paiement à MM. les Anachorètes sur présentation de leur carte d'Anachorète.

REMBOURSEMENT ET SOINS GRATUITS EN CAS D'EXPLOSION DE L'APPAREIL

Demander notice à Samuel Pinkleton, inventor, 282, Regent's Park Road, Finchley (London).

Distinctions

Mme Pierre Dac, femme et épouse de notre directeur, vient de passer brillamment, et avec la mention « pas mal du tout », les épreuves du permis de conduire les péniches à ressort, les escaliers mécaniques et les tapis roulants.

La rédaction, dans son ensemble, et à quelques rares exceptions près, lui adresse ses plus sincères félicitations.

Petites Annonces

DEMANDES D'EMPLOI

Par suite alimentation dérisoire, monsieur, Français, cherche emploi homme volant dans cirque ou institution similaire.

OFFRES D'EMPLOI

On demande bons réaliseurs, pour remise à l'aise messieurs un peu compromis.

Grosse usine de clous cherche bons ouvriers boudeurs pour faire la tête.

Concierge analphabète, dans immeuble bourgeois, cherche personne discrète, bonne éducation, pour lecture du courrier.

OFFRES SPÉCIALES

Pour cause retard paiement prêt, canonnier céderait conditions avantag., joli canon de campagne, cal. 75, bon état avec quelques boulets. Faire offre discr. à canonnier Colart, Vernon (Eure).

OCCASIONS

A saisir, superbe machine à écrire Ric et Rac et chien clavier universel à grand chariot.

Echelles à coulisses multiples, recommandées aux presbytes désirant se tenir au courant des prix actuels. L'échelle : 3 642 fr. – Livrée avec télescope fort grossissement : 4 905 fr. 15.

A saisir, Rosengarde 1 250 CV, boîte de vitesses pitchpin. Moteur flottant insubmers. Marche av. arr. et sur côtés. Embray. à manivelle. Direction oscillante. Roues à indépend. intermittente. Talons en bon état. Caross. Louis XV. Capote rayée rouge, vert, etc. Livrée sous globe. Visib. pour connaiss. seul. Interm. s'abstenir. – Raymond Dac. Tél. Mon. 80-14.

L'OS LIBRE

« Contre tout ce qui est pour – Pour tout ce qui est contre. »

NUMÉRO 45 – MERCREDI 14 AOÛT 1946

Le gouvernement a augmenté les bas salaires de 25 % et les plus hauts de 15 % seulement. Cela n'a rien arrangé, bien au contraire. On murmure maintenant qu'une hausse importante du tarif des postes serait imminente. Il ne manquait plus que ça ! La population est amorphe et personne ne prête véritablement attention au refus de notre gouvernement d'accepter l'unification économique de l'Allemagne. Certains affirment même que Georges Bidault et ses ministres feraient mieux de se préoccuper d'abord de ce qu'il se passe chez nous.

Edito — Les chasseurs d'hypothèse

par Pierre Dac

L'homme soucieux d'essuyer toujours davantage les oreilles de son entendement après les doubles rideaux de la connaissance va derechef et chaque jour de découverte en découverte et de couverture en recouvrement. Une fois de plus, je viens de vérifier le bien-fondé et la solidité du soubassement de cette efficiente proposition. Et de la manière suivante.

Je couchais depuis quelques jours sur le dur bas-flanc de l'inquiétude car j'étais sans nouvelles de mon docte ami, le professeur Léopold Sparadrap, lorsque, dimanche dernier, je reçus de lui le message ci-après : « Pour celui qui veut voir, rien de mieux que de regarder, car la source est au début du débit. » Pour un quelconque profane, ces paroles eussent été par trop sibyllines et le fussent demeurées. Elles ne l'étaient pas pour moi. Ainsi, je sus que le professeur se tenait quelque part en un point situé très exactement entre la Bourboule et la côte des Somalis ; aussi me hâtais-je de l'aller rejoindre.

Je le trouvais assis en rond autour d'un bottin des rues de l'époque victorienne, en compagnie d'une vingtaine de personnages à l'aspect bizarre et hermétique, quoique, dans l'ensemble, assez sympathiques. Et le professeur Léopold Sparadrap m'adressa la parole en ces termes :

– J'ai l'avantage et l'insigne honneur de vous présenter la très moderne tribu des chasseurs d'hypothèse.

– Enchanté, fis-je, et tenant à montrer mon sens de l'originalité, j'ajoutai :

– Très honoré.

Et le silence s'établit, à son compte et à ses frais. Pas un silence quelconque d'ailleurs, mais un silence constructif, palpable et lourd de sens. Je le rompis, néanmoins, au bout d'un certain laps de temps dont je laisse au lecteur le soin d'apprécier la durée.

– Ainsi donc, fis-je, ces messieurs sont des chercheurs d'hypothèse ?

– Il me semble que ça se voit, répondit d'un ton teinté d'arnica et d'ironie Léopold Sparadrap.

Le fait est que, effectivement, ça se voyait, car chaque membre de la tribu était en tenue de chasseur d'hypothèse, laquelle, comme chacun le sait, se compose d'une culotte de cheval hongre, de chaussures à semelles rentrantes, d'un maillot de corps à poches plaquées et d'une serpillière à col Cronstadt.

– Alors, comme ça, m'enquis-je, vous chassez l'hypothèse ?

– Eh oui ! voulut bien condescendre à m'expliquer Léopold, nous chassons l'hypothèse ; mais attention, pas l'hypothèse vulgaire, domestiquée et conformiste, mais l'hypothèse sauvage, l'hypothèse libre et indomptée.

– Et vous en prenez beaucoup ?

– Pas énormément ; la chasse à l'hypothèse s'avère chaque année un peu plus difficile ; l'hypothèse de maintenant n'est plus ce qu'elle était avant guerre, elle est plus farouche, plus inconsistante, plus méfiante, plus rusée aussi. Néanmoins, nous faisons quelques belles prises. La semaine dernière, par exemple, nous avons capturé une magnifique hypothèse de paix universelle ; malheureusement, déjouant notre vigilance, elle nous a faussé compagnie dans la nuit ; malgré nos recherches et nos efforts, nous ne sommes pas parvenus à remettre la main dessus. Mais nous ne nous décourageons pas ; demain nous organisons une grande battue ; nos rabatteurs nous ont signalé une hypothèse de règlement du problème des S.P. Il va y avoir du sport ; si vous voulez être des nôtres !...

Je m'excusai, des dispositions antérieures me mettant dans l'impossibilité d'accepter. Et, leur ayant souhaité bonne chance, je quittai l'illustre professeur et les chasseurs d'hypothèse.

Ainsi donc, comme je viens de vous l'exposer, l'hypothèse a ses chasseurs. C'est un signe des temps. Et de la périodicité. Peut-être même davantage. Mais là, ce n'est qu'une hypothèse.

Faits divers

DE BEAUNE. – Voulant mettre fin à ses jours, un gros alcoolique, M. Sidoux, croyant prendre du poison, absorbe par erreur le contenu d'une bouteille d'eau minérale.

Son état est désespéré.

DE PARIS. – La nuit dernière, durant son sommeil, Mme S. Chevrier, membre honoraire du Club des 100 kilos, a écrasé son malheureux époux à la suite d'un brusque changement de position. Dégagée au bout de deux heures d'efforts, la victime a été hospitalisée d'urgence.

D'ORLÉANS. – Surpris à vendre de la viande au-dessous de la taxe, un commerçant. M. Lafraise, a été pendu par des contrôleurs économiques, survenus par bonheur, au moment où la populace déchaînée allait faire un mauvais parti au misérable.

Décidée à en finir avec les collaborateurs
LA HAUTE COUR LES CONDAMNE
en bloc à l'acquittement à perpétuité

Les lenteurs qui semblaient être apportées, jusqu'ici, au châtiment des hautes personnalités reconnues coupables de trahison et de collaboration n'auraient pas tardé à jeter le doute sur l'intégrité de certains épurateurs si la Haute Cour n'avait décidé d'en finir d'un seul coup avec tous ceux qui relèvent de sa juridiction.

Avec une vigueur et une promptitude dignes du tribunal révolutionnaire, elle n'a pas hésité, usant des pouvoirs discrétionnaires qui lui sont conférés, à traduire à sa barre toutes ces notabilités qu'on prétendait au-dessus des lois, et à les frapper en bloc du verdict implacable qui s'imposait.

Les impitoyables réquisitions du procureur général

Voici, in extenso, le compte rendu officiel de cette audience historique :

Le Président. – *Comptez-vous quatre !... Manque personne ?... Pour la Haute Cour, en position !... M. le procureur général a la parole.*

Le Procureur. – *Messieurs de la Cour, messieurs les jurés. Soyez sévères ! Soyez terribles ! Le peuple souverain vous regarde et demande justice... Vous auriez à juger un ancien maquisard convaincu d'avoir fait usage d'une bicyclette démunie de plaque fiscale tandis qu'il était dans la clandestinité, vous l'enverriez en prison sans faiblir... Ceux que vous allez frapper aujourd'hui ont livré la France à l'ennemi... Montrez-leur également votre mécontentement !... N'hésitez pas à leur dire qu'ils n'ont pas été gentils, et au besoin faites-leur : « Hou ! hou » en leur montrant les cornes... Ah mais ! Ah mais ! Ah mais !*

L'interrogatoire serré des accusés

Le Président. – *Excusés, levez-vous !... Qu'avez-vous à dire pour votre défense ?*

Un Accusé. – *Tout ça, nous savons de qui ça vient. Ça vient de nos concierges. Elles nous en veulent parce que nous leur avons donné des étrennes insuffisantes. Elles ont fait des racontars... De plus, c'est très poliment que les Allemands nous ont offert de l'argent et nous ont prié de leur rendre quelques petits services. Nous risquions de les vexer en refusant. Il y allait de la réputation de courtoisie de la France. La patrie avant tout, voilà comme nous sommes !*

Les témoignages accusateurs

Le Président. – *Huissier, introduisez les témoins !* (Les témoins entrent.) *Témoins, crachez par terre, levez la main gauche et dites : « Je le jure ».*

Les Témoins. – *Je le jure.*

Le Président. – *Bien. Que savez-vous de l'affaire qui nous occupe ?*

Le Premier témoin. – *Je ne sais rien.*

Le Deuxième témoin. – *Je n'ai rien à dire.*

Le Troisième témoin. – *J'ai perdu la mémoire...*

Le Quatre-vingt-dix-neuvième témoin. – *Pardon !… Moi, résistant de la première heure, j'ai été arrêté par la Gestapo et déporté à Dachau à cause des individus qui sont ici et…*

Le Président. – *Je vous retire la parole… Des polémiques personnelles de ce genre ne sauraient être tolérées dans un tribunal bien tenu… La séance est levée ! Cinq minutes d'entracte pour la préparation de la seconde partie !*

Le réquisitoire accablant

L'Huissier. – *Biberons ! Sucettes ! Bonbons acidulés !*

Le Président. – *La séance est rassise !… La parole est à monsieur le Procureur général pour le réquisitoire.*

Le Procureur. – *Messieurs de la Cour, messieurs les jurés. N'attendez pas de moi un appel à la modération. Non ! Non !… Les hommes qui sont à ce banc sont coupables, coupables de tromperie sur la marchandise puisqu'ils ont vendu aux Allemands une chose inexistante : leur conscience. Je réclame pour eux un acquittement exemplaire !*

Une plaidoirie désespérée

Le Président. – *La parole est à la défense.*

L'Avocat. – *Pitié pour mes clients ! De vieilles nourrices attendent leur retour. Privés d'elles, ils ne savent déjà plus à quel sein se vouer* (Les accusés pleurent)… *On a prétendu que mes clients n'avaient pas de conscience, c'est faux ! Ils en ont une qui est – leur attitude pendant l'Occupation le prouve – d'une élasticité à toute épreuve* (les jurés pleurent)… Je *rappelle, enfin, que ceux qui sont à cette barre ont tous été, plus ou moins, ministres, amiraux, généraux ou ambassadeurs. C'est assez dire quelle est leur débilité mentale. Je plaide l'irresponsabilité !* (Les gardes républicains pleurent).

Le Président, en larmes. – *La séance est re-levée !* (Tout le monde pleure.)

Le verdict

Les accusés sont déclarés « Résistants d'honneur » et sont condamnés à l'acquittement à perpétuité avec félicitations du tribunal. Les frais du procès sont à la charge des contribuables.

A la manière de...

... **L'Os,** par Mirabeau

DISCOURS SUR LA CONTRIBUTION TOTALE : *JUSQU'À L'OS*

Allons ! ces deux cent mille notables possèdent de quoi combler le déficit. Ramenez l'ordre dans vos finances, la paix et la prospérité dans la République… Frappez, immolez sans pitié ces tristes victimes ! Vous reculez d'horreur… Hommes inconséquents ! Hommes pusillanimes ! Et ne voyez-vous donc pas qu'en décrétant l'inflation, ou, ce qui est plus audacieux encore, en la rendant inévitable sans la décréter, vous vous souillez d'un acte mille fois plus criminel.

Croyez-vous que les milliers d'hommes qui perdront en un instant tout ce qui faisait la consolation de leur vie, et peut-être leur unique moyen de la sustenter, vous laisseront paisiblement jouir de votre crime ? Etes-vous bien sûrs que tant d'hommes, sans même un os, vous laisseront tranquillement savourer les mets dont vous n'aurez voulu diminuer ni le nombre ni la délicatesse ?

Mais, aujourd'hui, l'inflation, la hideuse inflation est là ; elle menace de consommer vous, vos propriétés, votre honneur, et vous délibérez ?….

À Os rompus

Et patati et P.T.T...

M. Létourneau, ministre des Postes, Téléphones et Télégraphes, ayant subitement démenti une hausse possible des tarifs postaux, nous croyons de notre devoir de mettre le public en garde contre un fol optimisme.

Des fois qu'on tomberait sur une hausse !

Enfin des actes

Le gouvernement a repoussé d'un pied ferme, et à la majorité du peuple souverain, la demande de suppression du ministère du Ravitaillement, selon le vœu exprès de la Fédération des trafiquants des marchés noir et parallèle de poulets.

Laquelle, dans une lettre ouverte lue par le président du gouvernement, signalait l'épouvantable situation d'un certain nombre de fonctionnaires du Ravitaillement dont la fortune était loin d'être faite. Suivait une liste de cas particulièrement angoissants qui furent exposés devant une assemblée frémissante d'horreur.

En conclusion, la Fédération des trafiquants du marché noir demande la peine de mort immédiate pour certains consommateurs, notamment les retraités qui sabotent sciemment une ère très « Prosper », n'hésitant pas à recourir au gangstérisme le plus éhonté pour parvenir à leurs faims.

En pleine radioactivité

De récentes observations au sommet du Puy-de-Dôme ont amené les savants à se demander si les expériences de Bikini n'avaient pas eu des effets directs sur la France.

Les derniers travaux de nos services scientifiques semblent nous autoriser à répondre par l'affirmative à cette importante question. D'une série de phénomènes enregistrés cette semaine par lesdits services, voici, en effet, les plus marquants :

1° Nombreuses courses de cyclotrons sur les routes et dans les vélodromes de France ;

2° Intensification des dépôts dans le neutron des pauvres (phénomène primitivement attribué à tort, à l'influence du M.R. Paye) ;

3° Publication de l'atome 37 des « Atomes de bonne volonté » ;

4° Flévreuse radio-activité dans le secteur de l'uranium (cause certaine : la proximité des électrons) ;

5° Menace de désintégration dans le ministère, de fission dans la majorité, d'explosion dans le plutonium de la rue et de révolution dans le plutocrevium.

Nos lecteurs pourront consulter les graphiques de ces phénomènes dans la salle d'hydrothérapie de l'observatoire de Charenton.

Coups de soleil

On ne peut pas toujours plaisanter. Le rire, à la longue, fatigue les muscles zygomatiques et risque de provoquer sur le visage le plus charmant des rides prématurées. Je n'ai vraiment pas besoin de ça, aussi cette chronique sera-t-elle par exception sérieuse, quoique scientifique.

On ne peut pas, non plus, être toujours dans la lune, je vous parlerai donc aujourd'hui du soleil.

Il serait vain de chercher à le dissimuler, ça va plutôt mal, là-haut ! Des observations minutieusement faites à l'aide du spectrohéliographe, de l'ultra-barographe et aussi, ne craignons pas de le dire, du conographe, permettent d'affirmer, sans risque d'erreur, qu'il se passe du vilain dans la zone chromosphérique, située, comme chacun sait, tout de suite au-dessus de la région photosphérique.

Ces simples termes, si éloquents en eux-mêmes, me dispensent d'insister sur la gravité de la situation. En résumé, nous assistons actuellement à une sorte de Bikini astral grand modèle avec rayonnement corpusculaire d'intensité considérable, émission massive d'ondes radioactives et jaillissement de flammes atteignant l'une dans l'autre cent mille kilomètres d'altitude.

On ignore si la flotte témoin a été entièrement détruite, mais la chose est probable.

Le fâcheux, c'est que les dégâts ne sont pas d'importance seulement locale. Tous les savants vous diront que chaque nouveau trouble solaire détermine sur notre planète, dans un délai de six mois, des événements regrettables tels que conflits armés, révolutions, massacres, conférences de la paix, etc.

Tout bien compté, il nous reste encore jusqu'à février ou mars prochains pour jouir en paix du calme bonheur qui est le nôtre depuis un lustre ou deux. Essayons donc de ne pas en perdre une bouchée. Après, on verra !

DIALOGUES...

L'un. — *Beau temps.*

L'autre. — *Beuh !*

L'un. — *Il ne fait pas beau ?*

L'autre. — *Si.*

L'un. — *Alors pourquoi faites-vous : beuh ?*

L'autre. — *C'est un mot de saison.*

L'un. — *Ah ! bon.*

L'autre. — *Et par surcroît un mot de famille...*

L'un. — *Ah ! Ah !*

L'autre. — *... qui m'a été légué par mon arrière-grand-père, ancien maître des cérémonies auprès du conseil d'administration d'une distillerie de copeaux mercerisés.*

L'un. — *C'est une raison.*

L'autre. — *Alors, n'est-ce pas, par tradition et respect des ancêtres, j'en suis le dépositaire légal.*

L'un (*ému*). — *Excusez-moi, je ne savais pas.*

L'autre. — *Remettez-vous ; le pardon est à la grandeur d'âme ce que la carpette en raphia est au tapis persan.*

L'un. — *Heureux de vous l'entendre dire ; quand même, beau temps !*

L'autre. — *Bah !*

L'un. — *Vous ne trouvez pas qu'il fait beau temps ?*

L'autre. — *Si.*

L'un. — *Alors pourquoi faites-vous : bah ?*

L'autre. — *Parce que je suis fatigué de faire : beuh.*

L'un. — *Excusez-moi.*

L'autre. — *Je vous en prie ; s'il vous plaît, quelle heure est-il ?*

L'un. — *Quelle heure aimeriez-vous qu'il soit ?*

L'autre. — *11 h 1/2.*

L'un. — *Je regrette, il n'est que 10 h 5.*

L'autre. — *Dommage !*

L'un. — *Désolé !*

L'autre. — *Enfin, ce sera pour une autre fois.*

L'un. — *C'est la vie.*

Pierre Dac

Théâtre

Mon faute *de Paul Valéry*

Il est remarquable qu'un académicien comme Paul Valéry n'ait pas hésité à inscrire, dans le titre même d'une œuvre scénique, une faute de français. Il signale, lui-même, son audace, d'ailleurs, car ce titre est : *Mon Faute.*

Un simple petit écrivain sans bicorne aurait écrit : *Ma Faute.*

Mais l'innovation de Valéry n'est pas seulement du domaine grammatical et littéraire. Ayant composé sa pièce sous l'occupation. Il l'a prononcée avec l'accent anglais. C'était sa manière de faire de la résistance clandestine et c'est aujourd'hui sa gloire.

Mon Faute est l'histoire d'un vieux monsieur qui éprouve à l'égard de sa jeune secrétaire des sentiments si violents qu'il l'envoie au diable.

Cette aventure est inspirée d'une légende qui eut cours à l'époque où le mot *Faute* s'écrivait en vieux français : *Faust.*

La moralité qu'on en peut tirer, c'est qu'il ne faut pas laisser les enfants jouer avec les allumettes. Sinon vous risquez de les retrouver complètement chauves.

L'œuvre de Valéry est malheureusement posthume. C'est un facteur, qui en raison de la récente grève, n'a pas manqué de nuire à la correspondance qu'elle prétend établir.

Mais cela n'enlève rien à sa valeur. Une valeur déclarée.

Modeste GONCOUR.

PETITES ANNONCES

DIVERS

Râteliers à bouches, pour poules et assimilées. Plus de gaspillage de pain. Digestion accélér. Montage aisé sur tout volatile.

Escalier à marches réglables pour gros alcoolique titubant. Mod. droit, 12 marches : 9 775 fr. Escalier à lacets, 272 marches : 27 043 francs.

ÉCHANGES

Pour modernisation matériel périmé, aviateur échangerait manche à balai contre aspirateur électrique.

VILLÉGIATURES

A 16 kilomètres bord de mer, fortin meublé, chambres souterraines chauffées. Descript. du paysage deux fois la semaine, de 15 à 19 h. par naturel du pays. Locat. parapl. et imperm. pour sorties.

POUR LA PLAGE

Banc de 4 projecteurs rayons ultra-violets, brunissage rapide. Livré avec petite tente climatisée : 8 749 fr. 70.

Article plus ordinaire. Le flacon teinture iode, brou de noix mélangés : 7 fr. 40.

Chapeau de bain toile cirée, diamètre 1 m. 20. Remplace le disgracieux parapluie : 445 fr. Modèle grande taille, pour groupe de baigneurs : 1 022 fr. 60.

Articles recommandés pour climats pluvieux : Appareil photographique étanche, poids 9 kg 775. La pièce : 59 782 fr.
Pied inoxydable, 14 kg 200. L'article : 2 725 fr.
Pellicule imperméable. Le mèt. : 84 fr.
Projecteur « Sunlight » sur batteries remplaçant le soleil. L'ensemble : 8 750 fr.

CHIENS

Setter anglais, croisé avec saint-bernard, longueur 1 m. 80, hauteur 0 m. 76,

3 mois : 4 500 fr. – Chenil « Au bon pedigree ».

ARTICLES POUR IVROGNES

Souliers plombés, spéciaux pour gentlemen portés sur la boisson. Contact permanent avec le sol. Conserve en partie grosse dignité. La jolie paire : 972 fr. 90.

FARCES ET ATTRAPES

Houpette poil à gratter, et poudrier contenant poudre à éternuer. L'ensemble : 175 fr. Déride les plus acariâtres.

L'OS LIBRE

« Contre tout ce qui est pour – Pour tout ce qui est contre. »

NUMÉRO 46 – MERCREDI 21 AOÛT 1946

Afin de soutenir l'action d'Yves Farge, ministre du Ravitaillement, qui lutte contre le marché noir, certains membres du gouvernement proposent que l'on puisse prononcer une condamnation à mort contre ceux qu'ils appellent les « affameurs ». Au cœur de l'été, cette déclaration jette un froid. Les quatre années de guerre sont encore présentes dans les esprits, et personne n'est dupe. Ce genre de propos, c'est l'arbre qui cache la forêt, un moyen pour nos ministres de dissimuler leur incapacité à agir.

Edito — Repos

par Pierre Dac

« Un peuple qui ne se repose pas est un peuple qui n'est pas loin de s'asseoir à côté de son derrière. »

Cette célèbre citation, due, comme chacun le sait, à part ceux qui l'ignorent, au crayon-encre de l'Arétin résonnait à mes oreilles d'une part et à ma mémoire de l'autre alors qu'il y a quelque temps j'allai consulter la Faculté pour des raisons personnelles et de santé. Car, il me faut bien vous l'avouer, je souffre depuis longtemps de différents malaises, les uns d'origine symbolique, les autres d'origine autodidactique qui se traduisent par des troubles de la croissance et des traumatismes chroniques dont la permanence le dispute à l'intermittence. L'homme de l'art m'examina longuement et consciencieusement, me fit tirer la langue et au pistolet automatique, puis procéda à une sérieuse auscultation pendant laquelle je comptai de 33 à 12 682 ; pour terminer, analyse logique et grammaticale du sang et de tout ce qui s'y rapporte.

Le praticien voulut bien alors me communiquer ses conclusions :

– Un fait est certain, me dit-il, vous n'avez pour l'instant, tout au moins, aucune fracture du crâne ni des membres inférieurs ; mais si vous n'y pre-

nez garde, ça peut se déclarer d'un moment à l'autre ; en conséquence, il est indispensable de vous astreindre à prendre un repos total et absolu.

– Mais, pardon, objectai-je, si je m'astreins à prendre du repos, ce n'est plus du repos ; le repos est, par principe, une détente ; or, si je m'y astreins, ça devient une contrainte et la contrainte est l'inverse du repos.

A ces paroles, le docteur entra dans une fureur multicolore et me traita d'espion ; je ripostai par un magistral coup de pied dans le ventre et nous nous quittâmes les meilleurs amis du monde.

Impressionné, néanmoins, par le diagnostic de l'homme de l'art, je résolus de me conformer incontinent à ses prescriptions.

Je me rendis donc d'un pas lourd de conséquences au secrétariat d'Etat des sports et loisirs, où je fus reçu, après demande d'audience, par le chef de cabinet de Mme Viénot :

– Alors voilà, exposai-je, je désirerais me reposer.

– Je n'y vois personnellement aucun inconvénient majeur et n'y apporte en ce qui me concerne aucune opposition systématique, voulut bien me répondre courtoisement le fonctionnaire en me faisant poliment mais fermement reconduire.

Je m'adressai par la suite à MM. Georges Bidault, Maurice Thorez et Daniel Mayer, qui me firent, à peu de chose près, la même réponse. Partout pareil : nulle objection, acquiescement poli, mais aucun encouragement ni prise nette de position. Et, qu'on le veuille ou non, j'en arrive à conclure, à mon corps défendant, que les pouvoirs publics se désintéressent d'une manière absolue du repos des citoyens.

En bref, il n'existe pas en France d'organisation officielle du repos. Et qu'on ne vienne pas me parler des établissements connus sous le nom de « maisons de repos ». D'abord ce sont des établissements privés, lesquels, par surcroît, sont destinés aux personnes un peu fatiguées du vasistas. A ma connaissance, je n'entre pas dans cette catégorie. Je ne suis qu'un honnête citoyen qui désire se reposer dans le cadre des institutions démocratiques et qui simplement s'étonne de ne pas voir le repos de l'homme englobé dans la politique de dirigisme qui est actuellement la nôtre. On pourra m'objecter, avec apparence de raison, que je peux me reposer tout seul. C'est une solution à laquelle il ne me vient pas une seconde l'esprit de m'arrêter.

Dans le supplément illustré de la Déclaration des droits, il est écrit au paragraphe XXIV : « Tout citoyen a le droit d'exiger un repos collectif et tripartite en rapport avec ses facultés et l'idéologie politique du parti auquel il appartient. »

Je m'en tiens là ; strictement ; et j'irai jusqu'au bout. J'ai écrit au gouverneur de la C.G.T. J'attends sa réponse avec calme et confiance. Car, jusqu'à plus ample informé, c'est encore l'organisme du Travail qui me paraît le plus qualifié pour me donner la possibilité de me reposer d'une manière organique, sociale et revendicatrice.

À Os rompus

Et les assoiffeurs ?

D'une main ferme quoique légèrement tremblotante, un lecteur nous écrit :

« On fait actuellement une loi pour punir les trafiquants du pain, de la viande, des pâtes alimentaires et autres légumes. Bien que doué d'un assez faible appétit, je n'y vois nul inconvénient. Permettez-moi cependant de vous demander pourquoi il n'est pas question dans tout cela des mercantis du vin.

« La mort pour les affameurs, c'est bien, mais les assoiffeurs, alors, qu'est-ce qu'on va leur faire ? »

Aviso es amatori

Retrouvé récemment par pure inadvertance, le corps de Mussolini n'a pas encore été enlevé de nouveau. Le préfet de police de Milan fait savoir aux intéressés que la dépouille du Duce repose toujours dans une salle de la préfecture. La clef est sur la porte et les gardes ont reçu des ordres pour faciliter le transport.

Les enfants martyrs

On mande de Bruxelles que le roi des Belges s'apprêterait à abdiquer en faveur de son fils Baudouin.

On en tient un !

On sait que plusieurs « circonstances aggravantes » doivent être réunies pour entraîner l'application de la peine de mort aux affameurs. Ces quatre circonstances sont : l'omission d'écriture, le fait que l'infraction ait été commise avec la participation de trois personnes, le fait que le coupable soit un agent de l'administration, et le fait que les denrées alimentaires détournées soient principalement destinées à l'enfance.

D'ores et déjà, ces circonstances aggravantes se trouvent réunies sur la tête d'un certain Paul-Louis Durand, employé à la mairie du 25e arrondissement.

Cet individu a, en effet, dérobé à son fils, âgé de trois ans, un sucre d'orge qu'il a enfoui dans sa poche sans prendre la peine d'inscrire ce transfert de denrée sur le carnet de ménage de son épouse. Puis, arrivé au bureau, il a dévoré le larcin avec l'aide du planton de service, de la téléphoniste et de sa dactylo qui, détail ignoble, était également sa maîtresse.

L'exécution ne saurait tarder.

Les jeux et le pain

Il faut bien l'avouer, l'année 1946 ne semblait pas jusqu'ici placée sous le signe de la rigolade, surtout les jours de fête. La Grande Quinzaine de Paris a été plutôt triste, le 14 juillet pluvieux, le 15 août morose, la Toussaint, elle-même, ne promettait pas d'être beaucoup plus gaie.

Par bonheur tout cela va changer, le gouvernement ayant décidé d'arracher la France à la neurasthénie. Pour nous amuser, les ministres se sont réunis en conseil et, dans cette formation, ont élaboré un ingénieux projet de réjouissances publiques sur le thème général : mise à mort des affameurs. La vaste étendue d'un tel programme n'était pas pour effrayer les pouvoirs publics, ni même personne. Les tra-

vaux préliminaires ont donc aussitôt commencé. Tout d'abord, on va organiser le recensement des affameurs, chacun d'eux devant fournir sous la foi du serment une déclaration comprenant ses nom, prénoms, surnoms, faux noms, qualités, défauts et spécialité commerciale (viande, céréales, lait, beurre, œufs, fromages, etc.).

Passons ensuite aux moyens d'action. Plusieurs concours pour l'emploi de bourreau, aide-bourreau, bourreau suppléant seront prochainement institués. De larges coupes auront lieu dans les forêts domaniales pour intensifier la production des bois de justice. Enfin, un modèle de reverbère transformable en potence auxiliaire est à l'étude tandis que l'on imprime en hâte des affiches portant avis d'adjudication pour fournitures de cordes à pendus.

Ces préparatifs terminés, rien ne pourra plus retarder les mises à mort proprement dites, lesquelles auront lieu en place de Grève, dans l'enthousiasme populaire, aux chants de La Carmagnole *et du* Ça ira mieux d'main.

Evidemment, bien sûr et comme il fallait s'y attendre, tout cela va nécessiter d'assez grosses dépenses. Dame, le plaisir, ça se paye ! En d'autres termes, on a dû songer à financer l'opération d'une manière ou de l'autre.

C'est aujourd'hui chose faite.

Voilà : pour faire passer aux affameurs le goût du pain, on en a légèrement relevé le prix.

Du pain, bien entendu.

Cinéma

Tombé du ciel

Tombé du ciel est un film français, dont tout l'intérêt tient exactement dans son intérêt lui-même.

Le scénario a pour titre une circonstance, mais il n'y a rien de choquant dans cette chute : c'est un bébé qui est tombé du ciel, avec un petit parachute en osier chromé.

Dès qu'il se pose sur le sol, on comprend, à le voir si seul, qu'il est orphelin. Malheureusement, la suite de l'aventure lui réserve une paire de mères et pas de père du tout…

Si bien que le vrai père se trouve complètement dépareillé. Alors, les deux mères s'en aperçoivent :

– Ton vrai père est amer, disent-elles au bébé.

Et, discrètement, elles s'en vont sur la pointe des pieds.

C'est l'heure de celle du courant.

Mais le vrai père ne court pas, il marche. Il marche et il va boire, comme les lions. Il s'essuie le front, au lieu de la bouche, et se demande comment il a pu avoir cet enfant sans mère.

Et voilà qu'il se sent une dent contre lui.

Mais c'est un enfant sans mère, ni dent.

La situation est cruciale et incisive.

C'est alors que le vrai père s'aperçoit qu'il n'est pas le père. A ce moment, la vraie mère apparaît avec un autre père qui est presque vrai.

Ils se marient tous ensemble et ils n'ont pas d'enfant. Pas même le bébé qui est remonté dans son parachute.

Le film, solidement ficelé, fait honneur au berceau du cinéma, c'est-à-dire à la France.

Sulpice CHINOIS.

A la manière de…

… L'Os, par Beaumarchais

LE MONOLOGUE DE FIGARO

Parce que vous êtes un grand trafiquant, vous vous croyez un grand génie !… Qu'avez-vous fait pour tant de biens ? Vous vous êtes donné la peine de voler et rien de plus. Tandis que moi, morbleu ! perdu dans les consommateurs obscurs, il m'a fallu déployer plus de science et de calculs pour ronger quelques os seulement, qu'on n'en a mis depuis trente ans à se perfectionner dans l'art de tuer. J'apprends la chimie, la pharmacie, le droit, que sais-je ! Et toute cette science peut à peine mettre un petit bifteck dans mon assiette, toutes les semaines.

Le désespoir m'allait saisir, il ne me restait plus qu'à voler ; j'entre au marché noir : alors, bonnes gens ! je soupe en ville, et les personnes dites comme il faut m'ouvrent poliment leur maison en retenant pour elles une part du profit. Je commençais à comprendre que pour gagner du bien, le savoir-faire vaut mieux que le savoir !

Faits divers

DE PARIS. – Hier soir, à la fête installée boulevard de Clichy, un gros inconnu rougeâtre qui occupait depuis plusieurs heures le meilleur angle de vision, face à une des balançoires géantes, s'est brusquement écroulé en proie à des soubresauts de la rétine.

Un groupe important de jeunes femmes, qui avait pris gaiement place à bord de l'engin, serait la cause involontaire de l'accident, le malheureux ayant eu la vue soudainement débordée par cet afflux massif de jupons.

Par ailleurs, étant descendus accidentellement du manège sur lequel ils avaient effectué de multiples vérifications, le commissaire Poileau Luc et l'inspecteur Lachnouf n'étaient pas peu surpris de se voir interpeller par un quidam verdâtre cramponné à un arbre, éructant un torrent de bulles cristallines. L'inconnu tenait à la main une gaufre à la crème sentant la lessive. Flairant une duperie alimentaire, les deux policiers, ouvrant rapidement une enquête, découvraient bientôt un millier de cas analogues. Ce n'est qu'après avoir consommé une centaine de gaufres à tous les stands de la foire que les deux hommes purent appréhender, non sans mal, le vendeur de gâteaux frelatés, un nommé Richard Harnold, une abominable brute à l'œil fané, qui reconnut avoir écoulé, à l'aide de ses gaufres, plus de 250 tubes de savon à barbe dont il ne pouvait se débarrasser.

« GAV' MITT »

la terreur des mites

Par son odeur persistante, attire la mite vers son fatal destin.

Deux louches à potage de ce formidable produit sur vos vêtements les préserveront de la destruction.

A base de colle de poisson du Guatémala et de bitume d'Azerbaïdjan, « Gav-Mitt » rend tout tissu indigeste et bourratif. Engorge et bouche tous les conduits et canalisations intérieurs de l'animal, provoquant sa mort, par occlusion viscérale, dans les 72 heures qui suivent.

Une de nos nombreuses références :

… pu sauver une manche seulement de mon monteau de vison, néanmoins je suis très satisfaite. Envoyez-moi donc, mes bons messieurs, trois grands pots de gav-mitt.

Mme J. ROBERT.

En vente partout.

Le pot simple : 23 fr. 40. Le double pot de trois kilos : 42 fr. 15.

Laboratoires « Gav-Mitt », Tartignol, Road, 71 D., London.

DIALOGUES...

L'un. — *Vous avez fait le point ?*
L'autre. — *Oui, j'ai fait le point.*
L'un. — *Et quelles sont vos conclusions ?*
L'autre. — *Que le plus court chemin d'un point à un autre, c'est encore la ligne de chemin de fer.*
L'un. — *Bien dit ; que pensez-vous des instincts grégaires ?*
L'autre. — *Le moins qu'on puisse en dire.*
L'un. — *C'est-à-dire ?*
L'autre. — *Rien.*
L'un. — *Merci.*
L'autre. — *Suivez-vous la conférence des 21 ?*
L'un. — *Tous les soirs et de très près ; il m'arrive même souvent de la raccompagner jusque chez elle.*
L'autre. — *Et vous êtes d'accord ?*
L'un. — *Totalement et sous réserves.*
L'autre. — *Avec qui ?*
L'un. — *Avec tous.*
L'autre. — *Mais tous ne sont pas d'accord entre eux.*
L'un. — *C'est un fait.*
L'autre. — *Alors comment pouvez-vous être unanimement d'accord avec des gens dont les thèses s'opposent ?*
L'un. — *Parce que j'estime que les divergences de point de vue entre les Quatre Grands ne constituent pas une raison suffisante pour que je ne sois pas d'accord avec les conceptions de chacun d'eux.*
L'autre. — *Mais puisque ces conceptions s'opposent.*
L'un. — *Pas avec les miennes.*
L'autre. — *Faites attention, vous marchez sur votre chapeau.*
L'un. — *C'est donc cela que, depuis ce matin, je me dis : « Où ai-je donc la tête ? »*
L'autre. — *Vous ne vous en souveniez plus ?*
L'un. — *Non.*
L'autre. — *Tout s'explique.*

Pierre Dac

L'ANACHROS

François Ier

Patte d'oie au coin de l'œil vif, nez tombant sur la lèvre forte et sensuelle, éternel sourire encadré d'une jolie barbe : tel se présentait François Ier à ses sujets, quand ils avaient la chance de le rencontrer cherchant fortune devant les portes de Marignan – édifié en 1515.

Voilà pour le physique mais, au moral, comment était le roi ?... Ah !... Est-ce que je vais tout écrire ?... Je vous sens impatients, le rouge de la concupiscence vous montant aux oreilles car vous vous doutez de quelque chose, n'est-ce pas ? Vous attendez une révélation un tantinet légère ? On ne prononce jamais le nom de François Ier sans qu'une inavouable pensée vous effleure, que dis-je ? prenne entièrement possession du cerveau. Faubourg Saint-Germain, c'est avec des piaillements significatifs que les douairières évoquent ce brave François... Et tout cela pourquoi ? Je vais vous le dire, enfin, une bonne fois, car si on a fait des drames en cinq actes, des opéras, des romans-feuilletons, des gorges chaudes et des clins d'œil, jamais on n'a osé imprimer ou proférer le mot juste, le qualificatif idoine et adéquat. En bref, une réputation royale de plus a été entachée parce qu'un valet de chambre a jasé !

Afin de remettre les choses au point, mon devoir d'historien est de tout révéler, de crier, à intelligible voix, la vérité sur les toits de la sottise. La voici, toute nue (et quand j'écris « toute nue » cela doit déjà vous mettre sur la voie), François Ier est mort d'avoir été trop galant !... Il n'y a vraiment pas de quoi ravaler sa salive ! La galanterie française n'est-elle pas prisée dans le monde entier ?... Galant donc, mais avec qui ? On chuchote le nom de la Belle Ferronnière. Une bien brave femme mais qui avait un défaut terrible, qui pourtant partait d'une bonne âme : elle refilait les cadeaux qu'on lui faisait !

Théâtre

THÉÂTRE DE VACANCES

Je suis parti en vacances. C'est le seul endroit où l'on puisse voir, actuellement, une nouvelle pièce de théâtre.

Celle que j'ai vue m'a laissé une impression que je préconise. C'est une pièce en zéro acte et autant de tableaux. On y trouve une espèce d'absence très soutenue, qui me laisse encore l'esprit violemment en repos avec une vive reconnaissance.

Cette absence est encore accentuée par celle des interprètes qui n'ont aucun personnage à jouer. Il n'y a pas de metteur en scène, pas de directeur non plus, et ce dernier a eu l'heureuse idée de n'engager aucun acteur.

Je ne croyais pas qu'on pouvait prendre tant de plaisir à zéro acte. La soirée qu'on y passe donne une sorte de sentiment de l'inexistence qui me paraît tout à fait conforme.

L'inexistence même de l'auteur contribue au mystère.

Or, ce mystère est celui des longues songeries, à l'ombre ou au soleil, où l'on se laisse glisser comme la lune derrière un nuage.

N'est-ce pas là le comble de l'intensité dramatique ?

Modeste GONCOUR.

PETITES ANNONCES

OFFRES D'EMPLOI

Recherchons bons rempailleurs de chaises électriques. Si possible insensibles courant haute tension. S'adresser à la prison Alcatraz (U.S.A.).

On demande bon ouvrier horloger, connaissant bien l'heure exacte. Horlogerie Sitta.

Recherchons rouleurs de fûts, bons marcheurs, pour livraisons tous départements. Etablissem. Barbaron, à Coutras (Gironde).

DIVERS

Tentez la chance avec nos appâts irrésistibles « Atirpez ». Tentation assurée.

Petit modèle de bureau... 185 fr.

Gros modèle, très voyant... 375 fr.

Modèle sonore, grande taille. Prix 1 270 fr.

Coins portatifs pour amoureux, recommandés par la préfecture de police. Dégagent la circulation sur la voie publique.

Petit coin ordinaire... 412 fr. 60

Article de luxe, taille 46. Prix : 985 fr. 70.

Pour tous vos incendies, consultez la caserne Carpeaux, Matériel 1er choix, pompiers stylés. Prix modérés. On se rend à domicile.

N'ayez plus l'air d'un empaqueté, habillez-vous quelle que soit votre taille chez Siméon Laculasse, avec son complet tout prêt, en tissu élastique « Flastex ».

SURPLUS ALLIÉS

Belle armée en ordre de marche, complète avec tous accessoires. Conviendr. bien à particul. Désirant faire guerre à son compte. Ecrire colonel Kent, au journal, qui transmettra.

IMMEUBLES FONDS DE COMMERCE

Pour cause mise à la retraite, mendiant céderait son fonds à personne du métier. Bel emplacement. Bon rapport. Affaire bien en main.

PERDUS ET TROUVÉS

Gentleman perdu après libations dans désert torride, entre Bidon 5 et Bidon 6 ou 7, cherche d'urg. Personne ombrageuse.

L'OS LIBRE

« Contre tout ce qui est pour – Pour tout ce qui est contre. »

NUMÉRO 47 – MERCREDI 28 AOÛT 1946

La rentrée s'annonce mal. Les journalistes de L'Os libre *ont du grain à moudre. Les députés de la seconde Assemblée constituante ont vaguement rafistolé un projet de Constitution qui sera soumis aux Français le 13 octobre prochain. Les déclarations des représentants des vingt et une nations réunies pour parler de la paix à Paris, au Palais du Luxembourg, n'ont visiblement convaincu personne. Les problèmes de ravitaillement sont plus que jamais présents et personne ne voit, pour l'instant, comment l'on pourrait sortir du tunnel.*

Edito — Ne nous affolons pas

par Pierre Dac

Qu'on le veuille ou non, il est incontestable (à ouvrage) que la situation actuelle, sans être catastrophique est, sinon d'une exceptionnelle gravité, néanmoins suffisamment sérieuse pour tenir en alerte la vigilance de tous ceux qui veillent au maintien du salut public en particulier et du salut militaire en général. Est-ce une raison pour que l'opinion également publique s'affole exagérément et menace de perdre tout contrôle d'elle-même ? Je ne le pense pas. Et, cependant, c'est l'affligeant spectacle que donne présentement une importante, pour ne pas dire majeure, partie de la population.

Aussi, est-il du devoir de tous ceux qui savent conserver leur sang-froid dans l'alcool de la logique objective de faire entendre leur voix par l'intermédiaire de la plume dont ils disposent. C'est pourquoi je me permets de prendre la parole au cours de ce papier.

Allons ! allons ! du calme, que diable ; il n'y a, en vérité, nullement lieu de céder à une panique que rien ne justifie, sinon les apparences. Je reçois, depuis quelques jours, un courrier considérable ; des consommateurs, entre autres, m'écrivent pour me faire part de leur inquiétude : « Est-il vrai, monsieur, me demandent-ils, que,

dans un avenir plus ou moins rapproché, le coût de la vie est appelé à baisser dans d'appréciables proportions ? Ce serait épouvantable ; songez, monsieur, que depuis longtemps nous sommes habitués à payer tout trop cher et à nous priver de ce que nos modestes revenus ne nous permettent pas de nous procurer ; alors, n'est-ce pas, s'il fallait, comme ça, rompre avec une habitude solidement ancrée et être obligés de revenir à une vie normale, je vous laisse à penser dans quel désarroi cette situation nous placerait. »

Allons ! bonnes gens, ne vous faites pas ainsi un inutile mauvais sang ; nous n'en sommes pas encore là. Dieu merci ! Et les bruits qui courent à ce sujet sont autant de calomnieux ballons d'essai destinés uniquement à désemparer d'honnêtes citoyens qui auront, il faut l'espérer, le bon sens de hausser les épaules à la hauteur de leur scepticisme.

D'autres correspondants me disent qu'ils sont saisis de terreur devant les inhumaines décisions de la Haute Cour, et, notamment, devant les peines abominables dont ont été récemment frappés certains amiraux : « C'est 93 qui recommence, s'exclament-ils ; si ça continue, des collaborateurs vont être frappés de seize francs d'amende et, qui sait, à des huit jours ou un mois d'emprisonnement ; c'est de la sauvagerie. »

J'avoue que, là, je suis un peu gêné pour répondre ; la répression est, en effet, d'une incroyable dureté ; mais, là encore, il faut s'armer d'un peu de patience ; l'oubli finira bien par venir un jour, et l'esprit de la résistance, dont tant de choses sont encore exagérément imprégnées, arrivera bien à s'estomper et à perdre de sa vigueur excessive.

« Et les S.P. ? me disent encore diverses personnes ; n'estimez-vous pas que c'est une honte de les avoir supprimés ? Pensez-vous que cette mesure arbitraire est définitive ? »

Mais non, mais non, ça aussi, ça s'arrangera ; c'est une décision qui a été prise comme ça au hasard ; mais les choses se rétabliront d'elles-mêmes.

Enfin, et c'est la majorité du courrier qui m'est adressé, de nombreux lecteurs me font part de leur angoisse au sujet de ce qui se passe au palais du Luxembourg, et de leurs craintes de voir la paix signée un de ces jours. Je comprends et, à certains égards, je partage leurs inquiétudes. Mais, j'ai bon espoir ; en dépit de tous leurs efforts sincères et désintéressés de conciliation, les « 21 » ne sont pas encore d'accord. Des impondérables peuvent encore jouer et je crois pouvoir assurer les braves gens qui me font part de leurs soucis qu'il existe encore, dans le monde, suffisamment de bonnes volontés pour empêcher un événement qui n'aurait pour résultat que de créer un déplorable climat d'euphorie propice au développement de toutes les aventures et de toutes les folies.

Somme toute, et ce sera ma conclusion, si, suivant une déjà vieille formule, la mobilisation n'est pas la guerre, la conférence, heureusement pour nous, n'est pas la paix.

Assurance sur la mort

C'est le titre d'un film américain d'importation, aussi n'a-t-il aucun rapport avec l'article qui va probablement suivre. Nous ne l'avons adopté en dernière minute que faute d'en trouver un autre dans les délais prescrits par les services de rédaction de L'Os libre.

Alors, voilà : le gouvernement continue à surveiller étroitement les prix, lesquels ont une fâcheuse tendance à s'élever au-dessus de leur condition. Chaque semaine, on les réunit dans la cour d'honneur du ministère des Statistiques, où l'opérateur de service leur crie :

« Attention ! Ne bougeons plus, le petit zoizeau va sortir ! »

Grâce à des mesures de rigueur, le prix du pain n'a pas encore réussi à dépasser 13 fr. au kilo où il se tient depuis quinze grands jours.

D'autres questions cependant sollicitent l'intérêt des pouvoirs publics, entre autres le problème de la mortalité. Nul n'ignore qu'en temps de paix le chiffre des décès doit toujours demeurer inférieur au chiffre des naissances, autrement on aurait peine à renverser la proportion en temps de guerre et alors où irions-nous ! Voilà pourquoi le ministre de la Santé publique a cru devoir relever de 100 à 350 % le prix des produits pharmaceutiques, cela dans le dessein d'en réduire la consommation dont on connaît l'influence pernicieuse sur les taux de mortalité.

Par malheur, l'abaissement de la mortalité risquait de mettre en difficulté, par manque à gagner, l'intéressante industrie à laquelle M. Henri de Borniol a depuis longtemps attaché son nom, et pas avec des saucisses. Sous peine de provoquer des faillites et peut-être même des suicides dans cette branche de l'activité nationale, le ministre des Transports et Convois s'est donc vu contraint de majorer à son tour de 200 % le tarif des pompes funèbres.

Ajoutons que ce léger relèvement a reçu le meilleur accueil auprès des assujettis. Il arrive un moment, dans la vie, où chacun de nous trouve une ultime consolation à l'idée de jouer un bon tour à ses héritiers.

Faits divers

DE SIDI-BEL-ABBES. – Ce matin, au café des Kroumirs motorisés, alors que M. Jules Tapotour cuvait paisiblement le vin qu'il avait payé à prix d'or, un consommateur anonyme lui porta un foudroyant coup de rasoir en vue de la carotide.

Immédiatement ceinturé, le forcené déclara à la police accourue avoir voulu sauver M. Tapotour d'une congestion inévitable en lui faisant une saignée.

Ses déclarations ayant été reconnues exactes par le médecin légiste, l'homme fut immédiatement relâché.

La victime qui ne semble pas avoir été atteinte s'est refusée à toute déclaration, étant donné son état éthylique.

DE PONTOISE. – M. Londumur Achille, pompier, ayant reçu un pneumatique l'invitant à participer d'urgence à l'extinction d'un violent incendie, achevait de lacer nerveusement ses chaussures lorsque, malgré tous ses efforts, il lui fut impossible de se redresser.

Ruisselant de sueur froide, cherchant l'horrible cause qui l'empêchait de voler sur les lieux du sinistre, il s'aperçut, au bout de vingt minutes d'investigations fébriles, qu'il avait noué sa barbe avec le lacet d'un de ses souliers.

DE VILLEZ-SOUS-BAILLEUL (Eure). – Durant un repas de noces qui groupait une centaine de cultivateurs faméliques, une horde d'horribles voyous antipathiques s'est emparée des lessiveuses, déposées en lieu sûr par les invités.

Le montant approximatif du vol serait de plus de 850 millions, compte tenu des réticences obscures de certaines des victimes.

DE PARIS. – Hier, rue du Fer-à-Moulin, un gros consommateur repoussant qui, par une malhonnête autosuggestion, tentait de faire baisser les pauvres prix pratiqués chez certains commerçants, a été pris en chasse par un groupe de boutiquiers en haillons conduits par Jo-Jo le Vertueux. Aux dernières nouvelles, la malsaine crapule aurait échappé à ses poursuivants, en se cachant sous la pèlerine d'un agent cycliste haut-le-pied, à l'insu de ce dernier.

LA S.N.C.F. À L'HONNEUR. – En présence du roi de la S.N.C.F. a eu lieu hier une impressionnante prise d'armes, à l'occasion de la décoration de deux agents qui se sont particulièrement distingués. Il s'agit de MM. Manoche et R. Lesage.

Le premier, metteur au point de locomotives au dépôt de Caen, n'hésitait pas, sa journée finie, à emporter du travail à faire chez lui. Le second, M. R. Lesage, du dépôt de Mantes, par son courage et son esprit de décision, parvint, en renversant la vapeur à l'aide d'un balai, à stopper un convoi déraillé qui s'était engagé dans un hôtel de Mantes.

Un incident troubla cette imposante cérémonie. Au moment où le roi de la S.N.C.F. accrochait au cou de M. R. Lesage la médaille de fonte du grand mérite, celui-ci, soit par l'émotion ou par un manque d'équilibre, s'écroula emporté par le poids de la médaille.

Nos félicitations émues à ces deux hommes.

À Os rompus

Le référendum

L'assemblée constituante vient de fixer au 13 octobre la date du prochain référendum. Les différents partis politiques ont donc tout juste un petit mois et demi pour remplacer par des NON les OUI qu'ils avaient fait peindre au printemps dernier sur le sol et le trottoir des rues.

Même délai de rigueur en ce qui concerne les OUI transformables en NON.

Des échanges à l'amiable demeurent toutefois autorisés.

Electeurs, attention !

La clôture des listes électorales a eu lieu samedi dernier 24 courant dans la plus stricte intimité. Les électeurs qui auraient négligé de se faire inscrire en temps utile ne pourront donc voter qu'à la sauvette, en se glissant à plat ventre sous le rideau de l'isoloir et après s'être munis de fausses cartes dont le prix, malgré tout, reste encore assez élevé.

La Manchalanage

Le nageur chilien Jorge Berroeta, qui prétendait se rendre d'Angleterre en France par ses propres moyens et vraisemblablement sans passeport a lamentablement échoué dans son entreprise sur un rocher pointu rencontré à mi-chemin entre les deux côtes.

Nullement découragé. M. Jorge Berroeta a l'intention de reprendre sa tentative mais à pied cette fois et cela aussitôt qu'aura été terminé le tunnel sous la Manche.

A pus !...

Le curé de l'église de Plouha (Bretagne) cherche un saint en bois, portant un évangile sous le bras.

Nous avons farfouillé dans notre entourage, cherchant un quidam répondant au signalement.

Quelques messieurs qui, à défaut d'évangile, serraient un portefeuille sous le bras ont un instant retenu notre attention. Hélas ! d'après les renseignements fournis par Poileau Luc, notre détective, ces gentlemen ne seraient pas des saints.

Encore moins de bois.

A pus de « saints », monsieur le curé !

Eh là !

Les pompes funèbres sont autorisées à pratiquer une augmentation de 200 %.

200 % de quoi ?

Est-ce 200 % de clients ?

Des précisions, s.v.p… et vite !

DIALOGUES...

L'un. — *Qu'est-ce qu'il y a comme scandales !*
L'autre. — *Ah ! là, là.*
L'un. — *Pourquoi dites-vous : « ah ! là, là » ?*
L'autre. — *Excusez-moi, c'est « Oh ! là, là », que je voulais dire.*
L'un. — *Ah ! bon. Tout de même qu'est-ce qu'il y a comme scandales !*
L'autre. — *Où ça ?*
L'un. — *Ben, un peu partout,*
L'autre. — *Et ailleurs ?*
L'un. — *Ailleurs aussi.*
L'autre. — *Et dans tous les domaines.*
L'un. — *Je ne vous le fais pas dire !*
L'autre. — *C'est inutile, je peux bien le dire tout seul.*
L'un. — *On ne peut pas ouvrir un journal sans apprendre un nouveau scandale.*
L'autre. — *Ni le fermer non plus.*
L'un. — *Qu'est-ce que vous voulez insinuer ?*
L'autre. — *Que si vous apprenez un scandale en ouvrant un journal, vous continuez à l'apprendre même quand vous l'avez fermé.*
L'un. — *Ne feriez-vous pas un peu d'hypertension par hasard ?*
L'autre. — *Je fais déjà de l'hypermétropie, ça me suffit.*
L'un. — *Quand même, il y a trop de scandales.*
L'autre. — *C'est scandaleux.*
L'un. — *Voilà le mot que je cherchais.*
L'autre. — *En somme le vrai scandale, c'est qu'il y ait des scandales.*
L'un. — *Voilà la chose.*
L'autre. — *Il faut lutter contre le scandale.*
L'un. — *Doucement ; le scandale a son utilité, il permet de porter à la connaissance du public certains faits qui, sans lui, demeureraient ignorés.*
L'autre. — *Alors, vive le scandale !*
L'un. — *Ce n'est pas ce que je veux dire.*
L'autre. — *Et qu'est-ce que vous voulez dire ?*
L'un. — *Je ne sais pas, et vous ?*
L'autre. — *Moi non plus.*
L'un. — *Nous avons, vous et moi, tout ce qu'il faut pour nous entendre.*
L'autre. — *Vous croyez ?*
L'un. — *J'en suis sûr.*
L'autre. — *Merci…*
L'un. — *… rop de tolu.*
L'autre. — *Comment ?*
L'un. — *Rien.*

Pierre Dac

Avis unique

Le percepteur de la vallée de Bois-Colombes avise les montagnards de la région que la perception sera fermée durant la période des vacances, du 1er au 15 octobre.

En conséquence, il les invite à profiter du rodéo annuel, qui se tiendra les 15 et 16 septembre dans la basse vallée, pour descendre acquitter leurs impôts.

Ouverture des locaux de 16 à 19 heures.

A partir de 22 h 30, le percepteur recevra dans sa tente, sur la grande place.

Festival Lapédale

La chorale « La joyeuse soupape » et « Le réveil du soupir de Seine-et-Oise » donneront en unique audition, samedi prochain à 17 h 35 très précises (après la sortie du personnel) dans le grand entrepôt de la cimenterie Pollion et Chaussette, les œuvres du regretté compositeur Clodomir-Aimé Lapédale, porté disparu au cours d'une partie de chausse-trapes, dans le château grand-ducal de la marquise de Lichamort. La partie chantée sera interprétée par Mmes Ernestine Biglenbiais, Charlotte Lenclume et Mlle Eugénie Tapotour.

Entrée : 8 fr. 70.

Location des places au veilleur de nuit de l'usine.

Tenue de soirée de rigueur.

Retour assuré par les voitures plâtrières de la maison.

PETITES ANNONCES

DEMANDES SPÉCIALES

7 jeunes militaires, un peu égarés en Indochine par suite circonstances spéc., cherchent 7 jeunes marraines, jolies si poss. Envoy. adresse au journ. qui transm.

Famille de comptables comprenant ménage 4 enfants, grand-mère, grand-père, aïeul, bisaïeul et grosse descendance, cherche emplois dans maison importante.

DIVERS

Quelles que soient vos possibilités et votre condition sociale, devenez rapidement académicien, en suivant nos cours attray. et faciles. Les 6 leçons : 24,90 (costume et épée en sus). Ecole : C.Q.F.D.

Perdu 25 grammes, lundi 19 août, entre Ménilmontant et Richelieu-Drouot. Rapporter à Mme S. Chevrillette, Club des 100 kilos, Paris.

Thermomètre à alcool. Modèle ordinaire : 56 fr. 70.

Gros modèle, pour boire, contenance 1/4 de litre : 125 fr. 10.

Habitants du désert, « La Caravane passe, les chiens aboient ». Ils n'aboieront plus si vous leur mettez les bouche-oreilles « Silentbloc » et les caravanes ne vous réveilleront plus. La paire : 8 fr. 70. La double paire pour chien à ouïe subtile : 82 fr. 10.

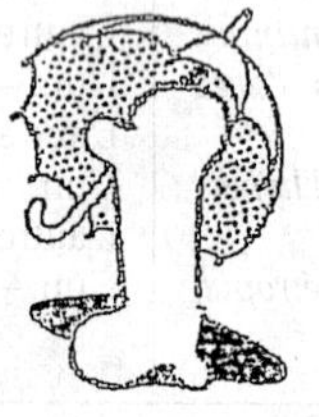

L'OS LIBRE

« Contre tout ce qui est pour – Pour tout ce qui est contre. »

NUMÉRO 48 – MERCREDI 4 SEPTEMBRE 1946

Ce n'est pas officiel, mais personne n'est dupe. Le déficit budgétaire de la France est colossal, beaucoup plus important que les prévisions les plus pessimistes. Pierre Dac s'en prend au ministre des Finances, Robert Schuman, en tentant de rendre plus loufoque encore une situation qui ne l'est pas moins. De toute évidence, ce n'est pas demain que les Français toucheront les dividendes des emprunts effectués, au lendemain de la guerre, par le gouvernement. Les promesses d'alors ne seront visiblement pas tenues. Mieux vaut en rire…

Edito — Lumières sur les finances

par Pierre Dac

Bien des choses ne demeurent incompréhensibles que parce que personne ne les comprend.

Cette admirable et saisissante définition, due au ciseau à froid de Praxitèle et reprise plus tard par le duc de la Force au congrès de l'Amicale des anciens du taffetas gommé, constitue, en quelque sorte, la charte du bien-fondé du registre des réclamations de la nation française. Il est donc bon, en conséquence, de ne pas la perdre de vue et de s'en souvenir chaque fois qu'on est sur le point de ne pas se la rappeler.

Or, pourquoi certaines choses sont-elles incompréhensibles alors que l'intérêt général milite en vue de leur faculté de perception par l'ensemble de la population ? Parce que – et c'est là un point de vue non seulement personnel, mais également particulier –, tout simplement parce que l'ensemble et le détail des textes officiels sont rédigés dans un style touffu et hermétique qui les rend, à dessein ou non, impropres à la consommation des citoyens.

Ce qui ne manque pas, à chaque occasion, de créer dans le pays un courant de malaise qui impressionne fâcheusement, tout en l'induisant fréquemment en erreur, une notable proportion d'usagers et d'authentiques habitants. Je

n'en veux aujourd'hui pour preuve que les récentes déclarations, reproduites par la presse, de M. Robert Schuman, traitant du projet de collectif du second trimestre et dont il a été question au dernier raout du Conseil des ministres. Il est évident que si l'on s'en tient strictement à l'exposé du ravissant jeune premier qu'est M. Robert Schuman, on est automatiquement porté à croire que nos finances ne sont pas dans un état particulièrement brillant. Or, il n'en est rien. Il n'y a évidemment pas de bousculade au portillon du tiroir-caisse. Loin de là. Seulement, il faut expliquer. Heureusement *L'Os libre* est là pour effectuer le travail. Voilà donc, en bref et en clair, où nous en sommes : le déficit des souscriptions aux Bons du Trésor a été de 3 milliards en juin : heureusement, sous l'influence de l'emprunt du Crédit national et de la température ambiante, ce déficit, ridicule en soi, est passé, en juillet, à près de 8 milliards, et pour le mois d'août tous les espoirs de dépassement de ce chiffre sont permis. D'où nous pouvons tout naturellement déduire que, de ce fait, non seulement notre trésorerie est à l'aise, mais conserve, par surcroît, plus que jamais ses coudées franches pour se maintenir au niveau de la chaussée dans les rues obscures et les terrains vagues. Autre élément de confiance et d'optimisme : comme chacun le sait, le système se généralise de plus en plus du règlement par traites de certaines créances de l'Etat. Or, il va de soi qu'à l'échéance il faudra honorer ces traites.

Nous sommes en mesure d'affirmer que M. Robert Schuman y est fermement décidé. Aussi cela nous promet-il de réconfortantes et émouvantes manifestations d'unanimité nationale : nous croyons savoir que, en haut lieu, toutes mesures ont été prises pour que, lorsque les susdites traites arriveront à échéance, des banderoles seront tendues dans les rues de Paris et des affiches collées aux murs sur lesquelles on pourra lire : « Honneur aux traites des créances de l'Etat ! » « Vive les traites ! » « Gloire aux traites ! » et autres slogans enthousiastes. Ainsi, après avoir été tant de fois et si longtemps dénigrés, les traites des créances d'Etat seront honorées de la manière la plus digne et la plus reconnaissante en rapport avec l'esprit libéral et indéfectible de notre démocratie.

J'en terminerai avec ces propos sur la constatation que le déficit budgétaire actuel dépasse allégrement les 400 milliards. Voilà qui est bon signe et qui permet d'augurer joyeusement d'un avenir qui sera d'autant plus proche de nous que nous aurons soin de ne pas nous en tenir trop éloignés.

AVIS SÉRIEUX

Nous mettons en garde nos fidèles lecteurs contre les agissements d'un individu se faisant passer pour notre ami et collaborateur Michel Herbert, et qui, se référant de notre journal, aurait fait des dupes, notamment dans la région de Saint-Pair-sur-Mer, dans la Manche.

N. D. L. D.

À Os rompus

Une victoire de L'Os !

Il n'est rien de tel que de parler haut pour se faire entendre. Nos lecteurs se souviennent certainement que, seul de toute la presse, notre journal a élevé, il y a quelque temps, une véhémente et énergique protestation contre l'inqualifiable attitude des pouvoirs publics, lesquels, après avoir formellement annoncé un prochain relèvement des tarifs du gaz, s'étaient ensuite réfugiés derrière une remise *sine die* de décision.

Notre protestation a été entendue et prise en considération puisque, par arrêté préfectoral, le prix du gaz, à Paris, est porté, à partir du 1er septembre, à 5 fr. 01, taxes comprises.

C'est un commencement ; mais c'est insuffisant. Sûrs d'avoir derrière nous tout ce que la population compte de conscient et de raisonnable, nous sommes résolus à continuer nos efforts en vue d'obtenir à bref délai, sinon un nouveau relèvement, tout au moins une dissociation du montant des taxes qui devront être perçues en sus du prix du gaz et non être englobées dans le prix ci-dessus indiqué.

Quatre septembre

C'est aujourd'hui le 4 septembre.

Ça ne vous dit rien ? Voyons ! Consultez les éphémérides : « 4 septembre 1870, naissance de la IIIe République ; une rue de Paris a été consacrée au souvenir de cet événement historique. »

Fort bien, mais depuis ce temps-là, la IIIe République est morte, on ne sait plus au juste de quoi. Rien n'empêche donc de lui retirer sa rue pour l'attribuer à la IVe République.

Malheureusement, la IVe, elle, n'est pas encore née, ce qui laisse quelque incertitude sur la date de sa venue au monde et par conséquent sur le nom qu'il conviendra de donner à la rue en question.

Alors, si vous le voulez bien, on remettra à plus tard les cérémonies de débaptême et de rebaptême.

Oh ! Ne vous impatientez pas, d'ici Pâques ou peut-être la Trinité il y aura du nouveau.

Les 21 à Versailles

Pour changer un peu, les 21, au nombre de 800, se sont rendus hier à Versailles.

M. Georges Bidault, déguisé en gardien-chef, leur a fait visiter les diverses parties du château, entre autres la célèbre galerie des Glaces où fut signée la paix de 1919.

Un vif étonnement s'est alors peint sur le visage des délégués.

– La paix, qu'est-ce que c'est que ça ? ont-ils demandé.

Comme c'était trop long à leur expliquer, on a préféré faire marcher les grandes eaux. Le résultat a été le même.

Les pêcheurs protestent

La Confédération nationale des pêcheurs à la ligne nous prie de protester auprès des pouvoirs publics contre la quantité anormale de cadavres actuellement charriés par les eaux de la Seine, de la Marne et des canaux adjacents. Il n'en faut pas plus pour troubler les habitudes du poisson déjà suralimenté et peu empressé à mordre là où il faudrait.

Dans les milieux autorisés, on attribue la fréquence de ces macabres abandons au récent relèvement de tarifs des pompes funèbres.

De toute façon, ce n'est pas propre.

La lutte contre les incendies

De graves incendies ayant ravagé, ces temps derniers, différents quartiers de Paris, des mesures énergiques viennent d'être prises par les pouvoirs publics pour éviter le retour de semblables sinistres.

C'est ainsi que le prix des allumettes françaises a été relevé d'environ 100 % en attendant mieux. Et si ça ne suffit pas, on avisera !

Si on disait tout

La lecture de la grande presse nous fait longuement sautiller les épaules, au rythme d'un douloureux mépris. Nous nous expliquons : les journaux sont farcis des exploits d'un chien espagnol qui parle anglais, et d'un caniche anglican qui discourt en yaourt polynésien.

Nous, ça ne nous la coupe pas. Notre journal est bourré de phénomènes qui laissent loin derrière eux ces deux toutous bavards.

N'avons-nous pas un huissier qui aboie et une huître siffleuse ?

Notre directeur, lui-même, a un staphylocoque dressé qui compte jusqu'à dix sur ses doigts. Il n'est pas jusqu'à notre metteur en pages qui possède un quintette swing composé de huit moules savantes.

Alors !...

Jour d'hécatombe

L'ouverture de la chasse

A cinq heures du matin je me mets à ma fenêtre et je salue le jour naissant de joyeux appels de cor. Croyant ouïr l'appel des pompiers, mes voisins, réveillés en sursaut, se précipitent dans la rue et cherchent un refuge contre une menace d'incendie.

Pour m'entraîner, j'ai fait toute la nuit la chasse aux punaises qui hantent mon bois de lit. Au lever du soleil, je compte trente-cinq pièces au tableau.

Je coiffe mon feutre orné d'une plume de coq. Je me harnache en chasseur conscient et organisé, n'oubliant ni le fusil, ni le carnier, ni la gourde, ni l'épieu, ni le poignard, ni les cartouchières, ni, surtout, le portefeuille. J'éprouve beaucoup de mal à enfiler mes bottes imperméables. J'ai commis l'imprudence de les laisser toute la nuit dans la cuisine et l'humidité les a fait rétrécir.

Vers le massacre

Je marche d'un bon pas, ne craignant personne, pas même les gendarmes car j'ai aussi mon permis de chasse. Ce document officiel, chèrement acquis, me donne le droit de chasser partout et de toutes façons, sauf à pied, à cheval, en voiture, en avion, dans une propriété privée, dans une propriété publique, dans une chasse gardée, dans une chasse interdite et dans une chasse libre. A part ça, je suis libre de brûler ma poudre à mon gré, à la condition de ne tuer aucun animal appartenant à l'une des cent soixante-quinze variétés mentionnées dans l'ordonnance préfectorale.

Il me manque un chien. Ma propriétaire ne me permet pas de loger d'animaux sous mon toit. J'avais pensé à louer pour la journée le caniche de l'aveugle du pont des Arts, mais ce quadrupède était déjà retenu par un chasseur plus empressé que moi. J'en serai réduit à aboyer moi-même.

Gibier de pitance

Je croise de nombreux chasseurs armés jusqu'aux dents. Nous nous souhaitons réciproquement bonne chance. Nous savons qu'il n'y a rien de tel pour porter la guigne à un concurrent.

Plus j'avance, plus le nombre des chasseurs augmente. De chaque côté du chemin où je me suis engagé, les propriétaires des terrains limitrophes ont fixé des écriteaux sur lesquels se lit une mention, toujours la même : chasse interdite.

Soudain, un claquement sec retentit. Des cris s'élèvent. Un homme, le visage ensanglanté, les vêtements en désordre, vient à nous. Nous le pressons de questions.

– Voilà, explique-t-il. Quelqu'un a tiré un coup de fusil par mégarde. La balle a tué une mauviette qui voletait à proximité. Tous les chasseurs présents ont voulu s'emparer de l'oiseau… Il y a eu dix morts au cours de la bagarre qui a suivi… On attend police secours pour dégager le terrain.

Le tir au vol

Il est midi. J'entre me restaurer à l'auberge du Grand Saint-Hubert. Je m'apprête à engloutir un repas copieux et varié tout en lutinant une servante accorte, tandis que de joyeux convives se reposeront des fatigues de l'affût en contant de gaillardes histoires de chasse.

La salle est déserte. Le service est fait par un gaillard moustachu qui m'apporte une rondelle de saucisson de cheval et me présente l'addition d'un air rogue. Il y en a pour 700 francs, service non compris.

Cela me dégoûte à jamais des coups de fusil.

O hallali ! mon bien-aimé !

Je rentre à Paris. En sortant de la gare, une fille maquillée me prend par le bras et susurre d'un ton engageant :

– Viens chez moi faire l'ouverture, chéri… Je te donnerai un lapin en prime.

Je m'éloigne en songeant que j'ai promis de rapporter une grive à ma femme, une bécasse à ma concierge, un lièvre à mon patron, un sanglier à mon percepteur et un box-calf à ma petite amie. Il y va de mon honneur de Nemrod.

Je cours aux Halles centrales. Hélas ! les éventaires sont vides. On ne saurait trouver la plus petite alouette. Les chasseurs bredouilles ont tout raflé.

J'implore les mandataires. Emu, l'un d'eux me confie qu'il a encore quelque chose à vendre. Il court à sa resserre et revient avec cinq beaux melons.

Ma foi, tant pis ! J'achète les melons.

Mais ni ma femme, ni ma concierge, ni mon patron, ni mon percepteur, ni ma petite amie ne voudront croire que j'ai tué ça à la chasse.

Justice n'est pas faite

La France souffre d'une crise d'autant plus grave qu'elle est aiguë.

Une crise d'autorité.

Sous les yeux des personnes qui seraient tentées d'en douter, nous mettrons l'attristante nouvelle empruntée ces jours derniers à notre confrère Libération :

« Marseille, 26 août. – Assassin de sa femme qu'il avait découpée en morceaux aux Martigues et dont il jeta les restes dans l'étang de Berre ; meurtrier vingt-cinq ans plus tôt d'une fille soumise, Antoine David avait été condamné à mort le 7 mai dernier par la Cour d'assises des Bouches-du-Rhône. Pour la première fois, croyons-nous, le bourreau refusa d'exécuter le condamné. M. Desrousseaux, successeur de Deibler, estima que le déplacement lui coûterait trop cher et qu'il en serait même de sa poche… »

Ainsi, nous en sommes là ! Après les postiers, après les cheminots, après le ministre du Ravitaillement, voilà le premier fonctionnaire de la République, le bourreau lui-même, qui se met en grève !

Comme toujours en pareil cas, l'on dut recourir à la main-d'œuvre militaire. Antoine David a été fusillé au lieu d'être décollé.

– Ça revient au même, murmurez-vous.

Facile à dire quand on n'est pas dans le cou – pardon ! dans le coup ! En réalité, Antoine David est mort victime d'un incontestable déni de bois de justice. Avec tout ce qu'il avait fait pour ça, il pouvait prétendre à la guillotine, c'est écrit en lettres capitales dans le code pénal, article 114 bis *du rôle : « Tout condamné à mort aura la tête tranchée. »*

Chacun son dû ! David a été bien bon de ne pas réclamer le sien avec plus d'insistance.

A sa place, moi, je me serais mis en grève !

Faits divers

DE BOIS-COLOMBES. – Des agents cyclistes à l'œil vif ont appréhendé ce matin le nommé Morelode Roque, lequel, affairé à donner de grands coups de ventre dans le pied d'une pauvre brute effarée, ne s'était même pas aperçu de l'arrivée des policiers.

DU VÉSINET. – Un passionné du kayak, M. Tino Rosset, avait gagné le milieu de la Seine, face à la plage du Pecq, lorsqu'il s'aperçut avec stupeur qu'il avait oublié, par une fatale distraction, son canot sur la berge.

Sa fille, accourue, lui lança vainement une des bouées en fonte qui bordent la rive, mais par malheur manqua son but.

Fort heureusement, la rivière étant peu épaisse à cet endroit, le naufragé, l'eau ne lui montant qu'aux chevilles, put appeler à son secours les baigneurs environnants et fut rapidement dégagé de sa fâcheuse position.

DE QUIMPER. – La nuit dernière, ne pouvant trouver le sommeil, le veilleur de nuit de la société des extincteurs « Le Terrible » s'apprêtait à prendre son sommifère habituel, lorsque des appels au feu attirèrent son attention.

Se levant fébrilement, il découvrait peu après, sous son lit, un commencement d'incendie. Se munissant d'un des extincteurs fabriqués par la maison, il lança le contenu de l'engin sur les flammes. Cellesci, subitement activées, gagnèrent sans plus tarder tout le bâtiment.

On se perd en conjectures sur cet étrange événement.

DE PARIS. – Sortant du bain de vapeur de la rue Corvisart. M. Touduniet, pénétrant peu après dans la station de métro Glacière, a été victime d'un chaud et froid.

Conseils au fermier modèle

Lever à 3 heures du matin. Sortir rapidement la récolte rentrée la veille au soir de crainte du mauvais temps et des voleurs. La repiquer aux bons emplacements. Débarbouiller et habiller poules, lapins, etc. Les faire manger. Quelques mouvements respiratoires aux poussins pour leur apprendre à vivre.

Traire les vaches, s'il y en a. Les laver à l'eau régale. Un peu de saut à la corde pour épaissir le lait. Séchage au soleil. Monter des doigtiers en caoutchouc sur leurs pis, pour éviter les fuites.

Prendre la température du cochon si nécessaire. Le repeindre en rose comme chaque matin. L'épiler des poils qui piquent la langue à la consommation. Enlever les bouchons mis le soir aux cornes du taureau pour empêcher l'animal de se blesser durant son sommeil. Le débarbouiller et lui faire faire sa séance de culture physique habituelle. Le piquer ou le gifler durant l'opération s'il s'assoupit ; un bon taureau doit toujours être très éveillé.

S'assurer si les poules portent bien leur escalier individuel à coq.

Cueillir les fruits à la main. Acheter une machine à secouer les arbres si besoin est. Faire aussitôt les confitures d'hiver dans des sacs ou des seaux à avoine.

Faire téter le veau, le changer de langes, le recoucher en veillant à ce qu'il prenne du poids.

Tuer quelques lapins pour les repas du midi et du soir, à l'aide d'un madrier ou d'un Bazooka si l'on en a un. Les dépouiller à la flamme. Faire cuire au court-bouillon avec de la cannelle et un peu d'aloès mâle. Les manger s'il y a lieu.

Prendre deux minutes de repos pour faciliter la digestion. Quelques mouvements pour dérouiller les muscles et se remettre vivement à l'ouvrage.

Retourner rapidement le terrain afin de s'assurer que des taupes n'ont pu mettre à profit vos quelques instants d'inattention pour ravager vos récoltes. Reboucher les trous.

Bien surveiller les moineaux maraudeurs. Enfouir profondément vos graines, enfermées dans des sachets de toile, que vous recouvrirez, sage précaution, de cailloux bien tassés.

Coucher les bêtes. Rentrer les récoltes et, si vous n'êtes pas trop fatigué, quelques mouvements suédois vous procureront un sommeil calme et paisible. Réveil toutes les deux heures pour effectuer des rondes de surveillance en vue d'éviter tout vol ou accident nocturne.

La démocratie triomphe :
Le chiffrisme avec nous !

Depuis la libération nos hommes politiques n'ont pas chômé, et si nous ne sommes pas encore pourvus d'une Constitution d'une solidité à toute épreuve, la faute en est uniquement à quelques millions d'électeurs que l'on avait imprudemment mis en contact avec les urnes. Mais, disons-le bien haut, cela ne nuit en rien au prestige d'hommes qui ont déjà beaucoup fait pour nous dans tous les domaines, et qui s'apprêtent à continuer.

Rappelons pour mémoire tout un ensemble de mesures frappées au coin du plus pur esprit « dirigiste », et qui ont eu pour effet de nous doter d'un Etat contrôleur-répartiteur-assureur-concessionnaire, etc.

Aujourd'hui, grâce à M. Dugenet, le député bien connu, nous sommes en mesure d'offrir à nos lecteurs la primeur d'un projet de loi appelé à un retentissement mondial. Il s'agit ni plus ni moins du « chiffrisme ».

Notre envoyé spécial, immédiatement alerté, nous transmet tout chauds, les résultats de son entrevue avec M. Dugenet.

Nous lui laissons la parole.

Barbe fluviale, le regard étonnamment jeune. M. Dugenet nous reçoit dans le coquet petit entresol de douze pièces qu'il occupe dans un modeste immeuble de l'avenue de la Grande-Armée.

Immédiatement, nous entrons dans le vif du sujet :

– Monsieur le député, pourriez-vous m'exposer, pour les lecteurs de *L'Os*, les grandes lignes de votre projet de loi ?

– Volontiers ! Sans doute avez-vous remarqué que l'Etat, soucieux d'éviter à chaque citoyen le plus petit faux pas, s'est peu à peu mué en mère poule et qu'il cherche par tous les moyens à confondre en un seul bloc tous ses assujettis ?

– Je l'ai remarqué.

– Cela nous a valu le merveilleux système d'inscriptions, de recensement, de classement, de questionnaires, cartes et bons, qui fait présentement de chacun de nous un coassocié de l'Etat.

– Si je vous ai bien compris, nous sommes tous des Co ?

– Et nous n'en resterons pas là ! Toutes ces mesures démocratiques ont eu pour effet de lier plus étroitement les uns aux autres les enfants de ce pays.

– De les ligoter même !

– Si vous voulez ; or, alors que nous nous ingénions à tout simplifier par le canal du poinçon, de l'estampille, et du numéroteur, une institution d'un caractère plus que périmé subsiste et semble nous narguer.

– Laquelle ?

– L'état civil.

– … ??

– Enfin, s'appeler Dubois ou Martin, ça ne vous paraît pas vieux jeu, ridicule ?

– Peut-être.

– Ça crée des confusions, ça gêne les fonctionnaires qui se livrent à des inscriptions toute la journée…

– Evidemment.

– Avec le chiffrisme, rien de semblable. Tout citoyen en échange de son nom, est pourvu d'une initiale et d'un numéro d'ordre. Vous me suivez ?

– Très bien.

– On le dote d'une carte grise, d'un volet C… et le tour est joué !

– Comme une voiture ?

– Exactement. Avec mon procédé, cher monsieur, tout devient d'une extrême simplicité.

– J'en suis ébloui.

– Plus d'orthographe compliquée, quelques chiffres, un point c'est tout ! Croyez-moi, l'avenir est au chiffrisme.

– Je commence à vous croire.

– Bientôt nous lirons dans la chronique des mariages : « Nous avons le plaisir de vous annoncer le mariage de M. C. 22483, le chimiste bien connu, avec Mlle W. 42.417. La bénédiction nuptiale a été donnée en l'église Sainte-P. 323.489 par Mgr F. 77.602. » Hein ? vous ne croyez pas que ça sonne mieux ?

– C'est merveilleux.

– Autre chose. Les opérations de la Loterie nationale seront simplifiées à l'extrême. En échange de son argent chaque citoyen verra son numéro participer au tirage et le mercredi à la radio, il pourra entendre : « Toutes les personnes dont le nom se termine par un 7 sont remboursées ! » Hein ?

– C'est génial, monsieur le député.

– Remarquez que nous n'en resterons pas là ! Ce premier pas franchi, nous nous attaquerons aux expressions d'un usage courant : meubles, outils, denrées, boissons, etc.

– Vous pensez que…

– Pourquoi pas ? Tenez vous-même, journaliste, ne pourrez que trouver des avantages à ce système. C'est ainsi que, rendant compte d'une réception mondaine, vous écrirez :

« Mme M. 78.520 donnait hier une brillante réception dans ses salons du boulevard 77. Un bouquet de 75 au corsage, elle accueillait ses 22. au nombre d'une cinquantaine environ par le plus charmant des 18. Après un brillant concert qui nous permit notamment d'applaudir Mlle Q. 99.001, la talentueuse harpiste du 70 de 482, nous levâmes nos coupes de 0 à la santé de notre aimable hôtesse. »

– Assez ! monsieur le député, ma pauvre tête va éclater !

– Manque d'accoutumance, mon ami. Etudiez mon système à tête reposée et revenez me voir.

– Je n'y manquerai pas !

Sur ces mots nous nous séparâmes, non sans avoir échangé une vigoureuse poignée de 5 qui me laisse l'avant 12 complètement 19.

A la manière de...

... **L'Os,** par Alphonse Daudet

TARTARIN D'ABONDANCE

Ma première visite à Tartarin, en son palais du ravitaillement, est restée dans ma vie comme une date inoubliable.

De la cave au grenier tout respirait l'abondance, même par terre il y avait des dossiers. Aux murs ce n'était que décrets et décisions mirifiques : huit litres de vin par mois, double ration de sucre, la viande en vente libre, fin des inscriptions, la mort pour les affameurs. En bonne place un petit écriteau bonhomme sur lequel on lisait :

« Quand tous les prix officiels seront ceux du marché noir, ce dernier n'existera plus. »

Les rares visiteurs admis s'en allaient pleins d'admiration.

Je n'ai pu qu'entrevoir le maître dans son cabinet : d'une main, il tenait la *Physiologie du goût*, de Brillat-Savarin, et de l'autre il brandissait un énorme gigot, cependant qu'il narrait une formidable ripaille.

Cet homme c'était Tartarin, Tartarin d'abondance, l'intrépide, le grand, l'incomparable Tartarin du ravitaillement.

DIALOGUES...

L'un. — *Dites-moi...*

L'autre. — *Quoi donc ?*

L'un. — *Je ne me rappelle plus ce que je voulais vous demander.*

L'autre. — *Aucune importance ; je n'en serai que plus à mon aise pour vous répondre.*

L'un. — *Ah ! voilà, j'y suis.*

L'autre. — *Restez-y.*

L'un. — *Il y a quelque chose que je ne réalise pas très bien.*

L'autre. — *Moi non plus.*

L'un. — *Vous savez de quoi je veux parler ?*

L'autre. — *Non !*

L'un. — *Alors, comment pouvez-vous dire que vous ne le réalisez pas ?*

L'autre. — *Parce que je le réalise d'autant moins que je ne sais pas de quoi il s'agit.*

L'un. — *C'est une raison. C'est tout, que je ne parviens pas à réaliser.*

L'autre. — *Ce qui revient à dire que vous ne réalisez rien.*

L'un. — *Exactement.*

L'autre. — *Pourtant, entre tout et rien, il y a le reste.*

L'un. — *C'est juste, je n'y avais point songé.*

L'autre. — *C'est peut-être parce que vous n'y avez pas pensé.*

L'un. — *C'est possible.*

L'autre. — *Alors, est-ce que vous réalisez le reste ?*

L'un. — *Pas totalement, mais en tout cas davantage que tout et rien.*

L'autre. — *C'est dans l'ordre des choses.*

L'un. — *A condition de ne pas dire n'importe quoi.*

L'autre. — *A moins que ce ne soit à tort et à travers.*

L'un. — *Evidemment.*

L'autre. — *Ça va de fil.*

L'un. — *Plaît-il ?*

L'autre. — *Ça va de soi, voulais-je dire.*

L'un. — *On peut se tromper.*

L'autre. — *Certes ! Ne serait-ce que par erreur.*

Pierre Dac

PETITES ANNONCES

OFFRES D'EMPLOI

Fabrique clandestine cartes de pain, embaucherait poinçonneurs du métro, actifs et discrets, pour importantes perforations.

Faux aveugle myope, affligé daltonisme et strasbisme divergent, cherche aide mendiant presbyte, connaissance à vue monnaies et coupures en usage.

DEMANDES D'EMPLOI

Jeune homme bien, sortant de prison, désirer, place de concierge ou veilleur de nuit dans forteresse volante.

Chanoine région Est, désirant changer de cru, accepterait permutation région bordelaise.

Député plein d'allant, jovial, prochainement libre, cherche circonscription bonasse. Partage d'ores et déjà les opinions de ses futurs électeurs.

OCCASIONS

Bétonnière chromatique clavier piano, charrette à vapeur, moteur à bras et accordéon 2 tonnes, Haudebourg, café de la Halle, Sully-sur-Loire (Loiret).

DIVERS

Escaliers à marches très arrondies, pour personnes ayant l'habitude de tomber. Le mètre : 1 200 fr. – Modèle à fort rembourrage, pour immeubles fréquemment visités par représentants assurances. L'étage : 4 990 fr.

Corde à linge à la glu. Fixation rapide de toutes pièces de linge. Sécurité absolue même en période de cyclones. Forte économie pinces à linge. Le m. : 75 fr. 89.

Le néo-fer à repasser les leçons : mod. courant pour élève moyen : 114 fr. 10. – Gros modèle pour étudiant ignare : 367 fr. 20. – Article fort, translation mécanique, pour étudiant paresseux : 312 fr. 15.

Vente en gros : Valat Augustin. 4, rue Cartault, Puteaux (Sne).

MATÉRIEL POUR ÉLECTIONS

Perroquet souffleur pour candidat timide ou hésitant. Article sérieux, langage Grand Siècle : prix, 2 815 fr. – Modèle fort, pour gros orateur truculent : 4 529 fr. – Le même, plumage couleurs nationales, faisant très raisonnable. Prix : 5 395 fr. 10.

Collecteur de postillons, pour candidat baveur. Modèle pour petite circonscription ...4 fr. 90. Article grande taille pour circonscription étendue .... 6 fr. 70
Dispositif genre bavoir, depuis : 7 fr. 45.

OUTILLAGE POUR CAMBRIOLEURS FEIGNANTS

Passe-partout mécanique, ressort puissant. Fixation sur les portes à ouvrir au moyen de ventouses. Mod. ordinaire : 195 fr. 70. Le même, complètement silencieux : 12.927 fr. 35.

ARTICLES POUR SACS A VIN

Poudre de moustaches d'ivrognes sélectionnées pour préparation instantanée de tout vin ordinaire ou appellation contrôlée. Le sachet pour 10 litres : 89 fr. 60.

SPÉCIALITÉS POUR RESTAURANTS NOIRS

Viande de bœuf, présentant l'aspect de la chair de canard, goût sole meunière (déjoue tout contrôle).
Les 500 grammes...................495 fr. 60.
Sans bons matière : 585 fr.

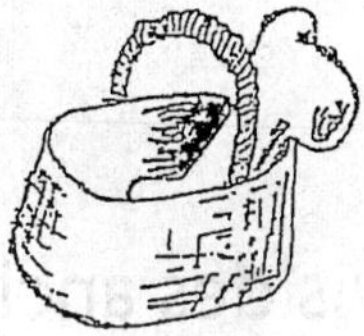

L'OS LIBRE

« Contre tout ce qui est pour – Pour tout ce qui est contre. »

NUMÉRO 49 – MERCREDI 11 SEPTEMBRE 1946

Les problèmes de notre portefeuille sont plus que jamais la préoccupation essentielle des Français. Histoire de jouer la carte de la solidarité et de prêter main-forte à Robert Schuman, ministre des Finances, Yves Farge, ministre du Ravitaillement et François de Menthon, ministre de l'Economie nationale, affirment qu'il est grand temps de procéder à un blocage des prix. Ils assurent qu'ils feront tout pour y parvenir. Personne ne les prend véritablement au sérieux, à commencer par les journalistes de L'Os libre.

Edito — L'avis des anciens

par Pierre Dac

Je ne voudrais pas paraître entaché de fatuité et de suffisance et pas plus que gonflé d'orgueil, d'arrogance et de vanité, mais je crois cependant pouvoir affirmer, en dépit de la jalousie que cette audacieuse déclaration risque de provoquer chez certains confrères résolument atrabilaires, que nous venons d'avoir un été véritablement étrange. A la vérité, d'ailleurs, et toute réflexion exclue, trop étrange pour être bizarre et trop bizarre pour être curieux. Je m'excuse de n'avoir point le temps nécessaire à l'explication de cette constatation, mais je suis persuadé que la sagacité infuse de nos lecteurs se passera fort bien d'un inutile commentaire, par surcroît superflu.

Or, qu'on le veuille ou non, un été comme celui que nous venons de subir n'est pas naturel. Il doit y avoir, à mon avis, à cet état de choses d'autres causes que celles communément admises comme étant d'ordre atmosphérique ou météorologique.

En conséquence, sur la fin de mes vacances et avant de regagner Paris, désireux d'en avoir le cœur net, je suis allé demander l'avis des plus vieux du pays.

Car avez-vous remarqué que chaque fois qu'une saison est anormale, qu'il s'agisse de froid très rigoureux, de chaleur excessive, de pluie diluvienne ou de sécheresse prolongée il est de rigueur d'aller consulter les plus vieux du pays, et de leur demander s'ils se souviennent d'avoir jamais vu un temps pareil tout au long de leur existence. A quoi les plus vieux du pays répondent, d'une manière unanime et classique, que, de mémoire de plus vieux du pays ils ne se rappellent pas avoir vu quelque chose de semblable. Il est également à remarquer que ces interviews se prennent plus particulièrement à l'époque des vacances, et autant que possible entre les repas, dans un peu de vin de Tokay ou de limonade des Karpathes.

A l'endroit donc où je me trouvais en ce début de septembre 1946, je demandai au maire de la localité de bien vouloir me mettre en rapport avec les plus vieux du pays.

– Bien volontiers, voulut bien me répondre l'aimable magistrat municipal, mais je tiens à vous prévenir que les plus vieux du pays se réduisent pour l'instant à un seul, les circonstances difficiles que nous traversons ne nous permettant pas de faire mieux ni d'augmenter les charges déjà trop lourdes auxquelles nous avons à faire face.

– Mais pardon, m'étonnai-je, quelque peu interloqué par ces propos sibyllins, votre plus vieux du pays, d'après ce que je crois comprendre, émargerait au budget municipal ?

– Exactement, fit le maire, tous les ans, n'est-ce pas ? ou à peu près, des journalistes ou de simples touristes se croient obligés d'interroger le ou les plus vieux du pays ; alors, pour faciliter les choses et éviter des recherches parfois laborieuses tout en ménageant les susceptibilités, toutes les communes de France se sont mises d'accord pour désigner chacune et, suivant leurs possibilités, un ou plusieurs vieux du pays qui se tiennent en permanence à la disposition du public.

Ayant ainsi parlé, le maire me conduisit jusqu'à une maison devant laquelle se tenait, assis sur un banc, un homme d'apparence jeune et vigoureuse qui s'appuyait des deux coudes sur un bâton noueux et en cornouiller du Texas.

– Alors, comme ça, fis-je, c'est vous le plus vieux du pays ?

– Oui, répondit l'homme.

– Et il y a longtemps que vous êtes le plus vieux du pays ?

– Ça fera six mois aux prochaines pommes de terre sautées.

– Quel âge avez-vous ?

– J'ai eu trente-six ans aux dernières tomates farcies.

– Et avant vous, qui était le plus vieux du pays ?

– C'était mon père, mais il a pris sa retraite.

– Ah ! parce que les plus vieux du pays touchent une retraite ?

– Naturellement ! Nous ne pouvons d'ailleurs exercer notre profession de plus vieux du pays que si nous sommes membres du syndicat des plus vieux du pays, lui-même affilié à la C.G.T.

– Et combien de temps pensez-vous occuper le poste de plus vieux du pays ?

– Une dizaine d'années environ.

– Et qui vous succédera ?

– Mon fils, si toutefois le syndicat est consentant.

– Et quel âge a-t-il ?

– Quinze ans ; dans dix ans il fera un plus vieux du pays tout ce qu'il y a de présentable ; il est vrai que je lui fais suivre des cours spéciaux et que d'ores et déjà il a l'air d'avoir au moins quarante-deux ou quarante-trois ans.

– Alors, dites-moi, que pensez-vous de l'été qui s'achève ?

– De mémoire de plus vieux du pays, on n'a jamais vu ça.

– Et à quoi attribuez-vous cela ?

– Moi, monsieur, je ne fais pas de politique ; en tant que plus vieux du pays, les règlements de notre corporation m'interdisent formellement de vous en dire plus que ce que je viens de vous déclarer.

Sur ces paroles courtoises, mais fermement prononcées, je laissai l'ancêtre de service à ses méditations, ne voulant pas troubler davantage la sérénité de ses réflexions ni la limpidité de ses conceptions ancestrales, respectueux que je suis des lois de la nature et des coutumes de la tradition.

À Os rompus

Congrès payés

Tout de suite après le congrès socialiste et pendant que la place était encore chaude s'est ouvert le congrès radical.

A ce propos, quelques lecteurs auxquels se sont jointes des lectrices en nombre égal nous demandent ce qu'il faut entendre par le mot « Congrès ». Consulté à leur intention, le *Grand Larousse* nous a aussitôt fourni la définition suivante :

« Congrès (du latin *congressus*). Dr. anc. : Expérience légale faite en présence de témoins nommés par les juges pour constater si le mari était ou non impuissant, lorsque la femme s'appuyait sur cette impuissance pour demander la nullité du mariage. »

Voilà qui explique bien des choses, entre autres le divorce survenu à la suite de semblable expérience dans le parti socialiste.

En ce qui concerne le congrès radical, nous devons ajouter toutefois qu'il s'est jusqu'ici poursuivi sans accident de personnes.

Ne nous frappons pas !

On trouve depuis quelque temps dans la presse le récit, d'ailleurs fort exagéré, de nombreuses agressions à main plus ou moins armée commises à Paris entre le coucher et le lever du soleil.

Afin de dissiper les craintes suscitées dans certains esprits pusillanimes par de semblables informations, la préfecture de police nous prie de rappeler que cette légère recrudescence d'attaques nocturnes constitue un phénomène tout à fait normal à une époque de l'année où les jours sont de plus en plus courts et les nuits, par conséquent, de plus en plus longues.

Donc, ne nous affolons pas, restons plutôt chez nous, le soir, après la soupe !

Les conflits sociaux

La naissance à Paris de quatre jumelles a provoqué une vive agitation parmi les sages-femmes, qui menacent de se mettre en grève si on ne leur accorde pas la rétribution aux pièces de leur travail.

Le conflit a été soumis au ministre de la Reproduction industrielle.

Météorologie

Le temps, qui était à la pluie depuis de nombreuses semaines, menace aujourd'hui de devenir humide. On a relevé (avec une cuiller) vingt-trois centimètres d'eau à l'observatoire du parc Montsouris, où la toiture a besoin de réparations.

Ayant eu l'imprudence de quitter son bocal, la grenouille de l'O.N.M. s'est noyée.

Signalons la louable initiative des pouvoirs publics qui ont décidé de faire baisser le niveau de la Seine pour nous donner l'illusion de la sécheresse.

C'est toujours ça !

Fallait y penser !

Notre confrère *Libération* ayant procédé d'autorité au licenciement de M. Francisque Gay, forts de ce précédent, nous avons cru devoir déposer, in petto, dans la poche revolver de M. G. Bidault, une proposition de licenciement collectif des membres du gouvernement.

Sur le même bout de papier, nous soumettons une liste d'hommes à nous ayant, eux, toutes facilités et connaissances ès loufoqueries pour gérer les affaires publiques.

Nous tiendrons nos lecteurs en haleine.

Pas toujours les mêmes

La Suède n'aura plus l'exclusivité des bombes volantes. En effet, à la suite de démarches pressantes, le gouvernement français, qui entend ne rien négliger pour distraire la population, a pu obtenir, non sans mal, que quelques bombes volantes sillonnassent nos cieux austères.

Voici d'ailleurs, à une minute près, quelques horaires et lieux choisis :

Houilles : 22 h 47 ; Bois-Colombes : 21 h 50 ; Saint-Ouen : 20 h 35 ; Saint-Cloud : 0 h 12 ; Toulon, rue de l'Hôpital : 3 h 5 ; Vernon, rue Potard : 9 h 55.

Pour de plus amples détails, se reporter à votre journal habituel.

Reste à quatre

M. Robert Prigent, ministre de la Repopulation, s'est rendu au domicile des quadruplées, où il a vivement félicité l'heureux *(sic)* père des quatre poupons.

Celui-ci, très ému, a répondu qu'il était bien content d'avoir gagné, mais qu'il ne pouvait s'engager à faire mieux la prochaine fois.

En prenant congé du brave homme, le ministre l'a assuré de sa sollicitude, et lui a promis une aide toute particulière de son département.

Se méprenant sur le sens de cette offre généreuse, la maman a repoussé énergiquement une telle proposition.

Bloquons

Il y a quelque chose qui ne tourne pas rond dans les roues du char de l'Etat, le fait a été formellement reconnu pas plus tard que l'autre jour par MM. Robert Schuman, préposé aux Finances, et de Menthon, ministre de l'Economie nationale, auxquels s'était joint M. Yves Farge, revenu tout exprès du Danemark entre deux accidents d'aviation.

Tout d'abord, M. Robert Schuman s'est plaint de dépenser chaque mois vingt-cinq milliards de plus que ne lui rapporte son petit commerce de feuilles d'impôts.

– Ça ne peut pas durer, a-t-il dit à M. de Menthon, il faut bloquer les prix.

– Comment voulez-vous que je les bloque, ils n'arrêtent pas de bouger ! De véritables prix courants, a répondu le ministre économique. Le mieux serait de les laisser faire. Quand ils seront fatigués de monter, il faudra bien qu'ils se résignent à descendre conformément aux lois.

– Les lois ? Quelles lois ?

– Les lois de la pesanteur… Au surplus, si vous voulez absolument bloquer quelque chose, commencez donc par vos billets de mille, cinq mille et autres espèces fiduciaires.

M. Schuman s'y est refusé, par crainte de mécontenter la clientèle.

Ce en quoi il a eu grand tort. Si l'on veut sortir de la situation où nous sommes présentement enlisés, il faut bloquer tous les billets de banque, sans exception ni réserve, de manière à ne laisser circuler que la monnaie blanche.

Quand chacun de nous aura tout juste dans sa poche quelques pièces de quarante sous pour payer son kilo de beurre, son complet veston, ou sa traction avant, il faudra bien que les mercantis mettent de l'eau dans leur vin !

A propos, M. Yves Farge a profité de l'occasion pour en relever, légèrement le prix, du vin. Oh ! très peu, de 40 %, une misère ! Etant donné ce qu'il nous en donne à boire, ce n'est pas ça qui nous ruinera !

Faits divers

DE LONDRES. – Hier, alors qu'il préparait son repas, un ragoût de tête d'âne aux courgettes, un faux aveugle qui feignait d'être manchot apercevait avec mécontentement, plongé dans sa sébille, un quidam athlétique vêtu d'une jaquette râpée, le visage masqué d'un loup élimé et coiffé d'un haut-de-forme raccommodé.

Gardant son sang-froid, la victime assena au voleur un formidable coup de louche. Sous le choc, les poches de l'inconnu s'ouvrirent avec fracas, et un flot de cartes de visite au nom de Fantômas se répandit sur la chaussée. Mettant à profit les hurlements d'épouvante qui s'échappaient de la bouche d'égout où la foule s'était tapie, le célèbre aventurier, malgré ses 98 ans, disparut avec brusquerie.

Dans la sébille du mendiant, également disparu, on a trouvé une mâchoire d'adulte serrant un morceau de chevingue-gume, sur lequel une inscription était tracée à la poudre d'escampette : Fantômas de cocagne.

Les démissions d'agents cyclistes affluent en désordre au quartier général de la police.

DE BOIS-COLOMBES. – Après un combat acharné, une escadrille d'agents cyclistes a pu appréhender les nommés Jules Tapotour, 97 ans ; Arsène Koledda, dit Tonton, 102 ans ; Paul Boulengier, dit la Frotte, 92 ans, et leur chef Frédo la Barbouze, 118 ans, spécialistes des agressions nocturnes à main armée.

DE TOULON. – On nous signale qu'avant-hier un gros bonhomme sortant d'un hôtel de la rue de l'Hôpital, malgré le froid intense qui sévissait, a exécuté une brillante circonvolution de caractère parabolique, aussitôt après avoir posé le pied sur la chaussée, rendue affreusement glissante par le verglas.

Paris second Chicago

Les exploits d'une paire de gangs

Quinze attentats en vingt-quatre heures ! C'est trop ! Dans ce journal, où les solutions les plus hardies trouvent toujours un écho favorable, nous ne pouvons accepter, sans protester, les déclarations qui furent faites en haut lieu à notre rédacteur, et selon lesquelles il ne faudrait voir dans cette épidémie d'agressions que les premiers effets du plan de modernisation de notre capitale, plan qui a pour but d'aligner Paris sur Chicago. A cet effet, la grande cité américaine aurait prélevé sur ses stocks pour nous adresser quelques tueurs de tout premier choix.

Nous aimons beaucoup Chicago, ses conserves surtout, et nous comprenons parfaitement qu'une ville d'une réputation mondiale comme l'est notre grand Paris tienne à soigner le pittoresque de ses mauvais garçons. Mais nous le disons tout net, importer du gangster à une époque où notre stock de devises appréciées s'amenuise à vue d'œil nous semble être le fait d'une politique de grandeur mal comprise.

Le gangster de Chicago est cher, beaucoup trop cher, et nous croyons fermement que, dans cette branche, comme dans tant d'autres, la mise en valeur de notre Empire colonial pourrait donner les plus heureux résultats. En écrivant cela, nous pensons surtout au réservoir nord-africain, dont certains éléments viennent de s'illustrer de saisissante façon puisque c'est un de leurs gangs qui tient présentement la vedette.

Déjà, le footballeur nord-africain fait prime sur le marché sportif, aussi pensons-nous fermement que notre génie colonisateur peut nous permettre à brève échéance de nous passer de l'apport étranger et de nous doter enfin de gangs bien à nous.

Pour mieux défendre cette thèse, nous ne publierons ci-dessous que les exploits sélectionnés de nos ressortissants de l'Afrique du Nord. Ils nous paraissent d'une qualité propre à satisfaire le patriotisme le plus ombrageux.

(De notre dévoyé spécial)

La Begude

La nuit dernière, d'audacieux gangsters ont proprement pris d'assaut le musée d'art et de peinture de notre charmante cité. Il s'agit certainement d'hommes experts et d'un goût averti, puisque tous les Degas, Delacroix et Véronèse ont été dérobés par eux.

Ils n'ont laissé que les Picasso.

De Paris

M. A. Ferrer, cultivateur à Velaux (Bouches-du-Rhône), de passage à Paris, a été victime d'un audacieux attentat. Alors qu'il traversait la rue Edith-Piaf, trois gangsters nord-africains lui ont, en un clin d'œil, subtilisé une lessiveuse qui contenait plusieurs chemises. Précisons qu'il s'agit de chemises en carton fort et que chacune d'elles renfermait dix liasses de billets de 5 000 fr.

Le désespoir de l'agressé faisait peine à voir, et il ne cessait de répéter :

– Pour me refaire, faut que j'compte un an !

Une quête destinée au rapatriement du malheureux cultivateur a produit la somme de 7 400 fr.

Toujours les faux policiers

La paisible rue des Moines était hier mise en émoi, car Mlle Huguette N... venait d'ajouter son nom à la liste déjà longue des personnes victimes de perquisitions opérées par de faux policiers. Merveilleusement grimés, ces usurpateurs d'une fonction entre toutes respectée n'eurent aucun mal à délester la malheureuse de tout ce qui paraissait facilement monnayable.

Aux inspecteurs immédiatement accourus sur les lieux, la victime n'a pu que répéter :

– Que voulez-vous ? ils avaient l'air tellement vache, que j'ai bien cru que c'étaient des vrais !

Encore à Paris

Décidément l'audace du gang nord-africain ne connaît plus de bornes ! Et la nuit dernière ce sont les coffres de l'Etat que ces malfaiteurs ont fait sauter.

Il va sans dire que notre Grand Argentier se refuse absolument à fournir la plus petite précision sur le montant du vol, mais d'après des témoins dignes de foi, la Citroën verte des gangsters serait repartie à vide.

Toujours Paris

Le quartier de la Muette est actuellement terrorisé par un habile détrousseur qui fait chaque nuit cinq ou six victimes. La méthode employée par le malandrin a le mérite de la nouveauté et s'avère terriblement efficace. L'homme, en effet, délaissant le revolver et le couteau, se sert exclusivement d'un puissant narcotique.

Dès que la victime est à sa portée, il se contente de lui réciter deux ou trois pages de Paul Claudel. Procédé cruel certes, mais qui est rarement mortel. En général l'assailli s'endort avant la deuxième page, et le détrousseur peut alors en toute quiétude fouiller les poches de sa victime.

Deux ou trois personnes qui avaient résisté à l'intoxication ont déclaré n'avoir pu tenir lorsque le gangster, jouant le tout pour le tout, enchaîna sur la déclamation d'une églogue de Roméo Carlès.

D'une enquête approfondie à laquelle nous nous sommes livré, il appert que le bandit aurait réussi à se procurer sans ordonnance les œuvres complètes de Fernand Rauzéna.

La panique règne dans tout le quartier.

Avis

Môssieu René-Paul, qui s'octroya les royales vacances que l'on sait, pour le compte de nos lecteurs, a été reçu hier à notre rédaction.

Les explications embarrassées sur les dépenses fastueuses qu'il prétend n'avoir consenties que dans l'intérêt de nos lecteurs nous obligent à détruire catégoriquement le mythe selon lequel nous réglerions les importantes dettes qu'il a contractées dans d'innombrables palaces.

A la manière de...

... L'Os, par Buffon

LES DERNIERS HOMMES

Les derniers hommes, témoins des mouvements convulsifs de la terre, encore récents et très fréquents, n'ayant que les cavernes pour asile contre les inventions diaboliques du genre humain, chassés souvent de ces mêmes asiles, par une nouvelle horreur, tremblant sur une terre qui bougeait sous leurs pieds, nus d'esprit et de corps, victimes de la fureur destructive qu'ils ne pouvaient éviter, tous également pénétrés du sentiment commun d'une terreur funeste, tous également pressés par la nécessité de trouver un os à ronger, ne cherchent plus qu'à se fuir.

Néanmoins, ces hommes, profondément marqués du bonheur de leur ancien état ont conservé un souvenir durable et presque éternel, et rassurés par les moments de calme qui succèdent à l'orage, ils rêvent encore à l'établissement de quelque grande société dans les terres paisibles.

(Les Epoques de la Nature. Dernière époque 19...)

Les campagnes de L'Os

Toujours à l'avant-garde du progrès, nous avons comme principe fondamental dans ce libre journal de préférer dire ce que nous avons fait plutôt que d'annoncer ce que nous voulons faire.

Après des semaines de laborieuses démarches auprès du ministère de la Production industrielle – démarches dont nous n'avons pas voulu mettre nos lecteurs au courant avant d'être sûrs du résultat – M. Marcel Paul vient de décider que sur tout le territoire métropolitain les pommes vapeur seront électrifiées à dater du 15 octobre prochain.

Le décret contenant ces dispositions paraîtra dans le supplément illustré du *Journal officiel* de la semaine prochaine.

Petites Annonces

DEMANDES D'EMPLOI

Ancien fonctionnaire ravitaillement (service vins) cherche emploi prestidigitateur dans cirque ou music-hall.

Ministre ravitaillement, libre sous peu, cherche emploi croquemitaine dans famille aisée.

Lion d'Abyssinie, tempérament délicat, travaillerait avec dompteur poli et caressant.

OFFRES D'EMPLOI

Importante usine de camemberts demande chef plâtrier pouvant s'adapter fabrication fromages.

ARTICLES POUR BAIGNEURS

Fusil-arquebuse pour pêche sous-marine : 4 102 fr., obus de rechange, charge mélinite, la pièce 352 fr.

Masque antirides et sous-marin : 490 fr. 15. Le même laissant passer la grosse respiration oppressée du nageur : 1 875 fr.

Détecteur à requins. Se fixe sur la jambe et sonne dès qu'un requin mord le nageur : 692 fr. 50. Grand choix d'autres modèles.

VILLÉGIATURES, PENSIONS

Palace hôtel « Le Truand ». Pensions de 15 fr. à 5 000 fr. sur simple demande.

Jardinier adroit au râteau, libre du 20 au 30 septembre, accepterait poste croupier intérimaire, Monte-Carlo si possible.

Milliardaire blasé vie fastueuse échangerait vie banale contre petit emploi stable dans commerce épicerie.

DIVERS

Assiettes anglaises magiques à double fond pour restaurants illicites. Escamotage instantané de tout plat licencieux, la pièce : 1 livre. W. Pinkleton, Barbons-Circus, London.

L'OS LIBRE

« Contre tout ce qui est pour – Pour tout ce qui est contre. »

NUMÉRO 50 – MERCREDI 18 SEPTEMBRE 1946

Le 6 septembre, le secrétaire d'Etat américain James F. Byrnes a annoncé, à Stuttgart, l'abandon par les Américains du plan Morgenthau. Ce projet d'occupation de l'Allemagne, conçu par Henry Morgenthau, ministre des Finances aux Etats-Unis, avait pour but de diviser le territoire et d'empêcher l'éventuel déclenchement d'une nouvelle guerre. L'opinion publique française prend très mal ce qui est considéré par beaucoup comme une immense erreur politique. Les blessures de guerre ne sont pas cicatrisées, et certains se demandent si cette décision n'aura pas, à moyen terme, des conséquences dramatiques.

Edito – Il faut consoler les Allemands

par Pierre DAC

Je ne connais pas personnellement M. Byrnes, mais je connais, par contre, et d'une manière assez intime, plusieurs personnes qui ne le connaissent pas plus que moi. Ce qui, indiscutablement, crée un climat favorable pour nos éventuelles relations futures et passées. Au reste, et quoique, je le répète, nous n'ayons encore jamais eu l'occasion de nous rencontrer, je sais pertinemment et de source non frelatée qu'il existe d'ores et déjà entre M. Byrnes et moi-même d'indiscutables points de contact et une identité de conceptions qui établissent incontestablement notre commune façon de comprendre et d'envisager les choses.

Qu'on en juge : d'après ce que je sais, M. Byrnes a chez lui, aux U.S.A., l'eau courante, l'électricité et le gaz. Or, il se trouve que moi aussi, à Paris, je bénéficie de ces mêmes avantages.

Dans le cas présent, je ne pense pas qu'il s'agit d'une simple coïncidence. Le parallélisme des installations dont nous jouissons tous les deux est trop synchrone pour que je n'y trouve autre chose qu'un banal et aveugle hasard. Il y a là un signe évident dont on ne peut mésestimer la valeur symbolique.

C'est dire assez, donc, que je suis plus que quiconque particulièrement qualifié pour apprécier comme il convient tout ce que M. Byrnes peut dire et faire. Son récent discours de Stuttgart sur l'avenir et le relèvement de l'Allemagne est certainement encore présent à toutes les mémoires de ceux qui n'oublient pas immédiatement ce qu'ils viennent d'apprendre. Ce discours a évidemment provoqué ce qu'il est convenu d'appeler des réactions diverses et a suscité des commentaires souvent passionnés. Eu égard aux liens qui m'unissent à M. Byrnes (et dont je parle ci-dessus), c'est dans le calme absolu que j'ai médité et analysé ses paroles, animé avant tout d'un esprit objectif et impartial, ce qui explique que je n'en parle qu'aujourd'hui et, somme toute, après coup. Mais l'affaire est trop grave pour qu'on en discute légèrement et sans réflexion préalable. Aussi bien – et plus que jamais en fonction des nœuds affectifs qui nous ligotent étroitement – je me sens en droit de déclarer à M. Byrnes qu'il a envisagé le problème allemand sous un angle ridiculement étroit et regrettablement étriqué. Certes, il estime, avec un réalisme auquel je me plais à rendre un discret hommage, qu'il est nécessaire et souhaitable de tendre la main aux Allemands et de faire table rase d'un passé qui n'existe d'ailleurs que si l'on veut bien se le rappeler. Ça part évidemment d'un bon sentiment, mais ça manque d'envergure et d'imagination : il faut aller beaucoup plus loin. Il faut consoler les Allemands et mettre en œuvre tout ce qui est en notre pouvoir pour leur faire oublier ce qui s'est passé au cours des années écoulées. Certes, je sais bien qu'il y a eu des centaines d'Oradour-sur-Glane, des centaines de milliers de fusillés et de pendus ainsi que des méthodes d'investigation pas toujours en étroit rapport avec la pure courtoisie et la civilité puérile et honnête ; je sais bien aussi que des millions d'hommes, de femmes, de vieillards et d'enfants sont passés par les fours crématoires des camps d'extermination. C'est évidemment ennuyeux, mais encore convient-il de ne pas exagérer, d'autant que parmi ces derniers les trois quarts étaient juifs. Après tout ils n'avaient qu'à ne pas l'être : que diable, il faut savoir ce qu'on veut dans la vie !

Il faut donc en quelque sorte lever l'hypothèque qui pèse encore trop lourdement aux épaules des Allemands et leur faire comprendre que nous réalisons fort bien qu'ils ont surtout agi par légèreté et gaminerie. Doit-on pour autant continuer à leur manifester de la mauvaise humeur ? Avec le recul du temps est-ce que tout cela est vraiment de quelque importance devant les intérêts supérieurs du commerce et de l'industrie qui sont, comme chacun le sait, les deux mamelles de l'idéologie sentimentale ? Je crois que le moment est venu d'organiser dans toute l'Allemagne une grande croisade de consolation. Il faut qu'on aille trouver ces gens-là et qu'on leur dise de ne pas s'en faire, que nous savons qu'ils sont animés d'excellents sentiments et qu'ils mettront tout en œuvre pour faire mieux la prochaine fois.

Tendre la main aux Allemands, c'est bien, monsieur Byrnes, mais c'est insuffisant : c'est nos fesses qu'il convient de leur tendre afin qu'ils se fassent les pieds dessus. Nous en prenons, certes, le chemin ; mais il faut faire vite si nous ne voulons pas voir quelque jour prochain tous ces malheureux sombrer définitivement, minés par un injuste et farouche remords, dans un affreux désespoir que nous ne nous consolerions jamais d'avoir provoqué.

À Os rompus

La barbe au Menthon

Les représentants de la coiffure parisienne sont venus soumettre leurs revendications à M. de Menthon, ministre de l'Economie nationale.

A l'aide d'une pince à épiler dont ils s'étaient munis, les délégués ont arraché au ministre la promesse d'une prochaine majoration des tarifs pour la barbe et les cheveux.

Heureux d'échapper ainsi à la grève dont il était menacé. M. de Menthon a aussitôt profité de l'occasion pour s'en faire raser un.

La sécurité de Paris

C'est avec un gros soupir de soulagement que nous avons aperçu tout dernièrement dans les journaux le titre ci-après :

« En plein jour, des bandits à motocyclette dévalisent un bijoutier avenue Mozart. »

Ainsi donc, les efforts de la police commencent à porter leurs fruits ! Intimidés par les menaces dont ils sont l'objet, les malfaiteurs abandonnent la répréhensible pratique de l'attaque nocturne. C'est en plein jour et avec des risques accrus qu'ils doivent maintenant exercer leur coupable industrie.

En outre, ils ne disposent plus d'autos comme par le passé, mais de simples motocyclettes. Bientôt, on les verra perpétrer leurs mauvais coups à bicyclette, montés sur patinette ou peut-être même à pied !

Quelle revanche pour les honnêtes gens !

A la bonne vote !

Nous recevons de M. Séphériadésorikopoulos, Grec de naissance, naturalisé Auvergnat, une protestation motivée contre les exigences du ministère de l'Intérieur qui, dans un récent communiqué, vient de subordonner l'exercice du droit de vote en France à la production d'une pièce d'identité choisie sur une liste arbitrairement fixée, et d'ailleurs beaucoup trop longue.

« On ne voit pas, écrit M. Séphériadésorikopoulos, pourquoi le ministre de l'Intérieur exige des électeurs, déjà fort surmenés, la production d'une pièce parfois très difficile à se procurer, alors que – les récentes élections dans mon pays d'origine le prouvent – une bonne mitraillette suffit à défendre ses opinions et, au besoin, à les imposer. »

Nous donnons prudemment acte à M. Séphé… (voir plus haut) de sa protestation.

Comment qu'on rigole !

Toujours à l'extrême pointe de l'audace, les pouvoirs publics, vivement frappés par l'apparence désertique de la capitale durant les vacances, viennent de déclencher un intelligent programme de dévastation du pavage parisien.

Cette opportune manifestation de paveurs, espèce que l'on croyait disparue, offre ceci de particulier, outre qu'elle contribue à assurer aux Parisiens qui n'ont pu quitter Paris un amusement supplémentaire et imprévu, l'avantage de resserrer les liens d'indéfectible amitié qui lient agents, piétons et automobilistes.

Applaudissons à cette heureuse initiative qui nous rappelle de façon incisive que nous avons encore des compétences.

Et drôlement à la hauteur.

Ceux qui la cultivent

A la conférence du ravitaillement *(sic)* de Copenhague, M. Yves Farge s'est prononcé nettement pour l'élaboration d'un « plan international d'orientation des cultures ».

Nous croyons savoir que la culture des haricots verts continuerait à être orientée vers l'Ouest et celle de la salade russe vers l'Est.

En ce qui concerne la culture du navet, toute liberté est laissée aux spécialistes, dans le cadre des accords cinématographiques existants.

Quant à la culture des poires, elle peut s'étendre dans tous les sens, selon les ressources financières du terrain exploité.

Conjungo téléphonique

Pour la première fois depuis l'invention de l'imprimerie, nous apprenons qu'un mariage vient d'être célébré par téléphone. Le marié, M. John Bridwig, habite Saint-Paul, dans le Minnesota (U.S.A.) : la mariée, miss Edme Fenlon, réside à Bath (Grande-Bretagne). La cérémonie a coûté dix livres, dix-neuf shillings, neuf pence. Elle a duré dix minutes.

Aux dernières informations, les nouveaux mariés auraient l'intention de rester séparés jusqu'à la naissance de leur premier bébé.

La vraie solution

Le référendum doit être soumis à un référendum

Le référendum est entré dans les mœurs. Corollairement, les mœurs sont entrées dans le référendum. Nous assistons donc, en spectateurs conscients, mais impuissants, à un phénomène d'interpénétration. Et, qu'on le veuille ou non, il sera aussi difficile d'extirper le référendum des mœurs que d'expulser les mœurs du référendum.

C'est ce qui fait dire aux gens intelligents que nous n'en sortirons pas.

Et il est de fait que, dans le domaine des calamités nationales, le référendum occupe aujourd'hui une place au moins égale à celle du marché noir.

Est-ce à dire que l'épidémie de référendum soit impossible à enrayer ? Que non pas. Mais il convient d'agir avec prudence et homéopathie. Il faut ruser avec le mal. Il faut le battre à ses propres armes.

Le référendum nous menace ? Soit : nous le soumettrons à un référendum.

Ainsi, comme le catoblépas se bouffait les pieds, le référendum se dévorera lui-même.

Déjà, nos députés semblent avoir compris l'excellence de cette méthode. A preuve la récente proposition de soumettre la loi électorale à un référendum.

En somme, à la Chambre, on a voté pour savoir s'il convenait de voter sur la façon de voter.

Au premier abord, ça paraît un peu compliqué. Mais, au deuxième rabord, un sénateur de quatre ans ne tarde pas à se rendre compte que c'est parfaitement clair.

Puisque, de toute façon, on votera !

La question de savoir *pour quoi* on votera est, en effet, tout à fait secondaire. Il y aurait même intérêt à dégager le suffrage universel de telles contingences.

S'exerçant à propos de tout et de rien, voire même de n'importe quoi, le droit de vote deviendrait un art gratuit, éclectique et, pour ainsi dire, transcendantal.

Et puis, de toute façon, on obtiendrait un amusant effet de surprise.

Tandis qu'avec le référendum, qui se fait toujours sur une question précise, l'effet de surprise n'existe pas.

Et c'est encore une raison pour laquelle il faut supprimer le référendum.

C. Q. F. D.

* * *

Tout de même, on ne peut décemment supprimer le référendum sans en demander la permission au pays.

Et voilà pourquoi il faut soumettre le référendum à un référendum.

Re-C.Q.F.D.

Voici donc ce que nous proposons : lors de la prochaine consultation, on posera aux électeurs ces deux simples questions.

Première question : Voulez-vous un référendum ?

Deuxième question : Refusez-vous un référendum ?

Mais un récent scrutin de la Constituante – 273 voix contre 273 – a prouvé que le sens de l'égalité, qualité éminemment française, pouvait se manifester jusque dans les urnes. Pour départager les *ex æquo*, nous proposons donc les deux questions subsidiaires et suivantes :

Première question : Si vous ne voulez pas d'un référendum, refusez-vous un référendum ?

Deuxième question : Si vous ne refusez pas un référendum, voulez-vous un référendum ?

Comme ça, il n'y aura pas d'équivoque possible.

Et, espérons-le, pas de référendum.

* * *

Mais nous sommes trop soucieux de l'opinion de la majorité – et aussi de la minorité, qui est après tout le germe de la majorité de demain – pour exiger l'application de nos méthodes sans en référer à nos concitoyens.

Il ne peut, en effet, être question de soumettre le référendum à un référendum sans en demander la permission au pays.

Or, comment connaître l'opinion du pays, sinon par un référendum ?

En conséquence, il paraît indispensable de faire précéder le référendum sur le référendum – vous me suivez ? – d'un référendum sur le référendum du référendum.

Mais, là encore, que vont penser les Français ? Et comment savoir si cet arrangement leur agrée ?

Je ne vois qu'une solution : soumettre à un référendum le référendum sur le référendum.

Mais là encore…

Ici s'arrête brusquement l'article de notre collaborateur. Au moment de mettre sous presse, nous apprenons que Guy Verdot a été arrêté dans les couloirs de la Chambre, alors qu'il tentait d'expliquer à M. Coste-Floret le mécanisme de son système.

L'enquête a révélé qu'avant cette funeste crise, notre rédacteur politique avait essayé de comprendre la loi électorale.

L'infirmier particulier de M. André Philip a été autorisé à donner ses soins à notre malheureux collaborateur.

Faits divers

DE PARIS. – Dimanche 3 septembre, en fin de soirée, un cavalier poussiéreux ayant crevé son cheval entre ses genoux nerveux s'abattait avec sa monture dans les bureaux de l'O.N.M., tuant plusieurs grenouilles dans sa chute.

Après une transfusion de sang et de vin sucré, le malheureux, paraissant sous l'emprise d'une violente émotion, déclara se nommer Charles Lemoine, et avoir attrapé un coup de soleil par surprise, vers 17 h 30, dans la forêt de Fontainebleau.

DE HOUILLES. – Pour une raison qui demeure encore secrète, Mme Boulentranche, qui avait entrepris de secouer un tapis à sa fenêtre située au sixième étage, s'est brusquement retrouvée dans une voiture de laitier.

DE PARIS. – Le nommé Laurent Sibour, une espèce de malfrat délavé qui, mettant à profit son emploi de liftier en profitait pour faire monter le prix des cigarettes, a été découvert partiellement inanimé, encastré dans un des murs d'un immeuble du boulevard Haussmann.

L'individu semble avoir été malmené par des clients brutaux, sinon vigoureux.

DE PARIS. – Le commissaire Poileau Luc a conféré tard dans la nuit avec le chef de la Sûreté. Le célèbre détective, dont on connaît la puissance de déduction, aurait réussi à localiser le lieu où Fantômas aurait dissimulé la rame de métro n° 126, dérobée par le bandit de la façon que l'on sait.

Cet après-midi, une traction lourde de couleur noire s'arrêtait face au bureau de perception de la rue Legendre. Huit hommes de mauvaise mine en sortirent, tandis qu'un neuvième restait au volant, moteur en marche. La foule pressentant ce qui allait se passer s'était vivement cachée.

De longues heures d'attente s'étant écoulées, un agent cycliste, méprisant le danger, entra dans l'établissement quérir des nouvelles.

Il ressortit peu après, bien vivant, et put rassurer la population : il s'agissait tout simplement d'honorables trafiquants du marché noir venus payer leurs impôts.

A la manière de...

... L'Os, par Dostoïevski

L'ÉTERNEL IDIOT

Franceskine Moyenskoff partit faire le marché pour la baba ; il avait quelques kopecks car son traitement de fonctionnaire du 18e degré venait d'être augmenté. La joie habitait son cœur et il en oubliait les pantalons râpés et la face de tortionnaire épileptique du contrôleur des contributions qui détestait qu'on le dérangeât quand il fumait un cigare en jouant à la belotzeff.

Il y avait de beaux fruits, mais c'était des prix pour barines ; il se contenta d'une livre de prunes légèrement pourries et alla chez le boucher où l'on se procurait de la viande en toute liberté à condition de pouvoir la payer. Il marmonna une invocation aux saintes icônes pour l'âme de M. Fargeff et acheta pour lui et sa famille un mastaroff beafsteack sans os ; des larmes de joie coulaient sur ses joues creuses en songeant que la semaine suivante il pourrait encore en acheter un autre.

Sur les murs il restait quelques affiches électorales où s'étalaient des promesses d'abondance et de baisse des prix qui l'étonnèrent un peu, mais comme ces élus avaient dû souffrir de ne pouvoir réaliser leur programme !

A cet instant, il croisa le superbe Mercantiloff du marché noir qui partait pour Deauville se reposer dans une chambre à 600 fr. par jour. Humblement, Franceskine Moyenskoff se pénétra de son abjecte infériorité en face d'un être si riche, si élégant et si intelligent.

A tâtons rompus

On commence à revoir quelques-uns des bons films français qui déchaînèrent notre admiration débonnaire avant la guerre.

Evidemment, de telles merveilles ne pouvaient être brutalement soumises à notre examen, dans toute leur ampleur, sans provoquer de sérieux troubles cérébraux.

Certains directeurs de salles ont tourné la difficulté en présentant au public extasié de courts extraits des bobines de la bonne époque.

C'est ainsi que nous avons eu la chance d'assister à la projection d'une centaine de mètres de *Lucrèce Borgia* et d'une soixantaine de centimètres de film paraissant appartenir à la grandiose réalisation du fameux metteur en scène Alexis Paraproutzine : *Yaourt contre Intelligence Service.*

Ajoutons que le public a pu bénéficier, à l'occasion de ces reprises, des prix habituellement pratiqués, ce sans aucune augmentation.

PETITES ANNONCES

OFFRES D'EMPLOI

Internat de garçons recherche pour dresser fortes têtes chef de claque actif et robuste. Contrat collect., semaine 48 h.

Grand Hôtel Riviera cherche bonhomme fiévreux claquant des dents, pour emploi coupe cigares et metteur au point chewing-gum.

DEMANDES D'EMPLOI

Urgent. Ministre improduction industrielle, prochain, libérable, cherche place dans association petits camarades.

DEMANDES SPÉCIALES

Jolie scie à ruban cherche lame sœur pour débiter des petits riens.

OFFRES SPÉCIALES

Ministre, prochainement éjectable par suite grosses intrigues méchantes, céderait à journal sérieux, mais aisé, belles brochettes scandales tous genres. Prix à débattre. Discrétion demandée.

Réveille-matin lympathique, ressort, cherche feignant endurci pouvant assurer grasse matinée paisible.

DIVERS

Mouchoirs toile émeri à gros grains. Ote en deux essais toute envie de récidive. La pièce : 15 fr. 25 Grosse économie blanchissage. Déposit. S. Sonnet, rue Gestière, 45, Laval (Mayenne).

Statue tournante pour jardins pudiques. Virevolte systématiquement sous l'emprise gros regards lubriques. Dérobe tous détails horribles.

Machine à gratter les allumettes sournoises de la régie. Evite gaspillage et fatigue. 57 % de perte, 14 090 fr. seulement, J. Blivet, Saint-Gast (Côtes-du-Nord).

OCCASIONS

A vendre joli manteau muttonchup frisé, col garniture pommes frites. Ecrire Richard Harnold, au journal.

A vendre pour amateurs émotions fortes, un lot vrais billets 5 000 fr., imitant faux billets à s'y méprendre. Déjouant toutes expertises. La p. 5 883,15

Chasseurs ! Exigez le fusil « The Pratic » à crosse évidée, contenant : 1 casse-croûte, 1 toile de tente, 1 matelas kapock, 1 couverture rayonne mercerisée, 1 réchaud à alcool, 1 jeu de casseroles à queue rentrante. Indispensable pour chasseurs égarés. Le fusil avec crosse garnie 87 275,95

Le même, sans crosse 87 275

Demandez notre nouveau fusil de chasse camouflé « Le Malin », ressemblant à s'y méprendre à une canne à pêche. N'effraie plus le gibier. Succès garanti.

ENQUÊTES – FILATURES

Poileau Luc, Enquêtes avec ou sans discrétion. Recherches avant vols, surveillance après coup. Nommé « honoris causa » 1re classe après affaire du vase de Soissons.

L'OS LIBRE

« Contre tout ce qui est pour – Pour tout ce qui est contre. »

NUMÉRO 51 – MERCREDI 25 SEPTEMBRE 1946

Un statut de la Fonction Publique, classant les employés de l'Etat en plusieurs catégories, A, B, C ou D, sera dévoilé le 5 octobre prochain. Les fonctionnaires, qui ont appris à se méfier de tout, et en particulier des gouvernants, ont déclenché des grèves à titre préventif. Dans le Nord, elle est particulièrement suivie. Cela n'arrange pas le moral des Français qui, en observant les mesures prises par les ministres, éprouvent maintenant le sentiment d'être les victimes d'un hold-up organisé.

Edito – Cambriolage et médiocrité

par Pierre Dac

Lorsque l'évidence approximative se rapproche de l'indéfectibilité relativement éventuelle, ce n'est pas bon signe. Or nul homme, à moins qu'il ne soit totalement dénué de sens critique, ne peut actuellement ne pas se rendre compte que nous sommes presque parvenus au point où la conjonction précitée risque d'avoir chez nous et ailleurs les conséquences les plus regrettables. Ces conséquences d'ailleurs se traduisent déjà et depuis un certain temps par ce que je n'hésiterai pas à qualifier de médiocrité chronique et généralisée. Je pense que ce mot de médiocrité constitue en quelque sorte le diagnostic des maux dont nous souffrons. Il me serait, à l'instar de tant d'autres, facile d'épiloguer sur les différentes formes que prend la médiocrité, tant sur le plan de la politique intérieure, que sur le plan de la politique internationale en passant par toutes les autres manifestations de l'existence quotidienne et à la petite semaine. Je n'en ferai rien, car le sens de la médiocrité vient de m'être révélé par un événement banal en soi mais combien plus symptomatique que par des faits, en apparence, beaucoup plus importants. Un peu d'ordre et de chronologie ne seront pas de trop pour faire la preuve de ce que j'avance.

Je suis allé passer le mois d'août à Faïgabad (qui comme chacun le sait est le chef-lieu de la province de Badakchan, en Afghanistan) chez un de mes vieux amis, qui, en sa qualité d'ancien rodeur de soupapes avait trouvé dans cette localité une situation de rodeur de barrière en 1932. Nous avons ensemble passé quelques bonnes journées de vacances consacrées en majeure partie à chasser la courroie sauvage dans les montagnes avoisinantes.

A mon retour à Paris, j'ai pu constater, sans avoir à déployer un effort particulier d'observation, que mon domicile avait reçu, pendant mon absence, la visite d'une équipe de cambrioleurs. L'événement, me direz-vous, n'a rien d'extraordinaire. J'en conviens aisément, n'ayant nullement l'intention de me répandre en jérémiades ou en récriminations superflues. Je sais parfaitement que les cambrioleurs sont des gens qui ont le droit de vivre de leur profession autant que les autres citoyens. Je ne leur adresserai donc aucun reproche pour leur acte de cambriolage, puisque depuis un certain temps le vol par effraction est devenu une des formes de la reprise économique du pays en même temps qu'une des formes de son redressement progressif.

Mais ce que j'ai le droit et le devoir d'exprimer sans ambages ni retenue à ceux qui ont pillé ma maison, c'est mon mépris et ma muette réprobation, non pas, je le répète, pour leur expédition, mais pour leur lamentable médiocrité. Je ne sais si ces messieurs liront cet article ; qu'ils me permettent de leur dire, en tout cas, qu'ils se font une bien piètre idée de la conscience professionnelle. Ça des cambrioleurs ? Allons donc ! De minables gougnafiers, de pénibles truands, tout au plus. Aucune méthode, aucun style, aucune classe.

Aussi bien j'attire l'attention de mes concitoyens sur le fait qu'un peuple n'a que les cambrioleurs qu'il mérite. Et ceux d'aujourd'hui ne sont guère reluisants.

Nous n'avons, certes, dans le passé, jamais eu la prétention d'occuper la première place, dans ce domaine ; mais, quand même, parmi les cambrioleurs internationaux, les nôtres pouvaient cependant prétendre à un rang plus qu'honorable. Nous sommes bien loin du compte, à présent, pour notre plus grand préjudice et au détriment de notre réputation mondiale.

Que l'on y prenne garde, la médiocrité de nos monte-en-l'air est un symptôme grave de notre décadence. Il est temps, plus que temps de mettre un terme à ce débraillé, à ce laisser-aller si peu en rapport avec les ancestrales vertus de l'éducation française. Il est nécessaire que les pouvoirs publics prennent urgemment toutes mesures utiles pour que les cambrioleurs français retrouvent, au plus vite, outre le sens de leurs responsabilités, le fonds d'honnêteté indispensable au maintien du standing de leur corporation, dans le respect des traditions et la dignité dans le travail.

Avis solennel

Depuis quelque temps, des avions non identifiés et démunis de plaques de police survolent à la cadence de trois ou quatre fois par semaine et à une altitude de 5 000 à 6 000 mètres carrés environ, l'immeuble dans lequel se trouvent les bureaux de notre journal.

Nous élevons ici une vigoureuse et véhémente protestation contre ces survols répétés et illégaux, nous réservant, d'ores et déjà, de prendre toutes mesures de représailles que nous jugerons utiles.

Petits riens

Un amusant entrefilet paru dans toute la presse, nous apprend que les U.S.A. possèdent un poison dont un gramme expédierait en moins de deux quelque sept millions de ces trublions dont le globe est infesté.

La chose n'est pas nouvelle ; des essais nationaux ont déjà été tentés dans notre pays. Nous avons connu entre autres : le vin de la Libération, le pain à l'arsenic, les cigarettes élégantes, le pâté d'abats, etc. Mais devant les résultats médiocres obtenus (quelques milliers de cas connus), un effort gigantesque de nos techniciens permettait enfin la mise au point d'un poison particulièrement efficace, dont on ne connaît encore que les résultats provisoires.

Cette terrible drogue porte le nom banal de « Tripartisme » et serait susceptible d'empoisonner implacablement plus de quarante millions de personnes.

L'Amérique deviendrait-elle rétrograde ?

Sept millions !

Vive les restrictions !

Ils me font hausser de méprisantes épaules, les pauvres inconscients toujours prêts à réclamer la fin des restrictions, la suppression des cartes et la mort du contingentement.

Pour qui sait en tirer parti, les restrictions, c'est une affaire !

J'ai connu un homme qui serait un descendant en ligne directe du célèbre Harpagon et en ligne brisée du père Grandet – le papa d'Eugénie – c'est vous dire que, dès le début, il avait nettement aperçu le bon côté de la situation.

Certains vicieux prennent plaisir à voir leur bien s'envoler en fumée, mon homme n'était pas de ceux-là. Il préférait vendre au plus offrant les huit paquets de cigarettes auxquels donne droit mensuellement notre bienheureuse carte de tabac. Bénéfice net : huit cents francs dont s'enrichissait tout aussitôt son livret de caisse d'épargne.

D'autres insensés précipitent tout en même temps leur ruine et plusieurs morceaux de sucre dans leur quotidienne tasse de café. D'aussi dispendieuses pratiques n'entraient pas dans les habitudes de ce sage, qui, d'ailleurs, ne buvait jamais de café, d'où un nouveau gain appréciable pour la caisse d'épargne.

De même pour le vin qu'il recédait à des prodigues ; pour le beurre, les œufs, l'huile, les confitures, les pâtes alimentaires et autres superfluités dues à la sollicitude de M. Yves Farge ou de ses prédécesseurs.

Tout cela pour le ravitaillement proprement dit, mais le contingentement nous offre d'autres ressources encore. Harpagon-Grandet mettait donc en adjudication sa carte de charbon, ses bons de chaussures et ses points de textiles, fort appréciés des amateurs et dont on peut tirer un bon prix.

Peut-être demandera-t-on pourquoi j'ai adopté le temps passé pour la rédaction de ce récit instructif, c'est qu'il est arrivé à mon héros une chose désagréable, il vient de mourir de façon prématurée, c'est-à-dire avant la fin du rationnement officiel.

Pour lui, bien sûr, l'événement doit être considéré comme un fâcheux manque à gagner. Il n'en reste pas moins vrai qu'avec l'argent épargné ses héritiers ont pu lui payer un bel enterrement et qu'à l'heure actuelle il est à peu de chose près le plus riche de son cimetière.

À os rompus

Avec ou sans eau ?

Les autorités responsables et jusqu'à un certain point compétentes viennent de tenter une expérience assez semblable à celle de M. Farge, mais tout de même quelque peu différente.

Il s'agit cette fois non plus de la viande, mais de la Seine.

La préférez-vous avec ou sans eau ? Telle est la question à laquelle les Parisiens auront prochainement à répondre après s'être formé une opinion en allant faire une petite promenade sur les rives du fleuve momentanément asséché.

Réponses probables et autres

D'habiles sondages opérés par les soins de l'Institut Gallup français permettent d'ores et déjà de dire que sur ce point les avis seront partagés.

Les pêcheurs à la ligne, par exemple, se prononceront vraisemblablement en faveur de l'eau, une certaine humidité demeurant indispensable à la bonne hygiène du ver de vase.

Une réponse identique doit être attendue des spécialistes habitués à faire des ronds, d'une manière d'ailleurs assez malpropre.

Par contre, et pour des raisons faciles à comprendre, les scaphandriers aimeront autant effectuer à pied sec leur pénible travail.

En ce qui concerne les résultats définitifs de cette intéressante consultation, nous tiendrons nos lecteurs au courant.

S'il y en a, bien entendu.

La soupe et le bœuf

Dimanche dernier, M. Georges Bidault se présentait inopinément dans plusieurs camps militaires de la région parisienne où, après avoir examiné les locaux, essayé les lits et interrogé un certain nombre de jeunes recrues, il demandait à goûter la soupe.

On se perd en conjectures sur le motif véritable de ces visites et dégustations. Des personnes ordinairement bien informées insinuent toutefois qu'il s'agirait là de précautions prises pour le cas où une crise ministérielle toujours possible obligerait le président du Conseil à se créer une petite situation de soldat de deuxième classe dans l'armée française. Dûment renseigné, il pourrait alors choisir son corps en toute connaissance de cause.

La grève des Finances

La grève des fonctionnaires des Finances continue à désoler le département du Nord.

Partout par là, ce ne sont qu'infortunés contribuables se pressant, leur argent à la main, devant les guichets obstinément clos des percepteurs.

Très vif, d'autre part, est le mécontentement de certains assujettis qui attendaient avec impatience l'arrivée des sommations, avec ou sans frais, soit pour compléter la décoration murale de leur salle à manger, soit pour tout autre usage.

C'est bien triste !

Pourquoi ne pas le dire ?

On a passé des accords économiques avec l'Angleterre. On va se vendre l'un l'autre des tas de trucs.

Si, par le plus grand des hasards, on touchait quéque chose ousque y a écrit « made England » en anglais, nous on saura de quoi il retourne.

Mais on voudrait savoir, toute curiosité malsaine mise de côté, ce qu'on bazarde à nos copains britanniques. De façon que, si un ami anglais nous écrit : « Merci pour le beurre, le fromage, le vin, etc., ce que vous êtes vernis vous, les Français, d'avoir de si bonnes choses… » que l'on n'ait pas l'air de tomber des nues et de lui répondre : « Quel beurre ? Quel vin ? Quel fromage ? »

Nous, ce qu'on en dit, c'est pour ne pas commettre d'impair ici, ou là, ou là.

Y en a partout

En Angleterre certaines notabilités, afin de créer un courant de dévouement patriotique à la cause commune, sacrifient leurs vacances et s'offrent à travailler aux champs.

Un gros bonnet d'un important ministère se présente comme aide bénévole dans une exploitation agricole.

Le haut personnage ayant décliné ses titres, le fermier est un peu gêné pour attribuer à l'honorable fonctionnaire une occupation salubre et peu compliquée.

Enfin, il lui assigne un travail commode : trier les pommes de terre, mettre les mauvaises ici et les bonnes là.

La matinée se terminant, le fermier rend visite au volontaire. Il trouve celui-ci, face au tas de patates primitif, figé en une muette contemplation.

– Alors ? s'informe-t-il.

– Eh bien ! confie le trieur occasionnel, je dois avouer que je suis très embarrassé : c'est la première fois de ma vie où je me trouve dans l'obligation de prendre une décision.

La lutte des classes

La S.N.C.F. nous communique : Certains voyageurs de première classe se sont émus de la création, annoncée par un précédent numéro, de couchettes de deuxième classe. Ils ont protesté en ces termes :

– A quoi sert de prendre des premières classes si l'on peut dormir partout !

Nous croyons pouvoir rassurer les coucheurs de première, en précisant que cette classe demeure la seule accessible aux gros dormeurs. En deuxième classe, en effet, les voyageurs seront réveillés tous les quarts d'heure par un contrôleur chargé de leur rappeler qu'ils ont payé moins cher.

Ce contrôle aura également pour but de réprimer les ronflements, qui demeurent exclusivement réservés aux dormeurs de première classe.

Quant aux voyageurs de troisième, le contrôleur continuera à venir leur casser les pieds toutes les cinq minutes, comme d'habitude.

En ce qui concerne les couchettes de troisième classe – que la compagnie espère, rappelons-le, pouvoir mettre en service d'ici cinq ans, – messieurs les voyageurs sont priés de se faire inscrire dès aujourd'hui, comme pour les billets ordinaires.

Faits divers

DE PARIS. – Hier vers 17 h 15, une grosse brute colérique a fait irruption dans les locaux de la radiodiffusion.

Après avoir ligoté une centaine d'employés, l'énergumène s'est jeté sur la resserre aux disques, pulvérisant plus d'un millier des enregistrements les plus célèbres.

Parmi les victimes du monstrueux musicophobe, citons : *Baisse un peu l'abat-joie, Cet ennui est à nous, Tango Charles VII, Marie en gèle, Regarde si j'ai du goudron dans l'œil, Le Bal des fondus*, etc., etc.

Par bonheur, l'enregistrement de piano servant depuis deux ans à boucher les trous entre les émissions a échappé à la rage destructrice du furibond.

DE BREST. – Après une semaine de méditations profondes effectuées à son domicile, le commissaire Poileau Luc a donné hier soir vers 11 h 57 le lieu où Fantômas a caché la rame de métro n° 126. Dès l'annonce de cette nouvelle sensationnelle, le chef de la Sûreté, accompagné de ses collaborateurs directs, et d'une centaine de ses meilleurs agents cyclistes, a pris la route à destination de la Bretagne. Une heure plus tard les policiers débarquaient sur la plage de Plouescat, à quelques kilomètres de Brest et découvraient dans les dunes la totalité des wagons dérobés. Ceux-ci étaient occupés par des estivants auxquels Fantômas avait loué les voitures sous menace de n'en rien dévoiler.

Deux mille huit cent soixante-dix-sept arrestations ont été opérées.

DE MENTON. – Il y a quelques heures, au cirque Omar, pendant une représentation, M. Jean Etaisur, dompteur, s'apprêtait à mettre, comme de coutume, sa grosse tête dans la gueule du lion « débonnaire », lorsque l'homme, l'odorat excité par l'odeur du fauve, se jeta goulûment sur celui-ci.

L'animal, péniblement surpris, n'eut pas le temps d'esquisser le moindre geste de défense et n'était bientôt plus qu'une pauvre loque, dont il ne restait plus que l'arête principale. Deux des contrôleurs économiques, alertés par le Syndicat des fabricants de saucisson de lion, qui tentaient d'intervenir sont portés disparus.

Théâtre

Vous ne les emporterez pas avec vous

Je m'excuse de me permettre tout d'abord une digression au sujet de ma vie privée, mais cela me paraît nécessaire.

Je perds mes phosphates.

M'étant adressé en vain aux *objets trouvés* et au bureau des réclamations du métropolitain, je continue à les perdre.

C'est ce qui vous explique pourquoi j'ai la tête à ce point légère que j'ai été obligé d'inscrire sur ma carte rouge de critique : *Faire suivre en cas d'absence de mémoire.*

Cette cruelle déficience a eu pour conséquence prémonitoire que j'ai complètement oublié dans quel théâtre je suis allé pour vous l'autre jour. Toutefois, je me souviens du nom de la pièce que j'y ai vue. Cela s'appelle : *Vous ne les emporterez pas avec vous.*

J'ai vaguement l'impression que c'était très bien, mais je n'ose pas vous l'affirmer d'une façon absolument équivalente. Ce qui me gêne surtout, c'est que je ne peux pas arriver à me rappeler quels sont les objets que justement vous n'emporterez pas avec vous.

Au cas où il s'agirait de mes phosphates, je vous serais reconnaissant de bien vouloir me les rapporter, puisque, de toute façon, vous n'en profiterez pas. J'ai d'ailleurs une conception du théâtre bien différente…

N° 51 – Mercredi 25 septembre 1946

Ballets

Le ballet *Les Joyeuses Nudistes* donnera un cycle de 175 représentations dans les salons de Mme Arthémise de Sautozieux, à partir du 10 octobre 1946.

Voici les prix des places :

Mezzanines, loges et cabinets particuliers : 850 fr.

Orchestre avancé, avec jumelles : 250 fr.

Orchestre très avancé : 325 fr.

Places de choix pour messieurs à vue basse : 450 fr.

Fauteuils roulants pour curieux sceptiques : 850 fr.

Location chez la marquise de Sautozieux, de 5 à 7, 278, avenue des Bibougnards-Muscles.

DEVENEZ FACILEMENT MINISTRE !

AVANT APRÈS

Sans efforts, quelles que soient vos facultés, même médiocres, ou votre position sociale. En prenant chaque matin une potée de l'élixir « **DUGRANLOUP** ».

Résultats surprenants. Les secrets de la politique à portée de tous. Demandez le flacon afférent au ministère choisi. Une de nos multiples références : « Mme T... P... T., nous écrit : « Mon homme était garde-barrière, c'était un être insipide, parvenu à cet emploi je ne sais par quel miracle ou quelle monstruosité. Je lui ai fait prendre de votre produit en cachette. Huit jours après, il devenait chef de gare, puis colonel et enfin ministre du Ravitaillement. J'aurais préféré autre chose, mais l'important c'est la paye.

Veuillez agréer... »

L'élixir « **DUGRANLOUP** » est en vente partout. Le flacon : 37,90.

TOUTES PETITES ANNONCES

OFFRES D'EMPLOI

Pour extension commerce, mendiant recherche aide-quêteur débutant, actif, bonne moralité, présenté par parents. Contrat collectif plus primes.

Pour emplois petits télégraphistes, cherchons retraités alertes et vigoureux. S'adresser Bureau P.T.T. n° 128.

DEMANDES D'EMPLOI

Soprano opéra chronique, ayant fait un peu de radio, cherche emploi marchande de poissons.

Agent cycliste, disposant congé étendu prendrait bandits internationaux en filature. Karpathes, Asie ou Afrique du Sud seulem.

DIVERS

Chapeau en feuillage, très pratique pour têter incognito les vaches en campagne : 170 fr. 10. Gros modèle très incognito : 615,90.

Piège à rats à dynamite. Se visse à la porte du repaire du rongeur. Destruction rapide. Avec 3 charges de 100 grammes : 272 fr. 55.

ARTICLES POUR MUSICIENS

Flûte de débutant, fer blanc doré : 6 775 fr. – Mod. sup. virtuose stagiaire : 18 653 fr. 15. – Gros article, tôle ondulée « type concert Colonne » : 63 190 fr. – La même, coudée, pour fosse d'orchestre exiguë : 105 603 fr. 10. – Mod. plus ord. pour manger : 6 fr. 40.

Cymbales., modèle courant, fer blanc cuivré. Les 2 : 67 fr. 30. Modèle fort, fonte tannée : 92 fr. Gros mod. sup. très résistant, acier au chrome, pour batteur énergique : 1 300 fr.

PERDUS ET TROUVÉS

Perdu entre avenue Favatte et gare Vitry, parapluie rayé rouge-vert, pantalon à pont, valise cannée et dentier supér. Bonne récompense.

L'OS LIBRE

« Contre tout ce qui est pour – Pour tout ce qui est contre. »

NUMÉRO 52 – MERCREDI 2 OCTOBRE 1946

Vice-président des Etats-Unis entre 1941 et 1944, pendant la première partie du mandat de Franklin D. Roosevelt, Henry Agard Wallace a ensuite officiellement manifesté des convictions progressistes qui lui ont valu d'être écarté du pouvoir et de toute fonction au sein du Parti Démocrate. Candidat en puissance aux élections présidentielles américaines de 1948, il multiplie, en 1946, les déclarations spectaculaires. Pendant ce temps à Paris, la seconde Assemblée constituante vote discrètement le nouveau projet de Constitution. Avant de se réjouir, on attend les résultats du référendum.

Edito — Mal dire et bien se tromper

par Pierre Dac

Je me demande souvent, parfois et même quelquefois, si les hommes qui partagent, soit avec eux-mêmes, soit avec d'autres, les responsabilités du pouvoir et participent ainsi à la gestion des affaires publiques, se rendent toujours vraiment compte de la valeur et de l'importance des mots ou expressions qu'ils emploient, tant dans leurs écrits que dans leurs discours. Ou plus exactement, je me demande, en admettant, malgré tout, qu'ils ne s'expriment pas forcément à la sauvette, s'ils se rendent surtout compte de l'interprétation à laquelle ce qu'ils disent pourra donner lieu, et de l'équivoque que leurs déclarations risquent de faire naître en raison même des mots dont ils se servent et de la curieuse juxtaposition de certaines hernies du vocabulaire. Equivoque qui ne va pas, bien entendu, sans marcher de pair avec le doute, la confusion, l'incohérence et l'invraisemblable. A mon humble avis, les poids et les balances dont on se sert pour peser les mots sont comme tout le reste faussés depuis longtemps.

Ainsi, M. Henri Wallace, ancien secrétaire au Commerce aux U.S.A., a affirmé, le 25 septembre dernier, que les déclarations de politique étrangère faites par le maréchal Staline et M. Anthony Eden ont apporté l'espoir à des millions d'hommes qui, dans le monde entier, sont affamés et assoiffés de paix.

On ne peut que remercier hautement, longuement et largement M. Henri Wallace pour ces paroles réconfortantes ; et aussi, par la même occasion et par le même courrier, MM. Staline et Eden. Ce n'est pas tous les jours qu'on apporte l'espoir à des millions d'hommes. Car l'espoir, en fin de compte et en commencement de journée, n'est-il pas le plus grand des biens de ce monde ? A la condition, bien sûr, de demeurer à l'état d'espoir. Un espoir digne de ce nom ne doit ni se réaliser, ni ne pas se réaliser. Puisque dans l'une ou l'autre éventualité il perd sa qualité d'espoir.

Un véritable espoir, c'est, en quelque sorte, l'espérance en quelque chose : tant qu'on espère, il y a de l'espoir. Et il va de soi que, du jour où un espoir est réalisé ou déçu, automatiquement il n'y a plus d'espoir ; et tout le reste n'est que littérature. Mais là n'est pas la question. Je n'ai pas entrepris d'écrire cet article pour digresser sur l'espoir, mais bien sur ce qu'a dit M. Henri Wallace. Or il est un point ou plutôt une phrase sur laquelle je ne suis pas d'accord avec M. Wallace. C'est la phrase dans laquelle il déclare que « des millions d'hommes, dans le monde entier, sont affamés et assoiffés de paix ».

Eh bien ! là, voyez-vous, il y a quelque chose qui choque mon entendement, ma compréhension et mon désir de logique.

D'après M. Wallace, des millions d'hommes ont faim et soif de paix. C'est-à-dire qu'ils désirent manger et boire de la paix en même temps. Raisonnons un peu, je vous prie, en basant ce raisonnement sur mon habituel comportement, lequel est, je le crois, normal, quotidien et équilibré : je mange de la viande ou des légumes et je n'en bois pas, je bois du vin, de la bière ou de l'eau et je n'en mange pas. Je ne peux manger et boire du solide, ni boire et manger du liquide en même temps. Alors je ne vois pas bien comment on peut, dans le même mouvement, manger et boire la paix d'un seul coup.

A moins que… A moins que M. Henri Wallace n'ait procédé par astuce, ce qui est loin d'être impossible. Dans ce cas, il estimerait que la paix, étant une denrée unique, réalise le phénomène exceptionnel de constituer un élément contenant, en parties égales, du solide et du liquide. Ce qui, en définitive, reviendrait à dire que dans la paix il y a, suivant une expression consacrée, à boire et à manger.

Dans ce cas, donc, mais dans ce cas seulement, entièrement d'accord avec M. Wallace, auquel, d'ores et déjà, je me permets de transmettre l'assurance sur la vie et contre l'incendie de mes sentiments indéfectiblement conformes et agrairement distingués.

Le salon de l'automobile

Le nouveau salon de l'automobile marque le redressement de l'industrie française. Profitant de la longue période d'inaction forcée qui leur a été imposée par les événements, les constructeurs sont parvenus à réaliser, en effet, toute une gamme de nouveautés qui, d'ores et déjà, remportent au Grand Palais un légitime succès de curiosité.

Quelques modèles inédits

LE RONGEUR-46. – Ce modèle se distingue seulement des voitures ordinaires par l'adjonction d'une petite boîte parallélépipédique à l'avant du siège, boîte qui est surmontée d'un petit drapeau de tôle marqué « libre ». La voiture ne part que si le drapeau est abaissé.

Le « Rongeur-46 » s'alimente à l'aide de billets de banque placés à l'arrivée dans la main du conducteur. Cette alimentation n'est pas nécessaire dans le cas où l'on désire aller au poste.

LE BUBUS DE SÉRIE. – Ce modèle est de forme oblongue et de couleur jaune et verte. Des chiffres mystérieux surmontent l'avant. Sur les flancs se lit la marque de fabrique : « Neuilly-Hôtel-de-ville ». Quel besoin ont les constructeurs de prendre ainsi des noms de quartiers parisiens ? N'ont-ils pas eu jadis parmi eux un « Delaunay-Belleville » ?

Soulignons l'étrange façon dont s'opère la mise en marche de ces curieuses voitures à cinquante places. Il faut qu'un second conducteur, debout sur une plate-forme arrière et portant une mécanique sur le ventre, tire sur une mince chaînette terminée par une poignée pour que le lourd véhicule s'ébranle.

LA NOUNOU-2. – Ce modèle, réservé aux bébés, est aérodynamique, suspendu, et mû par une nourrice à deux réservoirs. Sa consommation varie selon l'appétit de l'occupant.

LE CABRIOLET-22. – Ce modèle, tout acier et entièrement nickelé, s'orne, au bout d'une chaînette, d'un inspecteur de la Sûreté. On estime qu'il sera très à la mode cet hiver.

LE CAR MONDAIN. – Ce modèle, de teinte sobre, est destiné, en principe, à l'homme d'affaires. L'intérieur est divisé en deux parties par un couloir central desservant une dizaine de cellules. Les fenêtres sont garnies de barreaux et la porte est munie d'un garde municipal.

Confort avant tout

De leur côté, les carrossiers, qui se contentaient jusqu'à présent d'agrémenter les voitures de porte-bouquets, d'allume-cigarettes, de sièges spacieux et de postes de T.S.F., se sont efforcés de pousser le confort automobile jusqu'à ses dernières limites.

Ils nous présentent, notamment, cette année, un rétroviseur surbaissé, qui permet à la conductrice, dont une maille du bas de soie vient de sauter, de s'en apercevoir immédiatement et de pouvoir sans délai réparer cette catastrophe.

Les roues à disques phonographiques qui jouent en tournant un morceau au goût du propriétaire ont été améliorées. Elles interprètent maintenant des disques académiques susceptibles d'anesthésier, en les plongeant dans un sommeil inconscient, les animaux et les piétons qu'elles écrasent.

L'emploi de pare-brises en verre à l'épreuve des balles garantit, d'autre part, le conducteur contre les coups de fusil des hôteliers.

Pour les déjeuners sur l'herbe, le moteur est transformable à volonté en réchauffe-plats. Dans les modèles de haut-luxe, un four, adjoint au carburateur, permet même de réaliser les plus appétissantes grillades.

Citons encore les sièges à bascule pour le débarquement instantané des passagers encombrants après que ceux-ci ont, comme il se doit, payé leur place au premier poste rencontré.

On doit également faire grand cas du cinéma portatif qui projette sur les portières de jolis paysages susceptibles de distraire les occupants en cours de route.

On offre enfin, pour les week-end à deux, des autos à persiennes closes avec banquettes à doubles ressorts, eau-chaude, deux entrées, etc.

Un carburant économique

Enfin, le si délicat problème du carburant a été à peu près résolu. Ecartant les systèmes à gazogène et à gaz d'éclairage, dont les inconvénients n'ont été que trop démontrés, on nous présente un moteur fonctionnant à l'aide d'un produit qui n'a jamais manqué chez nous : les discours politiques. Grâce à un procédé entièrement nouveau, il suffit à un politicien de se placer devant le capot et de prononcer de grands mots vides de sens pour que la voiture marche comme un simple électeur.

Président ou présidente ?

Pour l'heure, dans tous les milieux et même sur les bords, on parle beaucoup de l'Elysée.

Inoccupé depuis le départ de M. Albert Lebrun, ce palais national ne peut demeurer plus longtemps à l'abandon.

Autrement, n'est-ce pas, nous risquons de le voir un beau matin entièrement dévoré par les mites ou, éventualité plus regrettable encore, envahi par quelques-uns de ces individus toujours prêts à s'installer là où il y a de la place sous prétexte qu'ils sont personnellement sans logis.

Pour éviter semblable désastre, un seul moyen : se procurer au plus tôt un président de la République à qui serait confiée la garde de l'immeuble, comme cela s'est toujours fait dans le passé.

Sur ce point, tout le monde tombe d'accord sans se faire trop de mal. Où les avis commencent malheureusement à diverger, c'est en ce qui concerne la personnalité du futur président. Doit-il être grand, court, gros, mince, glabre, barbu, civil, militaire, marqué de la petite vérole ou encore investi des pouvoirs les plus étendus dans le sens de la relativité restrictive ?

A cet ardu problème, L'Os libre *propose une solution.*

Et même une solution élégante. Qu'on en juge :

Ce qu'il nous faut pour garnir agréablement l'Elysée, ce n'est pas un président de la République, mais une présidente !

Une femme chef de l'Etat, ça ne s'est encore jamais vu en France, objecterez-vous.

Et puis, après ? Ne nous a-t-on pas promis du neuf et du raisonnable ?

Quoi de plus neuf, sinon de plus raisonnable, qu'une jeune et jolie femme ?

Car notre candidate sera jolie. Ça, on y tient !

Pour en être sûr, nous avons même l'intention de remplacer l'élection présidentielle par un concours de beauté.

Dernier avertissement

La préfecture de police a l'heureux privilège de rappeler aux conducteurs de véhicules fonctionnant au pétrole qu'en dépit des institutions démocratiques en vigueur, l'échappement libre est toujours interdit.

Entre autres châtiments, les contrevenants s'exposent au mépris et à l'anathème public.

À os rompus

La Constitution

La nouvelle Constitution a été votée l'autre nuit à une grande, grosse et même forte majorité.

Des esprits superficiels lui reprochent d'être un peu trop pareille à l'ancienne, celle qui s'est fait recaler à ses examens en mars ou avril dernier, on ne se rappelle plus au juste, le temps passe si vite !

Ce reproche prouve de manière éclatante que les esprits superficiels manquent de profondeur. Nous allons au surplus le démontrer au moyen d'un syllogisme solide et sans bavures. Voilà :

Proposition majeure : L'homme stupide est celui qui ne change jamais d'avis, a dit quelqu'une – une blanchisseuse, croyons-nous.

Mineure : L'électeur français n'est pas un homme stupide, surtout quand c'est une électrice.

Conclusion : Tout porte donc à croire que l'électeur, et à plus forte raison l'électrice, aura changé d'avis au cours des six mois aujourd'hui écoulés.

Conclusion n° 2 : Les textes constitutionnels repoussés au printemps ont, par conséquent, les plus grandes chances d'être accueillis cet automne à isoloirs ouverts.

D'ailleurs, s'ils étaient de nouveau blackboulés, notre raisonnement n'en demeurerait pas moins valable.

C'est que l'électeur aurait changé d'avis deux fois au lieu d'une, voilà tout !

Auquel cas et en vertu du même principe, il y aurait lieu de lui présenter une troisième Constitution semblable aux deux premières.

Au secours de l'hecto

Après recensement des pieds de vignes et de vignerons, pesée des grappes et dénombrement des grains, les autorités compétentes viennent de nous annoncer le résultat de la prochaine récolte.

Ça fera 40 millions d'hectolitres, pas une larme de plus, c'est-à-dire tout juste ce qu'il faut pour maintenir la ration actuelle de vin, sans aucun espoir d'accroissement !

En possession de ces données, nous nous sommes précipités sur un crayon, une feuille de papier et une table de logarithmes. Et en avant le calcul ! Il y a, en France, 40 millions d'habitants, 40 millions d'hectos divisés par 40 millions d'habitants, ça fait exactement un hecto par tête de pipe.

Or, la ration actuelle est d'un litre par mois, soit douze litres pour l'année.

Ce qui revient à dire que l'hecto, jadis florissant, ne contient plus qu'une pauvre malheureuse douzaine de litres !

Que lui est-il arrivé ? Quelle effroyable maladie s'est-elle abattue sur lui ? Voilà ce qu'on aimerait savoir.

De toute façon, on ne peut pas le laisser dans cet état. Il faut trouver un remède, un truc pour le regonfler un petit peu ! Autrement il finira par être complètement à plat. Et nous aussi !

La Loterie nationale

M. Boursicot qui, malgré son nom, n'est pas ministre des Finances, mais seulement directeur de la Sûreté nationale, déclarait ces jours-ci au cours d'une conférence de presse que « sur trois malfaiteurs, la police réussit généralement à en arrêter un ».

Notre ami Riton-les-mains-jointes, qui prépare un petit coup avec deux copains, nous demande s'il ne serait pas possible de lui dire lequel des trois tombera sur le mauvais numéro.

On va s'informer.

Appuyez sur le timbre

Le relèvement de la France se poursuit dans des conditions satisfaisantes, principalement en ce qui concerne les taxes, surtaxes et autres matières fiscales.

Nous sommes heureux d'annoncer à ceux de nos lecteurs qui n'en font pas usage une forte hausse sur les timbres, quittances, affiches, dimensions, etc.

Les timbres électriques et les timbres de bicyclette ne sont pas encore compris dans cette énumération. Se hâter d'en profiter.

Les provocations continuent

En dépit de nos avertissements, un avion portant l'immatriculation de l'Empire barbiturique a tenté, ce matin encore, de survoler notre immeuble. La D.C.A. volante de la rédaction, qui avait reçu la veille des instructions sévères, a ouvert le feu. Touché de plein fouet par un projectile à la limonade gazeuse, l'appareil, un sexquiplan Blacher, a effectué un atterrissage forcé dans les steppes de Gennevilliers. Dans les ruines de l'appareil, on a découvert des relevés topographiques manuscrits, ainsi qu'un abondant matériel de chantage.

Le pilote, qui semble être de nationalité barbiturine, a été remis à nos services de contre-espionnage.

Averti de certaines découvertes, le directeur de *L'Os libre* a demandé qu'on ne révèle pas encore l'identité du pilote.

Ouf ! on respire

Un confrère du soir relatait ces jours-ci le manque de rapidité des véhicules employés par la police mexicaine. En effet, des terrassiers ayant mis à jour des squelettes aztèques crurent opportun d'aviser les fonctionnaires de l'ordre.

Mais, quand ceux-ci arrivèrent, ils constatèrent impuissants qu'ils étaient arrivés près de 400 ans trop tard.

Tout cela est extrêmement rassurant en ce qui concerne la célérité de notre police, laquelle nous semble maintenant sensiblement plus rapide.

Allumette, je te plumerai !

Les allumettes viennent de voir leur prix doublé. Il est bon toutefois de se rassurer sur la portée de cette mesure puisqu'il n'est, par ailleurs, nullement question de doubler le nombre d'unités contenues dans les boîtes de cinquante allumettes fixé une fois pour toutes à trente-cinq, dont cinq inflammables.

C'est d'ailleurs la rigoureuse ininflammabilité de nos allumettes, fruit de longues recherches, qui pousse actuellement les techniciens de notre régie à perfectionner la qualité de ce produit.

En effet, puisqu'il était impossible de tirer la moindre flamme de ces engins appelés à juste raison allumettes de sûreté, la majorité du public les employait comme cure-dents.

Aussi nos fabricants étudient actuellement la possibilité d'introduction dans chaque boîte d'une petite lame facilitant la taille en pointe de l'allumette.

Nous croyons savoir, d'autre part, qu'un nouveau modèle de cure-dents permettant l'allumage des cigarettes serait à l'étude.

Faits divers

UNE NUIT HISTORIQUE. – Dans la nuit du 25 au 26 septembre, profitant des grandes manœuvres qui avaient complètement vidé la préfecture de Police, au bénéfice de la paisible localité de Champigny, un lot d'infâmes voyous au cœur sec s'est introduit dans les locaux déserts.

Les odieux malfrats s'apprêtaient à emballer tout un lot d'objets d'art, statues, tapisseries, meubles, frigidaires, etc., lorsque dans un vacarme infernal et une horrible confusion, les policiers, poursuivis depuis Champigny par un hideux fox-minotaure à poils durs, envahirent le branlant édifice en poussant devant eux d'épouvantables imprécations.

Submergés par cette marée humaine, un grand nombre de bandits a été piétiné. Une quantité considérable d'outils de travail, ainsi que de nombreuses pèlerines roulées à manches courtes ont été endommagés.

On déplore la perte irréparable de l'orgue de barbarie sur lequel l'ancien préfet de police, M. Lépine, avait composé la délicate sonate : « Pèlerines au clair de lune ».

UNE AFFAIRE TROUBLANTE. – A la suite de plaintes répétées, la 28e brigade volante hippomobile, rattachée à la 75e section du sous-secrétariat de la 327e commission des affaires économiques, dépendant du ministère du Ravitaillement, envoyait chaque semaine, et cela depuis août 44, trois paires de contrôleurs économiques chez M. Isidore Latronche, charcutier, accusé de pratiques monstrueuses.

Mais, malgré ce déploiement de forces, aucune enquête officielle n'avait été déclenchée contre ce commerçant.

Or, hier matin, furetant dans un tas de vieux papiers, le caissier principal découvrait 98 enveloppes contenant les payes d'un grand nombre de fonctionnaires du Ravitaillement, lesquels depuis plus de deux ans ne s'étaient pas présentés à la caisse.

Fugues, disparitions, enlèvements ? On se perd en conjectures sur ce cas qui alimente fiévreusement les conversations du menu peuple du ministère du quai d'Orsay.

Après l'enfant-gazelle, l'homme-kangourou

Le battage nous répugne, aussi n'avions-nous accueilli que par un significatif haussement d'épaules l'histoire de l'enfant-gazelle que certains journaux, peu scrupuleux sur le choix de leurs informations, se hâtèrent de publier. Cette exploitation du phénomène, cette prime à la curiosité malsaine ne cadraient pas du tout avec notre ligne de conduite qui s'inspire avant toute chose du respect dû au lecteur et des intérêts supérieurs de la France.

Mais aujourd'hui, et avec toutes les garanties scientifiques qui doivent entourer semblable information, nous sommes en mesure d'annoncer la sensationnelle découverte du savant professeur Thouvenin, dont les études sur la femme-torpille sont bien connues des milieux forains. C'est en pleine brousse australienne, au pied même des monts Petermann, que le courageux explorateur a rencontré plusieurs spécimens de l'étrange peuplade, dont un échantillon soigneusement sélectionné se trouve présentement dans nos bureaux.

L'élevage sur une grande échelle de l'homme-kangourou et sa parfaite adaptation aux conditions de vie des Français permettraient de lutter efficacement contre l'appauvrissement de la race et de transformer du tout au tout la physionomie de notre beau pays.

Demain, l'Académie des sciences pourra juger des immenses possibilités que nous offre cette découverte, mais le distingué professeur Thouvenin ayant bien voulu accorder à notre envoyé spécial une interview exclusive, nous sommes heureux d'offrir à nos lecteurs cette primeur de choix.

La barbe avenante, le lorgnon accueillant et la main largement tendue, le professeur me reçoit sur le seuil de son cabinet de travail.

– Il est là, me dit-il. Entrez, et n'ayez pas peur !

D'un pas décidé, je gagne le centre de l'immense pièce et soudain… je l'aperçois. Je recule, étonné, car l'étrange individu qui se dandine sous mes yeux offre toutes les apparences d'un homme ordinaire. Vêtu d'un élégant complet de tweed, il fume négligemment un gros cigare, et, ne serait cette épaisse et longue queue qui lui sert présentement de siège, on le prendrait pour un de ces quelconques touristes qui foisonnaient avant guerre dans la rue de la Paix.

Les présentations sont rapidement faites, et le professeur entre aussitôt dans le vif du sujet :

– Mon homme-kangourou est autre chose qu'une simple curiosité, et si je me suis permis de l'amener jusqu'ici, c'est dans le but de rendre à mon pays un signalé service. En effet, le grave problème de la dénatalité peut trouver dans l'importation massive de l'homme-kangourou sa solution définitive. L'Australie se déclare prête à nous céder quelques dizaines de milliers de ces étranges individus qui se reproduisent, ne l'oublions pas, à une cadence vingt-sept fois plus élevée que la nôtre ! Hein ? qu'en pensez-vous ?

Légèrement abasourdi par les immenses perspectives d'une telle entreprise, je finis par articuler :

– Monsieur le professeur, croyez-vous que nous pourrons assimiler et fondre dans le creuset de la famille française cette race… un peu spéciale ?

La réponse me parvient aussitôt, rapide et définitive.

– Nulle part mieux qu'en France l'homme-kangourou ne pourrait s'adapter ! J'oserai presque ajouter qu'il a été créé pour nous. Jugez-en :

» C'est avant toute chose un herbivore, et sa sobriété est extrême. Aussi ai-je emporté la totale adhésion de M. Yves Farge qui envisage déjà la création de pâturages communautaires.

» Mon sujet est doué d'une extrême agilité qui lui permet les volte-face les plus rapides et les plus imprévues. C'est vous dire qu'il a son emploi tout indiqué sur le plan parlementaire et que ses qualités en font un tripartite né.

» Le président Herriot a été fort intéressé par une variété dite « marsupiale à poils longs », pourvue dès son jeune âge d'une barbe de fleuve. Il voit là la possibilité de rajeunir les cadres du prochain congrès radical et m'a passé commande ferme de trois douzaines de marsupiaux super-velus.

» Quand je vous aurai dit que l'homme-kangourou est doué d'une patience sans limite, et qu'on peut aisément lui faire avaler n'importe quoi, vous comprendrez que sa fusion avec la race française présente une frappante analogie avec un mariage entre cousins !

» Un exemple concret de ce que j'avance vous est fourni par la structure même du sujet. Observez attentivement ses membres inférieurs. Ils sont énormes et se combinent avec une queue longue et épaisse pour former un puissant trépied sur lequel l'homme s'assied. Ces dispositions en font le client de choix pour files d'attente, et la S.N.C.F. déclare pouvoir assurer des places assises à ces voyageurs dans les couloirs de tous ses wagons. Seul le Syndicat des chaisières paraît devoir élever quelques protestations contre mon projet, mais vous avouerez que c'est là considérer la question par le petit bout de la lorgnette.

Un silence, puis le professeur poursuit :

– Abordons maintenant le problème du logement. La femme-kangourou, vous le savez peut-être, est douée d'une poche ventrale qui lui permet de loger facilement quatre ou cinq enfants. Ceci résout définitivement la crise du logement et simplifie singulièrement celle de la reconstruction, puisque toute une famille pourra ainsi se loger avec le maximum de confort, y compris le chauffage ventral.

» Dernier point, mais capital celui-là : les hommes-kangourous vivent exclusivement en troupeaux, sous la conduite de vieux mâles. A quelques semaines des élections, on comprendra facilement tout ce qu'un tripartisme bien compris peut attendre d'un tel comportement. Nos troupeaux autochtones trouveraient là un inépuisable réservoir, et le parti assez habile pour attirer à lui la masse des importés s'emparerait sans difficultés des leviers de commande.

» Aussi, conclut le professeur, suis-je l'objet de vives sollicitations de la part des trois grands partis. Mais le M.R.P., dont le recrutement a toujours été des plus éclectiques, et qui va de l'avant sous la conduite de M. Francisque Gay, me paraît le plus apte à retenir et canaliser la masse des hommes-kangourous.

Et sous l'œil impavide de l'enfant de l'Australie, le professeur met un point final à l'entretien par ces paroles définitives :

– La France a toujours été le pays des vieux mâles, ce qu'il faut soigner, c'est le troupeau !

DIALOGUE EN FORME DE TRINGLE

L'un. — *Enfin, je l'ai trouvée !*
L'autre. — *Quoi ?*
L'un. — *La vérité.*
L'autre. — *Quelle vérité ?*
L'un. — *La vérité philosophique.*
L'autre. — *Non ?*
L'un. — *Si !*
L'autre. — *Ah !*
L'un. — *Oui.*
L'autre. — *Comment avez-vous trouvé ça ?*
L'un. — *En faisant simplement la somme de toutes les théories philosophiques connues.*
L'autre. — *Une synthèse en quelque sorte ?*
L'un. — *Mieux, une addition.*
L'autre. — *Vous voulez dire que vous avez additionné tous les systèmes philosophiques ?*
L'un. — *Rigoureusement et à un principe près.*
L'autre. — *Et qu'est-ce que ça donne ?*
L'un. — *La migraine, d'une part, et de l'autre, une ultime et définitive doctrine philosophique.*
L'autre. — *Qui s'appelle ?*
L'un. — *Le saladophisme.*
L'autre. — *C'est basé sur quoi ?*
L'un. — *Sur le principe que la terre est un panier et que l'humanité est une seule et immense salade dont nous constituons les feuilles.*
L'autre. — *C'est astucieux.*
L'un. — *Ce n'est pas astucieux, c'est vrai : depuis des siècles, le panier terrestre en tournant secoue la salade que nous sommes.*
L'autre. — *C'est formidable !*
L'un. — *N'est-ce pas ! Ainsi, moi, d'après l'auto-étude à laquelle je me suis livré, je suis une feuille de scarole.*
L'autre. — *Je m'en doutais ; et moi ?*
L'un. — *Voyons un peu ? Tournez-vous ; boutonnez votre gilet ; euh... D'après votre angle facial, vous êtes une endive.*
L'autre. — *Vous m'ouvrez des horizons.*
L'un. — *Vous comprenez maintenant ?*
L'autre. — *Bien sûr.*
L'un. — *Ça ne m'étonne pas ; le saladophisme explique tout.*
L'autre. — *C'est quand même une drôle de salade !*
L'un. — *C. Q. F. D.*

Pierre Dac

La cuisine pratique

Le plastron de colin à la maillard

Préparation : un mois.
Cuisson : cinq semaines environ.

A) 2400 gr. gros colin.
750 gr. mie de pain.
1250 gr. croutes de pain.
875 décilitres de lait.
18 œufs.
950 gr. crème fraîche.
112 gr. crème rafraîchie.
6 cuillers d'huile.
2 litres vin blanc.
800 gr. tomates.
100 gr. oignons.
125 gr. olives noires.
150 gr. olives prince de Galles.
800 gr. farine.
9 citrons.

Ail, échalote, persil, cerfeuil, fenouil, carottes en branches, chapelure, bouquet garni, ½ seau sauce noire et blanche.

B) Préparer le poisson avec ménagement à ce qui l'attend ; l'éplucher cuit et dépouillé de la peau, de ses arêtes et de tous ses objets personnels.

L'écraser et le travailler avec la mie de pain délayée dans la croûte. Assaisonner en mettant les dix-huit jaunes et les dix-huit blancs battus en neige ou en verglas. Mélanger la crème avec l'huile, le vin blanc, les tomates, les olives, l'ail, l'échalote, le persil, le cerfeuil, etc. Mettre le bouquet garni dans un vase. Allonger avec le seau de sauce noire et blanche. Touiller le tout avec un gourdin des Cévennes. Mettre dans un moule beurré et faire cuire au bain-douche le temps qu'il faut pour que ça fasse une bonne consistance. Démouler et servir avec une sauce plastron en ayant soin de bander les yeux du colin ou des convives au choix, pour justifier l'appellation « à la Maillard ».

Servir les citrons à part dans un plat préalablement nappé avec les 800 grammes de farine.

Cinéma

LE FESTIVAL DE GAULES

Le Festival de Gaules – qu'on appelle aussi de Cannes (à pêche) – a lieu en ce moment où vous savez, dans la clandestinité la plus ostentatoire et c'est bien la moindre des choses.

Le premier prix, qui est un petit poisson, naturellement, sera distribué en avril.

En attendant, je me suis rendu dans ce petit village des Gaules, qui devient célèbre aujourd'hui, mais que j'avais connu obscur avant la conquête romaine. J'y voulais voir les films qu'on y projette.

J'ai été très émerveillé, car on les projette fort loin. Si loin que ce n'est plus la peine d'en parler.

Je ne vous en parlerai donc pas, car je ne veux rien vous cacher.

Mais j'ai ramené dans ma valise la septième bobine du lauréat, qui fait une drôle de bobine, car cette septième bobine a été projetée avant la cinquième, pour des raisons atmosphériques.

Le film est excellent.

Attention aux faux billets

Des faux billets de mille francs sont actuellement en circulation. La contrefaçon est presque parfaite, mais heureusement quelques légers détails les signalent à l'attention d'un œil exercé.

Voici quelques-unes des particularités révélatrices :

1° Les faux billets ont un format sensiblement double de celui des vrais ;

2° Il y a un zéro de trop au chiffre mille, et le mot finances est écrit avec deux T au lieu d'un ;

3° Les allégories représentant Minerve et Mercure sur les vraies coupures sont remplacées sur les fausses par une scène de la vie des champs décrivant les difficultés qu'éprouve un plombier zingueur malgache pour se confectionner un sandwich à la gabardine.

Pour finir, et pour ceux dont l'œil n'aurait pas toute l'acuité nécessaire à la perception d'aussi infimes détails, ajoutons qu'il suffit de faire brûler les billets douteux pour être fixé sur leur authenticité.

En effet, le tirage a été exécuté sur papier d'arménie dentelé.

Petites Annonces

OFFRES D'EMPLOI

Institut océanographique de Monaco recherche bonne pythonisse sachant faire les cartes sous-marines.

Marchand de liqueurs, vins, spiritueux demande homme de confiance, si possible hépathique, pour garder boutique du 1er au 25 octobre.

DIVERS

Fenêtre à guillotine, mod. ord. : 1 700 fr. Article très scientifique, facilitant les héritages : 4 975 fr.

Montagnes percées, pour pays plats ou steppes désolées. Livrées avec petits ascensionnistes en plâtre des montagnes. La pièce : 156 953 fr. 25.

Chewing-gum inusable, caoutchouc naturel, très belle présentation. La chique : 35 fr. Article haut luxe, pour feignant, avec ressort ramenant les mâchoires. La pièce : 102 fr. Vente en gros : R. Chaubois, 5, avenue Bellevue, Groslay.

A vendre joli chien de fusil dressé supprimant toute fatigue de l'index.

MUSIQUE

Chaudronnier mélomane accorderait casseroles et timbales milanaises. A. Delcombe, Mont-de-Marsan.

TRANSPORTS

Employé S.N.C.F. établi à son compte, possédant matériel roulant, effectue transports tous départements. R. Lesage. Succursales à Mantes et Grenoble.

Cherchons cheval bien placé dans écurie de courses pouvant fournir bons tuyaux.

NOUVEAUTÉS

Appareil téléphonique, forme massue, cornouiller premier choix, pour donner des coups de téléphone : 60895. – Modèle boomerang pour grands coups à distance : 722,10. S'adres. J. Sac, au Concours Lépine.

ARTICLES POUR FEIGNANTS

Vin sous pression, par inhalateur breveté. Evite tout travail de coude. Mod. portatif à bretelles : 12 075 fr. – Modèle de bureau, palissandre fumé : 28 678 fr. 90.

VÉLOS – MOTOS

Occasion, moto-compound 1/16 poney vapeur, ressorts de selle bon état, plus une belle caisse de pièces un peu détachées. S'adr. Joré, 9, rue Brémontier, Paris 17e.

L'OS LIBRE

« Contre tout ce qui est pour – Pour tout ce qui est contre. »

NUMÉRO 53 – MERCREDI 9 OCTOBRE 1946

Le 29 septembre, à Epinal, au cours d'un long discours particulièrement musclé, le général de Gaulle a manifesté une fois encore son opposition aux points essentiels du nouveau projet de Constitution. Il ne croit pas à la réussite du régime des partis, qui aboutit à des compromis qui ne sauveront pas l'économie française. La solution pour sortir de ce marasme ne viendrait-elle pas de Pierre Dac ? A l'heure de l'Existentialisme, il lance le « Saladophisme ». Les Français adhèrent en masse à cette nouvelle philosophie loufoque.

Edito — Le saladophisme

par Pierre Dac

Plus j'observe, plus j'acquiers la conviction profonde que l'humanité, en proie depuis tant d'années à de successifs bouleversements, souhaite ardemment et attend impatiemment la philosophie moderne et sereine, à laquelle elle pourra enfin se raccrocher et qui lui apportera la paix de l'âme, la quiétude de l'esprit et le repos des abattis.

Je n'en veux pour preuve que l'éclosion presque hebdomadaire et spontanée de doctrines nouvelles, de conceptions originales et de dogmes plus ou moins inattendus. Et à chaque éclosion, c'est un invraisemblable remue-ménage ; adeptes fervents et adversaires passionnés exaltent ou réfutent les nouveaux arguments lancés sur le marché de la pensée, en des discussions sans fin et une violence proportionnée à l'hermétisme de l'idée.

D'aucuns se réjouissent de cette permanence d'éclosions spirituelles, dont la multiplication, disent-ils, ne pourra qu'aider à la perfectibilité de l'homme ou de ce qui en tient lieu. Voire ! La dispersion des idées ne milite pas forcément en faveur de l'Idée, une et génératrice.

C'est pourquoi j'estime que, plus peut-être, que l'existentialisme, le saladophisme arrive à son heure et à son quai de débarquement. Je n'y ai fait, cependant, qu'une timide et fugitive allusion, dans le dernier numéro de *L'Os libre*, au cours d'un papier modestement intitulé « Dialogue en forme de tringle ». Or, cette simple allusion a déjà provoqué des réactions qui dépassent de loin mes plus optimistes espérances. Un extraordinaire courrier, depuis quelques jours, me parvient des quatre coins de France et d'un tas d'autres coins de l'étranger. De partout, me parviennent des encouragements ; de partout, l'on m'invite, sinon à déjeuner, ou à dîner, du moins à prendre la tête du mouvement saladophiste et à répandre la bonne parole.

En conséquence, respectueux des vœux de mes contemporains et conscient du devoir qui m'incombe, je vais exposer les éléments fondamentaux de la doctrine saladophiste.

Le saladophisme, je crois bon de le rappeler, est, comme son nom l'indique, la philosophie de la salade. Je ne suis parvenu à cette conception et à cette conviction qu'après bien des débats intérieurs, des quantités de crises de conscience et d'urticaire. Et puis, un jour récent, la vérité m'est apparue, à peine voilée d'un trench-coat destiné à la préserver des intempéries. Le saladophisme est l'aboutissement normal et naturel de toutes les philosophies. Son concept principal est d'ordre rigoureusement empirique, c'est-à-dire basé sur l'expérience. Or, que nous apprend l'expérience ? Aussi loin que nous remontions dans l'histoire du monde, nous voyons celui-ci agité, bousculé, secoué comme une vulgaire salade.

Nécessairement, par le processus naturel et successif des spéculations intimes, j'en suis arrivé à conclure que le monde en définitive n'est pas « comme une vulgaire salade » mais beaucoup plus simplement, lui-même, une salade. Ainsi s'explique le saladophisme. Il procède, d'ailleurs, par plus d'un point du système des monades, de mon regretté camarade Leibniz, auquel il s'apparente étroitement, ne serait-ce que par la terminologie du terme.

En bref, la terre est un immense panier au sein duquel est agitée, en un perpétuel mouvement de secouement, la salade de l'humanité dont chaque feuille est constituée par un être. La salade est à l'image du monde parce que le monde est à l'image de la salade, que les incrédules veuillent bien y réfléchir : que de fois devant l'incohérence des événements tant nationaux qu'internationaux, ne laissons-nous pas échapper cette exclamation : « Quelle salade ! » Eh ! oui, quelle salade ! parce que tout est salade, tout vient de la salade et tout y retourne, qu'on le veuille ou non.

Je fais donc aujourd'hui, en faveur du saladophisme, un appel solennel à tous ceux et à toutes celles des lecteurs et lectrices de ce libre journal qui placent les spéculations de l'esprit au-dessus des mesquines contingences matérielles. La doctrine saladophiste doit être la doctrine de demain parce que, dès aujourd'hui, la salade est l'élément constitutif dominant de la vie et du comportement des peuples. Tous pour et par la salade ! La salade par et pour tous ! Tous unis dans le saladophisme intégral, porteur des germes féconds de la civilisation totale, définitive et rafraîchissante.

La police ayant relevé le gang

C'EST MAINTENANT UNE GRANDE BANQUE PARISIENNE QUI N'EST PAS ATTAQUÉE

C'était fatal. La série continue.

A l'heure où tout devrait être mis en œuvre pour hâter la reprise de notre activité nationale, les agissements inconséquents de certains services de la Sûreté portent leurs tristes fruits.

Déjà, en effet, les agressions nocturnes sont en régression et, cette nuit même, une grande banque parisienne vient, à son tour, de ne pas être cambriolée.

Les affres d'un veilleur de nuit

Nos contrats de publicité nous interdisant de désigner clairement l'établissement de crédit en question, nous nous abstiendrons de préciser le nombre d'années de prison purgées par son directeur et le grade que celui-ci occupe dans la légion d'honneur afin d'empêcher une identification par voie de recoupement, et nous nous en tiendrons aux faits.

Il était six heures du soir. Les guichets venaient de fermer. Resté seul, le veilleur de nuit commençait à dormir quand le bruit d'une auto stoppant dans la rue attira son attention. Sans perdre son sang-froid, le brave employé repoussa hâtivement le vantail d'acier de l'imposant coffre-fort directorial, à l'intérieur duquel son patron pratiquait l'élevage des lapins.

En homme d'ordre, ne tenant pas à ce que des malfaiteurs abimâssent par de brutales pesées la belle grille dorée qui clôt la maison, il ouvrit la porte d'entrée toute grande et, les bras levés, se tint prêt à toutes éventualités.

La voiture qui stationnait en bordure du trottoir était une cinq chevaux à gazogène de série. Comment un pareil véhicule avait-il fait pour rouler jusque-là ? Le veilleur de nuit se le demanda sans conclure.

Soudain, la portière s'ouvrit et un homme, évidemment très mince, sauta à terre. L'inconnu jeta un rapide regard circulaire, puis, s'étant assuré que la voie était déserte, il s'approcha vivement de l'employé en tendant en avant un poing qui se crispait sur une sorte de canon court et sombre.

L'autre vit un objet d'acier bruni luire près de son visage.

Il aurait pu appeler au secours. Il préféra s'évanouir…

La police intervient

Quand il revint à lui, le nouveau venu lui dit d'un ton sec :

– Je voulais vous demander du feu, mais ne vous dérangez pas. J'en trouverai au bureau de tabac du coin.

Et il fit demi-tour en tenant toujours son fume-cigarette.

Le veilleur de nuit ne prit pas le temps de remarquer par quels diaboliques procédés l'inconnu parvint alors à faire démarrer sa cinq chevaux. Peut-être l'enfouit-il simplement dans sa poche avant de s'éloigner à grands pas.

Moins de trois heures plus tard, deux agents cyclistes, alertés par téléphone, étaient sur place et effectuaient une ronde minutieuse dans un rayon de vingt centimètres autour de la banque sans parvenir à découvrir le fugitif. Homme et voiture s'étaient littéralement volatilisés.

Une rapide investigation permit au veilleur de nuit de s'assurer que le coffre-fort était resté intact et que le tiroir-caisse contenait toujours sa collection de boutons de culotte.

Ces recherches amenèrent toutefois l'employé à découvrir, traînant dans un coin, un sou véritable dont la provenance ne put être établie.

Vers une réforme judiciaire

Nous avons réussi à joindre, un peu plus tard, M. Requin, le secrétaire général de la Chambre syndicale des banquiers marrons, lequel ne nous a pas caché qu'une pression allait être exercée auprès des pouvoirs publics afin que des mesures énergiques soient prises en vue de remédier à un état de choses préjudiciable à toute une corporation.

Ayant allumé une gauloise baguée d'or avec un titre d'emprunt russe, ce haut personnage nous a déclaré :

– Je reste persuadé que tout ceci est l'œuvre sournoise de groupes capitalistes internationaux prêts à toutes les vilenies pour ruiner notre marché financier. Ces misérables ont soudoyé notamment l'expédition de Champigny qui a découragé les gangsters sérieux. Pour éviter les ennuis, ceux-ci ne tentent plus désormais le moindre coup de main contre les banques françaises. Se fiant aux apparences, les porteurs de fonds concluent que nos établissements ne contiennent aucun objet précieux susceptible de tenter la cupidité des malfaiteurs et perdent confiance dans les façades rutilantes des maisons de crédit et dans le ventre avantageux de leurs directeurs.

» Dans l'état actuel de la législation, nous restons désarmés en face de ces ténébreuses machinations, mais puisque la loi nous refuse son appui, nous agirons en dehors d'elle. Grâce aux conseils de spécialistes éclairés, les adhérents de notre syndicat seront bientôt, je l'espère, en mesure de se cambrioler eux-mêmes.

DIALOGUE EN FORME D'ASPERGE

L'un. — *Salut et fraternité.*
L'autre. — *Good morning and lovely day.*
L'un. — *Votre costume a un aspect, comment dirai-je… étonné.*
L'autre. — *Ce n'est pas étonnant : j'ai mis, ce matin, par mégarde dans mon veston, une pochette-surprise au lieu d'une pochette ordinaire.*
L'un. — *Errare humanum sud-ouest.*
L'autre. — *Plaît-il ?*
L'un. — *On dit toujours « Errare humanum est » ; il est grand temps de modifier le cap.*
L'autre. — *Et de sortir de la routine.*
L'un. — *Que pensez-vous de la peine de mort pour les affameurs ?*
L'autre. — *Je pense que c'est la meilleure façon de leur apprendre à vivre.*
L'un. — *Et de leur donner à réfléchir.*
L'autre. — *Ça va barder.*
L'un. — *Aux Halles, en particulier.*
L'autre. — *D'où nous pouvons inférer que ça va Halles-barder.*
L'un. — *On va tous les pendre.*
L'autre. — *Comme un seul homme.*
L'un. — *Ça va être la bonne vie.*
L'autre. — *On va avoir de tout.*
L'un. — *Les méchants seront punis.*
L'autre. — *Et les bons récompensés.*
L'un. — *On va être bien émus.*
L'autre. — *Le coût de la vie va baisser.*
L'un. — *C'est déjà fait.*
L'autre. — *Comment ça ?*
L'un. — *Le coût de la vie, cette semaine, est déjà inférieur à ce qu'il sera la semaine prochaine.*
L'autre. — *C'est bon signe.*
L'un. — *On va nager en pleine euphorie.*
L'autre. — *Et en œuf au plat.*
L'un. — *Voilà.*

Pierre Dac

Le gang des lacets est traqué par la police

Un raid, comparable à l'expédition de Champigny, s'est déroulé la nuit dernière à La Pierre-sur-Dac. Mais les policiers, moins heureux cette fois, n'ont pu capturer que les principaux chefs de cette bande qui tenait la police en haleine depuis trente-sept ans.

Rappelons brièvement l'activité de ces redoutables forbans, qui tenaient « le milieu » lui-même sous la contrainte.

En 1909, deux des directeurs de cette séquelle de truands, Gaétan Latronche et Célestin Gibremolle, montent à Paris, après avoir dépouillé un honorable mandataire en lacets, M. Louis Vinant à Nuelle, dans l'Ardèche.

La police perd et retrouve successivement leurs traces jusqu'en 1940, où le gang des lacets passe un important marché avec la Wehrmacht.

Il est probable que leur interrogatoire donnera lieu à la révision de certains procès célèbres.

En effet, on a pu établir que c'est le gang des lacets qui a équipé toutes les chaussures de la bande à Bonnot, rendant ainsi possibles les méfaits de ceux qui, sans ces précieuses fournitures, n'auraient été que des gens paisibles. Landru Weidmann, Mestorino, l'assassin de Lætitia Toureaux, etc., auraient également été contraints de se fournir au gang des lacets.

Notons que c'est grâce au flair de Poileau Luc, allant se faire poser des ventouses à Barbaron, chez sa belle-sœur, que le coup de filet put réussir.

Le policier avait été frappé à la vue de deux hommes empruntant la piste chamelière, entre Montébran-les-Pins et La Pierre-sur-Dac.

C'est la banalité de leur mise et les lacets qu'ils portaient en bandoulière qui lui donnèrent l'éveil.

Les odieux scérélats se voyant découverts, se retranchèrent dans un bureau de poste abandonné, dans le bois Pezet. C'est là que d'imposantes forces de police alertées entre temps purent constituer une tête de pont. Par ailleurs, la nouba des agents cyclistes algériens verrouillait le passage à niveau de Chevrier-les-Haies, tandis que les équipes de lance-flemme ceinturaient les bois environnants. Peu après, un avion de reconnaissance donna l'ordre d'attaquer ; aussitôt les chars lance-grenadine entrèrent en action. Les sacripants, succombant sous le nombre, se rendirent, non sans essayer de détruire leur repaire à l'aide d'une corde à sauter.

Profitant de la confusion qui régnait, de dangereux comparses, au nombre d'une centaine environ, munis de faux papiers diplomatiques, ont pu franchir les barrages de la police à bord d'une puissante voiture à ânes.

Toutefois, la gare de La Pierre-sur-Dac, sur laquelle les misérables se dirigeaient, étant loin du train, un dispositif en forme de piège a été dressé sur le chemin muletier menant à la voie ferrée.

Ne touchons pas au provisoire

Dimanche prochain, les citoyens français des deux sexes ou même d'un seul devront se rendre à la salle des fêtes de la mairie, si ce n'est au grand préau de l'école communale où des urnes auront été placées aux fins de référendum.

Manœuvre imprudente à laquelle nous refusons de prêter la main, ni quoi que ce soit !

Quel est en effet l'objet officiel du référendum ?

Mettre fin au provisoire pour le remplacer par du définitif, avec tout ce que ce mot comporte de hasardeux, d'instable, d'éphémère et d'inconstant.

Le provisoire, au contraire, nous offre les plus solides garanties d'avenir. Après deux années d'usage, il ne laisse encore voir aucune trace d'usure.

En outre, il a fait ses preuves. Avec lui, pas de surprises possibles, rien de sa part ne saurait nous étonner !

Sortir du provisoire, c'est se lancer dans l'inconnu !

Et l'inconnu, personne ne peut dire exactement ce que c'est !

Ne touchons pas au provisoire !

Voilà, dira-t-on, un cri d'alarme bien tardif. Les invitations ont été lancées, les OUI et les NON sont en place sur les trottoirs, les panneaux se couvrent d'inscriptions votives, comment pourrait-on encore décommander la cérémonie de dimanche ?

Nous n'en demandons pas tant. Que l'on remplace au dernier moment les deux bulletins prévus par un seul, un bon bulletin bien choisi, cela suffira pour éviter les changements dangereux.

Dans ces conditions, objecterez-vous encore, il ne s'agira plus d'un référendum.

Eh bien ! ma foi, tant pis, on trouvera un autre nom, le provisorium, par exemple.

Chronique ostudiantine

Philo : « L'Espace »

Comme l'a si bien dit Bergson : « L'Espace est à l'homme ce que la nourriture est au ravitaillement », c'est-à-dire une catégorie kantienne ou encore rien du tout.

Nous nous trouvons en face d'un glissement douloureux vers une conception hégélienne de la subsistance des masses, car il est objectivement certain que le concept initial de la théorie Farge se ramène à la formule suivante :

« Donner 150 fr. pour un kilo de pommes de terre ou l'avoir pour rien, c'est la même chose. » Cette synthèse puissante, j'ai voulu l'expliquer à ma petite-fille dans un esprit de pédagogie rénovée, genre nouvelle sixième. Deux minutes après, la chère enfant confiait suavement à son frère que le papa « ronronnait du couvercle ». C'était là une curieuse évolution du langage bourgeois dans un sens surréaliste, ce qui fera l'objet de notre prochaine chronique.

L'occase de l'Oncle Tom

Cette semaine, nous vous proposons :

Pas-de-porte dans quartier calme (Muette), livré complet avec pas de vis, pas de fenêtre, pas de polka, pas de gaz, pas de course, et pas d'électricité.

Conviendrait à n'importe qui et plus spécialement pour vendre n'importe quoi 178 523 fr. 30

Contre remboursement dans pli discret.

Le scandale du vin

Une information contre X a été déposée. X ? L'Ecole polytechnique serait-elle dans le coup ?

Mise au point

Certains indicateurs ayant cru devoir aiguiller la Police judiciaire sur le bureau de notre Directeur, nous tenons à déclarer que toute similitude de sobriquet mise à part, Pierre Dac n'a rien de commun avec « Pierrot le Fou ».

À Os rompus

Le « scandale du vin »

Depuis quelque temps, les journaux humoristiques d'information racontent à qui veut les entendre une étrange histoire à épisodes où l'on voit des navires quitter l'Afrique du Nord pour aller finalement atterrir dans la Suisse du Sud avec leur chargement.

Nos confrères appellent ça « le scandale du vin ».

On ne peut mieux abuser tout à la fois des mots et de la crédulité publique !

Un proverbe digne de foi dit en effet et en propres termes : « Il n'y a pas de fumée sans feu. »

De même, il ne saurait y avoir un scandale du vin sans vin.

Or, pour ce qui est d'y avoir du vin, il n'y a pas de vin, n'importe quel consommateur vous le dira.

Alors, ce fameux scandale…

La grève des mitrons

A part ça, les boulangers du Nord et du Pas-de-Calais ont fermé leurs pétrins pour protester contre la mauvaise qualité de la farine.

« On ne doit pas continuer à nous faire manger du son tandis que le froment sert à engraisser les cochons », disent-ils.

Ces paroles ont provoqué un vif mécontentement parmi les cochons.

Le gendarme nu

Spéculant bassement sur l'état de fatigue et de dépression consécutif à l'abus des séances de nuit, la Commission des finances arrachait la semaine dernière à l'Assemblée constituante un vote ramenant de 50 à 49 millions le total des sommes affectées à l'habillement de notre gendarmerie nationale.

Ce qui revient à dire que, dorénavant, un gendarme sur cinquante ira tout nu !

On ne sait pas encore de quelle manière sera désignée l'infortunée victime de cette inqualifiable lésinerie, si c'est à la courte paille, au doigt mouillé ou autrement.

Dans le voisinage des gendarmeries, où personne ne rit plus, l'émotion est vive, surtout chez les mères de famille qui se demandent comment elles pourront épargner à leurs filles bien-aimées un spectacle éminemment attentatoire à la pudeur virginale de jeunes personnes bien élevées.

Quant à nous, nous n'hésitons pas à répéter avec un dégoût grandissant la seule exclamation capable de stigmatiser comme il convient de semblables mœurs : « Eh bien ! c'est du propre ! »

L'auto d'après-demain

Une tendance paraît se manifester au Salon de l'auto. Nous avons pu, en effet, constater que, parmi les nouveaux modèles offerts seulement à la vue du public, le nombre de chevaux correspondait au nombre de portes, de roues, de litres d'essence : 3 places, 3 roues, 3 litres.

C'est là une heureuse initiative qui ouvre le chemin aux autos, d'une part, et à des modèles spéciaux de l'autre.

D'ailleurs, on a pu voir la maquette de la future Percheron 30 CV, 30 portes, 30 roues, 30 poignées, 30 essuie-glace, 30 litres au 100, etc., et qui, obligatoirement, pour fonctionner devra contenir très exactement 30 personnes de 30 ans et de 30 kilos.

Se basant sur le même principe, un constructeur étudie un véhicule ne comportant aucune roue, pas de chevaux, pas de châssis, pas de sièges et, par conséquent, pas de portes et ne consommant pas d'essence du fait qu'il est inutile de vouloir s'en servir.

La Production industrielle envisage la fabrication en séries extrêmement massives de cette voiture qui se révèle le plus en rapport avec les possibilités de tout un chacun.

Les Barbiturins récidivent

Hier, alors que l'attaché de l'Empire barbiturique conférait avec le directeur de *L'Os libre*, en vue d'envisager la mise en liberté de l'aviateur barbiturin capturé par nos soins la semaine passée, un avion barbiturin s'est livré à de monstrueuses et équivoques acrobaties face à notre immeuble.

Outré d'une telle opiniâtreté dans la provocation, l'administrateur de nos espaces aériens a ordonné la mise sous séquestre du diplomate.

Peu après, un gros pigeon musclé porteur d'une dépêche incendiaire a quitté Paris à destination de l'Empire violateur.

Le dispositif de sécurité 223 bis du manuel du soldat de campagne a été mis en application : des postes de D.C.A. et de D.D.T. ont été placés à toutes les fenêtres de notre immeuble. L'heure est assez grave, sinon plus.

Plus gaullistes que de Gaulle
notre « non » est catégorique

Qu'on ne s'y trompe pas ! Ce n'est pas un stérile souci d'opposition qui a poussé notre directeur à placer en tête de ce journal la fameuse devise : « Contre tout ce qui est pour… » et les éternels petits plaisantins feront bien d'y voir autre chose qu'une simple boutade. Avant de nous engager dans la voie des formules lapidaires, nous avons soigneusement pesé le pour et le contre, et c'est en parfaite connaissance de cause que nous avons adopté la devise qui nous place, toujours et partout, à la pointe du bon combat.

C'est dire que le discours d'Epinal nous a trouvés en parfait état de grâce. Plus royalistes que le roi, nous voulons dire plus gaullistes que de Gaulle, nous faisons donc nôtre son « Non » et saurons en tirer des conclusions définitives.

Mais, d'ores et déjà, nous pouvons le dire : Nous sommes et demeurerons quoi qu'il advienne des « Nonistes » intégraux.

A tous ceux qui pataugent dans le marécage de la compromission, dans la fondrière des solutions boiteuses, à tous ceux qui croient habile de cheminer sur la corde raide des motions nègre-blanc, nous disons : « Non ! Non ! et non ! »

A tous ceux qui acquiescent, approuvent ou opinent, une seule réponse : « Non ! Non ! Non ! »

Derrière le général, à ses côtés et au besoin devant lui, nous faisons claquer au vent pur des sereines réalités la bannière des « Nonistes ». Et surtout pas de confusionnisme, car à ceux qui seraient tentés de nous poser la question : « Non quoi ? » nous répondons : « Non tout ! »

***

Ceux qui n'ont pas vu Pierre Dac, alors que le haut-parleur retransmettait fidèlement le discours d'Epinal, n'ont rien vu. Son mâle profil de chef, aux traits burinés par les épreuves et la méditation, semblait comme pétrifié par l'attention. Et quand le « Non » célèbre résonna dans le silence du bureau directorial, nous comprîmes que la cause était entendue. Notre chef, d'un claquement sec, referma ses fortes machoires sur son légendaire chewing-gum et proféra simplement :

– Maintenant, c'est « Non » ! Compris ?

Seuls les claquements de nos talons répondirent à ceux de ses mâchoires, car entre hommes libres point n'est besoin de longs discours.

***

Les secondes qui suivirent furent fulgurantes. Le délégué syndical du petit personnel, Fernand Rauzéna, avec un manque d'à-propos fortement teinté de matérialisme sordide, crut bon de se lancer dans une invraisemblable histoire de salaires et de hausse de 25 %.

La gêne atteignait son point culminant lorsqu'enfin le mot partit, raide comme balle, de la bouche de notre directeur :

– Non !

Nous respirâmes !

Il fallait s'y attendre ! Certains s'emploient déjà à noyer le poisson, et le R.P. Maurice Schumann tente de nous convaincre que le « Non » du général, lorsqu'on le décortique d'un peu près, pourrait bien signifier « Oui ».

Possible, après tout. Mais quand nous examinons à notre tour le « Oui » ainsi obtenu, nous nous apercevons qu'il tire franchement sur le « Non » !

Alors, pourquoi toutes ces subtilités ?

L'idéal, évidemment, serait le « Non » qui sauvegarderait l'essentiel, suivi du « Oui » qui céderait sur toute la ligne, mais comme le général ne compte pas prendre la parole avant l'ouverture de l'Exposition du couteau suisse, qui aura lieu dans une dizaine de jours à Brive-la-Gaillarde, nous observerons son hautain silence.

Que nos fournisseurs se le tiennent donc pour dit : Il est inutile d'essayer de porter atteinte à nos convictions au moyen de notes, factures, mémoires ou relevés. Notre « Non » est à 90 jours renouvelables.

Notre chef-huissier, esclave du « Non », s'étant permis de repousser hier 272 visiteurs venus pour solliciter un abonnement et ayant cru devoir porter au pilon 22 450 mandats de réabonnement, nous avons décidé de détacher ce brave au cabinet particulier du général et d'engager momentanément un membre fondateur du M.R.P. chargé d'expliquer à notre clientèle que le « Non » sous la pression de certains événements pouvait équivaloir à un « Oui ».

***

Pierre Dac vient de me téléphoner :

– Alors, tu écris mon article, comme d'habitude ?

Devinez ce que je lui ai répondu.

Théâtre

L'EXTRAVAGANT CAPITAINE SMITH

Je ne suis pas encore allé voir *L'Extravagant Capitaine Smith.* J'y ai d'ailleurs passé une très bonne soirée.

C'est l'histoire d'un capitaine. Ce capitaine s'appelle Smith et il est extravagant.

Au premier acte, on voit l'extravagant. Au deuxième acte, le capitaine revient et au troisième acte on s'aperçoit qu'il s'appelle Smith. Cette progression verbalement graduée dans l'intensité clandestine de l'émotion comique, apparaît comme une réussite, aussi bien qu'un succès et, il faut bien le dire, une faveur de l'inspiration.

Le spectacle est traité en farce et en attrape ; la farce est très intéressante, mais il faut surtout citer le personnage de l'attrape, qui a coutume de dévaliser les boucheries : c'est pourquoi il est surnommé l'attrape-gigot.

Le rideau tombe sur cette éventualité, qui fait visiblement allusion à *L'Os libre.* Quand ce ne serait que pour cette raison, j'ai l'intention d'aller voir la pièce et je vous conseille d'en faire autant.

Petites Annonces

OFFRES D'EMPLOI

On demande pour standard téléph. bande organisée, jeune femme sachant argot, connaissant maniement mitraillette, ayant si possible diplôme infirmière.

Sonneur de cloches connaissant bien le solfège est demandé pour église de Chambray (Eure). Ne pas se présenter, écrire avec références.

Régie nationale des tabacs cherche bons menuisiers raboteurs, sachant conduire machine à copeaux.

Patron plage des sports à Cannes cherche bons mécaniciens pour remontage mer démontée.

Importante usine de meubles cherche ouvrier possédant marteau pour marquetterie. Déplacement prov. et étranger.

DEMANDES D'EMPLOI

Monsieur gourmand cherche emploi dans chocolaterie, biscuiterie. Horaire et salaire indifférents.

MATÉRIEL POUR ÉLECTIONS

Barbe moyenâgeuse à surplis, faisant très comme il faut, la pièce : 8 fr. 10. Modèle à ressort, donnant de l'animation aux moments pathétiques : 15 fr. 90. Faux nez à bourgeons pr circonsc. de viticulteurs : 7 fr. 40. Pet. mod. p^r auditoire réduit : 5 fr. 10. Faux ventre brioché pour régions riches : 24 fr. 30. Faux ventre creux, vestes à pluches, pantalons éculés, etc. pour secteurs pauvres, l'ensemble : 2 795 fr. 20.

L'OS LIBRE

« Contre tout ce qui est pour – Pour tout ce qui est contre. »

NUMÉRO 54 – MERCREDI 16 OCTOBRE 1946

L'affaire fait les gros titres des quotidiens depuis plusieurs jours. Vice-président du Conseil, Félix Gouin est accusé d'être à l'origine d'une pénurie de vin, en dissimulant sciemment des manœuvres frauduleuses de certains fonctionnaires de l'Etat. Les démentis des uns et des autres ne changent rien. A travers leur leader, les socialistes se retrouvent au cœur d'un scandale. « Etait-ce le moment de lancer ce brûlot, à huit jours d'un scrutin capital pour l'avenir de la France ? », s'interrogent certains éditorialistes de gauche.

Edito — Toute la vérité sur X. & Cie

par Pierre Dac

Comme il se doit, dans un pays comme le nôtre où la rigoureuse organisation est à la hauteur de l'incohérence qui découle et en constitue le plus somptueux ornement, nul n'est censé ne pas être au courant de l'épidémie de scandales qui déferle présentement sur les côtes et les entrecôtes de la France. Tout le monde donc sait que, à la suite de l'affaire du vin et autres histoires du même tonneau, une information est ouverte contre X pour hausse illicite et corruption de fonctionnaires.

Or, l'émotion soulevée à bout de bras et à bout portant au moment de l'éclatement de ces scandales, tant au sein des populations laborieuses que riveraines, commence déjà à se calmer.

Les commentaires de presse se font plus discrets et les titres moins sensationnels ; suivant le principe de la gamme chromatique descendante, tout cela, petit à petit, ira en s'amenuisant et se terminera probablement en ne finissant jamais.

A moins que certains esprits, dont nous sommes, plus assoiffés de justice et de vérité que de limonade gazeuse et de sirop à la gomme, n'acceptent pas pour autant cette solution de fatalité négative.

C'est pourquoi j'ai décidé de mener ma petite enquête personnelle. Et en quelques jours d'investigations et de recoupements césariens, en dépit de

complications barbelées et d'impondérables en hérisson, je suis parvenu, non seulement à établir le bilan de l'affaire, mais encore et surtout à en fixer les responsabilités. Il est vrai que j'ai pour moi certaines dispositions naturelles auxquelles les liens étroits qui m'unissent au commissaire Poileau Luc ne sont pas étrangers. Voici donc le résumé de mes conclusions consécutivement à l'ensemble de mes investigations.

L'information contre X est, de prime abord et de prime à tout acheteur, un non-sens et une insuffisance. Car, vous pensez bien que X n'est pas tout seul. Et les autres qui sont aux côtés de X se tapent sur les cuisses en se frottant les mains de pied ferme. Quels sont ces autres ? Avec un minimum d'astuce, poser la question c'est la résoudre.

L'un des principaux complices de X est un nommé G, ses relations avec J sont bien connues ; de là à en déduire que C, M et O sont dans le coup il n'y a qu'un pas. En remontant la filière et en descendant le processus on en arrive tout naturellement à inférer que L, N et R, primitivement soupçonnés, sont définitivement hors de cause ; il n'en va pas de même pour P et W qui me paraissent irrémédiablement compromis.

Un point demeure cependant entaché d'obscurité. C'est le cas de K. Quel a été exactement son rôle, en admettant toutefois qu'il en ait joué un ? Certes, ses attaches avec V, H, D et A sont bien connues. Celles avec T et U sont moins nettement établies. Comme l'initiale de son nom l'indique, K est d'origine internationale. Il a toujours joué, assisté de son fidèle et mystérieux F, les éminences grises dans le marché noir. C'est en quelque sorte un agent marron qui prétend être blanc comme neige fondue. Là, le pronostic est réservé jusqu'à plus ample informé. Il n'en ressort pas moins que c'est du côté de I et, le cas échéant, de S, qu'on a toutes chances d'établir d'une façon précise la somme des activités de X, lequel, en dernière analyse, ne serait que l'homme de paille et le prête-nom d'un soi-disant E, nom purement fictif, d'ailleurs, à l'abri duquel se dissimule la louche personnalité du trop fameux F dont les tristes exploits sont encore présents à toutes les mémoires dignes de se souvenir en se les rappelant.

Et voilà. Ce n'était pas plus difficile que ça. Ce que j'ai fait, la justice peut le faire à la condition de vouloir s'en donner la peine. En tout cas, quoi qu'il arrive ou plutôt quoi qu'il n'arrive pas, j'ai conscience d'avoir apporté à la lettre à l'opinion publique les indiscutables précisions qu'elle est en droit de réclamer. Car j'estime que lorsque certaines circonstances de la vie vous placent à l'angle droit d'un tournant décisif, l'élémentaire devoir est de savoir prendre ses responsabilités.

« Je n'ai pas embrassé Ginette Leclerc »,
nous avoue Sosthène Glandare

L'enquête de notre excellent confrère *France-Soir-Dimanche* intitulée « Pierrot le Fou m'a embrassée », par Ginette Leclerc, a eu un certain retentissement. Il faut reconnaître, néanmoins, que le sujet était facile.

Après des recherches minutieuses, nos services de reportage ont réussi un tour de force autrement sensationnel.

Ils ont découvert l'homme qui n'a jamais embrassé Mlle Leclerc.

C'est un pauvre marchand de baignoires à la sauvette, nommé Sosthène Glandare.

Interrogé habilement, l'homme nous avoue humblement :

– Je n'ai jamais appartenu de près ou de loin à la Gestapo ni à un quelconque service de basse police. Que voulez-vous, ajoute-t-il, je ne fréquente même pas le milieu des apaches parisiens.

Il faut reconnaître que dans ces conditions le malheureux avait, en effet, bien peu de chances de rencontrer la délicieuse artiste.

Mais il poursuit :

– Je ne regrette d'ailleurs pas ma défection car c'est depuis ce baiser fatal que Pierrot a été surnommé « le Fou ».

» D'autre part, j'ai tout lieu de penser que c'est le baiser de la délicate vedette de Continental-Films qui fait fuir, actuellement, le célèbre gangster, et non, comme certains pourraient le penser, les menues tracasseries de la police. »

Nous laissons le bougre s'enfuir apeuré après ces redoutables confidences.

Il a pourtant encore un dernier mot :

– Si jamais elle me trouve, elle me fera subir le même traitement qu'à Pierrot.

Souhaitons à ce brave d'échapper à un aussi cruel destin.

Nous ne révélerons d'ailleurs pas le lieu où le pauvre diable s'est terré.

Pourquoi n'a-t-on pas sulfaté les feuilles de vigne du musée du Louvre ?

De nouvelles personnalités, chaque jour, sont compromises dans le scandale du vin. Hier, c'étaient des collaborateurs intimes d'hommes politiques qui devaient répondre de leurs actes devant la justice. Aujourd'hui, on prononce le nom d'un ministre en exercice et d'un ancien président de la République.

Mignonne, voici la vrille

C'est à la suite d'une discrète enquête menée par la Sûreté nationale que la responsabilité du ministre des Beaux-Arts est apparue fortement engagée. On a pu établir, en effet, que, soit par suite de sabotage volontaire, soit par une inexcusable négligence, cette Excellence a porté un grave préjudice à la récolte vinicole en n'ordonnant pas en temps opportun le sulfatage des feuilles de vigne qui ornent les statues dévêtues du musée du Louvre.

Certes, les finances nationales ne sont pas brillantes, mais on ne nous fera pas croire que l'achat de quelques sacs de sulfate aurait mis en péril notre budget.

Quoi qu'il en soit, c'est un miracle que lesdites feuilles de vigne soient restées en place et n'aient pas été dévorées par le phylloxéra ou arrachées par les premiers vents.

Il n'en est pas moins vrai qu'il ne faut pas chercher ailleurs que dans le manque de soins les causes d'une stérilité totale et que c'est en vain que le ministre incriminé oppose des dénégations véhémentes aux accusations portées contre lui.

Les faits sont là : depuis tant d'années que tant de statues portent des feuilles de vigne, aucune n'a, jusqu'ici, produit de raisin.

Le vin est tiré, il faut le boire !

Plus significatifs apparaissent les agissements d'un ancien président de la République, et on s'efforce d'établir à la suite de quelles louches tractations menées pour soutenir on ne devine que trop quels bas intérêts, M. Thiers (Adolphe) a osé promulguer en 1873 une disposition légale qui nuit manifestement au libre écoulement d'un de nos produits nationaux.

La lumière doit se faire sur cette triste page de notre histoire.

En attendant, il importait que cette loi inique, stupide, malfaisante, dangereuse, qui réprime l'ivresse publique soit remplacée sans délai par une loi juste, intelligente, utile, nécessaire, qui réprimera le seul crime qu'on soit en droit de reprocher à un Français digne de ce nom et conscient de ses devoirs : la sobriété.

Vers l'ivresse obligatoire et laïque

C'est ce que le gouvernement vient de faire en publiant dans le Journal officiel *le projet de loi suivant :*

Le gouvernement provisoire de la République française,

Considérant qu'il importe d'encourager la consommation intensive du vin dont il va être distribué jusqu'à six litres par mois et par personne,

Soumet à l'approbation de l'Assemblée nationale le projet de loi ci-dessous destiné à réprimer la sobriété publique.

ARTICLE PREMIER. – La loi réprimant l'ivresse publique est abrogée.

ART. II. – Il est interdit désormais à tout citoyen français, majeur, vacciné et jouissant de ses droits civiques, d'employer le vin pour un usage autre que l'interne (le nettoyage des cuivres, par exemple) et de n'être pas en complet état d'ivresse du samedi midi au lundi midi inclus.

ART. III. – Des agents assermentés auront le droit de se livrer à toutes les constatations nécessaires pour s'assurer du bien-fondé de cet état.

ART. IV. – Cette ivresse totale ne peut être obtenue qu'avec du vin du Ravitaillement. Toutefois, une tolérance de 20 p. 100 sera accordée au bénéfice des vins dits « d'appellations contrôlées ».

ART. V. – Une décoration particulière dite « Ordre national de la pituite » (ruban couleur bordeaux) sera décernée aux ivrognes les plus méritants afin de signaler leur zèle patriotique à l'admiration de leurs contemporains.

ART. VI. – Tout buveur d'eau surpris en flagrant délit de sobriété sera immédiatement appréhendé par les représentants de la force publique et condamné à une peine variant de 40 à 90 ans de prison et à une amende variant de 12 à 78 millions de francs. En cas de récidive, cette condamnation ne pourra être inférieure à la peine de mort.

ART. VII. – En outre, tout politicien convaincu d'avoir mis de l'eau dans son vin sera condamné à la ministérialisation à temps.

ALERTE À LA POPULATION

Des gens assez mal avisés s'escriment actuellement
à vouloir ameuter l'opinion publique, on ne sait
à quelles fins monstrueuses. L'exploitation systématique
de quelques menues erreurs habilement truquées,
voire même gonflées, pourrait inciter le peuple souverain
à des actes regrettables. Il est de notre devoir de mettre les citoyens
en garde contre de tels agissements.

Le Syndicat des X

À Os rompus

Dans le pétrin

Le scandale des vins n'aura pas tardé à faire tache d'huile. Voilà maintenant qu'il commence à humecter les farines !

En Seine-Inférieure, à ce qu'il paraît, boulangers et fonctionnaires du contrôle étaient de miche – pardon, de mèche ! Grâce à leur bonne entente, les tickets pouvaient être honorés deux fois au lieu d'une ou même de pas du tout, comme ça s'est déjà vu ailleurs.

En conséquence, les personnes d'estomac délicat et de bourse bien garnie pouvaient manger du pain blanc à bouche-que-veux-tu, tandis que les autres devaient se contenter du bricheton réglementaire, d'un noir foncé.

Tout cela se passait, répétons-le, en Seine-Inférieure. Ce n'est pas chez nous, en Seine supérieure, qu'on verra jamais des choses aussi choquantes. Félicitons-nous d'occuper une situation géographique qui nous met au-dessus de pareilles turpitudes !

Le vin au café

On prête à M. Yves Farge l'intention d'interdire prochainement la vente du vin dans les cafés, qui d'ailleurs n'ont pas non plus le droit de vendre du café.

Si cette mesure est appliquée, les amateurs de vin devront donc consommer leur boisson favorite en dessous-de-table ou en derrière-de-comptoir.

Manœuvres militaires

Des chercheurs de petites bêtes font remarquer avec une certaine rigueur le nombre imprévu de colonels, généraux et autres officiers extra-supérieurs qui se trouvent mêlés d'une façon ou de l'autre à l'affaire des vins.

Belle occupation pour des militaires ! s'écrient-ils.

A *L'Os*, nous ne saurions partager cette indignation.

Selon nous, travailler dans le pinard, même clandestin, ça vaut encore mieux que de jouer avec les armes à feu !

Dont acte

M. X..., du ministère de l'Improduction industrielle, nous prie de faire savoir qu'il n'a rien de commun avec M. X..., du même ministère.

Avec le vin on veut noyer le poisson

Que nos lecteurs se rassurent, pas une seconde nous n'avons été dupes de la monumentale plaisanterie qui consiste, à la veille des élections, à monter une affaire de grand style dans le but évident de jeter le doute et le désarroi dans les cœurs simples et purs.

Nous savons[1] que ce battage éhonté ne repose sur aucune base solide, et les documents secrets que nous transmettent à longueur de journée nos « services

1. De Marseille, et de bonne source.

spéciaux et confidentiels » nous permettent de suivre d'un œil amusé et parfaitement impavide les grotesques tentatives de journalistes en mal d'avancement.

Nous savons[1] que le vrai scandale n'est pas là, et que l'affaire du vin a été montée de toutes pièces[2] pour des fins que nous dévoilerons peut-être un jour. Tout comme nous dévoilerons, pour peu qu'on nous y pousse, les innombrables turpitudes dont regorgent nos dossiers.

Car nous avons, nous aussi, nos dossiers !

Et il ne faudrait pas grand-chose pour que nous les lâchions, gueule béante, sur le bureau d'un quelconque juge d'instruction. Pour le moment, nous nous contenterons de les entrouvrir, persuadés que ceux qui sont en cause comprendront ce que parler veut dire…

Qu'ils se hâtent, demain il sera trop tard !

Dossier N° 17325
Scandale de l'essence

Impressionnante série de documents. Un gang qui bénéficierait des plus hautes complicités vendrait avec une sorte d'estampille officielle 20 francs le litre un mélange à faible pouvoir détonnant qui lui reviendrait à moins de 4 fr. Hausse illicite caractérisée.

Dossier N° 2
Scandale dit de la Constitution

Environ 600 inculpés. Nombreux chefs d'inculpation : malfaçon d'articles, travail à la commission, etc. Certains besogneux auraient même travaillé à la sous-commission. Aveux partiels, certaines personnalités compromises préconisant ouvertement le « oui ».

Affaire à suivre. Chefs présumés : les trois « Grands ».

Dossier D.G.E.R.
Le scandale de la passementerie

Pièces ultra-secrètes qui nous ont été remises par le colonel Q…[3].

Affaire s'étendant de Vichy à Baden-Baden et qui eut pour effet de transformer tout un stock de pékins absolument impropres à la consommation en colonels d'appellation contrôlée, en utilisant de grosses quantités de passementerie. Très exactement du galon or ou argent.

12 000 colonels seraient dans le bain.

Seul le non-lieu est général.

1. Du Congo.
2. De 220 litres environ.
3. Authentique.

Dossiers N° 231 à 12494, et à suivre
Les queues de hausse

Des personnalités de premier plan auraient lancé sans discernement et sur le marché de grosses quantités de queues de hausse, provoquant ainsi une nouvelle hausse sur les queues de hausse.

Affaire paraissant devoir se terminer en queue de poisson, sauf pour les consommateurs qui font la queue.

Dossier N° 185 bis
Metro-S.N.C.F. et assimilés

Violation caractérisée des lois et règlements en vigueur. Transformation abusive de voyageurs dits « assis » en voyageurs « debout ».

Tout comme les victimes de ce gang, l'affaire serait en voie d'étouffement.

Dossier X-Y-Z
Le scandale des lessiveuses

Plainte portée par la Chambre syndicale des agriculteurs.

D'odieux trafiquants auraient stocké toutes les lessiveuses existantes et ne les céderaient aux cultivateurs épargnants que contre remise de quantités abusives de denrées contingentées.

La lessiveuse étant, on le sait, le premier des instruments agricoles, ces inqualifiables procédés risquent de paralyser une production déjà déficiente.

La pièce Z du dossier prouverait que toute l'affaire est subventionnée en sous-main par le consortium des fabricants de coffres-forts.

DIALOGUE EN FORME DE SLIP

L'un. — *Alors, ça s'est bien passé, ce référendum ?*
L'autre. — *Oui.*
L'un. — *Vous avez voté ?*
L'autre. — *Non.*
L'un. — *Vous n'avez pas voté ?*
L'autre. — *Si.*
L'un. — *Mais vous dites que vous n'avez pas voté ?*
L'autre. — *Moi, je dis que je n'ai pas voté ?*
L'un. — *Oui, vous dites que vous n'avez pas voté.*
L'autre. — *Je ne peux pas vous dire que je n'ai pas voté, puisque j'ai voté.*
L'un. — *Alors, si vous avez voté, pourquoi dites-vous que vous n'avez pas voté ?*
L'autre. — *Mais je n'ai jamais dit que je n'ai pas voté.*
L'un. — *Pardon ! Je vous demande si vous avez voté et vous me répondez non.*
L'autre. — *Oui, j'ai voté non.*
L'un. — *Ah ! bon, et dans quel sens ?*
L'autre. — *Dans le sens du oui.*
L'un. — *Comment ça ?*
L'autre. — *Dans le sens de dire oui au non.*
L'un. — *Et de dire non au oui.*
L'autre. — *Pas forcément.*
L'un. — *C'est-à-dire ?*
L'autre. — *Voter non ne signifie pas implicitement qu'on n'ait pas voté oui et inversement.*
L'un. — *Ça signifie quoi alors ?*
L'autre. — *Que j'ai voté oui au non qui a dit non au non vis-à-vis du oui ; vous saisissez ?*
L'un. — *Oui.*
L'autre. — *Non ?*
L'un. — *Si.*
L'autre. — *Ah !*
L'un. — *Bon.*

Pierre Dac

LA NOUVELLE CARTE DE VAIN

Nous sommes fortement heureux d'offrir à nos lecteurs la primeur de la nouvelle carte de vain.

Voici son simple fonctionnement :

Dès qu'un des signes de cette carte est désigné par le sort, par voie de presse, par radio ou tout autre mode d'information, l'impétrant le rayera, *lui-même,* de deux traits en croix.

Toute fraude devient ainsi irréalisable, toute personne étrangère à cette carte ne pouvant effectuer cette opération sans heurter honteusement la morale.

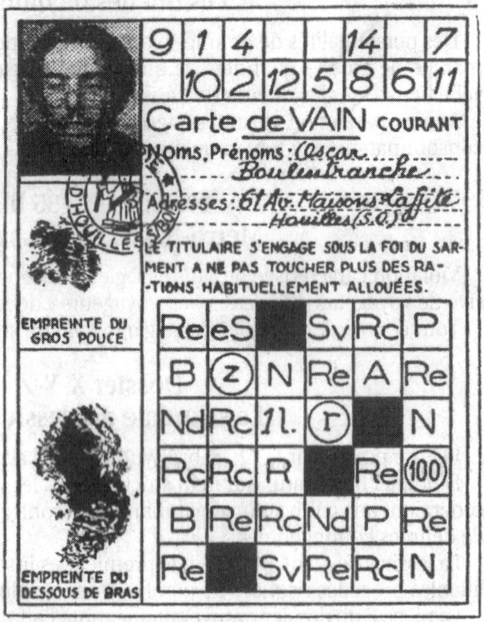

	9	1	4		14	7
10	2	12	5	8	6	11

Carte de VAIN COURANT

Noms, Prénoms : Oscar Boulentranche

Adresses : 61 Av. Maisons-Lafitte Houilles (S.O.)

LE TITULAIRE S'ENGAGE SOUS LA FOI DU SARMENT A NE PAS TOUCHER PLUS DES RATIONS HABITUELLEMENT ALLOUÉES.

EMPREINTE DU GROS POUCE

EMPREINTE DU DESSOUS DE BRAS

Re	eS		Sv	Rc	P
B	(z)	N	Re	A	Re
Nd	Rc	11.	(r)		N
Rc	Rc	R		Re	(100)
B	Re	Rc	Nd	P	Re
Re		Sv	Re	Rc	N

En outre, tous les huit jours ou quatre fois par mois, le porteur de ce titre devra se rendre à l'hôtel de ville du lieu de sa naissance pour faire pointer sa carte dans les cases numérotées et faire contrôler son identité d'après les registres de l'état civil.

Toute carte non à jour pourra se voir confisquée.

Désignation et valeur des signes :

A annulé. – B bloqué. – ES exportations spéciales. – ND non déterminé. – N nul. – P périmé. – R réservé. – RC réserve coopératives. – RE réservé exportations. – SV sans valeur. Les signes cerclés sont sans valeur.

Cinéma

EMMA

Je n'ai pas eu le temps d'aller au cinéma cette semaine, alors je vous renvoie – sans indemnité – aux articles de mes confrères sur les divers films qu'il est convenu, au subjonctif, que j'eusse vus subjectivement.

Mais je tiens à vous signaler que je ne suis pas d'accord avec eux.

Aucun d'entre eux, en effet, n'a parlé d'une œuvre très curieuse, que j'ai appelée *Emma*, et qui est certainement le chef-d'œuvre d'aujourd'hui. Il s'agit d'un film intrinsèque et antropofargique, où il est question du scandale des vins, sous un jour qui est exactement le petit jour. C'est en effet à l'aube – et en surplis blanc – que l'on y voit un ecclésiastique s'apercevoir qu'il lui manque une certaine quantité de vin de messe.

Vin de messe, de Toul et de Verdun, qui sont les trois mamelles de la France…

Sur cet inquiétant sujet, qui n'a pas encore été traité – de Verdun, de Versailles, ni d'ailleurs –, on pouvait faire un film étonnant. Il fallait que ce fût dit.

A la manière de...

... **L'Os,** par Courteline

LE COMMISSAIRE EST BON ENFANT

M. Bainnonnette. – Excusez-moi, je n'en ai que pour une minute.

Le commissaire. – Je vous écoute.

M. Bainnonnette. – Je viens déposer une carte de ravitaillement que j'ai trouvée rue de la Grande-Truanderie, en regagnant mon domicile, rue des Jeûneurs.

Le commissaire (air inquisiteur). – C'est bien une carte de ravitaillement, en effet.

M. Bainnonnette. – Je puis me retirer ?

Le commissaire (soupçonneux). – Du tout ! Donnez-moi vos nom, prénoms, âge, profession, date de votre première communion, un certificat de domicile légalisé, la pointure exacte de vos chaussures ville et les opinions politiques de vos ascendants en remontant jusqu'au traité de Campo-Formio. En outre, veuillez m'expliquer en détail pourquoi vous n'avez pas utilisé cette carte ?

M. Bainnonnette. – Mais tout simplement parce qu'elle ne m'appartient pas !

Le commissaire (très inquiet, il sonne un agent et lui parle à l'oreille). – Emmenez-moi immédiatement ce quidam, j'ai bien peur qu'il ne soit un fou dangereux.

GRANDISSEZ PROMPTEMENT
de 30 à 40 centimètres en six mois

M. Dupont, de la Société des gens de lettres, professeur au Collège de France, après onze mois de traitement.

En prenant quatre fois par jour, deux mètres avant chaque repas, les grosses boulettes du professeur César Joré, de la faculté d'Ahmid Oudja Aïn Sefra.

Les boulettes Joré contiennent des extraits radio-actifs de glandes hypophyses de mammouths géants sélectionnés, les sucs de cresson de Baobas-Colossus, des intraits de cous de girafes, de l'alcoolat de Building-gigantis, de l'hydrolat de liseron grossement grimpant, de l'emplâtre de colonne montante, etc.

Le granulé pour 10 cm d'essai, gratuitement sur simple demande.

Laboratoire Joré de recherches biologiques sur la croissance hautement accélérée, 9, rue Brémontier, Paris 10e.

Visite du parc d'Anthropithèques : 10e étage, porte WB.

Entrée permanente.

Petites Annonces

MATÉRIEL POUR ÉLECTIONS

A vendre porte-parole état neuf, modèle robuste, élocution soignée, premier prix de narration du conservatoire de persuasion appliquée, conviendrait bien à partis politiques dans la gêne.

Crayons spéciaux pour votes négatifs, les 12 : 3 fr. 70. Les mêmes, mais votes positifs, 3 fr. 70. Article à mine rentrante pour hésitant, la pièce 5 fr. 90. Bulletins tout prêts pour particuliers timorés, le cent de oui : 12 fr. 70 ; le cent le non : 12 fr. 45. Shaker à bulletins, la pièce : 145 fr. 25. Le même à double fond : 179 fr. 30. Article identique, double fond, grosse capacité : 8 797 fr. 20.

MATÉRIEL POUR PÊCHEURS

Canne ébène massif pour débutant : 15 930 fr. Modèle de luxe, fonte émaillée : 2 930 fr. Article superléger, papier de soie amidonné : 1 475 fr. La même, huilée : 4 475 fr. Appâts surfins : mouches au sucre, sauterelles à la vanille ; papillons sucre candi, chènevis à la pistache, etc. Vers spéciaux mordant le poisson à la gorge, les 12 : 13 fr. 90.

ARTICLES POUR IVROGNES

Pendule de cheminée, télécommande à distance par radar. Assure retour paisible domicile conjugal à heure toujours décente. Prix : 9 675 fr.

DIVERS

Ressemelages mobiles, s'adaptant sur toutes chaussures par courroies. Mod. ord. épais, 4 cm. : 72 fr. Gros modèle pour personnes marchant fort, épais. 8 cm : 115 fr.

Canne tactile pour promenades nocturnes. Permet l'exploration des gros recoins sombres. Modèle à pointe gémissante : 1 010 fr. 15. Autre modèle palissandre plombé : 1 131 fr. Article sup. moelle de sureau et fonte vernissée : 1 223 fr. 05.

Les piqûres hypodermiques coûtent cher, utilisez nos puces médicales dressées. Tous traitements. Essais gratuit huit jours.

Cambrioleur surprise, pour dessous de lit, petit modèle blafard : 1 750 fr., gros modèle tirant brusquement le sang du visage : 2 205 fr. Articles bien étudiés pour personnes cardiaques, à partir de 3 750 fr.

L'OS LIBRE

« Contre tout ce qui est pour – Pour tout ce qui est contre. »

NUMÉRO 55 – MERCREDI 23 OCTOBRE 1946

La nouvelle Constitution est adoptée par référendum, le 13 octobre. Un régime parlementaire est instauré, avec une Assemblée nationale qui aura beaucoup plus de pouvoirs que le Conseil de la République. Le Président de la République, élu pour sept ans, disposera de pouvoirs restreints. 53 % des votants ont dit « Oui », mais 31 % des électeurs se sont abstenus. Un chiffre record qui en dit long sur la lassitude des Français. Seul le quotidien les intéresse. A L'Os libre, *on l'a compris. On parle de tout, sauf de politique politicienne.*

Edito — Couture et réalisme

par Pierre Dac

Si vous le voulez bien, cette semaine, nous ne parlerons pas de politique ; pas davantage des scandales permanents et renouvelés, ni du marché noir, ni de la situation internationale, ni de rien de ce qui constitue l'habituelle et quotidienne pâture que chaque matin et chaque soir la grande presse met à la disposition de sa clientèle.

Mais alors de quoi parlerons-nous ? De choses en apparence plus frivoles, quoique fort sérieuses et d'intérêt psychophysiologique indiscutable. J'ai reçu pas plus tard qu'hier – pas plus tôt non plus – un coup de téléphone de mon excellent ami l'éminent professeur Léopold Sparadrap, lequel m'a interpellé de la façon suivante : « Vous intéresserait-il d'assister, en ma compagnie à responsabilité limitée et au capital de ce que je n'ai pas, à une présentation de haute couture ? »

Inutile de vous dire que je répondis affirmativement. Après nous être retrouvés, à la suite d'un rendez-vous auquel chacun de nous eut la bonne idée de se rendre, je demandai à mon illustre compagnon : « Où allons-nous ? Schiaparelli, Raphaël, Lanvin, Hermès, Alix, Lelong, Ramarony, Palewski, Capitant, Paquin, Jacques Fath, Piguet ?

– Non, répondit d'un ton quelque peu méprisant et excédé Léopold Sparadrap, je vous conduis dans une toute nouvelle maison qui pour n'être pas connue de l'élite élégante n'en est pas moins dépourvue de toute réputation assise. Je vous emmène chez Sylvaine Jibremol, 21, rue des Panoyaux.

– Oh ! Oh ! m'exclamai-je, fortement impressionné à l'énoncé de ce nom qui commence à faire date dans l'éphéméride des mondanités laïques, constitutionnelles et panachées.

Léopold Sparadrap n'avait nullement exagéré. Excellente ambiance, assistance sélectionnée, atmosphère de bonne compagnie, allant de la compagnie du gaz jusqu'à celle des entreprises de travaux publics. Salons somptueux ; tapis-brosse d'Orient destinés à étouffer les pas, les hurlements et les injures grossièrement déplacées, personnel stylé, orchestre discrètement dissimulé derrière une tenture de gravats et judicieusement composé d'un alto, d'une cornemuse et d'une trompe d'Eustache. L'ami de Sylvaine Jibremol, aimable jeune homme, entre deux âges et entre deux vins, nous reçut lui-même entre deux portes et entre parenthèses. Et la présentation des modèles déroula ses rites au milieu d'un silence équivoque et d'appréciations variées.

A nos côtés deux M.P. représentaient la haute couture américaine. Et je compris vite pourquoi Léopold Sparadrap m'avait amené voir cette collection plutôt qu'une autre. C'est que Sylvaine Jibremol s'est inspirée du principe que les clientes doivent utilement se rendre compte de ce que peuvent donner sur elles les modèles qui leur sont présentés. C'est pourquoi elle a estimé que ses mannequins devaient être fidèlement à l'image de ses acheteuses éventuelles. En conséquence, une robe du soir, par exemple, était primitivement présentée par une jeune et ravissante fille, mince et idéalement balancée. Par la suite, le même modèle était successivement et alternativement présenté par une sorte de rombière aux charmes croulants et débordants, une haridelle desséchée et sans formes, une demoiselle de 1,92 m et une autre de 1,33 m. De manière (je le répète) que chaque spectatrice, au gabarit correspondant, puisse se faire une exacte idée de ce que donnerait sur elle le modèle offert et proposé à toutes fins utiles.

Je félicitai chaudement Sylvaine Jibremol pour l'originalité de ses conceptions et son humaine compréhension.

– Et vous vendez beaucoup ? me crus-je obligé de lui demander.

– Régulièrement, me répondit-elle avec un indéfinissable sourire. D'ailleurs, ajouta-t-elle, j'espère que vous me ferez l'amitié d'assister à la faillite-party que j'organise la semaine prochaine.

Sur ces mots je pris congé d'elle et de Léopold Sparadrap, en méditant conjointement et doctement sur les insondables mystères de la philosophie féminine et des dangers qu'elle comporte vis-à-vis de la vérité visuellement exprimée.

Avis de fonds

Nous avons l'avantage d'informer les personnes qui, pour le développement de leurs affaires ou pour l'assainissement de leur trésorerie personnelle, auraient actuellement besoin des sommes suivantes :

67 495 francs, 123 422 fr. 45 et 246 950 francs

que, en aucune manière, nous ne sommes en mesure de leur fournir ces disponibilités.

Assez de scandales !
L'Os *ouvre la campagne de l'air pur*

Les méphitiques émanations des actuels scandales risquent fort d'empoisonner à brève échéance toute la partie saine de l'opinion publique. C'est pourquoi, soucieux de nous séparer d'une certaine presse dont le malsain comportement est sans excuses, nous ouvrons aujourd'hui la campagne de l'air pur. Nous refuserons désormais toute dépêche traitant des scandales en cours (ou à venir) mais ferons par contre toute la publicité désirable aux nouvelles propres à exalter les sentiments d'honneur et de droiture qui somnolent encore dans le cœur de tant de Français. Ainsi, une fois de plus, aurons-nous contribué à mettre en lumineuse évidence les qualités maîtresses de la race.

Singulièrement lourde de sens, et combien réconfortante cette dépêche à qui nous accordons volontiers la première place :

Plan-de-Cucques (par fil spécial).

Depuis plusieurs années, le corps médical de Plan-de-Cucques (Bouches-du-Rhône) se passionnait pour le cas de M. Marius-Antoine Ferrari, âgé de 49 ans, et remplissant dans la coquette localité les officielles fonctions d'idiot du village. En effet, dès 1941, ce courageux citoyen, chaudement approuvé par une épouse singulièrement rapace, avait décidé de vivre uniquement des attributions légales afférentes aux tickets que lui délivrait chaque mois sa mairie. En vain essaya-t-on de lui faire comprendre tout le danger d'une pareille attitude… Rien n'y fit ! Et, à la grande surprise des services médicaux, il vécut.

Hélas ! Alors que l'attribution d'un supplément de sucre de 500 grammes prévue pour septembre aurait permis de prolonger le malheureux de quelques semaines encore, un déblocage tardif du D. Q. « denrées diverses » vint précipiter sa fin.

Ses obsèques ont eu lieu hier, au milieu de l'émotion générale.

On a particulièrement remarqué la couronne offerte par le Contrôle économique départemental.

***

Mais… que penser de celle-ci :

Bigouden-en-Pluvigner.

Désirant protester contre la licence des mœurs et l'indécence des modes actuelles, M. Puritain Jules, président de la Fédération des pères de famille indignés, a fait irruption l'autre jour dans un bal de société et a abattu à la mitraillette toutes les jeunes filles dont le décolleté excédait les limites adoptées par le dernier congrès du M.R.P. (motion Schumann).

Barricadé dans le presbytère obligeamment mis à sa disposition par le conseil de Fabrique, il a soutenu un siège en règle contre la légion de gendarmerie du chef-lieu de canton le plus proche.

A l'heure où nous mettons sous presse, le… ° régiment d'infanterie est sur les lieux.

***

Paris (par téléphone).

Depuis plusieurs jours, les spécialistes de la brigade de la circulation étaient intrigués par une voiture Léon-Bollée 1903 abandonnée au centre du passage clouté principal du carrefour Richelieu-Drouot. Après une longue enquête, le propriétaire du véhicule, M. François Rivière, 7, rue Sainte-Isaure, a fini par avouer que, ayant consommé jusqu'à la dernière goutte les 20 litres d'essence qui lui avaient été concédés pour le mois d'octobre, il s'était vu dans l'obligation d'abandonner son véhicule, mais qu'il s'engageait à venir le remettre en marche le mois prochain, sous réserve que de nouveaux bons lui seraient remis.

Un automobiliste complaisant qui s'était permis d'offrir au rigide citoyen un bidon de 5 litres, a failli être écharpé par deux chauffeurs de taxi. La voiture est visible tous les jours. Son conducteur l'est, de 5 à 7, à l'infirmerie spéciale du dépôt.

***

Le drame du blé.

Un horrible drame vient d'ensanglanter la paisible commune de Chaudon (Eure-et-Loir). Ne pouvant, en dépit de pressantes démarches, obtenir que fussent abaissés les prix à la production et désespérant de pouvoir livrer aux organismes officiels le produit intégral de sa récolte, M. Marcel Catois, cultivateur, a fait irruption hier après-midi dans les locaux du contrôle économique et a terrassé à coups de lessiveuse les employés qui essayaient de s'opposer à cette intrusion.

Une jeune dactylo qui s'était attardée à ramasser quelques pièces d'or tombées de la lessiveuse homicide a été hospitalisée d'urgence.

***

Paris (de nos services secrets).

A la suite d'une erreur, parfaitement excusable vu les grandes quantités de billets imprimés chaque jour, le camion spécial de l'imprimerie de la Banque de France livrait avant-hier un excédent de 45 milliards aux services de M. Robert Schuman.

C'est un manœuvre préposé au déchargement, M. Raymond Godécaux, qui s'aperçut de cette légère plus-value, et qui prévint aussitôt les services intéressés. Chaudement félicité pour cet acte de haute probité, M. Godécaux fut immédiatement récompensé par un demi-verre de vin. Mais, toujours modeste, il crut bon de s'excuser en déclarant :

– Je vous assure que ça ne vaut pas ça !

DIALOGUE EN FORME DE RESSORT

L'un. — *Non ?*

L'autre. — *Si !*

L'un. — *Pas possible !*

L'autre. — *Par exemple !*

L'un. — *Eh ! Oui !*

L'autre. — *Ah ! hein, ça alors !*

L'un. — *Ça, j'avoue…*

L'autre. — *En somme voyez-vous…*

L'un. — *Evidemment, il fallait s'y attendre.*

L'autre. — *Bien sûr, mais quand même…*

L'un. — *C'est un peu brutal.*

L'autre. — *Et subit.*

L'un. — *D'autant que malgré tout, rien ne le laissait prévoir.*

L'autre. — *Eh ! non.*

L'un. — *Je n'en reviens pas.*

L'autre. — *Moi non plus.*

L'un. — *Alors qu'est-ce qu'on va faire ?*

L'autre. — *Rien.*

L'un. — *Comme d'habitude alors ?*

L'autre. — *Bien sûr.*

L'un. — *Au fond, voyez-vous, il vaut mieux tout de suite ne rien faire que faire quelque chose qui n'aboutit à rien.*

L'autre. — *Voilà qui est parlé.*

Pierre Dac

A la manière de...

L'Os, par J.-J. Rousseau

LES VOYAGES EN FUSÉE (AN 20...)

Je ne connais qu'une manière de voyager plus agréable que d'aller en avion, c'est d'aller en fusée. On observe le monde infini. Aperçois-je la lune ? Je la frôle. Le soleil ? Je vais à l'ombre. Vénus ? Je la visite. Mars ? Je m'éloigne. Je n'ai pas besoin de choisir des chemins tout faits, des routes commodes, je passe partout, je vois tout ce qu'un homme peut voir, et je jouis enfin de toute la liberté dont un homme peut jouir.

Voyager en fusée, c'est voyager selon Thalès, Platon et Pythagore. J'ai peine à comprendre comment un philosophe peut se résoudre à voyager autrement et s'arracher à l'examen des mondes qui l'entourent et que l'immensité prodigue à sa vue.

C'est-il Dieu possible ?

Ce n'est pas seulement un abcès que, selon sa promesse, M. Yves Farge vient de vider.

C'est aussi le mol oreiller gonflé d'optimisme sur lequel la France entière reposait dans une trompeuse quiétude.

De sorte qu'à présent, nous avons le derrière de la tête en contact brutal avec les dures réalités de la vie !

Oh ! certes, évidemment, bien sûr, on savait que tout n'allait pas tout à fait bien dans le royaume. Quelques petits scandales éclatant çà et là de manière épisodique n'eussent pas été pour nous surprendre.

Mais qui donc aurait pu imaginer un tel amoncellement d'ignominieuses turpitudes !

N'était l'absolue confiance qu'ont toujours inspirée les communiqués officiels, on se refuserait à croire que notre malheureux pays est ainsi devenu le théâtre d'agissements criminels, sinon répréhensibles !

Hélas ! Le doute ne semble plus possible. Les conclusions des enquêteurs sont formelles. La mort dans l'âme, nous devons nous faire ici l'écho attristé de ces révélations.

Ne dit-on pas qu'un peu partout, du Nord au Sud et de l'Est à l'Ouest, il existerait des commerçants assez oublieux de leurs devoirs pour vendre la denrée audessus de la taxe ?

N'ajoute-t-on pas que certains privilégiés de la fortune pourraient ainsi trouver en abondance des produits contingentés ?

N'insinue-t-on pas que des restaurateurs appartenant à la catégorie C ou D refusent de servir des repas pour les 32 francs prévus par le règlement du service intérieur ?

Que, d'autre part, pour qui ne regarde pas trop à la dépense, il n'est pas impossible de fumer sans carte de tabac, de se vêtir sans points de textile, de se chausser sans bon de chaussures, de se chauffer sans tickets de charbon, de faire rouler sa voiture sans bulletin d'essence !

Enfin, détail particulièrement écœurant, ne murmure-t-on pas que l'ensemble de ces trafics clandestins aurait un nom ? On appellerait ça le marché noir !

Mais ça, tout de même, si c'était vrai, on le saurait depuis longtemps.

À Os rompus

Nos exportations

Aux termes d'une nouvelle d'apparence sérieuse quoique sans fondement, l'île de Port-Cros serait prochainement cédée par la France aux U.S.A.

On ne sait pas encore, toutefois, de quelle manière s'effectuera la livraison ; si l'île sera prise en remorque ou si elle devra être embarquée sur un cargo après avoir été démontée comme cela se fait pour les châteaux historiques avec ou sans fantômes.

Venant tout de suite après le départ de Charles Trenet pour Hollywood, la cession de Port-Cros constitue un nouveau succès à l'actif de notre commerce extérieur.

Rectification

Pierrot les Grandes Feuilles, frère de lait écrémé de notre directeur bien-aimé, nous prie de faire savoir qu'il est en désaccord formel avec les experts britanniques en ce qui concerne l'évaluation des bijoux soustraits à la duchesse Wallis. En effet, à part une bague en fonte émaillée, décorée d'une pierre à briquet incrustée de tête de moineau belge dont il a pu obtenir quatorze francs quatre-vingt-dix, le reste a été cédé à un marchand forain en échange d'un tube de pâte à polycopier.

On demande un Titan

Une cordée d'audacieux mineurs-explorateurs a pu contacter M. Robert Schuman dans les profondeurs abyssales du gouffre aux milliards.

Tout affairé qu'il fût à compter maussadement sur ses doigts nos dernières ressources, il voulut bien préciser ce qu'il entendait par « les mesures de courage à appliquer » :

1° Pulvérisation des subventions économiques ;

2° Ablation et colmatage de nombreuses poches du portefeuille militaire ;

3° Ponction vigoureuse des tripotées de fonctionnaires.

Pour cette dernière opération, M. Schuman est assuré de trouver du monde sur son chemin. Et du beau. Pour débuter, les cohortes de mercantis du ministère du Déravitaillement.

Et puis les autres.

Pauvre M. Schuman !

Attention aux fausses coupures

Soucieux d'apaiser les inquiétudes des personnes, le ministère des Succédanés nous prie d'insérer en bonne place le démenti ci-après :

« Contrairement à ce qui a été prétendu ici et là, il n'y a jamais eu aucune émission de faux billets de 5 000 francs. »

Il n'en va malheureusement pas de même pour les coupures, en particulier pour les coupures de courant électrique mises depuis peu en circulation sur les différents secteurs du réseau. Un grand nombre de celles-ci sont de fausses coupures et doivent être impitoyablement refusées par l'usager.

Nous publierons prochainement des indications précises permettant de discerner sans aucun risque d'erreur les fausses coupures des coupures véritables.

De quoi se le taper contre la suspension

Le ministre du Ravitaillement annonce que deux de ses directeurs départementaux viennent d'être suspendus.

A quoi ? C'est ce qu'on voudrait bien savoir.

Si c'est à une potence, M. Yves Farge ferait bien de le préciser.

Si c'est à ses basques, qu'il le dise.

Si c'est à la sonnette de la commission des grâces, qu'on l'avoue.

Mais alors, discrètement. Car il ne faut pas parler de Code dans la maison d'un suspendu.

Détente

Moins de quinze jours après avoir envoyé à l'empereur de l'Empire barbiturique une note extrêmement acide au sujet du survol de notre immeuble par des avions barbiturins, nous apprenons que le pilote et le diplomate détenus dans la soute à charbon du directeur de *L'Os libre* viennent d'être relâchés.

On a pu, en effet, établir que les malheureux, soudoyés par une puissance terriblement étrangère, cherchaient à s'emparer de documents extrêmement secrets concernant la désintégration du franc, communiqués par M. Robert Schuman au directeur de *L'Os libre,* lequel devait en faire l'analyse.

Faits divers

DE MARSEILLE. – Apprenant par voie de presse qu'il était vaguement compromis dans le scandale des vins, un nommé X…, bien connu de son entourage, a mis fin à ses jours en absorbant un éteignoir grand modèle.

DE PARIS. – Vendredi dernier, vers 18 h 45, profitant de la panne de courant dite de délestage, et organisée à l'occasion de l'anniversaire de l'invention de la lampe Pigeon, une multitude grondante de gros inconnus a dérobé sur le siège où était assis M. Marcel Paul une épouvantable quantité de documents, bons de textiles, monnaie-matière, bons d'essence, etc., sur lesquels le ministre s'était assis afin de les dissimuler à l'atroce convoitise de quelques fonctionnaires soupçonnés de prévarication maligne.

Sournoisement trompés par l'obscurité, les odieux malfaiteurs, croyant s'emparer goulûment de papiers compromettants, ont subtilisé par erreur le dossier de la chaise sur laquelle stationnait le ministre de l'Introduction industrielle.

Celui-ci, après une chute sans gravité atténuée par une pile de coupures de courant du dernier modèle, a pu alerter le barrage hydroélectrique de Saint-André-le-Gaz, lequel alimente en pannes le territoire parisien.

Moins de trois heures après, dès qu'il eut compris de quoi il retournait, le barrage de Cuisine-sur-Electeur envoyait aussitôt des floppées de vieux courant trapu, lesquelles permirent de calculer grosso modo l'amplitude du sinistre.

UNE CHUTE RIDICULE. – S'étant bravement à peine élancé à la poursuite de dangereux malfaiteurs automobilisés, un peloton compact d'agents cyclistes de la brigade volante qui roulait à vive allure a fait dans la soirée d'hier une chute collective autant que bruyante au milieu de la chaussée. La responsabilité de l'accident incombe à l'agent qui se trouvait en tête du peloton, sa pèlerine s'étant prise ostensiblement dans les rayons de la roue avant de sa petite reine. Le peloton n'avait pas encore commencé à ouvrir le feu ce qui, fort heureusement, fait qu'aucun passant n'a été atteint.

Chronique agricole

La culture du séquoia

Cette culture très simple est d'un très gros rapport et se recommande particulièrement à ceux qui ont la patience d'attendre des bénéfices substantiels et sûrs au lieu de compter sur la Loterie nationale. Le séquoia est un arbuste d'Amérique qui atteint 90 à 100 mètres de haut dans la vallée du Rio Colorado. C'est donc un arbre très recherché pour le bois de charpente. Or, cet arbre peut fort bien s'acclimater en France, comme du reste beaucoup de produits de la libre Amérique, le G. I., le corned-beef, la Camel, la Jeep, à l'exception du dollar ou de l'essence.

Vous pouvez consacrer à cette culture tous les terrains que vous avez à votre disposition. Voici la manière d'opérer.

Semez vos graines sur couches et arrosez-les tous les jours avec de l'eau. Au bout d'un temps qui varie les jeunes séquoias sortent de terre. Mettez-leur des tuteurs métalliques pour qu'ils poussent bien droit.

Au bout de trois ans, repiquez vos jeunes séquoias en pleine terre. Votre travail est maintenant terminé, vous n'avez plus qu'à attendre la récolte.

Au bout de 900 à 950 ans, les séquoias sont bons à récolter. Ce sont de beaux arbres de six à huit mètres de diamètre à la base et de 90 mètres de haut. Faites-en des bottes et portez-les à la scierie la plus éloignée, qui vous les achètera plus cher. Calculez votre bénéfice.

Petites Annonces

OFFRES D'EMPLOI

On demande pour emplois coupables présumés, lampistes sérieux bonne moralité. Bonnes récompenses. S'adresser vivement tous ministères.

La S.N.C.F. (Scandales nationaux chuchotés finement) cherche pour tenir important poste aiguillage sur voies de garage, aiguilleur longuement discret. Si possible vue tr. basse. Salaire somptueux.

DEMANDES SPÉCIALES

Personnalités politiques de premier plan, un peu justiciables, cherchent arrière-plan pas trop exposé. Rantanplan bruyant s'abstenir.

Messieurs très bien placés dans gêne provisoire, céderaient lot important petits souliers. Prix honnêtes.

SOLDES

Occasion, ministère du Déravitaillement, complet avec ministre et nombreux personnel. Conviendrait bien à pays éprouvé par abondance et honnêteté. Le tas : 30 fr.

COMMERCES

A céder, licences d'extorsion de vin, bénéfices plantureux. Travail aisé, bonnes grosses couvertures. Assurances tous risques par lampistes bien placés. Faire offres à M. X…

Viticulteur Hérault, naïf, demande truc, pour tromper contrôle régie.

DIVERS

Tonneaux de vin carrés, évitant tous vols à la sauvette. La pièce : 151 fr. – Les mêmes, munis de roulettes et de papiers réguliers. La bonne pièce : 2 581,10.

Occasion, kilogramme déprécié, conviendrait bien à commerçants voleurs. Le poids de 985 gr. : 17 fr. 90.

Modèle rapide de 900 gr. pour commerçants pressés de s'enrichir : 12 fr. 05.

Article truqué pour commerçants altruistes. Le poids de 1 kg 005 : 19 fr. 95.

Ne vous laissez pas dépasser par l'actualité, réclamez notre livre des scandales à venir : tabac, nationalisations chocolat, savon, huile, sucre, essence, charbon, etc.

Le fort volume richem. relié : 350 fr.

Le gros annuaire des personnalités, et hommes de paille impliqués dans ces affaires : 20 000 000.

L'annuaire des lampistes de couverture : 1 fr. 25.

Soyez indigné, à l'aide de nos piqûres à base de Carmagnole. Les 12 ampoules pour gros mécontentement : 16 fr. 90.

La double boîte pour irritation contenue : 21 fr. 40.

Piqûres spéciales provoquant des périodes d'agressivité : 28 fr. 15.

Ampoules pour colère polie. Prix : 24 fr. 90.

Bon monsieur filant du mauvais coton, serait acquéreur bons de laine.

Litre spécial, contenance 1/6e de litre, permet de toucher 6 petits litres de vin par mois. Brevet Farge. Le litre : 5 fr. 40.

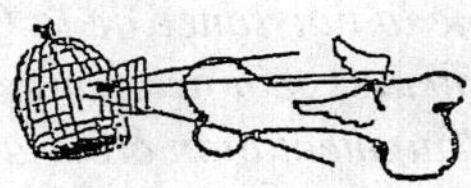

L'OS LIBRE

« Contre tout ce qui est pour – Pour tout ce qui est contre. »

NUMÉRO 56 – MERCREDI 30 OCTOBRE 1946

Le 24 octobre, après une proclamation solennelle des résultats du référendum, la nouvelle Constitution est officiellement adoptée. Le 27 octobre, on proclame la naissance de la Quatrième République. A en croire les observateurs, cela ne changera rien aux problèmes de ravitaillement et à l'augmentation croissante des prix. Les Français se préoccupent beaucoup plus de ce problème vital que de ce qu'il se passe au sommet de l'Etat. Pierre Dac et les journalistes de L'Os libre *suivent le mouvement.*

Edito — Alerte aux nouilles

par Pierre Dac

Jusqu'à ces derniers jours, ou plus exactement jusqu'à l'un de ces jours derniers, c'est-à-dire d'un jour singulièrement rapproché de celui d'aujourd'hui, et par conséquent de demain, j'étais sceptique. Profondément, mais pas systématiquement.

J'éprouvais ce scepticisme non pas à l'égard de tel ou tel cas particulier, mais vis-à-vis de la situation générale de notre pays, notamment en ce qui concerne la question alimentaire et du ravitaillement par rapport à l'indice des prix. Ou inversement ; ce qui revient au même.

J'étais sceptique malgré tout ce qu'on pouvait me raconter à longueur de journée, et en dépit de ce que je pouvais lire dans les journaux. Je poursuivais une politique d'extrême prudence et de souriante méfiance en me gardant de prendre pour argent comptant toutes les histoires de scandales vinicoles, farineux, financiers ou autres. Je n'allais certes pas jusqu'à prétendre que tout était pour le mieux dans notre pays, mais je faisais une large part à l'esprit d'exagération et de déformation inhérent à la conception d'un mécontentement général que, pour ma part, je refusais de partager.

Or, je n'hésite pas honnêtement à le confesser, mon scepticisme vient de tomber ; et j'ai l'impression que ce n'est pas demain qu'il se relèvera. J'ai lu, dans un quotidien sérieux et objectif, que depuis que le gouvernement avait pris l'engagement solennel de bloquer les prix, l'alimentation était passée de l'indice 576 à l'indice 800, que la viande et le lait avaient augmenté de 40 %, le pain de 45 % et les nouilles de 35 % !

Alors là, voyez-vous, mes chers concitoyens, il n'y a plus d'illusions à se faire et la situation apparaît dans son entier et saisissant réalisme.

Les nouilles s'agitent ! Les nouilles montent ! Les nouilles augmentent de 35 % ! C'est ce qui vient de me dessiller les yeux et de me faire toucher du doigt le point crucial de notre tragique position. Car c'est une chose bien connue des spécialistes et des économistes distingués que c'est au moment où la nouille bouge qu'il y a lieu de tirer la sonnette d'alarme et de se mettre en état d'alerte. La nouille a toujours été considérée comme un élément modérateur et un facteur d'équilibre. Tant que la nouille demeure statique aucune complication vraiment sérieuse n'est à redouter. Et il en était ainsi, donc, jusqu'à ces jours derniers. Seule au milieu de l'universel bouleversement, de la débâcle des tarifs et des denrées utilitaires, seule, fière, impassible dans son indéfectible impavidité, la nouille demeurait fermement installée sur le socle de ses traditionnelles et ancestrales positions. La nouille était, en quelque sorte, le phare vers lequel pouvaient encore converger nos ultimes espoirs. Et voilà que la nouille s'est, elle aussi, mise en marche ! Voilà que la nouille fait mouvement ! Ah ! messieurs, n'essayons pas de nous dissimuler la gravité de l'événement !

Rappelons-nous, s'il en est temps encore, que la nouille est à la base même du fondement de l'édifice social. Tâchons de ne pas l'oublier, lorsque le 10 novembre prochain nous déposerons notre bulletin dans l'urne électorale. Pensons à la nouille, citoyennes et citoyens, et souvenons-nous tous que c'est du jour où la nouille fiche le camp que tout ce qui s'ensuit se désagrège et se disperse au court-bouillon du désordre et de l'anarchie.

Et comme l'a si justement et si prophétiquement écrit Fustel de Coulanges dans son fameux essai sur l'influence du tiroir-caisse en matière historique : « Quand la nouille s'agite, c'est la fin des haricots. »

Prenez garde à la peinture
Les faux Picasso n'étaient que de vrais Rembrandt

Grâce à l'activité de la brigade volante, les deux faux Picasso dérobés à la Galerie 102 ont été retrouvés.

Se fiant à la parole du brocanteur du marché aux puces qui les lui avait revendus en bloc et tout encadrés pour 3 fr. 95, le collectionneur qui les détenait continuerait à croire à l'authenticité de ses acquisitions si celles-ci n'avaient comporté des erreurs de facture tellement grossières qu'elles éveillèrent même l'attention d'un expert diplômé admis à les contempler.

En effet, si, telles de véritables Picasso, les toiles en question paraissaient de prime abord se composer uniquement de taches multicolores de formes bizarres, qui permettaient, selon le degré d'imagination de celui qui les considérait, de se croire en présence d'un portrait, d'une nature morte, d'un nu, d'un paysage, d'un animal, d'un bouquet de fleurs, d'une marine ou d'une carte d'échantillons, au choix, on ne tardait pas à remarquer, après un examen attentif, qu'elles ressemblaient tout de même à quelque chose.

C'est ainsi qu'on distinguait sur l'une d'elles des feuillages qui n'étaient pas rouges, jaunes ou violets, mais effectivement verts, et sur l'autre, une vague forme humaine ayant la tête entre les deux épaules, un nombre normal d'yeux, et – le croirait-on – le nez au milieu du visage.

Le fait était si extraordinaire que l'expert, surpris, s'y reprit à plusieurs fois pour s'en assurer. Il lui fallut finalement se rendre à l'évidence et admettre qu'à moins d'avoir perdu l'esprit, un maître comme Picasso n'avait pu commettre une faute d'esthétique aussi considérable, faute tout juste possible de la part d'un barbouilleur débutant au jugement assez aberré pour s'obstiner à reproduire servilement la nature.

Alertée, la police fit soumettre aux rayons infrarouges les deux tableaux suspects, et ces derniers livrèrent leur secret. Il s'agissait, en réalité, d'œuvres originales d'artistes étrangers passés de mode et nommés Rembrandt et Vélasquez.

Jugées difficilement négociables en raison de leur facture surannée, ces œuvres avaient été modernisées par un habile faussaire, lequel avait complété cette transformation en les revêtant de la signature de Picasso en vue de leur donner de la valeur.

Il importe d'importer

Un gros, gros soupir de soulagement s'échappe de notre plume ! Enfin, nous allons pouvoir parler d'autre chose !... De quoi ? on ne sait pas encore ; d'art, de littérature, de philosophie, d'astronomie, d'ornithologie, d'existentialisme, d'ostréiculture, de philatélie, de mathématiques, d'amour peut-être !

Quoi qu'il en soit, nous ne parlerons plus de ça ! Plus un mot de cette histoire obsédante qui, depuis si longtemps, était la préoccupation bassement matérialiste de tous nos instants, l'objet de tous nos soucis, le thème de toutes les conversations, le ressort trop souvent à boudin de toutes les plaisanteries !

Nous ne parlerons plus du ravitaillement ni de son problème !

Parce que le ravitaillement, en tant que problème, n'existe plus.

Il vient d'être résolu une fois pour toutes en Conseil des ministres par le moyen de l'importation.

Grâce à l'importation l'abondance régnera bientôt, en France, ailleurs que dans nos verres.

Ce que nous refuse le marché local, nous irons le chercher dans les pays géographiquement mieux disposés à notre égard.

Nous ferons venir de la viande d'Argentine, des vins d'Italie, des pommes de terre de Tchécoslovaquie, du jambon d'York, des choux de Bruxelles, des marrons d'Inde et des mâts de Cocagne.

Tout cela, bien entendu, n'est qu'un petit commencement, une première étape dans la voie du progrès alimentaire. Nos ministres, réunis de nouveau en conseil, feront encore mieux la prochaine fois.

Et alors sans doute parviendront-ils à importer du blé de la Beauce, de l'aramon d'Aramon, des bœufs du Charolais, de l'andouille de Vire, des pruneaux d'Agen, du saucisson de Lyon, du beurre des Charentes et du camembert de Normandie.

Comme ça, nous ne manquerons plus de rien.

À Os rompus

Notre monnaie

Les services de la publicité au ministère des Finances nous prient d'insérer en bonne place la note suivante :

« Alors qu'ils recherchaient un marchand de mouron à la sauvette et en fuite, des inspecteurs de police ont découvert par le plus grand des hasards une imprimerie clandestine parfaitement équipée pour la fabrication des faux billets de banque.

» Deux tonnes et demie de faux billets de mille francs ont été saisies pour être distribuées aux économiquement faibles de l'arrondissement.

» Voici, n'est-il pas vrai, un sanglant démenti infligé par les faits aux éternels détracteurs de notre monnaie nationale. Il faut croire que les billets de banque français conservent quelque valeur puisque des aigrefins se donnent encore la peine de les imiter. »

La fin des cartes

Selon certains bruits qui courent et que nous avons pu heureusement rattraper, M. Yves Farge envisagerait la suppression prochaine des cartes de pain, de viande, de vin, de matières grasses et, d'une façon générale, de tous les titres de rationnement.

Ces cartes seraient remplacées par des passeports à l'aide desquels les consommateurs pourraient aller se ravitailler directement à l'étranger, conformément au plan d'importations récemment institué.

Le scandale du son

A ce propos, on nous annonce froidement qu'à partir du 1er novembre, le blutage du blé sera réduit de 90 à 85 %, *c'est-à-dire qu'il y aura 5 % de moins de son dans la farine.* Par contre, le prix du pain serait augmenté de trente centimes au kilo.

Ainsi donc, nous aurons moins de son dans notre pain, mais nous le paierons plus cher. Un joli scandale !

Le corps médical et pharmaceutique vient d'adresser à qui de droit une énergique protestation contre cette mesure éminemment attentatoire aux intérêts de la corporation.

La prochaine nouvelle Chambre

A ce propos ou presque, des lecteurs curieux nous demandent quel nom portera l'assemblée législative que la France va prochainement élire en remplacement de la Constituante qui elle-même avait succédé à la Chambre des députés.

La Diète, répondrons-nous avec assurance, quoique sous toutes réserves.

La Toussaint

Le Conseil des ministres a déclaré fériés le vendredi 1er novembre, jour de la Toussaint, ainsi que le samedi 2, fête des Morts.

Les consommateurs français ne manqueront pas d'en profiter pour aller fleurir les tombes des divers scandales dont l'enterrement a eu lieu ces temps derniers dans la plus stricte intimité.

Avis

Il est rappelé au public en général et aux consommateurs en particulier que seuls les titulaires possesseurs d'un bon portant la signature du vice-président au Conseil d'Etat peuvent obtenir une livre de sucre en poudre aux services du Contentieux de la Radiodiffusion française.

Les bonnes recettes de *L'Os*

Le suprême de rognures à la Bressant

Préparation : de 2 à 4 heures et sur rendez-vous.

Cuisson : ad libitum.

3 kilos de rognures.

Plumer, vider, flamber, trousser, barder, laver, sécher, repasser, crocheter, tripoter, décaper les rognures. Les étendre sur une planche à rognures par tas séparés, de 250 grammes chacun environ.

Préparer une farce avec le premier tas de 250 gr. mélangé avec le second tas, hacher le tout au sabre d'abatis et saupoudrer avec de la poudre de rognures.

Remplir ce qui reste de rognures avec cette farce de rognures.

Faire un roux ou, de préférence, un bleu nattier dans une cocotte en papier émaillé. Y incorporer le tas de rognures farcies, arroser d'un coulis postal et de peaux de rognures filigranées.

Placer le tout dans une sauteuse ou dans un appareil à sous avec du gras de rognures et faire dorer à feu vif.

Puis couvrir quand les rognures ont bien pris leur couleur. Laisser cuire 30 minutes à feu à éclipse. Quand elles sont cuites, découper les rognures en réservant les blancs. Tenir au chaud. Piler les débris. Remettre dans la cocotte. Mouiller avec du jus de rognures et de l'eau régale. Enlever de la cocotte. Laisser réduire à feu modéré pendant le temps qu'il faut.

Passer la préparation à l'étamine ou à la ceinture de flanelle. Remettre dans la cocotte, avec les blancs de rognures. Ajouter de la crème de rognures en tournant sans cesse le foie de rognures en purée.

Laisser mijoter 5 minutes. Dresser dans un serre-tête ; servir très chaud et avec une seringue ou une pelle à morilles du Bengale.

Sur les conseils de M. Yves Farge

Les consommateurs déclenchent la grève de la faim

On croyait que notre ministre du Ravitaillement s'appelait Farge. Pas du tout : il s'appelle Gandhi.

Et la preuve, c'est qu'il vient de conseiller à ses ressortissants de faire la grève de la faim.

– On ne veut plus rien vous vendre ? Qu'à cela ne tienne ! s'est-il exclamé avec un joli mouvement (symbolique) de mâchoire, *n'achetez rien !*

Les consommateurs ne se le sont pas fait dire deux fois et, usant du droit que leur reconnaît la législation sociale, ils ont immédiatement déclenché la grève.

L'épicentre du mouvement s'est situé dans une boucherie où la première une ménagère a refusé ce que le boucher ne lui offrait pas :

– Vous n'avez pas de bœuf ? Soit. Eh bien ! gardez-le !

De même pour le vin. Les épiciers virent leurs boutiques envahies par une bande de forcenés qui leur tinrent ce langage cynique et révolutionnaire :

– Le second litre, vous savez, celui que vous ne pouvez pas nous servir ? Eh bien ! nous le refusons, na !

Même manifestation devant les restaurants récemment fermés par autorité de police. Aux provocations des « jaunes » qui passaient « par derrière », la masse des grève-la-faim opposa un mépris de rideau de fer.

Bientôt, des cortèges parcoururent les boulevards aux cris de : « Place au jeûne ! Par ici, la sauterie ! Les bouchées avec nous ! » Quelques gestes héroïques furent enregistrés : ayant entendu son estomac protester, un manifestant se l'arracha en s'écriant : « On n'emporte pas sa gastrite à la semelle de ses talons ! »

Des footballeurs furent portés en triomphe parce qu'ils avaient été les premiers à faire ballon. Des provocateurs qui s'envoyaient des pains furent appréhendés. Pour essayer de calmer la populace, le Ravitaillement fit distribuer quelques briques : on en fit une barricade.

Des excès furent commis : une salle de spectacle fut dévastée sous prétexte qu'elle affichait un opéra-bouffe ; un avaleur de sabre fut contraint de restituer son petit déjeuner ; on obligea des cheminots de la grande ceinture à danser devant le « buffet » ; de paisibles citoyens se virent couper cruellement l'appétit…

Et l'on allait passer à des manifestations encore plus regrettables lorsque fut publiée une nouvelle qui, parmi ces affamés volontaires, produisit l'effet d'une sacrée bombe.

Les commerçants, passant à la contre-offensive, avaient décidé d'appliquer des mesures de rétorsion. Il s'agissait notamment de *refuser de vendre aux consommateurs ce que les consommateurs refusaient d'acheter*.

Sans perdre une minute, le comité de grève se réunit, et les consommateurs, répondant du tac au tac, décidaient *d'acheter aux commerçants ce que les commerçants refusaient de leur vendre*.

L'ordre était rétabli.

Faits divers

DE PARIS. – Hier après-midi, alors qu'il venait prendre le vent aux alentours du ministère du Ravitaillement, un des hommes de paille impliqués dans le scandale du vin a été attaqué et dévoré par un cheval de fiacre.

DE BÉZIERS. – Un incendie mystérieux a dévoré ce matin la comptabilité de la Société Sacquavin, accusée de fraudes diverses dans l'affaire des vins.

Le sinistre serait dû, d'une part, à la fatalité et, en deuxième lieu, à un grand circuit provoqué par une allumette sournoise.

D'ISTRES. – Hier matin, à l'aube chevrotante, répondant aux basses insultes projetées sournoisement sur sa personne, M. F. Gouin s'est battu en duel avec le nommé X…, lequel à plusieurs reprises s'était servi du nom de M. Gouin dans un but inavouable.

Le combat eut lieu en présence des témoins habituels et, malgré une défense acharnée, M. X… s'écroulait bientôt, mortellement atteint de plusieurs coups d'éteignoir.

Les raisons de M. Gouin ayant été jugées valables, il n'y a pas eu de constat.

D'HERMERAY. – Mardi, tard dans la soirée, le chien de M. Rivier ayant aperçu un individu suspect rôdant autour de la propriété de son maître s'apprêtait à donner l'alarme, lorsque l'homme, un dangereux chemineau, mordit la pauvre bête au poignet. La gendarmerie enquête.

DE PARIS. – Hier après-midi, dans le salon de coiffure tenu par M. Adhémar Jean, sis rue de la Condamine, une coiffeuse débutante, Mlle S. Montébran, affairée à pratiquer un shampoing sur la tête d'une cliente, s'énerve et lui enfonce ses doigts dans le crâne.

Par bonheur, la victime ayant la tête vide à la suite d'un gros rhume a pu regagner son domicile après qu'on lui eut fait un pansement sommaire, avec des bouchons de paille.

La toux ridiculisée

Vous ne craquerez plus vos bretelles en toussant !

La grippe, le coryza, le rhume des blés anéantis par le sirop du docteur Roméo Carlès.

Formule. – Coaltar riciné : 0,640. Détersif émollient : 0,145. Cyanure de potassium adoucissant : 0,580. Chanvre indien : 0,090. Opium concentré : 0,490. Ipéca fusant : 0,510. Cambouis neutre : 0,900. Codéine : 0,001. Lessive St-Marc fruitée : 0,680. Excip Q.S. pour 1 cc.

Ne fatigue pas l'estomac, ne crée pas d'accoutumance.

Le flacon à cuiller à soupe articulée : 15 fr. 80.

Le même garni : 77 fr. 85.

Monté en élégant écrin de luxe en peau d'oursin du Tibet, pour théâtres et salles de spectacles2 900 fr.

Laboratoires Roméo Carlès, 13, quai de l'Oise, Paris.

DIALOGUE EN FORME D'ŒDÈME

L'un. — *Alors, il paraît que le gouvernement a décidé de procéder à des importations ?*
L'autre. — *Il en est question.*
L'un. — *C'est important.*
L'autre. — *Et commercial.*
L'un. — *Mais pourquoi importe-t-on ?*
L'autre. — *Pour faire rentrer de la marchandise.*
L'un. — *Mais n'en avons-nous pas chez nous ?*
L'autre. — *Si.*
L'un. — *En suffisance ?*
L'autre. — *Et même davantage.*
L'un. — *Alors pourquoi importe-t-on ?*
L'autre. — *Pour avoir des choses.*
L'un. — *Mais puisqu'on en a.*
L'autre. — *Justement.*
L'un. — *Justement quoi ?*
L'autre. — *Justement rien.*
L'un. — *Que ne le disiez-vous plus tôt ?*
L'autre. — *Je m'en excuse ; encore fallait-il me laisser le temps de vous l'expliquer.*
L'un. — *Bien sûr.*

Pierre Dac

Petites Annonces

OFFRES D'EMPLOI

Porte-voix bon état cherche petite place propagandiste dans petite liste électorale. Sérieuses références. Ecrire M. Schumann.

DEMANDES D'EMPLOI

Directeur journal humoristique cherche place veilleur d'ennui chez monsieur triste, mais aisé. Bonne tenue et bonne cave exigées.

OFFRES SPÉCIALES

Pour toutes affaires d'héritage, médecin marron délivre permis pour « fermetures mystérieuses de parapluies ». Léger pourcentage raisonnable. Docteur R.C.

DEMANDES SPÉCIALES

Personnalité très haut placée, base un peu sapée, recherche d'urgence parachute ouvrant bien. Amidonné si possible. S'adr. M. X...

Contrebandier suisse un peu repéré cherche pour faciliter son travail bon passe-montagne éprouvé. Lebedeff, chalet « Au douanier feinté ».

ARTICLES POUR ÉLECTIONS

Grand choix de vessies pouvant être transformées en lanternes.
La grosse : 18 fr. 05.
Mod. de luxe pour circonscriptions moyennement crédules. La douzaine : 512 fr. 70.
Article impeccable, cousu main, gde façon. L'écrin de 6 : 2 000 fr. 10 (Bons matières 10 % en sus).

Machine parlante « L'Endurante » livrée avec grosse caisse disques électoraux. Soutient l'orateur aux passages difficiles, permet de contenter l'auditoire le plus insatiable. Election garantie. Visible tous les jours à l'Eternel Baveur, impasse de l'Empirique.

TRAVAUX SPÉCIAUX

Deuil en 24 heures par spécialiste éprouvé. Travail fignolé. Julot les Grosses Pognes.

DIVERS

Lacets de souliers tout cassés pour messieurs nerveux et pressés. La boîte de 12 morceaux : 6 fr. 90.

Balcon monte-charge facilitant grandement les enlèvements. L'installation : 12 690 fr. – Système mobile monté sur chenilles. Prix : 38 995 fr. 95.

Faux nez ozoniseur, indispensable pour voyager dans le métro. La pièce : 19 fr 90. – Modèle grand luxe à rampe lumineuse : 902 fr. 20.

DEMANDES DE MARRAINES

Anciens civils, devenus militaires entre temps, cherchent marraines pour reconstitution moral éparpillé. Caporal chef Raynaud Lucien, S.P. 53 374. T.O.E. Ricardo Stéfanesco. Cartron Guy : G.A.C.A.O.F., 3e batterie, S.P. 73 932. Extrême-Orient.

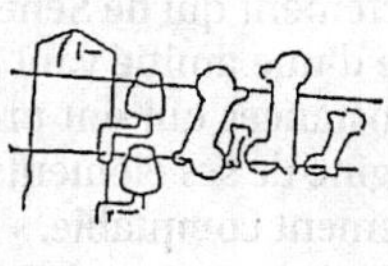

L'OS LIBRE

« Contre tout ce qui est pour – Pour tout ce qui est contre. »

NUMÉRO 57 – MERCREDI 6 NOVEMBRE 1946

L'Os libre, *comme les observateurs, s'interroge. La chambre de l'Assemblée nationale qui sortira des urnes à l'issue du scrutin de dimanche sera-t-elle différente des deux provisoires qui ont siégé depuis 1945 ? Personne ne le pense véritablement. Une rumeur se propage depuis quelques jours : même les tickets de ravitaillement deviendraient introuvables. La Commission des Affaires économiques et du Ravitaillement dément ce bruit. « Pour une fois, elle a servi à quelque chose », disent les plus pessimistes.*

Edito — Les khroumirs avec nous

par Pierre Dac

Je ne me rappelle plus exactement qui de Sénèque ou de Ray Ventura a dit : « La solidité et la permanence d'une amitié vaut peut être plus par les raisons qui l'ont motivée et les circonstances qui ont provoqué sa naissance que par l'essence même qui est à l'origine de ses éléments constitutifs dont elle est à la fois tributaire et sentimentalement comptable. »

A première vue, cette noble pensée dont l'élévation le dispute au gabarit, peut paraître quelque peu obscure ; à seconde vue, elle le paraît davantage ; à troisième et quatrième vue aussi ; il n'y a guère qu'à cinquième ou sixième vue, et encore, à l'aide d'une longue-vue munie d'un objectif rectilinéaire, que l'on commence à se rendre compte de sa profondeur et de son exactitude. Mais alors, à ce moment, on est comme radieusement illuminé par la flamme spirituelle qui se dégage du foyer de son incandescence.

En bref et en clair, et en dehors de tout autres considérations affectives ou d'attirance réciproque, une amitié est d'autant plus forte qu'elle est axée sur le même idéal. C'est exactement le cas de celle qui m'unit à René Lefèvre. Et je crois que, de son côté, la réciproque part de la même origine et du fond de sa salle de bains. Car notre amitié date du jour déjà lointain où, fortuitement, nous nous sommes aperçus de notre identité de conception vis-à-vis du Khroumir.

Depuis ce mémorable et historique moment, notre amitié suit sa course, sans bavure et sans éclipse. Il est vrai qu'une amitié étayée sur le Khroumir n'est pas une de ces amitiés banales qu'on trouve communément dans la sciure ou les bimbeloteries affectives. Nous avons ensemble compilé les vieux textes et pénétré fort avant dans l'étude de la langue khroumir, laquelle, comme ne sont pas sans l'ignorer les linguistes distingués, est à l'origine du yaourt anglican.

Aussi, maintenant que nous sommes parvenus au faîte de la connaissance du khroumir après en avoir effectué le cycle intégral et le vélo-moteur complet, sommes-nous fermement décidés, à la veille même de la consultation électorale, à faire vigoureusement campagne en faveur du khroumir.

La formule du tripartisme, qu'on le veuille ou non, quoi qu'il en soit, et en tout état de cause, a fait, provisoirement du moins, définitivement et irrémédiablement faillite. Quelle sera la formule de demain ? Nul pronostic, quel qu'il soit et d'où qu'il vienne, ne peut être présentement considéré comme valablement objectif. Il est néanmoins prévisible que la formule qui sortira issue du suffrage universel ne réalisera pas l'unanimité. Et c'est pourtant d'unanimité que, plus que jamais, nous avons grand besoin. Une seule doctrine nous paraît susceptible de rallier tous les suffrages et toutes les bonnes volontés : la doctrine khroumir. Nous ne nous dissimulons pas, René Lefèvre et moi, la quantité et la diversité des difficultés qui nous attendent au cours de notre campagne de propagande. Cela ne nous rebutera pas, bien au contraire. Aussi bien ne s'agit-il pas, en vérité, d'une simple et vulgaire campagne de propagande, mais bien d'une croisade.

D'une croisade pour l'avènement du khroumirisme dans notre pays.

Le peuple de France, pourtant si riche en bon sens, ne réalise que très confusément les substantiels bénéfices et les appréciables avantages qui peuvent demain résulter d'une progressive et sage incorporation de la doctrine khroumiriste à la substance même de nos indéfectibles institutions. Pour nous, khroumirisants 100 %, nous avons le sentiment profond que rien ne se fera de durable et de constructif sans un apport et un influx khroumir considérables.

Il s'agit maintenant d'instruire et d'éclairer nos concitoyens sur les origines, le comportement, le côté social et le concept résolument démocratique du Khroumir pris aussi bien dans son entité particulière que dans ses communautaires et instinctives aspirations.

Nous y reviendrons dans un très prochain article. Pour l'instant, je demande instamment à mes lecteurs de bien vouloir réfléchir à la question khroumir, aux problèmes qu'elle pose et aux solutions qui en découlent, afin que, dans un urgent avenir, lorsque nous aurons fondé le parti khroumir, nous puissions, en force et à visage découvert, nous lancer à l'assaut des bastilles vétustes et périmées qui abritent encore, derrière leurs murailles croulantes, toute la routine et toute la sénilité stérilisatrice des conceptions à jamais révolues.

Encore un : l'impôt sur le revenu serait un monstrueux scandale

M. Robert Schuman a dévoilé hier à la presse qu'un scandale dépassant en horreur tout ce qui a pu être dénoncé comme cochonneries jusqu'à présent venait d'être incidemment découvert : l'impôt sur le revenu.

Cette imposition frapperait illégalement, paraît-il, des millions de travailleurs sur leurs misérables salaires.

On croit savoir que cette colossale escroquerie durerait depuit de très longues années.

Certains même, à l'étonnement général, vont jusqu'à assurer que l'horrible chose durerait depuis près de trente ans. Un nommé Joseph Caillaux serait l'instigateur de cette formidable entreprise de rackett, mise au point par Poincaré et sadiquement perfectionnée par le comte de Lasteyrie.

D'innombrables politiciens, de cette époque jusqu'à nos jours tourmentés, auraient fait taire leur conscience et ce faisant (c'est le cas de le dire) porteraient sur leurs chétives épaules une part de cette honteuse ignominie.

Des tonnes de dossiers concernant des dizaines de millions de travailleurs vont être déposées incessamment aux pieds épouvantés du gouvernement affolé.

D'ailleurs, au fur et à mesure que l'affaire se développe, les langues se délient. L'œil du milieu ouvrier s'entrouvre et se dessille. Les mystérieuses soustractions constatées chaque mois et durant des années sur les humbles bulletins de paye s'expliquent enfin. Chez les fonctionnaires eux-mêmes, gens paisibles entre tous, l'indignation prend sans cesse une extension grandissante. Il est probable que cette duperie collective soit la goutte qui fasse déborder le vase.

Une inquiétude honteuse commence à se manifester dans les milieux politiques qui craignent que ces révélations tardives, imprévues et inopportunes, ne viennent jeter le trouble au sein convulsé d'un électeur qui réalise combien il a été dupé.

Les pharmaciens sont submergés. Des ministres, des députés, d'anciens sénateurs courent les officines offrant des fortunes pour une potée de cyanure de potassium.

Le climat électoral se ressent intensément de la colère populaire qui gronde sourdement. Déjà, dans certains secteurs, une indignation larvée et sporadique monte à l'assaut des panneaux électoraux. Les pauvrets, dans bien des cas, ne résistent pas et sont emportés, tels des hommes de paille, par la fureur dévastatrice.

Un voyageur revenant des steppes de Gonesse et qui avait assisté à une réunion politique nous a décrit les scènes de carnage auxquelles il a assisté. Véritables scènes de l'Apocalypse au cours desquelles il vit de ses yeux un auditeur traiter un candidat de gros vilain !

Bien entendu, nous tiendrons nos lecteurs au courant, au fur et à mesure, du développement de la situation.

En prévision de rebondissements possibles, *L'Os libre*, le mieux informé de tous les grands quotidiens hebdomadaires, a loué de nombreux balcons d'observation du haut desquels il lui sera aisé de suivre le déroulement de cette pénible affaire.

Nouvelles militaires

Nomination. – Par décret paru au *Journal osficiel* du 32-14-46 le général de division Gaspard Ladurite est promu au grade de général de multiplication.

À os rompus

Les élections. – Préambule

Il ne nous reste plus que quatre jours pour essayer de comprendre la situation telle qu'elle se présente à nos yeux devant les panneaux et à nos oreilles dans le rayon d'action des projecteurs.

C'est dire qu'il n'y a pas un instant à perdre !

Afin de faciliter la besogne aux personnes peu disposées à se fatiguer le dedans de la tête, nous allons tout d'abord consulter le rétroviseur pour voir comment les choses se sont passées la dernière fois.

Le corps zélectoral comprenait alors trois sortes de citoyens.

Ceux qui approuvaient la Constitution soumise à nos suffrages et qui votèrent OUI.

Ceux qui en préféraient une autre et votèrent NON.

Enfin, ceux qui ne voulaient sans doute pas de Constitution du tout puisqu'ils s'abtinrent de voter.

Ces trois fractions de l'opinion étant en nombre rigoureusement égal, on tira zà la courte paille. Ce sont les OUI qui eurent le petit bout, la Constitution était née.

Le conseil de révision

Aujourd'hui, c'est plus simple. Deux partis seulement se disputent le bout de gras, les révisionnistes et les antirévisionnistes.

Les révisionnistes, comme leur nom l'indique, veulent faire passer la nouvelle Constitution aux fins de réforme devant un conseil de révision dont ils seront les membres.

Les anti, moins difficiles, trouvent la jeune personne très bien comme ça et se refusent à l'examiner une fois de plus sur toutes les coutures pour savoir si elle est ou non bonne pour le service.

Tel est, exprimé avec toute la clarté désirable, l'objet du référendum de dimanche prochain.

Et maintenant, aux urnes !

Indispensable mise au point

Sous prétexte qu'ils se sont abstenus au dernier scrutin, un certain nombre d'électeurs se croient autorisés à voter deux fois ce coup-ci pour rattraper le temps perdu.

Le ministre de l'Intérieur des urnes nous prie de dire qu'il n'approuve pas du tout cette manière de voir. Aucun citoyen ne sera admis à déposer plusieurs bulletins dans l'urne s'il n'est porteur d'un nombre de cartes correspondant.

Les 1ers pris de panneaux

Le 10 novembre prochain, les élections législatives vont projeter hors de leurs demeures des multitudes grouillantes d'*urneurs* tourmentés.

Car, cette fois-ci, c'est sérieux on va en prendre pour cinq longues années ; soit 1825 jours, ou 60 mois, ou 350 litres de pinard symbolique, ou huit ministres du Ravitaillement. Alors !...

Mais le peuple souverain a méticuleusement fait son choix. Largement aidé par une loi électorale qui élimine soigneusement toute aventure imprévue, en ne désignant au geste auguste et solennel de l'électeur que des personnalités connues. Celles-là qui, deux années durant, se sont ingéniées à faciliter notre vie tristement quotidienne.

Il faut dire que cette tâche leur fut assez facile, parce que soutenues par d'extraordinaires et étincelantes capacités.

***

Pareillement équipée avec de telles lumières, la nation peut chausser les chaussures de l'espérance et se propager sans crainte sur la route nationale de l'avenir.

Elle sait où elle va, et elle y va sans hésitations ni murmures.

***

Ajoutons que, soucieux de ramener la confiance au sein des masses soupçonneuses et aigries, messieurs XXX, XXXXX, XXXXXX et X dont on a essayé de ternir la réputation à l'aide de procédés originaux certes, mais inamicaux et peu recommandables, ont décidé, à l'unanimité, de ne pas se présenter.

Ces voyous en escarpins étant éliminés, le pays peut voler aux urnes et voter dare-dare pour ceux qui restent.

Etant assuré que ceux-ci sont des hommes droits, énergiques, clairvoyants dont la probité républicaine est la pierre de touche angulaire sur laquelle le redressement français vivement ému fixe un œil sévère ; l'autre surveillant la montée satisfaisante des prix.

Tableau que, si on l'imagine, ne désavouerait pas Picasso lui-même.

C'est peu !

Ah ! malheur de nous ! s'il fallait croire les méchants qui prétendent que ça ne tourne pas rond…

Heureusement que des institutions sérieuses, républicaines, apolitiques et indispensables sont là pour redresser une opinion férocement trompée.

L'Office de furetage, fouinage, farfouillage de l'opinion publique (O.F.F.F.O.P.), créé si l'on s'en souvient par nos soins, dans le seul but de sauver la nation, s'est livré à une grande investigation de sondage dans les bas-fonds des masses laborieuses.

Ce que voulait savoir l'O.F.F.F.O.P. ?

Combien il y avait de mécontents en ce pays.

Le chiffre que nous livrons aux méditations profondes et populaires restera, nous en sommes persuadés, gravé dans les limbes de nos lecteurs.

Effectivement, le nombre des mécontents décelés par l'O.F.F.F.O.P. au terme de sa vaste enquête sur l'ensemble du territoire s'élève à trente-cinq seulement.

Trente-cinq millions évidemment. Mais nos lecteurs auront rectifié d'eux-mêmes !

Un 1er novembre d'un puissant symbolisme

Comme chaque année, la fête du Souvenir a été marquée, dans toute la France, par de touchantes et pieuses visites aux chers disparus.

Mais, heureuse innovation, en marge des cérémonies officielles se sont déroulées diverses manifestations dont le haut symbolisme ne saurait échapper à des lecteurs aussi avertis que le sont les nôtres. Bien que préparées dans le plus grand secret et données dans la plus stricte intimité, ces manifestations ont eu, en la personne de notre envoyé spécial, un témoin aussi discret qu'attentif.

C'est pourquoi, seuls de toute la presse, nous vous donnons aujourd'hui des informations dont le caractère ultra-confidentiel se passe de commentaires.

A Pantin

Devant la stèle de « l'affaire des farines », affaire qui, rappelons-le, a été emportée à l'âge de quelques jours par un étouffement dont les causes demeureront toujours inconnues, et en présence de nombreuses personnalités qui désirent garder l'incognito, une délégation des minotiers de France a déposé une magnifique gerbe d'épis de la moisson 1946.

Par une délicate attention, et pour prolonger le souvenir de cette offrande, la gerbe symbolique avait été au préalable copieusement arrosée.

L'assistance aussi.

Au Père-Lachaise

Devant le mausolée de l'Epuration, a eu lieu ce matin le brillant et désormais annuel défilé des dédouanés et assimilés.

MM. Teitgen et de Menthon, assistés des membres de la Commission des Grâces, présidaient, avec bonne humeur, et recevaient sans faiblir les remerciements et bons vœux.

M. Marcel Déat, retenu, s'était fait représenter.

Les rédacteurs de *Je suis partout* n'étaient nulle part.

M. François Mauriac, en quelques phrases imbibées de la plus chrétienne des charités et comme parfumées d'extrait d'oubli, sut toucher une assistance qui fondit bientôt en sanglots.

A l'issue de cette allocution, deux miliciens ont été passés par les larmes.

Puis relâchés.

En ce même Père-Lachaise, mais au colombarium, cette fois, et en présence de M. le doyen des juges d'instruction, s'est déroulée une courte, justicière et réchauffante cérémonie.

Deux cent cinquante dossiers traitant des derniers scandales ont été incinérés devant la foule des bénéficiaires de non-lieux.

– Le feu purifie tout ! déclara le Doyen, très applaudi.

Deux lampistes qui s'étaient frauduleusement glissés dans la salle des pas pendus ont été immédiatement appréhendés.

A la radio

La radiodiffusion, innovant de la façon la plus heureuse, nous a donné en ce jour de Toussaint une de ses meilleures émissions intitulée : « Phrases historiques ».

Tout d'abord, Mgr Suhard, devant quelques personnes triées sur le violet, redit avec le ton de conviction qui force le respect quelques-unes des meilleures phrases de son allocution de bienvenue au maréchal et enchaîna au milieu de l'enthousiasme général sur son « Salut à de Gaulle ».

Puis un imitateur, hallucinant de vérité, redit devant le micro quelques-unes des phrases célèbres qui nous firent tant de bien : « L'Allemagne paiera ! », « L'épi sauvera le franc ! », « La mobilisation n'est pas la guerre ! », etc.

Enfin, M. Paul Reynaud, de cette voix mâle qui remua tant les foules en juin 1940, redit, pour la postérité, le fameux : « Nous vaincrons parce que nous sommes les plus forts ! »

Et pour terminer, l'orphéon de la section professionnelle des compteurs d'histoires exécuta : « Oublions le passé », dans un silence religieux.

Dans l'Hérault

Une délégation des buveurs d'eau de la région parisienne a débarqué ce matin, en gare de Montpellier, aux accents de : « C'est à boire !... » et « Y a du moût dans la corde à nœuds ». Elle s'est rendue au siège de la Fédération des viticulteurs et a déposé une gerbe sur la dalle (en pente) du Soda inconnu.

VIENT DE PARAÎTRE

Liste officielle et complète des traîtres et vendus, conforme aux émissions de la B. B. C.
Un fort volume de 700 p. ....450 fr.

La même liste, expurgée, avec une préface de François Mauriac, un élégant feuillet...0 fr 25

Comment fut découvert le manuscrit inédit de *L'Eminence verte*

Grand roman historique d'Al. Dumat (de Mysène)

Le récit que l'on pourra lire à partir de la semaine prochaine dans nos colonnes est rigoureusement authentique. Voici la façon curieuse dont cette œuvre remarquable, poignante, tragique, passionnante et tout et tout, fut découverte, bien des années après avoir été écrite, par le plus grand des hasards et par le plus petit des érudits.

En effet, le savant compilateur qui la retrouva se trouve être un pimpant octogénaire, dont nous tairons le nom sur sa propre demande, et qui dut précisément à sa taille exiguë de faire cette émouvante exhumation littéraire.

Etant en vacances aux Frondeaux, coquette petite localité du Loiret-Inférieur, il fut appelé à la mairie pour une formalité stupide comme toutes les formalités administratives ; se trouvant légèrement indisposé par une attente prolongée autant qu'inutile, il se coucha dans une malle qui se trouvait à proximité. Fût-ce la chaleur ou la fatigue, ou tout autre motif, toujours est-il qu'il s'endormit profondément. Que se passa-t-il par la suite ? On n'a jamais pu rétablir très nettement les faits, mais ce qui est sûr, c'est qu'il se réveilla dans un grenier où la malle avait été transportée pendant son sommeil.

Chacun connaît l'attrait indiscutable qu'exercent les greniers sur les âmes d'enfants. Or, l'âme d'un vieux savant ressemble curieusement à celle d'un gosse. Sans s'étonner outre mesure de son étrange aventure, il s'écria juvénilement :

– Dans un grenier, qu'on est bien à quatre-vingts ans.

Et entreprit incontinent d'explorer ce coin mystérieux, délicieusement poussiéreux et orné de toiles d'araignées pour le moins bicentenaires. Son instinct de vieux rat de bibliothèque le mena presque tout de suite vers un vieux coffret en bois de Boulogne dont le couvercle mal refermé laissait entrevoir quelques feuillets jaunis et couverts d'une écriture fine et serrée comme les cordons de la bourse à Mistinguett. Quelle ne fut pas sa stupéfaction de découvrir que cette dernière (l'écriture, pas la stupéfaction !) appartenait à Alexandre Dumat (de Mysène), ainsi que la signature apposée sous le mot « fin » en faisait foi, et qu'il tenait entre ses mains tremblantes d'émotion un extraordinaire roman historique inédit de ce brillant et fécond écrivain.

C'est ce récit que l'éminent érudit qui le mit au jour en d'aussi surprenantes circonstances a bien voulu céder, à prix d'or, à notre bon toubib Roméo Carlès, lequel nous l'a, à son tour, offert (à prix de platine).

Le roman, sur le manuscrit original, est intitulé : « La vie privée et les amours secrètes du Père Soreil, Eminence verte » ; ce titre nous ayant paru un peu longuet, nous avons cru bien faire en le résumant en celui de *L'Eminence verte*.

Nous pensons que le corps du grand Dumat ne se retournera pas pour si peu dans sa tombe, et c'est sous ce titre définitif que paraîtra désormais le nouveau feuilleton que nous avons le plaisir d'offrir à nos lecteurs.

A la manière de...

L'Os, par Sully Prudhomme

Le laboureur m'a dit en songe : « Nib de pain ;
Je ne t'en vendrai plus, t'as la face trop blême. »
Le tisserand m'a dit : « Habille-toi toi-même. »
Et le maçon m'a dit : « Pieute chez le voisin. »

Esseulé, j'ai cherché Ninon à l'œil mutin,
Qui traîne un peu partout son implacable flemme.
Et d'elle, j'implorais une pitié suprême.
Elle a gueulé : « Qué que tu fous dans mon chemin ? »

Quel os ! mes chers amis. La vie était cruelle,
Mon chien levait la patte autour d'une poubelle,
Des mouches bourdonnaient. C'était à en pleurer.

Je connus mon malheur, et qu'au monde où nous sommes
Faut savoir se passer de la femme et des hommes,
Et depuis ce jour-là, je peux plus les blairer.

Cours des Halles

Soucieux d'aider la ménagère, L'Os libre *a dépêché un homme à lui dans le ventre de Paris. Il en a rapporté les renseignements suivants :*

Calories des Charentes :
L'assiette .... 160 »
Calories dans le filet[1] :
Le kilo .... 320 »
Calories dans les bas morceaux :
La musette 272,40
Calories du Brésil :
Le carat moulu 9,15
Calories hâtives de Hollande :
Le sac .... 96 »
Calories de Toulouse fumées :
Le chapelet .... 276 »
Calories portugaises :
La bourriche 329,30
Calories écrémées :
La tétée .... 20 »
Calories Entre-deux-Mers :
La chopine .... à débattre
Calories de Soissons en grains :
La batterie 26,10

Tendance du marché : Couvert et ombrageux avec quelques on-dit.

1. Pas dans celui de la ménagère.

Théâtre

LA TERRE EST RONDE

J'ai beaucoup de goût pour les reprises, parce qu'on sait ce qu'on va voir, puisqu'on l'a déjà vu.

C'est pourquoi je vous parle aujourd'hui de la reprise de *La Terre est ronde*, au théâtre Sarah-Bernhardt.

Il est vrai que je n'ai pas vu autrefois *La Terre est ronde*, mais comme je n'y suis pas allé non plus cette fois-ci, cela revient au même que si, l'ayant vue jadis, j'y étais retourné maintenant.

La Terre est ronde est donc pour moi un sujet de contentement, et comme nous n'en avons pas beaucoup actuellement, il faut se féliciter de ce caractère fondamental de la pièce, lequel est à la vérité essentiel, subtil et d'un goût particulier qui n'est pas sans saveur.

Citation à l'ordre de la Nation

Evariste Faisan, candidat aux élections, officiel de haute valeur et orateur farouche, a fait montre d'un héroïsme et d'une ténacité incroyables durant la bataille électorale.

A continué la lutte malgré plusieurs graves blessures d'amour-propre provoquées par les bombardements adverses.

Placé en tête de liste, a su par son habileté manœuvrière faire tomber de nombreux électeurs dans son panneau.

Grâce à un mouvement follement tournant, a pénétré injurieusement chez l'ennemi. Celui-ci, désemparé à la vue de sa grosse tête de pont, a fui en rangs désordonnés.

Evariste Faisan est nommé, blackboulé d'office « honoris causa » avec palmes et veste en désarroi.

Faits divers

DE VERSAILLES. – Ce matin à l'aube, alors qu'il était affairé à poursuivre un vigoureux voyou, venant de dérober une bécane porte de Clignancourt, un agent cycliste se prend les yeux dans un embranchement de rails de tramway, à la sortie de Toussus-le-Noble.

Par bonheur, un camion américain chargé de briques, passant au moment précis où le malheureux s'élevait dans les airs, put prendre celui-ci à son bord.

Par ailleurs, le malandrin cause de cet accident qui aurait pu avoir de graves conséquences a été retrouvé assez inanimé sur la route.

On pense qu'il aura été piétiné par une automobile.

DE VENDÔME. – Une bordée de gendarmes parachutés, effectuant une patrouille, a appréhendé le dénommé Provendier Lucien, viticulteur à Lavardin (Loir-et-Cher), lequel, pour ne pas déclarer sa récolte, vendangeait au clair de lune.

L'indélicat personnage a été écroulé.

DE PARIS. – Hier au soir, rue Rodier, l'attention des passants était attirée à la vue d'un curieux quidam qui sortait en hurlant du n° 53.

L'étrange individu, vêtu d'une jaquette de receveur des postes souillée de vin, déclarait avoir aperçu, alors qu'il aidait un de ses amis à tirer du beaujolais dans sa cave, plusieurs fusées d'origine incontrôlable.

L'homme, un nommé Richard Harnolde, une sorte de blême homoncule délavé qui empestait la boisson à un jet de pierre, a été déposé au poste de police d'Anvers.

L'exploration des caves de la rue Rodier pour retrouver le deuxième témoin de cette extraordinaire affaire se poursuit méthodiquement.

DIALOGUE... EN FORME DE TRONCHE

L'un. — *Otez-moi d'un doute.*
L'autre. — *Avec plaisir, voulez-vous me le passer, que je l'accroche à la patère ?*
L'un. — *Merci.*
L'autre. — *Egoïne.*
L'un. — *Plaît-il ?*
L'autre. — *Rien, ce n'est qu'un mot.*
L'un. — *Excusez-moi de revenir à la charge.*
L'autre. — *Vous êtes un type dans le genre de Déroulède.*
L'un. — *Plaît-il ?*
L'autre. — *Rien, c'est une réminiscence.*
L'un. — *Vous m'avez dit, l'autre fois, qu'il y avait à peu près de tout en France.*
L'autre. — *Oui.*
L'un. — *Et il y a du bétail ?*
L'autre. — *Oui.*
L'un. — *Et nous manquons de viande.*
L'autre. — *Certes.*
L'un. — *Pourquoi ?*
L'autre. — *Parce qu'il y a du bétail.*
L'un. — *Ah ! bon. Et en dehors du bétail, avons-nous ce qu'il faut ?*
L'autre. — *Bien sûr.*
L'un. — *Alors comment se fait-il que nous n'ayons rien en suffisance.*
L'autre. — *Parce qu'il y a tout ce qu'il faut pour que tout le nécessaire soit suffisant.*
L'un. — *Parfaitement.*
L'autre. — *Vous saisissez ?*
L'un. — *Naturellement ; en somme, c'est parce qu'il y a plutôt pléthore qu'il y a pénurie.*
L'autre. — *Exactement.*
L'un. — *Ça fait du bien de s'instruire.*
L'autre. — *D'autant que ça n'empêche pas d'apprendre.*

Pierre Dac

PETITES ANNONCES

DEMANDES D'EMPLOI

Roulements S.K.F. recherchent : 1° Pitre tourneur spécialisé dans la bille de clown. – 2° Chaudronniers formeurs en billes. – 3° Jeunes gens, 8 à 14 ans, pour essayage de billes.

Garde du corps en chômage par suite moment d'inattention, assurerait protection à encaisseur débile (moitié-moitié). Ecrire : Riton les mains jointes.

Livreur de chez Nicolas, possédant loisirs et bel uniforme, relèverait compteurs à gaz à ses moments perdus.

Sténo-dactylo, jeune, jolie, très grande facilité d'adaptation, effectuerait toutes heures supplémentaires.

ARTICLES POUR FEIGNANTS

Porte-plat mécanique et assiette verseuse à bascule. Supprime toute manutention : 212 fr. 90. Même système, mais avec assiette à piston, poussoir pour aliments compacts : 590 fr.

DIVERS

Couvertures en fonte, pour personnes ayant le sommeil léger. La pièce .... 890 fr.
Sommier, ressorts à grande résistance, amortisseurs hydrauliques pour dormeurs nan
tis de sommeil de plomb............ 3 990 fr.
Lit spécial pour ménage comprenant les 2 cas. .... 19 550 fr. 10

Kleptomane désirant renouveler ses collections, vend belles occasions : pelle à vapeur neuve, un lot boutons de porte, 300 panoplies de barbes naturalisées, 5 autobus état neuf, 250 pantalons d'homme toutes tailles, etc.

Joli chapeau de voyage, fond à deux compartiments pour casse-croûte et access. de toilette, 500 fr.

Le même, avec casier à bouteilles.
Prix... 698 20

Modèle « Globe-trotter » renfermant attirail camping.............................. 812 fr. 10

En vente chez J. Sac, le chapelier d'après-demain.

ARTICLES POUR PÊCHEURS

Epuisette à grosses mailles ne prenant que les gros poissons. La pièce : 212 fr. 10.

Modèle à toile extra-fine pour maladroit indécrottable pour pêche aux têtards : 755 fr.

L'OS LIBRE

« Contre tout ce qui est pour – Pour tout ce qui est contre. »

NUMÉRO 58 – MERCREDI 13 NOVEMBRE 1946

Résultat des élections législatives : les communistes disposent à nouveau du plus grand nombre d'élus à l'Assemblée nationale : 179 plus 4 apparentés. Le MRP obtient 167 sièges et la SFIO, 105. D'autres formations se partageant le reste des 618 députés, le tripartisme n'est plus véritablement d'actualité. Le Parti communiste, avec ses 800 000 adhérents, est désormais porté par une vague populaire qui veut le changement. Ce qui ne changera pas, en revanche, c'est la décision du président américain. Il interdit toute divulgation d'information sur la bombe atomique.

Edito_Khroumirisme et diffamation

par Pierre Dac

A la suite de mon précédent article intitulé : « Les Khroumirs avec nous », j'ai reçu, ou ai cru recevoir, ce qui revient au même, une quantité impressionnante de lettres.

Le résultat n'est guère encourageant. Les signataires, dans leur ensemble, me reprochent de vouloir introduire en France une nouvelle idéologie. « N'en avons-nous pas suffisamment, me disent-ils en substance, et le moment se révèle-t-il particulièrement opportun pour troubler davantage les esprits qui n'ont, certes, pas besoin de complication supplémentaire ? »

Je crois qu'il y a là un regrettable malentendu que je vais m'efforcer de dissiper.

Aussi bien ne s'agit-il pas, comme me le reprochent un peu légèrement mes correspondants, d'introduire en France une nouvelle idéologie, mais bien, beaucoup plus simplement, de faire bénéficier mes concitoyens de tout ce que le khroumirisme comporte d'utile, de sage, d'agréable et de constructif.

J'ai toujours pensé, et je continue à le croire, que, quels que soient le mérite, l'intelligence et le génie d'un peuple, il est nécessaire, sinon indispensable, de recourir de temps à autre, et à intervalles plus ou moins éloignés, suivant les

circonstances, à une sorte de transfusion qui redonne aux forces vives de la nation une vigueur nouvelle et une lucidité profitablement accrue.

Lorsque, par exemple, un médecin injecte à un client quelque peu répandu des doses de strychnine ou de cacodylate de soude, ce n'est pas, que je sache, pour transformer le sang du patient en strychnine ou en cacodylate ; il ne s'agit, en l'occurrence, que de redonner à un organisme déficient, par le truchement d'éléments reconstituants, son activité première et son harmonieux fonctionnement.

Ainsi en va-t-il de même pour le khroumirisme. Il n'est nullement question, et j'insiste sur ce point capital, de khroumiriser la France.

Mais, je l'ai déjà dit, je le redis et je le répéterai tant que je ne me tairai pas, quelques injections savamment dosées de khroumirisme auraient, sur l'organisme légitimement fatigué de notre pays, les plus heureuses répercussions et les plus utiles conséquences.

Aussi n'est-ce que du bout de la plume que je relèverai les insinuations malveillantes dont je suis actuellement l'objet. Certains correspondants, heureusement en minorité, laissent très nettement sous-entendre que je suis un vendu à la solde des Khroumirs et que mon action entreprise en faveur du khroumirisme est sordidement subordonnée à l'argent khroumir qui m'est distribué sans compter par les services secrets khroumirs.

C'est avec le savon du mépris que je me lave de ces basses et calomnieuses accusations.

C'est le lot des précurseurs, des novateurs, des créateurs et, en général, de tous les hommes de bonne volonté d'être critiqués, combattus et traînés dans la boue par ceux qui leur attribuent les sombres desseins qu'ils ont eux-mêmes. Il n'y a pas lieu de s'en indigner outre mesure ; c'est la rançon de tout progrès. Mais il n'y a pas lieu non plus de se laisser intimider. Quoi qu'il en soit et qu'on le veuille ou non, l'idée khroumir est en marche et rien ne l'arrêtera.

Je m'en suis fait le promoteur et le champion. J'en suis fier, sinon heureux. J'ai pris mes responsabilités. La question khroumir est à l'ordre du jour ; l'utilisation des éléments khroumirs au bénéfice des vertus françaises, voilà mon but, mon unique et seul but. Contre vents et marées, je le poursuivrai jusqu'au bout ; jusqu'au bout du but.

Appel à la population

La préfecture de police communique :

Des vols répétés de pantalons masculins se produisant journellement dans les stations, les corridors et les divers véhicules du métropolitain, la préfecture de police, débordée par les plaintes, ne saurait trop recommander aux personnes du sexe fort, utilisant ce mode de locomotion, de ne voyager qu'assis sur leur pantalon ou de tenir celui-ci à la main.

Rectification

Par suite d'une double erreur d'impression, nous avons publié la semaine passée une information erronée, concernant M. Chaudin de la Crépine, épicier en gros à Paris. Nous disions : cet homme, qui a collaboré durant cinq ans avec l'occupant, est aujourd'hui riche à 90 milliards environ.

M. Chaudin de la Crépine nous prie de rétablir la vérité, en nous faisant savoir qu'il fallait dire : quatre ans et non cinq, et 90 millions au lieu de milliards.

À Os rompus

Les élections

Plus que jamais, les élections de dimanche dernier ont eu lieu dans l'ordre, le calme et la dignité.

Nulle part on ne s'est bousculé dans les salles de scrutin.

On sait que les électeurs de certains départements vinicoles s'étaient mis en grève parce que M. Yves Farge refusait de poser sa candidature dans leur circonscription, ce qui leur ôtait la possibilité de voter contre.

Pour les faire revenir sur cette décision, il a fallu toute l'habileté diplomatique de M. Georges Bidault, notre dévoué ministre des Affaires étrangères. Finalement tout s'est arrangé. Dans un magnifique élan de civisme, les électeurs protestataires ont accepté de voter contre d'autres candidats.

Incidents sans gravité

A part cela, peu d'incidents à signaler.

A Farcy-sur-Ouille, où les électeurs avaient eu l'idée singulière de remplacer le bulletin de vote par leurs tickets de rationnement non honorés, l'urne a éclaté sous la pression. Légèrement blessé au front, le chef de gare a été conduit chez le maréchal-ferrant pour une intervention chirurgicale d'ailleurs bénigne.

A Cériembath-la-Montagne, par contre, l'urne a été trouvée complètement vide, les portes du cimetière étant restées, ce jour-là, exceptionnellement closes. Une plainte contre X a été déposée en lieu sûr. Le fossoyeur serait dans le coup !

Enfin, à Clocheville-sur-Mer, beaucoup de bulletins blancs ont dû être annulés, la plupart d'entre eux portant des noms de candidats reconnus indésirables par leurs adversaires.

Du nouveau

Donc, nous avons une nouvelle Chambre, bientôt nous aurons un nouveau ministère, un nouveau tripartisme et, dans quelque temps, un président de la République encore plus nouveau puisqu'il sera le premier de sa série.

Aussi faut-il s'attendre aux plus radicaux changements dans nos méthodes politiques. Le vieux slogan « du neuf et du raisonnable » a fait son temps, il doit être remplacé par un autre, plus adéquat et parfaitement idoine. Sans craindre de nous tromper, nous proposons celui-ci : du nouveau et du convenable !

Avec ou sans...

Des personnes nous demandent si, dans le nouveau cabinet, il y aura des ministres sans portefeuille.

– Tiens, pourquoi pas ? répondrons-nous. Les ministres sans portefeuille sont les seuls dont on n'a jamais eu à se plaindre. Ne s'occupant de rien, ils ne risquent pas de se tromper. Loin de les supprimer, il faut en accroître le nombre.

Nous en sommes convaincus, avec un gouvernement composé de « sans portefeuille », les choses n'iraient peut-être pas mieux, mais elles n'iraient pas plus mal, ce qui est l'essentiel.

Et puis, il y a la question économie. Au prix où est le maroquin...

Les affaires courantes (reprise)

Comme nous l'avons vu lors de précédentes crises ministérielles, le cabinet sortant demeure chargé des affaires courantes.

Il s'en tirera d'autant mieux que ce sont les mêmes et que, malgré leur nom, elles n'ont pas dû aller bien loin depuis la dernière fois.

Distinctions

Le général Domino, ayant récemment décoré de la Croix de Guerre avec palmes, de la médaille de la Résistance et fait chevalier de la Légion d'honneur notre directeur Pierre Dac, à cette occasion, la rédaction et l'administration de *L'Os libre* tiennent à lui présenter leurs félicitations les plus cordiales et les plus sincères.

Nous espérons que la haute élévation de nos sentiments indéfectibles à son égard sera prisée et évaluée comme il se doit et le cas échéant…

Faits divers

DE PARIS. – La femme de ménage préposée au nettoyage des toilettes de la gare Saint-Lazare, qui avait dû s'absenter voilà trois semaines pour aller à Lisbonne percevoir sa ration de vin portugais, a découvert hier matin en reprenant son service un pendu accroché dans une des cabines.

D'après les premiers éléments de l'enquête, il se confirmerait bientôt que le malheureux aurait été surpris par des contrôleurs économiques alors qu'il vendait des cachous au-dessus de la taxe et à la sauvette.

BEUF-SUR-LA-LANDE. – Au cours du dépouillement, les scrutateurs de Beuf-sur-la-Lande ont découvert dans une des urnes une enveloppe probablement déposée par erreur et contenant une épaisse liasse de billets de cinq mille francs timbrée et portant le nom et l'adresse d'un des hommes politiques qui ont récemment défrayé la chronique.

On se perd en conjectures diverses sur cette étrange étourderie.

DE MARSEILLE. – Au moment où il glissait son bulletin de vote dans l'urne, un électeur, M. A. Millan, ayant omis de lâcher son enveloppe, a été entraîné à sa suite, et a disparu dans l'orifice de l'appareil. Les recherches aussitôt entreprises n'ont encore donné aucun résultat.

DE PARIS. – Samedi 9 novembre, au cours des ultimes débats de la Chambre des députés, M. M. Thorez, monté à la tribune deux heures auparavant, terminait sa péroraison lorsque, pour une raison inconnue, M. Schumann traita l'orateur de « M. R. P. camouflé ».

M. Thorez ayant répliqué par l'épithète de « communiste extrémiste », les huissiers, en prévision du sang qui allait être versé, volèrent quérir la sciure et les balais habituellement usités pour les cas graves.

Lorsque ceux-ci revinrent sur les lieux, M. Schuman finissait d'enjamber les minces obstacles le séparant de son adversaire.

De son côté, M. M. Thorez ayant transformé la tribune en camp retranché, apprêtait la clochette et la carafe de conférencier en vue d'un terrible corps à corps, lorsque les deux hommes furent brutalement réveillés par une série de hurlements apocalyptiques ponctués de coups sourds.

Les deux combattants aperçurent alors, gesticulant à même la tribune, l'homme qui venait de leur sauver la vie, le nouveau ministre du Ravitaillement, qui, l'écume aux lèvres, déversait des torrents d'anathèmes incendiaires à l'adresse du marché noir.

La police n'a pas eu à intervenir.

La fin du secret atomique

La désintégration à la portée de tous

Au moment où il est donné au pays de considérer d'un œil éteint les lauréats du dernier jeu électoral sur lesquels les bruits les plus alarmants ont couru à pieds joints tous ces derniers temps, permettant de subodorer l'avenir avec assurance, sinon avec certitude, il est une importante nouvelle pour ainsi dire passée inaperçue : il n'y a plus de secret atomique.

En effet, le voile a été levé de bonne heure hier matin, grâce à l'ample esprit de compréhension de deux hommes de bonne volonté : M. Truman, président des Etats-Unis, et M. Pierre Dac, président de la République par intérim et par vocation.

Ce n'est qu'aujourd'hui, au retour de son 127e voyage aux U. S. A., que M. Pierre Dac, ayant mis un terme heureux à des négociations qui duraient depuis bientôt une semaine, put rapporter en France les plans officiels de la bombe atomique.

Si l'Amérique a tant tardé à lever le rideau de fer de la gigantesque cachotterie qui tenait en haleine les espions internationaux les plus réputés, c'est qu'il a fallu que M. Joseph Staline affirme à M. Truman, sous la foi du serment, que l'U.R.S.S. était dans le dénuement le plus complet au point de vue atomique.

Après ces révélations imprévues, il tombait donc sous le sens qu'il devenait superfétatoire de conserver un secret propre à alarmer et pousser fortement les savants étrangers vers une exaspération scientifique pouvant déterminer un raccourcissement de la longévité de l'espèce humaine, extrêmement regrettable.

M. Léopold Sparadrap, l'inventeur du douzemographe, deux fois plus précis que le sismographe classique, le seul homme ayant réussi à désintégrer son domicile sans aide ni aucun appui financier, le seul qui connaisse à fond les spectaculaires expériences de Bikini, depuis A jusqu'à Farge, a bien voulu, dans un langage dépouillé de tout terme scientifique barbare, détailler pour nos lecteurs le fonctionnement de la fameuse bombe atomique dénommée « Gilda », du prénom de Mlle Gilda Labrideul, fille unique et cadette du plus important marchand de sciure d'uranium des Etats-Unis.

Fonctionnement chronologique – I – La bombe est larguée – 1 bis – L'eau lourde pèse de tout son poids – 2 La bombe tombe – 3 – Elle tombe toujours – 4, 5, 6, 7, 8, 9, 10 – Elle n'arrête pas de tomber – 11 – Le parachute se déploie, ralentissant la vitesse de l'engin afin de ménager le ressort amortisseur au moment du choc – 12 – Le tampon amortisseur contacte le premier objectif ; il s'écrase doucement et le percuteur agit sur le séparateur d'atomes – 13 – Les atomes d'uranium convenablement divisés s'échappent par les orifices d'évacuation – 14 – La pendule figurée sur notre schéma sonne, de manière à réveiller l'énergie atomique ; en cas de panne de celle-ci, le piston pneumatique à ressort, plus puissant, réagit vigoureusement – 15 – La désintégration atomique se produit alors – 16 – Les amorces explosent sous la chaleur ; le bruit est aussitôt recueilli par les microphones, puis transporté rapidement aux haut-parleurs par le truchement de l'amplificateur.

C'est ce moment que les observateurs choisissent pour blêmir sous leur hâle et annoncer au monde étonné : bombe explosée.

En cas d'incident technique du système sonore, la fumée comprimée s'échappe, en faisant des ronds d'une forme spéciale, signalant ainsi le point d'impact de la bombe.

Le reste de l'expérience appartient aux esprits observateurs.

Si la France ne possède encore aucune bombe atomique, c'est le manque de matières premières, seul, qui en est la cause. En effet, à part l'uranium que l'on trouve en abondance dans les carrières de Pierrefitte, le bœuf en daube, indispensable au redressement moléculaire, est pratiquement introuvable.

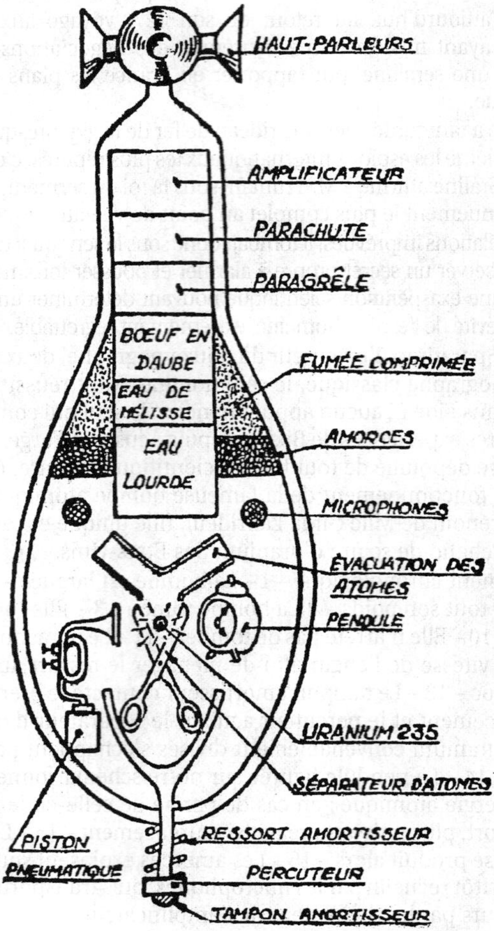

"GILDA" vue en coupe.

Urne et indivisible

Le sort en est jeté !

Nous nous permettrons même de dire bien jeté !

La consultation populaire de dimanche dernier consacre de façon indiscutable le succès des hommes dont le nom est sorti des urnes !

Comme en Amérique, le parti républicain a été le grand triomphateur de la journée.

Mais pas de la même journée puisque les élections américaines ont eu lieu le 5 novembre et les françaises le 10.

Seconde différence tout à notre honneur : aux Etats-Unis, deux groupes de prétendants se disputaient la faveur du porte-bulletin : les républicains et les démocrates. Pour l'électeur de là-bas, la tâche était donc relativement aisée ; quelle que fût sa décision, il n'avait guère qu'une chance sur deux de se tromper.

En d'autres termes, le sort de la grande nation amie et alliée se jouait à pile ou face. Comme on l'a vu, ce sont les démocrates qui ont pris la pile.

Combien plus embarrassante apparaissait la situation de ce côté-ci de la mare où un seul et unique parti se trouvait en présence de lui-même.

Tous les candidats, sans exception ni réserve, se déclaraient républicains et en même temps démocrates. On eût vainement épluché les listes et décortiqué les panneaux pour découvrir un partisan de la monarchie, de l'autocratie, de l'oligarchie, de la ploutacratie, de la théocratie, de la gynécocratie ou même de la polysynodocratie. A droite comme à gauche, au centre et sur les bords, rien que des républicains !

Malgré cette difficulté en apparence insurmontable, l'électeur français a pleinement réussi le petit travail qui lui était confié. Grâce à la pertinence de son choix, nous sommes à peu près sûrs de rencontrer sur les bancs de la nouvelle Assemblée une assez forte proportion d'élus indéfectiblement attachés aux institutions républicaines.

Cela, bien entendu, dans toute la mesure du possible et autant que le permettront les exigences de la politique.

DIALOGUE EN FORME DE BOUT

L'un. — *Alors ? désabusé ?*
L'autre. — *Complètement.*
L'un. — *Ecœuré ?*
L'autre. — *Définitivement. Et vous ?*
L'un. — *Au-delà de toute expression.*
L'autre. — *Plus d'espoir, alors ?*
L'un. — *Non.*
L'autre. — *Ni d'espérance ?*
L'un. — *Encore moins !*
L'autre. — *C'est la fin !*
L'un. — *Le scepticisme intégral !*
L'autre. — *Le dégoût infus !*
L'un. — *Le néant total !*
L'autre. — *Enfin !*
L'un. — *Va falloir s'y remettre.*
L'autre. — *Et repartir du pied gauche.*
L'un. — *Avec confiance.*
L'autre. — *Discernement.*
L'un. — *Et enthousiasme.*
L'autre. — *En avant !*
L'un. — *Je vous suis.*
L'autre. — *De cheminée.*
L'un. — *Plaît-il ?*
L'autre. — *Rien ; passez devant, je vous précède.*
L'un. — *Les voyageurs pour l'avenir…*
L'autre. — *Présent !*

Pierre Dac

La pêche et soi

LA PÊCHE AU FILET

La pêche au filet est une des plus fructueuses à la double condition d'avoir un filet sous la main et du poisson dans la rivière.

Il existe de nombreux filets aux formes les plus diverses et qui s'emploient pour des poissons bien déterminés. C'est ainsi que le filet à papillons est réservé à la capture des poissons-volants et qu'avec le filet-front on prend surtout de la raie. Je citerai encore le filet de sole, et le filet de hareng qu'on utilise avec un filet de vinaigre. Le filet de voix ne sert qu'à attirer le poisson qu'on peut ensuite ramener à la maison grâce au filet à provisions.

Personnellement, je pratique une façon de pêcher au filet qui me donne bien des satisfactions ; c'est une pêche sportive dans toute l'acception du terme. Voici comment j'opère :

Après m'être mis en caleçon de bain, je recouvre mon torse d'un maillot de corps en filet, comme certaines personnes en portent l'été, en ayant soin de le prendre un peu grand et je me jette à l'eau. Quand j'arrive sur un banc de poissons, je respire largement, je plonge et je nage sous l'eau le plus longtemps possible. Il est bien rare que je remonte à la surface sans trouver, pris dans mon filet-gilet de corps, quelques jolies carpes ou de frétillants gardons. C'est en quelque sorte une variante de la pêche sous-marine mais beaucoup moins onéreuse et plus sûre.

Jean GOUJON.

Chronique ostudiantine

L'office du baccalauréat vient de communiquer les modifications aux nouveaux programmes pour 1947. Bien entendu, ces changements sont provisoires et peuvent être bouleversés en vue d'un plan général et aléatoire, sujet à une prochaine révision. C'est une illustration de la doctrine du « Devenir ».

Philo : L'existentialisme, le dolorisme et le lettrisme (examen à huis clos, avec ou sans nausées).

Enseignement technique : fabrication d'une bombe atomique. (Le concierge fournira le secret, et les atomes seront à la charge de l'élève.)

Littérature : dissertation : La pudeur chez Miller et l'amour de la critique d'après M. Pagnol.

Géographie : Les petites nations indépendantes. (Une heure par trimestre suffira à une étude approfondie.)

Histoire ancienne : Le bifteck.

Chers étudiants, courage et à la bonne vôtre.

REMERCIEMENTS

M. Pierre Dac remercie la population de Saint-André-le-Gaz qui, le 10 novembre, animée du plus bel esprit collectif, a bien voulu voter pour lui.

En remerciement, la distribution de verroterie, perles de couleur, colifichets et bimbeloterie, qui devait avoir lieu le 11 novembre, aura lieu dimanche prochain après la partie de pétanque.

La combine de la s'maine

Un pote à mon daron, un gonze plutôt mariolle et qu'affure sous des tocs dans des loinqués pas trop francos, m'a refilé en lousdoc un condé marloupin ! J'vous bonnis sa salade :

« C'est un truc pour piquer un taxi gratis. C'est sans pétard et sans casse. Tu mets deux Jules dans le coup. Tu sors un bada rider, tes grolles pépères, bref, t'inspire confiance au drivere et sur un coup de sifflet allègre, le taxaga se pose à tes petons. « Gare Saint-Lazare ! » que tu jettes à ta future victime.

» – Où que j'vous crache ? qui dit le laquais.

» – Ladé près du métro.

» Il arrête le cyclorameur et tu te casses en faisant vinaigre dans les couloirs de la taupinière. Cesigue gamberge qu'il est marron et pour pas être ensuqué de son auber, il dégringole à grand braquet pour t'argouiller.

» Les potes qu'attendent la livraison matent l'emballage vide, s'infiltrent dans la carlingue et tout le monde se tire au rencard du rebouteux es bouzine. Y a pu qu'à faire un blot et écluser le gode des aminches à la santé des as du macaron et des viocards du bol de jonc. »

Pas la peine de vous fendre la comète avec la tirelire d'un paumé qu'aurait brifté sa purée avec un balancier d'horloge ! Faut être juste… C'est du pépère !

LE GRAND CONDÉ.

Une visite au Salon de l'aviation

Ce n'est pas sans un sourire amusé qu'on évoque, en pénétrant dans le Salon de l'Aviation qui vient d'ouvrir ses portes, l'indifférence générale qui accueillit cette manifestation à ses débuts.

Il est vrai qu'alors l'industrie aéronautique ne comprenait qu'une seule firme de construction, l'ancienne maison Dédale, devenue la maison Icare fils et successeur, laquelle n'avait guère à exposer qu'une paire d'ailes en forme de grosse blague.

Maintenant des centaines de fabricants consacrent leur savoir et leur activité au perfectionnement des machines volantes. Leurs ingénieuses créations passionnent un public averti qui comprend que, si nos finances sont dans l'eau, notre avenir est dans l'air.

Soucieux de faire le point en notant les caractéristiques essentielles des nouveaux prototypes rassemblés au Grand Palais en cet automne 1946, *nous avons confié ce reportage exclusif à celui de nos collaborateurs que sa double qualité de monte-en-l'air diplômé et d'ex-recordman du vol à la tire désigne comme un technicien averti de la navigation aérienne.*

L'avion féminin

De plus en plus, les femmes pilotent des avions.

Le modèle construit à leur intention comporte, tout d'abord, un coffre à bagages extensible qui leur permet d'emporter le strict nécessaire pour un voyage de quelques jours, à savoir : 24 robes, 48 chapeaux, 72 paires de chaussures, 30 combinaisons, 30 chemises, 50 paires de bas de soie, 10 boîtes de parfums, 6 boîtes de fards et 4 mallettes de bijoux.

Le tableau de bord est complété par un miroir, un poudrier, un fer à friser électrique et un remaille-bas. Le manche à balai est remplacé par un bâton de rouge.

Un radar automatique déclenche un signal avertisseur quand l'appareil survole un grand magasin.

L'avion sténographe

On connaît les avions-fusées qui évoluent dans le firmament en inscrivant sur fond d'azur le nom d'un quelconque produit publicitaire. Il était intolérable qu'au siècle de la vitesse des appareils soient encore contraints de tracer, une à une, des lettres gigantesques pour former lentement le mot désiré.

Le nouvel avion permet, en pareil cas, au pilote, de faire usage de la sténographie.

L'avion record

Cet avion est destiné à battre tous les records de durée.

Jusqu'à présent, le pilote qui tentait de battre un tel record ne restait au maximum que quelques jours en l'air. Cela tenait surtout à ce qu'il ne tardait pas à s'ennuyer à bord.

Désormais, il n'éprouvera plus le besoin de quitter le ciel aussi vite puisque ce nouvel appareil comporte, outre tout le confort moderne, des salles de baccara, de théâtre, de cinéma, une bibliothèque, une terrasse de café, un fumoir, un terrain de football, une piscine lumineuse, une négresse, enfin de quoi passer agréablement le temps.

De plus, un poste récepteur de T.S.F. lui transmettra les dernières nouvelles du globe, de façon qu'il ne fasse pas figure d'arriéré lorsqu'il atterrira après une vingtaine d'années de vol.

L'avion néant

Cet avion est la suite logique de l'avion sans moteur et de l'avion sans pilote. Outre ces deux accessoires, le constructeur a supprimé, cette fois, tout le reste, c'est-à-dire : la carlingue, l'empennage, la queue et le train d'atterrissage.

D'un prix de revient absolument nul, d'un encombrement réduit à l'extrême limite, l'appareil ne nécessite aucun frais de garage ou d'entretien. Sa sécurité est absolue et son invisibilité totale.

Son possesseur peut, avec lui, réaliser, dans d'excellentes conditions, les plus grands parcours, n'ayant même pas à payer d'excédent de bagages lorsqu'il prend place sur le paquebot ou dans le train.

Le clou du Salon

Cet avion, d'une forme absolument nouvelle, se compose de deux corps : le corps supérieur, qui est une poche de toile imperméable gonflée au gaz léger, et le corps inférieur, qui est un panier d'osier formant nacelle, le tout relié par un filet de cordage.

L'appareil rendu plus léger que l'air s'élève dans l'espace sans le secours d'un moteur.

Malgré certaines imperfections, notamment en ce qui concerne la direction, cet avion sphérique constitue un progrès formidable qui va bouleverser l'industrie aéronautique.

Petites Annonces

OFFRES D'EMPLOI

Importante manufacture de lunettes demande vitriers très actifs. Bonne vue exigée. S'adresser Frères Bissac.

Importante usine de corsets pour dames obèses cherche messieurs disposant grands bras pour essayages sur mesure.

Importante fabrique d'éteignoirs cherche, pour extensions commerciale, représentants bien introduits dans milieux politiques ou affairistes.

Fabrique nationale de malices cousues de fils blancs recherche pince-sans-rire grosse activité.

DEMANDES D'EMPLOI

Ancien ministre du Ravitaillement cherche

place garde-malade auprès personne soumise à la diète. Bonne nourriture exigée.

DEMANDES SPÉCIALES

Commerçants sérieux, probité farouche, un peu arrêtés par policiers brutaux pour vente à peine illicite lait condensé et farines, achèteraient neufs ou d'occasion, messieurs bien placés. Prix indifférents. Urgent pour cause santé compromise.

DIVERS

Colmatages tous genres, verrous spéciaux pour routes de fer, rénovation de vieilles ferrailles en acier victorieux. On se rend à domicile. Maison P. Reynaud and E. Daladier and Co.

Pinceaux sans poils pour peintres surréalistes. La douz. 836,15.
Les mêmes, à poils, spéciaux pour le nu. La pièce… .... 30 sous
Pinceaux lumineux, pour rapins noctambules, livrés avec centrale électrique portative, fils et prises de courant. Le jeu.......... 33 695,80
Pinceaux Reynolds, chargés de minium pour dix ans. La paire. 3 dollars 6 cents.

Bouée de sauvetage caoutchouc, gonflable à la bouche : 36 fr. 80.
La même, en fonte pour noyé antipathique : 198 fr. 70.

Occasion. A vendre important stock lanternes de couleur numérotées de 1 à 600. Conviendrait bien à agents S.N.C.F.

Bureau de brasseur d'affaires, grande capacité, réservoir tôle émaillée. Mod. ord. : 1 200 fr. – Gd modèle à malaxeur à manivelle : 12 000 fr.

Poids spéciaux pour amoureux, permettant aisément d'avoir le cœur lourd. Modèle ord. à crochet : 36 fr. 90. – Bel article à bandoulière : 96 fr. 30.

PENSIONS

Chien neurasthénique, ayant besoin distractions, prendrait puces en pension à l'année.

PERDUS ET TROUVÉS

Perdu entre 5 et 10 novembre, environ 9 000 globules blancs, bon état. Rapporter contre récompense.

ARTICLES POUR ÉTHYLIQUES

Queue de billard à deux têtes et boules jumelées pour gentlemen entre deux vins. La garnit. 192 fr. 05

Avant-prologue

Où les trois mousquetaires, qui étaient déjà quatre, semblent bien être en passe de devenir cinq !

Par une magnifique matinée du mois de juin de l'an de grâce 1625, les rares passants qui eussent pu circuler à cette heure indue – car le soleil venait à peine de se lever, et encore bien paresseusement – et à cet endroit désert et retiré qu'était le carrefour des Trois-Echaudés, eussent assisté à un curieux spectacle.

Huit hommes étaient réunis autour d'un platane entouré d'un banc circulaire sur lequel ils étaient assis. Sans un mot, chacun de ces huit hommes sortit de son haut-de-chausses, sauf un qui n'avait qu'un bas-de-chausses, un jeu de cartes, et, de ce jeu, tira une seule carte au hasard. Les huit cartes retournées furent alors placées devant chacun de ces étranges joueurs, toujours aussi silencieux que des carpes élevées à la Trappe.

Alors, une voix s'éleva. C'était celle du plus petit des mousquetaires ; car nous avons omis ce détail important, quatre des personnages étaient de nobles gentilshommes et les quatre autres des mousquetaires du roi. Donc, le plus petit de ceux-ci prit la parole. Mais nous ne saurions dire s'il la prit dans son haut-de-chausses comme le jeu de cartes, ou ailleurs, car le jour était encore bien faible et la visibilité assez défectueuse sous l'ombre épaisse du platane.

– D'après nos conventions, dit-il d'une voix douce, et d'après les cartes, Porthos, ayant le valet de carreau, doit croiser le fer avec M. de Tréfla-Quatrefeuille qui a retourné le roi de pique. Athos, qui a tiré la dame de cœur, rencontrera ce bon M. de Pouce-Moydon, lequel a eu la fâcheuse inspiration de sortir l'as de pique... et d'Artagnan, qui, toujours fantaisiste, a tiré de son jeu le neuf à la coque, se mesurera avec le brave Issimo, puisque celui-ci a eu l'extrême malchance d'avoir le neuf de Pâques. Quant à moi, ayant le dix de der, je dois donc me battre avec vous, mon cher Monsieur de Bisbille, puisque vous avez retourné le dix-sept de trèfle.

– Au quai ! répondit le marquis de Bisbille, ainsi interpellé par Aramis, car c'était lui, nos lecteurs, si perspicaces que c'en est écœurant, l'ont depuis longtemps deviné.

– Au quai ! répétèrent comme un seul homme les huit joueurs en se levant.

Au moment précis où ils se préparaient à se rendre sur ce quai, lequel se trouvait être le quai au Revard (devenu depuis le quai de Bercy, et déjà d'ailleurs, à cette époque, dénommé par certains édiles : quai au Revard et Bercy). A ce moment précis, disons-nous, un nouveau personnage surgit de derrière un tulipier du Japon, et s'écria :

– Vert-de-grisaille ! On m'oublie, ce me semble ! Eh quoi ! on s'apprête à s'étripailler sans moi ? Par les bigoudis de mon arrière-grand-tante ! voilà un affront qui ne peut se laver que dans une certaine quantité de globules rouges !

– Monsieur de Voloter ! s'écrièrent à l'unisson les quatre mousquetaires et leurs futurs adversaires (la rime est involontaire... Allons bon ! encore une !)

– Oui, Monsieur de Voloter soi-même, ricana le nouveau venu. Ah ! ah ! Messieurs les bretteurs... Ainsi vous me vouliez exclure de votre petite partie de plaisir ?

– Mais palsamrouge ! s'écria d'Artagnan qui était daltonien, les jeux sont faits... rien ne va plus ! Avec qui diantre vous battrez-vous, mon cher duc ?

– Avec moi !

Au son de cette voix coupante comme un atout maître, et sèche comme un vieux raisin de Corinthe, tous se retournèrent avec stupéfaction et avec un joli mouvement de cape et aussi d'épée.

Un homme maigre et de haute taille, enveloppé dans un simple manteau vert et coiffé d'un large feutre de même couleur, se tenait devant eux, surgi comme par miracle de derrière un boulingrin de café. Une longue plume d'æpyornis d'une belle teinte bouse de vache tombait de son chapeau jusqu'à ses lombes et se balançait mollement derrière lui au souffle léger de la brise matinale. Ses yeux dissimulés par un loup également vert, louchaient un tantinet, ce qui ne les empêchait pas de lancer des éclairs, comme si, sous le crâne de cet homme, il y eut eu un terrible orage dont l'électricité s'échappait par les orbites.

Et devant cette singulière apparition, les neuf hommes semblaient changés en réverbères. Et rien n'est immobile, on le sait, comme un réverbère. Alors... neuf !

L'inconnu, si mystérieusement apparu, s'avança lentement, de trois pas et demi très exactement, ayant buté sur un crottin durci par le gel de l'hiver précédent avant d'avoir achevé le quatrième pas. D'un geste un peu lent et théâtral, mais indiscutablement noble, il ôta son loup et le jeta derrière lui. Celui-ci en profita immédiatement pour retourner à sa tanière, tandis qu'un frémissement parcourait le groupe figé des duettistes[1].

Et tous, toujours comme un seul homme, reculèrent, non sans se marcher un peu sur les pieds, et murmurèrent avec un ensemble impressionnant et une sorte d'espèce de genre d'effroi :

– L'Eminence verte !

FIN DE L'AVANT-PROLOGUE

(*A suivre.*)

1. Erreur typographique. C'est « duellistes » qu'il faut lire, naturellement.

L'OS LIBRE

« Contre tout ce qui est pour – Pour tout ce qui est contre. »

NUMÉRO 59 – MERCREDI 20 NOVEMBRE 1946

Conséquence de la victoire des communistes aux élections législatives : Maurice Thorez, secrétaire général du PCF, revendique la présidence du Conseil. Ne disposant pas d'une majorité suffisante, il n'y parvient pas. Georges Bidault semble donc bien placé pour conserver ses fonctions. Tandis que la confusion règne sur les bancs de l'hémicycle, d'autres hommes politiques se préoccupent essentiellement du premier tour des élections sénatoriales, autrement dit le nouveau Conseil de la République. Il est fixé au dimanche suivant.

Edito L'heure du khroumir

par Pierre DAC

Cet article n'est pas un article ordinaire ; ce n'est pas non plus un article extraordinaire ; à vrai dire ce n'est pas un article du tout : c'est un acte ; un acte de foi en même temps qu'une adjuration solennelle à mes concitoyens. J'espérais sans trop y croire, d'ailleurs, n'avoir jamais à l'écrire.

Les événements, en me donnant intégralement raison, en ont décidé autrement.

Je n'épiloguerai pas plus avant, à perte de vue et de vitesse, sur les résultats de la dernière consultation électorale. Tout le monde les connaît et chacun en tire des conclusions subséquentes, c'est-à-dire qu'il demeure dans une expectative consécutive à l'inconnue posée par le problème du gouvernement.

Nous nous sommes volontairement, mes amis et moi, tenus rigoureusement à l'écart de la compétition électorale. Il n'y a pas eu de liste khroumir.

Et pourtant nous avions en main tous les éléments pour faire passer, si nous l'avions voulu, au moins huit candidats d'idéologie khroumir. Car nous possédons des moyens financiers illimités ; nous n'avons pas à rougir des fonds secrets dont nous disposons car nous pouvons prouver au grand jour

qu'ils viennent d'où ils sortent et qu'ils sortent uniquement des poches où ils se trouvent. Mais nous avons honnêtement répugné à ces basses besognes démagogiques !

Nous partons du principe que ce n'est pas par l'argent que le khroumirisme, qu'on le veuille ou non, trouvera un jour ou l'autre droit de cité dans ce pays. La doctrine khroumiriste s'imposera d'elle-même et nous ne voulons, en la propageant, que faire appel au bon sens commun et au seul esprit de logique des citoyennes et citoyens conscients de leurs droits, de leurs devoirs et de leurs leçons.

La situation politique, après le scrutin du 10 novembre, demeure, en dépit de l'avance ou du recul de certains partis, sensiblement et à peu de chose près, identique à ce qu'elle était auparavant.

Il n'y a pas de véritable majorité de gouvernement.

Toutes les combinaisons s'avèrent, d'ores et déjà, singulièrement boiteuses et sans lendemain sinon sans avant-veille. Astuces et vieilles ficelles n'y changeront rien. Il faut délibérément sortir des sentiers battus et reconstruire en flanquant tout par terre. Aucun parti n'a la possibilité de s'imposer massivement. Il s'agit donc de trouver la formule à cinq pattes susceptible de rallier toutes les bonnes volontés. Il y en a une ; il n'y en a même qu'une, une seule et unique, mais elle existe : la formule khroumir.

Que demain, l'on mette un Khroumir à la présidence de la République, un autre à la présidence du Conseil et cinq ou six autres paires de Khroumirs aux leviers de commande et la nef de l'Etat repartira de pied ferme sur la route nationale de ses destinées traditionnelles et historiques.

Je sais que cet appel demeurera sans écho, ou à peu près ; chaque parti politique restera sur ses positions ; des alliances, des unions se concluront dont la précarité le disputera à l'éphémère ; elles ne dureront, comme l'a dit le poète, que ce que dure un melon, l'espace d'un chapeau.

Et un beau matin tout croulera ; ce sera le désastre, le chaos, le désarroi. Bon gré, mal gré, il faudra bien, à ce moment, avoir recours aux Khroumirs. Devons-nous attendre la catastrophe pour en arriver, trop tard, à ce que nous pouvons faire alors qu'il en est encore temps ? Je laisse aux honnêtes gens le soin de répondre et d'agir suivant leur conscience.

Sans Khroumir, pas d'avenir ! Le Khroumir c'est le salut ! Salut au Khroumir ! Et gloire et honneur à l'Armée du Salut khroumir !

Noms-lieu

Le commissaire Poileau Luc et l'inspecteur Lachnouf qui devaient, au terme de leur enquête sur le scandale du vin, donner dans ces colonnes les noms de toutes les personnalités impliquées dans cette affaire s'excusent de devoir remettre ces importantes révélations à une date très ultérieure.

Les personnes mises en cause ayant démontré, chèques à l'appui, que cette affaire avait été considérablement amplifiée pour ne pas dire gonflée.

D'autre part, le commissaire Poileau Luc, légèrement souffrant, s'est retiré dans le manoir de la Faisanderie qu'il possède depuis peu, à proximité de l'admirable écurie de courses que l'inspecteur Lachnouf vient de gagner la semaine passée à Longchamp.

Une péniche chargée d'indésirables croise devant le Palais-Bourbon

Lorsque notre envoyé spécial, hors d'haleine, pénétra dans le grand salon d'apparat de la rédaction et nous fit, d'une voix hachée menu par l'émotion, le récit dont nos lecteurs trouveront ci-dessous le dramatique et vivant reflet, nous eûmes peine à le croire. La chose paraissait tellement folle, tellement monstrueuse, que nous émîmes des doutes sur la sobriété de notre collaborateur et que nous le soumîmes à un prélèvement de salive.

Peine inutile ! L'analyse immédiatement effectuée par les laboratoires de notre salivarium privé fut négative. Tout au plus, et sous toutes réserves, le chimiste de service signala-t-il quelques traces d'un liquide légèrement teinté et paraissant avoir été absorbé la veille au soir[1].

Dans ces conditions, le doute n'était plus permis et il ne nous restait qu'à porter à la connaissance du public la tragique odyssée de La Blackboulée. *Ce récit, vivante illustration de ce qu'on est en droit de redouter après d'aussi lamentables élections, se passe de commentaires.*

Depuis le 10 novembre, date à laquelle de nombreuses et fortes personnalités se virent, de par l'incompréhensible attitude du corps électoral, dans l'obligation d'abandonner tout espoir de mettre leurs qualités et leurs personnes à la disposition du pays, les services de garde du Palais-Bourbon étaient en état d'alerte.

En effet, certaines indiscrétions laissaient prévoir que ces victimes du suffrage universel ne reculeraient pas devant un coup de force pour tenter de gagner quand même la terre promise. Aussi tous les services intéressés redoublaient-ils de vigilance.

Bien leur en prit, car hier, à la tombée de la nuit, le drame éclata.

C'est à 20 heures, très exactement, que la péniche *La Blackboulée*, battant pavillon de l'amiral Muselier, tenta d'aborder à quelques encablures du pont de la Concorde.

Mis au courant de la manœuvre, le chef des huissiers du Palais-Bourbon accourut immédiatement, et le dialogue suivant, amplifié par les porte-voix, s'engagea :

– Ici l'amiral Muselier.
– Ici Jules Dugenet. Que désirez-vous ?
– Aborder.
– Pourquoi n'avez-vous pas pris le métro ?
– Parce que je suis amiral.
– Demi-tour. Il n'y a plus de place.
– Même en se serrant ?
– Rien à faire.
– Un petit strapontin ?
– Même pas un hamac, Herriot a pris le dernier !
– Tout est loué ?

1. Rigoureusement exact. Il s'agissait d'orangeade, notre collaborateur ayant dîné la veille chez notre directeur.

– Même Dieu !

– Par qui ?

– Par le M.R.P.

– Alors, je vais donner l'ordre de tirer !

– De tirer quoi ?

– Une bordée !

– Allez-y !

La péniche, majestueusement, vira de bord et s'en fut jeter l'ancre au milieu du fleuve.

Le youyou de *L'Os libre*, en quelques coups de rames, nous permet de rallier le mystérieux bâtiment.

Très droit, l'amiral Muselier, suivi de son second, M. Debû-Bridel, nous fait les honneurs du bord.

Sur les visages parfaitement inconnus des fortes personnalités qui nous entourent se lit une mâle détermination.

– Nous y entrerons quand même ! clame l'un d'eux.

– A la nage, s'il le faut ! ponctue un second.

Car tous savent nager.

Emus, nous nous inclinons devant ces pèlerins que rien ne peut abattre.

A défaut des voix qui leur manquèrent, il leur reste la leur.

Puissent-ils la faire entendre…

À Os rompus

La démission Bidault

Ainsi que nul ne l'ignore, M. Georges Bidault attend avec impatience l'heure où il lui sera permis de secouer de ses épaules le fardeau du pouvoir.

La cérémonie aura lieu au Palais-Bourbon, dans les formes requises, dès que seront écoulés les délais de viduité prescrits par le règlement. M. Bidault, en chemise, pieds nus, la corde au cou, remettra sur un plat d'argent sa démission au doyen d'âge de l'Assemblée qui, l'ayant saisie d'une main légèrement tremblante, la versera aux archives.

Après quoi, enfin libre de ses actes, l'ancien chef du gouvernement pourra poser sa candidature à la présidence du futur conseil des ministres, chose qui lui eût été interdite s'il était resté en fonctions.

Pour un président technicien

C'est avec un gros tressaillement d'allégresse que nous avons trouvé dans la presse de tous les jours l'information suivante :

« La première candidature au Conseil de la République a été enregistrée à la préfecture du Rhône. C'est celle de M. Henri Longchambon, ancien ministre du Ravitaillement. »

Bien que son successeur, M. Yves Farge, l'ait fait quelque peu oublier, chacun sait ce qu'il doit au technicien lyonnais et à quel degré de perfection il a su porter la cure d'amaigrissement dont la population française avait un si pressant besoin. Nous formons donc des veaux – pardon, des vœux –

pour le succès de sa candidature mais en regrettant toutefois que son ambition soit aussi modeste. Conseiller ne nous suffit pas, nous le voudrions président de la République !

Comme ça, du moins, on ne risquerait pas de le voir revenir au Ravitaillement !

Inscriptions

A ce propos, le ministère des Inscriptions et Belles-Lettres communique :

« Les consommateurs trop pressés qui s'étaient fait prématurément désinscrire chez leur boucher voici quelques mois sont priés de se faire réinscrire sans perdre un instant.

» Si le boucher en question n'a pas de viande, se faire inscrire ailleurs, chez le pharmacien, chez le quincailler, chez le serrurier, chez le rempailleur de chaises, enfin où l'on croira pouvoir en trouver. »

Dédoublement

Une nouvelle, mon Dieu ! assez curieuse est parvenue à notre connaissance par voie de presse. Un M. André Poirier, attaché – mais pas très solidement – au cabinet du préfet de l'Yonne, était l'objet de ce fameux dédoublement de la personnalité qui assura au procureur Hallers une fructueuse carrière théâtrale.

Tout le jour, M. André Poirier exécutait honnêtement son travail au cabinet mais, dès la tombée de la nuit, il se transformait en dangereux gangster.

Bien que le fait ne soit pas tellement rare dans la haute administration française de notre époque, il méritait d'être signalé, ce que nous faisons d'ailleurs avec regret.

Puisque dédoublement il y a, nous eussions en effet préféré que ce phénomène se manifestât ailleurs que chez les fonctionnaires de l'Etat, déjà trop nombreux, mais plutôt parmi nos rations de beurre, de pinard ou de pot-au-feu.

Enfin, quoi ! on ne choisit pas !

Bordeaux américain

Une revue américaine nous apprend qu'un chimiste lyonnais, parti aux U.S.A. en 1940, vient de mettre au point un vin synthétique capable de concurrencer les meilleurs crus de nos provinces.

Il se fait fort, grâce à son procédé, de débiter journellement avec une installation réduite, 40 à 50 hectolitres de vin de synthèse à 800 francs l'hecto.

D'ici quelque temps, nous boirons donc du saint-émilion américain 1909, du saint-estèphe 1920, etc.

Au point où nous en sommes, quelle importance pour nous de boire du vin « synthétique » plutôt que le « symbolique » pinard de la répartition.

Bah ! on s'y fera !

Communiqué

On nous prie de communiquer :

L'Amicale des « Gros Indifférents du 18e » informe ses adhérents que sa réunion mensuelle de haussements d'épaules en commun aura lieu incessamment sinon plus tôt au 28 de la rue des Andosses. Les adhérents sont priés de venir sans bretelles.

Grâce à son programme
Godefroy de la Bougne sera-t-il président du Conseil ?

M. Godefroy de la Bougne, député du Rhin-Moyen, département de la Meurthe-et-Mayenne, élu dimanche dernier, a été interviewé avant-hier par deux de nos confrères : *Le Réveil du quincaillier du Rhin* et *La Meule républicaine de Pont-à-Mousson*.

M. Godefroy de la Bougne est, rappelons-le, l'auteur de *La Guerre aux Croucougnous et aux Zoulagalas*, ouvrage édité à l'époque de sa parution.

Agé à l'époque d'à peine soixante-cinq ans, c'est lui qui, en 1912, fut l'inspirateur de l'expédition scientifique animée par le duc de la Tronche, tendant à déterminer le méridien magnétique exact du terminus de la ligne Madeleine-Bastille.

Nous le retrouvons aux origines du grand mouvement syndicaliste des ramasseurs de groseilles de Saône-et-Loire. Ce fut lui encore qui faillit gagner en 1913 le marathon cycliste Paris-Ostende et qui, malheureusement, malgré un cran et une rapidité peu commune, dut abandonner la compétition au passage du col du mont Cenis, par suite d'une navrante rupture de bretelle et d'une malencontreuse erreur de parcours.

Résistant depuis 1935

Confiné durant l'Occupation dans son nid d'aigle qui domine La Plaine-Saint-Denis, il ne sortit de sa retraite que pour chasser l'envahisseur, en septembre 1944.

Il tint courageusement durant les années sombres et ne dut qu'à ses qualités résistantes de pouvoir supporter la francisque d'une part et, d'autre part, les insultes de la soldatesque teutonne et avinée qu'il abritait sous son toit.

Présence abhorrée qu'il s'imposait, moins pour masquer ses véritables sentiments que pour ôter de la vue irritée de ses concitoyens une fraction de l'armée d'occupation.

Détaché à Baden-Baden en qualité de colonel de réserve, affecté au service de reprise individuelle, il déploya un zèle et une activité qui lui valurent au bout de trois mois d'être rappelé à Paris.

Un tel homme se devait de verser dans le creuset de la politique sa dynamique et débordante contribution.

Présenté sur la liste du Centre d'Union libérale de Pont-Audemer, il devait finalement passer, haut la main, sur la liste républicaine-royaliste de Pont-à-Mousson.

Mais revenons, si vous le voulez bien, aux importantes déclarations faites par M. Godefroy de la Bougne à nos deux confrères.

Déclarations traitant naturellement d'un des audacieux programmes qu'il se propose d'imposer (par la force si besoin est) au futur président de la République, en tant que président du Conseil.

Un programme explosif

Au hasard des 32 pages format grand colombier, du *Réveil du quincailler du Rhin*, nous extrayons, chapitre 12, D. 6, colonne 27, page 14, quelques indications synoptiques de M. Godefroy de la Bougne visant à l'établissement d'une paix mondiale de longue durée.

Elargissement du détroit des Dardannelles (1 500 km). Etablissement en son milieu d'un mur mitoyen avec piste cyclable. Décoloration de la mer Noire et application d'une teinte à choisir. Rattachement des îles Britanniques à l'Europe pour mieux ceinturer l'Allemagne. Division de celle-ci en 255 provinces artisanales. L'Angleterre nous cède les colonies qui lui restent en échange de la Suède, de la Norvège et de la Finlande que nous lui abandonnons, moyennant la livraison mensuelle de 500 000 tonnes de charbon. Rétablissement d'un ou plusieurs tsars sur le trône de Russie, dès que ce siège aura été retrouvé. Cette puissance une fois désarmée (par la force si besoin est) consacrerait ses efforts à la culture du cuir de Russie et au tannage du soja.

Eviction complète des Etats-Unis du commerce international. Reprise par la France (par la force si besoin est) du programme et des installations atomiques américaines. Cession à la France du Canada, du Brésil, du Guatemala, du Pérou, etc, et du trésor des Incas, plus toutes les bases militaires à notre choix.

Reconversion de l'industrie de guerre américaine en fabrication de paix : chewing-gum et camels.

Instauration d'un dictateur en Espagne en remplacement de Franco jugé trop démocrate, etc.

Taylorisation de nos ministres

Enfin, nous trouvons à la page 30, paragraphe 3781 B/2, chapitre 134, colonne 41, quelques-unes des vues de M. Godefroy de la Bougne concernant le remaniement de la politique intérieure française :

Dorénavant, en période électorale comme en toute autre, suppression des affiches développant les longues énumérations de promesses. Désormais, les actes d'abord, les affiches seront autorisées ensuite, moyennant certains contrôles.

Suppression aux ministres de toutes indemnités, émoluments ou tout autre mode de rémunération.

Paiement à la réalisation seulement, d'après un barème. Cette mesure peut provoquer soit un climat d'économies extrêmement substantielles ou, l'émulation aidant, de vastes dépenses devenant intensément profitables au pays.

Pénalisations

En cas d'incapacité, le ministre ou l'impétrant considéré comme tel, ayant à charge d'effectuer les réalisations incombant à son poste, sera frappé de pénalités, calculées largement, d'après le temps passé, le temps prévu et l'importance de la chose.

Ainsi, M. de Menthon pour son heureuse stabilisation des prix, aurait à verser au trésor, à titre de réparations et dommages et intérêts, la somme de 451 milliards environ.

Le ministre de la Reconstruction, une amende de dédommagement de 2 083 milliards.

Quant à M. Y. Farge, la note lui serait présentée le 24 décembre au soir, à titre de joyeux Noël.

M. Marcel Paul serait, lui aussi, pénalisé au prorata de la production d'électricité, soit la différence entre les 1 584 millions de KW-H de 1938 et les deux millions de KW-H « produits sur le papier des statistiques de 1946 ».

A 5 fr.86 le kilowatt !...

Souhaitons à M. Godefroy de la Bougne de persévérer. Une créature d'élite telle que lui doit rapidement faire son chemin. Son nom restera, nous en sommes persuadés, fixé au tournant de l'Histoire et a la hauteur de l'immortalité.

Faits divers

DE PARIS. – Place Blanche, ce matin vers 4 heures, un groupe d'inoffensifs Nord-Africains a été attaqué par un passant isolé. Surpris, les malheureux se défendirent comme ils purent, avec de pauvres canifs à cran d'arrêt, mais allaient succomber sous l'assaillant lorsque, par miracle, un épais camion bondé de policiers intrépides surgit en trombe de la rue Lepic. Encore sous l'effet de leur frayeur et, par timidité sans doute, les victimes de cette odieuse agression s'enfuirent incognito.

L'affreux promeneur, pris dans les filets de la justice, feignait de se traîner sur la chaussée et, afin de donner le change, s'était enfoncé dans l'épiderme plusieurs couteaux de cuisine, dont on saura la provenance dès que l'infect simulateur, traîné à tout hasard à Lariboisière, aura recouvré ses sens.

DE CROZON (Finistère). – La gendarmerie de Crozon a appréhendé le sieur Guilminec de Ker'Purez, châtelain de Ker'Gornadec, lequel, affligé de boulimie sournoise, était accusé par la rumeur villageoise de dérober la pâtée de son chien. Pris sur le fait, par le brigadier Louescat et le gendarme Le Fouinec, le misérable ne tarda pas à avouer son horrible forfaiture.

Le chien, découvert peu après dans le grand salon du château, attaché à une meule de cordonnier dans un état squelettique, a été adopté par la commune.

DE PESSAC (Gironde). – Vers 22 h 51, hier soir, un individu, empruntant pour quelques instants l'avenue des Pins, fut surpris à la hauteur du numéro 50 par une abondante pluie de projectiles, accompagnée de lueurs suspectes.

Ayant alerté la gendarmerie, celle-ci, soutenue par la corps de pompiers de la localité et une centaine de paysans rancuniers, pénétra en force dans l'édifice d'où semblait provenir le bombardement inusité.

Traqué, l'occupant des lieux, un nommé Fosseux, chaudronnier en bois, reconnut bientôt être l'inventeur d'un poêle fonctionnant à l'aide de boulets de bois, mais dont le tirage s'étant brusquement accéléré avait donné lieu à ce violent tir de barrage.

Le ministère de la Guerre a déposé une plainte pour concurrence déloyale.

Cinéma

LA BILE ET LA BÊTE

Un pauvre jeune homme, qui est une vieille bête, veut mettre son chapeau sur sa tête. Tel est le sujet du nouveau film de Jean Cocktail, intitulé *La Bile et la Bête*. La bile, c'est celle que se fait le pauvre jeune homme parce qu'il ne parvient pas, justement, à mettre son chapeau sur sa tête.

Alors survient une ravissante jeune fille en culotte de cheval. Elle enlève une de ses bottes, dont elle accroche une des extrémités au bord du chapeau et l'autre à l'épaule de la vieille bête qui, comme je vous l'ai dit, n'est autre que le jeune homme. L'effet produit est proprement miraculeux. Le chapeau se trouve maintenu sur la tête de son propriétaire.

A ce moment, le film change de titre et s'appelle dorénavant : *L'Habile et la Botte.*

Tout cela est absolument fameux et succulent. Le drame est noué comme une corde et l'intensité de la propagation des images vous porte au cœur.

Petites Annonces

OFFRES D'EMPLOI

Pour livraisons vin portugais, cherchons bons rouleurs de fûts constitution robuste, sportifs, connaissant trajet Lisbonne-Bercy. Si pas bon marché, s'abstenir. Ecrire Entrep. Bercy, Paris.

On demande messieurs ou dames sachant jouer du phonographe. Sérieuses références exigées. S'adr. Radiodiffusion, 107, rue de Grenelle, Paris.

Usine de congélation cherche monsieur rigoriste, austère et glacial pour entretien température.

Dessinateur d'exécution est demandé pour services de contre-espionnage.

Usine Chausson à Asnières, demande bons tourneurs sur espadrilles.

DEMANDES D'EMPLOI

Bonne à rien faire, effectuerait aucun travail ni corvée. Déteste les enfants. Deux jours sortie par semaine, bonne nourriture exigée. Salaire indifférent.

DEMANDES SPÉCIALES

Radiodiffusion française demande pour réparation incident technique, bon réparateur ou à défaut lampe et fer à souder. Urgent.

Recherche chien grifeton ayant pied tigré. Adhémar Tartamoule, 133, rue des Petits-Idiots, Paris.

Dames cheveux longs sont demandées comme modèles pour essais ciseaux oléo-pneumatiques à réaction. Ecole de coiffure à réaction, rue Cadet, Paris.

OCCASIONS

A vendre, pour cause cessation commerces, important lot pianos mécaniques.

DIVERS

Tonneaux extra plats pour grossiste en vin. Toutes quantités disponibles. Farge, fabricant, seul dépositaire.

Compteur à prix. Se fixe sur le cabas à provision et annonce toute augmentation de prix, au fur et à mesure que la ménagère fait son marché. Le bon compteur. Prix 178 fr. 90.

Cataplasmes spéciaux pour poêles et tous engins de chauffage, assurent à ceux-ci une douce chaleur. Grosses économies de charbon. Les 6 : 90 fr. 15.

Larmes déshydratées. S'emploient en les humectant furtivement de salive. Vérité saisissante, plus tristes que les vraies. Permettant de faire des scènes terribles. Larmes pour dames. Le 100 : 8 fr. 90. Larmes pour messieurs n'aimant pas pleurer. Le 100 : 10 fr. 40.

Sonnette électrique de palier, ne fonctionne que si l'on introduit 10 fr. dans l'appareil. La pièce : 89 fr. 70. Eloigne les raseurs.
Modèle pour l'heure du pique-assiette se déclenche après introduction de 375 fr. La pièce : 275 fr.

N° 59 – Mercredi 20 novembre 1946

Prologue

Où l'on entre subrepticement, à la suite du sieur Bombiscaille, à l'Auberge de l'Araignée sans Pattes.

La nuit était d'un noir profond, épais, d'un noir tel qu'on eût juré une nuit d'encre de Chine. Pour tout dire, on n'y voyait que dalle[1].

Le clocher de Fiacre, petit bourg perdu entre Dunkerque et Bayonne, sonna un coup qui vibra longuement dans le silence de la nuit. Un curieux individu, qui se tenait assis sous le porche d'une sombre maison aux volets hermétiquement clos, hocha la tête et gronda sourdement :

– Cocufiailles et tonnerre de bœuf ! Qu'est-ce que ce coup seul signifie ? Est-il minuit et demi, une heure ou une heure et demie ? Me voilà bien avancé !

Or, juste à ce moment, une autre cloche plus lointaine – celle du beffroi de Canare, le célèbre beffroi Angelet – fit entendre trois coups largement espacés sur une note différente de celle du clocher de Fiacre et dans laquelle une oreille exercée eût sans doute reconnu un *ré* bémol à moins que ce ne fût un *do* dièse. Notre temps étant compté, nous ne chicanerons pas là-dessus. Quoi qu'il en soit, en entendant ce nouveau tintement nocturne, l'homme sourit.

– Bon ! fit-il. Trois et une : quatre. Il est donc quatre heures du matin. C'est le moment.

Il se frotta longuement les rotules, se leva lentement et traversant la rue en diagonale, alla frapper à la porte d'une maison à un étage dont le vent faisait grincer l'enseigne, laquelle portait en lettres dorées « Auberge de l'Araignée sans Pattes », et dont l'aspect était non moins endormi que celle qu'il venait de quitter. Cependant, à peine eut-il toqué à l'huis d'une certaine façon (un coup sec, un coup mouillé, et un roulement habile), qu'un rayon de lumière jaillit joyeusement de la serrure, et que la porte s'entrouvrit prudemment. Une voix de basse-taille, qu'on eût dite sortie d'un tonneau, demanda :

– Qui est là ?

– C'est moi, Bombiscaille, répondit le visiteur.

– Que veux-tu donc à cette heure ?

– Je ne veux rien à cette heure, mais je voudrais bien entrer à quatre ! fit le nommé Bombiscaille. Ouvre donc ta porte, cornegidouille ! Je n'ai pas l'intention de bavarder de la sorte pendant une plombe, moi dans la rue et toi dans ton antre.

– Antre ? répéta l'aubergiste avec réprobation.

– Et comment veux-tu que j'entre ? grommela l'autre, se méprenant, si tu n'ouvres pas davantage, gros porc épique !

1. Expression ésotérique qui vient de ce qu'au Moyen Âge seules certaines dalles en pierre blanche se voyaient la nuit quand tout le reste était noyé dans l'ombre.

Maître Coque (ainsi s'appelait le gros porc en question) s'empressa d'obtempérer, et notre homme se glissa vivement à l'intérieur.

Dans l'immense cheminée, un feu de sarments brûlait timidement et donnait comme à regret une chaleur assez tiède.

– Ton feu n'est guère brillant, fit Bombiscaille en s'asseyant devant l'âtre et en allongeant ses longues guiboles bottées de fauve.

– Que veux-tu ! soupira l'hôtelier, ce sont de faux sarments. Tout est frelaté au jour d'aujourd'hui ! Mais me diras-tu ce que tu viens faire chez moi à une heure où les honnêtes gens roupillent depuis belle lurette ?

– Me diras-tu alors toi-même pour quelle raison, honnest maître Coque, tu n'es pas dans les bras de Morphée ? répliqua du tac au tac l'interrogé.

– D'abord, elle ne s'appelle pas Morphée, dit en rougissant l'aubergine qui devint comme une aubergiste (pardon ! c'est le contraire) ayant déjà une trogne semblable à une tranche de rosbeef saignante en temps ordinaire. Elle répond au doux nom d'Alane.

– Coque Alane ! s'esclaffa Bombiscaille. Elle est bien bonne ! Alors, pourquoi es-tu là au lieu de lui tenir compagnie au chaud dans tes draps ?

– J'attends quelqu'un… et toi ?

– Comme ça se trouve, moi aussi. J'ai rendez-vous avec « quelqu'un » à quatre heures.

– Tu es d'une exactitude étonnante.

– Oh ! mais il y a déjà au moins une heure que j'attends dehors.

– Pourquoi ? Tu n'avais qu'à venir ici.

– Tiens ! c'est vrai… Je n'y ai point pensé. Quelle gourde je fais !

Là-dessus, il saisit un flacon de vin d'appellation contrôlée qui traînait imprudemment à portée de sa main, et le vida d'un trait.

Un coup sec frappé à la porte le fit s'étrangler. Il lâcha le flacon qui tomba mais ne se brisa point, ayant chu en plein sur le crâne du chat qui s'enfuit la queue entre les jambes et en miaulant désespérément.

Maître Coque se redressa d'un bond en se cognant violemment la tête au rebord de la cheminée, poussa un gémissement, étouffé immédiatement par la rude poigne de son compagnon, et tous deux se tinrent immobiles, l'oreille tellement tendue qu'elle était perpendiculaire à la tempe.

– Ce n'est pas le signal convenu, souffla Bombiscaille. Tenons-nous cois.

– Quoi ?

– Je dis : tenons-nous cois ?

– Pourquoi ?

– Pourquoi quoi ?

– Pourquoi cois ?

– Oh ! Es-tu devenu fol ?

Cette stupide discussion fut interrompue par un nouveau coup plus violent que le précédent, qui fit grincer la porte en une brève plainte, dans laquelle l'oreille exercée dont nous avons précédemment touché deux mots aurait pu reconnaître un *si* naturel. Mais ni l'un ni l'autre des deux compères ne se souciait de musique en cet instant.

C'est alors que l'inconnu, las de frapper, fit entendre le son de sa voix.

– Ouvrez, au nom du roi ! ou, par tous les saints du paradis et d'ailleurs, il vous en cuira !

A ces mots, Bombiscaille devint blanc comme une tranche de radis noir, car il est à remarquer que rien n'est plus blanc que l'intérieur d'un radis noir, et maître Coque, au contraire, devint rouge comme un signal d'arrêt[1].

Ils se regardèrent avec des yeux de merlan surpris de se trouver dans une poêle à frire, et tous deux murmurèrent ensemble :

– L'Eminence verte !

FIN DU PROLOGUE

(*A suivre.*)

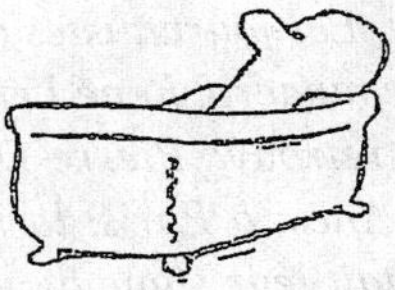

1. A ceux qui ne manqueront pas de nous faire observer qu'il n'y avait pas de signaux lumineux du temps d'Alexandre Dumat (de Mysène), nous objecterons que ce romancier avait suffisamment d'imagination pour les prévoir. Au demeurant, Jules Verne n'a jamais fait autre chose, et n'ayant connu ni les sous-marins ni les V2, n'en a pas moins écrit *Deux mille lieues sous les mers* et *De la Terre à la Lune*. Alors, hein ? vous avez bonne mine maintenant !

L'OS LIBRE

« Contre tout ce qui est pour – Pour tout ce qui est contre. »

NUMÉRO 60 – MERCREDI 27 NOVEMBRE 1946

Dès la fin des élections sénatoriales, la classe politique commencera à penser à l'élection du premier président de la République. Il sera désigné par les deux chambres au début du mois de janvier. Plusieurs noms circulent. Les journalistes de L'Os libre *en ajoutent quelques autres. Dans ce numéro, René Lefèvre rejoint l'équipe des loufoques. Le comédien retrouve Pierre Dac avec qui il a écrit et joué en 1938 aux Deux-Anes, à Paris, la revue* L'Usine à gags. *A l'époque, le Khroumir était leur signe de reconnaissance. Pendant la guerre, il était devenu leur nom de code pour communiquer.*

Edito

Le khroumir ? Vous l'avez dans l'os

par René LEFÈVRE

J'ai l'honneur et l'avantage de vous présenter aujourd'hui et pour la première fois dans ce journal : René Lefèvre. Les problèmes de l'heure devenant de dix minutes en dix minutes plus ardus, il a consenti, sur mes instances et en dépit de ses innombrables occupations, à me donner un coup de main en vue de la recherche des solutions urgentes ; nous nous partagerons, à l'avenir, cette écrasante besogne : une semaine lui, une semaine moi. Voici son premier article.

Pierre DAC.

Et seulement dans L'Os. Ce qui devrait déjà vous mettre la puce à l'esgourde et vous inciter à tendre cet organe réceptif à la bonne parole qui vous est offerte. Certes – et nous le reconnaissons loyalement – Pierre Dac, depuis longtemps acquis à la doctrine et parvenu aux sommets de la sénérité khroumire, a peut-être négligé, dans ses précédents articles, de donner quelques détails sur les origines du mouvement, sa genèse, ses buts et, en quelque sorte, son mode d'emploi. Je ne me suis point fait faute de le lui signaler en temps voulu. Mais il me rétorqua qu'il convenait, en ce qui concerne le khroumirisme, d'y aller prudemment, en douceur et mollo.

– Nous n'admettrons pas, me dit-il, tout le monde et n'importe qui, Les impétrants seront passés au crible, examinés au compte-fils et triés sur le volet C.

Hélas ! il est à croire que cette lettre C, malencontreusement choisie par notre chef, devait fatalement influer sur les candidats à venir, car les deux qui se présentèrent aussitôt et en file indienne avaient d'excellentes raisons pour se réclamer de cette initiale. D'ailleurs – et c'est un fait patent – les innovations attirent toujours et en priorité les travailleurs du couvercle, sans compter les frissonnantes de la capsule et les chanstiqués de la mansarde. Dac le savait sans doute, car la première visite que nous reçûmes au Khroumir's Building ne le déconcerta nullement. Le postulant était une postulante, carrossée en cabriolet junior avec un spyder à tournure. Elle n'offrait, à part cette particularité, rien de vraiment remarquable, si ce n'est une facilité d'élocution susceptible de laisser pantois tout autre que son vis-à-vis. Elle parla, durant trois heures vingt, un peu à tort et beaucoup à travers. Pierre l'écouta avec cette patience qui est le complément direct de la sagesse portée à la puissance cube et tout en opinant poliment de la touffe. Douloureusement frappé par l'incohérence des propos de la bonne dame je tentais, pour y mettre un terme, de profiter des rares instants où elle reprenait haleine.

– Maître, disais-je alors, est-ce que cette pétasse infernale ne commence pas à vous baver légèrement sur la tartine et souffrirez-vous qu'elle vous bagotte le zanzi jusques aux calendes ? Je crains fort qu'elle ne vous fatigue...

Mais le mahatmuche me rassura d'un geste noble et je vis errer sur sa lèvre rose un sourire dont Léonard de Vinsous aurait certainement tiré beaucoup plus que ça. Quand la pécore eut totalement dévidé son cocon, il soupira tristement et dit :

– Ma foi, celle-ci est complètement cognée...

Et il la foutit par la fenêtre, à l'instant précis où l'appariteur introduisait, par la porte, un homme dont le visage reflétait, en un impressionnant raccourci, l'expression d'une imbécillité heureuse, renforcée par un crétinisme intégral appuyé sur une idiotie congénitale. Celui-là n'était point prolixe et, à toutes les questions que nous lui posâmes, il répondit par cette simple formule :

– Moi, je voudrais faire partie du Comité.

– En vérité, dit Pierre, si l'autre était une cognée, celui-là m'a tout l'air d'un foutu manche !

Et, comme la fenêtre était restée ouverte, il y jeta le manche après la cognée. C'est afin d'éviter le retour de circonstances aussi pénibles que j'ai décidé de vous donner, en ma qualité d'adjoint technique aux Sciences suburbaines, les éclaircissements qui s'imposent.

Qu'est, au juste, le khroumirisme ? Un rassemblement plus ou moins populaire ? Un groupement politique ? Une religion ? Une docte assemblée ? Un ramassis mondain ? Une réunion de truands ? Ou un sacré collège ?

Rien de tout cela. Le khroumirisme est une philosophie. La philosophie khroumire, ni plus ni moins.

Oui, je sais. Des philosophes, nous en eûmes. Depuis Zozime le Panopolitain jusqu'à François la Grosse Lèvre, en passant par Albert le Contagieux et Joseph le Branquignole. Il est certain que ces messieurs ne nous ont pas fait avancer d'un poil sur le chemin de la vérité. Mais, je vous le demande, où puisaient-ils leur doctrine si ce n'était dans des théories rigoureusement personnelles issues de la contemplation de leur propre nombril ? Non, vraiment, tout cela n'est pas sérieux. Une bonne philosophie doit s'appuyer sur quelque chose de solide et la nôtre se réclame d'un document irréfutable, compact et immortel qui n'est autre que le dictionnaire.

Eh oui ! le *Petit Larousse*, tout simplement. Cherchez-y le mot : khroumir et vous m'en direz des nouvelles. Certes, les renseignements que vous y puiserez sont assez succincts car, il faut le constater, en matière de dictionnaires le petit ne fait que le gros, alors que c'est le gros qui fait le détail. Mais le peu que vous lirez là est largement suffisant pour projeter une lumière aveuglante sur vos sens éblouis. Jugez-en :

« Khroumirs, tribus pillardes des confins algéro-tunisiens. »

Ce qui nous frappe, au premier chef, c'est le pluriel automatique conféré par M. Larousse – un homme du métier – au vaillant peuple khroumir. C'est que M. Larousse savait qu'il ne pouvait en prendre un seul à partie sans avoir immédiatement toute la smala sur le paletot. Il a donc pris ses précautions et il a bien fait. Mais il faut voir là et tout d'abord une preuve certaine de l'unanimisme de ce peuple et de ses sentiments solidaires. Premier point.

Pillards, nous dit-on encore. C'est-à-dire : allant chercher chez le voisin ce qui fait défaut chez eux… Oh ! inutile de gueuler comme des geais en rut, je vous entends très bien. Vous dites que vous connaissez le truc, qu'on vous l'a fait et que vous n'êtes pas clients. Mais là, je vous arrête. Jamais au grand jamais, le Khroumir n'a fait figure d'occupant sur aucun point du globe. Il va de-ci de-là et de droite et de gauche pour faire ses petites provisions, c'est entendu. Mais il rentre scrupuleusement chez soi dès qu'il a razzié le gouffa et rempli le couffin. C'est prouvé. Et puis quoi ? Vous préféreriez peut-être avoir affaire à des culs-de-plomb qui attendent tranquillement, en fumant le hachisch et les pieds dans l'oued thermogène, que les dattes leur tombent toutes confites dans la galetouse ?… Permettez-moi de vous dire : « Allons, allons ! » Et d'ajouter : « Tout de même !… »

Mais ne perdons point de temps à nous chipoter l'argutie et poursuivons l'examen du travail de M. Larousse, « l'habitat du Khroumir, nous dit-il, est situé sur les confins ». SUR LES CONFINS ! Est-ce que vous vous rendez compte ? Des lieux non sertis de frontières en bois dur gardées par des douaniers en marbre de Carrare ! Un pays sans isoloirs et tout ce qui s'ensuit ! Une région qui ignore la monnaie crasseuse et les tampons dateurs ! Une contrée à l'abri des infiltrations pernicieuses de la fiscalité ! Une terre sans pissotières, sans téléphone et sans lois ! N'est-ce pas un spectacle à ravir la pensée ? Oui, je l'attends de pied ferme le fi de garce qui pourra me montrer, sur la carte, un seul Etat régulièrement porté au catalogue et qui soit actuellement vivable. Vous pouvez toujours mettre vos lunettes, il n'y en a pas. Je dis : pas un ! A part les confins.

Voilà, très brièvement jetée sur le papier, la charpente osseuse de la philosophie khroumire. Je sais qu'elle fera son chemin. Mais je sais aussi qu'elle m'amènera quelques déceptions. L'une d'elles, pour le quart d'heure, m'affecte

particulièrement. Ces jours-ci, j'ai exposé mon système au Dr Roméo Carlès et, dans le feu de mon enthousiasme, j'eus le tort de terminer par cette innocente plaisanterie : « Et si vous n'aimez pas ça, on vous fera cuire un œuf ! » J'étais sûr de moi, voyez-vous, mais le docteur est un esprit éminemment contradictoire et il choisit sans hésitation. C'est pourquoi, depuis une semaine, on peut voir traîner dans sa barbe sale les vestiges jaunâtres de sa honteuse goinfrerie. Bien sûr, on ne peut espérer rallier tout le monde à la plus juste cause mais, tout de même, je ne peux plus regarder cette barbe sans souffrir. Car l'or alimentaire dont elle est ornée est pour moi – et il le sera encore longtemps, je le sens bien – comme le symbole de la plus cruelle déconvenue de ma carrière.

Regrets quasi éternels

Le 24 du présent mois, quelque part en France, au quatrième top de la dix-huitième heure, un citoyen ou une citoyenne à la conscience civique tardivement éveillée a déposé dans une des soixante-trois mille sept cent quatre-vingt-douze urnes réparties sur le territoire de la République le tout dernier bulletin de vote de la campagne 1946.

– A voté ! s'est alors écrié le maire de l'endroit.

– Dring ! a fait à son tour la petite sonnette.

Mais c'est « ont voté » qu'aurait dû dire le magistrat municipal et c'est un glas que le pays tout entier aurait dû entendre : l'ère électorale venait de prendre fin !

Nous avons voté ! Nous ne voterons plus personnellement avant de longs mois, de longues années !

Alors, une question se pose : qu'allons-nous faire, désormais, de nos dimanches ?

On ne renonce pas de gaîté de cœur à une longue habitude. Combien les journées dominicales vont être longues, à présent ! Combien nous regretterons la petite promenade récréative à la salle des fêtes, et les panneaux couverts de riches promesses, et les belles affiches en couleurs placardées sur les murs pour le plaisir des yeux, et l'isoloir où l'on était si bien pour griffonner à l'abri des regards indiscrets un billet doux à la bien-aimée, et les petits papiers que les candidats nous adressaient à domicile, avec l'assurance de leur considération distinguée, et tout et tout !

Mais ce tout et tout n'est pas encore tout, il y a autre chose, il y a la précieuse sollicitude dont les pouvoirs publics ont toujours fait preuve envers la population en période électorale. En avons-nous eu de ces gâteries ! Jusqu'à des cent cinquante grammes de beurre et des quarante grammes de fromage chaque mois, avec trois litres de vin distribués à raison d'un tous les trente jours ! Sans compter nos quatre onces de viande par semaine et courant électrique à discrétion en dehors des heures de pannes ou de coupures !

C'était le bon temps, quoi !

Vain portugais

Un des livreurs français chargés d'amener le vin portugais à Paris ayant flanqué une gifle à un douanier de Lisbonne, les livraisons de vin portugais sont remises à une date plus ultérieure.

À Os rompus

Sainte-Catherine électorale

Bien que placées sous l'invocation de sainte Catherine, les opérations électorales de dimanche dernier se sont effectuées de la façon la plus sérieuse.

Si l'on a pu signaler quelques abstentionnistes parmi les électeurs inscrits, il ne s'en est trouvé, par contre, aucun parmi les candidats, de sorte que tous les sièges disponibles ont été pourvus.

A l'issue du scrutin, les élus, coiffés du bonnet traditionnel, ont été conduits sous bonne garde vers la Chambre de réflexion, leur nouvelle résidence, où ils pourront méditer à loisir sur les devoirs de leur charge.

Des barrages portatifs

Comme chacun sait, il pleut un peu (et même beaucoup), en France, sauf dans les barrages destinés à l'alimentation liquide des usines hydroélectriques.

Informés depuis peu de cette curieuse particularité, les organisateurs du plan de détresse ont immédiatement pris des mesures pour que les barrages, préalablement démontés, soient transportés dans des contrées plus humides, par exemple en Normandie, en Bretagne ou dans la région parisienne.

Le courant pourra être rendu aux usagers aussitôt que les travaux de transport auront pris fin.

Alternatif ou continu

Personne n'ignore, du moins il faut l'espérer, ce que nous autres électriciens entendons par *courant alternatif*: c'est un courant qui passe tantôt dans un sens tantôt dans l'autre.

Grâce aux intéressants travaux du comité de détresse, les propriétés de l'alternatif ont pu être prodigieusement étendues. A l'avenir, l'alternatif passera tantôt dans un secteur, tantôt dans le secteur voisin !

Une victoire de la science !

La fin des coupures

Autre innovation non moins remarquable : la mise en service des nouvelles pièces de dix francs en remplacement des fameuses coupures dont tout le monde se plaint à juste titre.

Mises au courant

Maintes fois et sous divers prétextes, nous avons annoncé ici même que nos lecteurs seraient tenus au courant.

A ce propos, un certain nombre de personnes sont venues nous trouver l'autre jour avec leur lampe ou leur radiateur électrique à la main.

– C'est le moment de vous exécuter, ont-elles dit.

Inutilement branchées sur le secteur, ces personnes se sont retirées peu après en proférant de vagues menaces.

Quant à nous, nous nous excusons bien poliment de cet incident technique indépendant de notre volonté.

Enfin une mesure démocratique

Les usagers qui utilisent temporairement le courant éructé par l'Electricité de France ont eu le détail du plan de restrictions. Ils ont pu remarquer la joyeuse innovation suivante :

« *Les locataires d'un immeuble ou d'un quartier seront solidairement responsables des dépassements de consommation.* »

Cette mesure restera incomplète si l'on n'en assure strictement l'exécution ; il faut :

1° Demander aux « anciens de la Gestapo » d'en assurer l'exécution ;

2° Rappeler les chefs d'îlots ;

3° « Valoriser » les dénonciations ;

4° S'assurer des otages.

En cas d'infraction constatée, les « anciens de la Gestapo », tout particulièrement désignés pour ce travail, pour eux d'une simplicité enfantine, seront mandatés pour couper le gaz à tous les otages. Ah ! mais...

Ouf ! Il était grand temps d'arrêter le gâchis dans lequel le « gros peuple souverain » se vautrait à plaisir.

Indécision

Un haut fonctionnaire du tripartisme, désireux de compléter de façon substantielle les fournitures de bouche dont les trafiquants du ministère du Ravitaillement daignent se dépouiller, décide d'aller prospecter la campagne.

Après d'innombrables vicissitudes mécano-cartographiques, il atterrit dans une ferme, au sein d'une petite foule de volatiles hargneux.

Attiré par le tapage, un fermier, drapé dans une épaisse robe de chambre violacée, se propulse vers le visiteur et s'informe fort civilement de ses désirs.

Hélas ! Deux jours après, notre haut fonctionnaire victime sans doute de sa formation tripartite dut repartir comme il était venu, n'ayant pu parvenir à dire ce qu'il voulait ni fournir une quelconque indication sur le but de sa visite matinale.

Une grande enquête
Qui sera président de la République ?

A l'heure où se constitue la IVe République, nous avons chargé notre reporter politique spécialisé dans les élections présidentielles (ce qui lui permet de ne travailler qu'une fois tous les sept ans) de recueillir par la persuasion et au besoin par la force les pronostics autorisés des personnalités contemporaines les plus marquantes.

Nous n'avons pas cru devoir affaiblir par des commentaires oiseux cette vaste et minutieuse enquête, laissant à nos lecteurs le soin d'en dégager la conclusion. Les réponses que nous rapportons avec notre intégrité coutumière sont trop diverses pour que l'une d'elles au moins ne soit pas exacte.

Sans tirer une vanité pourtant légitime de notre extraordinaire subtilité et de nos indiscutables dons de clairvoyance qui nous permettent si souvent de publier le compte rendu d'un événement avant que celui-ci se soit produit, nous pouvons donc nous proclamer, une fois encore, le premier journal informé de toute la presse contemporaine.

Victor-Emmanuel

Ex-trois
chômeur

– Je pense que je ferais un président de la République acceptable. Je suis sans place depuis quelques mois. J'ai de sérieuses références qui prouvent que je puis remplir honorablement un emploi de chef d'Etat. Je possède, en outre, le matériel nécessaire, c'est-à-dire un lot de costumes de travail décoratifs, dans lesquels je

produis un certain effet. Dès que le gouvernement italien m'aura envoyé un certificat de satisfaction, je poserai ma candidature.

André Claveau

chanteur de charme

– S'il vous faut un homme, ne suis-je pas là ?

Teitgen

Justicier implacable

– La justice exige que l'homme qui a livré la France à l'Allemagne soit enfermé à l'Elysée et livré au protocole. Ce sera la punition lourde, mais nécessaire, de son crime. J'ai dit.

Jean-Paul Sartre

Philosophe distingué

– Le résultat d'un tel scrutin dépendra nécessairement de l'existentialisme nature et abscons du candidat élu à la condition que l'étendue s'ajoute à la sensation du congrès dont le processus du scrutin consistera dans une extériorisation d'états externes, mais indissolubles et patents. Vous m'avez compris.

Ferdinand Lop

Homme politique

– Si on a besoin de quelqu'un de dessalé pour présider la France, je suis là et même un peu là. Sans compter que ça fera des économies à la République, car je ne serai pas exigeant comme appointements. Pourvu qu'on m'assure la soupe et le bœuf une fois par jour et un complet-veston (deux pantalons) au 14 juillet, je n'en demande pas plus.

Mme de Thebete

Pythonisse assermentée

– Un, deux, trois, quatre, cinq… Un homme blond… Un, deux, trois, quatre, cinq, une lettre… Un, deux, trois, quatre, cinq, jalousie d'une femme brune… Un, deux, trois, quatre, cinq, de l'argent… Un, deux, trois, quatre, cinq, c'est cinq cents francs.

Gédéon Plate-Côte

Boucher honoraire

– C'est comme je vous le dis, moi que je vous cause, faut un gonze à la redresse qui aye l'habitude des cours… Or, bibi, les connaît, les cours, surtout ceux du marché noir… Pis, il me semble que je jetterais un jus en chef d'Etal… Il faudrait me voir pendant les grandes réceptions. Je ferais des ronds de jambe devant les dussèches tout comme un aristo cent pour cent… Et avec ça, médème ? que je leur z'y dirait… Enlevez, c'est pesé.

Jean Cocteau

Poète national

– L'élu dont la tête est de roses couronnées,
Pour célébrer son hyménée,
Porte Maillot d'azur et pourpoint de brocart,
Orné du Nitcham Iftikar.

Sacha Guitry

Auteur dramatique

– Moâ !

Mme Sacha Guitry

Cinquième du nom

– Lui !

Jules Berry

Homme de courses

– J'ai un tuyau sûr pour le prix du Président de la République, je prends Vincent Auriol placé à dix contre un pour la première et je reporte le tout sur Herriot gagnant à la deuxième.

Pablo Picasso

Entrepreneur de peinture

M. Picasso nous fait un dessin. C'est assez laisser entendre qu'il ne comprend rien à la situation.

Giraud

Général en retraite

– Demi-tour à droite en décomposant… Fixe ! Repos ! Au temps pour moi !… Les politiciens, tous des loustics !… Les ai à l'œil, scrongneugneu !… Eliront Paul Reynaud, sinon sortiront sur mes boîtes… Ah mais ! Ah mais ! Ah mais ! Rompez !…

Georges Guétary

Vedette cinématographique

– Un président de la République doit être souriant, élégant et photogénique. Je suis tout ça, tout ça. C'est donc moi qui dois être élu.

Georges Bidault

Premier provisoire

– Je choisis Francisque Gay ; parce qu'il me choisira comme président du Conseil. De plus, il est abonné au gaz. Comme tout le monde, il lit L'Os libre. *Son casier judiciaire est vierge. Son livret matricule porte sous la mention : instruction : « Sait nager ». Enfin, Francisque Gay est incapable de faire du mal à une mouche. C'est donc le moins qu'il soit nommé président de la République.*

Capitant

Unioniste

– Si certaines gens craignent de crier : « Vive Thorez ! » ou « Vive de Gaulle ! », pourquoi ne pas voter pour moi ? Crier « Vive Capitant ! » ne peut choquer personne. C'est exactement crier : « Vive rien du tout ! »

Marguerite Moreno

Comédienne historique

– Je suis trop jeune. Je ne connais rien à la politique. Félix Faure me semble pourtant avoir des chances, beaucoup de chances…

Après la vente des vins des hospices de Beaune
La fête des vins en Aramon

La fête de la vente des vins de la clinique d'Aramon s'est déroulée cette année avec son faste habituel. De bonne heure, dans les rues pavoisées de tonneaux et de corbeilles en osier, les habitants circulaient revêtus de leurs plus beaux atours. Des étrangers venus de partout et surtout d'ailleurs et vêtus de leurs redingotes à revers de vin jetaient une note claire et joyeuse dans la cité. Leurs véhicules : chars à bancs, tapissières et tombereaux, encombraient l'entrée du Grand Hôtel de la Poste et de la Saucisse réunies. À onze heures, tout le monde avait bien bu et on peut dire que les caves avaient bien rendu.

L'après-midi fut consacré à la visite du musée de la ville et des égouts. Ensuite, tous les habitants tinrent à aller attendre au « bus » l'ambassadeur extraordinaire de Porto Allegro, spécialement invité pour cette solennité. Un dîner lui fut offert par la municipalité dans la grange des jardins suédois à la lueur des lampes à acétylène. Voici le menu composé par le célèbre chef Lulu Lafouache, de Pouilly :

Le potage Gadoue
La parcelle de merluche
Pompadour
Le lapin de chéneau
à la trompeuse
Le navet braisé à la sauce tiède
La tête de cheval
aux haricots rouges
La salade surprise
Le gros tas de crème épaisse
Vins du cru
en bidons de deux litres

Le soir, dans la halle au charbon, un spectacle de choix fut donné par des artistes régionaux.

C'est la fanfare des Entrepreneurs des eaux grasses qui ouvrit le concert par : *Par ici la bonne soupe !* pas redoublé, de Lulli-Prudomme. Puis passèrent successivement et avec des fortunes diverses : Mme Emilie Trouillasse, habillée en cocher norvégien, dans l'air du toréador de *Carmen* ; M. Anatole Chibrolard qui chanta avec une belle conviction et l'accent du pays : *C'est en cueillant du muguet que j'ai perdu mon froc*, chanson à sous-entendus. Une charmante pièce en un acte clôtura le spectacle : *L'Amant de ma sœur dans la roulotte d'un zouave.*

Après le spectacle, les chevaliers des Tas-de-vin procédèrent à l'intronisation de l'ambassadeur. Ce dernier, rempli de vin rouge de la tête aux pieds, fit un délicat discours retransmis par entonnoir.

On dansa ensuite jusqu'à l'aube tandis que de joyeux lurons s'efforçaient d'animer le bal par des projections de gras-double et de chou farci, qui retombaient en pluie gracieuse sur la tête des couples enlacés.

Recensement des mécontents

L'Office de furetage, fouinage, farfouillage de l'opinion publique (O.F.F.F.O.P.) ayant recensé par erreur parmi les 35 millions de mécontents huit personnes qui ne l'étaient pas, se trouve dans l'obligation de recommencer ses calculs sur de nouvelles bases.

Nous demandons au peuple souverain de bien vouloir nous excuser et de réserver bon accueil à nos envoyés spéciaux.

Faits divers

DE VALENCE. – Les corsaires de la prairie. – Hier soir, à la mauvaise heure, au lieudit « Le Grand Serre », une sordide paire de coureurs de brousse a sournoisement attaqué M. Mildiou, cultivateur.

Après lui avoir exposé les pieds à la douce chaleur du foyer, ainsi que l'objet de leur visite, les deux fripons firent main basse et main haute sur divers ustensiles à lessive et s'emparèrent également de la tirelire du jeune Mildiou, 10 ans et demi, contenant 20 millions de pièces d'or que le pauvret avait économisées sou à sou sur son prêt du dimanche.

Par un heureux hasard, l'épouse du fermier, un vrai trésor, pourtant bien placée en évidence, n'a pas été enlevée.

On se perd en conjectures sur ces curieux voleurs.

La police croit à une farce de collégiens.

DE PARIS. – Encore les agressions forestières. – Les agressions d'automobilistes se poursuivent à un rythme accéléré, semble-t-il. La semaine passée, la voiture du chef de cabinet de M. Michelet était attaquée dans la forêt de Fontainebleau.

Hier après-midi, une puissante Zibremolle à traction latérale, à bord de laquelle se trouvaient MM. F. Gay, Thorez, F. Gouin et P. Bastid, a été arraisonnée par un groupement d'affreuses canailles rachitiques dans la forêt du square Montholon.

Après avoir ligoté la voiture à un arbre, les gros voyous se sont enfuis à travers champs, grimpés sur les épaules de leurs victimes.

La police pense avoir affaire à des bandits.

DE GENÈVE. – Les blagues imbéciles. – Le veilleur de nuit de la Banque Pomparbourg, 24, rue du Chapeau-de-Marie, a été réveillé la nuit passée par des bruits, apparemment suspects, paraissant provenir de dessous son lit.

S'étant emparé doucereusement d'une de ses béquilles, il s'apprêtait à un massacre général, lorsqu'il s'aperçut que son lit avait été légèrement déplacé durant son sommeil par des inconnus, et gisait sous le pont du chemin de fer, à quelques encablures de la ville.

Le directeur de la Banque Pomparbourg a déposé une plainte contre inconnu.

Le vol semble être le mobile de cet acte insensé.

La guerre des nerfs, de bœufs

Les bœufs achetés au marché argentin par M. Y. Farge pour la suralimentation de l'espèce française, ont tenu un congrès dimanche matin. Ils s'insurgent contre toutes plaisanteries vexatoires et, notamment, s'opposent à toute mise en boîte.

Démobilisation

Les grandes manœuvres de vote à bulletin blanc étant provisoirement suspendues les abstentionnistes de la classe 46 ayant satisfait à leurs nombreuses obligations, sont habilités à regagner leur foyer.

Le présent avis tient lieu de feuille de route.

Ils n'ont pas ça en Amérique

Du cornet de blutt à l'américaine

Spéculant sur la naïveté qui, selon les Américains est, avec les moustaches, la Légion d'honneur et l'ignorance de la géographie, la clé de sol du caractère français, l'Argentine a cru bon, par le truchement d'un de nos journalistes, de révéler à nos vaillantes populations quelques-unes de ses réalisations les plus kolossales. C'est ainsi que nous apprîmes qu'il suffisait de sept heures pour transformer un bœuf en souliers vernis dans des entreprises artisanales de 150 000 ouvriers ; ça n'a épaté personne. Pour un corned bluff, c'est raté.

Renseignements pris dans les services intéressés, il ressort que nous sommes loin d'être sur la dernière plate-forme du wagon de queue dans le train du progrès.

Sept heures pour changer un bœuf en chaussures, c'est bien. Chez nous une heure dix-sept minutes suffisent pour changer une paire de nos godillots en passoires. C'est mieux !

Malgré un handicap de quatre ans de collaboration, deux jours ont suffi pour donner naissance à une foule de résistants coriaces et décorés : qu'en passez-vous, amis Argentins ?

Il faut vingt-neuf minutes à n'importe quel Dupont doté d'un estomac de cylindrée moyenne pour transformer en vitamines assimilables les rations de six mois de sous-produits à base de raisins fermentés et de jus de pommes d'arrosoir.

Trois minutes dix secondes sont nécessaires pour bâcler le procès de tortionnaires farouches par un jury somnolent et apathique.

En huit heures, le bœuf argentin est transformé en boîtes d'allumettes tison. Chez nous, en deux cent quarante minutes, lesdites boîtes sont utilisées pour entretenir la combustion d'une seule cigarette du type « élégante ». Et nous n'en tirons aucune gloire.

Trois tours de marionnettes, deux de passe-passe et un de scrutin, et voilà un louche individu, trafiquant et incapable, transformé en représentant actif du peuple souverain !

En une journée, sans travail apparent, douze millions de chers z'électeurs se transforment en un nombre rigoureusement égal de cochons de payants, avec une facilité que ne laissent pas d'étonner les oreilles du monde, qui a les yeux fixés sur la bouche de nos gouvernants.

Vos presses à Viandox, bien sûr, ce n'est pas mal, mais nous avons notre métro.

Vos troupeaux se transforment en savon, la belle avance ! Nos ingénieuses populations rurales réussissent la même fabrication, avec le beurre que nous n'avons pas, sans tuer aucune vache… juste en les trayant.

On pourrait citer mille exemples semblables ; le progrès est tel qu'il nous a fallu créer mille offices chargés de répartir tout ce que nous n'avons pas. Voyez cette manutention simplifiée à l'extrême.

Voilà où nous en sommes. Il importait que cela fût dit, sans être déformé par le miroir trompeur d'un chauvinisme de mauvais aloi, simplement pour rétablir, sur la margelle de son puits, l'équilibre d'une vérité pudique mais chancelante. Y a pas de leurre pour les braves !

DIALOGUE EN FORME D'ÉTUI

L'un. — *A votre avis, notre époque est placée sous quel signe ?*
L'autre. — *Sous le signe de la queue.*
L'un. — *C'est vrai.*
L'autre. — *Les gens ont pris l'habitude de la faire.*
L'un. — *Pour tout.*
L'autre. — *Mauvais signe.*
L'un. — *Signe de renoncement.*
L'autre. — *D'acceptation.*
L'un. — *De servitude.*
L'autre. — *Queue pour le théâtre.*
L'un. — *Pour le cinéma.*
L'autre. — *Pour n'importe quoi.*
L'un. — *N'importe où.*
L'autre. — *Par n'importe quel temps.*
L'un. — *Sous la pluie.*
L'autre. — *Par le froid.*
L'un. — *La chaleur.*
L'autre. — *La neige.*
L'un. — *Même s'il tombait de...*
L'autre. — *Ils feraient la queue !*
L'un. — *1789 est bien loin !*
L'autre. — *Pourtant le peuple descend encore dans la rue...*
L'un. — *Mais pour faire la queue !*
L'autre. — *Si les Français manquent de tête...*
L'un. — *C'est parce qu'ils font trop la queue...*
L'autre. — *Et ce n'est que lorsqu'il n'y aura plus de queue...*
L'un. — *... que la France se redressera.*
L'autre. — *C'est un paradoxe ?*
L'un. — *Non ! Une vérité.*

Pierre DAC

PETITES ANNONCES

OFFRES D'EMPLOI

Manufacture de dessous de tables demande riches menuisiers pour travaux discrets.

Maître d'école feignant, demande bonne à tout faire, si possible ayant au moins C.E.P. Nourrie, blanchie, couchée, etc.

VÊTEMENTS SUR MESURE

Complexes trois pièces. Complexe supériorité, veste croisée, pantalon long à manches courtes. Complexe infériorité, veste-jaquette à grands revers, pantalon court à manches longues, etc. Gédéon la Culasse, fournisseur de la chambre des dépotés.

ARTICLES POUR GRANDS NERVEUX

Jouets indispensables pour garder sa sérénité de bon citoyen, quels que soient les événements. La douzaine de têtes de ministres en caoutchouc pouvant être mordues sans être détériorées : 24 fr. 90. Toutes têtes assorties au choix.

TRAVAUX À FAÇON

L'hiver est à vos portes, vous qui travaillez, confiez l'entretien de vos poêles à fumistes spécialisés. Envoyez vos clés à Gontran le Casseur, 18, impasse du Pendu-Eventré, Paris-5e.

IMMEUBLES, PROPRIÉTÉS

A vendre grand choix beaux appartements pour présidents de la République. Rive gauche, centre, rive droite, etc. Petits pied-à-terre pour dictateur démocrate à Versailles, Chantilly, Chambord, etc.

DIVERS

Belle occasion. Superbe pèse-alcool à vendre. Force 500 kg. Faire offre à Barbaron, à Coutras (Gironde).

N° 60 – Mercredi 27 novembre 1946

Post-prologue

Où l'on assiste, chez le Roi, à une audience privée qui semble, a priori, *surtout privée de sens.*

Louis XIIIe du nom était dans son petit boudoir privé, charmante petite pièce tendue de soie mauve et de brocart carmin, ce qui l'avait fait baptiser par le baron de Cathy, un des plus spirituels intimes du monarque, « boudoir-fromage ».

– Pourquoi diantre « boudoir-fromage » ? lui avait demandé le roi, intrigué par cette singulière et sibylline appellation.

– Parce qu'il est parme-sang ! avait répondu le fûté petit baron, enchanté de cet à peu près lamentable, mais dont Sa Majesté avait cependant daigné sourire, sans doute parce qu'elle n'y avait rien compris.

Pour l'heure, Louis XIII jouait à la trifouillette coinchée avec son capitaine des gardes écossaises, M. le comte de Védeux. Comme le roi abattait victorieusement une manille, un manillon et une manillonnette maîtres tous trois, le fidèle La Jaunisse, valet de chambre particulier de Sa Majesté, entra après avoir, selon son habitude, toussé si discrètement pour prévenir son maître que les passants de la rue Ravioli (devenue depuis par déformation la rue de Rivoli) s'arrêtèrent alertés par ce bruit insolite.

– Qu'est-ce ? fit le roi.

– Sire, c'est Son Eminence le cardinal de Richelieu.

– Qu'il entre, dit Louis XIII en empochant prestement les huit sols que son malchanceux adversaire venait de perdre.

C'était d'ailleurs des sols fritz qui valaient un peu plus que les nôtres à ce moment-là.

– Sire, fit M. de Védeux en se levant, je vais me retirer.

– Que nenni, mon cher comte. Nous allons pouvoir faire une trifouillette à trois. Je me sens aujourd'hui une veine de... de coquin. Profitons-en !

A cet instant, Richelieu entra... Le cardinal avait grand air, et s'il ne s'était malencontreusement pris le pied dans le tapis, son arrivée eût été en tout point réussie. Ce nonobstant, il ne perdit pas un pouce de sa dignité, et salua le souverain avec infiniment de grâce et d'allure. Mais sur l'injonction de celui-ci, il s'assit à côté du siège qu'on lui désignait, ce qui nuisit un tantinet à la solennité du moment.

– Palsambleu ! Mon cher cardinal, vous tombez à merveille ! s'écria le roi avec un à-propos que Richelieu ne parut pas goûter énormément. Mais pour une éminence, vous me paraissez bien bas ! ajouta-t-il en se tapant sur les cuisses. Le siège de La Rochelle vous convient mieux que celui-ci !

– Votre Majesté oublie, répondit froidement le cardinal en se relevant, que nous sommes en 1625... et que le siège de La Rochelle n'aura lieu que dans trois ans !

– Ah ! Diable ! C'est ma foi vrai. Tudieu ! Que l'Histoire est assommante, soupira le roi, vexé.

Derechef, le fidèle La Jaunisse pénétra dans le boudoir, après s'être annoncé de sa manière habituelle, ce qui fit tintinnabuler les pendeloques du lustre pendant trois bonnes minutes.

– Quoi encore ? demanda Louis XIII avec une pointe d'agacement, car il était occupé à arranger le jeu de cartes de telle sorte qu'il eût en main les principales après qu'il eut fait sauter la coupe.

– Sire, le Père François le Clerc du Tremblay demande à être reçu par Votre Majesté.

– Tu ne peux pas dire : le Père Joseph, comme tout le monde ? Au lieu de ce nom à rallonge qui n'en finit plus et nous fait perdre à le prononcer un temps précieux !

– Que peut bien désirer l'Eminence grise ? fit le cardinal.

– Nous allons le savoir, répondit le roi. Fais entrer le Père, La Colique… euh ! pardon… La Jaunisse.

M. de Védeux se leva de nouveau dans l'intention de prendre congé.

– Je vous en prie, mon cher comte, dit Louis XIII. Au lieu d'une trifouillette à trois, nous allons pouvoir en faire une à quatre. C'est la plus palpitante ! Et le père Joseph est un as de l'appel indirect.

Tandis que le capitaine des gardes se rasseyait, le père Joseph entra et s'inclina devant le souverain si profondément que, souffrant d'un lumbago tenace depuis le jour où il avait voulu descendre le grand escalier du Louvre à skis, il ne put se redresser. Il ne fallut rien de moins que les efforts conjugués des trois hommes pour le remettre d'aplomb.

Essoufflé par un exercice aussi inhabituel, le roi s'assit et pria l'Eminence grise d'en faire autant.

– Maintenant que vous voilà remis d'une alarme aussi chaude, dit-il, asseyez-vous, mon Père. Nous allons faire une de ces trifouillettes à quatre de derrière les fagots ! A trois sols fritz le coup… Ça colle ?

– C'est que…, commença le Père Joseph.

– Ta, ta, ta ! coupa Louis XIII, sans remarquer le sursaut du comte de Védeux qui avait pris ces onomatopées pour une allusion visant sa vie privée, car il était de notoriété publique qu'il avait conservé les traditions chères aux mignons d'Henri III. Ta, ta, ta ! Faites sisite, mon bon papa Joseph, vous nous expliquerez plus tard ce qui vous amène. Amen !

Et le souverain, badin en diable comme il savait l'être quand son pylore fonctionnait normalement et quand sa rotule, sujette à la fâcheuse arthrite, ne lui causait pas d'ennuis, rit avec éclat de cette fine plaisanterie.

(*A suivre.*)

L'OS LIBRE

« Contre tout ce qui est pour – Pour tout ce qui est contre. »

NUMÉRO 61 – MERCREDI 4 DÉCEMBRE 1946

Edouard Herriot ? Francisque Gay ? Vincent Auriol ? Qui sera le premier président de la Quatrième République ? A cette question s'en ajoute une autre : qui remplacera Georges Bidault à la Présidence du Conseil ? A la surprise générale, il a été renversé le 28 novembre, faute de majorité suffisante, à la suite d'un vote de l'Assemblée nationale. Il a aussitôt quitté ses fonctions. Le héros de la semaine est américain. Il s'appelle George Harvey et a sauvé des passagers montés à bord d'un Dakota C53 pris dans une tourmente.

Edito Du khroumirisme à l'esthétique présidentielle

par Pierre Dac

C'est dans un climat personnel d'euphorie voisin de la béatitude anaphylactique que j'entreprends la rédaction du présent éditorial.

En vérité, les résultats dépassent les espérances, ce qui, il convient de le reconnaître, place ces dernières dans une position difficile en les mettant dans l'obligation de faire vinaigre si elles ne veulent pas rester à la traîne. Mais ceci ne revêt qu'un caractère d'importance secondaire.

Mon état d'actuel contentement est consécutif au courrier qui nous est parvenu au cours de la semaine qui vient de se terminer. Un courrier qui dépasse en volume et en quantité tous les précédents.

Or, et c'est là ce qui me comble d'aise, 27,6 % des lettres qui nous sont adressées nous encouragent vivement et cordialement à œuvrer pour la vulgarisation du khroumirisme en France. Qu'il me soit donc permis de témoigner ici à René Lefèvre l'expression de ma reconnaissance émue pour l'éblouissant article paru à cette même place dans le dernier numéro de *L'Os libre*. Car ce n'est autre que son remarquable exposé sur la philosophie khroumire qui nous vaut ce ralliement massif de l'ordre de 27,6 % au mouvement, dont, lui et moi, nous nous sommes faits les apôtres conscients et délibérés. Aussi, engagerai-je

les sceptiques, s'il s'en trouve, à réfléchir avant d'émettre un avis dubitatif ; en effet, ce chiffre de 27,6 % prend dans les circonstances présentes une valeur particulièrement symbolique. Il correspond exactement à celui des abstentions de la dernière consultation pour l'élection des grands électeurs. La conclusion s'impose d'elle-même : tous les citoyens qui ont cru bon de s'abstenir sont, qu'on le veuille ou non, d'obédience khroumire ou en passe de le devenir.

C'est donc sur un peu plus du quart de la population de ce pays que nous sommes en droit, en tant que militants khroumirs, de nous appuyer pour présenter nos justes revendications. C'est pourquoi j'attire aujourd'hui l'attention de l'ensemble de ce qui est susceptible de se faire une saine opinion sur l'importance exceptionnelle que revêt le problème soulevé par l'intronisation du futur et prochain président de la République. Car ce problème, pour nous autres khroumirisants 100 %, se pose uniquement sous l'angle esthétique. On n'a pas l'air de se douter, chez nous, que l'esthétique présidentielle risque d'avoir des conséquences incalculables sur l'avenir de nos relations internationales. Je ne voudrais faire nulle peine, même légère, aux éventuels candidats au poste de chef de l'Etat, mais il apparaît à tout esprit objectif que ni M. Herriot, ni M. Francisque Gay, ni M. Vincent Auriol ne réalisent, même de loin, l'esthétique nécessaire à une représentation digne de ce nom. Il est difficile de dire d'eux qu'ils sont chauds à l'œil. Qu'est-ce au juste que le président de la République, sinon le représentant de notre pays ? Donc, il est normal et régulier qu'il soit, de par son esthétique, éminemment représentatif. Nous sommes bien loin du compte. Et vous avouerez que lorsque le premier magistrat de la République offre l'aspect d'un cor de chasse en rodage ou d'un demi-muid en liberté surveillée, ça la fout plutôt mal pour notre prestige, quelle que soit la valeur personnelle du personnage en question.

Or, dans la Constitution khroumire, il existe un canon relatif à l'esthétique du chef de l'Etat ; ainsi, celui-ci, sévèrement sélectionné, est l'objet, au cours de ses déplacements, de la tendre sollicitude des dames et demoiselles étrangères à qui l'occasion est ainsi offerte de nourrir, tout au fond d'elles-mêmes, le secret désir de se le farcir, le cas échéant, ce qui est bien le fin du fin de la bonne politique et de l'habile propagande.

En résumé, et en nous inspirant des immortels principes de l'esthétique khroumire, nous voulons, et au besoin nous exigerons, un président de la République normalement constitué, correct, propre, net, soigneusement briqué et convenablement loqué. A moins, ce qui offrirait le maximum de garanties, qu'on n'installe un Khroumir à l'Elysée.

Ce serait la solution idéale. Mais n'en demandons pas trop pour l'instant.

Communiqué

La Production industrielle communique :

Le département de la vaisselle creuse, rattaché au sous-secrétariat à la Production Industrielle, fait savoir aux casseurs d'assiettes, catégories E, M, C, V, que le ticket 36 de la carte de kaolin n'est validé que pour trois assiettes seulement, de la série dite à casser, et non pas pour quatre assiettes, comme il a été annoncé par erreur.

Les grands reportages de L'Os libre

J'ai découvert la route du vin

Le Dirigisme a du bon, et nous ne voudrions pour rien au monde médire de cette heureuse formule qui a entre autres mérites celui d'avoir fait de nous les sveltes et élancés personnages que l'on voit déambuler par un prodige de volonté qui fera très probablement l'admiration des générations futures.

N'oublions jamais que sans le Dirigisme (et son cousin par alliance, le Tripartisme), nous aurions toujours ignoré ces pures Gloires Nationales qui ont nom : Ramadier, Tanguy-Prigent, Longchambon et Yves Farge… Donc, gloire à lui !

Ceci dit, nous n'en sommes que plus à l'aise pour mettre l'accent sur les résultats sensationnels obtenus par un de nos rédacteurs qui, de sa propre initiative, a résolu en quelques jours un problème qui faisait pâlir tous nos grands économistes. Se fiant uniquement à son flair, se riant des Comités de répartition et des Inscriptions préalables, agissant pour tout dire de son propre chef et en franc-tireur, cet hommes, tenez-vous bien, a trouvé du vin.

Du vin par kilolitres, en nappe et en fûts !

Qu'on nous comprenne bien : il ne s'agit pas d'une galéjade, et le tact le plus élémentaire nous interdira toujours d'aborder certains sujets sur le ton de la plaisanterie.

Au surplus, nous tenons à la disposition des incrédules toutes les pièces, y compris celles de 220 litres, qui authentifient l'incroyable récit qui suit et que nos lecteurs ne manqueront pas de boire d'un trait.

Le Comité de Dégustation de L'Os.

Ce véritable conte de fées commença tout prosaïquement dans un bar de la Villette fréquenté par les bouviers et tueurs avoisinants, et où l'on trouve encore, en montrant patte blanche, quelques boissons de choix.

J'en étais à ma sixième orangeade, et venais par prudence de refuser un jus d'ananas, lorsque mon voisin me lâcha tout à trac :

– Je sais où il y a du pinard !

L'homme offrait toutes les apparences d'un débile mental[1], aussi me confinai-je dans un silence de glace.

Nullement désarçonné, l'inconnu enchaîna :

– Et du pinard à discrétion !

Cette fois, je dressai l'oreille, car dans la voix de l'homme passaient et repassaient, mêlés à d'indiscutables relents de beaujolais, les plus purs accents de la vérité.

Chassant les fumées délétères des précédentes orangeades, d'un bond, je fus sur pied :

– Où ?

– Venez !

Et nous partîmes en zigzaguant.

---

1. C'était un khroumirisant à l'état brut.

Passant sur tous les incidents du voyage, sur les ruses qu'il nous fallut déployer, sur les coups de feu que nous essuyâmes de la part des fonctionnaires abusés par une lecture hâtive et mal assimilée des derniers décrets-lois, j'en viendrai directement à la grande découverte qui fait l'objet de ce reportage : je venais d'ouvrir la route du vin !

Du vin que des viticulteurs étaient heureux de mettre en vente et que tout un chacun éclusait comme s'il s'agissait là d'une chose simple et naturelle.

Aussi, bonnes gens de France, écoutez-moi bien lorsque je vous dis : l'erreur n'est pas possible, car tous les prélèvements auxquels mon compagnon et moi nous nous sommes livrés sont concluants : il y a du vin.

Qu'un second Paul Reynaud ne se lève pas… et cette route du vin ne sera pas coupée.

Chaque soir en regagnant mon hôtel sur les mains, je pense à la joie qui va éclater dans tous les foyers de France… et je pense aussi à vous, mes amis : à toi Pierre Dac, pour qui j'ai mis de côté sous mon oreiller une feuillette de gros bleu, au bon docteur Carlès, qui va enfin pouvoir reprendre le cours de ses expériences personnelles, à Fernand Rauzéna, qu'une désintoxication par trop rapide avait réduit à l'état de larve humaine…

Accourez vite, vous tous ! Voici mon adresse :

13, Calla Mine, Porto (Portugal).

URGENT. – Cherchons à Porto ou Madère building minimum vingt étages, pouvant accueillir rédaction important journal. – Faire offres télégraphiques à « Oslib », Paris.

Unique récital

de danses classiques à vélo
par le grand danseur cycliste kurde
Serge Riflar
avant son départ
pour les Amériques
Le 10 DÉCEMBRE 1946, à 12 h. 50
à la salle des fêtes du pavillon de la Marée
(Halles centrales)

Au programme :

Boléro auvergnant
Jota Kalmouk
Tarlatane extatique
Habanera arménienne
Fandango tibétain
Seguedille jitter-burg
et le prestigieux ballet Jibremolla Amoroso.
Orchestre : Pueblo Londumur et son cor de chasse.

Places de 4 fr. 10 à 5 fr. 45.

La véritable personnalité de Georges Harvey, sauveur du Dakota C.53

Après l'heureux dénouement de l'odyssée du Dakota C. 53, nous avons pu joindre M. G. Harvey. C'est grâce à sa bienfaisante administration que les passagers de l'avion accidenté ont eu le bonheur de résister au froid et à l'angoisse, c'est grâce à lui enfin que l'épave fut repérée. Car il faut bien le dire, le radiotélégraphiste du bord ne fut que d'un secours médiocrement dérisoire.

Mais, qui est Georges Harvey ? C'est lui-même qui nous le dit de sa voix de basse chantante : sorti major de l'Institut de Bricolage du Michigan, il construit des ponts, des aqueducs, des voies ferrées, creuse des tunnels. Entre-temps invente un parapluie pliant, découvre le canal de Panama au cours d'une excursion, en 1927. Puis fore de nombreux puits de pétrole, découvre un produit à base de terre et d'argile permettant de construire des montagnes préfabriquées.

Licencié en cordonnerie de l'Académie philotechnique de West Point, crée la fameuse chaussure silencieuse à semelle crêpe bientôt adoptée par la police de New-Market et les valets de chambre sournois.

Enfin, il se noie dans la baie de Miami, par suite de la confusion d'un rédacteur du *New Yorker Sunday Express*, alors que, précisément, il était dans l'Etat du Massachusetts affairé à expérimenter un nouveau gaz d'éclairage issu de la houille. Il se remet de ce pénible accident en écrivant successivement huit romans gais, un dictionnaire encyclopédique, quatorze livres de cuisine, un manuel sur la chasse à la baleine et une étude approfondie sur le radar et ses applications.

Entre-temps, il prend un peu de vacances au cours desquelles il décèle 127 nouvelles étoiles de la catégorie des Nova et construit un laboratoire de recherches atomiques. Transporté d'urgence à l'hôpital, il en ressort le surlendemain grâce aux conseils éclairés qu'il fournit aux chirurgiens qui l'opérèrent.

Le jour même, à la suite d'une cuite carabinée, il trouve le principe des vases communicants et celui de la gravitation universelle, etc., etc. Et nous en passons.

Ainsi, comme le lecteur aura pu s'en assurer, les passagers du C. 53 ne pouvaient craindre de s'éterniser dans la montagne inhospitalière. Et, quand bien même, si personne ne se fût dérangé pour leur venir en aide, G. Harvey n'était-il point là, admirable dans sa sérénité, pour déjouer et balayer d'une main apte et sûre tous les vains obstacles qu'une nature ridiculement étriquée pouvait futilement opposer à un gaillard de cette trempe ?

Ajoutons que G. Harvey, comme tous les grands hommes, est absolument méconnu aux U.S.A. Sa simplicité naturelle sera-t-elle un obstacle à la publicité que mérite son dernier exploit ?

Appellation contrôlée

Le Président de la Commission du fruit à cidre et succédanés rappelle aux distillateurs récoltants de limonade qu'ils sont autorisés, eux aussi, à réclamer l'appellation contrôlée.

Transports

La prochaine augmentation des transports ayant été démentie, *L'Os libre* conseille vivement au public ayant à voyager de profiter le plus rapidement possible des tarifs encore en vigueur.

À Os rompus

On s'en va !

Comme *L'Os Libre* a été le premier de toute la presse à l'annoncer, quinze grands jours avant l'événement, M. Georges Bidault vient de donner sa démission.

Après quoi l'ancien président du Conseil s'est retiré dignement, mais sans toutefois refuser de se laisser reconduire et bien qu'il connaisse le chemin.

En pleine crise !

Ainsi donc, le ministère tripartite est parti ! Nous voilà sans gouvernement, les rênes du char de l'Etat flottent à l'abandon, il n'y a plus personne à la barre, les affaires courantes sont expédiées petite vitesse dans des directions incertaines.

Enfin, quoi, c'est la crise !

Quand et comment sera-t-elle résolue ? C'est ce que nous sommes incapables de dire de façon précise, notre devineresse extra-lucide étant actuellement en congé du côté de Ville-Evrard.

On sait par ailleurs que, pour encourager les candidats éventuels, les portefeuilles désormais sans titulaires ont été exposés chez le concierge de l'Hôtel Matignon, où chacun peut venir les visiter.

Mais on aurait tort, croyons-nous, de fonder grand espoir sur cette manœuvre de basse démagogie.

La plaza Villetta

Depuis que les services du Ravitaillement nous offrent notre viande de boucherie toute cuite dans de jolies boîtes de fer-blanc peintes en jaune, La Villette est un marché qui ne marche plus, aussi est-il grand temps de la débarrasser de ses abattoirs, fondoirs, échaudoirs et de mettre autre chose à la place, par exemple une plaza de toros où les aficionados viendraient admirer le jeu subtil des matadoros, picadoros et quadrilleros.

Comme on ne peut pas faire courir des taureaux en boîte, même en les lardant sauvagement de banderilles, l'emploi serait confié à des agents du Contrôle économique spécialement entraînés à ce genre de sport.

Une première corrida avec mise à mort sera prochainement organisée par le Comité des fêtes de La Villette.

Classe inique

Certains journaux, toujours un peu trop pressés, ont annoncé que les compartiments de première classe seraient prochainement supprimés dans le métro.

A ce sujet, l'administration de la C. M. P. nous prie de préciser que, si la suppression d'une classe est effectivement envisagée, il ne s'agit nullement de la première, mais bien de la seconde.

D'ailleurs, les usagers s'en apercevront tout seuls en payant leur ticket, porté uniformément à cinq francs, ce qui est le prix actuel d'un voyage en première classe.

Economies

M. Robert Schuman, le ministre des Finances bien connu, vient de nous faire part de ses projets d'économies. En ce qui concerne les fonctionnaires notamment, il propose de diminuer leur nombre d'un tiers et d'augmenter de 50 % le traitement de ceux qui resteront.

Un simple exemple suffit à montrer l'étendue de l'économie ainsi réalisée par le Trésor. Supposons trois fonctionnaires à 10 000 francs chacun. Cela nous donne un total de 30 000 francs.

Supprimons-en un, il en restera deux que nous augmenterons de 50 % chacun, ce qui nous fait 10 000 multiplié par 2 = 20 000 plus 2 fois 5 000, c'est-à-dire 30 000 fr. au total.

C. Q. F. D.

Ravitaillement électrique

Comme nous l'avions préconisé ici même dans notre petit dernier numéro, M. Marcel Paul assure au ministère du Ravitaillement l'intérim de M. Yves Farge, brusquement rappelé à Bikini ou quelque part par là.

Les conséquences de cet heureux changement ne se sont pas fait attendre ! La situation alimentaire s'améliore à vue d'œil ! Ne nous annonce-t-on pas, en effet, que désormais nous aurons chaque jour une heure d'électricité pour notre déjeuner !

Oh ! sans doute, quelques grincheux vont-ils encore se plaindre.

– On aimerait mieux dix minutes de bifteck ! diront-ils.

Mais s'il fallait écouter d'aussi grossiers matérialistes…

L'O.F.F.F.O.P. vous parle

L'Office de furetage, fouinage et farfouillage de l'opinion publique ouvre aujourd'hui une consultation populaire auprès de ses lecteurs parisiens auxquels il demande de répondre aux questions ci-après :

1° Doit-on peindre de différentes couleurs, afin de s'en défendre, les microbes, bactéries, bacilles, etc, qui utilisent le métro comme moyen de transport, ou installer des pipe-lines amenant l'air frais des Hautes-Alpes ou de l'océan Atlantique ?

2° Comment aimez-vous voyager : assis, debout, couché, en travers, en long, en large, en vrac ou par paquets de six ?

3° Verriez-vous les poinçonneurs, chefs de gare, etc, peints en vert pour rappeler la campagne ?

4° Etes-vous partisan d'enlever 8 lampes sur 10 dans les stations et 9 lampes sur 8 dans les voitures, pour vaincre l'éblouissement ?

5° En quelle langue préférez-vous être injurié lorsque vous empruntez un passage interdit : moldo-valaque, sanscrit, yaourt ou l'argot habituel ?

6° Doit-on supprimer 2 poinçonneurs sur 3 aux moments de presse ?

7° Le balayage, l'arrosage doivent-ils être faits comme d'habitude aux heures d'affluence ou à d'autres moments peut-être moins propices à la métamorphose des complets bleus en complets gris et des chaussures les mieux cirées en galoches de cantonnier ?

8° Quinze à vingt agents de police sont-ils suffisants par station pour assurer l'ordre ou faut-il leur adjoindre d'autres éléments de choc ?

9° Si, pour des raisons d'hygiène, le métro était affecté au transport des ordures ménagères et qu'en tant qu'usager reconnu on vous allouait une bicyclette, seriez-vous satisfait ?

Vingt au jus !

Deux drôles de nouvelles nous arrivent par le canal de la presse quotidienne.

La première, c'est que le secrétaire général de la Préfecture de police s'appelle M. Ziwès.

La seconde réside dans l'information communiquée au Conseil municipal par ce haut fonctionnaire.

Selon M. Ziwès, une impressionnante vague de baisse commencerait à déferler sur nos rivages.

Quelques chiffres permettront de mesurer l'ampleur de cette dégringolade des prix. La baisse atteindrait actuellement dix francs par litre d'huile, trois francs par kilo de margarine, vingt-cinq sous par livre de pâtes alimentaires ; quant à la viande de boucherie, chacun sait qu'elle ne nous coûte plus rien du tout.

On ne signale pas encore de moins-value sur le ticket de métro et la feuille de contributions, mais cela viendra. Du moins, il faut l'espérer !

Reste à connaître la cause déterminante d'un aussi remarquable effondrement. Pour nous, nous n'hésiterons pas à la trouver dans le calendrier des Postes et Télégraphes. A en croire ce document officiel, le jour d'aujourd'hui serait en effet le mercredi 4 décembre 1946, d'où il résulte que vingt jours seulement nous séparent encore de Noël.

– Et alors ? demanderez-vous.

– Alors, répondrons-nous du tac au tac, Noël, c'est la fin des haricots au marché noir et aussi du marché noir tout entier, M. Yves Farge nous l'a formellement promis et l'on sait ce que valent ses promesses !

Comme ça, on comprend tout ! Pris de court et saisis de terreur, les mercantis du parallèle liquident précipitamment leurs stocks à n'importe quel prix. En conséquence, l'huile diminue goutte à goutte, la margot se donne pour quelques sous au premier venu et la nouille bat en retraite.

Maintenant, si vous trouvez une autre explication, rien ne vous empêche de nous l'envoyer franco de port et d'emballage.

Faits divers

DE PANTIN. – Le premier litre d'octobre provoque un accident. – Désireuse de libérer sa cave du troisième litre de septembre pour y introduire le premier litre d'octobre, Mme Minushabeins, la femme du ministre bien connu, achevait de vider un tonneau de deux cent vingt-huit litres lorsque, pour une raison apparemment inconnue, le premier litre d'octobre, une petite feuillette de Nuit-Saint-Georges de cent quatorze litres, se mit brusquement à dévaler l'escalier de la cave. Par bonheur, la barrique, déviée dans sa course par une pile de boîtes de conserves et un baquet de beurre salé, vint finalement s'écraser contre le mur, après avoir pulvérisé une bourriche d'œufs et éventré une caisse de riz.

Mme Minushabeins, qui s'était réfugiée derrière son saloir, n'a pas été blessée.

DE PARIS. – Un rédacteur d'un grand journal humoristique s'éteint prématurément. – M. Augustin Fouyemerle, rédacteur d'un grand journal humoristique parisien sis boulevard Haussmann, a été découvert hier matin dans une des chambres fortes du deuxième sous-sol de la rédaction.

Le malheureux, étroitement garrotté et bâillonné, semble s'être empoisonné à coups de pelle à charbon.

La police a trouvé sur les lieux, mêlés à des cendres, la couverture du manuscrit d'un roman policier intitulé *Les Voleurs de vin de la quatrième,* œuvre du commissaire Poileau Luc, dérobée au policier la veille au soir dans des circonstances assez troubles.

On se perd en conjectures sur cet étrange suicide.

DE TOULON (mardi 26 nov., 23 h. 15). – **Les tragiques conséquences d'un acte stupide.** – Ayant cru constater que son éclairage laissait à désirer, M. G. Haring, demeurant 5, rue de l'Hôpital, voulant s'assurer si vraiment le courant manquait d'intensité, a fait sauter la centrale électrique du vieux port en fourrant deux de ses doigts dans une des prises de courant de son appartement.

A l'heure où nous mettons sous presse, une populace rancunière et irritée se véhicule dans les ténèbres de la ville à la recherche de la rue de l'Hôpital.

DE PARIS. – Alors qu'elle sortait de la charcuterie « A tout pour rien », où elle avait acquis quatre tranches de mortadelle et trente-cinq grammes de pâté de lapin pur porc, Mme Percival Tronche de Gag a constaté la disparition de quatre cent quatre-vingt-sept francs soixante-quinze centimes. La police enquête rêveusement.

LA SCIENCE

Faites vous-mêmes votre électricité

Plusieurs de nos lecteurs n'ont pas été sans remarquer que certains jours de la semaine, lorsqu'ils tournent le commutateur électrique, aucun phénomène lumineux ne se produit et la chambre noire reste obscure. C'est positif, le courant est négatif.

Ne pouvant que difficilement le remplacer par un courant d'air ou un courant d'opinion, il ne nous reste plus qu'à suivre les conseils que ne va pas manquer de nous donner le ministre de l'Improduction industrielle. A l'instar de son ex-collègue du Ravitaillement qui nous recommanda un jour : « Plantez vos pommes de terre vous-mêmes », M. Marcel Paul va certainement nous dire prochainement : « Faites votre électricité vous-mêmes. »

Ne voulant pas que nos lecteurs soient pris au dépourvu comme par une vulgaire coupure de courant, nous allons leur indiquer quelques trucs, moyens, recettes et procédés pour y parvenir.

Ceux qui préconisent d'accumuler les uns sur les autres des paquets de coton hydrophile jusqu'à ce qu'on obtienne des « kilo-ouate » ne sont que de sinistres plaisantins.

Le procédé qui consiste à frotter une peau de chat à rebrousse-poils pour en tirer des étincelles n'est pas aussi simple qu'il en a l'air. Chaque poil de chat devant être relié à un fil, les épissures sont assez longues à réaliser et le résultat est médiocrement satisfaisant.

Il en est de même de la pile de Volta, composée, comme chacun sait, de vieux sous en bronze isolés par des rondelles de drap. Le drap étant remplacé maintenant par la rayonne et les sous en bronze par des sous en nickel percés, l'électricité qui ne se produit pas dans la rayonne risque de fuir par les trous.

La vérité est plus simple. Ainsi que chacun sait, l'énergie électromécanique est caractérisée par la différence de potentiel existant entre la courbe d'hystérésis et le carré de la date d'application du plan de détresse.

D'où il résulte que le procédé le meilleur consiste à utiliser l'énergie musculaire du bras de l'opérateur actionnant un des ustensiles de ménage à rotation tels que : moulin à café, moulin à légumes, moulin à poivre, moulin à vent, moule à gaufres, etc., préalablement modifié en vue de son nouvel usage. Prenons un exemple : démontez votre moulin à café, bobinez autour de la tige centrale cent cinquante mètres de corde à nœud géménolée dont vous aurez au préalable défait soigneusement tous les nœuds. Essayez ensuite de faire pénétrer le bobinage ainsi obtenu à l'intérieur du moulin. Il est très rare d'y arriver du premier coup, mais en usant de patience et de jurons de rechange, vous n'y arriverez pas davantage. Débobinez alors votre corde, refaites les nœuds, remontez le moulin et remettez-le à sa place, et il serait fort étonnant qu'à la fin de toutes ces manipulations la coupure ne soit pas terminée et le courant rétabli. Dans la négative, recommencez l'opération autant de fois qu'il sera nécessaire pour attendre le rétablissement du courant.

Chronique agricole

Comment faire fortune

Les beaux haricots se vendent, vous le savez, aux environs de 1 fr. la pièce (250 à 300 fr. le kilo) pour les soissons ou les haricots fèves.

Le moyen de réaliser une fortune colossale en partant de rien et même de moins que rien est à votre portée. Il suffit de cultiver les haricots : voilà mon procédé.

J'emprunte un haricot et un pot de fleurs que je remplis de terre tamisée et de fumier premier choix. Je sème le haricot, j'arrose tous les soirs. Ainsi traité, le haricot donne une plante qui grandit, fleurit, fructifie. Un haricot bien élevé me rapporte dans ces conditions 200 haricots identiques.

La deuxième année, je sème ces 200 haricots dans 200 pots de fleurs et les soigne comme les premiers. J'obtiens une récolte de 40 000 haricots. L'année suivante, je cultive 40 000 haricots dans 40 000 pots de fleurs et je récolte 8 000 000 de haricots. Je persévère une quatrième année en semant 8 000 000 de haricots dans 8 000 000 de pots de fleurs. Je me trouve alors à la tête de 1 599 999 999 haricots car je pousse le scrupule de l'honnêteté jusqu'à rendre celui qu'on m'a prêté au début.

A vingt sous le haricot, hé ! hé ! ce n'est vraiment pas si mal.

Remarquez que si vous tenez absolument à vous lancer dans la grande culture, vous pouvez commencer avec deux haricots.

La cuisine pratique

Le boudin bonhomme

Se procurer chez le marchand de couleurs une certaine longueur[1] de bourrelet à fenêtres.

Le vider de son contenu. Mettre la peau à tremper dans une bassine d'eau grasse assaisonnée.

Préparation du boudin. – Malaxer dans la bassine d'eau grasse 500 gr. de mie de pain, 900 gr. de rognures de mouton bien grasses, 375 gr. de cancoillotte stratifiée et 250 gr. de lard gras. Pilonner. Ajouter ensuite 225 gr. d'épinards et 950 gr. de graisse de mouton tiède, barratez soigneusement. Incorporez à votre préparation une belle seiche (800 à 1200 gr. environ) que vous hacherez finement sans l'éplucher ni la vider de sa poche de noir, laquelle donnera la coloration à votre boudin.

Ajouter 275 gr. de graisse de bœuf et un plein saladier d'huile végétale. Faites un roux à l'aide de tripailles de porc. Ajoutez-y 300 gr. de margarine.

Aromatisez avec 125 gr. de feuilles d'eucalyptus et touillez jusqu'à ce que ça fige.

Laissez mariner une bonne semaine.

Dépotez et roulez la pâte à boudin ainsi obtenue dans la peau de votre bourrelet, préalablement garnie de 290 gr. de graisse de cheval.

Fermez votre boudin au point de chaînette.

Le boudin bonhomme se consomme tel quel, sauté à la poêle, à la croque-au-sel ou frit dans l'huile.

1. Un mètre par convive.

N° 61 – Mercredi 4 décembre 1946

PETITES ANNONCES

OFFRES D'EMPLOI

On demande pour Mont-de-Piété, caissier très pieux.

Ménage Français moyen, épuisé par privations, cherche danseur altruiste pour assurer intérim devant buffet.

Capitaine transatlantique cherche bonne gouvernante connaissant bien routes maritimes.

DEMANDES D'EMPLOI

Chien d'arrêt cherche place dans la police. Accepterait au pis aller gardiennage cantine.

COURS, LEÇONS

Ministres, ne soyez plus inactifs durant les débats à la Chambre, suivez nos cours instructifs d'artisans : rempaillage de chaises, cordonnerie populaire, bimbeloterie scientifique, soufflage de perles, gardiens de chèvres, loueur de chaises, etc.

OCCASIONS

Par suite erreur de fabrication, artisan chapelier cède un millier de chapeaux melons façon gauche, rayures jaunes et vertes.

DEMANDES SPÉCIALES

Etudiant, 47 ans, désirant satisfaire sa famille une fois pour toutes, serait acquéreur petit bachot, neuf ou d'occasion. Ecrire : Gédéon Blèche, au journal.

DIVERS

Vieux dossiers, paperasses, circulaires annulées, etc. Se placent sur tous bureaux administratifs. Donnent impression formidable activité. Les 100 kilos : 6,80 fr.

Pliants sans pieds, facilement transportables, permettant de céder une place assise sans avoir à se lever. La pièce : 1 fr. 20. Modèle papier fort, richement décoré. Prix 1 fr. 35.

Pierres spéciales sélectionnées pour jeter dans les carreaux, le sachet, 3 fr.

Tournevis coudé, pour poses de vis dans les endroits inaccessibles. La pièce : 12 fr. 10. Le coude de rechange : 11 fr. 90.

Cravate à système ; mécanisme sur pivots, ressorts de rappel, barre de tension, chaîne brampton à rouleaux, manivelle buis roustonné. La pièce : 1972 fr. Modèle plus ordinaire : 6 fr. 10.

Trousse réparation pneus, comprenant : 1 ciseau à bois, 12 bouchons liège, 1 scie égoine, 1 lampe à souder, 1 carde à matelas, 1 étau-limeur. Le coffre : 2 987 fr. 10.

Demandez notre liquide spécial le « Stop-Graiss » pour le nettoyage des fusils gras.

Manchettes d'automobilistes pour réparations, avec chapeau cuir vernissé, chaussures toile huilée. Epargne les vêtements contre ttes taches. L'ensemble : 9 907 fr. 15.

POST-PROLOGUE (suite et fin)

Dès que les quatre joueurs furent assis, la partie commença. Pour une belle partie, ce fut une belle partie ! Ce fut même une partie mémorable, dont on peut retrouver le compte rendu détaillé dans les mémoires secrets du sieur La Jaunisse, lequel passait le plus clair de son temps une oreille collée à la porte et un œil fixé sur la serrure, mais pas en même temps, bien entendu, car cela constituerait un mouvement difficile à mener à bien, même pour un homme entraîné à ce genre d'exercice comme l'était le fidèle valet de Sa Majesté.

Le roi, dans une forme étourdissante, abattait sans arrêt des atouts, des ratouts et des ratatouts, à croire que sur huit cartes il y en avait au moins quinze qui étaient des cartes maîtresses ! Ce qui ne laissait pas de surprendre quelque peu ses adversaires, mais sans que ceux-ci en manifestassent le moindre étonnement apparent. C'étaient de parfaits courtisans, et, qui plus est, des joueurs sans passion, à part peut-être le père Joseph qui eût pu tenir tête avec succès à son royal vainqueur s'il eût vraiment voulu s'en donner la peine. Mais ce jour-là, l'Eminence grise n'était pas son assiette, ayant absorbé une quantité excessive de cuscutinette, liqueur qu'il fabriquait lui-même à ses moments perdus et s'envoyait derrière le rabat à ses moments trouvés. De sorte qu'en moins de temps qu'il n'en faut à un coureur de marathon pour faire le tour d'un marronnier, il devait au monarque une somme aussi rondelette que les fesses de sa servante, laquelle était renommée dans tout le diocèse pour l'ampleur de ses charmes.

Le cardinal qui, lui, jouait comme une tourte, il faut bien le reconnaître dût cette constatation nuire au souvenir de cette grande intelligence, perdait de son côté un magot suffisant pour entretenir pendant six mois une danseuse exigeante sur un pied plus important que celui de la fameuse Berthe, femme de Pépin, pied qui était aussi grand que son mari était bref.

Quant au malheureux comte de Védeux, c'est bien simple, il était littéralement ruiné, ayant perdu sa solde de huit ans, son cheval pie, cadeau d'un pape du même nom, sa pipe en porcelaine de Mérynos et son petit dernier.

– Sire, soupira-t-il en posant sa dernière carte sur le tapis, laquelle était un minable deux de carreau, je n'ai plus rien à perdre, fors l'honneur !

– Je ne marche pas, dit le roi. Que diable voulez-vous que je fasse de votre honneur ? Je suis déjà assez embarrassé du mien ! Mais je vous joue votre écu !

– Pardon ? fit M. de Védeux qui, un peu dur du pavillon, avait mal compris.

– Je vous joue l'écu de votre blason, dis-je, répéta le roi. Voyons, si j'ai bonne mémoire, il est de sinople aux billettes d'argent ?

– Votre mémoire, sire, je regrette de le constater, est en aussi piteux état que mes finances ; mon écu étant de gueules au besant d'or.

– Tant mieux ! s'écria Louis en assénant un grand coup de poing jovial sur la table. C'est un écu qui vaut son besant d'or ! Je vous le joue donc.

Ce fut à ce moment que, pour la troisième fois, le fidèle La Jaunisse entra sans avoir toussé au préalable, ni sur le pas de la porte, ce qui dénotait chez ce traditionnaliste serviteur un trouble exceptionnellement grave.

Le roi se tourna vers lui avec sa moue des mauvais jours qui lui donnait un air bovin et qui était désignée pour cette raison par l'incorrigible baron de Cathy sous l'irrespectueux vocable de « moue de veau » et, avec deux pointes d'agacement au lieu d'une, il l'interrogea :

– Eh bien ! Qu'y a-t-il encore ?

La Jaunisse fit un clin d'œil mystérieux que Louis XIII ne vit point ou ne comprit pas, car il lui fit signe d'approcher avec un air d'incompréhension totale si stupide que, pour faire cesser au plus tôt cet état de chose incompatible avec la majesté royale, le fidèle valet se pencha vers l'auguste oreille et y glissa un mot bref. (Non, ce n'est pas ce que vous supposez, ami lecteur… Quoique très familier avec son maître, qu'il avait vu naître et avec lequel il avait fait maintes fredaines à l'époque de l'adolescence inquiète de ce dernier, il n'eût jamais osé pousser la familiarité jusque-là.)

Cependant, à peine le roi eut-il entendu ce chuchotement discret qu'il se leva, comme projeté de son siège par un ressort à boudin soudain libéré, et faisant main basse sur toutes les mises que les joueurs venaient à l'instant de déposer devant eux, il chassa tout le monde d'un geste large.

– Vite, disparaissez ! Sortez par l'escalier de service. Non ! Pas par celui-ci, ce n'est pas lui qui est de service aujourd'hui… Par là.

Il y eut une bousculade ridicule devant la porte désignée. Puis, le comte de Védeux sortit si vite qu'il eut l'air d'avoir été escamoté par un habile enchanteur. Le cardinal, retroussant sa robe écarlate, fit une sortie très digne. Quant au Père Joseph, il fit un départ glissant et furtif, non sans barboter au passage un bibelot en biscuit Alakuyer représentant un satyre jouant du xylophone, dont il n'avait que faire, mais il était kleptomane à ses moments perdus.

Louis XIII renvoya alors La Jaunisse d'un geste indiscutablement royal, et d'un autre non moins majestueux lui fit signe d'introduire le mystérieux visiteur cause de tout cet aria. Puis, demeuré seul, il murmura :

– L'Eminence verte !

FIN DU POST-PROLOGUE

(A suivre.)

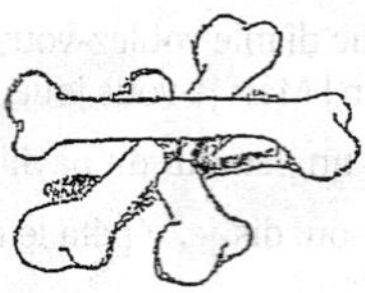

L'OS LIBRE

« Contre tout ce qui est pour – Pour tout ce qui est contre. »

NUMÉRO 62 – MERCREDI 11 DÉCEMBRE 1946

A la veille de l'élection du nouveau président du Conseil par l'Assemblée nationale, L'Os libre *s'enrichit d'une nouvelle et prestigieuse signature : Bourvil. Le créateur des « Crayons », qu'il interprète sur scène et à la radio, ajoute ainsi une corde à son arc à l'heure où il débute dans l'opérette. Le fantaisiste, que l'on a surnommé « le comique paysan », joue* La Bonne Hôtesse *de Serge Veber et Jean-Jacques Vital, avec André Claveau, une autre tête d'affiche du music-hall.*

Edito Le Khroumir en marche Déjà des jalons

par René Lefèvre

S'il est un plaisir, pour le philosophe, c'est bien celui de se sentir compris, approuvé et soutenu. Compris, nous le sommes par 27,6 % de la population. Ça n'a peut-être l'air de rien, comme ça, sur le papier, mais le jour où nous organiserons le Congrès Khroumir, vous verrez du trèfle. Approuvés, nous le fûmes à tue-tête durant ces deux dernières semaines par un courrier aussi volumineux que tonitruant. Les secrétaires spécialisées sont positivement débordées et recrues de fatigue. A tel point que l'une d'elles, hier soir, s'est endormie sur mes genoux où elle s'était assise par mégarde. Mais nous sommes prêts à supporter le poids de toutes nos responsabilités et nous saurons œuvrer pour la bonne cause, dans n'importe quelle position. Soutenus, nous le serons chaque jour davantage et les premiers résultats obtenus sont drôlement significatifs. Les groupements les plus divers nous ont envoyé leur adhésion massive et dans des termes d'une si émouvante beauté qu'ils tireraient des larmes à un pavé de grès. Jugez-en :

Nous vous suivrons aveuglément.

Signé : Alphonse Dubigleux, président de la Chambre syndicale de la myopie.
Foncez les gars, nous sommes derrière !
Signé : Prudent Thoreau, secrétaire des Turbulents des Buttes-Chaumont.
Tous les esprits un tant soit peu aiguisés sont avec vous !
Signé : Buzfuz, de l'Amicale des rémouleurs.

J'en passe et des meilleures. Est-ce à dire que l'Idée ne rencontre que d'enthousiastes adeptes ? Que non pas. Il y a les timorés, les hésitants, les timides et les craintifs. Il y a tous ceux qui n'ont pas encore compris que le tripartisme était notoirement insuffisant et que c'était le moment de se mettre en quatre. Ce sont ceux-là que nous prions de nous tendre la main, dès qu'ils auront fini de se gratter.

Ainsi que vous l'avez pu voir d'après ce qui précède, nous représentons un peu plus du quart de l'opinion et pas tout à fait le tiers. Des caberlots superficiels pourront s'étonner de cette cote mal taillée. Elle est pourtant justifiée par de puissants motifs et assujettie à une loi inéluctable qui n'est autre que la LOI DES CONFINS. Trop avertis pour n'avoir point remarqué que les gens avaient la fâcheuse habitude de se foutre du tiers comme du quart, nous sommes sûrs d'échapper à cette funeste indifférence en nous tenant adroitement à mi-distance de ces deux proportions. Est-ce-clair ?

Quand à notre chef, Pierre Dac, il avait le choix entre plusieurs appellations contrôlées : Marabout, Caïd, Cheik ou Khan. Il vient d'opter pour le dernier de ces titres, et si je révèle aujourd'hui le lieu de sa retraite, c'est pour tenter de limiter, autant que faire se peut, la pile sans cesse croissante de soucoupes amoncelées devant sa pauvre femme qui l'attend depuis cinq jours dans un petit bar de la rue de la Mouzaïa. Pierre le Khan a établi son quartier général au milieu de la mer de sable, entre Chaalis et Mortefontaine (Oise).

Dans ces imposantes solitudes, il vit chichement, d'une poignée de pois chiches et d'une demi-feuillette de raki. Je lui fis visite, hier soir, et j'eus quelque peine à le joindre car il faisait déjà sombre, quand j'arrivai. Je dus me guider sur la fluorescence de ses yeux pâles, et je le vis, enfin. A croupetons dans le sable, il avait l'air plus Khan que jamais. A l'aide d'une petite pelle de bois et d'un moule à gaufres, il édifiait de frêles bâtisses, aussitôt balayées par le vent.

– Fragilité des choses humaines, murmura-t-il.

– Hé ! fis-je pour signaler ma présence.

– Enfant, reprit le Khan d'une voix douce, passe ton chemin. Fais fissa jusqu'à ta crèche, et bonjour chez toi s'il n'y a que le poêle…

Soucieux de ne point troubler cette méditation grandiose, je m'éloignai alors sur la pointe des pieds, pendant que la brise du soir agitait faiblement ses boucles blondes et que la nuit – d'ailleurs très en avance sur l'horaire prévu – lui tombait poétiquement sur le coin de la tournante.

À Os rompus

Chez Dupont, tout n'est pas bon

Nous avons le regret d'annoncer aux lecteurs pudiques que le conseil municipal vient de repousser la requête de M. Frédéric Dupont, conseiller du VIIe arrondissement, tendant à interdire la pièce de M. Jean-Paul Sartre, *La Putain respectueuse.*

Chose plus triste encore, le mot *Putain* ne sera pas rayé du dictionnaire Larousse.

Le mot Dupont non plus, d'ailleurs.

Fruits et légumes

Pour tromperie sur la qualité de la marchandise vendue, la brigade financière de la P.J. vient de mettre en état d'arrestation le nommé René Lignac, financier de son état, en qui l'analyse a révélé un banquier non seulement marron, mais encore véreux.

On l'a jeté.

Le désarmement

A Lake Success (U.S.A.), le problème du désarmement vient de faire un grand pas en avant marche. Après délibération, les délégués de l'O.N.U. se sont en effet mis d'accord pour interdire de la manière la plus formelle l'usage de l'arquebuse à rouet, du lance-pierres et de la sarbacane.

A la prochaine séance, qui aura lieu en avril 1947, on examinera la question du boomerang et de la masse d'armes avec piquants.

Le traitement franc

A l'heure, plus ou moins juste, où une floppée de techniciens clairvoyants tripote le petit franc pour voir ce qui lui reste dans le ventre, une onomatopée s'élève à la force des poignets et résonne dans les oreilles fripées du Peuple Souverain. Ce cri, dernier né des ultimes consultations, est le diagnostic final ; l'ordonnance est là, déjà prête : le malade devra suivre, par ses propres moyens, un régime ultra sévère. Diète absolue, deux heures avant chaque repas. Une cuillerée à soupe d'exportation-cassis, compresses et compressions, toutes les deux heures de la poche à billets.

Application d'impôts de pommade dialectique toutes les semaines avec radioscopie radiodiffusée.

Suppression des subventions douloureuses par poses de ventouses tarifiées, etc., etc.

Avant d'en venir à ces tristes extrémités, il aurait mieux valu prévoir, mais gouverner c'est prévoir ou prévoir c'est gouverner ; à moins que… oui… heu… eh bien non ! Et pis, après tout, vous voyez ce que nous voulions dire. Alors, qu'est-ce que vous avez à nous regarder avec des yeux ronds !

Avis astrologique

Les personnes qui auraient oublié de contempler l'éclipse de lune de dimanche dernier ne doivent pas se désoler outre mesure, en effet, ils peuvent chaque jour assister au même phénomène entre 12 et 14 heures, heures pendant lesquelles la lune est totalement invisible.

Les grands reportages de L'Os libre

On évacue onze immeubles parisiens

Notre équipe de reporters, comme toujours en état d'alerte, devisait dans le grand salon or et tête de nègre du personnel technique lorsque, soudaine comme la foudre, la nouvelle éclata : le ministère du Ravitaillement évacuait onze immeubles parisiens !

Il y eut quelques secondes de stupeur, tant l'opération avait été entourée de mystère, et nos reporters qui, disons-le avec une légitime fierté, ont toujours mis un point d'honneur à placer leur style à l'extrême pointe de l'information, ne pouvaient en croire leurs oreilles.

Mais il fallut bien se rendre à l'évidence, et ce fut aussitôt une course folle. Deux minutes plus tard, sept de nos Cadillac transportaient aux quatre coins de Paris[1] *nos envoyés spéciaux.*

Grâce à quoi nous sommes en mesure, les premiers comme toujours, de donner à nos lecteurs une fidèle relation des émouvantes cérémonies qui viennent de se dérouler dans les immeubles abandonnés par le ministère du Ravitaillement.

73, rue de Miromesnil, un immeuble de bourgeoise apparence, c'est là que se tenaient les services de la Direction générale des boissons.

On sait avec quel courage cet important organisme s'est attaqué au délicat problème qui consistait à raréfier tout ce qui, de près ou de loin, pouvait ressembler à un liquide assimilable, et ce jusqu'à complète dessication de la glotte de 40 millions de consommateurs.

Ayant rempli (le terme est heureux) leur mission avec un plein (si nous osons dire) succès, les éminents spécialistes de la Direction susnommée décidèrent alors de tourner leur activité vers une branche moins anémiée du dirigisme officiel.

Par décision ministérielle, les locaux devenus vacants furent aussitôt concédés à la Confédération générale de la betterave[2].

Nous avons eu la bonne fortune d'assister ce matin à la cérémonie de la passation des locaux.

Sur un ton d'une sécheresse bien en rapport avec ses fonctions, le directeur général des boissons déclara simplement :

– On liquide !

Quelques sanglots vite réprimés et le nouveau directeur, tout sucre et tout miel, enchaîna :

– En qualité de président de la Fédération de la betterave, je représente 40 millions de citoyens, et à ce titre je saurai me montrer digne de mes prédécesseurs.

Et ce fut tout.

En raison du prochain départ de M. Yves Farge, le présent compte rendu tient lieu de faire-part.

18, rue d'Aguesseau, nous arrivons à l'instant précis ou les services du bureau du lait, définitivement acquis à la production intensive et unique du yaourt, levaient le siège.

1. Pourquoi 7 Cadillac pour atteindre 4 coins ? (Note de l'économe général).
2. Authentique.

En colonne par quatre, et sous la conduite de son chef le colonel Bravida, le personnel se tient au garde à vous.

– En avant… arche !

La colonne s'ébranle, gagne la rue d'Aguesseau et prend la direction du faubourg Saint-Honoré.

Nous suivons d'un œil ému l'exode de cette poignée de vaillants.

Un virage… ils vont disparaître… quelques secondes encore, et ils ont disparu.

Le lait vient de tourner.

N. B. – Les personnes désirant un appartement auront tout intérêt à ne pas se présenter 18, rue d'Aguesseau, les locaux du lait ayant été immédiatement occupés par le bureau tripartite de la pomme de terre ; ainsi après la betterave, la pomme de terre adhère-t-elle au tripartisme. Le rutabaga, pressenti, a réservé sa réponse jusqu'à son prochain congrès.

122, rue de Provence, et les volets sont toujours clos.

On procède à l'appel du personnel sous l'œil sévère de Mme Richard, à qui l'on doit l'évacuation de cet important service qui, pour n'être pas rattaché au Ravitaillement, n'en eut pas moins de fréquents contacts avec les plus hautes personnalités consulaires et sénatoriales.

– Flora ! Carmen ! Lola la Corse !

Une à une les aimables pensionnaires de cette discrète thébaïde prennent le large.

Demain, si nous en croyons une personne généralement bien informée, les services généraux du Ravitaillement prendront possession des lieux.

– Ainsi nous sentirons-nous enfin chez nous ! a murmuré tout près de moi le chef de cabinet de M. Yves Farge.

Guerre au crime

Le commissaire Poileau Luc et l'inspecteur Lachnouf ont effectué un court voyage à Marseille durant lequel ils ont visité les diverses installations policières dont la grande cité phocéenne vient d'être dotée.

Si la criminalité a quelque peu augmenté ces derniers temps à Marseille, la police, elle non plus, n'est pas restée inactive.

Les deux policiers ont, en effet, pu s'en rendre compte au cours de leur visite en admirant de nombreuses innovations.

Notamment, le pèse-voyous, ingénieux appareil disposé tous les 50 mètres et qui permet de déceler instantanément n'importe quelle espèce de crapule.

Les nouveaux pantalons vibrateurs dont viennent d'être munis les policiers marseillais ont aussi éveillé l'attention du commissaire Poileau Luc et de l'inspecteur Lachnouf. Ces pantalons, en quartz tricoté, sont hypersensibles et, s'il peut arriver qu'un agent menacé ait les fesses qui claquent des dents, le bruit est immédiatement retransmis par un amplificateur basse fréquence au poste récepteur dont dépend le policier.

Chaque homme ayant une longueur d'onde déterminée, il est alors facile de savoir lequel est en mauvaise posture, en consultant un immense tableau où chaque représentant de l'autorité est figuré par un petit drapeau.

La femme du malheureux est alors prévenue avec tous les ménagements nécessaires.

Un remplaçant est aussitôt désigné d'office et mené en force au poste vacant.

Le faux agent à cellule photo-électrique a également retenu l'attention des visiteurs. Ce dispositif consiste en un mannequin vêtu du complet policier classique. Dès qu'un malfrat s'approche de l'appareil, une lampe rouge s'allume ; si le passant est d'origine inoffensive, celle-ci s'éteint. Mais si l'homme nourrit de noirs desseins à l'endroit du policier présumé, c'en est fait de lui. Qu'il tente, par exemple, de poignarder ou de matraquer l'automate, une sonnerie puissante se déclenche au poste de police en liaison avec l'engin. Aussitôt une patrouille comprenant une voiture à ânes blindés montée par un équipage de quatre hommes résolus se prépare à entrer en action.

Ces véhicules, déjà au nombre de trois, sont équipés d'un gros radar qui permet de détecter à moins de 450 mètres les groupements d'individus attardés. Dès que ceux-ci sont repérés, un lance-grenades à viseur électronique permettant les visées au sein de l'obscurité ou du brouillard le plus dense entre en action.

Tout est paré à bord, le commandant de patrouille inspecte une dernière fois ses hommes, auxquels il donne ses dernières recommandations.

Cette opération terminée, il envoie alors un message en code chiffré au poste principal.

L'alerte générale est déclenchée et la police de Montpellier, rapidement alertée, arrivant par le premier train, n'a plus qu'à s'emparer bien vite du gros voyou surpris.

LA SCIENCE

La maison préfabriquée

La maison préfabriquée est véritablement la demeure de l'avenir.

On sait en quoi consiste le procédé : au lieu d'assembler pierre sur pierre selon une méthode aussi désuète que périmée, on apporte sur le pré où doit s'élever la future habitation (d'où son nom de « pré fabriquée ») les six pièces qui la composent.

A savoir : le parquet, les quatre murs et le toit.

Chaque maison est livrée avec un prospectus indiquant « la manière de s'en servir ». La seule difficulté est de bien mettre les six pièces à leur place, sinon la porte d'entrée se trouve sur le toit et la fenêtre sur le sol, ce qui est gênant pour rentrer chez soi à la nuit tombée.

Qu'on ne s'imagine pas que la maison se compose de murs nus. Ceux-ci sont au contraire revêtus de tous leurs appareils intérieurs. Le mur de la cuisine est pourvu de son évier, d'une batterie de cuisine et du calendrier des postes, indispensable à toute cuisine qui se respecte un peu.

La tuyauterie est également préfabriquée. Il suffit de brancher la conduite du gaz sur le robinet d'eau et le 110 volts sur la rampe de l'escalier pour que tout soit prêt à fonctionner.

Les murs de la chambre à coucher sont agrémentés à l'avance des portraits de famille. On a, en effet, constaté à l'usage une certaine uniformité qui en permet la fabrication en grande série.

Un projet plus audacieux est actuellement à l'étude pour fabriquer des maisons moulées. On retourne d'un coup sec, on démoule avec précaution et on obtient ainsi de véritables « pâtés de maison ».

Dans tous les cas, on va pouvoir en moins de vingt-quatre heures élever partout où l'on voudra (fortifications désaffectées, squares publics, terrains d'épandage, etc.) des maisons semblables les unes aux autres.

L'ensemble sera du plus gracieux effet.

Il ne s'agira pour l'habitant que de se rappeler le numéro exact de sa demeure car les maisons étant toutes pareilles à l'intérieur, il ne saurait, une fois entré, savoir s'il est vraiment chez lui.

En cas de déménagement, le précédent locataire sera tenu de déclarer le changement que son goût personnel aura apporté dans la disposition classique des pièces, sinon le nouvel arrivant risquera d'aller, en toute confiance et les yeux fermés, se coucher dans le frigidaire, si celui-ci a été mis à la place du lit.

Ce ne sont d'ailleurs là que détails sans importance, et la maison préfabriquée est, comme nous le disions plus haut, véritablement la demeure de l'avenir.

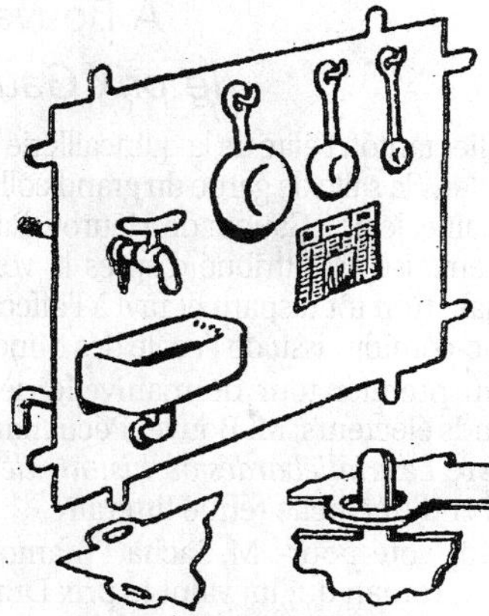

Assemblage des panneaux par pattes, avant que celles-ci ne soient pliées.

MÉLI-MÉLOS par BOURVIL

Eh ben, me v'là dev'nu journalisse maintenant ! Y manquait pus qu'ça ! D'abord, je m'en vais vous espliquer comment ça m'est arrivé parce qu'un bon journalisse doit tout dire, n'est-ce pas, absolument tout. Oui, tout !… Et puis le reste !

Y faut qu'y s'mette à nu devant les lecteurs… Devant les lectrices aussi ! La plus petite chose, on ne doit pas leur cacher. Çà, dame, y faut avoir du courage mais, pour moi, ça n'a pas d'importance ; je suis né pour faire ce métier-là. Alors, pensez, quand y s'agit de me dégraffer, je ne crains personne ! Nu… complètement !

Vous comprenez, moi, j'en ai vu d'autes… Le jour du conseil de révision, le major m'avait dit : « Bourvil, mon garçon, vous ne rougissez pas devant le monde ; vous ferez un excellent journalisse ! » Parce qu'il faut du toupet et moi, du toupet, pensez, j'en ai jusqu'au-dessus de la tête… du toupet… et qui frise encore ! Ah ! pour se mettre nu devant le lecteur, bien sûr, faut être culotté. Si vous n'êtes pas culotté, vous ne pouvez pas vous présenter en public. Ça se verrait tout de suite ! Un type qui n'est pas culotté, on le remarque, vous savez… du premier coup !

Oh ! c'est un travail, celui de journalisse : « Concentrer dans sa tête ce qu'on a sur le cœur, de façon qu'y ne reste rien sur l'estomac et que tout soit sur le papier ! » Voilà le secret. Je vous le donne. Avec ça, demain, vous pouvez devenir journalisse. Moi, ça m'est égal ; je ne crains pas la concurrence parce que, vous comprenez, j'ai le style. Pierre Dac l'a vu tout de suite que je l'avais, le style. Y m'a ouvert les colonnes de *L'Os*. Il était temps ; j'allais porter ma copie au *Figaro*.

Donc « Vous allez me faire un artique », que Pierre Dac m'a dit. J'ai répondu : « Bien sûr, y a rien de malin là-dedans, pas ? » Il a eu l'air vexé que j'dise que c'était pas malin parce que, naturellement, il en fait aussi, des artiques. Alors, forcément, il n'était pas content que j'dise que… Mettez-vous à sa place !… A moi, ça m'est v'nu comme ça, tout simplement et pourtant, il s'est vexé !… Je ne sais plus !… Mon Dieu, éclairez-moi… sans pannes… parce que, des fois, y a des pannes. Evidemment il n'a pas plu. A Pierre Dac non plus, ça n'a pas plu ! A peine entré à *L'Os*, je me mets mal avec mon directeur. Comment je vais m'en sortir ? Dès le début, j'ai le patron à dos !… Au fond, c'est bè… non, c'est idiot, hein ?

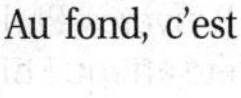

A Bouvet Pécuchard
le prix Gaudot de Mauroy

Hier tantôt, l'élite de la quincaillerie de détail et de la caisse carton se trouvait réunie dans la salle de garde du grand collecteur du 13e, pour décerner, comme chaque semaine, le prix Gaudot de Mauroy. Rappelons que ce prix de 485 francs en bons de la Semeuse est attribué d'après la volonté même du regretté Gaudot de Mauroy (hélas ! trop tôt disparu et ravi à l'affection des siens à 89 ans) à un ancien camérier franc-comtois, issu de l'école des Mines et n'ayant jamais été publié.

Au premier tour de manivelle des caméras et au deuxième de scrutin des grands électeurs, M. Bouvet Pécuchard est élu par trois voix contre trois pour son œuvre *Les Hallebardes ou histoire de Suisses*, d'une indiscutable veine imaginative et d'une belle tenue littéraire.

Ont voté pour : M. Sacha Potamord, le spirituel auteur de *Nazinette le Nez creux*, roman qui lui valut le prix Drancy 1945 ;

Mme Agathe Bouju, concierge abonnée au gaz, au B.M.O. et au J.P.P. depuis de longues années, intellectuelle occidentale ;

Paul Bouju, dit Popaul, huit ans, fils de la précédente.

(Des esprits chagrins autant qu'étroits prétendirent que le vote de ce dernier fut arraché sur la menace d'une paire de claques magistrale par Mme Bouju mère. M. F. Narco prit son air carquois et quitta la salle. Incident regrettable, d'autant plus que l'enfant ne sait pas lire.)

On passa à table : pâtes à polycopier au parmesan et hachiche Parmentier arrosés d'un Montaquin 1916 et d'un Ravito 46 qui firent claquer moult langues sur maints palais. Rien ne manquait.

Après une rapide allocation qui rapporta 17 fr. 50 à notre heureux lauréat, ce fut la partie artistique émouvante et réussie. Lucienne A. Boyer chanta l'*Ave Maria* de Potel et Chabaud, accompagnée par la nouba du 46e Régiment d'infanterie coloniale qui rendait les honneurs. Le harde breton fut bissé…

Le Franch Cancan des gardiens de square et, par autorisation spéciale de Qui vous savez, la chorale des maîtres-chanteurs à la croix de fer terminèrent ce gala si parisien.

Fort avant dans la nuit, auteurs et éditeurs s'en revinrent chez soi dans une farandole endiablée, au son des orgues de Chaillot, prêtées pour la circonstance par les Eaux et Forêts, et suivis par une foule délirante hurlant à tue-tête : « Ah ! qu'il était beau mon parvis ! » en l'honneur du lauréat.

Dans le quartier de la Glacière, nombreuses sont les devantures qui garderont, gravé dans la matière, le souvenir impérissable de cette fête de l'esprit, régal de l'intelligence qui honore un grand peuple.

Faits divers

D'ASNIÈRES (par fil spécial). – Encore un train attaqué. – Le train n° 4812 Bécon-les-Bruyères-Paris, transportant la paie des chefs de service du ministère du Ravitaillement, a été attaqué hier après-midi vers 3 h. 45 ou 9 h. 53, selon les témoignages. Au moment où la locomotive arrivait à la hauteur de la gare Pont-Cardinet, deux hommes, dont une femme, s'aidant d'un trébuchet, renversèrent la vapeur de la locomotive, l'arrêtant net.

Des complices, dissimulés le long des rails, envahirent les wagons et s'emparèrent de leur précieux chargement.

L'opération fut menée si rondement qu'elle ne dura pas plus de deux heures. La surprise fut telle que les témoins de ce vol peu banal eurent à peine le temps de jeter l'alarme que les bandits avaient déjà vidé les lieux.

Huit camions ont servi aux malfaiteurs.

Une carte d'identité au nom d'Evariste Dupont, économiquement faible, trouvée sur les lieux, permet de supposer que l'on se trouve en présence de miséreux poussés à cet acte malhonnête par le désespoir. Une somme de 6 milliards 900 millions a disparu.

DE PARIS. – Les méfaits de la cinquième colonne montante. – Ayant appris par voie de presse que les conversations téléphoniques de certains ministres étaient épiées, M. Chodlapeince, ministre de la Surpopulation, ayant volé à son domicile, y découvrait bientôt une importante brassée de microphones, dont une forte tripotée ingénieusement dissimulée sous le traversin de son lit.

Un examen rapide de son installation téléphonique lui fit découvrir, en outre, la présence insolite d'une soixantaine de câbles ; douze de ceux-ci, notamment, traversaient le boulevard, montés sur poteaux, et se perdaient dans les immeubles face à la bâtisse où loge l'infortuné ministre.

Devant la monstrueuse évidence, épouvanté à l'idée des fabuleux secrets d'alcôve qui ont pu être ainsi surpris, M. Chodlapeince a franchi la frontière ce matin à l'aube blafarde.

Quelques policiers incrédules enquêtent dolemment.

DE PARIS. – Un attentat à la radiodiffusion. – Lundi soir, vers 21 h. 10, alors qu'elle sortait des studios du 53 de l'impasse Tartouze où elle venait de procéder à son émission « Au bonheur des enfants », Mme Mady Berry a été attaquée par une horde de bambins paraissant hargneux.

Dégagée à temps par deux grands agents cyclistes, Mme Mady Berry put regagner son domicile sous la protection de la police.

Les causes de cet attentat ne sont pas encore connues.

DE MANTES. – Un ivrogne manque de provoquer une catastrophe. – Le nommé Raymond Lesage, qui, après des libations inusitées, s'amusait avec des petits camarades à souffler dans le sifflet du chef de gare, a provoqué le départ inopiné de plusieurs trains qui stationnaient en gare de Mantes.

Une douzaine d'express, huit trains de munitions, deux trains de pétrole et trois convois de wagons-foudres chargés d'acide à cidre sont ainsi partis prématurément dans toutes sortes de directions.

Un gros affolement inaccoutumé gronde dans les postes d'aiguillage susceptibles d'écluser ce déploiement de matériel ferroviaire.

On signale l'explosion de nombreux postes téléphoniques soumis à des manifestations oratoires particulièrement impétueuses.

Une poitrine à l'Américaine

Grâce aux ingénieux bâtonnets « THE POINTER BUST » du bon docteur Arsène Purin.

Toutes les dames de la haute société portent « THE POINTER BUST », une création Arsène Purin 46. Importé directement d'U.S.A. par nos commissions d'achats. En vente partout. Longueur au choix.

Prix imposé : 17 fr. 45 la paire.
Réduction de 5 % à nos lectrices
Envoi franco contre 22 fr. 30.

Après avoir vainement imploré sa grâce

Un homme puni de la caserne de Latour-Maubourg a été désigné comme futur président du Conseil

Ces tristes jours que nous venons de vivre ne doivent plus se renouveler. En attendant que, conformément à la Constitution, nous soyons pourvus d'un président de la République qui se chargera, en cas de besoin, de désigner un président du Conseil acceptable, il importait que la France soit à même de faire face à toute crise gouvernementale.

Certains « extrémistes » se consoleront peut-être de l'instabilité actuelle en remarquant que si la politique risque de manquer d'une tête, elle n'a pas à redouter chez nous de manquer de pieds.

Certes, le Parlement compte quelques hommes dévoués toujours prêts à prendre spontanément les rênes du char de l'Etat, mais aucun d'eux n'est assuré d'être soutenu par un nombre suffisant de ses collègues.

En vérité, on ne saurait s'étonner que la IVe République, qui vient de naître, doive patienter quelques années avant d'atteindre sa majorité.

On demande un Président

La conférence des présidents des groupes parlementaires a tenté de parer au plus pressé en faisant passer dans les journaux du soir une annonce ainsi conçue :

ON DEM. homm. forc. de l'âg. pour trav. fac. et b. rétrib. Aucune réf. exig. Se présent. d'urg. Ch. des Députés (entrée des cuisines), Quai d'Orsay, Paris.

Cet appel étant resté sans réponse, les présidents se sont de nouveau réunis et ont téléphoné à tout hasard à une agence de placement bien connue.

– Allô ! Pouvez-vous nous envoyer un homme intelligent et représentatif ?

– Pour quel genre d'emploi ?

– Président du Conseil des ministres.

– Hum !... Nous regrettons... Nous sommes une maison sérieuse qui ne procure que des emplois stables... Si vous aviez besoin d'un bon plongeur, par exemple...

Les présidents communiquèrent tour à tour avec les différentes officines de la capitale. Ils durent se convaincre que si nombre d'intermédiaires dévoués se chargent de fournir leurs contemporains en plombiers, nourrices, ébénistes, acteurs ou cuisinières, il n'existe aucun bureau de placement pour chef du gouvernement.

Les présidents allaient se séparer sans avoir rien décidé quand, ému de leur détresse, le garde républicain de faction à la porte de la salle demanda la permission d'intervenir.

– Nonobstant et subséquemment, dit-il, il semble que j'ai un pays qui est juteux à Latour-Maubourg et qui pourrait peut-être vous rendre service.

Pour la corvée de gouvernement

Frétant des taxis, les présidents suivirent avec empressement le brave soldat jusqu'au quartier des Invalides.

L'adjudant en question était effectivement un garçon obligeant.

– Ces messieurs ont bien fait de venir me trouver, déclara-t-il à son compatriote. Je vais arranger ça.

Sur son ordre, le sergent de semaine se dirigea vers les locaux disciplinaires et en revint accompagné d'un brigadier en bourgeron et en sabots.

– Pour la corvée de gouvernement, à droite alignement ! commanda l'adjudant.

« L'homme puni » se jeta à genoux en demandant grâce et en invoquant une vieille mère malade dont il ne voulait pas attrister les derniers instants.

Son supérieur fut intraitable.

– Silence dans le rang !... Vous serez président du Conseil, scrongneugneu !... Et tâchez moyen de marcher droit sinon vous coucherez au chose !... On va vous distribuer un quart de vin et deux cigarettes supplémentaires... Et après, vous mettrez votre tenue n° 1 et vous vous tiendrez prêt à partir à la première réquisition. Rompez !

Au moment où nous mettons sous presse, nous croyons savoir que l'intéressé n'a pas encore été transféré au Palais-Bourbon.

Saisie de l'incident, la Ligue des Droits des Hommes et des Caporaux serait sur le point d'intervenir en sa faveur.

DES JEUX ET DES RIS

Nous avons pensé que les jeunes qui lisent ce journal seraient heureux de trouver dans nos colonnes l'explication de quelques jeux nouveaux. Certes, nous ne voulons pas médire de la balle au chasseur, des barres, de chat perché et colin-maillard, mais ce sont à notre avis des jeux qui, s'ils ont fait leurs preuves, n'en sont pas moins désuets et périmés et qui ne répondent plus à notre conception des jeux sportifs modernes. Voici donc, pour commencer la série, l'amusant jeu de :

CHAPEAU VOLÉ !

Ce jeu se pratique à plusieurs joueurs et ne peut se jouer que dans un appartement situé au moins au premier étage. Plus l'appartement est haut, plus le jeu devient amusant.

Quand le joueur qui s'y colle est désigné, on lui entoure les reins d'une corde longue et solide puis on le passe par la fenêtre en faisant reposer la corde sur la barre d'appui. On laisse alors descendre doucement le joueur jusqu'à ce qu'il se trouve à 1 m. 70 du sol environ, c'est-à-dire à la hauteur de la tête des passants. A ce moment, les camarades qui tiennent la corde là-haut crient : « Chapeau... vole ! » et tirent brusquement pour ramener le joueur à eux. Le joueur du bas doit être assez malin et rapide pour s'emparer du chapeau d'une dame ou d'un monsieur. S'il remonte sans chapeau, il a un gage et le jeu recommence.

Petites Annonces

OFFRES D'EMPLOI

Camions Ford demandent pour travail à la chaîne peintre au pistolet, au canon et à la mitraillette. Appointem. en rapp.

Fabrique postes de radio cherche bon maître coupeur en grandes ondes, ondes moyennes, ondes courtes.

DEMANDES D'EMPLOI

2e main très adroite, rusée, un peu intrigante, prendrait avec plaisir place de première main dans grand atelier couture. Patron masculin, si possible ayant belle voiture.

PROPOSITIONS COMMERCIALES

Maison française, fondée 1801, cherche messieurs bien, instruits, Français, actifs, énergiques, ambitieux, belle présentation, très instruits, cordiaux, sentiments commerciaux développés pour placement muselières de guêpes tous départements. Rémunération au pourcentage.

PROPOSITIONS DIVERSES

Unique ! usager C.P.D.E., 20 ans de pratique, vend à quiconque ingénieux dispositif capable stopper tous compteurs. L'appareil simple : 1350 fr. – Le gros appar. compliqué : 3 670 fr. 80. – Article plus ordinaire, forme maillet : 7 fr. 45.

DEMANDES URGENTES

Champions de tir sont demandés pour tirer vin portugais de fâcheuse position.

On demande pour militaires égaillés sous cieux lointains, bonnes grosses marraines, moral altruiste.

COURS ET LEÇONS

Dégustateur de vins, hautes références, donnerait leçons particulières de réadaptation à son domicile. Prochaine séance : 2e lundi d'octobre, mercredi 28 décembre ; début du cours 8 h. 30 précises.

ANTIVOLS

Cale-porte fonte et acier, vernis noir, avec tige d'arrêt, diamètre 6 cm., se fixant dans le parquet.
Poids 94 kilos : 1205 fr.
Même article, mais inamovible : 3 750 fr.
Livré avec ouvre-porte de sécurité forme hachette : 4 105 fr.

Grosse cloche d'alarme, son puissant et harmonieux, très grande portée, monture bois, battant acier, 2 supports à scellements, avec chaînette galvanis., poignée 4 mains. Poids 4 kilos : 1 015 fr.

ARTICLES POUR COMMERÇANTS ÉCONOMES

Apéritif trompeur, gonflant de 8 fois son volume au contact des verres à apéritif. Le 1/8e de litre : 19 fr. 90. Conviendrait bien à cafetier voleur.

JOUJOUX

Jeu de métro, avec grand carton 55 × 40, reproduisant le réseau du métropolitain, 2 dés., 40 pions et règle. Livré avec 200 boules puantes : 150 fr.

Panoplie du ravitaillement, comprenant 6 assiettes plates dont 8 creuses, couteaux, fourchettes, 1 arête de bœuf et un os de poisson. La garniture. Prix : 176 fr. 95.

Jeu de construction, comprenant 1 grande boîte de pâte à rosbif et un grand choix d'os tous modèles. Livré avec brochures contenant instructions et nouveaux modèles. La boîte joliment décorée : 112 fr. 50.

ACHATS

Ministre production industrielle achète cher toutes heures de pointe.

MATÉRIELS POUR COIFFEURS

Protège-nez et oreilles pour débutants. Mod. ord. carton fort : 4 fr. 70. Article sérieux, convenable, belle fabrication, contreplaqué décoré : 12 fr. 10. Gros modèle pour coiffeur nerveux, ne découvrant que la partie à travailler, fonte vernissée : 196 fr. En vente école de coiffure par réaction, rue Cadet.

Chapitre III

Qui n'aide pas à rendre la situation plus claire

(On s'étonnera peut-être de voir ce roman commencer par le troisième chapitre, ce qui est effectivement assez peu courant et chagrinera sans doute les esprits routiniers. La raison de cette anomalie est simple : les deux premiers chapitres ont été employés à des fins que nous préférons ne pas préciser par notre rédacteur en chef, pris soudain d'un malaise subit entre la salle de rédaction et l'imprimerie. Néanmoins, que nos lecteurs se rassurent. L'aimable érudit à qui nous devons la découverte de ce passionnant récit historique a eu l'heureuse idée de copier le manuscrit, et possède donc les deux chapitres si malencontreusement disparus. Nous lui avons immédiatement écrit pour qu'il nous les restitue. Malheureusement, comme le digne homme, écœuré par les référendums successifs qu'on nous inflige pour un oui ou pour un non, s'est retiré du côté du détroit de Behring, cela demandera probablement quelque temps. Mais dès leur réception, nous nous ferons un plaisir et un devoir de les publier sans tarder. De sorte que nos lecteurs en seront quittes pour lire les chapitres I et II avec un peu de retard, mais ne perdront rien pour avoir attendu.

Qu'ils veuillent bien nous excuser pour ce léger incident technique. – N.D.L.R.)

Mlle Adélaïde de Mars lâcha la tapisserie sur laquelle elle travaillait depuis bientôt six ans, ce qui l'avait fait surnommer Miss Pénélope par sa vieille nourrice irlandaise, et qui représentait une mêlée de rugby, jeu introduit en France par cette même nourrice qui le pratiquait en compagnie des joyeuses commères du quartier, et soupira.

Ce fut un soupir d'une telle puissance que le rideau de velours à côtes de la haute fenêtre à meneaux, près de laquelle se tenait la blonde enfant (avons-nous dit qu'elle était blonde ? sinon, nous le disons, car elle l'était et nous n'avons pas pour habitude de dire ce qui n'est point), décrivit une gracieuse parabole et masqua pendant un court instant le rayon de soleil qui, passant à travers la bouche d'un héraut d'armes hurlant une muette sentence sur le vitrail, venait se poser sur celle de la jeune fille.

Mme de Roudoudou, tante d'Adélaïde, leva les yeux qu'elle tenait obstinément fixés sur un vieux missel-cérébos qu'elle lisait depuis trente-sept ans sans parvenir à en comprendre le sens ésotérique et, se levant, vint poser affectueusement ses mains sur les épaules de sa nièce, et demanda :

– Qu'as-tu donc ? Es-tu souffrante ?

– Oh ! non, ma bonne tante, répondit Adélaïde, en soupirant de nouveau de telle sorte qu'une pelote de laine tête de nègre roula jusqu'à la porte. Je ne suis pas souffrante, mais je suis bien malheureuse.

– Malheureuse, toi ? la plus choyée et la plus jolie fille de la Cité ? Et pourquoi donc, grands dieux ?

– Oh ! ma tante, ma bonne tantine, ma brave tantinette… Je suis amoureuse.

– Et de qui donc, ma belle ?

– De M. de Voloter, avoua la blonde enfant en rougissant comme une écrevisse plongée dans l'eau bouillante.

– Par exemple ! s'écria Mme de Roudoudou, laquelle, de son côté, avait un faible pour la calvitie précoce et distinguée de ce noble seigneur. Mais c'est de la folie !

– Je le sais bien, murmura sa nièce en plongeant du nez sur sa tapisserie. Mais qu'y puis-je ?

– Tu puis-je l'oublier ! Voilà ce que tu puis-je… Et M. de Voloter le sait-il ?

– Oh ! non ! Je n'oserais jamais le lui dire ! Mais je l'aime et il est si brave et si imprudent que je crains continuellement pour sa vie. Et puis, mon père, vous le savez, a pour moi des visées plus hautes et intrigue, depuis que je suis née, ou peu s'en faut, pour m'obtenir la place de favorite auprès de notre bien-aimé souverain. Hélas ! s'il savait combien il me sera pénible d'accorder à quelqu'un que je n'aime pas, fût-il roi, les charmes que je serais si heureuse de laisser prendre à celui pour qui mon cœur bat !

– Petite insensée ! il faut chasser tout de suite de ce cœur qui bat de travers cette passion vouée à l'échec.

– Pensez-vous, ma pauvre tante, qu'on chasse une passion comme on chasse un dix-cors ou un cul-blanc ? Aucune arquebuse, aucune arbalète, aucune pertuisane ne peut tuer l'Amour ; et si bon disciple de saint Hubert qu'il soit, l'auteur de mes jours lui-même n'y parviendrait pas.

– L'auteur de tes jours… l'auteur de tes jours… grommela Mme de Roudoudou dans sa barbe (avons-nous dit qu'elle était barbue ? Or, elle l'était indiscutablement, au point de rendre jaloux le sire Bernard de Trystan en personne), car elle savait mieux que quiconque à quoi s'en tenir sur la fidélité de sa sœur, épouse du marquis de Mars et mère d'Adélaïde, femme à l'esprit lourd mais à la cuisse étonamment légère. L'auteur de tes jours a parfaitement raison ! conclut-elle brusquement en se rasseyant sur le carlin favori de sa nièce, qui avait profité de l'abandon du siège avunculaire pour y loger sa minuscule personne, et qui, littéralement aplati par les 180 livres de cette gracieuse quinquagénaire, protesta énergiquement en plantant vigoureusement ses dents dans le plantureux fessier qui l'opprimait. Ce qui lui valut d'être incontinent expédié vers le plafond de la chambre par un magistral coup de pied de la bonne dame ainsi atteinte dans sa dignité et dans son postérieur. Il retomba en plein sur la tapisserie tendue qui fit ressort et le renvoya dans le vitrail de la fenêtre, lequel ne résista point à ce brusque et violent contact, et, passant à travers la tête d'un saint Chrysostome qui s'attendait à tout sauf à ça, il disparut dans l'espace ensoleillé…

On ne sut jamais, d'ailleurs, ce qu'il devint.

(*A suivre.*)

L'OS LIBRE

« Contre tout ce qui est pour – Pour tout ce qui est contre. »

NUMÉRO 63 – MERCREDI 18 DÉCEMBRE 1946

Léon Blum a été élu président du Conseil par l'Assemblée nationale. Parmi les nouveaux ministres, André Philip succède à Robert Schuman au portefeuille délicat des finances. Deux humoristes font une entrée discrète à L'Os libre *: Pierre Cour et Francis Blanche. Ils animent, sur la chaîne de radio nationale, « Sans rime ni raison », une émission de variétés à succès. Francis Blanche écrit aussi des chansons et des poèmes. Il adule Pierre Dac qu'il ne va croiser qu'une seule fois, brièvement, dans les couloirs du journal. Deux ans plus tard, ils deviendront professionnellement inséparables.*

Edito La constitution khroumire

par Pierre Dac

Combien il est réconfortant, dans les heures difficiles que nous traversons, alors que nos hommes politiques se débattent stérilement au sein des vagues et des lames de fond d'un océan en proie à une tempête de furieuse incompréhension, combien, disais-je, il est réconfortant et apaisant de se rafraîchir au courant tranquille et serein de l'onde pure et transparente de la Constitution khroumire.

Car elle coule comme une source, cette Constitution khroumire, comme une source limpide dans laquelle une fée bienfaisante aurait jeté des paquets de miel sulfamidé et des pochettes-surprises de cassonnade et de réglisse de bois. Je l'ai sous les yeux, à portée de la main et à peine à une portée de bidon du plus proche poste d'essence. Elle est composée de cinquante-trois articles dont les six derniers sont judicieusement et respectivement numérotés de 37 à 92.

A dire vrai, la Constitution khroumire n'est pas une constitution, mais, plus exactement, le Code de la Sagesse infuse. Car chacun de ses articles est frappé au coin du plus pur bon sens.

C'est ainsi que le système khroumir de gouvernement n'a absolument rien de commun avec le nôtre. En réalité, il n'y a pas de gouvernement khroumir.

Le peuple khroumir, en application du principe de la démocratie intégrale, se dirige véritablement lui-même. La représentation parlementaire est considérée comme parfaitement inutile ; aussi bien n'existe-t-elle pas. Et pour cause, puisque tout citoyen khroumir est appelé à participer, à tour de rôle, aux affaires du pays. Une seule condition est requise : la majorité. La majorité d'âge, entendons-nous bien. C'est-à-dire que tout citoyen khroumir ne peut s'occuper de la chose publique avant d'avoir atteint sa majorité, ce qui n'est pas aussi simple que ça en a l'air, étant donné que la majorité, d'après la loi khroumire, est singulièrement variable ; il n'y a pas d'âge limite : un Khroumir peut être majeur à dix ans et demi ou ne pas l'être à soixante-quatre ans. C'est une question d'appréciation et de maturité individuelle.

Mais, par contre, dès qu'on a accordé, après enquête, sa majorité à un Khroumir, celui-ci passe, trois mois plus tard, l'examen du permis de conduire les affaires publiques. S'il réussit, il fait alors définitivement partie du peuple souverain et, de ce fait, contribue, avec les autres, à œuvrer dans l'intérêt supérieur du pays.

Tous les mois, on réunit sur le champ de foire tout ce que le peuple khroumir comporte de citoyens jouissant de leur majorité et les décisions sont prises en commun, c'est-à-dire à la minorité moins quatre voix multipliées par dix-sept, et tout ça sans président, sans ministres, sans administration, sans rien. Il est évident qu'une telle façon de procéder n'a de chances de réussir qu'auprès d'un peuple suffisamment évolué, ce qui est le cas pour le peuple khroumir qui en est à un stade de civilisation extraordinairement avancé ! Je n'en veux pour preuve que l'usage qu'on y fait de la liberté : la Constitution khroumire ne prévoit en effet ni police ni tribunaux.

Est-ce à dire qu'en pays khroumir on ne vole ni assassine ? Au contraire. Mais les vols, les meurtres, les escroqueries et tous autres actes délictueux ne s'y commettent qu'à l'amiable, sur préavis, et qu'après accord absolu des parties contractantes et intéressées. Ainsi, de cette manière, jamais d'histoires, jamais de complications.

Je ne vous donne là qu'un bien léger aperçu de la structure sociale et législative khroumire. Il sera néanmoins, je l'espère, suffisant pour faire apprécier à chacun l'utilité de la campagne que René Lefèvre et moi menons obstinément en faveur de l'idée khroumire. Tôt ou tard, nous réussirons à l'imposer ; et le plus tard sera le moins tôt ; ce qui fait qu'en fin de compte il n'y a que ça qui compte.

Vicomte de Noël

M. Gontran de la Tronche, vidame des Lavabos, vient de se voir décerner le titre de vicomte honoris causa à l'occasion des fêtes de Noël. Nos félicitations à ses parents.

Compte de Noël

Les personnes désireuses de se faire ouvrir un compte, à l'occasion des fêtes de Noël, peuvent s'adresser partout où l'on ouvre des comptes, et à l'heure où la chose se pratique habituellement.

N° 63 – Mercredi 18 décembre 1946

MÉLI-MÉLOS **par BOURVIL**

Vous avez vu ? Y parait qu'on cherche un président de la République ! Du moins, c'est un bruit qui court et on doit se méfier des bruits qui courent, surtout après dix heures du soir parce que ça empêche les voisins de dormir ! Aussi, pensez, moi, j'me méfie, c'pas ; je suis sur mes gardes ! Quand on est journalisse, y faut savoir accueillir les nouvelles avec prudence. Alors, pour l'instant, je fais semblant d'y croire, mais, au fond, je pense c'que je veux et personne ne m'en empêchera… de penser c'que je veux !

Pourtant, aujourd'hui, y faut que je vous parle du Président. Mon rédacteur en chef m'a dit : « Il est question de mettre une paire de fesses sur le fauteuil de l'Elysée. Bourvil, vous vous occuperez d'elles. (Elles, c'est les fesses.) Vous allez me faire un grand reportage… » Eh ben ! j'y suis allé, à l'Elysée. J'ai vu d'abord le concierge. (Y a que lui que j'ai vu, du reste.)

– Bonjour, monsieur, que je lui ai dit.

Parce que la première chose, dans le reportage, c'est d'être poli. Si vous n'êtes pas poli, on ne vous laisse pas entrer. (Remarquez que le concierge m'a fichu à la porte quand même, mais ça m'était bien égal, c'pas, j'avais la conscience tranquille !)

– C'est *L'Os* qui m'envoie, que j'ai précisé au concierge.

– *L'Os ?* qu'y m'a répondu. Inutile d'insister, on n'accepte plus de nouveaux candidats.

Eh ben ! vous me croirez si vous voulez, je suis parti là-dessus. Je savais à quoi m'en tenir. J'étais en mesure de renseigner mes lecteurs. Maintenant, je peux vous affirmer que *L'Os* ne sera pas président !… Qui alors ?… Voilà !… Un peu de patience et, le 16 janvier, je pourrai vous donner mes « pronostics » (c'est un mot savant.) Tout de même, Marianne me paraît bien jeune pour prendre un mari. A peine née, on lui colle déjà un homme sur les bras ! Moi, quand j'ai convolé avec ma femme, elle venait d'avoir trente ans aux prunes. Seulement, çà, dame, c'est une femme, une vraie, mais aussi, naturellement, je la soigne !… Le docteur est toujours à la maison, même quand je n'y suis pas… Et ça se comprend : qui est-ce qui… hein… veillerait sur elle ? Çà, pour la suivre, le docteur, il la suit… dans toutes les pièces ! Pendant ce temps-là, moi, je suis tranquille, je peux m'occuper de mon reportage, des futures fesses présidentielles. C'est pratique, hein ?

Bourvil

Son prédécesseur ayant déposé son bilan
Le nouveau ministre des Finances dépose son bilieux

On sait que M. Robert Schuman, ministre des Finances sortant, histoire d'embêter son successeur, avait déposé son bilan, faisant ainsi ressortir le triste état actuel de notre Trésor public.

A peine au pouvoir, son successeur a déposé son bilieux, afin de prouver, au contraire, que tout allait bien chez nous.

Une ère de prospérité sans pareille

Il était temps, en effet, de réagir et de projeter sur notre situation la lumière éclatante de la logique.

Car jamais l'activité du pays n'a été aussi intense. Des corporations entières connaissent même une prospérité inespérée. Les hôpitaux sont pleins. Les prisons également.

Le marché noir, dont, se répandant en propos pessimistes, un certain Yves Farge annonçait la mort pour Noël, est plus actif que jamais.

Les huissiers, syndics, liquidateurs judiciaires voient leurs cabinets quintupler leurs bénéfices. Sous peine d'être débordés par le nombre sans cesse croissant des faillites, ils doivent augmenter leur personnel, agrandir leurs locaux, perfectionner leur outillage au point que les exploits sont dorénavant rédigés en grande série et les scellés posés à la chaîne.

Il en est de même des percepteurs qui, avant guerre, réussissaient péniblement à rassembler quelques dizaines de pauvres petits milliards d'impôts et qui, sans effort, sans publicité, sans frais, arrondissent maintenant chaque année leur chiffre d'affaires de plusieurs centaines de milliards supplémentaires.

Quant aux armuriers, grâce à la mode des attaques nocturnes, ils n'ont jamais autant vendu de revolvers et de casse-têtes qu'à présent, et leur prospérité entraîne, par contre-coup, celle des magistrats assis, debout ou couchés, des avocats, des journalistes, des témoins, des jurés, des juges d'instruction, des policiers, des geôliers et des employés de pompes funèbres !

Fiat luxe !

D'autre part, si notre commerce de luxe est victime d'un ralentissement, son relèvement est facile et dépend uniquement des Français eux-mêmes, car trop de nos compatriotes, sous le fallacieux prétexte qu'ils ne disposent que d'un modeste salaire, s'abstiennent systématiquement d'acheter des parfums compliqués, des manteaux de vison, des rivières de diamants (toutes choses qui sont pourtant en vente libre), voire de faire la noce à Montmartre.

Soucieux de remédier au plus vite à ce snobisme de la ladrerie qui, si l'on n'y prenait garde, ne tarderait pas à s'étendre, le ministre des Finances suggère la création d'un service bambocheur obligatoire, conçu à l'exemple du service militaire idem.

Comme l'impôt du sang, les citoyens dignes de ce nom doivent payer à la patrie l'impôt de la rigolade.

A l'âge de vingt ans, les jeunes gens de nationalité française ou assimilés seraient donc convoqués devant un conseil de révision et examinés par un médecin qui les déclarerait aptes ou non à ce que la France attend d'eux.

Sous la direction de femmes expérimentées, choisies parmi celles que Mme Marthe Richard vient précisément de faire mettre en disponibilité, lesquelles formeraient les cadres de cette nouvelle conscription, les recrues iraient, quatre par quatre, et au pas cadencé, dans les boîtes de nuit, bars, dancings, restaurants hors catégorie, magasins de luxe et autres endroits sélects.

Leurs instructrices les initieraient notamment au videment en trois temps de la bouteille de champagne, au lancement des boules multicolores et des serpentins, à la danse du boggie-woogie en décomposé, et au paiement des factures sans discussion.

Des galons et des distinctions honorifiques récompenseraient les bambocheurs reconnus les meilleurs.

Après un service actif de dix-huit mois, les recrues seraient rendues à la vie civile nanties d'un certificat, à charge d'effectuer, à quarante et à soixante ans, deux périodes d'entraînement de vingt et un et de treize jours.

Souhaitons que le pays, conscient de la gravité de l'heure, accepte sans hésiter le nouvel effort qui lui est demandé.

Comte de Noël

Le comte de la Roche-Fripée, retenu par une chasse d'eau de gibier, aux antipodes et aux antilopes, fait savoir à la tripotée d'amis qu'il avait invités à Noël que le repas chaud prévu leur sera servi froid à son retour et à une date sûrement ultérieure.

Communiqué

Le sous-secrétariat à la préfecture de police rappelle au public qu'il est toujours interdit de brûler des chiffons gras sur la voie publique, rapport aux mauvaises odeurs et à la fumée, au-delà de 10 heures du matin et de 8 h. 30 du soir.

Une histoire de fous

Telle est celle que certains journaux, prétendument d'information, servent depuis quelque temps à leurs infortunés lecteurs.

A les entendre, des personnages inconnus mais curieux pousseraient l'indiscrétion jusqu'à intercepter les conversations téléphoniques de nos ministres, députés, conseillers de réflexion et autres dignitaires politiques.

Pour satisfaire leur coupable curiosité, nous explique-t-on, ces gaillards n'hésiteraient pas à utiliser le truc inventé par un ingénieur allemand habitué à esgourder aux portes, Herr Doctor Heinrich Mentzel.

Truc consistant en un cadran antimagnétique que l'on superpose au cadran réglementaire du téléphone automatique.

Grâce à ce cadran, il serait possible de se brancher sur n'importe quelle ligne, au choix, pour capter gratuitement les communications de passage par là.

En résumé, une manière de petite table d'écoute individuelle, portative et tout ce qu'il y a de coquin.

Seulement, nous, cette histoire-là, on n'y croit pas !

Plus exactement, on y croit sans y croire et tout juste dans une certaine mesure.

Le Herr Ingenior esgourdeur, on y croit.

Le cadran antimagnétique, on l'admet.

Le branchement à la sauvette, ça va encore.

Mais, pour le reste, halte-là ! Adieu notre petite table !

Qu'il existe par le monde un pauvre type capable de se donner tout ce tintouin pour le plaisir d'écouter parler des hommes politiques, ça non, on n'accepte pas !

Parce que, nous, quand on en entend un à la radio, on tourne le bouton !

Une tranche supplémentaire de la Loterie nationale

Le 25 décembre sera tirée une tranche supplémentaire de la Loterie nationale.

Cette tranche portera le nom de « tranche de melon », elle sera tirée à la courte paille et à bout portant.

L'intérêt de ce tirage exceptionnel réside dans le fait qu'il ne sera procédé à aucune émission de billets ; on espère ainsi contenter tout le monde puisqu'il n'y aura en fait ni perdants ni gagnants. Ce qui n'a aucune importance, aucun lot n'étant prévu.

Ponte de Noël

Une poule multicolore, appartenant à M. Charles Diarhe, quincaillier à Pouilly-en-Auxois, a pondu, en prévision des fêtes, une carabine Euréka, un cache-poussière, un saucisson à l'ail, un col en celluloïd, un gilet à manches souples et un gros œuf.

Escompte de Noël

Les personnes qui, à la veille de Noël et les jours suivants, effectueront des versements supérieurs à 100 000 francs à la Banque Malfrat et Cie bénéficieront d'un escompte de 47 % payable dans les années à venir.

LA SCIENCE

La poudre à guérir les coupures

Un de mes très honorables confrères auquel je me plais, par ailleurs, à rendre hommage, a cru devoir, il y a quelques jours, donner dans ce journal certains conseils pour faire soi-même son électricité. Je n'aurais, en d'autres temps, rien trouvé à redire à cette initiative, si ce malheureux confrère ne s'était permis d'abriter ses élucubrations dans les colonnes d'une rubrique scientifique, alors que les énormités qu'il s'est permises relèvent bien plus sûrement du charlatanisme et de l'escroquerie conjugués.

Je viens, moi, vous mettre au courant, c'est le mot exact, d'une découverte bien soignée et bien propre à révolutionner nos conceptions actuelles de l'éclairage électrique, découverte que vient de mettre au point le célèbre électrologue Casimir Ladrouille. Il ne s'agit ni plus ni moins que de « la poudre à guérir les coupures », comme l'a si spirituellement baptisée son auteur.

S'appuyant sur les récents travaux de Thalès de Millet d'une part et sur ceux de Volta de l'autre, Casimir Ladrouille est arrivé à la synthèse suivante : P = Vnr + Tr = RT Log PPb – 2'504" H2 + Pb 0 Hé (8888888) = So4 Pb + 2 HéOSO u Pb, étant bien compris qu'il faut que le sous-produit de deux résistances opposées soit égal au produit des deux autres, soit : P = K I t A.

Bien sûr, s'écrieront certains et même d'autres, c'est d'une simplicité biblique ! Cependant, malgré la simplicité apparente de cette formule, ce n'est pas si simple que ça et, pour égarer les curieux, la composition de cette poudre est sauvagement tenue secrète. Ce que nous sommes seulement autorisés à dire, c'est qu'elle contient du sel, du sel fin, du gros sel, du sel marin, du sel de cuisine et du sel égrugé.

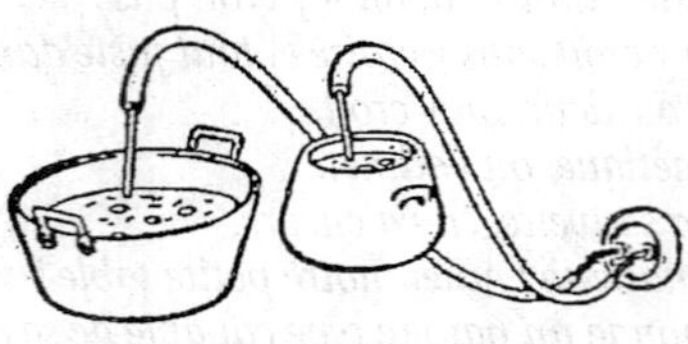

Montage de l'installation.

Son emploi est des plus pratiques. Voici : munissez-vous de deux récipients assez larges ; deux soupières, même dépareillées, feront très bien l'affaire ; mettez dans chaque soupière une cuillère à soupe de la poudre Ladrouille. Dans une des soupières, versez un litre de bouillon gras bien chaud dans lequel vous jetez en pluie 57 vermicelles dits « cheveux d'ange » de 258 millimètres, et, dans l'autre soupière, versez un litre de vinaigre de vin à 25 degrés Réaumur en ajoutant 8 cornichons moyens coupés en rondelles. Vous comprenez pourquoi ? Laissez infuser quelques minutes et plongez dans chaque soupière un fil de laiton soigneusement décapé dont les extrémités seront fixées à une prise de courant femelle de votre appartement après avoir fermé le compteur. Tournez un commutateur, vous obtiendrez ainsi un courant doux et régulier de 91 volts 5 environ, suivant la grosseur des cornichons, et ce, pendant trois heures. Au bout de ce laps de temps, videz les soupières et nettoyez-les soigneusement à la paille de riz pour enlever le tartre dû à la polarisation et rechargez vos soupières comme il est dit plus haut.

Pour cette sorte de courant, utilisez des ampoules de 2,5 volts ou des tubes néon ou dentifrice à 18 périodes néophasées.

Prof. Léopold Sparadrap.

À Os rompus

Le chauffage au soulier

A court de charbon et sans doute en proie à un léger délire éthylique, certaines personnes croient devoir mettre, le soir de Noël, leur souliers dans la cheminée.

Nous ne saurions nous élever assez énergiquement ni assez haut contre une telle pratique. Le soulier, quelle que soit sa forme et sa pointure, constitue un combustible détestable et d'ailleurs terriblement coûteux. Si vous tenez absolument à mettre quelque chose dans votre cheminée, placez-y donc plutôt une ou plusieurs bonnes bûches.

Mais, dans ce cas, exigez la véritable bûche de Noël, de la vieille marque SCAFERLATI.

En vente dans tous les bureaux de tabac.

Mise au poing

Conséquemment aux mesures prises par l'Amicale des dictateurs, la Fédération des usurpateurs patentés fait savoir qu'elle s'élève violemment contre la récente révolution paraguayenne. Porte à la connaissance du Syndicat des révolutionnaires-émeutiers de 1re, 2e et 3e classe que toute révolution, avant d'être déclarée, doit être portée à sa connaissance vingt-quatre heures à l'avance, sur papier timbré, en spécifiant s'il s'agit de : 1° Emeute simple ; 2° Emeute moyenne ; 3° Grosse émeute à caractère révolutionnaire.

La Fédération des usurpateurs est seule habilitée pour désigner la date et l'heure exacte de toute révolution, de même que les noms des usurpateurs suivant les disponibilités de sévice.

En conséquence, considère la révolution paraguayenne de ces jours derniers comme nulle et non avenue, et dégage toute responsabilité en ce qui concerne les frais occasionnés par cette opération, décidée arbitrairement.

Nous tiendrons nos lecteurs au courant de la situation dans nos prochaines séditions.

---

par Pierre Cour

L'OS DE CŒUR

et Francis Blanche

Par une coïncidence assez étrange, un volumineux courrier nous attendait dans notre somptueux bureau de L'Os libre*…*

– Tu n'as pas l'impression d'exagérer un peu ?

– Non… juste ce qu'il faut… Donc, disais-je, nous nous sommes trouvés devant un courrier monstre… un courrier d'ogre… un courrier de tigre…

– Un courrier de lion…

– Merci… Des lettres venant des deux coins du monde et des quatre points cardinaux, chacune apportant son problème sentimental, chacune réclamant sa part d'espoir et de consolation…

– Nous avons pris les premières arrivées… Nous nous sommes penchés sur les cas tellement humains qu'elles exposent… Et nous y répondons aujourd'hui… sans tarder.

Mlle YVONNE R., à Suresnes, nous écrit :

La vie m'a douloureusement blessée... Il y a quinze ans de cela, mais la plaie est encore ouverte... Mon cœur saigne... Que faire ?

– C'est très simple... Nettoyez d'abord la plaie avec de l'eau oxygénée... Puis faites un petit pansement avec du sparadrap et de la gaze... Quand il y a de l'eau dans la gaze, changez le pansement.

Et si, malgré tout, votre cœur continue à saigner, alors, voyez le pharmacien.

***

– Vous avez tort, CORDON BLEU, de faire cuire vos nouilles à même la casserole, sans y mettre de l'eau ! Pas étonnant que les pâtes aient été sèches et dures et que vos invités les aient jetées au plafond ! Essayez donc notre système de cuisson à l'eau bouillante et vous en serez satisfaite...

***

PÂQUERETTE OUBLIÉE nous confie :

Depuis quelque temps, mon mari semble m'ignorer... Il rentre le soir sans m'adresser la parole et son regard passe sur moi sans s'arrêter. Je ne compte plus pour lui... Je me sens seule et perdue...

– Votre cas est sérieux, PÂQUERETTE OUBLIÉE... Nous y voyons les premiers symptômes de l'oubli dans le cœur de votre époux. Essayez d'attirer son attention par tous les moyens : jouez de la trompette quand il rentre, mettez un casque de pompier et une fausse barbe pour servir le potage, poussez des cris gutturaux et faites des claquettes sur la table avant de vous mettre au lit...

Si malgré tout il persiste à ne pas vous voir, alors... essayez le plastic et la dynamite, mais... avec la plus grande prudence ! Attention à la vaisselle... !

***

MADAME LA COMTESSE J. R. DE P. DE R. nous écrit :

Je me trouve à la tête d'une grosse quantité de vieux croûtons de pain rassis... Que puis-je en faire ?

– Jetez-les.

***

M. FXBRZ KLOTZENPIFT, à Ljprzmzlh (Europe centrale) nous demande :

Prxbq ghnklf xo + tüwxbtroughj kqsipld'op Bhrjuyklof???...

– Mais bien entendu, cher monsieur, mais attention aux complications !...

***

Quant à Mme VIOLETTE F., rue Jean-Mermoz, à Paris, elle nous dit :

Vous m'êtes très sympathiques... Je voudrais vous faire cadeau de quelques paquets de cigarettes... Auquel de vous deux dois-je les envoyer ?

– A Pierre Cour, journal *L'Os libre*, 1, boulevard Haussmann, Paris, chère madame...

– Mais non... mais non... à Francis Blanche, journal *L'Os libre*, 1, boulevard Haussmann, à Paris...

– Allons, allons... c'est moi qui y ait droit...

– Ecoute... tu sais bien que je suis grand fumeur !

– Ne l'écoutez pas, chère madame Violette F., c'est moi qui...

– On va bien voir !

***

N. D. L. R. – *Pour des raisons qui nous échappent, nos amis Pierre Cour et Francis Blanche se sont battus comme des chiffonniers dans les bureaux de notre journal...*

Ils sont actuellement, l'un à Marmottan, l'autre à l'Hôtel-Dieu, mais le courrier doit toujours leur être adressé à L'Os libre, *1, boulevard Haussmann, Paris...*

Tonte de Noël

MM. les moutons et assimilés, désireux de se faire toiletter en lion ou en caniche pour les fêtes de Noël, peuvent s'adresser à M. Marcel Vissuzaine, coiffeur à Beaune, pendant la période des fêtes de Noël.

Honte de Noël

Des inspecteurs de la brigade des jeux ont arrêté un individu alors qu'il sortait subrepticement d'un magasin de jouets déguisé en Père Noël et la hotte chargée de joujoux. Le honteux individu déclara être venu se ravitailler pour pouvoir garnir les souliers des petits enfants. Au dépôt.

Mécompte de Noël

Sortant d'une boutique où il avait effectué ses achats de Noël, un monsieur constata qu'on lui avait rendu 132 sous en moins. Sur sa réclamation, le marchand, pour lui rendre la monnaie de sa pièce, lui envoya l'appoint sur la figure.

Fabriquez vous-même votre cadeau de Noël

Un stylo facile à construire

Faire fondre à feu doux, dans une casserole désaffectée, 150 gr. de bakélite ou d'une matière plastique quelconque.

Couler la matière en fusion dans un vieux tube de comprimés d'aspirine. Avant que la bakélite ne fige, introduisez un crayon dans la pâte, bien au centre.

Vous obtenez, ainsi, le corps de votre stylo, avec le creux nécessaire à l'introduction de la poche à encre.

Pratiquez de même pour le chapeau de votre porte-plume, sur lequel vous monterez l'agrafe, faite avec une épingle de nourrice.

Taillez le conduit d'encre dans un morceau de bois dur.

Prenez la plume dans un mince feuillard d'or ou, à défaut, dans un morceau de boîte à conserve.

Utilisez un morceau de chambre à air pour confectionner la poche à encre.

Un trou de 3,4 de diamètre au sommet du corps de stylo servira à y introduire le bouton-poussoir, (un morceau de corde à piano de 3 de diam., et d'une longueur de 4 cm) lequel, appuyant sur le caoutchouc, fera monter l'encre.

Et voilà votre stylo prêt à fonctionner. Si, malgré ces simples explications, vous n'obtenez qu'un résultat navrant, c'est que vous n'êtes pas dignes de nos conseils ; et, en ce cas, nous vous abandonnons à votre pénible sort.

Fonte de Noël

On va procéder, le jour de Noël, sur les routes de montagne, à la projection de petits morceaux de fonte destinés à accélérer la fonte des neiges.

Unique durant les fêtes de Noël chez tous les dépositaire

SACAVIN

Aramon de table 8°5, le litre : 24 fr. 90 (avec l'inscription).

Le même, mais avec étiquette « appellation contrôlée »

richement décorée, enluminures premier choix,

la bouteille de 75 cl. : 295 fr. 80 (en vente libre).

L'étiquette seule : 2 fr. 70.

Buvez bien, mais du Sacavin.

DES CADEAUX POUR TOUS

Nos services commerciaux ayant su passer au moment psychologique d'importants marchés avec les firmes spécialisées dans le cadeau de fin d'année, nous sommes en mesure d'offrir à nos fidèles lecteurs un choix incomparable d'articles de toute première qualité.

Nous nous excusons de ne pouvoir présenter ci-dessous qu'un modeste aperçu de ce que nous détenons actuellement en rayon. Le catalogue complet (325 pages) est envoyé sur simple demande accompagnée de la somme de 300 francs[1].

Un escompte de 10 % sera consenti à tout membre du parti khroumir accompagné de son infirmier.

1. Suisses.

Le quadripartisme

Amusant guignol (couleurs sans danger) 275

Avec routes de secours, modèle Herriot 1900

La pipe seule 3,50

Jeu du Français moyen

Jolie boîte de 12 pièces, dont une ceinture à serrage automatique, un gracieux bonnet d'âne et un distributeur de taloches avec, en prime, une très belle balayette à accrocher dans les reins. – La jolie boîte belle imitation de bois véritable..3500

Jeu de Société

à responsabilité limitée, très récréatif, comprenant 12 pièces dont une panoplie de petit failli et une paire de menottes. La boîte pour 4 personnes....... 1010

Le vrai policier

Belle panoplie av. nombreux accessoires : barbe de trois jours, col celluloïd, gabardine et brodequins à clous. 1 200

ÉTRENNES INUTILES

Cure-dents. Le mille.. 0,10

Pelle à tarte, d'un bel effet décoratif 12,50

Sucrier, peut servir de vide-poches................................ 3,25

Cafetière 1940, garantie neuve .... 10. »

Gaines amincissantes, livrées sous globe 23,90

Etrennes nuisibles

Jus de fruits. La caissette de 12 flacons assortis.......... (A refuser)

Machine à laver

Pour grosses exploitations agricoles. Nettoie et classe automatiquement tous billets et valeurs (nombreuses références) **12 000**

JOUETS

Jeu de Grâce

(Brevet Teitgen)

Ne fonctionne qu'à partir du grade de colonel **..... 75**

Jeux de reconstruction comprenant un ministre carton pâte, un sac de plâtre, 1 m^3 de planche, 5 kg de clous, une échelle, une carte de France et une boîte d'outils divers à manches retroussées. L'ens. : **........... 2 525 fr. 10**

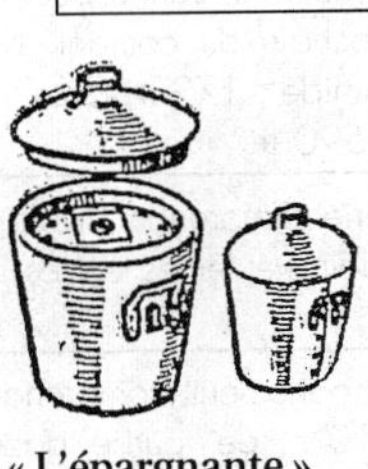

« L'épargnante »

Très belle lessiveuse, contenance au litre : vingt liasses........... **2 500**

La même. Modèle blindé, recommandé par le ministère de l'Agriculture. Résiste au feu et au fisc **7 005**

LIBRAIRIE

Sachez voter !

Comment ont été nommés les grands électeurs, huit volumes in-4° 1 700

Soyons forts !

Par Paul Reynaud : (épuisé).

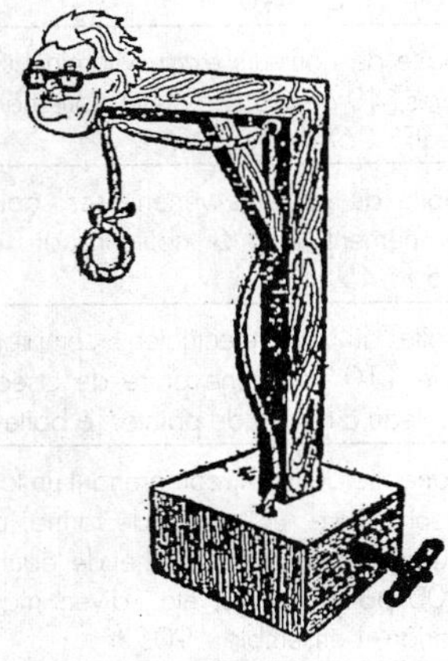

Etrennes différées

Belle potence pour affameur public (licence Y. Farge), prête à fonctionner (prix à débattre).

Le pendu (introuvable).

Le double jeu (irrésistible)................. **140**

(Prix spéciaux pr ex-miliciens et Waffen S.S. sur présentation de leur non-lieu).

Petites Annonces

JOUJOUX

Jeu de marelle, compren. un grand pochoir 2 m. 50 × 1 m. 60 permettant de peindre des marelles au pochoir à tous endroits. Livré avec 1 not. de 5 l. de peint. blanc. et 5 palets fonte 1 kg. : 268 fr. 80.

Boîte de couleurs surfines, sans danger, 12 couleurs, godets, pinceaux, etc. La boîte : 73 fr. 90.

Boîte de couleurs extra, vitaminées et apéritives, 40 couleurs, assiette, fourchette et couteau : 268 francs 55.

Boîte de couleurs vénéneuses, pour affreux garnement, les 6 couleurs au cyanure : 15 fr. 45.

Boîte du petit électricien, comprenant une pile 110 volts, une paire de ciseaux et un tableau d'heures de pointe. La boîte : 100 fr.

Panoplie de M. X. comprenant un tonnelet en bandoulière, un sachet de farine, une boîte de lait condensé, un sachet de légumes secs, 500 points textiles, etc., divers masques en carton. L'ensemble : 905 fr.

Ferme modèle, 18 bâtiments, 6 écuries, 48 personnages, 170 bestiaux divers, poules, lapins, etc. et une resserre à lessiveuses. Tr. belle présentation : 455 fr.

Jeu de mandataire aux Halles, comprenant un coffre-fort, 1 crayon et 1 carnet à souches. En boîte : 648 fr. 05.

Lance-pierres petit modèle, article soigné, caoutchouc belle qualité, poche à pierres cuir verni, la pièce : 19 fr. 40. Modèle au-dessus manche buis érablé, sandows de choix, précision absolue, portée 250 m. : 595 fr. Livré avec trépied et caisson à pierres : 2 350 fr. 10.

Jeu de quilles d'appartement 12 quilles et 3 boules fonte rectifiée, livré avec protège-jarrets : 370 fr.

Le petit chimiste, joli coffret contenant 48 produits de première qualité permettant de faire toutes expériences. Avec instructions concernant la préparation du plastic, trinitrotoluène, etc., petit modèle : 548 fr.

Jeu de Nain jaune complet avec tous accessoires. Boîte contreplaqué Canson : 210 fr. 50. La même avec nain couleur au choix : 346 fr.

Jeu de Nain, jeu de vilain, nouveau jeu instructif et récréatif pour s'amuser pendant les pannes d'éclairage. Avec notice comprenant 32 explications détaillées. L'ensemble : 87 fr. 10.

Le petit imprimeur. Jolie caissette contenant une petite presse à imprimer, grand choix de caractères, lettres cerclées, timbres ronds caoutchouc, 1 perforeuse à pointiller etc. 1500 feuilles de papier filigranes divers. La bonne grosse boîte : 2500 francs.

ÉTRENNES UTILES

Mandats spéciaux, formule humoristique à envoyer aux percepteurs. Les 50 assortis : 14 fr. 90.

Commutateur électrique à minuterie, branché sur une prise de courant, sonne pour annoncer le retour prochain du courant. Modèle pour amoureux timide : 172 fr. Gros modèle à retardement : 590 fr.

Coffret de mercerie comprenant divers accessoires et 2500 points et lettres textiles, la p. : 6500 fr.

Usine à gaz d'appartement, comprenant tous accessoires et 10 f. de tourbe gazeuze : 28 995 fr. 05.

N° 63 – Mercredi 18 décembre 1946

Chapitre IV

Qui nous permet de retrouver M. de Voloter et de faire connaissance avec le père d'Adélaïde.

Tandis que sa fille s'épanchait dans le giron de sa tante, M. le marquis de Mars, Grand Prévôt de Sa Majesté Louis le treizième, s'apprêtait à se rendre au Louvre[1] et allait monter, pour ce faire, dans son carrosse de gala dont les chevaux piaffaient, lorsqu'un homme échevelé et couvert de sueur surgit devant lui et, d'une voix entrecoupée par l'émotion et l'essoufflement, prononça ces mots :

– Par grâce, monsieur le Marquis, écoutez-moi…

Celui-ci, une jambe déjà levée pour pénétrer dans son carrosse, ce qui lui donnait une allure de danseur assez peu en rapport avec sa corpulence et sa dignité, interrogea avec hauteur :

– Qu'y a-t-il, maraud ?

– Que Sa Seigneurie m'excuse, mais je suis Cocas le valet de M. de Voloter, et j'ai grand-peur pour la vie de mon maître.

– Il a le choléra morbus ?

– Plût au ciel qu'il l'eût ! Il ne s'est jamais si bien porté, au contraire, et cela lui permet de commettre mille folies… Mais celle d'aujourd'hui risque de lui être fatale et me fait trembler de crainte comme un hérisson devant un diplodocus.

– Au fait, au fait, je t'en prie, coupa M. de Mars, une jambe toujours en l'air, ce qui commençait à le gêner considérablement.

– En un mot comme en cent, mon maître, que j'ai suivi tout à l'heure craignant – non sans raison – une dangereuse escapade, se bat en duel pour le simple plaisir de tenir compagnie à messieurs de Tréfla-Quatre-feuille, de Pouce-Moydon, de Bisbille et au sieur Issimo qui se battent contre les trois mousquetaires qui sont toujours quatre comme vous le savez.

– Mais, alors, contre qui se bat-il, lui ?

– Ah ! Excellence… voilà bien le pire !

– Parleras-tu à la fin des fins, manant bavard ? Contre qui M. de Voloter se bat-il ?

– Contre l'Eminence verte !

A ces mots, le Grand Prévôt faillit choir sur le pavé, son pied ayant tout à coup glissé du marchepied, et, en cherchant à retrouver son équilibre, il fit un brusque mouvement qui fit tomber son chapeau et tourner sa perruque sur son crâne, de telle façon qu'il eut soudain l'air d'un homme en état d'ébriété avancé. Mais sans se soucier davantage de l'incongruité de cette tenue qui risquait de nuire à une réputation jusqu'alors sans tache, il

1. Le palais, bien entendu. Pas le magasin. N.D.L.R.

ramassa son couvre-chef qui lui ne l'était pas (sans taches) ayant eu le mauvais esprit de choir dans la seule flaque d'eau qu'on eût trouvée à cinq lieues à la ronde ! Ce nonobstant, il le remit rapidement – et de travers – sur sa tête, empoigna vivement par le bras le valet porteur de nouvelles aussi angoissantes, et le poussa vers le cocher.

– Monte à côté de Nicolas. Vite. Et conduis-moi à l'endroit où ces stupides garçons sont en train de s'étriper. Vite, au triple galop !

A ces mots, Nicolas, en cocher obéissant, stimula ses chevaux d'un large et claquant coup de fouet qui les fit bondir en avant avec la rapidité du vent de noroît, sans même se rendre compte que son maître n'avait qu'une jambe d'engagée dans le carrosse ! De sorte que M. le Grand Prévôt se retrouva allongé par terre en moins de temps qu'il n'en faut pour le dire, et – naturellement – en plein dans la flaque boueuse. Il se releva en pestant et en vouant aux gémonies la gent cochère et la race chevaline, puis se mit à courir après son carrosse, qu'heureusement Nicolas avait arrêté en entendant le bruit sourd causé par le contact de son maître avec le pavé du Roy, et y grimpa en voltige, malgré ses rotules endommagées, et sans chapeau ni perruque, ces deux accessoires ayant roulé dans deux directions différentes et s'étant si soigneusement dissimulés dans des encoignures mystérieuses qu'il lui avait été impossible de les récupérer.

– Est-ce loin ? demanda-t-il à Cocas en se penchant par la portière, ce qui lui permit illico de recevoir dans l'œil une poussière vagabonde à la recherche d'un abri.

– Au Quai au Revard, répondit l'autre, inutilement, car le Grand Prévôt était rentré précipitamment à l'intérieur du carosse pour se frotter énergiquement la paupière, et n'entendit rien.

– Nous y serons dans cinq minutes, ajouta Nicolas qui menait son attelage à un train d'enfer sans souci des cahots effroyables que cette allure inusitée communiquait au véhicule et dont le séant du pauvre marquis s'accommodait fort mal.

Effectivement, cinq minutes après, le Quai au Revard apparut.

– Halte ! hurla Cocas. Je les vois.

Nicolas tira sur les rênes avec une énergie telle que les chevaux furent littéralement cloués sur place. Et le malheureux Grand Prévôt, à cent lieues de s'attendre à un arrêt aussi brutal, se trouva projeté comme par une catapulte sur la paroi qui lui faisait face et contre laquelle il vint s'aplatir le nez violemment, ce qui le rendit furibard. Mais le choc eut également pour résultat de faire jaillir de son orbite la poussière importune, ce qui le combla d'aise. De sorte qu'il sortit du carrosse partagé entre l'envie d'étrangler son cocher pour la première raison et de l'accoler pour la seconde.

En fait, il ne fit ni l'un ni l'autre et se précipita à la suite de Cocas qui bondissait déjà vers les duellistes que l'on distinguait mal sous l'ombrage épais des marronniers du quai.

– Dieu soit loué à tous les étages ! s'écria le brave valet dont l'angoisse rendait la diction tremblotante. M. de Voloter est vivant !

– Arrêtez ! lança d'une voix de stentor M. de Mars, en s'avançant au-devant des bretteurs.

(*A suivre.*)

L'OS LIBRE

« Contre tout ce qui est pour – Pour tout ce qui est contre. »

NUMÉRO 64 – MERCREDI 25 DÉCEMBRE 1946

« Mon gouvernement est provisoire » a affirmé Léon Blum, peu de temps après avoir été élu président du Conseil. Il n'en faut pas plus pour ajouter un zeste de déprime à des Français qui n'ont pas le moral. L'année 1947 s'annonce mal. Les restrictions se poursuivent et personne ne voit comment le gouvernement, si peu stable, parviendra à trouver une solution miracle. A ces turbulences s'ajoute une information inquiétante : le 20 décembre, en Indochine, des militants nationalistes se sont insurgés contre des Français vivant à Hanoï.

Edito Le khroumir en marche Premier mouvement

par René Lefèvre

Parmi les innombrables réactions écrites de nos lecteurs, je me suis demandé s'il n'y avait pas lieu d'opérer, de temps à autre, une sélection en vue de commentaires pertinents et de réponse semi-collective. La question étant d'importance, je l'ai soumise à la supercompétence de Pierre le Khan qui vient de rentrer du désert, le visage légèrement couperosé par le blizzard nocturne et le bas du dos cruellement marqué par les durs cals de la méditation. « Eh ! me direz-vous, Pierre n'a qu'à méditer tout debout s'il ne veut pas avoir les fesses calleuses ! »

Eh bien ! non, justement. Aucune philosophie n'est possible si chacun se laisse aller dans la gomme arabique, sans souci du pot à colle. La doctrine khroumire eut son prophète et ce n'est pas en vain que celui-ci se laissa peler la figue par les hermétiques, sans renier quoi que ce soit de ses convictions. Or, Blidah-Houlette, ainsi nommé parce qu'il se déguisait en berger pour donner le change au plus juste, est rigoureusement formel à ce sujet. Car il a dit : « Si tu es perplexe, ô mon fils, assieds-toi dans le sable et patiente. Tu n'as aucun intérêt à courir après l'avenir puisqu'il sera toujours devant toi. » Donc Pierre, ayant envisagé la chose sous l'angle prescrit, parla ainsi :

– Le fidèle enthousiaste me plaît, parce qu'il est spontané et sincère. Le pondéré me touche, parce qu'il est sage et prudent. Mais celui qui m'a jusqu'à l'os, c'est le sceptique, parce qu'il m'offre la joie sublime de l'instruire et de le gagner.

C'est pourquoi je réponds aujourd'hui à celui de nos lecteurs dont la lettre se termine par ces mots lourds de sens et d'inquiétude :

« ... La philosophie khroumire est basée sur des circonstances géographiques et, si j'hésite à m'y engager, c'est que je n'ai pas de confins à ma disposition... Signé : Un sceptique de cent vingt kilos. »

Mais des confins, mon gros, il y en a partout ! Croyez-vous donc que ce soit par hasard que j'habite précisément les limites extrêmes du sixième arrondissement ? Et pensez-vous que les Khroumirs n'aient pas eu à lutter pour s'assurer une place au soleil algéro-tunisien ? Oyez plutôt ce passage d'une vieille chronique que je traduis spécialement pour votre édification :

Quand ils eurent soumis la plupart des tribus du nord, les roumis s'avancèrent vers l'ouest où ils rencontrèrent les Khroumirs. Leur chef prit contact avec Blidah-Houlette pour lui communiquer ses exigences et ses projets. Mais à toutes les objurgations du chef blanc, Blidah, dans une attitude modeste et ferme, répondait en tendant sa main qu'il tenait close, avec le pouce levé vers le ciel. « Que veut-il exprimer ainsi ? » demanda le général à l'interprète. « Ce geste, expliqua l'autre, signifie dans toute l'Afrique du Nord : Monte là-dessus, tu verras Biskra ! »

Il y eut alors une conversation pénible et embrouillée. Le général tenait à ce que les Khroumirs payassent l'impôt sur le revenu. Il montrait, au milieu de son armée, le percepteur à manches de lustrine qu'il avait amené tout exprès, avec son écritoire en bandoulière.

– Fils de flic, lui dit le prophète sans se départir de son calme, pourquoi te paierais-je l'impôt sur le revenu puisque je ne suis jamais parti ? Ton kébour à la hausse et ta grande viscope ne m'impressionnent guère. Ton costume est richement chamarré, j'en conviens. Mais que reste-t-il de tout cela quand tu es à poil ? Je t'engage à retourner dans ton pays pour t'y faire dorer la lune à la feuille ou au pinceau, tu as le choix. Après, mais après seulement, tu auras vraiment l'air de quelqu'un !

Ce discours, joint à l'éloquent geste du pouce, rebuta complètement le général. Et Bourbaki (car c'était lui) dut faire demi-tour et repartir, avec la paille au train des équipages et la colichemarde singulièrement amertumée.

La philosophie khroumire était née.

Fariboles

Au lever du rideau, celui-ci demeure obstinément baissé. Des dames patronesses font la quête au bénéfice de l'œuvre « Du relèvement des rideaux » ; quand on annonce la somme ainsi récoltée, le rideau bâille, s'étire et se lève enfin.

Premier tableau

La scène représente tout ce qu'on veut, ou n'importe quoi.
D'ailleurs elle est vide.

Deuxième tableau

Huit hommes, dont trois autres, sont réunis autour d'une table en forme de fer à souder. Ils sont soigneusement masqués et portent un loup de velours sous le bras gauche et un ours en peluche sous le bras droit.

– Assis, dit le chef.

– Nous le sommes déjà, murmurent les autres.

– Il est préférable de s'asseoir deux fois pour une qu'une fois pour toutes, fait le chef.

(*Ils s'asseyent tous sans s'être préalablement relevés, ce qui ne va pas sans une certaine perturbation.*)

LE CHEF

Chantons.

(*Ils chantent sur l'air de la* Symphonie fantastique, *de Berlioz.*)

TOUS (*moins les autres*)

Nous sommes ici.

LE CHEF

Et non pas ailleurs.

TOUS

Car ailleurs qu'ici

LE CHEF

Ce ne serait pas ici

ENSEMBLE

Ailleurs qu'ici
Ici qu'ailleurs
Ailleurs, ailleurs (*ter*)
Ici, ici, ici, ici (*bis*)
Ici.
(*Fin du chant.*)

Troisième tableau

LE CHEF

Je pense, messieurs, que vous savez tous pourquoi nous sommes réunis ici.

LES AUTRES

Bien sûr, encore que nous n'en ayons pas la moindre idée.

LE CHEF

Moi non plus.

QUELQU'UN DES AUTRES

Ça prouve péremptoirement que nous poursuivons le même but.

LE CHEF

(*Il se lève et chante sur l'air de* Prélude, choral et fugue, *de César Franck.*)

Messieurs, l'heure est solennelle
Et nouvelle
Quoiqu'en retard
Par hasard
Sur l'horloge parlante,
Mais…
L'essentiel…
N'est-il pas…
D'en apprécier…
La solennité…
La gravité…
La perspicacité…
Car ce qui importe…

LES AUTRES

… et fenêtres…

LE CHEF

Au moment où tout paraît aller de plus mal en plumeau
Il faut
que nous élevions nos cœurs et nos cerveaux
à la hauteur du cou,
des genoux.
Et des circonstances
sans défaillance…

QUELQU'UN

… Et porcelaine.

LE CHEF

Afin que notre effort aille toujours croissant.

UN ESPIÈGLE

… Et brioche…

A ce moment, entrent par le fond deux hommes dont une femme et une jeune fille qui déclament :

Salut, salut à vous, nobles esprits épris
De justice amovible dont nous savons le prix,
Nous arrivons tout droit de là d'où nous venons
Pour vous dire en un mot, que nous y retournons.

A ce moment entre la musique des Equipages de la Flotte qui se retire en s'excusant, n'ayant strictement rien à voir dans cette histoire.

*Tous les assistants se lèvent alors, et attaquent la marche de l'*Infanterie de Marine *qui réagit avec la dernière brutalité.*

RIDEAU, *et on va voter.*

Pierre Dac

MÉLI-MÉLOS par BOURVIL

Je n'sais pas si vous êtes comme moi, mais alors, en c'moment, qu'est-c' que j'étrenne ! Oh, là, là !... C'est simple, j'en sors pus ! J'suis débordé par les cadeaux et les pourboires ! Y paraît qu'c'est la période qui veut ça !... Moi, j'veux bien, mais, depuis huit jours, j'ai continuellement la main à la poche ! Si elle y restait encore, ça s'rait rien... Seulement, y faut la sortir... la main... avec des billets au bout ! Et, par un temps pareil, forcément, ça vous refroidit, c'pas ?

J'ai r'marqué qu'pour les étrennes, y en a pas un à la traîne !... Tenez, hier, un ouvrier sonne chez moi : « J'm'occupe de la bonne marche de l'ascenseur », qu'y m'dit. J'lui ai répondu : « C'est bien, continuez ! » Seulement, je m'suis aperçu qu'il était tout essoufflé. Naturellement, il avait monté mes six étages à pied... L'ascenseur était en panne... Justement c'jour-là !... C'est bê..., non, c'est pas d'chance, hein ?... Pourtant, c'pauvre ouvrier, y n'y était pour rien... Y avait pas d'courant !... J'y ai donné sa petite étrenne quand même. Vous comprenez, moi, j'suis bon. Ah ! oui, j'le suis... bon !... Comme la romaine !...

Le facteur des lettres est venu aussi... Et pis le facteur des paquets... cinq minutes après. D'ailleurs, y se ressemblaient... comme deux colis ! Au point que je m'suis d'mandé si c'était pas l'même qui s'était collé une fausse moustache, le deuxième coup... Avec les facteurs, faut toujours se méfier ! On les soupçonne souvent de certaines choses... Vous voyez c'que j'veux dire ?... Alors, pensez, y sont pas à une paire de moustaches près !

Le télégraphiste m'a rendu visite également. J'l'avais jamais vu avant... Je r'çois pas de télégrammes... Eh ben ! il a eu son étrenne aussi. J'vous l'répète : moi j'suis bon !

Et pis les boueux sont passés... le même jour, oui !... Comme ça, on est débarrassé ! Y quêtaient avec une petite poubelle entourée d'une faveur rose. Pour leur donner, j'ai été obligé d'emprunter cent balles au docteur... Ma femme les rendra. Elle s'arrangera avec lui. Elle a l'habitude !

J'ai attendu encore deux heures et, comme y v'nait pus personne, j'suis descendu chez le coiffeur me faire raser. Au moment de payer, le garçon m'a présenté un petit calendrier sur une soucoupe... Pensez, j'savais où y voulait en v'nir, pas ! Alors moi, j'lui ait dit : « Si vous voulez une étrenne, vous pouvez toujours prendre celle de ma barbe... » Eh ben ! y m'a regardé drôlement, pis y m'a fait : « Hou !, la méchante !... » Pourtant, c'était gentil, hein ?

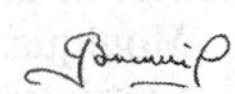

Le chant du coke

(*La scène se passe dans le salon de la famille Haupome. Le père, la mère et la fille ont mis sur eux tous leurs vêtements et toutes les couvertures de la maison. Le thermomètre accuse 5e au-dessous.*)

Jules, le mari (il tousse). – Charlotte, passe-moi le sirop.
Charlotte, sa femme. – Voilà.
Monique, leur fille. – Ah ! zut. J'en ai assez de ce bouquin !
Jules. – Il n'est pas intéressant ?
Monique. – Si, mais avec mes gants je tourne trois pages à la fois.
Jules. – Fais un peu de broderie, ça te changera...
Charlotte. – De la broderie avec des moufles ! Tu perds la tête.
Jules. – C'est bien possible... Je ne sais même plus si j'en ai une, de tête, avec le froid qui règne ici... (il tousse.) Je vais crever si ça continue... Je t'en supplie, allume la chaudière...

Charlotte. – Rien à faire ! J'ai invité les Dubois à dîner, je veux qu'ils aient chaud, il me reste juste un seau.

Monique. – A propos de dîner, maman, tu sais qu'il faudra chambrer les vins.

Jules. – Pas le blanc… Le blanc, il n'y aura qu'à le laisser dans l'entrée, il sera frappé ! Pour le rouge, mon Dieu !… il n'y a qu'à le prendre dans le lit avec nous, ça le dégourdira…

Charlotte. – Tu m'as l'air dégourdi, toi ! En attendant, moi, j'ai trouvé un moyen pour avoir chaud définitivement.

Jules et sa fille, (ensemble). – Parle !

Charlotte. – Eh bien ! à la dernière livraison des vingt-cinq grammes de novembre, j'ai remarqué que le bougnat du coin portait un réel intérêt à Monique. Je l'entends encore me dire : « Votre fille, elle a une jolie petite tête de moineau. »

Jules. – Il nous prend pour des piafs ! Et alors !

Charlotte. – Alors, si Monique lui plaît, elle l'épouse et nous aurons de la chaleur pour le restant de nos jours…

Monique. – C'est tout ce que tu as trouvé ? Me faire épouser ce gros bougnat hirsute et dégoûtant ! Merci !

Charlotte. – Oh ! dégoûtant… Parce que tu le vois dans l'exercice de ses fonctions, mais, dimanche dernier, je l'ai aperçu avec ton père, je te jure que bien nettoyé, c'est un tout autre homme. (A son mari.) Mais dis donc quelque chose, toi…

Jules. – Le fait est que, personnellement, je l'avais pris pour un chanteur de charme…

Monique. – Oui, mais c'est vous qui voulez me faire chanter… Jamais je n'épouserai cet individu !

Charlotte. – Oh ! parler ainsi quand tu peux nous sauver ! Je n'aurais jamais cru à tant d'ingratitude de ta part… (Elle fond en larmes.)

Jules. – Allons, allons, ne pleure pas, on va être obligé de te casser les glaçons à coups de marteau sur la figure… Monique, ta mère a raison, toi seule peux nous sauver de la congélation.

Monique. – Soit, j'accepte…

Charlotte (sautant sur le téléphone compose un numéro.) – Allô, c'est M. Charpailloux ? Ici Mme Haupome, oui, Charlotte… J'ai quelque chose de très important à vous dire, je vous attends (elle raccroche.) Il vient. (Monique fait la grimace.) Montre-toi tendre, chauffe-le !

Jules (à part). – De ce temps-là, comme c'est commode…

Charlotte. – Pourvu qu'il vienne ! Je suis sur des boulets…

Charpailloux (entrant). – Chalut la chochiété… Cha va ? Alors, de quoi ch'agit-il ?

Charlotte. – Monsieur Charpailloux, il y a dans cette maison une personne que vous avez vivement impressionnée !

Charpailloux. – Ah ! oui, je sais, la bonniche…

Charlotte. – Non ! il s'agit d'une personne très bien. Vous ne devinez pas ?

Charpailloux (se méprenant). – Eh bé ! vous avez du culot de me dire cha devant votre mari !

Charlotte. – Oh ! monsieur Charpailloux, vous vous trompez, mais, croyez bien que si j'étais libre…

Jules. – Alors là, c'est le bouquet !

Charlotte. – Non, il s'agit d'une adorable jeune fille qui, depuis longtemps, est séduite par votre chic, votre allure… Elle n'osait rien vous dire, mais depuis quelque temps elle s'étiole, elle dépérit, elle se consume…

Charpailloux. – Elle se consume comme une briquette… (Il rit bruyamment.)

Charlotte. – Regardez-la, elle est toute tremblante…

Jules (à part). – Forcément, elle est gelée…

Charpailloux. – Votre fille ! Si je m'attendais !

Charlotte. – Répondez, je vous en prie, elle est sur des charbons ardents…

Jules (à part). – Elle a de la veine !

Charpailloux. – Si elle veut, moi je veux bien…

Charlotte. – Comme elle va être heureuse ! (Monique éclate en sanglots.) C'est la joie…

Charpailloux. – Ch'est les gens du quartier qui vont être épatés !

Jules. – Y a pas de doute !

Charlotte (à Charpailloux). – Asseyez-vous donc…

Charpailloux. – Ch'est pas de refus, je viens de livrer chent chinquante sacs d'anthrachite…

Jules. – Cent cinquante sacs ! C'était pour l'enfer !

Charlotte. – Alors, malgré tout, du charbon… il y en a ?

Charpailloux. – Oui, mais il faut le trouver là où il est…

Jules. – C'est ce que nous faisons…

Charpailloux. – Quant à votre fille, avec moi, elle n'aura pas froid ! Je suis un fameux coq ! Vous comprenez le calembour… un coke ! (Il rit.) Ah ! c'est pas tout cha, les affaires m'appellent… (A Monique.) Je vous réserve une surprise…

Charlotte (bas à sa fille). – Tu vois, fais préparer la cave…

Charpailloux. – Vous allez être contents… C'est une affaire de chix chent chinquante sacs…

Jules. – Six cent cinquante sacs ! Oh, c'est trop…

Charpailloux. – Non, non… Ah ! je descends, on m'attend pour chigner…

Jules. – Pour signer ?

Charpailloux. – Eh oui ! je vends ma boutique de bougnat… Le charbon, ça me dégoûte ! Et pour chix chent chinquante mille francs, j'achète une affaire merveilleuse…

Tous. – Quoi donc ?

Charpailloux. – Une fabrique de glace ! (A Monique.) A tout à l'heure, mon amour… (Il sort et tous les trois s'écroulent.)

RIDEAU, *et on va voter.*

---

par Pierre Cour — **L'OS DE CŒUR** — et Francis Blanche

M. P. B…, rue de Tocqueville, à Paris, nous écrit :

*Je demeure dans le XVII*e *et je dois aller dimanche dans le quartier de la Nation chez des amis de mon premier mari… Que dois-je faire ?…*

– Prenez le métro à Malesherbes, changez à Havre-Caumartin et descendez à Boulets-Montreuil…

***

M. PAUL ESCOFFIER, barman et étudiant, nous demande :

De qui est ce vers :

« Mon père, ce héros au long bec emmanché d'un long cou ? »

– Nous l'ignorons… De Picasso, peut-être… Ou bien alors, vous confondez deux autres poèmes…

***

Quant à Mme JULIETTE R…, à Boulogne-Billancourt, elle nous expose un cas assez curieux :

Je deviens de plus en plus distraite. L'autre jour, je me suis brossé les dents avec une fourchette enduite de seccotine… Ce matin, je me suis versé du parmesan râpé sur les cheveux après avoir frisé mes spaghetti.

De plus, il se passe chez moi des choses mystérieuses : mes trois beaux cactus ont disparu le jour même où j'ai fait des beignets et j'ai trouvé à leur place des pommes coupées en rondelles. Quant à mon fils, Bubu, un an et demi, je l'ai couché très vite hier soir, car j'avais ma lessive à faire bouillir, et, ce matin, je n'ai trouvé dans son berceau qu'un paquet de linge sale…

Dois-je prévenir la police ?

– Nous ne pouvons rien vous répondre, madame, car nous n'avons pas reçu votre lettre, mais seulement une enveloppe contenant un peigne fin et trois cartes d'alimentation.

***

M. LÉON B…, hôtel Matignon, à Paris, nous dit :

On m'a chargé de constituer un ministère… J'y suis presque arrivé, mais j'ai peur de ne pas pouvoir tenir bien longtemps… Que faire ?…

– Cher M. Léon B…, ceci dépasse un peu le cadre de notre courrier du cœur… Toutefois, nous transmettons votre lettre au service politique de *L'Os* qui vous enverra la liste ministérielle idéale telle que nous la concevons.

Jusque-là, essayez de tenir le coup.

***

Mlles FERNANDE et RIRI, de Juan-les-Pins, nous écrivent :

Alors, vieux lâcheurs, qu'est-ce vous devenez ? C'est pas la peine d'avoir des copines pour les laisser sans nouvelles !… Avez-vous revu Loulou Marech ? Nous, on est toujours en pleine forme… Et vous ?

– Ben, nous, ça va… Merci !

***

– Non, PETITE BRICOLEUSE, votre idée de mettre les perruches dans l'aquarium avec les poissons rouges n'est pas bonne, même si vous voulez qu'elles aient chaud l'hiver. Ces petites bêtes ne sont pas faites pour vivre ensemble et vos oiseaux risqueraient de ne pas supporter un long séjour dans l'eau.

Essayez plutôt de mettre vos poissons dans la cage des perruches jusqu'au moment où vous aurez l'impression qu'ils respirent péniblement… Alors vous les remettrez dans leur bocal.

***

Quant à la comtesse J. R. de P… de R…, elle nous confie :

Je cherche du vrai café, même à 1 200 fr. le kilo. Où puis-je en trouver ?

– Passez donc nous voir un vendredi entre 4 et 7, comtesse. Nous essaierons de faire affaire ensemble si vous voulez bien monter jusqu'à 1 300.

***

Comme vous le voyez, aucun problème sentimental ne nous est étranger… N'hésitez donc pas à nous écrire pour nous ouvrir votre cœur et nous demander conseil.

A bientôt !

L'OS LIBRE

« Contre tout ce qui est pour – Pour tout ce qui est contre. »

NUMÉRO 65 – MERCREDI 1er JANVIER 1947

Les vœux des Français sont remplis d'espoir. Les portefeuilles, en revanche, sont vides. Les caisses de l'Etat ne valent guère mieux. Léon Blum répète à ses ministres que même si leur mandat est limité dans le temps, ils ne sont pas là pour expédier les affaires courantes. A l'image des citoyens, les journalistes de L'Os libre *n'y croient pas du tout. En revanche, on parle beaucoup de l'élection présidentielle. Edouard Herriot qui fut, à plusieurs reprises, président du Conseil et de la Chambre des députés semble favori. Pour l'instant.*

Edito Prévisions khroumires

par Pierre Dac

D'après les canons de la philosophie khroumire et d'après ce qu'affirme René Lefèvre, je suis un Khan. Bon. D'où j'infère que ledit René Lefèvre, par le fait même qu'il me donne un sacré coup d'épaule pour la diffusion de la bonne parole khroumire, a nettement et rigoureusement droit au titre d'aide de Khan. Bien, voilà donc une situation nette et sans bavure ; ma position est prise et la sienne aussi ; ce qui me permet d'affirmer que c'est une bonne paire de choses faites, si j'ose ainsi employer le langage des bonnetiers à la sauvette.

D'aucuns m'ont écrit pour me demander pourquoi je me laissais ainsi traiter de Khan. Je me demande, en vérité, ce qu'ils ont bien pu comprendre ! Et je constate, avec amertume, que leur esprit est fait, de telle façon que le salace le dispute à la salaison. Me permettrai-je de leur répondre que, en tout état de cause, je préfère être traité de Khan que d'être traité de Versailles. Et puis enfin, et René Lefèvre l'a surabondamment expliqué, le titre de Khan me revient de jure et de facto en tant que chef de l'école khroumire française. Il n'y a plus à discuter à ce propos et à revenir là-dessus.

C'est donc en tant que Khan que je m'adresse aujourd'hui, premier jour de l'an nouveau, aux lecteurs de ce docte journal. C'est également en cette qualité

de Khan que je me suis longuement entretenu avec une sommité astrologique khroumire afin d'obtenir d'elle quelques déclarations relatives aux événements susceptibles de se dérouler au cours des douze mois qui viennent. La sommité khroumire que je vous cause est un grand chef dont la médiumité ne fait de doute que pour ceux qui se foutent de lui.

Ça ne l'empêche pas d'avoir une vision très nette de l'avenir. Il vit en France incognito, naturellement, et, pour ne pas éveiller les soupçons, occupe actuellement le poste honorable, quoique discret, de fondé de pouvoir dans un champ d'épandage. Il a consenti, après avoir soigneusement examiné mes papiers de Khan et s'être assuré que j'en avais bien l'air, à prononcer les paroles suivantes :

– L'année 1947 ne verra pas encore le triomphe de la doctrine khroumire en dépit des fulgurants progrès de celle-ci. Elle n'en offrira pas moins, par certains côtés, un intérêt sérieux, ne serait-ce que dans le sens de la largeur. Il se pourrait qu'elle ne parvienne pas à son terme absolu ; vers le dixième mois il y aura un référendum.

» Le peuple sera appelé à dire, par oui ou par non, s'il est d'avis d'arrêter l'année ou de la continuer jusqu'au bout ; dans la négative, rien ne sera changé ; dans l'affirmative l'année sera immédiatement stoppée et 1948 pourra vraisemblablement faire ses débuts vers le 16 octobre. La récolte du sparadrap sera des plus satisfaisantes. Par contre, il faut s'attendre à des mécomptes dans la répartition des ressorts de soupape et, côté santé publique, à une recrudescence de fièvre crise, laquelle, comme chacun le sait, est caractérisée par une ondulation maligne des duvets nobles. Côté politique, la direction des affaires publiques sera confiée à des hommes qui auront à cœur de mener l'étrave des finances dans le sillage d'une économie subséquente.

» Pour les autres choses, le tout à l'avenant sera comme le reste. »

Ainsi parla le mage khroumir. Tout commentaire ne pourrait que ternir l'éclat de ses prophéties. Aussi me garderai-je d'en faire. Je terminerai donc en vous souhaitant de passer cette nouvelle année du mieux que vous pourrez, suivant l'idée que vous vous en ferez et l'importance que vous y attacherez.

Bonne santé, bonne douche, joyeux anniversaire et meilleurs vœux khroumirs.

Le coin du bricoleur

Porte-couteaux économiques

Les porte-couteaux sont chers cette année ; il n'est même pas rare de les voir atteindre des prix astronomiques.

Un voyageur revenant des Alpes Montmartroises, raconte avoir aperçu dans un comptoir indigène de la rue Lepic des porte-couteaux à 175 sols la douzaine.

Peu s'en faut qu'il nous faille engraisser d'aussi peu scrupuleux marchands ; en suivant pas à pas nos conseils, nous ne doutons pas de vous voir réaliser d'importantes économies.

Tailler dans des bouchons de champagne, sur le plus gros diamètre, des triangles équilatéraux de 3 cm de côté sur 1 cm d'épaisseur.

Se procurer de la tige de fer de 3 mm de diamètre que l'on roustonnera au blanc d'Espagne. Couper une longueur de 130 mm pour chacun des porte-couteaux et l'enfiler sur les morceaux de bouchon suivant croquis, et voilà !

A défaut de fil de fer, employer des allumettes type ménage mais l'effet est moins décoratif.

N° 65 – Mercredi 1er janvier 1947

MÉLI-MÉLOS par BOURVIL

J'sais pas si vous avez déjà envoyé vos vœux de bonne année, mais moi, j'ai attendu à aujourd'hui, parce qu'à partir du 1er janvier, le timbre coûte cent sous !... Y a longtemps qu'je l'savais qu'on allait augmenter le timbre. Alors, pensez, j'ai pas voulu louper ça !... J'ai attendu patiemment, mais maintenant, je suis bien récompensé !... Cent sous !

C'était un devoir national que d'attendre l'augmentation : si le gouvernement l'a décidée, c'est parce qu'il a besoin d'argent, pas ?... Alors si tout le monde avait envoyé des vœux à trois francs... Voulez-vous me dire à quoi ça servirait ?... Y faut savoir se dévouer pour le salut du pays... Si c'est pas nous qui donnons l'argent... qui qu'ce s'ra ?... Hein ?... Faut comprendre, tout de même !

M'sieu Philip (y s'appelle Philip et c'est nous qui éclairons !) eh ben ! lui, il a compris !... « Des taxes nouvelles ! » qu'il a dit. « Impopulaires, peut-être, mais absolument nouvelles !... » Et il a augmenté l'timbre, le métro et pis l'train !!... J'dois dire que ça s'était jamais fait !... C'est simple, hein ?... Seulement, fallait y penser... Et il y a pensé, M'sieu Philip... Forcément, il avait fait un nœud à son mouchoir !... Pourtant, il a oublié une chose, oui... L'augmentation du paquet de tabac !... J'lui signale ! J'me l'permets parce que, ça aussi, c'est nouveau, du dernier cri !... Jamais, à ma connaissance, ça n'est encore venu à l'idée de quelqu'un !

Pour en revenir à mon courrier de nouvel an, qu'est-ce que j'ai comme formules de souhaits à ma disposition !... Un plein boisseau ! C'est vrai que j'suis pas mal lettré !... Pensez que, pour devenir journalisse, comme ça, du jour au lendemain, faut en avoir pas mal là-d'dans, tout de même !

Alors, j'ai le choix entre « Meilleurs vœux » ou « Mes vœux les meilleurs » (vous avez remarqué ; c'est les mêmes mots qui sont changés de place : une finesse de la langue !)... Y a aussi « Bonne et heureuse », « Longue et vigoureuse », « Que la pareille vous trouve de même » (cette formule-là est déjà un peu plus littéraire).

Pour les amis d'Angleterre et d'Amérique, c'est tout à fait aut' chose... Je change de langue : « Appi Niouve Yeurre » que j'leur écris... Rien à faire, moi, vous ne me prendrez jamais au dépourvu !

Naturellement, il a fallu qu'j'achète des cartes. Pour ça, je m'suis adressé à une pauv'fille, dans la rue :

Elle' vendait des cart's postales
Et aussi des crayons !...

J'ai entendu un artisse chanter ça à la radio. J'ignore c'que vous en pensez, d'ce type-là mais, moi, j'trouve qu'il est plutôt b... Oh ! oui, alors ! Vraiment !... Il est bien !

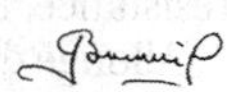

Inqualifiable coup de force
Une rafle à L'Os libre

Alors que notre grande famille réveillonnait dans le salon noir et or, ordinairement réservé à la réception des chefs d'Etat et assimilés, un quarteron de policiers a cru bon d'opérer une rafle dans nos locaux et de se livrer à des vérifications dont plusieurs de nos dactylos portent encore les traces.

Pour tenter de justifier cette intrusion, les argousins de service ont prétendu avoir reçu l'ordre d'opérer cette nuit-là dans tous les endroits « chic », mais cette plate flagornerie ne peut en rien nous satisfaire.

D'ores et déjà, et sans préjudice d'une action énergique que nous nous réservons de poursuivre contre les responsables de ce coup de force, nous élevons une véhé-

mente et solennelle protestation contre des procédés indignes d'un grand pays comme le nôtre.

Rien ne paraissait devoir troubler cette paisible et touchante nuit de Noël, et tout le personnel de *L'Os*, affectueusement groupé autour de son directeur, faisait honneur au menu spécialement étudié par notre économat.

La dinde traditionnelle, remplacée au pied levé par un immense plat de spaghettis, n'était plus qu'un souvenir et la troisième pièce de Corbières venait d'être mise en perce lorsque notre directeur se leva.

D'une voix mâle, bien que constamment tempérée par la pédale sourde de l'émotion, il nous dit et redit ces mille riens dans lesquels il excelle.

Dans le silence, trois heures tintèrent.

Et, brusquement, ce fut la ruée des policiers !

***

Ici, nous nous permettons d'ouvrir une parenthèse afin de souligner tout ce qu'il y a de troublant dans cette entrée soigneusement calculée. Car, ne l'oublions pas, c'est très exactement sur la fin du discours de notre directeur, alors que l'assistance se trouvait manifestement en état de moindre défense, que les policiers firent irruption.

Aussi posons-nous la question : qui a pu renseigner ces messieurs sur les effets sédatifs de l'éloquence directoriale, sinon un habitué de la maison ?

Certain docteur, qui échappa, comme par hasard, aux investigations policières, pourra, sans doute, nous répondre…

– Haut les mains ! Police !

Brusquement réveillée, l'assistance sursauta…

On se serait cru dans une vulgaire boîte de nuit !

En vain, notre économe en chef, factures à l'appui, tenta-t-il de démontrer aux inspecteurs que le réveillon revenait, service compris, à 73 fr. 50 par tête, rien n'y fit.

L'horrible fouille commença.

***

René Lefèvre, que son tempérament combatif désignait pour être l'âme de la résistance, ne nous fut malheureusement d'aucun secours.

Allongé de tout son long sous la table d'honneur, une bouteille de Vieille Cure dans chaque main, il se livrait à des exercices d'assouplissement…

Serré de près par Hector Bibougne.

***

Ce fut Georges Briquet qui sauva l'honneur.

Avec un sens de l'opportunité qui en dit long sur ses possibilités de rugbyman, il profita de ce qu'il se trouvait sous un canapé pour plaquer au sol les trois premiers porteurs de brodequins qui se présentèrent à portée de ses mains d'hercule. Hélas ! il rata le quatrième…

Nous sommes depuis sans nouvelles de lui.

***

La prise des empreintes digitales fut particulièrement mouvementée.

Fernand Rauzéna, pour des raisons qu'il ne nous appartient pas d'approfondir, s'y opposa de toutes ses forces.

Il lutta, cria, supplia, tempêta.
Mais rien n'y fit…
Il dut finalement se déchausser.

N. B. – Le policier qui a oublié son lorgnon dans le soutien-gorge d'une de nos dactylos est prié de passer à nos bureaux accompagné de ses parents.

À Os rompus

Et la galanterie ?

Préconisée depuis longtemps et à maintes reprises par *L'Os libre* la suppression des secondes classes a été accueillie avec faveur par tous les usagers du métro, dont certains ont poussé l'enthousiasme jusqu'à s'abstenir d'étrangler la caissière en achetant leur nouveau carnet de tickets.

Notre impartialité bien connue nous oblige cependant à signaler le coup fatal que cette réforme va porter à la vieille galanterie française. Désormais, nous ne verrons certainement plus comme par le passé des messieurs offrir leur place à une vieille dame ni même à une jeune.

Vous comprenez, au prix où elle est, la place, à présent !

Le timbre à cent sous

On sait que le prix du timbre-poste de consommation courante vient d'être porté de 3 à 5 francs.

A ce propos, un de nos lecteurs nous dit (par lettre non affranchie) :

« J'ai eu l'imprudence d'envoyer mon jeune fils à l'école primaire. Savez-vous ce qu'on lui apprend, à ce pauvre petit ? On lui apprend à écrire !

» Comme s'il ne devait pas avoir assez d'autres occasions de se ruiner, dans la vie ! »

Nous avons aussitôt transmis cette réclamation à M. le ministre de l'Education nationale qui, dans le coup, est sans doute de mèche avec son collègue des Finances !

Sachez timbrer

Un autre lecteur – c'est fou ce que les lecteurs peuvent nous écrire en ce moment, on voit bien que ça va raugmenter ! – un autre lecteur, donc, proteste contre la détestable habitude qu'ont les postiers de salir avec leurs cachets malpropres des vignettes aussi précieuses. « Il y a pourtant de la place à côté », remarque-t-il judicieusement.

Cette observation, elle aussi, sera transmise à qui de droit. Que notre correspondant nous permette toutefois un conseil. Au lieu de coller bêtement son timbre sur l'enveloppe, que ne le place-t-il plutôt à l'intérieur où il se trouvera parfaitement à l'abri de toute souillure ?

Quand il s'agit de lutter contre la vie chère, tous les moyens sont bons, on nous l'a dit assez souvent !

Bonne année !

Les pythonisses prévoient pour 1947 des catastrophes, des menaces de guerre, des deuils nationaux, des mouvements de foules, etc.

LA SCIENCE

La chaleur

Quelques esprits superficiels pourront s'étonner de nous voir aborder un tel sujet au moment où le froid le plus rigoureux vient de sévir sur l'Europe entière. Peu nous chaut de ces allégations fallacieuses et nous les balayons du blizzard de notre indifférence. Car si blizzard, pardon, si bizarre que cela puisse paraître, le froid est en réalité de la chaleur, mais de la chaleur à basse température.

Comme le démontre surabondamment Ptolémée dans son traité pratique de la fabrication des calorifères à haut rendement et à basse pression, la chaleur, comme tout le reste, n'est qu'une question de relativité.

En effet, pour un habitant de Kolima Taiga (Sibérie) habitué à casser sa vodka à coups de hache par – 68°, les quelque – 10° obtenus avec beaucoup de peine à Paris lui feraient immédiatement retirer la flanelle en peau de renne qu'il porte sous sa touloupe, vêtement qui comme tout un chacun le sait n'est autre qu'une sorte de canadienne fourrée aux anchois.

De ce qui précède, on peut donc conclure que le froid est de la chaleur. Il n'y a pas de froid à proprement parler ; ceci revient à dire que le froid n'existe pas, ce qui ne vous empêche pas, toutefois, de serrer votre chache-nez et de boutonner votre pardessus si le besoin s'en fait sentir.

Le froid, bien que n'existant pas, ainsi que nous venons de le démontrer scientifiquement, s'obtient de deux façons : naturellement ou artificiellement. Dans le premier cas, il n'y a qu'à laisser faire le temps. Il suffit d'un peu de patience. Si vous avez absolument besoin de froid le 14 juillet et que vous ne puissiez pas attendre le 15 décembre, il est préférable d'avoir recours à la seconde méthode.

Celle-ci tout artificielle qu'elle soit, peut être à l'origine naturelle. C'est ce que nous appelons : le froid en conserve.

La meilleure façon de l'obtenir est, comme pour les petits pois, de se procurer du froid au moment où il y en a et de le mettre de côté pour l'utiliser au moment voulu.

Voici le procédé pratique pour réussir l'opération :

Vous prenez, chez votre fournisseur habituel, un bon kilo de froid par personne à refroidir. Choisissez bien votre froid, de préférence dans le filet, faites-le couper en carrés ou en rondelles, selon votre goût, et emballez soigneusement chaque morceau dans une flanelle ignifugée. Recouvrez ensuite de papier d'étain et enveloppez le tout dans une couverture écossaise. Le froid ainsi préparé se conserve pendant plus d'un an. Pour éviter toute méprise, indiquez la date extrême d'utilisation sur chacun des paquets.

Au moment de l'ouverture des conserves, vous pourrez constater que cette expérience jette immanquablement un froid.

Professeur COSMOS.

C'était il y a...

L'âge de bronze

Naissance à Herculanum de Chilpéric Cloche, puisatier en gros. C'est lui qui équipa les légions romaines des fameux puits individuels et portatifs.

Un jour, dans un restaurant de l'époque, ayant frappé sur son écuelle de bois pour appeler le garçon, Chilpéric Cloche s'aperçut que l'engin produisait un son mat.

Il eut alors l'idée de construire une écuelle analogue mais dont le son serait plus harmonieux.

A cet effet, il se mit à fabriquer du bronze et coula le premier instrument auquel il donna bien vite son nom : la cloche.

Malgré son physique repoussant, C. Cloche connut une grande popularité et les foules avaient coutume de murmurer sur son passage :

« Quelle Cloche, mes aïeux ! »

Du Palais des Sports à l'Elysée

M. Edouard Herriot s'entraîne

Nous avons eu la bonne fortune de rencontrer M. Edouard Herriot au Palais des Sports, à la mi-temps d'une de ses séances quotidiennes d'entraînement.

Le président du parti radical était, naturellement, en costume de travail : habit noir, escarpins vernis, chapeau haut de forme et grand cordon rouge.

UN APPRENTISSAGE DÉLICAT

– La profession de président de la République est beaucoup plus délicate à exercer qu'on le pense généralement, nous dit notre interlocuteur en se confiant à ses soigneurs. C'est pourquoi, en ce qui me concerne, je m'efforce d'être prêt au cas où mes amis me porteraient, malgré moi, à la première charge de l'Etat.

» Mon supporter est un ancien champion dont le nom vous rappellera peut-être quelque chose : Albert Lebrun. Sous sa direction, je m'exerce chaque jour à tracer des signatures et à prononcer des discours anodins. Je peux maintenant, sans trop de peine, parapher mes vingt-cinq lois à la minute, ce qui est une moyenne satisfaisante, paraît-il, mais j'ai plus de mal en ce qui concerne les discours. Malgré mon application, il arrive encore, en effet, que certaines des phrases que je prononce aient un semblant de sens. Je compte néanmoins me corriger de ce défaut et parvenir, prochainement, à discourir comme doit le faire un président de la République conscient de son irresponsabilité, c'est-à-dire à parler pour ne rien dire.

» Je tâche de m'habituer également à avancer en tenant mon tube à la main et en saluant à gauche et à droite tandis que, pour créer l'ambiance, un phonographe joue La Marseillaise. *J'avoue pourtant que, lorsque je me livre à cet exercice, mon sourire reste toujours un peu crispé. C'est que mon grand cordon de la Légion d'honneur me bat dans les jambes et que je crains, en marchant, de me prendre les pieds dedans.*

LES CONSEILS D'UN TECHNICIEN

» M. Albert Lebrun est très gentil avec moi, continua M. Edouard Herriot. Il m'initie avec patience aux mystères du protocole, m'enseignant quelle doit être la longueur maximum des cheveux du chef de l'Etat, quels sont les jours du mois où il lui faut boutonner son habit noir de gauche à droite et les jours où il lui faut le boutonner de droite à gauche ; quand l'usage des bretelles lui est autorisé, etc.

» Mon supporter a poussé l'obligeance jusqu'à codifier ces prescriptions dans une théorie présidentielle que j'apprends par cœur.

» Il y a pourtant une lacune dans son enseignement. La tâche principale du président de la République étant, comme chacun le sait, la garde de la Constitution, j'aurais voulu savoir de quelle façon s'effectuerait cette garde, si l'on y procédait avec ou sans arme, si l'on était tenu de monter des factions de nuit, etc. Or, M. Albert Lebrun n'a pas pu me renseigner, n'ayant jamais eu à sa disposition qu'une constitution vétuste à peine bonne pour s'asseoir dessus.

M. HERRIOT ESPÈRE ÊTRE PRÊT

» Mais le temps passe, remarque le président du parti radical. Il va falloir me remettre au travail. J'ai tant de choses à assimiler. Si je vous disais que je supporte difficilement le faux col rigide obligatoire et que je ne parviens à marcher avec les escarpins vernis d'ordonnance qu'à la condition de ne pas porter de chaussettes. Cela ne se remarque pas trop parce que je me passe les pieds au cirage, mais tout de même… »

Un appel de clairon interrompt M. Herriot qui coupe court :

– Je vous quitte. Je suis attendu par un escadron de la Garde républicaine à cheval en grande tenue. M. Albert Lebrun, qui pense à tout, a engagé ces braves soldats pour qu'ils figurent mon escorte officielle et m'accompagnent partout comme ils le feraient pour un chef d'Etat… Eh bien ! j'ai beau me raisonner, la présence à mes côtés de gaillards à plumets, gants à crispins et sabres au clair, quand je me rends, par exemple, dans le petit endroit où le commun des mortels va généralement seul, m'intimide… Enfin, je ne perds pas confiance… C'est pour la France, n'est-ce pas ?

DIALOGUE EN FORME DE BÛCHE

L'un. — *Dites-moi, que pensez-vous de la liberté ?*
L'autre. — *Plaît-il ?*
L'un. — *Je vous demande ce que vous pensez de la liberté ?*
L'autre. — *Eventuellement ou le cas échéant ?*
L'un. — *Simplement.*
L'autre. — *Oui, oui, je vois, en somme, si j'ai bien saisi vous me demandez ce que je pense de la liberté ?*
L'un. — *Exactement.*
L'autre. — *… Bah !…*
L'un. — *Je vous remercie : pendant que j'y suis, j'ai également l'intention de vous demander ce que vous pensez de la souveraineté populaire.*
L'autre. — *Pardon ?*
L'un. — *Je dis que, pendant que j'y suis, j'ai également l'intention de vous demander ce que vous pensez de la souveraineté populaire.*
L'autre. — *C'est une intention qui procède d'un louable projet.*
L'un. — *Vous êtes trop aimable.*
L'autre. — *Non, non, je le dis comme je le pense.*
L'un. — *Et moi je l'entends comme je l'écoute.*
L'autre. — *Bon. Alors, vous disiez ?*
L'un. — *Que pendant que j'y suis, j'ai également l'intention de vous demander ce que vous pensez de la souveraineté populaire.*
L'autre. — *Et vous avez l'intention de me demander ce que j'en pense ?*
L'un. — *Oui.*
L'autre. — *Egalement ?*
L'un. — *Egalement.*
L'autre. — *Je ne puis que vous encourager à mettre tout en œuvre pour que cette intention devienne une réalité.*
L'un. — *C'est à quoi je vais songer activement.*
L'autre. — *Et vous ferez bien.*

Pierre DAC.

Faits divers

DE BORDEAUX. – Hier soir, alors que rien ne le laissait supposer, un agent cycliste, qui louvoyait à proximité de la gare, a été attaqué par une brute infernale qui lui a dérobé sa bicyclette.

Les battues entreprises dans le début de la matinée n'ont encore donné aucun résultat.

DE PARIS. – Cette nuit, vers 11 h 51, un gros quadrimoteur inconnu semblant provenir du champ d'aviation du boulevard Haussmann, a attaqué à la bombe diatonique et à la fusée osseuse la salle de rédaction du journal *Decour-Eclair*, située dans un des baraquements du lycée Decour, à Paris.

Les dégâts sont très importants. Le numéro du 1er janvier, notamment, dans lequel tous les rédacteurs avaient accumulé les saillies et bons mots serait entièrement détruit.

On ne signale aucune victime parmi le personnel de la rédaction, celle-ci ayant été hospitalisée la veille au soir au grand complet, dans un état d'extrême décrépitude provoquée par le surmenage.

DE PORNICHET. – Une mystérieuse affaire d'empoisonnements. – Depuis quelques mois, la mortalité augmentant dans des proportions alarmantes, les autorités locales s'apprêtaient à alerter l'Académie de médecine lorsqu'un apothicaire de Pornichet, M. G. Allaire, fut accusé d'empoisonnements en vrac. Préventivement l'homme fut pendu, mais, continuant leur enquête, les policiers n'étaient pas peu surpris de découvrir une piste plus sérieuse.

En effet, la découverte d'un baril d'arsenic à demi vide devait amener l'arrestation de Mlle P. Pédugnat, une gamine de onze ans, employée par M. Allaire comme préparatrice en pharmacie. Acculée aux aveux par les enquêteurs, la petite malheureuse avoua se livrer à de monstrueuses pratiques avec la complicité d'un nommé Jules Bénardouse, directeur des pompes funèbres de l'endroit.

La fillette mêlait l'arsenic indifféremment à toutes les ordonnances ; l'irrémédiable se produisait alors, et Jules Bénardouse, une épaisse brute boutonneuse, n'avait plus qu'à se présenter à la famille du défunt qu'il rançonnait en vertu des épouvantables tarifs en vigueur.

Au domicile de l'odieuse crapule une somme de trois millions a été saisie.

Quant à la pauvre enfant, celle-ci ne se prêtait à l'abominable trafic que pour se payer de menues friandises.

DE DEUX-CHAISES (Allier). – **Une chance insolente.** – Mardi après-midi, vers 15 h 30, M. Barbiquet, employé de la Pétroléum Ann, occupé à tirer du pétrole au puits n° 76, a été entraîné par le seau qu'il maniait et, glissant sur la margelle du puits, s'est vomi dans l'orifice.

Par bonheur, le malheureux fumait au moment de l'accident, et la formidable explosion qui suivit sa chute le projeta à une grande hauteur, le sauvant « in extremis » d'une tragique noyade.

DE MARSEILLE. – Un kiosque à journaux assailli par la police. – Une épaisse patrouille de policiers soupçonneux a mis fin aux exploits d'un dangereux tenancier de kiosque à journaux. Cette odieuse crapule, spéculant sur la vue basse et la crédulité de certains de ses contemporains, vendait ses journaux au-dessus de la taxe.

Pris sur le fait, au moment où un alerte et honorable vieillard lui remettait onze francs soixante-dix pour l'achat du quotidien *Le Petit Lillois marseillais*, le redoutable voyou a faussé compagnie à la justice, en mâchouillant le contenu d'un paquet de cigarettes « élégantes ».

Chronique agricole
La culture des pois cassés

Voici enfin une culture qui vous remplira d'orgueil si vous la menez à bien, car c'est une des plus délicates qui soient et il n'y a guère que les maraîchers diplômés qui osent s'y livrer.

Semez vos pois cassés en avril et en paquets, surveillez attentivement la germination des jeunes plants qui sont très délicats car, naturellement, ils n'ont que la moitié des racines, des tiges et des feuilles des pois ordinaires ; ayez soin de bien doser l'eau d'arrosage, il en faut très exactement la moitié de ce qu'il faudrait pour des pois entiers.

Lorsque les demi-fleurs sont écloses, sélectionner toutes celles qui, présentant des anomalies, ne vous sembleraient pas la fleur des pois cassés. Dès que les demi-gousses sont formées, soupirez et essuyez-vous le front, le plus gros est fait. Il n'y a plus qu'à récolter.

Un autre procédé utilisé par des gens sans scrupules est de cultiver des pois entiers et de les casser ensuite, mais ce système est malhonnête et donne des produits de mauvaise qualité. Du reste, les bons casseurs de pois sont devenus très rares et ils se font payer trop cher pour que cette culture puisse être envisagée sérieusement.

---

par Pierre Cour

L'OS DE CŒUR

et Francis Blanche

M. Joseph-Marie FROUMENT, à Argenteuil, nous écrit :

J'ai une vie sentimentale très compliquée... Une de mes tendres amies demeure à la Bastille, une autre à Montparnasse et une troisième au Sacré-Cœur. De plus, je viens de renouer avec une ancienne maîtresse qui habite Versailles. Comme ma fiancée est chez ses parents à Neuilly, je n'ai plus le temps de voir mon flirt qui vit à l'hôtel près du Louvre.

Que me conseillez-vous ? Je me ruine en métros, en taxis, et, de plus, je me fatigue énormément...

– Quelque bizarre que paraisse votre cas, M. J.-M. FROUMENT, il mérite qu'on s'y attache. Evidemment, on peut vous reprocher d'avoir un peu dispersé vos affections, mais le sentiment, ça ne se commande pas !

Dans ce cas, essayez donc de louer un immeuble dans Paris et vous pourrez y grouper vos amies de la Bastille, de Montparnasse et du Sacré-Cœur... Installez-y également votre fiancée de Neuilly et votre ancienne maîtresse de Versailles aux côtés de votre flirt du Louvre... Ainsi vous les aurez toutes sous la main dans la même maison où tous les cœurs palpiteront du même amour...

Faites-y installer un ascenseur, et nous vous garantissons de grosses économies de taxi...

Pour la fatigue, c'est une autre histoire...

Surtout si, entre-temps, vous tombez amoureux de la concierge !!!

***

Mlle Monique P..., collège Sainte-Pauline, nous confie :

Je suis amoureuse de mon professeur de latin... Que me conseillez-vous ?

– Apprenez le grec.

***

– Non, GALANT DAMOISEAU, vous êtes dans l'erreur... une bûche de Noël doit être offerte gentiment, de la main à la main, et sans brutalité...

La manière que vous avez employée convenait mieux pour un boomerang ou une grenade explosive.

Tous nos vœux de rétablissement à votre charmante fiancée.

***

Mlle Yvonne R..., 22 ans, couturière, nous écrit :

Robert m'a quittée... Depuis, je ne dors plus, je respire mal, et vers la fin du repas, quand on apporte le courrier, j'ai comme une boule sur l'estomac...

– Tous les symptômes y sont, mademoiselle Yvonne R. : plus de sommeil, lourdeurs de respiration, boule sur l'estomac après déjeuner, autant de signes d'une mauvaise digestion...

Prenez du bicarbonate de soude (sel de Vichy) pour neutraliser votre acide stomacal : $CO_3 H Na + H Cl = Cl Na + H_2O \times CO_2$...

... Et mangez moins !...

***

Quant à la comtesse J.-R de P. de R..., elle demande cette semaine :

Comment utiliser mes vieux bas de soie ? On a beau avoir de la fortune, ça fait mal au cœur de gâcher la marchandise...

– C'est très simple, comtesse : coupez vos vieux bas de soie en trois tronçons d'égale longueur.

Avec le pied, vous ferez une passoire à thé charmante qui enthousiasmera vos amies.

Avec le morceau du milieu, vous astiquerez vos chaussures ; quant à l'ouverture du bas, lorsque vous aurez noué une des extrémités, vous obtiendrez un ravissant petit bonnet de nuit pour le comte...

... A condition, toutefois, qu'il n'ait pas la tête plus large que vous n'avez la cuisse !...

***

Ainsi donc, une fois de plus, des êtres dans l'angoisse nous ont ouvert leur cœur...

Faites comme eux... Ecrivez-nous, en adressant vos lettres à *Pierre Cour et Francis Blanche,* L'Os libre, 1, *boulevard Haussmann, Paris.*

Confiez-nous vos peines et vos espoirs ; et nous vous guiderons de notre mieux vers la Grande Clarté : FIAT LUX !

QUE LA LUMIÈRE SOIT... (et rayonne) !...

Votre beauté

Mesdames, voici une recette infaillible pour vous débarrasser à tout jamais des vilains points noirs qui obstruent les pores de votre jolie peau et vous rendent si minables.

Préparer la solution suivante :

Fleur de soufre : 200 gr.

Ether sulfurique : 100 gr.

Nitroglycérine : 75 gr.

Pétrole rectifié : 125 gr.

Gélatine : 200 gr.

Bien touiller le mélange. Faire une application généralisée sur le visage et mettre celui-ci au-dessus d'un réchaud à gaz allumé.

Renouveler l'opération autant de fois que nécessaire.

Ménagez-vous un bel avenir

LA BONNE POUDRE **LHÉRITIER**

favorise et accélère toutes affaires de successions. Finies les années gâchées par l'attente.

Dénouement rapide et discret. Ne laisse aucune trace.

Aucun goût, aucune odeur.

Peut également servir pour déboucher les éviers, lavabos, etc.

La dose pour une personne ordinaire : 4 fr. 10. – La bonne dose double pour constitution robuste : 18 fr. 25.

Présentée sous forme de bonbons fourrés pour personnes méfiantes. La boîte de 6 dragées : 30 fr.

DES JEUX ET DES RIS

LE TAPOTOUR

Ce jeu se pratique en principe à deux joueurs, c'est un jeu d'appartement, mais, suivant l'espace dont on dispose, il peut se jouer à 1, 2, 3, 4, 5, 6, 7, 8, 9, 10, 11, 12 et même cent joueurs.

Les joueurs ont les yeux bandés et sont munis, chacun, d'un solide gourdin ou, à défaut, d'un pied de table. Ils commencent alors par se chercher à tâtons dans tout l'appartement (il est interdit de sortir sur le palier). Quand deux joueurs se rencontrent, ils s'écrient : « Tapotour ! » et commencent à décrire des ronds à l'aide de leur matraque pour tâcher de toucher l'adversaire à la tête (le corps, les jambes et les genoux sont interdits). Le joueur qui touche l'autre le premier est déclaré vainqueur. Celui des joueurs qui casse un objet quelconque reçoit un gage dont l'importance est basée sur la valeur de l'objet détruit. Exemple : 1 vase : 1 gage ; 1 lustre : 2 gages, 1 pendule : 3 gages ; 1 parure de cheminée complète : 5 gages, etc., etc.

Le jeu s'arrête quand il n'y a plus de partenaires disponibles ou quand un joueur a obtenu 10 gages.

Le jeu de Tapotour se jouait dans le Périgord ; à l'époque, il se nommait le Périgourdin. En 1793, un nommé Tapotour le fit connaître sous son nom dans la haute société parisienne.

PETITES ANNONCES

Monsieur belle écriture, excellente instruction, rédigerait vœux de nouvelle année pour nouveaux riches analphabètes. Grand choix de vœux toute sorte. 1 fr. par carte.

Dame très affectueuse se rendrait à domicile pour présenter vœux sincères de bonne année à personnes sans parents ni amis. Prévoir petit cadeau.

Monsieur très bien, prénommé Guy, accepterait contre bonne rétribution de s'accrocher au plafond pour porter bonheur pendant jour de l'an.

Seulement pour les fêtes du Jour de l'an, demandez notre colis-victuailles composé de : une galantine de cheval façon volaille, un boudin blanc pure mie de pain, une dinde carton truffée garnie bœuf en daube, une boîte conserve nouilles extra, une bouteille limonade grenadine ou citron au choix. Envoi contre mandat de 3 612 francs.

DEMANDES D'EMPLOI

50 000 fonctionnaires licenciés, cherchent petits emplois dans ministères quelconq.

OCCASIONS

Jeu de construction « Meccano », coffret verni renforcé contenant 12 poutrelles forme U 200 x 70, long. 6 m 40, 75 cornières 30 x 30, long. 1 m 70, 4 m 3, tôle acier épr. : 2,5 cm, goussets, traverses, etc. 50 kilos rivets et boulons. Très instructif. Avec instructions et nouveaux mod. : boîte ci-dessus n° 0 : 119.590 francs. 12 t. de bons mat. Grands mod. pr cours ou jardins n° 00000 : 24 998 765 fr. 10, etc.

Cheval de bois à bascule, hauteur 1 m 10, chêne colorié. Prix 970.fr. – Cheval de bois en fer, belle imitat. Chêne colorié : 5 750 fr. poids 790 kilos. – Le même muni d'un moteur provoquant le balancement : 9 999 fr. 05.

Garniture pour fumeur, comprenant un petit poêle à charbon de bois, tisonnier, pelle, etc. : 675 fr. Même modèle que ci-dessus, mais équipé pour tabac à pipes : 560 fr. 90.

Chapitre IV (suite)

A cette injonction virulente autant qu'imprévue, ces derniers s'arrêtèrent sans barguigner, ayant reconnu la voix du Grand Prévôt dont l'autorité et la puissance, bien qu'il fût impuissant depuis qu'un malheureux concours de circonstances l'eut placé dans la trajectoire d'une balle de mousquet destinée à un dix-cors et qui s'arrêta dans le sien (de corps) à un fâcheux endroit, dont l'autorité et la puissance, disions-nous, étaient redoutées, même des indomptables mousquetaires.

Ceux-ci abaissèrent leurs épées, sauf d'Artagnan qui avait laissé la sienne dans l'abdomen de son adversaire, lequel semblait s'en trouver fort embarrassé.

Quant à l'Eminence verte contre laquelle M. de Voloter croisait le fer avec un acharnement dont nous donnerons la raison plus loin, elle avait disparu au son de la voix du Grand Prévôt, comme un fantôme en bordée surpris par le chant du coq, et il fut impossible de savoir par où ni de quelle façon elle s'était résorbée.

– Messieurs ! tonitrua le père d'Adélaïde, je vous tiens tous pour de fols hurluberlus, et il est heureux que je vous considère comme tels, sinon je vous ferais arrêter sur-le-champ… bien que nous soyons sur un quai, ajouta-t-il finement.

Les interpellés soulignèrent ce mot charmant par un rire discret, à l'exception du brave Issimo, que l'épée de d'Artagnan fichée dans son ombilic empêchait de participer à cette hilarité courtisane.

– Est-ce ainsi que l'on obéit aux ordres de son Excellence le cardinal de Richelieu ? continua le marquis de Mars en fronçant ses arcades sourcilières dont le système pileux était si fourni que ses yeux avaient l'air d'être abrités sous une paire de moustaches plutôt que sous des sourcils.

A ces mots, tous baissèrent la tête, sauf M. de Bisbille qu'un ennuyeux torticolis obligeait à garder une allure pleine de morgue et de suffisance, attitude involontairement provocante qui, par bonheur, échappa au regard du Grand Prévôt, occupé à cet instant à enlever de son crâne une crotte de moineau qu'un de ces impertinents passereaux venait de lui laisser choir du haut d'une branche sous laquelle il se trouvait imprudemment placé. Cette délicate opération menée à bonne fin, le marquis de Mars haussa les épaules, et avec un geste plein de grâce indulgente, congédia les incorrigibles ferrailleurs.

– Allez ! dit-il, allez, et ne péchez plus… contre les ordonnances cardinalices. Rompez !

Sur ce, il se retourna avec majesté, et remonta dans son carrosse. Le cocher Nicolas, qui attendait au garde-à-vous, se précipita et d'un coup sec referma la portière. Un malheureux hasard voulut qu'il la refermât un peu trop tôt et en plein sur la main du Grand Prévôt qui poussa un tel hurlement que le groupe qui assistait à ce départ, tête basse, s'enfuit, épouvanté, et se dispersa dans toutes les directions. Cocas, lui-même, après un court instant d'hésitation, préféra filer à l'anglaise, craignant le courroux de son maître pour son intervention, et s'alla jeter derrière le collet un pichet de vin d'Arbois de Vincennes, pour se remettre de ses émotions successives.

Chapitre V

(Qui nous permet de faire la connaissance d'une charmante personne du sexe qui a l'air de savoir ce qu'elle veut, ce qui lui confère une supériorité indiscutable sur le lecteur qui, lui, ne le sait pas encore.)

Seul, M. de Voloter, accroché par son manteau à un clou qui dépassait du mur contre lequel il était appuyé, n'avait point bougé, de crainte d'abîmer ce vêtement que lui avait légué son grand-père, et auquel il tenait comme à la prunelle qui lui venait de sa grand-mère et qui était une liqueur sans pareille.

Au moment où, s'étant dégagé sans autre dommage qu'un accroc qui partageait ledit manteau en deux parties égales, il s'apprêtait à quitter les lieux, une ombre souple et féline, se détachant d'une sombre encoignure, se dressa devant lui.

– Monsieur de Voloter, prononça cette ombre d'une voix à la fois rauque et suave, il faut que je vous parle.

– A moi ?

– Evidemment, à vous ! Il n'y a personne d'autre.

– C'est juste, reconnut le marquis qui, surpris par cette soudaine apparition, remit sans s'en rendre compte l'épée qu'il avait encore à la main à côté du fourreau, et ne s'aperçut de cette bévue qu'en entendant le bruit de ferraille qu'elle fit en tombant sur le pavé.

– Qui êtes-vous ? interrogea-t-il en ramassant son arme ridiculement cassée en deux tronçons inutilisables.

– Mon nom ne vous dira probablement rien, car je doute que vous me connaissiez, monsieur le marquis. Nous ne sommes point du même monde, vous et moi, répondit l'ombre qui s'avérait maintenant une jeune et fort agréable personne du sexe féminin.

– Mais encore ? insista M. de Voloter.

– On m'appelle la Bémolle.

– Je ne vous connais point, en effet, dit le marquis, mais j'ai entendu parler de vous. Vous êtes la maîtresse de l'Eminence verte, n'est-ce pas ?

– Parfaitement. Et c'est précisément pour le rester que je tiens à vous entretenir…

– Madame ! protesta le marquis avec un haut-le-corps plein de dignité, je ne mange pas de ce pain-là !

– Qui vous parle de manger aucun pain ? Laissez-moi finir ma phrase… Que je tiens, dis-je, à vous entretenir de certaines choses importantes et qui nous concernent l'un et l'autre. Nous sommes seuls, le coin est désert, tout est donc pour le mieux. Voulez-vous vous asseoir près de moi, sur ce banc, monsieur le marquis ? Nous y serons plus à l'aise pour converser.

M. de Voloter acquiesça d'un signe de tête, balaya le banc poussiéreux avec la plume de son chapeau qui, de blanche qu'elle était, devint soudain d'un joli gris souris, et s'assit à côté de sa mystérieuse compagne, sous l'ombre du grand platane.

(*A suivre.*)

L'OS LIBRE

« Contre tout ce qui est pour – Pour tout ce qui est contre. »

NUMÉRO 66 – MERCREDI 8 JANVIER 1947

Pour lutter contre la vie chère, Léon Blum signe un décret prescrivant une baisse générale des prix de 5 %. Il précise qu'il s'agit là d'une expérience dont les techniciens mesureront l'impact dans quelques semaines. A L'Os libre, *où l'on souhaite la réussite de ce plan sans en être convaincu, on préfère évoquer les faits divers dont les quotidiens ont abondamment parlé pendant les fêtes. Des agents de police surpris dans un cabaret où ils venaient effectuer un contrôle sont ainsi devenus célèbres. A l'heure de leur intervention, ils étaient fin saouls.*

Edito — A khroume

par René Lefèvre

Quelles que soient vos opinions politiques ou religieuses, on vous a dit, de part et d'autre, que nous vivions une certaine époque. Une époque de culs gelés et de crédits ad hoc, une période à la gomme et à la fleur de bugne où tout ce qui n'est pas permis reste strictement défendu, sans préjudice de ce qui persiste à ne pas être autorisé.

Or, notre philosophie immuable, intangible et latente n'a pas à s'emberlucoquer des contingences de l'heure. Les principes en ont été posés une fois pour toutes et il me paraît opportun de vous en rappeler deux paragraphes, le premier pour mémoire et le second pour solde de tout compte.

I

Avant que se ride la nèfle,
Tant que la saison sera belle,
Tu dois te les rouler dans le trèfle,
La bardane et l'herbe nouvelle.

Cet apophtegme, valable seulement pour les mois jolis, est complété par un autre, élaboré à seule fin de contrarier l'aigre bise et de bousculer le frimas.

II

Quand vient l'hiver, mon cher Duschnock,
Inutile de faire la lippe :
Bois des grogs, néglige le bock,
Fais la foire et fends-toi la pipe.

Voilà qui est clair, simple et de bon goût. Mais j'entends fort bien vos objections et j'ai à cœur de les transcrire, en toute objectivité.

– Parfait ! me dites-vous. Mais le fric, monsieur Dufessenaire, où c'est qu'on le prendra l'oseille, le bulle, le pognon, le plâtre et le carbure ? Vous ne le savez peut-être pas qu'on est raides comme des pieux, platouillards du lazingue et défoncés de la grenouille ?

Si, je le sais. Et c'est justement là que je vous attendais.

Nous autres, on s'en fout plein le lampion sans décaisser un leude, sans refiler un larenque, un flèche ou une croquignole. Même pas un lidré. Il y a la manière, un point c'est tout. La manière khroumire, naturellement. D'où croyez-vous donc qu'elle vienne l'expression : « Claper à khroume » ? Hein ?... Ah ! ah ! vous commencez à comprendre... Vous le connaissez le truc qui consiste à aller piquer chez un pauvre épicier sans défense une dinde truffée, un kilo de caviar et six boutanches de brut, en lui tendant un gros billet de cent balles sur lequel vous savez pertinemment qu'il ne pourra pas vous rendre la monnaie...

Evidemment ce n'est pas une histoire très glorieuse, mais nous n'aurions pu, sans cet expédient, faire le réveillon que notre reporter René-Paul vous a relaté dans le précédent numéro. Récit rigoureusement exact s'il en fut, mais malheureusement déformé par une coquille malencontreuse. « René Lefèvre, nous dit Paul-René, était sous la table d'honneur, où il se livrait à des exercices d'assouplissement. »

Je ne saurais contester une seconde que je ne me trouvais pas effectivement sous la table d'honneur. Je n'ai pas l'habitude de me saouler la gueule n'importe où. Mais les exercices d'assouplissement auxquels M. Paul fait allusion ne sont pas mon fait et il semble bien que l'erreur typographique a profité de ce que j'étais sous la table pour s'y glisser avec moi. C'est « exercices d'assoupissement » qu'il fallait lire, tout en spécifiant que, le lendemain, j'étais tout de même le premier à voir passer l'hirondelle dans le ciel bleu du matin.

Notre horoscope quotidien

Comme chaque semaine depuis la fondation de ce journal, l'abondance des matières nous oblige à supprimer la publication de notre horoscope quotidien.

Les personnes avides de connaître l'avenir pourront écouter ce soir, en remplacement, le discours radiodiffusé du ministre de service, qui se fera un plaisir de leur dire la bonne aventure.

Les grands reportages de L'Os libre

La vie ardente de la marquise d'Andufoy

Depuis déjà huit longs jours et sept pénibles nuits, nous étions quelque trois cents journalistes devant la porte du juge Coléali, chargé d'instruire l'affaire de l'Illustre marquise. Hier tantôt, l'inspecteur Pelade, de la deuxième brigade, voulut bien mettre fin à cette immense surprise-party qui encombrait les couloirs, et nous communiqua les grandes étapes de la vie de Mme d'Andufoy, née Exutoire-Courtjus.

Triste enfance

Elle vint au monde le 26 avril 1897, à Bécon-les-Bruyères, d'un père hollandais d'origine, naturalisé péruvien, et d'une mère kurde élevée en France ; elle reçut à l'école maternelle de la rue Saint-Fiacre une solide instruction primaire, décrochant même un prix d'assiduité et un accessit de culture physique.

A huit ans, le curé de sa paroisse meurt empoisonné par une chopine de bouillon de onze heures, versé dans ses burettes par une main criminelle. Elle réussit à faire accuser le doyen de la Faculté de médecine d'Helsinki, qui se fait hara-kiri avec un parapluie.

Adolescence inquiète

A quinze ans, elle est compromise dans une affaire de faiseuse d'anges, mais sa solide réputation de faiseuse de chichis fait se reporter les soupçons sur le Comité des Dames patronnesses d'un ouvroir du 14e arrondissement.

Nous sommes en 1917. Jolie, malgré un léger strabisme du seul œil qui lui reste (elle a perdu l'autre dans une malheureuse partie de zanzi avec des marins finlandais dans un bouge de Dunkerque) elle devient le grand amour du colonel Mac C. Tweed, de l'Intelligence Service. Le 28 octobre 1917, en plein Paris, il s'écroule dans les couloirs du métro et la belle disparaît, emportant la voiture à bras chargée de documents ultra-secrets que le défunt ne quittait jamais. Le poinçonneur de la station fera trois semaines de prison.

Deux ans plus tard, un inspecteur la reconnaît à la table de baccara du casino de La Garenne, au moment où, toximane invétérée, elle passait à un voisin une main malheureuse et une ampoule de 100 cc de cassoulet toulousain intraveineux. Ses hautes relations la sortent de ce mauvais pas. Cela fait jaser. Et un député (aujourd'hui ministre) voit sa Légion d'honneur reculer de six mois.

Riche, adulée, elle épouse en 1926 à Cannes, un vieux shah de Perse. Un sort contraire fait que ce dernier trouve la mort en buvant un demi-setier de semences de tapissier. La dame des lavabos de l'hôtel où demeure le couple est condamnée à 36 francs d'amende et notre veuve éplorée gagne le Tibet.

Elle est maintenant au Turkestan, où elle participe aux grandes manœuvres, en qualité de grenadier-chef. Son charme pénétrant lui vaut les assiduités du général Bréoul Bak, qui l'inscrit d'office au peloton des sous-officiers de réserve. Deux jours après, on le retrouve la gorge tranchée par un manillon de trèfle et ligoté avec une tringle à rideaux. Heureusement, les empreintes digitales recueillies permettent d'arrêter le garde-barrière du km 328, sur la ligne Tiflis-Bakou, qui s'en tire avec une bonne condamnation à mort. Sa femme et ses huit enfants se jettent de désespoir sous un express, lequel déraille entraînant la mort de 207 personnes et d'un agent de police.

Invitée en 1931 à un mariage à Pékin, elle sort indemne de la cérémonie, à l'issue de laquelle un incendie d'une violence inouïe ravagea tout un quartier de la ville européenne. On crut à une imprudence du marié, qui allumait sa pipe pendant la grand-messe à peu de distance de la moustache du suisse.

En secondes noces, elle épouse un riche Anglais, sir A. Cachter, et lui donne six enfants. Lesquels, fait curieux, ne vécurent pas ; son mari non plus, d'ailleurs, que la police découvrit étouffé par du chewing-gum. 2 kg 500 de cette denrée plastique sont une quantité inusitée dans la bouche d'un gentleman anglais, surtout si, auparavant, il a pris soin de se ficeler dans sa baignoire, et la marquise dut payer six shillings d'amende pour manque de feu rouge à sa bicyclette en revenant de porter plainte contre inconnu.

L'alcool est un poison

Elle noya son chagrin dans l'alcool et ses vieux parents à l'entrée du port de New York : on mit cela sur le compte d'une violente tramontane qui soufflait de l'intérieur. Aux U. S. A., elle embrasse la profession de bootlegger et le président La Guardia sur la bouche. Un à un, les chefs de la police tombent dans ses bras et meurent d'amour pour elle, au sens propre du mot, puisque leurs 29 cadavres sont découverts dans 29 colis agricoles, parvenus, le même jour, en gare de Ploumanach. Elle ne put présenter les récépissés d'expédition et bénéficia d'un non-lieu.

Conflit mondial

Vint la guerre. Agent active de la Gestapo, de la Guépéou et du Deuxième Bureau, elle vendit à Hitler le plan secret de la machine à laver primée au concours Lépine de 1942. Vêtue en colonel parachutiste, elle fut arrêtée peu après la Libération, alors qu'elle tentait d'acheter des crêpes de sarrasin avec une pièce de 12 kopecks.

C'est donc inculpée de trafic de devises qu'elle vient d'arriver à Paris, où les reporters, la presse, les enfants des écoles, les troupes, les membres du Gouvernement et l'Armée du Salut tinrent à ses porter à la rencontre de celle qui fut, pendant de longs jours, la fatale marquise d'Andufoy. Que lui reproche-t-on ? Peu de choses, en somme.

Baisse de 5 %

Les personnes que la baisse de 5 % ne saurait contenter sont avisées qu'elles peuvent exiger de tout commerçant n'importe quelle diminution à leur gré. Il leur suffira de se munir d'une arquebuse, d'un bazooka ou à défaut d'une baliste romaine ou d'un mortier de campagne.

À Os rompus

Baisse sur les chaux

On sait que les sages-femmes sont comprises parmi les membres du corps médical qui doivent appliquer à leurs prix courants et autres la réduction de 5 % prévue au décret.

Ce qui, en résumé, promet une baisse sensible sur les choux d'espèce particulière que l'on trouve généralement chez ces doctes personnes.

Les ménagères, n'en doutons pas, sauront en profiter.

Manque à gagner

D'un vieil habitué du métro qui, en outre, se flatte d'être tombé sur la tête étant tout petit, nous recevons la lettre suivante :

« La semaine dernière encore, je payais ma place deux francs dans le métro. Mon voisin, qui voyageait en première classe, payait la sienne cinq francs. A présent, nous payons l'un et l'autre quatre francs, ce qui signifie pour moi une augmentation de 100 % et pour lui une diminution de 20 %. Est-ce juste ?

» Je comprends très bien que l'on ait supprimé les compartiments de première classe, mais pourquoi supprimer du même coup les tickets de même catégorie ? Il y a là un manque à gagner qui ne fait guère honneur à l'administration du Métropolitain. Pas étonnant, après cela, qu'elle soit en déficit ! »

Tout à fait notre avis !

Le brouillard

Le brouillard intense qui règne depuis quelques jours sur la région parisienne a causé de regrettables accidents.

On signale, en effet, que de nombreux voyageurs se sont perdus dans les nouveaux barèmes de la S. N. C. F. A l'heure où nous mettons sous presse, ces malheureux ne s'y sont pas encore retrouvés.

Nous tiendrons nos lecteurs au courant.

Instantané

New York, 6 janvier (de notre envoyé spécial.) – On connaît les faits. La semaine dernière, une dame s'amusait à photographier une autre dame.

– Attention, dit-elle, ne bougeons plus, le petit zoiseau va sortir !

Seulement, en fait de zoiseau, c'est une balle qui sortit de l'appareil et c'est tout de suite après la pose que la dame numéro deux cessa de bouger.

Cette affaire, négligeable en soi, passionne néanmoins l'Amérique tout entière par la note d'élégance et de courtoisie qu'elle apporte à la technique, jusque-là un peu grossière, de l'assassinat. Tous les constructeurs d'appareils photographiques sont actuellement assaillis de commandes. Chez Kodak, on étudie fiévreusement un nouveau modèle d'objectif-mitrailleuse qui fera merveille, dit-on, pour la prise de groupes ou de familles.

« We shall keep our lecturers at the current. » (Agence Oslib.)

LA SCIENCE

Le moteur à réaction

Le moteur à réaction est à l'avenir ce que le sparadrap est au lumbago traumatique. C'est pourquoi nous pensons qu'il est urgent de vulgariser cette invention appelée à jeter la perturbation parmi les atomes crochus de molécules tétravalents.

Un moteur à réaction
(Force 1 : cagoulard-vapeur SS.)

Chacun connaît le principe du moteur à explosion : les gaz agissent sur le piston et c'est le piston qui fait marcher la machine.

Le moteur à gaz pauvre est basé sur le même principe mais réservé exclusivement aux économiquement faibles.

Le moteur à réaction procède d'un principe tout à fait différent.

Il ne peut s'agir évidemment de gaz actionnant un piston, puisque le piston est absent et les gaz font défaut.

Comment fonctionne donc le moteur à réaction ?

« That is the question ! » comme a dit si justement Archimède en sortant de son bain après avoir découvert le principe de la carabine Eurêka.

D'après les renseignements que nous avons obtenus à grands frais du veilleur de nuit adjoint de l'Office National des Recherches, Inventions et Améliorations de la race chevaline, les 3 794 brevets actuellement déposés partent tous du même principe.

Le moteur à réaction se compose essentiellement d'un turbo-moteur à sous-compression. Celle-ci est obtenue dans une turbotière montée en tandem avec une tuyère. Les gaz incandescents, qui sortent tout droit du compteur, se précipitent, suivant la loi du moindre effort, dans le réfrigérateur contenant un mélange spécial d'acide cyanhydrique et de hachis Parmentier. Il se produit alors, à l'intérieur du réfrigérateur, un véritable chaud-froid constituant à proprement parler la base même de la réaction qui entraîne le moteur dans ses basses fréquentations.

Cet appareil, dont l'ingéniosité le dispute à la simplicité, trouvera de nombreuses applications pratiques.

C'est ainsi que dans l'avion à réaction, on supprime déjà le moteur et l'hélice. Quelques perfectionnements permettront de supprimer une aile ou deux puis les commandes, l'empennage et la cellule, ce qui fera réaliser une notable économie aux compagnies de navigation aérienne.

Quand il ne restera plus en l'air que la réaction, tout danger d'accident sera définitivement écarté. Les voyageurs se présenteront au bureau de la réaction où on leur en remettra une bonne dose accompagnée d'un billet de chemin de fer.

Le moteur à réaction trouvera également son application dans les usages domestiques. Il suffira de remplacer le turbo-moteur par un turbot sauce câpres et la tuyère par une tuyère à café.

Dans l'Industrie, le progrès poussera de plus en plus vers la réaction, ce qui revient à dire que pour aller de l'avant il faudra marcher en arrière.

Professeur Cosmos,
Expert près les Tribunos.

MÉLI-MÉLOS par BOURVIL

Eh ben ! nous, lundi dernier, on a déjà tiré les Rois ! Pensez, on n'a pas attendu à dimanche prochain !... Oh ! non, alors. Parce que, j'vais vous faire une confidence... Mais vous n'le répéterez pas, hein ?... Le secret doit rester entre nous. Dans la poignée d'amis que forment les 300 000 lecteurs de *L'Os !...* Du moment qu'ça dépasse pas un p'tit cercle, j'peux vous l'dire : Eh ben ! à la maison, pas, on s'rait plutôt gueulard, oui ! Tout pour la panse !... Voilà : j'vous ai tout dévoilé !... Remarquez qu'on r'commencera dimanche... à tirer les Rois. Forcément, à la maison, pas ; on s'rait plutôt... J'vous l'ai déjà dit ! Pour le secret, voir plus haut !... Faut pas trop l'ébruiter, tout de même !

C'est moi qu'avais fait la galette. Ça, pour le feuilleté, j'crains personne ! Ah ! là là ! Y en avait des pages ! Un vrai dictionnaire !... C'qu'y a d'difficile, dans la galette, c'est de relier les feuilles entre elles : vous prenez une bonne aiguillée de fil et vous glissez d'dans les feuilles de pâte, une par une... avec beaucoup de précautions. Une à l'endroit, une à l'envers, pour ne pas qu'elles collent !... Et si une feuille casse ? Ah ! ça arrive !... Alors, y faut tout r'commencer !... Donc, comme ça, vous enfilez les feuilles ; jusqu'à mille... au moins. Là, on doit savoir compter vite. Moi, pourtant, j'ai l'habitude ; eh ben, je m'suis trompé d'trois !... J'ai tout repris au début... Huit jours de boulot !... Mais la galette était bonne.

A table, y avait l'docteur, ma femme et pis Fanny. « Et pis Fanny. » Elle tombait bien pour le jour des Rois, celle-là !... Vous avez compris l'astuce ? Quand j'l'ai sortie au docteur, il a bien rigolé... Il a failli s'étouffer avec un morceau de galette tellement qu'y s'marrait !... « Et pis Fanny. » J'suis bien content d'mon calembour, moi. Si vous voulez, j'vous autorise à le resservir. Naturellement, y faut avoir une invitée qui s'appelle Fanny. Sans ça, rien à faire ! Si vous dites, par exemple : « Et pis Madeleine » personne ne rira. C'est une Fanny qu'y faut !... A tout prix ! Pas de Fanny, pas d'astuce ! Si vous voulez être spirituel, choisissez vos relations !

Si vous nous aviez vus en train de manger la galette ! Tout le monde faisait attention... à cause de la fève... De vrais ruminants ! Le docteur était inquiet : s'il était roi, y voulait bien, d'un côté, prendre ma femme pour reine... Seulement, de l'autre côté, y marchait pas pour payer une bouteille !

On est tout de même venu à bout d'cette sacrée galette, après une heure de travail des mandibules !... Et personne avait trouvé l'baigneur !... Pas étonnant, il était dans ma poche. C'est pas là qu'il aurait dû être, pourtant ! Que voulez-vous ; j'l'avais oublié !... C'est b... C'est bizarre, hein ?

C'était il y a...

287 avant Jésus-Christ

Naissance d'Archimède, inventeur des moufles contre le froid (brevet 51), de la poulie mobile (brevet 53), de la vis de pressoir (brevet 59), etc.

Il inventa également l'eau chaude dans de bien curieuses conditions :

Un soir d'hiver, voulant prendre son bain saisonnier, il s'aperçut qu'une croûte de glace s'étant formée à la surface de l'eau il avait les plus grandes difficultés à s'introduire dans sa baignoire à deux portes (brevet 77). La vue de son poêle à feu continu (brevet 78) lui donna l'idée d'y installer sa baignoire afin de la réchauffer. En quelques heures, il obtint une magnifique eau chaude d'une qualité inconnue de nos jours.

Esprit très altruiste, ne voulant pas léser les foules d'une révélation si pratique et d'une portée considérable pour le progrès de l'hydrothérapie, ce fut la seule invention pour laquelle Archimède ne prit pas de brevet.

Il inventa aussi une carabine à ressort qu'il vendait dans les rues de Syracuse, sa ville natale, en criant : « Eurêka ! Eurêka ! ».

Le coin du bricoleur

Fabriquez vous-même votre commissariat

A la suite de nombreuses demandes de lecteurs qui pendant les jours de fête ont eu besoin des bons offices du Commissariat de police et n'ont rencontré que portes closes (ces messieurs étant partis réveillonner ou interroger les réveillonneurs), nous avons pensé qu'il serait intéressant de donner l'agencement type d'un commissariat accueillant réalisable chez soi.

Le local idéal est une pièce de 4 m sur 3 comportant deux portes dont une dérobée. Il suffira, pour le mobilier, d'agencer l'ensemble suivant le plan ci-contre ; quelques détails sont toutefois à ne pas négliger. Ne pas oublier le pique-feu du godin qui sert à ponctuer les questions insidieuses, le tableau d'honneur sur lequel vous porterez vos hauts faits d'armes, un broc de coco « Hoër » ; dans le tiroir de la table (chêne massif si possible), deux jeux de 52 cartes non truquées. La vitrine aux matraques plombées peut contenir également : les menottes, les moustaches de mission, bref, tous les instruments de travail.

Pour compléter, il importe de placer sur tous les meubles, de nombreux dossiers et états néant que vous rangerez en faisant tourner un ventilateur dans un seau de poussier pendant une heure environ, en ménageant un violent courant d'air entre les deux portes (vous pouvez également, à défaut de ventilateur, faire de grands moulinets avec une pèlerine).

Faites faire quelques tampons caoutchoutés, exemple : « Commissaire Trugludu », suivi de votre adresse complète avec indication de l'étage, qui vous permettront de légaliser vous-mêmes vos papiers d'affaires.

Parlons du vêtement. Vous trouverez dans le commerce une casquette à visière en cuir de bœuf bouilli que vous façonnerez à volonté ; pour la pèlerine, attendez la visite du facteur, un soir de pluie ; c'est bien le diable si vous n'avez pas un pantalon bleu roi et une pointe d'accent auvergnat.

Tout est alors fin prêt. Il ne vous reste plus qu'à faire votre police vous-mêmes.

Après les faux billets de banque

Méfiez-vous des vrais louis d'or

Ou s'arrêtera l'astuce et l'audace des faux monnayeurs ?

A peine la bande qui imprimait et répandait par milliers de faux billets de banque de cent francs du type américain est-elle sous les verrous qu'une autre bande entre en action.

Mais, cette fois, comprenant que malgré les soins qu'elle pourrait apporter à l'exécution d'un simili papier-monnaie, il lui serait probablement difficile d'écouler celui-ci dans le public dont la méfiance est mise en éveil, ladite bande a estimé plus habile de fabriquer de vrais « louis » d'or du type 1914.

Outre que nul n'est encore prévenu contre ce genre de numéraire, la plupart des gens en ignorent ou en ont oublié les caractéristiques ; de plus, il est d'un aspect plus engageant que les coupures les mieux conditionnées, toutes choses qui facilitent son écoulement.

Il semble, pour l'instant, que les fabricants de louis opèrent de préférence dans la banlieue de Poil (Nièvre) où plusieurs commerçants ont été victimes de leurs agissements. Précisons qu'en raison de leur forme et de leurs dimensions, les louis en question sont souvent glissés en guise de jetons dans les appareils à sous, balances automatiques et taxiphones.

Le ministère de l'Intérieur nous prie donc de mettre en garde nos lecteurs contre tout individu qui tenterait de faire usage devant eux d'un objet rond en métal jaune d'une valeur nominale de vingt francs. On recommande aux personnes qui se trouveraient dans ce cas de faire appel sans attendre à l'expertise du plus proche bijoutier. Si ce dernier établit, grâce à sa pierre de touche, que la pièce suspecte est bel et bien en or, les intéressés peuvent avoir la certitude qu'elle n'a pas été mise en circulation par un organisme d'émissions gouvernementales.

Deviser pour régner

Il est probable que ces affaires de faux monnayeurs vont avoir leur écho au Palais-Bourbon, M. Edouard Nerriot, défenseur de la liberté de la presse, entendant s'y faire également le défenseur de la liberté du commerce.

Recevant un représentant de L'Os libre, *le président du Parti radical lui a déclaré :*

– Les poursuites intentées contre les fabricants de fausse monnaie constituent avant tout un cas d'entrave à la liberté du travail qu'aucun démocrate digne de ce nom ne saurait admettre.

» Par ailleurs n'est-il pas stupide que le ministre des Finances s'obstine à pressurer chaque jour un peu plus les contribuables sans parvenir pour cela à équilibrer son budget, alors que nous avons la preuve que l'industrie privée est à même de lui fabriquer aisément les milliards de billets de banque qui lui manquent ?

» Et pourquoi, au lieu de nous priver de tout en exportant nos produits industriels et agricoles afin de faire rentrer dans les coffres de l'Etat les devises étrangères indispensables à notre économie, ne demande-t-on pas précisément à ces

faux monnayeurs, qui ne cherchent qu'à travailler, de nous fournir des livres sterling et des dollars que nous obtiendrions chez eux à meilleur compte qu'en allant les acheter dans des pays où le change nous est défavorable.

» J'ajoute que cela serait pour nous un facile moyen de rétablissement financier, car si on peut stabiliser le franc en réduisant au minimum la circulation des billets de banque nationaux, on doit arriver au même résultat en augmentant la circulation des billets de banque étrangers.

» Enfin, il est inadmissible que la Banque de France ait seule le droit d'imprimer du papier-monnaie. Si tous les imprimeurs français jouissaient de cette autorisation, soyez assuré que nous n'aurions plus entre les mains tant d'infâmes billets crasseux et déchirés. Sous l'effet du feu de la concurrence, chaque fabricant voudrait, en effet, faire mieux que son voisin, et ce serait l'ère des billets sur papier de Hollande, Japon impérial, Vélin, voire argent ou or avec gravure en relief. »

L'OS DE CŒUR

par Pierre Cour et Francis Blanche

Le Jour de l'An s'éloigne, avec son cortège de cadeaux et de vœux… Et déjà nous devons commencer à songer à Noël… Noël qui s'approche à grands pas, ce Noël de l'année 1947 que nous espérons plus joyeux encore… Soyons prévoyants… Préparons déjà nos arbres et nos réveillons, sinon nous risquerons d'être pris de court faute de s'en être occupés à temps.

Rien ne sert de courir…

Mais, venons-en à notre courrier du cœur, plus pressant et plus volumineux que jamais, comme si, au seuil de cette nouvelle année, nos lecteurs avaient décidé de nous faire confiance plus encore que par le passé…

Mlle VAI-VOLPI, de Cap-d'Ail (Alpes-Maritimes) nous écrit :

J'ai 42 ans, et je n'ai pas encore connu l'amour… Toutefois depuis quelque temps, je me sens invinciblement attirée par un homme d'une cinquantaine d'années… Il m'a demandée en mariage et j'allais accepter, quand j'ai appris qu'il était croque-mort… Pensez-vous que l'on puisse bâtir quelque chose de durable dans ces conditions-là ?

Répondez-moi vite, car il me presse de devenir sa femme et j'attends votre avis pour accepter ou refuser…

– C'est une grande preuve de confiance que vous nous donnez, mademoiselle Vai-Volpi, de Cap-d'Ail, et nous essaierons d'en être dignes. Votre soupirant est croque-mort, dites-vous ?

Et puis après ?

Il n'y a pas de sot métier, chacun prend son plaisir où il le trouve, on a souvent besoin d'un plus petit que soi et un bon tiens vaut mieux que deux tu l'auras…

Vous serez certainement heureuse avec votre pompier funèbre et grâce à sa position sociale vous obtiendrez des facilités pour vous et votre famille quand le besoin s'en fera sentir.

De plus, un homme qui sait rendre la mort moelleuse vous fera sûrement la vie agréable…

Tous nos vœux vous accompagnent : soyez heureux et ayez beaucoup de petits croque-morts…

***

– Votre cousine avait raison, Lionel-Alfred de V… (23 ans), cette habitude de mettre vos souliers dans la cheminée à Noël n'est plus de votre âge… Elle a bien fait de vous retirer ces illusions. Elle avait également raison pour cette autre chose, qui vous a tellement étonné !…

Votre maman a tort de lui en vouloir…, un jour ou l'autre, vous auriez tout appris…

***

– JOYEUX FARCEUR TOURANGEAU, votre idée du cigare au fulmi-coton n'est pas mauvaise, mais permettez-nous de vous indiquer une farce d'un bien meilleur goût : Vous confectionnez un rouleau de carton et vous priez un de vos amis de regarder le ciel à travers cette lunette spéciale…

Pendant qu'il est occupé à observer les nuages, vous versez par l'autre extrémité un bon verre à bordeaux d'acide sulfurique…

Vous verrez votre victime hurler en se frottant l'œil d'une façon fort réjouissante… Voilà une farce d'un effet certain, une plaisanterie facile à réaliser, originale et… drôle, ce qui est rare en cette époque de catastrophes…

***

M. POTIREAU, professeur de mathématiques au collège Daladier, nous demande dans une lettre angoissée :

Combien font 7 fois 9 ?…

– 63.

***

– Nous avons lu attentivement votre lettre, charmante lectrice qui signez JOLI CORDON-BLEU…

Vous êtes sûre d'avoir mélangé vos œufs comme l'indique le manuel de cuisine.

Vous êtes certaine d'avoir suivi à la lettre les principes élémentaires de la confection des omelettes.

Malgré toutes ces précautions, votre omelette avait une consistance gluante, liquide et peu appétissante…

Dans ce cas, il n'y a pas de doute possible : *vous l'avez mangée sans la faire cuire !…*

La prochaine fois, essayez de la passer quelques minutes à la poêle, *sans oublier d'allumer le gaz,* et vous nous en direz des nouvelles !…

Merci pour vos délicieux petits gâteaux… Le chien n'en a pas voulu…

***

Quant à la comtesse J.-R. de P… de R…, elle nous dit cette semaine :

J'ai trouvé du café à 225 fr. le kilo… Il a un excellent parfum, un peu comme de l'orge… Quand je pense que vous m'en proposiez à 1 300, mon sang bleu ne fait qu'un tour… Vous êtes des beaux dégueulasses… c'est une comtesse qui vous le dit !

– Bonne année, comtesse.

(On peut descendre jusqu'à 1 150.)

Faits divers

DE PARIS. – Les disparus de la Saint-Sylvestre. – La plus navrante des inquiétudes règne en maîtresse au sein palpitant de la préfecture de police, où l'on est toujours sans la moindre petite nouvelle du corps-franc d'agents cyclistes de la mondaine parti effectuer un raid au cabaret L'Ecu fripé, dans la nuit du réveillon.

Des casquettes, des étuis à rigolvers, des rigolvers, des pantalons, des vestes, ainsi que des bicyclettes ont été retrouvés sous les tables et dans les chambres de l'établissement parmi des débris de toute sorte.

Tout ce matériel épars laisse supposer que les opérations furent dérangées au cours de leur exécution, ou bien alors que les ordres ont été très mal interprétés.

Aux dernières nouvelles, les recherches continuent et se seraient même étendues à différentes boîtes de nuit où plusieurs autres bataillons de policiers auraient également laissé un désordre analogue.

PETITES ANNONCES

OFFRES D'EMPLOI

Pour manipulation, explosif très pointilleux, demandons jeunes femmes, grande douceur manuelle. Société Trinitrotoluol, 17, rue Sauve-qui-peut.

Manufacture chapeaux de dames cherche peintre cubiste pour nouvelles créations.

PROPOSITIONS SPÉCIALES

Messieurs aisés qui n'osez sortir le soir, voyagez de concert avec nos hommes à nous. Garde du corps simple : l'heure, 50 fr. Garde du corps incorruptible : 150 fr. Gros ange gardien, 1er choix. Retour assuré à domicile : 290 fr. Ecrire M. Ritou les Mains jointes, 53, rue Rodier, Paris.

IMMEUBLES, PROPRIÉTÉS

Esquimaux désirant se retirer à Paris, cherchent petit appartement, quartier Glacière seulement. Ecrire Kiféfroi, à Brouhou-Groenland.

AMEUBLEMENT POUR BUREAUX MINISTRES

Table d'écoute chêne, tarabusté au tampon, batterie de 12 microphones, 4 pieds creux, amplificateur HF et BF : 12 900 fr. Chaise parlante, buis asticoté, dossier secret, jeu de 6 microphones déclenchés par pression sur accoudoirs. Les 6 chaises : 9 580 fr.

Grand choix de tous articles de bureau, cendrier-micro, porte-plume enregistreur, buvard sous-main copiant, calendrier indicateur, etc., etc, Vente en gros au Micro masqué, 238, rue du Faux-Témoin, Paris (2e).

DIVERS

Belle occasion, ministère n'ayant jamais servi, vendu complet avec 790 tonnes de paperasses, 20 tonnes de cocottes papier, etc. S'adresser ministère Ravitaillement.

Accélérez la montée du gaz et de l'électricité vers les étages supérieurs en utilisant l'ascenseur « Petitbuis » pour colonnes montantes. L'installation complète. Prix : 383 755 fr.

VOYAGE – CAMPING

Puits portatif de campeur, margelle briques caoutchouc creux, portique aluminium, poulie, 25 m. de cordage et seau liège. Prix 1 228 fr. – Le même, mais avec 32 m de corde : 1 287 fr. 70.

Bouteille thermos, verrerie argentée, triple paroi de liège, 2 épaisseurs de feutre, 6 garnitures de sciure, 2 épaisseurs de duvet de crocodile, corps brique réfractaire recouvert aluminium, gobelet, etc. Contenance 1/4 de litre. Hauteur : 1 m 72 : 987 fr. 05.

Pharmacie de poche, comprenant 6 flaconnets et 2 cm 3 de coton : 3 fr. 751.

Pharmacie en bandoulière, 12 flacons, 1 trousse chirurgie, gaze, bandes Velpeau, etc. : 88 fr.

Pharmacie portable, 12 bocaux, 24 bouteilles, aspirine, trousse chirurgie, tous pansem., etc. : 901 fr.

La même, mais avec comptoirs, vitrines à pâte dentifrice, etc., etc., arrière-boutique, 1 préparateur. Prix 59 667 fr. 75.

Gourde de camping, contenance réglable, habillage tissu, très perfectionnée. Age 22 ans. – M. Déodat Jivremollet, au journal.

ARTICLES POUR FEIGNANTS

Serrure mécanique, ressort puissant, se remonte automatiquement à l'aide de systèmes fixés sur les marches d'escaliers. Plus besoin de tourner la clé, le ressort se déclenche en ébranlant légèrement la porte : 185 fr. Mod. fort pour feignant soupçonneux : 728 fr. 50.

TRAVAUX À FAÇON

Rénovation vieilles coupures B. de F., ravivage de teintés, reconstitution des numéros, collages, reconstruction, etc. Le billet de 5 fr. : 7 fr. 65. On achète tous débris.

Faux monnayeur en pièces de 25 cent., céderait important stock de trous. Conviendrait bien à fabrique de passoires.

N° 66 – Mercredi 8 janvier 1947

Chapitre VI

(*Qui n'est jamais que la suite du précédent et se compose d'un dialogue qui ressemble bougrement à un monologue.*)

– Alors, que me voulez-vous dire ? interrogea le marquis, dès que son séant fut posé près du postérieur de la donzelle.

– Beaucoup de choses, répondit-elle. En effet (puisque vous le savez, à quoi bon vous le cacher ?) je suis la maîtresse de l'Eminence verte depuis bientôt dix ans, trois mois, sept jours et cinq heures trente-deux.

– Si longtemps que cela ? Je ne croyais pas cette chère Eminence capable d'une aussi longue fidélité.

– Quant à sa fidélité… hum ! Ceci est une autre histoire, comme dira beaucoup plus tard un nombé Kiplard Rudyng, ou quelque chose d'approchant, ainsi que me l'ont révélé les tarots du moyen Albert.

– Ah ? vous êtes une dame de tarots ? dit plaisamment le marquis.

– Vous êtes bien un valet de cœur, je peux bien être une dame de tarots ! répondit du tac au tac la Bémole avec à-propos. Sachez monsieur, que j'ai appris à lire l'avenir, le présent, le passé et le plus-que-parfait, non seulement dans les tarots, mais encore dans le marc de café, le marc de Bourgogne, le marc Aurèle et les viscères de gallinacés.

– Diable ! Cela doit vous revenir cher s'il vous faut tuer une poule ou un dindon chaque fois qu'il vous prend la fantaisie de savoir de quoi demain – ou après-demain – sera fait ?

– Oh ! non, cela ne me coûte rien. L'Eminence verte me fait avoir, sur la cassette royale, une indemnité de viscères. De plus, nous nous tapons la volaille au souper. Il n'y a qu'une ombre au tableau, et c'est pourquoi je suis ici près de vous… Vous comprendrez tout à l'heure pourquoi.

– Espérons-le, soupira M. de Voloter, car, pour l'instant, je n'y comprends absolument que pouic.

– Vous voilà donc maintenant un valet de pouic ! s'exclama finement la Bémole en tapant sur les cuisses du marquis qui se recula avec promptitude et indignation, non seulement par réprobation pour cet oubli des distances, mais parce que la bougresse avait les mains dures et le marquis les cuisses sensibles. Mais, trêve de foutaises ! L'ombre au tableau, dont je vous parlais il y a quelques instants, c'est que, si je puis dévoiler votre avenir ou celui du dernier des mendigots, le mien, seul, reste impénétrable pour moi, par une fatalité étrange que je ne m'explique pas.

– Si vous comptez sur moi pour ça, dit tranquillement M. de Voloter, et si c'est dans ce but que vous me retenez ici, vous perdez votre temps et le mien par-dessus le marché !

– Vous me prêtez des intentions qui n'ont jamais été les miennes, répliqua la fille avec un sourire à la fois ambigu et comique, ce qui lui donnait un petit air théâtral. Je ne vous ai fait cette confidence sur mes talents de pythonisse qu'incidemment, et aussi pour vous rendre service le cas échéant.

– Grand merci ! fit dédaigneusement le marquis. Je ne mange pas de ce pain-là !

– Encore ! Décidément, vous ne devez pas être un gros mangeur de pain, vous ! Enfin, tant pis pour vous, mais vous avez tort, car ma science est grande en matière de cabale. J'ai pratiqué la cabale bambou, la cabale de nuit, la cabale à calotte, la cabale-Héro et toutes les branches de la magie, noire, blanche, grise ou tricolore, avec le célèbre professeur Bonlay, que tous les occultistes ont surnommé « Bonlay-Magie » tant il est fort sur ce point ! Car il faut vous dire que j'ai été élevée par des gitans du Groenland et que mon mari, le triste sieur Bémol – d'où mon nom de « la Bémole » – était lui-même un remarquable tireur de cartes et un non moins remarquable tireur de laine. Il n'y a que comme tireur à l'arquebuse qu'il laissait à désirer, un de ses yeux disant à l'autre un mot qui sera, plus tard, illustré par un militaire ayant un nom de station de métro, comme je l'ai vu dans un gésier de pintade, ce qui le gênait pour viser correctement ; mais comme tireur au flanc, il était imbattable ! Or, j'étais affreusement malheureuse et coulais des jours misérables en compagnie d'Ugase (c'était le prénom de Bémol) qui était une terrible brute des tavernes…

– Ka, murmura le marquis, ka !

– Quoi, caca ? qu'est-ce que vous voulez dire avec votre caca ?

– Ca…verne, pas taverne.

– Pardon, je sais ce que je dis. Or, je dis bien : taverne, car cet animal passait les trois quarts de son temps à se trimballer de taverne en bouchon, de bouchon en estaminet et d'estaminet en guinguette ! Il en revenait, naturellement, saoul perdu, et cela se terminait régulièrement par des bagarres dont la plupart du temps je faisais les frais et dont ma physionomie sortait quelquefois modifiée de telle sorte que ma pauvre mère elle-même ne m'eût point reconnue. Je ne parle pas de mon père, car lui n'a jamais voulu me reconnaître !

La Bémole s'arrêta, prit un temps, comme on dit en jargon théâtral, pour juger de l'effet de son mot. Mais M. de Voloter restant impassible et ne semblant nullement décidé à sourire ou à manifester de toute autre manière qu'il en avait saisi le sel, elle enchaîna.

– C'est alors, à…

– Quand ? demanda le marquis.

– Pourquoi à Caen ? C'était à Fontainebleau.

– Non, je dis : quand ? Vous dites : c'est alors… Alors… quand ? J'aime les précisions.

– Ah bon ! Eh bien ! c'était il y a dix ans, donc en 1615. C'est alors, dis-je et répété-je, qu'à la suite de circonstances qu'il serait trop long et parfaitement inutile de vous exposer…

– C'est bien mon avis, interrompit M. de Voloter en bâillant si énergiquement qu'un moucheron, pris de vertige à l'aspect de ce gouffre inattendu soudainement ouvert sous ses ailes, se précipita dans sa trachée-artère, provoquant une terrible quinte de toux qui aspergea la narratrice d'une nuée de postillons folâtres, mais expulsa le malheureux diptère, persuadé qu'il était tombé en plein milieu d'un effroyable cataclysme qui ne présageait rien de moins que la fin du monde.

(*A suivre.*)

L'OS LIBRE

« Contre tout ce qui est pour – Pour tout ce qui est contre. »

NUMÉRO 67 – MERCREDI 15 JANVIER 1947

La baisse générale des prix de 5 % continue de figurer en bonne place dans les journaux. L'expérience attire beaucoup de monde dans des étals où la marchandise demeure, hélas, toujours aussi rare. Du côté de Versailles, on prépare le congrès qui, le 16 janvier, doit élire le président de la République. Vincent Auriol, actuel président de l'Assemblée nationale, fait maintenant figure de grand favori. Edouard Herriot, bon perdant, aurait accepté, en échange de son désistement, de le remplacer à la tête de l'hémicycle.

Edito_Attention aux faux Khroumirs !

par Pierre Dac

C'était couru ; il fallait s'y attendre, c'était inéluctable, c'était même, comme le dirait Fernand Rauzéna, inéluctable de jour et inéluctable de nuit ! Aussi point n'en suis-je exagérément surpris : il y a de faux Khroumirs !

René Lefèvre vient d'ailleurs, il y a à peine quelques lignes, de m'en aviser téléphoniquement ; je lui ai répondu derechef que je le savais puisque c'est moi qui l'avais alerté cinq minutes plus tôt. A quoi il m'a rétorqué que, en tout état de cause, il était préférable de mettre quelqu'un au courant d'une chose qu'il connaissait déjà que de n'en rien dire à un autre qui l'ignorait.

Inutile de dire que je n'ai rien trouvé à ajouter, une telle logique commandant le respect.

Donc, il y a de faux Khroumirs qui glandent actuellement sur le marché.

Je le répète, c'était fatal. On ne crée pas impunément un mouvement aussi nouveau et aussi dynamique que le khroumirisme sans immédiatement prêter le flanc à toutes les jalousies et à toutes les basses entreprises. Il ne suffit cependant pas de le constater ; il est surtout indispensable de mettre les adhérents et les sympathisants en garde contre les louches agissements des individus subséquents.

Il convient de reconnaître que ces faux Khroumirs sont fort habiles ; ils se présentent à nos amis, captent leur confiance normalement ou par radar et s'efforcent à gagner leur amitié au loto ou au bonneteau. Ils font, naturellement, de magnifiques professions de foi khroumire et leurs discours se terminent généralement par un appel au peuple et à la générosité du client. Sous le fallacieux prétexte de venir en aide à de soi-disant Khroumirs nécessiteux, ils se font remettre des sommes dont le chiffre varie selon l'importance afin, disent-ils, d'acheter des cravates chaudes et des fixe-chaussettes fourrés destinés à compléter la tenue rituelle des Khroumirs en rupture de tradition. Ce qui constitue, à proprement parler, une dégoûtation sans précédent. Nous tenons donc à aviser tous nos amis qu'il y a belle lurette que nous avons remplacé les cravates chaudes par des foulards en mousseline à beurre et les fixe-chaussettes fourrés par du bolduc à plastron à double révolution et à traction latérale.

Il sera donc, dorénavant, extrêmement facile à ceux qui s'en tiendront strictement aux instructions contenues dans le *Manuel du Khroumir en action* de dépister les faussaires et de leur réserver l'accueil que méritent leur outrecuidance et leur grosse vilaine conduite.

Néanmoins, pour regrettable que soit cet état de choses, nous ne pouvons que nous en réjouir ; c'est la preuve de la présence et de la progression du khroumirisme. Notre mouvement est en marche et notre marche est en mouvement.

Et le président Blum l'a bien compris, qui, sur nos conseils, a pris les dispositions que tout le monde connaît. Pour des raisons faciles à comprendre, je ne puis en dire davantage à ce sujet. Mais confiance et patience, nous sommes sur la bonne voie : la voie de la baisse dont nous avons ouvert le passage à niveau. Déjà la première manche est gagnée, la seconde le sera bientôt ; ensuite ce sera la belle. Ça fera la belle et la baisse, comme on dit dans les milieux du cinématographe causant. Mais quand même, beware to faux Khroumirs !

Blèche de 5 %

Les blèches, tartouzards, minus habens, ébranlés du porte-cigare, fondus, corniauds, etc., sont avisés qu'ils peuvent se considérer en état de baisse de 5 % sur leur état normal et habituel.

Fesse de 5 %

Les personnes ayant la déplorable habitude de voyager assis sur les genoux des uns, voire des autres, sont priées de réduire leurs parties occupantes de 5 %.

Et vice Versailles

Jeudi 16 janvier, nos parlementaires assemblés à Versailles, toutes chambres réunies, vont pourvoir au remplacement du roi Louis XVI, guillotiné le 21 du même mois, mais en l'année 1793, ce qui ne rajeunit personne.

Toutefois, comme nous ne mettons plus de couronnes sur la tête de nos tyrans, le congrès se contentera d'élire un simple président de la République.

– Un président de la République ! vont s'écrier des personnes mal réveillées d'un long sommeil, un président de la République, mais nous en avons déjà un ! C'est ce pauvre M. Albert Lebrun, nous ne sachons pas qu'on lui ait coupé la tête, à lui aussi !

Bien sûr, M. Albert Lebrun est toujours président de la République, puisque des circonstances indépendantes de sa volonté ne lui ont pas permis de terminer son congé, mais pas de la même République. Un changement de vitesses a été pris, depuis lors, dans nos institutions nationales ; nous étions en troisième, nous sommes actuellement en quatrième, il faut donc à la France un conducteur tout neuf, n'ayant jamais servi, du moins comme ça.

Notre table tournante d'informations anticipées ayant fait grève de solidarité pour appuyer le mouvement d'arrêt des rotativistes, il nous est encore impossible de dire qui sera le futur nouveau président. Nous ignorons son nom, sa naissance, si c'est un gentilhomme et comment il se nomme, s'il a fait ses études politiques à l'école du P.C.F., au lycée S.F.I.O. ou au petit séminaire du M.R.P. ; s'il fume la pipe ou si sa barbe est taillée en pointe.

D'ailleurs, qu'importe ! L'essentiel, pour ne pas dire le principal, c'est que nous en ayons un, de président. Il y a assez et même trop longtemps que le concierge de l'Elysée se périt d'ennui dans sa solitude ; donnons-lui sans retard un compagnon. La barbe, ça viendra toujours assez tôt !

MÉLI-MÉLOS **par BOURVIL**

Eh ben ! cette semaine, j'suis allé au cinéma… Parc'que j'me tiens au courant d'tout… des arts comme des lettres. Ah ! dans l'métier de journalisse, y faut ça ! Avoir tout vu, tout entendu ! Aussi, moi, j'peux vous parler de n'importe quoi : d'une séance à l'O.N.U. comme du camelot qui vend, sur les boulevards, un produit pour faire les bulles de savon.

Qu'est-c'qu'on fait comme bulles de savon, en ce moment, à Paris !… Une véritable fureur ! Y a vraiment une abondance de bulles… A en crever ! Ça, j'peux dire qu'on n'est pas rationné sur les bulles ! Les camelots qui vendent le produit pour les faire ne chôment pas, j'vous l'jure ! Y sont toujours en plein « bulot » ! (L'astuce est bien amenée, tout de même, hein ?)

Revenons au cinéma. Donc, j'y suis allé… pour mon travail, je le répète, pas pour m'amuser… Alors, forcément, j'étais pas accompagné. Parc'que, quand j'vais au ciné pour mon plaisir, j'm'arrange toujours… pour emmener une petite collègue… Vous me suivez, hein ? Mais là, c'était pas pareil ; j'allais pour voir le film… Raison professionnelle ! Alors, pas de petite… J'aurais été plutôt distrait… Le spectacle est dans la salle… Voyez où j'veux en v'nir ?… J'en dirai pas plus !

Donc, on m'avait dit : « Allez voir *Arsenic et vieilles dentelles.* C'est un film où on s'empoisonne d'un bout à l'autre. » « Zut ! que j'ai pensé, ça doit pas être gai ! »

Eh ben ! j'avais mal compris. Encore une subtilité de la langue ! On s'empoisonne sur l'écran, mais dans la salle, qu'est-c'qu'on rigole ! Y a treize morts à la douzaine, comme les œufs au marché de Bourville !… C'que ça peut être marrant !

Ecoutez l'histoire : deux dames respectables (j'ai pas écrit « respectueuses », ne confondez pas !) attirent chez elles de vieux messieurs, histoire de leur offrir un coup d'vin… Remarquez qu'elles ont mis une pincée d'arsenic dedans… Pourquoi pas ? Y en a bien qui coupent des bouts d'écorce de citron… Les vieux messieurs meurent, naturellement. On les colle dans le coffre à bois en attendent d'les enterrer… Moi, j'étais tordu de rire dans mon fauteuil. Je m'tapais sur les cuisses !… J'vous en raconte pas plus long ; allez voir le film ; vous m'en direz des nouvelles !

Pis, à l'entracte, les ouvreuses crient : « Demandez nos délicieux bonbons au chlorate de soude, cyanure, strychnine… »

J'suis rentré chez moi, enthousiasmé… Juste en arrivant, je tombe sur ma belle-mère… La journée des poisons ! Coïncidence !

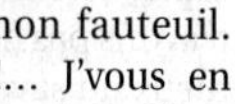

Artisans, industriels, commerçants !

Pour activer la reprise des affaires, patronnez la sortie des théâtres et cinémas ; le public sera heureux d'entendre les haut-parleurs lui annoncer : la sortie que vous êtes en train d'effectuer vous est offerte gratuitement par les établissements Chaudin de la Crépine, la célèbre entreprise de roulage de fûts.

Amateurs de bel canto

qui désirez obtenir des billets de faveur pour le Théâtre National de l'Opéra, adressez-vous de préférence ailleurs qu'à nos services, nous n'en avons jamais.

Liesse de 5 %

La vague actuelle de baisse nécessitant, pour réussir, un certain climat de confiance, le public est invité à observer une liesse communicative de 5 % minimum.

Petits retraités, vous êtes riches et l'Etat pauvre...

Donnez vos vieux louis d'or, vous faciliterez ainsi la reprise économique.

Effectuez vos envois en lessiveuses plombées à l'adresse suivante : M. Philip, hôtel des Monnaies et de la Tête d'Ane aux haricots rouges, Paris.

Chaque donateur recevra en échange un magnifique diplôme de louanges signé de la main même du ministre des Finances.

LA SCIENCE

La machine à faire baisser la hausse

Notre esprit perspicace, toujours à l'affût des nouveautés, a découvert cette semaine un phénomène aussi curieux que généralisé, caractérisé par l'apparition, à la totalité des vitrines, du chiffre « cinq » suivi d'un signe mystérieux en forme de lunettes pour faciès asymétrique (en langage vulgatre : façade tordue, tronche en biais ou gueule en coin de rue).

Les renseignements pris auprès des personnes intéressées nous ont révélé que cet ensemble numérico-hiéroglyphique ne représentait rien de moins qu'une baisse généralisée de 5 % sur l'ensemble des produits offerts à la cupidité des consommateurs.

De mémoire d'homme, pareil fait ne s'était pas produit depuis l'année de la comète. De mémoire de femme non plus.

La plupart des gens se sont bornés à constater le phénomène, voire à en bénéficier.

La simple constatation des effets ne suffisant pas à satisfaire aux exigences de notre esprit scientifique, nous avons cherché à remonter aux causes et, pour ce faire, nous n'avons pas hésité à enfourcher le canoé du raisonnement pour naviguer sur les flots impétueux du savoir et remonter ainsi jusqu'aux sources de la connaissance.

Quelle explication peut-on donner au phénomène qui nous intéresse ? On a parlé d'un décret. Or il existe actuellement 2 793 décrets, tous en vigueur, destinés à enrayer la hausse et qui n'ont pu y parvenir. Comment peut-on admettre, sans ricaner mollement, qu'un seul décret caractérisé par une force 2 793 fois inférieure puisse suffire à renverser le potentiel des forces en présence ?

Ceux qui ont parlé de « choc psychologique » sont plus près de la vérité. Il est incontestable que le gouvernement n'a pas utilisé le simple appareil des lois mais bien une machine ad hoc et idoine. Employant des ruses de Sioux retiré de la circulation, nous avons pu nous procurer les plans de cet engin, que pour la commodité du langage nous appellerons « La Machine à faire baisser la hausse » bien que son nom scientifique soit « Psychochocolobulldozeratissoplébéien ». Sans vouloir entrer dans les détails nous sommes en mesure et poids d'en indiquer le principe. Celui-ci est le même qui régit la fabrication et le fonctionnement de la bombe atomique, du presse-purée à rétro-pédalage et du hachoir à macédoine à savoir : la désintégration de la matière.

Des ondes négatives à 5 %, émises par l'appareil placé dans les caves de l'Hôtel Matignon s'échappent sournoisement par le soupirail du milieu et se répandent dans tous les azimuts pour finir par pénétrer dans le cervelet enduré et matelassé des patentés et, par l'intermédiaire du numéro d'inscription au Registre du Commerce, agissent sur les centres neuro-psycho-métatarsiens et suburbains. Mû immédiatement par une force irrésistible le commerçant se précipite sur le blanc d'Espagne qui lui servait jusqu'à présent à inscrire sur sa vitrine la formule bien connue : « Y EN A PAS » et écrit en lettres monumentales : Baisse générale de 5 %. Nous avons vu l'effet d'un premier train d'ondes. Un second doit suivre qui précédera un troisième. Souhaitons que les pouvoirs publics fassent preuve de mesure dans l'utilisation de cet appareil, sans quoi, de baisse en diminution, les chiffres descendront au-dessous de zéro et obligeront les commerçants à nous donner de plus en plus d'argent avec leurs marchandises.

Professeur Cosmos,
Expert près les Tribunos.

Les contes de L'Os

L'HOMME EN NOIR

Dieu ayant créé le dimanche pour les profitables occupations de l'esprit, Pierre se livrait comme chaque semaine à son circuit dominical et rectangulaire autour du billard du café Poujade, vins et spiritueux. D'une main experte, il azura de craie friable l'extrémité de la queue et s'apprêtait à marquer le second point d'une série qui s'annonçait magistrale, lorsque la porte à ressort, d'une tape amicale sur les fesses, propulsa à l'intérieur Popaul, huit ans, un jeune voisin habillé en dimanche.

Il s'essuya le nez sur la serge bleue de sa manche (comme tout porteur de grande nouvelle) et dit essoufflé : « Y a vot' grand-père qu'à piqué le coup de sang, il est mort, maman l'a allongé sur le lit. »

Qu'eussiez-vous fait à la place de Pierre ? Lui, il rata son second point et dit en décrochant sa casquette : « N'importe comment, faut le faire enterrer. » Ces paroles, marquées au coin d'un bon sens conservé intact dans la douleur, provoquent chez les copains de pauvres congratulations, avec de pauvres mots usés par le service. Rien ne manqua, pas même les tapes sur l'épaule.

Pierre fit donc chercher l'employé de chez Torniol, le maître croque-mort à la mode. Moins de cinq minutes après, l'oiseau de mort s'encadrait dans la porte, près du chevet du vieux. (Il faut prendre le client pendant qu'il est froid).

– C'est pour mon grand-père, monsieur ?

– Avec joie ! répondit l'homme en noir, avec un clin d'œil futé en direction du lit.

Il mit sous le nez de Pierre une longue liste, où douze classes possibles s'offraient à l'indécision du client éventuel, en déclarant que, dans son métier, les gens ne faisaient jamais leurs commissions eux-mêmes.

– Vous, au moins, vous n'êtes pas comme au métro ! y avait deux classes, on en a supprime une ! s'exclame Pierre, manière de plaisanter et de ne pas être en reste.

– Que désirez-vous ?

– Quelque chose de gentil.

– Je vous recommande la sixième classe très avantageuse. Vous en serez content, vous reviendrez, c'est 3 800 francs.

– C'est abordable, dit Pierre, je vous enverrai des amis.

– Il y a lieu de prévoir 150 % de taxes et suppléments sur tous nos prix… Et dites-vous bien que nous faisons des concessions.

– Aïe ! Aïe ! gémit l'infortuné. Combien de chevaux dans le convoi.

– De chevaux, vous n'y songez pas ! C'est un âne, le voulez-vous noir ?

– Tiens, bien sûr, ce n'est pas pour un corso fleuri à Meudon !

– Alors, c'est 880 francs de supplément. Pour le cocher comment le désirez-vous ?

– Bien.

– C'est 717 francs. Avec l'air triste ?

– Oui.

– Ça fait 27 francs de supplément. Nous disons… barbes et moustaches assorties aux tentures, 319 fr. 10. Les croque-morts, maintenant, les voulez-vous indifférents, corrects sans plus, sifflotant un air de chasse avec pas de polka, ou véritablement endeuillés par cette perte cruelle ?

– Cette dernière perspective me convient mieux.

– Alors ça nous fait 280 + 17 = 297 × 4 croque-morts = 1 188.

– Croque-morts ?

– Non, francs. Avec 10 % de taxe de luxe.

– Enterrer grand-père, un luxe ?

– Oui, avec un tel déploiement de fastes et de pompes !

– Eh bien ! vous en avez de funèbres !

– Les tapisseries ? Noires, bien sûr. Avec glands d'argent sans doute… C'est 30 frs par gland, et un convoi sans glands c'est d'un mortel !…

Pierre sortit son portefeuille, compta, et dit :

– Va pour dix glands.

– Le drap recouvrant la bière ? Crêpe georgette, toile de Jouy, percale, finette imprimée ?

– Batiste ! C'était son nom, soupira Pierre qui avait plus de petites attentions que de connaissances orthographiques.

– En 140 de large mercerisé, ça nous fera 486 francs. Toujours à majorer des fameux 150 %. Pour le corbillard, c'est 250 francs du kilomètre et double tarif pour la nuit avec 10 % pour le service.

– J'aurais dû l'enterrer en taxi… Mais il y a les gens, les voisins…

L'employé continua :

– Nos hommes rapportent les fleurs et sont invités aux repas… Ah ! nous avons de fameux rigolos. Eh bien ! ça ira comme ça, ce sera simple et de bon goût. Dame, c'est un enterrement, on ne peut faire un feu d'artifice, mais vous serez bien servi ! Maintenant, veuillez me déposer une petite provision… la clientèle est si changeante.

Pierre déposa 2 500 francs dans la main de l'homme en noir et dit :

– C'est pour jeudi prochain 16 janvier.

– Impossible, mon cher monsieur, nous sommes débordés. (Il sortit son livre de rendez-vous.) Le 15, 16, 17, 18, 19… 20, 30, 31, complet, impossible (il feuilleta toutes les pages de février, mars fila entre ses doigts et son regard enfin s'éclaira) : Voulez-vous le 1er avril, je vous ferai passer en vitesse entre deux clients pressés ?

Il leva vers Pierre un visage qui était l'incarnation même du devoir et de la conscience professionnelle… guettant la réponse du jeune homme. N'ayant pas le sens des affaires, Pierre allait accepter, lorsqu'une voix s'éleva et dit : « Fais pas l'idiot, petit, c'est trop cher ! Et ces fameux 5 %, il en parle pas l'oiseau ? »

Et grand-père, car c'était lui, plus gaillard que jamais, sauta de son lit de mort. L'ordonnateur s'écroula… évanoui.

Un quart d'heure après, Pépère et Pierrot faisaient leur entrée chez le troquet pour faire comme aux beaux jours heureux le frottin des aminches. Et qui est-ce qui fut épaté, c'est le loufiat, lorsque l'aïeul lui dit : « J'ai le temps, ou m'enterre le 1er avril. »

Et jamais de mémoire de bistrot, on n'avait vu cette chose énorme : « un macchabée faire 37 points de série sur un Hénin de championnat ».

À Os rompus

La baisse pour tous

La vague de vraie baisse, magistralement décrite la semaine dernière par notre collaborateur spécialisé René-Paul, continue à déferler sur la France avec une ampleur que c'en est une bénédiction.

Le négligeable sou du franc tout d'abord offert par les commerçants à leur clientèle se trouve largement dépassé. Ce n'est plus 5 % d'escompte qui nous sont consentis aujourd'hui, mais 6, 7, 8, 9, 10 et la suite.

Il y a mieux : un grand magasin dont nous tairons le nom jusqu'à ce qu'il se soit mis en règle avec nos services de publicité a eu l'idée touchante de faire bénéficier de la baisse les personnes qu'une gêne momentanée (du moins, nous l'espérons) empêche d'acheter quoi que ce soit.

Dans ce louable dessein, l'établissement en question a diminué de 5 % le nombre des détectives chargés de surveiller les étalages.

La même réduction est appliquée aux pièges à loup disséminés le long de certains rayons garnis d'articles précieux.

Qu'on se le dise !

Quinze pour cent

Second exemple de désintéressement non moins édifiant. L'autre jour, des gentlemen demeurés malheureusement inconnus s'introduisaient à Maisons-Laffitte dans l'appartement de Mme Benitez-Rozach, née Môme Moineau, où ils trouvaient deux mallettes dont l'une renfermait 85 millions en valeurs diverses et l'autre quinze millions seulement.

Par un noble scrupule de conscience, les deux visiteurs du soir se contentèrent d'emporter la première et abandonnèrent la seconde, ce qui, sur l'ensemble de l'opération, représente une remise nette de 15 %.

Le bifteck s'aplatit

Mieux encore ! Grâce aux efforts de nos services secrets du ravitaillement, tous les records de baisse précédemment établis ici et là viennent d'être battus en quelque sorte à plates coupures !

N'importe quelle ménagère digne de foie vous dira, en effet, que cette semaine, *la viande de boucherie ne lui aura rien coûté*, d'où il résulte pour le consommateur une économie de 100 % réalisée sur cet article !

par Pierre Cour **L'OS DE CŒUR** et Francis Blanche

Il nous est difficile de répondre à toutes les lettres une par une… et pourtant nombre d'entre elles posent d'angoissants problèmes humains ou culinaires.

« Dois-je disparaître ? » « Faut-il battre les œufs en neige ? » « Puis-je me faire moine ? » « Comment ouvrir une boîte de singe ? » « Epouserai-je mon percepteur ? »… Telles sont, parmi tant d'autres, les questions qui réclament nos réponses et qui appellent nos conseils…

Les quelques colonnes qui nous sont allouées par le ministère de la Mise en page ne nous permettent pas de nous y étaler, mais nous essaierons de contenter tout le monde du mieux que nous pourrons…

Toutefois, il n'y aura aucun passe-droit, aucun cas prioritaire. Inutile, par conséquent, de nous menacer de suicide pour obtenir une réponse plus rapide… Nous en avons laissé mourir trois la semaine dernière pour s'être livrés à ce chantage ignoble…

Ceci dit, passons aux réponses.

M. DUVAL, de Paris, nous confie :

Depuis quelque temps, mon fils Armand fréquente une femme de réputation douteuse, qui n'a subsisté jusqu'ici que grâce aux libéralités de ses riches amants.

Je me suis opposé de toutes mes forces à cette liaison et lui ai interdit de revoir cette demoiselle Gautier, mais il m'a tenu tête et m'a répondu qu'il aimait Marguerite plus que tout… Ils vivent actuellement ensemble dans sa maison de Bougival… Que dois-je faire pour sauvegarder l'avenir de mon fils ?

– Votre cas est intéressant, monsieur Duval, et nous comprenons vos angoisses de père… Une seule chose vous reste à faire, d'après nous… Allez trouver cette jeune personne dans sa maison de Bougival… Parlez-lui à cœur ouvert… Faites-lui comprendre que votre fils n'est pas fait pour elle, que cela ruinerait son avenir, etc. Et obtenez de cette demoiselle Gautier qu'elle renonce à lui…

Tenez-nous au courant des résultats de votre démarche. Bonne chance !

***

– Non, petite mademoiselle qui signez JEUNE ÉRUDITE, non, l'Aristophane n'est pas une sorte de cellophane qui servait dans l'Antiquité à faire des vitraux pour les riches Athéniens. Nous vous écrirons plus longuement à ce sujet…

***

Mlle Marguerite G…, de Bougival (Seine-et-Oise) nous écrit une lettre émouvante :

Je suis ce qu'on appelle une « courtisane », j'ai toujours eu une mauvaise vie… Mais j'ai fait la connaissance d'un jeune homme charmant qui m'aime à la folie… et que j'aime aussi… Hélas ! Armand est d'une famille bourgeoise et son père l'a sommé de me quitter. Il a refusé et nous sommes partis vivre tous les deux dans ma petite maison de banlieue… Mais cette situation n'est que provisoire et j'ai peur pour notre bonheur… D'autre part, j'ai les poumons très faibles. Ai-je le droit de ruiner l'avenir d'Armand pour un amour qui n'aura peut-être qu'un temps ?

– Puisque ce jeune homme vous aime, mademoiselle Marguerite G…, et que vous l'aimez, les autres considérations sont superflues… Soyez heureux sans songer à tout ce que vous réserve l'avenir et sans vous occuper de la maladie ou des préjugés bourgeois…

Et si un jour, le père d'Armand venait vous relancer jusque dans votre maison de Bougival, flanquez-le à la porte sans écouter un mot de ses discours…

Bonne santé et bonne chance…

***

– Non, PETIT CHASSEUR DE FAUVES, les « Ganglions » ne sont pas des bêtes sauvages qui vivent en bande et qui terrorisent les animaux du désert… Consultez le nouvel annuaire…

***

Réponse pour M. DUVAL Armand :

– Nous avons bien reçu votre lettre... Votre cas est très compliqué et vous devrez agir avec prudence, puisque votre père s'oppose à votre union avec cette demoiselle. A vrai dire, il nous est difficile de lui donner tort... Vous avez agi un peu à la légère en quittant votre famille pour une femme dont le passé est loin d'être irréprochable et – qui plus est – dont la santé est compromise... Oui, il est certain que votre père viendra à Bougival pour une explication... Recevez-le gentiment et ne laissez surtout pas votre amie lui tenir tête : un homme comme M. Duval père ne doit pas recevoir de leçons d'une courtisane.

Pardonnez-nous notre dureté, mais la vie est dure, et de durs sacrifices doivent lui être souvent consentis... D'ailleurs, peut-être votre amie elle-même comprendra-t-elle les raisons de votre père et consentira-t-elle à vous quitter... C'est le meilleur dénouement que nous vous souhaitons pour cette aventure de jeunesse qui ne doit pas avoir de suite...

Bon courage et bonne chance...

***

Quant à la comtesse J. R. de P... de R..., elle nous demande cette semaine :

Que pensez-vous du roman de Dumas fils : La Dame aux Camélias *?*

– Chère et fidèle comtesse, dussions-nous vous déplaire, nous avouerons trouver bien démodée et un peu irréelle cette histoire désuète du père, du fils et de la courtisane repentie... Lisez des choses un peu plus « dans la vie »... *La... respectueuse,* par exemple !...

Lest de 5 %

En dépit de la baisse de 5 %, M. de Paris informe les fortes têtes qu'il continuera à appliquer comme par le passé une réduction de 50 %.

Petites Annonces

DEMANDES D'EMPLOI

Cal-cal-calculateur bègue s'offre à com-com-commerçant illettré pour cal-calculer baisse de cinq-cinq-cinq pour cent. I. I. Isidore Boulentranche.

Urgent. Cherche place président du conseil, garçon de bains, paveur, clerc de notaire ou emploi général retraité. A. Lincertain.

OFFRES D'EMPLOI

On demande parents présentés par enfants pour travail inexistant. Ne pas écrire ni se déplacer.

Grande brutale, aimant bagarre, cherche mari boxeur, poids coq, rageur et très rachitique pour belles victoires faciles. Grosses brutes prétentieuses s'abstenir. Olga des Ormeaux.

ARTICLES POUR COMMERÇANTS HONNÊTES

Nouvelle machine à calculer de poche, indispensable pour effectuer réduct. 5 %. La pièce : 12 fr. 45.

Gros modèle pour commerçant besogneux à multiples cadrans induisant l'acheteur en erreur. Grosse accélération de gains, toutes réductions 5, 10, 15, 20 %. Essai gratuit. Mod. depuis 18 975 fr.

ARTICLES UTILITAIRES

Voiture d'enfant monoplace carrossée par A. Léfraire. Roues indépendantes, frein à pied, pour les descentes, fanal réglementaire, sémaphore voie ouverte et fermée, compt. kilom., indicat, vitesse, etc. : 3 990 fr.

La même, carrossée par Chaudin de la Crêpine. Pilotage sans visibilité, détecteur de route libre par radar. Tous les derniers perfectionnements : 75 646 fr. 90.

Mod. plus ordinaire, roues bois, carrosserie contreplaqué, capote carton goudronné, porte-parapluie, etc. : 915 fr.

N° 67 – Mercredi 15 janvier 1947

Chapitre VI (suite)

Cette alerte passée, la Bémole, après s'être essuyé le visage, continua :

– Je vous disais donc qu'après des circonstances sans intérêt pour vous, je fis alors la connaissance de l'Eminence verte, qui n'était, à cette époque, que simple clerc.

– Ah ! il était clerc ! Voilà au moins quelque chose de clair dans toute cette histoire ! Si seulement on pouvait en dire autant du reste !

– Oh ! monsieur le marquis… ce calembour est à peine digne de Messire Vallier[1] ! Un peu de patience, que diable ! Bientôt, tout sera très clair, vous verrez.

– Il est évident que je verrai certainement mieux si c'est clair que si c'était obscur, répliqua en ricanant l'incorrigible marquis. Continuez donc !

– Cet homme s'éprit de moi, m'enleva à la brute épaisse qui me menait la vie dure, et prévint toute vengeance de sa part en usant de son influence – qui commençait à être grande – auprès des puissants de la cour et du vestibule pour faire jeter le misérable dans un cul-de-basse-fille de la Bastosse…

– Pardon ?

– Excusez-moi, j'ai voulu dire : un cul-de-basse-fosse de la Bastille… où il doit être encore à l'heure actuelle si les rats ne l'ont point bouffé ! A moins que ce ne soit lui qui ait fait des rats son ordinaire… Il n'avait aucun goût en matière culinaire.

– Ordinaire, culinaire, la rime est riche !

– Je ne sais pas ce que vous voulez dire, et je ne vois pas ce que le nommé Larime vient faire dans mon histoire. Sachez, monsieur, que je me moque de la richesse, de celle de Larime comme de celle de Crésus, mais que je prise bien davantage la courtoisie, et celle-ci exige que l'on écoute une dame, qui vous fait l'honneur de vous raconter sa vie, avec un minimum d'attention. Or, vous ne paraissez m'ouïr que d'une oreille distraite.

– D'une oreille, peut-être, rétorqua le marquis légèrement vexé, mais de l'autre je vous ouïs très attentivement, je vous l'assure, belle dame…

Et en disant ces mots, il étouffa un second bâillement aussi discrètement qu'un scandale.

– Bref, continua la maîtresse du récent adversaire de son interlocuteur, tout ce long préambule dont je m'excuse, noble seigneur…

– Oh ! moi, vous savez… au fond, dit le marquis, faire ça ou peigner l'okapi… mais, ajouta-t-il en *a parte,* ce sont les lecteurs qui doivent commencer à en avoir marre…

– … N'avait pour but que de vous faire comprendre que, quels que puissent être les défauts de celui que l'on nomme à présent l'Eminence verte, je lui ai beaucoup d'obligations. Et, de plus, je tiens à lui pour d'autres raisons d'un ordre plus intime, et que je rougirais de vous expliquer plus clairement.

– C'est d'ailleurs parfaitement inutile. C'est suffisamment clair comme ça !

---

1. Obscur troubadour du mont Martre.

– Bien ! Dans ce cas, vous comprendrez qu'il m'est extrêmement pénible de voir mon amant risquer de se détacher de moi, comme une patelle prise de défaillance risque de se détacher du rocher sur lequel elle est accrochée.

– Vous m'excuserez, fit M. Voloter d'un ton badin, mais je ne sais pas ce que c'est qu'une patelle.

– Aucune importance ! C'est une figure…

– Ah ? une patelle, c'est une figure ? Je n'ai jamais vu de figures accrochées à des rochers…

– Mais non ! c'est ma comparaison qui était une figure.

– Très bien. J'y comprends de moins en moins. Continuez.

– Si vous croyez que c'est commode de suivre une idée en étant continuellement interrompue !

– Pardonnez-moi… Mais je ne savais pas ce que c'était qu'une patelle, fit le marquis, buté. Je ne le sais d'ailleurs pas encore.

– C'est un mollusque, là !

– Merci. Mais qu'a à faire ce mollusque avec l'Eminence verte ?

– Vous voyez comme c'est facile de suivre le fil d'une histoire avec vous ! Puisque je vous dis que c'était une figure ! Voyons, où en étais-je ?… J'ai envie de tout recommencer !

A ces mots, de Voloter ouvrit la bouche pour protester, mais suffoqué par l'indignation, ne put parler et se contenta de faire un signe énergique de dénégation.

Mais, ne tenant aucun compte de cette supplication muette, la Bémole reprit son récit du début sans en omettre une syllabe.

Chapitre VII

(*Qui n'est que la prolongation du chapitre VI, lequel n'était lui-même que le prolongement du chapitre V, de sorte qu'il eût été moins compliqué de s'en tenir purement et simplement à ce dernier.*)

Arrivée au point précis où l'interruption intempestive de M. de Voloter lui avait fait perdre le fil de ses idées, elle enchaîna tout naturellement, et comme s'il ne s'était rien passé d'anormal :

– Et tout cela, par la faute d'une petite pimbêche dont les dix-sept printemps émoustillent mon amant, lassé de mes charmes plus mûrs et par dix années d'habitude… Or, savez-vous quel est le nom de cette femme, monsieur le marquis ?

A ce moment, la tête dudit marquis vint tomber mollement sur les genoux de l'amante outragée, mais sans qu'aucune réponse en sortît.

– Mais… ma parole…, s'exclama-t-elle. Que Pluton me lutine ! Il s'est endormi, le goujat !

L'amour de la vérité nous oblige à reconnaître qu'elle avait parfaitement raison et que son don d'observation n'était point en défaut, attendu que M. de Voloter, bercé peu à peu par le ronronnement de ses paroles, s'était lentement assoupi et avait fini par s'écrouler, ainsi que nous l'avons vu, profondément endormi, sur la dernière phrase et sur les genoux de la narratrice.

(*A suivre.*)

L'OS LIBRE

« Contre tout ce qui est pour – Pour tout ce qui est contre. »

NUMÉRO 68 – MERCREDI 22 JANVIER 1947

Vincent Auriol est le premier président de la Quatrième République. Il a été élu le 16 janvier au premier tour de scrutin par les deux assemblées. Le choix de ce socialiste est très symbolique. Il fait partie des quatre-vingts parlementaires qui, en 1940, ont refusé les pleins pouvoirs à Pétain. A L'Os libre, *on se réjouit de son arrivée à l'Elysée. Il a la réputation d'être un homme plein d'humour et il adore les chansonniers, en particulier Pierre Dac, qu'il va régulièrement applaudir dans les cabarets.*

Edito

Choix des élus ou faiblesse du scrutin de liste

par René Lefèvre

Je ne connais point de spectacle plus agréable, plus sédatif et plus touchant que celui offert gracieusement par la sérénité rassurante des élus. Mais entendons-nous bien. Par « élus » je ne prétends pas désigner les personnes ayant obtenu, à un suffrage plus ou moins universel, le nombre de voix suffisant à les pourvoir d'un siège au sein d'une quelconque assemblée. Non, ce genre d'élus est trop fugace, trop volatil si j'ose dire, pour que l'on puisse s'y attacher sérieusement. Comment pourrions-nous éprouver un sentiment constant pour des constituants à la petite semaine, des pères conscrits toujours susceptibles de réforme temporaire et des Excellences dont l'instabilité est telle que l'on a dû remplacer leurs fauteuils ministériels par de simples pliants ? Je sais, par une expérience relativement récente, que la chose est rigoureusement impossible. Voici les faits.

A la suite de je ne sais plus quelle élection, je m'étais senti féru d'amour pour une de ces dames du Palais-Bourbon. Sa couleur politique m'était totalement indifférente, mais celle de ses cheveux me plaisait fort. Ainsi d'ailleurs que la rondeur de ses hanches et le galbe harmonieux de ses jambes admirablement tournées. Tous les soirs, j'allais l'attendre à la sortie de son usine, avec un bouquet de violettes à la main et cet air cul-cul la dragée qui est à la base du métier d'homme. Comme elle ne semblait point remarquer mon manège, j'eus recours à la méthode khroumire, laquelle comporte une admirable série de gestes obscènes et sans équivoque. Notez que je ne courais aucun risque, sachant bien qu'elle n'avait pu passer une journée à la Chambre sans y voir et entendre des choses beaucoup plus indécentes que tout ce que je pouvais imaginer. Elle me sourit donc et je la baratinai en ces termes :

– Petite tête de liste, lui dis-je, viens chez moi. Je te ferai voir une collection d'écouvillons de marine qui te mettra la rétine en vrille et la jaquette en ribote.

– D'accord, me répondit-elle, mais demain seulement. Ce soir, j'ai une commission.

Or, le lendemain était un dimanche. On votait, naturellement, et ce second tour de scrutin nous fut fatal. En lui refusant son mandat, la circonscription d'imbéciles qui avait placé la belle sur mon chemin l'enleva définitivement à mon affection…

Et vous appelez ça un régime ? Allons donc ! Tant que les choses essentielles de la vie reposeront sur un siège, il n'y aura plus qu'à tirer l'échelle.

Heureusement, il nous reste notre philosophie. Philosophie contenue tout entière dans une petite phrase prononcée hier par ce khan de Pierre Dac. Voilà la chose :

Entrant dans son boudoir, je l'y trouvai si inconfortablement installé sur une méchante escabelle que j'ai eu l'âme émue de pitié et le cœur tout gonflada.

– Maître, lui dis-je, sur quoi donc êtes-vous assis ?

– Sur mon derrière, dit-il, de cette voix grave qui lui valut un premier prix de tyrolienne au conservatoire de Loudéac.

Eh bien ! il y a dans cette simple réplique plus de vraie grandeur que de faux-fuyant, et je consens à porter mon pancréas en sautoir pendant tout le carême si ce n'est pas là, à proprement parler, la parole d'un élu.

Elle prouve, en tout cas, qu'une âme d'élite, au sens khroumir du mot, ne se soucie pas plus du banc des ministres que d'un tabouret de cuisine. Parce qu'elle a ses assises entre ciel et terre et là seulement.

Tenez-vous-le pour dit.

Cidre mousseux

Le service des fraudes ayant constaté, à plusieurs reprises, le manque de vivacité des cidres vendus par certains commerçants, rappelle aux trafiquants de cidre que celui-ci doit comprendre, au minimum, une pomme toutes les cinq barriques.

Réquisitions

Dans le but de lutter efficacement contre les réquisitions abusives, la Fédération des locataires et assimilés rappelle à ses membres ayant à s'absenter pour leur travail ou désirant effectuer quelques courses, qu'il leur est recommandé de s'adresser à la F.D.L. pour la fourniture de gardiens.

À Os rompus

Vive la Saint-Vincent !

On nous communique de la Présidence :

« Aujourd'hui, mercredi 22 janvier, c'est la Saint-Vincent.

» A cette occasion, les personnes qui voudraient souhaiter sa fête à M. Vincent Auriol en lui offrant quelques fleurs, un petit sac de bonbons ou n'importe, sont priées de se présenter à l'Elysée, porte Z, où le chef du protocole les aidera de ses conseils. »

La P. J. cambriolée !

Les malfaiteurs, dont l'audace ne connaissait plus de bornes, viennent encore de reculer les limites du cynisme et de l'effronterie !

Des monte-en-l'air demeurés lâchement inconnus se sont en effet introduits dans les locaux de la Police judiciaire, où ils ont dérobé différents objets précieux, entre autres la fausse barbe de l'inspecteur Poileau Luc et la pipe du commissaire Maigret.

Aucune empreinte digitale n'a pu être relevée, ce qui laisse supposer que les coupables pourraient bien être manchots des deux bras. Les meilleurs limiers de la maison se sont aussitôt précipités sur cette piste.

Quel que soit le résultat de l'enquête, d'utiles précautions ont été prises pour éviter le retour d'un incident susceptible d'être interprété de façon P. Jorative par les esprits malveillants. La surveillance des locaux sera désormais confiée à une entreprise de police privée.

L'or de La Baule

Deux prospecteurs ont récemment découvert d'importantes quantités d'or sur la plage de La Baule. La teneur du précieux métal atteindrait un gramme et demi par mètre cube de sable, représentant, au cours moyen de 300 francs le gramme, une valeur de 450 fr.

Après examen de la question, le Syndicat d'initiative de la grande station balnéaire n'a pas jugé utile de poursuivre les recherches aurifères, l'ancien mode d'exploitation de la célèbre plage assurant des bénéfices beaucoup plus considérables, avec une teneur moyenne et fort modeste de quatre estivants par mètre carré.

LES JEUX ET LES RIS

LE BUCHI-BUCHA

Le « Buchi-Bucha », comme son nom l'indique, est un jeu d'appartement. Pendant la saison froide, nous nous en voudrions d'indiquer à nos bambins des jeux de plein air.

Quand celui « qui s'y colle » est désigné, on dispose à travers les pièces de la maison, divers obstacles : potiches, vases à fleurs, candélabres, pendules, assiettes à dessert, bibelots, etc. On fait reconnaître au joueur désigné le parcours qu'il aura à effectuer puis on lui entoure la tête d'un cache-nez ou d'un passe-montagne à l'envers de manière à lui obstruer la vue et on l'amène au départ. Là, on le fait tourner très vite une dizaine de fois sur lui-même pour lui faire perdre le sens de la direction et on le lâche… Il doit être assez malin pour refaire le parcours en évitant les obstacles. Chaque fois qu'il renverse un vase ou une potiche, tout le monde crie : « Buchi-Bucha ! » et on lui donne un gage. A la fin du jeu, celui qui aura le plus de gages sera déclaré perdant et il sera chargé de balayer les morceaux et de ramasser tout ce qui traîne.

Faits divers

DE PARIS. – Une folie collective s'empare des commerçants. La préfecture de police doit modérer l'ardeur de certains d'entre eux qui baissent dans des proportions non autorisées. – Nombre de boutiquiers appliquent les mesures de baisse d'une façon inconsidérée, allant des 5 % permis à d'intolérables 30 voire même 50 %, de caractère odieusement démagogique.

La préfecture de police a dû, pour limiter le nombre de faillites et les suicides qui s'ensuivent, procéder à plusieurs fermetures. Cette mesure, dont on appréciera le caractère hautement humanitaire, est la conséquence d'un veau.

DE BORDEAUX. – Les méfaits de la baisse de 5 %. Un charcutier exécute un concurrent malhonnête. – M. Scipion Fraisaulard, charcutier, établi cours de l'Intendance, ayant mal interprété les consignes de baisse et appliqué une hausse moyenne de 37,5 % sur la galantine de cheval et le pâté d'abats aux truffes d'Anzin, a été abattu d'un seul coup de mortadelle contreplaquée par un confrère irrité.

DE PARIS. – Deux gardiens de la paix facétieux provoquent un embouteillage. – Hier soir, place Clichy, les gardiens n°s 1 227 697 et 1 227 698 ayant donné le passage en même temps aux deux flots de véhicules opposés dont ils devaient assurer la circulation à chacun leur tour, une abominable collision se produisit dont l'écho fut perçu jusqu'à l'Observatoire de Montreuil, provoquant la chute de l'astronome de service.

A l'heure où nous mettons sous presse, un indescriptible amas de véhicules les plus divers recouvre en partie la statue centrale.

De furieux corps à corps, opposant les automobilistes des deux clans, ont lieu au sein de toute la ferraille amalgamée sur la place.

Le préfet de police s'est rendu sur les lieux à bord du ballon d'observation du poste de police du 18e.

Le cours de l'essence au marché noir aurait déjà subi une baisse regrettable.

DE PARIS. – Une conseillère municipale victime d'un court-circuit provoqué par un choc nerveux. – Ce matin, circulant tous volets baissés à bord d'une des tapissières de la préfecture de police, Mme Marthe Richard, effectuant un raid dans la capitale, a brusquement fait explosion au moment où la voiture s'engageant rue de la Lune passait à la hauteur de l'hôtel à l'enseigne du « gros pain fendu ».

Les vitres ayant été brisées par la déflagration, on déplore quelques blessés légers, atteints de multiples coupures à l'abdomen.

UNE SOMBRE AFFAIRE. – M. Lulu Grapin, demeurant 22, impasse de la Cheville-Gauche, ayant pris la déplorable habitude de faire sauter ses cors à coups de « Plastic », de légers ébranlements se sont produits dans la bâtisse.

Les locataires du 6e étage, s'étant retrouvés dans une des caves, ont porté plainte en raison du manque de clarté que leur procure cette nouvelle situation.

N° 68 – Mercredi 22 janvier 1947

MÉLI-MÉLOS par BOURVIL

Ah ! j'en ai fait un boulot pendant cette grève des rotativistes ! Pensez, j'ai renseigné tout mon quartier sur c'qu'y' s'passait dans l'monde ! On est journalisse ou on l'est pas ! C'est plus qu'un métier, c'est un « apostolat » ! (Encore un mot qui fait calé ! Ça pose tout d'suite le bonhomme !)

Oui, pendant toute la grève, j'ai donné les nouvelles de vive voix : j'passais à *L'Os* prendre les informations et j'allais les débiter à toutes les pipelettes de l'arrondissement.

Avec les concierges, vous savez, on peut être tranquille ! Pour c'qu'est d'répandre la bonne parole, elles ne craignent personne !... J'leur donnais une petite information d'deux phrases, elles en faisaient tout un chapitre ! Qu'est-c'que vous voulez, elles développent. Elles vous font passer un type en cour d'assises pour un vol de vélo ! En tout cas, les gens sont informés... Alors, y a rien à dire, pas ?

J'en ai grimpé des étages, pendant cette grève ! Ah ! là ! là ! Ça peut paraître bizarre, étant donné qu'je visitais les concierges et qu'les loges sont presque toujours au rez-de-chaussée... Seulement, voilà : chaque fois qu'j'arrivais dans un immeuble, comme par hasard, la concierge était dans l'escalier... Et rarement au premier... (On peut pas empêcher les gens d's'élever, hein ?) Y a qu'une seule fois où j'ai trouvé une concierge à l'entresol... Là, ça allait... Mais elle m'a dit : « Monsieur Bourvil, v'nez donc avec moi jusqu'au sixième ; j'ai une lettre à porter... On causera tout en montant ! » J'y suis allé... Trois cent six marches !... Remarquez, y avait un ascenseur... et qui fonctionnait ! J'ai dit à la pipelette : « Prenons-le ! » Elle m'a répondu : « Non ! L'ascenseur, j'm'en sers jamais. Ça m'oppresse... Montez donc à pied comme moi ; ça vous f'ra les jambes ! »

Eh ben ! cette grève, elle m'a crevé !... Et, en plus, le soir, je jouais l'opérette dans un grand music-hall parisien... J'dis pas où pasqu'on dirait qu'j'en profite pour me faire une honteuse publicité... Une chose certaine, c'est qu' j'étais tellement flapi qu'j'étais obligé d'chanter à quatre pattes !... Jean-Jacques Vital, lui, y trouve ça très bien... pour le moment... Pasque, encore une grève comme ça et j'chanterai couché sur la scène ! Alors, là, on verra bien c'qu'y dira...

Le président de la République a disparu

M. Vincent Auriol, qui exerce depuis une semaine la profession de président de la République, et demeure en garni rue du Faubourg-Saint-Honoré, est assez connu dans le monde politique et jouit de l'estime des commerçants de son quartier. C'est un fonctionnaire paisible, un peu facétieux, sans doute ; mais qui oserait reprocher à ce jeune homme, trop tôt émancipé, un aimable défaut que l'âge atténuera sans peine ?

Le drame

Aussi fut-ce sans émotion que, hier matin, Mme Vincent Auriol constata à son réveil l'absence de son mari dans le lit conjugal. Croyant à une fugue momentanée, elle fit, comme d'habitude, préparer et servir le hareng saur qui constitue le petit déjeuner du président dont elle escomptait le retour d'un moment à l'autre. Mais le hareng saur refroidit sur son plat et le fugitif ne réapparut point.

Alerté, le chef du protocole téléphona immédiatement à tous les postes de police des environs. Aucun personnage répondant au signalement de M. Vincent Auriol n'y était retenu. Bien mieux, jamais le quartier n'avait été aussi calme, aucune sonnette n'y avait été tirée au cours de la nuit écoulée, aucun perturbateur n'avait troublé le repos de ses concitoyens par des bruits intempestifs.

Avec l'esprit de décision qui le caractérise, le chef du protocole prit immédiatement les mesures urgentes qui s'imposaient. L'absence inopinée du premier magistrat pouvant se prolonger, il importait, avant tout, que la marche des services administratifs de la République n'en fût pas troublée.

Bonne récompense

En conséquence, un appel fut adressé au Bureau de Placement paritaire politique qui désigna aussitôt un parlementaire chômeur pour remplacer provisoirement au tarif syndical (25 francs de l'heure) le chef d'Etat disparu.

Inutile de dire que le chef du protocole est décidé à mettre tout en œuvre pour éclaircir l'énigme. C'est ainsi qu'il se dispose à faire apposer sur les murs de Paris des affiches ainsi conçues :

Il a été perdu, dans la nuit du 21 au 22 janvier, entre l'avenue des Champs-Elysées et le Faubourg-Saint-Honoré :

UN PRÉSIDENT DE LA RÉPUBLIQUE (à poils longs), répondant au nom de VINCENT AURIOL.

CENT FRANCS de récompense à qui le rapportera.

S'adresser : le matin, à l'Elysée ; l'après-midi, « Chez l'Ami Eugène », vins et liqueurs, poule au gibier, 2, impasse du Ministère.

Poileau Luc sur la piste

Par ailleurs, le chef du protocole s'est assuré le concours du célèbre détective Poileau Luc, lequel s'est livré à de minutieuses investigations dans tous les endroits où le fugitif fréquentait habituellement.

C'est ainsi que des perquisitions ont été opérées chez un marchand de couronnes mortuaires de l'avenue de Saint-Ouen où le président allait deux fois par semaine jouer au tric-trac, ainsi que chez une demoiselle Mimi du Romesnyl, professeur de culture physique, passage du Désir, où le président allait à la fin de chaque mois (après la paye) poursuivre son entraînement.

Le détective Poileau Luc semble persuadé qu'il s'agit d'un enlèvement. Justement des romanichels, voleurs d'enfants, ont été remarqués la semaine dernière rôdant autour de l'Elysée. Il est possible qu'attirés par le chic et la grâce de M. Vincent Auriol, ces bohémiens aient supposé en tirer un bon prix auprès d'un forain montreur de phénomènes.

Troublante hypothèse

Un de nos lecteurs nous écrit une longue lettre à ce sujet et nous fait remarquer que le détective Poileau Luc, qui recherche le disparu dans le monde entier, a totalement négligé de perquisitionner le palais de l'Elysée. Or, ce lecteur perspicace, qui est le cousin par alliance du coiffeur d'un ami du neveu du concierge en second de ce bâtiment national, aurait vu M. Vincent Auriol le matin de sa disparition.

Le Président qui avait sablé un peu plus d'eau de Vals que d'habitude était, prétend-il, légèrement éméché. Son ébriété aurait été commentée par le petit personnel et le bruit se serait alors répandu dans l'Elysée que M. Vincent Auriol était « parti ».

Cette suggestion, ingénieuse, que nous publions sous toutes réserves, pourrait bien résumer toute l'affaire.

Nouvelles militaires

Les bonnes et joyeuses plaisanteries faites dans les chambrées aux jeunes recrues depuis des temps immémoriaux avaient été quelque peu délaissées pendant la dernière guerre. Elles vont bientôt reprendre pour le plus grand bien de la tradition, et d'ores et déjà pour en faire respecter la bonne marche, on vient de nommer dans chaque régiment un général de brimades.

La combine de la semaine

C'est un truc correct et légal pour faire une transfusion de fric du morlingue des caves jusqu'à dans vos petites baguenaudes d'affranchis marloupins. Et vous direz que je suis pas un pote !

Vous faites passer dans un baveux un petit baratin dans le tabac ladé : « Pour un sac, je vous trouve une crèche, aussi vrai que j'm'appelle Jules. Si après six mois, j'ai rien dégauchi, je vais au refile de la braise. » C'est franco. Deux, trois jourdées ousqu'il vase et que vous savez pas quoi affurer de vos paluches de ramiers, vous envoyez quelques bafouilles avec des blazes et des adresses de taules n'importe où et ailleurs. Bien sûr, c'est occupé, mais vous vous en battez l'œil avec des meringues, mes trésors ; en effet, au bout de six mois cézigue réclame son pognon : « Voilà votre bien, mon bon monsieur, avec tous mes regrets… » C'est tout.

Vous entravez que dalle dans vos petits sinoquets en modèle réduit ? Mais, bon sang, pendant le délai vous placez le flouze en lombèmes de la Libération ou autres et c'est régulier. Les clients vous prêtent leur fric pour récolter la bonne soupe à leur place ! Des annonces que j'vous dis !

Et si, par hasard, vous en trouvez une de taule, faites-moi signe, j'suis en garni.

LE GRAND CONDÉ.

LA SCIENCE

Le cinéma en relief

Le cinéma en relief est enfin sorti de la période ectoplasmique et gestatoire dans laquelle il se débattait jusqu'à ces derniers mois.

Le cinéma en relief, comme le cinéma ordinaire, n'est qu'une illusion d'optique basée sur la persistance des impressions lumino-gastralgiques sur la surface gélatino-bromurée de la rétine qui recouvre la cornée à piston.

Le principe du stéréoscope est bien connu : un jeu de lentilles donne l'impression du relief par l'observation de deux images planes.

D'audacieux novateurs avaient songé à construire un stéréoscope géant placé entre l'écran à double image et le public, mais étant donné la diversité d'acuité visuelle des spectateurs, il était nécessaire de trier soigneusement les lentilles, ce qui laissait évidemment beaucoup de déchets. On envisagea même de classer le public en catégories : myopes, presbytes, bigleux, strabiques, etc. L'application de ce système s'avéra délicate.

Un savant, Fuégien, avait observé qu'en clignant rapidement des paupières, à la cadence de 37 battements à la seconde, il obtenait une illusion de relief très satisfaisante. Malheureusement, ce procédé, pourtant fort simple et peu coûteux, ne pouvait s'appliquer qu'aux films dont la longueur n'excédait pas 1 500 mètres. En effet, au bout d'une heure et demie de projection, on observait un notable ralentissement dans les battements de paupières.

Enfin, on en vint aux lunettes bicolores composées d'un verre vert et d'un verre rouge.

En réalité, la véritable solution semble devoir être apportée par l'emploi du miroir parabolique à deux allumages réglables, basé sur la réfraction du rayon lumineux à travers une couche protoplasmique de microderma acéti à la 200 000e dilution.

Le relief est alors total et les acteurs semblent jouer au milieu du public. Les spectateurs qui arrivent pendant la projection sont obligés de contourner le fantôme illusoirement matérialisé de Marlène Dietrich ou de Jean Marais pour gagner leur fauteuil. Quand la couleur et le relief auront atteint la perfection, on supprimera cet inconvénient en faisant évoluer les artistes dans un cadre limité qu'on appellera « scène » et dans des salles spécialement agencées qui recevront le nom de « théâtres ».

Alors ce sera vraiment le dernier mot de la Science au service du Progrès.

Professeur Cosmos.

Les à-côtés de la science

Un lecteur nous écrit :

Mes bons messieurs,

Excusez la grande facilité que j'ai pour m'adresser à vos lumières pour me tirer d'un mauvais pas.

Ayant fait l'acquisition d'un fusil Gras modèle 1872 pour aller à la chasse, et l'ayant dégraissé suivant vos instructions et agréé aux diverses recommandations que vous voulûtes bien me faire en cette joyeuse matinée du mois de décembre dernier, je me trouve dans un état de surprise extrême et dans le lit n° 15 de la clinique du docteur Courtecuisse, à Miche-sur-Edredon (Seine-Inférieure).

J'ai suivi pas à pas vos conseils, qui m'ont mené bon train dans la voie du succès.

En effet, j'ai pu confectionner à l'aide de vos schémas une petite bombe atomique d'essai pour une personne seule.

Le plus difficile a été de séparer le « Neutron » du « Proton ».

J'y suis parvenu, toujours en suivant vos recommandations, en les brouillant adroitement. A la suite de quoi, ce ménage pourtant ami s'est séparé brutalement, et chacun est parti de son côté. Le phénomène était accompagné de lueurs fort vives et d'un brouillard fort épais, dans lequel j'ai dû, d'ailleurs, pratiquer des ouvertures afin d'en suivre l'évolution.

Ce qui m'a permis d'assister à l'arrivée de deux grands gendarmes sortant du bois voisin et qui foulaient les terres de labour à grands pas, dans ma direction.

C'est alors que, saisissant mon fusil, j'essayai de prendre l'air dégagé du chasseur à l'affût ; mais, hélas ! mes vêtements en lambeaux et les ecchymoses que je portais sur moi n'ont pu que confirmer leurs affreux doutes.

Et n'ayant pu trouver, c'est le cas de le dire, une explication raisonnable, j'ai dû, boitant bas, suivre les deux pandores à la mairie du village.

Sur notre passage, une foule à l'œil indigné me montrait d'un doigt sévère et, de l'autre, désignait à mon attention honteuse les déchets de vitres qui jonchaient la rue principale.

Vous savez maintenant où j'en suis, mon sort est entre vos mains délicates, ne me laissez pas tomber.

J'ai le sentiment qu'on ne me rendra ma liberté qu'au prix de mille difficultés, sinon des vitres à remplacer.

Votre dévoué,

Evariste MOULARD.

Les contes de L'Os

UNE BONNE SOIRÉE

C'était un samedi soir de décembre, comme tous les samedis soir de décembre dans la banlieue de Londres. On avait empaqueté soigneusement le cottage dans la ouate d'un épais brouillard vrillé toutes les trente-quatre minutes par les phares du bus 96, qui s'obstinait à vanter dans la nuit la qualité des produits Lyons.

Les Smith attendaient patiemment quelques amis. Depuis trois longs quarts d'heure, Doreen s'occupait sans bruit aux mille riens qui incombent aux demoiselles de la gentry, caressant par instants le chat noir écrasé de sommeil au creux d'un fauteuil. Donald, son frère, répandu sur un canapé, observait avec intérêt une pièce d'un shilling, propageant ses jambes, qu'il avait longues au naturel, dans le passage de la bonne qui les avait courtes par un judicieux retour des choses ; précisons que cette dernière, comme toutes les bonnes, avait eu le bon goût de se prénommer Peggy. Statue de marbre, Mr Smith, rêveur, comptait les ronds qui s'échappaient lentement de sa pipe et n'importe qui eût parié qu'il évoquait en lui-même quelques souvenirs de son long séjour aux Indes, ces Indes dont il avait rapporté, outre des névralgies terribles, de bien jolis bibelots et une affection attendrissante pour le Black and White gin. Mrs Smith, qui aimait les situations franches, ne faisait rien et n'avait pas trop, pour cela, du divan et de six coussins.

La sonnette démolit le silence d'un ton sans réplique. Peggy, qui venait de glisser un penny dans le compteur à gaz, regarda doucement madame, madame tourna lentement la tête vers monsieur et Donald, en dépit d'un apparent assoupissement, constata tout de suite qu'on avait sonné et qu'il convenait d'aller ouvrir, sages paroles marquées du plus britannique des bons sens !

On entrouvrait la porte. Trois ombres glissèrent furtivement : les Assel, monsieur, madame et Ted, un espoir du cricket local ; les hands se shakèrent et l'on s'écroula dans les rocking-chairs et sur le divan. Ted constata qu'il y avait bien du brouillard, l'horloge monologua quelques instants et Donald, il n'y en avait décidément que pour lui, répondit : en effet ! La conversation s'animait.

Papa Smith et Lady Assel procédèrent de concert à la combustion de quelques pincées de tabac aromatique qui sentait bon le miel… et les ronds de fumée de monter, paisibles… Les objets les plus stupidement quotidiens se laissaient aller à la torpeur, la porte du salon bâillait d'ennui, la bouilloire ronflait comme un grenadier, et Mr Smith, en tenue d'Eton, sommeillait dans un cadre d'ébène. Parfois ces dames se souriaient pendant que Peggy, somnambule domestique, préparait sans conviction la surprise de la soirée : devinez quoi ? Du thé avec des toasts et marmelade. De temps à autre, les deux garçons, ravis de cet imprévu gustatif, s'allongeaient de grandes tapes sur les cuisses.

Shem, un gros danois vautré près de l'âtre, cherchait un peu de fraîcheur au contact du plancher. Scrupuleux sur le chapitre de la politesse, il levait parfois une paupière brûlante de sommeil… et retournait à ses rêves de chien.

Donald mâchait mollement son chewing-gum, il en offrit une tablette à Ted et, se stimulant l'un l'autre, on dut finalement les prier de réduire le bruit de leurs mâchoires sous prétexte qu'on ne s'entendait plus. Donald, vraiment très en forme, remarqua qu'il n'y avait rien à entendre. Démenti permanent, la pendule égrenait son tic-tac. La grande aiguille étirait son parcours, la petite penaillait à longueur de cadran.

A l'office, pour se distraire, Peggy cassa une assiette en allumant sa cigarette, et Mr Smith risqua un regard réprobateur en direction de la cuisine. Elle revint au salon et chacun la regarda confectionner le thé, comptant à part soi les cuillerées de la précieuse herbe. Peggy officiait ; pour la quatrième fois de ce long jour, elle observait les rites laïques de la religion du thé. Quel cordon-bleu ! Quant à Doreen, les yeux embués de somnolence, elle berçait un doux songe où Ted devait être pour quelque chose.

Parfois, un meuble craquait, peuplant la pièce d'un fracas effrayant. Puis c'était de nouveau le silence, le souffle régulier de Mrs Assel, et les reniflements de Ted, torturé par un rhume chèrement gagné dans la boue liquide du stade.

En un rien de temps il fut minuit ! Dieu que le temps passe en société ! Mais la vie mondaine fatigue vite, il faut être raisonnable. Mr Assel donna le signal du départ et économisa une phrase en se dirigeant vers son trench-coat gisant sur un dossier. Les chaises, réveillées un instant, gémirent ; des articulations grincèrent ; le chien dressa une oreille et risqua un coup d'œil. Chacun se disposait au retour.

On gagna le couloir. On s'écrasa rapidement les phalanges et souhaitant à part soi qu'un très prochain week-end réunisse de nouveau de si bons amis pour d'aussi doux moments, les Assel se coulèrent sur le perron et se fondirent dans le brouillard… !

Quelle bonne soirée !

PETITES ANNONCES

OFFRES D'EMPLOI

Pour ménage, monsieur seul, engagerait corps de balai.

DEMANDES D'EMPLOI

Monsieur ayant fait un peu de radio cherche emploi bonne à tout faire.

ARTICLES POUR ADMINISTRATION

Lunettes de chef de bureau, n° 1 291, gros modèle avec yeux ouverts et sourcils peints : Effet saisissant, permet de récupérer les vieilles fatigues. La paire : 135 fr. Prix spéciaux par quantité pour tous ministères.

Repose-tête n° 2 354, à utiliser avec n° 1 291, en forme de mains, capitonnage fourré, permet de reposer les mains au chaud dans les poches : 183 fr.

Isoloir de bureau, à utiliser avec n° 1 291 et 2 354, en forme de boîte, toile noire ne laissant passer aucun rayon lumineux. Article très emboîtant, dimens. 0 m 80 × 0 m 80, hauteur 0 m 48, soupape pour la respiration, etc. : 2 490 fr.

Modèle au-dessus, luxueux, insonorisé et climatisé : 3 780 fr.

Accélérateur de pendules n° 507 A. Petit moteur, ressort puissant, placé dans tous modèles d'horloges. Récupère de 15 à 50 minutes sur l'horaire de travail. La pièce : 390 francs. N° 507 B. : même dispositif, mais comprenant une minuterie à retardement décalant d'une heure en retard l'heure d'arrivée au bureau : 678 fr. 75.

Paperasses, circulaires, états néant fantaisie, vierges à remplir. Permet à tous employés de ministères de s'entretenir la main en prévision

d'un travail imprévu. Les 1 000 feuilles, format 30 × 40, environ 1 800 lignes d'écritures, numéros, etc., avec 72 tampons caoutchouc : 138 fr. 90.
Manuel d'écriture en sus, 42 fr. 90.

OCCASIONS

A vendre joli calendrier très récent, excellente année, avec gravure en couleurs et tarifs P.T.T.

IMMEUBLES, PROPRIÉTÉS

Par suite changement situation, louerais appartement vacant à bonne grosse famille bien nombreuse. Ecr. Vincent Auriol.

DIVERS

Plus de portefeuilles à plat, en utilisant nos liasses de vieux papiers, format banknotes. Les 50 : 712 francs.

Cornet avertisseur pour moto, vélos, etc. La pièce : 60 fr. 90. Le même, à frites : 1 fr. 10.

Cachets spéciaux pour la froidure. Font tomber brusquement la température à moins 10 degrés. Evitent tout contraste désagréable. La boîte de 1 cachet : 102 fr. 10.

Canne chauffante à bec « Bunsen », remplace le disgracieux parapluie. Fait évaporer la pluie au fur et à mesure qu'elle tombe sur l'usager : 1 900 fr.
Remboursement de l'appareil en cas d'explosion.

OPTIQUE – LUNETTERIE

Lunettes à verres troués laissant passer le regard sans user les lentilles. Très économique. La monture équipée : 372 fr. 80.

ARTICLES DE VOYAGE

Petit miroir rétroviseur, pour voyager sans risques dans le métro. Fixation sur l'épaule. Modèle pour droitiers et gauchers. La paire : 19 fr. 20.

Cor au pied mécanique, constitué par une aiguille métallique commandée par pression. Permet de savoir à quel moment les pieds reposent à terre. La bonne paire. Prix 24 fr. 90.

Faux nez à boule lumineuse. L'appareil s'allume dès que l'on bute dans la personne qui précède. Livré avec collier serrage à vis : 23 fr. 30.

Fausses fesses à réaction, à pointes rentrantes permettant de garder soigneusement ses distances. La grosse paire : 111 fr. 15.

Chapitre VII (suite)

Celle-ci, affreusement ulcérée, se leva brusquement.

Ce qui eut pour résultat immédiat de faire perdre instantanément et complètement à l'offensant dormeur un équilibre déjà instable. A telles enseignes qu'il se cogna violemment la face sur le pavé. Outre que ce contact brutal était suffisant pour interrompre un sommeil plus profond que le sien, sa face étant d'un beau ton cuivré rendit au choc un son clair et vibrant comme celui d'un gong[1]. Ce qui fait que ces deux sensations conjuguées le réveillèrent brusquement et lui permirent de se retrouver avec un étonnement sans bornes et une stupéfaction aussi mal limitée, aplati comme une limande aux pieds de la Bémole,

1. Loin de nous, cependant, la pensée d'insinuer que le brave marquis de Voloter avait une tête de gong !

laquelle le foudroyait d'un regard totalement dépourvu d'aménité, en croisant sur ses tétons frémissants deux bras indignés.

Ce tableau vivant, pour original qu'il fût, ne pouvait se prolonger outre mesure, la position de la Bémole étant assez fatigante, et celle de son partenaire, bien que reposante puisque horizontale, humiliante au possible !

C'est pourquoi le gisant, rougissant comme une pucelle surprise en train de parcourir clandestinement le Kama-Soutra, s'empressa de reprendre la position verticale ; mais, comme l'endroit où il avait chu était loin d'être balayé tous les jours (en fait, il ne l'avait pas été depuis Chilpéric II), il dut mettre un bon quart d'heure à se frotter, épousseter, tapoter pour ôter de son bel habit gorge d'oie et caca de pigeon l'épais matelas de poussière, de sable, de moutons, de raclures, de crottin et de scories diverses qui le polluait de haut en bas et de droite à gauche. Ce qui n'alla pas sans dégager autour de nos deux héros un nuage dense et malodorant qui les obligea à tousser, cracher et se racler le pharynx pendant un autre bon quart d'heure ; de sorte qu'une demi-heure environ se passa ainsi en pantomimes variées, avant que la Bémole reprît son bavardage, ce qui constituait un remarquable record – imbattu depuis – pour ce véritable moulin à paroles qu'était cette joyeuse commère à la langue infatigable !

– Ainsi, rugit-elle, dès qu'elle put retrouver l'usage de ses cordes vocales, vous me faites l'affront de vous endormir pendant que je vous parle !

– Que nenni, ma toute belle, point ne dormais, nia le marquis avec un incroyable aplomb contre toute évidence. Je méditais, au contraire, sur votre singulière histoire.

– Au point d'en choir sur le pavé ? Voilà une méditation auprès de laquelle celle de Thaïs n'est que de la bibine !

– Je ne fais pas les choses à moitié, dit simplement le marquis. Et alors ?

– Alors quoi ?

– Où voulez-vous en venir, à la fin ?

– Ah ! ventre lardé ! comment voulez-vous que je m'y retrouve avec ces interruptions aussi fréquentes que grotesques ? Je ne sais plus du tout où j'en suis…

– Pour l'amour du Ciel, de la Terre et de l'Enfer réunis, s'écria M. de Voloter en pâlissant et en levant deux bras désespérés, ne recommencez pas encore une fois. Car ce coup-ci, nul doute que ma méditation ne se transforme en léthargie… Et j'ai des tas de choses à faire, tonnerre de bœuf ! hurla-t-il, soudain furieux.

– C'est vrai, répliqua froidement la Bémole. Une surtout. Une chose extrêmement importante, pour vous comme pour moi.

– Laquelle ?

– Si vous m'aviez laissée parler tranquillement au lieu de me couper sans cesse, comme si nous jouions à la bouillotte au lieu de confabuler, vous le sauriez déjà depuis belle lurette !

– Au fait, je vous en prie. De quelle chose voulez-vous parler ?

– De l'enlèvement de mademoiselle Adélaïde de Mars !

– Hein ? fit le marquis, sursautant, la bouche en zéro et les yeux comme deux O majuscules. On a enlevé mademoiselle Adélaïde ?

– Non, mais on va le faire.

– Qui ?

– Vous.

– Moi ?

– Oui.

– Non !

– Si !

– Par exemple ! Et pourquoi le ferais-je ?

– Parce que, si vous ne le faites pas, c'est moi qui le ferai !

– Mais, au nom du Père, du Fils et de toute la Famille, pourquoi, bon sang de bois ? Pourquoi ?

– Parce que tout le mal vient de cette pimbêche, comme j'ai eu l'honneur de vous le dire tout à l'heure, alors que vous méditiez si intensément que vous avez préféré vous étaler par terre plutôt que de répondre à la question que je vous posais !

– Voulez-vous insinuer par là que l'Eminence verte et cette innocente enfant…

– Je n'insinue rien du tout. J'affirme ! J'affirme que cette péronnelle a tourné la tête à mon amant…

– Mais inconsciemment. Il n'en peut être autrement.

– Inconsciemment ou non, le résultat est le même pour moi. Quand vous recevez un pot de fleurs sur le crâne, le pot de fleurs n'a aucune conscience de son acte, il n'en reste pas moins vrai que vous êtes bel et bien assommé tout de même ! Donc, cette Adélaïde, en toute innocence ou non, a troublé l'homme auquel je tiens, et il la désire. Or, vous savez aussi bien que moi que lorsque l'Eminence verte désire quelque chose, c'est comme si cette chose lui appartenait déjà ! Mais, minute, parpaillot[1] ! Il a compté sans moi… et sans vous !

(*A suivre.*)

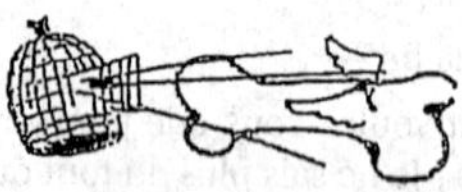

1. Expression de la Saint-Barthélemy et d'où vient, selon toute probabilité, notre « minute, papillon ! ».

L'OS LIBRE

« Contre tout ce qui est pour – Pour tout ce qui est contre. »

NUMÉRO 69 – MERCREDI 29 JANVIER 1947

Léon Blum a démissionné comme prévu. Vincent Auriol a aussitôt demandé à Paul Ramadier, ex-ministre du Ravitaillement, de former un « gouvernement d'accord général » où tous les partis seront représentés. Sur les vingt-six portefeuilles, neuf vont aux socialistes et cinq aux communistes. Une partie du portefeuille de la Défense nationale leur est attribuée. Les nouveaux noms sont rares. Parmi eux, François Mitterrand, trente ans, chargé des Anciens Combattants. Il est alors totalement inconnu du grand public et des journalistes de L'Os libre.

Edito La khroumiricilline

par Pierre DAC

Je m'excuse tout d'abord, en fin de compte et somme toute, de l'incursion inopinée à laquelle je me livre aujourd'hui dans le domaine incontestable, sinon incontesté, du docteur Roméo Carlès. Mais les intérêts supérieurs de la science et de tout ce qui en découle, tant au point de vue subséquence qu'à tout autre point de vue linéaire, doivent, qu'on le veuille ou non, passer avant toutes considérations de présence et de spécialisation. D'autant que les qualités hautement reconnues du docteur Roméo Carlès sont, à mon avis, plutôt sujettes à caution encore qu'infimement justifiées. Il n'en reste pas moins à constater que ce que je vais vous dire sur la khroumiricilline eût dû paraître sous la signature du susdit docteur.

Contre toute attente, il n'en a fait jusqu'à présent la moindre allusion au cours de ses édifiantes chroniques. A la décharge du docteur Roméo Carlès, il convient de dire que celui-ci s'est toujours montré réfractaire à la philosophie khroumire en dépit de mes efforts pour l'y amener. Il n'est donc point surprenant qu'il soit demeuré dans l'ignorance de cette nouvelle découverte qui est appelée, à n'en pas douter, à devenir à bref délai une sorte de panacée universelle.

La khroumiricilline a été mise au point, il y a un an environ, par un savant khroumir, conservateur du musée des joints de culasse à Ain-Labidrul (Khroumirie parallèle). Ce docte personnage, dont il ne m'est pas encore permis de révéler le nom pour des raisons d'hygiène générale et de sécurité fluviale, a, comme trombone d'Ingres, la chimie et la biologie. Ses travaux sur la conjonction et la distorsion des molécules de jatte et des bacilles de poule font depuis longtemps autorité dans les milieux de la limonade et des laboratoires spécialisés dans les recherches d'objets perdus.

Pour me faire comprendre du vulgaire, j'emploierai donc une langue perméable et je déclarerai que la khroumiricilline (de khroum = à crédit, et de miricilline = par osmose interne) est un produit résultant de l'évolution de la pénicilline traitée à l'alcali volatil et à l'essence de magnésium portée à ébullition par interférence des éléments de base.

La khroumiricilline procède par processus d'élimination progressive. C'est ainsi qu'en l'administrant à un malade atteint de congestion pulmonaire, cette affection, au bout de 48 heures, se voit automatiquement transformée en dysenterie amibienne.

Dans le cas, toujours possible, où cette maladie ne conviendrait pas au patient ou à son entourage, une nouvelle administration de khroumiricilline la transformerait alors en une simple collection de cérumen équitablement répartie entre les deux tympans. Il ne reste donc plus qu'à dissoudre le cérumen en question, à l'aide d'injections de potée lorraine et d'amalgame du Gabon additionnés de cinq unités de khroumiricilline, pour obtenir une guérison radicale et définitive de la congestion pulmonaire primitive.

Le processus, suivant les cas, n'est certes pas toujours aussi rapide. Le traitement peut quelquefois nécessiter plusieurs stades de transformation. Mais les résultats n'en sont pas moins identiquement probants.

La khroumiricilline se présente et s'emploie sous différents aspects : en poudre, en comprimés, en gouttes, en seaux, en siphons, en compresses, en cachets, en emplâtres, en piqûres à la main ou à la machine, en gargarismes, en collutoires, en lavements, en ventouses ou en paquets recommandés.

Nul doute que le fait d'avoir exposé ici les principes fondamentaux de la khroumiricilline n'incite le docteur Roméo Carlès à s'y intéresser. Je lui laisse donc le soin, au cours d'un article que j'espère prochain, d'en disserter d'une manière beaucoup plus avertie que la mienne et avec le soin tout particulier qu'il apporte à toutes choses ayant trait au soulagement des misères de ce bas monde.

Le folklore indien à Paris

« Chou-Rouge », le célèbre chef indien, de passage à Paris, donnera un unique récital de Tomahawk et de Bownie-Knife, le samedi 1er février, à 23 h 30, à l'*Œdème Palace*, le casino de l'élite, 106, rue de la Charbonnière.

Places : prix unique imposé : 15 fr. 50.

On est prié d'apporter ses pansements.

Plus de surplus !
Voulez-vous acheter un char de combat ?

Sous ce titre affriolant un de nos graves confrères du soir nous apprend que la Société nationale de vente des surplus va enfin se défaire, par soumissions écrites ou enchères verbales, du matériel et des marchandises entreposés dans les camps et parcs de l'armée américaine.

Certains des articles proposés étant susceptibles d'intéresser nos lecteurs, nous avons immédiatement dirigé notre envoyé spécial sur les différents camps de surplus avec pour consigne expresse de nous signaler les bonnes occasions de cette vente gigantesque.

Mais que les amateurs fassent diligence… il n'y en aura pas pour tout le monde !

D'Arras

C'est le 7 février, au parc Dainville, que 1 000 tonnes de chars seront offertes à la convoitise des amateurs.

Qui de nous n'a caressé l'espoir de devenir un jour propriétaire d'un « Shermann » de 45 tonnes ? Ne serait-ce que pour pouvoir, passé minuit, circuler sans trop de risques dans les rues de Paris. Aussi, en prévision de l'affluence, la S.N.C.F. avait-elle envisagé la création de plusieurs trains spéciaux.

Las ! Nous ne pouvons que déconseiller aux innombrables amateurs de chars un déplacement qui se solderait en définitive par un échec total. En effet, de l'enquête à laquelle je me suis livré, il ressort que tous les chars existants seraient attribués en priorité aux inspecteurs du contrôle économique chargés d'enquêter dans les fermes et qui ne disposaient jusqu'à ce jour que de moyens de défense notoirement insuffisants.

Signalons toutefois aux amateurs de matériel lourd qu'il leur sera possible d'acquérir pour un prix minime (250 000 francs environ, plus 25 pour cent de taxes diverses, moins 5 % de baisse) un excellent Bulldozer.

Et comme le camp voisin offre de solides mortiers de tranchée à des prix très étudiés, rien n'empêchera le bricoleur averti de rentrer à Paris avec son véhicule de combat.

A Bayeux

Ici, les ménagères se régaleront, car l'Administration mettra en vente de magnifiques toiles cirées orange ou aubergine. Très exactement par lots de 100 000 mètres, indivisiblement.

J'ai cru devoir faire remarquer que c'était beaucoup pour une simple mère de famille, mais le directeur du camp, fort sagement, m'a rétorqué :

– Elles n'ont qu'à se mettre à plusieurs !

Aux dernières nouvelles, il ne manquerait à Clignancourt que l'adhésion de dix-sept ménagères pour pouvoir enlever tout le stock.

De Fontainebleau

La plus grande foire à la ferraille se tiendra, à l'heure où paraîtront ces lignes, dans un immense parc en bordure de la route Fontainebleau-Orléans.

Des centaines de voitures, démunies de pneus, précisons-le, seront mises en vente.

De Perpignan

Des milliers de pneus, démunis de voitures, seront incessamment mis aux enchères.

De X...-sur-Z...

A l'heure où un gouvernement compréhensif redouble d'efforts pour aider au maximum le petit commerce, nous ne saurions passer sous silence l'heureuse décision prise en faveur d'une catégorie particulièrement intéressante de travailleurs.

Au camp de X...-sur-Z... se trouve une centaine de locomotives du tout dernier modèle... et ces superbes machines, on le conçoit sans peine, étaient convoitées par la toute-puissante S.N.C.F.

Or, sur la proposition de M. Jules Moch, il a été décidé que ces locomotives seraient vendues (à crédit et payables en quinze annuités) aux mécaniciens désireux de s'établir à leur compte.

Cette audacieuse mesure, propre à développer le goût de l'artisanat parmi les chauffeurs et mécaniciens a été favorablement commentée dans tous les dépôts de la S.N.C.F.

Informations régionales

DE MÂCON. – Depuis une huitaine, les habitants de Mâcon, principalement ceux qui passent leurs nuits à circuler dans la ville, constatent avec plaisir que les restrictions d'électricité dont ils bénéficient deux jours par semaine sont adroitement utilisées par la municipalité.

En effet, celle-ci vient de décider que l'énergie économisée serait utilisée, jusqu'au dernier watt, pour l'éclairage des rues, à longueur de nuit ; et même une partie de la matinée en cas de surplus.

Les spécialistes admettent qu'en épanouissant le régime des coupures sur les sept jours de la semaine il serait possible d'alimenter tous les réverbères de la ville vingt-quatre heures sur vingt-quatre.

Cet important projet est à l'étude ; il permettrait déjà de libérer les nombreux fonctionnaires affectés à l'allumage et à l'extinction des lumières.

DE GAILLON. – Les voyageurs utilisant l'autocar Gaillon-Evreux sont avisés qu'à la suite d'une altercation survenue entre le chauffeur et M. Alahune, coiffeur-cabaretier à Auteuil, cette station ne figure plus dans le parcours utilisé par cet autocar, lequel passera dorénavant par Vernon, Chambray, Fontaine-sous-Jouy, Saint-André-de-l'Eure et Evreux.

DE VERNON. – Naissances : **Lundi 27 janvier 1947 :** Alfred Tartamoule, Adélaïde Tartamoule, Jules Tartamoule, Léonie Tartamoule, Emile Tartamoule.

Mardi 28 janvier 1947 : Sidonie Tartamoule.

Jeudi 31 janvier 1947 : Agathe Tartamoule, Oscar Tartamoule, Amédée Tartamoule.

Avec nos sincères félicitations à la famille Tartamoule.

DE HOUILLES. – La baisse de 5 % ayant provoqué une forte demande sur la pièce de 50 centimes, la bourse de Houilles a connu hier une animation inusitée. Les cours, qui étaient la semaine passée de 0 fr. 88 pour la pièce millésimée 1927, ont fait un bond inattendu, atteignant 0 fr. 92 aux derniers cours de clôture.

À Os rompus

Virgule un peu fort

On ignore encore à la suite de quel horrible accident de règle à calculer le prix du litre d'essence, qui était de 20 fr. 05 est passé à 19 fr. 39 après réduction de 5 %.

Pourtant le caissier de *L'Os libre*, un gamin de treize ans, nous affirme que le nouveau prix devrait être de l'ordre de 19 fr. 0475.

Evidemment, personne ici n'a cru cet orgueilleux bambin dont la prétention d'égaler les savants de l'Economie nationale est vraiment par trop risible.

Manque de pots

Il paraît que nos amis anglais vont manquer de bière, la production de celle-ci devant subir incessamment une ponction de l'ordre de 20 à 50 %.

Ce qui fait que le joyeux consommateur français n'est pas encore près de toucher ses six énormes litres de vin.

Une bonne nouvelle

Le ministre de la Production industrielle fait savoir que dans la plupart des barrages hydroélectriques le niveau de l'eau a atteint la cote maximum.

Toutefois, il faudra attendre le dégel de cette monstrueuse masse liquide ainsi immobilisée, de même que la fonte des formidables glaçons qui obstruent les turbines, pour voir se lever enfin les paresseuses restrictions qui font la grasse matinée chez les vaches maigres que nous sommes.

En attendant cet heureux dénouement, il est question d'utiliser le courant froid, ainsi obtenu, dans les installations frigorifiques.

Les queues illicites

Depuis quelques jours des mauvais plaisants ont pris l'habitude de s'aligner en longues files à la porte des boucheries, charcuteries, poissonneries et triperies afin de faire croire aux consommateurs naïfs que l'on peut trouver quelque chose dans ces magasins.

Décidé à en finir avec d'aussi stupides mystifications, le ministre des Finances a donné des ordres pour que ces queues illicites soient immédiatement transportées devant les guichets des perceptions les plus proches où elles figureront à titre de réclame et de publicité.

Panique à la Villette

A la Villette, un animal épouvantable, avec des pieds fourchus et des cornes longues comme ça, est venu jeter la panique parmi les paisibles promeneurs assemblés autour de l'ancien abattoir, récemment transformé en square municipal.

Appréhendé par de courageux gardiens de la paix, le délinquant n'a heureusement opposé aucune résistance.

– J'arrive de province, a-t-il expliqué. Je me croyais au marché aux bestiaux.

Après une sévère admonestation du commissaire de police, il a été refoulé vers la Normandie, son pays natal.

N° 69 – Mercredi 29 janvier 1947

MÉLI-MÉLOS par BOURVIL

Enfin, tout le monde est d'accord pour trouver qu'on a un bon président ! C'est déjà ça, mais où on n'est plus du même avis, c'est sur la manière de prononcer son nom : si on en croit les speakers de la T.S.F., y faut dire : Vincent « T » Auriol ! Pasque, chez la Mère Radio, y font les liaisons ! Y sont pas à une près et la vieille dame en a de dangereuses… des liaisons ! Elle vous en colle partout. Ça, y a jamais d'blancs entre les mots : « M. Vincent "T" Auriol a zété télu président ! »

J'voudrais tout de même bien savoir si on doit prononcer Tauriol ou Hauriol ? Dans ce dernier cas, alors, l'H serait aspirée, comme dirait l'adjudant de l'histoire. Vous savez : l'H aspirée, comme dans Hune ! Deux !… J'm'en vais m'décider à lui écrire, moi, à M. T… H. Auriol, pour lui demander l'orthographe exacte, pasque encore quelques liaisons comme ça et ce pauv' président finira par avoir un nom à rallonge et, pour un démocrate, un nom à rallonge, ça la fiche pas bien ! Surtout que lui, il est pas protocole pour un sou !

Oh ! non alors, il est pas protocole ! Il l'a pas caché, du reste. Il a averti le pays tout de suite, le soir même de son élection. Il a dit comme ça : « Avec moi, le protocole va en prendre un drôle de coup ! L'étiquette je vais la décoller ! »

Ah ! il n'est pas fier, M. Chose (j'écrirai M. Chose tant que j'n'aurai pas contrôlé son appellation). « Merci, Léon ! » qu'il a dit à Blum qui le félicitait… Ça nous promet des réceptions joyeuses ! Admettez, par exemple, qu'il aille rendre visite au roi d'Angleterre. Voilà à peu près c'que ça donnerait :

– Comment ça va-t'y, mon vieux Georges ?… Et la queen ? Comment se sent-elle ?… Alors y paraît que vous allez marier votre Elisabeth avec ce petit Grec ? Ah ! il est bien balancé !… Tous les deux, ils vous feront de beaux petits !… N'oublie pas de m'inviter pour le gueuleton… Sacré Jojo !… » Et que j'te donne une bourrade dans le dos avec ensuite, une bonne tape sur le ventre, histoire de vous redresser l'interlocuteur !

Eh ben ! c'est sympathique tout de même ? Dire que j'aurais pu être élu président de la République ! Je l'ai su trop tard ! Y paraît qu'y avait qu'à s'présenter… On m'aurait p't'être pas élu aussi ? Pasque, moi, j's'rais davantage protocolaire que M… (voir plus haut), et aujourd'hui, y paraît qu'c'est pas c'qu'y faut du tout !… Alors, hein, pas de regret !…

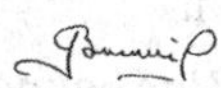

La vie pratique

La culture du bananier

Parmi les fruits de toutes nationalités, la banane est bien le fruit exotique le plus apprécié chez nous, où les produits tropicaux font en général fureur. Il est très facile de cultiver des bananiers chez soi, il suffit de les tenir au chaud. Cultivez donc vos bananiers en serre ou, si vous n'avez pas de serre, au coin de la salamandre, du radiateur à gaz, de la cheminée ou de n'importe quel instrument où vous brûlez votre répartition de charbon. A défaut, cultivez sur couche, sous votre édredon.

Si vous aimez les bananes fraîches, arrosez-les matin et soir avec de l'eau additionnée de vernis à ongles pour leur donner leur parfum délicat et caractéristique. Si vous préférez les bananes sèches, arrosez-les simplement avec de l'eau en poudre.

Les bananes se récoltent deux fois par an, le 14 juillet et le 11 novembre. Parmi les innombrables variétés de bananes figure, d'une façon assez inattendue, le poireau qui, avec les palmes académiques, est une des variétés les plus demandées.

Conserver sous châssis vitré.

Jean Nonos.

LA SCIENCE

La pesanteur

La pesanteur tombe (naturellement) sous le coup de la loi de Newton sur l'attraction universelle, et sous celui du décret sur les attractions en plein vent et autres spectacles forains.

Un corps abandonné lâchement à lui-même dans l'espace tombe en se dirigeant vers le centre de la terre. Il arrive rarement jusque-là, soit qu'il ait été arrêté par le trottoir, soit qu'il ait rencontré votre pied, si vous ne l'avez pas retiré suffisamment à temps.

Dans le vide tous les corps tombent à la même vitesse, qu'il s'agisse d'une plume ou d'une lourde pierre. Mais à l'air libre il n'en va pas de même.

C'est ainsi que l'observateur placé au bas d'une maison de six étages réagira différemment selon qu'il recevra sur la tête un édredon de plumes ou le contenu d'un tombereau de pierres meulières.

Dans ce dernier cas d'ailleurs, comme le dit notre directeur : ça ne tache pas.

Un corps homogène, comme la ouate à peu près du même nom, est soumis dans l'air à un ensemble de forces : verticales, horizontales, latérales et royales (Royal Air Force). La résultante de ces diverses forces s'applique en un certain point : le centre de gravité, ainsi nommé parce que lorsqu'il tombe à l'extérieur de la base du triangle formé par le polygone de sustentation, l'objet considéré tombe également, ce qui n'est pas sans gravité s'il s'agit d'une potiche en porcelaine de Limoges ou d'un vase en Baccarat de La Ferté-sous-Jouarre.

APPLICATION. – Prenons un poids de 19 kilos (20 kilos moins 5 % de baisse) et attachons-le à un fil de nylon. Comme celui-ci risque de se rompre au début de l'expérience, il est préférable de le remplacer tout de suite par un câble à trois fils de la grosseur du poignet.

Nous obtenons alors le « fil à plomb ». Celui-ci sert à édifier des monuments parfaitement verticaux tels que : Notre-Dame de Paris, la Grande Pyramide et la Tour de Pise.

Pour les monuments circulaires : Arènes de Lutèce, cirque de Gavarnie, voûte du métro, il convient de faire tourner rapidement le fil à plomb tout en prenant les mesures.

Professeur Cosmos.

Ah ! Jeunesse

Du temps où il assurait notre ravitaillement, M. Ramadier a conservé le goût de l'abondance. On s'en aperçoit en consultant la liste de ses collaborateurs.

Dans les journaux, où les noms des heureux élus ont été empilés les uns au-dessus des autres, ça fait une colonne de trente centimètres. On est fier de la contempler, elle nous montre clairement que la France n'est pas aussi pauvre qu'on le prétendait et que toutes les histoires de compressions d'effectifs n'étaient que mauvais bruits perfidement répandus par les contempteurs de notre prestige.

Grâce à l'ingéniosité du Président, de nouveaux maroquins sont miraculeusement sortis du néant. C'est ainsi que nous avons aujourd'hui deux ministères de la Guerre, un pour la Défense nationale, l'autre pour l'attaque, du moins à ce qu'on présume.

Mais ce n'est pas de cela que je veux entretenir les lecteurs de L'Os libre. *La guerre, malgré tout, on commence à s'en fatiguer ! Une autre création Ramadier sollicite à plus juste titre notre attention. Tout en bas de la colonne, on remarque un département inédit, le ministère de la Jeunesse. Ça, c'est une riche idée ! Dire que, jusqu'ici, personne ne s'était encore occupé de la jeunesse ! Pas étonnant qu'elle ait une existence aussi brève !*

A présent, tout est changé ! La jeunesse trouvera quelqu'un pour la défendre de ses ennemis, principalement du ministre de l'Education nationale, toujours prêt à l'accabler de pensums et à l'empêcher de se fourrer les doigts dans le nez !

Sans doute quelques jalousies sont-elles à craindre. Tout cela est très beau, dira-t-on, mais pourquoi ne pas créer également un ministère de la Vieillesse ?

Oui, en somme, pourquoi pas ? Et pourquoi pas aussi un ministère de l'Age mûr ? Et même de l'Age ingrat ?

Mais ne nous impatientons pas, ce sera pour le prochain coup !

Une étonnante confession
Pourquoi j'ai pénétré dans la P. J.

Le petit Dieu malin qui veille sur le journaliste en mal de copie me guida hier le long de la Seine, par une après-midi indifférente et banale d'un hiver écœuré. Je m'assis sur un banc et je regardais « le fleuve étincelant rouler ses ondes grasses » lorsqu'un curieux petit homme diaphane, octogénaire et voûté vint s'asseoir près de moi. Propret et digne, il paraissait nerveux ; ses doigts noueux remuaient des coupures de journaux.

– Non, non, non, murmurait-il sans cesse, en roulant les R.

Tournant vers moi son visage flétri, il me dit doucement :

– Ne croyez pas que j'évoque un référendum passé ou à venir… Les journaux parlent d'un cambriolage de la P. J. par un audacieux malfaiteur digne de Maurice Leblanc. Regardez-moi, monsieur… Ai-je l'air d'un intrépide malfrat ?

– Non, bien sûr, assuré-je.

– Eh bien ! le visiteur du soir en question, c'est moi !

Devant ma stupéfaction et comme il est parfois doux de se confier même à un inconnu, il entreprit de me raconter les faits.

Punaises de sapristi !

– L'autre soir, il pouvait être minuit, et je me préparais à rejoindre Pauline (c'est ma femme) qui était déjà couchée, lorsqu'il me prit l'envie d'accrocher au-dessus de mon lit la photo de Dorothy Lamour, vous savez cette jeune femme qui travaille dans le cinématographie ? Je demandai à Pauline (c'est ma femme) : « Où sont les punaises ? La boîte de punaises ?… » Réclamer à cette heure avancée ces petits ustensiles domestiques à une femme dans son premier sommeil parut à mon épouse tellement stupide qu'elle grogna, se retourna et me planta là… Dorothy Lamour et moi, nous avions l'air idiot… surtout moi, en caleçon mauve avec mes support-chaussettes et mes charentaises… « C'est bon, assuré-je, rageur, j'en trouverai ! » et j'entrepris les fouilles, recherches, sondages qui s'imposaient. Peine perdue…

Expédition nocturne

» J'essayai de frapper chez quelques voisins… On ne me répondit pas… D'étage en étage, je gagnai le couloir d'entrée. La concierge ronflait comme un autobus en rodage, à en faire trembler la rampe d'escalier jusqu'au cinquième. Inutile d'essayer de la réveiller !

» Tout était contre moi et puisque les punaises de l'immeuble m'étaient refusées, j'en trouverais ailleurs. Sinon de quoi aurais-je l'air devant elle (Dorothy Lamour) ?

» Il faut vous dire : j'habite à vingt mètres des locaux en question du quai des Orfèvres et je savais que tous les bureaux devaient renfermer l'objet de mon désir. Je fais souvent la coinchée avec Latour, le gardien, et je connais bien la maison car un de mes fils est épicier en gros. J'essaye donc mon trousseau de clés sur la serrure de la porte cochère, une vraie serrure de garde-manger ou de placard à chiffons. Une clé entre, je tourne, et me voici dans les lieux.

Fantôme en caleçon

» J'entendais les voix des gardiens affairés à faire leur ronde : "Belote, rebelote, dix de der, les petits, les gros…" Ah ! ça usinait, je les connais tous, de bons bougres ; mais comme j'étais dans la tenue que vous savez, il valait mieux que je les évite : j'ai toujours été très pointilleux sur les questions de bienséance !

» Dans les bureaux du secrétariat, rien ; dans les bureaux des inspecteurs, rien également. Je rentre dans le bureau de l'inspecteur Peres y Cordocoue, je fouille, rien, toujours rien. Je ressors et me voici dans la section criminelle ; j'ouvre des bahuts, des tiroirs, il y avait aussi des valises dans les placards, des sacs contenant des voitures à bras, des couteaux de cuisine, des lance-pierres, des escargots de Bourgogne, bref toutes sortes de pièces à conviction, mais rien qui puisse m'intéresser. Je monte, je vais, je viens, la colère et le dépit me donnant de l'audace, je rencontre trois coffres-forts que je ramène à la raison avec ma lime à ongles… Les voilà béants, toujours les mêmes états, les mêmes dossiers ; je tire, j'épluche, je regarde, rien qui, de près ou de loin, ressemble à une punaise.

Repli stratégique

» Enfin, dans un tiroir-caisse, je trouve un revolver, je le mets dans ma poche de peur que le caissier Foujade, un rigolo que je connais bien, n'ait des ennuis : avec ces femmes de ménage qui mettent leur nez partout, on ne sait jamais. Il y avait aussi pas mal d'argent que j'empruntai pour constituer un stock de punaises auquel personne ne toucherait. Des mètres cubes de punaises, monsieur ! J'emportai aussi quelques dossiers de métallurgistes connus pour avoir des adresses… Vous comprenez, pour les punaises…

(Et ce bougre de petit bonhomme s'animait, intarissable qu'il était !)

» … J'arrivai à la porte de M. Luizet, mais il y avait là un diable de petit verrou qui brisa mon élan… Pourtant, je suis sûr qu'il en a, lui des… »

Et le petit vieux se perdit dans mon songe…

Grrrrr… Le réveil sonna. Déjà sept heures. Dieu ! que l'on peut faire des rêves idiots !

Prénoms effacés

Les personnes dont le prénom usuel donnerait des signes d'usure, à la suite d'emplois trop fréquemment répétés sur des textes officiels, sont avisés qu'ils peuvent, soit faire rénover leurs vieux prénoms usuels usagés, soit en demander un neuf à la mairie dont ils ressortissent.

par Pierre Cour

L'OS DE CŒUR

et Francis Blanche

De hautes raisons de politique internationale s'ajoutant aux préoccupations afférentes à la candidature que nous avons posée pour la présidence de la République nous ont empêchés de répondre, la semaine dernière, aux innombrables lettres qui nous arrivent des quatre coins de la France, avec leur cargaison de douleurs inconsolées et de problèmes brûlants…

Que nos correspondants et amis nous en excusent, d'autant que c'est le cerveau plus lucide que nous reprenons aujourd'hui la rubrique du cœur de L'Os libre.

Sans vouloir accuser à la légère, nous tenons pourtant à accuser réception de leurs lettres à Mlle Colette N., à Lyon ; M. Jacques L., à Paris ; M. Roger C., à Paris ; un lecteur de Miramas ; Chantal et Anita, à Clermont-Ferrand ; deux lecteurs de la rue Riffault, à Poitiers ; et tant d'autres que nous ne pouvons citer sous peine de transformer cette rubrique en bottin mondain…

Quant à cette dame qui signe UNE ADMIRATRICE DÉBALLÉE (?), elle nous écrit, l'angoisse au cœur :

C'est un cas tragique que le mien. Je ne sais pas exactement de quoi il s'agit, mais c'est épouvantable… car personne ne m'en parle, tout le monde semble l'ignorer et garde le silence là-dessus pour ne pas m'attrister…

– Eh bien ! chère ADMIRATRICE DÉBALLÉE (?), nous partageons votre angoisse… Ce doit être terrible cette incertitude, et cette conspiration du silence établie autour de vous…

Essayez de prendre des gouttes et nous sommes sûrs que bientôt ÇA ira beaucoup mieux et ÇA sera moins épouvantable…

Et si un jour, vous découvrez exactement ce qui est tragique dans votre cas, des précisions nous intéresseront vivement.

***

– Mais non, INGÉNIEUX BRICOLEUR, votre idée de mettre de l'ouate thermogène dans la cheminée pour chauffer la pièce, n'est pas bonne. Cherchez autre chose.

***

M. Philibert V…, de Gennevilliers, nous expose ses petits embarras familiaux :

Je n'ai plus pour ma femme qu'une affection toute paternelle et je crois savoir qu'elle a un penchant pour mon jeune cousin… Pour moi, c'est vers ma tante, qui a 28 ans, que vont mes plus tendres pensées. Hélas ! son mari (mon oncle) refuse de divorcer tant que son frère cadet n'aura pas obligé sa belle-fille à l'épouser. Elle ne veut rien entendre car elle est amoureuse de moi et je crains qu'elle ne fasse souffrir mon jeune frère, qui l'aime à la folie, pour se venger à la fois de moi et de sa mère (ma belle-sœur) qui a refusé sa main à mon ex-beau-frère, aujourd'hui fiancé de ma fille…

Que faire ? Je suis perplexe et ne puis supporter le léger malaise qui flotte sur nos repas de famille…

– Mais votre cas est très simple, monsieur Philibert V… Divorcez et adoptez votre femme, ce qui satisfera cette affection paternelle que vous lui portez. Usez alors de votre autorité pour qu'elle épouse votre cousin. Celui-ci, reconnaissant, fera pression sur sa sœur pour qu'elle accepte votre frère et, dès lors, votre oncle renoncera à sa femme que vous pourrez épouser.

Votre belle-sœur n'aura plus rien à craindre de sa fille et consentira au mariage de votre ex-beau-frère avec votre cousine. Vous vivrez heureux avec votre tante et plus rien ne s'opposant au bonheur de cette charmante petite famille, le léger malaise qui flotte sur vos repas de famille sera vite dissipé.

Si toutefois notre solution ne vous semble pas assez claire, un bon conseil : faites sauter la baraque et engagez-vous dans les sapeurs-pompiers…

***

– Ne soyez pas si ombrageux, GROS TIMIDE TOULOUSAIN ! Quand vos amis disent que vous *piquez des fards*, ils n'insinuent pas que vous volez les lumières qui sont sur les voitures…

Apprenez l'ortograffe…

***

– Vous avez mal compris, Josette P… Quand des camarades veulent aller prendre un verre, ne croyez pas qu'ils projettent de dérober la verrerie du café. « Prendre un verre » veut dire en boire le contenu… Acceptez sans crainte, si c'est eux qui paient, bien entendu…

***

– Quant à la comtesse J.-R. de P… de R…, nous lui ferons parvenir directement les adresses de restaurants communautaires qu'elle nous a demandées…

Nouvelles brèves

DE PARIS. – Un déshydrateur de concombres, père de seize enfants, visité par le président de la République, gagne cinq millions à la loterie nationale. – Hospitalisé à l'hôpital Saint-Antoine à la suite de l'explosion d'un concombre défectueux, M. Ernest Lagoutte s'y faisait faire des applications de rayons de bicyclette lorsqu'il apprit la visite du président de la République. Echappant aux neuf infirmiers qui le soignaient, il se rua à la rencontre du chef de l'Etat, mais, dans sa précipitation, il glissa sur un morceau de savon et tomba d'une des fenêtres de l'établissement hospitalier sur la tête d'une femme-canon qui l'engagea sur-le-champ.

Frappé par la chance insolite qui venait de lui sauver la vie, ce brave père de famille se fit le serment de gagner à la loterie nationale. Le soir même, il décrochait le gros lot de 8 millions, six lots de 500 000 francs et quatorze remboursements.

Dernière heure

DE PARIS. – Une grosse machine infernale a fait explosion ce matin dans les bureaux du journal humoristique *L'Os libre.*

Par bonheur, le monstrueux engin, placé sous le bureau du directeur ayant été chargé par erreur avec de la sciure, les dégâts se sont limités d'eux-mêmes.

On suppose que l'auteur de l'attentat serait un misérable écrivaillon se disant rédacteur en chef du journal d'étudiants *Decour-Eclair* ; la veille, cet abominable déchet humain qui s'était présenté à *L'Os libre* sous le nom pompeux de « Nabuchodonosor l'incrédule », avait été jeté à la rue en raison de l'abominable relent de vin rouge qu'il dégageait.

Petites Annonces

OFFRES D'EMPLOI

Manufacture briquets à acétylène cherche représentant démonstrateur. Assurance-vie indispensable.

On demande personnes énergiques pour placer produit antipathique. Préfér. accordée à magnétiseur ou messieurs brutaux et sans scrupules.

On demande personne à la journée pour travaux de couture et de menuiserie.

DEMANDES D'EMPLOI

Dessinateur-projeteur, très adroit, effectuerait toutes projections.

Hockeyeur sur glace ayant quelques loisirs effectuerait patinage fauteuils cuir. Ecrire Megève.

OFFRES SPÉCIALES

Jeunes gens qui avez des visées sur l'avenir, demandez notre point de mire « Vilain », avec viseur perfectionné ! Constr. J. Vilain, 21, Bras du Chapitre, Créteil.

On ne dira plus : Il ne faut pas mettre la charrue avant les bœufs, avec la charrue tractive Dugland traînant les bœufs. Essai gratuit huit jours.

Serviettes nid d'abeille. Les 12 : Prix 1 200 fr. Abeilles en sus : 4 fr. pièce.

DIVERS

Pantalon creux chauffant, à double paroi : 3 heures de bonne chaleur en versant seulement à l'intérieur 10 petits litres d'eau bouillante : 3 700 fr.

Article luxueux, fonctionnant à l'essence chaude, allumage par amadou. Très chaud au corps. Prix 5 750 fr.

Tampon-bavard pour fonctionnaire manquant de distractions : 216 fr. 20.

Par suite réduction éclairage nocturne dans les parcs d'entretien de locomotives, la S.N.C.F. demande nyctalopes pour assurer service. S'adresser serv. du matériel entr. de l'Ourcq, Bobigny.

Thermomètres à pointe lumineuse. Indispensables pour tous hôpitaux, cliniques, dispensaires, aux heures de délestage. Permettent de se jouer de l'obscurité. Mod. ord. : 79 fr. Article plus luxueux à roulements à billes : 244 fr.

OCCASIONS

Urgent. Achète cher, neuf ou occasion, gibus, jaquette, pantalon rayé et en général tous habits de cérémonie. Très pressé. S'adr. V. Auriol, Elysée. Discrt. d'honneur demandée.

Urgent. A vendre prix raisonnable : 1° belle flûte deux portes, buis massif, 2 tiroirs et un chapiteau, dim. 2 m × 1 m 70 × 0 m 85 ; 2° armoire à 12 trous, métal argenté, embouchure perfectionnée av. écrin molletonné. Dim. 0 m 65, diamètre 40 mm.

CORRESPONDANCE

Julot à ses hommes. Attaque fourgon postal remise à mercredi en huit. Enterre grand-mère jeudi. Excuses.

Chapitre VII (suite)

– En somme, il compte sur lui tout seul. Il a raison, on n'est jamais si bien servi que par soi-même. Quant à vous, ne comptez pas sur moi pour toucher à un seul cheveu de cette fillette adorable, et que j'adore, c'est vrai, mais en silence, d'un amour respectueux et discret comme celui d'un obscur lombric pour une lointaine Bételgeuse. Au surplus, je suis l'ami du Grand Prévôt et ne me reconnais pas le droit d'aller contre les projets que celui-ci a formés pour l'établissement de sa fille, dût mon cœur en éclater de navrance !

– Ainsi, plutôt que de contrarier son cher papa, vous préférez laisser aboutir ces projets qui vous enlèvent tout espoir d'avoir la fille ?

– Question d'éducation, ma chère. Ces projets me brisent le cœur, mais dussent-ils me briser, par-dessus le marché, le foie, la rate, le pancréas et le reste, je n'en obéirais pas moins au sentiment de l'honneur qui…, que…, dont… enfin ! pour ce qui est de… du… Bon ! je me suis embarqué là dans une sacrée phrase dont je ne suis pas près de sortir ! Mais vous m'avez compris.

– Je crains bien que non.

– Ça ne fait rien. Bref ! je refuse catégoriquement d'enlever Mlle Adélaïde de Mars.

– Mais, malheureux, préférez-vous qu'elle soit ravie par l'Eminence verte ?

– Oh ! croyez-vous qu'elle en soit tellement ravie ?

– Mais, stupide boy, j'entends ravie dans le sens d'escamotée ! Et vous osez prétendre que vous l'aimez ?

– Oui, je l'aime. Mais sais-je si elle m'aime, elle ? Elle ignore tout de cet amour secret, et n'a probablement pour moi d'autre sentiment qu'une amitié puérile. Il serait donc infâme de ma part de profiter d'un prétexte comme celui que vous m'offrez pour essayer de… tenter, de… bénéficier d'un… d'une… Et zut ! vous voyez bien ce que je veux dire.

– Pas le moins du monde.

– Eh ! vous me troublez avec votre histoire… et je ne sais plus ce que je dis. Mais je sais bien ce que je veux dire.

– Tant mieux, fit la Bémole avec beaucoup de calme. Moi, je sais bien ce que je veux faire.

– Et que voulez-vous faire ?

– Je veux faire ce que vous ne voulez pas faire pour me satisfaire.

– Quelle affaire !

– Adieu, monsieur le trop respectueux des convenances ! Je vais de ce pas m'occuper de mettre à l'abri de la concupiscence de l'Eminence verte celle que vous aimez comme un pauvre transi. Car lui ne l'est fichtre pas, je vous en réponds !

– Mais… voulut objecter le malheureux marquis, abasourdi et profondément froissé de ce qu'il pût paraître aux yeux d'une personne du sexe, fût-elle roturière, un timide Joseph doublé d'un inoffensif Abélard.

Mais sans vouloir en entendre davantage, la Bémole, en envoyant un jet de salive méprisant sur le bout de sa chaussure droite (celle du marquis, pas la sienne propre) lui tourna le dos ; ce qui permit à M. de Voloter d'apprécier en son for intérieur un postérieur qui, bien que faisant partie des membres inférieurs, était en tout point supérieur. A peine, d'ailleurs, eut-il le temps d'en admirer l'appétissante rondeur dont la Vénus Callipyge elle-même eût pu prendre ombrage (non parce que sa superficie était telle qu'on eût pu s'y abriter du soleil, mais par jalousie), car la Bémole s'enfonça soudain dans l'ombre du pont Durand, et disparut comme par enchantement dans la brume légère qui flottait sur les rives de la Seine (il en flottait également sur les rives de la Loire, mais cela ne nous intéresse pas).

M. de Voloter haussa les épaules comme pour se débarrasser d'un écureuil familier, hésita un court instant, puis, ayant regardé autour de lui sans découvrir la moindre trace d'une présence vivante, hormis celle d'un affreux matou pelé qui rasait le pied du grand platane, il leva légèrement la jambe gauche, lâcha un pet retentissant et désinvolte qui fit faire au greffier un saut de soixante centimètres, tous poils hérissés, et s'éloigna en traînant les pieds. Ce qui était chez lui le signe indiscutable d'une très grande préoccupation.

Chapitre VIII

(Qui se passe sur la même scène que le chapitre VII, mais avec d'autres acteurs, dont un à quatre pattes.)

A peine M. de Voloter eut-il tourné le coin du Quai au Revard qu'un frémissement anormal, étant donné l'absence totale de brise, agita le feuillage du platane qui venait d'abriter la longue conversation du marquis et de la Bémole, et sous lequel le chat s'apprêtait à dormir.

Ce dernier, alerté par ce bruit inattendu au-dessus de sa tête, s'accroupit silencieusement, prêt à bondir sur l'imprudent locataire qui abandonnait son logis haut perché, quel qu'il fût, oiseau, écureuil ou chatte.

Il vit soudain apparaître, avec un étonnement compréhensible, une semelle, puis une chaussure, et enfin toute une botte.

– Serait-ce le chat botté ? pensa-t-il dans son petit crâne de félin.

A ce moment, dans un fracas de branches cassées, il reçut sur ledit crâne un personnage verdâtre qu'il ne s'attarda pas plus longtemps à identifier, car il fila ainsi qu'une lampe à pétrole mal réglée, la queue droite comme un point d'exclamation et la moustache en éventail. Mais nous, qui n'avons pas les mêmes raisons de quitter ces lieux aussi précipitamment, et qui pouvons tout à loisir observer le personnage en question, en vertu des pouvoirs qui nous sont conférés, nous avons immédiatement reconnu l'Eminence verte.

C'était elle, en effet, qui, à l'arrivée du Grand Prévôt, avait profité de l'instant de désarroi causé par l'apparition inopinée de ce haut dignitaire pour se glisser derrière le platane et y grimper à l'abri de tous les regards.

(*A suivre.*)

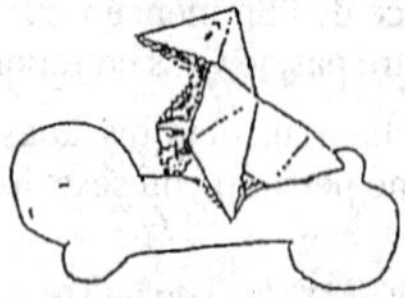

L'OS LIBRE

« Contre tout ce qui est pour – Pour tout ce qui est contre. »

NUMÉRO 70 – MERCREDI 5 FÉVRIER 1947

Aux problèmes de ravitaillement qui persistent plus que jamais, s'ajoutent les conséquences d'un hiver particulièrement rigoureux. Le blé, déjà rare, risque de manquer encore plus. Les météorologues assurent que la France connaît alors les températures les plus basses depuis 1830. Ils précisent qu'il peut s'agir d'un phénomène de compensation après un été particulièrement torride. On ne parle pas encore, toutefois, d'un problème de réchauffement de la planète. Même à L'Os libre, *ce sujet ne semble pas d'actualité.*

Edito — Que personne ne sorte !

par René LEFÈVRE

Il faut tout de même reconnaître ce qui est. Malgré les rigueurs de la température, il n'existe pas une administration, une industrie, un commerce, un service public ou privé, une organisation sportive ou funéraire qui ait consenti à interrompre momentanément des activités rendues pernicieuses par la nature du terrain et la malignité des carrefours. Seuls parmi les groupements patentés, nous prîmes le soin d'aviser nos adeptes qu'il faisait un temps à ne pas mettre un khroumir dehors et que chacun était prié de rester chez soi.

Bien entendu, cette consigne ne pouvait concerner notre état-major, assujetti aux exigences de l'actualité, et c'est pourquoi nous résolûmes, Pierre Dac et moi, d'aller enquêter de droite et de gauche et un peu au-delà.

Au café de « La Mougnotte en Bois », les grogs n'étaient pas fameux, mais nous nous rattrapâmes largement sur les chips qui étaient d'ailleurs remplacés par des harengs.

– Je vous paierai ça demain, dit Pierre Dac d'un ton parfaitement détaché.

Mais le patron nous montra d'un doigt impératif une pancarte ainsi conçue :

EN RAISON
DE LA TEMPÉRATURE
LE CRÉDIT EST GELÉ

Ce sordide état d'esprit nous incita, comme de juste, à porter ailleurs nos pas. Nous allâmes donc tout droit vers un théâtre suburbain qui fait dans le drame lyrique à plein tube et à tout berzingue. Nous y entrâmes à l'instant précis où une dame légèrement gratinée chantait : *Depuis le jour où je me suis donnée !*

– Depuis ce jour, dit Pierre, et si j'en juge par ta trombine, il a dû passer un peu de flotte sous le pont de Billancourt !

Cette réflexion, pourtant frappée au coin du plus pur bon sens, n'eut point l'heur de plaire à tout le monde et, après intervention de la brigade des Pèlerines légères, nous nous retrouvâmes sur le trottoir.

– Rentrons, dit alors Pierre, lassé de marcher de quiproquos stupides en affreux malentendus.

Dans notre salle de rédaction, Joséphine Hautrain, notre aimable secrétaire, semblait sombre et préoccupée. Je lui demandai les raisons de son inquiétude.

– Monsieur, me dit-elle, je n'arrive pas à me rappeler si j'ai mis ma culotte, ce matin.

– Prenez votre vélocipède, dit Pierre Dac, et faites le tour du pâté de maisons. Nous en aurons le cœur net.

Ainsi fit-elle, cependant que nous l'observions par la fenêtre. Les passants, fort nombreux à cette heure, n'avaient d'yeux que pour elle. Des yeux qui semblaient montés sur tiges, comme ceux des homards. M. Alexandre Varenne, incidemment dans les parages, fut troublé au point de se moucher dans sa barbe et l'agent de la circulation avala son sifflet.

– Cette petite n'est pas assez couverte, dit Pierre en essuyant une larme.

Et je ne pus, une fois encore, qu'admirer sa sollicitude patriarcale, son esprit d'observation toujours en éveil et sa sagacité jamais en défaut.

Les grandes campagnes de *L'Os*

Artisans... nous voilà !

Comme le disait, avec cette chaude éloquence qui lui gagnait tous les cœurs, le regretté Joseph Prudhomme, seul l'artisanat, avec son amour de l'ouvrage bien fait, peut faire frein sur la roue du travail aux pièces qui menace de noyer la petite industrie.

Cet illustre précurseur avait parfaitement senti tout ce que l'emprise grandissante des trusts avait de dangereux pour une nation d'artistes comme la nôtre, et si nous reprenons son cri d'alarme, c'est que nous avons l'absolue conviction que l'Artisanat, qui aborde aujourd'hui sur la prise directe de l'enthousiasme le tournant décisif de ses destinées, a besoin de nous.

Cette campagne, qui mettra en lumière les géniales réalisations des petits et des obscurs, ne prendra fin que lorsque le gouvernement, conscient de ses res-

ponsabilités, fera sienne la politique de l'Artisanat. En attendant ce jour faste, ouvrons toutes grandes nos colonnes à ceux qui espèrent en nous.

L'OS ARTISANAL.

Alors que tout n'est que pillage et gâchis, alors qu'un coulage éhonté met à sec les caisses de l'Etat, il est singulièrement réconfortant de rencontrer sur sa route un artisan comme M. Arthème Chiffelet.

Sa merveilleuse histoire commença par une tiède après-midi de décembre 1946. Surpris alors qu'il pérégrinait à quelque 3 m 50 d'un passage clouté, notre homme se fit illico gratifier d'une solide contravention « payable sur place ».

Jusqu'ici, rien que de très banal, me direz-vous. Attendez ! car notre délinquant n'avait pas été sans remarquer que l'agent qui officiait ne cueillait en moyenne que 10 % des passants « hors clous » et que les autres déambulaient paisiblement sans verser leur écot.

– Quel coulage ! soupira M. Chiffelet.

Et il partit, sa contravention sous le bras !

Toute la nuit, son cerveau travailla… l'idée prit corps, et à minuit, comme illuminé, notre homme proféra d'une voix que gonflait la bise des fermes résolutions :

– Je vais me mettre à mon compte !

Et le lendemain, muni de gros clous et d'un marteau, il gagnait Belleville et s'y installait.

Le passage clouté privé venait de naître.

***

Disons-le tout de suite : ce fut une réussite.

Muni d'un carnet à souche et d'un crayon, notre homme exploita son passage clouté avec un sens aigu des réalités. Fort intelligemment, il mit la contravention à 10 francs pour concurrencer la préfecture de police… et quand la campagne des 5 % se déclencha, il descendit à 8 francs.

Ce fut une ruée de la clientèle.

***

Quand je vous aurai dit que M. Chiffelet prévoit également des tarifs spéciaux pour les groupes sportifs et les noces, ainsi que pour les familles nombreuses, vous conviendrez avec moi que ce probe artisan méritait de réussir.

Sa devise : « Mettre la contravention à la portée de toutes les bourses », sera demain célèbre.

***

Au cours d'une interview, le brave homme m'a confié ses ambitions :

– Ce qu'il me faudrait, c'est le carrefour Richelieu-Drouot. Avec un personnel spécialisé, je pourrais me faire mes 1 000 piétons par jour ! Le vendredi, je donnerais des galas et tous les gens chics viendraient se faire cueillir devant mes plots !

Et comme le philanthrope qu'il est n'a pas désarmé, il poursuit :

– Je rêve également d'un passage clouté monoprix, accessible à tous… Ainsi les banlieusards, ces déshérités, pourraient s'offrir de temps en temps, et pour 3 francs au maximum, une bonne petite contravention. Qu'en pensez-vous ?

– C'est splendide ! Et j'espère bien que de nombreux artisans viendront se joindre à vous pour redonner à l'industrie du passage clouté le lustre que des fonctionnaires indolents risquaient de lui faire perdre.

– Je ne voudrais décourager personne, me dit alors M. Chiffelet, mais dites bien à vos lecteurs que le métier est parfois décevant et qu'il faut avant tout s'établir dans un endroit particulièrement fréquenté.

– C'est l'évidence même…

– Au mépris de ce sage principe, un de mes beaux-frères, jaloux de ma réussite, crut bon de s'installer devant l'Odéon, à quelques pas du bureau de location du théâtre.

– Le malheureux !

– Il en est encore à attendre son premier client !

Et sur ces mots, M. Chiffelet me quitta car le percepteur voisin venait d'ouvrir ses portes…

C'était l'heure du coup de feu.

MÉLI-MÉLOS **par BOURVIL**

« Brrr ! » J'sais pas c'que vous en pensez, mais c'est l'moins qu'on puisse dire. Du reste, y a beaucoup d'personnes qui sont de cet avis-là. Presque tous les gens que vous croisez dans la rue s'accordent pour faire « Brrr !… » Et c'est le même « Brrr !… » qui sert partout, à Belleville comme à Passy. Un seul « Brrr ! » pour le bourgeois comme pour le prolétaire ! Devant le « Brrr ! » unique, la lutte des classes n'est plus qu'une vaine formule. On assiste, en ce moment, à un nivellement par le « Brrr ! ». Tout le monde est prêt à se souffler mutuellement dans les doigts !

Ce « Brrr ! » est la conséquence de l'abaissement général de la température qui suit le mouvement des 5 % et là, on ne peut, vraiment, que l'approuver…

A propos, si vous voulez faire un bon placement, c'est le moment d'acheter des thermomètres. Vous ne les retrouverez jamais aussi bas… et c'est susceptible de remonter, vous savez… et très vite ! Tous les ans, y a un boom du thermomètre et, c'est curieux, on n'y pense pas. Pourtant, de janvier à juin, c'est un truc qui peut vous r'grimper de 40 points comme rien ! Donc, si j'ai un conseil à vous donner, achetez des thermomètres dès aujourd'hui et revendez-les en plein été. Vous réaliserez un joli bénéfice et vous pourrez toujours vous en servir entre-temps. Ça ne mange pas de pain ; je vous l'garantis !…

J'avoue que c'est assez imprudent de ma part de vous parler du froid : d'un côté, j'y suis obligé pisque c'est d'une actualité brûlante mais, de l'autre côté, admettez que, le jour où paraîtra mon papier, y fasse un soleil à tout dégeler !… Ça pourrait arriver, hein ? Alors, de quoi qu'j'aurais l'air, moi ?… Naturellement, le lecteur se doute bien que je dois remettre ma copie quelques jours avant le tirage, le temps de composer et imprimer *L'Os*, mais si cet article que j'écris pour le canard par un froid de journal (c'est justement le contraire que je veux dire) a le malheur de passer un mercredi où, comme on dit, le bourguignon vous tape sur la coloquinte… alors, qui qui s'ra cornichon ? Hein, j'vous l'demande ?

Du coup, ma réputation s'rait compromise. J'aurais pu qu'à aller m'fiche à l'eau ! Par un froid pareil, vous vous rendez compte !… C'est vrai qu'y f'rait tout de même plus chaud pisque y aurait l'soleil. J'l'avais déjà oublié, comme les lecteurs auront oublié le froid dès qu'y f'ra une belle journée !

Remarquez que j'me suis fié un peu à l'O.N.M. qu'a dit qu'on claquerait des dents et qu'on f'rait bravo des fesses, environ jusqu'au 5 février ! Alors, si vraiment y a un Bon Dieu pour les journalisses, j'espère qu'on gèlera encore mercredi !

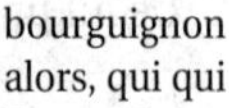

À Os rompus

Le Rastel automatique

Un lecteur nous écrit :

« Dans un journal qui m'est tombé sous la main en achetant des marrons grillés, je vois que notre ravitaillement est désormais assuré par un haut commissaire à la distribution.

» A ce propos, laissez-moi vous rappeler que jadis on trouvait sur les quais du métro, et même ailleurs, d'ingénieux appareils dits "distributeurs automatiques". On glissait une pièce de monnaie par le haut et, par le bas, on recevait du chocolat, des biscuits, des bonbons ou n'importe. Est-ce un truc de ce genre qui vient de nous être offert ? Si oui, veuillez me dire à quel endroit il faut introduire la monnaie et par où on reçoit la marchandise. Dépêchez-vous, l'heure du déjeuner approche. »

Un violent coup de téléphone donné par nous dans ce sens au ministère de l'Information étant demeuré sans réponse, notre lecteur est prié de prendre patience, si toutefois la chose n'est pas contraire à son régime.

La qualité avant tout !

A un confrère quotidien qui venait de le capturer au lasso, M. Rastel, notre haut commissaire à la distribution, a fait cette déclaration rassurante :

« En ce qui concerne les produits de la boucherie, il est nécessaire d'envisager des mesures telles qu'on puisse revenir à une consommation sinon de quantité, du moins à une consommation de qualité. »

Ce qui revient à dire que nous n'aurons toujours pas de viande à nous mettre sous la dent, mais qu'elle sera meilleure.

Quant aux mesures qui doivent obtenir ce résultat, M. Rastel n'a pas dit comment il les prendrait, si c'est avec un pied à coulisse ou avec un double décalitre.

Une salle d'armes au Palais ?

On sait qu'à la suite de l'affaire Hardy, Me Maurice Garçon a failli se battre en duel avec un témoin qui lui avait envoyé les siens, en échange desquels il en retourna une paire d'autres. Les témoins de la défense ayant déposé leurs conclusions, la rencontre n'aura pas lieu.

Pareil incident pouvant néanmoins se produire à nouveau, l'Ordre des avocats envisagerait la création, au Palais de Justice, d'une salle d'armes où les maîtres du barreau pourront venir prendre d'utiles leçons d'escrime au sabre, à l'épée et même au glaive de justice.

Ne pas confondre

Toutes les personnes douées d'un cœur quelque peu sensible ont appris avec un vif sentiment de regret la mort de M. Al Capone, dont les joyeuses aventures amusèrent le monde entier au temps où il portait le titre enviable d'ennemi public n° 1.

A ce propos, notre fidèle lecteur Pierrot le Fou nous prie de dire que, personnellement, il n'a pas encore succombé, comme son illustre confrère, à une congestion cérébrale ou autre, comme pourrait le faire croire le magnifique enterrement dont il est depuis quelque temps l'objet.

Dont acte.

Au Journal officiel

Notre excellent confrère, le *Journal officiel*, nous prie de rappeler au public que, dans ses colonnes, paraîtra d'ici peu un passionnant roman feuilleton.

Sous le titre : « Budget de 1947 », cette belle œuvre d'imagination réserve à tous ceux qui la liront, les surprises les plus joyeuses et les plus inattendues.

Mangeons des trous !

Le ministère de l'Agriculture communique :

« Les dures gelées de ce cruel hiver ayant creusé de gros vides dans les estimations de la prochaine récolte de blé, l'autorité responsable se verra prochainement obligée de multiplier, dans une assez forte proportion, les trous qui entrent de façon normale dans la composition du pain.

» Rappelons au surplus que les trous, ceux du pain comme ceux du fromage, constituent un aliment léger, digeste et convenant parfaitement aux estomacs délicats. »

Faits divers

DE MANTES (de notre correspondant particulier). – Les nommés André Mannoury et Raymond Le Turbulent, tous deux mécaniciens au dépôt de Mantes, se sont battus à coups de locomotives pour une sordide question de rivalité amoureuse. Une quinzaine de wagons, ainsi que les machines des deux combattants, sont hors d'usage. La gare de Mantes et divers bâtiments avoisinants ont dû être étayés.

DE PROVINS. – Un accident dans une étude de notaire. – Sept blessés graves, vingt-huit blessés légers, neuf disparus, tel est le bilan provisoire de l'accident survenu la nuit dernière dans l'étude de Me Anselme Trugludu, notaire à Provins.

Le drame serait survenu au moment où, en présence des héritiers de M. Augustin Fouyemerle, Me Trugludu, réputé pour sa distraction, aurait procédé à l'exécution des clauses testamentaires du défunt à l'aide d'un fusil de chasse chargé par erreur avec de la mélinite.

DE MONTMÉDY (De notre correspondant particulier.) – M. Antoine Mormoilet, dégoûté de porter un nom pareil, s'est jeté hier soir dans la Meuse, du haut du pont transbordeur.

Fort heureusement, une péniche chargée de pierres meulières passant au même moment, le désespéré s'en tire quitte avec une fracture du crâne.

DE NEVERS. – Arrêté par erreur pour un vol qu'il n'avait pas commis, un archiviste paléographe se pend dans le garde-manger du commissaire. – M. Théodore Dur, 97 ans, archiviste paléographe, honorablement connu et réputé de ses concitoyens pour le déchiffrage des hiéroglyphes lacustres de la maison d'arrêt de Nevers, a été arrêté par erreur la nuit dernière pour le vol d'une pelote d'épingles commis au préjudice de la femme Toupie.

S'estimant, à juste titre, déshonoré, le malheureux, profitant d'un moment d'inattention des quatorze policiers qui le gardaient, s'est jeté dans le garde-manger du commissaire où il se pendit sauvagement.

DE LAUSANNE (De notre correspondant particulier.) – Un original Irlandais, M. Mic Mac Cormick, qui se promenait dans les rues de Lausanne en faisant tournoyer une grosse bûche de frêne au bout d'une ficelle, a blessé plusieurs personnes.

En tentant de l'approcher, de nombreux policiers ont été fortement contusionnés.

L'ambassade d'Irlande a été chargée de l'arrestation de son excentrique ressortissant.

LA SCIENCE

Chauffage rationnel

Depuis les temps les plus reculés, et même avant, les humains ont éprouvé le besoin de se chauffer.

De nos jours, pour ne pas souffrir du froid, on a le choix entre plusieurs moyens : le jeu de la main chaude, le sautillement sur place et le battement des bras.

Ces différents systèmes s'avérant un peu fatigants à la longue, de distingués savants ont mis au point, après de laborieuses recherches, un appareil moderne, vraiment original et surclassant nettement tout ce qui a précédé dans le genre. Nous voulons parler du poêle à sciure.

Le poêle à sciure présente mille et un avantages que nous n'énumérerons pas et deux difficultés dont nous allons parler. La première est de se procurer la sciure. La seconde de disposer celle-ci d'une manière convenable dans l'appareil.

On peut se procurer la sciure, en allant se ravitailler au marché international de la sciure qui se tient le premier mercredi de chaque mois à Oslo.

Le remplissage du poêle à sciure est des plus simples. On place soigneusement, au centre de la circonférence représentée par le tour du poêle, une pièce de bois cylindrique. Un simple manche à balai peut suffire à la condition que son diamètre soit à l'hypoténuse de la section du fourneau ce que 342 est à 7 428. On dispose la sciure tout autour à l'aide d'une cuillère et on tasse fortement avec un fer à repasser à cardan. Il importe que la sciure soit également répartie. Ainsi dans un poêle de 1 000 cm^3 il doit y avoir exactement 476 327 842 grains de sciure au pouce carré. Il est donc nécessaire de compter soigneusement les grains de sciure si l'on veut obtenir un rendement maximum. Une simple règle de trois multipliée par quatre permet d'adapter la quantité de sciure au volume du fourneau.

Quand il est plein, d'un geste brusque et décidé, on retire le cylindre de bois. L'espace ainsi laissé vide constitue la cheminée. Il n'y a plus qu'à la ramoner soigneusement et à mettre le feu à la base de l'évent ainsi obtenu.

Si la fumée sort par le bas, c'est que la cheminée est obstruée. Dans ce cas l'opération entière est à recommencer. Si la fumée sort par le haut c'est que le tirage est insuffisant, si elle sort par les côtés c'est que la sciure n'a pas le degré d'hygrométrie suffisant. Si aucune fumée ne s'échappe c'est que le poêle est éteint. Hormis ce dernier cas, le fonctionnement est normal. De toute façon, on ouvre la fenêtre pour permettre à la fumée de s'échapper et on va faire un tour en attendant que ça se passe.

Professeur COSMOS.

Surplus américain

MM. les Séminaristes qui désireraient se monter une jolie petite garde-robe, peuvent s'adresser à l'ambassade des Etats-Unis, afin de se faire délivrer un bon de déblocage pour l'obtention de surplis américains.

Retrait de circulation

A partir de maintenant, et non pas de dorénavant comme l'a annoncé par erreur le secrétariat du ministère de l'Economie nationale, les pièces trouées de 10, 15, 20, 23 centimes, 3 fr. six sous, 6 fr. 88, 16 fr. 10, 21 fr., 34 fr. 756 et 69 fr. n'ont plus cours légal.

SPECTATEURS, DÉTENDEZ-VOUS !

Les tomates, pommes cuites, œufs puants, etc., sont introuvables ou hors de prix. Dès lors, toutes manifestations critiques dans les enceintes de spectacle deviendraient-elles impossibles ?

NON, NON, NON et NON !

Si vous apprenez à SIFFLER COMME UN VOYOU, vous pourrez manifester gentiment, économiquement, sans nervosité excessive.

ÉCOLE S.C.U.V. de défense contre tous navets, reconnue d'utilité publique, patronnée et dirigée par les meilleurs VOYOUS DE PARIS, 69, impasse des Dames-Patronnesses, Pigalle.

55 centimètres de neige à Marseille

G. Haring, notre correspondant à Marseille, nous fait savoir que la neige tombée ces jours-ci sur la grande cité phocéenne atteignait 55 centimètres par endroits. Précisons, toutefois, que c'était en largeur.

Producteurs de films !

... qui voulez vous entourer de toutes garanties pour le doublage de vos films, consultez nos conditions :

Doublure simple, rayonne, le mètre : 225 fr.

Doublure soie naturelle, le mètre : 635 fr.

Doublure soie surnaturelle, le mètre : 1 290 fr.

L'OS DE CŒUR

par Pierre Clanche et Francis Bour

Tout d'abord, une mise au point : en réponse à plusieurs lettres désobligeamment allusives, nous tenons à préciser que nous n'avons rien de commun avec les deux énergumènes qui sévissent à la radio sous les noms de Pierre Cour et Francis Blanche... La hauteur de notre inspiration, la largeur de nos vues et la profondeur de nos pensées, sont les trois dimensions du piédestal qui nous maintient au-dessus de tous soupçons et insinuations...

Nous ferons d'ailleurs remarquer que leurs noms s'écrivent sans s à la fin, tandis que les nôtres s'écrivent également sans s, ce qui, par conséquent, ne prouve absolument rien, *sinon notre entière bonne foi.*

Cette rectification, superflue, mais nécessaire, parfaitement inutile, mais indispensable, est peut-être sans intérêt, et pourtant, elle s'imposait...

Ceci posé, dépouillons... dépouillons...

***

M. L.-P. LAMY, de Chambéry, nous écrit :

J'ai 74 ans et une belle barbe, mais je suis toujours fils unique... Comment me sortir de là ?

– En effet, monsieur Lamy, il est scandaleux qu'un homme de votre âge, barbu, et combattant des trois dernières guerres, soit encore fils unique... Les Pouvoirs publics seront avisés de cette intolérable injustice... Faites-nous confiance, et, sous peu, nous vous garantissons une flopée de petites sœurs !

Pour M. Gilles B..., d'Alger :

– La science médicale n'a pas encore trouvé le moyen de renflouer les côtes flottantes quand elles ont coulé, comme c'est votre cas. Ne perdez pas un instant... Essayez la Pénicilline, et si ça ne marche pas, la... dynamite... et que ça saute !...

***

Mme Denise ALBERTI, 84, rue de Richelieu, à Paris, nous écrit :

Mon mari est homme-sandwich, et cela déteint sur son caractère... Avant notre mariage, il était timide et effacé... A présent, c'est un homme qui aime sortir et qui s'affiche partout... Le dimanche, quand je me promène à son bras sur les grands boulevards, les gens nous regardent et cela me gêne... Il faut dire qu'il ne quitte jamais sa pancarte qui est très encombrante.

De plus, son métier n'est guère lucratif et je reste souvent plus de quinze jours sans manger... Le reste du temps, j'ai du mal à faire bouillir la marmite... Que me conseillez-vous ?

– Eh bien ! madame Alberti, la solution est très simple... Votre mari est homme-sandwich, dites-vous ? Alors, n'hésitez pas : mangez-le.

Il cessera, dès lors, de faire souffrir votre modestie et votre estomac.

D'autre part, vous nous dites avoir du mal à faire bouillir la marmite... C'est peut-être que vous ne la mettez pas juste au milieu du fourneau.

Essayez... Les petites causes ont souvent de grands effets.

***

– Vous avez raison, AMI DES BÊTES, votre cousin d'Australie aurait dû vous faire un autre cadeau pour le nouvel an...

Ce kangourou qu'il vous a expédié doit tenir une grande place dans votre petit appartement et y faire des dégâts considérables...

Nous ne pouvons pas vous donner de conseils pour la nourriture de ce charmant animal, mais nous avons eu une idée :

Si vous voulez ranger votre kangourou pour la nuit, mettez-le dans la petite poche qu'il a sur le ventre... et le remède sera, une fois de plus, à côté du mal...

Non à votre troisième question : nous n'adoptons pas les animaux.

PETITES ANNONCES

OFFRES D'EMPLOI

On demande pour travaux à domicile, bons casseurs de pierre. Se présenter Société des pierres à briquet O.R.

Pour travail facile, directeur importante firme chimérique cherche messieurs 25-30 ans, dynamiques, enthousiastes. Salaires de début 1 800 000 fr. Cautionnement exigé.

Dépannage de locomotives en 24 h., prix modér. Mannoury, Saint-Aubin. Tél. 280.

DEMANDES SPÉCIALES

Municipalité disposant joli viaduc achèterait petit fleuve, ou à défaut canal pr compléter paysage. Ecr. municipalité Héricourt-en-Caux.

DIVERS

Le charbon est rare et coûte presque cher ! N'utilisez plus que les briquettes SEGUIN, à base de mâchefer bétonné. Les 50 kilos. Prix 195 fr.

Bas avarice, grosse contenance, remplacent très avantageusement l'anachronique lessiveuse. Art. commun : toile cirée, la paire : 195 fr. En latex prem. qual., double volume : 770 fr.

Porte-couteau de végétariens, belle présentation, bronze, porphyre, avec incrustations plâtre des montagnes, la pièce : 799 fr. Les 12 : 4 955 fr.

Pendule congelée au moment des fortes chaleurs, permet d'avoir l'heure d'été par les plus grands froids. Petit modèle : 1 356 fr. Gros modèle pour ateliers ou administrations : 1 995 fr. 10.

OCCASIONS

Important lot de laisses pour compte : 12 000 couvertures 8 m 60 × 0 m 20 ; 3 000 draps crins supér., 4 m × 3 m ; 9 000 édredons raphia molletonné garni duvet crocodile, etc. S'adresser Mission française d'achats aux U.S.A.

Chapitre VIII (suite)

De sorte que le hasard ayant voulu que sa maîtresse entraînât son ex-adversaire juste au-dessous de la branche qui le soutenait, il n'avait pas perdu un seul mot de tout leur entretien[1].

Il se releva en se frottant énergiquement les fesses, qu'il avait plutôt maigrelettes, ce qui les rendait plus sensibles aux chocs, et celui qui avait terminé sa chute, bien qu'amorti par l'échine providentielle du minable mistigri, n'avait rien eu de particulièrement moelleux.

– Ah ! ah ! ricana-t-il en se croisant les bras dans un geste théâtral bien inutile, puisque aucun spectateur n'en pouvait apprécier la fière allure. Il y a gros à parier, bien que je déteste cette sorte de jeu de hasard, que ma charmante concubine va de ce pas trouver le sieur Coque, son frère de lait et complice en maintes occasions, pour lui donner l'ordre d'arranger un bon petit enlèvement dont la charmante Adélaïde fera tous les frais. Mais, comme je connais ma Bémolette, elle va s'y rendre à pied, tant pour le plaisir de marcher par ce temps idéal pour un raid pédestre, que pour la satisfaction d'économiser les quelques sols que lui coûterait un moyen de transport quelconque. L'auberge de maître Coque étant, tout de même, à quelque chose comme une bonne vingtaine de lieues d'ici, j'ai tout le temps d'arriver avant elle, avec un bon cheval, et même avec un mauvais ! et de préparer ma contre-offensive.

Son raisonnement se tenait et était rigoureusement logique. Il avait prévu juste en ce qui concernait le moyen pour la Bémole de se rendre à l'auberge de « L'Araignée sans pattes », où selon les déductions de l'Eminence verte, elle avait effectivement résolu d'aller retrouver son frère de lait. Une seule chose n'avait pu être devinée par ce redoutable ecclésiastique, c'était que sa maîtresse rencontrerait, sur le seuil de sa porte, un compaing de maître Coque venu pour lui souhaiter de la part de ce digne hôtelier une quantité de choses aimables et d'ailleurs sans aucune importance, et que ce messager, venant à cheval de Fiacre, bourg qui abritait l'auberge de maître Coque, et s'en retournant de même sur l'heure, et sur le même cheval, elle l'avait chargé d'un mot pour l'aubergiste lui annonçant son arrivée pour la nuit suivante et d'un autre mot pour son ami Bombiscaille qu'elle savait pour le moment occupé à des travaux imprécis, à mi-chemin du trajet qu'allait parcourir le facteur occasionnel. Ce dernier, nanti des deux messages, piqua des trois (car il avait un double éperon à la botte gauche, ayant acheté celui-ci à un unijambiste) et fonça dans le brouillard.

Ce que ne pouvait, évidemment, pas prévoir, à moins d'être douée de seconde vue, l'Eminence verte.

Ce qui fait que, n'ayant pas prévu l'entrée en scène de ce cavalier dont rien ne pouvait lui faire envisager l'existence, notre homme se frotta les paumes avec la satisfaction d'un qui vient d'en préparer une bien bonne et tirant de ses chausses une superbe pipe en écume de bouillon gras, cadeau d'une vieille bigote qu'il avait jadis lutinée par erreur dans

1. Entre nous, le hasard n'est pour rien là-dedans. Nous sommes payés pour le savoir. Pas beaucoup… mais nous le sommes.

un confessionnal trop sombre, croyant avoir affaire à la jeune fille cadette du sacristain, il la bourra (la pipe, cela va de soi !) d'un fin tabac qu'une autre de ses ouailles anciennes fabriquait exprès pour son usage personnel et qu'elle avait baptisé « tabac la calotte », puis se mit en demeure de pétuner avec délices, s'accordant ainsi quelques instants de répit avant d'entamer la lutte avec sa vindicative maîtresse.

– A demain les affaires sérieuses ! dit-il, en s'asseyant, à son tour, sur le banc qui avait accueilli en si peu de temps trois séants différents, alors que, depuis six mois, personne n'avait daigné faire attention à lui.

Nous avisons les fidèles lecteurs qui suivent les feuilletons de notre grand roman historique avec une assiduité fébrile, amplement justifiée par l'indiscutable attrait qui se dégage de cette œuvre maîtresse, que les deux premiers chapitres dont ils ont été privés par suite de l'inconséquence de notre rédacteur en chef nous sont enfin parvenus par V2 spécial, ce qui nous permet de les publier aujourd'hui. Nos lecteurs n'auront donc que la peine de les remettre à leur place normale après lecture, et ne passeront plus des nuits blanches à se demander ce que pouvaient bien contenir ces chapitres fugaces.

Chapitre premier

(Qui nous fait enfin faire plus ample connaissance avec cette fameuse et mystérieuse Eminence couleur d'espérance, ce dont, néanmoins, le lecteur commençait à désespérer.)

Le fidèle La Jaunisse, ayant ainsi rempli son office, s'effaça pour laisser pénétrer l'Eminence annoncée, et celui-ci, s'avançant silencieusement se courbait déjà pour un salut plein d'onction, lorsque, soudain, le comte de Védeux qui avait tourné en rond dans les couloirs croyant courir droit devant lui, lui arriva, tête baissée, dans les lombes avec la vitesse d'une femme légère emportée par une tornade ! En conséquence de quoi, le salut de l'Eminence se transforma instantanément en une curieuse cabriole qui le précipita dans l'épigastre du roi ; et, en une seconde, il n'y eut plus, sur la carpette, qu'un étrange magma de bras et de jambes épars, incompréhensiblement emmêlés, et qui formaient une sorte de monstre apocalyptique que le fidèle La Jaunisse contemplait d'un œil totalement abruti et dilaté par une incompréhension manifeste. Ne sachant quel parti prendre, il sortit dignement, abandonnant tout espoir de jamais comprendre quelque chose à ce qui se passait !

Cependant, le roi parvint à dégager sa tête emberlificotée dans l'ample manteau de l'Eminence verte, et celle-ci, d'un vigoureux coup de pied – involontaire, mais efficace – releva le comte de Védeux qui avait le nez enfoncé d'inexplicable façon dans la boucle de sa chaussure.

(*A suivre.*)

L'OS LIBRE

« Contre tout ce qui est pour – Pour tout ce qui est contre. »

NUMÉRO 71 – MERCREDI 12 FÉVRIER 1947

On n'a pas de ravitaillement, mais on a des idées. La formule pourrait s'adapter au cabinet de Paul Ramadier. Le président du Conseil vient de nommer un « haut commissaire à la distribution ». Il s'appelle Georges Rastel et sera chargé de modifier les systèmes de ravitaillement, afin que certains Français disposent d'un peu plus de ce qui leur manque le plus, tandis que l'on propose à d'autres un peu moins de ce qui leur manque le moins. Si cela est possible, ce dont doutent les observateurs, et, en particulier, les journalistes de L'Os libre.

Edito — Vers les solutions idéales

par Pierre Dac

Hier matin, vers 22 h 30, je reçus de René Lefèvre le coup de téléphone suivant : « Allô ! Je demande le directeur du Centre de recherches et d'application de prothèse anaphylactique de l'aloyau synoptique. »

– Ce n'est pas ici, répondis-je d'un ton si naturel qu'on pouvait le croire en la majeur.

– Tant mieux, reprit la voix de René Lefèvre ; n'ayant rien à attendre de cet organisme dont l'utilité est pour le moins contestable, j'eusse été navré d'être mis en rapport avec lui.

– Que puis-je pour vous ? repris-je alors, d'un ton cette fois en rapport avec les directives générales du service de santé.

– Ne pensez-vous pas, eu égard aux vicissitudes et à l'évolution de la situation actuelle, qu'il serait utile et profitable d'en discuter en vue des décisions à prendre ?

– Certes, opinai-je, quoique déjà profondément ému à la pensée de mes responsabilités.

– Alors, rendez-vous dans une heure au Ventous's Club.

Et c'est ainsi qu'une heure plus tard, c'est-à-dire le lendemain à midi précis, nous nous retrouvions, René Lefèvre et moi, confortablement allongés sur des nattes en cornouiller de Ceylan, dans un salon particulier du Ventous's Club. Un esclave, vêtu rituellement d'une serpillière et d'un habit à la française à col roulé, s'enquit de nos désirs apéritifs.

– Ventouses pour ces messieurs ? demanda-t-il.

– Une douzaine pour moi, et à la framboise, précisa René Lefèvre.

– Une douzaine également, déclarai-je, mais vanille-citron.

Et la conversation s'engagea.

– J'ai l'impression, commença René Lefèvre, que nous nous trouvons au tournant décisif de la ligne droite. D'où je ne suis pas loin de conclure que le libéralisme dont doivent fatalement s'inspirer les principes d'une économie judicieusement dirigée sera bientôt en mesure de nous apporter tous apaisements désirés, non seulement en ce qui concerne les prochaines éventualités, mais également et surtout en ce qui concerne la stabilisation des erreurs nécessaires à la bonne marche de l'inextricabilité des moyens à envisager dans un avenir d'autant plus proche qu'il se trouvera davantage à portée de la main.

– C'est l'essence même de la sagesse khroumire qui coule en bidons de cinq litres par le truchement de vos organes d'expression, répondis-je, mais encore conviendrait-il de ne pas s'engager trop à la légère dans la voie des conclusions. Au fond, voyez-vous, mon cher René Lefèvre, on ne peut guère juger efficacement de la position actuelle de nos hommes d'Etat que par le rapport qui peut exister entre eux et l'universalité des impondérables qu'ils sont susceptibles de revendiquer en raison même de l'unanimité qui résulte des conjonctions divergentes issues de l'influence des partis.

– Vous abondez dans mon sens, repartit de plus belle René Lefèvre en rajustant sa ceinture de flanelle avec un pique-feu. Mais il ne faudrait cependant pas s'imaginer que les choses simples sont les moins compliquées. En tout état de cause, il faut considérer que la marche des événements est subordonnée à la courbe de l'échelle des valeurs morales. Chaque individu étant, par définition, un des maillons de la chaîne sans fin dont est tissée la pluralité du monde vivant, il devient transparent comme un morceau de pitchpin que seule l'identité des masses peut exercer une influence salutaire et salvatrice sur la sauvegarde de nos institutions et sur le maintien de nos prérogatives millénaires.

– Evidemment, fis-je, mais à la condition expresse que ces dernières soient inaltérables et ne réagissent pas à la teinture de tournesol.

– Entièrement d'accord, hurla René Lefèvre. Tenez, prenez ceci, en souvenir de cet entretien historique.

Et il me remit un paquet d'aiguilles à tricoter de l'époque des Atrides.

Nous nous séparâmes alors en nous promettant de nous revoir au cours de notre prochaine rencontre.

Et chacun rentra chez soi, heureux d'avoir apporté son pesant de pierre spirituelle à l'édifice des sociétés futures.

Que chacun en fasse autant pour que, peut-être, un jour tout le monde agisse de même.

Pas si fou…

Un précurseur

Nous avons cru longtemps que le premier individu qui un jour de juin 1940 vendit, sur une route de l'exode, de l'essence quatre fois son prix à un automobiliste en panne sous les bombes était un affreux margoulin.

Force nous est aujourd'hui de réviser notre jugement et de voir en ce monsieur un précurseur.

Puisque l'Etat veut appliquer les méthodes de cet économiste distingué, il serait très juste que l'on retrouve ce monsieur et qu'on lui donne aux Finances le poste qui lui revient.

Nous souhaitons d'ailleurs à cet habile financier d'être retrouvé par quelqu'un d'autre que nous car malgré tout nous avons avec lui un petit compte à régler depuis sept ans.

L'artisanat vaincra

Le bon percepteur pour tous !

C'est l'évidence même ! Dans tous les services officiels une coupable inertie menaçait de nous priver à brève échéance de cette armature sans laquelle tout Etat qui se veut fort n'est plus que ruines et décombres.

C'est pourquoi notre campagne en faveur de l'artisanat remporte auprès des foules le plus éclatant des succès. Nos lecteurs, à qui la carence des pouvoirs publics ne pouvait échapper, réagissent vigoureusement.

Que chacun se le dise : partout où les corps constitués donnent des signes de défaillance, le petit artisanat doit résolument reprendre le flambeau et, par une saine et intelligente concurrence, créer la féconde émulation d'où sortira une France administrative plus grande et plus prospère.

L'OS ARTISANAL.

Il serait puéril de refaire ici le procès de notre système fiscal. Sur ce triste sujet tout a été dit, et les malheureux dont les argents sont périodiquement mis en coupe réglée par des percepteurs accrédités n'offrent plus aux regards compatissants qu'un visage buriné par les stigmates de l'infinie désespérance.

Signalons au passage, et comme un bel exemple d'incurie administrative, que les innombrables rapports de la Commission d'Hygiène tendant à faire entrer les bureaux de perception dans la catégorie des locaux insalubres n'ont jamais été écoutés.

***

Il appartient à un brave homme de chez nous, M. Arsène Desvignes, de changer tout cela. Sous la raison sociale « Desvignes père et fisc », et à l'enseigne du « Bon percepteur pour tous », il vient d'ouvrir ses bureaux… et c'est, d'emblée, un triomphe !

Dès l'entrée, une immense pancarte vous met en confiance : « Ici, on déclare ce que l'on veut », cependant qu'une jolie fille vous murmure :

– Et on ne paie que si on est content !

Comme on le voit, nous sommes loin de la sécheresse officielle.

***

Les employées, callypiges à souhait, s'emploient avec bonheur à vous faire oublier tout ce que le devoir fiscal peut avoir de douloureux, on prend le thé ou le pastis, et des salons particuliers sont prévus pour les déclarations particulièrement compliquées.

Si bien que le client, étendu, en arrive tout naturellement à des confidences que nos services officiels, avec leurs méthodes moustachues, ne parviendront jamais à obtenir.

***

A peine ai-je franchi le seuil de cette perception modèle qu'une fine blondinette me prend en charge :

– Monsieur a-t-il quelque chose à déclarer ?

– Certainement ! Et avant toute chose, que je vous trouve charmante.

– C'est 1 000 francs.

Sur ces bonnes paroles, nous passons dans un cabinet particulier. La douce enfant enchaîne :

– C'est pour le cédulaire ?

– Je ne sais pas si cédulaire… ou du cochon, mais…

– A ce bon mot, je devine que monsieur est un intellectuel, nous le taxerons donc comme profession libérale, et le jugerons sur ses libéralités.

Ainsi engagée, la conversation devait aboutir à un accord.

***

Je ne saurais mieux souligner l'efficacité des méthodes pratiquées par M. Desvignes Arsène qu'en signalant le fait suivant :

Un modeste cultivateur, exploitant à peine 80 malheureux hectares, a, dans une minute d'abandon savamment provoquée par une employée patoisante, révélé qu'il en était à sa trente-deuxième lessiveuse et qu'il consentait à être taxé sur un revenu de 7 000 000 dont les recettes se décomposaient comme suit :

Vendu au ravitaillement. 150 000
Divers 6 850 000

– Et j'y gagne, a-t-il ajouté !

***

Mais le triomphe de M. Desvignes, c'est le département dit « des engueulades ».

– Chez le percepteur, m'a dit ce génial artisan, le contribuable est victime d'un complexe d'infériorité. Il n'est pas content, mais, par une espèce de timidité que vient renforcer l'austérité des locaux, il hésite à extérioriser sa mauvaise humeur.

« Ici, rien de semblable… et c'est là que je prends place parmi les grands novateurs. Chez moi, sachez-le, on peut engueuler le percepteur. Quand je vous aurai dit que pour cinquante francs on peut me traiter de peau d'hareng, vous aurez compris quel soulagement je peux apporter à la France qui paie !

« Enfin, prenant en pitié les souffrances de ceux dont les nerfs sont à bout, j'ouvre le département des “voies de fait”. Pour une somme qui varie selon l'importance des dégâts occasionnés, les violents peuvent, en toute quiétude, botter le train à un personnel spécialisé et trié sur le fessier. »

En votre nom à tous, chers lecteurs, je m'en suis immédiatement payé pour 2 000 francs.

À Os rompus

Attention à la baisse !

L'annonce d'une nouvelle vague de baisse appelée à déferler sur nos rivages dès le début du mois prochain plonge, d'ores et déjà, dans l'affliction quantité de personnes pas très intéressantes, entre autres celles qui ont la mauvaise habitude d'écrire des lettres pour les adresser ensuite à leurs amis et connaissances.

Etant donné qu'une première baisse de 5 % a porté de 2 à 4 fr. 50, le prix du timbre-poste d'usage courant, elles se demandent, ces personnes, ce que coûtera l'affranchissement d'une missive lorsque la baisse aura atteint 10 %. Une douzaine de francs, sans doute, et, ma foi, tant pis pour elles !

Semblable panique affecte également d'autres catégories d'individus aussi peu recommandables, ceux qui semblent prendre un malin plaisir à encombrer journellement de leur présence les rames du métro, où l'on est si bien quand il n'y a personne ! Selon toute vraisemblance, et en tenant compte des précédents, ces dangereux maniaques paieront d'ici peu huit francs au lieu de quatre l'accès du portillon. Les voilà prévenus !

L'apathie est en danger

A l'attention des râleurs qui pourraient croire à l'apathie[1] des services du Ravitaillement, un journal du soir divulgue le contenu d'une note de service émanant du ministère du Ravitaillement et issue du cabinet du ministre. Dans cette circulaire, le directeur du cabinet en question, un certain Duperrier (c'est pas l'amer à boire) invite les membres de la coopérative du ministère à un peu plus de retenue. « Le fait, dit-il, de se véhiculer dans les couloirs du ministère en transbahutant des denrées, boîtes de conserve, bouteilles, etc., etc., serait de nature à faire réduire encore les distributions effectuées au personnel par la coopérative ».

En effet, figurez-vous qu'un jour le ministre ou le tenant du titre, se risque dans les couloirs dudit ministère ; et qu'il aperçoive un ou plusieurs porteurs de « bon manger » rationné pour les uns, et pas pour les autres ! Ça risquerait de faire du bruit dans la cambuse !

Mais que les intéressés se rassurent ; les ministres ne lisent jamais les journaux.

Sinon, ils en apprendraient de belles, sur les services qu'ils sont censés administrer.

Attention aux contrôleurs !

Des usagers manquant totalement d'usage montrent parfois une grossière surprise et une inqualifiable mauvaise humeur en présence d'employés de métro qui leur demandent, avec la plus exquise politesse, leur ticket pour l'orner d'un trou bien propre.

La Compagnie parisienne du Métropolitain fait savoir aux peu intéressants intéressés qu'il s'agit là des fonctionnaires jadis préposés au contrôle dans les compartiments de

1. Rien de tel qu'une bonne bouteille pour vous ouvrir l'apathie.

première classe et que l'on a oublié de retirer lors de la récente transformation des premières en secondes.

Prochainement, d'ailleurs, et afin que ça coûte moins cher, ils seront versés au contrôle économique.

Attention au gaz !

Selon les savants calculs de M. le Professeur Léon Binet, membre de l'Institut et spécialiste en poisons divers, le gaz d'éclairage serait actuellement cinq fois plus toxique qu'avant guerre. Il est donc recommandé de n'en absorber qu'avec modération.

Tout en faisant remarquer que le prix de vente de ce produit a tout au plus quadruplé pendant le même laps de temps et que, par conséquent, l'usager le paie aujourd'hui bien au-dessous de sa valeur, la Compagnie du Gaz désirerait faire comprendre aux désespérés combien il est inutile d'ouvrir en grand le robinet de la cuisine ou de la salle de bains, alors qu'une simple petite fuite de rien du tout peut assurer le même résultat.

Encore un gaspillage à éviter !

Attention aux blagues !

Lors de la dernière campagne électorale, un candidat, M. Robert Schuman, a promis à sa clientèle, la vente libre du tabac dès le 1er janvier 1947.

M. Robert Schuman, ministre des Finances, tient à mettre les fumeurs en garde contre les interprétations qui pourraient être faites de ces déclarations fantaisistes.

Chevaux emballés

La répartition de la viande de bœuf laissant à désirer (sic), les services du Ravitaillement (resic) font connaître que des distributions de chevaux emballés sont prévues pour bientôt.

L'attention des consommateurs est attirée sur le fait que les conserves ayant été faites avec des animaux ferrés, il est important de mâchouiller le contenu des boîtes avec les plus grandes réserves.

Tenir les boîtes bien amarrées, celles-ci ayant tendance à ruer dans les placards.

Attention à la tension !

On signale de divers côtés un assez fort accroissement de la tension diplomatique, devenue depuis quelque temps assez inquiétante pour la santé des citoyens mobilisables.

Les médecins traitants préconisent un régime sédatif, avec douches et absence totale de tout excitant atomique.

Si la situation s'aggrave, nos lecteurs seront tenus au courant par voie d'affiches.

Naturalisation

A propos de naturalisations, que pensez-vous de celle-ci : deux vieilles dames se rencontrent et dissertent quelque temps. Soudain, l'une d'entre elles s'enquiert :

– Mais, dites-moi, ma bonne, vous n'avez plus votre chien ?

– Hélas ! non, répond son interlocutrice, il est mort, mais il était si mignon que je l'ai fait naturaliser.

– Comment ! fait l'amie, que me racontez-vous là ! Il n'était donc pas français ?

LA SCIENCE

La radioactivité

La radioactivité ne doit pas être confondue avec l'activité de la Radio.

Les corps radioactifs les plus connus sont : le radium, l'uranium, le plutonium et le délirium.

A part les gisements de délirium, dont la France est abondamment pourvue, tous les autres corps radioactifs gisent lamentablement à l'étranger en des lieux inaccessibles. Fort heureusement, le délirium nous permet de rattraper les autres nations civilisées dans la course au maintien de la paix.

Le délirium s'obtient de la façon suivante : 1° On prend un litre d'alcool à 90°, une bonne dose de patience et un sujet prédisposé. 2° On verse le litre d'alcool dans le sujet choisi. Il reste un certain vide que l'on comble en parties égales, d'absinthe, de gentiane, de bardane et de vermouth cassis. On casse un œuf, on fait émulsionner à la presse à bras pendant quarante-huit heures et on laisse reposer. On soutire à la pipette, on décante et on recante. Quand le cante y est on prend un pèse-alcool et on mesure la teneur en protons tontaine et tontons.

Tous les matins, à jeun, on renouvelle l'opération, comme il est dit plus haut (2°). Bientôt, le sujet commence à donner les premiers signes d'une radioactivité délirante : il zigzague dans la rue, salue les becs de gaz et s'essuie les mains au paillasson.

Le délirium, de très mince qu'il était à son début, s'amplifie de plus en plus. Il suffit alors de s'approcher négligemment du sujet avec un cabas à fermeture Eclair et de capter une à une les radiations qu'il dégage. On les fait ensuite sécher sur un fil en les fixant avec des épingles à linge en bois inoxydable. Il est recommandé de se préserver la vue à l'aide de lunettes en plomb qu'on peut toujours se procurer dans n'importe quelle bonne herboristerie.

Professeur COSMOS.

MÉLI-MÉLOS par BOURVIL

On a tout de même fini par dégotter un haut commissaire aux vivres. Attention ! Haut commissaire veut pas dire ravitailleur ! Faut pas se leurrer ; pas de leurre sur le pain ! Haut commissaire, ça donne un caractère plutôt policier, enquêteur… Alors, il enquêtera sur la disparition de nos vivres. Pour la distribution, on verra après ! Nous ne sommes pas pressés, remarquez ; on commence à avoir de l'entraînement !

M. Ramadier en a eu du mal, vous savez, à le trouver, ce fonctionnaire. Personne voulait marcher ! Pourtant, le président du Conseil avait changé le titre : haut commissaire à la place de ministre. Il avait d'abord dit à ses collaborateurs : « Cherchez-moi quelqu'un ! Dites que c'est pour un haut commissariat mais sans préciser à quoi, pasqu'y refuseraient tous !… » Eh ben ! malgré ça, personne s'est présenté. Y se doutaient du coup. Y avait dû avoir des fuites !

M. Ramadier a fini par prendre le taureau par les cornes : « Pisque c'est comme ça, je vais en désigner un d'office ! » qu'il a dit. Et il a nommé un certain M. Rastel. Sûrement un homme à qui il en voulait… pour lui faire une vacherie pareille !

Le président du Conseil a fait amener M. Rastel dans son bureau. On avait eu soin de le ficeler et de le bâillonner… pour pas qu'y se sauve ! Les menottes aux mains, il était encadré par une troupe de policiers (des poulets ! ça commence bien !)

– Vous êtes M. Rastel ? que lui a dit Ramadier. Eh ben ! maintenant, « Rastez » là !

Il était très content de son jeu de mots, le président du Conseil. Tout le monde l'a trouvé marrant… pour lui faire plaisir. Y a que le haut commissaire qu'a pas rigolé !…

De désespoir, y s'est mis au travail, le menton posé sur la main droite et le coude sur le genou du même côté : ça fait penseur !… Il a établi un plan, comme ses collègues. Le plan, cette année, c'est très à la mode. Le gars Rastel, ça doit être un mathématicien pasqu'il a découvert une nouvelle équation :

Vin = Bière + Café

Quand j'étais à l'école, moi, si j'avais additionné de la bière avec du café, qu'est-ce que le maître m'aurait fichu comme coups de règle sur les doigts !… Enfin, faut croire que, déjà, j'avais rien pour faire un haut commissaire !

Je suis allé interviewer M. Rastel. Je lui ai demandé : « Quels sont vos projets ? Les plus secrets, s'il vous plaît, pasque les lecteurs de *L'Os* sont très exigeants !… »

Alors, il m'a répondu : « Mes ou plutôt « mon » projet ?… Foutre le camp le plus vite possible ! »

par Pierre Cour

L'OS DE CŒUR

et Francis Blanche

Nous sommes très mécontents du geste inamical de ce correspondant qui signait l'autre jour AMI DES BÊTES et qui, malgré notre refus, a quand même pris la liberté de nous envoyer ce kangourou qu'il avait lui-même reçu de son cousin d'Australie pour le 1er janvier.

Cette rubrique est un courrier du cœur et non un jardin d'acclimatation… Qu'on se le dise !

Ce kangourou a fait des dégâts considérables dans nos bureaux, et notre directeur se fait remarquer quand il descend lui faire faire ses petits besoins sur le boulevard Haussmann…

AMI DES BÊTES est donc prié de venir reprendre au plus vite son damné kangourou, faute de quoi…

L'épée de Damoclès est près du Capitole, et la Roche Tarpéienne est un plat qui se mange froid… Nous n'en disons pas plus.

A bon entendeur, salut…

M. Philibert W…, de L'Isle-Adam, nous écrit :

Ma montre retarde de douze heures exactement… Je l'ai portée à plusieurs horlogers qui m'ont pris très cher pour ne rien réparer… Je ne sais même plus si elle retarde de 12 ou 24 heures… Que vais-je devenir ?…

– Vous allez devenir très bientôt, si vous suivez nos conseils, cher monsieur Philibert, le pensionnaire d'une maison de repos où l'on sera très doux avec vous et où les montres qui retardent de 12, 24 ou 36 heures sont toujours exactes…

Croyez-nous…, et sans rancune !

***

Mlle Esther MANCEAU, de Boulogne-Billancourt, nous écrit :

Mon fiancé est scaphandrier, et plusieurs fois il m'a demandé de descendre avec lui le soir au fond du lac Daumesnil. Croyez-vous que je puisse accepter ? J'ai peur de faire jaser. Déjà, ma mère me demande souvent d'où vient ce parfum de vase qui flotte sur moi quand je rentre… Dites-moi si je dois suivre mon fiancé sous les flots ou renoncer à un amour qui est tout pour moi.

– Que vous conseiller, mademoiselle ? Nous sentons bien que votre décision est prise et que l'affaire est dans le lac. Suivez votre fiancé au fond, mais sachez garder vos distances et l'obliger à rester convenable, sinon vos projets tomberaient à l'eau…

Quant aux soupçons de votre mère, dissipez-les par la franchise, et le parfum de votre futur ne vous obligera plus à des explications… vaseuses.

Seulement, croyez-nous : la prochaine fois, choisissez un parachutiste… Ça ne sent rien !…

***

– Non, JEUNE MÉLOMANE, on ne trouve pas en ce moment dans le commerce des disques enregistrés par Mozart enfant…

***

Un lecteur qui signe BELOTEUR ENRAGÉ nous écrit :

J'y ai été à carreau avec le valet et la tierce majeure… Mon partenaire vient de jouer l'as de cœur et mon adversaire s'est défaussé d'un roi… Dois-je couper ? Répondez-moi vite, car mon autre adversaire commence à s'impatienter.

– Si votre adversaire s'impatiente, c'est qu'il veut couper avec le neuf d'atout qu'il a sec… Coupez donc avec le valet sans hésiter.

***

– Non, PÉGASE CARBONIQUE, votre idée n'est pas bonne… Le gouvernement n'est pas assez riche pour subventionner des jeunes poètes chargés de composer de nouveaux proverbes français…

Par contre, rien ne vous empêche d'en confectionner vous-même un neuf avec deux vieux…

Par exemple : « Ne faites pas à autrui ce que vous pouvez faire le jour même… », ou bien « La prudence est mère de tous les vices… », ou encore « Une hirondelle ne fait pas le moine… », et tant d'autres…

Nous demanderons d'ailleurs à nos correspondants d'en chercher aussi et nous publierons les meilleurs de ceux que nous aurons reçus.

C'était il y a…

12 février 1347

Mort accidentelle à l'âge de 96 ans, du célèbre inventeur Casimir Patemouille, au cours d'une partie de chausse-trapes dans le château grand-ducal de la marquise Isabeau d'Anthracite, à Houilles.

Si on ne trouve aucune trace des découvertes de Casimir Patemouille, il laissa toutefois l'impression d'un homme de grande valeur. Les historiens qui le côtoyèrent s'accordent pour dire de lui « qu'il donnoit une grande et puissante impression de recherches intérieures ».

Après la carte d'option
Aurons-nous la carte de rien ?

M. Rastel, notre nouveau Haut Commissaire à la distribution, prend sa tâche au sérieux. Rompant avec les errements passés, il entend, dès son entrée en fonctions, modifier totalement un système de ravitaillement dont l'incohérence n'est plus à démontrer.

La carte d'option qu'il préconise aujourd'hui n'est qu'un premier pas dans la voie qu'il s'est tracée. On sait, en effet, que cette carte rendra un peu de liberté au consommateur, tenu depuis sept ans en tutelle, en lui permettant de choisir entre du vin qui n'existe pas et du café qui reste à trouver.

Quelle que soit la décision prise par l'intéressé, le résultat restera d'ailleurs le même, puisque de toute façon son fournisseur n'aura rien à lui vendre, mais c'est là une considération bassement matérialiste qui ne saurait influencer un homme aux larges vues tel que M. Rastel.

Nous croyons savoir que le principe de cette carte d'option vient d'être adopté en conseil des ministres, lequel aurait même décidé d'en élargir l'application en ordonnant de choisir non seulement entre du vin et du café, mais encore entre de la viande et des harengs salés, du beurre ou un discours radiophonique de M. Ramadier, du sucre ou des impôts nouveaux, etc.

Précisons toutefois qu'en l'occurrence, ce ne seront plus les consommateurs qui auront licence de choisir mais le gouvernement.

La carte de rien

Bien entendu, M. Rastel n'entend pas en rester là. S'adaptant aux circonstances, il aurait l'intention de doter sans attendre chaque Française d'une nouvelle carte dont on ne saurait méconnaître l'opportunité : la carte de rien.

Il estime très justement que les autres cartes en service : carte de viande, carte de sucre, carte de matières grasses, carte de denrées diverses, etc., sont devenues superflues depuis qu'elles ne permettent plus à leurs détenteurs d'acquérir les produits dont elles portent le nom.

Si l'on n'y prend pas garde, les consommateurs risquent de perdre peu à peu l'habitude de faire usage de ces paperasses compliquées.

La carte de rien viendrait donc à point pour combler une lacune. Etablie sur le modèle des autres cartes, elle comprendrait comme elles des tickets détachables marqués de lettres et de chiffres qu'il suffirait de déposer au moment indiqué chez le fournisseur de son choix, lequel ne remettrait rien en échange.

Les meilleures intentions n'échappant jamais aux critiques, d'aucuns laissent entendre que ce ne serait pas là tout à fait une innovation.

Les cartes de distribution

Mais la grande idée de M. Rastel est le remplacement des cartes de ravitaillement par des cartes de distribution.

Toute autre considération mise à part, il était en somme naturel que le Haut Commissaire à la distribution cherchât à mettre en harmonie avec son titre officiel celui des cartes dont nous sommes pourvus et dont le nom évoque fâcheusement le titre de ministres disparus.

M. Rastel estime, en outre, que ces cartes de distribution seront seules de nature à lui permettre de lutter efficacement contre les conséquences que ne peut manquer d'avoir bientôt la politique de baisse des prix poursuivie par les pouvoirs publics.

Il est à prévoir, en effet, que les détenteurs de stocks, dans leur hâte de se débarrasser de marchandises dont la valeur se déprécie de jour en jour, n'offrent bientôt aux consommateurs devenus difficiles, exigeants, des primes, des dessus-de-table, et ne faussent les cours si difficilement établis par les économistes distingués qui nous dirigent.

Les cartes de distribution empêcheront que s'établisse ainsi un nouveau marché parallèle.

Précisons qu'elles seront utilisées non plus par les acheteurs mais par les vendeurs, qui, fabricants ou commerçants, devront s'inscrire chez les clients de leur choix, et que ce seront eux qui remettront aux consommateurs une quantité de tickets correspondant à la quantité de marchandises qu'ils leur auront cédées après avoir fait queue à leur porte comme il se doit.

Alors, alors seulement, M. Rastel croit qu'il y aura quelque chose de changé en France.

LES JEUX ET LES RIS

PAR ICI, LA BONNE SOUPE

Ce jeu est essentiellement un jeu de société et il a sa place toute trouvée au cours des noces, banquets, premières communions, baptêmes, prises de voile et prises de contact. L'habit, le smoking, la jaquette ou, à défaut, le veston bordé avec pantalon rayé sont de rigueur. Au préalable, on fait mettre de côté par le maître d'hôtel ou un chef de rang tous les restants de soupe, panade, potage, consommé, potée, petite marmite, bouillons et sauces diverses. Les joueurs se mettent en rond en tenant d'une main une soupière contenant un liquide différent et de l'autre une louche. Le joueur désigné se met au milieu du cercle, il ferme les yeux et ouvre la bouche bien grande après avoir crié : « Par ici la bonne soupe ! » Un des joueurs doit alors lancer avec adresse une louche de liquide contenu dans sa soupière en visant la bouche du joueur. Celui-ci doit deviner alors ce qu'il a reçu et annonce par exemple : « Soupe aux pois ! » S'il a deviné, il quitte le milieu et c'est le joueur lanceur qui le remplace. S'il s'est trompé, il a un gage et continue. Quand au joueur qui lance, il a également un gage s'il a envoyé la soupe ailleurs que dans la bouche.

On peut varier à l'infini les ingrédients et remplacer les soupes par des bouts de gras, des os de gigot, de côtelette, de la triperie, etc., etc.

Informations régionales

DE LYON (de notre correspondant M. Hervé). – Le docteur Achille Billenpointe, chirurgien des hôpitaux, informe son aimable clientèle que, jusqu'à nouvel avis, il ne pourra effectuer d'opérations nécessitant une anesthésie générale, le pied de table en macassar du Groenland ayant été égaré par Mégarde, l'infirmier de service. Toutefois, le gourdin en palissandre de la Terre de Feu, réservé aux gens de la haute société, étant encore disponible, le docteur A. Billenpointe opérera comme auparavant les millionnaires et assimilés, le jeudi en matinée et le dimanche après les vêpres.

DE BEAUNE (de notre corresp. particulier A. Fringuet). – Afin de donner un faste inoubliable aux fêtes du vin, qui doivent se dérouler les 6, 7 et 8 juin, dans la ville de Beaune, le ministère de l'Intérieur recommande aux consommateurs urbains de toutes les grandes villes, de bien vouloir stocker leurs 6 litres mensuels pour la célébration desdites festivités.

Les gloutons anormaux, ayant par avance leurs 6 litres en travers du ventre, peuvent se faire inscrire au centre de radiographie le plus proche de leur domicile.

DE GRENOBLE. – Cinq individus masqués ont attaqué hier matin M. Camille Depin, encaisseur à la Trésorerie Générale, qui portait plus de 18 millions dans sa sacoche.

Avant que le malheureux ait pu faire un geste, les malfaiteurs l'entourèrent et, menaçants, lui arrachèrent le casse-croûte qui dépassait de sa poche.

L'infortuné payeur tenta de fléchir les monstrueuses fripouilles en leur faisant miroiter le contenu de son sac, mais les gros bandits, quoique les yeux tout larmoyants, furent inflexibles et disparurent emportant leur butin.

Les températures minima à Evreux. – Le service météorologique des Ponts et Chaussées a enregistré les températures suivantes à Evreux :

8 h du matin
27 février........................ 10°
28 février........................ 11°
29 février........................ 16°
30 février........................ 8°

Faits divers

DE PARIS. – M. Vincent Auriol, excédé de s'entendre appeler Vincent Tauriol par les uns et par les speakers de la radio, a décidé en accord avec le président de la République, de s'appeler désormais Vingt-mille Auriol. (Agence G. M., Boucher).

DE CHALON-SUR-SAÔNE. – Depuis quelque temps, la jument « Baronne » appartenant au service de la voirie s'endormait au cours de son travail.

Outre le retard que provoquait cet état, la somnolence rédhibitoire dont souffrait l'animal s'étant révélée extrêmement contagieuse la ville a dû s'en séparer.

Déjà, dans Chalon-sur-Saône libérée de cette influence pernicieuse, la vie reprend lentement son cours normal.

DE TOULOUSE (de notre corresp. particulier J. Thibaut). – **Jaloux de son maître.** – Dimanche dernier, alors qu'il lui portait son café au lit, le garde-chasse de la marquise de S... subtilisait sur la table de nuit, le faux râtelier de sa maîtresse et le remplaçait par un piège à loups.

Une heure plus tard, dans le grand hall aux armures, recevant de son épouse le traditionnel baiser matinal, le marquis eut la moitié de la figure emportée.

L'infâme garde-chasse a été mis à pied pour huit jours et ses biens placés sous séquestre.

Petites Annonces

OFFRES D'EMPLOI

Fabrique nationalisée de véhicules à moteur demande emballeurs spécialisés dans emballage chevaux-vapeur.

Pêcheries d'éponges de Touamotou cherchent contremaître plongeur, ayant bateau pour représentation locale entre-temps.

Recherchons pour peigner les girafes, messieurs sans connaissances spéciales. Trav. facile. Très bonne cantine, 4 services, bons appointements.

ARTICLES POUR IVROGNES

Entrée de serrure à rails, assurant le guidage de la clé sur l'entrée de serrure. Les deux rails, long. 1 m 20 : 47 fr. 55.

Mitraillette à clés, remplaçant le dispositif précédent, avec 4 chargeurs de clés : 3 995 fr.

ARTICLES POUR BELLÂTRES

Moules à moustaches toutes formes, cintrées simples, cintrées à double et triple révolution, volutes paraboliques, Romaines droites, Assyriennes ogivales, style Louis XV, etc.

DEMANDES SPÉCIALES

Empire barbiturique cherche pour constituer armement pte armée : 1° femme-canon ; 2° poisson-torpille ; 3° avaleur de sabres pour magasin d'armes blanches, etc. Faire offres à ambassade Empire barbiturique.

Herbager possédant quelques têtes de bétail et n'aimant pas les histoires serait acquéreur 1 550 pardessus de vache pour camouflage. 250 costumes de porc et tous vêtements assortis pour animaux. Grosse discrétion dem.

ARTICLES SPÉCIAUX

Impondérables de prem. qualité : 39 fr. 90 les trois. Le même, mais de lapin, la pièce : 14 fr. 50.

FARCES ET ATTRAPES

Table de salle à manger à dessous de table perfectionné, comprenant mains-surprise, pinçantes et farfouillantes. Effet très surprenant. Egaie les soirées monotones : 9 999 fr. Avec 6 chaises grattouillantes. Prix : 5 102 fr. 15.

DIVERS

Panoplie de gardien de la paix, comprenant uniforme, cage à paix, petit revolver et accessoires divers : 1 010 fr. 15.

Même genre, mais pour gardien de phare : 730 fr.

Etiquettes côté gauche et côté droit, à coller sur les chapeaux pour éviter toutes erreurs. Les 6 de chaque : 11 fr. 20.

PENSIONS, VILLÉGIATURES

Clocher petit pays minier ayant bourdon effectuerait petit séjour littoral méditerranéen.

Machine à faire peur pour personne ayant le hoquet : 309 fr. 35. Cordial spécial, pour faire passer la peur. Le litre d'eau-de-vie à 65° : 861 fr. 45.

Chapitre VIII (suite)

Après un court instant, pendant lequel chacun se demanda ce qui avait bien pu arriver, le malheureux comte, cause de tout cet aria, s'apercevant qu'au lieu d'avoir atteint la sortie comme il le pensait, il était revenu stupidement à son point de départ, rougit jusqu'au nombril, mit sur son crâne le soulier de l'Eminence qu'il avait ôté avec son nez en se relevant, tendit son chapeau à la place, se rendit compte de sa méprise, s'excusa en bafouillant lamentablement, prit congé en écossais tant son trouble était immense, salua en se cognant violemment le front contre un coin de console et redisparut, par où il était sorti quelques instants auparavant, encore plus vite que la première fois !

Louis XIII, ahuri, ne put que répéter cinq ou six fois de suite, mais sur des tons différents :

– Eh bien !

– En effet, approuva l'Eminence en remettant sa chaussure.

– C'est bien évident ! conclut le roi en s'asseyant. Voyons, mon cher chapelain, à quel bon vent dois-je l'honneur de votre visite ?

– Ce n'est point à un vent, Sire, c'est à une bise.

– Une bise ? Quelle bise ?

– La bise que je voudrais bien déposer sur les lèvres purpurines d'une aimable fillette que je désire.

– Ce n'est que cela ? Et qu'ai-je à voir en cette affaire qui me paraît singulièrement privée ?

– Oh ! Sire, vous pouvez me l'offrir, cette fillette dont j'ai envie. Vous pouvez tout, n'est-ce pas ?

– Ma chère Eminence, voudriez-vous me faire croire, à moi, que vous avez besoin de mon consentement pour cela ? Comme si tout un chacun, dans mon royaume, ignorait que le pauvre Louis XIII est mené par le cardinal de Richelieu, lequel subit la loi du Père Joseph, qui est, lui-même, dirigé secrètement par l'Eminence verte ! D'où il appert que vous êtes, mon cher ami, trois fois plus puissant que moi !

– Nous sommes d'accord, Sire, reconnut l'homme au costume couleur de cornichon. Mais comme la donzelle en question est la fille du Grand Prévôt et votre propre filleule, il m'a paru plus courtois et plus correct de vous aviser de mes intentions avant d'agir.

– Diable ! fit le roi. La petite Adélaïde ? Mais vous savez bien, voyons, que cette enfant est destinée à devenir ma favorite incessamment sous peu ?

– C'est précisément pour cette raison que j'ai tenu à éviter à Votre Majesté une surprise désagréable.

– Oh ! désagréable, murmura le roi. N'exagérons rien. Il me serait, au contraire, plutôt agréable de trouver la porte de la citadelle déjà forcée. Mais ma dignité royale…

– Oh ! Sire, entre nous, la dignité royale… Hein ?

– Oui, bien sûr… bien sûr… Ecoutez ! nous allons conclure un arrangement. J'espère que vous avez, ce mois-ci, vendu beaucoup de cuscutinette ?

Cette cuscutinette, on se le rappelle, était une liqueur fabriquée par l'Eminence grise, mais dont la vente, en vertu d'un accord secret et assez louche, était l'apanage exclusif de l'Eminence verte (peut-être à cause de la couleur, car cette liqueur ressemblait beaucoup à la chartreuse, verte, naturellement). Toutefois, un second accord, non moins secret, et peut-être encore plus louche que le premier, assurait, sur cette vente, au trésor royal, un revenu dont l'importance était infiniment plus considérable qu'on serait en droit de le supposer.

– Euh !… répondit l'Eminence verte, circonspecte.

– Parfait ! dit le roi. Vous ferez donc en sorte que je touche, cette fois-ci, un pourcentage supérieur du double à celui dont nous sommes convenus… Et je fermerai les yeux.

– Il faudra aussi fermer les oreilles, Sire !

– Est-ce tout ce que vous désirez me voir fermer ? Pendant que vous y êtes !

– Non, Sire. Il faudra également fermer la bouche…

– Pourquoi fermerais-je la bouche ?

– Pas la vôtre, Sire. Ma phrase n'était pas terminée : fermer la bouche des curieux trop bavards.

– Compris. C'est tout ? Vous ne voyez plus rien à clore ?

– Plus rien, Sire, si ce n'est cette conversation.

– Entendu. Donc, 80 % pour moi sur la vente de la cuscutinette, et pour vous, la liberté d'agir. Allez ! ma chère Eminence, vous pouvez disposer.

Le chapelain smaragdin salua le monarque en jetant un regard furtif derrière lui dans la crainte d'un retour inopiné du comte de Védeux et sortit en se frottant cauteleusement les mains.

Louis XIII le regarda partir en hochant la tête à la manière de certains mandarins de porcelaine, et lorsque la porte se fut refermée sur le visiteur, il saisit dans sa tabatière en peau de zébu une grosse bûche qu'il se mit à chiquer distraitement et ne dit qu'un mot.

Chapitre II

(Qui ne se compose en tout et pour tout que de ce mot prononcé par le roi, lequel mot ne se compose lui-même que d'une seule et unique syllabe, ce qui semble un peu court pour constituer un chapitre ; mais cette syllabe, nonobstant sa brièveté, contient tout un monde de pensées diverses et multiformes que le lecteur, avec cette étonnante perspicacité que nous nous plaisons à lui reconnaître, saura dégager des brumes de l'esprit royal, en moins de temps qu'il n'en faut pour dégager un vélocipède ou un oignon suisse du Mont-de-Piété.)

– Oh !

(*A suivre.*)

L'OS LIBRE

« Contre tout ce qui est pour – Pour tout ce qui est contre. »

NUMÉRO 72 – MERCREDI 19 MARS 1947

Les Messageries françaises de presse, créées au lendemain de la Libération de Paris, ont connu toutes sortes de problèmes, parmi lesquels le manque de papier. La grève des rotativistes de janvier, suivie le mois suivant d'un nouvel arrêt de travail de trente et un jours, a provoqué un séisme financier dans le monde de la distribution des quotidiens. L'entreprise est au bord de la faillite. Les syndicats ont accepté de mettre un terme au conflit, à condition qu'une nouvelle organisation, plus rationnelle et moins fragile, soit mise en place.

Edito — Pierre sur Pierre

par René Lefèvre

Emporté par sa robuste foi khroumire et un enthousiasme légèrement survolté par des spiritueux sournois, Pierre Dac vous a fait, ici même, des promesses assez résolument précises. Je sais bien qu'il m'est impossible, sans vous décevoir grandement, de revenir aujourd'hui sur ce qui fut dit naguère. Mais je ne puis oublier néanmoins la mission qui m'a été confiée, lors de mon entrée à *L'Os,* par un conseil d'administration comportant encore trois personnes valides sur cinquante-deux partants. Mon contrat est net. Je fus admis ici en qualité de régulateur tempestif et de cerveau-frein. Cette situation implique des devoirs et, ces devoirs, je les remplirai, si pénibles soient-ils, jusqu'au bout de l'espace restreint qui m'est chichement imparti.

Aussi bien, l'optimisme délirant et prématuré de notre cher Khan demande quelques explications. Les voici. Peut-être avez-vous appris, entre deux grèves, que notre ami Pierre Bourdan venait d'être appelé aux hautes fonctions de ministre de la Petite Enfance Artistique et des Sports d'un Certain Age, Pierre Dac, lui, en fut informé très rapidement, à la suite de je ne sais quelle indiscrétion. A l'annonce de cette nouvelle, il dit simplement : « J'y vais ! » Et il y fut.

Naturellement, il y avait du monde et l'huissier voulut s'interposer.
– Restez assis, lui dit Pierre en lui montrant son passe-debout.

Et il entra tout de go. Le cabinet était terriblement encombré. Les deux Schuman(n) et les dix-huit Teitgen, en survêtements bleu ciel, faisaient de la circumduction du tronc sous le commandement du nouveau promu. « Un, deux, trois… quatre ! Un, deux, trois… quatre ! » Ravissant spectacle, en vérité, et susceptible d'attendrir tout autre cœur que celui de Pierre. La lutte s'engagea, sans plus tarder.
– C'est de la part de qui ? demanda le ministre.
– Vas-y mou ! répondit Pierre, sans se départir de son calme.
– Je ne peux pas te donner la Comédie-Française, reprit Bourdan.
– Je n'en veux pas ! fit l'autre, du tac au tac.
En somme, la discussion était mal emmanchée et les pourparlers menaçaient de s'éterniser. Finalement, et après des palabres où la plus aimable courtoisie ne cessa de régner, Pierre repartit emportant dans sa poche le décret qui le fait directeur provisoire du Grand-Guignol du square Saint-Pierre.

Evidemment, c'est un résultat. Vous n'ignorez pas que, dans l'application pratique d'un système philosophique dont vous fûtes instruits, le relèvement du théâtre occupe une place prépondérante. L'attribution d'une salle admirablement située et desservie par le funiculaire constitue, sans aucun doute, un appoint considérable. Mais il ne faut point se leurrer. Cet établissement, naguère magnifique, n'est pas en mesure de fonctionner immédiatement. Les occupants ont emporté une grande partie du matériel de scène, y compris le trou du souffleur ; et la rampe, qu'ils ne lâchèrent qu'aux environs de Strasbourg, a été réquisitionnée par un général américain qui s'en sert comme lampe de chevet. Et c'est pourquoi je me vois dans la stricte obligation de refréner l'euphorie tonitruante de notre directeur, à seule fin d'éviter une de ces désillusions qui vous patafiolent le bédouin jusqu'au frougnousse, inclusivement.

L'artisanat vaincra

Le sous-préfet amovible

C'est du délire ! Le choc psychologique causé par nos articles a été tel que tous nos espoirs sont d'ores et déjà dépassés et que notre campagne (grandement favorisée par les circonstances atmosphériques, reconnaissons-le) fait boule de neige.

Face à un appareil administratif poussiéreux ou défaillant, l'initiative privée réalise des prodiges et étend chaque jour ses conquêtes. Après le « passage clouté privé » et « le bon percepteur pour tous », nous sommes heureux d'inscrire au tableau d'honneur des belles réussites un splendide essai de décentralisation : le sous-préfet amovible.

Cette création, qui tend à répandre sur les plus humbles bourgades un peu de ce lustre consulaire et républicain qui était, jusqu'ici, l'apanage des seuls sous-préfectures officiellement reconnues, suscite déjà les commentaires les plus passionnés.

En ouvrant toutes grandes nos colonnes à cette manifestation du génie français, nous ne pouvons songer sans émotion aux vocations qu'une telle révélation fera naître.

L'OS ARTISANAL

Ce que vient d'accomplir M. Chilpéric Deux est tout simplement génial… Mais, procédons avec méthode, et laissez-moi tout d'abord vous présenter le héros de cette réconfortante histoire.

M. Chilpéric Deux, comme son nom d'indique, est un Franc de vieille souche. Franc, il l'est, du gros orteil au collier. Et sa prestance naturelle, qui lui permet de porter avec une souveraine aisance les uniformes les plus somptueux, devait fatalement le conduire au faîte des honneurs.

C'est aujourd'hui chose faite, et M. Chilpéric Deux est devenu, de son propre aveu et par sa seule volonté, sous-préfet amovible.

Avec cette affabilité souriante bien dans les traditions du corps d'élite qu'il entend vulgariser, M. Deux se prête aux nécessités de l'interview :

– Etes-vous content de votre nouvel état ?

– Enchanté !

– Sans être indiscret, puis-je vous demander ce qui vous a poussé à embrasser cette noble carrière ?

– Mais tout simplement le fait que nombre de communes jalousaient le sort de la sous-préfecture la plus proche. Cet état d'esprit provoquait des frictions entre naturels d'une même contrée. J'ai donc voulu mettre à la portée de tous une espèce de sous-préfecture de louage…

– Ambulatoire en quelque sorte ?

– Exactement.

– Et vous êtes satisfait des résultats ?

– C'est bien simple, on se m'arrache !

***

Et il faut bien constater que le sous-préfet amovible fait merveille. Suivant un tarif parfaitement étudié, la plus petite bourgade peut maintenant s'offrir un sous-préfet temporaire du plus bel effet décoratif.

Aussi vrai que les plus vrais, et en une heure de temps, il embrasse la jeune fille, fait disparaître le bouquet, salue le maire, reçoit les pétitions, les étouffe, et procède à la pose de la première pierre.

Pris à la semaine, il donne un bal, suivi de distribution de bureaux de tabac, et inaugure solennellement l'hospice ou la vespasienne du cru.

Heureuse innovation, ses discours, bien que du cru réglementaire, n'hésitent pas à faire bonne part aux gloires locales avec un égal bonheur et, pour un prix qui varie suivant le nombre de lessiveuses en service dans la commune, il célèbre la centenaire, la jeune femme aux triplés ou le parricide…

Et toujours avec un manque de conviction qui l'apparente aux dirigeants de grande classe.

***

Une dernière question nous brûlait les lèvres. Nous la risquâmes :

– Pourquoi sous-préfet ? Sans vouloir vous flatter il y a en vous l'étoffe d'un grand, d'un très grand préfet.

– On me l'a déjà dit. Mais, voyez-vous, je préfère procéder par étapes. Je sais que ce que je fais n'est pas mal, mais je crois pouvoir, par un entraînement progressif et raisonné, faire encore plus mal. Alors…

– Alors ?

– Alors…, mais alors seulement, je me nommerai préfet !

À bâtons rompus

Pas de nouvelles…

Pour des raisons inconnues, mais sans doute en étroite corrélation avec d'autres raisons, sur la nature intime desquelles nous préférons ne pas insister, les journaux se sont abstenus de paraître pendant trente et une longues journées.

Comme il était à prévoir, cette absence totale de papier imprimé a plongé le pays tout entier dans le malaise et l'affliction. Subitement privé des mauvaises nouvelles de source sûre, sinon aigre, auxquelles il était habitué, le Français moyen s'est vu dans l'obligation de fabriquer lui-même de fausses mauvaises nouvelles de qualité inférieure. C'est ainsi que se sont mis à courir maints bruits aussi pessimistes qu'invraisemblables.

Ne disait-on pas par exemple que, frappés de folle collective, nos députés renonçaient à majorer de cent pauvres billets leur minimum vital parlementaire !… Que le paquet de tabac gris, devenu noir, se vendrait 65 francs à partir du 1er avril !… Qu'une troisième vague de baisse allait de nouveau affecter la température !… Que l'envoi prochain de deux cent mille tonnes de sucre à la France par l'Amérique permettrait de ramener de 500 grammes à trois morceaux et demi notre ration mensuelle, etc., etc.

Au ministère de l'Information

Pendant tout le temps de la grève, de nombreux citoyens, pressés par le besoin de savoir, téléphonèrent toutes les cinq minutes au ministère de l'Information pour demander ce qui se passait dans le monde et ailleurs, ou encore pour obtenir la suite de leur feuilleton.

Victime de ces inqualifiables procédés, le ministre souffre aujourd'hui de graves bourdonnements d'oreilles.

Le feu

Autre conséquence de la grève. Ne pouvant compter sur le quotidien ordinairement utilisé à cet effet, certaines personnes ont eu la folle imprudence d'allumer le fourneau de la cuisine ou le poêle de la salle à manger avec de vieilles lettres d'amour, substance dangereusement incendiaire comme l'on sait. Il en est résulté d'innombrables feux de cheminées et autres que nos vaillants pompiers ont eu beaucoup de mal à éteindre.

Bien que purement matériels, les dégâts n'en sont pas moins graves, le matériel étant hors de prix cette année !

Chez les journalistes

Les plus à plaindre, durant ces tristes jours, ont été les journalistes.

Condamnés à une douloureuse oisiveté, incommodés par une irrésistible montée d'encre à stylo qui leur sortait de partout, ces malheureux ont fait de leur activité inemployée des usages divers, mais hélas ! souvent regrettables. M. François Mauriac n'aurait-il pas profité de ses loisirs forcés pour écrire un roman !

Chose triste à dire, la rédaction de *L'Os libre* n'est pas, sous ce rapport, à l'abri de tout reproche. La plupart de nos collaborateurs ont, en effet, cherché hors de leur profession habituelle, de répréhensibles dérivatifs. René Paul, le Dr Roméo Carlès, Edmond Meunier et notre directeur, Pierre Dac lui-même, ont passé toutes leurs soirées au cabaret ! Quant à Michel Herbert, plus coupable encore. Il n'a pas craint de se faire historiographe pour guides radiophoniques !

Enfin, notre dactylo a été surpris en essayant de tricoter un pull-over à la machine à écrire !

La couleur des autobus

Dans un dessein philanthropique et pour égayer le paysage, la S.T.C.R.P. avait envisagé la possibilité d'apporter quelque variété dans la coloration des voitures défilant sous les yeux de l'usager en attente aux points d'arrêt.

Pour des raisons diverses et qui, au surplus, ne regardent personne, on a dû renoncer à cette innovation.

Donc, comme par le passé, les autobus resteront verts.

Les voyageurs aussi !

Horrible conséquence du black-out anglais

Mécontent des restrictions d'éclairage qui désolent actuellement la Grande-Bretagne, un sujet britannique, sir John Citron, quittait avant-hier son pays natal pour se rendre en France avec l'espoir insensé d'y voir clair dans la situation.

L'infortuné a été aussitôt conduit à l'infirmerie spéciale du Dépôt.

La saison des chasses

Encouragé par l'éclatant succès remporté auprès de la population riveraine lors de la récente chasse à l'homme de la rue Saint-Martin, le préfet de police a décidé de donner dans différents quartiers de la capitale de nouvelles représentations de ce joyeux spectacle, avec le concours effectif de la brigade des gaz, de la brigade volante, de la brigade roulante, etc.

MM. les malfaiteurs qui désireraient participer à cette brillante manifestation sportive sont priés de se faire inscrire à la P. P., brigade des recherches.

Riposte

L'Amicale des trafiquants moqueurs rappelle aux bons consommateurs que, si le gouvernement a cru bon d'ouvrir des boutiques-vides-témoins, l'Amicale des trafiquants moqueurs dispose toujours de son circuit de boutiques-faux-témoins dans lesquelles le public trouvera toujours bon prix, bon accueil et marchandises introuvables ailleurs que là où y en a.

Boycottez les boutiques-témoins et n'oubliez pas que : Trouvaille, Famille, Moquerie sont les mamelles du ravitaillement.

Pas de maïs dans le pain !

Un bruit ayant couru selon lequel une certaine proportion de maïs serait prochainement introduite dans la composition du pain, le haut commissaire à la distribe vient d'opposer le plus formel démenti à cette information aussi tendancieuse que malveillante.

On fait d'ailleurs observer que le maïs n'est pas plus malsain que la poudre de talc et la sciure de bois. D'abord on s'en sert pour engraisser les chapons. Sans doute ceux-ci ont-ils une existence assez brève, mais ça ne prouve rien.

Cela dit, M. Rastel nous prie d'ajouter que le pain au maïs sera vendu sans aucune augmentation de prix.

Au ring Bourbon

On n'aurait jamais cru aux dernières élections que tous les messieurs si corrects qui venaient nous susurrer de jolies choses la main sur le cœur, se conduiraient aussi mal après leur accession au pouvoir.

Les mains de nos députés ont quitté leur cœur pour se porter avec violence sur la figure de leurs collègues.

Les basses injures ont remplacé les beaux discours.

Ces messieurs pourraient prendre quelques leçons de correction (sans jeu de mots) auprès des Parlements suisse ou britannique, dont la tenue pleine de dignité vous a tout de même une autre allure.

Ce qui nous manque, ce sont des gentlemen. Malheureusement, cette denrée n'est pas prévue dans notre programme d'importation.

Lettres persanes

J'éprouvai ce tantôt certain dépit à me laisser conter les mille et une remarques d'un économiste entre tous distingué, retour d'un pays lointain offrant le lamentable spectacle d'une gabegie sans précédent.

A ce qu'il prétend, on s'y peut pourvoir en grande abondance de toutes les denrées les plus rares, à la condition de les rechercher dans des lieux où on ne les aurait pas attendues. Le coiffeur vend des fromages, le teinturier du charbon, et l'accoutumance se fait vite à ce que disent les naturels. Les automobiles s'abreuvent d'un liquide nauséabond qu'un certain marché que l'on appelle noir alors qu'il n'est entouré d'aucun mystère, procure à 50 francs la mesure. L'Etat (puisqu'il faut l'appeler par son nom) reçoit ledit carburant à 4 francs et se propose de le vendre 49 francs. Les trafiquants rentreront d'eux-mêmes dans la légalité.

La viande coûte, sous le manteau, 300 francs. L'Assemblée des notables dite reconstituante va en fournir au même prix. Trois ans après la libération, les sujets ont perçu cette semaine 40 grammes de fromage. On signale de nombreux troubles visuels chez les épiciers qui travaillent en s'aidant de la loupe et de la pince de philatéliste.

On ne saurait recommander à un sage de pénétrer au sein des Assemblées. On y risque de recevoir quelque mauvais coup. Il y règne un grand tumulte et une grande confusion. Il est des lieux que l'honnête homme ne fréquente pas.

Ouvrez un journal de bourse, les ravageurs du bien public y étalent leurs proses fétides. Dans ces gazettes figurent en bonne place les cours autrefois chuchotés des monnaies étrangères jouissant d'un restant de créance. Vous y apprendrez le prix de la livre ou du dollar-or et mille choses instructives et édifiantes sur le charbon, les textiles, l'industrie.

Par un curieux non-sens qui étonne le voyageur, ce pays vend à l'extérieur tout ce dont ses habitants ont besoin ! Il reçoit en échange des devises, des maximes et des proverbes prônant les vertus salvatrices du travail, qui enrichissent son patrimoine intellectuel. On y vit de chansons et d'eau javellisée, ce qui est peu raisonnable en vérité !

Après sept ans de luttes, d'efforts, les bandits, gens de corde et gibets de potence voient leurs travaux couronnés de succès puisque leurs collègues, issus du peuple et élus par lui, se lancent sans hésiter dans leur sillage fécond !

Après son voyage à Toulouse
M. Vincent Auriol va défiler de la Bastille à la Nation

Les décisions gouvernementales n'ont pas, quoi qu'on en ait dit, donné satisfaction aux fonctionnaires qui semblent résolus à tout braver pour obtenir la juste rétribution de leurs loisirs.

L'effervescence est particulièrement vive dans certaines organisations professionnelles réputées pour leur intransigeance.

C'est ainsi que l'on compte au premier rang des mécontents le Syndicat des sous-préfets honoraires (S.S.P.H.), le Syndicat des ambassadeurs en disponibilité (S.A.D.), le Syndicat des gardes-champêtres suburbains (S.G.C.S.), le Syndicat des exécuteurs des hautes-œuvres et assimilés (S.E.H.O.A.) et le Syndicat des sociétaires à part entière de la salle du Luxembourg (S.S.P.E.S.L.).

En raison de l'ampleur du mouvement qui se prépare, il est permis de se demander si M. Ramadier demeurera aussi ferme qu'il le déclare ou s'il cédera finalement à l'intimidation.

Le président à l'action

En dernière heure, on nous mande de l'Elysée que le premier des fonctionnaires, M. Vincent Auriol lui-même, à peine revenu de son voyage à Toulouse, entre en lice.

La chose s'est perpétrée dans un mystère qui n'est pas sans inquiéter quelque peu les pouvoirs publics.

Hier encore, le chef de l'Etat travaillait dans son cabinet, avec un calme apparent, et rien ne laissait supposer l'étrange conspiration qui se tramait dans l'ombre.

Ce matin seulement, le président du Conseil apprit par une dépêche d'agence qu'un nouveau syndicat de fonctionnaires était constitué.

Il s'intitule : Syndicat national des présidents de la IVe République en exercice (S.N.P.Q.R.E.).

M. Vincent Auriol, seul membre et seul animateur de ce groupement professionnel, s'en était nommé par acclamations le secrétaire général.

Un meeting a été tenu ce matin dans le salon du Capharnaüm, qui est, comme on l'ignore, la pièce de l'Elysée affectée au bureau particulier du chef de l'Etat.

Debout sur un classeur, M. Vincent Auriol s'est harangué avec véhémence.

– Harengs salés et coupures de courant électrique sont les deux mamelles de la France ! a-t-il dit en substance. L'agriculture manque de bras. Je suis le grand Mikado, gare la casse !

Le président de la République s'est alors applaudi si fougueusement qu'il n'a pu continuer.

Une manifestation monstre

Le S.N.P.Q.R.E. a aussitôt voté à une écrasante majorité, pour aujourd'hui, un arrêt de travail de deux heures et la participation à une manifestation « monstre » de la Bastille à la Nation.

Ce soir donc, à 5 heures, M. Vincent Auriol se rendra dans son cabinet pour s'assurer si, conformément aux ordres de son syndicat, il n'y est plus.

Le chef de l'Etat a laissé entendre que s'il se surprenait à effectuer la moindre besogne, il saurait se contraindre à tout abandonner pour se rendre place de la Bastille.

Il semble qu'il y ait là entrave à la liberté du travail. Nous espérons que la Préfecture de police a reçu des instructions en conséquence.

Pour déjouer le service d'ordre, il est probable que M. Vincent Auriol gagnera son lieu de concentration par petits groupes.

Prêt à toutes éventualités, un agent y est déjà massé.

Pourtant, le préfet de police hésite à agir.

Malgré le caractère séditieux de la démonstration présidentielle, il ne sait, en effet, si, légalement, la réunion sur la voie publique d'un syndicat comprenant un seul membre constitue un attroupement.

Le Conseil d'Etat, appelé à se prononcer, n'a pas encore donné sa réponse.

MÉLI-MÉLOS **par BOURVIL**

Figurez-vous, qu'il y a quelques semaines, j'assistais au premier dîner officiel que donnait le président de la République.

J'ai été reçu comme reporter. On m'a laissé entrer tout de suite. Y faut dire aussi qu'j'étais habillé pour : j'avais mon petit complet noir, vous savez, celui qu'je mets pour faire mon tour de chant. Ça, c'est du costume !... La dernière mode !... Celle de l'époque où mon père l'a acheté... Pasqu'y vient de mon père... le costume !

Il est neuf, remarquez ; il l'a juste mis le jour de son mariage... Du tissu d'avant l'autre guerre ! Alors, pensez si j'ai fait sensation ! Tout le monde avait les yeux braqués sur moi. Pourtant, y avait des ambassadeurs, tous nos ministres et Tutti Quanti (les Italiens étaient représentés). Eh ben ! quand même, y en avait que pour votre serviteur ! Ah ! ça, j'déparais pas la collection !

J'avais mis une chemise blanche, obligatoirement, et pis, comme cravate, ma cordelière à pompons noirs. Ça fait très recherché ! Vous me croirez si vous voulez, mais y a qu'moi qu'avais une cordelière à pompons noirs ! L'ambassadeur anglais m'a demandé où je l'avais achetée. J'étais fier, vous pensez, pasque c'est toujours les Britanniques qui donnent le ton de l'élégance masculine. Eh ben ! pour une fois, c'était moi !

Comme j'étais venu en journalisse, je me suis présenté aussitôt, pas ? « C'est pour *L'Os !* », que j'ai dit à l'huissier. Y m'a répondu : « Vous venez pour *L'Os* ? Mettez-vous donc à table ! Vous en trouverez encore bien un à sucer ! » J'suis pas sûr que cet huissier ait compris exactement c'que je venais faire.

J'ai pris des jolies photos de la table. C'est-à-dire que je crois qu'elles auraient été jolies, oui, certainement... si j'avais pas oublié d'enlever le capuchon qu'était vissé sur l'objectif !

J'ai omis de vous dire que le dîner était donné à l'occasion de la signature des Traités de Paix qui avait eu lieu l'après-midi. Les Italiens avaient pas l'air content. Y z'ont presque rien bouffé ! Forcément, après avoir passé l'après-midi à ronger rageusement leurs porte-plume, y z'avaient pus faim !

Au café, je m'suis levé en disant : « Voulez-vous que je vous en pousse une petite ? » Personne m'a répondu et j'en suis resté là. Je crois que j'aurais dû insister. Au fond, ça leur aurait fait plaisir et ça termine tellement bien une soirée !

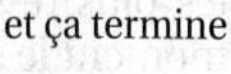

La vraie vérité sur la grève de la Presse

D'innombrables lecteurs, abusés par des bruits ridicules selon lesquels la presse parisienne serait en grève, nous écrivent pour nous réclamer avec insistance les raisons tumultueuses et profondes qui les privent de leur publication favorite. Mais leurs lettres ne nous étant pas parvenues, il nous a été impossible de leur répondre.

Avant tout débat, si des esprits fiévreux ont pu contaminer une opinion résolument publique en exploitant un banal état de fait (que nous nous proposons d'expliquer), nul n'est autorisé à prétendre expliquer la soudaine disparition des journaux parisiens, en invoquant le prétexte par trop commode d'une grève concertée et, détail curieux, localisée au périmètre de la Ville Lumière.

Allons donc, quelle hérésie serait une telle grève, qui aurait toutes les apparences d'une revendication maladive, boutonneuse et rapiécée ?

Ben voyons !

Par une orthodoxie consacrée, béatifiée par des années désormais célèbres, la grève n'est notoirement efficiente que lorsqu'elle est générale, obstructive et harmonieusement orchestrée.

Or, des voyageurs ayant pénétré fort avant dans le pays, nous ont affirmé s'être aisément procuré dans les lointaines provinces les journaux régionaux habituels.

Cette démonstration préalable étant considérée, il appartenait à des esprits calmes, pondérés, équilibrés, capables d'analyser les problèmes les plus cyclopéens, d'examiner au sein de méditations objectives et concomitantes, la causalité de la finalité inhérente aux faits proposés ci-avant.

On comprend mal qu'à une époque où la pagaïe la plus ténébreuse s'était emparée des choses les plus anodines, des esprits malfaisants cherchent à exciter, par le truchement de faits quotidiens, un peuple devenu le plus intrabiliairement hypocondriaque, sous l'action opiniâtre et sous-cutanée d'un dirigisme démoniaque et malfaisant.

Pas d'histoires !

Aussi la direction de *L'Os libre* a cru bon résoudre cette question apparemment délicate ; toutefois, désireuse de ne pas altérer la santé de ses lecteurs en les entraînant dans le labyrinthe philosophique qu'elle a dû suivre pour se dégager des incidences angulaires et théosophiques qu'elle a rencontrées sur le chemin parallactique de l'hermétisme officiel, elle offre, ci-dessous, une explication rationnelle et dépourvue de toute complexité.

Ce qui prouverait que la situation est plus claire qu'on ne pourrait l'imaginer.

Faut-il vous l'envelopper ?

Ici même, à *L'Os libre*, dont l'indépendance est la clé de voûte des principes les plus résolument démocratiques et républicains, nous n'avons eu à aucun moment le sentiment, même tenu, d'un arrêt concerté du travail.

L'énorme masse de notre copie, ramassée sur elle-même et par les coolies de la rédaction, s'en allait à sa destination.

Si nos furieux coups de téléphone à l'adresse de notre vétuste imprimerie restèrent sans réponse, nous ne vîmes là rien de bien sensationnel, la chose étant consacrée par une longue pratique.

Par ailleurs, comment remarquer la non-présence de notre journal au sein de cet océan de journaux, périodiques, revues et illustrés, qui écrasent les kiosques chancelant sous le poids de leur multitude ?

Une enquête reste à faire, bien entendu, mais jusqu'à preuve du contraire, nous sommes persuadés qu'il ne peut s'agir que d'un simple incident technique, par ailleurs dépourvu de toute emprise politique quelle qu'elle soit.

---

par Pierre Cour

L'OS DE CŒUR

et Francis Blanche

Nous accusons réception de leurs lettres à Mlle Olga B…, de Paris, au soldat Augustin Roger, du camp d'Avord, qui veut transformer sa toux désagréable et honteuse en petite toux musicale…, à une lectrice de la rue Mansart qui nous demande si la station de métro Blanche porte le nom d'un ancêtre de Francis Blanche… (mais non, madame, la station porte ce nom à cause de la place Blanche où elle est justement située) ; à M. Jacques L…, de Rouen, qui est tombé à travers la vitre de la véranda, qui a eu le nez sectionné, le ventre décousu, l'oreille cassée, les dents brisées et qui nous demande s'il doit prévenir le médecin.

Merci également à ce monsieur qui signe Cheikh Osman et nous envoie du Caire une lettre très intéressante, moitié en arabe, moitié en français et moitié en égyptien (car dans ces pays de bigamie, les lettres elles-mêmes ont plus de deux moitiés).

Sur ces entrefaites égyptiennes, passons aux cas angoissants que le Destin et les P.T.T. nous ont chargés de trancher comme autant de petits nœuds gordiens et qui sont la menue monnaie du pain quotidien de la vie habituelle de tous les jours et qui prouvent que… que…

… Et qui prouvent qu'on a tort de s'embarquer dans des phrases trop longues.

***

M. LINOTTE, artiste peintre, boulevard de Clichy, nous écrit :

« *Je viens de terminer une grande fresque et je dois l'expédier à mon client. Mais les P.T.T. m'ont refusé le colis sous prétexte que la peinture est à l'huile et qu'il est interdit de poster des matières grasses…*

» *Les messageries, de leur côté, ont refusé ma toile, à cause de ses dimensions gigantesques… Que faire ?… J'ai pensé la débiter en petits morceaux… mais j'ai peur qu'elle soit mal recousue, comme c'est arrivé à mon confrère Picasso… Que me conseillez-vous ?* »

Mais, c'est très simple, monsieur Linotte. Si vous n'aviez pas une petite tête… vous y auriez songé plus tôt ! Soyez moderne, vivez avec votre temps… expédiez donc votre toile par téléphone !…

***

M. P. P. Z… nous envoie, par pneumatique, cet appel déchirant :

« *Ma baignoire déborde… que dois-je faire ? Répondez-moi vite !* »

Une seule chose à faire, Monsieur, jetez-vous à ses pieds et suppliez-la de cesser ce jeu cruel… Nous sommes sûrs qu'elle comprendra.

***

Quant à ce jeune homme qui signe Roméo, il nous dit :

« *Ma fiancée se moque de moi en public… Je ne sais comment je dois agir !… Conseillez-moi…* »

Une seule chose à faire, Monsieur. Videz-la proprement… et nettoyez à fond toutes les saletés qui se trouvent à l'intérieur. Cet incident ne se reproduira plus…

Note de la rédaction. – Il apparaît que nos collaborateurs P.C. et F.B. ont dû mélanger les réponses ci-dessus… Quoi qu'il en soit, ne voulant trahir à aucun prix la pensée écrite, nous n'avons rien changé à leur mise en page…

***

Mlle ZÉZETTE, de la Compagnie du Téléphone, nous écrit :

« Je suis préposée aux renseignements, et, bien entendu, je ne peux jamais donner ceux qu'on me demande… Quel est le numéro de l'horloge parlante ? »

– Odéon 84-00, Mademoiselle… et la taxe est de 4 fr. 75.

***

Pour terminer, nous publions aujourd'hui le meilleur proverbe de la semaine composé en mélangeant deux vieilles maximes :

Il nous est envoyé par M. Le Fort, à Houilles.

Tant va la cruche à la chasse qu'à la fin elle perd sa place…

Envoyez-nous des proverbes, ils seront publiés ici, en échange du ticket D.Z. de la carte de textiles…

Adressez-les, ainsi que votre courrier, à P.C. et F.B.

Faits divers

UN ÉNORME INCENDIE RAVAGE LES PLANTATIONS D'UN COLON DE CHAMBRAY

(De notre envoyé spécial A. Picrite.)

Il y a quelques jours à peine, M. E. Montebran, planteur à Chambray (Eure), entreprenait de désherber ses propriétés au lieu dit « La Pépinière », au moyen d'un briquet à acétylène. Pour une raison inconnue, le feu s'attaqua vicieusement à une paisible cabane où le planteur ordonnait ses outils.

En quelques secondes, malgré les cris poussés par la victime, les flammes, dont certaines atteignaient jusqu'à cinq mètres de hauteur, dévorèrent gloutonnement l'abri et son contenu.

M. Aristide Plumet, envoyé spécial du *Démocrate vernonnais*, malgré qu'il fût gêné par un chapeau de reportage trop grand qui entravait ses observations, relate qu'une immense lueur embrasait le ciel jusqu'aux coteaux de « La Ronce ».

Le corps ambulant des pompiers honoraires de « La Vallée Bance », empêché, s'était fait représenter par M. Timoléon Bénard, son agent régional.

On ne déplore aucune victime.

Les compagnies d'assurances « Le Moustique de Jouy », « Le Frelon de Pacy » et « La Carotte républicaine de Vernon », ruinées par cet accident imprévu, ont dû déposer leur bilan.

CE SOIR EN FRANCE, l'émission bien connue de la Radiodiffusion française, mêlée aux meurtres d'Harnold-lez-Salingues.

D'Harnold-lez-Salingues (de notre env. spéc.) – La police d'Harnold-lez-Salingues a arrêté cette nuit le nommé Tiburce Poux, accusé du meurtre de la famille Dugranloup.

On se souvient que la famille Dugranloup, comprenant le père, la mère, les grands-parents, leurs vingt-trois enfants et six cousines de passage, avaient été trouvés à demi cuits dans un chaudron à vaisselle.

Le misérable a avoué avoir perpétré son monstrueux forfait en toute tranquillité, les cris de ses victimes étant couverts par l'infernal tapage de l'indicatif de CE SOIR EN FRANCE, lequel, comme chacun sait, occupe les antennes de la Radiodiffusion pendant près de 6 minutes.

Il avait assommé ses victimes à coups de torchon.

PUÉRICULTURE

Ire leçon

Dans les rapides exposés qui vont suivre, nous nous attacherons à l'étude du premier âge qui s'étend de la naissance jusqu'à l'agrégation. Ces courts cours seront numérotés afin de permettre à ceux qui les conserveront, un classement aisé et une compilation facile. M. J.-P. Robert, notre sage-homme maison, répondra, en outre, aux questions personnelles que vous voudrez bien lui adresser au verso de votre carte de vin 1947.

Lorsque l'enfant arrive au monde, les premiers soins lui sont généralement donnés par la sage-femme, le pompier de service ou le garde-champêtre rural suivant le lieu. Son petit minois (de l'enfant, pas du garde-champêtre) s'accommode d'un jus de citron ou d'un filet de bon vinaigre de vin (pas de poivre ni de piment). A ce moment, il commence ses premières vocalises qu'il importe de ne pas contrarier par l'introduction dans la bouche d'un édredon en plumes ou d'un silencieux de motobécane : elles sont le signe d'une eugénie parfaite !

Si l'enfant serre les poings, ne pensez pas qu'il vous en veuille déjà ; il a toute la vie pour cela.

Lors de l'emmaillotage, évitez autant que possible d'épingler la peau du bébé avec les langes ; ça ne l'empêchera pas de glisser pendant la nuit. Il est fréquent de constater des ennuis alimentaires d'ordre intérieur ; les fillettes commencent très jeunes à faire des embarras (gastriques). Ces troubles sont réunis sous le vocable poétique de diarrhée verte. Vous y remédierez en administrant une bonne potée de bleu de méthylène dans un grand bol d'aramon bien chaud parfumé à la cannelle. En quelques heures, vous serez en présence d'une diarrhée bleue du plus bel effet, et si ça n'est pas plus facile à guérir, c'est beaucoup plus joli. J'ai horreur du vert !

La semaine prochaine, je vous entretiendrai de la nourriture du nourrisson : le lait breuvage mortel.

Cousine CARMEN

PETITES ANNONCES

DEMANDE D'EMPLOI

Monsieur disposant superbe serviette, cuir naturel, demande emploi en rapport. Minimum mensuel : 30 000 fr.

TRAVAUX SPÉCIAUX

Voleurs de voitures, faites maquiller vos véhicules par ancien maquilleur des studios Metro-Goldwin-Mayer retour des U.S.A.

ARTICLES SPÉCIAUX

Réchaud à gaz pliant à deux foyers. Permettant d'utiliser les deux feux sous la même casserole. La pièce : 236 fr. 90.

Un bon sirop pour la toux s'achète directement sans intermédiaires à l'usine de sirops pour la toux Chaudin de la Crépine. Usines en France, Suisse, Amérique, Portugal, Suède, Azerbaïdjan, Indes, Terre de Feu, etc. Un seul sirop, le sirop CHAUDIN DE LA CRÉPINE.

Calendriers spéciaux pour pique-assiette. Comportant trois dimanches à la semaine. Pose instantanée chez les amis, par ventouse. Korvaice, fabricant, Fontenay.

Les records de course à pied pulvérisés ! En employant le pique-fesse « Malabar ». Modèle courant : 24 fr. 90.

Article perfectionné, donnant en plus, la sensation d'un feu très vif : 40 fr. 70.

Gros modèle pour championnat : 112 fr. 10.

OCCASIONS

A vendre beau costume homme, tissu pied-de-poule Faverolles, poches rapportées contreplaqué poché, boutons becs-de-cane en porcelaine, revers à bascule. Pantalon bouffant modèle Rastel. Prix à débattre à l'arraché.

A saisir, beaux porte-couteaux, état neuf, fabrication soignée. Les 12 : 175 fr.

AUTOMOBILES

N'achetez pas votre voiture chez n'importe quel margoulin. Le bon véhicule que vous cherchez ailleurs que là où il est, se trouve chez Chaudin de la Crépine. Le plus gros stock de ferraille de tout Paris, 8 entrepôts couverts.

OFFRES SPÉCIALES

Par suite incendie, artisan pompier patenté vendrait boutique sinistrée, pompe et accessoires.

DIVERS

Fausse barbe et lunettes à verres fumés insonorisés, permettant de converser au téléphone sous l'anonymat le plus absolu. La parure : 37 fr.

Soldes. Beaux mouchoirs tweed, Première qualité, format 15 × 15. Les 12 : 175 fr. Article haut luxe ratine doublée poil de chameau, format 15/15. Les 6 : 225 fr.

Chapitre IX

(*Où l'on retrouve deux vieilles connaissances qu'on avait perdues de vue depuis le début de cette histoire qui commence à se compliquer bougrement surtout pour le malheureux auteur qui se demande avec angoisse comment il va s'en sortir et si même il s'en sortira !*)

Le messager chargé par la Bémole d'aviser de son arrivée maître Coque, l'aubergiste, devait, on s'en souvient, remettre également un pli au sieur Bombiscaille, qui se trouvait, d'après les indications de l'expéditrice, à mi-chemin à peu près entre Paris et Fiacre.

En effet, à la hauteur de Conflans-au-Lait, le cavalier aperçut, au détour du chemin, un bouchon[1] abrité pauvrement par un malade if et un pin fendu. Cet estaminet qui avait des fenêtres basses à carreaux du Temple, et dont l'aspect rappelait les bouchons de Liège (ou de Champagne) était, selon toutes probabilités, celui dans lequel logeait Bombiscaille, car il répondait point pour point au signalement fourni par la Bémole.

Le compaing de maître Coque sauta à bas de sa monture qui en profita pour exécuter sur place un petit cavalier seul guilleret, en signe de satisfaction, et pénétra dans le cabaret (pas le cheval, le cavalier !).

Il régnait à l'intérieur une pénombre rendue plus dense par une fumée à couper au couteau et l'homme fut un bon moment avant de parvenir à distinguer quoi que ce soit. De plus, on n'entendait rien d'autre que le tic-tac régulier d'une horloge qu'on ne voyait pas plus que le reste des meubles, mais que l'on devinait d'une taille au-dessus de la normale si l'on s'en rapportait au bruit singulièrement puissant qui s'en échappait et qui ressemblait plutôt à celui d'un moulin à vent que d'un modeste balancier d'horloge.

– Holà ! cria l'homme, quelqu'un ?

– Ne gueulez pas si fort, répondit une voix sortant d'un coin d'ombre, je ne suis pas sourd.

1. Rappelons au pauvre lecteur dont l'éducation laisse un peu à désirer qu'il ne s'agit pas là d'un bouchon pour mettre sur une bouteille, mais que l'on nommait fréquemment ainsi, à cette époque, les buvettes.

– Excusez-moi, fit le visiteur en se tournant vers la voix, je ne vous avais pas vu. D'ailleurs, je ne vous vois pas davantage maintenant. Où diable êtes-vous fourré ?

– Dans la huche à pain !

Effectivement, il put distinguer en s'approchant une vaste maie en chêne de montagne dont le couvercle se soulevait lentement, laissant peu à peu apparaître une main noire comme celle d'un bougnat, puis un bras, et enfin le buste d'un individu ébouriffé et aux yeux clignotants.

– Drôle d'idée de se coller dans une huche à pain ! ricana le messager de la Bémole. Que diantre y pouvez-vous bien fabriquer ?

– J'y roupille, répondit l'autre avec tranquillité. Et chaque fois que je me réveille, il me semble que tout marchera comme sur des roulettes, car je peux dire, en me levant, que je sors du pétrin !

Sur ce trait d'esprit, il éclata d'un rire énorme qui fit vibrer les vitres, décrocha une assiette pendue au mur sur laquelle un vieil artisan de Montélimar avait peint les chutes du Niagara, sans se douter qu'un jour l'eau issue de son pinceau et immobile pendant des années chuterait réellement. C'est pourtant ce qui arriva à cette seconde précise et le Niagara se volatilisa en même temps que l'assiette sur le crâne de l'individu, dont le rire se trouva arrêté net.

– Que voulez-vous, mon brave ? demanda-t-il en extirpant délicatement un menu triangle de faïence qui s'était fiché sur le bout de son nez.

– Je voudrais savoir si c'est ici que loge un nommé Bombiscaille.

– C'est ici, en effet. Mais que lui voulez-vous, au nommé Bombiscaille ?

– J'ai un mot à lui remettre de la part d'une amie à lui.

– Une amie ! Diantre ! voilà un renseignement bien imprécis, l'ami ! Sachez que le nommé Bombiscaille a des centaines d'amies, d'amantes, de maîtresses et autres concubines… et qu'il fut, pour cette raison, surnommé dans le quartier de Bœuf[1] « Bombiscaille-Pacha », à cause de son harem !

Sur ce, l'homme, bombant le torse, allongea le bras droit vers le cavalier, et dit, avec un sourire faraud qui lui fendait la face d'une oreille à l'autre :

– Donne le mot, mon garçon. Je suis Bombiscaille.

Le pli, ayant changé de main, fut promptement ouvert.

– Ah ! ventre-saint-vert ! C'est de cette bonne amie Bémole, s'écria Bombiscaille, qui avait sauté immédiatement à la signature (ce qui tendrait à prouver que la curiosité n'est point l'apanage exclusif du sexe faible, que l'on a trop souvent tendance à accuser de ce léger travers). Que diable me veut-elle ?

– Elle doit l'avoir écrit, je suppose, fit avec une certaine apparence de logique le messager en s'asseyant à une table vers laquelle un pichet de vin blanc l'attirait irrésistiblement depuis que sa rétine, peu habituée à la pénombre, l'y avait repéré.

– Voilà bien ce qui me turlupine, répondit le surnommé Pacha.

– Pourquoi donc ?

– Pour la raison bien simple que je ne sais pas lire !

– Mais alors… comment fîtes-vous donc pour voir que ce mot était de la Bémole ?

– Ce n'est pas sorcier, mon brave, c'est parce qu'elle a l'habitude de dessiner sous son nom une pipe.

(*A suivre.*)

1. Quartier qui a disparu depuis. Surtout depuis la création d'un ministère du Ravitaillement.

L'OS LIBRE

« Contre tout ce qui est pour – Pour tout ce qui est contre. »

NUMÉRO 73 – MERCREDI 26 MARS 1947

Dans les couloirs de L'Os libre, *on ne parle pas de politique cette semaine, mais du film qu'il ne faut manquer sous aucun prétexte,* Hellzapoppin. *Mis en scène par H.C. Potter, interprété par Ole Olsen et Chic Johnson, il est sorti aux Etats-Unis en 1941. La version sous-titrée en français de cette comédie totalement loufoque est signée Pierre Dac et Fernand Rauzéna. Ils n'ont pas pu s'empêcher d'ajouter, au texte original, quelques répliques personnelles. La plus célèbre : « Ça se corse (chef-lieu Ajaccio) ».*

Edito De la nécessité du scandale

par Pierre Dac

Connaissez-vous Jules César Alexandre Mohamed Huf'nuf ? non, sans doute. C'est normal et le contraire, à moins que ce ne soit l'opposé, m'étonnerait longuement. Jules César Alexandre Mohammed Huf'nuf est un docte personnage ; c'est un docteur khroumir, un docteur ès tout ; c'est-à-dire qu'il réalise, à peu de chose près, l'universalité de la connaissance et qu'il possède la sagesse infuse. Elevé dans la pure tradition khroumire, il a su, néanmoins, se garder de tout esprit de sectarisme étriqué et sait, quand il le faut, et le cas échéant, s'élever bien au-dessus des pauvres contingences quotidiennes pour analyser dans l'ensemble et le particulier la somme des problèmes humains, philosophiques et sociaux. C'est pourquoi j'entretiens avec cet auguste personnage un commerce dont je réserve les bénéfices à la majorité des lecteurs de ce journal.

Jules César Alexandre Mohammed Huf'nuf a bien voulu m'accorder, hier, une interview solide et prolongée. Il me reçut en son petit hôtel particulier sis au 12 bis du quai de la Matraque Libre. Nonchalamment assis sur une botte de paille à dossier, il m'accueillit avec cette exquise politesse en honneur chez les peuplades du Haut Mexique et qui rappelle en plus nuancé le fameux charme

slave des pays de langue latine. Contre un billet de 50 francs il m'offrit spontanément une cigarette à l'albuplast dénicotinisé qu'il me reprit, d'ailleurs, quelques instants après, sous le prétexte péremptoire que la fumée ne l'empêchait pas de tousser. Le contact ainsi établi, j'engageai derechef la conversation, de la manière qui suit :

– Maître, nous sommes dans le cirage, m'écriai-je.

– Noir ou jaune ?

– A mon avis, maître, de toutes les couleurs.

– C'est bien ce que je pensais ; c'est-à-dire de teinte indéfinissable, du genre 36 chandelles en quelque sorte.

– Nous vivons, maître, dans le scandale permanent.

– Ce n'est pas là une des choses les moins intéressantes de ce temps fertile en successives permanences. Le scandale est une nécessité.

– Pourtant maître…

– Il n'y a pas plus de pourtant que de rahat-loukoum dans la soupe au congre. Je dis et j'affirme que le scandale est nécessaire à la société.

– Pourquoi ?

– Ça lui prouve qu'elle existe.

– Mais n'aurait-elle pas le même sentiment de son existence sans scandales ?

– Peut-être, mais de façon bien plate et quasi de veau.

– Plaît-il ?

– Pardon, je voulais dire quasi monotone.

– Votre raisonnement, maître, me paraît un peu spécieux.

– Mon pauvre ami, laissez-moi vous dire que vous lapez sommairement dans la jatte de l'ignorance obtuse.

– Cependant, maître, le scandale, avec un grand S et un petit p, issu d'une multitude de scandales ne facilite point précisément l'apaisement d'une opinion publique qui ne laisse point d'en être profondément troublée.

– Vous situez mal le débat et votre argumentation, ô homme de bonne mais de piètre volonté. Le scandale est un élément fixateur de première importance. Il permet, à intervalles réguliers et plus ou moins rapprochés, de délimiter les bons et les mauvais citoyens. C'est, en quelque sorte, une manière empirique de faire le point.

– Bien, maître, je commence, en effet, à réaliser la puissance et la logique de votre argumentation ; mais quelles en sont les conséquences et quelles conclusions en peut-on tirer ?

– Les conséquences sont inéluctablement relatives aux événements qui en découlent, toutes proportions gardées, toutefois, sans négliger pour autant les incidences qui peuvent sporadiquement s'y rattacher. Quant aux conclusions, elles sont d'ordre giratoirement linéaire et je penche à penser, pour ma part, qu'il serait d'intérêt primordial de les tirer à l'arbalète et au chassepot. J'ai dit.

Sur ces mots, Jules César Alexandre Mohammed Huf'nuf me fit comprendre qu'il n'en pouvait dire davantage pour le moment. Il me le fit comprendre en ne disant plus rien. Ce qui m'entraîna à ne plus répondre. Et à m'en aller, ce que je fis, sans plus rien ajouter, mais en n'en pensant pas moins.

Joseph, Joseph,
Concerto et fugue
Air connu

Vous n'avez pas vu Joseph ?

C'est par ces simples mots que nous sommes accueillis à la .....[1] ou paraît-il se passent des ..... absolument extraordinaires.

Désireux de faire toute la clarté sur cette ..... affaire, nous n'hésitons pas et pénétrons de force dans le bureau de M. ..... qui occupe à la..... le redoutable poste de ..... Nous surprenons M. ..... en peignoir au moment ou il se préparait à se mettre dans le bain.

Quoique réticent, il consent à répondre à notre questionnaire en fonte aseptisée.

« Voici, dit-il, comment les choses se sont passées sous silence (un temps). Ai-je vraiment dit sous silence ? »

Nous rassurons notre interlocuteur qui enchaîne : « J'étais avec Joseph dans mon bureau… euh, Joseph… je veux dire Pierrot le ..... enfin, Raoul le garçon de bureau, quand je m'arrêtai (c'est une façon de parler) devant le calendrier ; lequel nous sert ici de tableau de service. »

Devant notre étonnement, le narrateur consent à préciser : « Oui, ici, c'est le calendrier qui commande et remplace les notes et ordres de service, souvent incompréhensibles ou ne laissant place à la moindre initiative. Donc, ce jour-là, mercredi 19 mars, la fête à souhaiter étant la Saint-Joseph, je donnai les ordres en conséquence. Le dossier Joseph fut apporté, les téléphones crépitèrent et ce fut la ruée implacable des policiers sur la tanière du fauve. Pendant ce temps, les témoins affluaient, apportant chacun sa petite lumière sur l'affaire. »

« Mais objectâmes-nous, si nous en croyons la presse, Joseph ne serait pas encore arrêté. »

« Taratata, peut-être, mais cette même presse n'a-t-elle pas été arrêtée également pour des motifs qui n'ont jamais été précisés ? D'ailleurs dès que celle-ci aura rattrapé son retard, nul doute que vous n'appreniez des nouvelles encore plus réconfortantes. »

Nous sommes suspendus aux lèvres de M. ..... comme MM. ..... et..... au clou de la justice.

Mais celui-ci enchaîne, impitoyable : « D'autant plus que demain c'est la Saint-..... et que nous avons également à nous occuper des Saint-Paul, Saint-Edouard, Saint-Yves, des Saint-Christian, des Saint-Félix, etc., etc. »

Et chaussant d'un geste assuré son chapeau melon blindé M. ..... nous quitte en nous assurant qu'il y aura ..... (N.D.L.R. : Points de suspension.)

Sauvez les apparences !

Suite à l'arrêté préfectoral de ces jours derniers, la « Maison de la bonne rigolade » (farces et attrapes, masques, faux nez et cartonnages en tous genres) fait savoir qu'elle tient à la disposition de messieurs les bouchers, dans l'obligation d'ouvrir leurs boutiques malgré le manque de marchandises, des accessoires cartonnés permettant de conserver à leurs étaux un petit air bien achalandé.

Gigots, côtelettes, entrecôtes, ragoûts, faux-filets, etc. Prix selon grosseur.

1. Cet article n'est pas une amusette, nous déclinons toute responsabilité au cas où des personnes mal intentionnées croiraient malin de compléter les blancs en se servant de noms connus.

À Os rompus

Au Palace-Bourbon

A la suite d'incidents auxquels il a été fait ci-dessus une discrète allusion, diverses modifications ont été apportées au règlement intérieur de la Chambre.

En premier lieu, les députés ne seront plus comme par le passé rangés sur les étagères de l'hémicycle selon leurs tendances politiques mais divisés en un certain nombre de catégories correspondant au poids de chacun. Il y aura des représentants lourds, moyens, mi-moyens, plumes, coqs, etc.

Les interpellations auront lieu en dix rounds de deux minutes.

La tribune, très élargie, sera entourée de cordes destinées à prévenir les chutes hors du ring.

Un gong du type réglementaire remplacera la sonnette du président-arbitre.

Enfin, chaque orateur devra être obligatoirement muni du protège-dents et de la coquille protectrice prévue par la Fédération française de boxe.

Ajoutons qu'en raison du surcroît de travail qui leur est actuellement imposé, les huissiers séparateurs auront droit à la carte des travailleurs de farce.

Ouverture obligatoire

Sous le fallacieux prétexte qu'ils n'avaient rien à vendre, les bouchers de la région parisienne prétendaient la semaine dernière fermer leurs boutiques.

Cette inqualifiable tentative de révolte a été fort heureusement brisée net et dans l'œuf par l'énergie bien connue des pouvoirs publics.

En vertu d'un arrêté préfectoral fortement motivé, les boucheries sont, en effet, restées ouvertes.

Il en a été de même pour la… enfin pour la bouche des consommateurs.

Communiqué d'alerte

L'A. D. M. C. (Association des mauvais comédiens) proteste énergiquement à propos de la mise en vente, dans certains marchés parisiens, de pommes suisses, au prix dérisoire de 35 francs de kilo. Il est évident que si ces envois se multiplient et s'étendent aux autres fruits et légumes, l'A. D. M. C. (Association des mauvais comédiens) craint de voir renaître les odieuses brimades, lesquelles avaient heureusement cessé depuis la cherté des projectiles employés naguère par le public des théâtres.

L'A. D. M. C. (Association des mauvais comédiens) considère cet état de choses comme une véritable provocation et demande à ceux qui en ont le pouvoir de faire revenir immédiatement les pommes à leur prix habituellement inabordable.

Faits divers

DE SAINT-BAS. – La population féminine de Saint-Bas (Saône-et-Loire) est en effervescence à la suite de mystérieux effondrements. A part la femme du maire, dont la platitude est bien connue, le phénomène semble s'être obstiné sur les femmes de forte corpulence.

Le charcutier, dont l'épouse a particulièrement souffert, suppose qu'il s'agirait là d'une baisse locale et prématurée de sein pour cent (Agence C. Lauvergne).

DE BOURGES (de notre envoyé spécial A. Charlon). – Une rixe sanglante s'est déroulée hier à midi au « restaurant de la Tête d'âne aux haricots rouges ».

Circulant entre les tables, un inconnu déguisé en serveur détournait l'attention des consommateurs en jetant des pièces de monnaie sur le sol. Dès que le dîneur se baissait, l'homme en profitait pour s'approprier le contenu des assiettes qu'aussitôt il mâchonnait fébrilement.

La rétine sanglante, chacun des convives soupçonnant son voisin du rapt scandaleux, il s'ensuivit une grosse agitation et un grand bruit qui ne cessèrent que le soir au moment où la bâtisse s'écroula. On recherche activement le responsable de cette sanglante échauffourée.

DE CARCASSONNE. – Lundi soir, vers 0 heure 30, au moment où M. P. Oliba, dit l'Amiral, sortait du café de la Poste et s'apprêtait à poser le pied sur le trottoir, ce dernier, au lieu de fournir son appui habituel, se redressa brutalement et frappa l'infortuné consommateur en plein visage.

La victime s'étant relevée et ayant tenté un nouvel essai, l'étrange phénomène se renouvela.

Au petit jour seulement, le trottoir semblant avoir perdu sa propriété basculante, M. P. Oliba put regagner son domicile.

Le service des ponts et chaussées fait creuser une excavation sous le trottoir mystérieux afin de rechercher les causes de cet événement qui bouleverse tous les habitués du café de la Poste.

DE VILLEURBANNE (de notre envoyé spécial M. Jomard). – Depuis quelques mois, M. P…, artisan en pâtes alimentaires, constatait d'inquiétantes disparitions dans ses réserves de marchandises. Il prévint la police. Celle-ci qui n'attendait que ça pour intervenir, arrêta aussitôt les nommés Pierre Khiroule et Henri Golade, déjà internés pour vols de lettres et de plis de pantalons.

Les deux misérables sortaient chaque soir de la prison et allaient piller les stocks de M. P… Leur intention était de se déguiser en mille pâtes, pour le travesti annuel de la prison de Villeurbanne.

UNE DISPARITION UN TANTINET INQUIÉTANTE. – DE PARIS (de notre corr. spéc. D. Pesse). – La préfecture de police a été avisée hier au soir de la disparition de M. Anselme Trugludu, contrôleur économique.

Le disparu a été vu dans l'après-midi du 14 mars, évoluant dans le 17e arrondissement, contrôlant le nombre des commerces d'alimentation qui ont dû cesser toute activité en raison de la brillante organisation du ravitaillement.

Les services de police sont terriblement inquiets sur le sort du malheureux ; le secteur dans lequel il s'est malencontreusement aventuré, étant privé de tout ravitaillement et les habitants du lieu ayant conservé l'horrible habitude de faire au moins deux repas dans la même journée.

LA SCIENCE

Tests du réflexe

Nous inspirant des importants travaux de M. Alfred Binet et du docteur Simon sur l'échelle de l'intelligence, nous avons pensé que nos lecteurs seraient heureux de connaître toute une série d'épreuves, c'est-à-dire de tests psycho-analytiques de self-control inédits et propres à vérifier la rapidité des réflexes chez différents individus. Après avoir effectué personnellement des essais, nous sommes en mesure d'établir le tableau suivant :

N° 1. TEST DU CYCLISTE ou CYCLO-TEST. Au moment où un cycliste débouche d'une rue à sens unique, jeter brusquement un gros sac de sable ou un stère de bois de chauffage à 57 centimètres de la roue avant.

OBSERVATIONS SUR DIX CAS : Excellents réflexes, freinage rapide, arrêt brutal, retour au domicile après pansements à la tête.

N° 2. TEST ARTISTIQUE. Au moment où un chanteur en scène pousse une note aiguë, faire tomber sur lui une partie du décor.

OBSERVATIONS SUR SEPT CAS : Trois chanteurs continuent avec dignité, la tête émergeant du décor. Deux font une fausse note. Deux changent de métier après leur hospitalisation.

N° 3. TEST PHARMACEUTIQUE. Bander les yeux à un pharmacien de première classe et déposer devant lui deux boîtes contenant l'une du bicarbonate de soude et l'autre du cyanure de potassium. Il doit, en goûtant, définir rapidement le contenu de chaque boîte.

OBSERVATIONS SUR TROIS CAS : Chute brutale avec cri rauque. (Sujets trop nerveux sans doute.)

N° 4. TEST CAPILLAIRE. Au moment où le coiffeur est en train de raser un client du côté du cou, faire pénétrer dans la boutique un monsieur déguisé en Frankenstein et qui fait hou ! hou !

OBSERVATIONS SUR CINQ CAS : Trois rasoirs ébréchés, cinq peignoirs tachés.

N° 5. TEST FERROVIAIRE. Enlever par places, sur un parcours donné, quelques mètres de rails. Le mécanicien doit adroitement viser pour retomber sur le rail suivant.

OBSERVATIONS SUR DEUX CAS : Un convoi endommagé, un train disparu.

N° 6. TEST CHIRURGICAL. Au milieu d'une opération délicate, éteindre brusquement la lumière et projeter du poil à gratter et de la poudre à éternuer.

OBSERVATIONS SUR UN CAS : Pendant une opération de l'appendice ; ablation rapide de la clavicule gauche.

N° 7. TEST MARITIME. Bander les yeux à un capitaine au long cours et lancer son navire dans une passe hérissée de rochers et d'icebergs et semée de mines flottantes.

OBSERVATIONS SUR DEUX CAS : Un (avec boussole), les canots de sauvetage ont normalement fonctionné. Un (sans boussole), le capitaine entre à la Compagnie du gaz.

Professeur Cosmos.

Haute nouveauté !

Le dernier-né de la technique américaine,

le stylo DEON.

Le seul appareil de ce genre pouvant écrire sous l'eau, dans l'eau, dans le feu, dans la mélasse, sous le charbon, dans les w.-c., dans les tunnels, dans la soupe, etc. Comprenant outre ces perfectionnements, un lance-grenade, un grille-pain, un mètre cube de gaz d'éclairage, une ceinture de sauvetage et une boîte de clous.

Pour les commandes, écrire : TEN FOR CENT U.S.A., ou commissions françaises d'achats aux U.S.A.

par Pierre Cour **L'OS DE CŒUR** et Francis Blanche

Nous répondrons plus amplement aux colis que vous avez bien voulu nous envoyer, dès que le metteur en pages aura fini de faire sa tête de cochon et de comprimer notre rubrique dans un but que nous ne voulons pas expliquer, mais où il y aurait un peu de jalousie bassement matérielle que ça ne nous étonnerait pas ! Quoi qu'il en soit (pas lui), continuez à nous écrire, filles de cultivateurs, fils de fermiers, propriétaires ruraux, vous tous qui exploitez les riches produits de notre bonne terre française (les P.T.T. acceptent jusqu'à 1 kg 500).

Le jeune Paul Duchamp, à Saint-Ferdinand-le-Plouck, nous pose ce problème angoissant :

« *Cinq fois trois quinze, cinq fois quatre vingt, cinq fois cinq vingt-cinq, cinq fois six trente… Tout cela est bien joli, écrit-il, mais trente quoi ?* »

– Tiens, c'est vrai, trente quoi ? heu…

***

Encore un problème douloureusement humain dont nous extrayons la substance :

« *J'aime un jeune militaire et mes parents ne semblent pas approuver notre idylle sous prétexte qu'il est sénégalais et que les balafres qui sillonnent son visage lui donnent un genre voyou. Y a-t-il là de quoi briser le rêve de deux cœurs faits l'un pour l'autre ?* »

« P. S. – *J'ai oublié de vous dire que j'occupe une situation stable de garde-champêtre stagiaire à Saint-B…-sur-Y… ; je ne précise pas mon nom, quand vous me répondrez, je saurai reconnaître mon cas parmi tous ceux que l'on vous pose.* »

– L'amour pique ses flèches où il veut. Quant à vous deux partez planter votre tente ailleurs, on a si mauvaise langue dans les petits villages.

***

– Vous êtes trop bon, « Séducteur enflammé », et vous ne savez rien refuser à personne. Voyez-en aujourd'hui le résultat : de nombreuses perspectives de paternité ont les yeux fixés sur vous et vous obligent à regagner votre domicile à des heures avancées de la nuit, prenant ainsi sur un sommeil que vous n'avez pas volé. Comme nous comprenons que les jeunes filles peu sérieuses vous répugnent ! Ah ! la moralité est bien en baisse et tout cela n'est pas gai !

A votre place, on essaierait de tromper la surveillance de tout ce joli monde, un soir à la fraîche, et on filerait en prendre pour quinze ans dans la Légion. Le temps efface bien des choses !

***

Une lectrice de la Rivière-Thibouville qui signe « Blondinette dans l'ennui », nous écrit :

« *Au cours de mon dernier voyage à Paris, j'ai emprunté la ligne de métro Charentard-place Ballon. J'ai commencé à mes voisins le récit de mon périple dans le labyrinthe souterrain. J'en suis arrivée au moment où la rame quitte la station Belle-Nouvonne et mon histoire s'éternise, car je ne puis me souvenir du nom de l'arrêt suivant en direction de la porte de Charençon ! Renseignez-moi.* »

– Strabis-Saint-Denourg !

***

M. P. Meunier nous adresse cet appel :

« *Dès le premier regard, j'en suis tombé follement amoureux. Hélas ! l'autobus a démarré, emportant une idylle à peine ébauchée. Aidez-moi à la retrouver, elle est grande, blonde et porte des boucles d'oreilles.* »

– Vous avez tort de vous entêter, mais nous convenons qu'elle était adorable !

***

M. F. Naturaille nous écrit :

« *Il y a quelque temps (si mes souvenirs sont exacts, cela doit se situer dans la deuxième quinzaine d'avril dernier ou vers le 12 septembre 1942, à quelques jours près, j'ai cru reconnaître M. F. Cour ou M. P. Blanche ou M. Roméo Carlès, je ne sais lequel exactement, en manches de chemise, 68, rue de la Cerisaie, soutenant, d'une part, une conversation animée avec un quidam violacé et, de l'autre main, un pantalon défaillant.*

» A une fenêtre du rez-de-chaussée, une dame de forte corpulence, en léger déshabillé semblait être l'enjeu de cette discussion amicale, certes, mais dont René-Paul, si c'est lui, portait d'ignobles traces. S'agissait-il de Jacques Cathy ? Comment s'appelle celui qui fait les échos dans votre journal, c'est peut-être lui ? Avez-vous une photo de Pierre Dac et de votre dactylo ? Signé : Un timoré dans l'expectative. »

– Non !

Communiqué secret

2.75 – A.A. – B.C.6. – JOSEPH. – 4 M.G.B. – 3 – 4 – H6 – 6.4.2 – SAUVETTE – 6.35 – G. MEN – PAN.PAN – 000 – STAVISKY.

SALUTATIONS.

PUÉRICULTURE

2e leçon
Le lait, breuvage mortel !

Tel est l'objet de ce deuxième exposé. Quoi de plus vilain, en effet, je vous le demande, qu'un de ces bébés poussifs, gavés d'un lait blanchâtre issu de quelque pis anonyme et malpropre et peut-être pis ? Pouah ! Regardez son pauvre teint pâle, cet épiderme diaphane, cette vitalité déficiente ! Ce qu'il faut au tout-petit, c'est une nourriture saine, consistante.

A partir de la troisième semaine, faites prendre plusieurs fois par jour un biberon de ragoût de veau, de tête d'âne aux flageolets ou de bon cassoulet toulousain, si riches en précieuses vitamines D, utiles à la croissance. Pour en compléter la valeur nutritive n'hésitez pas à y ajouter deux ou trois œufs durs battus en neige. L'ensemble, très reconstituant, tiendra au ventre du nourrisson autant qu'à la paroi de la casserole, ce qui n'est pas peu dire.

Vous verrez alors Bébé reprendre ces bonnes joues colorées et fraîches que vous admirez à la fille du charcutier, et n'est-ce pas la plus belle récompense que la laborieuse élaboration des menus puisse apporter à une jeune maman ?

***

– Non, Madame R…, de Sarcelles, on ne dit pas « mon enfant est au beau fixe ». Demandez plutôt à votre médecin de famille la différence qu'il y a entre un baromètre et un thermomètre. Vous verrez, c'est très simple.

– Mamans, qui avez des bébés, bébés, qui avez des mamans, consultez-nous. Un conseil peut éviter le pire ; c'est ainsi que Mme Simone S…, à Ezanville, ne donne plus à son petit la lavette à vaisselle en guise de sucette. Nous lui avons expliqué combien cet usage est malpropre.

Cousine CARMEN.

M. J.-P. Robert, notre sage-homme maison, répond à toute lettre polie, datée et signée, accompagnée, si possible, d'un bon usage ville ou de l'équivalent en argent.

Cinéma

HELLZAPOPPIN

Hellzapoppin est un excellent film et ce n'est pas par hasard qu'il a été sous-titré en français par nos amis Pierre Dac et Fernand Rauzéna, car c'est un film parfaitement loufoque, libre comme *L'Os*.

Il est admirablement sans queue ni tête et c'est vous qui vous entêterez à faire la queue pour le voir. Vous aurez raison, toute la raison qui, heureusement, lui manque.

Dommage que l'interprétation soit si terne. Il n'y a guère de véritables acteurs, sauf un, qui, d'ailleurs, crève l'écran… C'est celui qui éternue. On n'a jamais vu éternuer comme ça. C'est un monument. Un monéternuement…

Mais les autres sont un peu absents, ce qui donne au film une certaine sécheresse et l'empêche d'être un chef-d'œuvre.

Malgré ce handicap, *Hellzapoppin* reste une des œuvres les plus intéressantes que nous ayons vues depuis longtemps. Car, sur la voie du coq-à-l'âne, je ne pense pas qu'on soit jamais allé aussi loin.

Vous voyez non seulement un film, mais aussi l'opérateur qui le projette. L'opérateur se fait rappeler à l'ordre par les personnages de l'écran. Et puis, il y a des ennuis. Les images d'un autre film se mélangent à celles du premier. Cela fait des complications. Et tout cela se développe avec un air d'humour parfaitement irrésistible.

D'un bout à l'autre, ce n'est qu'une suite de gags, à un rythme affolant. Les gags sont, bien sûr, de qualité inégale, mais un bon nombre d'entre eux sont sensationnels.

En outre, il y a là un travail de prises de vues et de montage tout à fait remarquable.

Cela manque de poésie, mais c'est un bel exercice de l'esprit. Et puis, c'est du vrai cinéma – celui qu'on voit si rarement.

Petites Annonces

SURPLUS FRANÇAIS À VENDRE

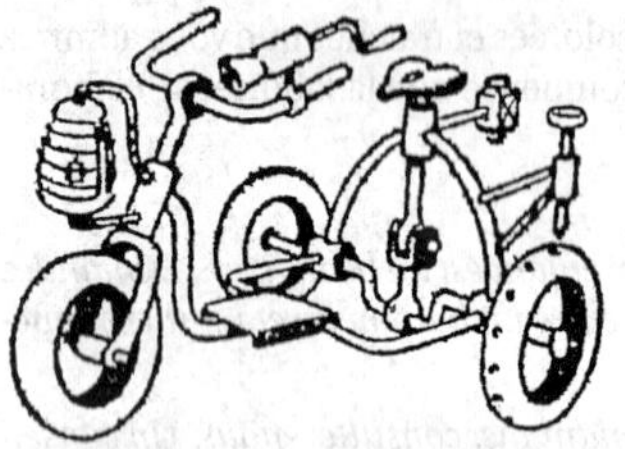

A enlever bon prix, par suite erreur de fabrication, à la MANUFACTURE PARISIENNE DE CHARS DE COMBAT : 15 783 tricycles à 3 roues. Armature acier, éclairage indirect, avertisseur, frein percuteur, etc.

Pédalage par translation verticale de la selle. Conviendrait bien pour entraînement jockeys. Faire offres à la Manufacture Parisienne de chars de combat, 170, boulevard Victor-Hugo, Saint-Ouen (Seine).

OFFRES D'EMPLOI

On demande jeune fille présentée par ses parents pour scier du bois.

Très bon menuisier est demandé pour travaux d'écriture et répondre au téléphone.

DEMANDES D'EMPLOI

Chanteur de charme en chômage cherche petite représentation dans la sciure.

ÉCHANGES

Collectionneur échangerait six crânes de Napoléon gamin, contre objets même valeur.

SPÉCIALITÉS

Explorateurs, chasseurs de fauves, aventuriers n'entreprenez aucune expédition sans vous être munis de nos lacets de souliers « Le Fidèle ». Les seuls qui aient vaincu la jungle.

La boîte de sept lacets dont un cassé, tout prêt pour explor. nerveux : 198 fr. 70.

ARTICLES EXCEPTIONNELS

A enlever 150 000 imperméables carton laqué ; 12 000 000 d'épingles creuses type « couturière » à trois pointes et poignée dorsale ; 250 000 masques à poudre à éternuer achetés spécialement pour vous aux U.S.A. par nos missions d'achat à l'étranger. Envoyez vos soumissions sous enveloppes cachetées là où c'est susceptible d'intéresser.

CAPITAUX

Société nouvelle d'exploitation de pavage du Haut-Atlas recherche commanditaire avisé pour placement de famille.

DIVERS

Vaccins spéciaux localisant les rhumes de cerveau dans les genoux. Evitent les disgracieuses gouttes ou rien. La boîte de 12 ampoules : 495 fr. 90 moins 10 %, mais plus la taxe locale : 495 fr. 95.

Balai en forme de marteau, permet d'enfoncer la poussière dans le parquet, évitant ainsi le douloureux travail de la pelle. Monté, avec manche fonte pleine : 2 670 fr.

« Zizi », produit émollient, ramollissant les métaux les plus durs. Supprime toute fatigue aux forgerons. L'acier traité avec Zizi se pognasse comme de la vulgaire glaise. La grosse boîte : 12 fr. 90.

Paillasson détecteur, décelant dans le public les personnes se nourrissant grâce au marché noir illégal. Sonne au-dessus de 83 kg : 12 775 fr. Le même détectant les impétrants se fournissant au marché noir légal. Hurle lugubrement à partir de 47 kg 500 : 12 775 fr.

Chapeaux de nuit, forme canotier à bords ras, fourré de paille. Remplace le disgracieux béret de nuit. Equipé avec deux brides de serrage : 118 fr.

Chapitre IX (suite)

– Une pipe ! quelle drôle d'idée. Pourquoi une pipe ?

– Il paraît que cela ressemble à un bémol, mais le reste de la lettre n'étant point illustré, je me trouve devant ce papier aussi embarrassé qu'une girafe devant une hallebarde ! Tiens, mon bon, lis-moi ce qu'il y a là-dessus que je sache à quoi m'en tenir.

– Diable ! fit l'autre en se grattant vigoureusement le sinciput, c'est que… de mon côté, mon éducation n'a pas été poussée jusqu'aux savants déchiffrages de ces petits signes mystérieux qui forment l'écriture et mon cas ressemble au tien, mon compère, au point que je suis moi-même aussi quinaud devant cette feuille noircie qu'un homard à qui on demanderait de faire un saut périlleux.

– Allons bon ! nous voilà bien avancés tous les deux devant cette foutue lettre ! Sacrée Bémole ! elle ne s'est plus souvenue que mon instruction comportait quelques lacunes, dont celle-ci.

« Il faut croire qu'elle était singulièrement troublée par je ne sais quoi pour avoir oublié un détail de cette importance ! Il n'y a qu'une chose à faire, c'est d'aller trouver le curé. Pourvu, grands dieux, que cette satanée femelle ne m'écrive pas des choses par trop inconvenantes. Allons, viens ! »

L'homme se leva comme à regret, profita que son interlocuteur lui tournait le dos pour s'expédier rapidement dans le gosier le contenu du pichet tentateur, lequel, malheureusement, n'était pas du vin blanc comme il le supposait d'abord, mais de l'huile de colza, manqua étouffer pour ne pas se trahir, retint une abominable envie de dégobiller qui lui tordait le tube digestif depuis le pylore jusqu'à la pomme d'Adam, rejoignit Bombiscaille, pâle comme un camembert mal fait, et tous deux sortirent.

Quelques instants plus tard le bon curé, qu'ils avaient trouvé en train de jouer au bilboquet avec un vieux biscaïen espagnol, ayant chaussé ses souliers de cérémonie pour être plus correct et ses énormes besicles pour y mieux voir, – bien que descendant de presbytériens il était affreusement myope, – put enfin sortir Bombiscaille d'embarras.

La lettre disait simplement ceci :

« Mon cher Bombis, il faut absolument que tu me rendes un service d'aminche, et que tu sois à l'auberge de l'Araignée-sans-pattes après-demain à quatre heures du matin, sans faute. J'avertis par le même courrier Maître Coque, l'aubergiste, pour qu'il m'attende également à cette heure-là, car c'est celle à laquelle j'arriverai vraisemblablement moi-même d'après mes calculs. Je compte sur toi, vieux Bombis, et sur ta vieille et fidèle amitié, pour te trouver à l'heure dite au lieu dit, à moins que tu ne sois pendu, écartelé ou enrhumé (dans les deux premiers cas, je t'excuserai, mais pour le troisième, je pense que tu ferais quand même un petit effort pour m'être agréable). A après-demain, donc. Je te bise sur la moustache. »

Sur cette dernière phrase, la voix du brave curé se fit plus discrète, et c'est dans un murmure qu'il termina :

« Ton amie Bémole. »

– Voilà, c'est tout, dit-il en rendant la lettre à son destinataire. Mais que signifie donc cet escargot après la signature ?

– Ce n'est point un escargot, monsieur le Curé. C'est une pipe.

– Ah ! ma foi, je ne m'explique pas davantage la présence de cette pipe que celle d'un escargot. Mais peut-être suis-je indiscret ?

– Que nenni, monsieur le Curé. Il n'y a là rien de secret.

Et Bombiscaille réédita pour le bon père l'explication qu'il avait déjà fournie quelques instants auparavant au porteur du pli.

Après quoi, il remercia l'excellent homme de sa précieuse intervention, laissa en gage de reconnaissance une vieille pièce du Pape qui lui venait de son arrière-grand-tante, et s'en retourna promptement vers l'estaminet, suivi de son compagnon.

– Après-demain, murmura Bombiscaille en poussant la porte du cabaret. Nous sommes aujourd'hui jeudi, c'est donc samedi à quatre heures du matin – drôle d'heure tout de même pour un rendez-vous ! – que je dois être là-bas.

– C'est cela, répondit le messager qui venait de remonter sur son cheval et s'apprêtait à prendre congé. C'est exactement ce que m'a dit Mme Bémole.

– Comment ? hurla Bombiscaille en se retournant brusquement. Elle t'a dit ce qu'il fallait que je fasse ?

– Oui, pourquoi ?

– Comment, pourquoi ? Bougre de tête de congre que tu es ! Tu ne pouvais pas le dire plus tôt, au lieu de me laisser patauger, perdre du temps, déranger le cureton et faire tout ce trajet pour qu'il me lise la lettre ?

– Tiens, c'est vrai. Excusez-moi, mon vieux, l'idée ne m'en est pas venue !

Sur ce, piquant des trois (nous avons déjà, si notre mémoire est bonne, fourni une explication de cette anomalie cavalière), il disparut dans un nuage de poussière.

(*A suivre.*)

L'OS LIBRE

« Contre tout ce qui est pour – Pour tout ce qui est contre. »

NUMÉRO 74 – MERCREDI 2 AVRIL 1947

Est-ce le début de la fin des restrictions ? Le papier et à nouveau disponible et L'Os libre, *qui paraissait sur quatre pages demi-format depuis l'origine, retrouve la taille de* L'Os à Moelle *de 1938. L'éditeur en profite pour procéder à une augmentation du prix que Pierre Dac évoque, à sa manière, dans son éditorial. Elle s'ajoute à une liste impressionnante de hausses permanentes qui ont pour conséquence une baisse du moral des Français. Une application du principe des vases communicants dont ils se passeraient bien.*

Edito

Il y a du dur dans la corde à mou

par Pierre Dac

Il y a quelque temps, exactement six semaines ou deux mois et demi, je m'étais longuement excusé auprès de nos lecteurs de ne pouvoir, en dépit de leur désir et de leurs multiples sollicitations, augmenter le prix de vente de *L'Os libre.* Nous estimions, en toute conscience, que l'augmentation constante du prix de revient et des charges afférentes compensait largement l'insuffisance dudit prix de vente.

Et puis, les événements ont marché, la situation, de quotidienne, est devenue journalière pour se révéler finalement d'une permanence à laisser pantois les partisans de la philosophie périodique et à occultation, sans parler, naturellement, des incidences multiples et à forme aggravante qui sont venues se greffer sur l'ensemble des éléments constitutifs formant la base du fond même des problèmes posés par tout ce qui en était à l'origine.

Voilà pourquoi, nous rendant, d'une part, au bureau de tabac pour toucher notre décade, et à l'évidence, d'autre part, nous avons pris la décision de porter le prix de *L'Os libre* à cinq francs en justifiant cette augmentation par la transformation

du simple au double du format de notre hebdomadaire, qui, de ce fait, quoique continuant à ne paraître qu'une fois par semaine, devient incontinent quotidien par sa présentation et sa formule éclectique.

Nous n'en resterons pas là, car le but que doit poursuivre sans relâche un journal digne de ce nom, est de rechercher l'évolution constante. Dès que nous pourrons agrandir encore notre format, nous n'hésiterons pas à le faire. Et quand nous parviendrons à paraître en 1 m 95 × 2 m 10, on marquera d'une pierre à briquet le jour où l'événement se produira.

Ces explications étaient nécessaires et je ne doute point qu'elles n'aillent droit au cœur de nos lecteurs de la même manière que le jet d'eau atteint en plein visage celui qui se trouve devant.

Le moment est venu de se raidir.

Le temps des délices de Papou est révolu. Chacun dans l'ensemble de sa conjoncture individuelle, doit se rendre compte de ce qu'il réalise. Voilà ce que j'avais à vous dire. J'ai la conviction de l'avoir dit sans rien omettre de ce que j'avais à dissimuler. Et maintenant, au travail ! Haut les cœurs, bas les pattes et en avant pour le demi-tour !

PUÉRICULTURE

L'enfant pleure. On admet généralement deux causes possibles à ces premières manifestations vocales. Il a faim ou il est mouillé. Pour le premier cas, je vous ai indiqué la semaine dernière comment calmer sa voracité avec des œufs durs battus en neige ou une choucroute accompagnée d'une chopine de Spatembraü.

A ce propos, Mme Musclet, à Saint-Brice, me confie que son bébé n'a pu extraire le contenu par trop consistant du biberon de canard au sang. Il doit y avoir une paresse de l'enfant qui joue avec la tétine au lieu de tirer sérieusement. Essayez de servir ce menu reconstituant, à la volée, dans un plat à tartes ou avec la seringue Técalémit à haute pression. Voilà donc écartée l'hypothèse de la faim.

Bébé continue à pleurer. Il est mouillé ; je connais des mamans qui passent le plus clair de leur temps à changer leur petit, mère et bébé s'énervent sans profit. Le plus sage est de placer le nourrisson tout empaqueté dans le four de la cuisinière en le laissant entrebâillé (le four).

A ce propos, je vous rappelle que ce n'est pas parce que l'enfant est un jeune animal qu'il faut l'abandonner à la chaleur comme on fait pour le chat de la maison, car ce dernier possède des points de repère pour juger de sa propre cuisson, l'enfant n'en a aucun. Enfants torréfiés, parents négligents, dit le proverbe.

Sous le même prétexte, ce n'est pas avant le huitième mois que vous pourrez faire prendre au bébé l'habitude de satisfaire les exigences de la nature dans la boîte à sciure du chat.

Mlle Meunier, du Mesnil-Aubry, me demande si elle aura la chance d'avoir des enfants.

– Chère lectrice, je ne connais pas l'étendue de vos relations ! Votre famille est-elle à cheval sur les principes ? Ecrivez-moi vite !

M. J.-P. Robert, notre sage-homme maison, répondra aux lettres que vous voudrez bien lui adresser avec un petit quet'chose. Merci !

Cousine CARMEN.

À Os rompus

Pain et panique

M. Tanguy-Prigent, ministre de l'Agriculture, à qui personne ne demandait rien, déclarait l'autre jour que la soudure du blé était assurée, qu'il avait beaucoup moins gelé cet hiver qu'on l'avait dit et que, par conséquent, notre ration de pain ne serait réduite ni en quantité ni en qualité.

Venant après maintes déclarations analogues faites jadis par d'autres ministres au sujet du vin, de la viande et même du pain, ces imprudentes paroles ont eu l'effet que l'on en pouvait attendre. Une véritable panique s'est aussitôt déclarée parmi les consommateurs. De toutes parts, on ne voit que gens constituant en hâte des stocks de farine, cachant des croûtons derrière leurs malles, courant à la recherche des faux tickets !

Les choses en sont là. Seul un démenti émanant du président du Conseil, voire du président de la République, pourrait calmer les inquiétudes de la population.

Chronique sportive

Voyant que les Parisiens commençaient à se fatiguer de la viande en boîte qui, depuis pas mal de temps, leur tient lieu de grillades. M. André Philip a eu l'heureuse idée de varier un peu le menu en remplaçant, la semaine dernière, les conserves de bœuf (*corned beef*) par des conserves de cheval (*horse meat*).

Cette innovation a eu les meilleurs résultats en ce qui concerne la condition physique des consommateurs, dont certains réussirent à couvrir le 100 mètres en 11 secondes 10 dixièmes, et même moins pour les gros mangeurs.

La semaine prochaine, une distribution de kangourou (*kanguroo meat*) permettra certainement aux habitants des grandes villes de battre tous les records précédemment établis dans les sauts en hauteur, longueur et profondeur.

Un oubli

On sait, d'autre part, que le ministre de l'Economie nationale a divisé en quatre catégories les viandes qu'il ne nous donnait pas. Nous avons ainsi (c'est une façon de parler) la viande à griller, la viande à rôtir, la viande à braiser et la viande à bouillir.

Nous attendons cependant que M. Philip nous dise dans quelle catégorie il convient de ranger la viande à manger crue et aussi la viande creuse, dont il a été fait ces temps-ci une consommation quelque peu abusive.

Pour les sucreplus français

La récolte betteravière ayant été excellente et, d'autre part, les Etats-Unis se préparant à nous envoyer 200 000 tonnes de sucre, les autorités compétentes et responsables ont pris la décision de ramener pour ce produit notre ration mensuelle de 750 à 500 grammes.

L'intention du gouvernement serait de constituer des surplus français, analogues aux surplus américains et qui seraient liquidés de la même façon, c'est-à-dire dès les premières pluies.

Rappel à l'ordre

De nombreuses personnes s'étant suicidées pour n'avoir pas su rédiger correctement leur déclaration d'impôts, le ministère des Finances croit utile de rappeler que de tels expédients sont absolument sans intérêt pour la collectivité.

De tels abus, s'ils venaient à s'étendre, risqueraient de provoquer, dans un avenir plus ou moins proche, la disparition totale du cheptel contribuable.

La première conséquence de cette catastrophe serait d'obliger à réduire, voire même à supprimer de nombreux postes civils, militaires, ministères, administrations, etc., peut-être inutiles, mais occupant d'immenses locaux.

Si ces derniers se trouvaient subitement vidés de leur substance, alors éclaterait la plus formidable crise de logements vacants de l'histoire.

Afin d'empêcher un tel aboutissement qui porterait un coup fatal au prestige de l'administration française à l'étranger, le ministère des Finances interdit formellement le suicide sous toutes ses formes.

Tout contrevenant s'exposera à des peines de prison et à des amendes qui seront précisées au *Journal officiel.*

Va-t-on enfin racler les fonds de terroir ?

Au moment névralgique où, devant sa déclaration d'impôts le squelettique contribuable s'interroge une dernière fois, pour savoir où tous les argents qu'il déclare ont bien pu passer, il serait bon que le gouvernement qui autorise la publication hâtive de scandales médiocres, fasse plutôt la lumière sur des faits un peu plus monstrueux.

Chose curieuse, les représentants du peuple, si bavards en période électorale, observent un mutisme aussi farouche que leur désir de bien faire.

Le monde paysan, qui ne demande qu'à s'intégrer au redressement de la nation, se voit écarté sans scrupule des charges fiscales auxquelles, dans sa candeur naïve, il espérait bien participer loyalement et dans toute sa mesure.

Or, quelques partis croyant favoriser les élections, bien compromises par l'absence des plus élémentaires compétences, ont cru particulièrement habile de ménager ceux-là mêmes qui se meurent d'un civisme inemployé.

Par contre, l'ouvrier des villes semble avoir acquis le favoritisme gouvernemental. Cette marque d'estime provoque d'ailleurs parmi les intéressés un chaud mouvement de reconnaissance envers un gouvernement dont l'action démocratique ne cesse de se manifester activement et bénéfiquement sous toutes ses formes : élections, commerce, ravitaillement, réquisitions, nationalisations, économies, etc., etc.

Le modeste ouvrier qui se voit attribuer, ipso facto, le redoutable honneur de contribuable ex æquo avec le gros cultivateur, reconnaît qu'un sincère alignement des classes a été enfin obtenu.

Marks de sympathie dans le clan opposé

Les gros propriétaires terriens protestent en masse et avec vigueur ; pourquoi nous néglige-t-on sciemment ? s'écrient les nouveaux parias, à telle enseigne que nous ne sommes pas plus imposés que les salariés des villes. Oublierait-on, en haut lieu, qu'il nous reste encore de cet argent maudit que les barbares teutons jetèrent dans nos pauvres mains désarmées en échange de denrées dérisoires. Ces fonds sacrilèges que, manque de place, nous avons dû convertir en or, bijoux, immeubles ou terres, nous brûlent les doigts.

L'Etat doit nous en débarrasser au plus tôt ; sinon les plus éprouvés d'entre nous, abandonnés à eux-mêmes comme dans les jours sombres de l'Occupation, seraient tentés de recourir à des issues fatales.

M. Robert Schuman, le moment est venu de voler à l'aide de ces malheureux qui, s'ils n'étaient soulagés, risqueraient de succomber à une juste rancœur, dont le monde ouvrier serait la première victime.

Par pitié, mes bons messieurs les gouvernants, pensez à ces misérables qui tendent vers vous leurs pauvres menottes souillées d'un argent fatal, accordez-leur, à eux aussi, le minimum vital.

---

par Pierre Cour

L'OS DE CŒUR

et Francis Blanche

La grève des P.T.T. n'ayant pas coïncidé avec celle des journaux, nous nous trouvons devant un nombre impressionnant de lettres auxquelles nous ne pouvons répondre en particulier. Nous ferons de notre mieux pour satisfaire tous nos correspondants, mais, attention... inutile de chercher à obtenir un tour de faveur en nous comblant de petites gâteries, telles que : cigarettes, chocolat, chewing-gum, ou portes-mines... Essayez, tenez... pour voir...

***

Une fidèle lectrice nous demande :

« *Comment prépare-t-on les yeux de bœuf ? Les mange-t-on crus, ou faut-il les crever, les battre et les cuire tout comme une omelette ?* »

– Non, CŒUR SAIGNANT, les yeux de bœuf ne se mangent pas crus, mais simplement pochés. Vous les servez dans le potage, en prenant bien soin qu'ils nagent à la surface du bouillon. Rien de plus appétissant qu'un plat bien présenté.

***

M. Pierre B..., de Grenoble, nous écrit :

« *On a organisé des courses de chevaux, de voiliers, de motos, d'autos, de lévriers, etc., et jamais une seule course de locomotives. Je crois qu'il y a là une lacune à combler.* »

– Erreur, monsieur Pierre B..., de Grenoble ; ouvrez donc vos anciens manuels scolaires, à la rubrique des compétitions ferroviaires, et prenez également connaissance de la course que voici : « Deux trains partent à la même heure, l'un de Bordeaux, l'autre de la gare d'Austerlitz, à Paris. Le premier fait 75 kilomètres à l'heure, le deuxième fait 85. A quelle distance de Paris sera chacun d'eux, au moment où ils se croiseront ? » Envoyez-nous vos pronostics.

***

– GRANDE TOURMENTÉE : Non ! Pic de la Mirandole n'est pas un mont des Pyrénées, mais un puits de science. Voilà !

***

– M. René H..., de Longueau (Somme), 21 ans. Si l'oncle du cousin de la belle-sœur de votre dulcinée adore les bêtes, vous avez raison, pour lui faire plaisir, d'entreprendre de l'élevage. Mais nous vous conseillons de renoncer au lapin, devenu bien banal à force d'être posé. Elevez donc plutôt le hérisson. C'est une occupation qui ne manque pas de piquant, et c'est d'un bon rapport. On fait de très jolis pull-overs tricotés avec le poil de ce caressant animal. Tenez-nous au courant.

***

M. le vicomte de R..., qui signez PETIT RANCUNIER :

– Vous avez tort de bouder votre belle-maman sous prétexte que vous l'avez poussée dans la cage de l'escalier. Quand elle rentrera de l'hôpital, accueillez-la avec un large sourire et une affectueuse tape sur l'épaule. Cela ne pourra que lui faire plaisir et rétablir le courant de sympathie ; mais ne lui dites pas, comme dans la lettre que vous nous adressez : « Je tâcherai de faire mieux la prochaine fois... »

Mme la Douairière L..., hôpital Marmottan.

– Vous avez entièrement raison ; vos soupçons ne sont pas sans fondement et vous êtes tombée pile : votre beau-fils semble avoir légèrement abusé. Aussi, lorsque vous allez rentrer à la maison, ne vous laissez pas prendre à des sourires qui ne peuvent tromper personne. Tenez-vous sur votre réserve et gardez vos distances..., surtout dans l'escalier. Tous nos vœux de prompt rétablissement.

***

– PETITE MADAME, qui faites l'apprentissage de vos devoirs d'électrice, il semble que vous ayez confondu « Gars du Milieu » et « Hommes du Centre ». Précisez-nous votre pensée.

Deuxième question : Oui, les élections d'octobre sont terminées.

***

Et voici du neuf avec du vieux :

De Mlle Renée G., à La Seyne (Var) : *« Les petits cadeaux font les grandes rivières », « Les petits ruisseaux entretiennent l'amitié. »*

De M. Roger P..., à Gometz-le-Châtel (S.-et-O.) : *« Ce que femme veut n'amasse pas mousse. » « A l'impossible les grands remèdes. »*

N'hésitez pas, envoyez-nous des pensées profondes, car *« Tant va la pierre qui roule qu'à la fin elle justifie les moyens ».*

C'est bête !

d'utiliser ce masque coûteux

Elle ne connaît pas

« PUGIBLASE »

le désinfectant qui pue !
PUGIBLASE ratatine toutes les mauvaises odeurs !

PUGIBLASE est à base de gadoue aromatique, de purin floral et d'extraits organiques purs de putois mâles sélectionnés.

Le tube de 1 cm^3 pouvant désinfecter une surface double de celle des Usines Renault, à Billancourt : 6 fr. 90.

Demander le flacon-goutte pour appartement : 0 fr. 10.

PUGIBLASE, Gennevilliers.

Avez-vous l'estomac rouge ?

Notre confrère France-Soir *publiait l'autre jour une bien belle histoire, celle d'un citoyen américain nommé Tom, comme vous ou moi. L'histoire ne date pas d'hier puisque le début se situe aux environs de* 1895. *A cette époque, Tom, âgé de quinze ans, avala des huîtres bouillantes en telle quantité qu'il en eut l'estomac bouché... Pour la suite, laissons la parole à notre confrère :*

« On l'opéra, mais les médecins d'alors manquaient encore de virtuosité, ils laissèrent à Tom une ouverture dans le ventre et c'est par cette bouche artificielle que Tom mange depuis plus de cinquante ans.

» – Je mâche d'abord les aliments pour en avoir la saveur, explique-t-il volontiers, puis je les mets directement dans mon ventre. Ça ne me gêne que lorsqu'on m'invite à déjeuner. »

On comprend ça. Dès les hors-d'œuvre, l'oncle Tom déboutonne son gilet, ce qui, dans la bonne société, ne se fait que vers la fin du repas.

Tom continua donc à s'alimenter en deux temps durant de nombreuses années et puis :

« Un jour de 1940, *Tom vaquait à ses affaires quand sa femme lui dit :*

» – On te demande au New York Hospital.

» A son arrivée à l'hôpital, Tom fut reçu par deux médecins. Ceux-ci admirèrent d'abord par la brèche de son abdomen les parois de son estomac, puis ils lui posèrent tant de questions qu'il se mit en colère. Alors, l'estomac de Tom devint aussi rouge que son visage, en même temps que ses parois durcissaient et qu'augmentaient ses sécrétions. »

Telle fut l'origine d'une découverte médicale appelée à bouleverser la stomatologie : quand un homme se met en colère, son estomac devient rouge.

Pourquoi je raconte à mon tour tout cela ? Mais, voyons, pour rendre service à M. Ramadier en lui montrant le parti qu'il peut tirer de la découverte. Rien de plus facile, maintenant, que de sonder l'opinion. Veut-on savoir ce que le peuple pense de la politique gouvernementale ? Il suffit d'ouvrir un contribuable par-ci par-là et de regarder à l'intérieur. L'estomac est-il d'un joli rose pâle, alors ça va, on peut forcer encore un peu sur les impôts. Tourne-t-il au contraire au rouge vif ? Dans ce cas, il y a lieu de se méfier et d'y aller plus mollement.

Notez qu'il n'est même pas utile de recoudre le sujet, qui demeure ainsi tout préparé pour un autre examen.

Faits divers

DE TOULOUSE (de notre corresp. partic. J. Thibaut). – Un inconnu a fait don à la municipalité d'une bombe inexplosée de 587 kilos qu'il avait découverte dans son champ en creusant un puits de mine pour chercher du charbon. Malheureusement, les employés de la mairie de Toulouse ayant des courses urgentes à faire en ville, le mystérieux donateur, vexé sans doute de ne trouver personne à qui remettre son cadeau, n'a pas donné suite à son geste généreux. Le comité des fêtes et sauteries le recherche activement.

De Toulouse également. – Samedi, vers 11 heures, alors qu'il procédait au nettoyage du wagon 551 478 L, stationne gare Roguet, Amédée Ajouet ne pouvant plus faire pivoter, pour le vider, le cendrier du compartiment 4 bloqué par un mégot, eut la malencontreuse idée de retourner le wagon. Ce dernier se trouvant attaché à une rame, une équipe de secours est employée activement pour dégager la voie obstruée par 67 voitures.

DE RAMOULU (Loiret). – Un trimardeur qui s'était endormi sur le bas-côté de la nationale 115 a été surpris par un couple de gendarmes. Ces derniers lui ayant rappelé qu'il était interdit de coucher dehors, l'ont obligeamment conduit à son domicile habituel où ils l'aidèrent à se mettre au lit.

LA SCIENCE

L'appendicito-machina ou la machine à opérer l'appendicite

Certains lecteurs pourront s'étonner de nous voir empiéter aussi résolument dans le domaine de notre très estimé confrère : le docteur Roméo Carlès.

L'appendicito-machina ressortit cependant nettement à notre chronique par son côté technique. De plus, grâce à cette belle invention, les patients (oh ! combien) du docteur Carlès ne risqueront plus de passer de vie à trépas, comme ce malheureux qui souffrait d'un rhume des foins et auquel le docteur Carlès amputa d'abord le nez, puis la tête entière sous le prétexte de l'empêcher d'éternuer.

L'appendicito-machina se compose de deux parties : l'une pour l'usage interne et l'autre pour l'usage externe.

La première partie n'est autre qu'un solide jerrican empli de limaille de fer. Quand un malade, ou un bien-portant, ressent des douleurs du côté où l'on situe approximativement l'appendice, on lui fait absorber, avant chacun des principaux repas, une bonne louche de limaille de fer. Celle-ci se faufile dans l'intestin aussi aisément qu'un moellon dans le chas d'une aiguille et certaines particules ne manquent pas de se glisser sournoisement dans l'appendice. Quand celui-ci est empli de limaille de fer, il devient induré. Le patient s'en aperçoit dès qu'il ne peut plus endurer l'induré.

C'est alors que la seconde partie de l'appendicito-machina intervient sous la forme d'un puissant électro-aimant qui, placé au bon endroit, attire violemment la limaille de fer et conséquemment l'appendice qui la contient. On pratique une incision rapide, l'appendice se colle à l'électro-aimant, on coupe, on fait un nœud papillon pour que ce soit plus léger et on recoud, à la machine à coudre, l'abdomen ainsi libéré.

Le sang n'a pas le temps de couler et le malade jouit ensuite d'une robustesse à toute épreuve : une véritable santé de fer.

Professeur COSMOS.

ENFIN, un vernis qui tient !

A base de soudure autogène fluidifiée.

Si vos murs menacent de s'effondrer, si votre voiture bringuebale, si vos meubles s'écroulent, inutile d'imaginer d'horribles causes…

C'EST QUE VOUS N'AVEZ PAS UTILISÉ LE VERNIS « FIGÉE ».

Tous coloris, tous usages.

En vente partout, partout.

Le vernis FIGÉE, le vernis indécollable.

La commission de la bretelle

J'ai le sentiment très net, dans les heures graves qui s'égrènent actuellement, que nous arrivons de plus en plus à proximité de l'angle droit du virage de nos destinées, tant nationales qu'internationales.

Loin de moi de vouloir critiquer en quoi que ce soit la politique de ceux qui en ont assumé la charge. Certains remous récents, ou certains récents remous m'ont fait comprendre qu'un conformisme de bon aloi était souhaitable et qu'il était indispensable de savoir opportunément baisser ses chausses devant la vérité omnipotente de la raison d'Etat. Tout en relevant néanmoins sa cravate et en zigzaguant du plastron pour ne pas avoir l'air de faire du béni-oui-oui intégral et pour sauvegarder la dignité ou tout au moins son apparence.

Ceci dit, comme on dit à Bel-Abbès, je me sens, par le fait même de mon loyalisme ainsi exposé, parfaitement à mon aise pour développer les critiques que ma conscience me fait un devoir de formuler.

D'après ce qui nous est affirmé, le moment des économies massives a sonné au beffroi des déterminations gouvernementales. La commission de la hache est entrée en fonctions et si nous en jugeons par ce que les premiers communiqués en disent, ça va faire du bruit dans le silence du sérail. Aussi bien n'est-il pas mauvais, dans les présentes circonstances, de se remémorer le fameux « tailler c'est bien, maintenant il faut recoudre » de Catherine de Médicis, dont on se rappelle que les mémorialistes ont écrit qu'elle était femme à connaître midi six à sa porte.

Mes connaissances, tant ethnologiques que psycho-biologiques, me permettent d'affirmer que rien n'est plus coupant que le tranchant d'une hache. Donc, la hache, brandie par la commission du même nom va tailler, trancher, abattre et durement travailler du manche dans la forêt des abus, des exactions et de l'impéritie. Nous ne pouvons qu'applaudir de toutes les mains dont nous disposons à ces excellentes dispositions. Mais abattre n'est pas tout. Il faut également soutenir, sans quoi, rien ne tiendra. Et c'est à ce propos que je n'hésite pas à me servir d'une image qui paraîtra peut-être un peu osée à ceux qui se formalisent de ce qui les choque : j'estime pour ma part, quoique avec prudence et toutes proportions gardées, qu'il y a analogie massive et culturelle entre le pays et un pantalon d'homme. Raisonnons un peu, un pantalon pour avoir figure humaine, doit avoir un fond ; le fond de pantalon est en quelque sorte la pierre angulaire du vêtement.

Le pays, de son côté, doit obligatoirement avoir du fond, faute de quoi son existence serait bien précaire. Le pantalon est nanti d'une ceinture. Nul ne contredira qu'il y a un bon moment que le pays est dans le même cas depuis le temps qu'il s'en met une.

Enfin, les revers qui ornent le bas du pantalon sont de mode depuis une fort lointaine époque, c'est dire assez qu'avant de relever nos manches le législateur avait compris qu'il fallait d'abord relever nos pantalons. Or, pour ce qui est de la question des revers, le pays, à l'instar du pantalon, a de solides raisons de croire qu'il en est largement pourvu, pour ne pas dire exagérément. En bref, identité presque absolue entre le pays et le pantalon.

Or, qui soutient le pantalon, sinon les bretelles ? Il faut donc des bretelles au pays. Des bretelles solides et souples, tout à la fois, qui le soutiendront et l'empêcheront de tomber. Des bretelles physiques et des bretelles morales qui le tiendront correctement fixé et lui donneront l'aspect impeccable qui fera dire à l'étranger : « Voilà un pays qui ne fait pas de plis »…

La bretelle, qu'on le veuille ou non, est à l'ordre du jour. Elle doit passer au premier plan des préoccupations, non seulement des hommes de gouvernement, mais encore et surtout de tous les citoyens dont le pantalon abrite des sentiments élevés et généreux. La bretelle redressera le pays. Rien de définitif ni de durable ne pourra se faire sans elle. La commission de la hache c'est très bien, à la condition expresse que, concurremment et parallèlement, soit créée une commission de la bretelle. Alors, ce jour-là, et ce jour-là seulement, nous pourrons dire que la politique de soutien est entrée dans la voie des réalisations constructives qui redonneront à notre pays le maintien de bon ton qui est son apanage et sa raison de se tenir debout.

Pierre Dac.

Tourisme et trouvailles
La Chambre des députés

La Chambre des députés est, en quelque sorte, le palais de la Démocratie. C'est pour cela qu'on lui a donné le nom de Palais-Bourbon.

Le Palais-Bourbon se divise en plusieurs pièces. On y compte notamment :

Les salles des commissions où les députés de province resserrent les commissions que leurs électeurs les ont priés de rapporter de Paris.

La salle des commissions d'enquête, où les députés, fatigués, sont assurés de trouver le calme, le repos, le silence, et tout ce qu'il faut pour dormir.

Les W.-C., où les députés se cachent quand Francisque Gay fait un discours.

La buvette, où les députés siègent en permanence.

Enfin, la salle des séances, où les députés vont quand ils n'ont rien de mieux à faire.

La salle des séances

Cette salle a la forme d'un hémicycle. Elle est surmontée de tribunes réservées au public dans lesquelles prennent place des agents de la sûreté en bourgeois.

Au-dessous, s'élèvent les gradins où les députés s'asseyent selon leur tendance politique. Les députés d'extrême-gauche s'asseyent à gauche. Les députés de gauche s'asseyent au centre. Les députés du centre s'asseyent à droite. Les députés de droite ne s'asseyent pas.

Chaque député a, devant lui, un pupitre.

Quand un parlementaire est sur le point de s'endormir, ses collègues font du bruit en frappant le battant de leur pupitre contre la partie fixe de la table.

A l'intérieur de leurs pupitres, les députés enferment des objets nécessaires à leur travail, à savoir : du papier à lettres, des pétards, des boules puantes, des hannetons, etc.

Les places qui furent occupées par des parlementaires célèbres portent des plaques commémoratives. On remarque entre autres la place de Thiers, la place de Gambetta, la place de Waldeck-Rousseau, la place de Briand, etc.

La place de Camille Pelletan est toujours inoccupée. Elle est restée libre, d'abord en signe de déférence envers ce grand Français, et aussi parce que les quelques députés qui s'y sont assis ont récolté des petites bêtes dont ils ont eu, par la suite, bien du mal à se défaire.

Certains législateurs renommés ont une demi-douzaine de plaques à leur nom. Cela tient à ce qu'au cours de leur longue carrière politique, ils ont occupé successivement plusieurs places. A leur début, ils ont généralement siégé à l'extrême-gauche, puis à gauche, au centre, à droite, et, enfin, au banc du gouvernement.

Le banc du gouvernement occupe le premier rang des gradins, au centre. Il est placé dans les courants d'air. C'est ce qui explique pourquoi ceux qui l'occupent n'y restent généralement pas longtemps.

Au début de la République, le banc du gouvernement ne comprenait que huit ou dix sièges. Il en compte, à présent, quatre fois plus et déborde sur les travées avoisinantes.

La tribune

Au centre de l'hémicycle se dresse un meuble appelé tribune. On y accède par deux escaliers latéraux. Il supporte un verre d'eau sucrée.

Quand un député ou un ministre a soif, il monte l'un des escaliers et va boire le verre d'eau.

Il profite généralement de sa situation élevée pour dire quelques mots, et, comme cela se produit toujours, après avoir évoqué la pluie et le beau temps, il finit par parler politique.

Il en résulte généralement un peu de tumulte. Les députés qui à force de vivre ensemble, ont fini par se connaître, se traitent alors réciproquement de traîtres, de vendus, de faux frères, de Saxons et de raclures d'asticots.

Ils se lancent aussi des coups de poing que les huissiers, chargés d'alléger la tâche écrasante des législateurs, reçoivent dans la figure.

Car les députés n'encaissent qu'une fois par mois, et seulement à la caisse du Palais-Bourbon.

LES JEUX... À LA COQUE

SAUTE ! AU FROC

Ce jeu pour être très amusant doit être joué par des personnes d'âges et de sexes différents.

On choisit une pièce assez vaste dans laquelle on fait l'obscurité. Ceci fait, les joueurs se déshabillent complètement et jettent leurs vêtements en tas au milieu de la pièce. Le meneur de jeu fait alors mettre les joueurs en cercle et touille vigoureusement les vêtements pour augmenter la difficulté du jeu. A ce moment il crie : « Saute au froc ! » A ce signal, chacun se précipite sur le tas de vêtements et doit, dans l'obscurité, se vêtir de son mieux en s'emparant d'une ou plusieurs pièces du tas. Pendant ce temps, le meneur de jeu compte jusqu'à cent. A cent, il tourne le commutateur électrique. Il vérifie alors la tenue des joueurs et distribue des gages à ceux qui n'ont pas eu la chance ou l'adresse de trouver un vêtement décent ou adéquat. A titre d'exemple, il est évident que le monsieur qui ne sera vêtu que d'un soutien-gorge se verra donner un gage plus fort que la dame qui aura réussi à se vêtir d'une cravate et d'une paire de snow-boots. Si deux joueurs ont, par mégarde, enfilé le même pantalon, ils reçoivent bien entendu, un gage d'égale importance.

Dans ce jeu familial, il est naturellement interdit d'employer la brutalité. Les coups de pied dans le ventre sont absolument défendus !

BONNE RÉCOMPENSE !

à qui me rapportera Nounourse oublié au cours d'un essayage lingerie dame, chez HORTENSE, rue de la Paix.

Nounourse est doux, affectueux, pèse 458 kilos et mesure 2 m 65 nu-tête.

Discrétion d'honneur assurée à la personne de cœur qui me rapportera le compagnon d'une vie de solitude romanesque.

Mlle Eulalie DUPAIN,
bureau des Surplus,
1, boulev. Haussmann, Paris.
Tait. 85-12

PETITES ANNONCES

OFFRES D'EMPLOI

Marchand de soupe cherche représentants bien introduits, pourcentage sur la vente.

Manufacture de poireaux soufflés demande personnel qualifié. S'adresser Cie artistique et continentale d'exportation de poireaux soufflés, 3, avenue de l'Opéra, Paris.

Couple jeunes mariés, femme pouvant faire tous travaux et mari feignant, cherche emploi quelconque.

Jeune femme bien, jolie, caractère jovial, grandes facilités pour le tricot, cherche petit emploi de bureau, secrétaire à la rigueur.

LOCATIONS

Ménage de puces retraité, 79-83 ans, louerait à jeune ménage puces, petit chien basset, sérieux, n'aimant pas l'eau et ne sortant pas le soir.

Pianiste en chômage louerait à ménagères stationn. devant boutiques, beau piano à queue.

ARTICLES DE VOYAGE

Bascule portative pour se peser durant les longs voyages en métro, aide à se donner une contenance : 2 955 fr.

Distributeur à chocolat pour voyageur désœuvré et gourmand. Prix : 3 733 fr. 10.

Appareils à sous donnant un peu d'animation et d'intérêt. Prix : 1 340 fr.

Machine à laver les carreaux : 5 010 fr. Etc., etc.

DIVERS

Timbre avertisseur pour percepteurs cyclistes. Nouveau vibrateur. Modèle pour avertissement sans frais. La pièce 18 fr. 90

Timbre avertisseur compteur de victimes pour percepteur automobiliste pressé : 2 095 fr.

Gilet caoutchouc. Très grosse contenance. Permet d'honorer tous les toasts, à l'occasion de toutes cérémonies où l'on pitanche. La pièce : 528 fr.

LIVRE D'ADRESSES de noces et banquets, comportant outre la date, le moyen de s'introduire dans les lieux : 2 970 fr.

MARIAGES

Vieux garçon centenaire, débordé par stocks chaussettes percées s'unirait avec personne de sexe faible, même âge. Bonne vue exigée.

CYCLES

Tandem Bonebuche, cadre souple, pneus rayonne caoutchoutée, pignons buis vernissé à triple dentier, guidon forme cor de chasse, freins à percussion sur le pneu, garde-boue « Toupourlui » étoupe et buvard, selle carton goudronné, suspension ressorts à boudin blanc, sacoche palissandre avec divers accès, une caisse de pièces de rechange et une remorque d'outillage. Email blanc gélatineux rose et vert. Prix 15 500 fr. avec réduct. 5 % : 14 975. Facilités de pliment. Menufractures de Saint-Estienne.

N° 74 – Mercredi 2 avril 1947

Chapitre X (suite)

(Qui nous ramène au début de cette histoire dont l'authenticité le dispute à la véracité, et nous permet de comprendre pourquoi Bombiscaille, Mᵉ Coque et l'Eminence verte se trouvaient réunis à l'auberge de l'Araignée-sans-pattes, ce qui, au prologue, dut paraître au lecteur d'une clarté aussi relative que celle d'un lumignon chargé d'éclairer une place publique.)

Le coucou de Nuremberg qui ornait le dessus de l'âtre venait de libérer quatre fois consécutives son petit prisonnier de bois, qui, chaque fois, lançait un cri d'appel émouvant sans que personne y prît garde, lorsque maître Coque, pour la dizième fois au moins, sortit de la poche de son tablier la lettre de la Bémole à lui remise la veille par son ami.

– C'est bien cela ! murmura-t-il en la lisant de nouveau, bien qu'il la connût par cœur. Samedi, quatre heures du matin. Elle ne va pas tarder à arriver.

C'est à ce moment précis que Bombiscaille heurta l'huis.

Persuadé que c'était la Bémole, mais néanmoins un peu surpris par cette étonnante exactitude qui n'était guère dans les habitudes de cette dernière, il alla ouvrir. Et l'on sait la suite pour l'avoir déjà lue (du moins, l'auteur aime à le supposer).

On connaît donc par le menu la conversation qui eut lieu entre les deux hommes jusqu'à l'instant où l'Eminence verte frappa à son tour, figeant les deux compères dans une attente angoissée à l'énoncé de son nom.

– Que diantre vient faire céans l'amant de la Bémole alors que c'est elle qui devrait frapper à sa place ? chuchota maître Coque en se grattant le crâne avec tant de vigueur que son immense bonnet blanc – enfin, jadis blanc ! – chut en arrière.

– Comment ? fit Bombiscaille sur le même diapason pianissimo. C'est la Bémole que tu attendais ? Mais, moi aussi.

– Que ne le disais-tu ?

A ce moment, la voix courroucée de l'Eminence verte leur parvint à travers la porte qu'ils ne se décidaient pas assez vite à ouvrir au gré du visiteur qui le leur fit comprendre en termes véhéments.

– Sacrés mille tonnerres de nom d'un pétard de… Allez-vous vous décider à ouvrir, oui ou… mère de Dieu ! Dois-je faire sauter la serrure à coups de botte ?

– Que fait-on ? mâchonna maître Coque entre ses dents claquantes.

– Mieux vaut savoir à quoi s'en tenir, répondit l'autre.

L'aubergiste ramassa son couvre-chef, le posa en bataille sur son crâne, et ouvrit brusquement. Ce qui fit que l'Eminence verte dont l'impatience exaspérée se manifestait juste à cette seconde précise par une ruée furieuse sur la porte, fit une entrée catapultueuse, et alla se répandre dans l'âtre, non sans avoir entraîné dans son élan impétueux une table qui se trouvait malencontreusement placée sur le chemin de sa trajectoire, et, par voie de conséquence, tout se qui était dessus. De sorte qu'il se trouva étendu, la tête à un demi-pouce d'une énorme bûche incandescente, les reins écrasés par la table.

Le juron qu'il proféra, en se voyant dans cette situation dépourvue de noblesse, est d'une nature telle qu'il est préférable que nous l'ignorions dans l'intérêt de la morale, de la leur et de la civilité puérile et honneste[1].

Après quoi il se releva en toute hâte, car ses sourcils flambaient et son nez commençait à cuire tout doucement. Quand nous disons qu'il se releva en toute hâte, c'est façon de parler, car il mit un bon moment à se dépêtrer de la table, laquelle lui parut être apparentée à la famille des scolopendres, et posséder un nombre incalculable de pieds au lieu des quatre réglementaires qui classent, avec plus de logique, ce genre de meuble parmi les quadrupèdes que parmi les myriapodes.

– Corneflûtaille ! gronda-t-il. Satané imbécile qui n'ouvre pas quand il le faudrait pour ouvrir juste au moment le moins désirable !

– Excusez cette involontaire maladresse, Excellence ! balbutia maître Coque, en refrénant une abominable envie de rire qui lui tortillait la glotte, et sans oser regarder Bombiscaille, lequel, de son côté, avait une peine infinie à garder son sérieux et semblait prodigieusement intéressé par Dieu sait quoi au bout de ses pieds !

– Je ne pouvais pas prévoir…, continua l'aubergiste d'une voix étranglée.

– C'est bon ! coupa l'Eminence verte. Je n'ai que faire de tes explications oiseuses, et n'ai point de temps à perdre inutilement. J'en ai déjà perdu bien suffisamment, car je devrais être ici depuis belle lurette, si ce cheval de malheur, que Pluton confonde, n'avait jugé opportun de se mettre à cavaler après une jument, et cela, dans un sens opposé à celui où je prétendais le faire aller. Il s'en est suivi un conflit entre lui et moi, et… Bref ! nous avons dû nous séparer beaucoup plus tôt qu'il n'eût été souhaitable, car cette divergence de vues a eu lieu à une assez grande distance d'ici et dans un coin qui m'a paru aussi désert que la mer des Sargasses ! Cependant, j'espère ne pas arriver trop tard ?

– Mon Dieu, Excellence, fit maître Coque, en souriant finement, on ne peut pas dire précisément que vous arriviez de bonne heure… A quatre heures du matin ! Mais soyez persuadé que vous êtes le bienvenu.

– Tu me permettras d'en douter, tête de cloporte flagorneur. Mais peu me chaut que je sois ou non le bienvenu ; ce qui m'importe, c'est de savoir si ta sœur de lait – en ce qui te concerne, on devrait l'orthographier l-a-i-d – qui a l'insigne honneur de partager ma couche, est arrivée avant moi.

– Non, Eminence, non… bafouilla l'autre, pris au dépourvu. Doit-elle donc venir ?

– Maroufle ! Savetier du Caire ! s'écria l'amant de la Bémole en fonçant sur le malheureux aubergiste qui crut sa dernière heure venue, et en saisissant promptement la lettre qui dépassait de la poche de son tablier. Je donnerais ma tête à couper et la tienne par-dessus le marché, que le pli que voici t'a déjà avisé de cette visite, et que c'est la raison pour laquelle tu es encore debout à cette heure indue en compagnie de ce louche individu que je soupçonne fort d'être dans la combinazione !

Il parcourut vivement les lignes écrites par sa maîtresse, eut un ricanement de triomphe immodeste, et se tourna vers celui qu'il venait de qualifier, assez justement mais de façon peu courtoise, de louche individu.

– Ainsi, rugit-il, tu es le sieur Bombis dont parle ma folle amante dans ce mot ?

– Pour vous servir, messire, répondit notre compère en balayant le sol de la plume de son chapeau, laquelle avait dû tant de fois être soumise à ce traitement qu'elle ressemblait

1. L'auteur ne pouvait pas prévoir qu'un jour viendraient les Céline, Henry Miller, Vernon Sullivan et autres Boris Vian. Sauf votre respect… (N.D.L.R.)

davantage à une serpillière qu'à une honnête plume d'autruche, ce qu'elle avait été à une époque si reculée que le struthionidé qui l'avait fournie était, depuis bien des lunes, réduit à l'état pulvérulent dans un coin imprécis situé entre Zanzibar et Tizi-Ouzou !

– Et elle t'embrasse sur la moustache… voyez donc ça !

– Oh ! Excellence, ne voyez là que la manifestation bénigne d'un sentiment sans importance, et n'en prenez point ombrage. Nous nous connaissons depuis la tendre enfance, la Bémole et moi, et nous avons usé nos fonds de culottes sur les mêmes bancs et les mêmes arbres.

– Vraiment ? Elle avait donc des culottes en ce temps-là ?

– Oh ! Votre Grâce… c'est façon de parler, naturellement. Mais demandez à maître Coque, son frère de lait, qui était également notre compagnon de frasques, s'il n'y a jamais eu entre elle et moi autre chose qu'une solide et sincère amitié.

– Par la broche de mon aïeul, c'est la vérité aussi nue que la peau de mon crâââne ! s'écria l'aubergiste. Bombiscaille et la Bémole n'ont couché qu'une toute petite douzaine de fois ensemble, et ça n'a jamais été plus loin !

– Vous voyez bien ! conclut avec sérénité Bombiscaille, en remettant son chapeau sur sa tête d'un geste tranquille et qui démontrait de façon absolue que, pour lui, cette discussion ne présentait plus aucun intérêt.

– Au surplus, fit l'Eminence verte en s'asseyant à califourchon sur une chaise proche, peu me chaut que vous ayez des relations plus ou moins coupables, et il ferait beau voir que je fusse jaloux d'un misérable va-de-la-gueule de ton espèce ! Non, ce qui m'importe pour le moment, c'est ceci :

(*A suivre.*)

L'OS LIBRE

« *Contre tout ce qui est pour – Pour tout ce qui est contre.* »

NUMÉRO 75 – MERCREDI 9 AVRIL 1947

Les prix ne baissent toujours pas, les denrées se font rares, chaque semaine apporte son lot de grèves, d'incendies... Le quotidien France Soir, *dirigé par Pierre Lazareff, lance un jeu-concours où l'on peut gagner un peu d'argent. C'est toujours bon à prendre, à la veille des fêtes de Pâques. Le général de Gaulle fait son retour dans la vie publique. A Strasbourg, il prononce un virulent discours contre le gouvernement et annonce la création d'un parti qu'il dirigera, le RPF, le Rassemblement pour la France*

Edito — Hostilité permanente

par Pierre Dac

Ce matin de printemps me trouva dès potron-minet, comme dit le chat de la concierge, entre la porte de ma salle de bain et la douloureuse perspective cavalière d'une ablution obligatoire, laïque et quotidienne dans son renouvellement. C'est alors que j'eus en mon subconscient qui, en général, ne demande que ça, la révélation d'une chose minime en soi et peu importante en rayonne quant à sa valeur humide et intrinsèque : dans un jour blafard et faux comme des inspecteurs dans une bijouterie, je sentis tout à coup l'hostilité sourde et contenue des menus ustensiles nécessaires aux manifestations larvaires d'une existence monocorde comme une guitare accidentée.

Dans cette salle de bain de pur style mosaïque, j'entrepris de considérer les choses les plus indispensables à l'homme moderne qui sommeille dans tout cochon de payant.

Je m'appuyai au mur qui passait par là et me rendis pieds nus à l'évidence qui éclatait non loin de l'endroit.

Je regardai dans les yeux la serviette-éponge, ce madrépore textile ; les franges lui en tombèrent et de tous ses nids d'abeilles elle bourdonna entre ses dents des menaces à mon égard. Elle était lassée, telle une vieille bottine qui

ignorerait l'orthographe, de lessiver chaque jour un visage que je croyais jovial. Il y avait sur l'étagère, qui semblait mal vissée au mur, mon rasoir et son blaireau, deux mal-francs qui n'ont jamais pu me blairer en dépit de leurs appellations contrôlées, si j'en juge par le feu qui me dévore la face après chaque usage barbifuge. Le supplice de Jeanne Dac est tous les jours le mien.

Le savon, dans sa boîte, ne se faisant pas plus de mousse que d'habitude, je le trouvai laid et baveux : un sénateur en rupture de biberon. La brosse à dents, fausse comme un bridge, m'offrait le spectacle d'un manche faisant les reins cassés et d'une quinzaine de pauvres poils usés, tordus, pénibles comme des poils à sciure ou comme ceux d'un bonnet de grognard après une bonne douzaine de Berezina ! La tristesse de ma condition m'envahit l'épiglotte jusqu'au tréfonds de la luette. J'étais là, chez moi, considéré en ennemi, espionné par le miroir qui m'offrait un visage de glace et la pénible image d'un étranger drapé de flanelle et portant, burinés dans la chair, les stigmates éthyliques des agapes de la veille.

Le lavabo achevait de déglutir une eau noirâtre, il avait son air bouché des jours néfastes comme le charcutier un soir de répartition – et quoi de plus stupide qu'un peignoir de bain sur un dossier, avec personne dedans ? Tout me regardait de travers, j'en eus la conviction aussi fermement établie qu'un étau de forgeron vissé sur ce que je viens de dire. Le robinet gouttait, moqueur, tel un merle de chrome sur un cerisier de céramique, quant au collier à douche, il semblait me réserver quelque coup du père François avec son petit air de rien et d'autre chose. Plus souvent que j'irai me flanquer son serpent de métal autour du cou !

Le vague à l'âme et une barbe hirsute au menton, je me surpris à philosopher au contact de ces objets que j'avais, jusqu'ici, qualifiés de familiers et que je me croyais dévoués comme un chef du protocole à coins cassés. Force était de constater l'évidence, j'étais en présence d'une grève perlée tel un paquet de coton à repriser.

Je sentais la peur m'envahir comme une cerfesse aux abois ! Mais je suis homme plutôt deux fois qu'une et ne voulant infliger à nul tiers pas plus qu'à Casimir Perier le spectacle fâcheux d'un quidam broussailleux sortant des bras de sa morphée légitime, je me fis quand même une beauté sommaire et prudente.

Je me rasai sans mettre de lame au rasoir, je m'épongeai avec une charentaise à semelle de bois, me frictionnai la tête à la crème à raser et, après l'avoir allumé au vaporisateur, je m'en fus en maillot vaquer à mes affaires, le blaireau au bec et le cœur satisfait.

Ah ! mais qui que c'est-y qu'est le patron là n'dans !

Sabotage criminel

Mercredi 2 avril, vers 17 heures, alors que la journée semblait vouloir se terminer normalement d'après les précisions astrologiques les plus orthodoxes, un petit incendie, d'une rare violence pour sa taille, a éclaté sournoisement dans le deuxième sous-sol de la salle des coffres de *L'Os libre*.

Comme par hasard, à cet étage se trouvaient entreposés nos stocks de coton, dont nos rédacteurs tirent le plus clair de leurs ressources.

En compulsant la liste de tous les dépôts de coton condamnés à la même mystérieuse torréfaction, nous constatâmes que, d'après *L'Encyclopédie des horaires généraux de tous les incendies de coton, France et colonies* (Editions Taillembiais), le sinistre qui venait de ravager notre dépôt s'était déchaîné exactement à l'heure prévue et dans les conditions requises.

Panique organisée

En un clin d'œil le dispositif de panique fut établi ; tandis que Roméo Carlès raflait le contenu du sac de Joséphine Autrain, notre dactylo, René-Paul enfouissait rapidement dans son immense sac à copie le buste équestre, marbré au vin rouge, de Fédor Bidine, notre sympathique correspondant de *Nord-Soir*.

Cependant, Fernand Rauzéna qui donnait, sans rechigner, des ordres en conséquence, fut le seul qui pensa sauver tous les pardessus mastic de la rédaction.

Michel Herber, réveillé en sursaut par les mains farfouillantes d'Edmond Meunier, lequel croyait fouiller ses poches, tenta de sauver sa peau ; en vain d'ailleurs, car il était pesamment assis dessus. Ce fut ce moment précis que Pierre Dac, qui conférait dans l'armoire à sciure avec René Lefèvre, choisit pour sortir du meuble et de son calme.

Une trentaine de calottes distribuées à la hâte achevèrent de rétablir le calme.

Quelques secondes après, René Lefèvre, qui avait quitté les lieux le visage tendu à l'extrême et terriblement terreux, revint traînant la savate et un capitaine de pompiers qui semblait très affecté par la situation.

Et ce fut l'interrogatoire, ponctué de coups sourds et de meubles renversés.

La maffia

L'homme, qui n'était pas plus pompier que René Pugibet metteur en pages, avoua bientôt avoir agi à l'instigation de J.-P. Robert et d'Hector Bibougne, lesquels comptaient, à la faveur de l'incendie, s'emparer d'importants leviers de commande dissimulés dans la soute à charbon du bureau directorial.

La possibilité n'est pas exclue que l'imposteur qui a choisi le costume de capitaine de pompiers pour perpétrer son forfait ne soit une personnalité bien connue de l'administration de *L'Os libre*.

Comme on le voit, cette affaire dont on ne saurait sous-estimer l'importance est appelée à des rebondissements imprévus.

A cet effet, d'ailleurs, le service des scandales de *L'Os libre* a disposé de nombreux tremplins aux endroits prévus.

Amédée ACOUDRE.

Avis aux porteurs de germes

En vertu de l'ordonnance traitant des tarifs consentis aux animaux voyageant à bord de tous moyens de transport, S.N.C.F., métro, autobus, etc., les porteurs de germes varioliques sont tenus de payer place entière, s'il s'agit d'un germe pouvant s'asseoir, ou demi-place s'il s'agit d'un germe debout.

Les germes voyageant à bord de paniers à chats ou à chiens n'échappent pas à cette ordonnance.

Fantômas enlève Fernand Rauzéna

Fernand Rauzéna, notre meilleur collaborateur, sinon le moins mauvais, a été enlevé, là, sous nos yeux, hier après-midi, alors qu'il quittait nos bureaux par le souterrain de service.

Quelques instants auparavant, Fernand Rauzéna, qui venait de mettre sa canadienne qu'il avait rencontrée à Québec en 1912, nous confiait qu'il avait de mauvais pressentiments, ayant giflé Fantômas la veille au soir.

C'est au moment où il commençait à gravir les degrés de son tilbury, qu'une limousine, flanquée d'un limousin, déboucha avec brusquerie du boulevard Haussmann et se jeta sur sa route.

Avant qu'il ait pu sortir quoi que ce fût, même pas son habituel petit pistolet d'arçon, la lumière s'éteignit dans la rue avec cette rapidité qui dénote les choses inattendues (probablement une éclipse artificielle de soleil provoquée par Fantômas ou ses complices) et tous détails de la scène nous furent odieusement dérobés.

Le commissaire Poileau Luc, accompagné de l'inspecteur Lachnouf, est sur les lieux, où il procède déjà à quelques vérifications.

Des alibis, pour la plupart étrangers, ont été retenus par les enquêteurs ; d'autres ont été expulsés séance tenante.

Dès que Poileau Luc eut pris connaissance de l'intervention de Fantômas dans cette affaire, il a fait porter à la veuve de la victime un télégramme de vive sympathie.

Vous pouvez gagner 10 000 fr. en nous ramenant M. Stop-Fire

On sait (ou on ne sait pas, et dans ce cas, nous sommes heureux de vous l'apprendre) qu'un de nos confrères du soir a lancé sur le marché parisien un certain M. Stop, et qu'il suffit de le reconnaître pour toucher immédiatement 5 000 francs. Naturellement, le signalement de M. Stop varie selon le jour et le lieu, et seuls les perspicaces peuvent espérer toucher la forte somme.

Nos services comptables nous ayant signalé que, malgré les plus cruelles ponctions du fisc, il restait dans nos caisses un certain nombre de coupures inemployées, nous avons décidé de les répartir entre nos lecteurs de la façon suivante :

M. Stop-Fire, un cousin par les femmes du M. Stop déjà en circulation, se promènera pour le compte de L'Os libre *dans les milieux les plus divers, et sous des déguisements appropriés dont nous donnons le détail ci-dessous. Le lecteur qui, le premier, aura reconnu M. Stop-Fire devra s'approcher de lui et prononcer distinctement et par trois fois le mot de passe du jour. Ensuite, il ne restera plus à l'heureux gagnant qu'à amener M. Stop-Fire jusqu'à nos bureaux pour percevoir immédiatement, et en coupures de 5 ou de 10 francs au choix, la somme de 10 000 francs.*

Ne manquons pas de signaler à nos lecteurs que, pour corser l'affaire, M. Stop-Fire a pour consigne formelle d'opposer la plus vive résistance à toute tentative ayant pour but de l'amener jusqu'à notre building. Il s'agit donc pour le gagnant d'une épreuve qui doit lui permettre de mettre en valeur ses qualités de force et d'endurance.

Un dernier point, mais capital celui-là, M. Stop-Fire doit nous être amené VIVANT !

Et sur ce, ami lecteur, bonne chance !

L'OS RÉCRÉATIF.

Vendredi

Vêtu en « contribuable qui est à jour », c'est-à-dire de loques innommables, M. Stop-Fire se présentera entre 11 et 17 heures au centre de vaccination antivariolique de l'hôpital Saint-Louis. Il insistera pour être vacciné sur la fesse droite, offrant ainsi aux regards fureteurs, un superbe tatouage représentant « Roland à Roncevaux ». Le candidat à la prime de 10 000 fr. n'aura qu'à dire alors, et par trois fois, à notre représentant : « Je t'emmène, à pied, à cheval, où en voiture ! » et à le cravater.

En prévision du mauvais vouloir évident de M. Stop-Fire, nos bureaux resteront exceptionnellement ouverts jusqu'à 23 heures, et le docteur Roméo Carlès en personne assurera le service des secours dits « d'urgence ».

Samedi

Dans une grande salle d'exclusivités, M. Stop-Fire assistera à la projection du film *Rendez-vous à Paris*. Il sera habillé comme vous et moi et rien ne le distinguera des autres spectateurs, si ce n'est qu'il rira à gorge déployée et qu'il applaudira frénétiquement à tout bout de champ. Comme il sera très certainement le seul à opérer de la sorte, son incognito sera vite dévoilé. Aussi, pour départager les ex æquo attribuerons-nous les 10 000 fr. au spectateur qui nous amènera, outre M. Stop-Fire, les quinze spectateurs les plus éprouvés par la projection de *Rendez-vous à Paris*. Mot de passe : « Le navet raugmente ! »

Dimanche

Profitant du repos dominical, notre mystérieux envoyé arpentera les Grands Boulevards entre la Madeleine et l'Opéra. Précisons qu'il sera habillé en femme du monde, que son regard sera aussi brûlant que lascif, et qu'il tiendra aux promeneurs solitaires des propos relatifs au confort et au chauffage de son appartement.

A défaut de M. Stop-Fire en personne, et pour offrir une chance supplémentaire à ceux de nos lecteurs qui auraient jugé bon de répondre aux invites de notre fausse-sirène, nous verserons la somme de 10 000 francs sur simple présentation du soutien-gorge estampillé que notre collaborateur portera pour la circonstance. Mot de passe : « Tu viens ! »

Lundi

Offrant toutes les apparences d'un modeste cultivateur et fumant un luxueux cigare, M. Stop-Fire empruntera sur le coup de midi la ligne de métro n° 4, entre Barbès-Rochechouart et Alésia. Signe distinctif : il portera en sautoir une lessiveuse de laquelle s'échapperont, de temps en temps, quelques liasses de billets que notre collaborateur négligera de ramasser, pour ne pas abîmer le pli de son pantalon.

Le lecteur qui nous rapportera le contenu de la lessiveuse, soit 12 millions, aura gagné. Mot de passe : « C'est ingrat, la terre ! »

Mardi

Notre ami se présentera dans les couloirs de la Police judiciaire, à 15 heures très précises, et dira simplement : « Je suis Joanovici ! »

Nous conseillons à ceux de nos lecteurs qui ne font pas 1 m 90 et dont le tour de poitrine ne dépasse pas 1 m 25, d'attendre au lendemain pour tenter leur chance.

Mercredi

Prévoyant que le mardi aura été particulièrement orageux, notre collaborateur se reposera.

Jeudi

C'est au Palais-Bourbon, et dans la bagarre qui ne manquera pas d'éclater à propos de n'importe quoi, que M. Stop-Fire se manifestera.

Son crochet du droit le rendra assez facilement repérable. Son plan initial, susceptible de recevoir quelques retouches en cours d'exécution, prévoit le K.-O. rapide de MM. Maurice Schumann, Coste-Floret et Félix Gouin. Suivront deux provocations en duel contre des adversaires non encore désignés, mais qui n'en seront pas moins traités avec la dernière énergie de « claque-patin » et de « fesse-mathieu » !

Et c'est finalement à la buvette que nos patients concurrents pourront aborder M. Stop-Fire. Mot de passe : « Tous aux urnes ! ».

À Os rompus

Vidons les prisons !

On apprenait récemment par un communiqué officiel que le nombre des personnes détenues dans les prisons françaises s'élevait actuellement à plus de 30 000.

Violemment émus par cette révélation et décidés à réduire dans toute la mesure de leurs moyens un chiffre aussi tristement déplorable, deux courageux citoyens, MM. Albert Joray et Robert Bouche, ont volontairement renoncé à l'hospitalité, qui leur était offerte dans la maison d'arrêt de Grey.

La police les recherche pour les féliciter.

Dans le pétrin

Un écho publié la semaine dernière ici même ou pas bien loin ayant soulevé une émotion considérable à travers tout le pays, nous croyons pouvoir apaiser l'inquiétude de nos lecteurs en reproduisant quelques titres découpés à leur intention dans la presse quotidienne :

La ration de pain diminuée.

(*L'Aurore.*)

Les Parisiens ne manqueront pas de pain.

(*France-soir.*)

Notre ration de pain menacée.

(*Ce Matin.*)

La ration de pain sera maintenue ce mois-ci.

(*Paris-Presse.*)

Le général de Gaulle ne sera pas boulanger.

(*Tous les journaux.*)

Contre le gaspillage

Ajoutons que de sévères mesures sont d'ores et déjà envisagées par M. André Philip pour réprimer le gaspillage du pain.

C'est ainsi que les restaurants devront proscrire de leurs menus les plats à sauce, ceux-ci nécessitant une consommation excessive de mie.

Par ordre ministériel, toutes les punitions dites « au pain sec » seront prochainement levées.

Les chansonniers sont invités à réduire le plus possible la consommation du mot « mie » dans les romances sentimentales.

Les pains à cacheter vont être remplacés, dans toute la mesure du possible, par des points de soudure.

Enfin, il faudra réduire le nombre des expositions de peinture (à cause des croûtes).

Nuageux, sans éclaircies

Nos amis anglais sont aux prises avec toutes sortes de calamités : neige, pluies, tornades, inondations…

Chez nous, une seule calamité semble suffire pour obtenir les mêmes résultats : le dirigisme !

Ce qui fait que d'un côté ou de l'autre du Channel, on n'est pas plus avancés.

Avec toutefois cette différence qu'en Angleterre le temps peut changer…

Faits divers

DE TROYES (de notre corresp. R. Jeannet). – La préfecture de l'Aube porte à la connaissance de tous les sadiques, satyres et assimilés du département, qu'un concours pour le recrutement de trois sadiques stagiaires municipaux, sera organisé les 20, 21 et 22 avril. L'arrestation des titulaires des postes de Saint-Martin, de la Madeleine et d'Urbain IV n'étant plus qu'une maigrelette question de temps.

Le programme des épreuves est affiché dans le hall de la préfecture.

Salaire régional. Coopérative assurée.

DE MARCILLY-EN-VILLETTE (Loiret) (de notre corresp. E. Guilleaux). – La nuit passée, le nommé Piétu, cultivateur de profession et pompier honoraire de la ville, qui revenait de fêter la Sainte-Barbe, regagnait tranquillement son domicile lorsqu'un piéton inconnu marchant à vive allure lui piétina sauvagement les deux mains.

Atteint de cécité éthylique, le malheureux accidenté n'a pu relever le numéro du piétard.

DE LYON. – Les fabricants de saucisson de lion n'ayant encore reçu aucune attribution de marchandise de la part des services du ravitaillement du Zoo de Lyon ont tenu un congrès dans les bas quartiers de la ville.

Ils ont ensuite défilé en hurlant des obscénités sur le cours Fauriol. Un triumvirat de policiers rachitiques ayant futilement tenté de calmer les énergumènes, il s'ensuivit une légère échauffourée, au cours de laquelle un inoffensif passant, M. Lolo Lebuteur, a été blessé par des éclats de platane.

DE BÉZIERS. – M. John E. W. Smilers, représentant le gouvernement australien, a fait don à la ville d'un tuba d'honneur en zinc polygravé aux armes de la municipalité de Canberra.

DE PARIS. – Arrestation imprévue. – Dimanche dernier, alors qu'il bondissait sur un modeste marchand de lacets à la sauvette, dans le but de l'arrêter, M. XCBW-12, inspecteur de la secrète, a fait un faux pas imprévu et appréhendé, tout à fait par inadvertance, la personne voisine du criminel.

Il s'agit d'un nommé Joseph Joanovici, lequel a été relâché peu après sur justification de son identité.

DE PARIS. – Maman au cœur de pierre. – Ce matin, M. Hugues Naud, 97 ans, sulfateur de gris-gris, regagnait son domicile lorsqu'il aperçut sur le pas de sa porte une pauvre pèlerine abandonnée. L'ayant rentrée chez lui, quelle ne fut pas sa stupéfaction, en ouvrant le vêtement, de découvrir à l'intérieur un agent cycliste parfaitement bien constitué et qui vagissait à fendre l'âme.

On suppose qu'il s'agit d'une mère acculée au désespoir et qui se sera débarrassée d'un trop lourd fardeau.

DE SAINT-DENIS (Seine). – Une fumerie clandestine dans une usine de boutons de plastrons. – Les inspecteurs Piquépic, Ecolégrame, Bour et Ratatame, suivant une piste, ont effectué une descente de police aux établissements Crapet, à Saint-Denis.

Surpris par les policiers au moment où il fumait un plan de chou-rave, le jardinier de l'usine, une petite brute assez patibulaire, n'opposa aucune résistance. Une pipe à fumer les choux-raves a été saisie ainsi qu'un stock considérable de l'infâme drogue.

C'était il y a…
1526-1699

Naissance à Saint-André-le-Gaz de Jean-Sébastien Cornet, déshydrateur de tétrodons à l'Institut des sciences agronomiques du Levant.

On lui doit l'invention du sac à frites qui prit bientôt son nom, tellement son usage se révéla pratique.

Il mourut à quatre-vingt-dix-sept ans, les longues recherches auxquelles il dut se livrer pour mettre son invention au point ayant épuisé son organisme.

Le premier cornet à frites, qui porte gravées les armoiries de la ville de Saint-André-le-Gaz, est actuellement au Conservatoire des arts et métiers.

LES JEUX ET LES RIS
PAN, PAN… QUI EST LÀ ?

C'est un jeu d'extérieur cette fois dont il s'agit, mais, voici les beaux jours… D'ailleurs, ce jeu nécessite le port d'un masque, ce qui représente tout de même une solide protection contre le froid. Jeu de mi-carême, bien sûr, mais qui peut se jouer aussi à toute autre époque.

Pour donner à ce jeu toute sa saveur et en extraire tout le charme qu'il contient, il faut choisir une rue pas trop passante afin d'éviter la bousculade.

Le joueur désigné par le sort jette à terre une pièce de monnaie de deux à deux francs cinquante, par exemple, puis, tout le petit monde masqué se dissimule sous une porte cochère. Aussitôt qu'un passant se baisse pour ramasser la pièce, le joueur se précipite et doit envoyer un vigoureux coup de pied au derrière du passant en criant : « Pan ! Pan ! qui est là ? » Tous les joueurs s'alignent et, dès qu'il s'est relevé, le passant doit rapidement deviner qui est, parmi les joueurs masqués, celui qui lui a balancé le coup de pied. S'il devine, il garde la pièce. S'il ne devine pas ou s'il se montre grossier et brutal à l'égard des joueurs, ces derniers lui reprennent la pièce et décident de ne plus jamais jouer avec lui.

Un tour de prestidigitation

Comment faire disparaître au sein d'une réunion de famille des taches de rousseur ?

Pour ce faire, vous vous procurez deux jumeaux dont un a le visage filigrané de taches de rousseur, et l'autre le visage absolument vierge.

Vous dissimulez le sujet vierge et vous commencez votre séance, en faisant entrer le sujet taché dans un coffre à charbon ou une armoire à grains.

Pour permettre d'effectuer votre tour, de façon que personne ne se rende compte de rien, vous ménagez dans le mur, derrière l'armoire, ou sous le coffre, une ouverture permettant de substituer un sujet à l'autre.

Bien entendu, l'armoire comme le coffre, devra comporter un double fond pivotant.

Dans le cas, bien improbable, où vous ne disposeriez que d'un coffre à charbon, vous obligeant à effectuer une excavation dans le plancher, il est recommandé de vous arranger à l'amiable avec le locataire du dessous ; sans oublier de lui indiquer le jour où vous comptez effectuer votre petit tour de passe-passe, afin qu'il puisse, le cas échéant, vous laisser les clés de son appartement.

PUÉRICULTURE

Elevons nos bébés

Mamans, voici le printemps ; bientôt les premières chaleurs vont commencer à nous faire suer et l'équilibre physiologique du bébé ne sera pas sans en être affecté. Il faut de la fraîcheur à l'enfant ; ménagez un courant d'air frais entre la grille du jardin et la porte de votre Frigéco, ou bien si vous ne possédez pas cet instrument descendez votre rejeton chez le boucher qui ne demandera pas mieux que de l'entreposer pour vous rendre service, d'autant plus que d'entasser des boîtes de conserve américaines n'a rien de bien palpitant. Pour éviter de dangereuses fermentations lactiques, revenez aux nourritures plus douces, abandonnez pour un temps les irritantes côtes de porc charcutières ou le boudin bonne-femme. Servez plutôt du lait en poudre, tel quel, avec une houppette en cygne. L'enfant sera vêtu légèrement. Attention, passé 13 ans, plus de barboteuses à vos fillettes, elles le deviendraient et ça n'est pas le but recherché. Les beaux jours revenus vont apporter avec eux leur cortège de mouches, de moustiques et autres bestioles nuisibles. Il reste bien dans votre garde-manger une petite place pour bébé. Il y fera de bonnes nuits et vous en saura gré. Qu'il me soit permis de vous rappeler en terminant que tous les bébés de fabrication nationalisée étant livrés depuis la guerre avec échappement libre, vous avez intérêt à faire garnir les hauts de pantalons de votre mari d'une robuste toile de bâche.

Si ça n'est pas joli, joli, il aura le réconfort de pouvoir changer lui-même l'enfant après une dure journée de labeur ! et c'est bien agréable.

Cousine CARMEN.

Petites Annonces

OFFRES D'EMPLOI

Tailleur pour géants demande grande main connaissant bien la coupe à la scie à ruban. (Coopérative).

Recherchons gros boxeur licencié en droit. Spécialité en fiscalité. (Coopérative).

Spécialistes en camouflage sont demandés pour blanchiment « Trust Vert » en teinte appropriée. (Coopérative).

DEMANDES D'EMPLOI

Demoiselle possédant joli curriculum vitae cherche situation assise en rapport.

Compagnie du Métropolitain souterrain demande bons catcheurs ou personnes du métier, pour assurer remplissage des voitures aux heures de presse.

MARIAGES

Monsieur petite situation entrerait en relation en vue mariage, avec dame grosse situation pour faire une moyenne.

VILLÉGIATURES

Belges, allez donc passer les dimanches à Ostende. L'endroit vaut l'Anvers.

SUCCESSIONS

Roi nègre sans enfant, atteint par limite d'âge, cherche successeur. Bon estomac nécessaire pour supporter alimentation anthropophagique. Salaire 1er échelon, 2e catégor. (Coopérative).

DIVERS

Faites vous-mêmes votre eau minérale appellation contrôlée, en utilisant les gustinés du docteur Gustin. Tous les crus. Le petite boîte pour 500 l. : 4 fr. 90.

Directement de l'usine à l'acheteur ! nos fameuses perles creuses, obtenues par culture huîtres aérophagiques.
Demandez nos tarifs : Kornvaice and Kornvaice and C°, Fontenay-sous-Bois.

Marteau caoutchouc, pour tous travaux discrets. La pièce : 192 fr. 70. Livré avec bouche-oreilles feutre, permettant de travailler en toute tranquillité : 205 fr.

ÉCHANGES

Poignet de force pour prêter main-forte : 51 fr. Le même pour emprunter, à main plus forte : 54 fr.

Echangerais villa 3 pièces, située Super-Cannes, avec grand confort, garage, piscine, jardin, contre appartement 2 p. 1 cuisine, à Aubervilliers.

Occasion. A vendre, beau salon comprenant : 1 canapé Louis XI et un tabouret Louis XVIII. Ecrire *Démocrate vernonnais*, Vernon.

Chasseur vend joli furet putoisé, bottes cuir, pointure 43. S'adresser *Démocrate vernonnais*, Vernon.

Chapitre X (suite)

– Je suis certain que la Bémole n'est pas encore venue, car jamais, de mémoire de plombier, elle n'a été fichue d'arriver à un rendez-vous, quel qu'il soit, galant, d'affaires, de bonne compagnie ou sous la pluie, avec moins de trois quarts d'heure de retard ; cette habitude étant devenue une seconde nature, il y a peu de chances pour qu'elle modifie aujourd'hui sa façon d'agir coutumière. Adoncques, comme elle vous a donné rendez-vous à quatre heures de retombée – les quatre heures de relevée étant passées depuis belle lurette – nous avons, au minimum, une bonne demi-heure devant nous !

» C'est plus qu'il n'en faut, continua-t-il, après s'être mouché bruyamment, car il venait de constater qu'il avait la goutte au nez depuis le début de son discours, ce qui nuisait à l'intérêt de celui-ci en attirant l'attention de son auditoire sur le grotesque stalactite liquide qui ornait le bout de son appendice nasal, alors que cette attention eût dû être exclusivement consacrée à l'étage au-dessous, c'est-à-dire aux lèvres qui proféraient des paroles d'une importance historique.

» Oui, c'est plus qu'il ne m'en faut pour vous exposer ce que j'attends de vous, mes lascars. Holà ! tavernier de mes rotules ! Apporte sur l'heure et sur la table un de tes meilleurs flacons de devant les fagots, car ceux de derrière ne valent pas tripette, je le sais par ma maîtresse à qui tu as imprudemment confié un jour que tu les réservais à la clientèle ordinaire, laquelle n'est pas fichue de distinguer un vieux vin d'Espagne d'un gros rouquin pour rouliers. Mais moi, gredin, je t'avertis que je suis fin connaisseur et que je reconnais l'origine et l'année rien qu'en flairant le cul de la bouteille !

Maître Coque se précipita, pour autant que sa corpulence, nettement au-dessus de la moyenne, lui permettait de se précipiter, allure qui, poussée à son paroxysme, n'excédait pas la vitesse maximum d'une tortue à crête des Galapagos. Il fit cependant si bien diligence que quelques secondes après, trois verres, d'une contenance impressionnante, étaient remplis jusqu'aux bords d'un rutilant pinard des coteaux de Poursant, que, par abréviation, on appelait simplement vin-Poursant, et qui était véritablement un nectar de première bourre[1].

L'Eminence verte saisit délicatement le sien entre le pouce et l'auriculaire – ce qui était le grand chic de l'époque, mais demandait un sérieux entraînement – le vida d'un trait, imité en cela par ses deux invités. Mais maître Coque, bien qu'accoutumé de longue date à l'exercice qui consiste à lever le coude, en renversa un bon tiers dans le col de sa chemise, ayant la main agitée par un tremblement nerveux, conséquence de l'angoisse latente que lui causait la présence de son dangereux hôte.

Après quoi, ce dernier reposa son verre d'un geste si décidé et si viril à la fois que celui-ci vola en éclats et qu'il resta stupidement avec un rond de verre ridicule entre les doigts. Il le posa soigneusement à côté de la bouteille, comme si ce débris eût été infiniment précieux, et se pencha vers les deux hommes.

– Maintenant, causons. Voilà, dit-il, il faut choisir… et choisir vite ! Ou servir les desseins de la Bémole, desseins que je connais, notez-le, et qui, par conséquent, ne peuvent que vous attirer les pires désagréments, vous pouvez vous en rapporter à moi pour cela… Ou servir les miens, ce que je saurai reconnaître comme il convient.

– C'est-à-dire ? demanda timidement Bombiscaille, qui aimait les précisions.

– C'est-à-dire, monsieur le méfiant, dix écus blancs chacun. Cela vous va-t-il, messires ?

– Est-ce bien sûr, Votre Honneur ? ânonna maître Coque.

– Ma parole d'honneur ! affirma l'Eminence verte en levant la main droite si inopinément qu'il fourra son index dans l'œil de l'aubergiste, et en crachant par terre avec tant de vigueur et d'abondance qu'une grande partie de cette preuve évidente de bonne foi arrosa le pied gauche de Bombiscaille.

---

1. Déformation de l'expression « de premier bourg », qui venait de ce que la répartition du vin se faisait par bourgs et que le premier servi était d'une qualité supérieure.

– Alors ? interrogea l'Eminence avec une impatience manifeste.

Les deux complices se regardèrent en hochant la tête dubitativement. Puis maître Coque cligna de l'œil gauche, le droit étant assez sérieusement endommagé. Bombiscaille répondit à ce signe d'intelligence par un clignement de l'œil droit, étant dans l'impossibilité de se livrer à cet exercice avec l'autre œil, bien qu'il eût fait d'innombrables tentatives pour le réussir, depuis sa plus tendre enfance, sans jamais obtenir le moindre résultat satisfaisant.

Après cet échange de vues muet, suffisamment éloquent, tous deux s'écrièrent avec un synchronisme parfait :

– Alors, entendu, monseigneur.

– Mais… que faudra-t-il faire ? demanda Bombiscaille, toujours avide de détails précis, en se versant un second verre de vin qui n'eut guère le temps de vieillir en ce récipient, car il disparut presque aussitôt dans le vaste gosier de ce joyeux disciple de Bacchus à qui un demi-muid de xérès ou de muscadet eût fait moins peur qu'une seule pinte d'eau pure !

– Rien que de très simple, mes braves. Quand la Bémole fera son apparition, ce qui ne saurait plus tarder beaucoup à présent, taire mon intervention et l'entretien qui s'ensuivit. Cela va de soi, Nylon[1]. Accepter ce que cette aimable fille exigera de vous, en répondant « amen » à toutes ses décisions, mais ne faire, par la suite, que ce que je vous demanderai, moi. Si je ne m'abuse, et si le fruit de mes réflexions, cogitations, spéculations et déductions n'est pas un fruit sec, ce qui me surprendrait fort étant donné que j'ai pris la précaution de l'arroser soigneusement avec de l'excellent pinard, et si mon intelligence n'est pas au-dessous de ma propre estimation, telle que je connais la donzelle, il y a neuf chances et plusieurs fractions pour dix qu'elle charge notre ami Bombis…

– Je m'excuse d'interrompre, pour un détail futile, la magnifique période oratoire dont nous honore Votre Excellence, mais Bombis n'est qu'un diminutif qu'emploient seuls mes amis intimes, et je n'ai pas l'outrecuidance de supposer un seul instant que vous teniez à faire partie de ce petit clan qui, pour estimable qu'il soit – du moins à mon point de vue personnel – n'en est pas moins indigne de vous compter parmi ses membres. Bref, mon nom véritable est Bombiscaille, Eminence.

– Sans importance ! trancha l'Eminence verte, qui enchaîna. Je disais donc qu'elle chargera, selon toute probabilité, notre ami Bombistaille…

– Caille !

– Bombistaillecaille…

– Non ! Bombis-caille tout court.

– Le diable t'emporte ! tu m'énerves à m'interrompre ainsi stupidement. Quel est ton prénom, maroufle ?

– Eloi.

– Voilà qui simplifiera tout. Elle chargera donc Eloi d'aller à Paris enlever une certaine demoiselle de haut rang, Adélaïde de Mars, pour être précis, avec mission de la calfeutrer quelque part… Ici, sans doute.

(*A suivre.*)

1. Plaisanterie de cette époque incompréhensible de nos jours.

L'OS LIBRE

« Contre tout ce qui est pour – Pour tout ce qui est contre. »

NUMÉRO 76 – MERCREDI 16 AVRIL 1947

Pour faire face à une crise du commerce, principalement due à d'innombrables restrictions, le gouvernement lance une nouvelle idée. Il faut penser à l'avenir, espérer que les choses iront en s'améliorant. Il est donc déjà urgent d'imaginer comment seront les magasins de demain. Une campagne est lancée pour demander aux commerçants de créer des « boutiques témoin », dont l'achalandage relève toutefois de la science-fiction. Cette forme de ce que certains baptisent un « appel à témoins » fait le régal moral des rédacteurs de L'Os libre.

Edito Eloge de la parenthèse

par Pierre Dac

S'il est un signe typographique de bonne composition (si j'ose dire), c'est bien cette pauvre paire de parenthèses dont la précarité de la situation le dispute à l'instabilité de l'emploi, exposée qu'elle est à l'ingratitude des plumes. Il me plaît, en ces délicates brumes matutinales d'un printemps tardif qui incline à l'amour du prochain, de ne point faire bon marché de ces deux petits traits ventrus et de rechercher en mon âme et Larousse les accents aigus propres à toucher le cœur de tous ceux qui en ont un ; conscient que je suis de cheminer (à l'infinitif) sur la corde raide d'une vérité chaque jour plus éclatante, poussée par l'impérieux mistral de sincérité qui, comme l'haleine du Bon Pasteur, agite avant de s'en servir toutes les âmes conscientes comme la mienne de l'instabilité des choses terrestres de ce bas monde.

Je me propose de réhabiliter aux yeux torves des esprits chagrins et oublieux la douce parenthèse, décriée, piétinée, foulée aux pieds dans une fange encreuse par des linotypistes sans vergogne qui ne se foulent d'ailleurs pas autre chose. Une multitude de « on sait bien qui » sans aveu, sans foi et sans gésier se plaît à la traîner plus bas que nylon (comme dirait mon épouse favorite). C'en est trop !

J'en appelle à tous ceux à qui il reste encore une demi-pinte de bon sens. N'est-il pas vrai que la parenthèse dissimule entre ses petits bras accueillants toutes les nuances de la pensée, cette pensée dont l'expression est, du fait même des susdites nuances, le ripolin de l'esprit ? Va-t-on faire une astuce ? Entre deux parenthèses, il faut chercher le mot ! Va-t-on évoquer, laisser entendre, supposer ? Une parenthèse est là, bonne fille au coin de la phrase, qui vous offre le logis accueillant pour abriter une remarque que l'on aura fignolée, polie, comme un démarcheur en aspirateurs. Est-il vrai que Mme Marthe Richard se propose de faire fermer les parenthèses ? Et obligera-t-elle l'imprimeur à faire le grattoir ? Autant de questions.

La parenthèse, mes frères, c'est un écrin à gaudrioles, un tapis de mousse pour les sous-entendus subtils, et extensibles, avec ça, comme des bretelles de facteur rural. Elle peut être étriquée comme une mentalité de dame patronnesse, ne contenir qu'un mot ; elle peut être au contraire longue, pléthorique, lourde de conséquences, comme un affût de 77 autrichien, tout cela sur le seul désir d'un stylo compréhensif s'épanchant à la fenêtre d'une saine littérature ! Et modeste ! Regardez-la, blottie dans un coin de clavier de la machine à mitrailler l'orthographe, discrète, effacée et pourtant toujours prête ! Voyez le E qui étale sa perpétuelle incertitude, le R qui en prend de grands (au pluriel), et d'autres encore auxquels vous avez le fier culot de penser, alors que je n'y songe pas ! La parenthèse, c'est le myosotis du clavier, c'est le bon génie du génie, ne l'oubliez pas ! Mais, direz-vous, et les guillemets ? Ah ! oui, parlons-en, avec leurs caractères pointus en forme de galon de sergent de carrière ! Et la virgule qui se laisse apostropher par le premier grammairien venu préposé à la circulation des phrases ! Et le point d'interrogation avec ses allures de queue de matou qui vient de manquer de respect à un atlas haute laine ! Et le point qui pêche au bout de la ligne, ni rond, ni carré, ni fait, ni à faire ! Et le tréma qui installe le téléphone sur certaines voyelles privilégiées dont la conduite ne doit pas être plus qualifiée que l'ouvrier se prétendant tel, qui a fait semblant de réparer mon réchaud à gaz ! Et les deux points toujours menaçants qui précèdent une explication en règle ! Tout cela n'est guère sérieux.

Une chose importe (des Lilas, c'est le printemps) en matière de style : la parenthèse ; si elle est utilisée avec sagesse et à-propos s'entend, car rien n'est plus traître qu'un courant d'idées entre une discussion ouverte et une parenthèse mal fermée. Cela enrhume les muses les plus gaillardes au grand préjudice de l'assemblage des mots qui, pour contenir une idée fort belle, n'en perd pas moins dans ce cas une musicalité délicate et saine (comme on dit là-bas).

Fondateur de l'œuvre « La bonne parenthèse pour tous » (cette parenthèse ignorée comme une loge de concierge un jour de terme), j'attire l'attention de tous sur la chaleureuse hospitalité qu'elle offre au penseur, recevant un mot, une proposition (honnête, bien sûr), tout aussi bien qu'un long discours fastidieux… comme celui-ci, entre parenthèses !

À Os rompus

Plutôt marrantes les boutiques-témoins !

On y trouve de tout et au même prix qu'ailleurs.

En somme des boutiques-témoins que ça ne va pas comme il faudrait. Ce sont des paysans, des viticulteurs, des marchands de bestiaux, etc., le tout témoin qu'il faudrait.

Les consommateurs sont déjà témoins que tout va mal ; alors comme ça on serait tous témoins.

La France éternelle

La sous-commission chargée d'étudier le cas de la commission nommée pour statuer sur l'opportunité de désigner la commission rogatoire ayant à examiner la possibilité de contrôler la gestion de la commission de la boîte à sciure du chat du ministère de la Reconstruction, a renvoyé ses travaux à une date ultérieure ; une commission extraordinaire de quarante-sept membres ayant été affectée pour enquêter sur la nécessité de former une commission exécutive, laquelle aurait pour tâche de déléguer une commission responsable des commissions et sous-commissions auprès de la direction générale de la commission de surveillance du parc à sciure du ministère de la Reconstruction.

Une « leçon » de savoir-vivre

Le roi Paul de Grèce a dit comme ça en parlant des « partisans » : « Nous allons leur donner une “leçon”, puis, après, nous les traiterons avec magnanimité. »

Quand on sait que les « partisans » ont à leurs trousses quelque 60 000 bonshommes armés de canons, d'avions, etc., on a bien peur que ce soit une « leçon » à titre posthume !

La Conférence des quatre à quatre

Moscou, 14 avril (De nos envoyés spécieux). – Des esprits malveillants ayant perfidement annoncé l'échec définitif de la Conférence des Quatre, nous devons opposer à ce faux bruit le démenti le plus formel.

S'il est bien vrai que MM. Bevin, Marshall et Bidault bouclent hâtivement leurs valises, tandis que M. Molotov lui-même s'apprête à regagner un autre point du globe, ce quadruple départ n'implique nullement la fin de la Conférence qui, désormais bien rodée, pourra continuer à fonctionner toute seule, sans le secours d'aucun délégué et avec des résultats tout aussi substantiels que ceux précédemment obtenus.

Le naturel revient au galop ou Grand Prix des Cloches

Jour de Pâques – Prix du Président – Ambiance des grands jours de la troisième (République) – Départ de la deuxième (Course) à Auteuil.

Sur les étagères officielles étaient rangés les plus grands parmi nos élus, parmi les pots de fleurs. C'était à la fois, joli et réconfortant. Le comte D.C. (comme le galop du même bois) avait reçu la mission de confectionner pour une des premières dames de France une conversation agréable adaptée aux exigences techniques de l'endroit et turfée de mots d'esprit. S'acquittant avec conscience de sa délicate sinécure, notre licencié ès martingale lui demande doucement : « Comment trouvez-vous les toilettes ? » Et celle-ci de répondre : « Je ne sais pas, je n'y suis pas encore allée ! » Textuel.

On a bien ri de ce conte dans l'entourage de ce comte, et chacun fut outsidéré de voir que la fantaisie avait été débridée avant les pauvres chevaux. Un steeple chaise percée sur terrain lourd. O combien !

Après un pareil mot, il n'y a plus qu'à tirer la chasse d'eau.

L'enlèvement de Fernand Rauzéna
Macabre découverte

Ce matin, le facteur des recommandés nous a apporté une caissette.

Nous nous empressâmes de l'ouvrir, croyant trouver à l'intérieur un des habituels cadeaux de nos fidèles lecteurs. Horreur ! cette boîte infernale contenait un lobe d'oreille gauche que nous eûmes vite fait d'identifier comme appartenant à notre ami Fernand Rauzéna, enlevé la semaine passée dans les circonstances que nous avons relatées.

Un papier, que nous reproduisons ci-dessous, accompagnait le sinistre envoi.

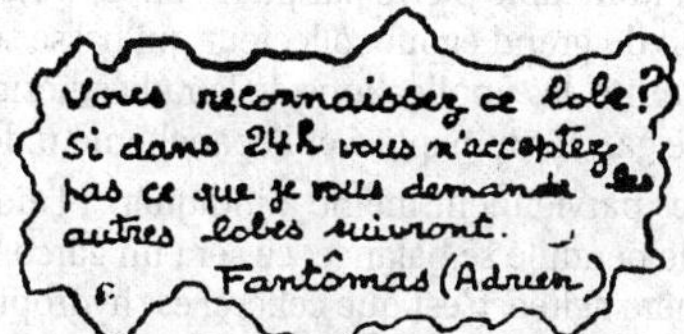

Ce document dont l'authenticité a été vérifiée sur-le-champ avec une chaîne d'arpenteur, laisse à penser quel danger épouvantable court notre estimé collaborateur.

Chronique estudiantine

Avons-nous des yeux pour voir, ou voyons-nous parce que nous avons des yeux ? Nous ne pleurons pas parce que nous sommes tristes, mais nous sommes tristes parce que nous pleurons.

Deux sujets qui embarrassent une charmante étudiante du lycée de Thiers. C'est enfantin !

Il suffit de prendre les questions par la tangente et de les promouvoir en une synthèse qui annule la contradiction. Naturellement, vous agitez le tout, exactement comme pour un Martini, et vous obtenez : « Nous ne voyons pas parce que nous sommes tristes, mais nous pleurons parce que nous avons des yeux. » Evidemment, c'est idiot, avec un petit air abscons, ce qui nous confirme que nous sommes sur la bonne voie.

Notre correspondante déclare avoir consulté sans succès tous les oculistes de la ville. Forcément, ils ne sauraient être compétents. Seule, une pleureuse corse atteinte de daltonisme et diplômée de la Fédération de Rugby pourrait lui donner la solution.

LA SCIENCE

La Radiesthésie

La radiesthésie est une science jeune mais dont les sources, c'est le cas de le dire, remontent à la plus haute antiquité.

Le premier radiesthésiste connu fut un certain Moïse, dit « Sauvé des Eaux », ce qui dénotait déjà une vocation aquatique. Sa baguette de sourcier fit jaillir une source d'eau vive en plein désert.

Les radiesthésistes modernes utilisent plusieurs sortes de baguettes : la baguette de coudrier, la baguette de tambour et la baguette de 350 grammes avec tickets.

La baguette tend de plus en plus à être supplantée par le pendule, qui lui-même doit prochainement céder la place au réveille-matin radiesthésique, lequel se met à sonner dès qu'il est à proximité d'une source, d'une rivière de diamants ou d'un sac d'anthracite.

Pour l'instant, le pendule reste l'instrument de prédilection des radiesthésistes sérieux. Il se compose d'une sphère en forme de cône tronqué polycylindrique à facettes multiples taillées dans la masse et renforcées aux angles, retenue par un fil ténu et tenu à la main.

La détection se manifeste par un certain nombre d'oscillations.

Si le pendule tourne dans le sens des aiguilles d'une montre qui tourneraient à l'envers, c'est qu'il y a de l'eau ou un trésor à proximité.

Si, après avoir démoli l'immeuble pierre par pierre on ne trouve ni écus ni ducats, c'est qu'il s'agissait simplement du grand égout collecteur qui passe sous la maison. Quand on arrive à une certaine dextérité, les applications de la radiesthésie sont multiples. On peut alors déceler l'eau dans le gaz, le vin baptisé et l'épanchement de synovie.

Certains radiesthésistes parviennent même à indiquer, à l'aide du pendule, le sexe de l'enfant qui va naître. Si le pendule se balance, ce sera un garçon ; s'il tourne, ce sera une fille, et s'il danse sur la mère agitée, c'est que celle-ci est hydropique.

Professeur Cosmos.

Agent-témoin

Afin d'endiguer le flot de plaintes réitérées émanant de personnes du public ayant eu affaire à des agents qui prodiguaient des contraventions à un tarif illicite, la préfecture de police avise sa nombreuse clientèle de l'ouverture d'un agent-témoin qui se tiendra à la disposition du public dans une guérite. Voyez ses prix et comparez.

Faux billets-témoins

Désireuse de lutter contre l'envahissement de ses caisses par de multiples faux billets, la Banque de France a décidé l'ouverture d'une émission de faux billets-témoins. Ceux-ci, comparés avec les faux billets en circulation, permettront de faire les indispensables comparaisons que le public attendait.

Faits divers

PIKILTON (Connecticut). – Une emplette originale. – M. Sam Pickott vient de se rendre acquéreur de surplus de l'armée américaine. Un tank de 40 tonnes du type « Sherman » ainsi que 51 tonnes de munitions vont connaître une fin pacifique dans le charmant cottage de M. Sam Pickott.

PIKILTON-STATION. – Un client irascible. – Après avoir fait la queue cinq heures durant à la poste afin d'obtenir une boîte de cassoulet américain, et comme l'employé du bureau des Postes de Pikilton-Station lui faisait remarquer qu'il s'était trompé de magasin, le nommé Sam Pickott a quitté les lieux en poussant devant lui d'épouvantables imprécations.

Le forcené revint peu après au paroxysme de la colère.

On déplore jusqu'à présent 2 892 sans-abri.

LACOUVILLERS (Doubs). – Pénible accident. – Ce matin, à l'aube blême, Mlle Lucette Hétroit, montée à bicyclette, a percuté dans une vache, sur la route au lieudit « La Houlette ». Relevée avec une jambe cassée, elle fut transportée chez son patron M. Alexis Priopot.

Son état s'étant aggravé durant la nuit, le conseil municipal a ordonné de l'abattre et de la livrer à la consommation.

CHAMBRAY (Eure). – A deux doigts de la mort. – Notre correspondant local à Chambray. M. André Picry, ouvrier boulanger chez M. Bénard, a échappé de justesse, hier au soir, à une fin prématurée et tragique.

Epuisé par trois nuits passées à confectionner une roue de brouette dans un bloc de silex, notre ami fut pris d'une défaillance et tomba dans le pétrin.

Le brigadier boulanger, M Eugène Montébran, ne vit pas son camarade, et ce n'est qu'au moment où il enfournait les pains au four qu'il eut l'intense stupéfaction d'entendre un de ceux-ci pousser des petits cris dépités.

Peu enclin à la magie, M. E. Montébran s'apprêtait à poursuivre sa tâche, lorsque par scrupule et peut-être aussi poussé par la curiosité il ouvrit la pâte et aperçut, fort heureusement à temps, son malheureux compagnon qui offrait déjà des signes d'ennui.

M. E. Montébran a reçu la médaille de sauvetage des boulangers.

L'OS DE CŒUR

par Pierre Cour et Francis Blanche

Notre courrier nous a révélé des situations si pathétiques que nous ne pouvons répondre qu'après avoir mûrement réfléchi. Nous nous sommes penchés sur ces cas avec une grande attention ; tellement penchés que nous en avons attrapé un lumbago… M. Gustave T…, d'Etampes, vous pourriez très bien envoyer, sans prévenir, le colis de langouste et foie gras. Merci d'avance !

***

UNE SEPTUAGÉNAIRE ANGOISSÉE nous écrit :

« *Fiancée depuis quelques mois à un blondinet de quatre-vingt-deux ans, celui-ci me délaisse depuis quelques jours, sous prétexte que son grand-père s'oppose formellement à notre mariage, prétendant que nous avons bien le temps… Que devons-nous faire ?*

– Si votre blondinet vous délaisse, mettez-lui le marché en main et, s'il persiste, épousez le grand-père !

***

– Voici, pour CORDON-BLEU EN HERBE, la recette demandée :

Pour obtenir une parfaite cuisson des nouilles, mettez-les à tremper la veille dans deux fois leur volume d'eau. Au moment de cuire, ajouter deux cent cinquante grammes de sel de cuisine, et laissez à feu doux pendant une heure. Vous nous en direz des nouvelles.

***

M. Jean V…, rue Saint-Antoine, à Paris, nous expose ainsi son cas :

« *J'ai 47 ans, j'exerce la profession de tastevin. Or, jusqu'à présent, je ne me suis jamais aperçu que les dégustations variées auxquelles m'oblige cette profession m'aient troublé, la raison. Pourtant, je viens d'avoir une hallucination qui m'a laissé affreusement inquiet. Jeudi dernier, je voyageais par voie ferrée dans nos bonnes terres de Bourgogne lorsqu'en traversant des prairies ce que je vis me laissa absolument hébété ! Des veaux, messieurs, tout comme d'habitude, regardaient passer les trains, mais ces veaux n'avaient pas de pieds, pas de têtes et ils n'avaient même pas les foies !... Que dois-je penser ? Faut-il que j'abandonne mon gagne-pain ? Je suis un homme sérieux mais, à mon âge, c'est triste d'être obligé de chercher une occupation nouvelle !... J'attends impatiemment votre réponse, car je sais que vous êtes de bon conseil.* »

– Rassurez-vous, cher monsieur Jean V..., vous n'avez pas été victime d'une hallucination, mais simplement témoin d'un des nombreux miracles que réalise notre service du Ravitaillement. En effet, on ne livre actuellement à la consommation que les pieds, têtes et foies de bovidés. C'est un système de répartition restrictive qui permet à notre cheptel de continuer à s'engraisser sur place, et contribuer ainsi à la prochaine distribution de viande sous forme de boîtes de corned-beef. N'abandonnez donc pas votre agréable profession de tastevin. C'est toujours ça de pris sur l'autre miracle !... Nous vous en serrons cordialement cinq, chacun.

***

Mme Georges H..., Toulon, qui signe DÉSESPÉRÉE, nous écrit :

« *J'ai un fiancé aviateur-parachutiste. Nous nous adorons. Malheureusement, quand il me prend dans ses bras je suis affreusement gênée par une désagréable odeur d'infirmerie que je ne m'explique pas et je tombe dans les pommes ! Que faire ? Dois-je rompre... ? A cette pensée, je me sens devenir folle. Conseillez-moi.* »

– Du calme... du calme, DÉSESPÉRÉE, si vous ne voulez pas aller vous-même faire un tour dans une infirmerie du côté de Charenton, et réfléchissez un peu : c'est l'éther que sent votre parachutiste. Pensez donc !... il en traverse une drôle de couche pour redescendre vers vous !!! Ne rompez pas pour si peu... Dites-lui seulement de ne se vêtir qu'après atterrissage, ainsi, ses vêtements ne sentiront rien et vous verrez que tout s'arrangera.

***

Mme LAURA, de Paris, nous confie :

« *A la suite d'une dispute avec mon mari qui est huissier au ministère, je suis en possession de documents extrêmement compromettants pour de nombreuses personnalités politiques.*

» *J'ai notamment le dossier complet de l'affaire du vin. J'ai l'impression que ça représente une certaine valeur.*

» *Croyez-vous que ces documents puissent intéresser quelqu'un et quel prix pourrais-je en demander le cas échéant.*

– Cela nous intéresse... Half and half.

***

Et pour finir, voici comme chaque semaine depuis la bataille de Poitiers (732 après J.-C.), nos proverbes ravaudés...

Deux vieux avec un neuf :

De M. Henri M..., boul. Soult. Paris : « *Chat échaudé vaut mieux que ceinture dorée ; Bonne renommée craint l'eau froide.* – De M. R. D., de Paris : *Rien ne sert de courir il faut mourir un peu.* – De M. A. C., rue du Pont, à Suresnes : *Mourir, c'est partir à point.* – De M. F. Robert, à Biarritz : *L'argent ne fait pas le printemps ; Une hirondelle vaut mieux que deux tu l'auras.*

Restaurants de luxe-témoins

Les consommateurs, catégorie gros mangeur et dégoûtant, sont avisés de l'ouverture de vingt-trois restaurants de luxe-témoins, avenue de Friedland. Ils sont invités à y venir consommer aux heures des repas, afin de se rendre compte que c'est cher.

Perception-témoin

Nos lecteurs parisiens du 17e arrondissement sont avisés de l'ouverture, au 87 de la rue Legendre, d'un poste de perception-témoin. Les contribuables intéressés sont invités à comparer les prix habituellement pratiqués dans les officines similaires et à en tirer les conclusions qui s'imposent.

LES JEUX... À LA COQUE

LE JEU DE L'AUTO

C'est un divertissement qui demande avant tout du temps et de la patience, car le jeu peut durer un an et même davantage. Il consiste simplement à tirer au sort un certain nombre de chiffres qui forment un nombre et il s'agit de trouver l'auto qui porte ce nombre sur sa plaque d'immatriculation. Celui qui la dégotte le premier a gagné. On peut rendre ce jeu un peu moins facile en tirant également au sort deux lettres pour compléter le nombre. On n'est pas obligé de rapporter la voiture pour prouver sa bonne foi, lorsqu'on l'a trouvée ; il suffit de photographier la plaque arrière ou avant.

LE JEU DE L'OTE OS

Ce jeu, très simple, est amusant au possible. On place un os quelconque dans un endroit tout aussi quelconque, mais le plus difficilement accessible possible, pour rendre la rigolade plus intense. Les concurrents se placent sur la même ligne dans une autre pièce, de préférence ; et, à un signal donné, tous se précipitent. Le premier qui ôte l'os a gagné.

LE JEU DE L'EAU TÔT

La condition essentielle de ce jeu est d'être pratiqué le matin de très bonne heure et à jeun. Il consiste à se jeter derrière la cravate (bien que, généralement, on n'ait point de cravate à cette heure matinale) la plus grande quantité d'eau possible et d'un seul trait. Le gagnant est naturellement celui qui en a absorbé le plus. Outre que ce jeu est excellent pour la santé car il lave le tube digestif, il n'est guère onéreux. On peut évidemment remplacer la flotte par de l'excellent pinard, si l'on se fout de ces deux dernières qualités.

PETITS PROBLÈMES

J'ai deux fois l'âge que vous auriez si j'avais l'âge que vous pensez. – Quel âge aurai-je à la mi-août ?

Petites Annonces

DEMANDES D'EMPLOI

Octogénaire fraîchement marié, cherche petite représentation produit pharmaceutique garantissant longévité.

Contremaître terrassier, disposant nombreux loisirs, s'occuperait recherches trésors. Urgent.

Femme de ménage connaissant un peu le latin, le grec, le solfège, licencié ès lettres, est démandée pour faire ménage chez instituteur feignant. Bonne diction exigée. Ecole communale, Bouton-sur-Plastron.

OFFRES D'EMPLOI

Pour municipalité environs pôle Nord, cherchons allumeur bec de gaz. Travail stable et peu fatigant (nuit polaire : 6 mois ; jour : 6 mois). Conviendrait à petit feignant peu frileux. (Coopérative assurée).

Fabrique de clés de boîtes à sardines recherche bon serrurier.

Directeur d'école cherche bon contre-maître pour contrer maître ayant perdu maîtrise.

Couple retraite est demandé pour faire du tandem. Bons appointements. (Coopérative).

OFFRES SPÉCIALES

Ménage sans enfant recherche enfant sans ménage, belle situation, automobile si possible.

Comtesse mélancolique désirant donner vigueur à réceptions désuètes, cherche boueux robuste et dynamique. 35 fr. de l'heure. Petits-fours assurés.

DIVERS

Ad hoc en désaccord avec adéquat cherche idoine pour trancher différend.

Dispositif antigrippant, facilitant l'absorption de tous cachets : le litre de lubrifiant : 66 fr. 90. Exigez bien la marque « Beaujolais ».

Maître nageur engagerait pour la belle saison ébénistes sachant faire la planche. Ecrire Pontich, plage des Sports, Cannes.

Faites-vous une opinion, en utilisant nos plans spéciaux pour incertains. A partir de 11 fr. 30.

PERMUTATIONS

Do Dièse ayant une touche avec Mi bémol, échangerait place avec Ré naturel.

CHIENS

1° Chiens de garde ; 2° Chiens de chasse ; 3° Chiens de berger ; 4° Chiens de grainetiers ; 5° Chiens de rouleurs de fûts ; 6° Chiens de rempailleurs de chaises, etc. « Au chien de saison ».

ARTICLES UTILITAIRES

Tous articles pour gendres : lance-flammes, fourchettes empoisonnées, bonbons cyanurés, brosses à dents vésicantes, tire-boutons blessants, etc. à « Tout pour le gendre », 14, impasse Belledoche, Mâcon.

Tous articles pour belles-mères : madriers pour dessus de portes, suppositoires au sable, pipe à la mélinite, lance-couteaux, etc. à « Tout pour la belle-mère », 17, impasse Belledoche, Mâcon.

Grand récit d'aventures recueilli par *Roméo Carlès*

Chapitre XI

(Qui est simplement le prolongement du précédent, mais ce dernier n'en finissant pas, nous avons cru bon de changer le numéro du chapitre, pour donner au lecteur écœuré l'illusion qu'il était enfin terminé, et pour nous procurer à nous-même la satisfaction d'écrire un chapitre de plus !)

– Où diantre la pourrais-je fourrer ? interrompit l'aubergiste que cette hypothèse n'enchantait que médiocrement, l'hôtesse imprévue ainsi annoncée ne l'étant qu'à son corps défendant ne montrerait vraisemblablement aucun empressement à régler sa note de séjour, et pour cause ! Ce qui constituait une opération sans intérêt pour un hôtelier dont les affaires ne marchaient déjà pas de façon fort brillante.

– Bah ! ne prends point souci de ce détail, répliqua l'Eminence verte, puisque je me charge, avec votre complicité dûment rémunérée pour cela, de faire dévier l'itinéraire prévu par la Bémole, et de faire parvenir la tendre Adélaïde de Mars en un tout autre asile que celui que se propose de lui offrir ma délicieuse concubine.

Maître Coque, à ces mots, soupira d'aise ; car il voyait s'éloigner de son proche avenir tout un tas d'ennuis, arias et embêtements que la présence de cette indésirable locataire n'aurait pas manqué de lui occasionner. Et comme c'était un brave garçon, d'un naturel placide et doux, il vouait aux gémonies, en son for intérieur, sa redoutable sœur de lait, dont la jalousie imbécile le plaçait dans une situation pleine de dangers obscurs et d'embarras aussi divers qu'imprévisibles dans le détail, mais, hélas ! aisés à concevoir dans leur ensemble.

Désormais soulagé en partie par la dernière phrase de l'Eminence, et délivré de ces soucis futurs qui lui contractaient l'épigastre de façon fort désagréable, il arbora un large sourire et suivit la conversation – laquelle, d'ailleurs, était plus exactement un monologue dont l'Eminence faisait les frais – l'esprit libre comme un los[1] et le corps détendu comme une vieille arbalète mise au rancart.

Le discoureur allait continuer son exposé, lorsque, soudain, un coup frappé à la porte lui coupa le sifflet.

Bien que ce heurt eût été fort discret, il n'en fit pas moins aux trois conspirateurs l'effet d'un coup de bombarde éclatant dans un placard, et les figea sur place.

Presque immédiatement, trois autres coups furent frappés contre l'huis, suivis d'un léger roulement exécuté avec maîtrise et avec le bout des doigts, lesquels se devinaient munis d'ongles acérés, par le bruit sec qu'ils provoquaient sur le panneau de chêne.

– C'est elle… murmurèrent les trois hommes, sur des tons différents, mais avec un ensemble si parfait qu'on eût dit un chœur antique.

Et comme si cette simple phrase eût été le signal convenu d'un branle-bas général, il s'ensuivit une mêlée confuse, un tohu-bohu inexprimable, au milieu duquel on put difficilement discerner que l'Eminence verte, voulant se dissimuler rapidement, cherchait à s'élancer vers le fond de la salle, tandis que Bombiscaille, manifestant l'intention d'aller vers la porte, se dirigeait, par conséquent, en sens inverse, contrariant ainsi le projet de l'amant de la Bémole, empêtré dans le manteau flottant du pauvre Eloi, lequel avait entre les jambes la tête effarée de maître Coque qui, renversé dès le début de cette affolante billebaude, cherchait uniquement, pour l'instant, à garer ses mains des trépignements de bottes qui les entouraient dangereusement.

Enfin, après une bonne minute passée en mouvements désordonnés de part et d'autre et en jurons divers proférés à voix basse, ce magma de bras et de jambes entremêlés se dissocia brusquement. L'Eminence verte fut littéralement projetée vers l'âtre qu'elle esquiva de justesse, grâce à un étonnant saut de carpe qui faisait honneur à la puissance de ses jarrets et à la souplesse de ses rognons. Bombiscaille, lui, fila comme une comète en direction de la porte qu'il semblait si désireux d'atteindre un moment auparavant, mais qui lui parut, à cette seconde, se rapprocher de son appendice nasal à une vitesse alarmante. Quant au malheureux aubergiste, qui avait une demi-douzaine de phalanges aplaties, il en profita pour se relever aussi rapidement que le lui permettait son énorme bedon, ce qui demanda tout de même quelques instants d'efforts pénibles, et sans doute n'y serait-il pas parvenu si aisément sans la collaboration de Bombiscaille qui, après s'être arrêté miraculeusement à un pouce de la porte, était revenu sur ses pas pour lui prêter main forte et l'aider à reprendre la position verticale, plus indiquée pour recevoir dignement la visiteuse.

Précisément, cette dernière, vraisemblablement intriguée par l'inexplicable pandémonium dont la rumeur lui parvenait atténuée, mais suffisamment insolite, commençait à donner des signes d'impatience et réitérait son signal, avec moins de discrétion que la première fois.

Les deux hommes jetèrent un coup d'œil vers le fond de la salle avant d'aller ouvrir.

L'Eminence verte avait disparu.

1. Un los libre, bien entendu.

Chapitre XII

(Dans lequel Bombiscaille fait, d'une façon inattendue et quelque peu brutale, la connaissance de Cocas, que nous avons perdu de vue depuis trop longtemps : événement qui, pour anodin qu'il paraisse au premier abord, n'en constitue pas moins un fait de la plus grande importance pour la suite des événements, comme on le constatera plus tard, si l'on a la patience de continuer à nous lire, bien entendu.)

Le soleil s'était levé depuis pas mal de temps, et l'ombre des peupliers qui flanquaient de chaque côté l'entrée de la porte Saint-Denis était déjà à mi-chemin de sa course lente vers les pieds de ces arbres majestueux quand un bruit de sabots se fit entendre au détour du chemin. Ces sabots n'étaient point de bois, mais de corne, et n'appartenaient pas à un quelconque paysan, mais bien à un cheval. Sur ce cheval, pauvre animal efflanqué dont on pouvait compter les côtes à plus de deux cents mètres de distance – bien que nous ne voyions pas très clairement pourquoi on se serait livré à ce calcul aussi burlesque qu'inutile – se tenait, digne comme un archevêque malgache et majestueux comme un gypaète barbu, notre ami Bombiscaille, le feutre en bataille, les moustaches de même, et l'épée fièrement redressée en arrière par sa main gauche, négligemment mais fermement appuyée sur le pommeau.

Et c'est en se tripotant distraitement le bouc de la dextre qu'il franchit la porte ouverte (évidemment si elle eût été fermée, il eût eu quelque mal à la franchir, car la pauvre haridelle qui le portait n'eût guère eu la force de sauter par-dessus, en admettant qu'elle en ait jamais eu l'intention !)

Après quoi, il dirigea tranquillement sa monture vers la rue Tabaga, qui se trouvait à droite de la porte, et s'engagea dans cette étroite artère sans l'ombre d'une hésitation. Il est vrai que, dans cette venelle resserrée entre les murs de maisons dont les toits se touchaient, il n'y avait place pour aucune ombre, fût-ce celle d'une hésitation, car le soleil, dégoûté sans doute par son aspect crasseux et inquiétant, n'y paraissait jamais.

(*A suivre.*)

L'OS LIBRE

« Contre tout ce qui est pour – Pour tout ce qui est contre. »

NUMÉRO 77 – MERCREDI 23 AVRIL 1947

Le gouvernement multiplie les appels au rassemblement pour tenter de sortir de la crise économique. Constatant les pouvoirs que s'accordent unilatéralement les ministres communistes dans l'équipe de Paul Ramadier, les observateurs commencent à parler de collectivisme. Parallèlement, de nouvelles grèves s'annoncent, animées par des responsables syndicaux qui commencent même à s'élever contre des gouvernants où, en théorie, ils comptent quelques amis fidèles. Pierre Dac aborde le sujet dans son éditorial, avec ses mots, en affichant une véritable inquiétude.

Edito Tous comptes faits et à faire

par Pierre Dac

Mesdames, Mesdemoiselles, Messieurs, gens de tous sexes et de conformation indéterminée, chefs d'entreprise, sous-chefs de gare, couvre-chefs, ouvriers spécialisés, manœuvres de haute couture, directeurs, sous-directeurs, contre-directeurs, experts-comptables, experts de famille, experts de chaussettes, commerçants, agriculteurs, industriels, c'est à vous que je m'adresse aujourd'hui, en toute franchise, en toute sollicitude et en tout bien, tout honneur.

Je pense que le moment est venu de vous faire profiter de mon expérience, de mes renseignements, de mon acquis, de mes multiples méditations et surtout du fruit de mon commerce avec la philosophie khroumire.

Ce qui suit n'est, pour autant, pas plus un testament qu'un préciput spécifique ni davantage un codicille olographe, mais la résultante du bilan des observations que j'ai faites au cours de mon existence jusqu'à ce jour.

J'ai vu et vécu pas mal de choses dans ma sacrée bon sang de bonsoir de vie. Mon enfance et mon adolescence, d'une part, et tout ce qui s'ensuit, de l'autre. J'ai observé les hommes, les femmes, les intermédiaires, les astres, les passages

à niveau, les pompes officielles et les pompes à essence. J'ai été mêlé à un tas d'événements. J'ai eu la rougeole par correspondance et de l'arthrite cervicale par relations mondaines. C'est dire assez que j'en connais suffisamment pour tirer des conclusions étayées solidement sur l'expérience.

Aussi, quand je fais un retour sur moi-même, que je me remémore tout ce que j'ai vu, quand je regarde autour de moi, je souris doucement, sans amertume, et je me dis, avec la conviction que donne la sensation de posséder la vérité infuse, que, somme toute, tout bien pesé et en définitive, il n'y a que la peau de quenouille pour conserver le tabac.

Je ne m'exprime pas ici à la légère ; l'affirmation que je formule ainsi, sans réticence, est trop lourde de conséquences pour être exprimée sans contrôle préalable. Mais enfin, quand je relis l'histoire, que je vois cette succession de périodes troublées, ces guerres sans cesse renaissantes, ces bouleversements sociaux, ce brassage perpétuel de l'humanité, j'en arrive automatiquement, en m'élevant au-dessus des contingences vulgaires, à la sereine et consolante certitude que, quoi qu'on fasse et quoi qu'on dise, il n'y a que la peau de quenouille pour conserver le tabac.

Certains contempteurs de l'harmonie préétablie et de la bimbeloterie psychanalytique ne manqueront probablement pas de me demander en quoi consiste cette peau de quenouille dont je fais si grand cas. Je n'hésiterai pas à me retrancher derrière le secret professionnel et à les renvoyer, pour leur édification, aux doctes ouvrages de l'illustre savant khroumir Enrique Anaxagore Hufnut Lacazius, qui font autorité en la matière.

D'autres encore me diront peut-être que je fais l'interpolation et que je tente de jeter la confusion dans l'esprit des gens de bonne foi à qui cette peau de quenouille destinée à conserver le tabac rappelle vaguement un refrain similaire fort en honneur dans les milieux militaires. Je laisserai, là aussi, mes détracteurs se livrer à leur aise à leurs subodorations gratuites et intempestives.

Tout ce que je sais, c'est que devant la marée montante des transformations sociales, devant la propension systématique des hommes à faire de plus en plus l'abandon de leur individualité propre au bénéfice d'une soi-disant liberté collective par le seul jeu des partis politiques quels qu'ils soient, je dis, je proclame et j'affirme qu'il n'y a, tous comptes faits, que la peau de quenouille pour conserver le tabac.

Toujours sans nouvelles de Fernand Rauzéna

Nous sommes toujours sans nouvelles de notre ami F. Rauzéna. Nous n'avons pas reçu d'autres lobes. Adrien Fantômas, si c'est bien lui qui a fait le coup, semble donc être à court de lobes.

D'ailleurs, d'après l'examen approfondi auquel nous nous sommes livrés sur le premier lobe qui nous est parvenu, il semblerait que nous nous trouvions, d'après sa taille exceptionnelle, en présence d'une escalope de veau de fortes dimensions.

Le commissaire Poileau Luc poursuit ses investigations dans l'entourage du disparu.

À Os rompus

Une île de moins !

A la demande de la Ligue pour la simplification des études géographiques, l'île d'Héligoland qui, avec pas mal d'autres, empoisonnait la jeunesse des écoles, a disparu de la carte du monde.

L'opération de nettoyage s'est effectuée vendredi dernier, à midi tapant, avec le concours de six cents tonnes de dynamite, dont on s'est ainsi débarrassé par la même occasion.

Au dire des connaisseurs, l'explosion rappelle par son intensité celle de Bikini.

Par bonheur, elle n'aura cependant pas eu d'aussi fâcheuses conséquences.

On ne parle pas, en effet, du retour de M. Yves Farge au Ravitaillement.

Soyez prudents

N'oubliez pas qu'à tout moment vous pouvez être mêlé à une affaire criminelle. Ne faites pas le jeu de la police, préparez vos alibis. Un ticket de métro, d'autobus ou de cinéma, peut sauver votre petite tête de linotte. Conservez pieusement tous ces éléments de votre vie quotidienne. Et si vous le pouvez, chaque jour dans vos multiples déplacements faites pointer votre passage. Vous nous en saurez gré.

Déblocage

Les tickets L.E.Z.A.I. de la carte de textiles sont validés chacun pour une valeur de 1 cm^2 d'aluminium ; ou groupés pour 1/2 coquetier, ou un manche de casserole en Sprountz, ou un couvercle de bol ou un débouche-passoire, ou deux épingles à pointe rapportée au 10 cm^2 de toile à cirer.

Plus fort que le roi du stylo à bille

Le roi du billard sans bille fait le tour du monde en 5 secondes

Milton Reynolds, le roi du « Stylo à bille », vient à peine d'accomplir le tour du monde en avion dans le temps record de 78 heures 55 minutes, qu'un de ses concurrents, le roi du « Billard sans bille », réussit à faire mieux encore.

Mais avant tout, justement soucieux de s'assurer le témoignage d'un journal puissamment diffusé et dont l'autorité, le sérieux et l'indépendance soient incontestables, l'industriel en question avait tout naturellement prié *L'Os libre* de lui déléguer un de ses représentants les plus qualifiés.

Le haut intérêt sportif qui s'attachait à son exploit nous aurait fait un devoir de répondre présent, si, au moment où sa demande nous est parvenue, nos collaborateurs réguliers n'avaient été retenus par leur partie de loto hebdomadaire, partie dont on comprendra l'importance quand on saura qu'elle sert à désigner celui d'entre nous qui paiera la tournée générale de vichy-fraise destinée à créer, chaque semaine, l'ambiance indispensable à l'élaboration d'un journal comme le nôtre.

Notre valet de pied (également homme de main à l'occasion) se trouvant le seul qui soit libre, c'est donc lui que nous avons chargé exceptionnellement d'assurer ce reportage, dont, avec une promptitude et un esprit d'initiative qui lui font honneur, il nous remet d'ailleurs le texte avant même d'avoir quitté nos bureaux.

C'est du billard !

C'est le carrefour Richelieu-Drouot qui a été choisi par le roi du « Billard sans bille » comme lieu de départ et d'arrivée du raid fantastique qu'il se propose d'accomplir. L'intéressé m'attend près du kiosque à journaux.

En termes simples, il m'explique comment il a révolutionné le noble jeu du billard trop longtemps confiné dans des règles étroites qui en interdisaient à peu près la pratique à toute une catégorie de Français particulièrement estimables, celle des capitaines au long cours, en raison de l'impossibilité qu'il y avait pour eux à diriger à leur gré des billes sur un tapis vert, à bord d'un navire, les jours de grosse tempête.

Le « Billard sans bille », dont mon interlocuteur est l'inventeur, a résolu ce problème délicat. Détail curieux à signaler : si l'absence de billes qui caractérise un tel meuble, le rend forcément impropre aux « effets » et aux « massés », il peut être, par contre, aisément utilisé comme lit, table, bureau, étal, établi, desserte, tribune, scène de théâtre, voire presse-papiers.

Je suis sûr de réussir

Le roi du « Billard sans bille » m'autorise à photographier l'avion avec lequel il va tenter la grande aventure. C'est un appareil en métal doré et de dimensions réduites, que son propriétaire porte accroché à sa chaîne de montre en guise de breloque.

Il serait vain d'insister sur les avantages que présente l'utilisation d'un engin de ce genre. Si sa vitesse est limitée, puisqu'il ne peut guère aller plus rapidement que celui qui l'arbore, sa consommation d'essence est nulle, ses frais d'entretien, de garde et de garage, sont réduits à néant, enfin, vu son faible poids et son peu d'encombrement, il n'entraîne aucun débours supplémentaire pour son transport lorsque son détenteur se déplace, comme tout le monde, en chemin de fer ou en paquebot.

« Je suis sûr de réussir, conclut le roi du "Billard sans bille". Ma force est d'avoir minutieusement établi mon itinéraire et de n'être pas tombé dans l'erreur, d'ailleurs excusable, commise par Reynolds, qui a cru qu'il était nécessaire de contourner le globe terrestre pour faire le tour du monde. »

Le record est battu

Le roi du « Billard sans bille » se penche vers la tenancière du kiosque et achète un journal du soir, puis, s'écartant de quelques pas, il pose ce dernier sur le trottoir. Après quoi d'un pas tranquille, il effectue le tour complet de l'exemplaire de notre confrère *Le Monde*. L'opératoin dure exactement 4 secondes 73/100e. Le record de Reynolds est battu.

Le roi du « Billard sans bille », que je félicite vivement, m'exprime le regret de ne pouvoir imiter le roi du « Stylo à bille » qui, à son arrivée, avait jeté à pleines poignées à la foule qui l'attendait, des stylos de sa fabrication. Mais le jet, dans de semblables conditions, de billards (même sans billes) présentait, paraît-il, certaines difficultés techniques.

C'était il y a...
23 avril 1775

Naissance à Elephant and Castle, de William Charles Morice Coccu, inventeur des gares de chemin de fer. G. Stephenson (1781-1848) eut l'idée de les reller entre elles à l'aide de rails métalliques reposant sur des madriers. Ce qui fut fait ; mais il y eut tellement de protestations au sujet de cette ferraille inutilement allongée dans les campagnes, que Stephenson attaqué par les uns et surtout par les autres, fut mis dans l'obligation de créer un véhicule, capable de circuler sur ce qu'on appelait déjà à l'époque « Le chemin de fer ».

Ainsi naquit la locomotive et tout ce qui s'ensuivit.

William Charles Morice Coccu, dont il est parlé plus haut, fut très malheureux en ménage. Si, moins heureux que G. Stephenson, son nom est passé au travers de l'histoire, il est néanmoins resté en suspens à tous les frontispices des stations de chemins de fer dans lesquelles il est fréquent d'entendre prononcer son nom, chaque fois que le chef de gare donne le signal du départ.

Reportage ospress

D'Evreux. – Plus de huit cents invités ont assisté aujourd'hui au mariage de Mlle Nadine Mayard, travailleuse de force à la cantine de la S.N.C.F., avec M. Evariste Pentecôte Quasimodo, sonneur de cloches contractuel aux usines à gaz de Puteaux.

La cérémonie qui s'est déroulée en partie à l'église Saint-Maclou et au café mitoyen, faillit bien être compromise, le futur marié ayant absorbé la veille, une potée de semences de tapissier.

Quoique Mlle Nadine Mayard ait reçu de toutes parts de nombreux cadeaux jetés par une foule enthousiaste, ses jours ne sont pas encore tout à fait en danger.

Elle était vêtue d'une toilette nuptiale en crêpe sarrasin de chez « Bolduc et Latraîne », et portait des chaussures d'Art « Le petit Picard » à semelles crêpes renforcées.

Parmi les invités on remarquait le maréchal Tronch de Gag, le duc de la Roche-Fripée, et le célèbre explorateur Percy Lagood Soup.

L'OS DE CŒUR

par Pierre Cour et Francis Blanche

Mme la baronne Madeleine de A…, d'Ancelle (Hautes-Alpes), nous demande :

– *Comment faire disparaître les vilains points noirs que j'ai sur le visage ?*

– Prenez une parcelle de savon noir sur du papier émeri (n° 2). Frottez séparément et énergiquement chaque petit point défectueux. Rincez à l'eau de Cologne et touchez chaque endroit traité avec un petit peu de teinture d'iode. Faites ensuite un hachis de veau cru, de mie de pain, de fines herbes. Ajoutez quelques gouttes de vinaigre et un peu de sang de porc. Faites de ce mélange une pâte que vous appliquerez comme un masque sur votre visage. Mettez-vous au lit, gardez la chambre pendant quarante-huit heures et ne parlez que par signes ou du bout des lèvres. (A noter que ce masque a l'avantage de pouvoir être utilisé à l'office ensuite pour d'excellentes croquettes qu'on plonge dans la friture bouillante.)

***

Mlle Hélène M…, Paris (14e), qui signe « Ziste et Zeste », implore nos lumières en ces termes :

– J'aime deux jumeaux, Maurice et Marcel, qui se ressemblent comme deux frères, et chacun d'eux me presse de l'épouser. Jusque-là, tout va bien. Mais, où les choses se compliquent, c'est quand j'accepte un rendez-vous ou que je forme des projets d'avenir avec celui qui tendrement me donne le bras. Je ne sais jamais avec lequel des deux je me trouve. Est-ce avec Marcel que j'aurai la villa au bord de la mer ? Est-ce avec Maurice que je ferai du tandem ? Je suis bien tourmentée, car il me faudra prendre bientôt une décision et je ne saurai jamais auquel je me confie… ni même lequel choisir… Dans cet affreux dilemme, conseillez-moi !

– C'est bien simple : pour vos rendez-vous, adoptez le système pair-impair (les jours pairs, Marcel, par exemple, et Maurice pour les jours impairs), en tenant compte des mois de trente et un jours. Pour les distinguer, offrez à l'un un chapeau rose, à l'autre un chapeau bleu, et fixez votre choix sur celui qui ressemble le moins à l'autre. Enfin, pour ne rien laisser au hasard, au moment d'aller à la mairie, tirez-les au sort. Tous nos vœux vous accompagnent.

Et voici, vue par nos fidèles lecteurs, la « Sagesse des Nations » mise au goût du jour :

De M. G. R…, à Lausanne : *Qui va sano trop embrasse ; Qui va piano mal étreint.* – De Petite Fleur, à Saint-Omer : *Tourner sept fois la langue dans la bouche n'est pas coutume ; Il faut saisir la fortune dans sa bouche avant de parler.* – De Albert M…, à Eyguières (Bouches-du-Rhône) : *Il ne faut pas promettre ce que tu ne veux pas qu'on te fasse ; Rendons à César plus de beurre que de pain.*

Qui dit mieux ?…

LES JEUX… À LA COQUE

PETITS PROBLÈMES

J'ai deux fois l'âge que vous auriez si j'avais l'âge que vous pensez. Quand aurai-je l'âge de raison ?

***

L'employé chargé de relever votre compteur à gaz monte sur un escabeau de 0 m 60 de haut. Ainsi, sa vue se trouve portée à 1 m. 90 du sol. Quel est le chiffre qu'il relèvera sur le compteur, étant donné que vous retirez brusquement le tabouret sur lequel l'homme est monté ?

OÙ QU'EST LA NOIX ?

Ce jeu subtil et amusant développera chez l'enfant les qualités d'observation, d'intuition et de finesse qui sommeillent chez tous les bambins un peu doués.

Les joueurs se mettent sur un rang. Ils doivent être chacun munis d'une noix[1] et les mains derrière le dos. Le joueur désigné est muni, lui, d'un solide gourdin. Il se présente devant chaque joueur qui dit alors : « Où qu'est la noix ? », en tendant les deux mains fermées. Le joueur désigné donne alors un vigoureux coup de gourdin sur la main qui, d'après lui, contient la noix. S'il a deviné, le perdant a un gage. S'il a perdu, il prend la place du joueur porte-noix. Il arrive parfois que la noix se trouve cassée par le choc. Le joueur gagnant, dans ce cas, a le droit de la manger.

N. B. – Le port des gants rembourrés est interdit. Les coups de gourdin doivent être donnés exclusivement sur les mains pour éviter les fractures de l'avant-bras.

1. On peut remplacer la noix par un cure-dents ou tout autre objet facile à dissimuler.

Avis très important

Le ministère de la Sécurité sociale rappelle qu'il est interdit de brûler du pastic ou du trinitro-toluène dans les gazogènes.

La combustion de ces produits ayant tendance à dégager, à certaines heures de la journée, des lueurs irritant la vue et une fumée extrêmement gênante pour la circulation.

Petites Annonces

OFFRES D'EMPLOI

Demoiselle Collet-Monté cherche poseur de collets, bonne moralité. (Coopérative).

Pour signalisation réverbères et points d'appui éprouvés, cherchons gardien de phare retraité ayant un peu de matériel. S'adr. café du Commerce, Lons-le-Saulnier. (Coopérative).

DEMANDES D'EMPLOI

Caissier-Emballeur, spécialisé dans la caisse en bois, effectuerait encaissements et décaissages pour encaisseur ou caissier.

Insomniaque, belle voix chaude et sonore s'offre pour égayer nuit bien sinistre. Prix spéciaux pour manoirs hantés.

SPÉCIALITÉS

Mécaniciens, chauffeurs de locomotives, n'effectuez aucune sortie, sans avoir monté sur la chaudière de votre machine, le dispositif inversable « R. LESAGE ». Le seul empêchant tout renversement de vapeur. Pose instantanée. En vente : hôtel de la Gare, Mantes.

SOLDES

A vendre : 5 beaux costumes de gendarmes. Tailles : 36, 38, 40, 41 et 52. Faire offres discrètes à M. Riton-les-Mains-Jointes. Tél. Trud. 63-53.

ACCESSOIRES SPÉCIAUX

Marteau terre cuite pour travaux minutieux. La pièce : 31 fr. 90.

Même modèle, mais pour travaux encore plus minutieux, avec manche en plâtre : 444 fr. 10.

ANNONCES SENTIMENTALES

Fourgon de queue sentimental demande suppression intermédiaires, en vue rapprochement locomotive. Très urgent.

ET VOICI NOS FARCES ET ATTRAPES SÉLECTIONNÉES

Lunettes à verres déformants, permettent de réaliser des chutes très réussies. La paire. Prix : 215 fr. 70. Impayable.

Chapitre XII (suite)

Soudain, il arrêta son cheval devant une étrange enseigne dont la peinture, aussi impénétrable qu'un dessein de la Providence, n'était rendue explicable que par le texte qui l'accompagnait et qui apprenait obligeamment au passant intrigué que c'était là la taverne du Concombre mélancolique. D'où le passant, enfin renseigné, en concluait que la chose bizarre et biscornue que représentait l'enseigne devait être ce concombre-là, encore que sa mélancolie n'apparût pas très clairement.

Il sauta à terre (pas le concombre, le cavalier !) et attacha après un crochet de fer vraisemblablement destiné à cet usage la longe de Rossinante, laquelle d'ailleurs était un Rossinant, si l'on s'en rapportait à certain détail anatomique si peu discret qu'il attirait déplorablement l'attention d'un groupe de morveuses en train de jouer à la marelle, à quelques pas de là, avec un vieux hareng séché, faute de cailloux.

Cela fait, il ouvrit la porte de la taverne, et pénétra à l'intérieur de cet établissement sombre et nauséabond, mais dont l'odeur complexe réunissant de violents remugles de vieux cuir, de bière aigre et de sueur douteuse, fleurait plus délicieusement bon aux narines de Bombiscaille qu'une cassolette chargée des plus suaves parfums empruntés aux jardins de Murcie[1]. Cela, pour la raison, purement sentimentale, que ce lieu de délices lui rappelait de folâtres bombances, d'épiques ripailles orgiaques et des ribotes mémorables, souvenirs évocateurs d'une folle et plaisante jeunesse pour la plus grande partie passée en joyeuse compagnie, entre ces murs patinés par la fumée des bouffardes autant que par le temps.

Son entrée fit se retourner une accorte fillette d'une quarantaine de printemps, qui polissonnait avec l'unique consommateur occupant une table dans un coin obscur du fond de la salle.

– Bombis ! s'écria-t-elle en se levant et en rajustant prestement ses cottes, dont le bouleversement révélait des jeux moins innocents que la main-chaude, le chat perché ou le trou-madame, lesquels, en dépit de leurs noms suggestifs, sont fort anodins, admis et pratiqués dans les milieux les plus bégueules. Ce vieux sacripant de Bombis ! par exemple !

– Salut ! gente Agnès. Comment va ta petite santé délicate, depuis le temps qu'on ne s'est vus ? s'enquit galamment notre héros, en la serrant dans ses bras.

– Bien, vieux coquin. Et la tienne ?

Et sans attendre la réponse à cette question, qui était de pure forme et d'ailleurs parfaitement oiseuse, la mine florissante de Bombiscaille ne laissant aucun doute sur le parfait équilibre de son organisme, elle interrogea :

– Quel est le bon vent qui t'a amené jusqu'ici ?

– Une affaire à traiter dans les parages, répondit-il sans s'expliquer de façon plus précise. Mais cette affaire ne pouvant être menée à bien que cette nuit, j'ai tout le temps de me soûler proprement la gueule dans ton accueillant et riant coupe-gorge, ma jolie !

Ce disant, il jeta à travers la salle son feutre, qui alla retomber, avec une précision qui dénotait chez lui une très vieille habitude de ce genre d'exploit, juste sur le long et fin goulot d'une bouteille d'Alicante qui trônait au-dessus de la grande cheminée. Puis il s'assit à califourchon sur une chaise à demi dépaillée, et, tapant allégrement sur la table qui se trouvait devant lui, il commanda une bouteille de blanc.

– Pour commencer, ajouta-t-il en posant avec désinvolture son pied droit sur ladite table et son pied gauche sur celle d'à côté.

– Je vais te chercher ça illico, fit Agnès en se dirigeant vers le fond ténébreux de son établissement.

Mais comme elle passait près du consommateur qui la lutinait aimablement lorsque l'arrivée inopinée de Bombiscaille l'avait interrompu dans cette divertissante occupation, celui-ci l'arrêta au passage en lui entourant brusquement la taille d'un bras tentaculaire, et l'attira vers lui.

– Allons, laissez-moi, monsieur Cocas, protesta l'hôtesse, vous voyez bien que je dois aller à la cave.

1. Il n'y a pas de quoi !

Cocas, car c'était bien le valet de M. de Voloter qui se trouvait là – et l'on sentait à son comportement qu'il devait s'y trouver souvent – ne lâcha point sa prise pour autant, mais lui souffla dans le cou :

– Alors, ma toute mignonnette, souffrez que je m'y rende avec vous, dans cette cave où nous risquerons moins d'être dérangés qu'ici. Du moins, je le présume.

– Etes-vous fou ? Mon ami Bombiscaille attend son pinard, et je connais la soif du satané Bombis… elle est impérieuse et impatiente !

Cette assertion reçut une confirmation flagrante et immédiate, car, à ce moment, notre assoiffé hurla vers l'ombre épaisse où se tenait ce colloque à voix basse :

– Alors, Agnès de mon cœur et du reste… ce flacon de vin divin, c'est pour quand ? Tu veux donc me voir périr céans de male-pépie ?

– Voilà, voilà, cria la belle, en se dégageant brusquement des bras envelloppeurs de son trop entreprenant client.

Et, ouvrant la trappe qui bouchait l'entrée de la cave, elle y disparut rapidement.

A peine s'était-elle éclipsée dans les ténèbres du sous-sol, que notre ami Cocas se leva sans bruit, s'engouffra à sa suite dans l'escalier qui menait à la cave et disparut progressivement, guidé par la faible lueur du lumignon fumeux que venait d'allumer en bas celle qui avait également allumé chez lui des feux qu'il entendait bien éteindre sur-le-champ et sur un lit de fagots ou, à la rigueur, contre un tonneau, bien qu'il eût préféré, pour cette opération, un bon lit à colonnes et à baldaquin, encore que ces accessoires n'ajoutassent rien, en l'occurrence, au confortable de ce meuble, qu'il avait peu de chances de trouver dans ce lieu généralement réservé au culte de Bacchus, et non à celui de Morphée.

Ce nonobstant, il se précipita sur Agnès, qui se relevait, tenant à la main[1] une bouteille coquettement enrobée de poussières et de toiles d'araignée. Gênée par la présence de ce précieux flacon, elle ne put opposer à l'assaut imprévu de Cocas qu'une défense sans grande efficacité. Sur le point de succomber, et sans réfléchir aux conséquences de son acte, qui était en contradiction formelle avec sa préoccupation dominante, elle assena sur le crâne de l'impétueux valet un tel coup de sa bouteille, que celle-ci, sans la moindre hésitation, vola en éclats, inondant de son contenu doré, au délicieux bouquet, le malheureux Cocas.

Abasourdi par le choc, ce dernier n'eut guère le loisir d'apprécier comme il eût convenu le goût, pourtant fort agréable, du nectar qui lui coulait non seulement dans la bouche, mais aussi sur toute la figure. Comme dans un léger brouillard d'automne, il vit la belle Agnès qui, ayant cueilli au vol une autre bouteille, s'apprêtait à regrimper l'escalier à toute vitesse. Il secoua la tête de droite à gauche, puis de gauche à droite, pour chasser de ses oreilles un agaçant bruit de cloches qui lui semblait absolument ridicule à trois mètres au-dessous du niveau de la mer et à un quart de lieue au moins de l'église la plus proche, et s'élança sur les traces de sa récalcitrante conquête.

(*A suivre.*)

1. Cette précision est superflue, à notre avis, car on voit mal cette fille tenant sa bouteille avec son pied ou entre ses dents !

L'OS LIBRE

« Contre tout ce qui est pour – Pour tout ce qui est contre. »

NUMÉRO 78 – MERCREDI 30 AVRIL 1947

L'accord n'a pas été simple à mettre au point, mais il a été trouvé et signé. La France, la Grande-Bretagne et les Etats-Unis se partageront désormais équitablement le charbon exporté d'Allemagne. Les quantités dont disposera chaque pays dépendront de la production de la Ruhr, en Rhénanie du Nord. Autre mesure de la semaine, exclusivement hexagonale : pour faire face au manque de blé, principalement dû à un hiver très rigoureux, le gouvernement ramène la ration quotidienne de pain de 300 à 250 grammes. Une mesure qui, dans l'opinion publique, jette un froid.

Edito — Deux lois en spirale

par René Lefèvre

Eh bien ! je ne suis pas fâché de voir le bout de cette affaire ! comme disait la grand-mère de Roméo Carlès au soir de son mariage avec Bourbaki. D'ailleurs et en ce qui nous concerne, il n'est nullement question ici de faire la noce. Je veux simplement parler de ses satanées vacances parlementaires qui prennent fin, tout de même et pas dommage. Ma parole, nous n'en pouvions plus ! Et je préférerais être transformé en alcarazas plutôt que d'assumer de nouveau les responsabilités qui nous accablèrent, tous ces temps-ci. Il serait, en effet, parfaitement ridicule et profondément injuste de s'imaginer qu'un pays peut fonctionner normalement avec le président en Afrique noire, un ministre en Russie blanche et les autres au vert. Les quelques consignés de l'hôtel Matignon le comprirent très vite et nous ne saurions les blâmer d'avoir appelé à l'aide.

C'est alors qu'il présidait le premier conseil étriqué de cabinet restreint, au cours duquel le charbon et le tabac venaient à l'ordre du jour, que M. Paul Ramadier sentit la fumée. Il n'y avait pourtant pas foule autour de la table, puisque ces messieurs n'étaient que quatre. Mais quatre qui voulaient se battre, à part Popaul qui ne voulait pas.

– Ah ! dit le chef du gouvernement, il me faudrait ici deux ou trois durs… pour que vous tombiez sur un os, de temps en temps…

Et cette réflexion fut pour lui un trait de lumière. Quelques secondes plus tard, nous étions alertés à *L'Os*, par téléphone.

La prise de contact fut extrêmement cordiale et Pierre Dac dit à Paul Ramadier :

– L'affaire du charbon est dans le sac et vous avez tort de prendre le tabac à la blague. Laissez-moi faire, vous aurez vos deux projets de loi avant la soupe.

Ces deux projets, les voici. Et je suis heureux de pouvoir affirmer à nos lecteurs qu'ils seront votés incessamment.

CHARBON. – Il nous paraît normal, logique et adéquat de demander à un pays les denrées et matières dont il est abondamment producteur. Or, la Russie, qui n'est guère bougnate, est puissamment distillatrice, et il est prouvé qu'un petit verre de vodka contient, sous un faible volume, autant de calories qu'un sac d'anthracite. Il suffit donc de donner, à M. Bidault, des instructions en conséquence.

TABAC. – La question du tabac proprement dit n'existe pas, les Français s'étant, depuis quelques années, habitués à fumer de la sciure. En ce qui concerne le « tabac » suivant le système Deferre, une mise au point s'impose et peut se résumer dans un article unique.

1° Dans toutes les enceintes parlementaires le coup de pied au cul sera taxé mille balles, le coup de poing vingt-cinq sigues, et deux livres et demie la simple calotte.

On pourra s'étonner de la modicité de ces prix, mais il est impossible de tolérer que, dans un régime démocratique, les rupins soient seuls admis à se régaler les pognes. De même que la pensée d'élus républicains se bottant le fion, se bigornant la frême ou se claquant le beignet sans aucun profit pour le Trésor est absolument inadmissible.

ÉCHEC AUX TRUANDS

Dépistez les voleurs

GRÂCE À

SAMSON KOA

SAMSON KOA est livré accompagné d'une fenêtre de sûreté et d'une échelle de secours.

SAMSON KOA condamne toutes portes, même les portes dérobées.

Se méfier des audacieuses contrefaçons.

SAMSON KOA
London – Lesoar Street

Sécurité sociale

Les retraités qui, pour des raisons obscures, ont réussi à fumer un peu de tabac de temps à autre, sont avisés que, si la dernière augmentation du « gris » est pour eux le signe d'un arrêt total d'une consommation sporadique, ils peuvent s'adresser à la Sécurité sociale où, avant même qu'ils aient pu exposer leur cas, celui-ci sera examiné avec la dernière bienveillance.

Prenez garde !

Les personnes ayant à s'absenter de leur domicile et qui pourraient craindre de trouver à leur retour leur appartement occupé par un fonctionnaire quelconque, sont invitées à déposer à leur mairie, avant chacune de leurs sorties, une demande de réquisition à leur nom.

Le cas échéant, la priorité sur leur appartement pourra leur être accordée.

À Os rompus

A bas les queues !

Spectacle bien fait pour donner au visiteur étranger la plus triste opinion de nos mœurs, on voit depuis quelque temps frétiller avec cynisme à la porte des boulangeries des queues de dimensions impressionnantes.

Violemment émus de ces scandales, les pouvoirs publics ont résolu de le faire cesser par des moyens appropriés, notamment en obligeant les boulangers à fermer boutique un jour par semaine.

Mesure judicieuse, certes, mais néanmoins insuffisante. Si l'on veut réellement supprimer les indésirables files d'attente, les boulangeries devront être fermées non pas seulement un jour ou même deux chaque semaine, mais bien tous les jours, sans exception ni réserve.

D'ailleurs, pour les réserves, il y a longtemps qu'elles sont épuisées.

Il y a sandwiches et sandwiches

Autre mesure héroïque : sont désormais interdites la fabrication et la vente des préparations à base de pain, en particulier des sandwiches.

Rappelons que le sandwich d'espèce commune comprend une tranche de jambon entre deux tranches de pain. Le sandwich de luxe, où les tranches de pain sont remplacées par deux autres tranches de jambon, demeure seul autorisé.

Pas de danger

Un de nos lecteurs, fort en histoire, nous a prié de rappeler à M. Tanguy-Prigent, ministre de l'Agriculture, qu'en 1792 la princesse de Lamballe a été mise à mort, avec sa tête au bout d'une pique, pour avoir dit : « Ils n'ont pas de pain, qu'ils mangent de la brioche ! »

– Je ne crains rien de tel, nous a répondu M. Tanguy-Prigent, à qui nous avons communiqué la chose. Aujourd'hui, il n'y a plus de piques et, d'ailleurs, il n'y a pas de brioches non plus.

C'était il y a…

4 099 ans
avant Jésus-Christ

Percement du détroit de Gibraltar, décidé par Adhémar le Taciturne à la suite d'inqualifiables agressions de la part de son cousin Jules. Ce dernier disposant d'une flotte et d'importants loisirs, aimait venir jeter des projectiles dans les jardins suspendus d'Adhémar le Taciturne, par-dessus la langue de terre reliant la péninsule ibérique au continent africain.

Comme en général il s'agissait de grosses pierres, ces sortes de bombardements primitifs étaient désagréables au possible.

Les raids de représailles étant rendus difficiles par le fait qu'il fallait transporter les galères de la mer Méditerranée dans l'océan Atlantique par voie de terre, Adhémar le Taciturne se décida à percer un trou reliant les deux océans. Hélas ! cette opération demanda soixante-quinze ans et s'avéra sans aucun profit, sinon pour la géographie, Jules ayant péri entre-temps d'un embarras gastrique à bord de son vaisseau amiral durant une violente tempête.

Y a pas de paix !

Les personnes sensibles aux courants d'air n'ont certainement pas été sans remarquer l'effroyable tempête qui, ces jours derniers, provoquait un peu partout des raz de marée, coulait les navires, déracinait les arbres, renversait les panneaux électoraux, arrachait les toitures et menaçait de désencorner le Cocu magnifique lui-même.

D'autres personnes, un tantinet curieuses celles-là, se sont demandé quelle pouvait être l'origine d'un aussi surprenant phénomène météorologique.

C'est là une question à laquelle nous croyons être en mesure et en état de répondre.

Cet ouragan, cette tornade, cette tourmente, ce typhon, ce cyclone, enfin quoi ! ce coup de vent n'était pas autre chose que le total, la somme, l'ensemble des soupirs de soulagement poussés par les citoyens du monde entier à la nouvelle que la Conférence de Moscou venait de se terminer.

Et de se terminer sans résultat !

En voyant les Quatre se réunir là-bas, chacun avait craint le pire. « Ces gars-là, pensait-on, sont capables de nous sortir, un de ces jours, un traité de paix. Un traité de paix, on sait ce que ça vaut. L'Histoire en est pavée, il n'y en a jamais eu un seul qui n'ait précédé de peu une nouvelle bagarre ! »

Pareil malheur nous est heureusement épargné !

Après s'être regardés pendant sept semaines en chiens de faïence, MM. Bevin, Bidault, Marschall et Molotov ont fini par se casser.

Ils viennent de boucler leurs valises diplomatiques pour retourner chez eux.

Bon voyage !

Sécurité sociale

Les mères de famille dont les délicieux bébés pourraient manquer de lait pour toutes sortes de raisons, y compris celles que l'on sait, doivent s'adresser en toute diligence aux vaches départementales affiliées à la Sécurité sociale.

Sécurité sociale

Les quelques rares personnes pour qui le pain constituerait la base de leur alimentation et que la diminution de ration pourrait gêner, peuvent entrer en contact avec les services de la Sécurité sociale, qui sont habilités à leur venir en aide.

Faits divers

DE BAPAUME (P.-de-C.). – (De notre correspondant). – **Tragique imprudence.** – Ce matin, à l'heure du café au lait, Mme Elisa Lemahud, femme-canon de profession, a soudainement fait explosion alors qu'elle était actionnée à préparer un sauté de veau à la dynamite.

Les dégâts sont terriblement importants.

Averti de la catastrophe, le ministre de la Reconstruction est aussitôt parti en voyage d'étude sur les bouches du Nil.

DE LURE (Haute-Saône). – Un descendant de Jules César se tranche la carotide avec une planche à hacher. – Devenu neurasthénique à force de volonté, M. Onésime-E. César, descendant de Jules César, a mis fin à ses jours lundi soir, en absorbant le contenu d'une tasse de fonte en fusion. Auparavant, le désespéré s'était ouvert la gorge avec une planche à hacher qu'il avait affûtée lui-même, sur le rebord de sa fenêtre.

DE BAGNÈRES (De notre correspondant). – **La mort déjouée.** – Dimanche soir dernier, un accident imprévu est survenu au cirque Gavarnie, lors de la deuxième représentation. Un saltimbanque, M. A. Philip, exécutait son numéro de jonglage avec des pavés de fonte lorsque, pour une raison obscure, la lumière s'éteignit. Dans la nuit soudaine un bruit terrible se produisit, suivi, quelques heures après, par le vacarme d'un corps qui s'écroule.

Le courant rétabli, le bateleur dont seuls les pieds dépassaient de l'amas de ferraille s'apprêtait à cesser de vivre lorsqu'il se rappela soudain que les pavés de fonte qu'il utilisait étaient en matière plastique.

Ce rappel tardif sauva le malheureux d'une fin horrible.

DE MONTBÉLIARD (Doubs). – Charles Besse et Robert Stock, arrêtés dans cette ville le 19 novembre dernier pour trafic de faux billets suisses, ont reconnu s'être livrés à la contrefaçon de faux petits-suisses. Ils faisaient venir ceux-ci du Guatemala, par l'entremise d'un Tchèque dont les bureaux étaient situés en Azerbaïdjan.

Un ancien transport de troupes de 35 000 tonnes chargé à ras bord d'une cargaison de faux petits-suisses a été saisi en rade de Pernambouc.

Sécurité sociale

Les paysans dont les bestiaux, notamment les cochons, pourraient souffrir d'embarras gastriques provoqués par l'ingestion massive de céréales panifiables, telles que le blé, sont invités à recourir aux bons offices de la Sécurité sociale de leur département. Les animaux morts d'indigestion leur seront remboursés.

L'OS DE CŒUR

par Pierre Cour et Francis Blanche

Nous sommes très touchés des marques de reconnaissance de nos amis lecteurs ; mais la jeune personne qui a déposé à nos bureaux un parapluie et une godasse en nous demandant de les dédicacer, sous prétexte que c'est l'emblème de notre courrier, est priée de les faire reprendre. Pas de favoritisme…

Passons maintenant aux précisions…

Mme Eliane B…, rue Cernuschi, à Paris, nous écrit :

Je suis navrée. Mon mari semble donner tous les signes d'une neurasthénie aiguë. Quand il rentre, le soir, il m'embrasse, sans rien me dire ; puis il se déchausse lentement, met ses pantoufles, lentement ; allume une cigarette, lentement, et lit son journal. Il fait comme si je n'existais pas, comme si rien n'existait… J'ai essayé de lui changer les idées. J'ai apporté dans notre intérieur des changements ; j'ai varié la disposition des meubles, des bibelots ; j'en ai acheté de nouveaux, espérant le voir s'intéresser à notre chez nous ; je lui ai même fait la surprise de lui offrir, dernièrement, le portrait de la Joconde, qu'il admirait tant… Rien ne le touche… Il reste affectueux, mais semble avoir comme une idée fixe ! J'ai essayé de supprimer le tabac, qui est peut-être néfaste dans son état, mais je lui ai vu de tels gestes d'impatience que je n'ai pas osé continuer. Vraiment, j'aimerais que vous le voyiez, pour pouvoir me conseiller utilement. Voulez-vous accepter un café, sans en avoir l'air, mardi soir, à la maison ? J'ai confiance en vous et je vous attendrai…

– Entendu, chère madame. A mardi soir… si c'est du vrai café !

***

M. Jean B..., rue Cernuschi, à Paris, nous écrit :

Je suis très inquiet. Je ne sais ce qui arrive à ma femme, mais elle fait un drôle de trafic avec tous les meubles de l'appartement ! Un soir, en rentrant, je trouve le lit installé dans la salle à manger, ou mon fauteuil dans la baignoire, ou bien la descente de lit sur la table... L'autre jour, elle m'avait caché mes cigarettes ! Le lendemain, elle avait installé le perchoir du perroquet, avec l'animal, sur la table où le couvert était mis... A part cela, elle reste très douce. Mais il y a quelque chose d'anormal, car elle était plutôt économe et, maintenant, elle dépense des sommes folles à des babioles de rien du tout... Elle a rapporté à la maison un portrait de la Joconde qu'elle a trouvé je ne sais où ! Sincèrement, j'aimerais que vous la voyiez (ma femme). Voulez-vous venir, mine de rien, prendre mardi soir un vieux marc à la maison ? Je compte sur vous.

– D'accord ! A mardi soir, même heure.

***

N. D. L. R. – A la suite d'une absence de deux heures, mardi soir, nos collaborateurs sont rentrés à nos bureaux dans un style assez bizarre. Francis Blanche courait en brandissant un perchoir et criant « Coco ! Coco ». Pierre Cour, en pantoufles, le suivait au pas de gymnastique, portant sous le bras un portrait de la Joconde, et marmottant : « Pas de malentendu... Pas de malentendu !... »

Un psychiatre, appelé discrètement, nous a affirmé que nos deux As de Cœur étaient « au poil » et en parfait état pour répondre au prochain courrier.

Sécurité sociale

Les économiquement faibles, dont l'altimètre monétaire a été sévèrement éprouvé par les dernières vagues de baisse, peuvent s'adresser en toute amitié à la Sécurité sociale, où ils seront accueillis en toute simplicité.

LES JEUX... À LA COQUE

BOIS OU GRÈS

Dans ce jeu, vous faites participer des joueurs bénévoles à qui vous donnez ainsi l'occasion de développer leur sens de l'intuition et, chez vous, celui de l'adresse et du coup d'œil.

Munissez-vous d'une égale et honnête quantité de pavés de bois et grès (modèle mosaïque). Placez-vous au premier étage, ou au second, sinon au troisième d'un immeuble. Quand un quidam passe sur le trottoir, vous lâchez un des pavés en visant bien la tête du gars et en lui criant : « Bois ou grès ? » Le passant doit, dès qu'il a reçu le pavé, s'il est intelligent, répondre immédiatement grès ou bois, selon le cas. S'il se trompe, vous lui donnez un gage en le narguant. S'il gagne, vous le félicitez du haut de votre fenêtre sur sa perspicacité. Le jeu continue jusqu'à épuisement des pavés ou des passants.

PETIT PROBLÈME

Afin de remplir une cuve de 3 mètres cubes 250, un ouvrier qualifié met en route le robinet de remplissage débitant 19 litres d'eau en 49 secondes ; un second ouvre le bouchon de vidange susceptible de vider le tout en 30 minutes lorsque le premier robinet est fermé. Sachant que c'est la sixième fois de la journée qu'ils procèdent à cette opération simultanée et qu'ils gagnent 63 fr. 50 de l'heure, on demande si le patron ne ferait pas mieux de foutre ces deux andouilles à la porte ?

N° 78 – Mercredi 30 avril 1947

Petites Annonces

OFFRES D'EMPLOI

Cherchons pour atelier haute couture viseur perfectionné pour le flou. Faire offres à Bolduc et Latraîne, Champs-Elys.

DIVERS

Brosse à dents fonte vernie, poils soie surfine peints sur la tête. Inusable : 202 fr.

DEMANDES SPÉCIALES

Ministre Reconstruction serait acquéreur pantalon et veste velours plombier-zingueur, et mètre pliant bois. Urgent.

DEMANDES D'EMPLOI

Artiste lyrique en chômage, voix puissante, cherche emploi chez dentiste feignant.

FARCES ET ATTRAPES

Dentier à ressorts, donne à la personne mystifiée l'amusant aspect d'un poisson pêché. Les deux pièces : 340 fr. Irrésistible.

PÊCHE

Fond de pantalon à 4 pieds pour pêcheur à la ligne : 1 202 fr. Article à pieds télescopiques pour pêche en haut fond : 19 763 85.

JEUX

Queue de billard à rallonge pour presbyte avec boules spéciales, diamètre 1 cm. Le jeu : 313 fr.
Article pour myope, queue réduite et jeu de 3 boules, diamètre 24 cm = 875 fr.

Chapitre XII (suite)

Celle-ci, arrivée au niveau de la trappe, sentit tout à coup une main s'agripper à sa cheville droite. Dans un mouvement réflexe, elle rua de l'autre jambe, et sa semelle, faite d'un cuir de zébu particulièrement dur et solide, arriva en pleine face de l'assaillant.

Sans plus discuter, ce dernier lâcha sa prise, dégringola bruyamment le long de l'escalier, et se retrouva en bas, exactement à la place qu'il venait de quitter, le nez en compote, la lèvre fendue comme une culotte de douairière, et les oreilles plus que jamais bourdonnantes d'un joyeux carillon.

Agnès en profita pour monter les dernières marches à toute vitesse, et jaillit de la trappe comme un geyser en retard sur l'horaire prévu.

Essoufflée par cette ascension mouvementée, elle s'assit pour reprendre haleine dans le coin obscur qu'avait occupé le malchanceux valet de M. de Voloter, avant d'obéir à la fâcheuse inspiration qui l'avait dirigé vers son destin souterrain.

Pendant ce temps, inquiet de n'avoir aucune nouvelle de sa commande, et peut-être aussi – qui sait ? – poussé par le même désir qui avait si regrettablement incité Cocas à suivre la belle hôtesse, Bombiscaille s'était levé et dirigé vers le fond de la salle.

Dans le même temps, notre ahuri, au pied de l'escalier, s'était péniblement redressé, et, tout endolori par sa chute, avait entrepris de remonter lentement les marches qu'il venait de descendre si rapidement quelques secondes auparavant.

Bombiscaille s'avança sans voir Agnès, que l'ombre épaisse d'un pilier (un vrai pilier de cabaret, c'est le cas de le dire, large et solide) dissimulait à ses yeux. Par malheur, il ne vit pas davantage le trou laissé béant par la trappe ouverte devant lui, et avant d'avoir eu le temps de comprendre ce qui lui arrivait, il disparut dans les ténèbres qui s'ouvraient sous ses pieds, entraînant avec lui le misérable Cocas qui émergeait imprudemment à cet instant précis, et qui se retrouva, de nouveau, en bas, mais cette fois dans un état avoisinant le coma, ayant reçu à la fois les deux bottes de Bombiscaille dans le plexus solaire, ses genoux dans le menton et le pommeau de sa colichemarde en plein dans l'œil !

L'horrible vacarme résultant de ce double écroulement, du hurlement sauvage poussé par notre spadassin ainsi inopinément précipité dans le vide, des glapissements de Cocas qui commençait à croire qu'il allait passer le reste de son existence à faire le ludion le long de cet escalier de malheur et du bris des bouteilles renversées, entrechoquées et éparpillées aux quatre coins de la cave par l'arrivée brutale de ce double bolide était tel qu'Agnès se dressa sur sa chaise et ses cheveux en firent autant sur son crâne !

Elle se pencha anxieusement sur le trou noir duquel montaient encore de faibles gémissements et, tendant son lumignon, elle aperçut, à sa lueur falote et tremblotante, une espèce de monstre bicéphale et aux membres multiples comme le dieu Civa, et qui n'était autre que nos deux abîmés, emmêlés dans une étreinte fraternelle et étendus au milieu d'un petit lac de vin, qui paraissait être du vin rosé, mais ne devait cette teinte qu'au mélange de rouge et de blanc.

– Oh ! s'écria-t-elle impressionnée par ce spectacle de désolation.

Et après cette exclamation, elle ajouta :

– Mon bon pinard !

A ce cri du cœur, Bombiscaille, outré, se releva, non sans fourrer son coude dans la bouche grande ouverte du malheureux Cocas qui n'eut même pas de réaction, et vociféra :

– Satanée fumelle sans cœur ni pancréas, qui regrette son pinard alors que deux braves bougres sont peut-être tués par sa faute !

– En tout cas, toi, tu ne l'es pas ! répliqua la satanée fumelle avec quelque logique. Car, jusqu'à présent, aucun bougre passé de vie à trépas n'a eu le loisir d'injurier une faible femme !

– Si faible que tu sois, fit l'autre, tu l'es sûrement moins que ce pauvre diable à qui je dois sans conteste de ne m'être point cassé les reins, car il a amorti fort aimablement et fort opportunément ma chute, et que j'ai remercié de ce signalé service en l'assommant proprement… mais involontairement, il est vrai. Que diantre faisait-il dans cette cave, aussi ?

Agnès, qu'une ombre de remords commençait à chatouiller intérieurement, soupira en baissant les yeux :

– Le pôvre, il me faisait la cour.

– S'il faisait ta cour, comment se fait-il que je le trouve dans la cave ?

– Eh ! non, andouille, il me proposait la botte !

– Eh bien ! il a été servi ! Il a reçu les deux miennes en pleine poire ! Allons, viens céans m'aider à le remettre sur pied et à le remonter. Il me paraît singulièrement mal en point.

De fait, le lamentable gisant semblait bien plus apte à faire un macchabée qu'un danseur de corde !

Mais, par bonheur, ce n'était là qu'une trompeuse apparence. Notre bon Cocas avait la chance de posséder un coffre d'une rare solidité, et l'effet des horions reçus s'était déjà dissipé. Mais les fumées du vin capiteux répandu tout autour de sa tête, ajoutées à celle du gros rouquin qu'il avait précédemment absorbé, l'avaient complètement saoulé, et il était plus ivre-mort que mourant.

Ils le remontèrent avec bien des difficultés, et ce fut miracle qu'il ne se retrouvât pas une nouvelle fois au bas de ce funeste escalier, Bombiscaille ayant fâcheusement accroché un de ses éperons dans le fichu d'Agnès.

Après l'avoir assis tant bien que mal et de guingois sur le premier siège venu, lequel était une sorte de banquette-canapé à trois places que, pour cette raison on appelait le siège de trois, ils lui flanquèrent, à tour de rôle, de vigoureuses mornifles à travers la figure pour lui faire reprendre ses esprits. Puis, pour achever l'effet de cette thérapeutique sommaire, la cafetière[1] lui versa sur la tête le contenu d'un immense broc d'eau.

Sous cette douche aussi glacée qu'intempestive, Cocas revint brusquement à lui.

– Quel est l'enfant de cochon qui m'a arrosé de la sorte ? bredouilla-t-il en s'essuyant la face avec sa manche.

Celle-ci, du reste, n'emplit guère l'office qu'il attendait d'elle, étant encore plus trempée que son visage.

– C'est Agnès, répondit Bombiscaille.

– Ma nièce ? quelle nièce ? J'en ai deux… une à Perpignan et l'autre à Montélimar.

Et comme il n'avait pas encore le cervelet très dégagé, il poursuivit :

– Je voudrais bien savoir comment cette nièce a pu, de Perpignan ou de Montélimar, m'envoyer une potée d'eau à travers la physionomie, à moi qui suis ici… Au fait, où suis-je ?

Bombiscaille, en riant, lui dit :

– Vous êtes à la taverne du « Concombre mélancolique », chez dame Agnès, car il s'agissait d'Agnès, mon vieux, et non de vos nièces !

(*A suivre.*)

1. Il n'est pas question d'un ustensile, mais de la patronne du café.

L'OS LIBRE

« Contre tout ce qui est pour – Pour tout ce qui est contre. »

NUMÉRO 79 – MERCREDI 7 MAI 1947

Dans les bureaux de L'Os libre, *Pierre Dac ne décolère pas. L'éditeur de* L'Os à Moelle *de 1938 lui a fait un procès parce que le chansonnier n'a pas respecté le contrat de dix ans d'exclusivité qu'il avait signé sans vraiment s'en rendre compte. Les juges condamnent le directeur du journal à un million de francs d'amende, à titre personnel, en guise d'indemnité compensatoire. Pierre Dac estime cette décision totalement injuste. En 1945, après la parution des premiers numéros, ses ex-financiers ne s'étaient pas manifestés. Une attitude qu'il estime loufoque, mais dans le mauvais sens du terme.*

Edito D'un voyage au court cours et à long terme

par Pierre Dac

Toutes choses, dans la vie, procèdent par séries : bonne ou mauvaise. L'expérience, depuis toujours, et même avant, nous en fournit la preuve et la preuve nous en démontre l'expérience.

Je viens de l'apprendre, une fois de plus, à mes dépens et seule la sérénité que j'ai atteinte depuis que je pratique la philosophie khroumire m'a permis de conserver mon calme au milieu des forces hostiles qui se sont donné rendez-vous durant une quinzaine de jours pour m'empoisonner positivement l'existence.

Ayant plusieurs contrats à remplir, c'est-à-dire à exécuter, car c'est en exécutant un contrat qu'on le remplit et qu'on le remplit en l'exécutant, je pris le départ pour Nice, un beau matin ensoleillé printanièrement le 2 avril dernier.

Evidemment, avant de partir j'ai longuement regardé les pneus. Pour des mauvais pneus ils étaient en assez bon état, mais pour des bons ils avaient positivement une foutue dégaine. J'ai évidemment fait tout ce que j'ai pu pour en avoir des neufs ; pas au marché noir, parce que là, tout de même, je ne suis pas client ; mais régulièrement et avec des bons.

On m'a fait remarquer, dans les milieux compétents, que c'était très difficile, sinon impossible. « Pourquoi ? » ai-je demandé ingénument. « Parce que », m'a-t-on répondu. L'argument certes était péremptoire. « Pourtant, ai-je insisté, il y a des pneus. » « Bien sûr, qu'on m'a rétorqué, mais on n'a pas de bons. » « Alors, ai-je finement insinué, puisqu'il y a des pneus, pourquoi n'y a-t-il pas de bons ? » « Toute la question est là » m'a-t-on finalement expliqué. La logique étant la logique je me suis incliné et je suis parti avec mes quatre roues chaussées comme elles étaient.

Ma bagnole est une Matford V 8 78. Les connaisseurs m'ont souvent dit : c'est costaud, mais ça n'a pas de tenue de route. Je me demande ce qu'il leur faut ; parce que pour tenir la route, ça tient la route ; ça tient même toute la route, de la gauche à la droite et inversement. A Sens, premier arrêt : radiateur bouché, conséquence de l'antigel que j'avais mis cet hiver. « Il ne faut jamais mettre d'antigel », me dit le mécanicien qui voulut bien s'occuper de l'affaire. « Mais que se passe-t-il par basse température si l'on n'en met pas ? » demandai-je. « Vous risquez de faire péter le moteur… » « Alors, il faut en mettre ? » « Oui, mais à condition de ne pas l'utiliser… »

Vingt-quatre heures d'arrêt. Départ. Tout va bien jusqu'à Nice, à part une glace de portière qui ne veut plus se lever et une autre qui ne veut plus se baisser. L'essuie-glace fonctionne au mieux ; quand il fait soleil, naturellement ; parce que sitôt qu'il pleut… ! Enfin ! Pendant six jours, aucun autre incident notable.

Départ pour la Suisse. En pleine nuit, la lumière lâche. Fusible sauté. C'était pourtant un bon fusible, un fusible Lebel modèle 93 modifié 88. Arrivée pénible à Vienne et lendemain départ pour Genève. Arrivée sans histoire. On examine la voiture, on répare la lumière ; ça fait 95 francs, quelque chose comme 7 500 francs français. J'ai envie de tout laisser et d'acheter un traîneau. Enfin ! six jours après, départ.

Tout va bien. Frontière, douane, fouille.

– Ça me rappelle mon entrée en prison, fais-je spirituellement remarquer au douanier français.

– Ah ! vous avez fait de la prison ? me fait-il durement.

– Oui, sous les Frisés, expliquai-je.

– Ah ! conclut le douanier qui n'a pas l'air d'avoir été mis au courant de ce qui s'est passé durant ces dernières années.

On me confisque les 35 kilos d'or que je transportais et je repars. Cinq cents mètres plus loin la bagnole s'arrête. Cette fois, toujours conséquence de l'antigel, c'est un joint de culasse qui a sauté. Il a même dû sauter en marche car on a toutes les peines du monde à le retrouver. On répare, et je repars ; mécaniquement, la série noire est virtuellement terminée. C'est au tour des pneus. Naturellement le cric ne fonctionne pas. Auto-stop. Garagiste et tout ce qui s'ensuit. Ça se renouvelle une bonne demi-douzaine de fois. Je suis encore plus crevé que mes pneus. Enfin on s'en sort jusqu'à l'arrivée sur un caniveau au-dessus duquel la lame maîtresse du ressort arrière se casse en bonne et due forme. Et, malgré tout, le lendemain, j'arrive à repartir et à regagner Paris. Le porte-bagages n'a pas bougé. Ce qui est bien l'essentiel, d'autant que les bagages étaient à l'intérieur.

En rentrant chez moi, et pour clore la série, une bonne nouvelle m'attendait : j'appris que j'étais condamné à verser 1 million à des gens. J'en profitai pour méditer longuement le vieux proverbe khroumir qui dit qu'il vaut mieux devoir de l'argent toute sa vie que d'en faire tort à son prochain.

Voilà. La suite à la prochaine série.

À Os rompus

Plus de pain sec !

L'interdiction de la vente du pain dans la journée du dimanche a donné d'excellents résultats.

Entre autres la disparition à peu près complète, pour ce jour-là, des queues au pain.

Aussi, le ministre des Affaires courantes envisage-t-il la possibilité d'étendre pareille interdiction aux autres jours de la semaine.

Il faut remarquer que cette judicieuse mesure permettrait la suppression des tickets, depuis longtemps réclamée par les consommateurs eux-mêmes.

Elle aurait, en outre, la plus heureuse influence sur l'élevage et l'engraissement des animaux de race porcine dans les régions départementales.

Enfin, on en reparlera !

Soyons justes !

Les boulangers se plaignent amèrement de l'abaissement de la ration de pain, qui réduit leur chiffre d'affaires tandis que leurs frais généraux restent les mêmes.

Le seul remède possible à cette fâcheuse situation réside dans une légère augmentation des prix de vente. Chacun, n'en doutons pas, l'acceptera de bon cœur.

Il ne serait pas juste, en effet, que le consommateur profitât du nouveau rationnement pour faire des économies pendant que les malheureux boulangers courraient à la ruine !

La grève des cadres

La grève des cadres dont nous étions depuis longtemps menacés, est désormais effective. Il en est résulté un certain nombre d'incidents regrettables, notamment au Salon des Artistes français, où plusieurs tableaux de maîtres subitement privés de leur soutien, sont venus se fracasser sur le sol.

Le montant des dégâts, d'ailleurs purement matériels, s'élève à 14 fr. 75.

Ça débloque !

Le ticket-valeur double zéro de la carte idoine donne droit, au choix, à : 23 gr. 05 de filet de ragondin, ou 31 gr. 03 de gazelle pétrifiée, où 4 centimètres de bon déshydraté, ou 14 gr. 96 d'ornithorynque, ou 29 gr. 61 de confiture de sauterelles, ou 50 gr. de nid d'hirondelle, ou 150 gr. de bœuf à prendre sur place.

Ne les croyez pas !

Des esprits aussi mal intentionnés qu'il est possible de l'être aiment à répandre dans l'opinion toujours de plus en plus publique, des bruits selon lesquels tout irait mal.

Ne les croyez surtout pas et dites-vous bien qu'au contraire ça va encore bien plus mal que vous ne pouvez l'imaginer.

Le jour de foire est arrivé

Une vive effervescence règne dans l'enceinte de la Foire de Paris à la veille de l'ouverture.

Ici, un exposant s'active devant un appareil qui tient de la locomobile et de la batteuse mécanique. Posant une pile d'assiettes dans une ouverture, il appuie sur un bouton de mise en marche qui déclenche un formidable bruit de moteur, et des débris de faïence tombent dans un tiroir de réception.

– Simple manque d'habitude de ma part, s'excuse l'homme en souriant. Au lieu de placer mes assiettes dans la machine à laver la vaisselle, je viens de les placer dans la machine à broyer le café.

Il explique qu'il a déjà confondu, un instant auparavant, le réfrigérateur automatique avec le four électrique, ce qui fait que la glace qu'il avait mise à rafraîchir a été brûlée sur un côté.

Une foire pour toutes

Son voisin installe le stand de la machine à économiser l'eau. Il s'agit d'une sorte de bouchon qui s'introduit dans n'importe quel robinet et en limite le débit. Etant donné que l'appareil coûte 98 732 fr. 95, en moins d'un siècle, son acquéreur peut espérer en récupérer le prix d'achat ; après quoi c'est pour lui tout bénéfice.

A cette révélation, j'ai tort d'extérioriser mon enthousiasme avec trop de fougue car, par suite d'un faux mouvement, je casse involontairement la machine à empêcher la casse.

Celle-ci, en tombant, fait choir une bouteille d'encre qui se répand sur mon costume ; mais un démonstrateur astucieux s'empresse de mettre en mouvement la machine à nettoyer les étoffes et, en quelques minutes, une espèce de grosse cisaille découpe bien proprement un trou à la place de la tache qui souillait le fond de mon pantalon.

Je m'éloigne et remarque la machine à cirer le parquet, laquelle rend le parquet tellement glissant qu'après usage on risque à chaque pas de se casser la figure. Peut-être en achèterai-je une pour ma belle-mère.

Je passe devant la machine à éplucher les légumes. L'exposant qui l'actionne insère une pomme de terre dans l'appareil, tourne une manivelle… et il n'y a plus de pomme de terre. Il n'y a que des épluchures.

La machine à cirer les chaussures est plus ingénieuse. Grâce à elle, le soulier est, non seulement astiqué, mais ses brosses frottent si fort qu'elles usent du même coup tous les cors qu'on peut avoir au pied.

J'arrive près de la machine à faire la mayonnaise. Elle sécrète un liquide jaunâtre qu'on m'invite à goûter. Je m'exécute et constate que la mayonnaise faite à la machine est ratée.

– C'est exprès, m'explique le constructeur. Comme ça ceux qui en mangent restent persuadés qu'elle a été tournée à la main.

Professions de foire

Me voici devant la machine à faire les pâtés. On met de la viande en haut, on abat une manette et le pâté sort en bas. Apprenant qu'elle fonctionne également à l'envers, je confie au vendeur une boîte de corned-pork garanti pur que je viens de toucher chez mon boucher. Il la glisse dans l'orifice inférieur, relève la manette, mais c'est un âne qui surgit au-dessus de l'appareil. Il ne devait pas y avoir que du porc dans mon corned-pork.

Regagnant la sortie, je n'accorde qu'un coup d'œil distrait à la machine à aspirer ce qui se trouve à l'intérieur des vêtements. Elle est destinée à faire gagner du temps aux femmes lorsqu'elles fouillent chaque soir les poches de leurs maris.

Je regrette de ne pouvoir examiner mieux la machine à fumer la pipe. Qui n'a plus assez de loisirs pour fumer la pipe n'a qu'à insérer le tuyau de sa bouffarde dans l'embouchure de l'appareil, et celui-ci fait de la fumée à sa place.

Avant de franchir la porte, j'aperçois deux phonographes. J'apprends que c'est l'appareil à scènes de ménage. Au lieu de se disputer, chaque conjoint fait jouer un disque qui dit des injures à l'autre. Pendant ce temps, l'homme peut aller faire une belote au café et la femme peut flirter avec un petit cousin.

Un article de foire

Mais à l'extérieur, sur le trottoir, se dresse encore un appareil tout hérissé de tuyaux, de bielles, d'engrenages, de courroies, et tellement volumineux qu'on ignore encore s'il pourra trouver place dans l'enceinte de la Foire de Paris. Son fonctionnement est si compliqué qu'il est vendu avec un registre de 1 532 pages indiquant la manière de s'en servir.

Renseignement pris, il s'agit d'une nouvelle machine à tailler les crayons.

Faits divers

DE BORDEAUX. – Séquestrée dans une forteresse par d'odieux bandits, la jeune Alice Stelectoral réussit à s'échapper. – Il y a quelques jours, des passants à la physionomie débonnaire, mais qui, en réalité, n'étaient que d'horribles fripouilles, enlevaient la malheureuse jeune fille sous les yeux horrifiés d'un sergent de ville de réserve, situation empêchant, juridiquement, le policier d'intervenir.

Enfermée dans un blockhaus désaffecté, la gamine réussit néanmoins à fausser compagnie à ses farouches gardiens en forçant la porte blindée de sa geôle à l'aide d'un canif.

DE MARSEILLE. – Effectuant le trajet Marseille-Marignane, M. Adhémar Patosabre, représentant en farces et attrapes, a fait une chute dans le couloir du wagon qui le transportait, au moment où le convoi s'engageait dans le tunnel de l'Estaque. Ses valises s'étant ouvertes sous le choc, une importante quantité de boules puantes explosa, incommodant longuement de nombreux voyageurs, notamment des ouvriers et des employés d'une manufacture d'avions de la région qui se rendaient à leur travail.

LYON (de notre corresp.). – **Jeu funeste.** – Samedi après-midi, au parc de la Tête-d'Or, au cours d'une séance récréative organisée par l'Amicale de la J. P. B. (Joyeuse Pédale de Bellecour), un violent incendie a éclaté à la suite d'une imprudente partie de main chaude entreprise par deux joueurs à l'épiderme incandescent et qui, de plus, tenaient des propos en flamand.

Les dégâts ne sont pas encore évalués.

DE PARIS. – Du calme, MM. Les policiers. – Mardi après-midi, au moment où il passait devant la préfecture de police du treizième arrondissement, M. G. Gombourg, de passage à Paris, a été blessé par des éclats de meuble provenant d'une fenêtre du deuxième étage de l'établissement où se déroulait l'interrogatoire de M. François, un des complices de M. Joseph.

Les travaux de déblaiement ont permis de dégager le malheureux passant ainsi que deux policiers dont on ne s'explique pas la provenance.

C'était il y a…
6 mai 1402

Naissance à Doigt-dans-le-Nez (Calvados) de Népomucène Demenage, peintre existentialiste de l'époque. Doué d'un talent sobre et vigoureux, il n'hésita pas à entreprendre des œuvres colossales, dont la majesté et la puissance n'auraient jamais été égalées, s'il avait pu les mener à bien.

Hélas ! Atteint de sinusite dans les genoux et de calvitie graisseuse des omoplates, ces affections, combinées à une indolence générale, contrecarrèrent vivement ses travaux.

Le musée municipal de Doigt-dans-le-Nez, heureusement épargné par le débarquement, possède l'œuvre unique du maître : une vue panoramique des armées de terre, de l'air et de mer de Gengis Khan, une toile dont les dimensions grandioses : 154 mètres sur 210 mètres, sont la consécration du caractère entreprenant des artistes de cette époque.

Quoique en partie vierge, on peut néanmoins déceler dans le coin inférieur gauche un point noir que l'on suppose être une trace de pinceau, mais que les experts affirment être une trace de mouche.

par Pierre Cour

L'OS DE CŒUR

et Francis Blanche

M. Warner, de Paris, se confie à nous en ces termes :

Il y a deux ans que ma femme est partie, et je viens d'apprendre qu'elle a eu depuis deux enfants. Que dois-je penser ?

– D'abord, cher monsieur Warner, ne pensez pas trop, sinon vous allez croire à des tas de choses et il ne faut pas toujours se fier aux apparences. Trouvez quelques dérivatifs : faites de la course à pied, des mots croisés ; laissez pousser votre barbe et mangez des carottes crues ; bref, gardez l'esprit libre dans un corps sain. Vous verrez que tout ce qui vous est mystère aujourd'hui vous paraîtra alors d'une éclatante simplicité. Nous vous suivons par la pensée.

***

– A M. Alain K…, d'Aigues-Mortes : Pas du tout ! C'est Jules César qui, le premier, a annoncé que les Gauloises seraient libres. Mais on sait à quel prix…

M. J.P…, rue des Carmes, à Saint-Claude (Jura), nous écrit :

J'ai jeté par mégarde une torche enflammée dans un tonneau de 200 litres d'essence, et figurez-vous que le feu s'est communiqué au plancher. On m'a conseillé d'appeler les pompiers, mais avec leur satanée manie de jeter de l'eau sur le feu, ils vont tout salir chez moi. J'ai donc mis un masque à gaz à cause de la fumée et j'attends que le feu s'arrête de lui-même. Ai-je bien fait ? Répondez-moi vite, car je suis dans l'angoisse…

– N'attendez pas que le feu s'arrête de lui-même, cela risque de durer trop longtemps ; mais, plutôt, hâtez la combustion en arrosant avec 200 autres litres d'essence, et plus même, si vous le pouvez. Puis, jetez dans le foyer tout ce qui est menacé, ou risque de l'être, et tout ce que vous trouverez alentour. Plus vite le combustible sera détruit, plus tôt le feu s'arrêtera. Mais, attention au danger de voisins empiriques qui peuvent toujours appeler les pompiers.

P. S. – Ne trouvez-vous pas que le masque à gaz soit une précaution bien excessive ?

***

Mme M. L…, de Bassens (Savoie) nous fait cette confidence :

Quel est mon effroi de voir que mon mari rentre tous les soirs à la maison ivre mort !

Dois-je lui enlever son argent de poche pour le remettre dans le droit chemin ou bien avez-vous une autre solution à me proposer ?

Précisez ce qui vous contrarie. Est-ce le fait que votre mari rentre chaque soir à la maison ; ou bien qu'il y rentre ivre mort ? Et pourquoi voulez-vous mettre son argent de poche dans le chemin ?

***

Comme vous pouvez en juger, chers amis lecteurs, nous sommes vraiment à même de vous conseiller et sommes heureux de le faire, aussi bien dans les cas de conscience les plus épineux que dans les problèmes de cœur les plus subtils. Cela nous fait penser que nous avons oublié les recettes de cuisine. Ce sera pour un prochain courrier.

LES JEUX... À LA COQUE

PETITS PROBLÈMES

Mme Courjus, sur l'avis de ses voisins, a percé un trou de 5 millimètres de diamètre dans son compteur électrique. Elle y introduit une aiguille à tricoter de 3 millimètres, lorsque survient l'employé chargé de relever le compteur.

On demande quel est l'espace qui reste entre l'aiguille et le trou et l'espace de temps qui s'écoulera avant que Mme Courjus soit condamnée à une amende, sachant que dans son affolement elle a cassé l'aiguille dans l'appareil et que celui-ci, insuffisamment fixé au mur, pend à 35 centimètres au-dessus du plancher.

Petites Annonces

OFFRES D'EMPLOI

Par suite défections volontaires, de nombreux emplois toute sorte sont à pourvoir. Grandes connaissances exigées. Anciens ministres ou pas sérieux s'abstenir.

DEMANDES D'EMPLOI

Monsieur bien, haut fonctionnaire, habitué aux voyages, cherche petite place commis-voyageur. Préférence accordée à représentation fixe auprès clientèle tibétaine. Contrées riches en gazelles s'abstenir.

Devenus fonctionnaires sous l'Occupation, 1 587 903 spécialistes toutes branches, industrie privée et commerce, recherchent emploi dans leurs spécialités.

Chefs de cabinets cherchent place dans industrie privée, même de moyens de communications avec l'extérieur.

VILLÉGIATURES

Couple, messieurs physique désagréable, spécialisés dans les métaux ferreux à tendance victorieuse, cherchent petite pension stable dans monastère isolé.

Important groupe de parlementaires cherche colonie de vacances bien située, dans lieu peu fréquenté. Préférence accordée à maquis corse ou désert de Gobi.

OFFRES DIVERSES

Pour assurer ordre, monsieur bonne moralité, ayant fait un peu de Milice en son temps, s'offre à gouvernement ou partis sérieux (dispose armement nécessaire).

OCCASIONS

A céder bon prix, hache ébréchée et commission afférente. Conviendrait bien à collectionneur vicieux.

A enlever pour une bouchée de pain, superbe Office national interprofessionnel des céréales, avec statistiques, paperasses, papiers, circulaires, formules, etc. Conviendrait bien à pays riche en blé désirant effectuer rationnement pour amuser ses ressortissants.

Par suite faillite frauduleuse, superbes immeubles, hôtels particuliers, avec annexes, dépendances, succursales et toutes ramifications à louer en appartements, logements, etc.

Pour visiter, demander les clés : 3 bis, rue Mabillon, ex-ministère du Ravitaillement.
En solde, ministères Production industrielle et Reconstruction, avec gros stock de paperasses, une pelle et une boîte de clous.

POUR 6 FRANCS SEULEMENT !

Appareil immobilisant la mécanique de tous compteurs, électriques, à gaz, à eau, à paroles, etc.
En quelques secondes vous économiserez plusieurs billets de mille. Le maillet, 6 fr. ; la grosse masse, bel article, fabrication soignée : 22 fr. S'adresser : Sécurité sociale.

CESSIONS

Ministres avec portefeuilles, belles et intéressantes spécialités, céderaient places et avantages divers à personnes du métier n'ayant pas peur des difficultés. Urgent.

MUSIQUE

Accordéon, bourrellerie cuir d'hippotame, soufflerie par pression des genoux sur les accoudoirs. Armature fer forgé, soupape de sûreté. Article assez soigné. Prix : 6 550 fr. Article très soigné, angles bien ébarbés : 19 980 fr. 500 kilos bons matière.

HORLOGERIE

Gentille occasion. A vendre joli coucou, quincaillerie bien soignée, Mouvement républicain populaire. Livré avec poids et contrepoids.

DIVERS

S'INSTRUIRE EN S'AMUSANT !

Les études rendues enfin vraiment attrayantes, par un procédé original.
Plus de fatigue cérébrale !
Apprendre devient un jeu !
Demandez le cours que vous désirez suivre, les études que vous voulez accomplir.
Tous nos cours complets sont livrés avec la mallette « Intégrale » contenant 2 973 jeux divers, connus ou inédits.
Pour tous renseignements, écrire à l'Institut de la Pédagogie humoristique. M. H.-W. HERVÉ, 104, rue de la Chapelle, Paris-18.

Chapitre XII (suite)

– Mais vous-même, qui êtes-vous ?

– C'est vrai ! je ne me suis présenté à vous que d'une façon plutôt brutale et assez peu protocolaire. De sorte que vous ignorez tout de mon identité. Il est vrai que, de mon côté, je ne sais rien de la vôtre. Il convient donc, avant toute chose, de combler cette double et fâcheuse lacune.

Aussitôt, il se leva et se présenta dans les formes. Après quoi, Cocas, tout à fait remis de ses successives alertes, en fit autant. Puis ils se rassirent avec un ensemble parfait.

– Et maintenant, si nous vidions de concert quelques joyeux pichets ? proposa Bombiscaille, d'autant plus assoiffé qu'il n'avait pas encore bu le vin commandé à dame Agnès depuis plus de trois quarts d'heure.

– C'est une excellente idée, convint Cocas. Ma foi, nous avons fait connaissance dans des circonstances assez particulières dont le moins qu'on en puisse dire est qu'elles étaient peu faites pour provoquer une amitié subite.

– Je le reconnais de bonne grâce. Et cependant, nonobstant les horions qui résultèrent de ces circonstances désagréables, j'ai tout de suite ressenti pour votre personne une sympathie que j'ai tout lieu de croire réciproque. Me trompé-je ?

– En aucune façon, mon cher Bombiscaille.

– Alors, buvons ! cornegidouille !

Chapitre XIII

(Dans lequel se trouvent confirmés, de façon éclatante, deux vieux adages, le premier disant que trop parler nuit, et le second prétendant que le silence est d'or ; encore que ce dernier rende bien surprenant le fait qu'il y ait encore, malgré cela, tant de bavards de par le monde.)

La gente Agnès apportait sur la table des deux compères la huitième bouteille, lorsque Bombiscaille, aussi parfaitement noir qu'un Sénégalais sortant d'une mine de charbon et rond comme le derrière de la Vénus Hottentote, se pencha vers Cocas, lequel était lui-même dans un état de réjouissante euphorie, mais infiniment moins saoul que son partenaire, ce dernier ayant absorbé à lui seul, par distraction pure, plus des quatre cinquièmes de chaque flacon.

– Décidément, mon vieux, gargouilla-t-il d'une voix qui commençait à s'empâter sérieusement et en articulant avec une difficulté grandissante, décidément, vous me plaisez.

Rien d'ailleurs, ne justifiait cette opinion flatteuse à l'égard du bon Cocas, celui-ci n'ayant pour ainsi dire pas ouvert la bouche, sauf pour y faire couler du pinard, depuis le début de la beuverie. Elle devait donc être uniquement motivée par son aspect général et physique, lequel n'était cependant guère plaisant à contempler après les différents traitements qu'il venait de subir. En effet, son œil droit s'ornait d'un magnifique coquard de teinte aubergine, son nez légèrement dévié vers la gauche était d'un beau rouge carminé, et sa lèvre inférieure, fendue comme une figue mûre éclatée, avait à peu près triplé de volume, ce qui lui donnait l'aspect imprévu d'une jeune négresse à plateau de l'Oubanghi-Chari. Toutes choses peu faites, on en conviendra, pour satisfaire un délicat esthète.

Il est vrai que notre ami Bombiscaille n'avait jamais été un esthète, et n'avait jamais non plus été très délicat. Quoi qu'il en soit et pour quelque raison que ce fût, il n'en répéta pas moins avec conviction :

– Oui, vous me plaisez ! Et j'ai précisément besoin de gars en qui je puisse avoir une confiance absolue pour mener à bien certaine petite opération qui… que… Enfin, bref, seriez-vous homme à me suivre dans une aventure amusante et rémunératrice ?

– Cela dépend, répondit l'autre avec circonspection. De quoi s'agit-il ?

– Eh bien ! voilà…

Et d'une voix de plus en plus pâteuse, il commença d'exposer à Cocas les raisons qui l'avaient amené à Paris, après l'avoir d'abord fait passer par Fiacres.

Notre valet, toujours baigné dans un océan de béatitude euthymique, n'écoutait le récit de son compagnon, ponctué de borborygmes et de hoquets, que d'une oreille assez distraite lorsque, soudain, le nom d'Adélaïde de Mars frappa plus particulièrement son tympan et attira son attention.

Adélaïde de Mars ? la doulce fille du Grand Prévôt pour laquelle son maître bien-aimé se mourait d'amour discrètement ?

– Comment dites-vous ? fit-il, interrompant brusquement le discours de Bombiscaille.

– Je dis, reprit celui-ci, que l'Eminence verte tient à envoyer dans son lit une certaine demoiselle Adélaïde de Mars que la Bémole, sa maîtresse, tient, elle, à expédier ailleurs.

A ces mots, le début d'ivresse qui plongeait Cocas dans une sérénité pleine d'optimisme se détacha soudain de lui, exactement comme un voile de mariée mal fixé tombe aux pieds de la jeune épousée quand elle ôte sa couronne de fleurs d'oranger. Et c'est avec un intérêt croissant, et même brioche, qu'il écouta la suite du récit de Bombiscaille.

– Or, continuait celui-ci sans s'apercevoir du singulier changement survenu dans l'attitude de son vis-à-vis, juste comme nous avions convenu[1] de trahir la Bémole, ce qui me fendait le cœur, mais… le moyen d'agir autrement avec ce diable d'homme ! on frappa à la porte. Quand nous allâmes ouvrir, l'Eminence verte avait disparu. Nous ne perdîmes naturellement pas notre temps à chercher où ni comment, et nous fîmes entrer la Bémole. Elle entra, d'ailleurs, à la manière d'un coup de mistral, furieuse d'avoir attendu un bon moment dehors, juste au moment qu'avait choisi Jéhovah pour faire dégringoler sur la région une pluie torrentielle qui l'avait, en quelques secondes, trempée comme une mouillette lâchée dans un bol plein jusqu'au bord. Elle commença par s'envoyer à travers l'œsophage une bonne demi-douzaine de petits verres d'arquebuse pour se remettre, puis elle nous dit :

– Mes bons amis, voilà la raison pour laquelle nous sommes réunis ici tous les trois.

Tous les quatre eût été plus juste, mais Dieu merci, elle ignorait la présence du quatrième. Et cette raison qu'elle allait nous donner, nous la connaissions déjà, puisque l'Eminence verte nous l'avait révélée avant elle, mais, naturellement, nous n'en laissâmes rien paraître.

(*A suivre.*)

1. Nous tenons à signaler au lecteur puriste et chatouilleux sur la question de la syntaxe, que c'est ici Bombiscaille qui parle et que ce dernier n'ayant qu'une culture peu poussée, ignore les subtilités de la langue française. Mais nous tenons à signaler également que nous qui savons parfaitement qu'il convient d'écrire « nous étions convenus », nous considérons néanmoins la façon de s'exprimer de ce brave garçon comme préférable à la correcte. Car nous estimons que l'emploi de l'auxiliaire être, dans cette expression, choque à la fois l'œil et l'oreille, ce qui, on en conviendra, est un état de choses doublement déplorable et contre lequel il est grand temps de s'insurger. De même, le cas échéant, nous dirons « il est passé » au lieu de : « il a passé » : nous mettrons « effluve » au féminin, « éphéméride » au masculin, et nous écrirons « orifié » et non « aurifié », parce que cela nous paraît plus conforme à la logique. Nous nous permettrons, d'ailleurs, bien d'autres licences chaque fois que l'occasion s'en présentera et quand tel sera notre bon plaisir.

Voilà comme nous sommes dans la famille.

L'OS LIBRE

« Contre tout ce qui est pour – Pour tout ce qui est contre. »

NUMÉRO 80 – MERCREDI 14 MAI 1947

Ça tangue au gouvernement. Tandis que les usines Renault poursuivent une grève qui s'annonce particulièrement dure, Paul Ramadier, craignant d'autres conflits, tente de proposer une politique économique et sociale à laquelle ses ministres communistes s'opposent farouchement. Ils refusent même de lui accorder leur confiance à l'Assemblée nationale sur le thème des salaires et des grèves. Le président du Conseil décide de les exclure du gouvernement. Les alliances de gauche se diluent. Le tripartisme qui a été en vigueur depuis le départ du général de Gaulle n'est plus d'actualité.

Edito — Fresne's cancan

par René Lefèvre

On sait qu'un grand concours d'art dramatique, destiné à révéler et encourager les jeunes compagnies, vient de s'ouvrir en France. Vivement intéressées par cette initiative, les filles non repenties cantonnées à Fresnes viennent de donner le branle à ce joyeux mouvement en organisant le premier festival prévu dans le cadre du ministère de la Jeunesse, des Arts et des Sports. Le programme fut exécuté, point par point, par des jeunes de 16 à 20 ans, artistes jusqu'au bout des ongles et bien persuadées que le sport est à la base même d'une race forte. A vrai dire, il y eut bien quelque désordre, mais seulement de celui dont nul n'ignore qu'il est, sans aucun doute, un des effets de l'art.

La séance débuta par une reconstitution très exacte de *L'Enlèvement de Proserpine* (IVe siècle après Jésus-Christ), l'héroïne principale étant figurée par une aimable pétasse qui, depuis plusieurs jours, méditait son personnage dans le grand silence d'un petit cachot. Délivrée à la serpette et à la hache, la fille de Jupiter et mère des Furies mena vaillamment ses enfants à l'assaut de l'économat où une danse bachique était mise sur pied dans l'instant même où les flacons étaient mis à sec. Ces demoiselles burent la réserve de pinard, quelques

litres d'alcool à 90 et une bonne dose d'éther sulfurique, évidemment destinée à accélérer la carburation du corps de ballet.

Les surveillantes de ces pétulantes fillettes s'étaient – nous dit la presse – repliées dans la cour. Quant aux gardiens de cette prison modèle, ils formaient le cercle des spectateurs attentifs et marquaient la cadence en frappant dans leurs mains, suivant le rythme imposé par la partition. Sachant qu'un règlement très strict leur interdit de porter la main sur des personnes du sexe opposé, nul ne songera à contester leur attitude et à leur jeter la pierre. Ils se contenteront des bouteilles vides que leur lançaient gaiement nos joyeuses bacchantes.

– Moi aussi j'ai été jeune… dit mélancoliquement le directeur de l'Education surveillée, appelé en hâte.

– Tu ne vas pas nous raconter ta vie ! répliqua Proserpine, ce n'est pas prévu dans le scénario !

En somme, tout se serait fort bien passé si quelque grincheux ne s'était avisé de prévenir M. Verdavaine, commissaire de Choisy-le-Roi. Le magistrat arriva juste à point pour jouir du meilleur du spectacle.

A l'instant précis où les chères petites, complètement à poil, improvisaient des tableaux vivants sur la crête d'un mur, cependant que d'autres, non moins dévêtues, chantaient les œuvres de Marthe Richard, juchées sur le toit de leur pavillon privé. C'est alors que la situation devint assez confuse. Certains prétendent que le commissaire fut gratifié de gestes obscènes et que la meneuse de jeu se laissa aller jusqu'à lui tailler une basane. Nous n'en croyons rien. Car, d'après des témoins dignes de foi, la jeune fille ne fit jamais face à M. Verdavaine et se contenta de lui tailler des croupières, geste beaucoup plus en rapport avec son exquise féminité.

Le public a été, par les feuilles du même nom, plus ou moins informé de ces faits. Mais ce qu'il ignore et qu'il doit savoir, c'est que toute la cérémonie s'est déroulée suivant le rite khroumir, récemment importé à Fresnes par Fernand Rauzéna, alors qu'il y purgeait une peine légère consécutive à un grand chagrin. Dont acte.

Vous qui avez affaire à la Caisse de compensation

Si votre cas est litigieux
Si vous devez passer à la caisse
Si vous voulez faire valoir vos droits
Si vous voulez être bien reçu
présentez-vous
LE VENDREDI 13
Le jour où tout va bien
Le prochain vendredi 13 sera le 13 juin 1947

Vous avez encore le choix

Aux personnes qui n'ont pas encore déposé leur déclaration d'impôts, il ne reste plus que deux possibilités : payer un supplément démocratique ou s'adresser à notre service de pose plastic.

Destruction de tout bureau de perception dans les 24 heures qui suivent la commande.

Travail soigné. Prix les plus bas.

À Os perdus

Les chambres à air libre

Notre excellent confrère le *Journal officiel* annonçait ces jours derniers la mise en vente libre des chambres à air en caoutchouc synthétique.

On sait combien ce genre de caoutchouc, légèrement poreux, est recherché des automobilistes qui, pour des raisons personnelles, aiment bien rouler à plat sur les routes.

Après maintes recherches dans les magasins, dans les garages et même chez les marchands d'articles orthopédiques, ces amateurs de petites secousses ont malheureusement dû constater que les chambres de leur choix étaient devenues introuvables.

Comme il fallait s'y attendre, elles avaient fui !

Toujours la stricte application !

Au cours de la seule journée d'hier, 173 nouveaux cadavres non identifiés ont été retirés de la Seine par la brigade préfectorale des pêcheurs à la ligne. On doit ajouter à ce chiffre 92 femmes coupées en morceaux, 43 pendus involontaires et 104 victimes de revolvers homicides.

A en croire les personnes compétentes, il faudrait attribuer cette petite épidémie de morts subites à la stricte application des règlements de comptes entre gens du milieu.

Le bric-à-brac fatal

Nos lecteurs ont appris le stupéfiant accident survenu la semaine passée dans un établissement hospitalier de la région parisienne. On se souvient que deux des malades venus y passer une radiographie sont passés de vie à trépas à la suite d'une injection de sulfite de soude pris pour de la gélobarine, produit nécessaire pour créer l'opacité indispensable à la bonne lecture des clichés.

Quoique le résultat de l'enquête ne soit pas encore divulgué, on se demande comment la redoutable erreur a pu se produire. En effet, le tonneau de gélobarine était placé, bien en évidence, entre un baquet de sulfite de soude, une caisse de savon noir, une boîte de biscuits vitaminés et une meule émeri. A droite, un paquet de lithinés posé entre un pot de beurre et le peigne de l'établissement. A gauche, une forge portative, un paquet de semences de tapissier, un réveille-matin, un seau de charbon, un chaudron à vaisselle plein de pénicilline, une futaille de cyanure de potassium et un bol contenant du café en grains.

On ne s'explique donc pas comment l'infirmière, bien que nouvelle et de ce fait ne connaissant pas les lieux, ait pu se tromper, étant donné que la plupart des ingrédients énumérés plus haut portaient des étiquettes presque lisibles.

Le vase de Soissons

Après la bataille de Soissons (486), *les Francs avaient enlevé d'une église un vase dont saint Rémi, évêque de Reims, fit demander à Clovis la restitution. Un soldat s'y opposa et brisa le vase. L'année suivante, Clovis reconnut le coupable et le tua.*

Encore suants et soufflants, les Francs, sous la conduite de Clovis, se livrent au pillage de la ville conquise. Des hommes de corvée empilent, en un tas hétéroclite, les objets qu'ils vont chercher dans les maisons dont les habitants n'osent rien dire. Ceux qui, d'ailleurs, élèveraient une protestation quelconque, seraient immédiatement mis à mort afin d'éviter toute discussion oiseuse.

De-ci de-là, des maisons brûlent, pavoisées de flammes qui gesticulent et s'affairent parmi des torsades de fumée noire.

UN HOMME DE CORVÉE

(*apportant un vase superbe, en faïence décorée d'une frise de petits évêques enluminés dansant la farandole*)

Attention à la casse !

UN CAPORAL

Ousque t'as trouvé ce saladier-là ?

L'HOMME DE CORVÉE

Dans l'église : c'est là-dedans que le bedeau emmagasinait son encaustique.

CLOVIS

Nous allons procéder au partage du butin. Caporal, appelez les hommes par ordre alphabétique.

A ce moment, s'approche un séminariste monté sur un âne couvert d'écume.

CLOVIS

Que demande ce jeune ratichon ?

LE SÉMINARISTE

Je suis porteur d'un message urgent de Monseigneur saint Rémi, évêque de Reims, à l'adresse de Sa Majesté Clovis Ier, roi des Francs. (*Il remet à Clovis une lettre portant cinq cachets violets.*)

CLOVIS (*lisant*)

« Cher sire,

» Je me permets de vous écrire la présente pour vous demander de bien vouloir épargner un vase qui se trouve en l'église de Soissons (dans le placard de la sacristie) et auquel je tiens particulièrement, car c'est un cadeau qui m'a été offert par votre regretté père Chilpéric, à l'occasion de ma nomination à l'épiscopat de Reims.

» Je compte sur votre gentillesse coutumière, mon cher sire, pour accueillir favorablement ma requête et vous en remercie mille fois à l'avance.

» Bien épiscopalement vôtre,

Saint Rémi. »

CLOVIS (*au séminariste*)

Dites au saint que c'est d'accord. Je ferai mettre ce vase de côté afin qu'il lui soit restitué.

LE SÉMINARISTE

Merci sire, au revoir sire.

(*Il s'éloigne au grand galop de son âne en chantant un* Ave Maria *de marche.*)

CLOVIS

Commençons la distribution du butin.

LE CAPORAL (*appelant*)

Aérobus !

AÉROBUS

Présent !

Aérobus s'approche ; c'est une espèce de brute à l'air sournois, dont le front bas est garni de sourcils qui font penser à quelques vilaines chenilles poilues. Une moustache filandreuse dissimule sa bouche dont les lèvres blêmes sont tendues comme des pièges.

CLOVIS

Voici pour toi une fourchette en bois et une paire de boucles d'oreilles en étain repoussé représentant Léonidas aux Thermopyles.

AÉROBUS

Au lieu de ces deux choses-là, j'aimerais mieux une seule… celle-ci. (*De son doigt que termine un ongle sale, il désigne le vase.*)

CLOVIS (*ennuyé*)

Impossible, ceci est pour moi.

AÉROBUS (*que la colère verdit soudain*)

Tu n'auras que ce que le sort t'attribuera ! (*D'un grand coup de sa francisque, il brise le vase en morceaux.*)

CLOVIS (*avec calme*)

Bien ! (*Il ramasse les morceaux et les met dans sa poche.*)

***

Un an après :

Clovis passe en revue ses Francs, alignés dans la cour du quartier.

Sous le soleil, les casques ornés de cornes font à ces guerriers des têtes d'insectes encapuchonnées d'or.

CLOVIS (*s'arrêtant devant Aérobus et dévisageant celui-ci sans bienveillance*)

Personne ici n'a d'armes aussi mal entretenues que les tiennes ! (*Il jette à terre les armes du soldat.*)

AÉROBUS (*grasseyant avec cynisme*)

Pardi ! les miennes, c'est moi qui les nettoie ! (*Il se baisse pour les ramasser ; Clovis, d'un seul coup de sa francisque, lui tranche la tête qui s'en va rouler à quelques pas de là.*)

CLOVIS

Ainsi as-tu fait au vase de Soissons !

AÉROBUS (*dans un dernier souffle*)

C'est pas juste ! Le vase de Soissons, lui, a pu être recollé !

par Pierre Cour

L'OS DE CŒUR

et Francis Blanche

La comtesse Du Treillis nous écrit :

Je suis très contrariée car je ne puis plus obtenir de mes fournisseurs les petits fours pour le five o'clock tea que nous nous offrons chaque jour avec mes bonnes amies. Que vais-je devenir, je vous le demande ?

Hélas ! chère comtesse, comme je vous comprends ! Demandez donc un filon à la femme de votre bûcheron ; elle qui a ses gars à nourrir et sustenter doit en connaître, des trucs… En attendant, voici, pour vous consoler, une recette originale pour un excellent pudding :

Conservez les miettes de pain que vous ramasserez après chaque repas (au lieu de les jeter aux moineaux) et mettez-les à macérer dans un litre d'eau pure et distillée. Faites-en une bonne pâte, à laquelle vous ajouterez peu à peu 125 grammes de bicarbonate de soude, une tasse de pépins de raisins secs, un sachet de queues de cerises et une cuillerée d'épluchures de pommes de terre. Parfumez avec un verre d'alcool à brûler et mettez ce mélange dans une tourtière à bords plats. Vous glacerez avec un pinceau trempé dans un savon noir de bonne qualité auquel vous ajouterez une gousse d'ail. Ce dessert peut être mangé cru ou cuit. Ne me remerciez pas, comtesse.

***

Non, Monsieur R.T., qui signez « Joyeux luron » vous ne devez pas, aux batailles de fleurs, jeter des fleurs en fer forgé, sous prétexte que c'est plus artistique et que vous les avez au prix de gros ! Il ne faut pas risquer de blesser les gens un peu trop susceptibles ! Essayez de trouver autre chose, et ne faites rien sans nous demander conseil…

***

Monsieur Henri Z., marinier, nous demande :

Ma femme n'avait plus de dents, aussi, malgré son entêtement l'ai-je décidée à aller chez le dentiste. Elle est maintenant en possession d'un superbe dentier complet, haut et bas, mais elle s'obstine, malgré mes remarques, à se placer l'appareil du bas sur la mâchoire supérieure et l'appareil du haut sur le maxillaire inférieur. Que faut-il faire pour qu'elle puisse prendre ses repas ?

Si votre femme s'obstine à mettre ses râteliers à rebours, il faut au moment des repas, qu'elle se tienne à table la tête en bas tout simplement, et si vous ne voulez pas que vos invités la voient, envoyez-la au restaurant où elle passera inaperçue.

***

Mille regrets, Monsieur R. qui signez « Mauvais coucheur », nous ne pouvons vous donner le nom de l'employé au téléphone qui, dites-vous, ne vous « laissait pas le temps d'en placer une » et se moquait de vous en vous répétant toujours la même phrase. Mais nous pouvons vous donner un conseil utile : consultez le nouvel annuaire, le n° de votre correspondant a été changé !

***

Voici les envois de nos lecteurs que le jeu des proverbes console de bien des choses !

De Mlle Denise J., Beauvais : « Honni soit qui mal étreint ». « Qui trop embrasse, mal y pense ». – André M., de Toulouse : « Tout flatteur ménage sa monture ». « Patience et longueur de temps sont un bon maître et un mauvais serviteur ». – De N.C., Grande-rue de la Croix-Rousse, à Lyon : « La vérité ne mord pas ». « Chien qui aboie sort de la bouche des enfants ». – De J.P.F. de Chardonne-sur-Vevey, Vaud (Suisse) : « A cœur vaillant, rien ne sert de courir ». « L'union fait la force, le loup la mange ». – De Claude G., rue Manuel-de-Serres, à Montpellier : « Ventre affamé… salut ». « A bon entendeur, pas d'oreilles ».

– De G.B. de Rochefort : « Le vin s'est tiré… fontaine, je boirai de ton eau ». – D'André d'I., d'Aix-en-Provence : « Il faut vivre avec patience et longueur de temps pour manger, et non pas vivre pour manger avec force et avec rage ».

***

A la semaine prochaine, chers amis lecteurs. Continuez à nous demander conseil. Et n'oubliez pas… « les conseilleurs que la raison ignore font les bons amis » !

Nouvelles de l'étranger

Une exposition du peinturlureux Picasso a ouvert ses portes à Londres et dans plusieurs autres villes anglaises.

Jusqu'à présent on ne signale que quelques accidents de la vue. Quelques cas plus particuliers sont en observation au Psychiatric Hospital de Londres.

PLUS DE POLICIERS DÉMORALISÉS !

A condition ?…

A condition qu'ils s'adressent à

LA MANUFACTURE D'APPAREILS INDICATEURS

« BENOÎT »

qui leur fournira tous appareils indicateurs : pèse-voyou à distance, noie-crapule à manomètre, coiffe-rôdeur à radar, fripouillomètre à jauge réglable, etc.

Manufacture d'appareils indicateurs « BENOÎT »

. . . .

Fournisseur des ministères, des chemins de fer et des grandes administrations.

Faits divers

CARANTEC (Finistère). – Une bonne mesure. (De notre correspondant). – Le comité de défense paysanne de Carantec s'étant réuni à la mairie, a constaté que le chiffre de ses impositions de blé était trop élevé. En conséquence, le comité de défense paysanne de Carantec a donc décidé, en accord avec lui-même, de fixer un chiffre moyen d'imposition et demande à ses adhérents de le respecter scrupuleusement, afin que vive la France.

Le compte rendu de cette séance mémorable a été aussitôt affiché au tableau officiel de la mairie, entre les bans de mariages et la liste des bénéficiaires de pneus de bicyclettes.

CARANTEC. – Prix de vente du blé. – Il est porté à la connaissance des citadins de Carantec que leur commune étant considérée comme satisfaisant imparfaitement leurs impositions de blé, les livraisons de farine pourraient s'en ressentir vivement.

Afin de pallier cette éventuelle pénurie, le comité de défense paysanne est heureux de faire savoir que quelques fermes de Plouénan disposent de blé en vente libre à 1600 fr. le quintal.

SAINT-CLAUDE (Jura). – Pain rassis la sortie ! (De notre correspondant). – Samedi matin, une sorte d'homme glabre, à la barbe broussailleuse, qui depuis quelque minutes donnait des signes d'énervement et des mauvais coups aux passants, a assommé méchamment M. Tessinap, agent de police, qui tentait de désarmer la brute malfaisante. Le misérable, son forfait accompli, s'enfuit à toute allure, monté sur le dos d'un complice qui stationnait non loin de là.

L'arme du crime est un pain rassis, visiblement acheté depuis plusieurs jours.

Détail navrant, la victime portait des bretelles.

LES JEUX... À LA COQUE
PETITS PROBLÈMES

Un client connu achète chez son pharmacien habituel 50 grammes de sulfate de soude pour purger sa petite famille. Il quitte la boutique et met 37 minutes pour parcourir les 2 km 500 qui le séparent de son domicile.

Quelques jours après, le pharmacien accomplit le même trajet en 2 minutes 50 secondes.

On demande si le client n'aurait pas mieux fait de s'adresser à un autre fournisseur, sachant que celui-ci lui a vendu, par erreur, 50 grammes de cyanure de potassium !

***

Quatre batteries de quatre canons chacune sont disposées à 8 mètres d'intervalle sur le bord du terrain d'exercice.

Chaque pièce tire dix coups en 1 minute 10 secondes. Un arrêt de trois minutes est prévu entre chaque bordée.

On demande combien de coups de canon seront tirés durant les six premières minutes nécessaires pour prévenir le chef porteur de chacune des batteries que les obus tombent sur la caserne.

PETITES ANNONCES

DEMANDES D'EMPLOI

Chefs de partis demandent petits emplois agriculture, entreprises minières ou textiles. Discrétion demandée.

TRAVAUX SPÉCIAUX

Lavage de chèques en gros, prix par quantités. « Lavoir des trois malfrats ».

DIVERS

Si votre percepteur vous menace, s'il vous rançonne sans vergogne, ou même avec vergogne, c'est que vous ne possédez pas « Coquette ».

Costumes folkloriques pr agents cyclistes ayant à effectuer des poursuites en province. La caissette de 87 costumes : 179 203 fr.

Chapeau blindé pour personne circulant dans rue à scène de ménage : 2 370 kg. Modèle plus perfectionné, fond ressort réexpédiant les projectiles à leurs expéditeurs : 4 633 fr. Article de luxe, avec caisson à pierres et à Paul, à partir de 4 688 fr.

DISPOSITIFS PROTECTEURS FINI LES VOITURES BARBOTÉES !

Grâce à l'antivol parlant « Because ». Série de 12 disques pour phonographe BECAUSE, comprenant des enregistrements de voix de gendarmes surfines.

Disque n° 324 C. Voix de petit gendarme pour voleur débutant. Prix : 92 fr. 70.

Disque n° AA 83 C. Voix de gros brigadier bourru, timbre cassant, pour gros voleur incrédule. Prix : 131 fr. 15.

Disque n° 000. Gendarmes hurlant en chœur pour tous voleurs durs d'oreille. Prix 147 fr. 20.

Le phonographe BECAUSE est en vente partout au prix imposé même par la force de 19 999 francs moins 10 %, soit 13 736 francs. Exigez-le dès maintenant !

Sinon...

Sac à provisions, fil d'araignée tissé forme carrée 5 × 5 cm : 1 fr. 10. Le même, mais extensible, garni d'accessoires en baudruche comprenant : poulet, bouteille de vin, rosbif, litre d'huile, chocolat, etc. : 995 fr.

Raquettes de tennis, façon guitare, belle sonorité. Spécialement étudiées pour tennismen mélomanes. La pièce : 92 903 fr.

Boussole spéciale pour explorateur débutant, pôle magnétique fixe : 37 fr. 40. La même, fournie avec guide connaissant la localité à découvrir. Prix forfaitaire. Demandez nos tarifs.

Pendant les semaines du pain seulement ! En réclame : pain fantaisie, qualité courante sans ticket : 25 fr.

Pain très fantaisie, qualité encore plus courante (genre steak de gazelle), sans tickets : 25 fr.
« À MA BOULANGERIE » (Entrée de service dans le vestibule).

Vengeances tous genres, prix modérés.
Vengeance ordinaire. La pce : 57 80 fr.
Grosse vengeance, depuis 72 fr. 10.
Vengeance gratinée, avec rebondissements : 145 fr. 40 (jusqu'à la 3e génération). Audessus : 1 fr. 50 par génération.
Vengeance de luxe (risques en sus) : 225 000 fr.
« A la bonne haine pour tous », maison fondée bien avant ça, 12, impasse de l'Espoir.

Chapitre XIII (suite)

Et comme deux bons hypocrites que nous étions – et que nous sommes toujours, du reste ! – nous écoutâmes l'exposition de ses projets avec un intérêt si bien simulé que j'en étais honteux pour ce sale aubergiste que je voyais feindre avec tant d'impudence une attention que je savais pertinemment fausse. Pour être juste, celui-ci, de son côté, avait une moue de profond mépris pour ma propre duplicité. Ce qui était extrêmement gênant pour nos amours-propres respectifs. Mais quoi !... nous nous doutions bien que l'Eminence verte, dissimulée dans quelque coin, ne perdait pas un mot de notre conversation. Alors ? il ne nous était guère possible d'agir autrement. Votre avis ?

– Euh !... fit simplement Cocas.

– N'est-ce pas ? Ça tombe sous le sens ! Bref, il ressortait de tout cela que cette sacrée vieille pratique d'Eminence verte avait parfaitement vu juste et que la Bémole m'enjoignait d'aller au plus vite à Paris engager plusieurs compaings de ma trempe pour enlever le plus rapidement possible Mlle Adélaïde de Mars et l'amener à l'auberge de l'Araignée-sans-pattes où maître Coque assurerait sa surveillance, en attendant qu'il fût statué sur son sort. Nous crûmes comprendre qu'il entrait dans les desseins de la Bémole de la confier aux tendres soins d'un sien ami, capitaine au long cours et commandant une vieille galiote spécialisée dans le trafic des crottes de lamas, lequel se chargerait de la déposer dans un coin perdu de la Terre de Feu ou de la céder à des fins matrimoniales, et contre espèces sonnantes et trébuchantes, à un richissime calife du Béloutchistan, à qui son médecin particulier avait recommandé la viande blanche.

– Et alors ? interrogea Cocas qui ne perdait pas une syllabe de cette histoire, se promettant d'en faire un rapport fidèle à M. de Voloter le plus rapidement possible, afin d'empêcher le rapt de celle qui tenait tant de place dans le cœur de son maître.

– Alors, il fut décidé que l'enlèvement aurait lieu dans la nuit de mardi à mercredi, nuit tout à fait favorable à ce genre d'entreprise, si l'on en croit la Bémole, à cause d'une certaine injection de mercure... euh ! non..., conjonction de Mercure et de Vénus. C'est qu'elle est rudement calée sur ces questions-là, cette fille du diable !

– Mais, s'écria soudain Cocas, la nuit de mardi à mercredi..., c'est cette nuit !

– Exactement.

– Seulement, une fois la délicate opération menée à bonne fin, nous ne nous dirigerons pas vers l'auberge de maître Coque, où nous attendra la Bémole – ce dont ce vieux papelard d'aubergiste est secrètement ravi, j'en mettrais ma main au feu – mais vers un but diamétralement opposé et que nous a indiqué l'Eminence verte, après que sa maîtresse nous eut quittés. Car je ne vous ai pas dit, c'est vrai, qu'aussitôt après le départ de la Bémole, montée se coucher dans la chambre que lui réserve toujours son frère de lait… car je ne vous ai pas dit non plus, c'est encore vrai, que maître Coque était le frère de lait de la Bémole, euh !… Voyons ! où en étais-je donc ?

– Je n'en sais rien moi-même, répondit Cocas aux abois, en pensant au temps précieux qui s'écoulait en vains bavardages, alors que son maître était dans l'ignorance du complot qui se tramait contre sa bien-aimée. Vous avez tout embrouillé d'une façon si magistrale que je n'y comprends plus rien du tout !

– Ah ! oui… Je vous expliquais que cette vieille chouette d'Eminence verte, dès que sa maîtresse eut quitté les lieux, sortit de la grande horloge, dans le coffre de laquelle il s'était inséré avec la rapidité d'une salamandre[1] poursuivie par un python, bien que je ne sois pas très sûr que les pythons poursuivent les salamandres, mais enfin c'est pour dire. Et aussitôt il nous donne ses ordres, lesquels consistaient uniquement à suivre point par point ceux de la Bémole. Sauf, toutefois, en ce qui concernait la destination.

– Mais cette destination, demanda Cocas sur des charbons ardents, quelle est-elle ?

Bien que saoul perdu, Bombiscaille, à cette question directe et posée avec un intérêt suspect, eut un instant d'hésitation, et regarda fixement Cocas dans les yeux. Dans l'œil serait plus exact, car le gauche seul demeurait ouvert, le droit étant maintenant complètement bouché par l'enflure des paupières dont la teinte aubergine tournait lentement mais sûrement au noir verdâtre ou au vert noirâtre au choix.

Le valet de M. de Voloter, ainsi dévisagé, sentit qu'il avait mis trop d'émotion dans son interrogation et que cela risquait de compromettre la confiance du narrateur. Il prit un petit air en dehors de la question et tout à fait détaché, puis ajouta en haussant mollement les épaules :

– Ça ne m'intéresse d'ailleurs que médiocrement. Mais si vous avez l'intention de me faire participer à ce voyage, j'aimerais tout de même savoir si c'est à côté de la capitale ou au diable vauvert. Pour que j'aie le temps de m'y préparer. Vous comprenez ?

– Je comprends, fit Bombiscaille en clignant de l'œil. Il doit y avoir dans le coin une petite caille, ou peut-être même plusieurs, que votre absence prolongée inquiéterait ? Hein ? Sacré paillard ! Alors, êtes-vous des nôtres, oui ou non ? Il faut que je le sache tout de suite car je vais aller tantôt raccoler deux ou trois spadassins de ma connaissance tout à fait aptes à ce genre de travail qui demande à la fois du tact, du doigté, de la décision, de la promptitude, du sang-froid et une certaine absence de préjugés et de scrupules désuets et encombrants. Possédez-vous ces qualités ? Si oui, vous pourriez prendre la place de l'un d'eux, ce qui m'éviterait une course, bénéfice qui n'est pas négligeable dans l'état où je suis ! Alors, c'est dit ?

Cocas réfléchit rapidement. Il ignorait où se trouvait M. de Voloter pour l'instant, bien qu'il y eût de grandes chances qu'il fût chez son ami le baron de Cathy, en train de faire une partie de passe-boudin[2]. Mais si, par malchance, il était d'ailleurs, peut-être lui fau-

1. Il s'agit de l'animal et non de l'appareil de chauffage qui n'existait pas encore à cette époque. Il est vrai qu'il pourrait tout aussi bien ne pas exister à la nôtre, pour ce qu'on a à mettre dedans !

2. Jeu fort en vogue en ce temps-là dans la haute société. Il se jouait à la fois avec des cartes, des osselets et un polochon. Il tenait de la manille aux enchères, de la passe anglaise et de la course à pied. Le polochon (appelé boudin) servait au perdant à taper à tour de bras sur le gagnant.

drait-il, dans ce cas, perdre beaucoup de temps avant de le rejoindre, et serait-il trop tard pour intervenir efficacement et bouleverser les projets de cette damnée fripouille d'Eminence verte. Dans cette conjoncture, il serait utile pour lui d'être dans le coup, afin de pouvoir, sinon intervenir en personne, car il ne se voyait guère luttant contre ce grand diable de ravisseur et ses acolytes, du moins noter soigneusement l'itinéraire suivi et le lieu où serait retenue Mlle Adélaïde…

– Eh bien ? rugit Bombiscaille, étonné de ce long silence. Vous dormez ?

(*A suivre*)

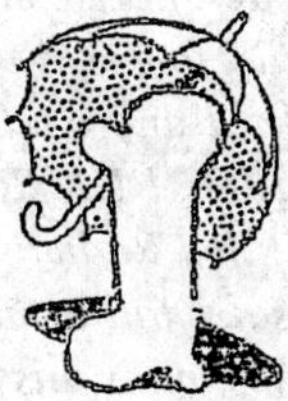

L'OS LIBRE

« Contre tout ce qui est pour – Pour tout ce qui est contre. »

NUMÉRO 81 – MERCREDI 21 MAI 1947

Afin de ne pas se retrouver en minorité après le départ des communistes et de tenter de sortir de la crise économique, Paul Ramadier a mis au point une nouvelle forme d'union qu'il a baptisée « la Troisième Force ». Il s'agit d'une coalition gouvernementale qui regroupe désormais la SFIO, l'UDSR (Union démocratique et socialiste de la Résistance), les Radicaux, le MRP et les modérés. Ils accordent un soutien sans faille au pouvoir en place face à l'opposition des communistes, mais aussi des gaullistes, de plus en plus actifs dans l'opposition.

Edito

Vers l'union féconde et individuelle

par Pierre Dac

Avez-vous lu le dernier ouvrage de la doctoresse Nicole Nicravate Smyszlawskroïabrunschtschpritzbrastrzobsemasvitzstrounchk, née de Khnô ? Non, sans doute. Vous avez tort, car c'est un livre remarquable et qui est suggestivement intitulé : *De la fécondation artificielle du tiroir-caisse par osmose suggérée.* Je ne saurais trop vous recommander d'en prendre connaissance à bref délai, car il arrive véritablement à son heure, en un moment où les méthodes périmées s'avèrent d'une vétusté dont l'ancienneté le dispute à l'esprit caduc.

Dans cet ouvrage, c'est tout le système des rapports humains qui est remis en jeu. La doctoresse Nicole Nicravate Smyszlawskoïabrunschtschpritzbrastrzobsemasvitzstrounchk, née de Khnô, estime que le système de l'union des masses par le truchement des groupes est, qu'on le veuille ou non, singulièrement dépassé et qu'il est grand temps de reviser le concept de l'introspection liminaire ainsi que celui, plus complexe, de l'entendement limitatif par voie d'exhaussement radiofictif. Ce qui revient à dire, en langage vulgaire, qu'il faut reconsidérer tout le problème de l'harmonie universelle.

Il va de soi que c'est tout simplement la paix future qui en dépend. Il est inutile de représenter une fois de plus les difficultés avec lesquelles se trouvent aux prises les quelques hommes de bonne volonté qui s'efforcent de trouver un terrain d'entente entre nations. La solution est ailleurs que dans les conférences et dans les discours. Elle réside dans la refonte de la conception de l'Union.

En ce sens que des siècles d'expérience amènent la doctoresse Nicole Nicravate Smyszlawkroïabrunschtschpritzbrastrzobsemasvtzstrounchk, née de Khnô, à conclure que c'est dans le sens individuel qu'il faut orienter la recherche de l'union dans le monde.

Jusqu'à ce jour, il était couramment admis que le fait, pour deux individus ou groupes d'individus, de se mettre d'accord impliquait, dans le même temps, la nécessité d'une entente préalable et parallèle. D'où complications inévitables et résultats, à de rares exceptions près, généralement négatifs. Dans l'ouvrage que je vous recommande, il est prouvé et péremptoirement établi que rien de constructif ne sera obtenu tant que le principe de la communauté pour tous dans l'individualité reconnue par et pour chacun continuera à demeurer à l'état embryonnaire.

Le salut est là et nulle part ailleurs.

C'est donc toute l'éducation qui est à reprendre.

Et ce qui est vrai pour les rapports entre pays l'est également, sinon plus, pour les individus de même nation. Il est à peu près impossible de régler harmonieusement les rapports des hommes entre eux. Quoi qu'on dise et qu'on fasse, ils n'arrivent pas à réaliser l'union souhaitable. Alors, que chacun s'unisse tout seul, pour son propre compte et individuellement. Mais, ne vont pas manquer de me faire remarquer les traditionalistes impénitents, pour s'unir il faut, au moins, être deux, et en tout cas, que ce soit avec quelqu'un. Et pourquoi, s'il vous plaît ? Puisqu'il est reconnu, archireconnu que nul ne peut se mettre d'accord avec quiconque, il n'y a plus qu'à s'en remettre au principe de l'union unilatérale. C'est un truisme de répéter que dans la vie on ne peut compter que sur soi. Si cela est vrai pour les conditions de l'existence, comment ne pas comprendre qu'il en va de même pour les rapports entre humains. Etant donné qu'on ne peut compter sur les autres pour s'unir avec soi, il n'y a plus qu'à compter sur soi pour s'unir avec personne.

Quand vous aurez lu *De la fécondation artificielle du tiroir-caisse par osmose suggérée*, de la doctoresse Nicole Nicravate Smyszlawskroïabrunschtschpritzbrastzobsemasvitzstrounchk, née de Khnô, vous vous rendrez facilement à l'évidence. Et il vous apparaîtra lumineusement que par le jeu même de l'évolution inévitable des choses le vieux slogan : « Liberté, Egalité, Fraternité » se verra dans un proche avenir remplacé par celui-ci, plus conforme aux réalités nécessaires et suffisantes du temps présent : « Un pour tous, tous pour un, chacun pour soi et quinze pour cent. »

Des hommes de teste !

Une très excellente nouvelle arrivait tout récemment du Massif central. La voici reproduite sous toutes réserves et avec dégagement préalable de nos responsabilités :

« Limoges, 18 mai. – Le conseil municipal de Glénic (Creuse), réuni sous la présidence du maire, M. Teste, après avoir examiné la question du pain, a demandé à l'unanimité la réouverture des maisons de tolérance.

» La commune de Glénic groupe au total 929 habitants. »

Que les 929 habitants de Glénic (Creuse) demandent par l'organe de leurs élus la réouverture de certains établissements d'utilité publique fermés depuis peu au mépris de tout droit, nous ne trouvons là rien à reprendre, tout le monde n'étant pas obligé de partager sur ce point les vues de Mme Marthe Richard.

Ce qui, par contre, serait de nature à nous étonner un tantinet, c'est le fait que M. Teste et sa compagnie ont formulé leurs revendications en ce domaine, « après avoir examiné la question du pain ».

Parce que, comme ça, au premier coup d'œil, on ne voit pas très bien le rapport.

Ce qui, d'ailleurs, ne signifie nullement qu'il n'y en ait pas un ou même plusieurs.

Peut-être, insuffisamment informés, les édites glénicois ont-ils confondu la maison Tellier avec une sorte de boulangerie où l'on ignorerait les tickets, sinon les cartes.

Peut-être aussi voient-ils dans la réouverture des petits paradis perdus une équitable compensation aux insuffisances du rationnement. Faute de pain, chacun pourrait y trouver une mie de son choix.

Quoi qu'il en soit, on ne saurait trop vivement louer la modération de semblable requête. Se contenter de la tolérance, à l'heure où tant de gens exigent le retour à la liberté, n'est-ce pas montrer beaucoup de sagesse ?

C'est pourquoi, passant à l'ordre du jour, nous appuyons de tout notre poids le vœu exprimé par le conseil municipal de Glénic et demandons la nomination de M. Teste au poste de ministre du Ravitaillement.

Au point où nous en sommes, qu'est-ce qu'on risque ?

Dans les vestiges de Strasbourg

La commission d'enquête, chargée d'expertiser les débris mystérieux trouvés dans les décombres de la ville de Strasbourg, a admis l'hypothèse selon laquelle il s'agirait des restes d'une bombe aérienne à grande puissance, dont la provenance n'a pu être située avec exactitude.

Deux des survivants de l'effroyable catastrophe affirment avoir aperçu, l'espace d'une seconde, un engin énorme venant de l'Est.

Cet effrayant désastre va encore compliquer la tâche des services de la reconstruction de Strasbourg. En effet, les immeubles administratifs ont tous été détruits ainsi que les archives où venaient précisément d'arriver les derniers plans concernant la reconstruction des immeubles de la ville, détruits au cours de la guerre 1939-1945.

La baisse de 1 000 %

Commencée par une baisse de 5 %, puis 10 % en 1947, la baisse est arrivée cette année à 1 000 %. Elle est accueillie avec une assez vive satisfaction dans le public. Les commerçants, dont la plupart avaient leurs parents établis en 1940, se sont pliés avec discipline aux instructions ministérielles.

De ce fait, le prix du pain est fixé, à partir de demain, à 470 fr. le kilo ; le litre de lait à 690 fr. ; le litre de vin de la répartition à 1 800 fr. A ce sujet, si la récolte de cette année est supérieure aux 98 millions d'hectolitres de 1976, on envisage une distribution exceptionnelle de deux litres aux consommateurs M, C, V, le deuxième semestre de cette année.

À Os rompus

Mangeons notre blé en verbe !

Continuant à semer au micro le bon grain de sa parole, M. Paul Ramablé vient d'adresser aux agriculteurs récalcitrants une nouvelle et vigoureuse mercuriale panifiable dont le consommateur des grandes villes attend patiemment et en buvant de l'eau les meilleurs résultats.

Dans les studios de la Radiodiffusion française, la récolte s'annonce bien. Rue de Grenelle, on a déjà constaté la présence de plusieurs épis sur le crâne du concierge.

Sauvette qui peut !

On sait quelle brillante offensive a été entreprise contre les marchands à la sauvette, dont la présence semblait un défi à l'ordonnance interdisant « la vente d'objets quelconques dans l'enceinte du chemin de fer métropolitain ».

Hier après-midi, une nouvelle rafle a été effectuée en ces lieux par la brigade souterraine de la préfecture de police.

On signale l'arrestation de nombreux individus de l'un et de l'autre sexe, surpris au moment où ils vendaient, au prix véritablement scandaleux de quatre francs l'un, de menus rectangles de carton sans aucune valeur commerciale.

Tout ce joli monde a pris le chemin du dépôt.

Ne pas confondre !

M. Paul Ramadier, notre nouveau ministre du Ravitaillement, nous prie de dire qu'il n'a absolument rien de commun avec le nommé Ramadier Paul, dit Ramadan, qui occupa ce poste l'année dernière ou peut-être bien l'autre.

Dont acte !

La remise du Pneu 1947

Hier, a eu lieu dans la grande cour d'honneur de la préfecture de police la remise solennelle du pneu d'automobile débloqué pour l'année en cours.

Comme on le sait, ce pneu qui a été soustrait du programme d'exportation, est décerné chaque année au billet gagnant de la grande loterie uniquement réservée aux derniers automobilistes de France et d'outre-mer. Ceux-ci seront avantagés cette année, puisque, de 2 593 l'année dernière, leur nombre est passé cette année à 1 143.

Cette grandiose cérémonie, à laquelle ont pris part les huit ministres de la Production industrielle, était présidée par le petit-fils de M. Armand Ziwès, l'ancien préfet de Seine-et-Oise, dont on a fêté il y a quelques mois le joyeux centenaire.

La foule, évaluée à plus de huit cent mille personnes, avait revêtu ses plus beaux haillons. Etait également présent à cette solennité notre ancien metteur en pages René Pugibet, conservateur du Muséum, lequel s'est vu attribuer cette année un bon usage ville, en attendant le bon de vélomoteur dont il avait fait la demande en mars 1945.

Après un vibrant appel au calme et à la résignation de M. Fernand Rauzéna, ministre de l'Education nationale, qui, malgré ses 95 printemps, conserve une verdeur étonnante pour son âge, la foule a été dispersée, comme à l'accoutumée, par les lances des gardes mobiles pompiers du Grand Paris.

En correctionnelle
Les vignes du baigneur

L'avantage éminent des époques originelles était, en somme, qu'on y avait toute latitude pour étaler ses opinions, être franc, comme on dit, jusqu'au bout des ongles ; en un mot, s'enorgueillir légitimement de n'avoir rien de caché pour personne.

Ces temps sont révolus, et l'histoire de Raymond Noch en est un témoignage à verser au dossier de l'évolution des comportements humains à travers les âges.

Raymond Noch est un éthyliste distingué. Bien que plus tout jeune, il croit fermement au père Noé, et ses convictions s'étalent du juliénas au picon fraisette, en passant par le mandarin curaçao. Comme on voit, c'est un érudit, quelque chose comme un licencié ès litres.

Précisément, ce jour-là, la route du zinc était ouverte. Façon de parler pour dire que ce scientifique doublé d'un poète avait dû glorifier en verres libres le bonheur d'être au monde et d'y boire clair. Il atteignit ainsi un stade de soûlographie lénifiante qui fut à l'origine de ses malheurs, encore qu'on doive à la vérité de dire que ce sont surtout deux autres délits consécutifs et postérieurs qui l'ont conduit tout droit devant la 6e chambre. Comme quoi, l'ivresse mène à tout, à condition d'en sortir.

Donc ayant bu, et le sachant Noch résolut de mettre de l'eau dans son vin. N'étant pas de ces hommes qui font les choses à moitié, il se plongea, nu comme il n'est pas permis de l'être, dans la Seine où il se fût, sans doute, noyé si des agents ne l'avaient repêché de justesse. Ramené sur la rive, Noch s'empressa de décocher à ses sauveteurs une de ces épithètes gratinées et choisies – va donc, épithète de l'art – que l'on pare d'ordinaire du voile de la circonlocution tant on la trouve verte – qu'elle était verte la voilée.

C'est sur le délit d'outrage à la pudeur que le président insiste, s'efforçant de montrer à son auteur qu'on est mal venu dans une société civilisée à se baigner tout nu en un lieu où chacun a le droit de contempler un site réputé d'intérêt public et qui perd 50 % de sa valeur si on le minimise par un autre d'intérêt purement privé.

Quatre mois avec sursis et 1 500 francs ferme.

Noch hausse philosophiquement les épaules à la hauteur de son mépris pour ces gens qui paraissent ignorer cette vérité première que tout homme vêtu est un homme nu qu'on ignore et réciproquement.

D'autant que dans son cas, il n'y avait pas matière à tant de bruit.

Il était ivre, circonstance atténuante…

Car le « noir », quoi qu'on dise, fait toujours habillé.

LE RAT DES CHAMBRES.

Avis définitif

La préfecture de police rappelle à mesdames les titulaires de cartes de priorité que celles-ci sont rigoureusement personnelles et ne doivent être utilisées que pour leurs achats propres et non au bénéfice de voisines paresseuses.

Toutefois, dans ce dernier cas, la titulaire d'une carte de priorité, lorsqu'elle fend la foule, parfois hargneuse, se doit d'annoncer : « Ce n'est pas pour moi, c'est pour une voisine ! » Afin de ne pas être injuriée à tort.

C'était il y a…
21 mai 247

Naissance à Bouton-sur-la-Lande, de Jules-Alphonse Méridien, décorateur de billes de billard.

Un jour, il se laissa dire que la terre était ronde. Il eut aussitôt l'idée de tracer sur son pourtour un certain nombre de lignes qui, de nos jours, portent encore son nom. Son projet rencontra de nombreux détracteurs, parmi lesquels figurait Blanche de Poussier, sa maîtresse.

Il partit néanmoins, seul et sans argent, muni seulement des quelques pots de peinture que sa fidèle amie Cléo de Javeylles lui procura par l'entremise de son amant Aubert Palasse.

Des commis voyageurs en ice-cream l'aperçurent en juin 306, à l'est de Stanleyville (Congo belge), au moment où il tentait de raccorder le terminus de son premier tracé de l'équateur, avec son point de départ situé à Mossamédès (Angola), à 2 400 kilomètres de là.

Cette première erreur ne le découragea pas pour si peu et, vingt-neuf ans après, sa sixième tentative était enfin couronnée de succès.

En 354, son œuvre était entièrement terminée. Il mourut l'année suivante, et l'on en profita lâchement pour l'enterrer.

AMÉNAGEMENT
de la région parisienne

La décentralisation des ministères et grandes administrations parisiennes est terminée. MINISTÈREVILLE, à 4 kilomètres de Compiègne, ouvre ses portes demain matin et sera inaugurée par Monsieur le ministre de la Gabegie générale.

Ministèreville occupe un quadrilatère de 12 km de rayon sur 8 km de côté. Une grande avenue principale dessert les nombreux boulevards latéraux, le long desquels sont alignés tous les ministères clés du pays.

Quarante lignes de chemins de fer venant des quatre coins de la France aboutissent à la grande gare de Ministèreville, laquelle, pour la commodité des voyageurs, a été construite le plus près possible du chemin de fer.

On se souvient que le projet Ministèreville fut voté l'an dernier à la 2e chambre des députés stagiaires, par 2 391 voix contre 88 éraillées.

Les difficultés rencontrées par le gouvernement pour loger dans Paris ses 3 183 427 fonctionnaires, cela sans résoudre le problème consistant à trouver des locaux décents pour les 981 022 fonctionnaires des 49 comités de la hache, devaient amener à adopter ce plan hardi, dont la réalisation en moins de douze mois est sans précédent dans les annales de la construction.

Ministèreville est, avec Reconstruction-City, la deuxième grande ville administrative de France. Rappelons que Reconstruction-City est légèrement plus vaste et mieux disposée que Ministèreville. En outre, sa situation exceptionnelle sur le mont Boron, au-dessus de Nice, à deux petits doigts de la Méditerranée, en fait un lieu de délices pour les sinistrés ayant à s'y rendre pour y régler leurs affaires.

Bataille de dames

Frédégonde, femme de Chilpéric, roi de Neustrie, est née vers 515 et morte en 597.

Brunehaut ou Brunehild, épouse de Sigebert, roi d'Austrasie, est née en Espagne en 534 et morte suppliciée en 613.

Le village de Broye-les-Mesme rit de toutes ses fenêtres. Chaque porte est ornée de bonnes gens endimanchés.

Condamnée par le roi Clotaire II, l'ex-reine Brunehaut va être dépouillée de tout vêtement – liée par les cheveux à la queue d'un cheval lequel sera lâché par les chemins.

Devant le donjon aux tours massives comme des chopes de bière, la foule amassée pétille de même qu'une mousse au fond d'un pot.

UNE MÈRE (*à son enfant qui braille*)

Si tu n'es pas sage, tu seras privé de supplice !

Les filles passent, enlacées, un chant aux lèvres. Elles ont des fleurs dans les cheveux et des yeux pleins de soleil.

UNE FILLE (*un peu triste soudain*)

Pauvre cheval ! ça va lui faire mal d'être ainsi tiré par la queue !

Deux hommes sont juchés sur un toit pour ne rien perdre du spectacle rare qui va avoir lieu.

BARBYCHET

Dis-moi, Fofol, pourquoi le roi a-t-il condamné à mort cette vieille dame ?

FOLFURIEUX

Mais pour venger sa mère, Frédégonde.

BARBYCHET

Frédégonde, c'était la mère de Brunehaut ?

FOLFURIEUX

Non, c'était la mère du roi.

BARBYCHET

Ah ! bon. Mais dis-moi, Fofol, qu'est-ce qu'elle a fait à Frédégonde, Brunehaut ?

FOLFURIEUX

Elles étaient ennemies mortelles depuis que Frédégonde a fait assassiner sa sœur Galswinthe.

BARBYCHET

Ah ! Frédégonde avait une sœur qu'elle a fait assassiner ?

FOLFURIEUX

Non. Galswinthe était la sœur de Brunehaut ; elle était aussi l'épouse de Chilpéric 1er et Brunehaut était mariée à son frère Sigebert.

BARBYCHET

Quelle drôle d'idée, pour une femme, que d'épouser son frère !

FOLFURIEUX

Mais non ! Sigebert, roi d'Austrasie, était frère de Chilpéric.

BARBYCHET

Ah ! bon. Mais dis-moi, Fofol, pourquoi Frédégonde a-t-elle fait assassiner la sœur de Brunehaut ?

FOLFURIEUX

Parce qu'elle était l'ancienne femme de Chilpéric et qu'elle voulait reprendre sa place.

BARBYCHET

Ah ! bon. Mais dis-moi, Fofol, qu'est-ce qu'elle a fait, Brunehaut, en apprenant l'assassinat de sa sœur ?

FOLFURIEUX

Elle détermina Sigebert à déclarer la guerre à son frère, et comme Sigebert, vainqueur, allait être proclamé roi de Neustrie à la place de Chilpéric, Frédégonde le fit assassiner à son tour.

BARBYCHET

Ah ! bon. Mais dis-moi, Fofol, qu'est-ce qu'elle a fait, Brunehaut, en apprenant l'assassinat de son frère ?

FOLFURIEUX

Pas de son frère ! de son mari !

BARBYCHET

Ah ! bon. Chilpéric, c'était donc le mari de Brunehaut ?

FOLFURIEUX

Mais non ! Je t'ai déjà dit que c'était le frère de Sigebert !… donc le beau-frère de Brunehaut ! doublement son beau-frère, même, puisque le mari de sa sœur Glaswinthe !

BARBYCHET

Ah ! parce que lui aussi avait épousé sa sœur ?

FOLFURIEUX

Sapristi ! ce que tu as le crâne dur !… Chilpéric, *beau-frère de Brunehaut*, envoya cette dernière en exil à Rouen. Là, elle fit connaissance de Mérovée, fils de Chilpéric, et l'épousa.

BARBYCHET

Ah bon ! Ils eurent des enfants ?

FOLFURIEUX

Non ; mais s'ils en avaient eu, étant la femme de son neveu, elle eût été la grand-tante de ses propres enfants, de même qu'elle était devenue la bru de son beau-frère. Quant à lui qui se trouvait être le beau-frère de son père, il eût été l'oncle de ses enfants.

La porte du donjon s'est ouverte expectorant des cavaliers qui s'enfoncent en la foule, la rejetant sur les côtés où elle forme deux mouvants bourrelets. Puis un cheval jaillit à son tour exorbité, ruant, tournant comme un toton mal lancé, piétinant un pauvre corps flasque qui ricoche sur le chemin, laissant dans la poussière une sanglante traînée.

BARBYCHET (*rêveur*)

Cette histoire-là me semble rudement tirée par les cheveux !…

Vous avez acheté un stylo à billes !

Vous voilà drôlement avancé… si vous n'avez pas de papier de verre « Escar Bill » :

Spécial pour stylos à billes.

Existe tous genres, toutes dimens. : pap. ministre, pap. électeur, pap. lampiste et pap. troué pour censure.

Livraison immédiate par 100 kilos, **sur simple coup de téléphone**. Toute commande refusée, c'est un pas vers l'éternité. A bon ententeur, salut ! Papiers « Escar Bill ».

Tru. 63-53. Stand 11796. FOIRE DE PARIS.

28e année – Mercredi 21 mai 1977

JOURNAL OS-FICIEL couvert avec quelques éclaircies – Température inquiétante sans grand changement sur la veille

JOURNAL OS-FICIEL

L'Allemagne paiera...

Pour sortir du pétrin

Français, le chef de l'Etat te dit : « Mange ! »

L'émouvant discours prononcé hier, 20 mai 1977, à la radio, par le président de la République sera-t-il entendu ?

Les Français comprendront-ils qu'il est vain de trop compter sur l'aide des nations étrangères qui connaissent, pour la plupart, des difficultés identiques aux nôtres, et que c'est à nous, à nous seuls, qu'il appartient de résoudre le problème du pain ?

Souhaitons-le, de peur de voir des trublions profiter des circonstances pour opposer, une fois de plus, les travailleurs des campagnes à ceux des villes.

Certes, il est regrettable que les hommes qui eurent en main les destinées de la France à la belle époque – c'est-à-dire vers 1947 – n'aient pas mieux envisagé les conséquences de la campagne pour l'intensification de la culture du blé à laquelle ils se sont alors imprudemment livrés.

Nous n'en connaissons que trop le pitoyable résultat.

Le mieux est l'ennemi du pain

On sait, en effet, que, subjugués par les appels lancés par les plus hautes personnalités et par l'octroi de primes importantes, les paysans se sont mis aussitôt à semer du blé sans méthode et en si grandes quantités que celui-ci est devenu rapidement pléthorique.

Si, pour nous rendre service, les U.S.A. et l'U.R.S.S. ont accepté, malgré tout, de s'encombrer d'une partie de notre blé excédentaire, la place disponible dans ces pays amis est forcément de plus en plus réduite. De plus, il nous faut payer la location des entrepôts concédés en devises étrangères, ce qui risque, si l'on n'y prend garde, d'entraîner une chute catastrophique de notre franc, à l'heure où celui-ci, grâce au redressement opéré par notre ministre des Finances, vient précisément de réussir à se maintenir pendant quarante-cinq minutes consécutives en parité avec le haricot sec déshydraté.

Des patriotes à la mie de pain

Cherchant un moyen de résorber notre trop abondante récolte, on se souvient peut-être que le ministre de l'Agriculture avait conseillé aux paysans de tracer des sillons dans leurs champs et d'y enterrer le blé qui les embarrasse ; mais, à sa grande surprise, cela n'a eu pour résultat que de faire croître de nouveaux épis.

Sans nier l'ingéniosité d'une semblable initiative, nous pensons, avec le chef de l'Etat, que « c'est seulement dans le redressement de la moralité publique que nous pouvons espérer notre salut ».

– Il est inadmissible, comme l'a dit notamment M. le président de la République, que tant de mauvais citoyens excipent d'une imaginaire gastralgie homologuée par un certificat médical de complaisance pour ne pas manger leur ration quotidienne et obligatoire de 15 kilos de pain.

» Il est inadmissible que d'autres échappent également à ce devoir national en faisant usage de faux tickets. La réglementation actuelle est formelle : les boulangers ne doivent délivrer du pain qu'avec un nombre correspondant de tickets coupés sur leurs propres cartes, de façon que les consommateurs, après avoir collé lesdits tickets sur des feuilles ad hoc, puissent justifier à la fin de chaque mois au contrôleur économique qu'ils ont entièrement fait usage de la quantité de pain qui leur est attribuée.

» Il est inadmissible, enfin, alors que nous ne savons que faire de notre froment, que certains richards, n'écoutant que leur égoïsme, continuent, comme par le passé, à déguster à tous les repas du pain comportant 45 % de son, sans souci des malheureux éleveurs auxquels cette denrée serait si utile pour engraisser leurs cochons déficients.

Croûte que croûte !

» Il faut en finir, a conclu le président de la République. Français, souvenez-vous que nous avons été un peuple renommé pour sa politesse et pour son courage.

» Or, la politesse veut qu'on ne mange rien sans pain.

» Et le courage exige qu'on ait de l'estomac. »

Nouvelles de la semaine

LA FRANCE AU TRAVAIL

Grève dans les usines Citroën. Renault annonce, pour trois jours seulement, la reprise du travail par la fraction B du bâtiment Z.

Programme pour la semaine prochaine :

Lundi : Meeting C.G.T.

Mardi : Réunion C.F.T.C.

Mercredi : Rassemblement des dissidents.

Jeudi : Conférence des Cadres.

Vendredi : Défilé.

Samedi : Manifestations diverses.

Dimanche : Reprise du travail.

À L'ASSEMBLÉE NATIONALE

Cet après-midi, s'est déroulée l'interpellation sur le Judo. Les partisans de la gifle ont été mis en minorité par 4 230 coups de pied au c… contre 987. Avant le vote à poing levé, on comptait déjà 720 abstentions par K.-O.

CONSEIL DES MINISTRES

Débat sur la question du blé et le problème de l'oseille. A l'issue du Conseil, la décision sur l'internement de M. André Philip n'était toujours pas prise !

RAVITAILLEMENT

Pain au son : 30 grammes.

Nèfles pour les J3. Bigorneaux pour les V2.

POLITIQUE INTERNATIONALE

La 92e Conférence des Cinq Grands Vieux s'est ouverte, ce matin, aux Petits-Ménages. On sait qu'il s'agit d'examiner, de nouveau, le traité de paix avec l'Italie.

VOYAGE PRÉSIDENTIEL

A bord d'un hydrocycle géant, le président de la VIIIe République et sa suite se sont embarqués pour une croisière de propagande chez les nudistes de Villennes-sur-Seine.

LA FOIRE DE PARIS

Au stand des petits inventeurs, les huit ministres de la Production industrielle ont longuement admiré une catapulte antimites : de petites boules de naphtaline sont projetées, à distance, sur l'insecte qui résiste rarement quand il est frappé juste.

NOUVELLES DU MONDE

De Berlin : On annonce que le premier wagon de charbon allemand, à destination de la France, serait en route ? (Mieux vaut Sarre que jamais !)

En dernière heure, des bruits circulent selon lesquels le IVe Reich nous consentirait un prêt de 250 millions de marks-or afin que nous puissions, décemment, nous équiper pour une prochaine-dernière contre lui.

IMPÔTS

Il ne vous reste que 48 heures pour faire votre déclaration hebdomadaire et c'est demain, dernier délai, que vous devrez avoir acquitté le montant de vos impôts de la semaine dernière.

Sérénité des familles

J'aimerais, au soir d'une vie toute de labeur et de dignité, vous faire toucher d'un doigt purificateur la vanité de toutes les petites contingences terrestres dont nous nous faisons volontiers esclaves. Mes secrétaires dépouillent chaque jour un volumineux courrier ; les satisfaits écrivent peu, il est prouvé que les gens heureux n'ont pas d'histoire. Ce sont les mécontents qui me submergent d'une marée montante de protestations véhémentes quant au ravitaillement déficient des centres urbains ! Tout beau, messieurs les coupeurs de cheveux en quatre ! Qui disait qu'une longue habitude crée une seconde nature ? De quoi vous plaignez-vous ? Le corps n'est que guenille, c'est un accident, comme disait sainte Lydie Bastien, canonisée en 1947. Allez-vous, vous ralliant à un matérialisme sordide qui déshonore, lui attacher une importance que rien ne justifie ?

Les redresseurs de torts ne feraient-ils pas mieux de tourner leurs regards vers les abus quotidiens qu'il faut juguler ? N'y a-t-il pas encore en liberté, dans nos rues, des fils et petits-fils de résistants ? Des descendants de maquisards authentiques ne prétendent-ils pas aux fonctions publiques ?

Non ! mes frères, il faut, en ce printemps 1977, accorder un regard serein à nos champs bétonnés, nos arbres en fibrociment, nos prairies en rayonne, nos églantiers en fibrane pour y puiser une grande leçon de paix et de clémence. Vous n'avez pas à manger ? La belle affaire. Sommes-nous sur terre pour y manger, alors que nous n'avons pas trop de temps pour entendre le Chant Eternel monter de nos pylônes à haute tension, pour écouter le gazouillis de nos turbo-compresseurs et le frissonnement délicat des circulaires officielles…

Si chacun, à l'heure et à la place du dîner, se livre comme moi-même à une rapide introspection objective dans son Moi intérieur et considère avec sérénité le banal problème des nourritures matérielles, une grande voix apaisante se fera entendre du fond de ses entrailles, qui dira : « Non ! tu n'as pas faim. »

Une heureuse innovation

La dernière augmentation du tarif des chemins de fer ayant failli provoquer des réflexions dans le public, M. le sous-secrétaire d'Etat à la Gabegie générale a décidé que les voisins directs d'employés des chemins de fer bénéficieront d'une réduction pouvant aller jusqu'à 80 % suivant le grade du ressortissant de la S.N.C.F.

Personne ne contestera le caractère humanitaire de cette mesure quand on saura que la S.N.C.F. compte aujourd'hui 2 598 976 membres (moins les chargés de mission).

Le réarmement de l'Allemagne suit son cours

HÉLIGOLAND (de notre vieil envoyé spécial, H. de Bibougne.)

Dimanche après-midi, à 12 h 53 (G.M.T.), a eu lieu le lancement du 45e cuirassé atomique « Hitler-45 ». Plus perfectionné, ce dernier vaisseau comporte, outre l'armement de ses prédécesseurs, 12 rampes de lancement pour torpilles à bactéries, 50 tubes à rayonnement déshydratant, 20 phares réfrigérants et 150 lance-bombes atomiques. La base d'Héligoland, qui fut détruite après 1918 et redétruite en 1947, a été entièrement reconstruite. Plus de 23 millions de tonnes de béton à haute résistance ont été employées jusqu'ici pour la construction des abris nécessaires à absorber la flotte cuirassée, ainsi que les 4 000 croiseurs sous-marins dont la première tranche (1 205) sera terminée le mois prochain.

Le premier ministre britannique a envoyé, à cette occasion, une vigoureuse note de protestation au directoire de l'O.N.U.

Le rosaire

Mercredi

Je viens d'essayer mon second costume d'académicien. Dieu que cela est joli avec ma barbe blanche et mon cordon de la Légion d'honneur !

Jeudi

Passé la journée à mettre la dernière main à mon traité de morale bourgeoise à l'usage des jeunes filles de famille. Je crois que ça plaira.

M. l'abbé vient à la maison. Nous faisons une partie d'échecs en buvant une verveine. Couché 20 h 30.

Vendredi

Michel a retrouvé mes premiers articles dans L'Os libre. *Il y a trente ans. J'étais contre tout. Comme on change. Je lui ai dit : « Mon fils, à douze ans on écrit avec sa plume, à vingt-cinq avec son cœur et après avec son porte-monnaie. »*

Samedi

Conférence de presse. MM. les extrémistes vont encore tenir à mon sujet des propos d'une belle impertinence ! Ah ! jeunesse.

On parle de Déat à la présidence du Conseil. Il est bien vieux, mais toujours vert.

Dimanche

18 500 francs de petits-fours en sortant de la messe avec Marie. De quoi y goûter. Tout est si cher depuis les baisses.

On m'attend pour un thé à Chicago, mais Michel est encore sorti avec l'avion.

Pluie artificielle sur le soir. La ville en avait besoin, on avait les nerfs à fleur de peau.

Lundi

16 heures, conseil d'administration ; le jeune Duval parlait de donner trois semaines de vacances aux ouvriers. Il a toujours des idées amusantes, ça lui nuira.

Mardi

Reçu une lettre de Jacques. Mon neveu sort de prison pour avoir dit « Ah ! là là » dans la rue. Il avait bien besoin de prendre position. Ce petit anarchiste me crée bien des soucis. Il ne sera jamais sous-préfet, comme son oncle.

LE SATISFAIT.

Appel à l'hygiène

La préfecture de police rappelle à messieurs-dames les concierges qu'il est interdit, sous peine de grosses poursuites, d'arroser le trottoir desservant leur immeuble avant de se livrer à de furieux assauts de balai.

En enfreignant cet ordre, la poussière resterait collée au sol et ce sans aucun profit pour la collectivité.

Bien au contraire, il est vivement recommandé de faire de grands moulinets dispersifs avec le balai.

Les locataires sont également invités à secouer par leurs fenêtres, et à la volée, leurs tapis, leurs cendres, leurs balayures, etc., sans s'occuper de l'heure, ni des queues qui pourraient stationner sous leurs bales.

Petites Annonces

DEMANDES D'EMPLOI

Demoiselle presque jolie, sex-appeal terrible, taille mannequin, toilettes à pourvoir, demande place secrétaire près directeur. Appointements à débattre. Libre tous les soirs.

DIVERS

Arrache-poils à couteaux trépidants. Long. de la lame 16 cm. Indispensable pour sectionner poils et duvets disgracieux à l'intérieur des narines.
Moteur électr. 1/4 chev. : 4 090 fr.
Avec lime rotative pour ébarbage : 5 205 fr.
Démonstrations gratuites. STAND 212 A. FOIRE DE PARIS.

AUTOMOBILISTES

Ne perdez plus des journées entières à chercher une place où garer votre véhicule.
Avec « FIRST BOURRE », la place pliante pour automobiles, vous garerez votre voiture n'importe où, dans un temps record ! Existe toutes tailles, tous coloris. « FIRST BOURRE », Chicago U.S.A. Stand 6 578. FOIRE DE PARIS.

BIBELOTS, SUJETS ARTISTIQ.

Femme de ménage adultère et maladroite, cassant du sucre avec une pelle à charbon. Exécution soignée dans les coins, torchis naturel. Sujet criant de vérité. Poids 19 kg 500 : 3 900 fr.

Le même, plus criant : 4 250 fr.

Aux Bimbelotiers artistes, 233, rue du Mou-de-Veau, Paris. Stand 4670. FOIRE DE PARIS.

COURS, LEÇONS

La tonnellerie par correspondance. Cours attrayant par méthode à la portée de tous !
Le cours complet, comprenant 32 671 leçons et un gros wagon d'outils : 378 705 942 fr.
Démonstrat. : stand 183 B. FOIRE DE PARIS.

Un costume sur mesure pour 5 000 francs…
Allons donc !
Mais si, mais si…
chez Gédéon FLASQUE,
fournisseur de la Cie du Gaz

Costume sur mesure Fr	32 000
Sans pantalon	20 000
Sans veste, ni pantalon	18 000
Le gilet seul	16 000
Sans gilet, ni veste, ni pantalon	12 000
La mesure seule	5 000

Stand 1 055. FOIRE DE PARIS

N° 81 – Mercredi 21 mai 1947

Chapitre XIII (suite)

– Non, répondit Cocas. Je réfléchis et passe en revue mes possibilités. Tous comptes faits, je crois bien que je possède toutes les qualités requises pour participer à cette petite fête galante. A part peut-être la promptitude, mes articulations endolories m'interdisant des mouvements foudroyants, tout au moins pour l'instant.

Ce disant, pour prouver ses dires, il esquissa un geste de la jambe qui, effectivement, s'avéra d'une vivacité relative, mais n'en eut pas moins pour résultat de déclencher deux hurlements. Un de Cocas, dont le genou ankylosé ainsi mis brusquement à contribution protesta à sa façon en lançant à travers la cuisse du malheureux valet une douleur aiguë, et un autre de Bombiscaille qui venait de recevoir en plein sur un cor, d'une sensibilité de jeune nonnain, le talon de son nouvel ami, que celui-ci avait laissé retomber, après cette déconcertante expérience, beaucoup plus vite qu'il ne l'avait levé.

– Vous voyez ! fit simplement Cocas.

– Peu importe, rétorqua l'autre. D'ici cette nuit, vous avez le temps d'améliorer votre état de santé. Je connais d'ailleurs un remède souverain. Vous n'avez qu'à appliquer une escalope sur les endroits meurtris, et dans une couple d'heures, il n'y paraîtra plus.

– Hélas ! mon pauvre ami, soupira Cocas. Je suis meurtri des pieds à la tête. Et je ne vois vraiment pas quel animal pourrait fournir une escalope d'une taille suffisante pour me couvrir tout entier !

– Mettez-en plusieurs, voilà tout. Allons, là-dessus, je vous laisse. Donc, je peux compter sur votre collaboration ? Je viendrai vous prendre ici ce soir à minuit tapant.

Sur ce, Bombiscaille se leva lentement, vacilla comme un épi trop chargé sous un coup de norois, se retourna en renversant son verre, heureusement vide, trébucha, se prit les pieds dans le bout de sa colichemarde, esquissa une sorte de gigue fort curieuse et, finalement, s'étala avec fracas aux pieds de la belle Agnès qui, le voyant en difficulté avec son équilibre, arrivait pour lui porter secours. Quelques secondes trop tard, malheureusement.

– Ta révérence est charmante, mais un peu trop poussée ! dit-elle en riant si fort qu'elle ne parvenait pas à remettre debout le soiffard écroulé qui s'empêtrait dans ses cottes.

» Eh bien ! je crois que tu as plus que ton compte, vieil ivrogne ! Allons, va prendre un peu l'air, ça te fera du bien ! »

Et l'ayant enfin remis sur pied, elle le poussa vers la porte.

Il sortit sans mot dire et en titubant comme un bœuf mal assommé. A peine eut-il tourné le coin de la rue, qu'il atteignit avec difficulté en s'appuyant prudemment contre le mur, que Cocas se leva à son tour, régla les consommations en jetant sur la table quelques écus – action qui, dans tous les romans de cape et d'épée qui se respectent, s'exécute d'un geste large, mais que le malheureux valet, douloureusement courbatu, ne put accomplir qu'avec un geste étriqué – salua un peu froidement l'hôtesse, cause initiale de ses vicissitudes, et sortit aussi vite que le lui permettaient ses rotules endommagées et ses chevilles œdémateuses.

Chapitre XIV

(Qui nous ramène de quelques jours en arrière, afin de permettre au lecteur de suivre l'action, dans laquelle il a déjà assez de mal à se reconnaître sans lui compliquer encore les choses en lui dissimulant des événements essentiels à la compréhension de ce qui va suivre.)

Laissons le pauvre Cocas courir après son maître, et profitons de ce court instant de répit, pendant lequel le fidèle valet n'accomplit rien qui vaille la peine d'être relaté – son temps se passant à aller de chez le baron de Cathy à la maison du brave Issimo et de cette dernière chez M. de Pouce-Moydon, sans plus de succès, M. de Voloter ne se trouvant ni chez l'un ni chez les autres – pour user du précieux pouvoir qui nous est conféré et nous permet de nous déplacer dans le temps aussi aisément qu'une épinoche se déplace dans l'eau de son aquarium.

Usons donc de cette étonnante faculté et faisons un retour dans le passé. Oh ! rassurez-vous, ami lecteur, nous ne vous emmenons pas très loin dans le temps. A peine quelques jours. Soixante-quinze heures, très exactement.

Ce faisant, nous nous retrouvons à l'auberge de l'Araignée sans pattes, au moment précis où la Bémole, ayant achevé l'exposé de son plan à ses deux acolytes, son frère de lait, maître Coque, et son ami Bombiscaille, les avait quittés pour monter se coucher.

A peine était-elle entrée dans sa chambre qu'elle ressentit un malaise intérieur qui n'était autre que le besoin impérieux d'épancher au-dehors les superfluités d'une cavité vésicale protestant contre un contenu excessif. Elle réalisa alors que, dans son énervement et son empressement à mener à bien sa petite combinaison, elle n'avait pas encore songé à accomplir l'opération discrète qui l'eût débarrassée de cet excédent liquide dont elle sentait maintenant irrésistiblement l'intention bien arrêtée de ne pas demeurer plus longtemps dans le local trop étroit qui l'emprisonnait. Et elle se souvint qu'il y avait en effet plus de six heures qu'elle ne s'était point isolée, ce qui est réellement le maximum de retenue que l'on puisse exiger d'une femme normalement constituée.

Elle se mit donc incontinent à la recherche du petit récipient de faïence réservé à cet usage et qui se trouvait ordinairement pudiquement dissimulé sous le lit à baldaquin.

Mais elle eut beau se mettre à plat ventre pour explorer plus commodément les dessous obscurs de ce meuble, elle ne vit aucune trace de cet indispensable ustensile.

Elle se releva, jeta un coup d'œil circulaire autour de la chambre sans découvrir quoi que ce fût qui pût remplir l'office du vase disparu, et commença à sentir une sueur d'angoisse perler à son front. En trépignant légèrement, elle regarda avec envie – c'est bien le cas de le dire ! – la fenêtre par laquelle un individu du sexe opposé au sien eût pu déverser au-dehors le trop-plein organique qui la faisait danser sur place comme une ourse des Carpates, et conçut à l'égard du Créateur fautif d'une aussi révoltante injustice un profond ressentiment.

Après quoi, devant l'impossibilité absolue de mettre fin de façon satisfaisante à cette situation qui ne pouvait se prolonger outre mesure, elle prit la décision de descendre, soit pour aller dans la cour arroser les pavés, lesquels l'étaient déjà tellement par l'averse qui venait de tomber que quelques gouttes de plus ou de moins y passeraient inaperçues, soit pour demander à son frère de lait où se dissimulait malignement le thomas.

Pour ce faire, elle ouvrit la porte, et s'avança sur le palier. Comme elle posait le pied sur la première marche, un bruit de voix assourdi lui parvint, parmi lesquelles il lui sembla reconnaître un timbre familier.

– Ah çà ! murmura-t-elle, j'ai la berlue.

Sur la pointe des pieds, elle descendit les cinq degrés qui la séparaient du coude de l'escalier d'où elle pourrait apercevoir la salle où se tenait ce conciliabule en restant elle-même cachée par le pan d'ombre du mur.

(A suivre.)

L'OS LIBRE

« *Contre tout ce qui est pour – Pour tout ce qui est contre.* »

NUMÉRO 82 – MERCREDI 28 MAI 1947

Les grèves qui ont paralysé les usines Renault, donc une partie de l'économie, pendant plus de trois semaines, sont terminées. Un souci de moins pour un gouvernement qui tente désespérément de trouver des solutions à des problèmes économiques de plus en plus complexes. Après avoir décidé de prendre directement en main les problèmes de restrictions, Paul Ramadier nomme à ses côtés un Haut Commissaire à la distribution. Georges Rastel tente de rationaliser le rationnement. Du pur loufoque.

Edito — L'entourage

par René Lefèvre

Nous sommes contre. Nous sommes résolument contre, quelle que soit la forme sous laquelle il se présente et quoi qu'il entoure. D'abord, qui dit « entourage » dit « encerclement », et l'encerclement, c'est bien connu, précède de très peu la défaite. Or, nous ne voulons plus être défaits. Surtout dans l'honneur spécial et la dignité particulière issus de ces mensonges qui nous ont fait tant de mal. Le mensonge est, en somme, une maladie de foi. Et, sans la foi, point de salut ! Eh bien ! croyez-moi, un homme qu'on ne salue plus ne jouit pas. Il ne jouit pas de la considération de ses semblables et, pour peu qu'il possède un tantinet de fierté native, c'est son pauvre amour-propre qui, quotidiennement, en prendra un bon coup dans le chambranle. Alors, non, décidément non, plus d'entourage !

« Oh ! oh ! me direz-vous, que voilà des réflexions bien amères ! » C'est possible. Mais je voudrais vous voir à ma place, entre les murailles épaisses de mon château médiéval, entouré d'un parc de 36 hectares, lequel est ceint d'un mur de quatre mètres hérissé de culs de bouteille et le tout placé au milieu d'une campagne tellement environnante que je me demande non sans angoisse si j'arriverai jamais à sortir de tout ça… Pour un homme qui vanta ici même la liberté radieuse des confins illimités, la situation est foutrement pénible, c'est moi qui vous le dis. Et j'ai bonne mine, au milieu des

armures de la salle des gardes où je fuis l'atmosphère déprimante de la tour du nord après avoir quitté les créneaux du donjon central où je m'embête à crever...

Vous pensez bien que l'homme de tempérament espiègle et d'esprit primesautier que je suis se devait de réagir contre ce funeste entourage. J'ai donc commencé par cette andouille de valet de chambre qui s'obstinait à me suivre comme mon ombre en me répétant à longueur de journée : « Monsieur devrait sortir un peu. » Sortir ? Et pour aller où, je vous le demande, puisque les continents sont entourés d'eau de tous côtés ? Je préférai sortir le valet, une fois pour toutes, d'un coup d'arbalète à carreau qui l'allongea tout raide, au fond des douves.

Pour des raisons sensiblement analogues, les trois maîtres d'hôtel et les cinq jardiniers furent liquidés à la colichemarde, ainsi que tout un menu personnel domestique aux fonctions assez mal définies, mais qui persistait à m'entourer de soins réellement superflus. « Monsieur s'est mis dans de beaux draps ! » me dit la lingère, après avoir méthodiquement compté les cadavres. Je la mis, moi, d'abord dans la machine à carder les matelas, puis dans les vingt-deux pots à rillettes qui garnissent si joliment l'étagère supérieure du placard de l'office.

C'est alors que le concierge, un vieillard de soixante-treize ans, auquel je ne pensais guère, éprouva le besoin de se manifester. « Je viens de terminer ma croissance, me dit cet homme, et mon lit est devenu trop court pour moi. » Je lui tranchai le col à la hache d'armes et tout rentra dans l'ordre. Ces occupations diverses m'apportèrent de saines distractions durant quelques jours, mais je me sentis vraiment désœuvré dès que mes dix-neuf serviteurs furent expédiés. Ma parole, je m'ennuyais tellement que je pensais à la mort, ce qui ne manquera pas de surprendre tous ceux qui me connaissent un peu. A cause des racontars inévitables, la chose se sut au chef-lieu et les pompes funèbres m'envoyèrent un rigolo qui me présenta un catalogue, afin que j'y puisse choisir ma sépulture.

Nous allions tomber d'accord sur un mausolée fort coquet quand l'olibrius eut la sottise de me demander ce que je souhaitais comme ENTOURAGE pour mon tombeau. Je ne pus faire moins que de l'asseoir sur une pertuisane où il est encore, la bouche ouverte et les bras ballants, un peu sur la gauche du pont-levis. Sans vouloir médire d'un homme que j'ai peu connu, je me vois néanmoins contraint de déclarer qu'il n'a pas l'air très intelligent. N'empêche que le record du chef incontesté de l'école bigornantialiste, le fameux Stani, est maintenant battu. Battu d'une tête, ce qui est peu mais suffisant.

La semaine suivante fut assez paisible et je n'eus à tuer que le facteur qui m'apportait un faire-part annonçant mon trépas en des termes positivement intolérables. « Décédé, dit ce papier, 28 mai 1947, ENTOURÉ de la considération générale et de l'affection des siens ! »

Pour moi, la question est maintenant définitivement résolue. Nul ne peut se soustraire à cette chemise de plomb qu'est l'entourage et j'allais, en mourant, commettre la plus belle gaffe de ma vie. Mais je n'en pense pas moins. Et j'attends de pied ferme, avec quelques bassines d'huile bouillante et un tromblon chargé de grenaille, l'imbécile qui viendra me parler des beautés de la demeure historique et de la douceur inexprimable des printemps campagnards.

À Os rompus

Et le beurre ?

Les personnes qui ne prennent pas habituellement leurs repas au restaurant de la Chambre ont certainement entendu dire que la ration quotidienne de pain avait été ramenée de 300 à 250 grammes.

Or, la ration de beurre, elle, demeure inchangée.

Il y a là une choquante anomalie que nous nous permettons de signaler à notre nouveau ministre du Ravitaillement M. Ramadier.

Que penserait-on à l'étranger si l'on apprenait que les Français ont en réalité plus de beurre que de pain ?

La fin des « J3 »

Par décision de M. Rastel, très haut commissaire au Ravitaillement, les catégories de rationnaires J2 et J3 sont désormais supprimées pour faire place à une autre lettre de l'alphabet.

On ne saurait trop vivement approuver cette mesure de salut public. Il était grand temps que disparaissent enfin les trop fameux « J3 », dont les déplorables forfaits répandent depuis plusieurs années la consternation sur les scènes de nos théâtres et les écrans de nos cinémas.

Enfin, une mesure intelligente !

Grâce à M. Rastel – le bien-nommé – une effrayante injustice vient d'être réparée en ce qui concerne le régime de distribution du gros qui tache. Il n'était que temps de prendre le tonneau par les formes, à une heure qui, si elle s'éternisait, deviendrait tout ce qu'il y a de plus H pour les services du ravitaillement. La semaine passée, nous avons signalé cet odieux arbitraire sous le titre : « La fin d'un sabotage ». Nous nous indignions à la pensée que la prochaine récolte de vin pourrait bien être d'une torturante abondance et que rien n'était prévu pour absorber un excédent toujours à craindre.

Notre appel a été entendu. Un pas, qui n'est encore qu'un saut terne vers les solutions hardies, vient d'être franchi. A partir de désormais donc, les J2 deviennent A et les pauvres gamins de dix ans vont enfin toucher leur litre de vin.

En sortant de la clandestinité pour prendre cette salutaire décision, M. Rastel nous a prouvé, d'une part, qu'il était encore là et, d'autre part, qu'il sortait du sentier battu, à plates coutures, par ses prédécesseurs.

Un tempérament de fer

La gare du Nord possède un monument aux morts de la grande guerre précédente. Il convenait d'y ajouter les noms des collègues tombés au cours des années douloureuses 39-45. Et le graveur grava ! Hélas ! le service « Voies et Bâtiments » emporté par un beau zèle intercala dans la liste, pourtant trop longue, deux noms d'employés qui s'obstinent à continuer leur travail et à payer des impôts !

Et pour gommer du marbre, vous imaginez le travail ! Il eût été plus facile d'exterminer les deux mauvais plaisants.

Alors on retira la plaque. Elle fut raclée ! Puis brisée. Puis réparée. La liste fut refaite et l'inauguration remise à huitaine.

Quand tout fut rentré dans l'ordre, on avait oublié le camarade Roger, glorieux parachutiste, victime du devoir ! Un rien !

On dit souvent : « Quand le Bâtiment va… » !

Les cinq lettres de M. Rastel nous porteront-elles bonheur ?

Dans une louable intention de simplification administrative, on sait que M. Rastel a réduit les consommateurs français en cinq catégories, à savoir :

CATÉGORIE E (**Efflanqués**) : Hommes squelettes, Ermites et Pénitents noirs.

CATÉGORIE J (**Jeûneurs**) : Dyspeptiques et Edentés.

CATÉGORIE A (**Affamés**) : Economiquement faibles.

CATÉGORIE M (**Maigres**) : Fantômes et assimilés.

CATÉGORIE V (**Ventres vides**) : Avaleurs de sabres et mangeurs d'étoupe enflammée.

Ainsi se trouvent supprimées les catégories C (Ceintures) et T (Tintins). Quant aux catégories J2 (Jeûneurs Jeunets) et J3 (Jeûneurs Jamais Joufflus), elles sont groupées sous la dénomination A (Affamés), ce qui a pour effet d'avantager les J2.

C'est ainsi que ceux-ci participeront désormais aux distributions de vain.

La faim justifie les moyens

Au cours du dernier conseil des ministres, la réforme Rastel a reçu l'approbation de M. Paul Ramadan, lequel n'a pas hésité, comme nul ne l'ignore, à ajouter à sa tâche écrasante de président du Conseil les lourdes fonctions de ministre du Ravitaillement.

Depuis trop longtemps, en effet, l'important département du Ravitaillement était abandonné à des politiciens falots ou à des fonctionnaires irresponsables dont, après qu'ils avaient démontré leur incapacité, on ne parvenait à se débarrasser qu'en les élevant à des postes supérieurs.

Certains trublions, professionnels éhontés du dénigrement systématique, insinueront peut-être que, naguère, M. Paul Ramadan a été du nombre. Nous nous contenterons de rétorquer que si notre actuel Premier n'a rien fait, alors, pour améliorer notre ordinaire, il était prêt, tout au moins, si cela n'avait dépendu que de lui, à ajouter à son portefeuille de ministre du Ravitaillement celui de président du Conseil, comme il vient d'ajouter à son portefeuille de président du Conseil celui de ministre du Ravitaillement.

Qui oserait insinuer après ça que M. Ramadan n'a pas de suite dans les idées ?

Or, estimant qu'aux heures cruciales que nous traversons tout ce qui divise nos compatriotes doit être supprimé, nous croyons savoir que le président du Conseil serait décidé à compléter la réforme Rastel en groupant bientôt les Français en une seule et unique catégorie, la catégorie F, lettre qui signifierait au choix Français ou Faméliques, les deux termes ayant à peu près le même sens.

Mots de la faim

C'est du moins ce qu'a laissé entendre M. Ramadan dans le discours qu'il a prononcé hier soir à la radio, où il a dit notamment :

– Citoyennes et citoyens, je m'adresse à vous simplement, en bon père de famine. N'attendez de moi rien de substantiel. Ce n'est pas mon genre. J'ai l'habitude de la sobriété. Tant pis si j'épuise rapidement mon sujet.

» Vigilant vigile, je m'expliquerai donc en quatre temps. On m'accusera peut-être de manquer d'estomac et de n'avoir rien dans le ventre, mais, en tant que ministre chargé du rationnement de la patrie de Descartes (d'alimentation), je suis forcément rationaliste.

» De plus, fort de l'appui de la Diète (je veux dire : de la Chambre) et défenseur résolu du Régime (jockey), j'entends rester fidèle à cette noble devise : “Place au jeune !”

» Au reste, tout va bien. Les bars n'ayant plus rien à servir à boire se changent pour la plupart en joyeux cabarets du Néant, et ma bonne vient d'exiger que je lui double ses gages, ce qui démontre que, quoi qu'il arrive, la France reste toujours le pays de la bonne… chère ! »

Suppression des intouchables

S'inspirant de l'exemple de Gandhi qui a supprimé les intouchables, notre Premier a annoncé en terminant le remplacement des tickets en usage, lesquels concernent tous des denrées à peu près impossibles à « toucher », par des tickets de clous, de briques, de nèfles, de clopinettes et de nib de nib, d'un emploi manifestement plus courant. La carte d'alimentation, devenue désuète, serait également remplacée par une carte de sous-alimentation, tirée sur papier cloche et de couleur chocolat.

LES JEUX… À LA COQUE

PETITS PROBLÈMES

Un marchand de muguet amateur s'est rendu dans la forêt de Rambouillet. Il y cueille de quoi faire 1 200 bouquets.

Il vend ses bouquets 10 francs pièce. Un marchand lui achète 800 de ces bouquets à 15 francs pièce et les revend peu après à un troisième qui les cède au public pour 20 francs.

On demande quel est le plus feignant des quatre.

C'était il y a...
très longtemps...

Naissance de Bacchus, dieu du vin. Fils de Jupiter et de Mme Sémélé. Sa mère étant morte foudroyée, avant le terme du 15 avril, Bacchus fut enfermé dans la cuisse de Jupiter, lequel portait à l'époque, les poches très basses.

Il donna un bon coup de main à Jupiter, dans la guerre que ce dernier soutint contre les géants (une horde lamentable de grosses brutes velues) en lui comprimant les muscles de la cuisse.

De son côté Jupiter encourageait son hôte aux cris de « Evohe Evohe Pétrouska ! ». Ce qui était chez le maître de l'Olympe un grand signe de contentement intérieur. Bacchus ne reprit son commerce de dieu du vin et spiritueux, que beaucoup plus tard.

On parle rarement de lui, de nos jours, si ce n'est au figuré, dans une expression truculente : « toucher le pot-de-vin ».

La saison de Paris

2 au 8 juin — **Semaine du chapeau** et des travailleurs dudit. Démonstrations de parlementaires, jeux corporatifs et champêtres au château de La Coiffe-en-Brie, à la visière du bois.

9 au 15 juin — **Semaine du congelé** : Vente de l'effigie de M. Philip par les enfants des patronages, distribution d'entrecôtes en baudruche et d'escalopes factices. Courses à l'échalote aux arènes de la Villette. Défilé de bœuf !

16 au 22 juin — **Semaine de l'eau** : Dégustation au coin des rues. Fêtes populaires présentées par Saint-Galmier. Défilé au Badoit des gens de Vichy.

1er au 13 juillet — **Quinzaine du contrôle économique** : le programme des sauteries, courses-poursuites la main dans le sac, feux de dossiers, transactions de grâces, sera publié ultérieurement.

14 juillet — **Fête de la Liberté** : Réunion au Père-Lachaise. Ceux qui savent trouver d'où vient le vent feront respirer au peuple la brise de la Bastille. Cérémonie placée sous le bienveillant patronage de la garde mobile, des agents cyclistes, des provocateurs et de la police secrète. Prière de se montrer satisfait et chaleureux dans le cadre des institutions et de l'ordre établi.

15 au 23 juillet — **La huitaine du pansement humide** : Dégustation dans les commissariats. Grande nuit de la Tour pointue. Du mouvement, de la gaieté. Bal des coquelicots.

1er août au 31 décembre **Semestre du recueillement :** Consacré au souvenir de tout le bon temps qu'on pourrait avoir spontanément, si on voulait nous foutre un peu la paix ! On est invité à entretenir de fleurs fraîches la tombe des illusions trahies et des espoirs déçus !

---

par Pierre Cour

L'OS DE CŒUR

et Francis Blanche

Notre fidèle « Ami des Bêtes » vient encore de nous combler ! Il a eu l'aimable attention de nous offrir un rhinocéros… Hélas ! les locaux de L'Os libre *sont un peu restreints pour une si belle pièce ! N'y aurait-il pas parmi nos lecteurs un amateur éclairé qui se laisserait tenter ? C'est avec regret que nous nous séparons de cette bête splendide (le rhinocéros). Mais il le faut, car il y a déjà trois jours qu'il est dans l'ascenseur et cela devient un peu gênant… On peut venir le prendre (le rhinocéros) sans prévenir, à toute heure de la journée. Et maintenant, revenons à nos moutons…*

Un lecteur de Bruxelles, qui signe « Perplexe », nous expose ainsi son cas :

Figurez-vous que je ne souffre de nulle part ; je mange bien ; je bois mieux encore et je dors admirablement ; je me promène avec grand plaisir ; enfin, tout irait bien si je n'éprouvais une incapacité totale de travailler, comme une répugnance, mais à en avoir un haut-le-cœur !… Mes ressources diminuant, dois-je accepter le sacrifice de ma petite amie qui veut absolument me venir en aide ?…. Conseillez-moi, je vous en prie !

Pas de doute !… Ces symptômes sont ceux de la « phlaîme ». Ils s'accompagnent en général d'un développement pileux exagéré à l'intérieur de la main. Mais ce n'est pas une raison pour que votre amie travaille pour deux ! Essayez plutôt la cure qui consiste à user les poils de la main en les remplaçant par des sortes de durillons. C'est ce qu'on appelle travailler de force (par opposition au travail de gré, qui comporte trop de facilité et de laisser aller). Courage, cher Perplexe ! Haut-le-Cœur, peut-être, mais du cœur à l'ouvrage, voilà quelle doit être votre devise. Deuxième question : non, les jeux de hasard ne sont pas recommandables dans votre cas…

***

Le baron de la Fresnaye, Saint-Hilaire-du-Touvet (Isère), nous confie son tourment en ces termes :

C'est le cœur angoissé que je me décide à vous écrire… L'hiver dernier, au mois de décembre, je suis allé faire du ski avec ma femme (j'étais marié depuis deux semaines et quart). Pendant une descente, ma femme fit un soleil magnifique et, lorsque j'arrivai à l'endroit de sa chute, je ne vis qu'un trou dans la neige ; malgré mes appels déchirants, elle n'est pas sortie du trou et depuis n'est toujours pas revenue. Que faire ? Je suis désespéré ; donnez-moi vite une réponse… prompte et réconfortante.

Que diable, baron, ne vous affolez pas ! Nous comprenons que quand on a, comme vous deux, passé ensemble déjà les neuf dixièmes de sa vie de ménage, il soit déchirant d'être loin l'un de l'autre. Mais il n'y a pas lieu de vous désespérer. Si votre femme n'est toujours pas revenue, c'est tout simplement parce que le froid l'a conservée, parbleu ! Cependant, le soleil qu'elle a fait au moment de sa chute ayant pu hâter la fonte des neiges, elle doit être bien dégagée, maintenant. Vous devriez aller à sa rencontre ; vous connaissez le proverbe : « Quand on parle du loup… » Cela ne nous étonnerait pas que vous la trouviez en train de descendre le courant à la godille et même, si la baronne est vraiment sportive, dans un simple tonneau. En tous les cas, vous la retrouverez toute pleine de fraîcheur et si heureuse de vous revoir ! De tout cœur, nous formons des vœux pour votre prompte réunion.

***

Non, « Innocente chose », il n'est pas nécessaire de joindre aux lettres que vous nous adressez, des tickets cerclés, ou périmés, ou inutiles pour avoir droit à une réponse dans *L'Os de Cœur* ; inutile aussi d'établir votre demande en trois exemplaires, dont un sur timbre et l'autre légalisé.

Faits divers

D'ORLEANS (Loiret). – La foule s'énerve (de notre correspondant J. Bénard). – Hier, alors que le raffut causé par l'écroulement des piles de paperasses administratives de Sully-sur-Loire était à peine calmé, une nuée de vigoureux consommateurs a attaqué le bureau de perception contigu à la ville. Quelques secondes s'écoulèrent ; bientôt d'énormes langues de femmes s'échappèrent par tous les orifices de l'immeuble.

Retranchés derrière les épais livres de comptabilité de l'officine, les manifestants opposèrent une farouche résistance aux policiers survenus entre-temps.

A l'heure où nous mettons sous presse les combats continuent et 83 757 contribuables ont déjà repris goût à la vie.

DE BOURGES (Cher). – Curieuse rencontre (de notre correspondant A. Charlon). – Hier soir, vers 23 h 35, une épaisse patrouille de policiers, effectuant un raid nocturne dans le jardin public des « Prés-Féchauds », est tombée brutalement en arrêt devant ce qui semblait être une statue de nymphe se déplaçant curieusement derrière les buissons.

S'étant prudemment avancés, les représentants de la loi découvriront une frêle jeune fille, légèrement vêtue. Interrogée, elle déclara s'être attardée à cueillir quelques champignons pour sa pauvre maman. Après avoir ramassé ses vêtements l'inconnue fut raccompagnée à son domicile par une délégation de policiers.

DE BOURGES (Cher). – Rencontre curieuse (de notre correspondant T. Charlon). – Hier soir, vers 23 h 40, deux policiers, derniers restes d'une patrouille de vingt hommes, ont découvert dans le jardin public des « Prés-Féchauds » un pâle et un jeune homme qui tentait de se camoufler dans un massif de cactus, employant pour cela une subtile manœuvre de décrochage. Interrogé, l'homme déclara s'être égaré en cueillant une salade de pissenlits. L'inconnu qui semblait manifestement de bonne foi a été relâché.

Les recherches continuent.

Petites Annonces

OFFRES D'EMPLOI

Collectionneur de timbres demande demoiselles ou jeunes femmes collantes.

Urgent. Recherche grands gardes du corps connaissant bien tous dangers. – A. Philip.

DEMANDES DIVERSES

Monsieur ayant grosses dispositions pour écrire nombreux romans, mais manquant d'idées, achèterait tous manuscrits pouvant supporter sa signature. Envoyer textes au journ.

Employé du gaz, spécialisé dans la recherche des fuites d'électricité, effectuerait tous travaux hydrauliques dans installation vinicole.

ASSOCIATION

Garçon de courses feignant cherche commanditaire sérieux possédant bicyclette et petit groom arriéré, facile à persuader pour affaire de tout repos.

HORLOGERIE

Montre dite « Chemin de Fer », boîtier fumé à la main donnant tous horaires de trains, 3 970 f.

Modèle de luxe, mais donnant droit en plus à toutes réductions sur tous réseaux : 4 103 fr.

Montre sauteuse, mouvement à ancre, avec gouvernail, mât de misaine et foc d'artimon : 6 920 fr.

La même, mais encore plus sauteuse. Livrée en cage à porter ou avec filet à papillons : 8 480 fr.

DIVERS

Trompe d'auto pour voiture 8 ch. : 75 fr. – Gros mod. pour véhicule 35 ch. : 470 fr. Article sup. pour automobile, 1 000 dollars, façon trompe de chasse : 2 758 fr. 10.

Sifflet de chef de gare, métal nickelé : 6 fr. 20.

Le même, homologué par les souffleries d'Issy-les-Moulineaux : 12 fr. 90. A la commande, bien spécifier l'importance de la gare.

REPRÉSENTANTS, COMMIS VOYAGEURS

Ne partez pas en tournée sans votre matelas protecteur PÉPÈRE, le seul garantissant un atterrissage impeccable et sans douleur. Mod. classique p. « pas de porte » de magasin : 1 685 fr.

Mod. pour escaliers et paliers : 950 fr.

Mod. portatif dorsal av. bretelles : 1 150 fr.

Constr. R. Hermont, 105, rue des Postes, Lille – Stand 670, FOIRE DE PARIS.

Chapitre XIV (suite)

La stupeur faillit lui faire trahir sa présence par une exclamation intempestive qu'heureusement elle étouffa à temps derrière sa main crispée.

Sous ses yeux, agrandis comme des soucoupes par la surprise, venait d'apparaître le groupe formé par les deux hommes qu'elle venait de quitter quelques instants auparavant, mais qui conversaient maintenant, et cela le plus tranquillement du monde, avec son amant, avec celui qu'elle croyait bien loin, avec l'Eminence verte !

– Qu'est-ce que cela veut dire ? gronda-t-elle.

Et se penchant imprudemment, au risque de perdre l'équilibre, elle prêta une oreille attentive aux propos qui s'échangeaient à quelques mètres d'elle.

C'est ainsi qu'elle fut mise au courant de l'abominable trahison de ceux en qui elle avait mis sa confiance et sur lesquels elle croyait pouvoir compter comme sur elle-même.

– Par les tripes de Jupiter tonnant ! jura-t-elle intérieurement. Les deux infâmes saligauds ! A qui se fier, aujourd'hui, nom de Zeus ! Mes cochons, vous me paierez cette félonie un jour ou l'autre, je vous en fous mon billet !

Dans sa fureur, elle en avait oublié totalement le pressant besoin qui l'avait fait sortir de sa chambre, ce qui est un phénomène nerveux connu et n'a rien de surprenant. Mais cet état de grâce ne pouvait durer bien longtemps, et bientôt, l'organe dilaté au-delà de ses possibilités normales, manifesta de nouveau son mécontentement de telle manière qu'il apparut clairement à la Bémole que l'issue de ce conflit n'était pas douteuse, et que, pour éviter de signaler sa présence par un bruit de source insolite dans un escalier, il lui fallait de toute urgence prendre une décision qui mit un terme à cet état de choses.

Elle eut soudain une idée qui, malgré la perturbation intérieure qui la tortillait, lui fendit la face en un large sourire. Elle bondit vers le palier, mais arrivée là, au lieu d'entrer dans sa chambre, elle ouvrit la porte de celle de maître Coque et s'y précipita. En un clin d'œil, elle eut rejeté la courtepointe du lit de l'aubergiste, ouvert les draps et…

Et quelques instants après, avec un grand soupir de soulagement et de satisfaction, elle remettait tout en place, laissant à son traître de frère de lait le soin d'expliquer comme il le voudrait la provenance d'une énigmatique humidité qui, négligeant le reste de la pièce, s'était uniquement manifestée à l'intérieur de son lit !

Puis elle se dépêcha de retourner à son poste d'observation, et y arriva juste pour voir sortir l'Eminence verte.

Bombiscaille et maître Coque vidèrent un dernier flacon, et s'engagèrent silencieusement sur la première marche de l'escalier.

Vivement, la Bémole remonta sans bruit et s'enferma dans sa chambre en murmurant :

– Demain, il fera jour…

Et, pour ne pas risquer de dormir trop longtemps, ce qui eût pu nuire aux projets nouveaux que déjà son esprit actif mûrissait, elle prit un verre, le remplit d'eau à moitié, le fixa à la tête de son lit et le relia par un fil à la bougie de telle sorte qu'au bout de deux heures environ, la flamme de cette dernière atteignant le fil, le verre subitement libéré basculât, versant sur la face de la dormeuse son contenu, et la réveillât ainsi plus sûrement que ne l'eût pu faire un réveille-matin, si tant est que le réveille-matin fût déjà inventé, ce dont nous ne sommes pas sûr du tout.

Chapitre XV

(Dans lequel on voit la Bémole prendre sa revanche et la route, tandis que maître Coque prend quelque chose pour son grade et perd sa sérénité).

A sept heures quarante minutes très exactement, l'ingénieux appareil installé par la Bémole fonctionna de la façon qu'avait prévue son astucieuse inventrice. Et, au moment précis où cette dernière rêvait qu'elle était, à la suite de multiples et étranges aventures, changée en truite saumonnée par un mauvais génie qui ressemblait à la fois à Bombiscaille et à l'Eminence verte, et qu'elle glissait voluptueusement sous une cascade fraîche et bruissante, le verre bascula et rendit si tangible cette fraîcheur liquide qu'elle se réveilla instantanément et bondit hors du lit pour s'essuyer la face.

En un clin d'œil, elle se vêtit et descendit.

Maître Coque, levé depuis peu, s'affairait devant l'âtre et grommelait d'indistincts anathèmes qui visaient particulièrement le céleste préposé aux distributions de pluie, lequel était responsable au premier chef de la mauvaise volonté manifestée par le bois qui, trop humide, fumait comme un soudard alsacien, mais ne voulait rien savoir pour produire rien qui ressemblât à un début de flamme !

La Bémole se campa derrière lui, les deux mains aux hanches, avec, au coin des lèvres, un sourire satanique. Elle mesura soigneusement la distance qui la séparait du postérieur de son frère de lait, et qui, dans la position penchée de celui-ci, s'épanouissait à sa vue de façon fort tentante. Si tentante qu'elle ne put résister à l'envie qui la démangeait d'y placer violemment l'extrémité de son soulier, et qu'elle s'offrit cette petite vengeance sans plus tarder.

Maître Coque, sous le choc imprévu qui l'atteignait à la fois dans la partie la plus charnue de son individu et dans sa dignité, perdit l'équilibre et s'étala, la face en avant, dans le tas de bûches méticuleusement échafaudé par lui, et le dispersa dans tous les coins du foyer, ce qui eut pour résultat d'éteindre définitivement le feu et de réduire à néant le patient travail et les efforts des trois quarts d'heure qu'il venait de passer là.

– Qu'est-ce qui te prend ? vociféra-t-il en s'asseyant dans l'âtre.

– Il me prend, bougre de grand vaurien que tu es, il me prend que j'ai bien envie de t'envoyer maintenant mon pied en pleine poire pour t'apprendre à trahir comme tu l'as fait une femme qui avait mis sa confiance dans ta sale personne ! Il me prend que toi et ton complice, ce grand dépendeur d'andouilles de Bombiscaille, que je croyais mon ami, vous aurez de mes nouvelles dès que l'occasion s'en présentera, et tu peux croire que je ferai tout ce qui sera en mon pouvoir pour la faire naître. Il me prend que je sais tout… tu entends, dégoûtant paltoquet. Je sais que vous êtes vendus à mon amant, alors que je croyais pouvoir compter sur votre dévouement, cloportes que vous êtes ! Voilà ce qu'il me prend !

Abasourdi par ce flot de paroles véhémentes, le malheureux aubergiste ouvrait une bouche comme une porte cochère, et essayait vainement de se relever, la surprise et les lois de la pesanteur lui rendant cette tâche extrêmement difficultueuse.

Enfin, il y parvint juste comme la Bémole, à bout de souffle, terminait sa tirade vengeresse. Il en profita immédiatement pour tenter de se justifier.

– Ecoute, dit-il en larmoyant, ce qui lui était facile, car il venait de recevoir dans les yeux depuis une demi-heure plus de fumée qu'il n'en fallait pour faire pleurer un régiment de barbares. Ne crois pas que c'est de gaieté de cœur que Bombiscaille et moi sommes passés dans le camp ennemi. Mais le moyen de faire autrement, je te le demande ?

Et, tandis que la Bémole l'écoutait, les sourcils froncés comme un terrain meuble après un tremblement de terre, il lui exposa les faits avec force soupirs et reniflements.

(*A suivre.*)

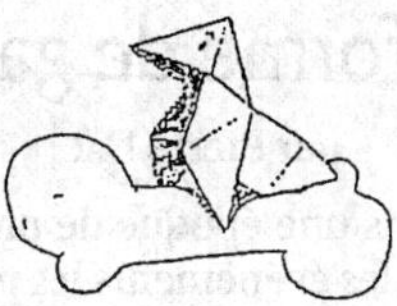

L'OS LIBRE

« Contre tout ce qui est pour – Pour tout ce qui est contre. »

NUMÉRO 83 – MERCREDI 4 JUIN 1947

A tous les problèmes de restriction, dont le gouvernement ne parvient pas à sortir, s'ajoutent de nouveaux et puissants mouvements de grève. Fortement encouragés et appuyés par les syndicats, les cheminots ouvrent le bal le 2 juin. Ils sont très vite suivis par les équipes d'EDF-GDF, puis par les employés de banque et les mineurs. Aux revendications sociales, à commencer par de fortes augmentations de salaires, s'ajoutent des protestations contre le plan Marshall, proposé par le gouvernement américain. Face à cette agitation, à L'Os libre, *on parle d'autre chose.*

Edito

Commentaire en forme de gaule

par Pierre DAC

Nous vivons, en vérité, dans une époque de plus en plus étrange et de plus en plus incompréhensible où les événements les plus inattendus et les plus stéréoscopiques se déroulent à longueur de journée.

L'élément le plus tristement dominant de tout ce fatras est bien le manque de conscience professionnelle, lequel engendre automatiquement le mépris de l'humain. Ce n'est certes pas de gaieté de cœur que j'écris ces lignes désabusées. Mais je suis tellement écœuré par l'expérience déconcertante que je viens de faire que, en dépit de ma formation khroumire, je ne puis me retenir d'exhaler ma rancœur et mon découragement. Mais foin des exordes limoneux et des poncifs sous-alimentés. Jugez plutôt vous-même.

Mardi dernier, je reçois un carton bitumé d'invitation ainsi libellé : « Le président de la Ligue internationale pour le développement des rapports culturels et l'amélioration progressive de la catalyse par l'amenuisation mathématique des réflexes superflus vous prie d'honorer de votre présence la conférence que donnera le samedi 31 mai, de 8 h 30 à 23 h 50, à l'université de Livry-Gargan,

le professeur Wanceslas Pipesflasch, de la Faculté de Jonkoping (Suède). » Et, en post-scriptum : « On peut apporter son manger et sa literie. »

– Bon, me dis-je, voilà une conférence qui arrive à son heure et à laquelle je vais me faire un devoir et une joie d'assister…

Car je connais de longue date, par téléphone tout au moins, la réputation mondiale dont jouit le professeur Pipesflasch dont les ouvrages sur « l'inutilité d'écrire » font autorité auprès des hommes de cœur. Je me rendis donc à l'heure dite à l'endroit convenu. La conférence devait se donner dans la soute à bagages du grand amphithéâtre de la Faculté, endroit judicieusement choisi et fort propre au déroulement du choc des grands courants spirituels. Nombreuse et brillante assistance, quoique cependant d'un éclectisme un peu décalcifiant : professeurs, docteurs, étudiants côtoyaient étrangement des hommes de lettres en costume de toucheurs de bœufs, des conducteurs de poids lourds, le directeur général de la caisse des retraites aux flambeaux et sa dame, un colonel de l'intendance en grand uniforme d'arthritique « honoris causa », des catcheurs mondains, une demi-douzaine de représentants de l'école existentialiste vêtus de smokings à col roulé et chaussés d'espadrilles à claque vernie, etc., etc. Bref, ce qu'on appelle communément une belle chambrée.

A 9 heures de relevée, un appariteur apparut sur l'estrade et dit : « Mesdames, Mesdemoiselles, Messieurs », salua et sortit. Cet exorde provoqua dans la salle un remous favorablement prometteur. Dès que les premiers contusionnés eurent été évacués, un homme d'une rare distinction s'avança sur l'estrade et dit : « Salut les femmes, salut les hommes et pardon si je me trompe, merci, au nom de la Ligue, d'être venus si nombreux. Le professeur Wenceslas Pipesflasch, retenu par les neiges, ne pourra faire sa conférence. Il sera remplacé au pied levé par le maréchal des logis Isidore Lachtrabuck qui va vous parler de ce qu'il a l'intention de vous dire. »

Réactions diverses, mais dans l'ensemble, à part une majorité malveillante, aimables et compréhensives. Après une demi-heure d'attente, un gentleman apparut à son tour sur l'estrade, vêtu d'une serpillière à revers de moire et qui paraissait animé de bonnes intentions. Il parla ainsi : « Le maréchal des logis Isidore Lachtrabuck qui devait remplacer le professeur Wenceslas Pipesflasch, empêché par des raisons qui ne lui permettent pas d'être là, sera lui-même remplacé par M. Léon Lafourcade, comique grimé des grands concerts parisiens qui va vous interpréter, entre autres : “Planque ton nez, v'là l'garde”, bluette grivoise de François Mauriac et Charles Trenet. »

Je dois reconnaître que le public parut prendre un évident intérêt à ce récital qui se termina par la polka des caleçons longs, dont les couplets, émaillés de sous-entendus transparents, me plongèrent dans un abîme de réflexions diverses.

Je quittai la Faculté de Livry-Gargan désemparé, et si je vous ai raconté tout ça, c'est uniquement pour vous exprimer ma tristesse devant un pareil manquement aux plus élémentaires canons de la conscience professionnelle. Je n'ai

rien contre les comiques grimés, mais je persiste à croire qu'ils ne sont pas qualifiés pour représenter les maîtres de la pensée pure.

Vous me direz, je le sais bien, et à juste titre que le spectacle des événements quotidiens explique bien des choses… mais, tout de même !

Curieuse époque, en vérité.

Sois sage !

(Berceuse pour économiquement faible)

Descendant d'économiquement faible, économiquement faible toi-même, dès que tu fus en âge de réclamer (déjà !) à manger, ta brave mère sut clore ta petite gueule d'affamé avec une formule magique. Une sorte de Sésame ferme-toi.

« Sois sage », t'a-t-elle dit, et comme tu étais un brave gosse, tu as obéi.

A présent tu as grandi, car tu n'es faible qu'économiquement et tu travailles au Gaz ou à l'Electricité, par exemple. Naturellement, tu ne gagnes pas assez pour satisfaire tes bas instincts de jouisseur qui te poussent à vouloir faire jusqu'à deux repas par jour.

Alors tu demandes de l'augmentation, sans réfléchir à toutes les catastrophes que cela peut provoquer.

Tu argues, pour la défense de ta mauvaise cause, que si ton salaire est dérisoire, celui de tes directeurs est loin de l'être.

Oubliant, en démagogue que tu es, que s'il faut de tout pour faire un monde, il faut bien qu'il y ait quelques milliers de cloches comme toi pour pouvoir permettre à une élite de pouvoir mener une existence plus représentative.

Naturellement, devant ta mauvaise volonté, on a été obligé de te menacer, on a voulu te mobiliser, ce qui est d'ailleurs beaucoup plus facile que de réquisitionner les sacs de blé et les barriques de vin qui ont depuis longtemps déserté.

Mais toi, mauvais caractère, à l'énoncé de cette mesure, tu t'es cabré et as dit : « Je ne céderai pas. »

Y en a-t-il eu alors de l'inquiétude dans les hautes sphères ! Tu allais, par ton attitude, renverser la République à laquelle tiennent justement beaucoup ces hautes sphères. Cette République est pour eux une bonne mère qui leur accorde généreusement tout ce qui t'est refusé.

Alors, pour te convaincre, on t'a envoyé M. Ramadier, qui t'a fait un joli petit discours.

Il est brave, M. Ramadier, et puis il a une barbiche. On a beau plaisanter le bouc, ça fait tout de même sérieux.

Donc ce bouc émissaire a développé le « sois sage » de ta maman.

Il t'a parlé de l'Etat qu'il fallait sauver, oubliant tout simplement qu'en ne voulant pas crever de faim c'était tout de même une petite partie de l'Etat que tu voulais préserver.

Puis on t'a fait, une fois de plus, quelques jolies promesses.

Tu t'es laissé convaincre car, comme tous les fauchés, tu as bon cœur.

Merci, brave économiquement faible, dans une société où les « élites » se gavent, tu as fait ton devoir, le ventre creux.

Sois sage aussi longtemps que tu le pourras, tant il est vrai que la sagesse est bien proche de la folie.

Joyeux week-end !

Avec toutes nos excuses

Une tradition maison veut que nous offrions chaque année à l'un de nos rédacteurs – père de famille nombreuse – de somptueuses vacances de Pentecôte, à charge pour lui de nous adresser par les voies les plus rapides un vivant reportage de son voyage.

C'est aujourd'hui seulement que nous publions le reportage du bénéficiaire 1947 de ces vacances et nous nous excusons vivement auprès de nos lecteurs de ce retard aussi indépendant de notre volonté que de celle de notre sympathique rédacteur.

Bien que d'une actualité quelque peu périmée cet article n'en offrira pas moins, et à défaut de documentation sur le tourisme français, quelques éclaircissements sur la question sociale, toujours au premier plan de nos préoccupations.

L'OS PATERNEL.

Samedi 24 mai

Madame et les sept petits derniers, littéralement survoltés par la perspective de passer trois jours de vacances sur la Côte d'Azur, s'entassent joyeusement dans la Simca-5 gracieusement mise à ma disposition par les services automobiles de *L'Os*.

Je comptais étrenner pour la circonstance un superbe veston pied-de-poule, mais le mouvement déclenché in extremis par la Chambre syndicale des patrons passe-poileurs pour protester contre la nomination de M. Léonard au poste de préfet de police me mit dans l'obligation de partir en bras de chemise. Bah ! ça fera plus sport !

A dix heures, nous traversons Nemours, juste pour assister au défilé des piquets de grève du syndicat des placiers en peignes fins, lesquels viennent de déclarer une grève symbolique de deux heures pour protester contre l'attribution de la Croix de la Libération à un constructeur du mur de l'Atlantique.

Précédé par une délégation des Enfants de Marie, le cortège défile en bon ordre, immédiatement suivi d'un groupe de pétroleurs. Il s'agit cette fois d'une manifestation de loyalisme de l'Union des commerçants, comportant la mise à sac de deux ou trois organismes officiels.

Il est seize heures, la chose va demander du temps, aussi décidons-nous de coucher ici afin d'assister à un possible feu de joie, la perception n'étant pas ignifugée.

***

Dimanche 25 mai

Les pompistes du cru, qui célèbrent aujourd'hui le cinquantenaire de l'inventeur de la pompe à essence, ont totalement oublié d'assurer une permanence. Aussi nous trouvons-nous dans l'impossibilité de poursuivre notre route. Pour nous consoler nous allons rendre visite aux ruines de la perception. Les bambins ont apporté leurs seaux et font des pâtés de commandements. Au retour, nous admirons les décombres de la sous-préfecture que le groupe des « Amis de l'ordre et de la mesure » a fait sauter à la dynamite quelques heures auparavant pour protester contre le déblocage tardif du D. Q. de février.

Dîner frugal et arrosé d'aquasimplex, les sommeliers et cavistes de l'hôtel ayant décidé d'interrompre le travail pour protester contre le dynamitage de la sous-préfecture. Le maître d'hôtel, momentanément en fonctions, nous déconseille le cinéma. L'association des « Pères de famille bien-pensants » ayant reçu de l'archevêché l'ordre de matraquer impitoyablement tous ceux qui se risqueraient à assister à la projection du film *Autant en emporte le van*, documentaire hippique, jugé par trop déshabillé.

Ayant couché ma petite famille, j'essaie de terminer la soirée dans un club un peu fermé, mais là encore l'initiative de Mme Richard a fait des ravages, et je me heurte à une porte désespérément close. Retour mélancolique, en compagnie du notaire et du bedeau.

***

Lundi 26 mai

Toujours à Nemours. Les pompistes ont bien repris le travail, mais des rapports de police ayant signalé la présence probable de Joanovici à Strasbourg, une rafle de grande envergure a été décidée par la brigade mobile de Seine-et-Marne. L'Amicale des « Indicateurs retraités » en profite pour organiser un vin de donneurs. Tout le double jeu est là, aussi décidons-nous de camper sur nos positions pour éviter les mauvaises rencontres.

Dommage ! Le cinéma donne ce soir, avec l'agrément du nonce apostolique, un Fernandel caleçonneux en diable.

***

Mardi 27 mai

Toujours à Nemours ! Le petit dernier, ayant imprudemment avalé deux tranches de nouveau pain réglementaire, est pris de convulsions.

Les médecins sont en grève… aussi j'espère bien le sauver.

***

Vendredi 30 mai

Situation inchangée. Le petit est hors de danger, mais les manifestations d'union se multiplient et seuls les poids lourds peuvent circuler sans trop de risques.

Je vais essayer de trouver un appartement.

***

Mardi 3 juin

Rien de neuf. Les fils télégraphiques ayant été coupés par des congressistes du parti C.Q.F.D., je confie ces quelques lignes à un courageux citoyen qui va tenter de forcer les portes de Paris. Envoyez-moi des vêtements chauds, car les paysans prévoient un hiver très dur.

À Os rompus

Au secours de M. Philip

M. Philip a demandé aux commerçants la liste des objets de consommation courante que l'on pourrait éventuellement remettre en vente libre ! Après fouilles et recherches sous le comptoir et dans l'arrière-boutique, MM. les détaillants ont répondu : « Les cravates et les bas ! » Ce n'est qu'un premier jet ! Nous avons pu, par une indiscrétion qui nous est coutumière, nous procurer la liste complète qui circule en sous-main et en dessous-de-table.

Nous la livrons franco à vos jugements équilibrés :

– Serpentins.

– Fouets à mayonnaise.

– Pince à homard.

– Rustines (en attendant les pneus).

– Pains à cacheter (bleus seulement).

– Roudoudous façon contre-plaqué.

– Pâte au sabre.

– Poudre à éternuer.

– Charentaises à semelles de bois.

– Lames de taille-crayon.

– Moulinettes à légumes en alliage léger non ferreux.

– Jujube (en plaque).

– Bons matières.

– Lavettes (à vaisselle bien sûr).

– Gingembre (évidemment), et à la demande générale de la rédaction de *L'Os*, le conseil des ministres de demain statuera sur le cas du pastis à la sauvette.

Le Grand Homme et la petite mesure

Le petit-fils d'un des plus grands marchands de meubles de Paris (bien connus par leur slogan qui défie l'éternité), passe devant l'Elysée où demeure le Président de la République, M. Vincent Auriol, en compagnie de sa maman. Celle-ci demande à l'enfant : « Sais-tu qui habite cette grande maison ? »

Le gamin, du haut de ses cinq ans, examine l'immeuble avec toute l'attention que la question requiert, mais reste pantois.

– Allons, cherche un peu, insiste la maman.

– ???

– Allons, voyons… Vin… Vin… Vincent…

Et le petit bonhomme, heureux comme une grande personne, de s'exclamer : « Vingt centimètres ! »

De la viande à gogo !

Au cours des halles et d'une conférence de presse tenue comme d'habitude à l'hôtel Maquignon, M. Ramadier a fait quelques déclarations des plus rassurantes pour la partie carnivore de la population.

– La soudure du bifteck, nous dit le président du Conseil, est assurée de la même façon que l'a été la soudure du blé. M. Tanguy-Prigent vient encore de me le répéter, alors vous pouvez être tranquille pour ce qui est des indigestions.

» Quoi qu'il arrive, le consommateur trouvera en abondance, pendant les périodes creuses, de la viande de même nature ! »

Le plan comestible

« D'ailleurs, poursuit le président, nous avons un plan de congélation actuellement tenu en réserve dans les frigorifiques. En cas de besoin, il suffira de le découper en menus morceaux et d'en faire la distribution aux ayants droit contre remise d'un ticket de la carte de chauffage. »

Pour terminer, M. Ramadier ajoute que si la viande doit demeurer quelque temps encore contingentée, il est par contre partisan de l'os libre.

Cette précision nous va droit au cœur, mais, là, nous entrons dans le domaine de la triperie. On en reparlera !

C'était il y a...

928 av. J.-C.

Naissance à Pompéi de Julius Borderus, fils de plébéiens. Il fréquenta avec succès le collège électoral. Tous les chemins menant au forum on le retrouve rédacteur en chef au *Tribun de fantaisie*, papyrus humoristique d'alors.

Prenant de l'âge il crut bon de jeter les bases de la caisse de compensation et se heurta à la juste colère du peuple avec un autre projet dit « de sécurité sociale » ! On le mit hors d'état de nuire en lui ingurgitant quelques litres de plomb fondu. De constitution chétive, un malaise s'ensuivit et on tira profit de cet état de choses en l'enterrant.

Ses dossiers appelés « pensums » furent brûlés en place publique et le peuple, qui l'avait échappé belle, dansa pendant trois jours. Le rigodon date de cette époque.

A la manière de...

Alphonse Allais

Quand je le vis pour la première fois, il était à la terrasse d'un café et buvait un grand verre d'eau. Spontanément, il me dit : « Je ne suis pas un type dans le genre de M. Bidault ; je ne bois pas d'alcool. »

La deuxième fois, dans une verte campagne, une vache s'approcha de lui et il la caressa affectueusement. Avec douceur, il me confia : « Je ne suis pas un type dans le genre de M. Farge ; j'attire le bétail. »

Il y a quelques jours, je le vis faisant des exercices respiratoires au-dessus d'une boîte à ordures. Voyant mon étonnement, il déclara, méprisant : « Je ne suis pas un type dans le genre de M. Sartre ; je n'ai jamais la nausée. »

Hier, un télégramme m'appelait à son chevet : il était au plus mal. Sentencieusement, il prononça ses dernières paroles : « Je ne suis pas un type dans le genre du docteur Roméo Carlès ; je ne mourrai pas de troubles de la Nénette. »

Avis

La corporation des mouilleurs de légumes secs fait savoir à ses abonnés qu'un service de mouilleurs à domicile se tient à leur disposition sur un simple coup de téléphone à TRU. 63-53.

Caisse de compensation

Dans un but d'hygiène, la Caisse de compensation rappelle aux ayants droit de tout acabit que pour avoir accès aux caisses, ils devront désormais présenter à l'huissier du rez-de-chaussée le matériel nécessaire à un séjour prolongé, à savoir :

– savon.

– linge de corps (recharge).

– linge de maison (facultatif).
– 3 jours de vivres.
– 4 litres de boisson.
– 1 jeu de cartes.
– naphtaline 1 livre.
– matelas pneumatique.

P.-S. – Les fromages, denrées aïlacées, pâtés de répartition sont interdits.

par Pierre Cour

L'OS DE CŒUR

et Francis Blanche

Mlle « Zoé et sa bande », à X… (Savoie), nous demande secours en ces termes :

« *J'habite un château splendide dans une charmante contrée en Savoie. Tout serait parfait : site enchanteur, confort moderne, ravitaillement plus que satisfaisant… Hélas trois fois ; une tour du château est hantée !… J'ai essayé de charmer le fantôme, mais je ne sais pas jouer de la flûte. C'est parce que je vous sais tellement sensibles aux choses du cœur et prêts à me secourir que je vous écris. Que faut-il faire ?* »

– Chère mademoiselle, votre cri d'angoisse nous a touchés… C'est un cas qui demande à être étudié sur place… Pouvez-vous nous héberger ?… Bon, nous vous sacrifierons nos vacances et irons passer deux mois auprès des fantômes… Ils n'ont qu'à se bien tenir ! A très bientôt, donc. Arriverons par la route.

***

« Innocente Chose » nous jette ce cri du cœur :

« *A la suite d'une grande déception d'amour, je demande que tous les rédacteurs de* L'Os libre *soient jetés vivants dans la cage aux lions du cirque Pinder, puis massacrés avec le lance-pierres dont se servit Goliath pour assassiner Henri IV et qui se trouve au Musée de l'Armée. J'espère que vous appuierez tous deux ma requête.* »

– Trop tard, mademoiselle, ils se sont tous fait hara-kiri !

***

Et voici des trouvailles proverbiales envoyées par nos fidèles lecteurs : Quatre étudiants de Clermont-Ferrand : « Il faut le boire, le déluge » ; « A vaincre sans péril, le vin est tiré » ; « Après moi, on triomphe sans gloire ». Maurice J…, à L'Etang-la-Ville : « Ce qui vient par la flûte passe richesse » ; « Contentement s'en va par le tambour » ; E. Thomassin, à Toulouse : « Il ne faut pas vendre la peau de l'ours en dormant » ; « La fortune vient avant de l'avoir tuée ». Mlle Véra M…, à Toulouse : « L'habit ne fait pas le péché » ; « Moine avoué est à demi pardonné ».

Merci à tous. Continuez à travailler des méninges ; pendant ce temps-là on ne dit du mal de personne… Et comme disait notre grand-tante, qui était chanoinesse : « Qui vient de loin des yeux rira bien près du cœur ».

Je n'ai qu'un seul regret
c'est d'avoir connu
L'ÉCOLE UNIVERMICELLE
20 ans trop tard !

*Nous écrivent des milliers de pauvres vieux vieillards aux yeux velus qui nous remercient bruyamment de l'*Enseignement à distance *qui les a conduits de succès en succès.*

Epargnez-vous ce regret et demandez vivement à l'ÉCOLE UNIVERMICELLE de vous aider à péter le feu dans l'existence. Envoi presque gratuit de la brochure qui vous intéresse.

Br. 75 781 – Court d'ortografe poure painte en laites.
Br. 3 608 – Gardiennage de square. (Brev. sup.).
Br. 102 045 – Roulage de fûts. Classe élémentaire 1er degré.
Br. 102 045 – Roulage de fûts. Cours supérieur 12 degrés.
Br. 36 392 – Toutes les formes du génie. Classe élémentaire, classe secondaire et 3e classe.
Br. 14 363 – Ecrivain à succès.
Br. 55 511 – Pianiste catégorie Paderewski.
Br. 3 770 – Soutier intérimaire à bord du « Richelieu ».

GRANDES CARRIÈRES

Br. 6 671 – Aiguilleur aux divers postes de réclamation de la Caisse de compensation.
Br. 98 548 – Majorat dans la garde mobile.
Br. 12 217 – Ministre du Ravitaillement.
Br. 66 342 – Pompier à la Sécurité sociale.

ÉCOLE UNIVERMICELLE, 59, boul. des Trois-Narines – PARIS

LES JEUX... À LA COQUE

TROMPE-AGENT

C'est le printemps. Les marronniers sont touffus et impénétrables. Profitez-en vite pour jouer à « trompe-agent » qui est bien le jeu le plus sain et le plus divertissant que je connaisse.

Pour être infiniment attrayant, ce jeu doit comporter au moins cinq ou six joueurs mais la douzaine ne nuit pas, au contraire.

Choisissez comme emplacement une avenue plantée d'arbres et où la circulation automobile est intense. Munissez-vous de sifflets à roulettes, grimpez agilement aux arbres avant le petit jour, pour ne pas être observés, installez-vous sur une branche maîtresse et attendez patiemment. Dès que la circulation devient un peu dense, commencez le jeu : un agent siffle l'arrêt des voitures. Vous sifflez à votre tour. Les voitures démarrent. Les agents ne comprenant rien s'affolent et sifflent aussi. Vous rentrez de nouveau en action, et vous assistez alors à un embouteillage maison. C'est la pagaille, et, certaines voitures vont même jusqu'à s'entremêler, ce qui ajoute à la cocasserie du jeu. C'est alors que les agents, intrigués par ces intempestifs coups de sifflet vous découvrent. Tant que vous êtes sur les arbres, ils n'ont pas le droit de vous toucher, comme dans le jeu de « chat-perché », mais dès que vous êtes descendus, la poursuite commence ! Tout agent qui ne vous rattrape pas a un gage. Si, au contraire, vous êtes rejoints, c'est l'agent qui fixe lui-même votre punition.

Bonne chance.

Petites Annonces

OFFRES D'EMPLOI

Homme pervers et roué est demandé pour s'occuper chevaux vicieux. S'adresser R. LEFÈVRE, Maisons-Laffitte.

On demande adjudant en retraite pour remplacer chien courant de quartier. Région agréablement militaire. Promenades en groupe assurées. Nourriture abondante si pas saine. Caserne Marcel Bourieau, 19, rue Clerc, Paris (7e).

Mairie 17e arrondissem. demande pour distribution rapide titres alimentaires, excellente tireuse de cartes, très active.

DEMANDES D'EMPLOI

Monsieur bonne famille, belle corpulence, présentation impeccable, cherche situation en rapport. Ne pas écrire. Se présenter.

Livreur société vinicole, souffrant du foie, cherche place livreur dans laiterie. Jean Delpuech, Paris-Bercy.

DIVERS

TOUT POUR LE CHEVAL...

Chapeau paille vitaminée, prêt à porter : 21 fr. 90.

Sur mesure, depuis 32 fr. 50 avec les deux cols.

Paillasson spécial pour s'essuyer les pieds avant de monter à cheval, petit modèle : 65 fr.

Grand modèle : 85 fr. 60.

Article de luxe, très haute laine facilitant l'escalade du cheval. Prix 79 700 fr.

Eperons acier doux, pour coursier sur le qui-vive. La paire : 83 fr.

Les mêmes, acier traité pour cheval rêveur et contemplatif. Les deux : 101 fr.

Article de force pour animal dédaigneux, molettes à aiguilles « Bohin » chauffantes : 876 fr.

Selle sac indispensable pour sauts de haies. Se ferme au cou par un cordonnet. Rembourrage varech, grosse sécurité : 4 910 fr.

Matériel pour sauts de rivières. Ceinture sauvetage, lunettes de plongée et appar. respiratoire : 2 900 fr. Avec fusil chasse sous-marine : 4 765 fr.

Stick, cuir havane, avec dragonne : 110 fr.

Le même bien saignant, façon Chateaubriant. La livre, 150 fr., etc.

AU BOURRIN FLEURI,
direction R. LEFÈVRE,
Maisons-Laffitte (S.-et-O.).

Ministres disposant nombreux loisirs, s'offrent pour démonstrations équilibre budgétaire à tous salariés disposant minimum vital (7 000 fr.).

L'ÉTÉ APPROCHE...

Vous ne direz plus : Ah ! ces sales mouches si vous employez les vernis poétiques « Amiel » pour mouches. Les vernis poétiques « Amiel » existent en coloris romantique, existentialiste, romanesque, etc.

En réclame : coloris lunaire, argenté phosphorescent fait ressembler ces délicats insectes à de mignonnes petites étoiles. Le grand pot pour mille mouches : 14 fr. 90.

Un seul chapeau... mais un TRINGLOT-LAPOMPE, le plus économique des chapeaux ! Quand vous l'aurez mis une seule fois, vous n'en voudrez jamais plus. Pressez-vous ! Quantités limitées.

TRINGLOT-LAPOMPE, 216, chemin de la Décharge, La Plaine-Saint-Denis.

Chapitre XV (suite)

Quand il eut terminé son plaidoyer « pro domo sua » (ce dernier mot s'appliquant opportunément à son cas, car il suait abondamment), il se laissa tomber en gémissant sur une chaise qui, par esprit d'imitation, sans doute, gémit à son tour sous le poids de l'aubergiste qui disjoignait dangereusement les parties essentielles de sa structure.

Puis il leva un œil humide de chien battu sur sa sœur de lait qui, les bras croisés sur sa poitrine haletante sous le coup d'une juste quoique rétrospective indignation, semblait une statue de la Vengeance à qui la malicieuse Vénus eût donné le souffle pour la joie d'un

Pygmalion invisible, mais pour le plus grand tourment du lamentable maître Coque, effondré.

Au bout d'un moment, ne pouvant supporter plus longtemps le silence accablant et chargé d'électricité qui pesait sur ses épaules et le regard lourd de menaces inexprimées de la Bémole, il murmura en tremblant de courte honte dans sa peau fiévreuse :

– Mais comment as-tu pu savoir ?

– Ah ! ricana la statue de la Vengeance, cela t'intrigue, hein ? Mais pauvre triste benêt, tu as donc oublié que je suis l'élève du célèbre Bonlay-Magie ? que l'avenir n'a pas plus de secret pour moi que le présent, le passé ou le futur antérieur ? Que je lis aussi facilement dans les yeux que dans un livre ouvert ? Que dis-je, aussi facilement ? Bien plus ! car je suis myope… Sache, ignare, qu'on ne peut rien me cacher, à moi qui connais les arcanes de la Magie noire, blanche et tricolore, les arcanes de la Kabale Bambou comme celles du Sabbat, sans omettre les arcanes sourcilières, et que je peux, de surcroît, connaître les intentions cachées de tout un chacun en interrogeant simplement les tarots, le marc de café, les crottes de lapin ou l'aqua-toffana !

A chaque phrase, ses yeux lançaient des éclairs si insoutenables que le malheureux hôtelier, accablé par tant de pouvoirs occultes, n'en put plus supporter l'éclat, et baissa la tête, enfouissant presque son nez dans son triple menton.

– Oh ! geignit-il, je ne me souvenais plus que tu possédais toute cette science maléfique… Que vas-tu faire ?

– Cela me regarde. Mais ce que je peux t'affirmer dès à présent, c'est que si tu ne m'obéis pas, à partir de maintenant, au doigt et à l'œil, il se pourrait bien que tu te réveillasses un de ces prochains matins transformé en caméléon, en musaraigne ou un pain d'épice !

A l'énoncé de ces avatars inquiétants, le pauvre homme sentit une sueur d'angoisse lui dégouliner désagréablement le long de l'épine dorsale.

– Et tout d'abord, poursuivit son impitoyable tourmenteuse, tu vas me procurer une monture capable de rattraper celle de Bombiscaille, ou tout au moins m'amener à Paris suffisamment à temps pour que je puisse assister à l'enlèvement de cette pimbêche de malheur.

– Mais qu'as-tu donc l'intention de faire ?

– Je pourrais te répondre que cela ne te regarde en aucune façon, et que si quelqu'un te le demande, tu n'auras qu'à répondre que tu n'en sais rien, ce qui mettrait ta petite responsabilité lâchement à couvert. Mais je veux bien t'avouer que mon intention est d'accompagner cette sacrée donzelle pendant son petit voyage d'agrément. De la sorte, ce traître de Bombiscaille ne pourra la diriger, moi présente, que vers le but que je lui ai assigné, et non vers celui où l'attend l'Eminence verte en mijotant des projets sur lesquels je ne veux pas attarder ma pensée, car la colère est mauvaise conseillère, chacun sait ça. Cela va compliquer singulièrement la vie de ce brave Bombis, et je serais curieuse de savoir comment il va s'y prendre pour concilier ces doubles instructions et nous satisfaire tous les deux ! En tout cas, je me propose de lui dire deux petits mots entre quatre z'yeux à l'arrivée. Car, n'en doute pas, nous arriverons. Je m'en charge. Tu peux préparer la retraite de ta nouvelle locataire. La chambre à l'œil-de-bœuf me paraît tout indiquée.

– Pourquoi ? Elle a des yeux de veau ?

– Andouille ! Parce que cette chambre ne possède, en fait de fenêtre, que cette étroite ouverture, par laquelle il lui sera impossible de s'évader si l'envie lui en prenait.

– A tes ordres, soupira maître Coque en se levant péniblement. Pour ce qui est du cheval, ne t'inquiète pas. Il ne sera pas difficile d'en trouver un qui rattrape celui de Bombiscaille, car il a pris le plus lamentable bourrin de tout le pays.

– Pour quelle raison a-t-il choisi précisément celui-là ?

– Oh ! pour une raison sentimentale. Tu le connais… il a, par moments, de ces élans de sensibilité tout à fait inattendus chez un gaillard de sa trempe. Le fait est qu'il a choisi cette minable haridelle parce qu'elle lui rappelait sa grand-mère !

– Eh bien ! moi, je me moque que le mien ressemble à mon grand-oncle ou à mon cousin germain, pourvu qu'il galope à mon gré !

– Je vais te procurer le plus fougueux coursier de la région. Es-tu satisfaite ?

– Attends ! Il faut d'abord que je le voie.

– Tu peux me croire. C'est le cheval de Retoure, le caléchier.

– Pardon ?

– Enfin, le fabricant de calèches, si tu préfères. C'est une superbe bête qui file comme un macaroni. Il s'appelle « Trouvaille à Blum ».

– En voilà un nom à coucher dehors ! Pourquoi l'appelle-t-on ainsi ?

– Parce qu'il vaut cinq pur-sang[1].

– Va me le quérir sur-le-champ.

– Impossible.

– Pourquoi ?

– Parce qu'il n'est pas sur le champ. Il est dans l'écurie.

La Bémole saisit un escabeau et le brandit au-dessus de sa tête avec un regard dans lequel se lisait si clairement son intention bien arrêtée de le lancer violemment à la tête de l'aubergiste que celui-ci, malgré sa corpulence, traversa la salle comme un bolide, ouvrit la porte et disparut avant que le geste discourtois de sa sœur de lait se fût achevé en une trajectoire vraisemblablement fâcheuse pour son anatomie.

Chapitre XVI

(Où nous retrouvons enfin M. de Voloter, plus heureux en cela que son valet, lequel continue à courir à travers la ville sans parvenir à lui mettre la main dessus, ce qui tendrait à prouver que nous sommes plus malin que lui).

La partie de passe-boudin terminée au grand dam du duc de Tréfla-Quatrefeuille, ce dernier se leva, ramassa sa perruque tombée derrière son siège au cours du tournoi, vida le fond de son verre, et dit :

– Mon cher marquis, je n'ai pas si souvent le plaisir de vous avoir chez moi que je puisse me résoudre à vous laisser partir déjà. Je reconnais que mon intérieur n'est guère folâtre, étant celui d'un célibataire endurci, mais rien ne nous empêche d'aller ailleurs finir cette soirée si agréablement commencée.

Le marquis de Voloter, reposant le « boudin » dont il venait de marteler amicalement le crâne de son partenaire, protesta en s'inscrivant en faux contre l'opinion du duc concernant son home, mais n'en accepta pas moins avec allégresse la proposition de s'en évader.

(A suivre.)

1. Malgré de patientes recherches parmi d'innombrables documents du temps, nous n'avons pu découvrir ce que signifie cette réplique, ni le rapport qu'elle peut avoir avec le nom singulier de ce solipède.

L'OS LIBRE

« Contre tout ce qui est pour – Pour tout ce qui est contre. »

NUMÉRO 84 – MERCREDI 11 JUIN 1947

On en sait maintenant un peu plus sur le plan Marshall proposé par le gouvernement américain. Le secrétaire d'Etat George C. Marshall vient d'établir un plan d'aide financière à l'Europe destiné à favoriser la relance économique. Il permettrait aussi d'éviter ce qui, outre-Atlantique, deviendrait la pire des calamités : que la France, engluée dans des problèmes dont elle ne sortirait pas, bascule dans le communisme. Des négociations vont débuter incessamment. « Rien de concret toutefois pour l'instant », dit-on à L'Os libre, *où l'on continue de parler d'autre chose.*

Edito La plus noble conquête

par René Lefèvre

L'Os libre **ayant donné à ma nouvelle activité une publicité aussi complaisante qu'éhontée, il est inutile que je vous cache plus longtemps la recrudescence de ma vieille marotte. Depuis quelques jours, et à la suite de déboires féodaux dont vous lûtes les échos ici même, je m'adonne de nouveau au stupéfiant animal qu'est le cheval. Cela devait arriver, évidemment. Mais, une fois de plus, Raymond la Grimace est à la base de ce que j'appelerai, par anticipation, une rechute.**

Cet habile entraîneur avait remarqué, il y a quelques années, que j'étais le seul cavalier du continent montant à la khroumire. Nous étions encore sous le règne de Benoît XV quand il me proposa d'acheter ma position. J'avais refusé, à l'époque. Je me suis laissé convaincre la semaine dernière. Et les premiers résultats sont assez surprenants.

Raymond ne me paye ni à l'heure ni à la course, mais au mètre. Ce qui offre, ainsi que tous les autres systèmes, des avantages et des inconvénients. Bien entendu, il m'a confié l'amélioration des marche-à-regret, gras-du-genou, ronds-du-boulet, mous-de-la-sole et autres sujets plus ou moins découragés.

Bien que l'homme soit plutôt difficile à satisfaire, j'ose dire qu'il n'a eu, jusqu'à présent, qu'à se louer de mes services. Il ne me reste plus qu'à surveiller mon langage, pour éviter des incidents fâcheux. Hier matin, après un galop sensationnel, il me demanda :

– Comment va-t-il, celui-là ?

– Il va comme un lion ! dis-je, inconsidérément.

– J'aimerais mieux qu'il aille comme un cheval, répliqua Raymond après avoir craché dans son béret basque.

D'ailleurs, tous nos malentendus ont une seule et même origine : Buffon. Ce naturaliste s'avisa, un soir, au coin du feu, que « la plus noble conquête de l'homme était le cheval ». Des tas de gens partirent sur cette idée fausse et se mirent en tête d'exploiter la chose ou, plutôt, l'animal. Mais il en va de cette conquête comme de beaucoup d'autres. L'occupant est toujours temporaire et je le constate tous les matins. Car tous les matins, ou presque, je rencontre un cheval gambadant en liberté et l'arçon vide, tandis que son cavalier médite, le croupion dans le sable, sur l'instabilité des solipèdes. En l'occurrence, je suis tout à fait de l'avis du poète qui a dit :

Ah ! n'insultez jamais le jockey qui trébuche !
Vous pouvez, vous aussi, ramasser une bûche
Et, si vous montez à cheval,
Culbuter dans un canival.

Pas plus tard que tout à l'heure, j'exposais ce point de vue à Raymond, quand mon discours fut interrompu par une dame qui trouva plaisant d'ouvrir brusquement son parapluie sous le nez de ma monture. Laquelle fit un écart si soudain et un demi-tour si rapide que je me retrouvai le sacrum dans le ruisseau, en beaucoup moins de temps qu'il n'en faut pour l'écrire.

– Espèce de… ! dit Raymond.

Mais la fin de sa phrase fut couverte par le bruit d'un camion et je ne saurai sans doute jamais à quelle espèce j'appartiens. Je ne le saurai pas parce que le naturaliste précité, grand spécialiste des classifications, est mort. Et c'est grand dommage, car je suis sûr que cette situation piquante eût inspiré à M. de Buffon quelque autre réflexion bouffonne…

Quoi qu'on en dise !

Abd el Krim ne voulait pas s'enfuir

On a dit et écrit tant et tant de choses, et des plus fantaisistes, sur la sensationnelle « évasion » d'Abd el Krim, que nous avons tenu à remettre vigoureusement les choses au point.

Car, nos lecteurs le savent, partout où surgit le sensationnel et l'inédit, notre envoyé spécial est sur les lieux. Aussi, dès que nous apprîmes que le paquebot chargé de ramener Abd el Krim en France ferait escale au Caire, déléguâmes-nous sur place notre reporter en chef.

Ceci nous permet de publier aujourd'hui et en exclusivité, une fidèle relation du ténébreux complot qui aboutit au débarquement inopiné du vieux chef arabe.

Ces révélations de *L'Os*, le journal le plus lu dans les milieux diplomatiques dignes de ce nom, ne manqueront pas de causer de graves remous dans les chancelleries européennes.

L'OS FURETEUR.

Le Caire (par câblogramme).

Il est dix heures du soir et, dans Le Caire en liesse, on célèbre congrûment l'« évasion » d'Abd el Krim.

L'homme a qui l'on doit cet exploit est devant moi, impassible, cependant que les soucoupes s'accumulent. Il ne parlera, je le sais, que sous l'empire de la boisson. Mais, Dieu merci ! *L'Os* m'a ouvert un crédit illimité et ce ne sont pas quelques douzaines de whiskies qui m'arrêteront[1].

J'en suis pour le moment à mon quatorzième café maure et, les yeux mi-clos, je tète mon narguilé tout en contemplant l'agent Q. 12413.

***

Q. 12413 ! C'est sous ce matricule que mon vis-à-vis figure sur les registres du Service secret d'une puissance étrangère dont on nous permettra de taire le nom. Guépéou ? Intelligence Service ? O. V. R. A. ? P. M. U. ? Tout ce que je puis révéler c'est que d'après son passeport, il se nomme Wladimir Giuseppe Smith. Voilà qui situe le personnage[2] !

C'est un homme entre deux âges et entre deux jolies filles, une blonde et une rousse, soudoyées par moi à prix d'or pour amener notre bonhomme au point de saturation alcoolique à partir duquel les paroles sortent toutes seules de la bouche la mieux close.

Mes deux houris, je dois le reconnaître, s'acquittent à merveille de leur tâche et enfournent sans arrêt des olives salées dans l'orifice buccal de Q. 12413.

A onze heures, enfin, l'homme émet quelques borborygmes…

A minuit, sous la table, je sténographie ses confidences.

***

Prendre place sur le paquebot, obtenir une cabine voisine de celle d'Abd el Krim, profiter des longues heures de flânerie sur le pont principal pour lier conversation avec sa victime, tout cela ne fut qu'un jeu d'enfant pour Wladimir Giuseppe Smith, agent secret !

Mais… et c'est là qu'apparaît dans toute sa beauté la géniale trouvaille de Q. 12413, il se garda bien de heurter de front Abd el Krim, dont il connaissait l'outrageuse francophilie.

Il se présenta tout simplement comme un homme qui connaissait bien la France et s'offrit, à ce titre, à documenter le trop confiant émir.

Que lui raconta-t-il ?

Hélas ! Toute la vérité ! Il dépeignit la France… TELLE QU'ELLE EST !

1. De mon temps un reporter digne de ce nom s'en serait tiré avec trois fines à l'eau.
2. J'ajouterai qu'il portait la tenue de sergent-chef des zouaves pontificaux (Note du caissier).

***

Il sut montrer avec art le délicat mécanisme du dirigisme et s'étendit avec complaisance sur le fonctionnement de cet appareil qui engloutit tout par un bout alors que rien ne sort de l'autre. La forte personnalité de M. André Philip bénéficia, dans ses discours, d'une faveur marquée, mais il n'en tint pas moins à magnifier toutes nos lumières gouvernementales.

Avec un brin d'humour dans la voix il sut mettre en valeur les espiègleries des monômes de commerçants, l'embrasement des perceptions, et sut arracher plus d'un sourire au pourtant grave et pondéré Arabe en traitant à fond la baisse des 10 %.

Par ses soins, les femmes du rogui furent initiées aux mystères des cartes d'alimentation, aux fulgurantes beautés du point textile, et il eut des mots à l'emporte-pièce pour dépeindre les délices cachées des files d'attente devant les boulangeries.

Et il parlait… parlait toujours.

Connaissant le penchant d'Abd el Krim pour le tourisme, il vanta comme personne les notes surprises de notre industrie hôtelière et limonadière, ses tireurs sans rivaux et ses mitrailleuses qui ne s'enrayent jamais.

Mais il ne parla du quadripartisme que lorsque le paquebot entra au Caire…

Le soir même Abd el Krim se diluait dans les sables !

---

par Pierre Cour

L'OS DE CŒUR

et Francis Blanche

Un lecteur enthousiaste demande que notre rubrique soit le plus tôt possible « reconnue d'utilité publique » et subventionnée comme telle. Nous nous opposons à ce projet grandiose (qui resterait d'ailleurs au-dessous de notre mérite). Nous dispensons soutien, réconfort et encouragement, mais nous voulons rester modestement ceux qui savent trouver leur récompense dans l'effort accompli !… Fermez le ban !…

Nous recevons de M. R…, de Gargan, cette lettre plutôt flatteuse, qu'il signe « Un Délaissé atterré » :

« *Je filais depuis longtemps le parfait amour avec une charmante blondinette quand, soudain, celle-ci fit preuve à mon égard d'une froideur désolante. En ses abandons, de plus en plus rares, elle me baptise tantôt Francis tantôt Pierre, ce qui est d'autant plus vexant que je m'appelle Roger. De plus, elle ne passe pas de semaine sans acheter* L'Os libre *; elle lit assidûment* Radio-47 *et a formulé le désir de passer ses vacances à suivre le "Music-hall en tournée". Malgré tant de preuves, je ne veux pas comprendre. Je vous supplie de me tranquilliser.* »

Preuves de quoi, cher Délaissé atterré ? D'abord, si votre blondinette lit assidûment *L'Os libre*, cela tendrait à prouver qu'elle a la comprenette développée, elle ! Et si elle achète *Radio-47*, c'est sans doute dans l'espoir d'y voir votre photo… Quant aux prénoms qu'elle vous donne, ce sont des noms de chrétiens fameux… Elle a très bon goût… Et vous dites qu'elle veut suivre le « Music-hall en tournée » ? Tant mieux… Tant mieux… La blondinette est swing ! Ne lui refusez pas ce caprice… Qu'elle suive ! A ce moment-là, d'ailleurs, ce ne sera plus, hélas ! Francis ou Pierre qu'elle vous appellera, mais probablement Albert… Le cœur des femmes est insondable… et la *Chanson des blés d'or* n'a pas fini ses ravages ! Mais au fait, si vous ne voulez pas comprendre, pourquoi nous demandez-vous des explications ? Nous espérons néanmoins vous avoir complètement tranquillisé et vous souhaitons du fond du cœur bonne continuation. Shake hand, en toute sympathie.

La saison est avancée
Paris a retrouvé le juin

Jamais, peut-être (ainsi que nous le répétons chaque année), la Grande Saison de Paris n'aura revêtu un tel éclat.

Il est seulement regrettable que, au cours de cette longue suite de festivités qui doit se prolonger pendant tout le mois de juin, les organisateurs aient été contraints, en raison des complications actuelles, à modifier légèrement la plupart des manifestations inscrites au programme.

C'est ainsi que pour le concours hippique international du Grand Palais, les chevaux engagés ont été prudemment recouverts d'armures d'acier empruntées au musée de l'Armée afin que les spectateurs ne soient pas tentés de profiter que M. André Philip est occupé à vérifier les comptes de feu notre confrère *Cité-Soir* pour y découper des biftecks.

Un festival estival

Par ailleurs, pour réduire les frais de blanchissage devenus onéreux, le Bal des Petits Lits Blancs, prévu à l'Opéra, a fait place, en dernière minute, à un Bal des Petits Lits Gris, lesquels sont évidemment beaucoup moins salissants.

De plus, on n'a pu y faire figurer le fameux Pont d'Argent qui devait en constituer le principal ornement, et cette omission se comprend aisément puisqu'on ne dispose, hélas ! ni d'argent, M. Robert Schuman n'en ayant plus en magasin, ni de pont, tous les ponts sans exception étant occupés par les Français qui couchent dessous depuis que le service du Relogement a réquisitionné leurs appartements pour y installer ses bureaux.

Signalons encore que le concours de régates sera remplacé par un concours de nœuds papillon, beaucoup plus à la mode ; que le grand circuit motocycliste de Saint-Cloud, qui présentait certaines difficultés de parcours, sera remplacé par le circuit de la Constitution, cette dernière étant plus facile à tourner, et que le Grand Steeple d'Auteuil sera remplacé par celui de Passy, avec obstacles escamotables et arrêts de rigueur.

D'autre part, on ignore encore si les auditions de la Semaine musicale de Paris auront lieu, comme on l'a dit, dans la salle d'audiences de la Haute Cour de justice, qui avait été choisie comme étant actuellement le lieu de rendez-vous de la meilleure société et l'endroit où on est susceptible de rencontrer le plus de gens connaissant la musique. Il semble que l'on craigne aujourd'hui que le jury, troublé par l'ambiance, ne manque de mesure en blanchissant jusqu'aux notes noires, et ne retarde indéfiniment les exécutions les plus capitales.

En ce qui concerne le match France-Angleterre, nous sommes en mesure de déclarer qu'on n'y verra figurer ni M. Bevin ni M. Bidault, qui se réservent pour le match de catch de la Paix annoncé pour un peu plus tard. Par contre, étant donné qu'il s'agit de golf et que, de ce fait, l'épreuve comporte de nombreux trous, tout laisse supposer que la commission du budget y participera au grand complet.

Quant au Grand Prix, s'il sera, conformément à la loi, diminué de 10 %, il n'en restera pas moins grand.

Ajoutons que la Grande Semaine se terminera, selon l'usage, par un spectacle pyrotechnique, mais que, voulant éviter un ratage semblable à celui qui a marqué la dernière fête de la Victoire, les pièces d'artifice seront placées non plus devant l'Hôtel de Ville mais devant le Palais de Justice, exactement sous les fenêtres du cabinet du juge chargé de l'enquête sur le scandale du vin. On est donc assuré que le public n'y verra que du feu.

Les visiteurs affluent

Le succès de la Grande Saison est si vif que, déjà, depuis le premier juin, Paris a reçu trois visiteurs. Il est vrai que l'un venait dans la capitale pour s'y faire traiter pour la rage à l'Institut Pasteur, que le second y venait pour enterrer un oncle à héritage, et que le troisième, arrêté en province pour escroquerie, était transféré à la Santé pour y séjourner pendant l'instruction de son procès.

Citons encore, pour mémoire, un coureur à pied, habitant Malakoff-la-Tour, qui, dimanche soir, au cours d'une séance d'entraînement sur route, est entré à Paris au pas accéléré par la porte de Châtillon, et en est sorti, trois minutes plus tard, à la même allure, par la porte de Vanves.

Le bruit court, enfin, qu'un homme, dont aucun motif sérieux ne justifiait apparemment la présence dans la capitale à un tel moment, serait arrivé de Marseille ce matin même. Immédiatement appréhendé et conduit au commissariat spécial de la gare de Lyon, où l'employé préposé lui aurait appris avec ménagement l'existence de la Grande Saison de Paris, il aurait déclaré n'être au courant de rien et se serait empressé de reprendre le train.

Démenti formel

M. Dupourçot, cochon de son état, nous prie d'insérer la mise au point suivante répondant aux affirmations de notre journal :

« La chambre syndicale des cochons et assimilés, dans sa réunion plénière du 8 juin 1947, faisant bon marché des allusions de *L'Os libre*, informe les lecteurs dudit que ses membres porcins n'ont jamais consommé de blé en grain et qu'il faut rechercher les coupables au syndicat de la volaille sur pied, eu égard à l'étonnante quantité d'œufs mise dans le commerce cette année. »

Le président rappelle que les cochons n'acceptent le blé que sous forme de farine additionnée d'eau ou plus banalement de lait.

Rachats de péchés

Les personnes de tout sexe ayant appartenu à la Résistance et qui désireraient être en règle avec les temps actuels sont avisées qu'elles peuvent se racheter en s'adressant au « Service d'entraide du milicien » de leur arrondissement, où on leur délivrera tous papiers indispensables à leur assurer la tranquillité morale et civique.

Rappel à l'ordre

La préfecture de police rappelle que la vente de papiers tue-mouches est interdite dans l'enceinte des cinémas et théâtres durant les entractes.

Reste, seul autorisé dans ses établissements, le commerce.

Faits divers

VERNON (Eure). – La Croisade de l'Ere pure. – La S. P. V. (Société protectrice des vermines) organise du 31 mai au 31 décembre sa croisade mensuelle de l'Ere pure au profit, cette année, de l'Œuvre du Milicien chlorotique.

A cette occasion, la S. P. V. met en vente un timbre tiré en douce et en taille douce, représentant un filet à papillons brisé. Cette vignette sera vendue 19 fr. 43, somme qui se décompose comme suit : pour les œuvres de la société, 0 fr. 43 ; pour les frais d'impression, 9 fr. ; et 10 fr. pour le fisc. Il est bon de préciser que ce dernier ne figure pas au nombre des protégés de la S. P. V.

Souscrivez tous à la Croisade de l'Ere pure. – Agence Doré junior.

D'HALLUIN (Nord) (de notre corresp.). – Incident diplomatique franco-belge. – La police frontalière d'Halluin a surpris, la nuit dernière, les nommés Edouard Pezet et Georges Richard au moment où ces derniers déplaçaient les poteaux frontières et le poste des douanes françaises.

Les deux misérables ont avoué avoir, en deux nuits, enfoncé la frontière à 1 500 mètres à l'intérieur du territoire belge.

Cet incident expliquerait, en partie, l'arrestation mouvementée des douaniers belges trouvés hier en territoire français.

Le gouvernement belge a remis une protestation énergique au gouvernement français.

DE HOUILLES (Seine-et-Oise). – Une disparition inquiétante. – Hier, tard dans la matinée, le poste de police de Houilles a été avisé de la disparition de M. Théophraste Jean, beau-frère de notre correspondant. Une grosse inquiétude subsiste quant au sort du disparu, lequel aurait été aperçu quelques heures avant sa disparition en compagnie d'un contrôleur économique.

MONT-DE-MARSAN. – Un maire à la hauteur. – Devant le succès remporté par la Fête du Travail que, comme chacun sait, on célèbre en n'en foutant pas une rame, le maire de Mont-de-Marsan a décidé, d'accord avec Mlle Philomène Anasthasie, l'adjudant-chef des sapeurs-pompiers et le magasin-témoin n° 13, d'instituer dans le cadre régional une fête de la paresse, qui sera célébrée en travaillant d'arrache-pied.

LES JEUX... À LA COQUE

POUSSE-PÊCHEUR

Ce jeu qui, au premier abord, peut passer pour une innocente plaisanterie développe au contraire chez ceux qui le pratiquent involontairement le goût du sport et des plaisirs nautiques.

Une équipe de six joueurs est nécessaire.

Promenez-vous sur les bords d'une rivière où des pêcheurs sont installés. Vous pariez alors entre vous si tel ou tel pêcheur sait ou ne sait pas nager. Ceci fait, vous vous placez chacun derrière un pêcheur et, au signal de : « Pousse-pêcheur ! », vous balancez votre homme à la flotte en le poussant vigoureusement dans le dos ! Vous attendez alors la réaction de chacun d'eux. Suivant que vous avez gagné ou perdu, vous vous distribuez des gages et vous n'avez plus qu'à recommencer un peu plus loin... ou beaucoup plus loin si vous préférez.

Chapitre XVI (suite)

– Eh bien ! mon cher duc, dit-il en se levant à son tour, qu'il soit fait selon votre désir. Allons donc finir cette soirée ailleurs. Mais où ?

– Mon cher marquis, j'ai trouvé dernièrement, en flânant aux portes de Paris, une petite taverne perdue au fond d'une ruelle obscure et assez mal famée, mais dont l'hôtesse est bougrement accorte, dodue aux bons endroits et suffisamment courtoise pour accepter qu'on s'en rende compte autrement qu'avec les yeux sans s'en effaroucher outre mesure.

Il y a, de plus, dans cet aimable coupe-gorge, une cave remarquablement garnie et qui contient, entre autres, un petit vin de coteau suisse, du coteau Avirol très exactement, dont vous allez me dire des nouvelles, car c'est là que j'ai l'intention de vous conduire, si vous n'y voyez pas d'inconvénient, bien entendu.

– Aucun ! répondit M. de Voloter, bien qu'il en vît plusieurs, dont l'aversion qu'il éprouvait pour ces sortes d'établissements mal cotés, généralement crasseux et affreusement mal fréquentés, n'était pas le moindre.

– Parfait ! conclut le duc en saisissant un flacon d'Amontillado, resté à moitié plein sur la table, et qu'il vida d'une seule lampée.

– Vous buvez comme un trou, duc ! fit, en riant, le marquis, médusé par une telle virtuosité de déglutition.

– Le plaisir du vin est un plaisir divin ! répondit M. de Tréfla-Quatrefeuille, en faisant claquer à la fois sa langue et la porte qu'ils venaient de franchir en s'assenant mutuellement de grandes claques cordiales et joyeuses sur les omoplates.

Or, juste comme ils tournaient le coin de la rue, Cocas apparaissait à l'autre bout de cette même rue, tournant en sens inverse le coin opposé. Mouvement bien réglé qui rappelait étrangement celui qu'exécutent les figurines d'un baromètre, lesquelles se poursuivent toujours sans jamais se rejoindre ni même se voir, ce qui est un destin bien curieux pour des êtres vivant, pour ainsi dire, sous le même toit !

Cocas arrivait directement de chez le marquis de Pouce-Moydon qui lui avait suggéré d'aller voir chez le duc de Tréfla-Quatrefeuille, son maître ne pouvant se trouver que là, puisqu'il n'était pas ailleurs ; raisonnement dont la logique spécieuse mais non sophistique, car le marquis était sincère en le faisant, avait conduit le fidèle valet jusqu'à la porte devant laquelle il était présentement arrêté. Epuisé par les courses successives qui l'avaient trimballé de l'est à l'ouest et du sud au septentrion de la capitale, il souleva d'un geste las le marteau de l'huis ducal, lequel représentait une chouette dans des feuilles de salade, selon l'opinion de Cocas, bien qu'en réalité ce fût un grand-duc entouré de lauriers, et le laissa mollement retomber.

Cela suffit cependant à tirer du vieux bois de la porte un coup sourd qui se répercuta sous les voûtes et fit accourir le vénérable majordome du duc.

Quand Cocas fut, par lui, informé que son maître était bien avec le sien, il poussa un long soupir de satisfaction.

Mais quand il eut appris que tous deux venaient de partir à l'instant, il en poussa un autre, infiniment plus long que le précédent, de découragement désolé et de désolation découragée.

Ecœuré par tant d'acharnement de la part du mauvais génie qui semblait prendre un plaisir pervers à le faire courir inutilement après un maître fugace comme un fantôme jouant à cache-cache, il se laissa tomber sur une des bornes qui flanquaient les deux côtés de la porte cochère, et renonça à cette vaine et exaspérante poursuite.

D'ailleurs, la journée touchait à sa fin, et il devait être maintenant bien près de onze heures ; et dans une heure environ, Bombiscaille devait venir le prendre à la taverne du Concombre mélancolique.

– A quoi bon insister davantage ! murmura-t-il amèrement en frottant doucement ses rotules douloureusement ankylosées. Il ne me reste plus qu'à retourner chez dame Agnès, à y attendre le redoutable Eloi et à m'en rapporter à la Providence pour tâcher d'arranger les choses, avec mon humble concours, au mieux de nos intérêts respectifs. A Dieu vat !…

Cette résolution prise, il se leva en poussant un sourd grognement, les muscles de ses lombes refusant de fonctionner autrement qu'avec de multiples élancements qui lui donnaient l'impression d'abriter, entre ses reins et sa région sacrée – sacrée région ! – un porc-épic furibond.

Puis, avec le regret lancinant d'avoir accompli cette longue randonnée pour un résultat nul, au lieu de s'être reposé tranquillement, douillettement allongé sur une couche accueillante, détente qui lui eût été autrement profitable que cet exercice pédestre dans l'état où il se trouvait, il reprit lentement le chemin qui le ramenait vers la taverne de la rue Tabaga. La demie de onze heures sonnait au beffroi de la Tour Neuvisse quand il y parvint.

Il poussa la porte.

Et, à peine entré, il retint difficilement une exclamation de surprise indignée.

La première personne qu'il venait d'apercevoir était le marquis de Voloter, son maître lui-même, en chair et en noce, attablé en compagnie du duc de Tréfla-Quatrefeuille et d'Agnès. Plusieurs bouteilles vides jonchaient le sol à leurs pieds, mais leurs verres étaient pleins jusqu'au bord.

Avoir fait tant de lieues à la poursuite d'un homme pour, finalement, trouver celui-ci à l'endroit même d'où l'on est parti, c'est là une ironie du sort qu'il est malaisé d'accepter d'un cœur serein. Et se dire qu'en somme il eût été préférable de ne pas bouger, puisqu'en fin de compte le but proposé eût été ainsi atteint plus sûrement, est proprement écœurant. Surtout lorsque l'on sent, comme le pauvre Cocas, la fatigue vous tirer les traits au point de vous donner l'impression que votre face fond comme cire au soleil, et l'épuisement vous alourdir les paupières comme si vos cils étaient en plomb !

D'autant que la situation présentait un côté burlesquement tragique. En effet, il fallait que le hasard le mît en présence de celui qu'il cherchait depuis tant d'heures juste dans le seul lieu où il lui était impossible de lui adresser la parole ni même de le reconnaître sans se trahir ! Car la présence d'Agnès, amie de Bombiscaille, était un obstacle à tout rapprochement entre son maître et lui.

Par chance, M. de Voloter tournait présentement le dos à la porte d'entrée, de sorte qu'il n'avait pas vu arriver son valet. Mais rien ne s'opposait à ce qu'il changeât de position pour une raison quelconque et même sans raison du tout, et, dans ce cas, il ne pourrait manquer de l'apercevoir. Nul doute, alors, que sa réaction ne fût précisément celle que le malheureux Cocas cherchait à éviter par tous les moyens. Et il se creusait les méninges pour trouver une solution satisfaisante à ce problème ardu que l'arrivée de Bombiscaille pouvait rendre plus compliqué encore d'un instant à l'autre !

Il se glissa insensiblement vers le coin le plus sombre de la taverne, et s'assit derrière un pilier qui le dissimulait suffisamment pour parer à tout danger immédiat de reconnaissance, au cas où le marquis se fût retourné.

(*A suivre.*)

L'OS LIBRE

« Contre tout ce qui est pour – Pour tout ce qui est contre. »

NUMÉRO 85 – MERCREDI 18 JUIN 1947

Les grèves se poursuivent dans les secteurs industriels. Le gouvernement s'accroche au plan Marshall comme à une bouée de sauvetage. Pour rassurer les opposants, George C. Marshall déclare : « Notre politique n'est pas dirigée contre un pays ou contre des idées, mais contre la faim, la pauvreté, la résignation et le chaos. » Il est finalement accepté le 17 juin par la France et la Grande-Bretagne. Une réunion va être fixée à Paris pour déterminer les modalités d'un accord. Les syndicats continuent de s'y opposer de toutes leurs forces.

Edito Tous les espoirs sont permis

par Pierre Dac

J'ai rencontré hier, à l'angle du boulevard Saint-Germain et de la rue des Hommes-qu'ont-soif, mon vieil ami l'émir khroumir Abdullah ben Bougn. Nous nous saluâmes à la mode khroumire, c'est-à-dire l'index droit à la hauteur des lèvres, les deux jambes à l'équerre et, en conséquence, le derrière au niveau de trottoir. Après vérification de notre identité au commissariat le mieux achalandé du quartier, nous pûmes nous livrer sans contrainte aux joies pures de la conversation.

L'émir arborait un sourire radieux.

– Eh quoi ! mon fils, voulut bien me dire le saint homme en rajustant sa djellabah avec un râteau à groseilles, par Allah, vous m'avez l'air de faire la pâle tronche.

– Par les empeignes des babouches du Prophète, répondis-je, il n'y a pas précisément à l'heure actuelle de quoi se fendre la gargamelle ni de quoi agiter la hurlette en signe de particulière réjouissance, n'en déplaise à votre haute sagesse, il y a tout de même un sacré bout de temps que nous sommes jusqu'au cou dans la…

– Merci du renseignement, mon fils, interrompit le vénérable émir, mais ne vous donnez point la peine d'user du sous-entendu ; nous vivons, au contraire

de ce que peut penser le vulgaire, dans une magnifique et sédative époque où tous les espoirs, y compris les autres sont permis.

Sans doute, murmurai-je en un aparté mi-slave, mi-anglo-saxon, ne suis-je encore qu'imparfaitement imprégné de la doctrine khroumire, mais je ne comprends pas très bien, ô Maître, ce que vous venez si suavement de débloquer.

– Aussi bien, se mit à m'expliquer l'émir Abdullah ben Bougn, ne s'agit-il point de comprendre mais d'être en état de grâce. Je dis, je répète et j'affirme que tous les espoirs sont permis ; or, pourquoi tous les espoirs sont-ils permis ? Tout simplement parce que, aux yeux de beaucoup d'entre nous, la situation présente est inextricable et sans issue.

Dans le grand carnet de la suprême philosophie khroumire il est écrit, au roseau dur et au crayon encre : « Heureux ceux qui se font de la bile et se caillent les globules à longueur de journée car il leur reste l'espoir d'envisager un jour l'éventualité d'une possibilité sereine, et malheureux ceux qui nagent dans la joie, la facilité et l'euphorie, car la décharge du pistolet de l'épée de Damoclès du destin maléfique risque, à chaque instant, de leur tomber sur les endosses. »

– La lumineuse clarté de ce divin apologue ne vous éclaire-t-elle point ? s'enquit l'émir en se mouchant avec mon nez sous le prétexte qu'il était plus à portée de ses doigts que le sien.

Si fait, opinai-je en redressant l'échine et en abaissant ma superbe dans la direction du sud-ouest. Je comprends, ô Maître, et je me sens pénétré d'une joie proportionnée au triste écœurement dont je suis imbibé de la tête à la ceinture et du haut des chausses à l'extrémité du bout de mes talons. C'est, en effet, en période désastreuse que l'espérance se justifie ; quand on est dans le cirage, on espère s'en sortir ; quand on en est sorti il n'y a plus d'espoir à espérer, puisqu'on a obtenu ce que l'on espérait. C'est à ce moment précis qu'il y a lieu de se désespérer et que la crainte des mauvais jours s'insinue dans les fibres les plus intimes de notre âme inquiète et insatisfaite.

– Ainsi va la vie, conclut doucement l'émir Abdullah ben Bougn. Souhaitons donc avec ferveur que les difficultés continuent à se multiplier ; faisons des vœux ardents pour que tout se complique encore et si possible davantage.

» Plongé dans la nuit des jours sombres, l'homme n'en sera que plus à son aise pour cultiver l'espoir des clairs matins et des soirs apaisés. »

Ayant ainsi parlé, l'émir, en prenant congé de moi, m'administra une retentissante paire de claques pour me faire mieux apprécier le plaisir qu'on peut éprouver en n'en recevant point.

Grèves d'amour et sentimentales journées

Le reporter chargé par nous d'enquêter sur la grève des tramways de Marseille nous adresse, à la vérité, un papier assez étrange. Nous aurions été heureux de le soumettre à l'étude du docteur Roméo Carlès, mais ce dernier, retenu à Lyon par l'annuel congrès des rebouteux, ne nous est malheureusement d'aucun secours.

Quant à nos services de psychiatrie, débordés par l'examen du courrier de nos lecteurs, ils se refusent énergiquement à tout effort supplémentaire.

Force nous est donc de publier, telle quelle et sans plus de commentaires, la prose de notre étrange collaborateur…

A qui nous laissons, bien entendu, l'entière responsabilité de ce qui suit.

L'OS PRUDENT.

Marseille (par vélocar spécial).

Je suis plein de bonne volonté, vous le savez, mais à l'impossible nul n'est tenu ! Or, depuis quarante-huit heures, c'est en vain que je bats le pavé marseillais à la recherche d'un tramway…

Pas de tramways !

Ni même de trolleybus.

Dans ces conditions, comment me livrer à mon travail d'enquêteur ?

A tout hasard, j'ai essayé d'interviewer une marchande à la sauvette qui vendait des oranges et du haschich[1].

– Alors, ça marche ? lui ai-je murmuré avec ce sourire que d'aucunes s'accordent à reconnaître irrésistible.

– Pas avec toi ! m'a-t-elle répondu.

Fou de douleur, j'ai filé vers la gare Saint-Charles.

***

Las ! les cheminots venaient de se mettre en grève !

Pour obtenir un coin de banquette dans une salle d'attente, j'ai dû faire la queue pendant cinq heures…

Puis on m'a remis une fiche d'admission… pour la salle des bagages.

J'ai couché avec une malle-cabine, une grande belge avec des attaches très fines…

Ça rappelait irrésistiblement les sportives journées de juin 1940.

Il n'y manquait que les appels radiophoniques de Paul Reynaud !

Il est vrai que Ramadier…

***

J'ai horreur des amours bourgeoises. Aussi, dès la seconde nuit, ai-je rompu avec ma malle-cabine.

Elle tenait trop à l'étiquette…

Elle en avait partout.

***

J'avais repéré une charmante voyageuse qui avait fait son nid au milieu des bagages à main de la consigne.

Un joli brin de femme, mais peut-être un peu sur le retour…[2].

En effet, elle avait des valises jusque sous les yeux.

***

Au milieu de la nuit, grand branle-bas.

– Que personne ne sorte !

Profitant de l'état d'abandon dans lequel se trouvait le matériel, d'audacieux gangsters ont emporté trois locomotives !

1. Parmentier.
2. Quand il y aura des trains.

Fouille générale.

***

Au matin, je me suis naturellement mis en chasse pour retrouver les gangsters en question.

J'ai visité tous les lieux mal famés de Marseille : la Bourse, les permanences électorales, les gérances d'immeubles…

Zéro !

Un dernier espoir : le Centre de la Reconstruction !

Mais je dois déchanter, de l'avis des voisins on n'y a jamais vu personne.

***

Le soleil tape dur.

Pastis et re-pastis ! La vie est belle.

Comme il n'est toujours pas question de reprendre le train, je me mets en quête d'un logis convenable.

Pour 50 000 francs on m'offre une petite gare de banlieue avec jardinet et vue sur la grève.

***

Mais, in extremis, j'arrive à soudoyer le chauffeur d'un rouleau compresseur qui « monte » à Paris pour affaires personnelles.

Nous avons quitté le vieux port avant-hier, mais hier matin, en pleine Canebière, nous éclatons !

Et pas de rouleau de rechange !

***

Heureusement, mon homme a un bon…

Un bon « usage ville ».

Il veut bien me le céder, ce qui me permet d'obtenir une paire d'espadrilles.

En route !

Dans huit jours, je compte vous écrire de Tarascon.

Faits divers

DECIZE (Nièvre). – Un inconnu sème la terreur avec du blé – Lundi après-midi, vers 17 h 50, une discussion qui prit rapidement l'apparence d'une dispute, a éclaté avec soudaineté entre un jeune veau et un vieux cochon, dans l'étable de M. Tapotour, propriétaire du Cros-Mailloux, à Decize.

L'incident aurait été provoqué par un seau de lait déposé par mégarde entre les deux animaux qui, détail curieux, s'étaient déjà colletés la veille pour une potée de blé abandonnée dans les mêmes conditions.

La gendarmerie a déjà procédé à plusieurs arrestations de personnages suspects.

Des battues ont aussitôt été organisées dans toutes les granges de la région.

PONT-L'ÉVÊQUE (Calvados). – Erreur ridicule. – Hier vers 13 h 50 les passagers de l'express Pont-l'Evêque-Lisieux ont été en proie à une petite terreur ; un avion de la ligne Marseille-Carcassonne s'est en effet posé heureusement sans trop de dommage sur le toit d'un des wagons.

Le pilote, interviewé peu après par un gros déploiement d'officiels curieusement irrités, a déclaré avoir pris le convoi pour un train d'atterrissage. En raison de ses brillants états de service durant la bataille électorale, il a été relâché et embauché comme aide-cantinier au monastère de Vézy-le-Vieux.

(Agence Satis.)

À Os rompus

Supprimons les chemins de fer !

Bien qu'il ait été officiellement reconnu, le fait semble incontestable : en dépit de la grève, tous les voyageurs et candidats voyageurs ont été transportés là où les appelaient leurs petites affaires ou leurs menus plaisirs.

Et cela dans des conditions de confort, de pittoresque et de rapidité auxquelles ne sauraient prétendre les usagers de la S. N. C. F.

D'où il résulte clair comme le jour que les chemins de fer sont parfaitement inutiles.

Alors, on se demande ce qu'on attend pour les supprimer !

Avantages divers et autres

Les avantages de cette réforme sautent aux yeux.

Ce qui, soit dit en passant, fait tout de même moins de mal qu'une escarbille.

D'abord, économie. Les chemins de fer, n'existant plus, pourraient difficilement continuer à être en déficit. Ça serait toujours ça de gagné pour le budget.

Ensuite, les voies ferrées, préalablement déferrées, seraient rendues à l'agriculture ou transformées en chemins vicinaux.

On ferait du bois de chauffage avec les traverses et des lames de rasoir avec les rails.

Les gares deviendraient des salles de cinéma, des music-halls, des marchés couverts des expositions de peinture ou n'importe quoi.

Les voitures de 1re, 2e et 3e classe seraient transformées en habitations à bon marché.

Enfin, l'esplanade des Invalides conserverait de façon définitive son petit air de champ de foire sous lequel elle s'est agréablement fait connaître ces jours derniers.

Gagnant et placé

A l'heure où les sujets d'affliction se pressent en foule sous notre plume, nous sommes heureux d'enregistrer enfin une bonne nouvelle : c'est un dada de chez nous qui, n'hésitant pas à traverser le Channel par une mer démontée en toutes pièces, est allé en Angleterre pour gagner le Derby d'Epsom.

Pearl Diver, qu'il s'appelle, le cheval, appartient au baron G. de Waldner. L'entraîneur Percy Carter et le jockey Bridgland ont participé, chacun dans sa spécialité, à cette victoire bien française.

N'étant pas de ces êtres inutiles qui passent leur vie sur le turf, nous ne savons pas exactement ce que rapporte au gagnant le Derby d'Epsom, mais c'est certainement une grosse somme qui va ainsi rentrer chez nous en devises étrangères.

Devises dont nous aurons le plus grand besoin pour payer le cheval américain (de conserve celui-là) qui va bientôt gagner nos ports de débarquement.

La Tour... prends garde

Au premier étage de la tour Eiffel, il y a un restaurant. C'est charmant.

Les prix qui y sont pratiqués le sont beaucoup moins.

La salade de tomates est cotée à 100 francs ; celle de concombres atteint 50 francs ; quant au gigot, il plafonne à 350 francs la portion.

Il est vrai qu'une gargote située à cent mètres du sol ne peut pratiquer que des prix élevés. Et puis tout le monde sait que le contrôle économique n'atteint jamais les hautes sphères.

En attendant, les clients n'ont pas l'impression de recevoir le coup de fusil, mais plutôt d'être abattus à coups de D. C. A.

L'OS DE CŒUR

par Pierre Cour et Francis Blanche

Les chaleurs tropicales subies ces derniers temps ont fait de tels dégâts dans nos salles d'imprimerie que les réponses à nos fidèles correspondants ne sont plus qu'un horrible mélange de plomb fondu : cas de conscience, chagrins d'amour, conflits sociaux, secrets d'alcôve et de cuisine intimement mêlés ont pu être à grand-peine remis chacun à sa vraie place. Nous prions nos fidèles lecteurs d'excuser cet incident technique indépendant de notre volonté.

« Mes beaux yeux noirs » nous écrit :

« *Par une belle journée ensoleillée nous nous sommes rencontrés et une promenade en tête à tête me laisse des souvenirs brûlants. Que dois-je en conclure et que me conseillez-vous ?* »

Vous avez certainement attrapé un coup de soleil. Un peu de cold-cream matin et soir sur la partie exposée et, d'ici quelques jours, il n'y paraîtra plus.

***

Mme Georgette D…, qui signe : « Osseline amoureuse », se confie à nous en ces termes :

« *Mon mari rentrant de voyage, je trouve dans la poche de son veston une note d'hôtel mentionnant "une chambre et deux déjeuners". Faut-il croire que, comme il me l'assure, il a déjeuné deux fois et me conseillez-vous de déjeuner, moi aussi ?* »

Oui, madame… Déjeunez quatre fois au moins et rien que des plats qui se mangent froids… Ainsi vous serez bien vengée.

***

M. Joseph Joanonvedi (sans adresse) nous dit :

« *Je me suis aperçu que, de jour comme de nuit, je ne pouvais sortir de chez moi sans être suivi à distance par une douzaine d'individus moustachus. Pourriez-vous m'indiquer un moyen efficace pour me débarrasser de ces inquiétants suiveurs dont je n'arrive pas à m'expliquer l'attachement à ma personne ?* »

Soyez sans inquiétude ! Ces messieurs font partie du Service officiel de protection spécialement créé pour les quelques favorisés qui se trouvent dans votre situation. Vous n'avez à craindre de ces suiveurs aucune indiscrétion, mais si leur protection même vous semble intolérable essayez de jouer à cache-cache, ou encore emmenez-les faire quelques tours de chevaux de bois, ou bien envoyez-les à la balançoire… Après tout, comme vous dites, vous êtes bien libre !

***

« Innocente Chose » (suite) :

Non, le « fric-frac » n'est pas un jeu de société ; vous devez confondre… et ne dites pas que votre grand-mère a passé ses soirées à ce jeu-là… Mais bien sûr, nous ne sommes pas trop contrariés que vous nous appeliez « mes deux zizis », si cela vous fait vraiment tant plaisir !

***

M. Loulou S…, impasse Maître, à Toulon, nous demande s'il est vrai qu'il y ait deux sortes de pêche à la coquille Saint-Jacques.

Parfaitement, il y en a de deux sortes : la pêche au naturel, avec un filet, et la pêche Melba, qui doit son nom à un prêtre espagnol de l'armée en déroute et qui se pratique avec un harpon explosif. Nous vous donnerons dans notre prochain courrier des détails sur ce sport plein d'imprévu.

***

Mlle L. G..., qui signe « Valse Hésitation », nous écrit ceci :

« Un jeune homme auquel j'étais fiancée m'aime, mais je déplais à sa famille et je ne crois pas avoir pour lui de véritable amour. Par contre, je suis amoureuse d'un autre jeune homme qui dit m'aimer et dont les parents m'accueillent bien, mais lui me conseille de ne pas rompre mes fiançailles avec mon premier fiancé. Que dois-je comprendre ? »

Votre situation demande en effet beaucoup de réflexion, chère mademoiselle, et vous devez admirer la franchise de celui qui vous aime tout en vous conseillant de rester fiancée à l'autre. Est-ce que tout ne pourrait s'arranger en interchangeant seulement les familles ? Meilleurs vœux de bonheur.

***

Bien reçu le courrier de E. N..., à El-Hajeb : R. Nicot, à Senas : Jean M..., à Nancy ; E. Kievitz, à Lunéville ; Janine R..., à Brest ; Renée Maison, à Paris : non, Albert ne fait pas le Tour de France à pied ; Louis Devaux, rue Denfert, à Paris : réponse dans notre prochain courrier. Merci...

... Et comme il n'est si bonne compagnie qui n'amasse pas mousse, nous vous donnons rendez-vous dans *L'Os* prochain.

A la manière de...

Madame de Sévigné

A Madame de Grignotte,

Que voilà bien, ma mie, la nouvelle la plus extraordinaire, la plus inattendue, la plus invraisemblable, la plus soudaine, la plus étrange, la plus stupéfiante, la plus inconcevable, la plus inimaginable, la plus imprévisible, la plus étonnante, comme aussi la moins... croustillante.

Ce matin même, dès le petit lever, l'on m'est venu aviser que notre pain de chaque jour, fait à l'accoutumée de blanc froment, sera désormais d'une pâte bien autre.

Naguère, je vous ai narré comment le pauvre Vatel, officier de bouche et grand poissonnier du Roy, se transperça fort proprement de son épée, prenant pour ce faire prétexte que la marée n'était pas assez belle, qu'il y manquait maquereaux, ou quelqu'autre poisson, disant, paraît-il, avec une rare présence d'esprit : « Puisque le poisson n'est pas arrivé, rien ne m'arête. »

C'était, ma foi, parler le plus honnêtement du monde.

Parce que le blé n'est pas livré, notre Grand Pannetier a pris une décision plus modérée, car il ne s'est point encore retranché du nombre des vivants, à l'heure où je vous écris. Vous tomberez d'accord avec moi, ma mie, si je vous déclare tout net qu'il aurait fort bonnes raisons pour ne se point épargner, après avoir infligé aux Parisiens pareille provende.

En vous narrant ces faits, je tâche à mastiquer une tranche de cette nouvelle manne, diaboliquement épaisse, épouvantablement solide, terriblement drue, effroyablement lourde, tragiquement pesante, perfidement massive. Chaque bouchée de cette mie, ma mie, tombe en estomac tristement, comme un glas ; le glas d'une cloche dont j'aurais, par mégarde, absorbé le battant.

L'on ne saurait même comparer ceci, qui n'a aucun nom dans aucune langue, comme s'exprimait Monseigneur de Meaux, au pain de seigle qu'on nous donnait au temps où la campagne de Hollande exigeait des mesures, et même des onces d'exception. Nous avons grand regret, ce jour d'hui, au souvenir de ce bon pain-là. En présence de cette chose jaunâtre, nous avons pleinement conscience d'avoir mangé notre pain gris le premier.

Je vous mande cette effroyable nouvelle pour vous apprendre que j'hésite à vous rejoindre en nos terres. Ma mie, absorbant quotidiennement le maïs de nos bonnes vaches, je ne sais si j'aurais le courage de paraître devant elles et de soutenir le doux reproche de leur regard...

Marie de Rabutin-Chantal,
marquise de Sévigné.
(*Lettre inédite.*)

Faits divers

DE PARIS. – Fausse alerte. – Ce matin, vers 11 heures, les occupants du poste de police du quartier des Batignolles recevaient la visite d'un mystérieux piéton. Celui-ci, blanc de poussière de la tête aux pieds, semblait avoir fourni une longue et harassante course. Pleins de déférence musclée, les policiers avancèrent de quoi s'asseoir au malheureux, mais celui-ci refusa et déclara être seulement passé rue La Condamine, au moment où les ménagères secouaient leurs tapis poussiéreux, et vouloir simplement faire légaliser une fausse carte de pain.

Petites Annonces

OFFRES D'EMPLOI

Homme marié, provisoirement seul, juin, juillet, août, désirant apprendre nu artistique, cherche jeunes modèles : 19, 20 ans. Bonnes ménagères si possible.

OFFRES DIVERSES

Petite ville de province (150 000 habit. minim.) est demandée pour monsieur ayant forte vocation de maire. Discours de remerciements préparé.

CECI N'EST PAS UNE PLAISANTERIE !

J'offre huit jours vacances absolument gratuits sud RIVIERA dans palace au choix, à toute personne pouvant me confier de la main à la main, 25 à 40 millions.

Tonnelier amateur cherche pour vérifier exactitude capacité tonneau de sa fabrication, 283 litres excellent vin de table. Rendrait après usage.

PROPOSITIONS DIVERSES

Monsieur ayant des vues sur appartement occupé très fermement par locataire opiniâtre cherche fantôme tapageur et tracassier, payé en bons suaires.

Couvreur cycliste est demandé par grosse maison de charpente pour pose de tubes rapide.

DIVERS

Spectateurs ! Pourquoi payer votre place au music-hall ? Achetez donc notre bon gros trou de souffleur portatif. Se branche en un clin d'œil sur n'importe quelle rampe. Le trou ordinaire : 249 fr. 60. Le même, pour spectateur spectique ou myope, muni de verres extraordinairement grossissants : 11 216 fr. Constructeur : J. Valrey.

Cheval ombrageux, prenant facilement la mouche. Indispensable pour siestes voluptueuses. La pièce : 79 516 fr.

Le même, en compagnie haricots surpris. La boîte : 87 fr. 50. – Haras du Fifre, à Forcalquier.

Le Tour de France approche, cyclistes pensez à vous approvisionner en boyaux. Faites vos commandes aux établissements Chaudin de la Crépine ; abattoirs de la Villette, Paris.

Lit pliant de camping, armature bronze massif, pieds fonte nickelée, ressorts à lames : 16 800 francs.

Le même, mais plus léger, armature bronze creux et pieds étain évidé : 22 500 francs.

Autre modèle monté sur chariot ; 29 950 francs.

Coussin gonflable pour sièges de cinéma. Modèle A : Gain cm : 35 fr. – Modèle B. : gain 45 cm : 125 fr. – Modèle C, gain 92 cm : 340 fr.

Ce dernier est livré avec une matraque ou un sabre d'abattis au choix.

N° 85 – Mercredi 18 juin 1947

Chapitre XVI (suite)

Puis subitement, une idée l'illumina.

Au point qu'il eut peur d'attirer l'attention de ceux dont il voulait au contraire éviter le regard par cet excès de lumière imprévu dans ce coin de la salle habituellement sombre.

Il frappa sur la table de son poing fermé.

Agnès dressa l'oreille, et chercha des yeux d'où venait cet appel mystérieux. Enfin, au moment où elle commençait à se demander si elle n'était pas le jouet d'un esprit frappeur, elle aperçut le bout du soulier de Cocas qui dépassait du pilier.

– Excusez-moi, messeigneurs, dit-elle en quittant son siège. Il faut que j'aille servir cet individu qui a l'air de s'impatienter. C'est que la clientèle n'est pas commode par ici, vous savez !

Comme elle arrivait devant Cocas, elle le reconnut, malgré l'ombre épaisse dans laquelle il s'enfonçait comme un hibou atteint de conjonctivite.

– Ah ! s'écria-t-elle gaiement, c'est vous, monsieur Coc…

Un geste véhément de son galant malheureux lui coupa le sifflet. Ce geste, qui consiste à porter l'index devant la bouche, se traduit dans tous les pays du monde par : « Silence » ou « Pas un mot » ou simplement « Ta gueule », ce qui revient au même.

– Chut ! fit Cocas à voix basse. Inutile de beugler mon nom quand il y a des oreilles inconnues et peut-être indiscrètes à proximité. Je ne tiens pas à ce qu'on le connaisse. Avec la besogne particulière que nous allons accomplir cette nuit, Bombiscaille et moi, cela pourrait s'avérer dangereux dans l'avenir.

– C'est juste ! reconnut de bonne grâce l'hôtesse. Que vais-je vous servir ?

– Je voudrais une bouteille de ce vieux vin du Roussillon que vous conservez si précieusement tout au fond de votre cave, beauté !

– Quelle idée ! vous ne pouvez pas vous contenter de celui qui est déjà monté ?

– Non. Je tiens à celui-là, chère amie. C'est aujourd'hui la fête de ma tante, et je tiens à célébrer dignement cet heureux jour.

– C'est bon. Je vais chercher ça.

C'était tout ce que désirait Cocas qui, dès qu'il eut vu Agnès disparaître dans la trappe, se leva rapidement et s'approcha de M. de Voloter. Celui-ci entendant marcher derrière lui, se retourna.

– Par exemple ! s'écria-t-il, que diable…

Mais le même geste impérieux qui avait déjà interrompu l'exclamation d'Agnès quelques instants auparavant, lui coupa la parole à son tour.

Intrigué au plus haut point par l'attitude de son valet, qu'au surplus il était à cent lieues de s'attendre à trouver en cet endroit, il haussa les sourcils interrogativement, tandis que le duc, ivre plus qu'aux trois quarts, considérait cet intrus avec le regard vague d'une pieuvre voyant surgir une girafe par trente mètres de fond !

Cocas s'approcha et glissa rapidement à l'oreille de son maître :

– Que monsieur le marquis n'ait pas l'air de me reconnaître…

M. de Voloter se recula vivement, le souffle de son domestique lui chatouillant désagréablement le tragus, et demanda :

– Pourquoi ?

– Parce que…

A cet instant précis, la porte s'ouvrit sous une poussée brutale comme celle d'un coup de tramontane, et, juste comme l'horloge commençait d'égrener le chapelet des douze coups de minuit, Bombiscaille entra.

Cocas bondit en arrière avec des yeux de noyé implorant du secours et se précipita au-devant de l'arrivant, lequel, complètement dessoulé, était suivi par un truand d'aspect fort inquiétant.

– Hein ! ce qui s'appelle être exact ou je ne m'y connais pas ! fit Bombiscaille en riant, tandis que l'horloge envoyait à travers l'espace la dernière note de son carillon grave. Que je vous présente l'un à l'autre, mes gars !

Il mit la main sur l'épaule de son compagnon, qui avait une bonne tête de plus que lui (nous ne voulons pas dire par là qu'il était bicéphale, mais qu'il avait la hauteur d'une tête de plus) et était large en proportion, c'est-à-dire qu'il ressemblait à un gorille déguisé.

– Voici Patagras, dit « Bigle-d'un », je n'ai pas besoin de vous expliquer pourquoi. Cela se devine tout de suite.

Effectivement, il était visible que l'individu ainsi surnommé ne pouvait bigler que d'un… un œil, sous-entendu, l'autre étant hors de service, entièrement caché qu'il était par un large et sinistre carré d'étoffe noire que maintenait sur l'orbite un ruban de teinte identique, mais affreusement crasseux, noué derrière l'occiput.

– Et voici mon nouvel ami Cocas, ajouta Bombiscaille en désignant notre héros qui n'en menait pas large et glissait des regards en coulisse vers son maître.

Celui-ci suivait ces présentations avec un air d'incompréhension qui lui faisait ouvrir la bouche et cligner des yeux.

Bigle-d'un tendit une main énorme d'anthropoïde aux doigts en spatule et d'une propreté plus que douteuse.

Cocas eut une courte hésitation et tendit la sienne avec une répugnance à peine dissimulée, mais que l'autre eut le bon goût de ne pas remarquer.

Le colosse saisit cette main qui disparut dans la sienne comme une mouche dans les pétales d'un droséra et la serra de façon si délicate que le pauvre valet, les phalanges aplaties comme par un laminoir, s'étrangla en retenant un rugissement de douleur.

– Où est donc Agnès ? interrogea Bombiscaille.

– Elle est à la cave, répondit Cocas, qui l'y avait envoyée dans le seul but de pouvoir parler librement et en toute tranquillité à son maître, et qui voyait avec rage cette ruse échouer lamentablement.

– Ça tombe bien ! J'ai une soif du diable ! Oh ! Agnès ! hurla-t-il au-dessus de la trappe ouverte. Remonte en vitesse de quoi abreuver trois gosiers altérés.

A ce moment, il parut apercevoir pour la première fois les deux consommateurs inhabituels, dont l'un, le duc, ne semblait prendre à tout cela qu'un intérêt mitigé, étant très occupé à faire des ballons avec sa bouche et ne parvenant qu'à se baver dessus de façon navrante. Mais l'autre, le marquis, paraissait au contraire étrangement captivé par les faits et gestes du trio, ce qui retint un instant son attention.

Cocas sentit le danger.

Il souffla dans le dos de Bombiscaille :

– Ce sont des godelureaux inoffensifs. Je les connais de vue. Ils se sont fourvoyés par ici, et sont aussi soûls l'un que l'autre. Je crois qu'ils ne se rendent même plus compte de rien !

– Je le crois aussi ! répondit Eloi, en tournant le dos à MM. de Voloter et de Tréfla-Quatrefeuille.

Cocas respira.

(*A suivre.*)

L'OS LIBRE

« Contre tout ce qui est pour – Pour tout ce qui est contre. »

NUMÉRO 86 – MERCREDI 25 JUIN 1947

Cette semaine, le cinéma français est à l'honneur en Belgique. Le Festival du film et des Beaux-Arts, qui se déroule cette semaine à Bruxelles, honore notre pays. Le Grand Prix est décerné à René Clair pour son film Le Silence est d'or. *Maurice Chevalier, François Périer et Dany Robin sont les principaux interprètes de cette histoire qui se déroule en 1910 dans le monde des studios cinématographiques. De son côté, Gérard Philipe reçoit le prix d'interprétation pour* Le Diable au corps, *adapté du roman de Raymond Radiguet par Claude Autant-Lara.*

Edito — Vive la Belgique !

De notre envoyé spécial en Belgique
René Lefèvre

Vous le savez peut-être, un Festival International du Film vient de se dérouler (c'est bien le mot qui convient) à Bruxelles. Pour cet événement sensationnel, des acteurs de tous les pays avaient été conviés en grand nombre. J'étais seul pour représenter le cinéma Khroumir. Le cinéma Khroumir qui, avec une discrétion exemplaire, ne présentait rien. D'ailleurs, là n'est point la question. Je veux seulement vous entretenir de l'accueil qui nous fut réservé par les Belges et que je ne suis pas près d'oublier. Certes, au cours d'une carrière déjà longue, il m'est arrivé d'être reçu dans ces pays sertis de douaniers méticuleux et défendus par des policiers plutôt méfiants. Il m'est donc particulièrement agréable de signaler ici l'extraordinaire mansuétude d'un contrôleur des passeports qui se contenta d'apposer son visa sur une carte de tabac largement périmée et la non moins compréhensive indulgence des gabelous flandriens, soucieux de remettre, avant l'arrivée, un peu d'ordre dans ma valise hâtivement bouclée.

Ah ! mes amis, quel pays que la Belgique et quelles gens que les Belges ! Croyez bien qu'il est assez plaisant de trouver, dans une chambre du meilleur hôtel, deux paquets de cigarettes américaines sur la table, des orchidées dans

les vases et mille francs locaux discrètement glissés dans une enveloppe, pour le cas où vous auriez l'envie de faire une promenade en tramway. Sans compter le cocktail sur la terrasse, le dîner au champagne et les places numérotées pour une semaine de rigolade soigneusement goupillée.

A l'issue du souper, vers deux heures du matin, un monsieur m'offrit un de ces wiskies que mon médecin n'a jamais cessé de me recommander.

– Avez-vous des enfants ? me demanda ce charmant homme.

– J'ai une fille, dis-je, une fille cadette. (Je ne manque jamais de donner cette précision depuis que Pierre Dac m'a fort judicieusement fait remarquer que je n'avais point de fille aînée.)

Et, quelques heures plus tard, au moment où j'allais prendre mon train, un livreur m'apporta une superbe boîte de chocolats. Que mon aimable interlocuteur soit confiseur est une chose. Mais qu'il ait écourté une nuit déjà fort compromise pour étendre sa sympathie jusqu'à ma famille en est une autre, et des plus touchantes…

La soirée avait d'ailleurs fort bien débuté par une attraction qui n'eut, malheureusement, que de trop rares spectateurs. Alors que nous admirions Madeleine Robinson sortant de sa chambre dans une robe du soir très collante, la charmante enfant éternua. Et la robe, éclatant comme une grenade mûre, se fendit du haut en bas. Malgré nos protestations, Madeleine rentra précipitamment en prétextant qu'elle ne pouvait rester plus longtemps à poil sur le palier. J'imagine qu'avec un peu de chance et d'organisation cet incident aurait pu se produire une demi-heure plus tard et coïncider avec l'arrivée du ministre. Mais, comme dit l'autre, il ne faut pas trop en demander. Ce sera pour une autre fois.

Naturellement, à ce festival cinématographique, on présenta des films. Vous en lirez sans doute les comptes rendus dans une autre partie de ce journal, à la rubrique tenue par un nommé Coqueluche, ou Rougeole ou quelque chose de ce genre…

A la manière de...

Victor Hugo

LA CONVERSION DE CLOVIS

Clovis régnait alors sur les Francs et sa loi
S'étendait – c'est gaulois ! – au pays des Sarrois.
Alors vivait aussi un évêque fort illustre
Qui baptisait les Francs en leurs cités lacustres ;
Il se nommait Schuman, cela, sans doute aucun :
Son surnom, Saint-Rémy, était un nom d'emprunt,
(D'emprunt à trois pour cent) que, pour son ministère
(Des Finances) il choisit, en croyant mieux faire.
Donc, l'évêque Schuman dit à Clovis, têtu :
« O ! fier Sicambre obtus, quand te convertis-tu ? »
Or, de tant de vertus, mystique réceptacle,
Schuman (dit Saint-Rémy) pria tant qu'ô miracle !
Clovis se convertit. Sous l'ombrage du parc,[1]
Le Franc se convertit, se convertit en mark.

(Victor Hugo, *La Légende des Siècles.*)

1. *Les détracteurs systématiques du grand Hugo se demanderont ce que vient faire là cet « ombrage du parc ». Nous ne leur répondrons que par le mépris : le génie n'a pas à s'expliquer.* (Note de l'éditeur.)

À Os rompus

Toujours plus haut

Le plafond des avances de la Banque de France sera prochainement exhaussé de cent milliards.

Cette mesure de sécurité est due à l'initiative de M. Robert Schuman qui, de la sorte, ne risquera plus de se cogner le crâne toutes les fois qu'il saute en l'air pour une raison ou pour une autre.

Le rendement à l'hectare

Nous recevons la lettre que voici :

« Monsieur L'Os,

» L'Assemblée nationale a, je crois, adopté un projet de loi destiné à encourager la culture et instituant à cet effet une prime de rendement à l'hectare. Voilà qui me semble des plus intéressants ; par malheur, tout le monde ne peut pas posséder un hectare tout entier. Moi, par exemple, je ne dispose que d'une petite caisse mesurant 80 centimètres sur 35, placée sur la fenêtre de la cuisine et dans laquelle j'ai planté des capucines. Veuillez me dire à quel genre de prime je puis prétendre. »

Transmis à M. Tanguy-Prigent.

Ouverture et sécurité

Nous avons reçu la lettre suivante :

« Dimanche dernier, 21 juin, je me promenais dans le courant d'une onde pure avec ma petite famille lorsque, soudain, surgirent autour de nous quantité d'asticots et de vers de vase, dont chacun dissimulait traîtreusement un hameçon meurtrier.

» Il paraît que c'était l'ouverture de la pêche.

» Ouverture dont la date avait été fixée intentionnellement en pleine semaine de sécurité !

» Je vous demande si ce sont là des procédés à employer vis-à-vis du pauvre monde aquatique et si de tels abus de confiance ne devraient pas soulever la réprobation unanime des honnêtes gens ? »

La lettre était signée : « Un goujon indigné ».

Silence, on tourne !

Autour du Tour

Une vive animation règne à Pierrefitte où commence le 34e Tour de France cycliste. La ville est encombrée de véhicules de tous modèles. Fort heureusement, comme aucune brigade d'agents de police et aucun signal sonore ou lumineux ne tente de réglementer la circulation, le nombre des accidents est insignifiant.

Une reprise difficile

La reprise de cette grande épreuve sportive, après sept ans d'interruption, ne s'accomplit pas, toutefois, sans confusion. C'est ainsi que Jacques Goddet, le nouveau directeur général, avoue tout à coup que, dans son affolement, il a oublié dans le tiroir de sa table de nuit le pistolet avec lequel on devait donner le départ. On s'empresse aussitôt de rechercher une arme de remplacement dans les maisons environnantes, mais, prétendant en avoir un besoin personnel en ce jour d'affluence, les aubergistes de Pierrefitte refusent de se dessaisir de leur outil professionnel.

Enfin, après bien des hésitations, le suisse de l'église accepte d'abandonner pendant quelques minutes sa hallebarde de cérémonie. En conséquence, le départ est donné à l'arme blanche.

Le convoi est à peine en marche qu'une nouvelle faute, due à l'inexpérience des organisateurs, nous est signalée par des spectateurs massés sur le bord de la route pour voir passer le Tour. Parmi l'imposant cortège des cent trente voitures publicitaires qui défilaient devant eux à grand renfort de klaxon et de haut-parleurs, ces braves gens auraient, en effet, aperçu un cycliste. Un vieil habitué, qui suit l'épreuve depuis 1903, m'affirme que c'est la première fois qu'il lui est donné d'assister à un spectacle aussi insolite. L'effervescence populaire ne se calme que grâce à l'intervention de Charles Joly qui vient déclarer qu'il veillera désormais personnellement à ce qu'un pareil fait ne se reproduise plus.

A Arras, le bruit court que René Vietto a disparu. Renseignement pris, ce coureur, sur la foi d'une mauvaise indication, est parti de Pierrefitte dans le mauvais sens. A son passage à Rouen il a été acclamé par la population qui, connaissant les qualités athlétiques du champion cannois, a cru que celui-ci avait parcouru 4 500 kilomètres dans la journée et arrivait premier avec un mois d'avance sur l'horaire prévu.

Après explication, Vietto s'est refusé à rebrousser chemin. Estimant que c'était la seule façon de rattraper au plus tôt le peloton, il a décidé de continuer son Tour de France à l'envers. Si tout va bien, il espère ainsi retrouver ses camarades aux environs de Marseille et du 9 juillet.

Sur la route avec les As

Un peu après Lens, notre auto rejoint les As. Ceux-ci roulent en groupe serré, attentifs à ce qu'aucun d'eux ne tente un emballage intempestif. Gare à l'imprudent qui s'y hasarderait ! Ses concurrents tiennent à sa disposition une collection de tessons de bouteille idoines à réduire ses pneus en dentelle. Encore faut-il bénir le sage règlement qui interdit aux coureur l'emploi de la mitraillette et du couteau à cran d'arrêt, autrement le Tour de France compterait bien des victimes.

Les As tiennent à leur réputation. Ils restent insensibles aux prières des cyclistes fatigués et c'est à tort qu'un jeune ambitieux croirait, par une distribution de billets de cent sous, obtenir la permission de prendre un peu d'avance.

Qui veut dépasser ces gaillards doit employer la ruse. On me signale, par exemple, le cas d'un cyclard, démontant sa machine, en fait un certain nombre de colis qu'il expédie chaque soir par la poste à l'étape suivante. Habilement camouflé, il entreprend alors de faire la route à pied et peut ainsi distancer ses camarades qui ne se méfient pas car ils ne voient en lui qu'un promeneur pressé.

La vie s'organise parmi les cyclistes. Forcés de demeurer de longs jours sur leurs machines, beaucoup, on le conçoit, s'efforcent d'y vivre le plus commodément possible.

Louis Thiétard a fixé sur son guidon une petite tablette sur laquelle il prend ses repas, se fait des réussites ou écrit des cartes postales à ses amis, ce qui coupe agréablement la longue monotonie des étapes. Brick Shotte a attaché un hamac à son cadre afin de s'étendre lorsqu'il en a envie.

Quelques fils de famille, qui prennent part au Tour de France dans la seule intention d'effectuer, en dépit du renchérissement des tarifs de chemin de fer et de l'accroissement des impôts sur les automobiles, un voyage à bon compte, ont des bicyclettes munies de tout le confort moderne : eau chaude et froide, salle de bain, vide-ordure, téléphone, électricité, chauffage central, ascenseur, etc. Quelques-uns se sont même fait accompagner d'une petite amie et d'un domestique chargé de pédaler à leur place.

Qui sera vainqueur ?

Les pronostics sont encore difficiles à établir. Pourtant, parmi les vainqueurs possibles du 34e Tour de France, on donne comme favori un cycliste qui s'est, en sortant de Pierrefitte, dirigé directement sur Strasbourg, ce qui, en lui évitant un long et inutile détour par Bruxelles et Luxembourg, lui épargne près de 500 kilomètres de parcours.

Un autre, pourtant, marque d'ores et déjà une sérieuse avance car il fait le voyage en train rapide avec sa bicyclette dans le fourgon des bagages. Cependant, Paris point de départ étant également point d'arrivée, un troisième routier, resté tranquillement à Montmartre, pourrait bien être l'outsider possible et toucher le but avant tous ses camarades.

Dis-moi papa…

Michel venait de poser son manuel d'histoire.

– Dis-moi papa, n'y a-t-il donc dans ces 300 pages que les récits de crimes individuels et collectifs depuis le premier homme jusqu'à nos jours ?

– Mon petit, vois-tu, l'homme est un animal sociable qui est fait pour vivre seul, encore s'ennuie-t-il. Mais je ne pense pas qu'il n'y ait eu au cours des siècles que de grands criminels, généraux, empereurs, tyrans et autres Ravaillac. Bien au contraire, chaque pays, à chaque époque de l'histoire, a eu ses constructeurs, ses réalisateurs qui se sont appliqués à rendre l'homme plus heureux et la vie plus facile.

» Ainsi, ce tantôt, si tu le veux, je profiterai de mes petites entrées professionnelles pour te faire assister à un débat à la Chambre. Des hommes sains y discutent (parfois avec une grande fougue) de la chose publique. Ils ont fait profession de sauver le pays, depuis leur majorité jusqu'à la mort, qui leur vient très tard. Ils sauvent ainsi chaque jour, opiniâtrement, la nation et nous-mêmes des pires calamités et la reconnaissance que nous leur en avons est bien mesquine en vérité. Ce sont des génies, mon fils, qui possèdent d'égales aptitudes lumineuses pour les choses de la justice, du commerce, des colonies, du ravitaillement, qu'ils traitent à tour de rôle avec un rare bonheur et une grande compétence. Ces gens nous aiment, nous n'y pouvons rien et le leur rendons mal ; leur métier pour lucratif qu'il soit est ingrat comme nous-mêmes. Ils manient le beau langage aussi bien que le fleuret, ce sont des lanceurs d'épigrammes, des trousseurs de madrigaux, leur grande intelligence n'a d'égale que leur probité candide. Eclairés et sages, ils gouvernent…, tu les verras, ce tantôt, beaux et fiers, ardents et loyaux : des hommes, des vrais et des meilleurs. »

Michel m'a écouté en fils respectueux qui sait son père bavard, puis il a dit :

– Les Chambres sont en congé, papa, c'est aujourd'hui samedi !

– Alors, je t'emmènerai au zoo.

par Pierre Cour

L'OS DE CŒUR

et Francis Blanche

Nous remercions vivement les toujours généreux donateurs qui s'obstinent si gentiment à vouloir nous faire déguster les produits variés de notre bonne terre de France ; mais, attention… Attention ! les envois massifs de blé, à partir de 50 grains, doivent être envoyés de préférence au Service du Ravitaillement qui les accepte sans conditions.

***

M. Quoix de la Montazeau, rue Charles-Gide, à Limoges, nous adresse cette demande :

Je ne parle pas l'anglais et je désirerais pourtant très vivement épouser la princesse Elisabeth. Pourriez-vous m'indiquer les formalités à remplir pour que S. M. George VI devienne mon beau-papa ? Et vous chargerez-vous de la demande en mariage ?

– Mais oui…, rien de plus simple : apprenez le cricket, le tennis, le football, le golf, le rugby, le hockey, le base-ball, le pushing-ball, le water-polo, l'escrime, l'équitation, le rallye-paper, la semaine anglaise, le black-out, le week-end, le lunch, l'art du puzzle, l'hindou, le khroumir et la langue anglaise (1re et 2e années). Après cela nous pourrons mettre les gants blancs sans crainte de complications diplomatiques.

***

Blonde Rêveuse, de Bruxelles, nous demande conseil en ces termes :

Dois-je accepter l'offre de conjungo d'un vieux monsieur millionnaire, mais qui bave dans sa soupe ?

– Tout le problème réside dans vos propres sentiments. Si vous êtes vraiment éprise de ce futur « futur » – comme on peut le craindre – l'Amour vous bande les yeux et peut-être vous faites-vous des illusions sur les mérites de celui qui vous tient sous le charme. Un mariage si peu réaliste ne nous dit rien de bon. Tournez donc sept fois votre cuiller dans votre soupe à vous, et n'agissez pas comme si vous croyiez toujours au Père Noël. Merci pour les offres de chocolat ; nous ne crachons pas dessus…

***

M. Augustin Roger, rue Massenet, à Sartrouville, nous écrit :

Je prends mes décades pour ne pas les laisser périmer, mais comme je ne suis pas fumeur, c'est mon fils qui est occupé à longueur de journée à faire des châteaux avec tous ces paquets ! Il encombre ainsi la plus grande pièce de la maison. Pourriez-vous m'indiquer un endroit où je pourrais les déposer, pour m'en débarrasser ?

– Faites-les déposer de notre part, dans les bureaux de *L'Os libre*, bureau du metteur en pages. Notre geste généreux et désintéressé décidera peut-être le dictateur du coin à nous octroyer un peu plus de place dans son royaume de colonnes… car, depuis quelque temps il donne l'impression de vouloir jouer aux osselets avec notre cœur à tous… D'avance, merci pour lui !!!

Faits divers

DE MARSEILLE (de notre correspondant). – Hier après-midi, à la hauteur du n° 73 des allées Léon-Gambetta, un inconnu qui venait d'enlever son chapeau pour saluer une dame, a réceptionné une brique sur la tête. L'homme ayant un physique anormalement patibulaire, la police et les personnes présentes ont déclaré que le projectile ne pouvait mieux tomber.

L'infecte créature, qui ne peut être qu'un horrible espion, a été écrouée à la satisfaction générale.

DE CHAMBRAY (de notre correspondant L. Bénard). – Un inconnu qui tentait de s'approprier honteusement les énormes fraises qui poussaient bruyamment dans le jardin de M. E. Montébrau, a sauté sur une des mines dissimulées dans les fraisiers.

LE HAVRE. – Une délégation d'incendiaires de dépôts de coton et de pneus (section Ports et Docks) a été reçue hier au syndicat d'initiative du commissariat aux sinistres accidentellement provoqués. Les délégués des ouvriers du feu ont demandé une augmentation de salaire, une prime pour frais de déplacement et le remboursement de leurs débours pour l'achat de pierre à briquet.

LA ROCHELLE (de notre envoyé spécial). – Du pain, contenant un fort pourcentage de farine de mogettes (haricots à haut pouvoir détonant) a provoqué, hier matin, un premier accident chez M. Pierre Spicace, rue du Port. Ce dernier, son repas terminé, s'était assis par mégarde sur son réchaud à gaz allumé, lorsqu'il fut pris d'une série de malaises. Quelques secondes s'étaient à peine écoulées qu'une puissante déflagration secouait l'immeuble où se déroulait ce tragique événement.

A l'heure où nous mettons sous presse, la police enquête, alors que la ville est secouée, à intervalles irréguliers, par des explosions sourdes.

DE TROYES (de notre correspondant). – Poursuivant farouchement le cycle infernal de ses initiatives gigantesques, la préfecture de l'Aube vient de prouver de nouveau son ardent désir de sauvegarder les intérêts de ses administrés.

C'est ainsi qu'elle vient d'autoriser MM. Les bouchers à débiter dans leurs magasins : bois de chauffage, planches, madriers, etc., afin d'entretenir leur matériel, susceptible de se rouiller par une grosse inaction velue.

Dernière seconde

Procédés déloyaux

DE PARIS (de notre espion permanent). – Depuis quelque temps, la rédaction de notre confrère, le grand hebdomadaire illustré *Point de Vue*, constatait que des fuites graves se produisaient. Des documents d'une rare exclusivité disparaissaient pour reparaître peu après dans notre journal. Une surveillance, exercée autour de l'armoire à sciure où étaient cachés les reportages exceptionnels, a permis la capture d'une sorte de petite brute à l'aspect peu engageant prétendant se nommer Pierre Dac.

Le peu recommandable individu, qui n'était autre que Fernand Rauzéna, habilement grimé, a été relâché moyennant le paiement d'une petite tournée générale.

PETITES ANNONCES

OFFRES D'EMPLOI

Astronome cherche pour conduire lunette astronomique, chauffeur connaissant bien voie lactée.

DEMANDES D'EMPLOI

Détenu de droit commun, libre le soir, effectuerait petits travaux de serrurerie. Prix modérés.

Jeune femme disposant joli bébé, cherche place de nurse chez elle. Ne pas écrire ni se présenter.

Infirmière sérieuse, Côte-d'Or, demande emploi de garde-malade région Nice, auprès monsieur riche, malade du 30 juin au 30 juillet.

PENSIONS – VILLÉGIATURES

Prendrais chevaux de fiacre en pension période vacances. Altitude 3 872 m. Nourriture saine, bon repas, belles promenades. Vue imprenable sur Mont-Blanc. Au Bourrin-Fleuri, Annecy. Direct. : R. Lefèvre.

ÉCHANGES

Echangerais de suite belle-mère, 2 m de hauteur, grande envergure contre boîte de colle « Gripfix ». Paierais la différence. S'adresser Polli Roger, 6, rue Dorme à Briey (M.-et-Melle).

SUJETS ARTISTIQUES

Concierge hiératique tendant une quittance allégorique à un locataire arthritique, ruiné par une spéculation malheureuse avec des actions de la Société de pavage du Haut-Atlas et de l'Afrique-Equatoriale française.

En plâtre des montagnes, entièrement roustonné à la main. Sujets hardis et vigoureux, fabrication très soignée dans le détail. Prix : 7 500 fr. Longueur totale : 1 m 780.

DU NOUVEAU DANS LES LANGUES ÉTRANGÈRES !

L'ANGLAIS À VOTRE PORTÉE

Sans cours fastidieux, sans disques, sans cinéma, sans rien… simplement

PAR TÉLÉPHONE !

Demandez l'annuaire anglais des téléphones, à votre ambassade anglaise habituelle. Pour toutes autres langues, voyez l'ambassade que ça regarde.

DIVERS

Porte-parapluie à mâchoires sustentées, pet. mod. : 2 155 francs. Article plus luxueux, race Saint-Bernard : 15 000 francs. « Au chien qui rapporte », 51, impasse de la Narine gauche.

Caleçon long à courtes emmanchures. Toile d'avion. Avec nervures, haubans et petite hélice : 1 900 francs.

Extincteur « Stop-Fire », le seul efficace contre le feu du rasoir. Le gros tube débonnaire pour trois coupures : 276 fr. 10.

Chapitre XVI (suite)

– Et maintenant, il faut partir, dit Bombiscaille, une fois bu le coup de l'étrier.

Cocas se creusait la cervelle pour trouver un moyen d'avertir son maître de ce qui se tramait, sans donner l'éveil à ses deux acolytes. Il sentait une sueur d'angoisse lui couler le long de la colonne vertébrale – ce qui est une sensation fort désagréable quand la température n'est pas caniculaire – à l'idée d'être obligé de quitter la taverne sans y être parvenu, et maudissait le méchant sort qui le mettait à la fois en présence du marquis et dans l'impossibilité de lui parler !

Déjà Bombiscaille et Bigle-d'un étaient sur le pas de la porte, prêts à sortir. Le malheureux valet se tourna vers son maître, comme pour saluer l'assemblée courtoisement avant de prendre congé, et fit, en direction de M. de Voloter, une grimace qui, dans son esprit, voulait signifier : « Attention ! il se passe quelque chose d'anormal. Suivez-moi… »

Malheureusement, elle fut interprétée de façon toute différente par celui à qui elle était adressée, car il se tourna vers le duc en disant d'un air outré :

– Je n'aurais jamais cru que ce sacripant de Cocas pût s'enivrer au point de perdre le sens des convenances jusqu'à oser me faire des grimaces ! Et quelles fréquentations impossibles il a ! Dès demain je le flanque dehors ! C'est regrettable car, jusqu'à présent, je n'avais eu qu'à m'en louer !

Pendant ce temps, Cocas, désespéré de constater le lamentable échec de sa transmission mimée, sortait à reculons sur les talons de ses deux complices.

C'est alors qu'il eut une idée de génie.

Il se rappela soudain que son maître appelait presque toujours Mlle Adélaïde de Mars du petit nom d'amitié qu'on lui donnait lorsqu'elle était enfant et qui était Aïda. Il vit là un moyen détourné d'attirer l'attention du marquis, et avant de refermer la porte, il s'adressa à Agnès :

– Ho ! belle hôtesse, voulez-vous avoir la gentillesse de me rendre un service ? fit-il à haute et intelligible voix.

– Certainement, monsieur Cocas. De quoi s'agit-il ?

– Voilà. J'avais donné rendez-vous ici à un ami qui est en retard et que je ne peux attendre plus longtemps, puisqu'il me faut suivre Bombiscaille. Il s'appelle Voloter. Déodat Voloter.

A l'énoncé de son nom, cavalièrement amputé de sa particule, le marquis dressa l'oreille, intrigué au plus haut point par la conduite de son valet. La façon d'agir de ce dernier commençait à lui paraître curieuse et il avait vaguement l'impression qu'elle n'était peut-être pas entièrement due à une ivresse exagérée, mais cachait une intention difficile à démêler, certes, mais qui expliquait en partie ce que son impertinence avait d'inhabituel.

D'autant que Cocas parlait ferme et se tenait droit comme un « i », ce qui plaidait en faveur de sa sobriété.

– Vous serez bien aimable, continua le valet à qui l'attention de son maître n'avait pas échappé, de lui dire quand il viendra, que je pars pour une expédition qui peut m'éloigner quelque temps de la capitale et qu'il ait l'obligeance de se rendre immédiatement – vous entendez bien ? c'est très important ! – im-mé-dia-te-ment chez Aïda.

En entendant ce nom, qui résonna à ses oreilles comme un coup de trompette[1], M. de Voloter eut un brusque sursaut, et le geste nerveux qu'il fit renversa son verre, lequel en tombant entraîna celui du duc. Celui-ci, qui somnolait depuis un bon moment, se réveilla au son cristallin de cette double chute, et aperçut sous son nez les deux verres renversés. Il les redressa machinalement et les remplit à ras bord. Non moins machinalement, il les vida l'un après l'autre, n'ayant jamais pu souffrir la vue d'un verre plein, non plus que celle d'un verre vide !

Cocas, avant de sortir, salua la compagnie, non sans adresser à son maître un ultime clin d'œil, que, cette fois, celui-ci jugea plus amical qu'impertinent.

– Aïda sera ravie, dit-il en franchissant le seuil de la porte. Ravie ! insista-t-il en se retournant une dernière fois et en fixant le marquis.

Le cerveau de ce dernier travaillait activement et se dégageait peu à peu des brumes que le pinard y avait accumulées. Et, brusquement, il comprit que ce mot de la fin lancé par son domestique était à double sens, et qu'il lui fallait l'entendre, non dans le sens de « satisfaite », comme voulait le faire croire à Agnès notre astucieux Cocas, mais bien dans celui de « enlevée » !

– Sang et tonnerre ! Nom d'une bombarde ! s'écria-t-il, est-ce que, par hasard ?...

Il se dressa soudain comme si une pointe acérée venait de jaillir de son siège et secoua son compagnon qui, endormi de nouveau, ronflait comme une toupie hollandaise.

Le duc, agité par la poigne du marquis comme une oriflamme sous une tornade, ouvrit un œil effaré, et marmotta :

– Nous coulons, ventre-saint-gris ! nous coulons !

---

1. Il n'y a là qu'une pure coïncidence, et ceux qui y verraient malignement une allusion aux célèbres trompettes d'Aïda se tromperaient lourdement.

– Il ne s'agit pas de couler, mais de filer !

– Excusez-moi. Je rêvais que j'étais sur une galère du roi par une terrible tempête qui ballottait le vaisseau dangereusement.

M. de Voloter mit le duc sur pieds un peu brusquement, et se retourna pour appeler Agnès.

Celle-ci accourut.

Pendant ce temps, M. de Tréfla-Quatrefeuille s'était tranquillement rassis.

– Voyons, mon cher duc ! supplia le marquis, je vous prie, reprenez vos esprits et levez-vous sinon vous allez repartir sur les flots déchaînés, et, dans votre état, le mal de mer pourrait entraîner de fâcheuses réactions !

Il saisit l'ivrogne sous les aisselles et le remit debout tant bien que mal ; puis il retira la chaise d'où il venait de l'enlever pour plus de sûreté.

Laissant le duc vacillant et les yeux hagards, il régla promptement la note. Comme il se tournait pour prendre son feutre posé sur un escabeau, un grand fracas se produisit derrière lui.

Il se retourna vivement.

Le duc avait disparu.

Toutefois, il ne fut pas long à le dénicher, aplati sous la table. Le pauvre homme, croyant se rasseoir sur une chaise, alors que celle-ci était contre le mur à un mètre de ses fesses, s'était retrouvé par terre avant même qu'il ait eu le temps de réaliser ce qui lui arrivait !

Ce qui ne l'empêchait pas de dormir avec autant de tranquillité et aussi béatement que s'il se fût trouvé douillettement étendu dans les couettes confortables de son haut lit à baldaquin. La seule différence était qu'il rêvait maintenant que le marquis et lui gambadaient folâtrement parmi les fougères arborescentes et en compagnie d'agréables dryades aux croupes rebondies. Ce qui était probablement dû à la forme du flacon qu'il serrait entre ses bras et qui tenait plus de la bonbonne que du demi-setier.

(*A suivre.*)

L'OS LIBRE

« Contre tout ce qui est pour – Pour tout ce qui est contre. »

NUMÉRO 87 – MERCREDI 2 JUILLET 1947

Premier Tour de France d'après-guerre. Il mobilise un pays qui, pendant les vingt et une étapes de la Grande Boucle, a décidé d'oublier ses soucis et de vivre cette grande fête populaire. Cette trente-quatrième édition, qui a débuté le 25 juin et s'achèvera le 20 juillet, est partie de Paris. Des détours par la Belgique et le Luxembourg sont prévus. Le directeur de l'épreuve, Jacques Goddet, ne dissimule pas les difficultés qu'il a rencontrées pour organiser cette épreuve dans un pays encore dévasté par cinq années de combats.

Edito — La belle époque

par Pierre DAC

Je commence à en avoir par-dessus la tête avec l'époque 1900. Car il paraît que c'était la belle époque, moi je veux bien. Mais quand même, j'ai le sentiment qu'on en abuse. Il est vrai qu'on a trouvé là un sujet bien agréable et accommodable à toutes les sauces. Quand un revuiste ou un auteur (remarquez qu'on peut être les deux à la fois) ne sait plus quoi dire, en avant pour un spectacle 1900. Et en avant pour les refrains de nos pères, la romance au sirop, la valse lente, les refrains grivois, les sous-entendus égrillards, les bons mots des boulevardiers, etc., etc. Vous me direz que si je n'aime pas ça, je n'ai pas à en dégoûter les autres ; d'accord, aussi bien je ne dis pas que c'est idiot, je dis que moi personnellement et en ce qui me concerne ça me casse drôlement les environs du sternum et régions similaires. Ça la belle époque ? Laissez-moi essayer de ne pas rire.

Belle époque en vérité que celle où les petits pains étaient à un sou, le vin à 10, les chaussures à 10 fr., les costumes à 50 et le tout à l'avenant pour moins cher encore. C'était à mon avis se payer cyniquement la tête du brave citoyen que de pratiquer des prix pareils. Ça ne pouvait engendrer que la catastrophe, aussi bien, ça n'a pas raté, la petite plaisanterie de 14-18 nous l'a prouvé. Je m'en souviens d'autant plus que j'ai eu l'honneur et l'avantage d'y participer,

c'est d'ailleurs de cette époque que datent mes relations avec le maréchal Pétain ; il convient de reconnaître que nous n'avons jamais sympathisé beaucoup ; nos relations sont toujours demeurées empreintes d'une certaine froideur, correctes, certes, mais sans plus.

Nous nous sommes rencontrés, à diverses reprises, du côté de Verdun, où j'avais trouvé une situation en qualité de caporal d'infanterie. On se saluait et c'était tout, pas d'invitations, pas de virées ensemble, rien d'autre…

Mais je m'égare, revenons à 1900, car c'est 1900 qui est la cause de tout et du reste. Et je déteste cette époque. La belle époque, qu'ils disent, oui, mais pour qui ? Moi je me souviens j'étais môme alors et on était quatre à la maison : mon père, ma mère, mon frère et moi. Le paternel gagnait cent sous par jour ; aussi vous parlez d'une foire ; ce que ma mère pouvait se marrer en pensant à faire marcher le ménage, à habiller, à loger et à nourrir tout le monde avec 35 pinceaux par semaine !

Bien sûr on avait toujours la ressource d'aller aux acacias voir la jeunesse dorée ou les vieilles cloches à guêtres et à chapeau Cronstadt faire des ronds de tranches de gaye devant le quarteron de pouffiasses officielles ou à la mode. La belle époque ! Ah ! messieurs les gabelous, quand finira-t-on d'en parler ? Quelle averse : au temps des valses lentes, au temps de la matchiche, au temps du pétomane, en revenant de la revue, que de spectacles consacrés à 1900 ! En ce moment c'est « Au temps des fiacres », avec Georgius, qui a également joué et avec beaucoup de talent entre 1940 et 1944 « au temps des Fritz ».

Allons, la belle époque, c'est maintenant, une époque où l'on n'a pas le temps de s'ennuyer. Une époque où la moindre des choses vaut beaucoup d'argent et où beaucoup d'argent ne vaut pas grand-chose. Ça c'est un signe, ça c'est de la belle époque, de la vraie belle époque où personne n'a besoin de se faire beaucoup de mauvais sang pour trouver des sujets à se faire de la bile. On n'a que l'embarras du choix. La vie est dure, certes, mais ça n'empêche cependant pas l'existence d'être difficile ni les aigles d'être des faucons ; d'autant plus que parmi ces derniers il y en a des vrais. Voilà. Vive 1947 et bran pour 1900 !

Le pain 47

Fleuron du génie français !

A l'heure même où nos dirigeants, dans un fier sursaut, tentent de remettre un peu d'ordre dans les finances du pays, il importe de mettre chaque citoyen en face de ses responsabilités.

Nous l'avons dit, et nous le répéterons sans nous lasser, nous ne nous en sortirons que si nous abandonnons définitivement ces funestes habitudes de gaspillage et de folle prodigalité nées de la Libération. C'est en faisant feu de tout bord, et en utilisant au maximum les produits du circuit officiel, que nous arriverons à reconstruire sur des bases solides une France nouvelle.

Refaire, tout est là. Et pour que la France soit complètement refaite, il faut s'attacher à ce que chacun de ses enfants le soit. La voie dans laquelle vient de s'engager le gouvernement permet tous les espoirs.

Toujours au service du bien public, *L'Os* a le plaisir de publier aujourd'hui quelques conseils dont le côté pratique ne saurait échapper à des lecteurs aussi avisés que le sont les siens. Le néo-pain, sujet de ce premier article, est particulièrement riche, à défaut de farine, en possibilités de tout ordre.

Son amertume particulièrement étudiée, sa parfaite inaltérabilité et sa résistance aux intempéries et bourrasques, en font comme le vivant reflet de notre sympathique politique gouvernementale.

C'est très exactement, un vrai pain de régime.

L'OS MÉNAGER.

Hier encore, à la sortie des boulangeries, bien des ménagères s'exclamaient, en contemplant les agglomérés qui venaient de leur être remis en échange de leurs faux tickets de pain :

– Qu'est-ce que je vais bien pouvoir faire de ça ?

Mais demain, chacun, grâce à nos conseils pratiques, pourra trouver une foule d'applications à ce produit nouveau dont la mise au point fait le plus grand honneur aux services techniques du ministère de la Reconstruction (Département des matériaux de récupération).

Avant d'entrer dans le détail, rappelons, toutefois, pour les rares non-initiés, cette vérité première : « Ne gaspillez jamais ce pain en le mangeant. »

Vous vous exposeriez à des troubles graves, sans aucun profit.

De plus, à l'heure actuelle, la France a besoin de tous ses enfants et nul n'a le droit, par bravade, de risquer sa vie inutilement.

***

Nos banlieusards, les premiers, ont compris tout le parti qu'ils pouvaient tirer du néo-pain. Notamment dans la fabrication des parpaings et des briques creuses.

Il suffit d'acquérir un certain tour de main et de procéder à un malaxage rapide pour obtenir, après quarante-huit heures de séchage, un moellon particulièrement résistant.

Nous avons vu, de nos yeux, une petite villa de trois pièces et cuisine entièrement composée avec le produit des cartes de pain d'une famille de six personnes. Et le résultat est tout bonnement merveilleux.

Le ciment, obtenu par simple délayage de farine à l'état pur[1], assure la parfaite étanchéité du bâtiment.

***

Si vous êtes infestés de rats, souris, mulots, etc., de simples boulettes judicieusement réparties vous assureront un rapide et total anéantissement des rongeurs.

Nos campagnes n'apprendront pas sans intérêt que des pulvérisations de la nouvelle farine sont souveraines contre le doryphore et le phylloxéra. Toutefois, ne jamais procéder sans avoir consulté un spécialiste, car toute exagération dans l'application de ce puissant insecticide pourrait se traduire par la mort des plants.

Cultivateurs, usez du D. D. T. Ramadier. N'en abusez jamais !

Si vos moyens vous permettent d'équiper un petit laboratoire, vous pourrez facilement arriver à séparer des produits annexes un excellent terreau particulièrement recherché par les pêcheurs pour la conservation des vers de terre.

1. C'est-à-dire exempte de blé, d'orge ou de toute autre denrée périssable.

Nous n'insisterons pas outre mesure sur les différentes applications de la mie du néo-pain : mastic de remplacement, rechapage des pneus de vélo. La ration mensuelle d'un adulte correspond sensiblement à la quantité nécessaire au rechapage d'un pneu de camion. La vulcanisation s'obtient facilement et ne nécessite aucune installation spéciale : un four de boulanger suffit.

Signalons enfin que nos plus grandes usines de briqueterie, séduites par la solidité et le fini du produit, seront bientôt en mesure de livrer parpaings et briquettes à la demande et sur simple remise de tickets de pain du poids correspondant.

Les bons monnaie-matière, devenus sans objet, seraient affectés au rationnement de la farine blanche.

***

Le corps médical ne pouvait manquer de se pencher sur cette nouvelle découverte.

C'est ainsi que nous trouverons bientôt dans toutes les bonnes pharmacies l'emplâtre Roméo Carlès, dû aux patientes recherches de l'excellent docteur.

Selon les experts, il s'agirait là d'un corricide d'une puissance jamais atteinte.

***

Enfin, aux dernières nouvelles, nous apprenons la mise en vente prochaine du néo-pain « Hollywood », spécialement mis au point par un ingénieur du son.

Cette fois, vraiment, nous touchons au porc.

À Os rompus

Vélo et stylo

Georges Speicher, ex-champion du Tour de France 1933, suivra le Tour 47 en qualité de reporter sportif, pour le compte de nos confrères *France-Soir* et *Records*.

Convoqué par la rédaction de l'un de ces journaux, le coureur cycliste se fit un peu tirer l'oreille :

– Faut vous dire que moi, j'ai pas l'habitude d'écrire…

– Aucune importance, vieux. Ton reportage quotidien n'aura que deux mots, jamais plus.

– Deux mots… ?

– Oui. Au bas du papier, tu mettras : Georges Speicher.

Sports et littérature

Par décision du Comité olympique de Stockholm, le salut des athlètes, à cause de sa similitude avec le salut fasciste, est remplacé par un « tête à droite ».

Dimanche dernier, le salut d'une équipe arrivant sur le stade manqua quelque peu de cohésion. Le fait a été souligné par le reporter commentant la partie :

– Sans doute, par manque d'entraînement, chers auditeurs… le salut de bras, remplacé au pied levé par un tête à droite, était plutôt gauche…

On ferme

La journée qui précéda la grève des grands magasins, une vieille dame demandait au factionnaire préposé aux renseignements, à l'entrée de la Samaritaine :

– Je voudrais une fermeture-éclair… !

– Nous aussi, madame, répondit fort aimablement l'employé.

Le Diable au corps

M. Brugère, ambassadeur de France en Belgique, a quitté le palais des Beaux-Arts, en manière de protestation, pendant la présentation du film *Le Diable au corps*. La femme d'un attaché d'ambassade, qui partageait la loge de M. Brugère, interrogea discrètement son époux :

– Est-ce qu'il faut aussi que nous partions ?

– Probablement, répondit l'attaché, d'autant que la suite du film pourrait comporter d'autres scènes encore plus scabreuses.

– Oh ! alors, dit la jeune femme en se rasseyant, restons là.

CENTIÈME ANNÉE (déjà)
N° 2 (comme le temps passe !)

Rédaction, Administration, Publicité, Ressemelages, Sciage de bois à domicile, etc.
21, rue de la Tête-d'Ane-aux-Haricots-Rouges, Paris (20e)
Directeur-gérant : H. BIBOUGNE.
Gérant-directeur : J.-P. ROBERT.

LA SELLE SANS CLOUS

TOUS LES SECRETS D'ESSIEUX

Toujours DIGNE

1er RAMADIER

sur cycles « Infernal » selle « doseille »

CE QUE FUT L'ÉTAPE SUR LES FESSES !

par triporteur spécial

Deux heures du matin. La route obscure encombrée des corps des vaincus. Je me fraye un passage dans les cycles tordus. Au hasard, j'interviewe une créature qui geint furieusement sur un des bas-côtés de la route. L'homme porte gaillardement, malgré ses blessures, les restes jaunâtres de ce qui fut un maillot. Il réclame avec une insistance fâcheusement louche, du vulnéraire et du fort. Je lui offre ma dernière lampée de soupe aux pois fulminatée. Et il parle, intarissablement…

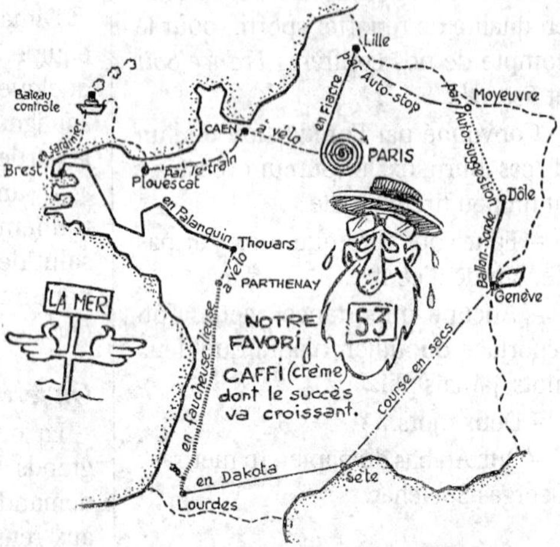

– Je suis né, dit-il, dans la Plaine-Saint-Denis, mon père était cow-boy intérimaire dans une fabrique de lait condensé. Ma mère était rempailleuse de

chaises électriques, chez Chaudin de la Crépine. C'est vous dire si j'étais marqué par le destin pour faire du vélo !

Mais le temps passe. Je presse mon interlocuteur, il hurle car j'ai dû toucher un point sensible.

– Voyons, quel est votre nom ?

– Aristide Lotoche.

– Pour quelle marque courez-vous ?

– Lévitan.

– Mais cette maison n'a rien à voir avec le cyclisme !

– D'accord, reconnaît Aristide Latoche, mais cela n'a vraiment aucune importance : je cours seulement pour m'amuser !

Des brancardiers s'affairent ; je leur cède la place. D'ailleurs on vient de dégager la voiture à âne de *L'Os libre*, laquelle a sauté sur la mine patibulaire d'un accompagnateur.

On repart à vive allure et bientôt on distingue dans le petit jour les fesses scintillantes du peloton de tête.

Rappel à l'ordre

La préfecture de police rappelle une dernière fois que les messieurs des diverses équipes qui suivent le Tour de France à bicyclette doivent circuler en restant groupés par deux dans l'ordre des numéros qui leur ont été donnés à cet effet. Ceci afin d'éviter d'impressionner défavorablement les campagnes par un laisser-aller de mauvais aloi qui n'a d'ailleurs pour effet que d'entraver la circulation de la caravane publicitaire.

LE GESTE AUGUSTE DU SEMEUR

Le concurrent loyal et avisé.

Désireux de gagner seul, détaché du peloton, laissant loin derrière lui concurrents et officiels pétrifiés de surprise, n'emploie que les punaises « bavonèze ». Propres, nettes… impeccables.

Pendant les longues courses solitaires, quoi de plus triste qu'un vélo silencieux ! glissant sans bruit sur le macadam.

Les géants du Tour graissent leurs essieux avec le sable à lapin des carrières de Bezons ! Faites comme eux et… comparez, écoutez…

Gonfler un pneu n'est pas une cérémonie. Mais gonfler avec Zéfal… c'est gonfler en grande pompe.

Tous les vélos du Tour sont équipés par la radio-diffusion : sa chaîne nationale a un succès damné !

DÈS L'ARRIVÉE À L'ÉTAPE…

Les géants de la route ne descendent de leur cycle qu'à l'aide de l'échelle CRUCHÊNE.

Ils nettoient aussitôt leurs cycles avec le brillant « Aristide » à la potée d'émeri.

UN NERF DE BŒUF

Pour bien se rafraîchir, le véritable coureur ne consomme que le cassoulet toulousain Laperlouse.

Toujours frais, jamais glacé !

En boîte de 12 kg (pour une étape) : 655 fr.

Avis

Le motocycliste n° 7 643, affecté à l'encadrement des coureurs du Tour de France, prie la personne qui lui a dérobé son réticule, de bien vouloir retourner les photos grivoises contenues dans le récipient à Mme R. Thouvenin, 76, impasse du Mou de Veau, à Super, Cannes.

Tous les concurrents du Tour sont remorqués à l'aide du câble invisible « Pépère » en acier spécial. Le Pépère invisible rend invincible.

AVIS
AUX MASSEURS

Le premier accroc ne coûte que 150 fr. Se méfier des contre-flacons !

IL PLEUT SUR LA ROUTE

Foutaise ! s'exclament les conquérants du Tour, car ils sont à l'abri sous leur grand parapluie : BALÈZE !

POUR N'AVOIR PAS FROID

Les vrais champions ne portent que les chauds sous-vêtements « Le Gredin ». Fourrés à la ouate thermogène.

Un avis autorisé…
Charles Trenet

J'aime beaucoup, j'adore ce conte de fée moderne, subtil : le Tour de la douce France, beau pays de mon enfance ! Gentilles bécanes d'azur qu'enfourchent les demoiselles roses, bleues, tout là-haut, dans l'essieu pour voir passer : le Tour. Les satyres ont quitté leurs salopettes de travail. Le charcutier est sorti avec la moitié du cochon qu'il n'a pas encore tué et les enfants des patronages sont venus bien sages, et regardent, avec leurs galoches, qui martèlent le pavé des villes, des villes de province. L'air sent la naphtaline avant et l'embrocation après ; et le tour est passé par ici, il repassera par là… Les vélos sont jaunes comme la chance. En vérité, M. le maire est là, entouré des têtes de loup du Conseil. Il s'est fourré dans la boucle de son écharpe… comme un œuf de Pâques ! Il sent un discours lui monter à la gorge… il ouvre la bouche : « J'ai toujours aimé les tours de… »

Las, les cyclistes sont partis. Indifférents !

Ils pédalent, pédalent, pédalent… et c'est bien agréable !

Les durs vus par un dur

Les mectons, j'vous l'bonnis comme je vous l'casse, ça a été du vrai, du chouette, du beau turbin, et mézigue, j'en connais une surface dans le maniement de la p'tite Reine. On s'est cassé sur le coup de 8 plombes et sitôt les gars se sont mis à décarrer en tranche à 40 bornes au mouchard ! Ça y allait à la manœuvre même que des guimbardes et des motards ont commencé à se faire larguer… lessivés, qu'ils étaient. Après la p'tite bouftance de la mi-temps, v'là mon Camellini qui met les adjas, salue la compagnie, dressé sur les manivelles, la tête dans le cintre fignedé en aigrette. Depuis l'matin, on voyait qu'il était dans le coup, bien plancouzé au milieu du paquet… il ménageait ses nougats pour le grand boum. D'un seul coup on l'a vu mettre le nez à la fenêtre, et v'lan, j'les agite. Les autres paumés l'ont pas revu. Paraît même qu'il a fini avec 10 broques d'avance au berlingue sur Emile Prud'homme qui s'était carré le père fouettard pendant les 273 bornes sur son piano à bretelles dans le panier à pick-up. Comme j'vous l'dis… du beau sport ! Quoi.

LE GRAND CONDÉ.

Pour tromper… la longue attente

Les femmes de nos chers bicyclistes tuent le temps au « Paddock », le cabaret à la mode, en plein Montmartre. De la gaieté, de l'entrain, de la jeunesse et tout et tout… Garderie d'enfants, boisson à gogo.

URGENT

Le garde-barrière de Saint-Jean-de-Maurienne est demandé d'urgence toutes affaires extra-conjugales cessantes, pour donner le passage au peloton de tête.

UN OFFICIEL

Du plus rapide au plus tocard. Ils sont chaussés par Leplacard.

Les grandes vedettes du Tour, pour voyager incognito, ne portent que la fausse barbe AUTOMOTO.

AVIS

Mme Lazaridès avise le bon gros public qu'elle ne répond pas des furieuses dettes que pourrait contracter son époux dans les estaminets bordant les routes suivies par le Tour.

Dernière heure

Nous apprenons à l'instant même que le champion de *L'Os libre*, Gabriel Vermerie, un des titans du cyclisme international de Seine-et-Oise, est signalé en difficultés sur les hauteurs de La Plaine-Saint-Denis.

Un incident mécanique, que l'on attribue à une rupture de bretelles, entrave la marche victorieuse de notre sémillant poulain. Son rival direct, le coureur calabrais Guido Bernasconi, ne serait pas étranger à ce que l'on croit être un lâche sabotage.

Bulletin météorologique

Ciel rudement bas et sévèrement couvert. Aucune possibilité d'éclaircies. Avec violentes chutes de gros grêlons et d'argile.

Verglas dans les descentes et sur les chapeaux de roues. Cumulus à la hauteur des genoux. Amélioration en fin de soirée par vastes chutes de neige et de messieurs à bécane.

Consignes de défense passive contre les armes atomites

Etant donné les pertes cruelles qu'ont subies ses divers ressortissants, le Présidium suprême de l'Etat de Mitologis rappelle que les consignes de défense passive doivent être scrupuleusement observées.

L'ennemi, qui ne recule devant rien, emploie un gaz asphyxiant parfumé, à seule fin d'endormir notre commune méfiance. Nos services secrets appellent ce gaz la « bombe atomite Timor ».

En conséquence, dès qu'une mite de reconnaissance détecte la présence de TIMOR, elle doit sonner immédiatement l'alerte. Aucun abri n'étant sûr, chacun devra sauvegarder son existence par la fuite, si toutefois celle-ci est encore possible.

PETITES ANNONCES

OFFRES D'EMPLOI

Fabrique de bouées de sauvetage pour obèses, demande mannequins ayant 1 m 90 de tour de réservoir à potage.

DEMANDES D'EMPLOI

Monsieur assez bien, bonne volonté, cherche petite place auditeur radio à domicile. Ne pas écr., se présent. Onésime Rondelle, Pont de l'Alma.

PROPOSITIONS DIVERSES

Chemineau désirant passer quelques jours dans l'Hérault, cherche cheminot compréhensif.

CHIENS

Chien courant ordinaire, bonne tête, queue parabolique. La p. 1 502 fr.

Modèle luxe. Tête 1er choix, enjoliveurs, etc. coloris au choix. Avec une patte de rechange : 2 990 fr.

Au Chien vert, 78, rue des Paveurs agacés, Paris-17e.

POUR LES VACANCES

Jette-Galet. Jeu de société pour personne ne sachant pas nager. Projette tous galets (de 500 à 1 000 gr.), à 150 mètres sur la tête des baigneurs.
Avec chronom., minutant les durées d'immersion et un marqueur de points : 4 975 fr. Tr. distrayant.

« Infect' Trapu », liquide putride à odeur persistante. Indispensable pour dégager plages surpeuplées. Le flacon pour plage ord. : 19 fr. 90.
Le grand flacon pour baigneurs têtus : 83 fr. 50.

Machine à concasser les galets, pour personnes aux fesses sensibles. Ajoute aux joies saines de la plage, une occupation salutaire et agréable.
La grosse machine, débit 10 kilos en 1 heure : 56 975 fr.

Masque sous-marin comportant petit cinéma, Spéc. pour baigneur timoré.
Livré avec 12 films sur la pêche sous-marine : Pêche maudite, le requin fatal, plongée tragique, bloqué dans les poches d'un crabe, etc. En ordre de marche : 1 078 fr.

Bonnet de bain en mélasse durcie. Jolie imitation caoutchouc. Fond à l'eau et recouvre la chevelure d'un bel enduit visqueux. La pièce : 89 fr. Très amusant.

MARIAGE

Jeune fille, jolie mentalement, cherche bon jeune homme à vue basse, pour le conduire dans la vie. Magnifiques possibilités, si riche.

DIVERS

Réveille-matin à sonnerie réglable. Permet de régler la force de la sonnette afin de ne pas troubler le sommeil : 900 fr. Article plus soigné, battant bronze timbre feutre caoutchouté : 1 120 fr.

Chapitre XVI *(suite)*

Exaspéré par cette persistante somnolence, le marquis poussa un grognement qui ressemblait fort à un juron, regarda le dormeur qui soufflait des petites bulles avec un air réjoui, et, renonçant à sa compagnie, il haussa les épaules avec mépris, coiffa son feutre à la diable, prit congé de dame Agnès et se précipita vers la sortie.

Il ouvrit brusquement la porte et se jeta littéralement dehors.

Un hurlement sauvage suivit immédiatement cette ruée dans les ténèbres de la nuit. M. de Voloter venait de heurter violemment dans l'obscurité un être invisible, mais qui se révélait indiscutablement sensible aux chocs.

Chapitre XVII

(Où le sort met un acharnement incompréhensible pour tout autre que l'auteur à empêcher ce pauvre M. de Voloter de rejoindre son fidèle valet.)

L'individu ainsi contacté sans douceur, une fois relevé, repoussa son involontaire agresseur dans la taverne, et lui mit sous le nez le sien. Ce dernier était violacé et un petit filet rouge coulait doucement de la narine gauche et se perdait dans une moustache roide et également rouge, mais d'un ton moins poussé et tirant plutôt vers la teinte queue de vache.

– Corne et muse ! gronda le personnage qui avait l'air rien moins que commode, est-ce que vous ne pouvez pas sortir autrement qu'à la façon d'un galet lancé sur la glace ? Ou bien l'avez-vous fait dans l'intention de m'être désagréable ?

– Je n'ai même pas l'honneur de vous connaître, messire ! répliqua M. de Voloter, fort marri de ce contretemps.

– Il se pourrait bien que vous eussiez cet honneur avant qu'il soit l'âge d'un cochon de lait ! s'écria l'autre en mettant la main sur la garde de son épée.

– Monsieur, fit le marquis fort courtoisement, ma sortie fut peut-être un peu vive, en effet, mais c'est parce que je suis terriblement pressé. Je suis navré que cette hâte ait eu pour effet de tuméfier désagréablement votre appendice nasal au point de lui donner l'aspect d'un radis arrivé à maturité, mais je vous prie de mettre cela sur le compte d'un hasard malheureux, de ne m'en point tenir rigueur et de me laisser passer toute affaire cessante.

– Vraiment ? Si je comprends bien, monsieur se dégonfle ?

M. de Voloter était d'un naturel assez calme, et de plus il avait grande hâte de retrouver Cocas, et non moins grande hâte de courir au secours d'Adélaïde si ce qu'il avait cru comprendre était vrai. Mais son sang bleu de gentilhomme tourna soudain au gris en entendant pareil propos.

– C'est votre panse qui va se dégonfler, l'ami ! quand je l'aurai percée d'outre en outre ! s'écria-t-il en tirant la rapière qui remplaçait son épée cassée sur les pavés du quai au Revard.

Voire ! ricana l'autre en tirant brusquement son arme hors du fourreau, mais avec tant d'énergique fureur qu'elle lui glissa des mains et s'alla planter dans une des solives du plafond.

– Mille tonnerres de nom d'un rat crevé ! hurla l'irascible bretteur lamentablement désarmé avant même que d'avoir combattu. Une épée ! mon royaume pour une épée !

– Votre royaume ? interrogea le marquis intrigué. Vous avez donc un royaume ?

– Je suis le roi des Gonds, répondit l'autre simplement[1].

Puis, saisissant une broche qui était accrochée au-dessus de l'âtre et toute grasse encore du jus des poulets récemment rôtis, il se précipita sur son adversaire fougueusement.

Chapitre XVIII

(Le rapt.)

Mlle Adélaïde de Mars dormait profondément, la tête gracieusement posée comme un bibelot précieux sur son bras potelé aux tendres fossettes.

Soulain, alors qu'elle rêvait à M. de Voloter, celui-ci la tenant amoureusement enlacée dans un décor délicieusement champêtre et ensoleillé, elle eut l'impression que des gouttes de pluie martelaient les feuilles du palmier sous lequel ils étaient assis. Cependant le temps restant serein, ce martèlement, de plus en plus sonore, finit par lui sembler étrange… et elle se réveilla.

Ce n'était pas la pluie qui faisait ce bruit. On frappait au carreau de sa fenêtre.

1. Titre donné au chef des truands de la Cour des Miracles qui opéraient de fructueux cambriolages en faisant sauter les gonds des portes.

Extrêmement surprise, la belle enfant s'assit sur son lit, le cerveau encore tout embrumé de sommeil, et regarda dans la direction de la croisée. Elle distingua à travers le vitrail une ombre qui se détachait sur la lueur laiteuse du clair de lune.

Instantanément, elle pensa au marquis dont elle sentait encore la douce pression autour de sa taille. Le cœur battant une charge désordonnée comme celle d'un tapin pris de boisson, elle se leva doucement, passa rapidement un vaporeux déshabillé en fibre de banane, œuvre d'une jeune esclave nubienne et nubile que son père avait ramenée d'un lointain voyage, et ouvrit silencieusement la fenêtre.

Comme elle se penchait vers l'ombre, elle eut soudain l'impression qu'une immense chauve-souris s'abattait sur sa figure, tandis que la lune disparaissait du ciel aussi subitement que la flamme d'une chandelle soufflée par un courant d'air. En même temps une sensation brusque d'étouffement ajoutait à son désarroi, et elle comprit tout à coup qu'on venait purement et simplement de lui entourer la tête d'une étoffe quelconque. Avant qu'elle ait eu le temps de comprendre pourquoi on se livrait à cette stupide plaisanterie, deux bras vigoureux la tiraient hors du cadre de la fenêtre.

Elle ne put résister à cette traction, car une brise légère s'étant levée à ce moment-là, elle sentit son déshabillé se soulever, et dans un geste d'une pudeur exquise, elle mit ses deux mains sur son giron pour empêcher ce vêtement trop indiscret de dévoiler à des yeux inconnus des trésors dont elle réservait la vue – et le toucher – au seul marquis, objet de ses tendres pensers.

De sorte que, ne pouvant opposer aucune défense, elle fut enlevée comme une plume par Bombiscaille, car c'était lui, qui la porta en courant vers le carrosse qui attendait à quelques pas de là.

Patagras et Cocas, qui se tenaient de chaque côté de la fenêtre n'eurent point à intervenir. Ils coururent à la suite du ravisseur, et tous les trois arrivèrent en même temps devant la portière du véhicule mis à leur disposition par l'Eminence verte en remplacement de celui prévu par la Bémole et infiniment plus confortable que ce dernier.

Cocas saisit la poignée et ouvrit.

A ce moment, quelque chose de tout à fait inattendu se produisit.

(*A suivre.*)

L'OS LIBRE

« Contre tout ce qui est pour – Pour tout ce qui est contre. »

NUMÉRO 88 – MERCREDI 9 JUILLET 1947

Des nouvelles du monde : l'URSS refuse le plan Marshall. En Espagne, la loi prévoyant que la monarchie sera restaurée au départ ou à la mort du général Franco est approuvée par référendum. A New York, à l'ONU, une délégation juive présente à la commission des affaires du Proche-Orient ses propositions pour la Palestine. Enfin, en Grèce, 2 800 militants de l'opposition de gauche sont arrêtés. En France, les problèmes politiques et économiques continuent de plus belle. Et personne ne sait quand ils auront une chance de se régler véritablement.

Edito

Coup d'œil sur l'Europe en vrac

par René LEFÈVRE

Paraît que ça va mal partout. On le dit, mais j'aime mieux ne pas le croire que d'y aller voir. A mon humble avis, ça va couci-couça de droite et de gauche, et cette égalité dans la carabistouille ne peut qu'amener une espèce de sérénité générale des plus souhaitables. C'est ainsi que la tornade du dernier samedi, ravageuse pour mes haricots grimpants, n'épargna point le jardinet du voisin et porta sa mauvaise haleine jusque sur la Belgique. Pas de jaloux, donc pas d'histoires.

Chez moi, à Maisons-Lafritte, les dégâts furent particulièrement importants et la pauvre Joséphine Autrain, qui travaillait sous la tonnelle, se trouva saccagée dans ses moindres détails. La malignité de la foudre et du vent combinés l'ayant dévêtue de pied en cap, sa culotte fut rapportée, le lendemain matin, par un garde du parc, lequel avait retrouvé ce vêtement essentiel sur la tête de la statue de Napoléon. Fortuitement transformé en cagoulard, l'empereur a maintenant une très mauvaise réputation dans le quartier. Comme quoi les petits effets affectent parfois les grandes causes.

L'orage avait rendu ma fille plutôt nerveuse et le chien relativement hargneux. Je ne sais pas encore exactement lequel des deux mordit l'autre, mais une grande bataille s'ensuivit et je dois acquitter une note de vétérinaire qui va me laisser sur la paille. Ces frais sont, évidemment, relatifs à l'enfant dont le tempérament bestial relève de Maisons-Alfort, alors que mon chien ne peut être traité que par un psychiatre, à cause de ses yeux tellement humains.

J'ignore totalement ce qui se passe au Portugal, en Finlande et au Danemark et, à vrai dire, je m'en fous un peu. Il n'en va pas de même avec l'Angleterre, qui est un pays où je compte beaucoup d'amis et pour lequel le sort se montre particulièrement injuste.

Vous n'avez pas été sans remarquer que les Anglais, fondateurs des courses de chevaux, avaient dû abandonner la plupart de leurs grandes épreuves à des canassons de chez nous. Cela tient à ce que, pendant la guerre, nos alliés avaient complètement cessé de faire joujou avec les dadas pour s'occuper de choses plus immédiates. Ils se trouvent donc maintenant, et pour des raisons supérieures, en état d'infériorité. Il est peut-être normal que nous en profitions, mais il est pour le moins logique de rendre hommage au courage malheureux et de donner, à la sportive Albion, un coup de chapeau supplémentaire. Comme aucun spécialiste de la question n'avait, jusqu'alors, songé à le faire, je serais heureux que le roi d'Angleterre tombât sur cet « Os ».

Pour élargir le cadre de cet article, je vous rappelle que l'on va fêter, à Hiroshima, le deuxième anniversaire de la bombe atomique. Saluons ces réjouissances masochistes et demandons à nos gouvernants ce qu'ils attendent pour commémorer, par une bombe carabinée, toutes nos catastrophes nationales. La peste à Marseille, les inondations 1910, la reddition de Sedan et l'armistice de 1940 pourraient ainsi fournir de bien jolis prétextes à bals populaires avec lampions, verres de couleurs, grands orchestres et futailles en perce aux carrefours.

Il est tout de même inouï qu'en France, pays de la gaieté, on n'entende jouer que de l'emmerdéon.

Grand-père avait raison !

Il n'y a pas que des fariboles dans la grande presse d'information. Malgré l'abondance des matières en provenance du maquis, du Palais-Confiance ou de l'entreprise de pompes funèbres Georges Bidault, nos confrères quotidiens s'arrangent tout de même pour réserver dans leurs colonnes une petite place aux choses sérieuses. C'est ainsi que l'on pouvait lire, jeudi dernier, dans France-soir *la nouvelle ci-après :*

« Londres, 2 juillet. – Mrs Margaret Slee, une grand-mère américaine, vient d'arriver en Angleterre pour se mettre en rapport avec les organisations familiales. Son but est de faire interdire les naissances pendant dix ans dans tous les pays européens, cela pour permettre un meilleur ravitaillement. "L'Europe a faim, dit-elle ; faire des enfants, c'est créer de nouvelles bouches à nourrir. Je suis convaincue que les nations d'Europe poussent à l'augmentation des bébés parce qu'elles veulent de la chair à canon."

Hé ! mon Dieu ! Il y a peut-être du vrai là-dedans ! Mais, ajoute l'auteur de l'article, Mrs Margaret Slee n'a pas voulu s'expliquer sur le moyen qu'elle préconise pour « congeler » les naissances en Europe.

Ce moyen existe cependant, et c'est encore dans le même numéro de France-soir *que nous le trouvons. Voici :*

« Hollywood, 2 juillet. – Le compositeur Albert Glasser a déclaré hier que la musique swing avait une influence extraordinaire sur les facultés procréatrices des cochons d'Inde. Il a cité l'exemple suivant :

« Pendant cinq mois, j'ai joué quatre heures par jour de la musique swing devant un couple de cochons d'Inde. Ils ont eu dix petits. Par contre, j'ai renouvelé l'expérience devant un autre couple, mais en jouant de la musique classique. Ils n'ont eu seulement que deux rejetons. »

Donc, ne cherchons plus ! Pour réduire, de ce côté-ci de la mare, les naissances catastrophiques, ramener l'abondance et éviter une nouvelle guerre mondiale, il suffirait aux compatriotes de grand-mère Slee d'interrompre leurs exportations de musique swing à l'usage des cochons d'Inde européens.

Un truc à introduire dans le plan Marshall !

A la manière de...

Jacques Prévert

Nous publions, sous toutes réserves, l'information selon laquelle le 14 juillet tendrait à devenir la fête des...

(Votre journal habituel.)

BALS, LAMPIONS,
MARSEILLAISE
(*Triptyque tricolore*)

– Pourquoi, dit la petite fille,
faut-il qu'on sautille
au carrefour,
en ce jour ?
– Pourquoi faut-il qu'on allume
(*Quelle coutume !*)
des lampions
dit le petit garçon.
– C'est symbolique,
explique
papa.
L'impôt frappa
le triste
lampiste,
ce qui fait
que devant son buffet,
il se dandine.
Alors, c'est
pour honorer la capucine
qu'il faut que nous dansions
et aussi que nous allumions
des lampions
en l'honneur du lampiste.
Des fumistes,
à ce miteux
promettent « du mieux »
pour demain, jour vague.
Bonne blague !
Ouais !
c'est
pas demain la veille.
Quelle galéjade !
ô Marseille !
Voilà pourquoi,
(*par parenthèse*)
ce jour, on doit
aussi chanter la Marseillaise.

La police découvre des stocks d'armes

Un Sherlock Holmes du quartier des Orteaux, appuyé par les forces vives du commissariat des Quinze-Vingts, a procédé à l'enlèvement et au désamorçage de 186 bombes glacées dissimulées dans l'arrière-boutique d'un pâtissier de la rue Planchat. Le tenancier de l'officine, habilement questionné par des « hommes qu'ont l'habitude », a déclaré que ce stock lui avait été fourni par un nommé Jean Sorbet, chanteur de son état.

L'enquête suit son cours, mais ne passera pas la nuit.

À Os rompus

Offre d'emploi

Pour remplir l'emploi, actuellement vacant, de chef d'état-major de la Défense nationale, on cherche un général à quatre étoiles et suffisamment ancien. Nous nous permettons de suggérer respectueusement le nom d'un vieux cognac qui ne manque pas de bouteille, bien qu'il n'ait que trois étoiles.

Non maïs, alors !

On dément le bruit selon lequel M. Tanguy-Prigent, notre éclairé ministre de l'Agriculture, aurait voulu lier son sort à celui de la nation en tentant de mettre fin à ses glorieux jours en absorbant en entier un pain maïs « fantaisie ».

Le malheureux aurait pris cette détermination funèbre en raison du brillant succès de la gestion du ministère qui lui avait été confié et à la suite du refus de sa démission par M. Paul Ramadier.

Indices pour cent

Les rares personnes intéressées à la question constataient avec regret, en fin de mois, que l'indice des prix de détail a augmenté de 10 % pendant les mois de mai et juin, tandis que les prix de gros baissaient, au contraire, de 4,4 %.

Ajoutons bien vite que les pouvoirs publics s'appliquent victorieusement à faire cesser une aussi choquante anomalie.

Depuis quelques jours, on signale en effet une forte tendance à la hausse des prix de gros.

Les grandes manœuvres

Vu le nombre croissant d'officiers généraux qu'on limoge quotidiennement, les colonels vont être appelés à faire fonction de généraux. Par suite de quoi les commandants feront fonction de colonels, les capitaines fonctionneront comme commandants, les lieutenants comme capitaines, les sous-officiers comme officiers, les caporaux comme sous-officiers et les dernières classes comme caporaux.

De ce fait, nous n'aurons plus d'hommes de troupe. Aussi va-t-on mobiliser immédiatement des civils qui feront fonction de militaires. L'on ne sait pas encore qui fera fonction de civil.

Mines de rien

M. Lacoste (de la Production) ayant proposé aux mineurs un échange de « charbon contre bétail », M. Lecœur, secrétaire du syndicat du Pas-de-Calais, transmit l'offre ministérielle, au cours d'un meeting tenu à Lens :

– On nous offre bœuf contre houille…

– Et poule contre coke ! cria, au fond de la salle, un gamin à gueule noire.

C'est peut-être un peu ce qui motiva l'ordre du jour débutant par cette formule : « Pour se méfier, les mineurs ont des raisons majeures… »

Le complot en province

DE LYON (de notre correspond. partic. J. Bouton).

Hier après-midi, rue des Panoyaux, deux policiers en état de perception divinatoire, qui circulaient camouflés, à bord d'une voiture à ânes de l'armée, voyaient soudain leurs sens aiguisés, attirés par des rires de provenance cagoularde. Ces derniers sortaient d'une bâtisse à usage d'habitation momentanée.

En quelques secondes, après avoir défoncé, tels des boulets, toutes les portes qui s'opposaient à leur progression, les deux représentants de la force publique faisaient irruption dans un local où deux jeunes filles complotaient en compagnie d'individus fâcheusement débraillés.

La prise était bonne et, malgré la résistance qu'opposèrent les brutes aux représentants de la loi, elles furent maîtrisées.

Malgré leurs dénégations superfétatoires, tous ont été inculpés d'espionnage et d'outrage aux mœurs.

DE HOUILLES (de notre espion habituel).

Il y a quelques jours, M. Paul Boulentranche, 61, avenue de Maisons-Laffitte, était dénoncé par un voisin comme appartenant au M. A.C. d'Houilles.

Après 45 jours de détention, ayant pu faire la preuve de son innocence, le malheureux fut enfin libéré. Or, hier soir, revenant de faire sa partie de dames chez la marquise de Lagorge-Flapy, il rencontra son dénonciateur, le nommé G. Richard et le traita de « sale mouche ». Ce dernier, piqué au vif et mal inspiré par ce terme malencontreux, se précipita chez lui en vombrissant et tenta de mettre fin à ses jours, en aspirant le contenu d'une bouteille d'insecticide TIMOR.

Par bonheur, il n'avait de mouche que l'appellation, et les seules victimes de ce suicide manqué, furent deux escadrilles de malheureux moustiques, qu'un destin rancunier avait égarées sur les lieux du sinistre.

En correctionnelle
Les hommes violents

Les faits se sont produits un jour où les ménagères du quartier faisaient la queue à la boucherie d'Antoine Paron, gros homme sanguin et moutonnier – sans doute par déformation professionnelle.

L'inspecteur Narin – chapeau mou et claqueboue à grosses semelles – vint à passer le nez au vent. S'approchant d'une acheteuse, il lui posa la question de confiance :

– Le boucher a-t-il marqué le prix et le poids de la marchandise sur le paquet, ainsi que l'exige l'article 3, alinéa 2 de la circulaire n° 1 374 rendue excutoire par arrêté préfectoral en date du 5 avril 1946 ?

Il constata de visu qu'il n'y avait rien d'écrit sur le paquet.

– Ah !... ah !... murmura l'inspecteur qui, derechef, conforta cette réflexion par cette autre : brrou...

Il était sur la piste, et la bonne. Il fonça tête baissée dans la boutique et se planta devant le comptoir derrière lequel opérait le boucher.

– Ah ! ah !... répéta-t-il menaçant.

– Salut, ma grosse, dit le boucher, car ils se connaissaient de longue date, habitant la même rue depuis toujours et étant accoutumés de faire la manille coinchée tous les samedis au bar des Fleurs...

L'inspecteur s'enveloppa dans sa dignité professionnelle, ainsi qu'un questeur dans sa toge.

– Alors, comme ça, dit-il, on n'inscrit ni le poids ni le prix sur les paquets ? On ne sait pas ou on ne veut pas savoir que l'article 3, alinéa 2 de la circulaire n°..., etc.

Paron, qui taillait un centimètre de plate-côte pour une famille de dix enfants, dont le père et la mère, s'arrêta pour se taper le derrière à quatre temps sur le tiroir-caisse.

– Minute, tatillon, dit-il. Je n'ai pas de temps à perdre, moi…

L'inspecteur ne se laissa pas démonter. Bien au contraire, il ordonna au boucher de respecter l'arrêté préfectoral en question, à quoi le boucher répondit que la clientèle attendait, qu'il se mettait l'arrêté préfectoral là où vous pensez avec, en respectant l'ordre hiérarchique, tous les règlements, circulaires et autres foutaises et qu'on n'avait pas idée d'enquiquiner des gens pour qui la vie n'est pas rose et le marché bien souvent noir, de par les difficultés qu'on a de le faire avec quelque chance de n'en pas revenir le panier vide autant que la tête de l'inspecteur Narin, lequel, comme la plupart de ses collègues, n'était à tout prendre qu'un emmerdeur de première.

Ça y était. Le mot était lâché. On l'attendait. On le sentait venir. C'était inévitable qu'il vînt, une impossibilité absolue qu'il ne vînt pas. Ce fut, dans la boutique, un soupir de soulagement général. Il est dans l'existence des moments où pour se sentir tout à fait bien, il suffit d'un rien.

Un rien qui conduisit cependant le boucher en correctionnelle pour outrage à agent.

Le tribunal lui infligea une amende de 200 fr. avec sursis parce que c'est son rôle d'appliquer la loi, mais on devina au sourire entre parenthèses du président qu'il comprenait parfaitement, qu'en certaines occasions, l'emploi des mots non académiques est une nécessité inexorable et qui console de bien des choses.

Quant à l'inspecteur, satisfait de cette condamnation de principe, il eut le triomphe modeste, se bornant à dire :

– Ah !… Ah !…

Car il avait des lettres.

Dernière heure

De Super-Cannes

Dimanche après-midi, alors que rien ne le laissait prévoir, un peloton de quinze géants de la route appartenant au Tour de France, abusé par un faux écriteau, s'est engagé sur le raidillon qui mène sur les hauteurs de Super-Cannes.

Trompée par un second panneau mensonger, la formation bicycliste s'est engagée dans le domaine de « La Chauminette ».

M. Roger Thouvenin, notre administrateur, qui chargeait le poêle à sciure de sa salle à manger, fut tout d'abord renversé par un des coureurs qui déboucha sans corner de la chambre à coucher et par trois autres qui débouchèrent, non moins brusquement, de l'armoire à pharmacie.

L'enquête a permis de procéder à l'arrestation de l'auteur de cette bouffonnerie. Il s'agit du nommé Pontich, directeur de la Plage des Sports, plus connu à Cannes sous le sobriquet de Milo-les-dents-souples. La victime de cette farce grossière est en bon état.

On appréhende

Dans une rapide interview qu'il voulut bien nous accorder, distrayant quelques instants sur un repos bien gagné, le secrétaire particulier du commissaire de police de la rue Drouot déclara que les plus grands noms de France seraient prononcés, dans ce complot contre la sûreté de l'Etat, qu'on arrêterait qui il faudrait, sans tenir compte de la situation sociale du coupable et que dans l'ensemble, on verrait ce qu'on allait voir.

En effet, à l'heure où nous mettons sous presse, tout le personnel du commissariat unanime appréhende… d'avoir à travailler fort avant dans la soirée. C'est toujours ça… et ça fait la main en attendant.

SÉDITION SPÉCIALE NUMERO 4 – JOUR J

ADRESSE
212, rue des Flics-du-Calvaire
ABONNEMENTS
6 mois .... 100 balles
1 an........................200 balles
Pour tout changement d'adresse renvoyer l'ancienne bande de mitrailleuse.

Le MUTIN RESPECTUEUX

UN QUI N'A PAS DE VASE…
Le curé
de La Poterie

Organe Officiel du MAC

RECTIFICATION quant aux factieux

Au cours de la thèse qu'il défendit brillamment voici quelques mois à sa sortie du collège électoral, M. Rastel avait classé pour la facilité de la nomenclature les factieux en deux catégories distinctes, à savoir :

– Cagoulards gras ;
– Cagoulards maigres.

Mme Marthe Richard-Cœur-de-Pierre insiste pour que soit reconnu un troisième groupe dit des cagoulards de poitrine qui réunit des petites mains respectueuses qui opèrent dans la clandestinité complice des quartiers mal famés et dont le mot d'ordre est « Suzanne, ouvre-toi ! ».

Mise en garde

La préfecture de police, service du Nettoiement et de la Voirie, met en garde les populations sur le danger qu'il y a à ramasser dans la rue des objets tels que « crayons » ou porte-mines. Ces objets ont été déposés par les factieux et sont minés, rappelant très exactement ceux qui auraient pu exploser pendant la drôle de guerre si quelqu'un avait réussi à en trouver.

UN COMPLOT À CAEN ou la tripe vous parle

Depuis de longs mois, on n'avait pas été sans remarquer, place Guilouard, les allées et venues suspectes de quidams des deux sexes à l'allure débonnaire qui entraient lestés de lourds paniers dans les services de la Reconstruction de la région de Caen et qui, après avoir visité les multiples baraques où stagne une marée montante de « dossiers en instance », ressortaient délestés de leurs mystérieux fardeaux.

Après une enquête discrètement menée par le 46e tirailleurs sénégalais qui cerna pendant trois jours lesdits établissements aidé par les 26e et 29e commandos parachutés, on s'aperçut qu'il ne s'agissait que de braves gens qui secouaient l'apathie des fonctionnaires de l'endroit à grand renfort de coups de kilos de beurre et de litres de gnôle, dans le but louable de leur fournir les forces nécessaires à décoincer les dossiers bloqués par les sédiments divers dans les bas morceaux des piles de paperasses.

Du maquis bleu au maquis gnon

Après le MAC, gare au MIC-MAC !

Le maquis bleu, ce groupement clandestin destiné à renverser la République, vient à peine d'être découvert que nous apprenons l'existence d'une autre organisation du même genre dont les menées risquent, semble-t-il, d'être non moins néfastes au régime.

C'est, une fois encore, grâce à l'affolement d'un conjuré que l'on a eu la révélation de cette nouvelle affaire qui dépasse nettement la précédente en gravité.

La semaine dernière, en effet, un homme échevelé, hagard, se précipita au siège du Parti socialiste en tenant un portefeuille contre son cœur, et, après avoir déclaré se nommer Daniel Mayer et n'exercer aucune profession avouable (renseignement pris, il serait ministre de quelque chose), il s'écria :

– Au secours ! On veut m'exécuter !

– D'où venez-vous ? lui demanda-t-on.

– Du maquis… du maquis gnon…

Les mystérieuses réunions du bout du quai

Pressé de questions, Daniel Mayer avoua avoir connu la plupart de ses complices dans une chambre du quai d'Orsay dont le principal locataire est un nommé Edouard Herriot.

Une rapide enquête permit d'établir que, après avoir exercé divers métiers, infirmier pour mères malades, perceur de plafonds, et employé du Discrédit Lyonnais, cet Edouard Herriot était entré depuis peu comme apprenti dans une importante fabrique de dictionnaires.

Convoqué à la Sûreté, il reconnut qu'un grand nombre de personnes se réunissaient chez lui assez souvent pour y jouer au jeu de lois, mais il ajouta qu'il s'agissait de gens apparemment incapables de faire du mal à qui que ce soit, pas même à un ministère.

Interrogé plus particulièrement au sujet d'un certain Paul Ramadier, Edouard Herriot assura que, comme tous ses hôtes, ce dernier ne parlait jamais chez lui que pour ne rien dire.

Une fructueuse perquisition

Une perquisition opérée, par ailleurs, dans une maisonnette du quartier Saint-Honoré et présumée comme étant le siège social du maquis gnon, s'avéra plus révélatrice.

Un soi-disant Robert Schuman, qui était présent à l'arrivée du Parquet, tenta bien de jouer la surprise, allant même jusqu'à ouvrir toutes grandes les portes de ses nombreux coffres-forts en ricanant d'un air de défi :

– Si vous trouvez quelque chose à l'intérieur, vous me surprendrez !

Sans s'en laisser imposer, ses interlocuteurs n'en continuèrent pas moins leurs recherches, lesquelles amenèrent bientôt la découverte d'un plan qui, contrairement à la tradition, n'était pas caché dans la cheminée, circonstance qui parut d'autant plus singulière que le plan en question émanait manifestement d'un fumiste.

Au reste, il aurait été difficile de le dissimuler, comme un vulgaire Plan Bleu, au fond de l'âtre. Quand Robert Schuman passe quelque part, il n'y a plus de fonds disponibles.

Le document était tout bonnement enfoui dans un endroit où l'on supposait non sans raison, qu'aucun ministre ne s'aviserait de fourrer son nez avant de longs mois : le dossier urgent de la revalorisation des salaires.

Le Plan Rataplan

Plus implacable encore que le plan du maquis bleu, le plan du maquis gnon n'hésiterait pas à préconiser le bombardement intensif de tout le pays à l'aide de taxes et d'impôts nouveaux, et l'étranglement pur et simple des contribuables rebelles.

Il révélerait, en outre, l'existence de dépôts d'armes perfectionnées : étrilleuses, tondeuses, racleuses, crans de ceinture à répétition, etc., dépôts généralement aménagés dans des perceptions peu fréquentées.

De hauts personnages auraient collaboré à son élaboration et seraient compromis.

Ajoutons que ce plan, qui porte le titre de Plan Rataplan, est également désigné par les techniciens sous le nom de budget général pour 1947.

Le plan bleu

Un individu se disant touriste et se recommandant du consulat américain, a été ceinturé au moment où il exhibait aux foules indifférentes l'exemplaire du fameux plan bleu. Interrogé, il déclara y chercher les châteaux de la Loire « pourquoi ce était une chose très belle ». Amené à pied d'œuvre pour visiter la Conciergerie, la Tour pointue et le Dépôt, il déclara avoir eu toujours horreur des voyages organisés et des sorties en groupe, et qu'ayant décliné les offres de M. Cook il n'entendait pas écouter les directives d'un vulgaire préfet de police. Il a été incarcéré non sans avoir adressé au préalable et à son consulat une lettre de véhémentes protestations au long de laquelle les mots « old cow » viennent bien souvent précéder des noms célèbres de notre parlement républicain et démocratique.

L'affaire de Reuilly

Il y a quelques mois, un vieillard insalubre et de corpulence sournoise se présentait devant le général Latronche de Gag, commandant les services de sécurité du territoire.

L'inconnu, qui refusait lâchement de dire son nom, bien qu'il fût dix heures passées, déclarait vouloir fournir d'horribles détails sur un complot auquel son fils était mêlé sans le savoir.

Bien que l'heure fût avancée au-delà de toute prudence, le chef de la sécurité du territoire sentit qu'il s'agissait d'une conjuration destinée à renverser la République ou, à défaut, la forme du gouvernement actuel.

Sans perdre une seconde, tant il était méticuleux, le général Latronche de Gag, malgré l'heure tardive, alerta le président de la République. Ce dernier avisa M. Vincent Auriol. A peine celui-ci était-il au courant de la situation qu'une détermination farouche s'emparait à tout hasard des trois témoins de ce drame en gestation.

Aussitôt après, alertés par pneumatiques, des marées d'inspecteurs se jetaient sur les traces encore chaudes du fils cadet du vénérable dénonciateur.

C'est ainsi que fut dévoilée une des plus intéressantes affaires de l'année, appelée l'affaire de la caserne de Reuilly, et avec un peu de chance, à un énorme retentissement.

L'enquête

En moins de temps qu'il n'en fallut aux gangsters du pinard pour détourner 4 millions d'hectolitres de vin, la caserne de Reuilly fut cernée, tels les yeux d'un noceur.

Les conspirateurs, dont certains attendaient l'heure « H » dans une salle d'attente, furent tous neutralisés. Leur chef, un individu au teint basané, revêtu d'une espèce de costume militaire et qui portait avec difficulté cinq galons sur ses épaules, prétendit appartenir à une formation armée régulière.

Bien entendu, les enquêteurs passèrent outre à ces explications embarrassées.

Entre-temps, les services des 2e, 3e, 4e, 10e, 31e, 50e et 97e bureaux découvraient dans les couloirs, sans même qu'il soit dissimulé, tout un arsenal de fusils à pierre, dont un lot complet à Paul.

A l'heure où nous mettons fébrilement tout ce que nous avons sous presse, les arrestations se poursuivent à un rythme terrifiant.

Déjà, outre plusieurs tonnes de munitions, la police a saisi, dans le bureau même du chef des conspirateurs, un sac de sciure factice, un démêloir en duralumin, une livre de semences de tapissier, un paquet de gustinés du docteur Lutin et une marmite contenant un ragoût de tête d'âne aux haricots rouges.

On s'attend à des arrestations sensationnelles. Le nom du président Truman et celui de M. Molotov auraient été prononcés ; il est vrai pour une tout autre affaire.

LES JEUX... À LA COQUE

Pour répondre aux nombreuses demandes de lecteurs qui désirent grâce à quelques plaisanteries égayer les fins de repas au cours des noces, des baptêmes et des banquets nous leurs donnons ici la liste de quelques farces et attrapes inédites destinées à remplacer les soulève-plats et autres verres baveurs par trop connus.

LE VERRE EXPLOSIF

Frotter le bord supérieur et intérieur du verre avec une poudre de notre composition. Dès qu'on penche le verre pour boire, le liquide entre en contact avec la poudre et provoque une violente explosion qui projette verre et liquide à plusieurs mètres à la ronde.

LA CÔTELETTE SAUTEUSE

Bander un ressort de sommier afin qu'il soit bien piat et le tenir serré par un petit crochet pouvant lâcher facilement comme ceux employés dans les souricières. Poser le ressort délicatement dans un plat et le recouvrir de côtelettes en sauce. Quand l'invité se sert, il prend le ressort en même temps que la côtelette et, au moment où il appuie son couteau pour l'entamer, le ressort se détend et, en principe, la côtelette va se fixer au plafond pour la plus grande joie des convives.

PETIT PROBLÈME

Deux voyageurs partent de Paris, l'un à pied, l'autre à cheval, pour se rendre à Lyon – distance 500 kilomètres. Le marcheur s'arrête tous les 100 mètres pour boire un verre ; lorsqu'il est ivre, une ambulance municipale le prend en charge pour Lyon à la vitesse horaire de 50 km. Sachant que le cheval marche à 7 km-heure et crève au 75e kilomètre, que le verre de blanc coûte 15 fr. et que le marcheur arrive à 22 heures G.M.T., on demande :

1° Combien a coûté la cuite du premier voyageur ?

2° Combien de temps sépare son heure d'arrivée à Lyon de celle du cheval chez l'équarrisseur ?

N° 88 – Mercredi 9 juillet 1947

Petites Annonces

FOURNITURES POUR MACHINATIONS

Plans spéciaux pour coup d'Etat. Coloris au choix. Tous détails d'organisation avec prédictions et horoscopes. Manuel encyclopédique concernant la prise de pouvoir. Devis spéciaux sur simple demande.

Petit coup d'Etat (réussite non garantie) : 1 765 fr. 90.

Gros coup d'Etat (avec possibilités) : 2 010 fr. 40.

Article sérieux, modèle supérieur avec petite armée : 3 412 fr. 10.

REBELLE ET LABÊTE

Société Anonyme

118, impasse du Mur-Tournoyant PARIS

CONSPIRATEURS !

Ne prenez pas vos mots d'ordre n'importe où. Adressez-vous à une maison sérieuse, honorablement patentée.

Mots d'ordre au détail, en vrac. Prix par toutes quantités.

Mots d'ordre prêts à porter et sur mesure.

Chaudin de la Crépine, maison fondée en 1783. 1, passage du Muscle-affaissé, Gennevilliers.

DIVERS

Aucune conspiration ne résiste, même la plus opiniâtre, si vous ne vous munissez des cachets et lettres de cachet du père PILON. 20 ans de succès.

Une conspiration sans PILON, c'est du BIDON.

Ne vendez pas la mèche !

Sans consulter un spécialiste. Estimation honnête, à domicile ou sur rendez-vous. Adhémar de Café, manoir Denuis, Plouescat (Finistère).

Artistes rebelles au succès, vous n'aurez plus le trac, en utilisant le masque-cagoule CONSPIRATOR.

La cagoule CONSPIRATOR, la cagoule du gratin. Vente, gros et détail à LA CAGOULE DE LOIS, 77, impasse du Petit-insurgé moyenageux, PARIS (16e).

DEMANDES SPÉCIALES

Hobereau désœuvré, habitant gentilhommière désolée, serait acquéreur petit cinéma causant ou, à défaut, s'occuperait mouvement cagoulard distrayant.

Ecrire Vulpian le Taciturne, manoir de Ker-gor-Nadec, Plouescat (Finistère).

POUR LES VACANCES

Manufacture de coquillages, galets et rochers décorés, demande peintre actif, saison 47. Nourri, couché, noirci.

Hôtel de la Playa, direct. Y. Fiat, Plougasnou.

Bains de mer pour chevaux de fiacre. Installation luxueuse. Promenades en bateaux. Nombreux services de vachères-cars. Prix modérés pour groupes et collectivités. Au Bourrin Fleuri, Les Sables-d'Olonne.

Chapitre XIX

(Qui se compose uniquement d'un avis au lecteur.)

Le lecteur – et quand je dis « le », je suis peut-être encore au-dessous de la réalité, car il est parfaitement possible qu'il ne m'en reste plus un seul – qui a eu l'endurance méritoire d'absorber ma prose jusqu'à la fin du chapitre précédent, a dû se dire en lisant la dernière ligne : « A ce moment, quelque chose de tout à fait inattendu se produisit. »

– Ah ! enfin un rebondissement qui va peut-être donner de l'intérêt à cette histoire qui menace de s'éterniser… Que peut être cette chose tout à fait inattendue ?

Eh bien ! ami lecteur, j'avais l'intention de faire ici trouver la Bémole par Bombiscaille à l'intérieur du carrosse. Mais il m'est venu à l'idée d'arrêter plutôt mon roman, sans me préoccuper davantage de mes personnages, lesquels se sont fourrés dans des situations tellement embrouillées que je m'y perds moi-même et que je préfère laisser au lecteur le soin de les faire agir désormais comme il lui plaira et de terminer le récit au gré de sa propre fantaisie. Ce qui présente un double intérêt. Celui de ne pas le décevoir et celui, infiniment plus précieux à mon avis, de me dispenser de travailler !

Afin, cependant, de l'aider dans cette tâche, je puis bien lui avouer que mon intention première était de mettre Bombiscaille dans l'obligation de suivre l'itinéraire de la Bémole au lieu de celui indiqué par l'Eminence verte. De faire battre en duel M. de Voloter avec le roi des Gonds, de sorte que, retardé par cet événement imprévu, il fût arrivé en retard sur le lieu de l'enlèvement. De m'arranger, néanmoins, pour que le fidèle Cocas lui fournisse le moyen de les rejoindre. De mettre au point une de ces bagarres maison entre lui et les ravisseurs, ce qui enthousiasme toujours les véritables amateurs de romans de cape et d'épée. De lui donner ainsi l'occasion de déclarer sa flamme à Mlle Adélaïde de Mars, tandis qu'il la ramenait vers la demeure paternelle. D'en profiter pour ébaucher parallèlement une tendre idylle entre Cocas et Agnès. Et enfin, de faire disparaître mystérieusement l'Eminence verte, de façon à réserver sa réapparition en vue d'une suite à ce roman qui pourrait porter le titre de : *Le Retour de l'Eminence verte* ou quelque chose de ce genre.

Mais, franchement, je ne me sens pas le courage d'aller plus loin. Voici l'époque des vacances, la chaleur accablante incite au doux farniente et le papier coûte un prix fou !

De plus, je sens chez mon directeur une lassitude et une sorte de découragement latent qui pourraient bien provenir uniquement de la longueur interminable de ce roman qu'il eut l'imprudence de me commander. Comme je le sais trop courtois pour me le dire, et comme, d'autre part, j'ai pour lui beaucoup d'amitié et qu'il me serait pénible de le voir s'étioler par ma faute, je préfère arrêter les frais.

D'autant que le lecteur n'est tout de même pas volé, puisque je lui promettais quelque chose de tout à fait inattendu à la fin du dernier feuilleton, et qu'il lui faudra bien avouer, s'il est sincère, que rien ne pouvait être plus inattendu que cela !

Car je suis bien certain qu'il avait pensé à tout, sauf à ça ! Je suis prêt à parier là-dessus mon hôtel particulier de la rue Mouffetard contre un jeu de cubes !

Sur ce, ami lecteur, je vais donc aller me rouler tranquillement dans l'herbe et profiter du ciel bleu sans que cette douce béatitude soit gâchée par l'idée d'avoir à écrire la suite de ce roman dont chaque feuilleton paraissait inexorablement tous les mercredis, ce qui est proprement intolérable.

Cependant, comme je tiens à bien faire les choses, voici le dernier chapitre :

Chapitre XX

Ils se marièrent et eurent beaucoup d'enfants.

FIN

L'OS LIBRE

« Contre tout ce qui est pour – Pour tout ce qui est contre. »

NUMÉRO 89 – MERCREDI 16 JUILLET 1947

Le plan Marshall risque-t-il de nous faire perdre notre indépendance économique ? Les observateurs qui se posent la question dans les journaux ou à la radio trouvent, en réponse, une oreille distraite. Le sujet n'intéresse absolument pas les Français qui pensent à des vacances rendues extrêmement difficiles par le contexte économique. Le ministre des Finances du gouvernement Ramadier, Robert Schuman, est à la fois la cible et l'espoir de tous. Pierre Dac l'évoque, à sa manière, dans son éditorial de L'Os libre.

Edito

La vérité sur ce qui n'est pas vrai

par Pierre Dac

Si j'ai bonne mémoire, c'est bien Montesquieu qui a écrit ou dit : « Les hommes en place ne sont à la hauteur de leur tâche que dans la mesure où celle-ci est en rapport avec celle-là. »

Paroles osées, certes, surtout si l'on veut bien se souvenir de l'époque à laquelle elles furent prononcées, mais qui, aux heures troubles présentes, conservent, à peu de chose près, leur même valeur et leur même caractère révolutionnaire.

Encore convenait-il d'en vérifier la permanence, c'est ce que j'ai voulu faire en me livrant à une petite enquête personnelle auprès des principaux personnages de l'actuel gouvernement. J'ai eu tout d'abord, récemment, un entretien avec M. Ramadier : je ne vous dirai ni où, ni quand, mais ce que je peux vous affirmer c'est que je l'ai eu. Et pas un simple entretien, mais un entretien solide, au cours duquel une conversation s'ensuivit. Naturellement, j'ai posé au président Ramadier les questions rituelles relatives aux

événements qui nous préoccupent. Et M. Ramadier, en substance, m'a répondu ce qui suit :

« Il convient de ne pas se hâter de juger les choses suivant des apparences qui n'en sont pas forcément le reflet fidèle. Car les choses vont suivant un rythme journalier dont la cadence n'exclut pas a priori l'équilibre quotidien. En tout état de cause, les problèmes de l'heure ne sont pas aussi graves que d'aucuns essaient de le faire croire. Ce ne sont que des incidences qui n'ont d'autre importance que celle qu'elles comportent. Et qui se réduisent à peu de chose : d'une part le coût de la vie, de l'autre le pouvoir d'achat. La grande erreur c'est d'opposer ces deux éléments au lieu de les fondre en un seul. C'est à ce résultat que je m'efforce de parvenir, dans l'intérêt même des tendances qui s'opposent et qui, de ce fait, se rejoignent dans la divergence des points de vue qui les divisent. Voilà ! un point c'est tout, et rien d'autre, à part tout le reste. »

Après ces réconfortantes déclarations, je ne pouvais mieux faire que d'aller recueillir celles de M. Robert Schuman. C'est ce que je fis, et je n'eus pas à m'en plaindre, car M. Robert Schuman fut encore, si possible, plus précis : « Ce que le président Ramadier ne vous a pas dit, me déclara-t-il, et que moi je vais vous dire, c'est que la question financière n'est pas uniquement une question d'argent. Il fut un temps, certes, où l'argent tenait un rôle de premier plan dans la chose financière. Ce temps est révolu, car aujourd'hui, et tenez-vous-le bien pour dit, moins il y a d'argent plus il y a de finances, et plus il y a de budget moins il y a de finances.

» Or, qu'est-ce que l'argent, sinon un problème de monnaie ? Et qu'est-ce que la monnaie, s'il vous plaît ? De la foutaise, monsieur, et rien de plus. C'est pourquoi, en définitive et en dernier ressort, j'estime que l'avenir est à ceux qui auront enfin compris que l'argent doit pouvoir se passer de monnaie au même titre que les finances doivent pouvoir se passer de ce qu'elles n'ont pas en se contentant d'avoir ce qu'elles espèrent.

» J'ai là-dessus des idées bien arrêtées, et les mesures salvatrices que j'ai déjà prises ne pourront que contribuer à l'assainissement d'une trésorerie dont le moins qu'on puisse dire est qu'elle est, d'ores et déjà, le point d'impact des résolutions nécessaires au nivellement du bilan par la juxtaposition de la base au niveau du crédit. »

Il ne me restait plus qu'à recueillir les propos de M. André Philip. « Rien de constructif ne pourra être entrepris, me confia-t-il, tant que le dirigisme ne sera pas délivré des entraves d'une liberté qui en fausse encore le fonctionnement. Le rôle de l'Etat est de veiller à ce que les échanges ne puissent se faire qu'unilatéralement, suivant des directives consécutives à un dispositif à sens unique et axé sur le principe des passages à niveau, ainsi chacun se trouvera dans la situation d'acheter ce que les autres ne veulent pas vendre et ceux-ci de conserver ce que chacun ne sera pas en mesure de leur acheter. Et voilà, 1 et 1 font 3, 6 et 4 font 8 et 9 et 6 font ce qu'ils peuvent. »

Ainsi donc, il n'y a pas lieu de se faire plus de bile que de mauvais sang. Je n'ai rien voulu démontrer d'autre. Ce qui est déjà bien suffisant pour le moment.

Après le plan Marshall…
Voici le plan de L'Os

Littéralement pris en écharpe par une Conférence à trois, le plan Marshall vient de défuncter dans la plus stricte intimité.

Certains, qui plaçaient tous leurs espoirs dans la généreuse initiative du général Marshall, tiennent pour assuré que cette catastrophe diplomatique va nous apporter à brève échéance quelques calamités supplémentaires.

Minute ! Les services de politique internationale de L'Os, *soucieux d'apporter à un monde convulsé le réconfort d'un plan longuement et savamment mitonné, viennent de communiquer aux chancelleries encore en état de fonctionner le fruit de leurs travaux.*

Ce document, qui porte la signature de notre distingué directeur, M. Pierre Dac, est en réalité l'œuvre d'un de nos meilleurs collaborateurs, M. Bajolet. C'est un dossier de 492 pages, entièrement écrit à la ronde, orné de bandeaux et de culs-de-lampe, et rappelant par plus d'un point ces manuscrits moyenâgeux qui font l'orgueil de notre Bibliothèque nationale. Dans ses différents paragraphes, tout a été prévu, jusques et y compris son torpillage par une quelconque conférence. Aussi est-il pourvu d'un double emboîtage en acier blindé.

Ajoutons que cette pièce rarissime sera exposée dans la vitrine d'honneur de notre salon principal à partir du 15 août, les jours ouvrables, de 22 heures à 24 heures, et que les visiteurs seront admis sur simple présentation de leur carte de tabac.

L'Os international.

Dans notre maison, où la modestie est la qualité dominante, interviewer un chef de service n'est pas une petite affaire…

D'autant que M. Bajolet, épuisé par la mise au point du plan dit « de *L'Os* », est depuis trois semaines en observation à la Maison de santé des gardiens de la paix.

C'est là, et entre deux ponctions lombaires, que nous parvenons à lui extraire quelques mots :

– Mon cher Bajolet, êtes-vous content ?

– Très… très… Et je tâcherai de faire mieux la prochaine fois.

– Les grandes lignes de votre plan ?

– Beaucoup de grandes lignes, comme sur le plan du Métropolitain.

– Mais encore ?

– Des correspondances, également.

– C'est-à-dire ?

– Beaucoup d'échanges de notes diplomatiques.

– Et, naturellement, une conférence ?

– Oui.

– Vous croyez au succès ?

– Non.

– Alors ?

– J'ai un autre plan.

Ecrasé par cet effort, notre ami Bajolet s'offre une syncope. Nous en faisons autant. Sitôt ranimés, l'entretien reprend sous la surveillance d'une infirmière :

– Quelle est la grande originalité de votre plan ?

A cette question, l'œil d'Antoine-Marius Bajolet s'illumine et c'est d'une voix bien timbrée qu'il nous répond :

– Paragraphe sept, article premier.

– Et que dit cet article ?

– Ceci : « L'incohérence et l'incapacité faisant la force principale des diplomates, il importe que chacun des articles de ce plan soit directement porté à la connaissance des peuples intéressés, seuls juges en l'occurrence.

« En cas d'acceptation du plan, tous les diplomates passés, présents et à venir sont immédiatement placés dans un camp de concentration, avec défense expresse de tenir des conférences. »

Avouons-le, la hardiesse de la proposition nous laisse pantois. Et ce n'est qu'au bout d'un petit quart d'heure que nous laissons exploser notre enthousiasme. Las ! Bajolet s'est assoupi.

Et nous quittons la maison de santé sur la pointe des pieds.

***

Dans le couloir, trois messieurs discutent à voix basse. Ce sont les docteurs chargés de veiller sur la santé de notre génial ami.

– Messieurs, serait-il indiscret de vous demander ?...

Les trois hommes me foudroient du regard, se détournent et reprennent leur conversation. J'entends :

– Je vous dis qu'il est foutu ! C'est un débile mental.

– Erreur, mon cher. Je le tiens pour un génie.

– Messieurs, vous discutez comme des sandales ! Ce Bajolet est tout bonnement un farceur.

Mais l'infirmière, me prenant le bras, me pousse vers la sortie en me disant :

– Ne dérangez pas ces messieurs. Ils sont en conférence !

L'Os dévoile un nouveau complot

Seul de toute la presse, grâce à son prodigieux service d'espions (le meilleur sur la place de Paris), *L'Os libre* est en mesure de dévoiler un complot dont les membres sont en activité depuis la fin du mois de juin.

L'organisation que nous dévoilons comptait il y a quelque temps encore une bonne centaine de conjurés, pour la plupart bien entraînés, tous de situation très respectable et possédant pignon sur roue.

Détail absolument curieux, qui pourrait porter à rire dans d'autres circonstances : ces conspirateurs se déplacent à bicyclette et semblent vouloir effectuer un mouvement tournant dans le but, semble-t-il, de vouloir prendre la capitale à revers.

Des automobiles, camouflées à l'aide de panneaux apparemment publicitaires, encadrent cette étrange formation sans doute pour la mieux dissimuler aux yeux de témoins toujours possibles.

Cette caravane mystérieuse avance en effectuant des arrêts inexplicables, bien souvent dans les grandes villes où des partisans les accueillent sans même prendre la peine de cacher leurs évidentes sympathies.

Ou la police feint d'ignorer cette conjuration ou alors elle n'est pas au courant. Toujours est-il que nous avons fait notre travail d'informateur scrupuleux. Pour le reste, nous nous en lavons les mains. D'ailleurs, en ce qui nous concerne, toutes nos précautions sont prises dans des pièges spéciaux.

A bon entendeur, salut !

Répétition générale

Dans le but d'examiner les éventuelles possibilités de solidarité de toute la nation française, un premier exercice d'ensemble de *marche la main dans la main* aura lieu sur l'ensemble du territoire à une date qui sera précisée ultérieurement, voire même ces jours-ci.

Chacun est prié d'envisager sa participation à ce mouvement et d'en faciliter l'application.

Aux patates, là-dedans !

Mercredi dernier, dans les fournils de l'Ecole française de la meunerie, était soumise à l'épreuve du feu de bois une des plus géniales créations de M. Tanguy-Prigent, le bien connu ministre de l'Agriculture.

Il s'agit du pain quotidien modèle 1947, le pain à la pomme de terre, dont l'usage généralisé permettrait de rendre la totalité de notre récolte en blé à son véritable rôle social, qui est l'amélioration de la race porcine et de l'espèce gallinacée.

Par la même occasion, le maïs redeviendrait ce qu'il n'aurait jamais dû cesser d'être, un excellent matériau pour la fabrication des tuyaux de pipe et des poteries incassables.

L'expérience, tentée sous la haute direction de M. Lasserre, premier mitron de France et président de la Confédération nationale de la boulangerie (s'il vous plaît !), a été concluante. Le pain Tanguy-Prigent, ou pain-patate (les deux termes sont synonymes), ne diffère du pain de froment ni par l'aspect, ni par l'odeur, ni par le goût. Il est léger, moelleux et se conserve longtemps frais. Rassis, même après plusieurs jours, il reste souple comme un contribuable.

Autre avantage : il suffit de tremper la soupe avec ce pain miraculeux pour obtenir immédiatement un succulent potage parmentier !

Dans un louable souci d'impartialité, les propagandistes du pain Tanguy-Prigent signalent cependant une difficulté : cinq cent mille tonnes de pommes de terre, devenues pommes de pain, seraient nécessaires chaque année à la confection du nouvel aliment de base. Rien que pour Paris et sa banlieue, il en faudrait quatre cents tonnes par jour. Comment assurer l'épluchage d'une telle quantité de tubercules panifiables ?

Difficulté qui, d'ailleurs, n'en est pas une, du moins pour qui a eu l'honneur de servir, avec le grade de deuxième classe, dans les armées de la République.

Dans le militaire, le pèlement des pommes de terre ne fait pas tant d'histoires. On éparpille la ration du jour sur le sol de la cour du quartier et l'on crie : « Aux patates là-dedans ! Grouillez-vous un peu, y a personne d'exempt ! Le dernier arrivé ramassera les pluches ! »

Pourquoi ne pas faire de même dans le civil ? C'est ça qui serait gentil et amusant ! Et démocratique !

Et quelle saine occupation pour les citoyens désœuvrés qui font la queue à la porte des boulangeries !

Avis

A la suite de trop nombreux accidents survenus ces derniers temps lors d'enquêtes policières, la préfecture de police rappelle à tous ses ressortissants qu'il est toujours interdit de tirer des conclusions à l'arc ou au fusil.

À Os rompus

Ordonnances

Quelqu'un demanda au dernier congrès des ministres :

– Quelles mesures allons-nous prendre, tant que durera la grève des préparateurs en pharmacie, pour assurer l'exécution des ordonnances ?

Le front soucieux, M. Ramadier répondit :

– On parlera plus tard de l'exécution des ordonnances ; voyons d'abord l'exécution des officiers.

Clairvoyance

Un de nos confrères de la grande presse d'information, dite « sérieuse », a pu s'entretenir avec une Nippone, le jour où la nouvelle Constitution japonaise fut promulguée à Tokyo :

– Croyez-vous toujours à la légende affirmant qu'on risque de devenir aveugle si l'on a la témérité de regarder la face de l'Empereur, descendant direct de la déesse Soleil ?

L'espace d'une seconde, un malicieux sourire plissa le visage jaune, puis la jeune femme répondit :

– Dans tous les autres pays démocratiques où les sujets ont toujours contemplé librement le visage auguste de leur chef d'Etat, croyez-vous qu'ils y voient beaucoup plus clair ?

Les pieds dans la marmite

Le tricentenaire de la naissance de Denis Papin a été célébré à Blois, le 6 juillet, par une exposition. Un peu ému, le monsieur qui prononça le discours inaugural bafouilla quelque peu :

– Cette… explosion… en l'honneur de Denis Papin, l'une des… vapeurs qui… marmitent…

Renversant la vapeur, en quelque sorte, il se reprit :

– Cette exposition en l'honneur de Denis Papin, l'une des valeurs qui méritent…

Il est fort heureux que le malencontreux orateur n'entendit pas cette réflexion d'un membre du tribunal de commerce de Blois :

– Voilà ce qui s'appelle s'emmêler dans l'écheveau-vapeur.

Pour faire l'appoint final

Earl Browder, le représentant des éditions d'Etat soviétiques à New York, ayant craché sur la voie publique, un policeman détacha de son carnet à souche un reçu de 2 dollars – c'est le tarif prévu pour ce genre de contraventions aux U.S.A. – et sans commentaire, le tendit au délinquant.

Earl Browder donna un billet de 10 dollars. N'ayant pas la monnaie, le policeman empocha le billet et déclara tranquillement :

– Vous avez le droit de cracher encore quatre fois.

Graves grèves

La Fédération des syndicats maritimes vient de décider pour très bientôt la grève des gens de mer.

Par esprit de solidarité, les maîtres baigneurs, loueurs de cabines, ramasseurs de bigorneaux et autres travailleurs de la plage se joindraient au mouvement, réalisant ainsi la grève des grèves.

Tout est bien qui finit mal

Le travail a repris dans les pharmacies.

Principalement pour ce qui est des caisses enregistreuses, l'indice des produits pharmaceutiques ayant été porté de 176 à 230 % sur les prix de 1938.

La nouvelle a été accueillie avec sagesse et résignation par les malades, que le corps médical désigne aussi sous le nom de patients.

C'est le préfet de Seine-et-Oise qui a gagné le Grand Prix

Entendons-nous bien et mettons tout de suite les choses en place avant que d'aucuns esprits bassement facétieux n'aillent répandre le bruit que c'est un cheval qui siège à la préfecture de Versailles !

En effet, si le préfet de Seine-et-Oise a effectivement gagné le Grand Prix, c'est du Grand Prix du Roman d'aventures qu'il s'agit. Mes confrères de la grande presse en ont d'ailleurs parlé en temps opportun. Mais, renseigné le premier, n'était-il pas normal que *L'Os libre* en parlât le dernier ? Sur un double plan d'ailleurs : amical et critique.

Car Armand Ziwès, préfet de Seine-et-Oise, est un vieil ami à moi. Ce qui ne m'empêche pas d'avoir pour lui une solide et profonde affection ; et ce qui ne l'empêche pas non plus d'avoir écrit : *La Meute de minuit*, livre qui vient, comme je viens de vous le dire, et c'est bien pourquoi j'estime opportun de le répéter, d'obtenir le Grix Prand du Romure d'aventans, enfin… heu !… comme ci-dessus.

Si vous ne connaissez pas bien Armand Ziwès, je vais vous le présenter, en trois coups de lardoire à beurre : c'est un homme, avec tout ce que ce mot comporte de conscience, de courage et d'honnêteté. Dans la Résistance, mon ami le préfet a été un caïd ; aux œufs et aux pommes. Avant de remplacer Louis XIV à Versailles, il a été secrétaire général de la maison Chtagriche et Chtarponne (alias préfecture de police), puis préfet de police par intérim. Et j'aime autant vous dire que le jour où tous les fonctionnaires seront comme lui, ça ira (ce qui ne veut pas dire que tous les fonctionnaires doivent être préfet de Seine-et-Oise).

Bon alors, Armand Ziwès a écrit, en collaboration avec Erik-J. Certon : *La Meute de minuit*. C'est une sacrée histoire. Il s'agit d'une femme dont le mari pêche des éponges dans le Devonshire britannique pour se laver d'une fausse accusation de meurtre. Alors, il se passe d'effroyables histoires diaboliques dans la lande de Dartmoor où l'on trouve des scaphandriers morts par suite de la sécheresse. Il y a aussi un inspecteur de Scotland Yard, un nommé Wellester qui en connaît un bout dans son métier, et aussi une espèce de gougnafier du nom de Roëland, capitaine au long cours et meurtrier par téléphone. Enfin, je ne peux pas tout vous raconter. Vous n'avez qu'à lire le bouquin. Je vous le recommande à toutes fins utiles, d'abord parce que ça vaut le coup et ensuite parce que Armand Ziwès est un chic type.

Vive la Seine-et-Oise ! Vive le préfet ! Vive *La Meute de minuit* ! et vive le Grand Prix du Roman d'aventures !

Pierre Dac.

A la manière de

Alphonse Daudet

Nous publions, sous toutes réserves, l'information selon laquelle de mystérieuses « soucoupes volantes » auraient été aperçues en Amérique…

(Votre journal habituel.)

UNE SÉANCE HISTORIQUE

M. le président de l'Académie des Sciences de Tarascon. – La parole est à notre secrétaire général, M. Homais.

M. Homais. – Messieurs et chers collègues.

» De Néviorque nous parvenait, le 7 juillette, un télégramme signalant, au Canada, l'apparition de "soucoupes volantes" qui sillonnent le ciel des Amériques. Le 8 juillette, une dépêche émanant d'Oakland (Californie), annonçait un essaim d'"assiettes volantes", tandis que, le 9 juillette, un câblogramme de Spokane (Etat de Vazinguetonne) parlait de "disques aériens", pas moinsse !

» Le 10 juillette, une communication de notre consœur, la Société savante de Guéret, faisait état d'une "assiette creuse" pour tout potage.

» Le 11 juillette, le curé de Cucugnan mentionnait l'apparition miraculeuse – qu'il a cru ! – d'un cercle blanc où cet ecclésiastique a reconnu, avé les yeux de la foi, une "hostie volante". Nous croyons plutôt à l'opinion éclairée de M. le président de la Libre Pensée cucugnanaise qui a nettement reconnu, à la lueur de la raison, un "dessous de tasse" athée.

» Messieurs et chers collègues, voilà les faits. Ne nous arrêtons pas à chercher si cette vaisselle aérienne est originaire – comme certains d'aucuns le prétendent – de Russie ou si, comme d'autres certains d'aucuns le soutiennent, elle arrive en droite ligne de la plat nette Mars. Mais, j'affirme qu'au-dessus de notre ciel de Tarascon – troun de l'air ! – apparaîtra certainement une vaisselle d'un plus fort calibre, soit dit sans vouloir en faire tout un plat ! (*Rires et tonnerre d'applaudissements.*)

» Et quand tout ça voltigera dans notre ciel à nous, il y aura de la casse, car je prévois de beaux coups de fusil pour nos vaillants chasseurs de casquette, conduits à l'abordage par leur intrépide chef ! »

(*Deux tonnerres d'applaudissements. Tous les yeux se portent vers M. Tartarin.*)

M. Tartarin. – Collègues, ma modestie m'empêche de reconnaître, comme je le devrais, celui que notre distingué secrétaire général vient de désigner à mots couverts… Oui, vu les circonstances, il a dû mettre le couvert…

(*Plusieurs tonnerres d'applaudissements. La séance continua dans un délire indescriptible, tellement indescriptible qu'il nous a été impossible de décrire la suite de cette séance historique.*)

Faits divers

DE SAINT-OUEN-SUR-SEINE (de notre correspondant). – **Pénible catastrophe**

Au cours du banquet annuel de l'Amicale des calibreurs de ronds de serviette, un accident imprévisible est survenu au moment où le président de l'amicale, l'éminent professeur Roméo Carlès, faisait sa péroraison traditionnelle sur les buts de l'Association. L'assistance, fort choisie et nombreuse, était suspendue aux lèvres de l'orateur lorsque celui-ci fut subitement pris du vertige du conférencier et cessa subitement son émission. Il s'ensuivit une chute générale de tout l'auditoire, surpris par cet arrêt imprévu. Jusqu'à présent, on ignore le nombre exact des victimes.

D'ORLÉANS (de notre envoyé spécial). – **Faiseur d'anges**

Pris en flagrant délit de manœuvres abortives sur une mère de vinaigre, le docteur Desoude a été appréhendé par une délégation de policiers au cœur sec.

Conduit devant M. Mirliton, le célèbre juge d'instruction, l'infernale créature avoua en ricanant ne pas en être à son coup d'essai.

DE PARIS (de notre correspondant). – **Toujours les soucoupes !**

Hier soir, rue des Hommes-qu'ont-Soif, profitant du vacarme causé par la nuit tombante, un inconnu a reçu sur la physionomie une soucoupe volante qui évoluait à faible altitude.

Les services spéciaux du ministère de la Guerre ont procédé à l'enlevage de l'engin qui ne mesure pas moins de 8 mètres de diamètre.

Par ailleurs, la taille insolite de l'objet et l'inscription suivante « great cafe on Chicago » semblent prouver de façon péremptoire que cette soucoupe provient d'un des plus grands bars d'Amérique. La victime, vu son état, s'est refusée à toute déclaration.

DE LAMBALLE (de notre envoyé spécial). – **Des mitrailleuses neutralisées !**

Depuis l'arrestation du comte de Vulpian, inculpé principal du M.A.C., le nommé Yves Patatec affirmait à qui voulait l'entendre posséder chez lui une importante quantité d'armes.

Ces déclarations finirent par tomber brusquement dans l'oreille que la police tendait. Celle-ci, ne reculant devant aucune difficulté, exécuta un raid massif au domicile de l'intéressé.

Ce dernier, pressé de questions et de tous côtés, avoua ne receler, en fait d'engins meurtriers, qu'une importante quantité de mites railleuses dont il s'était d'ailleurs facilement défait, la veille au soir, avec la complicité d'une bouteille d'insecticide parfumé Timor.

DE VESOUL (de notre correspondant). – **Notre ingratitude**

Le gardien de la paix Jean Escoupait, plein d'un zèle ardent et d'un certain petit Pernod particulièrement nocif, entreprenait hier soir d'assurer bénévolement la garde du poste de police de la rue du Diable-Vert. Malgré les protestations des occupants, il les contraignit à se coucher et borda leurs couches avec un soin tout maternel, lorsque à la suite d'une remarque désobligeante d'un agent qu'il voulait obliger à dormir dans le poêle à sciure, une violente polémique éclata au sujet des matériels de literie à ne pas employer. On ignore les arguments qui furent utilisés de part et d'autre, toujours est-il que les habitants du quartier, croyant à une attaque aérienne, ont gagné subrepticement les hauteurs de Vesoul qu'ils se refusent à abandonner, bien que le calme soit rétabli depuis lors.

Coup de théâtre en Espagne

Franco proclame la République

Le dernier régime dictatorial a vécu, et Franco s'est soumis à la volonté populaire librement exprimée (sous peine de déportation immédiate) par la grande voix du suffrage universel (dont il avait pris soin évidemment d'exclure au préalable tous ceux qui n'étaient pas de son avis).

Ressemelage de Caudillo

Au cours d'une cérémonie intime, le chef de l'Etat espagnol a résilié sans regret en tant que Caudillo une autorité dont on le prétendait jaloux et s'est immédiatement transmis le pouvoir en tant que roi.

Pour la circonstance, Franco avait revêtu son grand uniforme de général. Un peu pâle, mais d'un pas ferme, il s'en fut se chercher à la porte de l'Escurial et se conduisit à la salle du trône.

– Sire, se dit-il alors d'une voix grave en se regardant droit dans les yeux, en dépit de l'opposition négligeable de quelques trublions qui ne sont pas encore en exil ou en camp de concentration, les millions de gendarmes et de policiers qui représentent l'élément sain de notre grande nation m'ont accordé au commandement et en décomposant leur confiance spontanée.

Ce résultat ne saurait surprendre que ceux qui méconnaissent mon immense prestige et la pratique des urnes à double fond. Ayant toujours eu pour principe de respecter l'opinion de la majorité lorsque celle-ci coïncidait exactement avec la mienne, je me remets solennellement l'insigne de mes fonctions, insigne avec lequel je saurai désormais, comme je l'ai fait précédemment, défendre et au besoin combattre nos institutions.

Quand on est Maure c'est pour longtemps

Tirant son épée du fourreau, Franco se la déposa entre les mains, puis, après s'être coiffé d'une couronne, il s'adressa cette fière réponse :

– Caudillo ! Puisse ma noble attitude éclairer les hommes d'Etat étrangers qui, abusés par des rapports mensongers, m'accusaient d'imposer jusqu'alors ma loi par la terreur. C'est pour mettre fin à de pareils bruits que j'ai convié l'Espagne à choisir entre moi et moi. Et, de même que si le résultat du référendum avait été différent, j'aurais accepté de continuer à porter comme dictateur le lourd fardeau du gouvernement, de même j'accepte aujourd'hui de me succéder comme souverain absolu. Qu'il me soit permis, à l'orée de mon règne, de rendre un hommage public au génial prédécesseur que je me suis été et de rappeler au peuple espagnol, qui serait bien ingrat s'il l'oubliait, que je n'ai cessé jusqu'à ce jour de travailler pour lui en lui faisant construire par milliers de magnifiques prisons modèles dont l'actuelle prospérité dit assez l'intérêt social. Dans ces conditions, il m'a semblé que je ne pourrais trouver personne de mieux qualifié que moi-même pour m'aider à poursuivre une œuvre aussi remarquable. C'est pourquoi, usant pour la première fois de mes prérogatives royales, je me redonne l'épée que je viens de me remettre et je me nomme, comme étant le plus digne d'occuper cette haute dignité, mon propre premier ministre.

Une longue ovation poussée par l'aguazil de service ponctua ces mâles paroles tandis que l'orchestre du 1er toreros motorisé attaquait le nouvel hymne national : « Les caudillos sont lourds dans le sac » et qu'à l'extérieur la population de toute la péninsule saluait l'avènement du régime par des marques d'allégresse d'autant plus vives que ceux qui ne manifestaient pas une joie suffisante étaient immédiatement passés par les armes.

L'Ibérie libérée !

Contrairement à ce qu'on supposait le rétablissement de la royauté en Espagne n'était d'ailleurs qu'une mesure transitoire.

En effet, au moment de mettre sous presse, nous apprenons que, décidé à tout pour affirmer ses sentiments démocratiques et être ainsi en droit de réclamer sa part des dollars affectés au plan Marshall, l'ex-Caudillo vient de contresigner le texte suivant :

Proclamation

Article 1er. – La royauté est abolie. La République est proclamée sur le territoire espagnol.

Art. 2. – Les impôts et les exactions de l'ancien régime sont supprimés. Ils sont remplacés par des contributions du double de leur montant.

Art. 3. – Les ex-Cortès franquistes, devenues Cortès royales, prendront le titre de Cortès républicaines. Elles continuent à être chargées d'approuver les actes du chef du gouvernement.

Art. 4. – M. Franco est nommé président de la République à vie. Les pleins pouvoirs lui sont accordés.

Avis de concours

Pour l'obtention des postes suivants : contremaître à la Cour de cassation, chef d'équipe au Muséum d'histoire naturelle, délégué d'entreprise à l'Académie française et chef pointeau à l'Ecole des chartes : 124 places disponibles. Les lauréats doivent être âgés de douze ans minimum à quatre-vingt-treize ans maximum.

Appointements : tarif syndical de la Fédération des rouleurs de fûts.

Rappel à l'ordre

Il est rappelé à messieurs les automobilistes, arrêtés par un signal ou un agent lumineux, que le fait de se trouver autorisé par un de ces deux dispositifs à reprendre le cours de leurs exploits sur l'asphalte surpeuplé n'exclut pas la possibilité de jouer du frein sur les minables passants surpris au milieu des passages cloutés par le coup de sifflet inopiné d'un agent rêveur.

Petites Annonces

OFFRES D'EMPLOI

Institut océanographique de Monaco demande pour relever fonds marins, banquier connaissant la cartographie.

Fabrique de chapeaux de dames ouvragés, cherche bons couvreurs peu sujets au vertige et aux hallucinations de chapelier. Cantine et piqûres d'alcool camphré. Frais d'internement aux frais de l'établissement. Chapeaux Chaudin de la Crépine, 23, bd de la République affairée, Houilles.

Maraîcher demande bons peintres jardiniers spécialisés dans la culture du chou rouge, gros grains si capables. Fourniture de lunettes infrarouges assurée. – G. Gombourg, St-Mars-la-Brière (Sarthe).

On demande pour ramonages poêles Danlamain, fumistes spécialisés ne craignant pas les échauffourées.
S'adresser Chambre des députés, Paris.

OFFRES DIVERSES

Par suite faute d'impression, faux monnayeur céderait à connaisseur lot de 3 tonnes billets de 1 000 francs, marqués 1 015 francs. Faire offres à M. P. B., 61, av. de Maisons-Laffitte, Houilles.

Vous avez un train à prendre et vous n'êtes pas libre ! Qu'à cela ne tienne !
Adressez-vous à S.V.P. Sûreté, vélocité, praticité, qui vous enverra une personne pouvant vous remplacer. Voyez ses prix : voyageur simple : 6 500 fr.
Voyageur rouspéteur : 7 500 fr.
Voyageur de 1re classe pressé : 8 515 fr.

DEMANDES D'EMPLOI

Cheval de train, cherche place de dessinateur dans fabrique de brancards.

VILLÉGIATURES

Asnières-plage à 10 minutes de Paris, grand hôtel de la plage avec vue sur la mer par télescopes superpuissants. Description des bains de mer par maître nageur breton. Pension complète depuis 132 fr.

LOCAUX COMMERCIAUX

A vendre superbe usine en pointillé ayant servi à des expériences atomiques.
2 750 tonnes de matériaux divers en bon état, à regrouper.
Grand cratère pouvant servir de départ à une ligne de métropolitain. Visible avec guide tous les jours (sauf en cas de brouillard). – Cabinet Chaudin de la Crépine, 78, rue des Entrepreneurs bucolliques, Paris (7e).

TRAVAUX DIVERS

Encaustiquage de parquets, dans usine modèle. Dépose et repose en 72 h. Travail soigné. Usine d'encaustiquage de parquets de La Ferté-Gonflaron (Isère).

DIVERS

Mouchoir en ammoniaque, solidité et tissé. Economise tous frais de blanchissage. Les 12 : 510 fr.

Appareil photographique « Le Miro », obturateur à doubles rideaux, objectif verre cathédrale surfin, ouverture 4,65. Mise au point par metteur au point spécialisé. Souffle à toile écrue. Chambre frêne durci au pouce, gainée cuir de papillon. Déclencheur au genou. Pellicules form. 7,4 x 19 x 85. Pris sur place à 19 770 fr.

L'OS LIBRE

« Contre tout ce qui est pour – Pour tout ce qui est contre. »

NUMÉRO 90 – MERCREDI 23 JUILLET 1947

Nouvelles de partout et d'ailleurs... Le 17 juillet, à Washington, Franklin D. Roosevelt a reçu, à titre posthume, la médaille militaire française. Un représentant de notre pays la remet à sa veuve, Eleanor Roosevelt. Le 20 juillet, un Français est enfin à l'honneur. Cela n'était pas arrivé depuis bien longtemps ! Jean Robic remporte le Tour de France cycliste. Et cela à l'issue d'un coup de théâtre comme on n'ose même pas l'imaginer au cinéma. Dans l'ultime étape, alors que René Vietto semblait avoir course gagnée, il a profité d'une longue échappée pour voler vers la victoire.

Edito Du social et du chouette

par René Lefèvre

Certains lecteurs m'écrivent pour se plaindre des nouvelles quotidiennes parmi lesquelles ils trouvent trop souvent l'occasion de s'attrister. Je pourrais leur répondre que *L'Os libre* ne publie que des informations soigneusement sélectionnées et, qu'au surplus, il est hebdomadaire ; mais notre administrateur – homme d'un rare bon sens – me fait justement observer que le fait, pour un journal, de ne paraître qu'une fois par semaine, ne saurait empêcher une clientèle intelligente de l'acheter tous les jours, et je n'insiste pas.

D'après mes correspondants, ce sont ces trop fameux conflits sociaux qui inclineraient nos contemporains vers la fâcheuse mélancolie. Je le crois fichtre bien, et il faut reconnaître que les rapports entre employeurs et employés rendent, à l'heure actuelle, un son nettement discordant. Mais, dans les doléances qui me sont adressées, je relève deux tendances très précisément marquées. Les uns trouvent que les échanges de vues entre les deux parties sont trop rares et plutôt dépourvus de cordialité ; les autres, au contraire, estiment qu'un temps précieux est perdu en interminables conférences et préconisent une politique d'action silencieuse.

Puisqu'on me fait l'honneur de solliciter mon avis, je le donne. Et je dis, sans l'ombre d'une hésitation, que les conversations sont trop molles et trop distantes pour que l'on puisse espérer en voir sortir quelque chose de consistant. Il faut parler. Il faut parler souvent, vite, fort et longtemps. Je n'en veux pour preuve que ce qui s'est passé ici, au sein même de notre journal, où il y a, comme de bien entendu, une espèce de patron qui travaille de la mèche et toute une équipe d'ouvriers plumâtriers qui turbinent du stylo sous sa haute autorité. Il y a aussi quelques secrétaires, et c'est la plus distinguée d'entre elles, Joséphine Autrain, qui déclencha le conflit. Pierre Dac déplorait à tue-tête la perte d'une boîte de virgules, égarée à la rédaction.

– Il y en a chez Plumeau, rue de la Perle, dit Joséphine.

– Avec ton oseille, fillette ! répliqua le patron.

Bref, la discussion s'envenima, et Joséphine fit une allusion assez claire aux gens qui ont « une frême à caler les roues de corbillard, une tronche à piler le riz et une trombine à déconstiper les chevaux de bois ».

– Si la maison ne vous plaît pas, dit alors Pierre très posément, vous n'avez qu'à chercher une nouvelle position.

Cet incident remonte à une semaine environ et, ma foi, je n'y pensais plus quand Joséphine entra, hier, dans le bureau directorial.

– J'ai trouvé une nouvelle position, dit-elle de but en blanc.

– Ah ! Ah ! fit Pierre. Alors fermez la porte et montrez-moi ça tout de suite !

Je ne pus malheureusement assister à la suite de la conversation, car le téléphone m'appelait dans la pièce à côté. Mais je puis affirmer que, depuis cette explication, il n'est plus du tout question du départ de notre secrétaire et que ses rapports avec la direction se sont très sensiblement améliorés.

C'est pourquoi j'ose prétendre ici qu'il est nécessaire de parler pour s'entendre et que je verrais d'un œil très favorable, le système étendu à toutes les administrations, publiques ou privées...

Entre Cours-la-Reine et jardins

Maison à louer et à blâmer

L'exposition de l'Urbanité et de l'Habitation remporte, au Cours-la-Reine, le plus légitime succès. Sans doute n'est-elle encore, quinze jours après son ouverture, qu'à demi construite, mais les travaux s'y poursuivent avec un tel acharnement que tout laisse supposer que cette intéressante manifestation aurait des chances d'être presque complètement achevée vers la fin septembre si sa démolition ne devait être entreprise dès le 17 août.

Il convient, d'ailleurs, de ne pas se laisser influencer par les apparences. C'est ainsi, par exemple, qu'en toute bonne foi, des visiteurs ont vivement protesté devant certains stands où quelques planches disjointes entouraient un trou informe, croyant se trouver devant un chantier abandonné, alors qu'il s'agissait de l'exposition du modèle standard S.G.D.G. de maison provisoire (garantie vingt ans) pour sinistrés totaux de Normandie.

Sans doute pourrait-on, à la rigueur, reprocher à ce modèle son prix de revient vraiment élevé. Il est le fait du coût des immenses bâtiments de pierres de taille qu'il faut, au préalable, édifier par centaines pour y loger les services du ministère de la Reconstruction chargés des études préparatoires.

Les salles maisons ont, par contre, le mérite de s'adapter à notre manque de possibilités actuelles et de comporter un maximum d'inconfort moderne : aération intensive, eau courante les jours de pluie, salle de bains de boue recommandés aux rhumatisants, etc. etc.

Aux petites maisons

Par ailleurs, afin de dégoûter peut-être les sinistrés de tout autre genre d'habitation, les architectes participant à l'Exposition ont employé le peu de matériaux de construction dont nous disposons encore, à dresser sur le Cours-la-Reine quelques maisons mieux closes et plus solides.

Ces maisons sont de neuf types bien définis.

I. – La maison sans ouverture, ainsi construite sous prétexte que des portes et des fenêtres nuisent à l'harmonie des façades. Lorsqu'il veut rentrer chez lui, celui qui l'habite doit monter sur le toit et se laisser glisser par le trou de la cheminée. Simple affaire d'habitude, après tout. Quand on se mêle d'innover, on ne saurait aller trop loin.

II. – La maison en papier-buvard, recommandée pour les pays humides.

III. – La maison en papier de soie, qui offre l'incontestable avantage de rendre moins pénible l'exercice de la noble profession de perceur de murailles.

IV. – La maison de verre, la seule qui convienne au sage, selon Socrate. Mais elle convient surtout aux gigolos, en raison de ses airs d'aquarium.

V. – La maison économique, en caisses à œufs.

VI. – La maison mobile, montée sur roulettes et pourvue d'un tracteur, destinée aux personnes d'un caractère instable.

VII. – La maison tout acier, d'une solidité incontestable. Pour rendre toute effraction impossible, la porte est munie d'une serrure à secret. Lorsqu'il sort le soir, il est recommandé au locataire de ne pas oublier le mot de la combinaison ou de se munir d'un chalumeau oxydrique, s'il ne veut coucher à la belle étoile. Il doit aussi perdre l'espoir d'enfoncer un clou dans une cloison et, s'il n'est amateur de tambour, il lui est conseillé d'aller demeurer à l'hôtel les jours où la pluie fouette son toit métallique.

VIII. – La maison aérodynamique, qui, en raison de sa forme tortueuse, ne peut guère loger qu'un homme-serpent.

IX. – Enfin, la maison préfabriquée, qui est le gros succès de l'exposition. Elle est constituée de morceaux numérotés de 1 à 32 984 et se livre en boîte. L'acheteur qui désire la monter n'a qu'à suivre les instructions contenues dans un manuel vendu à part. Avec de la patience et de la persévérance, les techniciens estiment qu'il peut mettre sa maison debout en moins de dix ans, compte tenu des inévitables erreurs d'enchevêtrement ; le moins qu'il puisse arriver au néophyte étant de placer le calorifère dans le salon et l'escalier d'honneur dans le Frigidaire.

Mardi, jeudi, samedi

Jours autorisés de pâtisserie à base d'amiante, fibrociment, tourbe et sable à lapin.

Décision du répartiteur, service de la crème fouettée. Bureau du sucre en poudre *J.O.* 1874596 – 20-5-1977.

À Os rompus

Les élections municipales

A la demande d'un certain nombre de lecteurs désœuvrés, nous sommes allés demander à la Commission parlementaire du suffrage universel de quelle façon se feraient les prochaines élections municipales.

Voici les éclaircissements qui nous ont été fournis à ce sujet et avec la plus parfaite bonne grâce :

Les élections auront lieu au scrutin de liste uninominal tempéré dans certaines circonstances par le vote préférentiel à deux tours et demi, avec panachage bariolé et ballottage maintenu dans les limites de la décence selon les règles ordinaires de la représentation proportionnelle, en prenant pour base de calcul le nombre des habitants autochtones, multiplié par la superficie territoriale de la commune, mais divisé par l'âge du maire porté au carré, sous réserve du quotient et compte tenu du quorum.

Nous croyons d'ailleurs savoir que la date des élections, d'abord prévue pour le mois d'octobre prochain, pourrait être retardée de quelques années afin de donner aux électeurs le temps de bien comprendre le nouveau système.

Chèque et chewing-gum

Il se passe de drôles de choses en Amérique. Nous n'en voulons pour preuve que cette nouvelle, reproduite par les journaux sous le titre ci-après :

Lady Iris Mounbatten, cousine du roi d'Angleterre, arrêtée pour émission de chèque sans provision.

Et cette seconde nouvelle, publiée le lendemain :

« *La belle Iris, cousine du roi d'Angleterre, a payé ses dettes.*

» On apprend de Philadelphie que M. J. Warren Bowman, roi du chewing-gum, a offert de payer tous les chèques de lady Iris, y compris ceux qui ont déjà été émis, jusqu'à concurrence de 10 000 dollars. Il a déclaré :

» – Même si je ne tenais pas lady Iris en haute estime, j'aurais fait ce geste pour la seule et unique raison qu'elle mâchait mon chewing-gum au moment de son arrestation. »

Après ça, les émetteurs de chèques sans provision savent ce qui leur reste à faire !

Avis d'une certaine importance

La grève des fonctionnaires n'ayant pu avoir lieu malgré les efforts déployés en ce sens par le gouvernement, la direction des finances a le regret d'informer MM. les contribuables que les percepteurs se tiendront à leur disposition, aux heures habituelles, pour le recouvrement des impôts.

M. de La Palice journaliste

Pertinax écrit, dans *France-Soir* : « Eisenhover, cessant d'être général, serait candidat à la présidence. Il pourrait être désigné à l'unanimité par les républicains, à moins qu'il préfère être candidat démocrate. »

Comme les « républicains » et les « démocrates » sont, aux U.S.A., les deux seuls partis qui s'affronteront aux élections présidentielles, il nous paraît assez probable que Pertinax pourrait avoir raison.

Le fourre-tout

Voici qu'on nous promet, en remplacement du « pain-maïs », le « pain-patate ». Si, par hasard, ça ne collait pas – encore que nous pensions, pour notre part, que ça collera et même que ça poissera – on envisage, successivement, le « pain-haricot », le « pain-navet », le « pain-carotte » et, finalement, le « pain-jardinière ».

Un savant français aurait découvert un procédé permettant de confectionner du pain avec de la farine de blé, mais il ne s'agit encore que d'une expérience de laboratoire.

Un type dans le genre

C'était un type dans le genre de Childéric III, non pas qu'il fût roi, mais il était fainéant. Cette paresse lui avait fait quitter son travail de boulanger : rien que de voir la pâte travailler, ça le fatiguait, cet homme.

Fataliste, il disait : « Ma pitance, Dieu y pourvoira ! » ce qui n'engageait personne, après quoi il se couchait, ce qui n'arrangeait rien, et il attendait en dormant audacieusement la fortune qui ne pouvait manquer de lui sourire pour respecter les deux dictons bien connus.

Et pourtant, il était doué, le bougre, instruit, polyglotte même (il parlait étranger), inventeur à ses moments perdus qui étaient nombreux, car il était négligent. C'est ainsi qu'il avait imaginé un système économique et ingénieux arrêtant les mouvements d'horlogerie la nuit aux heures où ça n'intéresse plus personne.

Son imagination, toujours en éveil, lui avait donné l'idée de vendre des pochettes pour les jeunes gens coquets, des pochettes d'un ton surprenant, de vraies pochettes-surprises. « Nos prix vous surprendront », affirmait sa publicité, et c'était vrai, on avait beau être prévenu, ses prix surprenaient toujours.

Mais c'était aussi un type dans le genre de Robinson Crusoé, non pas qu'il fût naufragé mais il était seul, donc il s'ennuyait. Il était seul parce qu'il était dans le genre de Charles le Chauve, non pas qu'il fût roi mais parce que son crâne faisait une concurrence déloyale aux boules de billard, et qu'il était aussi dans le genre de Byron, non qu'il fût poète mais il était pied-bot, ce qui fait qu'il devint un type dans le genre de Verlaine, non qu'il eût du génie, mais il se mit à boire.

Ce fut donc un jour béni qu'il la rencontra : en pleine nuit ! A vrai dire, il ne prit pas le temps de vérifier si elle était pleine (la nuit, pas elle), mais il s'aperçut bien vite qu'elle était gentille, gentille à un point incroyable, gentille même le lundi.

Et tellement appréciée à cause de sa gentillesse, qu'on l'avait surnommée le taxi, parce qu'elle n'était jamais libre.

Il l'épousa.

Mais comme il n'était pas dans le genre d'Hercule, et qu'elle était plutôt dans le genre de Bayard, sans peur sinon sans reproches, il se retrouva bientôt dans le genre de Napoléon, non pas qu'il fût empereur, mais il fut cocu.

Voulez-vous du sucre ?

Les personnes qui veulent du sucre de canne peuvent toujours s'adresser à M. R. Thouvenin, domaine de la Chaumi-nette, à Cannes, ou, à défaut, à la municipalité de cet endroit, qui les branchera sur l'intéressé.

Loterie Nationale

Lots de consolation

L'Os libre est fier de pouvoir à son tour, tel un de nos confrères du soir, offrir à ses lecteurs malchanceux des lots de consolation.

A partir de bientôt et chaque semaine, les personnes ayant gagné à la loterie sont aimablement, mais fermement priées, de verser à notre caisse des sommes égales au 20e du lot, en aucun cas supérieures à 40 %.

Cet argent sera réparti, d'une part, entre les membres de la rédaction et, d'autre part, entre ceux de nos lecteurs qui en feront la demande par écrit ; celle-ci devra être accompagnée de 50 fr. minimum pour frais de chancellerie et de gorgeron.

A la manière de...

François Coppée

« Nous publions, sous toutes réserves, l'information selon laquelle 20 000 ouvriers des entreprises de caoutchouc... »

(Votre journal habituel.)

LA GRÈVE DES FORGE-RONDELLES

Mon histoire, monsieur Ramadier, sera brève.
Voilà : les forge-rondelles[1] sont tous en grève.
Je suis leur délégué. Réglez tout sans lenteur
Avant que le conflit ne s'étire en longueur ;
C'est toute la nation qui serait embêtée
Si se prolongeait la grève caoutchoutée.
C'est nous qui fabriquons les semelles « tout cuir »,
Les biberons pour les électeurs à venir,
Les gommes des bureaux, le chewing-gum qui claque,
Et, pour vos policiers, les discrètes matraques.
Nous, par qui peut rouler l'auto des gens heureux,
Nous demandons, simplement, qu'on nous augmente un pneu.
Plus de balle au tennis : en cinq sets, sans scandale,
On veut tennis-money ou, sinon, peau de balle !
La C.G.T. a dit qu'il fallait en finir :
« On nous a, trop souvent, envoyé rebondir,
Nous, ceux du caoutchouc ! Notre patron s'applique
A nous les envoyer... avec un élastique... »
Et la C.F.T.C. approuva ces motifs,
En murmurant un : « Que Dieu nous préserve ! »... hâtif.
Pour nous les allonger, le patron de fabrique
Se fait tirer l'oreille et toujours, hélas ! tique ;
Il s'en va répétant – et nul n'en est surpris –
Qu'augmentant un salaire, on fait monter les prix.
Si nous causons la hausse, eh bien ! je le rappelle,
Sans nous, les fabricants d'élastiques bretelles,
Monsieur le président – ça ne serait pas long –
On verrait votre froc tomber sur vos talons.

François COPPÉE.
(*Les Humbles.*)

1. Nous osons signaler à ceux qui seraient imperméables à la vraie poésie, que ce sont les fabricants de talons tournants que François Coppée désigne lyriquement par « forge-rondelles ». (N. D. L. R.)

N° 90 – Mercredi 23 juillet 1947

Petites Annonces

OFFRES D'EMPLOI

J'offre belle situation à encaisseur débutant présenté par sa belle-maman.
Etablissements Généne-le-Lacet. 1, passage du Gredin-Hémiplégique, Vierzon.

Facteur feignant, cherche jeune coursier, sérieux, actif pouvant le remplacer.
Fixe plus pourcentage sur lettres chargées.

DEMANDES D'EMPLOI

Ancien artiste, cherche place analogue, mais mieux payée, avec possibilité grands rôles si public compréhensif.

DEMANDES DIVERSES

Gangster retraité achèterait cher costume employé du gaz et tous accessoires de relevage de compteurs (taille 58).

Monsieur ayant forte habitude d'essuyer les plâtres est demandé par jeunes gens actifs et dynamiques, ayant intention d'effectuer voyage d'étude sur la Riviera. Urgent.

DIVERS

Fer à repasser, tous usages. Modèle « aller et retour » 646 fr. 50. Modèle 18738 WB 2 à aller simple : 313 fr. 45.

Fauteuil fonte, fixation au plancher, avec ceinture, cale-pieds et poignets de force. Indispensable pour écouter tous discours politiques.
Permet de conserver le poste récepteur en état de marche pour des émissions plus intéressantes. L'installation complète : 18 903 fr.

Maison de redressement pour existentialistes : binage de betteraves, repiquage de clous de girofle, fumures, ratissage, labourage, etc.
Trav. forestiers, cassage de pierres, etc.
Vie hygiénique et saine, coucher à la belle étoile. Domaine de la Cure, à Sessel (Ain).

Fusil sous-marin. Harpon pointe acier, ressort puissant, détente inopinée.
Gros effets de rire assurés sur plage encombrée.
Livré avec manuel sur la course à pied : 3 346 fr.

Bois-la-tasse. Appareil comprenant un film de 0 m 50 portant un pavé de fonte à chaque extrémité.
Fonctionne en lâchant les deux contrepoids de part et d'autre du cou du nageur. Prix : 157 fr. 50. Très recommandé.

Trépied à roulettes, s'attachant sous les aisselles. Permet de conserver pied, et de jouer les nageurs émérites : 2 100 fr. Article plus étudié avec pieds télescopiques s'enfonçant brutalement : 2 865 fr.

POUR LA PLAGE

Maillot de bain en pilou-filou. Rétrécit et éclate à la sortie de l'eau. Gros effet récréatif. Laisse béant de surprise ou haletant, selon la personne : 1 543 fr 10.

Appareil bandant la volonté, assure maîtrise et imperturbabilité au moment de régler la note de l'hôtel. Gros prestige assuré. Livré avec un quart de litre d'eau-de-vie à 84°. « La Fulgurante » : 2 525 fr.

Bouée-brasier, assure une baignade toujours tempérée par petites flammes continues, avec seulement 100 l. de mazout. Livré en ordre de marche avec boîte à pansements divers contre gerçures ou coups de soleil : 3 728 fr. 45

Parapluie insubmersible, pour marin et toute personne se véhiculant sur l'eau. Ouvert tient lieu de barque de sauvetage. Grande stabilité. Livré avec une paire de rames à petits pois : 5 000 fr.

L'OS LIBRE

« *Contre tout ce qui est pour – Pour tout ce qui est contre.* »

NUMÉRO 91 – MERCREDI 30 JUILLET 1947

Des nouvelles de partout et d'ailleurs... Au Vietnam, Hô Chi Minh écarte de son gouvernement le général Giap, considéré comme beaucoup trop dur. A Washington, le président Harry Truman signe le National Security Act *qui entérine officiellement la création de la CIA et de l'US Air Force, regroupant les forces aériennes de l'armée de terre, désormais autonomes. En Italie, l'Assemblée constituante accepte le traité de paix avec la France et les pays alliés. A l'image des Français, Pierre Dac et les journalistes de* L'Os libre *délaissent ces informations et pensent plutôt aux vacances.*

Edito — Du virage au tournant

par Pierre Dac

Je viens de méditer ; la chose, à première vue, n'a vraiment rien d'extraordinaire et il est probable que je ne suis pas le seul dans ce cas. Voire ! Car il y a méditation et méditation. Et il convient de ne pas oublier qu'il y a cinq sortes de méditations, bien distinctes, nettement délimitées, ayant chacune son caractère rigoureusement particulier, et qui sont, par ordre d'importance et chronologique : la première, la seconde, la troisième, la quatrième et la cinquième. Or, la méditation à laquelle je viens de me livrer n'a rien à voir avec les cinq méditations classiques dont la nomenclature détaillée vient de vous être donnée par l'intermédiaire de mon truchement personnel.

C'est, en quelque sorte, une méditation hors série et dont le moins qu'on puisse en dire est qu'elle se rapproche singulièrement de la méditation d'avant guerre, époque où la méditation était de qualité sérieuse, supérieure et honnête. Et rien n'est plus solide ni plus pertinent que la méditation d'avant guerre puisqu'elle nous amène inéluctablement à penser à la guerre, laquelle n'attend que cette occasion pour élever un peu les pauvres humains au-dessus de leurs contingences quotidiennes.

La méditation, donc, dont je vous parle, est d'ordre minéral et ressortissante des Ponts et Chaussées. En passant sur la route nationale n° 7, entre Lapalisse et Vichy, j'ai vu, à certains endroits courbes, des panneaux portant l'avertissement suivant : « Attention, virages non relevés ». C'est tout. Mais quel profitable sujet de méditation. J'ai regardé, avec une attention scrupuleuse, ces virages dont la pénible situation est ainsi constamment signalée à la charité publique. Car il n'est point douteux que ces panneaux n'ont été posés que dans un but charitable. D'ailleurs, à la sortie de chaque virage, un cantonnier assermenté arrête les voitures, et, d'un air triste et profondément désabusé, agite d'une main un tronc et de l'autre murmure : « Pour le relèvement des virages, s'il vous plaît, messieurs, dames, à votre bon cœur. »

Spectacle bien émouvant, en vérité, mais qui, je dois le reconnaître, laisse à peu près indifférents la plupart des usagers.

C'est qu'ils s'attachent trop au simple aspect matériel de la chose sans en comprendre le redoutable symbole et la dangereuse portée. Evidemment, comme ça, on réalise mal l'intérêt que je porte à l'importance de quelques virages non relevés. Mais, c'est que, sans doute, par simple association d'idées, j'établis un parallèle entre ces virages déficients et le plan américain pour le redressement de l'Allemagne.

Et je me suis dit, en fin de compte, que la pénible situation des virages français comptait, en définitive, pour bien peu, au regard de l'extrême urgence qu'il y a, pour les Alliés (sic), de redonner au Reich tout son potentiel industriel et commercial. Pauvre, pauvre Allemagne, qui a eu tant de malheurs, et qui, de ce fait, a tant besoin de tendresse et de consolations.

D'ailleurs, quand l'Allemagne, grâce à l'intelligente compréhension des hommes d'Etat et des philanthropes de la haute finance, et au concours désintéressé des millions d'individus passés par les armes ou les fours crématoires, aura enfin recouvré sa puissance pour le plus grand bien de l'humanité, nous n'aurons plus à nous soucier du relèvement de nos virages nationaux.

Car nos excellents voisins sauront nous attendre au tournant. Le virage de la mort, quoi, comme on dit en style de course.

Sus à la routine

Les gens qui rentrent chez eux… peuvent très bien rentrer ailleurs si c'est moins loin.

Si chacun en fait autant, ça arrangera tout le monde et ça mettra un peu de gaieté dans une sacrée bon sang de vie qui en a bien besoin.

Sus à l'escroc !

L'attention du public est attirée sur les agissements frauduleux d'un individu du nom de Paul Boulentranche, se disant répartiteur de ténèbres.

Cette abusive créature vend aux chalands de la fausse ténèbre toute faite, sous forme d'un gros bâtonnet.

Les personnes sollicitées par cet odieux individu sont invitées à venir déposer, après pansement, à l'Office général des ténèbres, 0, boulevard de la Rue-Sombre, Paris.

Faits divers

DE PARIS. – Vol monstrueux. – Depuis de longs mois le bureau de perception du 17e arrondissement, secteur des Epinettes, était dans l'impossibilité de recouvrer l'argent des contribuables, un de ceux-ci ayant dérobé le porte-plume du chef comptable.

Après une enquête minutieuse les inspecteurs Piquépic et Colégramme viennent de capturer ce monstrueux saboteur du denier national. L'infernal monstre avait caché l'indispensable instrument dans le bureau de poste de Houilles-Carrières.

On s'attend à de nombreuses inculpations.

DE PARIS. – Un individu suspect. – Le 2 avril dernier, des policiers au cœur de pierre appréhendaient le nommé Guy Charrier qu'ils pistaient depuis près de trois semaines. C'est la façon extraordinaire dont cet individu était vêtu qui attira l'attention : circulant dans la foule sans la moindre gabardine américaine, habillé en civil des pieds à la tête.

Son interrogatoire se poursuit. La police cherche à savoir par quel jeu de complicités subtiles l'homme a pu échapper aux vendeurs de surplus alliés.

DE VIERZON. – Depuis quelque temps, le sieur Léon Cafard, qui vivait maritalement avec une pauvre d'esprit du nom d'Emilie Nédebeux, était pris de vertiges après chacun des repas que lui préparait sa concubine. Voulant en avoir le cœur net, hier, un peu avant midi, il se postait dans l'armoire à sciure de la cuisine. Quelle ne fut pas sa stupéfaction en voyant son amie vaporiser généreusement les mets, entreposés dans le frigidaire, à l'aide d'une bouteille d'insecticide Timor. Bondissant de sa cachette, il se rua sur celle qu'il prenait pour une empoisonneuse et s'apprêtait à lui faire passer le goût du pain de maïs, lorsque la malheureuse précisa, entre deux hoquets et autant de coups de tisonnier, avoir seulement voulu détruire une escadrille de mouches qui s'entêtaient à prendre le rôti pour un terrain d'atterrissage.

Fort heureusement, la vue des bestioles, gisant complètement mortes, ramena, à temps, la paix dans le ménage.

Convoquée par les voisins, la police, qui attendait dans l'antichambre, n'a pas eu à intervenir.

DE METZ. – Ce matin, devant la gare, alors qu'il était paisiblement affairé à polir les verres de son lorgnon, M. Amédée Ajouer ressentit vivement une fraîcheur subite sur son crâne dépenaillé.

Haletant sous le poids d'une angoisse prémonitoire, le pauvre homme se retourna suffisamment tôt pour apercevoir son chapeau de paille disparaître dans l'appareillage dentaire d'un cheval de fiacre aux yeux nerveux et cruels.

Désemparée, la victime s'apprêtait à requérir l'aide approximative d'un agent invisible lorsqu'elle aperçut le maître de l'animal, un volumineux cocher au masque violent, qui ricanait mollement dans sa direction, tout en flattant le cou du quadrupède de grosses bourrades amicales.

Ce fut suffisant, et le drame éclata, rapide et foudroyant. Avant même que les passants eussent le temps de quitter leur domicile pour remplir leur rôle traditionnel, M. Amédée Ajouer s'était rué sur son sauvage ennemi.

Ce n'est qu'au bout d'une bonne vingtaine de minutes que l'on put ranimer M. Ajouer, dont les explications furent tellement embarrassées à son réveil que la police a cru bien faire en le gardant à sa disposition.

DE NICE. – Nous apprenons à la minute l'internement de M. Eugène Pilon, le chef de gare de Nice, survenu à la suite d'une crise de nerfs violemment coléreuse.

Les premiers symptômes de cette frénésie inattendue s'étaient emparés du malheureux à l'arrivée d'un train sale et poussiéreux, non prévu sur l'horaire.

Renseignements pris, ce convoi retardataire serait parti de Plouescat (Bretagne) le 30 février 1941, à destination de Nice, et aurait été détourné plusieurs fois de son itinéraire en raison des événements et malgré les prestations des voyageurs.

On suppose que c'est cette arrivée tardive qui aura ébranlé les nerfs de M. Augustin Pilon, que ses subordonnés, qui l'aimaient comme un père, ont dû néanmoins abattre à coups de pousse-wagons.

Dès leur descente des voitures, les voyageurs se sont rués au buffet de la gare où, avec des regards mouvants, ils apprirent la fin des hostilités.

Interviewé par l'*Echo du Mont-Boron*, le chauffeur a déclaré s'être ravitaillé en charbon, lors de la traversée de la Sarre.

Détail caractéristique, tous les passagers mâles portaient d'affreuses barbes verdâtres, tandis que des gamins de vingt ans, également barbus, étaient curieusement vêtus de barboteuses usagées.

LES JEUX... À LA COQUE

LES JEUX ET LES RIS

Nous sommes heureux de constater que nos farces-attrapes vous ont fait plaisir, si j'en juge par les lettres de nos jeunes lecteurs. Celle-ci, par exemple, de M. Wilfred Pounet, éventreur de murailles à Etretat :

« Monsieur, j'ai 82 ans, mais je suis resté gamin et espiègle en diable ! J'ai essayé votre farce "la tabatière magique" en fourrant des fourmis dans la tabatière à Pounette (c'est ma femme). C'était irrésistible de la voir se rouler par terre en hurlant ! Indiquez-moi d'autres farces, car, maintenant que je suis seul, ayant perdu ma femme le soir même de la blague (si j'ose m'exprimer ainsi en parlant d'une tabatière), j'ai besoin de distractions ! »

Eh bien ! monsieur, voici une farce inédite :

LES LENTILLES INFERNALES

Munissez-vous d'une certaine quantité de ressorts de montre de dame très fins. D'autre part, faites cuire des grosses lentilles. A mi-cuisson, refroidissez-les en les passant à l'eau fraîche. Prenez autant de lentilles que vous avez de ressorts ; évidez-les à l'aide d'une aiguille ; tendez le ressort et introduisez-le dans la lentille à la place de la pulpe. Ceci fait, remettez les lentilles à cuire en les accommodant selon votre goût et invitez des amis à déjeuner ou à dîner, suivant l'heure. A la moindre pression de la dent contre une lentille, le ressort se détend, étant brusquement libéré, et les grimaces, les mines cocasses de vos invités vous payeront alors de tout le travail que vous vous êtes donné.

Certains invités parfois avalent les lentilles sans les mâcher et c'est dans l'estomac que les ressorts se détendent, ce qui, bien entendu, est proprement inénarrable !

UN PARI AMUSANT

Pariez cent francs avec un camionneur que vous calerez son véhicule, sur un plan très incliné, avec une feuille de papier.

Vous pouvez corser l'intérêt de ce défi en vous adressant de préférence à un de vos amis qui ne possède qu'un seul camion.

La gageure étant tenue, vous placez votre bout de papier sous une des roues de la voiture arrêtée dans une rue déclive. Vous faites alors signe au conducteur de quitter son siège après qu'il aura desserré les freins de sa voiture.

Bien entendu, votre morceau de papier ne cale rien du tout et le camion dévale la pente à toute allure.

Avouez que ce jeu est amusant car, avec vos cent francs, nulle part ailleurs vous ne trouverez un tel sujet de rigolade !

À Os rompus

Solution désespérée

France-Soir du 17 juillet publiait en première page ce titre : « Pour échapper aux tueurs venus des Etats-Unis, Virginie Hill, femme traquée, a tenté de se suicider. »

Bien sûr, on n'est jamais si bien servi que par soi-même, mais il nous souvient d'un certain Gribouille, qui se jetait à l'eau pour ne pas être mouillé.

« Dura lex »

Deux détenus de la prison de Fresnes ont été arrêtés au moment où ils se disposaient à prendre le large, après avoir scié les barreaux de leur cellule. Les deux évadés n'avaient pu décider un chauffeur de taxi à les conduire là où ils voulaient aller :

– On voulait qu'il nous dépose à Montparnasse, mais il ne voulait aller qu'à Montmartre, déclarèrent les prisonniers à l'agent qui les arrêta. Ce chauffeur n'a pas le droit de refuser une course. On porte plainte.

L'agent se gratta le menton et reconnut :

– Vous êtes dans votre droit. Avez-vous relevé le numéro du taxi ?

Les grandes enquêtes

L'on sait maintenant que le macabre débris – une jambe coupée à la hauteur du mollet – retiré samedi de la Seine, au quai du Point-du-Jour, à Boulogne, et porté à l'Institut médico-légal aux fins d'examen, est une pièce anatomique jetée à l'eau par des carabins facétieux.

Néanmoins, l'enquête ouverte par la brigade criminelle n'est pas close et l'on attend la suite du volumineux rapport actuellement arrêté à cette phrase : « Toute idée de suicide paraît devoir être écartée. »

Les dépôts d'armes

Depuis quelque temps, il ne se passe guère de jour sans que la police mette la main sur quelque nouveau et clandestin dépôt d'armes, tant légères que lourdes.

Pas plus tard qu'hier encore, des inspecteurs de la Sûreté, que leur flair avait conduits dans les parages des Invalides, ont découvert une vingtaine de canons de fort calibre qu'une main criminelle, mais vigoureuse, avait braqués sur l'esplanade dans un dessein que tout le monde comprendra sans qu'il soit nécessaire d'en faire un autre (dessin).

L'enquête continue.

Moratoire prolongé

Tokyo, 29 juillet. – Plusieurs médecins japonais ont décidé d'appuyer la campagne entreprise par une Américaine, Mrs Margaret Sanger, qui réclame un moratoire de dix ans pour les naissances au Japon.

Voilà qui nous semble parfait. Toutefois, dix ans, les dames niponnes trouveront peut-être le délai un peu long. Chez les éléphantes elles-mêmes, le moratoire des naissances n'est guère que de vingt-deux mois.

Un record à battre !

LES BEAUX TITRES

Les vacances enfin revenues pour les uns, déjà reparties pour les autres, permettent à tous une agréable constatation : il y a quelque chose de changé dans la presse française.

Que de progrès accomplis depuis les temps anciens où le vieux Constitutionnel *ressuscitait chaque année le serpent de mer pour parer aux défaillances de l'actualité en morte-saison ! Aujourd'hui, grâce au zèle des informateurs, l'actualité ne connaît plus ni défaillance ni morte-saison.*

Nos confrères quotidiens, surtout ceux du soir, ont d'ailleurs compris une bonne chose, à savoir qu'à notre époque trépidante et surmenée les gens qui achètent un journal n'ont plus guère le temps de lire autre chose que les titres. Alors ils les soignent les titres, et comment !

Voici, en guise d'échantillons, quelques petites merveilles du genre cueillies cette semaine dans les feuilles publiques. Nous les reproduirons jour par jour sans y rien ajouter, tout commentaire ne pouvant qu'en affaiblir la saveur.

Dimanche-lundi 20-21 juillet :

• DIX FOUS CRIMINELS TERRORISAIENT LA PROVENCE. CONDUITS PAR L'HOMME À LA HACHE, ILS S'ÉTAIENT ÉVADÉS.

• TERRIFIÉ PAR LES MOUCHES, L'ENFANT VOULAIT AVOIR UNE CHAMBRE BLEUE.

• 200 GENDARMES ET DES CHIENS POLICIERS DONNENT LA CHASSE À L'HOMME BLOND ET À LA FEMME EN ROUGE.

Mardi :

• UNE CUISINIÈRE TIREUSE DE CARTES HÉRITE D'UN MILLIARD.

• ENRAGÉ, UN ITALIEN DÉCAPITE SA FEMME À COUPS DE DENTS.

Mercredi :

• DEVANT LES DRUGSTORES EN DEMI-GRÈVE, J'AI VU LES ENFANTS DE MARIE CRACHER SUR LES SOULIERS DES ACHETEURS.

• LE VAMPIRE DE LOS ANGELES TUE TOUS LES 15 DU MOIS.

• DES SERPENTS APOCALYPTIQUES FONT TREMBLER LA CRAU. PORTEURS D'AIGRETTES, ILS AVANCERAIENT COMME DES KANGOUROUS.

• GISÈLE VOLAIT POUR ÊTRE BONNE.

Jeudi :

• JACQUES DESSINAIT LES TÊTES COUPÉES DE SES PARENTS.

• ON A PÊCHÉ UNE TORTUE DE MER ÂGÉE DE TROIS SIÈCLES.

• LE SATYRE D'ALÈS OPÉRAIT AU REVOLVER.

• UNE FILLE DE LA SAGESSE AVAIT RENDEZ-VOUS AVEC DES ÉMIGRANTS CLANDESTINS.

Vendredi :

• LES MODISTES ONT VENDU À MME PÉRON PLUS DE CHAPEAUX QUE LES COUTURIERS N'AVAIENT DE MANNEQUINS À L'HÔTEL RITZ.

• LES KANGOUROUS DE CLÈRES ONT VOULU FÊTER LE 14 JUILLET.

• UNE TRUIE DÉVORE UNE CULTIVATRICE.

Et il se trouve encore des gens pour prétendre qu'il n'y a rien dans les journaux.

A la manière de

Jules Verne

Nous publions, sous toutes réserves, l'information selon laquelle les « hostelliers » prendront en considération l'appel radiodiffusé du ministre du Tourisme...

(Votre journal habituel.)

CHAPITRE PREMIER

L'ARRIVÉE

L'hostellerie, où la rigueur de la saison avait jeté Gédéon, Touloupe et Bridonnot, figurait sur le Guide Mochelin par 41°37' de longitude ouest et 22°99' de latitude nord. M. Robinson, propriétaire, faisait lui-même la cuisine ; sa femme faisait les écritures. Zoé, la servante, faisait pitié. En principe, elle devait également servir à table et faire les lits, mais, au vrai, Zoé faisait la table – nous voulons dire qu'elle raflait dans les compotiers les biscuits poussiéreux – et servait au lit, en acceptant de...*

Pour leur arrivée, M. Robinson avait réservé à nos amis une bonne surprise : la boisson n'était pas comprise dans le prix de la pension. Par mesure d'économie, les trois « congés payés » demandèrent une carafe d'eau bien fraîche que Mme Robinson factura au prix d'un litre d'appellation contrôlée.

– Notre vin est davantage bon marché que l'eau courante, mais il est beaucoup moins alcoolisé, dit-elle honnêtement.

– Nos moyens nous permettent de nous offrir de l'eau ! assura Gédéon, avec sa fierté habituelle.

Nous ne dirons rien de ce qui fut servi sous le vocable de « menu du jour ». De fait, il n'y avait rien à en dire. Tout étant aussi menu que possible, l'on n'avait pas le temps de remarquer la qualité douteuse des mets, mais Touloupe résuma l'impression générale, avec son acuité coutumière :

– Mes amis, soyons aussi justes que les portions et reconnaissons que, si la viande n'était pas fraîche, elle était, du moins, mal préparée... Que si les légumes sont de seconde main, ils sont, du moins, mal cuits d'une part et brûlés de l'autre.

– ...* alors ! dit Gédéon, qui ne mâchait guère ses mots, avec sa franchise usuelle.

Zoé s'approcha et demanda, piteusement :

– Est-ce que ces messieurs prendront ici leur dîner ?

– Vous pouvez nous le servir immédiatement, répondit Touloupe, avec son à-propos inné.

– Et, en même temps, le déjeuner de demain, proposa Bridonnot, avec sa logique inhérente.

M. Robinson ayant assuré que la chose n'était pas possible, nos amis quittèrent la salle à jeuner et se mirent immédiatement en chasse. Avec son adresse consacrée, Gédéon abattit, d'un swing du gauche au foie, un corbeau que son grand âge avait rendu légèrement paralytique. Les malheureux le dévorèrent avec délice.

– Rentrons et cachons sous nos traversins les os, le bec, les plumes et les entrailles, en prévision des jours sombres ! recommanda Touloupe, avec sa prévoyance congénitale.

– Comment que je regrette d'avoir douillé un mois d'avance ! dit Bridonnot, avec sa distinction bien connue.

– Ah ! ces congés payés ! approuva Gédéon, avec sa fougue indéniable.

– Bref, on est là comme trois... !* renchérit Touloupe, avec sa clairvoyance légendaire.

ÉPILOGUE

LA LIBÉRATION

En souvenir du patron, de la patronne et de la servante, pourvoyeurs patentés de la Camarde, les trois rescapés surnommèrent l'établissement : « Hôtel des Trois Camards ». Nous devons ajouter qu'ils signèrent, sans rancune, le livre d'or. Nous allions oublier de dire qu'en partant ils crurent utile d'étrangler M. et Mme Robinson et – qui l'eût cru ? – Zoé.

Jules VERNE.

(*Voyages extraordinaires.*)

* Ce récit de voyage ayant été trouvé dans une bouteille à l'encre, certains passages du manuscrit, sont illisibles. (J. V.)

N° 91 – Mercredi 30 juillet 1947

Petites Annonces

DEMANDES D'EMPLOI

Monsieur fier, excellente famille, éducation parfaite, aucune connaissance en quoi que ce soit, cherche place dans les hautes sphères. Titulaire Légion d'honneur. Salaire de début : 50 000 fr. minim.

OFFRES D'EMPLOI

Compagnie de généraux cherche bon troupier connaissant bien l'armée. Pouvant prendre initiatives et assurer intérim. Sera bien considéré. S'adresser Baderne-Baden.

Marchand de bêtes féroces demande pour remplacer dompteur accidenté jeune homme ou vieux monsieur au regard dominateur, présenté par parents. Une semaine d'essai. Bons appoint. si capable.

Les grands exposants de sciure recherchent pour leurs magasins d'exposition, à l'étranger, étalagistes en sciure, 1er prix de Rome. Gros gains, moitié dollars, moitié sciure. – La bistroug and C° Paris, Chicago, Londres, Moscou, Romorantin, etc.

COURS ET LEÇONS

Ministre en vacances donnerait petites leçons de piston à fils aristocratie ou usiniers. Payable en menus services, de part et d'autre.

LOCAUX COMMERCIAUX

Splendide magasin. Electricité. Radio. Appar. électr. avec belle boutique 32 m × 8 m, cuisine, eau et gaz sur le palier. Electricité à installer. – Etude Laculasse, 85, rue du Fémur-prolongé, Aubervilliers.

CHIENS

Skye-terrier à poils longs. Spécialement dressés pour balayer sous les meubles. Location au Chenil des Trois-Paveurs, 33, route de la Matraque-Inopinée, Juvisy.

POUR LA PLAGE

Sculpteur désirant réaliser « groupes femmes de marins guettant le retour du gros pêcheur sanguin » cherche jeunes femmes connaissant bien la marine, pour poses, de 5 à 7.

Ecrire ou se présenter à M. Jentet, hôtel de Bretagne, au Trez Sir.

Grand Hôtel de la plage et du clocher réunis, à Plougasnou. Prix à la demande, à partir de 567 fr. 50. Vin à discrétion (en supplément). Visite du clocher après chaque repas. Grand concours amateur de sonneries de cloches.

Ambre de poussière, le liquide brunissant parfait. Plus de coups de soleil. A base d'anthracite et de goudron sulfuré. Le bidon de 5 l. : 21 fr. 80.

Tickets de pain balnéaire. Spéciaux pour estivants. Le grand air ouvre l'appétit. N'oubliez pas votre fausse carte de pain balnéaire. La carte de 75 kilos : 172 fr.

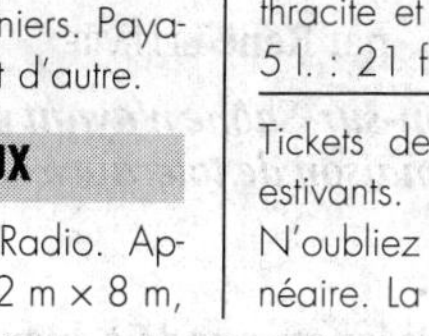

L'OS LIBRE

« *Contre tout ce qui est pour – Pour tout ce qui est contre.* »

NUMÉRO 92 – MERCREDI 6 AOÛT 1947

Les syndicats vont pouvoir partir tranquillement en vacances. Le 1er août, un accord est intervenu entre le patronat et les représentants de la CGT. Il prévoit une hausse des salaires de 11 %. Le ministère le plus en vue, c'est celui des Beaux-Arts, qui soutient à Paris une exposition internationale du surréalisme. Elle réunit quatre-vingt-dix artistes venus de vingt-quatre pays. André Breton et Marcel Duchamp, qui en sont à l'origine, l'ont conçue comme un parcours d'épreuves rituelles, jalonné de douze autels dédiés à des êtres mythiques. Pierre Dac, visitant l'exposition, affirme avoir trouvé plus loufoque que lui.

Edito — Mimétisme

par René Lefèvre

« ***La municipalité de Chalon-sur-Saône n'ayant pas de caserne pour ses pompiers, a décidé d'acquérir la maison de tolérance de la ville pour les loger.*** »

(Les journaux.)

Nous savions la chose depuis longtemps déjà, bien que l'ayant apprise à la suite de circonstances plutôt fortuites qu'il me faut relater ici, pour l'histoire. Il y a quelques semaines, Pierre et moi descendions dans le Midi, par petites étapes, faisant changer un radiateur par-ci, un pneu par-là et une boîte de vitesses entre-temps. Nous dûmes passer une nuit à Chalon, à cause de notre châssis qui avait pris du gauche au cours de je ne sais plus quelle réunion politique.

Chalon-sur-Saône est une cité charmante à laquelle s'attachent, depuis 1940, des souvenirs totalement dépourvus de lubricité. En effet, il existe peu de gens fréquentables qui, au passage de cette gare souricière, se trouvaient en état de présenter des hommages vraiment solides aux dames de l'endroit. Pierre Dac, ainsi qu'il a coutume de le faire, résuma d'un mot nos impressions. « Tu te souviens, me dit-il, quand on passait cette saloperie de démarcation ? Nous ne levions pas le nez bien haut ! »

J'ignore si c'est cette molle réminiscence ou l'esprit de contradiction qui nous poussa à essayer sur-le-champ le contrôle de nos réflexes. Il est également possible que le désœuvrement y fût pour quelque chose ; l'homme est un être si bizarre ! Toujours est-il que nous décidâmes d'y aller et que nous y fûmes, ingénument, sans même nous souvenir que Mme Marthe Richard avait déjà prohibé les concubinages-éclairs et les taxis-fesses.

Ce fut un homme qui nous ouvrit la porte, un homme en corps de chemise et pantalon de drap bleu.

Voilà qui est contraire à tous les usages, dit Pierre. Où est la sous-maquecée ?

– La quoi ? fit l'autre qui semblait mal réveillé. Qu'est-ce que vous demandez ?

– C'est pour les cuivres, reprit Pierre, légèrement impatienté.

Alors, il y eut grand branle-bas dans la taule. Un autre homme survint qui portait des galons et appelait Pierre : « Monsieur l'inspecteur », long comme le bras. C'est quand ce capitaine eut organisé, séance tenante et spécialement pour nous, une revue de casques, que nous comprîmes notre méprise. Il faut dire, à notre décharge, que certains accessoires, oubliés çà et là, justifiaient notre erreur. Un bidet mécanique en tôle faïencée, un voyeur clignotant, une glace bien placée pouvaient entretenir l'illusion fallacieuse chez des visiteurs non prévenus.

– Cela finira mal, tout ça ! dit Pierre en repassant la porte.

Et cela finit très mal, en effet. Mais ce n'est pas nous qui jetterons la première pierre à de braves gens plongés sans transition dans une telle atmosphère. Chacun sait que l'on ne peut impunément et sans quelques précautions préalables transformer brusquement des lieux affectés de longue date à un usage nettement défini. Les murs, qui ont des oreilles, enregistrent et s'imprègnent. Nul ne peut échapper à leur influence pernicieuse et restitutrice comme une fièvre maligne. C'est ce qui vient d'arriver aux nouveaux occupants.

De passage à Chalon ces jours-ci, je suis retourné à la prétendue caserne des pompiers, pour voir. Et j'ai revu le même capitaine, assez difficile à reconnaître parce qu'il a rasé sa moustache, qu'il est fardé d'un doigt de poudre et de rose aux pommettes et qu'il porte un ruban dans les cheveux. Nonobstant ces étonnantes transformations, je l'ai salué en lui donnant son grade. Mais il m'a répondu en retroussant d'un geste coquin une tunique à la grecque qui n'a vraiment rien de réglementaire et m'a dit avec la voix de Dorothy Lamour :

– Dis, chéri, ça ne te ferait rien de m'appeler Clara ?

A l'époque du frais

Quand le valet de pied de notre sympathique reporter René Paul fit irruption dans nos bureaux en clamant d'une voix où la stupeur le disputait à l'épouvante : « Mon maître a disparu ! », avouons-le, nous craignions le pire.

Car nous connaissions le tempérament aventureux de notre collaborateur, et son goût du risque qui le porte à des actes inconsidérés, témoin le reportage qu'il fit tout dernièrement sur les mangeurs de têtes de l'Orénoque. Il en revint scalpé, mais content, ramenant comme trophée les trois filles du grand chef de la tribu.

Enfin, et pas plus tard que la semaine dernière, notre directeur dut user de toute son autorité pour l'empêcher de s'embarquer sur un Liberty ship à destination des Indes néerlandaises.

Qu'était-il advenu de notre pauvre ami ? Quarante-huit heures durant le télégraphe fonctionna sans arrêt, et l'angoisse régna en maîtresse dans nos bureaux.

Aujourd'hui, nous respirons. Faiblement, bien sûr, car nos poumons desséchés par la canicule se refusent à tout travail, mais notre ami est vivant, et cela méritait bien une légère dilatation de nos cages thoraciques.

C'est donc avec joie que nous publions ci-dessous, et à leur place habituelle, les dépêches de notre sympathique reporter.

L'OS TOURISTIQUE

Paris, 25 juillet :

Cette chaleur m'accable. Ma concierge elle-même est comme anéantie, quasi muette pour tout dire.

Ce matin, péniblement, elle a articulé sur mon passage :

– C'est claviculaire !

Aussi, c'est décidé, je pars. Et cette fois, les objurgations de mon directeur n'y changeront rien. Je la veux et je l'aurais.

– Quoi ? direz-vous.

– La fraîcheur, parbleu.

Rien que d'y penser, je bous d'impatience.

Valence, 28 juillet :

– 36° à l'ombre. C'est mieux qu'à Paris, mais c'est bien par hasard que je me trouve ici. J'ai dû lâcher le rapide Paris-Nice en cours de route, car je commençais à virer au rouge brique. Une vraie fournaise !

Pas étonnant. Le chef de gare m'a dit qu'il s'agissait d'un train de couverture.

Marseille, 29 juillet :

On cuit sur le vieux port et le silence est écrasant. Les fourmis elles-mêmes, devenues amorphes, se refusent à perturber le trafic des tramways.

J'ouvre *Rouge-Midi*. Titre sensationnel : « Des gangsters assomment un gardien en tentant de s'évader de leur prison. »

S'évader ! Alors qu'ils étaient à l'ombre !

Décidément, on aura tout vu !

Nice, 30 juillet :

Les victimes du soleil ne se comptent plus. Ce matin, sur la place Masséna, j'ai été le témoin d'un drame navrant. Un pauvre bougre, tête nue, lisait la dernière production du chef de l'école intimitiste.

Soudain, et très distraitement, il a profère :

– J'ai compris !…

Puis il s'est affaissé.

J'ai vivement rentré mon *Os* de la semaine et j'ai rebouclé ma valise.

Mais cette fois, je sais où je vais ; on m'a donné un tuyau…

Tout frais !

El Golea (Sahara), 1er août :

A peine 30° à l'ombre. Je frissonne en vous écrivant car, comme un imbécile, j'ai quitté Paris avec quelques chaussettes Lacoste et deux shorts.

Adressez-moi par avion un passe-montagne, une canadienne et quelques lainages.

Serai de retour vers Noël.

À Os rompus

Produits d'exportation

Chaque matin, M. Pierre Bourdan se fait présenter un résumé des derniers événements. Est-ce par hasard que le secrétaire de notre ministre des Beaux-Arts présenta au patron cette information : « Une délégation de parlementaires français donnera prochainement, au Canada, une série de conférences » … et la fit suivre, immédiatement, de cette autre nouvelle :

« La troupe du Grand-Guignol a été engagée pour une série de représentations au Canada. »

Du pareil au même

Jacques Duclos aime à taquiner un vieil huissier du Palais-Bourbon, qui est un affreux bourgeois. Il se fit un malin plaisir de lui mettre sous le nez cet entrefilet paru dans un journal du matin : « La commission des cuisines de la Chambre des communes a signalé que 2 259 pièces d'argenterie ont disparu de la buvette, entre le 1er juillet et le 31 décembre 1946. »

– Voilà, dit le député, comment se comportent vos amis les gentlemen !

Le vieux fonctionnaire sourit et répondit, doucement :

– A la buvette de la Chambre française, monsieur le député, nos couverts sont en aluminium.

– Par prudence ?

– Non, par prévenance : c'est moins lourd dans la poche.

On est à sec !

M. Ramadier, président du Conseil, ayant annoncé qu'il allait prononcer un grand discours politique, cette menace n'a pas tardé à produire son effet.

Tous les citoyens, même les plus réfrigérés, ont eu chaud.

Mercredi : 45°

La chaleur augmente. Dévorée par la soif, la foule se presse autour des fontaines taries. Pour avoir un peu d'eau à boire, des énergumènes se livrent à des actes criminels.

Des hydropiques sont sauvagement assassinés.

Jeudi : 50°

Les Pouvoirs publics tentent de remédier de leur mieux à l'atroce situation.

Des frigidaires et des arroseuses automatiques sont installés à tous les carrefours.

Dans les administrations, les formules diverses mises à la disposition du public sont imprimées exclusivement sur papier glacé.

Vendredi : 55°

Accablés par la chaleur, les gens s'exhibent dans les tenues les plus sommaires.

Les pieds de vigne sont dépouillés de leurs feuilles par les adeptes du nudisme. Certains d'entre eux arrachent même, pour s'en parer, les feuilles qui ornent les statues de nos musées nationaux.

Les élégants préfèrent porter le seyant costume illustré jadis par S.M. la reine Pomaré. La mode se généralisant, les bureaux de poste ne parviennent plus à fournir la population en tuyaux de pipe.

Ce laisser aller vestimentaire provoque un triste relâchement des mœurs. Des scènes scandaleuses se déroulent quotidiennement dans les taillis du bois de Boulogne.

Les femmes froides y sont très recherchées.

Samedi : 60°

La chaleur dilate les rails des voies ferrées, allongeant le trajet à accomplir par les trains. Ceux-ci n'arrivent à destination qu'avec des retards considérables. On s'attend à des accidents.

Dimanche : 65°

On refuse du monde dans les prisons, chacun cherchant, par ce soleil, à se faire mettre à l'ombre.

Des hommes qui, jusqu'à se jour, menaient une vie régulière, abandonnent à présent le domicile conjugal et traînent jusqu'à des heures indues dans les milieux mal famés, en espérant qu'un malfaiteur compatissant consentira à les refroidir.

A la Chambre – transformée en Chambre froide – M. Jacques Duclos stigmatise les machinations des accapareurs de glace. Prévenus, on ignore par qui, d'un changement de température, nombre de spéculateurs ont, en effet, l'hiver dernier, à l'époque des grands froids, ramassé les glaçons épars le long des ruisseaux et les revendent maintenant à des prix excessifs.

Lundi : 70°

La monnaie se raréfie, des malheureux buvant jusqu'à leur argent liquide.

Des corporations entières sont réduites au chômage : les fourreurs, les marchands de parapluies, les grilleurs de marrons, les coupeurs de pardessus.

Ces sans-travail manifestent violemment. On craint des bagarres.

Ça va chauffer.

Mardi : 90°

Par ordre de M. Pierre Bourdan, ministre des Arts et des Lettres, la troupe de l'Opéra au grand complet donne une représentation en plein air sur la place de la Concorde, mais les chanteurs subventionnés multiplient les fausses notes trois heures durant sans attirer l'eau du ciel.

En désespoir de cause, M. André Philip suggère de stabiliser la température en doublant la largeur des degrés des thermomètres.

Dernière minute

Sur la proposition de M. Robert Schuman, les Chambres, réunies d'urgence, votent à main levée cent cinquante milliards d'impôts nouveaux. Cet acte inopiné suffit à jeter immédiatement en froid.

Ce froid persistera-t-il ?

Petite histoire

L'homme pénétra dans le château fort.

– Je voudrais parler au seigneur, dit-il au garde.

– Le seigneur est absent.

– Pour longtemps ?

– Il est parti hier pour la guerre de cent ans.

– C'est bien, dit l'homme résolument en s'asseyant, je l'attendrai.

A la manière de...

Victor Flemming

Nous publions, sous toutes réserves, l'information selon laquelle Ingrid Bergmann interpréterait à Hollywood...

(Votre journal habituel.)

JOAN OF LORRAINE[1]

Scénario

Sous l'Arbre des Fées, à Domrémy, Jeanne d'Arc entend ses voix...

(Dans la transposition américaine, Jeanne d'Arc s'appellera *Joan of Lorraine.* Je remplace l'Arbre des Fées de Domrémy par un palmier géant de Floride, et les voix par un chœur de negro spirituals.)

La pucelle chemine, botte à botte, avec Dunois, le bâtard d'Orléans...

(Dans la transposition américaine, je remplace la pucelle par une vamp et le bâtard d'Orléans par un enfant naturel de La Nouvelle-Orléans, qui aura suffisamment l'air Dunois. D'autre part, Joan et son lieutenant ne seront pas à cheval : ils voyageront en jeep.)

Les soldats de Jeanne dispersent les troupes du duc de Bourgogne...

(Dans la transposition américaine, je remplace le duc de Bourgogne par Joe Cognac, l'ancien lieutenant d'Al Capone ; Joe Cognac portera trois étoiles sur la manche, pour indiquer son grade.)

Jeanne d'Arc met le siège devant Orléans et attaque le fort des Tourelles, qui résiste...

(Dans la transposition américaine, je fais détruire le fort par des forteresses volantes.)

Jeanne d'Arc est blessée par la flèche d'un archer anglais...

(Dans la transposition américaine, je fais tirer la flèche par un guerrier sioux.)

Jeanne d'Arc fait sacrer Charles VII à Reims...

(Dans la transposition américaine, Joan of Lorraine sera reçue par le président Truman, mais, pour rappeler Reims, il offrira le champagne. Les figurants de la suite de Joan boiront seulement un whisky-soldat.)

Jeanne est enchaînée dans une vieille prison. Elle entend l'appel de trompette du héraut d'armes...

(Dans la transposition américaine, Joan est dans une prison préfabriquée. L'appel de trompette sera fourni par Louis Armstrong et son orchestre.)

Jeanne est traduite devant l'évêque Pierre Cauchon...

(Dans la transposition américaine, j'appelle Mgr Cauchon mister Pig.)

Jeanne monte au bûcher. Elle est brûlée vive en place de Grève...

(Dans la transposition américaine, Joan monte sur la chaise électrique, mais, en dernière minute, elle sera sauvée par l'intervention de John Lewis, qui donne aux ouvriers électriciens des U.S.A. l'ordre de grève.)

Victor FLEMMING.

1. C'est avec bonheur que nous pouvons publier ce manuscrit apocryphe, absolument authentique, de V. Flemming, le célèbre metteur en scène d'Hollywood. Les passages du texte placés entre parenthèses sont de la propre main du génial cinéaste. (N.D.L.R.)

Faits divers

DE CHAMBRAY (par fil spécial). – Ce matin, vers 7 h 15, M. Gustave Derchait, accompagné de sa femme, pénétrait comme d'habitude dans son étable pour y procéder à la destruction d'une formation de taons féroces qui provoquaient sur les hôtes du local, deux vaches et un poisson, des sautes d'humeur interdisant tout commerce avec le ramasseur de lait local.

M. Derchait s'apprêtait à froisser l'air de sa trique coutumière, lorsque son épouse, le front encore tout déformé par une longue suite de coups antérieurs, confisqua le gourdin meurtrier. Sortant alors d'une poche de son jupon une bouteille d'insecticide **TIMOR**, elle se livra sans merci à l'extermination de la cause indirecte de ses souffrances quotidiennes. Mais quelle ne fut pas sa stupeur en surprenant son mari, extrayant d'une cachette dans le mur des boîtes de taons voraces, à qui il donnait la liberté.

A l'heure où nous mettons sous presse, deux bolides humains sillonnent la campagne à vive allure. Le poursuivi serait M. Derchait, le poursuivant, une créature démoniaque armée d'une fourche.

La police locale suit les évolutions des deux personnages du haut d'un arbre.

DE VIERZON. – A la suite d'une étourderie regrettable, M. Alexis Priot, artificier près la Cour des comptes, qui se rasait avec du savon extrêmement mousseux, s'est malencontreusement coupé une oreille ; celle-ci, recouverte de mousse, avait échappé à sa mémoire. C'est son chien qui lui donna l'éveil, par des mâchouillements inusités.

DE LYON. – Hier, M. Gustave Dupitou, percepteur à Lyon, regagnait son domicile porteur de sommes considérables qu'il avait soutirées à d'affreux contribuables. Soudain, à sa grande terreur, huit hommes de mauvaise mine surgirent de derrière un buisson de myosotis bordant la route, se ruèrent sur le malheureux, plus mort que vif, et lui remirent autant de sacoches qu'ils étaient nombreux. Avant que la victime ait pu faire usage du bazooka qu'elle portait pour se défendre, les malandrins s'esquivèrent à grande allure, à bord d'un rouleau compresseur vraisemblablement dérobé.

La police a parachuté une centaine d'agents cyclistes sur la région.

DE FÉCAMP (Agence Creasy Brothers). – L'Amicale des anciens de la Pédale républicaine et des rémouleurs de Saint-Aubin organise le 22 août prochain une séance récréative à laquelle sont conviés tous les membres de l'association.

Aperçu du programme officiel :

8 h : Départ séparé et contre la montre. Arrivée entre 10 h du matin en 5 h du soir.

12 h : Pique-nique des rescapés.

19 h 30 : Fin du pique-nique.

19 h 35 : Pose de la première pierre du monument commémoratif acheté aux magasins de la Samaritaine.

19 h 50 : Pose de la seconde pierre.

20 h : Causerie à bâtons rompus par S. E. Népomucène Voyou, contremaître à l'Académie des Sciences.

20 h 30 : Concert et chants grivois par la Mirliton's Pornos-Band.

Avis important. – Un camion-citerne vide est mis gracieusement à la disposition des participants pour le dépôt commun du liquide de route emporté par chacun. Des cars frigidaires suivront le cortège, à la disposition des camarades incommodés par la chaleur. Le président M. Salembiais fixe la participation aux frais à 111 fr. 10 par personne et à 965 fr. selon l'élévation de la température.

Cuisine pratique

Voici un plat de guerre qui tient au ventre. Faites cuire dur six beaux œufs frais. Battez les blancs en neige et, dans un autre récipient allant au feu, malaxez lentement les coquilles avec une cuillère en bois jusqu'à obtention d'une crème onctueuse. Incorporez alors lentement les jaunes et un litre de farine de moutarde que vous aurez fait sauter à la poêle ; saccharinez suivant le goût, chapelurez abondamment et mettez à cuire au four quatre heures. Au moment de servir, décorez votre plat avec la neige préparée et un bon kilo de pois chiches. Passez le tout à la moulinette à légumes calibre 6,35.

Soyez certaine de la réussite. Vous entendrez parler de cette recette. Si ce n'est pas par les invités eux-mêmes qui auront bien du mal à en réchapper, vous êtes assurée que les quotidiens du matin donneront à cette innovation culinaire l'écho qu'elle mérite, ce qui est pour un cordon-bleu une bien douce satisfaction.

Cousine CARMEN.

PETITES ANNONCES

DEMANDES D'EMPLOI

Jeune ménage, employé dans administration, et disposant heures très creuses, cherche petits travaux. Femme spécialisée dans couture et tricot ; mari, ressemelage et calfatage de bateaux de pêche.

OFFRE D'EMPLOI

Tante à héritage, ayant échappé par miracle à une quarantaine d'obscurs attentats, cherche garde-malade adroite au lancement de la grenade. Urgent.

DIVERS

Lunettes à vannes, spéciales pour la vision des œuvres d'art ultra-modernes. La paire : 1 975 fr. Les mêmes, avec obturateur au 1/3 000e de seconde, permettant de contempler sans aucun danger pour la vue, toutes toiles de Picasso : 3 935 fr.

Gants de boxe à pulvérisateur, modèle A, à chloroforme : 1 100 fr. – Modèle B, à poudre à éternuer : 950 fr. – Article plus ordinaire, projetant des semences de tapissier : 725 fr.

A sous-louer, bel agencement de pressing avec installation importante. Livraison dans tous quartiers de Paris. Gros débit. S'ad. Compagnie du Métro-pressé.

A vendre bon prix, grand choix de chiens un peu perdus. Toutes races. Numéros maquillés. Pedigree surprise. Vente discrète. 196, sentier du Gredin-de-Bonne-Foi, Aulnay-sous-Bois.

Savates dressées accourant à l'appel de leur propriétaire. La paire : 1 750 fr. Même article, mais haute fidélité bilatérale pour ivrogne alcoolique : 2 795 fr.

Pour réduire frais, monsieur devant aller au Venezuela cherche personne pour effectuer voyage retour.

Perdu petite chienne loulou. Taille 1 m 60. Queue biseautée. Tondue en tigre. Couleur verte sur les bords. Museau fier, coiffure à l'aiglon. Lunettes d'écaille. Rapporter à Mme Latronche-de-Gag, 276, avenue Henri-Martin-Desfourneaux, Paris.

Injures lumineuses pour automobilistes laconiques ou paresseux. Le panneau : 1 500 fr. Modèle à ruban, dévidant 12 injures choisies en moins de 15 secondes : 7 340 fr.

Phonographe « Le Crépitant », sonorité renforcée. Permet d'ignorer le tapage provoqué par les postes de radio du voisinage : complet en ordre de marche : 3 870 fr.
Gros modèle absorbant jusqu'au bruit de 8 marteaux pneumatiques : 14 900 fr.

PROPOSITIONS DIVERSES

Employés, fonctionnaires, bureaucrates. Vous tous qui occupez des emplois sédentaires, et qui n'avez pas encore la carte de travailleur de force T 6 ou T 7, n'oubliez pas que vous n'y avez pas droit, parce que vous n'avez pas su vous débrouiller.
Adressez-vous où il faut, au moment adéquat et à l'heure idoine (ne pas se recommander de *L'Os libre*).

L'OS LIBRE

« Contre tout ce qui est pour – Pour tout ce qui est contre. »

NUMÉRO 93 – MERCREDI 13 AOÛT 1947

Alors que la sixième édition du Jamboree Scout Mondial débute à Moisson, Pierre Dac, la fleur au chapeau et à la plume plutôt qu'au fusil, se trouve une nouvelle cible en la personne de Thierry Maulnier. Dans les années 1930, il a été un membre actif du milieu de l'Action française, puis a défendu, en fondant l'hebdomadaire L'Insurgé, *des positions nationalistes. Après la guerre, il se consacre à l'écriture. Il devient romancier et journaliste au* Figaro. *C'est après avoir lu l'une de ses chroniques dans le quotidien que Pierre Dac rédige son traditionnel éditorial.*

Edito

Sic vos non Fluctuat ab irato !

par Pierre Dac

Que les temps sont changés depuis la grande Epoque Indépendante ! En ces temps-là, il faisait bon vivre, à Khravatopolis en particulier. Khravatopolis, pour ceux qui ne sont pas sans l'ignorer, était une cité de la Khroumirie Centrale, disparue depuis des siècles. C'était la cité de l'Indépendance. L'indépendance y était poussée à un degré inconnu de nos jours ; elle était obligatoire et ceux qui essayaient de s'y soustraire étaient sévèrement punis. Chaque soir, au balcon du minaret général, le muezzin de service y allait de sa phrase. C'était presque toujours un contempteur de cette indépendance et qu'on obligeait, en raison même de son esprit d'opposition, à faire le muezzin à son corps défendant, d'où son nom de muezzin malgré lui. Il était chargé de rappeler au peuple que chaque citoyen était libre et indépendant et qu'il ait l'obligeance de bien vouloir s'en souvenir.

Ah ! oui, les temps sont bien changés depuis cette époque bénie et probablement à jamais révolue. C'est un article paru dans *Le Figaro* du 6 courant qui me la remet en mémoire. Un article de M. Thierry Maulnier. Un bien bel article, par ma foi. Pertinent, sensé, il traite de la résignation actuelle des foules et de leur manque de réaction ; bref de leur esprit moutonnier.

« L'attente, écrit-il, est entrée dans les mœurs. On a pris place, si souvent, dans les files piétinantes, à la porte du boulanger, du boucher, etc. On attend dans les gares pour partir en vacances, à l'entrée des cinémas.

» On a pris l'habitude de faire la queue, même pour les plaisirs. »

Et M. Thierry Maulnier ajoute : « Ce qui est surtout surprenant, c'est qu'il ne se soit pas déjà formé une ligue contre les files d'attente, une ligue assez puissante pour imposer aux pouvoirs publics le respect du temps et de la dignité des citoyens. »

Là, je crois que M. Thierry Maulnier se fait de douces illusions, car si pareille ligue était fondée, il y aurait certainement une file imposante de gens qui feraient patiemment la queue en l'attente d'aller donner leur adhésion.

En bref, on ne sait plus ce que c'est que d'être indépendant ; on ne sait plus ce que c'est que de réagir, ni même d'agir. Alors, à quoi bon continuer à parler de liberté à ceux qui, s'ils l'avaient – et heureusement ils ne l'ont pas – ne sauraient probablement pas quoi en faire ?

Nous venons d'avoir une canicule gratinée.

La quinzaine écoulée a vu le thermomètre accuser des températures à peu près sans précédent. Or, qu'a fait le peuple devant cette situation intolérable ? Même pas rien, même pas moins que rien. Nul ne pouvait en aborder un autre sans lui dire : « Il fait chaud... » Comme si l'on ne pouvait s'en rendre compte soi-même !

En ce qui me concerne, chaque fois qu'un quidam me disait : « Quelle chaleur ! » je répondais : « Je ne suis pas au courant » ou « C'est curieux, moi j'ai des engelures ».

Y a-t-il eu, quelque part, le moindre meeting de protestation contre la chaleur ? Pas à ma connaissance. Les citoyens ont-ils formé des cortèges dans la rue aux cris de : « A bas la chaleur, la fraîcheur avec nous ! » Mais non, rien de tout cela, rien qu'un affolement général, un abrutissement congénital, une absence totale de réflexes.

A la grande Epoque, les choses se seraient passées bien différemment. Le peuple se serait révolté et les pouvoirs publics eussent, sans aucun doute, été contraints et forcés quoiqu'en toute indépendance, de prendre urgemment toutes mesures utiles en vue de redonner à la température excessive un équilibre possible en rapport avec les aspirations tempérées de la population.

Mais quoi, que peut-on dire et faire ? Que peut-on espérer de citoyens, de citoyennes qui se contentent de geindre et de se plaindre lorsque le thermomètre marque 40° ? Rien, je vous dis, sinon que les laisser mariner dans leur sueur et transpirer dans les boissons qu'ils avaient. L'esprit d'indépendance est mort ! Vive l'indépendance tout de même ! Et un « Os libre » d'honneur à M. Thierry Maulnier dont les paroles pertinentes sautent aux yeux comme les tomates au nez de cette pauvre Madame Evita Peron.

Où allons-nous ?

Nos lecteurs, perspicaces en diable, n'auront certainement pas manqué de remarquer que plus nous nous enfonçons dans les sentiers fleuris qui bordent les temps d'après « la libération », plus les nouvelles que nous dispensent avec générosité les différentes agences de presse deviennent gratinées.

Chaque jour le fantastique le dispute à l'invraisemblable, sans amener sur nos lèvres, délicatement burinées par plusieurs années de dirigisme, autre chose qu'un tout petit sourire un tantinet résigné.

Que nous marchions sur la tête ou sur les mains, cela n'est que trop évident, et le monsieur qui, à l'heure actuelle, se fixerait une ligne de conduite réglée par une saine et droite logique ne tarderait pas à connaître les joies de l'asile capitonné réservé aux grands précurseurs.

Aussi, est-ce avec la certitude de nous porter, comme toujours, à l'avant-garde du progrès et de l'information que nous publions ci-dessous quelques dépêches qui pourront paraître prématurées aux yeux du lecteur superficiel, mais qui, du train où vont les choses, ne provoqueront aucune surprise dans deux ou trois mois.

L'OS ANTICIPATEUR.

Washington

Une conférence quadripartite, à laquelle prenaient part les seuls délégués des Etats-Unis et de l'U.R.S.S., vient de terminer ses travaux.

Après avoir insisté sur la parfaite hostilité qui n'a cessé de se manifester tout au long de cette conférence, le président a souligné avec satisfaction qu'aucun résultat n'avait été obtenu, et a terminé en affirmant une fois de plus le droit d'eux-mêmes à disposer des peuples.

***

Madagascar

Les 223 délégués représentant les différentes ex-colonies de l'Empire français viennent, à la minorité de faveur, de voter le principe du rattachement de la France à l'Union française.

***

Toujours les fameuses soucoupes !

PARIS. – Dans le cadre du dernier appel du président Ramadier relatif à la hausse des prix, les différentes brasseries de la capitale viennent de modifier le tarif de leurs consommations.

Les soucoupes ornées des nouveaux prix sont du type « soucoupes violentes ».

***

UN GARAGISTE VOLAIT DES COMMISSAIRES DE POLICE !

Troublantes disparitions

A peine le commissaire de police de Saint-Cloud, victime de son amour immodéré pour les automobiles, était-il l'objet d'une information judiciaire, qu'une nouvelle affaire éclatait. En effet, les hauts fonctionnaires de la P.J. ne dissimulaient plus leurs angoisses en constatant que chaque jour deux ou trois commissaires se volatilisaient littéralement. Les meilleurs limiers de la maison, malgré tout leur flair, se déclaraient impuissants, et l'on parlait déjà de faire appel à Scotland Yard, lorsque enfin le hasard, ce dieu des policiers, daigna se manifester.

***

Une étrange déposition

La semaine dernière, M. Dugenet se présentait au commissariat de police des Epinettes et, devant les agents éberlués, narrait sa fantastique aventure.

Enlevé en plein Paris et conduit dans un garage, le malheureux comprit bientôt, aux propos tenus par les gangsters, qu'il était l'objet d'une affreuse méprise. Car M. Dugenet, de son état commissaire-priseur, avait été pris par ses ravisseurs pour un authentique commissaire de police.

Les gangsters, qui s'étaient spécialisés dans le vol des commissaires, finirent par relâcher le brave homme, non sans avoir fortement insisté sur l'intérêt qu'il y avait pour lui à tenir sa langue. Mais M. Dugenet, en citoyen conscient, jugea de son devoir d'éclairer les autorités.

***

Pris au piège

Une souricière, vivement organisée, permettait d'arrêter le soir même le garagiste chef de la bande et ses complices. Il s'agit d'un nommé Henri Bajolet, dit Ritou les Belles Bielles, et les premières informations permettent de jeter quelques lueurs sur l'infâme trafic du gangster.

Il maquillait les commissaires

Les commissaires enlevés et mis aussitôt entre les mains de spécialistes étaient prestement transformés. En un clin d'œil, ils étaient dépouillés de leur gabardine et de leur chapeau melon, cependant que de fines bottines remplaçaient les brodequins par trop voyants.

Ainsi modifiés dans leur carrosserie, les malheureux devaient ensuite laisser leurs classiques moustaches aux mains d'un coiffeur gangster. Enfin, nantis d'une nouvelle carte d'identité et devenus inreconnaissables, ils étaient poliment jetés à la rue.

En dernière heure, nous apprenons que le sympathique commissaire de la Muette, un des premiers kidnappés, a été retrouvé dans une petite bourgade de l'Ardèche, camouflé en facteur rural.

Nous ne manquerons pas de tenir nos lecteurs au courant des rebondissements de cette extraordinaire affaire.

La cuisine pratique

Mayonnaise à la Montébran

Ingrédients. – Jus de tripes, 1/2 ; poudre d'œufs, 1/3 ; amidon, le double.

Matériel. – Un bol de coiffeur, 55 de tour de tête et une cravache de sous-officier rengagé.

Préparation. – Versez dans le bol toute votre poudre d'œufs ; laissez tomber ensuite, goutti goutti, le jus de tripes, lequel, ici, remplace l'huile. Battez au fur et en mesure en utilisant la cravache citée plus haut.

Quand ça fume, ajoutez l'amidon pour fixer votre mayonnaise afin de l'empêcher de tomber.

Mettre à refroidir dans une flanelle bien chaude. Au moment de servir, dépotez et cassez votre mayonnaise en menus morceaux ; introduisez ceux-ci dans un moulin à poivre ou à café et recueillez la poudre ainsi obtenue dans 1/5 d'eau bien dégourdie. Touillez vigoureusement et présentez votre mayonnaise à vos invités, lesquels n'en prendront pas plus d'une louche à foin, car ça mure l'œsophage avec une facilité déconcertante.

Tante HECTORINE.

À Os rompus

Réveil des loups-garous

En zone d'occupation britannique, de nombreux attentats sont perpétrés, principalement contre les soldats qui se promènent dans les bois, en compagnie d'aimables Gretchen.

Aux représentations de l'état-major anglais, les autorités allemandes ont objecté que ces agressions n'étaient pas dirigées contre les troupes d'occupation, mais plutôt contre les occupations des troupes.

L'ai-je bien descendue ?

Une paysanne de Porcia, près de Pordenone, en Vénétie, tua sa belle-mère. Pour convaincre ses parents, qui doutaient de la chose, la meurtrière décapita le cadavre et posa la tête de belle-maman sur la table de famille, en disant simplement :

– Je l'ai bien tuée.

– Louée soit la madone ! s'exclama Mme Porcia mère. Ma fille a peut-être d'autres défauts, mais elle ne m'a jamais menti.

D'où il appert qu'on ne saurait trop soigner l'éducation des enfants.

La chasse aux gallinacés

M. Joseph Brucheza habitant La Fontaine (Suisse), déposa un coq au pied d'un mur avec l'intention de le tuer (pas le mur, le coq) au moyen d'un carabine Flobert. La balle, ricochant contre le mur, atteignit le tireur en plein cœur.

Le même jour, un agent d'assurances de Sierre (Suisse), voulant tuer d'un coup de carabine, une poule attachée contre un mur, la balle ricocha et le tireur reçut la balle dans la jambe. Il est grièvement blessé.

Tous les Suisses (les grands comme les petits Suisses) ont juré de ne plus pratiquer que la chasse au lion. C'est moins dangereux, du fait qu'il n'y a pas de murs dans les déserts.

Inexpérience

Le garagiste Pommier, arrêté pour recel des voitures que lui fournissait le distingué commissaire de Saint-Cloud, répondit au policier qui l'interrogeait :

– Le commissaire m'affirmait que c'étaient des voitures saisies… J'ai agi en toute bonne foi et je n'aurais jamais cru qu'un commissaire de police fût un truand.

– Possible ! bougonna l'inspecteur, mais, Pommier, vous êtes une poire !… Moi, à votre place, je me serais méfié.

Avec beaucoup de naturel, l'inculpé rétorqua :

– Vous ? Bien sûr, vous êtes du métier, mais un honnête homme qu'a pas l'habitude…

L'inspecteur arrêta – en attendant mieux – cet interrogatoire qui s'engageait plutôt mal.

Est-ce un coup de Pierrot le Dac ?

De Paris, par biérographe spécial.

L'émoi causé par l'attaque en plein Paris du caissier de *L'Os* rapportant, dans une boîte à violon, le montant de deux abonnements de six mois était à son point culminant lorsque nous avons pu joindre notre homme de confiance, Louis

Teurfrois, qui gisait sur le trottoir, réconforté par une foule de citadins fort justement courroucés d'un tel acte de violence. Quand il eut assimilé le vigoureux coup de tire-pavé qu'un des bandits lui assena au coin de la cafetière et du boulevard Masséna, notre dévoué coursier déclara :

« Il pouvait être 9 h 30 et je rentrais aux bureaux portant le précieux fardeau ; j'avais remarqué déjà depuis trois quarts d'heure environ les agissements louches d'une vingtaine d'individus qui me suivaient colonne par deux, en faisant des moulinets avec des triques de gros calibre. Lorsque j'arrivai à la hauteur du n° 287 de la rue des Panoyaux, je sentis leur souffle brûlant me chatouiller la 12e cervicale. J'allais me retourner, je n'en eus pas le temps. Rapides comme le vent, mes gaillards me ceinturèrent, s'envolèrent avec l'argent et s'engouffrèrent dans un autobus « Service spécial » qui les suivait à la vitesse d'un homme au trot. Le véhicule disparut dans un chemin de terre derrière le Grand-Palais, voulant sans doute gagner Juvisy par la traverse.

Témoignages précieux

Le concierge du 287 de la rue des Panoyaux a nettement distingué une nourrice assise sur un banc qui tendait à un bébé d'âge mûr, un casse-croûte au bœuf mode. Etait-ce le signal ? Les enquêteurs essaient de percer ce mystère au vilebrequin de la déduction.

Une ménagère, Mme Basnier, qui se rendait au marché aux puces et qui assista impuissante à ce drame rapide, précisa aux inspecteurs que l'autobus n'était pas du type traction avant noire. Il s'agit donc d'originaux accoutumés à ce genre d'attaque. Une écolière, Mlle M.X… eut le temps de discerner une poussette du Planteur de Caïffa dévalant à toutes jambes les hauteurs de la rue Lepic, stimulée par une salve de coups de blanc tirée par un garçon de café. Ce dernier s'est mis à la disposition de la justice.

Des complices à *L'OS* !

Une atmosphère lourde de conséquences et de suspicion flotte dans nos bureaux. M. Teurtrois est un honnête employé qui, embauché depuis quarante-huit heures, n'a jamais cessé de donner à ses chefs le réconfortant spectacle de la probité et de l'honnêteté sortant du puits. Le problème reste entier : qui a prévenu les gangsters ? Il s'agit d'un familier de nos bureaux, où les nécessités de l'actualité nous obligent à recevoir une foule des plus cosmopolites. Déjà, on chuchote des noms : Harvec, Rauzéna, Meunier… autant d'hypothèses !

Coïncidence curieuse

Toutefois, un fait bizarre n'a pas été sans mettre la puce à l'oreille de ces messieurs de la chaussure cloutée. M. Pierre Dac, pseudo-directeur du journal, est absent depuis trois semaines sous prétexte de vacances ! Alibi préparé de toutes pièces, semble-t-il. Quant à M. Bibougne, redoutablement connu dans les milieux interlopes, il est parti en rase campagne depuis une huitaine de jours pour neutraliser les effets hépatiques d'une violente cure anisée qui l'avait privé ces derniers temps d'une grande partie de ses vastes moyens intellectuels. Détail troublant : ni l'un ni l'autre, pour des raisons mal définies, ne possède de traction avant noire. Connaissant les goûts de luxe de nos deux collaborateurs, c'est en toute camaraderie que nous avons indiqué aux qui-de-droit-à-moustaches les retraites probables où, sans aucun doute à notre avis, les deux acolytes dilapident les 260 francs… montant de leur forfait scandaleux.

A l'heure où nous mettons sous presse, l'état de nos services comptables fait peine à voir. Il n'est pas un homme de cœur qui ne veuille aider à faire toute la lumière sur cette affaire. L'élément propre de la rédaction de *L'Os* sait où est son devoir !

Et puisque le peuple veut des noms… qu'il prenne, le Bottin !

Faits divers

DE HERMERAY (Eure-et-Loir) par avion. – Lundi après-midi, voulant confectionner un ragoût de têtes d'ânes aux moguettes sur son réchaud à gaz Tatane, Mme P. Thomas s'activait à démonter une bouteille de gaz vide pour la remplacer par une neuve. Ayant procédé aux branchements voulus elle tenta, mais en vain, d'allumer le jet fusant sous sa marmite.

Légèrement mécontente, elle s'apprêtait à vomir des torrents d'insultes à l'adresse de son fournisseur, lorsque, tout à coup, elle se rendit compte qu'il lui était possible de se déplacer dans sa cuisine sans buter dans les meubles, ceux-ci étant habituellement dérobés à sa vue par un mouvant rideau de mouches, lesquelles gisaient maintenant sur le sol en petits monticules.

Ayant eu l'idée de vérifier son réchaud, elle s'aperçut qu'elle avait monté par erreur, sur l'engin, une bouteille d'insecticide **TIMOR** achetée la veille et qu'elle n'avait pas encore utilisée.

La population d'Hermeray a recommencé à utiliser la route passant sous les fenêtres de Mme Thomas, pour le plus grand bien des chevaux de trait, accoutumés depuis de longues années à effectuer un long détour.

VARENNES-LES-MÂCON (de notre correspondant). – Lundi, vers 3 h 30, les époux Malassis étaient venus au jardin zoologique de Varennes-les-Mâcon avec deux de leurs trois enfants. Le plus jeune, âgé de sept mois, trompant soudainement la surveillance de ses parents, se jeta à la gorge d'un ours polaire qui attendait paisiblement le repas de 6 heures. Surpris par la violence du choc, l'animal s'enfuit en hurlant, et la peur lui ayant donné des ailes, il sauta hors de sa fosse et provoqua une intense panique parmi la foule. Fort heureusement un gardien, M. Latapie, ayant, grâce à sa myopie légendaire, pris l'ours affolé pour un caniche des Antilles, le conduisit à la fourrière, où on lui apprit sa méprise. Par bonheur, le malheureux étant sourd cette révélation ne provoqua pas la crise cardiaque que ses collègues redoutaient.

ORANGE. – Un habitant d'Orange, M. de Saint-Barthélemy, déjà réputé pour ses multiples innovations, notamment une soucoupe volante pour consommateur attardé, et un fusil pour tirer la bière, vient de mettre au point un frein d'une puissance extraordinaire, aux multiples usages. Déjà deux essais exécutés l'un sur une personne à l'appétit pantagruélique, l'autre sur une pelle à vapeur, ont mis à l'épreuve l'efficacité de la découverte de M. de Saint-Barthélemy.

Déjà, l'inventeur croit pouvoir monter son dispositif sur certaines bicyclettes préalablement transformées. Le préfet s'est rendu sur les lieux.

Chronique des idées noires

Du suicide

Ce n'est pas douteux, la technique du suicide est en train de subir une heureuse évolution. Au vrai, il était grand temps que les gens « pressés d'en finir », comme on dit, en finissent d'abord avec les moyens périmés qui datent, et même mithridatent terriblement. Quand on pense, par exemple, qu'au siècle du fil de fer, voire de la sans-fil, certains neurasthéniques en étaient restés au système anachronique de la corde.

Ne parlons pas de la noyade, qui n'est plus, comme l'a prouvé la dernière expérience de Martine Carol, qu'un moyen de publicité gratuite.

Dieu merci ! les esprits inventifs se sont mis à la tâche, et il faut reconnaître qu'un certain progrès avait été réalisé grâce à « l'avion-suicide » des Japonais, technique légèrement améliorée depuis, avec les Dakotas.

Mais c'est là un moyen coûteux qui n'est pas à la portée de toutes les poches revolver. C'est pourquoi l'intéressante expérience d'un septuagénaire du Blanc-Mesnil, M. Ferdinand Halloy, que tous les journaux ont relatée, a ouvert aux désespérés une large fenêtre sur des horizons nouveaux : M. Ferdinand Halloy, en effet, s'est suicidé au rhum.

Partant de l'axiome de nos pères « l'alcool tue lentement », que d'aucuns traduisent d'une façon plus frappante, « être noir, c'est déjà porter son propre deuil », cet adepte de l'existentialisme en était arrivé, au bout de soixante-dix ans de tâtonnements (il se servait d'un tâte-vin), à deux conclusions :

1° L'eau gazeuse tue plus lentement que l'alcool.

2° Il n'est pas dit du tout que l'alcool tue lentement.

Et c'est pour prouver cette dernière assertion qu'il se suicida en absorbant une assez forte quantité de rhum ordinaire. La démonstration, parfaitement probante, ayant duré deux minutes à peine.

Au siècle de la vitesse, il fallait bien que l'alcool suivît le mouvement. Quoi qu'il en soit, l'expérience de M. Ferdinand Halloy a créé dans le monde des existentialistes, désespérés, neurasthéniques et assimilés, une vague d'émulation.

Toujours à la pointe des innovations, l'équipe scientifique de *L'Os* s'est mise aussitôt à la tâche pour essayer d'étendre le champ d'expérience au pastis.

Et nous pouvons, d'ores et déjà, le dévoiler : pastis, c'est mourir un peu.

Soyons sûrs, en tout cas, que lorsqu'il sera mis au point, ce mode de suicide connaîtra un brillant avenir, car il s'affirme sans violence et sans douleur.

Désormais, les gens qui voudront se suicider ne se frapperont pas.

Ici, en effet, seule, la bouteille doit être frappée.

A la manière de...

Montéhus

Nous publions, sans aucune réserve, l'information selon laquelle M. Gaston Brunschwig, dit Montéhus, reçoit la Légion d'honneur...

(Votre journal habituel.)

MON(téhus) LÉGIONNAIRE[1] !
Oui, je suis fier d'être enfin Légionnaire !
De la couleur de cette Fourragère
Qu'est sur l'épaule à nos braves agents,
Souvent blessés par des manifestants,
Qu'est anarchiste, antisocial et lâche,
A qui je crie, indigné : « Mort aux vaches ! »
Pour cette Croix, des salauds, trop pressés,
Ont renié, d'un coup, tout leur passé ;
Moi, j'aurais pu, renégat, me dédire
Mais ça, jamais ! J'ai choisi le martyre :
Fier descendant des Croisés, des Gaulois,

1. Prière de découper ce poème – que je me dédie fraternellement à l'occasion de ma nomination au grade de chevalier de la Légion d'honneur – et de le coller dans l'édition complète de mes *Chansons Anarcho-Antimilitaro-Humanitaires,* en attendant une édition revue et corrigée qui paraîtra prochainement à la Librairie de la Bonne Presse. (*Montéhus.*)

Moi, moi, Brunschwig, je veux porter ma Croix !
Quand je vois un maître (laïc) bien calme
Dont le veston est violacé de palmes,
Un cul-terreux à la gueule de veau
Qu'a, sur sa blouse, un vert bout de poireau,
Ou un Traineur-de-Sabre aux cent médailles,
Comme on en voit, outre-Rhin, en pagaille !
(Rien à voir avec nos fiers officiers !)
Ces faveurs… ça me rend presque grossier !
Le seul regret, qui fait que mon cœur bouge,
C'est que la Croix pende à un ruban rouge !
J'en porterai, de ce rouge ruban,
(Pour ne pas trop tirer l'œil des passants)
Le moins possible – un petit centimètre –
Ayant toujours crié : « Ni d'yeux, ni mètre ! »

MONTÉHUS.

PETITES ANNONCES

DEMANDE D'EMPLOI

Je cherche gérance bureau de poste bien placé (12 cab. téléph. mini.). Si pas place pour bar et tabac, s'abstenir.

OFFRE D'EMPLOI

Pianiste est demandé pour diriger sauteries, soirées dansantes, récréations, etc.
S'adresser hôtel de la Mer, Camaret. Si pas possesseur piano, s'abstenir.

DIVERS

Baignoire pliante pour campeurs, zinc décoré, pieds raphia étamé. Mise en place par manivelle : 2 970 fr. Livrée avec 100 kg d'eau en poudre.

Thermomètre médical avec escalier à mercure pour personnes fatiguées ayant la fièvre : 212 fr.
Article perfectionné, avec petits paliers permettant à la fièvre de se reposer entre deux degrés : 446 fr.

Périscope spécial, permettant de se rappeler de quel côté se trouve la mer. Facilité énormément les rapports de bon voisinage.
Le petit appareil : 2 900 fr.

Danseuse de corde apoplectique, ciment des Antilles, pylônes et corde en mâchefer blanc. Exécution très brillante, par artiste consacré. 1er prix de Rhum 1932 : 11 000 fr.

Spécialité d'archets sur mesure pour violonistes ayant de grands bras. Maison fondée sous Philippe le Bel. Médaille d'or au concours Lépine de 1584.
Tout pour la Viole, 584, impasse du Chien-Tapissier, Villetaneuse.

Montres, dépannage rapide par mécanicien diplômé S.N.C.F. et Meccano.
Sérieuses références, 25 ans de pratique avec la montre à papa.
R. Lesage, hôtel de la Station, Mantes.

Accordéon bichromatique, 429 touches, dont une drôle. Douze basses et extra-basses avec escalier de service. Coffre buis patiné à la roulette, façon à charbon : 28 252 fr.
Modèle à grand rendement, livré avec deux rallonges de soufflet et une bouteille d'air comprimé : 41 660 fr.

Jeu de voley-bol, comprenant un filet de hareng, deux piquets et un bol. Indispensable pour redonner du muscle après le match.

Sifflet de sergent de ville, spécial pour raids nocturnes improvisés. Article très silencieux, corps ouatiné, rondelle en peluche. Recommandé. Prix : 27 fr. 65.

Pompier désirant s'établir à son compte recherche petite pompe, tuyauteries, et clientèle sérieuse. Région Pacy, Ménille, Cocherel, Chambray. Faire offre à A. A. Ficrite-le-Balafré, Chambray.

L'OS LIBRE

« Contre tout ce qui est pour – Pour tout ce qui est contre. »

NUMÉRO 94 – MERCREDI 20 AOÛT 1947

Edith Piaf dans L'Os libre. *Une première, à travers une parodie de ses chansons, à propos de l'actualité. La chanteuse s'apprête à vivre un tournant de sa carrière. Elle vient d'être engagée par un imprésario américain et a signé un contrat pour New York. Ses débuts sont prévus le 31 octobre au Play House, un théâtre de Broadway. La première partie de son récital sera assurée par les Compagnons de la Chanson, avec qui elle a enregistré « Les trois cloches ». On prédit à « la môme Piaf » un joli succès outre-Atlantique.*

Edito Du beau, du bon débonnaire

par René LEFÈVRE

Loin de nous la pensée de brocarder les hommes de bonne volonté, quelles que soient les doctrines qu'ils prêchent ou les gogos qu'ils pêchent. Entre toutes les religions plus ou moins officielles, il restera toujours une place pour quelques petits cultes privés, brevetés sans garantie du gouvernement et régulièrement inscrits au registre du commerce. C'est, sans doute, ce qu'a pensé M. Bernard Sayerce, de Bagnères-de-Bigorre, « fidèle berger » d'un troupeau de « bien-aimés ». On nous dit, en effet, que ce néo-prophète de la réforme temporaire vient de réunir, au Parc des Princes, un nombre considérable d'adeptes, et que vingt mille fervents étaient pendus, à ce Basque. C'est un chiffre. Un chiffre très inférieur au contingent de nos partisans kroumirs, mais que nous sommes, néanmoins, heureux d'homologuer. Car ceux qui turbinent du béret s'apparenteront toujours à ceux qui travaillent du turban et, entre nous, marchands de bonnets, nous n'en sommes pas à une mèche.

Les membres de cette nouvelle secte se sont gratifiés d'un titre éminemment rassurant. Les Débonnaires. Dommage que cette débonnasserie commence par des interdictions restrictives qui semblent avoir été prises en plein accord avec

les tenants d'un régime passe-lacet auxquels nous dédions, chaque jour, l'expression de nos sentiments légèrement amertumés. Bien sûr, il faut être abominablement matérialiste pour ne pas hosanner à l'unisson des vingt mille volontaires de l'abstinence et chanter avec eux la gloire de Tintin-Ballon. Mais comment suivre un gars qui proscrit, d'un seul coup d'un seul, la bidoche, les matières grasses, le pichlegorne et le perlot ? Alors que, depuis notre studieuse enfance, nous ne luttons que pour trouver le bistèque sur la table, du gras dans le placard, le beaujolais dans le pot et du gris dans nos doigts ?

Voyez-vous, il me semble que M. Sayerce va loin, avec ses airs de rester sur place. Son régime ne me paraît pas très bon pour la gorge et très mauvais pour la pipe, deux petites choses auxquelles j'ai la faiblesse de tenir. C'est très joli de se flanquer du bien-aimé à travers les badigoinces. Mais j'ai l'impression que si, après avoir salué cet animal de Pierre d'un tel vocable, je lui faisais lantiponner de la brèche, becqueter du fourrage et fumer son pouce, il me foutrait une bénédiction dont j'aurais quelque peine à me remettre.

Au fond, et de toute évidence, tout cela est une affaire d'éducation. La mienne, qui fut pourtant particulièrement édifiante, ne donna aucun des résultats espérés par mes proches. Cela tint à un petit événement d'apparence infime, mais dont les conséquences me poursuivirent inexorablement. Environ ma quinzième année, et précisément un dimanche matin, ma sœur aînée, qui n'entendait qu'un son de cloche, m'enjoignit d'aller à la messe. Sans être positivement anticlérical, je n'aimais guère le curé de notre paroisse. Parce qu'il avait un visage d'aubergine et un corps gras à lard, qu'il nous prêchait constamment la pénitence et que je ne pouvais me résoudre à croire qu'il fût possible d'acquérir pareille trogne et semblable bedaine en léchant les murs blancs d'une cellule austère. C'est pourquoi je donnais la préférence à un estaminet portant enseigne du « Petit Trou » et tenu par la veuve Boutemie.

Elle aussi était rouge et ronde, mais pour des raisons qu'elle ne cherchait pas à dissimuler. Chez elle, et nonobstant l'heure matinale, je bus des menthes vertes qui, par suite d'un phénomène curieusement daltonien, me donnèrent immédiatement des idées roses. Quand je rentrai à la maison, les cloches sonnaient encore. Mais c'étaient celles de la sortie, et il me fut très difficile de faire admettre à ma chère sœur que l'état d'égarement où je me trouvais était dû à la seule influence du pain bénit. Elle fit une grande colère et constata, avec un chagrin impossible à décrire, que la religion carillonnante n'était pas mon fort et que la trébuchante – hélas ! – serait probablement mon fait, jusque in cœcula, seculorum, amen !

Avis

Les personnes qui, pour des raisons connues d'elles seules, ne nous écrivent jamais sont instamment priées de continuer jusqu'à ce qu'une température plus clémente nous permette de reprendre contact avec la chambre de chauffe de notre rédaction.

À Os rompus

La guillotine

La commission de la guillotine vient de s'abattre sur le ministère de la Justice, où 12 000 emplois ont été supprimés d'un seul coup.

Un de nos lecteurs, qui signe Desfourneaux, nous écrit une lettre angoissée pour nous demander si l'emploi de bourreau compte parmi les victimes.

On va s'informer.

Eclairons la situation

« La guerre n'est pas pour demain », tel est le titre optimiste d'un « grand reportage » d'André Labarthe, dans *France-soir*. Notre brillant confrère écrit (numéro du 6 août) :

Une paix peut-elle être docile à l'uranium ? L'uranium peut-il être docile aux flots et aux inondations de soldats se ruant de partout ? Les effectifs et les uraniums sont-ils dociles à la révolution, et la révolution à l'épidémie, et l'épidémie à la peur du néant ?

Pour permettre à M. Labarthe de reprendre son souffle après cette belle envolée, nous ajouterons, simplement :

La peur du néant est-elle docile à la complication, et la complication à l'obscurcissement, et l'obscurcissement à l'incompréhensible, et l'incompréhensible au galimatias, et voilà pourquoi votre fille est muette.

On voudrait savoir…

« Le nageur Grosborne, du C. N. P., qui avait participé à la traversée de Toulouse à la nage, est tombé sous un tramway qu'il essayait de prendre en marche. »

L'Intransigeant, qui présente cette information – dans les termes exacts que nous rapportons – a-t-il voulu dire qu'à Toulouse, les nageurs se sont fait remorquer par les tramways, au moment où la Garonne, en forte crue, inondait les rues de la ville ?

Police accourt !

Il existe, à la préfecture de police, un dispositif de sécurité spécialement créé pour combattre les gangsters motorisés. C'est ce nouveau service qui entra en action 20 minutes après qu'il eut été alerté, le jour où la paye des usines Panhard-Levassor fut raflée par des bandits pilotant une Citroën.

Les premiers renseignements communiqués à la police disaient que des malfaiteurs, montés dans une Panhard, avaient attaqué le caissier des usines Citroën. Sans cette regrettable confusion, le dispositif de sécurité serait arrivé sur les lieux 20 minutes avant le début de l'attentat.

Armes inégales

Jeudi dernier se déclenchait, à Marseille, une grève de la boulangerie. Bien qu'aux portes des magasins restés ouverts les manifestants aient échangé des pains, le préfet de police ne jugea pas opportun de faire intervenir ses agents. Il justifia cette non-intervention :

– Les manifestants étaient armés de baguettes de pain maïs ! Je ne pouvais tout de même pas envoyer à la mort mes hommes qui n'avaient que leur matraque en caoutchouc durci pour riposter, pas vrai ?

Des vrais faux

La police de Rome a mis la main sur une bande de faux monnayeurs, au nombre desquels se trouvaient cinq chefs de service de l'imprimerie d'Etat. Ces derniers avaient fourni les planches mêmes qui servent à la fabrication des authentiques coupures.

Les billets émis par les faussaires sont parfaitement authentiques. Pour remédier à la situation, le directeur de la Banque Nationale d'Italie va faire immédiatement un tirage de *faux* billets. Les vrais, considérés comme fausse monnaie, n'auront plus cours ; ceux qui en feraient usage seraient passibles des travaux forcés et déportés aux îles Lipari.

Plaisirs de la table

A la fin du repas, Geneviève Legat tire plusieurs balles de revolver sur son mari. La concierge de l'immeuble (13, rue Dauphine), fit au commissariat cette déposition :

– Le ménage marchait plutôt mal… Un jour, je suis arrivée au dessert juste comme elle lui collait une tarte…

– Aujourd'hui, remarqua le commissaire, ce sont des pruneaux : Mme Legat aura voulu varier le dessert.

L'enfance malheureuse

La vache d'une cultivatrice de Saint-Victor (Creuse) vient de donner le jour à un veau doté de pattes de porc et d'une tête de chien.

La mère du jeune phénomène se refusant à l'allaiter, la fermière doit nourrir au biberon le sino-porcoveau.

Le taureau semble aussi se désintéresser de l'enfant pas naturel, mais la truie et la chienne ont demandé des explications à leurs mâles respectifs.

Pour la renaissance du tourisme
Les détenus à la plage

La pénible situation de nos plages mondaines, si profondément touchées, comme on le sait, par la crise actuelle, a profondément ému le haut commissariat au Tourisme qui, d'accord avec le ministère de la Justice, s'est décidé à recourir à un moyen simple, pratique et peu coûteux pour rendre à nos stations balnéaires de luxe une indispensable animation en faisant appel à la figuration des condamnés de droit commun qui surpeuplent actuellement nos prisons.

Cette solution est d'autant plus sage que la présence de ces réprouvés, cambrioleurs, escrocs, voleurs, fraudeurs, bandits de tout accabit ne modifiera pas trop sensiblement l'aspect habituel desdites plages dont la clientèle se composait surtout jusqu'alors en majeure partie, de financiers, de politiciens et de gigolos.

Un curieux uniforme

Les détenus, qui seront mis à la disposition du Tourisme pour le repeuplement saisonnier de nos stations balnéaires, ne garderont pas, bien entendu, leur ancien uniforme. Tous regretteront peut-être leurs sabots et leur droguet si pratiques et si confortables. Qu'importe ! De tels individus n'ont pas à formuler de doléances et il serait puéril d'avoir pour eux la moindre commisération.

Ils revêtiront donc un uniforme de coupe spéciale incommode, quelque peu ridicule, mais susceptible de les signaler plus aisément à l'attention publique.

Cet uniforme, de couleur noire, comportera un pantalon, un gilet très échancré et un veston court sur le devant et se terminant par des basques trop longues sur le derrière, que compléteront un chapeau rigide en forme de tuyau de poêle, un col dur façon carcan, et des souliers vernis rétrécissables.

Comme supplément de peine, les récidivistes seront astreints à tenir constamment en équilibre dans l'arcade sourcilière gauche une gênante rondelle de verre appelée monocle.

A certaines heures, les condamnés n'auront pour tout habillement qu'un étroit caleçon. Ainsi dénudés, ils resteront parqués sur la plage et les indigènes seront admis à les contempler derrière des barrières.

Journée bien remplie

L'horaire des travaux sera minutieusement fixé et nul ne pourra s'y soustraire sans motif valable.

Réveillés à 11 heures, les condamnés seront conduits au bar où ils seront tenus d'ingurgiter sans hésitation ni murmure une horrible mixture nommée cocktail propre à leur délabrer l'estomac. Ils se rendront ensuite au golf où des gardiens les obligeront à manier péniblement un lourd bâton recourbé pour faire sauter des boules dans des trous.

De 14 à 17 heures, ils devront arpenter d'un bout à l'autre un chemin parqueté, disposé sur la plage dont ils n'auront pas le droit de s'écarter, puis ils seront entassés, derrière d'autres gens, dans un pré dit hippodrome, où, avec un peu de chance, les plus favorisés pourront, peut-être, de temps en temps, en se haussant sur la pointe des pieds, voir, dans le lointain, passer la silhouette d'un jockey.

En ce qui concerne les repas, les sains et onctueux haricots à l'eau qui leur étaient servis en prison seront remplacés par les ratatouilles aux noms compliqués qui composent le menu courant des palaces.

Enfin, durant toute la nuit, les condamnés demeureront au casino. Ils se diviseront alors en équipes, les uns maniant des cartes, les autres regardant rouler une bille dans une cuvette numérotée. Parfois, quand un besoin de sévérité se fera sentir, une chanteuse subventionnée glapira cruellement à leur intention des morceaux d'opéra.

Au petit jour, les détenus devront encore déjeuner pendant quelques heures dans une boîte dite de nuit où, afin de les humilier, on les contraindra, tels des gens retombés en enfance, à se coiffer d'un chapeau de papier, à souffler dans des trompettes ou à bombarder les garçons avec des boulettes de coton.

Ce n'est qu'après avoir absorbé un dernier liquide corrosif, qui leur brûlera l'œsophage jusqu'au réveil et leur empâtera la bouche pendant toute la journée suivante, qu'on leur permettra enfin de se coucher.

Un peu d'humanité

Les moralistes trouveront sans doute inhumain d'assujettir des êtres pensants, aussi méprisables fussent-ils, à mener une aussi harassante existence. Nous estimons quant à nous qu'on ne sera jamais assez sévère avec les mauvais garçons, et que la crainte d'un châtiment exemplaire, semblable à celui-ci, est seul susceptible de donner à certains d'entre nous la force de vivre dans le respect des lois et des institutions établies.

A la manière de...

Edith Piaf

Nous publions sous toutes réserves, l'information selon laquelle la stabilité ministérielle...

(Votre journal habituel.)

L'ÉQUILIBRISTE

Premier couplet

C'est un gars du Bourbon-Circus
Il est très fort sur le laïus.

Refrain

Il dit des histoires prolixes
En faisant de la barre fixe.

Deuxième couplet

Depuis qu'il répond aux questions
Des membres de l'opposition.

Refrain

Sa voix est usée comme un disque
En faisant de la barre fisque.

Troisième couplet

Equilibriste sans pareil,
Il leur-z-y fait le grand soleil.

Refrain

Car il pense éviter la crise,
En faisant de la barre fize.

Quatrième couplet

S'il est lâché par ses amis,
Pour qu'il en reste un d'son avis,

Refrain

Faudra, lui-mêm' qu'il s'applaudisse,
En faisant de la barre fisse.

Cinquième couplet

Mais pour s'applaudir, c'est certain,
Faut bien qu'il lâche les deux mains.

Refrain

Ça fera boum dans l'hémicycle,
Faut pas lâcher la barre ficle !

Edith Piaf.

(Chansons réalisses et litérères.)

Faits divers

DE SAINT-ÉTIENNE. – Hier matin, M. Aplat, économiquement faible, faisait l'acquisition chez M. Arsène Mouillefarine, quincaillier, Grande-Rue, à Saint-Etienne, d'un cordage et d'un quart de clous à chevrons.

Le commerçant s'aperçut, après le départ de son client, que ce dernier avait omis de le payer. Avisant la police de sa déconvenue, celle-ci se mit aussitôt à la recherche du client malhonnête.

On devait, hélas ! retrouver M. Aplat, mais scientifiquement pendu. Une lettre, abandonnée par le malheureux, donnait comme raison à son geste désespéré une pauvreté contre laquelle il s'avérait impossible de lutter. Le disparu n'avait aucune famille pouvant le secourir. A l'annonce de cette nouvelle, détruisant tout espoir de se voir remboursé par des héritiers possibles, M. Mouillefarine a mis fin à ses jours en absorbant une baguette de pain de maïs.

DE LA COURNEUVE (par bélino). – Ce matin, vers 5 h 30, alors que la marquise de Succecanelle, née Trompette, procédait à l'encaustiquage du parquet de la salle de chauffe de son château, elle perçut un bruit épouvantable émanant des étages supérieurs. Bruit immédiatement suivi d'une cascade de vitres et de glaces pulvérisées. Moins d'une seconde après, ayant gravi le grand escalier d'honneur à une vitesse vertigineuse, la marquise se trouvait en présence d'un dramatique spectacle. Son époux gisait, privé de vie, répandu dans une débauche de porcelaines et de cristaux épars, le grand lustre reposant sur sa noble et chétive poitrine.

Le drame fut facile à reconstituer. Le marquis voulait installer un papier tue-mouches dans les cristaux de l'appareil d'éclairage. Celui-ci, miné par les ans, s'était décroché et avait entraîné le malheureux dans une chute roturière sur le vaisselier Empire.

Cet accident, qui prive cette aristocratique famille de son dernier représentant mâle, est d'autant plus navrant que la marquise avait fait l'acquisition de douze bouteilles d'insecticide TIMOR, dont l'emploi aurait épargné la précieuse existence de son fragile époux, et débarrassé le salon d'apparat de ses innombrables mouches et insectes divers.

IMPORTANTE MISE EN GARDE

L'attention des lecteurs du département de l'Eure, et plus particulièrement de la région de Chambray, est attirée sur les agissements d'un louche individu qui essaie de berner les populations en se faisant passer pour un rédacteur de *L'Os libre.*

Profitant indûment de la popularité sans cesse croissante de notre journal, il entend obtenir chez les commerçants d'importants avantages en nature et prend de grosses libertés velues avec les dames rougissantes de l'endroit. Au prix d'histoires habilement conçues, il amène les consommateurs des divers débits de boissons à lui payer un ou plusieurs verres. Croyant avoir affaire au véritable H. Bibougne, roi du fait divers et virtuose de la petite annonce, chacun s'exécute.

Il y a là un odieux abus contre lequel nous entendons réagir avec tous les moyens que la loi met à notre disposition. M. Hector Bibougne est effectivement en vacances, mais à la maison d'arrêt de Fresnes, 3e division, cellule 304. C'est assez dire qu'il n'a rien de commun avec le peu délicat personnage demeurant chez M. Montebran !

Voici, par ailleurs, la physionomie de l'imposteur, qui ne serait autre qu'un certain H. Rihette, ancien porteur cycliste à *L'Os libre,* congédié pour diverses indélicatesses :

Cheveux : filasse ;

Front : buté.

Œil (le premier) : mauvais ;

Œil (l'autre) : retors ;

Bouche : hargneuse ;

Teint : verdâtre ;

Nez : fraisé ;

Oreilles : décollées (125 cm^{2} pièce).

Cet homme spécule donc sur ses apparences sympathiques et son physique avantageux pour prétendre gruger les honnêtes gens de Chambray. Ceux-ci sauront réagir comme il leur convient… Nous leur z'y faisons confiance !

N. D. L. R.

Le chien savant

Dick était un superbe chien de berger qui avait un aboiement curieux ; au lieu de faire : « Oua, oua, oua », comme vous et moi, il faisait : « Olala », avec des intonations variées.

Un illusionniste sur le déclin, qui ne faisait plus illusion à personne, l'entendit un jour, l'acheta pour une bouchée de pain blanc et entreprit de le dresser. Bientôt, il le produisait sur scène, sous le nom de « Mystérius II et son chien qui parle ». Il lui posait des questions : « Dites-moi, Dick, que pensez-vous du gouvernement ? » Et Dick répondait : « Olala », sur une expression tellement désespérée qu'on était fixé sur ses sentiments. « Dites-moi, Dick, aimez-vous votre percepteur ? » Et Dick répondait : « Olala » avec un rictus haineux et sauvage. « Dites-moi, Dick, le monsieur au troisième rang est-il fidèle ? » Et Dick ululait « Olala » sur le mode ironique et moqueur.

Gros succès ! Mais Dick n'était pas heureux, ulcéré plutôt. Ça n'était pas un rôle, ça, pour un chien de berger. D'ailleurs, il n'était pas un cabot. Il rêvait à ses prairies, aux moutons qu'il terrorisait, et les bergères en folie qu'il croisait en coulisse, côté jardin, avaient une légèreté vestimentaire trop différente de celle des bergères auxquelles il était habitué.

C'était vraiment une vie de chien et la révolte grondait dans son cœur. Si bien qu'un soir, en pleine scène, ne se contenant plus, Dick se tourna fermement vers le public et déclara : « Je ne parle pas, je n'ai jamais parlé et je ne parlerai jamais. »

Après quoi, se croisant les bras, il se tut résolument.

Petites Annonces

OFFRES D'EMPLOI

Directeur de prison mélomane, ayant quelques places disponibles, cherche pensionnaires musiciens pour constituer orphéon et faire un peu de prison entre-temps.

Manufacture locomotives Chaudin de la Crépine cherche pour magasin de vente bon étalagiste. Carte trav. de force assurée.

Fabrique pipes « terre de bruyère » cherche terrassiers actifs, pouvant faire un peu de modelage.

Manufacture de caramels mous demande de bons mâcheurs pâte à caramel. Contrat collectif. Plus prime à la production.

DEMANDES D'EMPLOI

Chèvre lyrique mezzo-soprano, actuellement impubère, cherche petite place dans la mélodie.

Préfet de police libre le soir, cherche petits travaux à faire à domicile.

POUR LA PLAGE

A vendre cause départ précipité : Un lot de fournitures pour baigneur, comprenant : slip à col roulé, poêle à sciure, à main, 5 litres antigel (1946 cuvée réservée), passe-montagne, 8 paquets ouate thermogène (usage ville). S'adr. Cyprien Potiron, hôtel La Grillade, Camaret (Finistère).

Ballon de plage en silex, imitation caoutchouc mousse. Indispensable pour grève ventilée : Prix : 970 fr.

Le même, mais pour faire plaisanteries, en fonte surfine, richement décoré : 1 285 fr.

Les plus jolis couchers de soleil. Un fort volume de 840 pages, pour estivants bloqués sur plage insalubre ou alités cause refroidissement : 520 fr.

Chaussons de plage. Semelle garnie galets ronds, pour personne détestant le sable. La paire : 573 fr.

Protège-jambes et maillot blindé. Pour séjourner sur plage.

Le meilleur tissu de maillot de bain se détériore toujours. Archibald Lenclume tatoue les plus jolis costumes de bains. Prix selon taille. 273, faubourg Saint-Honoré. Cave 537 A. Escalier R.

DIVERS

Lunettes à verres déformants, pour alpinistes. La paire. Prix : 21 fr. 50.
Les mêmes en verre cathédrale bronzé : 309 fr.
Mod. sérieux, carreaux de plâtre surfins : 499 fr.

Machine à fixer les gendarmes dans les yeux… Surprise assurée. Le petit appart. : 32 fr. 90 avec les deux colles.
Recomm. à MM. les contrebandiers et leur famille.

Bains spéciaux dans la mer de glace, pour personnes hyper-nerveuses. Maison fondée sous Charles le Chauve, dit R. Lefèvre.

Lunettes à verres brouillés, pour personnes irritées, fâchées avec le reste de l'humanité. La grosse paire : 208 fr.

L'OS LIBRE

« Contre tout ce qui est pour – Pour tout ce qui est contre. »

NUMÉRO 95 – MERCREDI 27 AOÛT 1947

Les restrictions continuent de plus belle. La ration quotidienne de pain vient de passer de 250 à 200 grammes par jour et par citoyen. Le gouvernement ne peut même pas mettre cette mesure sur le compte du froid. L'été a été particulièrement caniculaire. Certains se demandent même si Paul Ramadier et ses ministres n'auraient pas pris un peu trop le soleil, ce qui les aurait entraînés à prendre une mesure qui ne risque pas de faire grimper leur cote de popularité. L'occasion pour Pierre Dac, de parler à nouveau de politique dans L'Os libre.

Edito

Des causes et origines politiques de la canicule

par Pierre Dac

Il est des gens auxquels on peut la faire ; d'autres auxquels on ne la fait pas. J'ai la prétention d'appartenir à cette dernière catégorie ; tout au moins dans le cas présent qui retient mon intérêt, c'est-à-dire la canicule. Car, en fin de compte, il convient de ne pas prendre le monde pour moins bête qu'il n'est. C'est pourtant ce qu'on fait !

Nous avons eu, à partir du 25 juillet environ, une période caniculaire carabinée et, paraît-il, à peu près sans précédent depuis la dernière fois. Cette situation atmosphérique excessive pouvait, à la rigueur, paraître régulière en dépit de la hausse exagérée du thermomètre. Je dis : pouvait, car, personnellement, j'ai à ce sujet des opinions que je garde pour moi. Bon, cette période caniculaire se déroule pendant un bon bout de temps ; puis s'atténue ; et voilà qu'après quelques jours d'accalmie nous assistons à l'éclosion d'une seconde canicule pour le moins aussi virulente que la première ! Alors là, ça ne va plus ! En vérité, il faut être bien naïf pour ne pas se rendre compte qu'il y a là-dessous un travail

qui n'est pas uniquement du ressort de la météorologie. N'oublions pas que les élections municipales sont proches et que les grandes manœuvres partisanes sont en cours d'exécution. J'ai donc voulu en avoir le cœur net et suis allé demander, in partibus et honoris causa, à quelques-uns de nos principaux leaders politiques ce qu'ils en pensaient. Voici les résultats de mon enquête.

M. Georges Cogniot, de *L'Humanité*, a bien voulu me dire : « Les causes immédiates et profondes de la canicule sont uniquement et exclusivement d'ordre réactionnaire. Ce redoublement inhumain de la chaleur est le fait des forces occultes que nous ne connaissons que trop et contre lesquelles plus que jamais l'unité d'action doit se réaliser ; faute de quoi, qu'on le veuille ou non, la classe ouvrière tout entière se verra absorbée, liquéfiée et fondue dans le creuset ardent d'une chaleur que les suppôts des puissances d'argent déchaînent, au mépris de la démocratie, sur les lignes avancées des conquêtes du prolétariat, à la faveur du glissement à droite des éléments atmosphériques et gouvernementaux. »

Et voici ce que m'a déclaré M. Maurice Schumann, de *L'Aube* : « On ne le répétera jamais assez ! La canicule n'est pas plus, pour notre pays, la chaleur tout entière que la chaleur tout entière n'est pour l'ensemble du monde la canicule définitive. La vague caniculaire est certes, lourde aux épaules de ceux qui doivent la supporter. Pour nous, membres du M.R.P., la question ne se pose pas ; les causes de cette tension atmosphérique sont plus morales que matérielles. Seule, une élévation de pensée vers les sphères spirituelles nous permettra, avec l'aide divine, d'accepter avec une âme égale l'épreuve salvatrice et transpiratoire que le ciel, en sa suprême sagesse, nous envoie pour réchauffer les ardeurs éteintes de la France séculaire, apostolique et romaine. »

M. Léon Blum a, lui aussi, bien voulu me confier ce qui suit : « Ce serait une grave erreur, lourde de conséquences, de rechercher les causes de la dernière canicule ailleurs que dans les postulats internationaux. Car il convient, en tout état de cause et toutes choses égales, de constater que cette canicule n'est que l'aboutissement de l'actuel climat d'inquiétude et d'appréhension universelle. L'atmosphère née de la Libération et consécutive au chaos de ces dernières années est encore trop fragile pour qu'on puisse l'exposer sans trop de danger à une semblable pléthore calorique. Le principe caniculaire, issu des féodalités révolues, est de toute évidence un danger dont la permanence risque de briser les virtualités infinies de notre cause, virtualités que, nous, socialistes, sommes bien résolus à réaliser un jour d'autant plus proche qu'il sera moins éloigné. »

Le président Edouard Herriot, à son tour, m'a déclaré : « La double canicule qui s'est abattue sur le monde est un double défi à la conscience universelle. Nous devons, pour en éviter le retour, nous pénétrer plus que jamais de l'intangibilité et de la persistance des immortels principes de 89 dont l'indéfectibilité nous est le plus sûr garant du retour à un équilibre tempéré, issu de la volonté des masses dans l'intérêt même d'une température résolument démocratique, laïque et républicaine. »

Et enfin, le général de Gaulle a, exceptionnellement et à mon intention, bien voulu sortir de sa réserve habituelle pour me déclarer : « Je dis et je répète qu'il est temps, grand temps, de ne pas laisser imposer à ce pays des températures d'exception dont il n'est nul besoin de chercher longtemps pour se rendre compte par quelle puissance elles ont été déclenchées. C'est pourquoi j'invite tous les Français, toutes les Françaises à fermer leurs volets pour ne pas avoir à subir les atteintes d'une canicule soviétique dont les radiations néfastes ne pourront qu'amenuiser davantage ce qui subsiste encore du patrimoine national. Tournons nos yeux vers les ondes rafraîchissantes de l'Occident, et tous ensemble, en honnêtes artisans de la reconstruction française, nous remonterons la pente qui nous conduira enfin vers les étés tempérés qui redonneront à notre peuple le goût de vivre et de se redresser. »

Je n'ajouterai rien à ces commentaires qui placent la canicule sur son véritable plan. En foi de quoi je termine et signe le présent article pour servir et valoir ce que de droit.

Un scandale à Vichy

Un homme boit un verre d'eau minérale

On espère le sauver

Une enquête est ouverte au sujet du scandale sans précédent qui a bouleversé l'établissement thermal et provoqué, dans toute la région de Vichy, un compréhensible émoi.

Jusqu'à la dernière minute, la majorité de la population, dont on connaît la saine logique, a persisté à douter, en dépit des assurances formelles apportées par des personnes dignes de foi.

Peu à peu, devant la multiplicité des preuves et, surtout, devant le silence embarrassé des représentants du conseil d'administration, les plus incrédules ont dû se rendre à l'évidence.

La chose est, en effet, si extraordinaire que nous hésitons encore à la confirmer, de crainte d'être taxés d'exagération.

Rien n'est plus vrai pourtant.

Cela s'est produit hier, à quatre heures de l'après-midi exactement, devant le comptoir de la source « Grande Grille ».

Un homme, correctement vêtu, s'exprimant avec aisance, ne donnant aucun signe apparent de dérangement mental, avait réussi à se glisser jusque-là sans attirer l'attention.

Se mêlant aux habitués qui se réunissent quotidiennement en cet endroit pour y flirter ou parler d'affaires, il commanda négligemment un verre d'eau minérale, lequel lui fut remis, peu après, par une serveuse un peu surprise mais sans défiance.

Profitant d'un court moment d'inattention de l'employée, l'homme s'empara brusquement du verre d'eau et avala d'un trait son contenu.

Immédiatement appréhendé, le buveur d'eau fut conduit à l'hôpital où un énergique vomitif lui fut administré sans attendre.

Grâce à cette médication, on espère que ses jours ne sont plus en danger.

Précisons cependant que ce n'est pas la première fois qu'un pareil événement se produit à Vichy.

Certains anciens habitants de la ville se rappellent parfaitement une aventure identique qui eut lieu, dans les mêmes parages, très peu de temps avant la guerre de 1870.

Un touriste anglais, original, avait fait le pari d'absorber une cuillerée à bouche d'eau de la source des « Célestins ».

Avec une belle crânerie, il avait tenu la gageure, mais était mort bientôt, victime de son imprudence.

Nous avons minutieusement feuilleté la collection des journaux de l'époque sans y trouver une relation quelconque de ce précédent.

Nous n'en conjecturons pas *ipso facto* qu'il s'agit là de radotages de vieillards séniles.

Nous serions plutôt portés à croire que les journalistes d'alors n'ont pas cru à tant d'invraisemblance et ont préféré se taire plutôt que de rapporter une information qui leur paraissait sujette à caution.

Il n'en est plus de même aujourd'hui où la presse a des moyens de contrôle qui lui permettent de s'assurer, dans les limites des possibilités humaines, de la matérialité des faits.

En ce qui concerne le scandale d'hier, c'est ainsi que nos reporters ont pu recueillir maints témoignages concordants, voire diverses photographies prises au bon moment par des amateurs, lesquelles constituent des documents irrécusables.

Nous n'avons pas cru devoir les publier, craignant de causer du tort à une honorable famille, en livrant à la publicité les traits d'un malade irresponsable.

Car il est possible qu'on se trouve en présence de l'acte irréfléchi d'un dément.

Il est plus probable, toutefois, qu'il s'agit d'un désespéré qui a cherché à mettre fin à ses jours d'une manière sûre et prompte, et a préféré au poison, souvent amer, l'eau de Vichy, d'un goût plus agréable et d'un effet aussi foudroyant.

A moins, comme le suppose la police, que ce ne soit là une ruse de propagande déloyale à mettre à l'actif de la concurrence étrangère.

Il suffit, en effet, que l'incident de la source « Grande Grille » soit mal rapporté par quelques journaux pour qu'un grand nombre d'estivants s'imaginent aussitôt que ceux qui vont faire une cure à Vichy sont tenus, de temps en temps, à boire de l'eau minérale.

Il n'en faut pas plus, souvent, on le conçoit, pour déconsidérer une station thermale aux yeux du public.

Régime pourri !

Telle fut l'exclamation que poussait hier, à 14 h, en même temps qu'une voiture à bras, le sieur Jandel, marchand de bananes, en voyant la qualité de la répartition à lui allouée. Les inspecteurs Poilard et Bernouille ne l'entendirent pas de cette oreille et notre homme ne put rentrer chez lui que fort avant dans la nuit après les formalités d'usage au cours desquelles une quantité inusitée d'Albuplast fut consommée de part et d'autre. Le nommé Jandel a contracté pendant l'entretien un violent agrume de cerveau qui sera en vente libre mardi prochain pour les E et J 3, 76, avenue du Gilet-Rayé, à Asnières, Seine.

Toujours les femmes

C'est avec une tristesse teintée d'écœurement que les célibataires endurcis ont extrait de *Libération* n° 915, 22 août, une preuve supplémentaire, si besoin en était, de la cruauté féminine.

Sous le titre : « Le noyé de Clichy ? Suicide », on pouvait lire :

« En quittant sa maîtresse, qui venait de lui refuser de l'éplucher, en raison de leur grande différence d'âge, le jeune homme avait dit : « Je sais ce qu'il me reste à faire. Tu me reverras à la morgue. »

Ah ! c'est du joli. Dans l'armée, le refus d'obéissance se solde par quelques jours de salle de police – quant à la désertion devant le Devoir… ça se paie très cher !

On ne nous ôtera pas de l'idée que cette soi-disant différence d'âge n'était qu'un prétexte. Ça n'est, en aucun cas, une raison !

Si la femme, être débile et malingre, se met à fouler aux pieds les directives de l'Homme-Tout-Puissant, il est inutile de la considérer plus longtemps comme notre plus noble conquête… après le cheval et l'escargot de Bourgogne. Ça serait trop d'honneur, vraiment !

À Os rompus

Les merveilles de la science

Il y a eu « Le mystère de la jolie noyée du pont Saint-Michel ». Et puis le mystère a cessé d'en être un, on a connu les circonstances du drame et l'identité de la victime, une pauvre petite fille qui s'est suicidée par dépit amoureux.

Seulement, entre-temps, on pouvait lire dans la presse des informations de haut goût :

« Il n'y avait aucun doute, la jeune noyée avait été assommée avant d'être jetée à l'eau.

» Le docteur Paul, qui a examiné le cadavre à la Morgue, a fixé la date de la mort au samedi 16 août. La jeune inconnue, lorsqu'elle fut repêchée, n'avait pas séjourné plus de 24 heures dans l'eau.

» Mais le docteur Paul est formel : la noyée qui, outre le coup au visage, porte des contusions sur le corps, a été lâchement violentée.

» Après quoi, son sadique meurtrier, qui l'avait frappée pour étouffer ses cris, s'en est débarrassé en la jetant dans la Seine. »

Ce qui prouverait que la médecine est tout de même une bien belle chose.

Comptes pour du beurre

Mme Rosemonde Dupont écrit dans *L'Aube* du 14 août :

« Au strict point de vue de la consommation, la ration moyenne annuelle de chaque Français, avant la guerre, était de l'ordre de 5 kilos de beurre, 1 kilo de margarine, 7 à 8 kilos en huiles fluides. »

Quand on pense qu'en faisant aujourd'hui la queue, mâme Durand et mâme Dubois regrettent le bon vieux temps d'avant guerre !

A moins que ça soye mâme Dupont de *L'Aube* qui s'a trompée.

Clergé démotorisé

Le cardinal Suhard vient d'interdire aux prêtres du diocèse l'usage de la motocyclette.

En dictant au grand vicaire le texte de sa décision, le cardinal-archevêque précisa :

– Nous faisons à nos prêtres cette interdiction en raison des graves accidents survenus ces temps derniers. Ce n'est ni une question de décence, ni une question d'essence.

Camel mondain

Notre correspondant particulier à Berlin nous avait téléphoné cette première information :

« Les cognes viennent de piquer Ferdinand l'Enazé, qui voulait fourguer les diams de sa daronne, Hermine la Calanchée. »

Un supplément d'information, qui nous parvient à l'instant, nous incite à placer dans notre chronique mondaine cette nouvelle que nous nous apprêtions à placer dans nos faits divers :

« Les représentants de la police mondaine ont demandé quelques explications au prince Ferdinand de Carolath-Schœniach, ex-nazi, qui tenta de monnayer les joyaux de madame sa mère, feu la princesse Hermine. »

Le quotient X

Le quotient électoral (E) de la nouvelle loi électorale se détermine en divisant le nombre de suffrages exprimés par le nombre de sièges à pourvoir. Chaque liste reçoit autant d'élus (E) que le nombre moyen (N) de suffrages recueillis (R) par elle contient ce quotient ou dividende (D).

Chaque donnée du problème étant représentée par une lettre, le quotient (X) sera donc facilement calculé algébriquement comme suit :

X = MXEXRXDXE.

Comme ça, on voit où l'on met les pieds.

Les bonnes nouvelles

Londres 21 août. – Les milieux officiels britanniques ont démenti, hier soir, que M. Attlee ait l'intention de démissionner de son poste.

Les mauvaises nouvelles

Paris 27 août. – On dément de façon formelle que M. André Philip ait eu ces derniers jours l'intention de quitter son office. Quant à M. Tanguy-Prigent, il n'en est pas question.

Faits divers

DE CHAMBRAY (de notre envoyé spécial). – La gendarmerie de Pacy-sur-Eure vient de mettre la main au collet d'un pêcheur, M. Pierre Beauvais ; celui-ci n'avait pas trouvé mieux que de chasser les mouches, dont il se servait comme appât, à l'aide d'une bouteille d'insecticide « Timor » ; il jetait ensuite les mouches empoisonnées dans la rivière où les poissons voraces s'en empiffraient. Incommodés par cette nourriture frelatée, d'énormes quantités de poissons étaient ensuite recueillies par le pêcheur malhonnête.

La police locale fait tous ses efforts pour empêcher la diffusion de cet étrange procédé de pêche, dans la crainte que ce dernier ne soit adopté par les indigènes de la région, bien connus pour leur rouerie infernale.

DE CHAMBRAY (de notre corresp.). – Samedi dernier, 2 août, M. Moreau, boulanger à Chambray, quittait cette localité, accompagné de sa femme, de ses huit enfants et de trois de ses maîtresses, à bord de son automobile pour se rendre à Courseulles, dans le Calvados.

Or, à plusieurs reprises, les voyageurs s'aperçurent que les pneus du véhicule éclataient systématiquement.

Après avoir parcouru une trentaine de kilomètres, les oreilles assourdies par l'explosion régulière des pneumatiques, M. Moreau, livide de colère contenue, ayant employé avec succès plus de 80 kilos de rustines, chercha la raison occulte de ces infernales crevaisons.

Après un examen attentif, quelle ne fut pas sa surprise lorsqu'il découvrit, fixée sur chacune de ses roues, une lame de ressort portant une épingle à chapeau. A chaque tour de roue le dispositif perforateur remplissait son office. Hier, de retour à Chambray, remorqué par une solide paire de bœufs, M. Moreau a déposé une plainte contre inconnu.

DE MARSEILLE (de notre corresp.). – Depuis quelques mois, la police marseillaise était investie de plaintes émanant toutes de locataires voisins de l'immeuble occupant le numéro 73 des allées Léon-Gambetta.

Hier, la police ayant un moment de répit se présentait à cette adresse. Quelle ne fut pas son intense stupéfaction en découvrant dans une cave une dizaine d'individus apparemment nus, qui se livraient à des ébats rendus grotesques par l'absorption d'étonnantes quantités d'alcool frelaté, que le propriétaire des lieux confectionnait lui-même en distillant des traverses de chemin de fer.

Les principaux inculpés de cette affaire, qui semble être au premier abord une sordide affaire de mœurs, sont les nommés Marius Ferreri, Jacques Maupas et notre reporter Roméo Carlès. Toutefois, celui-ci alléguant de ses fonctions de journaliste, prospecteur de bas-fonds pour l'édification des masses, a été relâché.

La fin du Ramadan

On mande de Rabat (Maroc) que de grandes fêtes viennent de marquer la fin du Ramadan.

En France, cette étrange nouvelle a été l'objet d'une surprise teintée d'incrédulité.

Parce que, chez nous, le Ramadan dure toute l'année.

Petites Annonces

OFFRES D'EMPLOI

Fabrique de pompes aspirantes recherche pour emploi chef du personnel monsieur pompeux et distant.

Pour diffusion fausses nouvelles, recherchons bonne personne bien bavarde, possédant bicyclette si possible.

POUR LA PLAGE

Jumelles marine. Grossissement 20 fois : 9 775 fr. – Article supérieur, objectifs montés sur tubulures télécopiques se déployant par simple pression. Portée 10 mètres : 13 155 fr.

Plongeur truqué. Se déclenche dès que le baigneur prend son élan et le rejette sur terre ferme. Avec 6 matelas en pierre ponce : 8 320 fr.

Fluide super-glacial. Pour jeter dans le dos de la grosse baigneuse effrayée. Le tonnelet de 2 litres : 612 fr. 50.

Brise-vague. Pour nageur débutant. Se fixe au sol par 4 gros pieux. Hauteur des 4 murailles pliantes : 2 m 90. Encombrement une fois monté : 8 m x 6 m. Notice et prix sur demande aux personnes non cardiaques.

Colorant spécial Tipoucet, indispensable aux nageurs s'éloignant à plus de 50 km des côtes. Contenu dans une bouteille fixée aux omoplates, le liquide s'échappe et laisse une traînée sur la mer, permettant de retrouver son chemin. L'ens. : 2 695 fr.

Accessoires pour estivants séjournant à l'hôtel : draps, serviettes, matelas, oreillers, couvertures, table de toilette, etc., etc. La grande caissette-surprise : 29 244 fr.

A tout acheteur, il sera remis un jeu de robinets « eau chaude » froide et « eau froide », froide. « Atout pour l'estivant », 21, rue du Bœuf-sournois, Pantin.

Parapluie lumineux. Pour plages sans soleil. Livré avec un bol de teinture « Brûlé » par les chauds rayons du soleil. Prix : 2 866 fr.

Encadrement portatif, permettant d'avoir sa place sur la plage, soigneusement délimitée : Prix : 14 303 fr.
Le même, mais livré avec cloison mitoyenne : 16 200 fr. 2 m x 3 m, hauteur 1 m 20. Evite les longs palabres avec les baigneurs voisins.

Accède-flots. Petite rampe de lancements à réaction, rendant facile l'accès à la mer. Supprime bousculades et altercations pour franchir la masse épaisse des baigneurs.
Jet de 50 à 100 m : 31 900 fr.
Jet de 150 à 700 m : 79 880 fr.

Tour contrôle. Haut. 6 m 25, conçue pour plage très peuplée, permet d'apercevoir l'océan entre deux éclaircies de grévistes. Prix 8 655 fr. Indispensable pour surveiller la marée montante.

Mine magnétique. Baudruche caoutchouc sup. Se gonfle à la bouche. A n'utiliser qu'au sortir du bain. Facilite énormément la traversée des plages les plus surpeuplées. Modèle ord. diamètre 1 m : 690 fr. – Gros modèle pour public coriace. Haut. 2 m 23 : 1 013 fr. Effet immédiat.

DIVERS

Téléphone spécial, parleur avec réservoir à vin. Permet de soutenir sans défaillance les conversations les plus empoisonnantes : Prix : 1 700 fr.
Modèle à grosse contenance pour standard ou ivrogne : 2 635 fr.

Cirage reconstituant pour chaussures à base de cire et de déchets de cuir pulvérisés. Evite l'usage de la chaussure en renforçant son cuir. Le sac : 29,50.

Quoi de plus laid qu'un homme qui se dégonfle en société ? Remédiez à cet inconvénient en utilisant la pompe Zéfir. En vente partout.

Le bikini-timbre-poste (B.T.P.) n'est en vente que chez Réard. Envoi sur carte postale. Toujours prêt à être collé, le B.T.P. Réard est invisible, même le soir.

Poissons « bidon ». Pour pêcheur du dimanche. Le gros brochet de 0 m 40 de long : 536 fr. 70. La prise magnifique ; brochet monumental 1 m 95, avec mouvement horlogerie fais. pétiller la queue : 2 900 fr. Gros succès d'estime garanti.

L'OS LIBRE

« Contre tout ce qui est pour – Pour tout ce qui est contre. »

NUMÉRO 96 – MERCREDI 3 SEPTEMBRE 1947

Résolument pour tout ce qui est contre et contre tout ce qui est pour, L'Os libre *prend le contre-pied des auberges de jeunesse en vantant les mérites des auberges de vieillesse. Pierre Dac consacre son éditorial à un scandale évoqué dans la presse parce que l'on aurait servi un vin trafiqué dans un hôpital de Mâcon. Venu passer quelques jours en Bourgogne, à La Bussière, près de Dijon, dans la propriété de son collaborateur et ami Fernand Rauzéna, il en profite pour vérifier objectivement la qualité des crus locaux. De toute évidence, 1947 sera une bonne année.*

Edito — Le fût funeste

par René Lefèvre

Bien sûr, il n'est pas tellement désagréable d'avoir à faire dans le Mâconnais aux environs de l'époque des vendanges ; mais tout de même, tout de même, la Bourgogne nous donne, ces temps-ci, bien du tintouin. Sans doute avez-vous déjà deviné l'affaire dont à laquelle je fais allusion et que je veux traiter par la bonde, à seule fin de rester discret envers tout un chacun et logique avec mon titre.

Tout d'abord, je trouve malséant, déplacé et indigne de supposer que quelqu'un ait pu boire quelque chose de nocif à l'hôpital de Mâcon. C'est un peu comme si vous éleviez l'ombre d'un soupçon de méfiance à l'égard des hospices de Beaune. Je viens de parcourir toute la région, en large à l'aller et un peu de travers au retour, sans avoir eu à absorber, dans les établissements publics ou privés, quoi que ce soit d'indigeste ou de mortifiant. J'étais là-bas, il est temps de le dire, pour enquêter. Et, quand j'enquête, c'est à ras bord, à plein régime, à grand coup d'estomac, l'œil vif et l'estomac adhoc. Ce qui est, heureusement, mon cas.

Avant d'entrer en contact avec les autorités, je décidai de m'insinuer sournoisement parmi la population et d'utiliser pour cela le truchement de mon ami Simon, dit « La Crème », Mâconnais de vieille souche et du plus pur jus. Entre autres qualités bénéfiques, Simon possède le don précieux de lire le passé, le présent et l'avenir dans le marc de Bourgogne, aussi bien – si ce n'est mieux – que le faisait Mme de Thèbes dans le marc de café. La consultation dura trois heures ; après quoi, mon ami établit un itinéraire que nous suivîmes fidèlement, dès le lendemain.

Nous fûmes d'abord à Pouilly, puis à Fuissé, explorant scrupuleusement les caves de ces localités, car les caves sont, c'est bien connu, endroits propices au recel des secrets. Dans chacune d'elles, nous buvions pour donner le change et égarer les soupçons, et tout se passa bien jusqu'à Bussières où se produisit ce que je nommerai l'incident fatal. Tout au fond d'un cellier éminemment sympathique, mon regard tomba sur un fût de banale et modeste apparence. Trompé par ce coup d'œil qui contenait pourtant plus de curiosité que de concupiscence, le maître de céans mit la pipette au fût et me passa la timbale.

– C'est du rikiki, dit-il.

Je bus, et cinq minutes ne s'étaient pas écoulées que je constatai, avec une stupeur attristée, l'impossibilité de faire un pas en avant ou en arrière, de remuer pied ou patte et même d'articuler un son intelligible.

– Rentrons, dit Simon qui dut me soutenir jusqu'à la voiture.

Vous pensez bien que je ne m'en tins pas là et que je voulus en avoir le cœur net. C'est pourquoi je recommençai, point par point, fort bien au début, mais, toujours et au même endroit, je m'en allais buter sur ce funeste fût.

C'est en quittant Bussières, le vendredi, que je pris le parti d'aller en référer aux personnalités officielles disséminées sur le territoire par la IVe République. Je ne sais ce qui, dans ma vêture, mon attitude ou mon langage, put à ce point choquer les différents concierges auxquels je me heurtai. Mais le préfet refusa de me recevoir sous un prétexte futile, le maire me consigna obstinément son huis et le procureur me refusa audience, sans donner la moindre raison.

Le mystère reste donc entier. Je ne puis vous donner sur l'affaire aucune précision. Et j'en concevrais quelque dépit s'il ne me restait, Dieu merci, l'estime de mes pairs, la conscience du devoir accompli et l'assurance de ma considération distinguée.

Flics, flics, hourra !

C'est avec une joie non dissimulée que nous adressons cette semaine nos félicitations aux sportifs syndiqués de la préfecture de police, qui n'ont pas hésité, jeudi dernier, à Richelieu-Drouot, à faire une remarquable démonstration de catch contre les garçons de café également syndiqués qui manifestaient pour une sordide question de gros sous.

Nous avons particulièrement remarqué quelques attaques à 6 contre 1 et l'enlèvement à bras-le-corps par cinq gaillards d'une vieille dame de cinquante ans !

Belle cérémonie qui nous apporte le spectacle réconfortant d'une police chaque jour plus populaire.

A l'issue de la petite fête, grévistes et agents sont partis dans de magnifiques autocars… blindés, ce qui est, avouons-le, une délicate attention envers les travailleurs du percolateur !

BRAVO !

À Os rompus

La guerre au couteau

Nous a-t-on raconté assez d'histoires avec les futures horreurs de la prochaine guerre, où les grandes puissances, munies d'engins du tonnerre de Dieu, pourraient anéantir les populations ennemies par paquets de cent mille.

La France, hélas ! n'est pas une grande puissance. Devrait-elle faire, au milieu de tout cela, figure de parente pauvre ? Voilà ce que tous les bons citoyens de par ici se demandaient tristement, avec des larmes d'humiliation dans les yeux.

Eh bien ! non. La France, elle aussi, a son arme secrète !

Le fait nous a été révélé peu après l'arrivée du maréchal Montgomery, venu tout exprès d'Angleterre pour étudier nos possibilités militaires. Une photo nous le montre visitant le camp de Frileuse. La photo est accompagnée d'un texte explicatif :

« Le maréchal s'est, comme on le voit, beaucoup intéressé à la technique du lancement du couteau. »

Ah ! ils peuvent y venir, les autres, avec leurs V1, leurs V2, leurs projectiles-fusées et leurs bombes atomiques ! Nous, avec notre couteau à jet, on ne craint personne !

Les beaux titres

De *France-soir*, 26 août :

PARCE QU'IL SOUFFRAIT DE L'ESTOMAC, L'AFFREUX TUE SA FEMME, BLESSE SA BELLE-MÈRE ET SE TIRE UNE BALLE AU CŒUR.

Un bien vilain bonhomme, cet Affreux !

Un magistrat indigne

Ancien « collaborateur », rabatteur du docteur Petiot, Robert Porchov vient d'être arrêté pour émission de 1 600 000 francs de chèques sans provision.

Le juge d'instruction, devant lequel il comparut, l'a sévèrement admonesté :

– Porchov, vous avez, naguère, trafiqué avec les Allemands ; peccadille… Vous avez été l'actif pourvoyeur du docteur Petiot ; enfantillage… Voilà qu'aujourd'hui vous émettez des chèques sans provision ; gaminerie… Si vous ne vous décidez pas à devenir un peu plus sérieux, la prochaine fois, je serai obligé de vous gronder.

Justement outré par cette attitude discourtoise du magistrat enquêteur. M. Porchov est parti en claquant la porte.

Nescio vos !

La police judiciaire arrête Simone Charmeroy, voleuse d'autos en tous genres.

Entendu au quai de l'Horloge, M. Charmeroy, qui est instructeur à l'école Polytechnique, prétend ignorer tout de l'activité de sa dame.

Mme Charmeroy réplique qu'elle ignorait tout de l'activité de son homme.

Le mari est ingénieur.

La femme est ingénieuse.

Elle et lui

En septembre, M. Georges Bidault va partir pour New York. Comme à l'accoutumée, Mme Bidault sera du voyage.

M. Bidault sera notre ambassadeur pour les questions de haute finance.

Mme Bidault sera l'ambassadrice de notre haute couture.

M. Bidault discutera dollars.

Mme Bidault discutera de l'art.

M. Bidault sera en contact avec des gens de chiffres.

Mme Bidault sera en contact avec des gens de lettres.

M. Bidault prendra la tête de la délégation française à l'O.N.U.

Mme Bidault s'occupera de tout le reste.

La première auberge de vieillesse

Sur l'initiative de *L'Os libre,* toujours à l'avant du progrès, un groupe de hardis philanthropes a compris que si l'auberge de jeunesse pouvait, à la rigueur, avoir sa raison d'être, une autre institution s'imposait plus impérieusement encore.

Sous la présidence de notre vénéré directeur Pierre Dac, un comité d'initiative a donc été formé et une souscription est, d'ores et déjà, ouverte dans nos bureaux, en vue de rassembler les fonds nécessaires à l'édification de la première auberge de vieillesse.

Il est juste, en effet, que ces vieillards trouvent enfin, à l'instar des jeunes gens, des refuges adaptés à leur tempérament et à leurs petits besoins.

Les plans tracés en vue de cette institution philanthropique répondent entièrement à cette nécessité.

La première auberge de vieillesse, qui servira de modèle aux suivantes, comprendra, tout d'abord, un grand nombre de chambres, genre nursery, avec berceau garni de draps imperméables, chaises percées, livre de photographies suggestives, tétine garnie de miel et nourrice individuelle.

Deux salles de travail permettront aux hôtes de se grouper selon leurs goûts.

L'une de ces salles, dite « *salle des hommes nouveaux* », sera construite en forme d'hémicycle, avec tribune centrale.

Ceux qui s'y réuniront auront à leur disposition toute une collection d'amendements fantaisistes et d'interpellations inattendues.

Les plus sages seront gratifiés de portefeuilles.

Cette salle sera réservée aux conseillers de la République aimant à parler politique et à discuter entre eux des problèmes sociaux.

L'autre salle, dite « *salle des arts modernes* », sera garnie d'une scène agencée, et restera affectée, les jours pairs, aux sociétaires à part entière des théâtres subventionnés, et, les jours impairs, aux vedettes de music-hall décorées de la médaille des trente ans de travail.

Par ailleurs, on a prévu deux salles de jeu.

La « *salle aux mythes* », garnie de quarante fauteuils, à l'usage des académiciens désirant s'amuser au dictionnaire.

Elle se complétera d'un court de tennis-barbe.

La « *salle naphtaline* », à l'usage des colonels sans occupation sérieuse désirant s'amuser à planter des petits drapeaux sur des cartes d'état-major.

Quant aux diplomates, ils y jouiront d'un repos mérité, dans un cabanon capitonné construit à l'écart et isolé de tous bruits extérieurs.

Le menu du restaurant adjoint à l'auberge de vieillesse sera invariable.

Il comprendra, deux fois par jour, une bouillie aux féculents, un lait de poule et un quart d'eau minérale coupé pour moitié d'eau ordinaire.

Il s'augmentera, chaque dimanche, d'un dessert composé d'une sucette à l'anis, avec, en plus, une cigarette de chocolat à l'occasion des fêtes chômées.

Le service sera fait par des jeunes filles, l'expérience ayant prouvé qu'une femme âgée de plus de vingt ans perdait toute espèce d'intérêt pour un vieillard normalement constitué.

Enfin, comme il se doit, une infirmerie complétera l'œuvre.

Ce service sanitaire, placé sous la haute direction de Mme Marthe Richard elle-même, se distinguera par une grande lanterne rouge garnie de chiffres et suspendue au-dessus de la porte d'entrée, ainsi que par une marche mobile à sonnerie placée dans l'escalier du vestibule.

Les hôtes de l'auberge de vieillesse y trouveront, à toute heure du jour et de la nuit, les soins réclamés par leur état, au tarif normalement pratiqué, jadis, au temps de l'abondance, par les grandes maisons dignes de ce nom.

Faits divers

DE SAINT-MARCEL (Eure) **(de notre env. spécial).** – Séjournant dans la localité, Mme S. Chevrier, qui avait la déplorable habitude de se promener nue dans la campagne, contractait il y a deux jours une remarquable bronchite.

Dans un but d'humanité compréhensible, son mari, livreur aux établissements Chaudin de la Crépine, avait confectionné pour la malheureuse un salutaire cataplasme dans un vieil édredon.

Est-ce le piment rouge contenu dans l'emplâtre qui excita la malade, ou bien le révulsif à base de pointes de cactus ? Toujours est-il que, soudain, la patiente, qui déjà donnait des signes de congestion en poussant d'horribles hurlements, se jeta sur son époux et, avant que celui-ci ait pu se garer, l'enferma et le cadenassa dans le coffre à charbon de la penderie. Après quoi, l'infortunée se livra au saccage de la pièce qu'elle occupait et, dans une dernière crise de folie frénétique, se saisit du meuble métallique dans lequel se morfondait son mari et le précipita par la fenêtre.

DU MANS (de notre espion habituel). – Une terrible explosion a ravagé, hier matin, le stand de démonstration des établissements Timor, 184, avenue de la Pèlerine-Roulée, au Mans, où étaient entreposées de nombreuses bouteilles d'insecticide.

L'enquête en cours a permis d'établir qu'une bouteille, au moins, avait été chargée de dynamite par un mystérieux saboteur. C'est M. Amédée Duron, démonstrateur, qui a déclenché le séisme en expliquant le fonctionnement de l'appareil fatal à un client, M. Léon Pertué. Les deux hommes ont disparu peu après la déflagration ; la police locale croit à une fugue. Par ailleurs, les policiers ont procédé à l'arrestation du directeur des Comptoirs des papiers tue-mouches internationaux, M. Henri Magnin. Ce dernier, dont les affaires périclitaient depuis la création des insecticides Timor, aurait été aperçu, l'après-midi du drame, dans la cour des établissements sinistrés, véhiculant une brouette de dynamite, déguisé en marmite norvégienne.

D'AGEN. – Mardi matin, en pénétrant dans la classe d'histoire naturelle, M. Le Cracheur, professeur stagiaire, fut surpris de ne pas réceptionner sur son auguste crâne le seau à charbon coutumier. Inquiet d'un tel manquement à une tradition déjà vieille de plusieurs jours, le malheureux professeur subodora que des événements regrettables avaient dû survenir. Effectivement, poursuivant l'examen des lieux, il eut bientôt l'énorme surprise de découvrir qu'un attentat, lâchement sauvage, avait été perpétré durant la nuit contre les personnes de MM. Anatole, employé au lycée en qualité de squelette titulaire, et Guillaume l'Ecorché, homme rouge et musclé, dont les membres gisaient odieusement épars, Circonstance aggravante, les deux infortunés égaillés baignaient dans une épaisse poussière noire, provenant selon toute vraisemblance de la soute à charbon.

Les élèves, souffrant d'une laryngite coruscante et collective n'ont pu encore être interrogés.

Esprit civique, es-tu là ?

Je dois avouer que l'événement m'a cruellement déçu. J'avais placé toute ma confiance dans nos gouvernants.

– Ce sont des malins, pensais-je. L'an passé, avec une très belle récolte de blé, ils ont trouvé le moyen de nous faire manger, en quantité insuffisante, du pain de maïs. Cette année où la récolte est nettement déficitaire, ils réussiront tout aussi bien un miracle inverse en nous donnant à discrétion le plus beau pain de froment qu'on ait jamais vu.

Je m'étais, hélas ! trompé. M. Ramadier, notre malin en chef, vient de réduire la ration de pain, ramenée de 250 à 200 grammes en attendant d'être réduite à rien par paliers successifs.

A en croire le président du conseil, deux raisons principales ont rendu ce rationnement inévitable.

La première, c'est la fatalité.

La fatalité a voulu qu'il fasse froid l'hiver dernier et chaud cet été, choses qu'on ne pouvait tout de même pas prévoir.

La fatalité, en outre, nous a obligés à dépenser toutes nos devises étrangères pour acheter du cheval en boîte, des thermomètres à boule et des cure-dents mécaniques.

Personne ne peut rien contre la fatalité, mais il y a une autre cause au superrationnement, c'est « la fraude et le manque d'esprit civique ».

Qu'est-ce qui a manqué d'esprit civique ? Il nous faut bien le reconnaître, c'est moi, c'est vous, en un mot, c'est ce dangereux individu qu'on appelle le consommateur… Le véritable affameur, c'est lui ! Un affameur-affamé !

Celui-là, M. Ramadier a décidé de ne pas le rater !

– Pour votre peine, lui a-t-il dit, vous mangerez du pain dur, deux fois par semaine à Paris, trois fois en province !

Parce que, à ce qu'il paraît, le manque d'esprit civique est encore plus prononcé en province qu'à Paris.

M. Ramadier ne s'en est d'ailleurs pas tenu là.

– C'est comme la viande, dit-il, vous n'en boulotterez plus que deux fois en sept jours. Les restaurateurs n'en serviront désormais que le vendredi et le samedi à midi, le dimanche étant jour maigre !… Et ceci n'est qu'un petit commencement, vous pouvez vous attendre à de nouvelles restrictions pour la charcuterie, la volaille, le poisson, la brique alimentaire, pour tout !

Comme j'ai déjà eu l'honneur de vous le dire (voir plus haut), M. Ramadier est un malin. Sans en avoir l'air, il vise un double but. D'abord la restauration de l'esprit civique, mais surtout la solution du fameux problème des salaires et des prix, dont on a déjà beaucoup parlé.

Il est bien certain que quand nous ne pourrons plus dépenser notre argent chez le boulanger, le boucher, le charcutier, ni ailleurs, personne ne demandera plus à gagner davantage.

C. Q. F. D.

JEUX… À LA COQUE

LE PETIT DÉNICHEUR

Vous décidez avec des copains d'aller dénicher des nids de corbeau, de pie ou de geai, qui sont, comme chacun le sait, des insectes nuisibles. Bien entendu, tout est préparé à l'avance : dans un nid très haut perché et vide, vous avez dissimulé un piège à loup solidement attaché. Arrivés devant l'arbre, vous faites monter le copain que vous avez choisi comme victime de cette innocente farce. Il grimpe, et, arrivé tout en haut de l'arbre, il plonge la main dans le nid. Brusquement, le piège se déclenche et emprisonne la main du dénicheur. Tranquillement, alors, vous allez déjeuner, sans vous soucier des hurlements que le gars pousse là-haut, et vous revenez, dans la soirée, délivrer le copain… qui sera le premier à rire de cette bonne plaisanterie.

Petites Annonces

Contre les cambrioleurs, utilisez la porte miroir « futée ». Induit les voleurs en erreur, ceux-ci se voyant dans la glace se figurent ouvrir la porte en face. La pièce : 3 928 fr.
Modèle plus simple, avec inscript. « C'est pas là » : 781 fr.

Changez les signatures réputées de vos toiles de maître en noms inconnus. Vos amis ne diront plus devant votre C. Millet : « C'est un Faux ».
Suppression de tout ce qui rappelle la main du maître. Prix selon signature L. de Vinci en Dupont : 183 fr. Picasso en Durant : 0 fr. 30.

Trousse arsenal. In-dis-pen-sa-ble à tous estivants, comprenant : 1° Burette pour graisser ressorts sommiers ; 2° Bâches d'obturation ; 3° Un débouche-évier ; 4° Bouche-serrure ; 5° Eau courante, modèle rapide ; 6° Une pince à barbelés ; 7° Un litre vulnéraire et un chiffon pure laine pour essuyer les coups de fusil. Prix de l'ensemble, devinez ?

L'art de distraire les occupants de l'hôtel. Coffret de jeux, comprenant 1° Gratte-porte (imit. souris) ; 2° Lance-eau (livré avec vilebrequin et 3 mèches) ; 3° Boutons de portes électrisants (12) ; 4° 12 pétards fumigènes ; 5° Pique-fesse pneumatique (à monter dans le matelas) ; 6° Soulève-table de nuit (avec chute) ; 7° Fantôme baudruche, etc. 3 775 fr. Concessionnaires exclus. Y. Fiate, hôtel de Bretagne et de Saint-André-le-Gaz, Plousganon.

POUR LA PLAGE

Maillot-couverture. Le moins chaud de tous les maillots. Consiste en une élégante couverture bariolée, façon « Puncho » avec un trou pour la tête. Prix : 1 098 fr. 10.

Casque plongeur pour pêche sous-marine, comprenant 1 masque avec essuie-glace et un réservoir à oxygène contenant du gaz lacrymogène. Indispensable à tous messieurs aimant les farces. Prix : 2 930 fr.

Mesdames, tricotez vos chaussettes sans erreur, grâce au pied en toute « chaudin de la crépine ». Tout point dep. 443 fr. 70. Mod. monté sur pied à roulet, permet de tricoter durant les promenades : 1 390 fr. Art. pour amoureux, avec sonnerie avertissant.

Electric-méduse. Jeu de plage consistant en une fausse méduse flottante, reliée à votre hôtel par fil électrique, livré avec 250 m de câble : 10 920 fr.

Décoration de galets. Travail facile à domicile, payé au poids. Livraison chez moi par camions tombereaux. Transports en sus. S'adr. Hôtel de la Plage, Plougasnon (Finistère).

L'OS LIBRE

« Contre tout ce qui est pour – Pour tout ce qui est contre. »

NUMÉRO 97 – MERCREDI 10 SEPTEMBRE 1947

Pierre Dac prolonge ses vacances. Revenir à Paris ne l'enthousiasme guère. Du côté de L'Os libre*, il y a, semble-t-il, du mou dans la corde à nœuds. Les restrictions, très en vogue dans le pays, sont à l'ordre du jour. Le directeur du journal ne veut pas en entendre parler. Il s'interroge sur l'avenir de son hebdomadaire. Quand le chat n'est pas là, les souris dansent. Il est en désaccord avec quelques articles acceptés par son rédacteur en chef. Certains sujets trouvent heureusement encore grâce à ses yeux de loufoque.*

Edito — Propos insulaires

par Pierre Dac

C'est dans une île que j'écris ce papier, dans une de ces îles où l'on n'a pas ménagé l'eau qui les entoure, une vraie île, une bonne île solide, de l'île d'avant guerre, quoi, et des îles comme celle-là, ça ne court pas les rues.

Moi j'aime les îles, c'est mon droit, pour l'instant tout au moins, car du train où vont les choses il se pourrait qu'un de ces quatre ou cinq matins un décret paru à l'*Officiel* notifie aux intéressés l'interdiction formelle d'aimer les îles autrement que sous un certain angle et d'après une réglementation sévèrement établie suivant les principes rigides du dirigisme intégral.

Pour des raisons d'intérêt général et de reclassement géographique je ne vous dirai ni le nom de cette île ni sa situation. Tout ce que je peux vous affirmer c'est qu'elle n'est pas située dans le bassin de Briey. On y est bien, dans cette île. Le calme y est absolu, pas de voitures, la mer est bleue, le ciel est vert, l'air est pur et les routes sont étroites. Le nombre de sales gueules genre Juan-les-Pins y est réduit à un honorable minimum. A peine un ou deux représentants de la confrérie des bénards à bascule. Couché sur le sable et sur le dos en même temps, la pensée peut, à son aise, vagabonder et spéculer. La mienne n'y manque pas. Et, ce matin même, bercé par le ressac (le ressac de pommes de

terre, dirait Fernand Rauzéna), entouré de silence et caressé par la brise, je me disais, goûtant intensément cette paix de quelques jours, qu'il devait certainement exister en quelque endroit une machine à emmerder le monde. Et plus j'y songe, plus j'en suis convaincu.

Ce doit être une drôle de machine à laquelle jamais ne fait défaut la moindre pièce de rechange, une machine, en quelque sorte, construite d'après les éléments du mouvement perpétuel. Car, qu'on le veuille ou non, comme on dit dans les milieux politiques, ça fait un bon bout de temps que cette sacrée machine fonctionne ; j'ai maintenant la nette impression qu'elle n'est pas loin de l'absolue perfection. Pour en être persuadé, il n'est que de lire les journaux. Je sais bien que l'avenir n'est pas précisément tout rose, que l'avènement de l'euphorie universelle n'est pas pour demain ; mais tout de même ! on dirait, que, en son ensemble, la presse se fait un malin plaisir de se rouler dans la désespérance et la neurasthénie. Certes, il ne convient pas de pratiquer la politique de l'autruche, mais de là à trouver une satisfaction sadique à n'annoncer que des catastrophes, il y a une marge !

Voilà à quoi je pense dans mon île. Et à bien d'autres choses encore : à la dureté des temps, à la mollesse des énergies pliantes, aux difficultés de l'existence ; à la clandestinité, à la Libération, à tous les bons copains qui sont morts pour que tant de salauds puissent continuer à vivre… bref, à un tas de choses gaies. Et puis j'ai pensé aussi à cette phrase que l'on me répète souvent : « Il ne faut jamais mélanger les sentiments avec les affaires. » Comme c'est juste et vrai ! Par exemple vous êtes en affaires avec des amis. Bon. L'amitié c'est l'amitié, les affaires sont les affaires. Dans les affaires l'amitié ne joue pas et dans l'amitié les affaires n'ont rien à faire ; chaque chose à sa place et une place pour chaque statue. Ce qui fait que des amis peuvent parfaitement se faire, ces affaires, les pires vacheries, sans que la pure, la haute, la sainte amitié en soit pour autant, le moins du monde affectée.

Le genre humain, en définitive, a, pour mon goût personnel, décidément un drôle de genre !

Voilà ce que je pense, dans mon île, avec la conviction profonde que ce n'est pas encore après-demain la veille du beau soir où l'on flanquera une bonne potée de plastic dans la machine à emmerder le monde !

Alerte au crime

La préfecture de police attire l'attention du public sur les agissements d'un immonde personnage qui, sous couvert de se faire ôter une soi-disant poussière qu'il a dans l'œil, abuse odieusement de ses victimes.

La semaine passée, le vidame Adhémar Mortemar de la Cloche a été ainsi refait de son château et d'une partie de ses économies.

Il y a deux jours, Mme Tréponème, soixante-dix-sept ans, avait également affaire à cet affreux individu ; pour des raisons connues d'elle seule, la malheureuse jeune femme n'a pas voulu porter plainte.

Voici le signalement de ce crapuleux individu : taille 1 m 15, front bas, yeux bas dont un clos, oreilles grand format, cheveux verdâtres, barbe jaune serin.

Mesdames cet hiver

Vous pendrez vos jupes sur la ligne tonneau

Cette fois c'en est fait. Et les critiques étrangers trop enclins à nous dépeindre comme un peuple à bout de souffle et usé, n'auront plus qu'à adapter la sourdine de la prudence aux tendancieux instruments de leurs orphéons périmés.

En effet un gouvernement à poigne, LE NÔTRE, vient, en collaboration avec les maîtres de la haute couture, d'adapter la mode féminine aux besoins d'une bonne et saine propagande. Et c'est pourquoi, dès cet hiver, nos élégantes vont abandonner la ligne « restrictions » pour nous présenter des robes allongées… et copieusement garnies.

De la branche et de la croupe ! Tel est le mot d'ordre.

***L'Os*, le premier comme toujours, est heureux de dévoiler à ses charmantes lectrices ce qui se prépare dans les coulisses des grandes maisons des Champs-Elysées et de la rue de la Paix… et se tient naturellement à leur disposition pour tous renseignements complémentaires.**

L'OS COQUET.

C'est une révolution totale ! Nous voulons des femmes bien en chair ! Le type Mae West va faire fureur !

Mesdames, c'est par ces paroles que les grands couturiers m'ont signifié leur volonté de transformer du tout au tout votre silhouette et de vous redonner enfin tout ce qu'il faut pour garnir la large main de l'honnête homme.

Bien entendu, nul ne vous demande de récupérer du jour au lendemain les quinze ou vingt kilos nécessaires à cette transformation. Une fois de plus, l'ingéniosité française fera merveille et une bonne part de notre production caoutchoutière sera réservée aux élégantes.

Comment grossir ? Tout le problème est là.

Vous aurez d'abord la guêpière, qui sera chargée de vous donner le tour de taille idéal. Dans ce rayon, la production offre une gamme incomparable, et les personnes naturellement fortes pourront s'offrir un modèle spécialement baleiné, avec écrou de serrage et pas de vis central.

Les hanches pleines et fortes s'obtiendront aisément, car jupes et robes seront montées sur une carcasse en fil de fer, munie de lames souples et réglables. Un simple petit coup de clé anglaise et le pont arrière vous donnera l'ampleur susceptible d'attacher l'élu du moment.

Les seins et le postérieur, objets d'une savante mise au point de la part de toutes nos grandes maisons de pneumatiques, seront du type chambre à air. Un simple coup de gonfleur, et la plus chétive de nos compagnes se transformera instantanément en dragon.

Ainsi carrossées, mesdames, vous pourrez aller dans le monde. Une fois de plus vous ferez triompher le chic parisien… et le pneu français. Double et intelligente propagande, comme vous le voyez.

D'ailleurs, l'impératif de l'élégante se résumera comme suit :

« Un extérieur signé Lanvin, un intérieur signé Michelin. »

Ce surcroît d'accessoires risquant de causer d'innombrables soucis aux femmes dans le ton, nous sommes heureux d'annoncer à nos belles lectrices que nous ouvrirons très prochainement à leur intention une « station-service » avec metteurs au point spécialisés.

En une heure, toute femme soucieuse de son galbe et de l'équilibre de ses hanches pourra faire procéder à une révision complète comprenant notamment :

– Réglage des hanches et de leur suspension ;
– Suppression des vibrations ;
– Centrage du postérieur ;
– Poste de gonflage avant et arrière, etc.

Aux prix les plus bas, notre service des pièces détachées fournira seins et fesses de secours et tous autres accessoires.

C'est en robe du soir que vous serez exquises ! Un généreux décolleté permettra à votre danseur d'admirer le grain de vos deux Goodrich. Les raffinées ne manqueront pas de les orner de quelques grains de beauté ou, à défaut, de rustines.

Légères, aériennes même, vous valserez. Et l'unique souci de votre cavalier se traduira par cette touchante pensée :

« Pourvu qu'elle ne crève pas dans mes bras ! »

Quelques conseils, pour finir.

Si vous désirez une poitrine ferme et de bon aloi, ne gonflez jamais à moins de trois kilos.

Et si vous devez sortir avec des coussinets arrière fraîchement réchappés, évitez tout effort superflu car, dans la position assise, il suffirait d'un brusque mouvement pour vous déjanter et vous mettre ainsi dans la pénible obligation de regagner votre domicile complètement à plat.

À Os rompus

Les leçons de l'histoire

Les mauvais garçons ont beaucoup fait parler d'eux cette semaine.

Les autres semaines aussi, d'ailleurs. Chaque jour, les feuilles publiques n'ont pas assez de papier pour énumérer tous les assassinats, vols, attaques à main armée, kidnappings, règlements de comptes entre gens du milieu qui se produisent à Paris et en province.

Et si ce n'était encore que ça, mais il y a pis !

Le pis, ce sont les articles publiés un peu partout par des gens sérieux pour étudier « les moyens d'endiguer la redoutable vague de criminalité qui menace de submerger notre pays » (sic).

Pour mettre fin à cette calamité, nous allons en indiquer un, de moyen, et un bon, un moyen tiré de l'histoire.

Au début du siècle dernier, vers les années mil huit cent et quelque, la France se trouvait, tout comme aujourd'hui, infestée de brigands. Personne n'y pouvait rien. Jusqu'au jour où un malin, qui n'était pourtant pas ministre, eut une excellente idée : il confia la direction de la sûreté au nommé Vidocq, une crapule finie, évadé du bagne et tout. Peu de temps après, la vague de criminalité était proprement endiguée.

Alors, voilà, qu'est-ce qu'on attend pour nommer Pierrot le Fou préfet de police ?

Espiègleries

La jeune Viriginia Walton Brooks, de New York, âgée de 12 ans, revient d'Afrique où elle abattit « un éléphant, un rhinocéros, un chacal, des hyènes, cinq zèbres, un babouin, une gazelle, un renard et une bonne douzaine d'animaux sauvages de moindre importance ». (Dépêche United-Press).

Il est probable que ses bons parents songent à lui préparer une carrière plus sérieuse, quand elle atteindra sa majorité : Pin-up-girl ou star de ciné. D'ici là, Virginia pourra profiter encore des belles années de sa jeunesse et se livrer innocemment à ses jeux puérils, en Afrique.

Ceux qui savent

L'Intransigeant a publié une série d'articles précédés de ce titre alléchant :

« Voici la liste complète et détaillée des mesures à prendre pour que la France ait du blé à revendre. »

Le tout signé : « Henri Longchambon, ancien ministre du Ravitaillement. »

Une compétence, en somme !

Ajoutons que *L'Intransigeant* n'est pas un journal humoristique.

Farces

La crème au plâtre

Vous avez parmi vos invités un type très gourmand, un goinfre particulièrement porté sur les entremets et qui s'en met jusque-là sans s'occuper des autres. Voici une bonne farce, si j'ose dire, en parlant de crème, qui le calmera pour quelque temps de son excès de gueulardise.

Délayez avec du lait, dans un saladier, deux ou trois poignées de plâtre de Paris, ou mieux, de plâtre d'albâtre à fractures, lequel est très fin. Ajoutez du sucre en poudre, un peu de vanille, du chocolat ou du café selon le goût du client. Invitez vos amis et, au dessert, vous dites au gueulard : « Tiens, je t'ai fait cette crème pour toi tout seul ! » Il se précipite, goûte. C'est excellent. Et il s'envoie tout le saladier. Evitez qu'il boive pour que le plâtre prenne plus vite. Bientôt, vous voyez le type pâlir, verdir, puis rougir… Ça y est, le plâtre est dur ! Il comprend alors la blague et part furieux. Vous ne le reverrez pas de sitôt !

Règlement concernant la chasse aux papillons

Le ministère de la Production industrielle a le devoir de rappeler à MM. les chasseurs de papillons et aux entomologistes de Seine-et-Marne qu'ils doivent retirer au plus tôt leur permis de chasse pour la saison 1948.

En outre, il est rappelé, une fois pour toutes, que l'emploi des bouteilles d'insecticide Timor pour la chasse aux papillons reste interdit. Seuls les filets portant l'estampille du ministère de la Production industrielle sont autorisés. (Circulaire parue au *J. O.*, n° 12 847 – 12 A).

Les contrevenants seront punis de forteresse ou remis aux mains de M. Gaillard, le policier tortionnaire de la police de Saint-Etienne.

A la manière de...

Edmond Rostand

Nous publions, sous toutes réserves, l'information selon laquelle les prix...

(Votre journal habituel.)

Sieur Ramadier, voyant que la vie était chère,

Je vous avais prié d'ajuster mon salaire.

Pensant que j'augmentais ainsi – pauvre innocent ! –

Mon trop faible pouvoir d'achat de dix pour cent.

Ah ! bien ouiche ! Aussitôt, de Paris la mercante

A fait, de vingt pour cent, croître les prix de vente.

J'ai compris. Non, merci. Assez ! sieur Ramadier,

Ne m'octroyez plus rien : je suis assez payé.

Recevoir dix pour cent, avec un élastique,

Pour en lâcher le double à l'arrière-boutique ?

Non, merci !... Pour avoir quelques brins de persil

Donner un gros paquet d'oseille ?.... Non, merci !

Voir le prix du cheval, au trot, prendre sa course ?

Se gonfler les rognons et s'aplatir nos bourses ?

Non, merci !... Redouter l'essor du hareng saur ?

Voir que l'humble patate est vendue à prix d'or ?

Se laisser, malgré ça, saisir à la cravate,

Sans oser murmurer : « Hé bien ! vous m'épatâtes ! »

Non, merci !... Constater qu'un charcutier badin

A l'air d'avoir placé un ressort au boudin ?

Qu'il a monté sa côte en première et, sans trouble.

Doublé ses pieds panés et triplé son gras-double ?

Non, merci !... Non, merci ! n'allez pas relever

Mon salaire un peu plus, car j'en pourrais crever !

Non, merci ! Ramadier. Le regret me consume :

Si ma mine, jadis, avait quelque amertume,

J'étais plus riche, en somme, et vous n'aurez ainsi

Qu'augmenté mon sale air amer d'alors... Merci !

Edmond Rostand

(Cyrano gamberge et raque.)

Faits divers

DE LAMORLAYE (Oise). – Dimanche dernier, une grosse profusion de personnes de la haute société était embossée dans le parc de M. Charles Bouillon, le célèbre coureur à cheval, pour assister à une partie de boules nocturne. Tout se passait à peu près normalement et l'on ne déplorait jusque-là que deux morts et cinquante-sept blessés, lorsque soudain, un des joueurs, M. Marcel Minard, faisant preuve d'une vitalité excessive, lança sa boule dans les frondaisons du parc. Les spectateurs de cette joyeuse sauterie, inquiets de ne pas percevoir le moindre hurlement, furent saisis de panique à l'idée de savoir le dur projectile encore suspendu dans l'espace.

Fort heureusement, un monsieur inconnu à lunettes faisant preuve d'un grand sang-froid, se saisit d'une brique et la projeta dans l'assistance, délivrant celle-ci du doute plombé planant sur sa tête. Malheureusement, le boulet perturbateur, projeté par M. Minard s'en allait frapper, à quelques centaines de mètres de là, un innocent, M. Tintin Allemand, le blessant sérieusement aux coudes.

Parmi les blessés intéressants, nous relevons les noms de MM. La Tronche de Gaye, l'adjudant Mébotes, M. Crevard, ministre des Beaux-Arts de Franche-Comté, et M. Roger

Thouvenin dont l'absence mystérieuse à son poste d'administrateur de *L'Os libre* se trouve ainsi expliquée.

DE VIERZON. – Hier après-midi, la manufacture de lames de rasoir Chaudin de la Crépine a été le théâtre d'une sanglante échauffourée, née d'une question intersyndicale. La production battant son plein, on ignore encore le nombre des victimes.

DE ROMORANTIN. – La paisible petite ville de Romorantin a connu, samedi, le résultat de l'interrogatoire de M. Fraisolard, accusé d'avoir fait disparaître les corps de huit de ses maîtresses dans une cocotte en fonte émaillée sur un réchaud à alcool. On doit cet aveu à l'habileté d'un policier de Saint-Etienne, M. Gaillard, spécialiste des révélations spontanées, qui bavarda longuement avec l'inculpé à l'aide d'un tesson de bouteille.

Petites Annonces

DIVERS

Boules de billard aimantées. Indispensables à messieurs vue sautillante ou divergente. A chaque coup, ça marque. Le jeu de trois boules : 597 fr. avec bons matière. Sans bons matière : 742 fr. 10.

Inutile d'être bon comptable pour faire la paye des ouvriers d'une usine, si importante soit-elle. Je tiens à la disposition des vrais amateurs un choix intéressant d'itinéraires empruntés par les caissiers des plus grandes usines des environs de Paris. Remise des plans gratuite, 10 pour cent demandés sur toute affaire réussie. Mimile le Gravos, 97, avenue des Champs-Elysées. Entresol.

OCCASIONS

A vendre, belle occasion, superbe chien cocker, très bon pour la chasse, si soutenu par maître autoritaire.

Collectionneur vend à connaisseur, superbes jeux de panoplies, comprenant 12 têtes de percepteurs naturalisées, 1 chef de gare empaillé, un ministre conservé dans l'alcool, et un colonel naphtaliné.
Prix à débattre à la sauvette.

A vendre, cause décès, bouton de col état neuf, presse-purée à clavier et peignoir à jambes longues. Urgent.
Faire offres, Mme Braque, 6, impasse de la Narine-Médiane, Paris.

A vendre, cause absence prolongée, violon entier. S'adresser Démocrate Vernonnais (Eure).

TRAVAUX DIVERS

Paveur rhumatisant prendrait petits travaux à domicile. Si pas sérieux, s'abstenir.

PERDUS ET TROUVÉS

Machine à tirer les pellicules, force 1 200 CV. Allongement garanti. Indispensable à toutes les personnes qui pourraient en avoir besoin. Prix sur simple présentation de sa carte d'inspecteur de police.

Perdu épuisette, genre Senne, longueur développée 40 m, entre bords de Seine et Virolet. Plus 1 vélo d'homme à deux roues, une cornemuse à pompe et un pantalon en bon état. Rapporter à M. Jean Delpuech, route de Chambray, à Vernon.

L'OS LIBRE

« Contre tout ce qui est pour – Pour tout ce qui est contre. »

NUMÉRO 98 – MERCREDI 17 SEPTEMBRE 1947

Pas d'éditorial de Pierre Dac cette semaine ! Un événement qui en laisse présager d'autres. La tension monte du côté du boulevard Haussmann. Le directeur n'est pas apparu à son bureau depuis son retour de vacances. Il a simplement eu l'administrateur au téléphone et a convenu d'un rendez-vous dont la date n'a pas encore été fixée. Les journalistes de L'Os libre *continuent de délirer gentiment, mais le cœur n'y est plus. Quelques articles et des petites annonces demeurent néanmoins fidèles à la tradition loufoque de l'hebdomadaire.*

Les grands reportages de L'Os libre

Une grande enquête nationale

Voici comment vit l'homme moyen
Aujourd'hui : Le monsieur Dupont de Paris

Quelle est l'existence de l'homme moyen sur la planète ? Tel est le but de l'enquête à laquelle se livre notre grand confrère France-Soir. *Nos moyens ne nous permettant pas de courir le monde en quête de témoignage, nous avons pu joindre aujourd'hui, par vélo spécial, M. Prévost, de Paris.*

Paris, le… septembre.

M. L. Prévost est fonctionnaire. Si je l'ai choisi parmi des millions de ses concitoyens, c'est que sa condition de modeste bureaucrate en fait le type même du Français moyen. Il loge avec sa femme et ses deux enfants dans un immeuble de construction récente où, lorsque la concierge laisse tomber son balai, les suspensions du sixième vibrent dangereusement.

A quarante-quatre ans, il gagne 9 500 francs par mois, qu'il répartit comme suit : 12 000 fr. pour la nourriture, 4 000 fr. pour l'entretien, 2 000 fr. pour les études des enfants et 1 000 fr. pour les distractions. Il fit de bonnes études secondaires et le stage classique chez un fabricant de lingerie et entra après le régiment au ministère de l'Agriculture en qualité de rédacteur comptable auxiliaire. Dans six ans, il aura l'âge requis pour faire un chef de bureau convenable et, à soixante ans, il percevra une retraite qui lui permettra de ne pas prolonger plus avant son séjour en ce bas monde.

Il a pris avec sa famille trois semaines de vacances et a dû emprunter de l'argent pour payer son voyage de retour. A la campagne, chez des cousins, on a profité de sa bonne volonté et de l'appétit des siens dont il devait s'excuser pour l'initier aux travaux des champs. Ses mains en portent encore le souvenir buriné dans la matière. Il a heureusement devant lui toute une année de fonctionnariat pour récupérer.

A sept heures, le réveil sonne. M. Prévost émerge du lit et branche sa radio sur un des trois postes français (ceci les jours où il y a du courant). Puis dans la cuisine, il allume le réchaud à gaz que sa vieille tante lui a donné le jour de son mariage. Il fait chauffer deux casseroles, l'une contient l'eau pour le blaireau et la seconde un liquide plus foncé qui rappelle le thé léger et qui est du café de la veille. En maudissant la qualité du pain qui est flasque, noirâtre et incommodant, il fouille dans le buffet. « Zut ! y'a pus de pain », dit-il à sa femme encore couchée qui se tourne vers le mur. Il enfile sa cravate dont il ne défait pas le nœud car la rayonne est indéfroissable !

A huit heures, il se rend au bureau. Le métro l'absorbe ; il sort une carte, une parmi tant d'autres, et, en échange d'un confetti, il prend d'assaut le wagon rouge des ex-premières classes. La marée humaine, hargneuse et agressive, lui écrase ses spartiates. Il est ainsi chaussé depuis avril jusqu'en novembre.

Il arrive au travail en retard ; un geste d'amitié à l'huissier qui a signé pour lui la feuille de présence. Le voilà dans son bureau ; il serre des mains, les mêmes depuis vingt-deux ans, celles de ses bons collègues qui médisent gentiment de lui à la direction. Il en a autant à leur service. Il accroche son chapeau, change de veston et va faire ses politesses. Il resserre des mains, beaucoup de mains et part au lavabo. Lecture des nouvelles, commentaires de la politique actuelle, confection de cigarettes avec la boîte à mégots.

La matinée passe ainsi. On attrape 11 h 15, il va faire chauffer la gamelle en alu que sa femme lui a garnie la veille… avec des restes… de la veille. Il prend soin de ne pas faire bouillir la partie supérieure, qui contient des confitures. La journée s'écoule ainsi, moitié bilan, moitié rêverie, et la pendule électrique, harcelée par des centaines de coups d'œil réprobateurs, se décide enfin à marquer la fin de la journée.

Remétro. M. Prévost rentre chez lui et s'assied dans le fauteuil qui vient de son grand-père, près de la commode qui vient de sa belle-mère. Il lit deux journaux, un du matin qui traite du scandale quotidien avec une violence qui lui plaît, et un du soir où l'on travaille dans le crime crapuleux à grand renfort de titres alléchants. Notre homme a sur la politique des idées arrêtées, il fréquente les sauteries populaires des grands partis de gauche ; pourtant, lorsqu'on lui parle de De Gaulle, il convient que c'est un homme comme ça qu'il nous faudrait – mais dans le cadre des libertés acquises. Il lit des journaux de droite et, aux élections qui constituent sa distraction du dimanche, il vote radical. Il est profondément athée ; sa fille sort le soir pour aller au patronage ou au roller-catch. Son fils est aux Jeunesses socialistes. Il se décoiffe devant les convois funéraires et n'entend pas qu'on plaisante avec les professionnels de la religion.

Sa femme a peur des araignées et lui de la révolution. Pourtant, il n'y croit pas. En politique internationale, il sait qu'il se passe un peu partout des événements regrettables auxquels, la distance aidant, il n'attache qu'une importance relative. Comme tout le monde, il regrette de n'avoir pas trafiqué pendant l'Occupation. Lorsque ses enfants trouvent la soupe trop salée, il répond : « On voit bien que vous n'avez pas fait la guerre ! » Il est décoré, convient que c'est une foutaise et quand il change de veston retire soigneusement son ruban pour le replacer sur le vêtement du jour. Ses chemises ont le pan de devant plus long que derrière ; sa femme, qui sait coudre, a remplacé le col original qui était usé par d'autres de sa confection.

Madame prépare le dîner en maugréant. Elle lui raconte les histoires des locataires de tout l'immeuble. Elle en connaît les noms, les prénoms et les pedigrees complets et détaillés. Par contre, elle ignore celui d'un infâme roquet perclus de rhumatismes qui s'appelle Mickey et qui prélève, depuis l'origine du rationnement, une part importante des décades de bifteck. Un problème se pose au ménage : ira-t-on pour Noël chez la tante Eulalie ? Les enfants ont besoin d'un imperméable et ça n'est pas bon marché.

De temps à autre, M. Prévost allume un petit tube bourré d'herbes diverses qu'il prélève d'un paquet en papier d'emballage de la régie française. Ça le fait tousser et il trouve ça désagréable. Tous les mois, en citoyen conscient des réalités de l'heure, il se met librement en grève sur l'ordre de collègues qui potassent la question syndicale à sa place. Pourtant il n'aime pas ces grèves, qui lui apportent un surcroît de travail et d'ennui et dérangent l'ordonnance mathématique de sa vie.

Il évite de penser ; son travail ne lui en fournit pas l'occasion. Il aime les films de Laurel et Hardy ; sa femme préfère les gangsters. Question de goût. Et chacun d'eux se demande avec angoisse ce qu'il adviendra le jour où on ne pourra plus dépenser deux fois ce qu'on gagne.

Horaire des coupures

Afin de faciliter la tâche écrasante du maître-coupeur de la Production industrielle et ceci afin d'éviter toute tension entre le public et cet intéressant organisme, les usagers de l'Electricité de France sont instamment priés de déposer, avant une date qui sera fixée ultérieurement, une demande de coupure aux heures qui leur agréent.

Passé cette date, il ne sera plus tenu aucun compte des desiderata des abonnés.

À Os rompus

C'est la faim de tout !

Quand, à La Nouvelle-Delhi, les automitrailleuses de la prolice fauchèrent les manifestants, le mahatma Gandhi accourut de Calcutta. Il annonça qu'il jeûnerait jusqu'à ce que cessassent les effusions de sang.

L'exemple est contagieux.

A l'instar du saint homme, M. Léon Jouhaux s'apprête à ne plus manger tant qu'on ne fera pas droit à toutes les revendications de la C. G. T., M. Jacques Duclos à ne plus ingérer d'aliments tant que les communistes ne participeront pas au gouvernement, M. Guy Mollet à périr d'inanition tant que Paul Ramadier fera le petit indiscipliné, etc.

Et tous ces héros braveront le grandira-t-on.

On pille* L'Os *!

Quand, à la Chambre, on discuta de l'opportunité d'une subvention aux charbons français, après une belle joute oratoire, au cours de laquelle les meilleurs arguments furent échangés pour et contre, M. Fajon, porte-parole du parti communiste, déclara au moment de passer au vote :

– Nous sommes, mes amis et moi, favorables à la subvention réclamée par le gouvernement, mais nous voterons contre, pour marquer notre méfiance à l'égard de M. Ramadier.

De quel droit un parlementaire peut-il, impunément, s'approprier la belle devise de *L'Os libre* : « Pour tout ce qui est contre. Contre tout ce qui est pour » ?

Dans tous les sens

Dans *Paris-presse* du 12 septembre, on pouvait lire ce titre prometteur :

La prochaine guerre sera une guerre à trois dimensions.

Nous voilà bien ! Comme s'il ne suffisait pas, en temps de guerre, d'être emmouscaillés en long et en large, voilà que nous allons l'être aussi en profondeur !

Faits divers

DE SAINT-MARS-LA-BRIÈRE (Sarthe). – Il y a quelques jours, la paisible population de Saint-Mars-la-Brière était alertée à la vue d'un amas de meubles, de planches et de fagots déposés devant la porte de la maison Gombourg. Comme des gémissements s'échappaient par les interstices des fenêtres, un drame ne fut pas difficile à imaginer. Un courageux sauveteur, M. Léon Pertué, n'hésita pas à enfoncer les volets, d'où s'échappaient les petits cris. Un abominable spectacle de turpitude s'offrit alors à ses yeux et il ne dut son salut qu'à une fuite fiévreuse, sous les quolibets matrimoniaux des époux Gombourg et de la populace, entassée sous les fenêtres.

M. Léon Pertué est recherché par la gendarmerie locale pour attentat aux mœurs par imprudence.

DE PONT-AUDEMER. – L'amicale des « Petits chahuteurs désintéressés » organise, les 15 et 17 septembre, sa compétition biannuelle de courses en sacs derrière triporteurs.

Déjà, de tous les coins de France, arrivent d'énormes foules sportives, désireuses d'assister à cette solennelle manifestation.

On apprend, en dernière heure, que le favori de cette course inoubliable, M. R. Pugiblase, ne pourra prendre part à cette grandiose épreuve, devant disputer, à la même date, son auguste tête devant des magistrats hargneux, à la suite d'une sanglante peccadille.

Surprise party

J'espère que vous avez eu, comme moi, l'occasion de voir les actualités Gaumont de la semaine dernière, et qu'elles vous ont permis de passer un moment agréable et réconfortant. Réconfortant en ce sens que l'entraînement des jeunes soldats, filmés en pleine action, nous a donné une haute idée de notre force armée.

Si quelques-uns, parmi vous, n'avaient eu le plaisir d'assister à cette projection, je m'en voudrais de ne pas leur en dépeindre quelques scènes.

Tout d'abord, les jeunes recrues sautaient légèrement par-dessus des barbelés de 40 centimètres de haut et tirés rigoureusement au cordeau. Ce n'était plus un champ de tir, mais un champ de navets. Et ces futurs défenseurs de nos libertés et de la famille prenaient grand soin de ne pas effranger le bas de leurs pantalons.

J'entends déjà les anciens de 14-18 et même ceux de 39-40 s'écrier :

– Mais, nom d'un cabot, est-ce qu'on imagine que les barbelés soient toujours à ras de terre et que divers éléments pyrotechniques n'en viennent pas parfois modifier l'ordonnance et l'enchevêtrement ?

Attendez, laissez-moi continuer. Vous comprendrez. L'exercice suivant était l'escrime à la baïonnette ! Voilà le mouvement. Deux soldats sont face à face. L'un tient en respect l'adversaire à l'aide d'un fusil au bout duquel il a adapté une lame qui tient à la fois du pique-feu et du couteau de boucher. A un signal donné, le soldat désarmé se précipite vers le fusil et, en deux coups de cuiller à pot, s'en saisit et met le type K. O. !

Vous avez compris ? Pas encore ? Eh bien ! c'est la Surprise. Voilà ce qui compte dans la guerre : la Surprise. Vous pensez bien que nos chefs militaires ne sont pas fous. S'ils font encore exécuter l'escrime à la baïonnette, c'est qu'elle a fait ses preuves… sous Louis XIV.

Raisonnons, comme en mathématiques, par l'absurde, et imaginons, c'est idiot, je le sais, qu'il arrive une autre guerre. C'est une supposition… L'ennemi arrive, avec ses tanks de 50 tonnes ou même avec ses neutrons enfermés dans une petite boîte. Qu'est-ce qu'il trouve devant lui ? Un brave soldat français qui exécute l'escrime à la baïonnette. Tout ennemi qu'il soit, il n'en est pas moins homme et, devant un pareil tableau, il ne pourra s'empêcher d'éclater de rire. Comme le rire désarme, nous aurons gagné la bataille.

L'expérience 39-40 a quand même porté ses fruits. On a compris la nouvelle technique de la guerre : la Surprise ! Tout est là. Prenons la trouée de Sedan pour exemple. On avait dit aux gars : « Voilà ! Les Allemands arrivent. Vous laissez passer l'avant-garde, sans bouger. Une fois qu'elle sera passée, nous, on s'en occupe pendant que vous vous portez au-devant du gros de l'armée. L'affaire est dans la giberne avec votre bâton de maréchal. » Les gars s'installent, attendent. Effectivement, au bout d'un certain temps, l'avant-garde allemande paraît. Avant-garde assez importante, il faut bien le dire : motocyclettes, chars, camions, etc. Et ça passait, ça passait. Mais nos gars ne s'en occupaient pas. Ils connaissaient leur théorie : « Le gros d'une armée se compose : 1° d'une musique militaire ; 2° de fantassins à pied (4 km. à l'heure, avec pause réglementaire toutes les heures) ; 3° de fourragères modèle 1870, révisées 1905. » Et les gars attendaient toujours en se disant : « Tant qu'on n'entend pas la musique, y a pas de pet ! C'est toujours l'avant-garde. »

Les Allemands nous avaient eus : ils avaient supprimé la musique et les fantassins (à pied). C'était une surprise !

Alors, ne désespérons pas. D'ici que l'on forme des régiments de lance-pierres, de hallebardiers ou d'archers, il n'y a pas loin.

Malheureusement, l'armée n'est pas là pour nous faire rire, mais plus souvent, hélas ! pour nous faire pleurer, et, malheureusement aussi, le ridicule ne tue plus en France, car il y a longtemps que nous n'aurions plus d'état-major. Nous aurions peut-être, enfin, la PAIX !

PETITES ANNONCES

Cours de perfectionnement pour policiers timorés, leçons d'aveux spontanés avec matériel perfectionné : Pique-feu, lampes à souder, herses, plumeau-questionneur ; etc. etc. M. Gaillard, retraité de la police de Saint-Etienne. Diplômé au concours des petits artisans tortionnaires.

ARTS DÉCORATIFS

Sujets artistiques. Picasso peint par lui-même. Belle œuvre exécutée au coulis de tomate et au cirage Kiwi. Incrustations de pluches de pommes de terre et de mâchefer de la Ruhr. Livré avec notice explicative et plan de lecture : 484 fr. Rendu à domicile, port compris : 485 fr. 50.

Très beau groupe représentant des trafiquants de toute sorte soutenant le dirigisme, lequel leur donne une absolution toute maternelle. En beurre fondu stratifié, chocolat peigné, décoré de steaks, etc. peint au lait naturalisé : 21 900 fr.

OFFRE D'EMPLOI

Commission de la guillotine, recherche d'urgence 2 000 sténos-dactylos, 48 dactylos facturières, un commis d'agent de change, 12 caissiers et 15 000 titulaires pour divers postes, titularisation et retraite assurées.

DIVERS

Pour extension-commerce, agent cycliste cherche petite remorque ou vélo-car.

Pour cause départ en Argentine, ramasseur de mégots céderai fonds de commerce avec pas de porte et toute l'installation. Prix intéressant.

Machine à coudre, navette centrale à percussion latérale. Canette à long col, contenance 1 l, table rondins et madriers surfins, 13 450 fr. La même, mais à découdre, avec petit hachoir coupe-fil et serpe transversale : 14 950 fr.

Matériel pour machines à coudre. Aiguilles coudées à pointe souple, les 1 000 : 12 fr. 50. Enfile-aiguille automat. Par rampe de lancement : 13 540 fr. Dés à coudre, façon mitaine, capuchon à charnières en soie, imitation acier bleu : 1 870 fr., etc. etc.

Boucles d'oreilles à musique pour dames désœuvrées. La paire : 118 fr. 15. Même modèle, mais parlant, répétant les mots d'amour du gros amoureux bonasse : 346 fr. 15. Autre article, donnant les cours de la bourse : 13 783 fr.

L'OS LIBRE

« Contre tout ce qui est pour – Pour tout ce qui est contre. »

NUMÉRO 99 – MERCREDI 24 SEPTEMBRE 1947

Les choses étant ce qu'elles sont, elles ne sont pas vraiment ce qu'on voudrait qu'elles soient. Il faut lire l'éditorial entre les lignes. S'il évoque des camps de concentration, comme celui de Noé, qui appartiennent au passé, c'est pour ne pas évoquer le sujet qui le préoccupe essentiellement. Il sait que L'Os libre *est à bout de course, pour toutes sortes de raisons qu'il ne parvient pas à analyser véritablement. Dinah, sa femme, craint qu'il ne sombre dans la déprime et tente de lui remonter le moral. C'est quasiment mission impossible.*

Edito Drôle de mine

par Pierre Dac

Depuis que je suis rentré de vacances, la plupart des gens que je rencontre s'exclament en m'apercevant : « Vous avez bonne mine ! » Ce qui n'a rien d'extraordinaire puisque, généralement, en prend des vacances pour se refaire un peu la santé et redonner à son visage pâli et fatigué par les veilles et les soucis des tentaculaires labeurs l'aspect fleuri qui témoigne d'un corps reposé et d'une âme égale.

Donc, cet hommage sympathique rendu à mon comportement physique ne peut que m'être agréable, quand on a bonne mine, ça fait toujours plaisir de se l'entendre dire, ça flatte la vanité de l'homme et ça le confirme dans sa mission masculine et millénaire.

Et pourtant, depuis deux ou trois jours, ces compliments répétés ne me procurent plus la même satisfaction ; un doute m'a envahi, une sorte de malaise confus s'est emparé de tout mon être, en particulier à l'heure tranquille où les limandes vont boire, quelque chose d'étrange, un sentiment bizarre, indéfinissable, imprécis et désagréablement envahissant. Aux fins d'analyse, je réfléchis longuement… et j'en arrivai à trouver curieuse la manière uniforme dont on me complimentait. Ce « vous avez bonne mine » ne me semble plus rendre un

son aussi orthodoxe que je l'imaginais au début. Car, en tout état de cause, certains auraient pu apporter quelque variante en leurs propos et me dire, par exemple : « Vous avez une mine florissante… » ou « Le grand air vous a fait du bien… » Non, c'est toujours cette même phrase : « Vous avez bonne mine » que l'on me sert et ressert. Coïncidence ? Hum ! Peut-être… mais quand même !

Pour échapper au trouble grandissant provoqué par cette phrase obsédante, je me suis plongé dans la lecture des journaux. La relation des incidents du camp de Noé, en particulier, retint mon attention, et c'est avec émotion que je lus les commentaires bienveillants de certains confrères dont la grandeur d'âme, en veilleuse pendant les années cruciales, trouve enfin l'occasion de se manifester. Et puis, je ne sais pourquoi, mes yeux sont tombés sur un de mes textes de la radio de Londres, un message du 1er janvier 1944, lequel se terminait ainsi : « … C'est parce que j'ai trop en mémoire le souvenir des premiers janvier écoulés que les vœux que je forme en ce premier de l'an, mes camarades de la Résistance, je vous les adresse d'une voix plus claire et plus assurée. J'ai vécu, au milieu de vous, bien des jours mauvais et durs, j'ai connu, en prison ou traqué, les heures troubles où l'on n'a pas trop de toute sa volonté pour conserver son calme et son courage. Et c'est pour ça qu'aujourd'hui, du fond de mon exil, de toute mon âme, de toutes mes forces, je vous dis : "Bonne année", parce que je sais que ce sera la bonne, la grande année, celle qui inaugurera l'ère du bonheur dans la propreté, la justice et la liberté. »

Là-dessus, je suis allé longuement me regarder dans une glace… C'est pourtant vrai que j'ai bonne mine !…

Estimations

Au Crédit municipal, M. Pifre avait la tâche d'estimer les bijoux. Il s'acquittait très convenablement de sa besogne et il était – c'était bien son tour – estimé par ses chefs. Il le savait, et, se basant là-dessus, il espérait être augmenté, ce en quoi il surestimait l'estime de ses chefs.

Pour l'heure, M. Pifre, tout guilleret, se dirigeait vers un galant rendez-vous avec une belle créature à qui il donnait vingt-cinq printemps, mais il la sous-estimait. Il la sous-estimait aussi en la jugeant timide alors qu'elle n'était qu'abrutie. Une pensée vint l'effleurer : « Et si la belle n'était pas au rendez-vous ? Bah ! une de perdue, dix de retrouvées ! » Mais M. Pifre surestimait son pouvoir de séduction.

Mais elle était là ; M. Pifre se mit à pérorer ; elle l'écoutait d'un air tendu qu'il prit pour de l'émerveillement, mais qui n'était que lutte contre une forte envie de bâiller.

Il commanda un dîner fin comme pour quatre personnes, en quoi il surestimait son appétit ; la belle mangea et but beaucoup. M. Pifre, trop occupé à parler, n'avait pas le temps de toucher aux plats.

Le vin était qualifié d'appellation contrôlée et le café de moka-double filtre, mais tout cela était très surestimé. M. Pifre calcula que l'addition se monterait à 1 000 francs, mais là il sous-estimait très nettement les capacités d'estampage du patron, et de son grand billet de 5 000 il ne remporta qu'un petit billet de 1 000 francs et encore, là, le surestimait-il, car ce n'était qu'un faux billet.

Finalement, il emmena la belle avec une facilité qu'il mit sur le compte de la boisson, mais qui n'était que la force de l'habitude.

Lorsqu'elle se déshabilla, il s'aperçut qu'il l'avait surestimée, car ce n'était pas une vraie blonde et, de plus, ses seins ne tenaient pas.

M. Pifre comptait faire des prouesses, mais il se surestimait. Il surestimait aussi la pureté de sa compagne que ce fiasco n'empêcha pas de réclamer son petit cadeau.

Par contre, il sous-estimait son adresse, comme il s'en aperçut le lendemain en découvrant qu'elle l'avait soulagé de son portefeuille qu'elle avait, à son tour, surestimé, car elle l'avait cru bien rempli.

À Os rompus

On en a bien l'air !

Les lois qui régissent la police de l'air sont en vigueur – ce qui est, évidemment, une façon de parler ! – depuis 1924. Depuis cette date, elles n'ont jamais été modifiées. Le matériel mis à la disposition de ce service est également « d'époque ». Il consiste, pour tout potage, en *une paire de jumelles*.

Quand un agent aperçoit, dans le ciel parisien, un avion subversif (?), il braque la jumelle réglementaire, la met au point, suit l'avion jusqu'à perte de vue et rédige un rapport :

« Nous, agent Banlair, de la police de l'air parisienne, revêtu de notre uniforme, et conformément aux ordres de nos chefs, avons aperçu, dans la jumelle administrative, un avion inconnu, venu d'on ne sait où et se dirigeant vers une destination non établie, etc., etc. »

Des mots… des maux

La dernière déclaration de M. Schuman doit passer à la postérité et même au-delà : « Les contraintes sont vaines et la liberté dangereuse. »

C'est vrai, mais il pouvait tout aussi bien dire : « Les contraintes sont dangereuses et la liberté est vaine. » C'est tout aussi joli, comme slogan, et c'est plus vrai. Notre éminent financier tient en réserve – à défaut de lingots d'or – d'autres formules, non moins heureuses :

« Les augmentations de salaires sont vaines et les augmentations de prix dangereuses. »

« Les faims sont vaines et les digestions dangereuses. »

« Les promesses des politiciens sont vaines et leurs décisions dangereuses. »

Théâtre alimentaire

Au festival d'Edimbourg, la compagnie de Louis Jouvet obtint un triomphal succès, en interprétant *Ondine*, de Jean Giraudoux.

Bien avant l'ouverture des portes, une foule immense s'écrasait devant le bureau du théâtre. Certes, notre grand comédien s'attendait à faire recette, mais il fut, tout de même, un peu surpris par une telle affluence. A la sortie, il jeta machinalement un coup d'œil sur l'affiche, puis éclata de rire.

Louis Jouvet désigna aux camarades le panneau sur lequel se lisait, en français :

« Ce soir : *On dîne* ».

C'était il y a...
24 septembre 1857

Naissance, à Houilles, de M. Punaisius Boulentranche. Dès l'âge de trois ans, il se désigna, à l'attention du monde scientifique, par quelques inventions retentissantes, notamment un tube lance-torpilles pour la chasse aux mouches, une mine anti-puces et son fameux canon à mites fonctionnant avec des boules de naphtaline gonflées aux gaz asphyxiants.

Quoique donnant des résultats visibles, l'exploitation de ces procédés dut être interdite à l'époque par la préfecture de police.

Ces dispositifs, si efficaces qu'ils fussent, sont largement dépassés, aujourd'hui, par la bouteille insecticide TIMOR, d'un usage facile et donnant les meilleurs résultats sans détériorer les habitations.

On doit à Punaisius Boulentranche le splendide maréographe de la Plaine-Saint-Denis.

Le célèbre inventeur disparut, le 16 janvier 1937, lors de l'explosion de son laboratoire. Il emmenait dans le néant tous ses secrets et la plupart des habitants du village de Bar-sur-Lété, où il avait installé son centre de recherches.

Faits divers

D'ANGOULÊME. – Alors qu'il empruntait l'avenue des Khoumirs-intransigeants pour se rendre à son travail, M. Guy Charrier, rechapeur de pneus de Bul-Dozer à Villeneuve-la-Vieille, vit surgir devant lui un individu à l'œil vague et à l'allure bestiale, qui le dévisageait sournoisement.

Quoique d'un naturel débonnaire, M. Guy Charrier fonça néanmoins sur son sauvage assaillant, mais celui-ci esquiva le coup et ce fut l'agent Miracle, survenant sur les lieux, qui se trouva projeté à plusieurs mètres de là, dans une fontaine lumineuse. Les témoins de ce drame sont unanimes à déclarer que l'agent Miracle, quoique froissé dans son amour-propre, eut une tenue digne d'éloges et ne frappa M. Guy Charrier qu'à bon escient et seulement du plat de son sabre.

Transporté à l'hospice des incurables, l'agresseur de M. Guy Charrier a déclaré avoir voulu remettre à la victime les bretelles que celle-ci avait laissé choir quelques instants avant l'arrivée du policier.

DE SAINT-OUEN (de notre corresp. M. Pierrard). – Lundi après-midi, une cliente demandait à M. Coudocort, boulanger à Saint-Ouen, de lui couper une moitié de pain maïs. Ayant accédé à ce désir légitime, M. Coudocort entreprit de sectionner la miche élastique. Mais son couperet ayant été mis rapidement hors d'usage, il s'arma d'une cognée de bûcheron. Ce fut la cause du drame ; lancée avec une vigueur forcenée sur la pâte récalcitrante, la hache rebondit et assomma son usager puis, poursuivant sa course folle, faucha un trio de brutes lamentables qui tentaient de fasciner un gros agent débonnaire de garde devant une bijouterie. Continuant son redoutable périple, l'instrument, au terme de sa trajectoire, s'en alla démolir à l'autre bout de la ville l'étal d'un marchand de dynamite, heureusement sans dommage.

Etant donné la chaleur de ces jours derniers, la police locale étant en traitement sur une plage bretonne, il n'y a pas eu d'enquête.

D'ISTRES. – Au cours d'un meeting aérien groupant les meilleurs pilotes d'Europe, d'Amérique et de Seine-et-Oise, un record de vol a été battu par un inconnu, lequel a réussi la délicate performance de voler, cela sans éveiller l'attention du public, plus de 2 653 montres, 124 portefeuilles et un pantalon taille 44 à un des organisateurs de cette splendide réunion.

La police observe un silence prudent.

Petites Annonces

DEMANDES D'EMPLOI

Capitaine Marine marchande en retraite (109 ans), encore très actif, accepterait reprendre service au long cours. Préférence accordée à ligne Yokohama-Arkhangelsk. Ecrire Popeye au journal qui transmettra.

PERDUS ET TROUVÉS

Perdu notion du temps, hier de 22 h à 4 h du matin. Bonne récompense à qui atténuera effets de cette perte, à mon épouse, Mme Boulangier, 61, avenue de Maisons-Laffitte, Houilles (S.-et-O.).

Perdu échelle double entre numéros pairs du 32, boulevard Haussmann et numéros impairs correspondants. Rapporter à Mlle Agathe de la Pétardière, 176, faubourg Saint-Honoré, Paris.

ARTS MÉNAGERS

Draps à séparation cloutée. Indispensables pour conjoints brouillés. La paire 2 300 fr. Modèle pour fâcherie sérieuse, avec séparation en contreplaqué, 3 473 fr.

Même article que ci-dessus, mais avec petit hublot : 4 100 fr.

Literie, draps 3 m × 6 m 72. Belle toile métallique de Jouy et des environs. Ourlets à jours et à contre-jours échelle, avec motif décoratif représentant la chasse au canard dans un immeuble de Romorantin. La bonne paire 15 000 fr. avec bons matière.

Serpillière cretonne à ramages, liteaux et rayures jaune sur fond violet. Les 12 : 1 650 fr. Torchons, toile de sac ordinaire, ourlets cordés à chaque extrémité. La pièce : 12 fr. 90.

PROPOSITIONS DIVERSES

Tricotez vos cuites vous-mêmes, grâce à la laine d'ivrogne. La grosse pelote mafflue : 13 fr. 90.

PETITE MONTURE

Etriers-surprises, s'effondrant sous le poids du cavalier après le saut de la haie. En plomb surfin, façon acier. La p. 18 fr. 10.

Cravache enchantée se transforme en un gracieux serpentin dès que l'on s'énerve un peu dessus. La pièce : 21 fr.

Fers à chevaux, trépointe et empeigne pégamoïd extra. Modèle à laçage par cordonnets teintes mode. Les 4 : 143 fr. 30. Article luxueux, triple semelle, forme américaine, boucle sur le côté. Les deux paires : 328 fr. 70.

CHASSE

Gabardine de haute précision. Double détente, portée 2 800 m, calibre 42. Avec hausse perfectionnée. Tant la pièce.

Carnier pour chasseur d'encaisseurs. Cuir tressé, grande contenance. Modèle n° 131 A, à deux places : 3 925 fr.

Article de luxe n° 612 RC, à quatre places : 8 750 fr.

DIVERS

Les journées sont longues au ministère ! L'atmosphère y est pesante, ennuyeuse. Ne vous laissez par gagner par le sommeil.

Prenez N. 53

Les cachets révulsifs du docteur R. Carlès.

Pour subalterne, les 12 : 6 fr.

Pour chef de service hypnotique : les cent gros cachets : 127 fr. Taxes en sus.

Pommade tannant la peau. Permet d'affûter les lames de rasoir à chaque barbe.

Le grand pot comme ça : 73 fr.

L'OS LIBRE

« Contre tout ce qui est pour – Pour tout ce qui est contre. »

NUMÉRO 100 – MERCREDI 1er OCTOBRE 1947

L'Os libre *publie son centième numéro, mais le climat n'est pas à la fête. Pierre Dac est venu brièvement dans les bureaux pour rencontrer l'administrateur du groupe. De nos jours, on dirait qu'il a satisfait à un entretien préalable auprès du directeur des ressources humaines. Il est reparti, le visage grave, sans ajouter le moindre mot à l'un ou l'autre de ses journalistes. Sa démission semble imminente. Mais l'hebdomadaire peut il continuer sans son capitaine ? Personne ne croit en cette hypothèse.*

Delirium tremens

Bande de sacs à vin, ivrognes, soûlards, Bacchus en bretelles, éponges avinées, chevaliers de la dalle en pente, pinteurs et chopineurs invétérés, vous avez chanté victoire trop tôt. Vous aviez cru pouvoir recommencer vos orgies d'antan, avaler vos deux cents litres de vin par au comme au temps du matérialisme sordide d'avant guerre ! Ces sept années passées dans le chaos ne vous ont donc rien appris ou les fumées de l'alcool ont-elles complètement embué vos cerveaux d'alcooliques ?

Vous aviez pensé que le vin étant libre, vous étiez libres d'en acheter et d'en gorger votre glotte assoiffée ? Erreur ! Grossière erreur de vos sens avilis ! Le vin restera en vente libre à condition que le consommateur limite ses achats à trois ou quatre litres par mois. Où irions-nous, grand Dieu ! si les Français avaient la liberté de faire ou d'acheter ce que bon leur semble ! Ils seraient capables d'acheter toutes nos endives, au risque de compromettre, par leur geste insensé, l'importation de Cadillac.

Ce n'est que par une telle politique de fermeté qu'on enrayera l'alcoolisme en France. L'alcoolisme, père de tous les maux, l'alcoolisme qui conduit tout droit à l'incohérence, à la folie, au dirigisme, à la question de confiance.

Notre gouvernement est décidé à mieux faire encore pour sauvegarder notre santé, malgré nous. Il a étudié la question de très près (M. Ramadier n'a-t-il pas été nommé dernièrement chevalier du Tastevin ?) et un projet de loi vient d'être déposé. Projet de loi qui vaut son pesant d'armagnac :

« *Interdiction formelle de planter ou de replanter de la vigne. Seuls seront autorisés à replanter, les viticulteurs s'engageant à arracher une surface égale dans les trois ans.* »

Adieu nos crus, adieu nos clos Vougeot, Barsac, Volnay, Mercurey, Pouilly, Mâcon, Chablis, etc. Devant un verre d'eau (qui ressemblera fort à de l'eau de Vichy, de sinistre mémoire) il ne nous restera que nos beaux yeux pour verser des Lacrima Christi.

Embrassons-nous Folleville ! L'heure n'est plus à la rigolade ! Voici le régime (sec) de l'austérité.

Le docteur Purgon-Ramadier va nous jouer une scène du *Malade imaginaire :*

« Je viens d'apprendre là-bas de jolies nouvelles, qu'on se moque ici de mes ordonnances et qu'on prétend boire du vin. Mais voici un petit projet de loi que j'ai pris plaisir à composer moi-même, inventé et formé dans toutes les règles de la démence et qui vous fera dans les entrailles un effet merveilleux. Si vous le refusez, je romps commerce avec vous et je vous abandonne à votre penchant, à la corruption de votre sang. Et je veux qu'avant qu'il soit un an, vous deveniez dans un état incurable ! Que vous tombiez dans l'hypocondrie ! De l'hypocondrie dans la lypémanie ! De la lypémanie dans la neurasthénie ! De la neurasthénie dans l'agoraphobie ! De l'agoraphobie dans l'hystérie ! Et de l'hystérie dans la privation de vie ou vous aura conduit votre folie. »

M. Jourdain faisait de la prose sans s'en rendre compte. Nos gouvernants, eux, font du delirium tremens sans s'en apercevoir.

Si tout en France finit par des chansons, ce n'est pas aujourd'hui la veille que cela finisse par des chansons à boire.

La vérité sur le pain

M. Tanguy-Prigent, ministre de la Désagriculture, dément officiellement le bruit selon lequel, pour la dixième fois, il aurait proposé sa démission à M. Ramadier.

M. Tanguy-Prigent profite de cette mise au point pour attirer l'attention du peuple souverain sur la confection du pain telle qu'elle doit être opérée. Voici son appel :

« *J'attire l'attention des citadins sur les agissements nettement frauduleux de certains boulangers des villes, lesquels n'hésitent pas, ceci dans un but vil et mercantile, à incorporer de la farine de blé dans leur pain. Déjà, la faculté de médecine a été appelée en consultation auprès de nombreuses personnes atteintes de graves troubles digestifs.*

» *Au nom du gouvernement que vous savez, je rappelle que le blé est une céréale absolument impropre à la consommation humaine et dont l'usage a dû être interdit par mesure de salubrité publique.*

» *Consommateurs des villes, méfiez-vous ! Tout pain dont la mie n'est pas noirâtre, fétide et gluante, dont la croûte n'offrirait pas une certaine résistance au couteau doit être implacablement refusé. La force publique est à la disposition des consommateurs menacés dans leur vie et leurs intérêts.* »

À Os rompus

Mise au point

On sait que des poursuites judiciaires ont été entreprises contre M. Leclair, Jean, maire de la commune d'Authie (Calvados) et M. Lefèvre, Louis, adjoint au maire de Saint-Martin-de-Fontenay, même département.

A ce propos, plusieurs journaux ont annoncé à tort que MM. Leclair et Lefèvre avaient été pendus.

C'est seulement « suspendus » qu'il fallait lire.

Les lecteurs ont certainement rectifié d'eux-mêmes.

Ceux de la classe

L'Union générale des Fédérations de fonctionnaires s'insurge contre le projet gouvernemental de « reclassement des fonctionnaires ».

Nous connaissons certains êtres déchus qu'on nomme « déclassés » ; nous avons également entendu parler des boxeurs qui se font « surclasser » mais, comme tout un chacun, nous ignorons parfaitement en quoi consiste le « reclassement » d'un fonctionnaire. Faut-il entendre par là que les intéressés sont des « déclassés » ou des « surclassés » ? Faut-il les approuver de vouloir rester ce qu'ils sont ?

Pour nous aider à y voir plus clair, il est urgent de créer un corps de spécialistes dont la fonction consisterait à étudier le fonctionnement de la fonction, de fonctionnaire de toutes classes.

Fusion terre-mer-air

En opérant la fusion des gendarmeries de l'Air, de la Marine et de la Guerre, l'on va réaliser une économie de 1 820 millions.

Chouette ! Mais a-t-on suffisamment réfléchi aux difficultés de recrutement qu'entraînera cette fusion ? Il nous paraît bien que non.

Jusqu'à ce jour, l'on demandait seulement au gendarme d'être à pied ou à cheval. Voici qu'on exige, désormais, qu'il ait aussi le pied marin et qu'il soit à cheval sur le manche à balai, puisqu'il devra servir, indistinctement, sur terre, sur mer et dans les airs.

Au lieu d'être un spécialiste dans sa partie – Terre, Air ou Mer – Pandore devra, maintenant, être tripartite.

Faits divers

DE SAINT-MARS-LA-BRIÈRE (Sarthe). – Dimanche soir, M. André Pertué, limonadier en chef au mess des sous-officiers du camp d'Auvours, était placidement occupé à dévisser la fusée d'une bouteille de limonade lorsque celle-ci, soit à la suite d'une erreur de fabrication ou pour une raison inconnue, éclata avec une brusquerie inopinée. Par un malheureux hasard, M. André Pertué consommait alors une bûchette de la régie et le liquide incendiaire, projeté avec brusquerie, s'enflamma instantanément au contact de la cigarette.

Alertés, les pompiers du Mans se sont rendus sur les lieux et combattent le sinistre, qui s'est étendu à la réserve d'eau potable voisine. M. A. Pertué, l'oreille affreusement luxée, a pu regagner son domicile.

Les parasites de la radio

La Radiodiffusion française, à la suite de plaintes émanant de quelques-uns de ses derniers usagers, a chargé une commission technique d'examiner le meilleur moyen de lutter contre les parasites de la radio qui rendent certaines émissions particulièrement inaudibles.

Les meilleurs spécialistes de la maison TIMOR, l'insecticide de classe, se sont joints aux travaux de cette commission dont on espère grand bien.

A la manière de...

Villehardouin (1150-1213)

Nous publions, sous toute réserve, l'information selon laquelle, au congrès radical de Nice, MM. Herriot et Daladier…

(Votre journal habituel.)

Or, sachez qu'oncques ne vict chevaliers plus haultement preux que ceux-là qui s'affontèrent en tournoi de Nice et apprenez ce qu'il advinct d'iceux.

Vous pouvez scavoir que ledict tournoi avoit attiré céans moult pélerins[1] venus de loingtaines bourgades, à l'appel du très hault sire Edouard, seigneur de Lyon et aultres lieux, et mesmement de messire Edouard, seigneur du Vaucluse et aultres lieux. Edouard du Vaucluse portoit écu orné par corne de taureau sur fond d'Orange ; Edouard de Lyon portoit écu orné de pipe en champ de gueule.

Aucun des deux barons[2] ne vouloit estre proclamé vainqueur du tournoi en Coste d'Azur, puisque messire de Lyon s'en alloit disant :

– Mie ne voudrois estre honoré si mes fidèles vassaux[3] ne me l'avoient mandé d'expresse magnière !

A quoy messire du Vaucluse respondict :

– Sans mesmes raisons, poinct n'aurois voulu vous disputer la palme, beau sire, mon cousin.

Mais les deux Edouard laissoient entendre qu'ils estoient pourtant décidés à défendre leur bon droit de suzerain, lance au poing, s'il le falloit. Lors, le hérault d'armes[4] embouchа sa trompe, après proclama que les deux chevaliers s'alloient mesurer en champ clos et que Notre-Seigneur désigneroit le plus valeureux. Comme il avoit été dict, ainsi fut faict.

Chacun chevauchant son fidèle destrier[5], descendit en l'arène, qui avoict forme de demy-lune[6]. « Et c'estoit très grande merveille que ce beau spectacle à regarder. » Ce pendant que l'un portoit à l'aultre moult estocades – sans double en signe de bonne et loyale amictié[7] – bouches alloient mesmement bon train :

– Las ! messire de Lyon, clamoist Edouard du Vaucluse, aspirez à quelque repos, car estes trop chargé d'ans…

– Nenni ! messire du Vaucluse, clamoist Edouard de Lyon, j'ay mieulx qu'aulcun aultre, le bras qui soutient l'amer malade[8] !…

– Avez jà pied en immortalité, vieux sire de Lyon[9] !…

– Avez été grandement joué en terre de Munich[10], jeune sire étourneau du Vaucluse !

Or, vous pouvez scavoir qu'aux termes de la joulte. Edouard du Vaucluse mordict la poussière et que, lors, fut proclamé vainqueur Edouard de Lyon, par moult acclamations et los[11].

VILLEHARDOUIN
Chroniques[12].

---

1. Nous écririons, aujourd'hui : congressistes.
2. Aujourd'hui : larrons.
3. Aujourd'hui : militants de base.
4. Aujourd'hui : huissier de service.
5. Aujourd'hui : enfourchant son dada.
6. Aujourd'hui : hémicycle.
7. Aujourd'hui : coup de pied en vache.
8. Aujourd'hui : la mère malade ou la marmelade.
9. Aujourd'hui : Vous êtes un sénile académicien.
10. Aujourd'hui : Vous avez été fait comme un rat.
11. Aujourd'hui : élu par acclamations.
12. Aujourd'hui : Votre journal habituel. (Notes du traducteur).

PETITES ANNONCES

MATÉRIEL POUR BASSE-COURS

Baignoire à canards, entièrement en tôle cimentée. Long. 2 m 143, largeur 11 m 34, prof. 15 m 08. La pièce : 3 144 fr. 90.

Même modèle, mais avec rambarde pour canetons, grand bain et petit bain : 6 736 francs.

Clapier portatif pour commis voyageurs et représentants en lapins. Modèle A, à six cases : 9 023 francs.

Modèle de luxe, recouvert peausserie porc : 12 150 francs.

Avec la valise, modèle B, contenant une mangeoire, une augette en grès, et un râtelier à luzerne en plâtre : 14 905 francs.

Mangeoire-abri à oiseaux, pour pays en état de guerre, ciment armé et rails de chemin de fer. Trois entrées indépendantes. Ventilation extra. La pièce : 12 fr. 15.

Cabinets à la turque, pour mésanges, roitelets, fauvettes, etc. porcelaine finement décorée, avec repose-pattes métal nickelé : 143 francs.

Même modèle, mais avec appuie-tête coulissant : 172 fr. 50.

Timbre fonte aciérée pour le marquage des œufs. Monture plâtre élastique. Livré avec citerne récupère-œufs : 1 970 francs.

Cage à oiseaux d'appartement ; n° 116 b. 10 x 10 x 10 cm. 32 fr. 90.

Grand modèle 117 B, 12 x 24 x 83 m : 72.501 fr. (bons matière demandés).

L'OS LIBRE

« Contre tout ce qui est pour – Pour tout ce qui est contre. »

NUMÉRO 101 – MERCREDI 8 OCTOBRE 1947

Les élections municipales se dérouleront à la fin du mois. Le gouvernement de Paul Ramadier, qui a tout tenté, en vain, pour sortir de la crise, a visiblement échoué. Tout augmente, y compris les impôts. Les observateurs sont unanimes. Il est urgent de changer les hommes, sinon les orientations. Pierre Dac ne peut s'empêcher de proposer une solution. Cette semaine, il est en verve. Sa déprime est-elle en voie de disparition, ou s'est-il plus simplement résigné ? En coulisses, on connaît la réponse...

Edito Vers une fiscalité autonome et rationnelle

par Pierre Dac

Prestance et longueur de dents font plus qu'écorce ni qu'orage, a dit, à peu de chose près, le fabuliste. Bien sûr ; mais il arrive cependant un moment où même tout ça est singulièrement dépassé. Et nous sommes (chef-lieu Amiens) à ce moment. Car tout a une fin, même les bornes. Et il faut en finir, faute de quoi il y aura impossibilité de commencer. En finir avec quoi ? Commencer quoi ? Poser la question c'est la résoudre. Il faut en finir avec les méthodes désuètes et périmées d'une fiscalité arbitraire et commencer à inaugurer des dispositions nouvelles issues d'aménagements harmonieux.

Peut-être insinuera-t-on que je ne fais qu'enfoncer une porte ouverte, puisque tout récemment, M. Robert Schuman, surnommé dans l'intimité Bébert la Flanelle, a mis sur pied un projet de réforme fiscale qui vise à simplifier les méthodes de perception et de calcul de l'impôt afin d'en assurer un meilleur rendement. Voilà qui, dans l'ensemble, part d'un bon naturel et du fond de la cour du ministère des Finances.

Mais tout en accueillant avec une évidente satisfaction ce désir de rénovation, je ne puis me défendre d'un certain scepticisme quant à l'application des mesures envisagées. Et puis, même si elles sont appliquées à la lettre, elles demeureront, en tout état de cause, insuffisantes et inopérantes. Puisqu'on y est, pourquoi ne pas bouleverser de fond en comble un système qui a fait plus que ses preuves dans la négation et ne pas pénétrer résolument dans les sentiers qui mènent tout droit à la route nationale de la logique et du rationalisme infus ?

Voyons, soyons sérieux et tâchons d'y voir clair. Il faut vous dire que les questions financières ont toujours exercé sur moi un considérable pouvoir d'attraction de music-hall. Et, sans vouloir me vanter, j'ai la prétention d'en connaître un bout en matière de ce que j'ignore. Je viens de lire attentivement les projets de M. Schuman et, en particulier, celui se rapportant au système qui consisterait à bloquer en une taxe unique, payable, mensuellement, l'impôt cédulaire sur les traitements et l'impôt sur le revenu.

Remarquez que ce projet n'est pas sans intérêt : il y a de l'idée là-dedans ; on sent chez M. Schuman un sincère désir de faire quelque chose, mais c'est mou, ça manque de flamme et de volonté révolutionnaire. Il faut des conceptions plus hardies, résolument viriles, et qui rompent délibérément avec un passé qui ne doit son existence que parce que le présent se trouve par hasard place entre lui et le proche avenir.

– Mais si vous savez ce qu'il faut faire, allez-vous bougonner, dites-le.

– Vous permettez, oui ? Vous n'êtes pas moins pressé que moi, j'imagine ? Alors, une minute, j'y arrive.

Voilà ce que je propose : refonte complète, non seulement de l'assiette de l'impôt, mais également de la soupière à taxes et de la louche à perception. Bon, conséquences et résultats : tous les salaires et revenus, quels qu'ils soient et quelle qu'en soit la provenance, sont intégralement et en totalité versés aux caisses de l'Etat.

– Mais alors, allez-vous vous exclamer, que va-t-il nous rester ? Rien, strictement rien, absolument rien ?

Mais attention, ce n'est que le premier temps de l'opération ; voici le troisième, le second étant automatiquement exclu pour des causes qui n'ont d'ailleurs strictement rien à voir avec les raisons qui les motivent.

Les rôles se trouvent alors synchroniquement renversés, en ce sens qu'à ce moment précis c'est l'Etat qui devient contribuable et l'ensemble des citoyens agents de perception. En conséquence, à partir de l'instant où vous avez versé tout ce que vous avez gagné à l'Etat, celui-ci se trouve tenu, sous peine de poursuites et sanctions, de vous en faire le retour sur simple sommation de votre part, dans les conditions et délais suivants :

1° Les trois quarts dans le mois qui suit l'encaissement par l'Etat des sommes versées par vous ;

2° Le tiers suivant dans le premier trimestre de l'année en cours ;

3° Les huit dixièmes dans les quinze jours qui précèdent immédiatement les trois semaines de la cinquième décade ;

4° Et enfin, le solde, soit les trois cinquièmes, dans un délai à fixer, mais ne pouvant en aucun cas excéder la période qui la limite.

Voilà, je crois, un projet simple, d'application facile et susceptible de rallier tous les suffrages. Il me paraît, en outre, conforme à l'esprit de justice qui doit animer tous les peuples épris de liberté et qui estiment que ceux qui paient ne doivent pas toujours être les mêmes que ceux qui ne paient pas.

À Os rompus

La revanche des veaux

En septembre, Paris n'a reçu que 650 tonnes de beurre au lieu des 1 500 tonnes qu'on attendait.

Les gens qui savent donnent de cette carence diverses explications, dont une a déjà servi pour le blé :

– Les prix élevés de la boucherie incitent tout naturellement le paysan à garder un veau et à l'élever, puisque le lait qu'il lui donne rapporte moins à la vente.

En somme, ce sont les veaux qui boivent notre lait !

On dira que c'est bien leur tour mais, tout de même, quelles petites vaches !

Nettoyages

On a pu lire dans les journaux, entre autres nouvelles sans importance :

« Employé à la direction des industries chimiques du ministère de la Production industrielle. Emile-Louis Fanjat a dérobé, au cours de ces derniers mois, pour 310 tonnes de tickets de savon. »

310 tonnes, soit 310 000 kilos de savon – de quoi débarbouiller toute la France – dérobés par un seul fonctionnaire de la Production industrielle !

Et qui n'en est pas plus propre pour ça !

Les épidémies

Lake Success, 5 octobre. – L'épidémie de paralysie infantile qui désole de nombreuses régions européennes vient de faire, aux Etats-Unis, une première victime en la personne de l'O.N.U.

Son état est désespérant !

Veinards

Le Parlement bavarois adopte, à l'unanimité, le projet de loi dû à l'initiative du parti démocrate-chrétien, décrétant qu'aucun citoyen ne sera, désormais, obligé de partir en guerre.

Ainsi, les Bavarois ne veulent plus se battre pour le roi de Prusse.

Nous, on connaît des gens qui seraient enchantés si l'on voulait bien leur octroyer légalement le droit de ne pas mourir, un de ces jours, pour l'empereur des U.S.A. ou pour le pape de l'U.R.S.S.

Le boulot de Boulogne

Le vieux château fort de Boulogne-sur-Mer, transformé en prison, avait grand besoin d'être réparé. L'administration fit venir de Loos-lez-Lille une équipe de condamnés, tous spécialistes du bâtiment. Le rendement fut tel que *les travaux étaient terminés le 5 octobre* et que le coût ne fut que de 400 000 francs, *alors qu'on avait prévu un crédit de 10 millions.*

Le directeur de la prison de Boulogne a suggéré au ministre de la Reconstruction nationale de remplacer ses cadres par des condamnés de droit commun. Comme cette innovation hardie pourrait faire gagner du temps et réduire les dépenses, la proposition n'a pas été retenue.

Une grève civique

Les patrons et chauffeurs des camions et taxis parisiens ont fait grève, l'autre vendredi, pour protester contre les restrictions de carburant. L'ordre du jour se résumait en peu de mots : « Puisqu'on nous immobilise, faute d'essence, nos camions et taxis resteront immobiles de 15 à 19 heures. »

Après avoir voté cette résolution au palais de la Mutualité, les grévistes ont envoyé une délégation au ministre du Commerce qui les a chaudement félicités, en leur disant :

– Le gouvernement vous remercie d'avoir donné à tous ce bel exemple de civisme ! En cessant de rouler, pendant quatre heures, vous avez réalisé une notable économie d'essence et prouvé, du même coup, que l'allocation prévue peut encore être réduite, ce qui ne saurait tarder.

Que les temps sont changés !

Le Salon d'Automne a fait une place aux œuvres de Gauguin, Cézanne, Renoir, Rodin, Bourdelle, Maillol, etc. dont la technique parut outrageusement révolutionnaire aux critiques d'art, en 1903.

Le jour du vernissage, le propriétaire d'une « galerie d'art » commerciale et picassiste ne put s'empêcher de murmurer, pensivement, devant les œuvres des vieux maîtres :

– Curieuse époque où les peintres s'amusaient à peindre des tableaux et les sculpteurs à sculpter des statues !... Et ça se vendait tout de même.

Bons comptes, bons ennemis

Aux Indes, les Sikhs ont attaqué un train et massacré 3 000 musulmans. En représailles, les musulmans ont stoppé un train, dans la banlieue de Lahore, mais ils n'ont poignardé que 340 Indiens, parce que l'intervention de l'escorte militaire du convoi contrecarra leurs projets.

Frustrés des 2 660 autres victimes, auxquelles ils avaient encore droit pour égaler l'exploit de leurs adversaires, les musulmans vont probablement déposer une plainte à l'O.N.U., pour que cesse cette obstruction des militaires, qui fausse la comptabilité des représailles.

Une chenillette détruite par erreur

MARSEILLE. – M. Trupsugludu, 73, allée Léon-Gambetta, avait acheté, il y a quelque temps, une chenillette aux surplus américains. Or, hier, voulant garer son véhicule dans un appentis, il entreprit de débarrasser la pièce des insectes qui y avaient élu domicile. Pour ce faire, M. Trupsugludu employa une bouteille d'insecticide **TIMOR**. Ce fut son malheur, car, le redoutable produit, se basant sur l'appellation du véhicule, ne l'épargna pas davantage que les autres insectes de la remise : chenilles, papillons, mouches, etc. M. Trupsugludu a demandé le remboursement de sa chenillette aux établissements **TIMOR**.

JEUX DE CARTES

Le 19 du présent mois d'octobre, jour de la Saint-Aquilin, la France retournera aux urnes.

D'abord, et en principe, afin de pourvoir au renouvellement de nos élus municipaux.

Ensuite et surtout – comme l'ont nettement indiqué certains incidents de campagne électorale survenus du côté de Verdun – pour permettre à chaque citoyen d'exprimer en toute franchise son avis sur la circulation fluviale et routière des sucres d'origine exotique.

On sait que, malgré l'importance exceptionnelle de cette consultation populaire, le gouvernement de la République et de M. Ramadier a décidé de ne pas faire imprimer de nouvelles cartes électorales.

Cela dans un louable souci d'économie auquel tout le monde applaudira. Il ne faut pas gaspiller le papier, nous en avons trop besoin pour fabriquer des billets de banque et aussi pour habiller les murs de belles affiches aux riches promesses.

Il est donc bien entendu qu'on votera en 1947 avec les anciennes cartes modèle 1946.

– Voilà qui est parfait, dira-t-on, mais il existe certainement, parmi les électeurs, un certain nombre de négligents et de sans soins qui, pour une raison ou pour une autre, ou même sans raison, se sont séparés desdites cartes.

– Aucune importance, répondent les pouvoirs publics, les négligents voteront sans carte, sur simple justification de leur identité.

Justification qui, d'ailleurs, est également exigée des porteurs de cartes.

D'où il semble résulter que celles-ci sont devenues parfaitement inutiles et qu'on a eu grand tort de les conserver.

Pour simplifier encore le problème, le préfet de la Seine communique :

« *Il est rappelé que les cartes électorales utilisées lors des scrutins de 1946 restent valables pour les élections du 19 octobre 1947,* sauf toutefois pour les 4e et 5e arrondissements de Paris, où de nouvelles cartes seront distribuées en temps utile. »

Rappel qui ne saurait étonner personne dans un pays comme le nôtre, où les décisions officielles sont toujours empreintes d'une clarté, d'une logique… disons cartésiennes.

Pour sauver le franc encourageons l'initiative privée

nous dit Sinibaldi

L'assurance formelle, donnée par le gouvernement, que le franc ne serait pas dévalué, a jeté l'inquiétude parmi nos concitoyens.

Les Français, sceptiques par nature, ont tendance, en effet, à mettre en doute les déclarations de ce genre, même quand, par hasard, elles n'émanent pas personnellement de M. Vincent Auriol.

Conscient de la gravité de l'heure, nous avons jugé utile de solliciter l'avis d'un spécialiste des questions monétaires internationales, M. Sinibaldi, l'éminent industriel marseillais en retraite.

– En matière monétaire plus qu'ailleurs, nous dit-il nettement, l'économie dirigée a fait faillite.

» On a cru tout résoudre et on a tout compliqué en fixant arbitrairement la valeur, les caractéristiques et le nombre des francs en circulation.

» La nationalisation de la fabrication de notre unité monétaire a surtout été une erreur.

Un franc pas franc

– En premier lieu, comme la plupart des produits usinés par l'Etat, continue M. Sinibaldi, le franc sort en quantités trop minimes pour répondre aux besoins des usagers. Certes, je n'ignore pas que, sous l'énergique impulsion de mon confrère Robert Schuman, plusieurs dizaines de milliards de nouveaux billets de banque viennent d'être émis en quelques semaines seulement. Ce résultat, pour appréciable qu'il soit, est loin de satisfaire la clientèle, puisqu'il manque toujours quelque milliers de francs à chacun de nous pour boucler à la fin de chaque mois son petit budget personnel.

» De plus, autre défaut inhérent à toute nationalisation industrielle, qui souffre autant d'un matériel désuet que d'une organisation défectueuse, le franc fabriqué par l'Etat est de mauvaise qualité, non pas en or, comme il se devrait, mais en simple papier, ce qui explique peut-être la tendance qu'il a depuis quelque temps à se rétrécir.

» Enfin, le prix de revient en est excessif. Sait-on qu'un franc-papier usiné par l'Etat coûte à celui-ci près de 1 fr. 50 pièce ? Au mépris de la plus élémentaire loi commerciale, l'Etat vend donc sa monnaie à perte, ce qui risque, s'il s'obstine dans de tels errements, de nous conduire rapidement à la faillite.

» Loin d'encourager l'initiative privée, on continue néanmoins à brimer les petits industriels de mon genre qui s'efforcent, en fabriquant de la monnaie pour leur propre compte, de suppléer dans la mesure de leurs moyens à la carence gouvernementale.

» Le jeu de la libre concurrence est cependant seul capable de nous redonner des francs solides, bien conditionnés et à la portée de toutes les bourses.

Tire au franc

– Avec le système actuel, reprend notre interlocuteur après un silence, ce n'est pas une dévaluation qui est à redouter (a-t-on jamais vu le dirigisme faire diminuer réellement le prix de quoi que ce soit ?), mais la hausse, et un décret abaissant le cours de notre unité monétaire serait aussi vain que les décrets de ce genre qui furent précédemment promulgués, dans une intention identique, pour la viande, le lait, les œufs, le beurre ou les pommes de terre.

» Incapable d'empêcher une denrée quelle qu'elle soit de se vendre à un taux prohibitif, un texte officiel n'est jamais parvenu qu'à la raréfier et, partant, qu'à intensifier les impudentes exactions des trafiquants clandestins.

» Déjà, au bruit d'une dévaluation possible, certains courtiers marron n'hésitent pas à se livrer au marché noir du franc.

» On m'a même cité le cas d'un soi-disant antiquaire qui, samedi dernier, lors de l'ouverture de la Foire à la ferraille, a circonvenu un collectionneur légèrement fou, comme tous ses pareils, et a osé lui céder un simple franc assez usagé en

échange d'un magnifique bouton de culotte presque neuf en imitation corozo, d'une valeur intrinsèque de près d'un centime.

» On se demande ce qu'attend la police pour réprimer d'aussi scandaleux agissements !

» Vive la liberté ! conclut M. Sinibaldi en s'éloignant discrètement sur la pointe des chaussettes.

A la manière de...

Les trois petits enfants

Nous publions, sous toutes réserves, l'information selon laquelle la rentrée des classes...

(Votre journal habituel.)

Ils étaient trois petits enfants
Qui bavardaient tout en rentrant.
Le premier dit :
– Je vous assure qu'il faut apprendre l'écriture,
pour noircir tous les bordereaux
que l'on colle, dans les bureaux, à qui veut un bon de chaussures.
Il doit donner des signatures,
remplir la « formule marron »,
la « fiche verte » et l'état long !
La second dit :
– Faut savoir lire
si l'on veut s'amuser et rire en voyant les discours idiots
sur les panneaux électoraux.
Apprenons, c'est démocratique, l'A. B. C. de la politique.
Après l'A. B. C., convaincus, passons vite à la lettre Q !
Le dernier dit :
– Allons apprendre
à calculer, pour nous défendre
contre monsieur le percepteur.
Devenons trois adroits fraudeurs,
puisqu'en ce pays de cocagne,
Schuman prend plus que l'on ne gagne.
Ne posons rien, retenons tout :
Zéro, plus zéro, nib ! des clous !
Ils étaient trois petits enfants
qui étaient bien intelligents.

Les trois petits enfants.

Petites Annonces

SUJETS ARTISTIQUES

Rouleur de fûts angoissé, personnage en terre réfractaire, décor en plâtre. Belle réalisation, d'une haute portée artistique et morale. Recommandé aux amateurs qui aiment ça. Les six : 126 fr. 70.

L'hôpital de Mâcon, fresque décorative en grès de Vierzon, sujet d'une fiévreuse actualité, représentant des hommes et des femmes prenant des semences de tapissier dans leur petit déjeuner.

Long. 4 m, larg. 6 m 10, poids 1 t 5.

Prix à débattre.

DIVERS

Pendule murale à carillon fantaisiste. Belle ébénisterie, en madriers S.N.C.F. premier choix. Sonnerie à répétition inopinée : 1 325 francs.

La même, mais avec sonnerie continue pour personne distraite : 6 975 francs.

Pâte à panser « Morasec » à utiliser avec rasoir Mapome, composée de kaolin colmateur, nitrate d'argent, cire à modeler et pâte de papier buvard. Aseptisée au nitrate d'ammonium. Permet de bourrer toutes coupures provoquées par le rasoir Mapome, et d'attendre, selon l'urgence, l'arrivée du médecin ou celle des pompiers. Le gros tube massif : 245 fr.

Rasoir de sûreté « Mapome » manche coudé, deux rallonges droites, trois cintrées, lames avec échancrures évitant les boutons. Le bon rasoir 173 fr. Le même avec poinçon de contrôle : 695 fr. Même modèle que ci-

N° 101 – Mercredi 8 octobre 1947

dessus, mais avec lames détourées pour passage du nez et des oreilles : 193 fr. 75.

Chaussures montantes, à col roulé, la paire 3 973 fr. Article extra, col écharpe, laçage par ceinture latérale : 8 565 fr.

LITERIE

Lit fer émaillé, à pans coupés, forme moderne, forte tôle laquée, belle imitation faux bois des environs de Conakry, 8 tons, tubes de 153 mm. A une place, largeur 0 m 47 : 1 270 fr. ; à deux places, largeur 2 m 270 : 4 270 fr.

Même modèle, avec largeur en long et longueur dans le sens de la marche : 9 010 fr.

Article supérieur, avec portes ouvrant tribord et bâbord : 11 445 fr.

L'OS LIBRE

« Contre tout ce qui est pour – Pour tout ce qui est contre. »

NUMÉRO 102 – MERCREDI 15 OCTOBRE 1947

L'ultime numéro de L'Os libre. *Sans Pierre Dac, le journal ne pouvait pas poursuivre sa route. Les journalistes écrivent leurs derniers articles et petites annonces. De son côté, le directeur, qui refuse que l'on annonce officiellement dans les colonnes du journal qu'il s'agit d'une dernière livraison, rédige un éditorial sibyllin, à lire entre les lignes. Au fond de lui-même, il se souvient alors d'une maxime dont il est l'auteur : « Rien de ce qui est fini n'est jamais totalement achevé tant que tout ce qui est commencé n'est pas complètement terminé. » Poil au nez.*

Edito

L'axiome cette vérité déshydratée !

par Pierre Dac

Rien n'est moins visible que quelque chose qui crève les yeux », disait en son temps le moraliste azerbaïdjanais Michel Strogoff. Sages paroles s'il en fut, coulées dans le bronze du plus solide bon sens et marquées au coin d'une psychologie égocentrique et désabusée.

Loin de moi l'intention de vouloir revendiquer la paternité naturelle de cette phrase, permettez-moi seulement d'en constater l'actualité chaque jour plus brûlante, avec recrudescence de fièvre la nuit. Ce sont des axiomes de cette qualité qui valent, à ceux qui les ont enfantés, pas mal d'ennuis et des funérailles nationales, s'il y a lieu.

Plus que jamais, et de toute urgence, il est bon de dessiller les ventres affamés dont les oreilles se refusent à voir clair. Voilà la tâche missionnaire que je me suis fixée, convaincu que, si chacun faisait ses missions soi-même, il y aurait belle lurette que les boulangers de la rue des Orteaux vendraient des frangipanes romaines et des galettes feuilletées. Oh ! je connais la puissance de mes responsabilités ! Mais, pourquoi vouloir nier la robuste évidence qui claque sous les pas, à chaque heure et aux demies, dans le champ visuel de notre époque, si douloureusement contemporaine ? Cessons d'astiquer les brodequins de l'humanité souffrante avec le chiffon de laine d'une vile indifférence, concertée et voulue.

Lecteurs, j'ai à vous parler. Laissez-moi tourner la manivelle du puisard à vérité et me pencher sur la margelle de ma profonde conscience, dans laquelle j'ai pris la décision de mettre aujourd'hui ma paire « d'usage ville » dans le plat réchauffé des routines républicaines.

Conscient de mes devoirs de chef, soyez assurés de ma considération distinguée, d'une part, et que ça n'est pas à la légère que je prends l'initiative d'éclairer vos lanternes, en exprimant moi-même l'éponge de mon savoir, d'autre part. La vérité avec un grand « M » doit vous être dite.

Heureux ! l'homme qui, à l'heure crépusculaire du soir de sa vie, peut, en toute sécurité, faire le tour de son passé, sans risquer une chute déshonorante ! J'ai la conviction[1] d'être cet homme-là. Voilà pourquoi aujourd'hui, je prends[2] la parole.

J'irai donc droit au but. Car j'ai un but dont je me suis fait l'implacable cerbère, et, comme disait Romulus Deschanel, lors du couronnement de la rosière de Bidon V : « Mieux vaut s'en servir pour la chose dont je vous parle, plutôt que de mesurer négligemment de l'avoine avec. »

VOILÀ LA CHOSE : Auparavant (japonais), qu'il me soit permis d'avertir ceux qui ont les oreilles sensibles aux pointes de feu de la révélation de ne pas aller plus avant dans les lignes qui vont suivre.

Les rétrogrades lubriques qui se sont fait une loi de jouer au tennis-barbe avec les adages éculés d'une époque qui n'est pas plus de saison qu'une barboteuse du premier âge pour un grenadier de la garde peuvent se confiner dans le « buene-retiro » de leur inconscience, car la lecture de ce document que l'histoire se passera de main en main dans les siècles qui ne manqueront pas de venir est de celles qui provoqueront pas mal de luttes gréco-romaines dans l'encrier des historiographes.

Enfin ! les esprits chastes qui ignorent que les trèfles à quatre feuilles ont parfois des épines et que le cactus de la vérité pousse mieux dans un tonneau de ce que je pense, que dans une assiette de ce qu'on croit, peuvent baisser pudiquement le rideau de fer de leur susceptibilité.

Croyez-moi, c'est le coffret à hémoglobine ceinturé d'une indicible émotion que je vous dis : « Camarades, mes frères, nous sommes à un tournant : il faut donc cesser d'aller de l'avant sous peine de se froisser le porte-pipe sur un platane. Voilà ! Il est inutile de frissonner de la croupière pour fangoter en déboîté. Réflechissez-y et laissez aux événements qui pistent ceux qui les précèdent le soin de démontrer la véracité intégrale de mes propos. »

Ainsi aurai-je le sentiment d'avoir œuvré pour une humanité que par mon savoir j'aurai faite riche d'enseignements.

En attendant mieux.

1. Visible tous les jours.
2. Je l'ai trouvée sur un banc de la Chambre des députés. Je suis prêt à la rendre à son propriétaire.

À Os rompus

Les élections

Les élections municipales auront lieu, selon toutes probabilités, dimanche prochain 19 octobre. Elles comporteront un seul tour de scrutin dans les communes de 9 000 habitants et deux tours dans les petits patelins où les distractions sont rares.

Quoique peu recommandé, le panachage est admis. Il en est de même pour le vote préférentiel. A cet effet, l'électeur pourra indiquer ses préférences en faisant suivre ou précéder d'une croix le nom de certains candidats : quatre croix au maximum pour Paris, cinq pour la banlieue et la province, on ne sait foutre pas pourquoi.

Les électeurs de religion musulmane ne sont pas autorisés à remplacer la croix par le croissant.

Les boulangers non plus.

Vivement l'âge de pierre !

L'association internationale de cinématographie scientifique présentait l'autre jour un film tourné par des explorateurs chez les habitants encore sauvages de l'Australie. Ces hommes, qui en sont restés à l'âge de pierre, même pas polie, produisent le feu sans allumettes, cuisent leurs aliments roulés dans le sable chaud et pratiquent la médecine des sorciers. Ils ignorent les cartes de rationnement, les discours radiodiffusés et les feuilles d'impôts.

Nous croyons savoir que ce film sera interdit par la censure afin de ne pas donner de mauvaises idées aux populations civilisées.

Les sonnés au Champs

Au château de Champs, M. Ramadier a présidé la réunion de la commission de la guillotine au cours de laquelle furent envisagées les « compressions » à réaliser dans les services de l'Information. Un membre de ladite commission proposa :

– Tant que le gouvernement n'aura que des informations catastrophiques à nous annoncer, chaque matin, il serait peut-être plus simple de « comprimer », jusqu'à l'extrême limite, les services de l'Information ; autrement dit, de les supprimer complètement.

M. Pierre Bourdan fit semblant de n'avoir rien entendu.

Toujours les mauvaises nouvelles !

On lit dans les journaux :

« Vicky, l'avion-fusée anglais, a crevé le mur du son. »

Comme si nous n'en avions pas assez dans notre pain !

Avouez toujours !

Le notaire Decloux, qui faisait jusqu'ici des manières pour reconnaître sa participation aux fraudes reprochées au recteur Roussy, est enfin entré dans la voie des aveux.

Pour sa peine, Me Decloux a été mis en liberté provisoirement provisoire.

La petite semaine

De *L'Aurore*, 9 octobre, ce titre un peu longuet :

« *Sans l'aide américaine, deux jours sans pain par semaine à tous les Français à partir de février*, déclare M. Hervé Alphand. »

Titre suivi de ce texte :

« S'il fallait en arriver là, a dit M. Hervé Alphand, les Français des grandes villes seraient pratiquement privés de pain *deux jours sur quatre* depuis le mois de février 1948 jusqu'au mois d'août, époque de la future récolte. »

On fait la semaine de quatre jours, à *L'Aurore* ! Heureux journal !

Au pays de Lilliput
Passons au salon

Le 43e Salon de l'automobile va ouvrir ses portes.

A l'heure ou le monde entier tripatouille fortement ses industries, il est important de mettre en évidence, sous une forme originale, les efforts méritoires de notre production automobile soutenue et encouragée par un gouvernement économe, tant de nos matériaux que de notre prestige à l'étranger.

Est-il besoin de dire que l'absurde et rétrograde concept américain, avec ses gâchis de tôles, de coussins voluptueux et d'appliques ornementales, a été abandonné par nos constructeurs friands de nouveautés.

Ceux qui ont eu l'occasion de pénétrer sous les voûtes spacieuses d'une voiture américaine, par exemple, ont pu constater, une fois assis, qu'il était impossible, toute surface portante utilisée, de recouvrir la totalité de la superficie dévolue à une personne de format courant.

Cela est un des multiples aspects du gaspillage vexatoire dans lequel se complaît le Français moyen d'Amérique, qui a jusqu'à une baignoire pour lui tout seul, un frigidaire, un grille-pain blanc, une cuisinière électrique avec du courant et voire même un téléphone qui fonctionne. Tout cela bêtement, sans avoir l'air d'y toucher.

Pour en revenir à nos moutons motorisés, disons, sans plus attendre, que dans nos véhicules nationaux tout a été intelligemment calculé, au plus juste, pesé d'un œil sûr, et millimétré en connaissance de prose et jusque dans les plus minuscules détails.

Ce sont là les fruits besogneusement mûris à l'ombre d'un dirigisme aux branches polyvalentes jusqu'au trognon. Tous portent la marque du neuf et du raisonnable.

Si dans les véhicules étrangers on s'engouffre, dans les nôtres on s'insinue. Voilà la nuance.

Une consommation d'essence réduite : à peine la ration d'un briquet pour personne seule ; quant à l'huile, la simple imposition d'un chiffon légèrement gras ou le contact d'une feuille de salade, là où c'est nécessaire, et le tour est joué. Opération que l'on renouvelle à son gré, ou bien tous les 100 km ou encore à chaque année bissextile.

« Renaissance de l'industrie automobile française » ?

Le mot est grisant, doux à l'oreille mais un peu étriqué dans les entournures. Pour pouvoir le fixer dans les yeux, et au frontispice de l'immortalité républicaine, il ne sera pas inutile d'attendre le prochain Salon de l'auto.

Alors, peut-être pourrons-nous évaluer, en coudées étrusques ou en pieds mérovingiens, la hauteur de notre redressement industriel, négatif et fécond. Comme la lune du même métal.

Livraisons-accessoires dispositions diverses

Les prix des véhicules ci-dessous représentés s'entendent : emballages compris, expédition en paquet-poste recommandé effectuée à domicile (bons matière au bon cœur du client).

ACCESSOIRES : un pot de vaseline antidérapante pour faciliter l'entrée dans le véhicule ; un tire-bouton pneumatique pour la sortie.

En outre, chaque voiture est équipée d'un ouvre-boîte automatique pour en-cas.

L'écrin-garage afférent à chaque modèle est fourni sur simple demande à l'aide des formules O.C.R.P.I.-212, 383 H., 7.003 A, A. 101-102, modifiées 42-43-44-45-46-47-48 et 011 011 WCDIMRC. S'adresser au ministère de l'Improduction industrielle, 8e étage, couloir 17 A, porte 18 946, service W.W.A.C.M. 2, section H 338, service des écrins pour voitures, pinces à linge industriel, bons matière pour cocottes en papier et crayons fusains pour jardiniers.

Couick-506 « Popul »

Véhicule populaire par excellence Monoroue, monoplace. Boîte de vitesse remplacée par une caisse de vitesses en vrac. Châssis bi-bloc en galalithe cérusée. Changement de vitesse au genou.

0,4 CV, fiscaux. Puissance au frein : 0,6 CV. Consommation : 3 centil. aux 1 000 km. Vitesse horaire : 12 km. Vitesse de croisière : 500 m.

Prix : **210 000 fr.**

Latronche « TTX française »

Fidèle réplique – en plus petit – du modèle américain de la marque Cadillac.

Monoplace, 2 roues indépendantes.

Portes ouvrant par simple pression du métacarpe et du calcanéum. Volant souple en ponce d'aluminium. Vespasienne de bord en faïence craquelée.

0,8 CV fiscaux. Puissance au frein : 1,1 CV. Consommation : 4 centil. 075. Vitesse horaire (sur terrain plat) : 12 km 85. Vitesse de croisière : 872 m. Prix : **700 010 fr.**

Trougnotte et blachère

Modèle exposé par deux petits artisans ardéchois de la rue des Panoyaux.

Monoroue aluminium. Patins équilibreurs en limaille de fer pressée. Décapotable en partie au chalumeau acétyléno-oxydrique.

Propulsion assurée, moitié par moteur monocylindrique en étoile, moitié par rétropédalage compensé et un quart par attraction des corps.

Direction chaîne sans fin. Carrosserie séquoia de Ménilmontant.

Puissance (selon passager). En principe non imposable ; consommation… (insignifiante).

Vitesse horaire : à débattre.

Prix : **195 000 fr.**

Amélie Demyeux « Pomme 47 »

Deux roues dans l'axe. Moteur (licence Tringlot-Lapompe) un cylindre en V. Deux petites places.

Refroidissement par air, eau et fluide glacial. Pneus en caoutchoucroûte de Stasburgue. Carter, chemisage amidonné. Portières en « Lastex » pour passagers corpulents.

0,91 CV fiscaux. Puissance aux pieds : 1,16 CV. Consommation : 6,01 centil. Vitesse horaire : 18 km. Vitesse de croisière (par vent nul) : 514 m 51.

Prix : 650 000 fr.

Makeskessay-001

Voiture atomique à double réaction contrariée – trois places en enfilade. Pénétration par toit ouvrant, en lerrazolit transparent. Changement de vitesse à la pression. Train de roues à l'étude. Carrosserie passepoilée en toile réfrigérée. Puissance et consommation non connues. Ce modèle n'est pas exposé. Seule une maquette est offerte aux regards du public – le prototype ayant explosé aux essais, à la suite d'un coup de coude malheureux dans une potée d'uranium 235 déshydraté. Prix à l'étude.

Ponton-Duferrail « Coquette »

Biroue monoplace. Démarreur à eau chaude ferrugineuse. Barre de torsion en plomb stabilisé. Changement de vitesse par vis hélicoïdale. Toit ouvrant pour grandes personnes ; éliminant tous risques d'asphyxie pour petites gens.

0,501 CV fiscaux. Puissance au frein : 0,594 CV. Consommation : 3 centil. 5 aux 175 km. Vitesse horaire : 12 km 5. Vitesse de croisière (freins desserrés) : 525 m.

Prix : **350 000 fr.**

A la manière de...

Shakespeare

Nous publions, sous toutes réserves, l'information selon laquelle la campagne, en vue des élections...

(Votre journal habituel.)

MECS BÊTES

(*PROLOGUE*)

Le décor représente un carrefour, dans la forêt – une forêt de panneaux électoraux.

Tirahue, Tiradia et Restemplace, les trois sorcières, préparent des philtres maléfiques.

CHŒUR DES TROIS SORCIÈRES. – *Pour les mecs bêtes !... Faisons la cuisine électorale !... Au clair de l'urne !*

TIRAHUE. – *Sous mon chaudron, j'entretiens la « braise ».*

TIRADIA. – *Sous mon chaudron, j'attise un foyer de discorde...*

RESTEMPLACE. – *Sous mon chaudron, je souffle le froid et le chaud...*

CHŒUR DES TROIS SORCIÈRES. – *Pour les mecs bêtes !*

TIRAHUE. – *Dans mon chaudron, j'ai fait bouillir des serres d'aigle américain...*

TIRADIA. – *Dans mon chaudron, j'ai fait bouillir des griffes d'ours russe...*

RESTEMPLACE. – *Dans mon chaudron, j'ai cuit, à petit feu, la peau du vieux coq gaulois...*

CHŒUR DES TROIS SORCIÈRES. – *Faisons la cuisine électorale !*

TIRAHUE. – *Voyez ! là-dedans, j'émiette de la brioche...* (Elle émiette).

TIRADIA. – *Voyez ! là-dedans, j'émiette du pain...* (Elle émiette).

là-dedans, je jette des briques... (Elle en jette).

CHŒUR DES TROIS SORCIÈRES. – *Au clair de l'urne !*

TIRAHUE. – *J'arrose le tout d'un petit coup de vin blanc...* (Elle en verse).

TIRADIA. – *J'arrose le tout d'un grand coup de vin rouge...* (Elle en verse).

RESTEMPLACE. – *Moi, j'ai dû mettre de l'eau dans mon vin : c'est maintenant de la bibine...* (Elle verse des larmes).

TIRAHUE. – *C'est prêt. Ah ! je remue doucement à droite...* (Elle remue).

TIRADIA. – *C'est prêt. Ho ! j'agite violemment à gauche...* (Elle agite).

RESTEMPLACE. – *C'est prêt. Heu ! je tourne en tous sens...* (Elle tourne).

CHŒUR DES TROIS SORCIÈRES. – *Mecs*

bêtes !… Venez avaler notre cuisine électorale !… Au clair de l'urne !

Humant, avec délices, les relents qu'exhalent les chaudrons des trois sorcières, les mecs bêtes accourent, au grand galop, sous le jour blafard qui se lève, un jour sale : le jour des élections.

Le prologue est terminé. La pièce commence.

William SHAKESPEARE

… ET J'AI DÉVORÉ UN BÉBÉ (HORRIBLES DÉTAILS EN PAGE 9)

Rédaction – Administration 26, rue de la Morgue — DIRECTION 4, rue du Scandale-Prolongé — N° 307 — 14 octobre 1947	**SAMEDI-SQUARE** RÉDACTEUR UNIQUE ET PERMANENT : J.-P. ROBERT	

LA GUERRE POUR DEMAIN A 8 H PRÉCISES

La paisible cité d'Enghien-les-Bains est, depuis fort longtemps, infestée d'énormes rats. On n'ignore pas les risques d'épidémie que ces animaux nuisibles font courir aux populations. L'école communale du boulevard d'Ormesson semble être le point de repère de ces redoutables bestioles qui, en trois mois, ont dévoré plusieurs mètres cubes de punitions et pensums que les professeurs Tournier et Demolière avaient stockés avant les vacances, au prix d'efforts patients. La municipalité a décidé de passer à l'action et rappelle aux populations que la guerre est déclarée aux rats !

La campagne de dératisation commencera demain matin. C'est à 8 heures que les services de la salubrité entreprendront de nettoyer les édifices publics (mairie, école, urinoirs, etc.). Pendant la journée de vendredi, des employés passeront déposer des produits toxiques dans les maisons particulières. La population est priée de réserver le meilleur accueil à ceux qui mènent le bon combat pour la salubrité de la ville.

OUI, J'AI DIT NON À STALINE !

UNE EXCLUSIVITÉ
SAMEDI-SQUARE

Fedor Stakovine, un grand gaillard de quarante ans, a bien voulu relater pour nos lecteurs les conditions dans lesquelles il fut amené à prendre une position aussi catégorique vis-à-vis de Staline.

– J'assume, nous dit-il, les fonctions d'huissier au Kremlin et, après les 76 contrôles de police, c'est moi qui introduis les visiteurs auprès du Petit Père. Le 28 septembre, à 17 h 30, notre chef vénéré, qui n'adresse jamais la parole au personnel, me demanda en roulant les T *avec son accent géorgien : « Y a-t-il encore quelqu'un qui désire me voir ? » Alors… sans réfléchir aux conséquences de mon audace, je lui ai répondu : « Non », et je me suis retiré, plein de confusion. M. Truman m'a envoyé ses compliments, il paraît que je suis le premier à avoir osé.*

J'AI VU
RAMADIER TOUT NU !

C'est par ces mots lourds de conséquences que nous accueillit Mme Eulalie Traput, une vieille paysanne de 91 ans qui conserve, malgré son grand âge, une étonnante vivacité d'esprit et une mémoire exceptionnelle.

J'étais, nous dit-elle en épluchant des pommes de terre, une de ces personnes d'expérience qui, bien souvent dans les villages, tenaient lieu de sage-femme. C'est le père Ramadier – oh ! un brave homme – qui est venu me dire que sa dame était dans les douleurs. J'ai couru ! Ah ! pour sûr que j'étais plus alerte que maintenant, sans quoi je serais bien arrivée pour la communion. J'm'en rappelle comme d'hier : à 11 heures du soir le petit Paul est arrivé : 10 livres qu'il pesait, beau, rose et potelé, et il s'est mit à crier, à brailler ! Un rude gaillard, paraît qu'il n'a pas tellement changé !

Et la vieille écrase avec soin une larme avec le manche de son couteau à légumes :

– Pensez que l'épicier refuse de me servir depuis que j'y ai dit c'que je viens d'vous raconter ! J'vous demande un peu pourquoi !

Oui, au fait, pourquoi ?

LE DERNIER-NÉ
d'une fillette de 9 ans

Une jeune prodige, Miss Doreen Baldwin, de Baltimore, se sentit, toute jeune, attirée par la peinture – à sept ans, elle était déjà universellement réputée pour ses toiles saisissantes de vie. Délaissant les fleurs et les petits oiseaux, elle s'est spécialisée dans l'étude des bouges de Harlem et des fumeries de Brooklyn dont elle a su tracer des images étonnantes. Une récente exposition de ses œuvres remporta un vif succès, et Jimmy Bradlay, le jeune metteur en scène bien connu, vient d'acquérir sa dernière toile au prix fantastique de 210 000 dollars.

La puissance de ses toiles est telle que Joe Prophet, l'implacable tueur de la bande Boby Crisou, qui transforme chaque semaine le quartier est de Chicago en stand de tir, s'est donné la mort devant son dernier tableau, *Le Pendu aux tripes sanglotantes*.

À CAUSE D'UNE POMME DE TERRE
elle devient FAISEUSE D'ANGES

Vocation curieuse que celle de Mme Pierre Dupille qui, depuis vingt-sept ans, sculpte des petits santons en terre cuite pour la grande joie des Noëls enfantins. Jeune mariée, elle attendait un soir son mari, employé dans une petite compagnie d'assurance. Comme celui-ci tardait à rentrer, elle tempéra son impatience en sculptant une pomme de terre avec un couteau de cuisine. Elle obtint une figurine charmante dans laquelle son entourage vit une certaine grâce et une réelle habileté. Elle commença à modeler de la glaise et en 1920 naissait le petit atelier artisanal de la rue aux Câpres qui, aujourd'hui, fournit en anges et en santons tous les sapins et toutes les crèches de Paris. Besogne pacifique mais combien charmante ! Que pensent nos travailleurs atomiques de cette leçon de sérénité donnée par une humble Française, artiste jusqu'au bout des doigts – artiste parmi tant d'autres !

Les Cosaques à cinq tickets de Paris

La S.T.C.R.P. informe le public de la mise en service, pour le 17 octobre, d'une nouvelle ligne d'autobus : Place Saint-Michel-Le Kremlin-Bicêtre, sous le numéro 98. Passant par la porte d'Orléans, le parcours Saint-Michel-Kremlin comportera 5 sections.

N° 102 – Mercredi 15 octobre 1947

4 heures du matin... nageant dans son sang

UN HOMME GISAIT

LA POITRINE PERFORÉE PAR UN SABRE D'ABORDAGE, UN TESSON DE BOUTEILLE ENFONCÉ DANS LA TÊTE ET LIGOTÉ AVEC UN MONTANT DE PORTE

CE DESSIN...

A FAIT RIRE Huit Continents

Quelle ne fut pas la surprise des gardiens de la paix Pottier et Polidor en entendant, vers 4 heures du matin, devant le 69 de la rue de Paris, à Groslay, un homme qui râlait sur le trottoir. L'inconnu, étroitement ligoté par un filin d'acier, gisait, le crâne ouvert par un tesson de bouteille, un sabre de cavalerie en travers de l'abdomen et sévèrement bâillonné par un radiateur de chauffage central.

Il s'est éteint à l'infirmerie de Sarcelles alors que le praticien appelé d'urgence venait d'extraire de ses poches douze balles en pièces de deux francs et une photographie de Henri IV enfant. L'hypothèse du suicide semble écartée. Il s'agirait d'un crime politique n'ayant pas le vol pour mobile.

AUX U.S.A.
VA-T-ON BOIRE DE L'INFUSION DE NÈGRE ?

Les boxeurs nègres Battling Pikett, Joe Porridge, Bradley-Pattan sont venus dernièrement en Europe livrer une série de combats. En France, notamment, ils se sont distingués par un grand nombre de victoires puisque, en 28 combats, une seule défaite fut enregistrée, celle de Battling Pikett battu aux points par Omar le Bleu. Ils ont longuement visité Paris et se sont mis à apprendre quelques expressions bien françaises.

C'est ainsi que de retour dans leurs pays, ils ont accoutumé de dire après chaque séance d'entraînement : « Ouf ! je suis moulu !

Paroles imprudentes si l'on en croit la rumeur publique qui prétend que les Etats-Unis sont rationnés pour le café.

Une arme foudroyante dans un bocal à cornichons

Dans la chambre de chauffe du ministère de la Reconstruction, dissimulée au milieu de plusieurs mètres cubes de dossiers de sinistrés destinés à la chaudière de l'établissement, un garçon de bureau, M. H. B… a découvert une mystérieuse bouteille métallique. Dévissant avec prudence la capsule, le brave homme vit une vapeur parfumée et aphrodisiaque s'échapper du récipient qu'il referma rapidement. Ayant fait part de sa trouvaille à ses supérieurs hiérarchiques, ceux-ci lui mirent en main une circulaire datée du 1er octobre, par laquelle la naphtaline moyen-âgeuse doit être remplacée par Timor, l'insecticide de France.

Qui donc disait que notre administration était désuète et surannée ?

Curieux inceste !

EN SECONDES NOCES IL ÉPOUSE SA MÈRE

M. Louis Teurtrois, divorcé depuis peu, se livrait aux joies saines du camping dans une auberge de jeunesse des Alpes-Maritimes. Ses camarades n'avaient pas été sans le blaguer sur le tendre penchant qu'il avait pour la mère aubergiste, veuve d'un marchand de vins de la région.

Menant l'affaire rondement, puisque la promesse d'un bébé vient de couronner ses efforts, M. Teurtrois demanda sa mère spirituelle en mariage, et c'est un couple uni par le lien le plus sacré qui sortait, jeudi dernier, de la petite mairie du village, sous les acclamations d'une jeunesse turbulente et les bravos de la population.

FOU DE JALOUSIE

UN SADIQUE POIGNARDE SA FEMME AVEC UNE BOULE DE BILLARD ET SE JETTE ENSUITE SOUS UNE VOITURE D'ENFANT

Revenant de fêter l'anniversaire d'un ami, quelle ne fut pas la stupeur de M. Charles Glotin de trouver, en rentrant chez lui, sa femme bien-aimée avec un inconnu.

Après dix ans de bonheur sans nuage le coup n'en était que plus rude. En montant son escalier, M. Glotin avait entendu une voix insolite dans son appartement. S'approchant à pas de loup il vit, par le trou de la serrure, un beau jeune homme assis dans un fauteuil dans une tenue plus que légère. Il vit rouge, pénétra en trombe dans le modeste logement en hurlant : « Perfide, tu m'as trahi ! » En criant : « Au fou », le bel amant s'enfuit à toutes jambes dans son simple appareil, tandis que le mari bafoué, saisissant une boule billard dans le tiroir du buffet, en transperça à vingt reprises la malheureuse qui s'écroula. L'horreur de son geste ayant dissipé les vapeurs des libations multiples de cette journée fatale, le meurtrier réalisa son erreur.

Sa victime lui était inconnue, il s'était trompé d'étage ! Il ne lui restait plus qu'à se faire justice et, bousculant les premiers voisins ameutés par les cris, il se précipita sous une voiture d'enfant.

Il a été hospitalisé à Marmottan où son état a été jugé désespéré.

Avant de commettre l'irréparable, il y a intérêt à s'assurer qu'on est bien chez soi.

LES SECRETS DE LA GUERRE

C'EST À CAUSE D'UNE BOTTE DE FOIN QU'HITLER PRIT LE POUVOIR

Le jeune Dodolf avait huit ans. C'était un garçonnet turbulent et touche à tout qui causa bien des peurs à ses vieux parents. Avec de jeunes garçons de son âge, il imagina un jour de jouer à la guerre dans la soupente où son oncle remisait pour l'hiver le fourrage et le grain. Emporté par le feu de l'action, il se lança contre un de ses ennemis en culotte courte pour le terrasser. Celui-ci s'esquiva et notre jeune dictateur en herbe, emporté par son élan, disparut par la trappe du grenier et fit une chute de six mètres. Nul doute que cette chute lui eût été fatale sans la présence providentielle d'une botte de foin que, dans leur ardeur juvénile, les garnements avaient fait tomber quelques instants auparavant. On parle volontiers du nez de Cléopâtre : il eut pour le monde moins de conséquences fâcheuses que cette inoffensive botte de fourrage.

Hitler vivant !

James Finchley, d'Oldspring (Colorado), a vu Hitler, monté sur une soucoupe volante, passer au-dessus de sa maison. Quoiqu'il ne boive pas la même marque de whisky, Wililam Townbridge, un voisin, a confirmé le fait.

Le Salon du piéton

Il était vraiment anormal et presque scandaleux qu'un important effort artistique et publicitaire soit fait chaque année en l'honneur des 500 000 attachés de ministères, des 200 000 officiers d'ordonnance, des 99 988 trafiquants et des 12 docteurs en médecine qui font, chez nous, actuellement, usage de l'automobile, alors que rien n'était prévu pour les 38 millions d'autres Français qui ne peuvent s'offrir le luxe d'un tel moyen de transport.

Un groupe de hardis novateurs vient heureusement de réparer cette trop flagrante injustice en créant parallèlement au Salon de l'automobile, que le succès a justement consacré, un Salon du piéton qui intensifiera encore, s'il se peut, la prospérité de notre capitale.

En effet, si le Salon de l'automobile attire à Paris la foule des gens qui rêvent d'acheter des voitures, le Salon du piéton, bien conçu, bien lancé, ne manquera pas d'y attirer la foule bien plus nombreuse de tous ceux que leur impécuniosité chronique contraint de circuler à pied.

Le secrétariat général de cette nouvelle et intéressante exposition a été confié à une artisane en chambre bien connue du quartier des Halles : Mlle Irma du Sébasto, et l'on peut affirmer que nul choix n'était plus judicieux, puisque Mlle Irma du Sébasto est une technicienne qui pratique, depuis quarante-cinq ans, sous le contrôle des pouvoirs publics, la circulation pédestre entre la rue du Cygne et la rue de la Truanderie.

Le Salon du piéton aura, sur celui de l'automobile, l'avantage de ne pas encombrer de véhicules immobiles les voies qui l'avoisineront.

On y accédera par un passage clouté à clous retournés, c'est-à-dire disposés la pointe en l'air. On espère que cette double rangée de piquants dressés incitera les chauffeurs à stopper pour ménager leurs pneumatiques et que les visiteurs auront ainsi une petite chance de traverser la chaussée sans perdre définitivement la vie.

Que contiendra l'intérieur du Salon du piéton ? Ceci est encore un secret.

Nous croyons savoir que des stands seront offerts aux compagnies des pompes funèbres, aux fossoyeurs, aux fabricants d'appareils orthopédiques, aux bandagistes, aux chirurgiens, aux infirmiers, bref à tous ceux qui recrutent leur clientèle surtout parmi les piétons.

Une partie importante de l'emplacement sera, bien entendu, réservée aux inventions nouvelles.

On y verra des cottes de maille rendant ceux qui les portent insensibles aux chaos les plus violents.

On y verra des ballons gonflés au gaz d'éclairage qui permettront au piéton de s'élever au-dessus des voitures au cas où il aurait l'idée saugrenue de se risquer hors des trottoirs.

On y verra des feux de position pour vieux marcheurs avec plaque indiquant s'il s'agit de parlementaires, de hauts fonctionnaires ou de simples assujettis, de façon que les automobilistes qui les repéreront ne les carambolent qu'en sachant exactement à quelle peine ils s'exposent.

On y verra des taximètres pour péripatéticiennes.

Ajoutons que des plans, accrochés aux murs, montreront en coupe des refuges souterrains, genre abri bétonné, plus efficaces pour la protection des piétons que ces ridicules refuges utilisés présentement à cet effet par l'administration des ponts et chaussées.

En outre, chaque samedi après-midi, dès conférences seront faites par des agents de police sur l'art de voyager à pied dans Paris sans attraper de contravention.

Des fêtes sont naturellement prévues. La plus importante sera de caractère sportif et comportera un match de résistance à l'écrabouillement, match au finish ouvert à tous les piétons majeurs et doté comme il se doit de nombreux prix.

Enfin, on assure que pour marquer l'ouverture du Salon du piéton, M. Vincent Auriol, président de la République, viendra en personne devant la porte d'honneur inaugurer solennellement le premier écrasé.

PETITES ANNONCES

DIVERS

Rire et faire rire ses contemporains (même les plus lugubres) devient une rigolade en achetant la brochure « LEURS RÉALISATIONS ». Comportant le « très bref » compte rendu des activités réalistes des ministres de tous partis. 12 pages format 6 1/2 × 9 : 4 fr. 50 (petit succès).

Rires homériques garantis avec l'encyclopédie « LEURS BONNES GROSSES PROMESSES », 12 volumes de 1 200 pages, format 30-40 prix : 3 200 fr.

Pour les personnes dures à la détente, nous conseillons vivement la lecture de « PROBITÉ ET POTS-DE-VIN ».

Effet garanti sur fracture. Un bref condensé de 5 800 pages, format grand colombier : 18 950 fr.

Librairie des Horreurs, 120, rue du Cul-de-Basse-Fosse, à Aubervilliers.

Qui sauvera l'électricité de France ?

En raison des grèves allant croissant, ministère de l'Improduction industrielle, submergé de kilowatts inutilisés, signerait « n'importe quels contrats » avec entreprises « non syndiquées » ayant gros besoins fourniture électrique pour coopérer redressement français.

ARTICLES SPÉCIAUX

Finis les démagogiques privilèges !
Tous prioritaires avec nos bonnes petites cartes de priorité « SIMPLETTE », « COQUINE », « COCASSE », « FUTÉE », « MINE DE RIEN », « LOUSDOC », etc.
Tous modèles existants. Cartes spéciales sur simple demande.
Institut de vulgarisation de la carte de priorité, 22, impasse des Démagoguenards. En vente dans tous les kiosques.

ACHATS DE PROPRIÉTÉS

Accélérez vos achats immobiliers. Ne perdez plus de temps à discuter une affaire : « offrez des dollars-or ! » Demandez la brochure : *Le Dollar sauvera le franc*, du général Baleau. Chez tous les vendeurs sérieux qui en ont. Prix imposé : 1 dollar.

ACCESSOIRES PARA-ÉLECTORAUX

Auditeurs, pour votre sécurité ! OFFREZ À LA CHANTEUSE de charme de votre circonscription notre collier spécial « DANLEDOS ». Impressionnante imitation perles fines. Effet réfrigérant, déterminant aphonie complète durant une paire d'heures : 135 fr. 60.

Modèle renforcé « SANBAVURE ». Spécial pour candidat-canon possesseur de cordes vocales de grenadier : 272 fr.

PUBLICITÉ

A époque nouvelle, moyens nouveaux. Une publicité sérieuse, intelligente et bien comprise assurera l'essor de vos affaires. Tous les prix, tous les genres : depuis le graffiti dans les vespasiennes jusqu'aux panneaux aéroportés. Fournisseur de MM. les partis politiques. Publicracra, 107, rue du Panneau-à-4-Mains, Gennevilliers.

Inventaire minutieux et incomplet des articles de *L'Os libre*

N° 8 – 29 NOVEMBRE 1945, PAGE 235

N° 9 – 6 DÉCEMBRE 1945, PAGE 244

N° 10 – 13 DÉCEMBRE 1945, PAGE 255

N° 11 – 20 DÉCEMBRE 1945, PAGE 265

N° 12 – 27 DÉCEMBRE 1945, PAGE 275

N° 13 – 3 JANVIER 1946, PAGE 285

N° 14 – 10 JANVIER 1946, PAGE 293

Sois sage !
Joyeux week-end ! (Avec toutes nos excuses)
Je n'ai qu'un seul regret, c'est d'avoir connu l'Ecole Univermicelle 20 ans trop tard !
Trompe-agent *(Les jeux… à la coque)*

N° 84 – 11 JUIN 1947, PAGE 992

La plus noble conquête *(Edito)*
Abd el Krim ne voulait pas s'enfuir
Paris a retrouvé le juin
Pousse-pêcheur *(Les jeux… à la coque)*

N° 85 – 18 JUIN 1947, PAGE 1001

Tous les espoirs sont permis *(Edito)*
Grèves d'amour et sentimentales journées

N° 86 – 25 JUIN 1947, PAGE 1012

Vive la Belgique ! *(Edito)*
Autour du Tour
Dis-moi papa…
Procédés déloyaux

N° 87 – 2 JUILLET 1947, PAGE 1022

La belle époque *(Edito)*
Fleuron du génie français !
Ce que fut l'étape sur les fesses !
Les durs vus par un dur
Pour tromper… la longue attente
Consignes de défense passive contre les armes atomiques

N° 88 – 9 JUILLET 1947, PAGE 1033

Coup d'œil sur l'Europe en vrac *(Edito)*
Grand-père avait raison !
La police découvre des stocks d'armes
Le complot en province
Les hommes violents
Le plan bleu
Un complot à Caen, ou la tripe vous parle
Rectification quant aux factieux
Après le MAC, gare au MIC-MAC !
L'affaire de Reuilly

N° 89 – 16 JUILLET 1947, PAGE 1045

La vérité sur ce qui n'est pas vrai *(Edito)*
Voici le plan de *L'Os*
L'Os dévoile un nouveau complot
Aux patates, là-dedans !
C'est le préfet de la seine-et-Oise qui a gagné le Grand Prix
Franco proclame la République

N° 90 – 23 JUILLET 1947, PAGE 1057

Du social et du chouette *(Edito)*
Maison à louer et à blâmer
Un type dans le genre
Voulez-vous du sucre ?

N° 91 – 30 JUILLET 1947, PAGE 1064

Du virage et du tournant *(Edito)*
Les beaux titres

N° 92 – 6 AOÛT 1947, PAGE 1072

Mimétisme *(Edito)*
A l'époque du frais
On est à sec !

N° 93 – 13 AOÛT 1947, PAGE 1080

Sic vos non fluctuat ab irato ! *(Edito)*
Où allons-nous ?
Mayonnaise à la Montébran *(La cuisine pratique)*
Est-ce un coup de Pierrot le Dac ?
Du suicide

N° 94 – 20 AOÛT 1947, PAGE 1089

Du beau, du bon débonnaire *(Edito)*
Les détenus à la plage

Composé par Nord Compo, Villeneuve-d'Ascq, Nord
Imprimé par Normandie Roto Impression s.a.s., 61250 Lonrai, France
en octobre 2008 – n° d'impression : 083217
pour Omnibus, 12, avenue d'Italie, 75013 Paris
http://www.omnibus.tm.fr